NICHOLSON'S ENGLISH-SINHALESE POCKET DICTIONARY

NICHOLSON'S
ENGLISH-SINHALESE
POCKET DICTIONARY

BY
J. SIMON DE SILVA;
T. MOSCROP

GYAN

Published by

Gyan Publishing House
5, Ansari Road
Daryaganj, New Delhi-110002
Phone: 011-47034999, 9811692060
E-mail: books@gyanbooks.com

Distribution Network
gyanbooks.com
India, USA, Canada, UK, Australia, France

ISBN : 978-81-212-4351-3 (PB)
First Published, 1897

2nd Impression 2021

Printed at: Gyan Press, Delhi.

Nicholson's
English-Sinhalese Pocket Dictionary
Author: J. Simon De Silva; T. Moscrop

An English-Sinhalese Dictionary

BY

Rev. J. Simon De Silva, B.A.,

Reviser of Nicholson's Pocket Dictionary.

General Editor: Rev. T. Moscrop.

COLOMBO:
W. Methodist Book Room.

1897.

PREFACE.

THIS work is issued to meet the needs of those who require a fairly complete but medium-sized Dictionary. The Pocket Dictionary generally known as Nicholson's, issued in 1895 after having been almost entirely re-written and carefully revised by the Rev. J. Simon de Silva, B.A., has been taken as a basis.

Clough's and Carter's Dictionaries have often been referred to, especially the latter, which will doubtless remain for a generation to come *the* Dictionary of the Sinhalese language.

The accents have been retained in this edition as in the smaller work. It has not been easy, however, to preserve a uniform accentuation. A much greater difficulty has been the orthography, as no fixed method of writing has yet been agreed upon by scholars. Uniformity of spelling is greatly to be desired.

The compiler feels that he has been at a disadvantage in not having been able personally to see the work through the press; but he trusts that errors will be found neither many nor serious. He is greatly indebted to the Rev. T. Moscrop who has given the work oversight and carefully revised most of the proofs.

June, 1897.

ENGLISH AND SINHALESE DICTIONARY.

ENLARGED EDITION.

A, An, *a.* එක්
Aback', *ad.* පස්සට
Ab'acus, *s.* ගණන් පෝරුව
Abaft', *ad.* අවරේ, පස්සේ
Aban'don, *v.* අත්අරිණවා
Aban'doned, *part.* අත්ඇරියාවූ
a. ඉතා දුෂ්ටවූ [රණවා
Abase', *v.* යටහත්කරණවා, පහත්ක
Abase'ment, *s.* පහත්වූ ස්වභාව
Abash', *v.* ලජ්ජාකරණවා
Abate', *v.* අඩුකරණවා, අඩුවෙනවා,
බසිනවා, නිවෙනවා [ඩුවූ ප්‍රමාණය
Abate'ment, *s.* අඩුකිරීම, අඩුවීම, අ
Ab'bess, *s.* තාපස ස්ත්‍රීන්ගේ ප්‍රධානි
යක් [තාපස් මඩම
Ab'bey, *s.* තාපසවරුන්ගේ විහාරය,
Ab'bot, *s.* තාපසයින්ගේ නායකයා
Abbre'viate, *v.* ලුහුඬුකරණවා
Abbrevia'tion, *s.* ලුහුඬුකිරීම, කො
ටකළ වචනාතීය
Ab'dicate, *v.* (උසස් තනතුරක්) අත්
Abdo'men, *s.* යටිබඩ [අරිණවා
Abduc'tion, *s.* හොරෙන් හෝ බලා
ත්කාරයෙන් අරගෙණයෑම
Abed', *ad.* ඇඳේ, ඇඳපිට
Aberra'tion, *s.* මුළාවීම, උම්මාදවීම
Abet', *v.* (නරකක්කිරීමට) ධෛර්‍ය
දෙනවා, අනුබලදෙනවා
Abet'tor, *s.* අනුබලදෙන්නා
Abey'ance, *s.* කලකට අත්හිටුවා ති
බීම [සනවා
Abhor', *v.* පිළිකුල්කරණවා, ජුගුප්
Abhor'rence, *s.* වෛරය
Abide', *v.* පදිංචිවෙනවා, වසනවා,
බලාසිටිනවා [ණීකම
Abil'ity, *s.* පුළුවන්කම ශක්‍යය, සම
Ab'ject, *a.* නීචවූ, දුක්ඛිතවූ
Abjure,' *v.* දිවුරුම්දී අත්අරිණවා
Ab'lative, *s.* අවධි විභක්තිය
Ablaze', *ad.* ගිනිගත්, ගිනිඇවිලී
A'ble, *a.* පුළුවන්වූ, දක්ෂවූ
A'bly, *ad.* දක්ෂලෙස
Ablu'tion, *s.* සේදීම, (ආගමේ න්‍යාය
සඳහා) නා පිරිසිදුවීම

Abnega'tion, *s.* තමාම හැරදමීම
Abnor'mal, *a.* නියම ස්වභාවට නැති, අනියම්වූ
Aboard', *ad.* නැවේ
Abode', *s.* වාසස්ථානය, ගෙදර
Abol'ish, *v.* නැතිකරණවා, අවලංගු කරණවා
Aboli'tion, *s.* පහකිරීම, අවලංගුකිරීම
Abom'inable, *a.* පිළිකුල්, නින්දිත
Abom'inate, *v.* පිළිකුල් කරණවා, දතිසසින් අප්‍රිය කරණවා
Abomina'tion, *s.* පිළිකුල, පිළිකුල්දේ
Aborig'ines, *s.* මුල් පදිංචිකාරයෝ
Abort'ive, *a* අකාලවූ, නිෂ්ඵලවූ, නි
Abor'tion, *s.* ගස්සාවීම [රනීකාවූ
Abound', *v.* වැඩිවෙනවා, බහුලව තිබෙනවා [*ad.* වාගේ, පමණ
About', *prep.* වටේට, ලඟ, ගැණ
Above', *prep.* උඩ, ඉහළ, උතුම් *ad.* වඩා, ප්‍රධානකොට [නැති
Above'-board, *a.* හොරහස්, වංචා
Abreast', *ad.* උරපැහැර, පේළියට
Abridge', *v.* ලුහුඩුකරණවා, අඩුකරණවා
Abridg'ment, *s.* ලුහුඩු සංග්‍රහය
Abroad', *ad.* ගෙදරින් පිට, දුර රට
Ab'rogate, *v.* අවලංගු කරණවා, නැතිකරණවා [ණවා
Abridge', *v.* ලුහුඩුකරණවා, අඩුකර
Abrupt', *a.* කෙලින් නැගියාවූ, හදිස්සිවූ, ඉක්මන්, රළු

Abrupt'ness, *s*, හදිස්සිකම, කලබල ගතිය
Ab'scess, *s.* ගඩගෙඩිය, විසපිය
Abscind', *v.* කපාදමනවා
Abscond', *v.* සැඟවී යනවා
Abscond'er, *s.* සැඟවියන්නා
Abs'ence, *s.* ලඟනැතිකම, අනාභිමුඛය
Ab'sent, *a.* ඉදිරිපිට නැති, සිහිපරීක්ෂා නැති *v.* නැවිත් සිටිනවා
Absentee', *s.* ලඟනැති තැනැත්තා
Ab'solute, *a.* සම්පූර්ණවූ, සම්පූර්ණ බලය ඇති, සීමාවක් නැති
Absolu'tion, *s.* ක්ෂමාව, පාප ක්ෂමාව, නිදොස්කිරීම [කරණවා
Absolve', *v.* කමාකරණවා, නිදහස්
Absorb', *v.* උරාගන්නවා, ඇදගන්නවා
Absorb'ent, *a.* බීගන්නාවූ *s.* බීගන්නා ද්‍රව්‍යයක් [ණීම
Absorp'tion, *s.* උරාගැණීම, බීගැ
Abstain', *v.* වැලකෙනවා
Abste'mious, *a.* පමණදූන කනබොන [ලකීම
Ab'stinence, *s.* නිරාහාරව සිටීම, වැ
Ab'stract, *v.* වෙන්කරණවා, අහක්කරගන්නවා, ලුහුඩුකරණවා *a.* ගැඹුරුවූ, ධ්‍යානමයවූ *s.* ලුහුඩු පිටපත
Abstrac'tion, *s.* උපෙක්ෂාව, සිහියෙන් ඉවත්වූ ස්වභාව, හොරෙන් ගැණීම

Abstruse′, *a.* ගැඹුරු, පැහැදිලිනැති
Abstruse′ness, *s.* ගම්භීර ගුණය, තේ
රුම්ගතනොහැකි ස්වභාව
Absurd′, *a.* මෝඩවූ, නිස්සාරවූ
Absurd′ity, *s.* බාලකම, පිස්සුකම,
අඥාන කාරණය [මූඪය
Abund′ance, *s.* බහුලත්වය, රාශිය, ස
Abund′ant, *a.* බොහෝවූ, අධිකවූ
Abuse′, *v.* නොහිසි ලෙස පාවිච්චික
රණවා, බණිනවා, නිඥාකරණවා
s. අයුතු පාවිච්චිය, බැණීම [න්නාවූ
Abus′ive, *a.* බැණුම් සහිත, කෙලහ
Abut′ment, *s.* ඉම, යාවූ කොටස
Abysm′al, *a.* පතුලක් නැති
Abyss′, *s.* අගාධය, පාතාලය
Acad′emy, *s.* ශිල්පශාලාව, මහා ශාස්
ත්‍ර ශාලාව [වෙනවා
Accede′, *v.* එකඟවෙනවා, එකමුතු
Accel′erate, *v.* ඉක්මන්කරණවා, ක
ඩිනම්කරණවා
Accent′, *v.* ස්වරනගා කියනවා
Ac′cent, *s.* ස්වර ලකුණ
Accent′uate, *v.* ස්වර හෝ ශබ්ද නගා
කියනවා, බරකොට කියනවා
Accept′, *v.* ඒත්තුගන්නවා, පිළිගන්
නවා
Acceptabil′ity, *s.* පිළිගතයුතු ගුණය
Accept′able, *a.* පිළිගතයුතු, ප්‍රසන්න
Accept′ance, *s.* පිළිගැනීම, බාරගැ
නීම [ක පොදු අභිප්‍රාව
Accepta′tion, *s.* පිළිගැනීම, වචනය

Access′, *s.* ළඟාවෙන්ට අවසරය, ළ
ඟාවෙන මාවත
Ac′cessary, *a.* එක්වූ, හවුල්කාරවූ
s. නපුරක්කිරීමට උදව්වූවෙන්නා
Access′ible, *a.* ළඟාවියහැකි
Acces′sion, *s.* පැමිණීම, වඩිනයවීම,
එකඟවීම
Ac′cidence, *s.* ව්‍යාකරණරචනය
Ac′cident, *s.* අහම්බෙන් සිද්ධවූ දෙ
ය, අත්වැරද්ද [දිස්සි
Accident′al, *a.* අහම්බෙන් වෙන, හ
Acclaim′, *s.* ඔල්වර හඬදීම
Acclama′tion, *s.* ඔල්වරහඬ, සතුටු
ඝෝෂාව, සාධුකාරදීම
Acclimatisa′tion, *s.* දේශගුණයට පු
රුදුකිරීම
Accliv′ity, *s*, නැගීම, ගොඩැල්ල
Accom′modate, *v.* නිසිසේ යොදන
වා, උපකාර කරණවා, ඕනෑදේ
දෙනවා [තැන්දීම
Accommoda′tion, *s.* සපයාදීම, නවා
Accom′paniment, *s.* එක්ව යන දේ,
සංගායනාවූ තූර්‍ය්‍යනාදය
Accom′pany, *v.* සමඟ යනවා, එක
තුව යනවා [න්නා
Accom′plice, *s.* නරකකට හවුල්වෙ
Accom′plish, *v.* තීන්දුකරණවා, සම්
පූර්ණකරණවා, ඉෂ්ටකරණවා
Accom′plished, *a.* ඉෂ්ටවූ, නිපුණවූ,
ශිෂ්ටාචාර [රය, සමර්ථකම
Accom′plishment, *s.* ඉෂ්ටකිරීම, ඉව

Accord', *v.* එකඟකරණවා, එකමුතු වෙනවා, සමානවෙනවා, දෙනවා *s.* එකඟකම, එක්සත්කම

Accord'ance, *s.* එකඟවීම, සමානකම

Accord'ing to, *prep.* ප්‍රකාරයට, හැටියට

Accord'ingly, *ad.* එසේම, ඒ ප්‍රකාර යට, එපරිද්දෙන්ම

Accord'ion, *s.* තූය්‍යභාණ්ඩයක නමක්

Accost', *v.* ආමන්ත්‍රණය කරණවා, ය මෙකුට කථාකරණවා

Accouche'ment, *s.* දරු ප්‍රසූතය

Account', *v.* ගණන්ගන්නවා, කරු ණු ගෙණහැර දක්වනවා *s.* ගණ න, තොරතුරු දැක්වීම, කථාව

Accountabil'ity, *s.* විභාගයන්ට බැඳි සිටින බව

Account'able, *a.* ගණන්දෙන්ට බැඳි සිටින, උත්තරදෙන්ට යුතුවූ

Account'ant, *s.* ගණන්කාරයා, ග ණන් ලියන්නා

Accou'tre, *v.* ආයිත්තන්කරණවා, ප ළඳනවා, සැරසෙනවා, සන්නද්ධ වෙනවා [ඇඳුම්

Accou'trements, *s.* ආයිත්තම්, යුධ

Accred'it, *v.* අවසරදෙනවා, බලය දෙනවා

Accrue', *v.* උපදිනවා, වැඩිදියුණුවෙ නවා [ඩවෙනවා

Accu'mulate, *v.* රැස්කරණවා, ගො

Accumula'tion, *s.* ගොඩගැහීම, ගොඩ

Ac'curacy, *s.* හරිකම, නිරවද්‍යභාවය

Ac'curate, *a.* නිවැරදි, හරි

Accurse', *v.* යදිනවා, ශාපකරණවා

Accurs'ed, *a.* නපුරු ශාපලද්දවූ, අ ති දුෂ්ටවූ

Accusa'tion, *s.* වරද තැබීම, පැමිණි

Accus'ative, *s.* කර්ම්මවිභක්තිය [ල්ල

Accuse', *v.* වැරදි තබනවා, දෝෂා රෝපණය කරණවා [ණිලිකාරයා

Accus'er, *s.* වැරදි තබන්නා, පැමි

Accus'tom, *v.* පුරුදුකරණවා, පුහු ණුකරණවා, භාවිතාකරණවා

Accus'tomed, *a.* පුරුදුවූ, ව්‍යවහාරවූ

Acer'bity, *s.* ඇඹුල්කම, තිත්තකම, තක්සගතිය

Ache, *s.* ගාය, වේදනාව, කැක්කු ම, රුජාව *v.* කකියනවා, රුදුගහ නවා [නවා

Achieve', *v.* ඉෂ්ටකරණවා, ලබාගන්

Achieve'ment, *s.* මුදුන්පත්කරගැණී ම, ජය, දිනුම

Ac'id, *a.* ඇඹුල්. ඇඹුල් ද්‍රව්‍යයක්

Acid'ity, *s.* ඇඹුල්කම

Acid'ulate, *v.* ඇඹුල්කරණවා, ඇඹුල් මිශ්‍රකරණවා

Acknowl'ecge, *v.* ඇත්තකියනවා, පිළිගන්නවා, ඒත්තුගන්නවා

Acknowl'edgment, *s.* ඇත්තකීම, [ස්තුතිය

Ac'me, *s.* අන්තිමය, අග

A'corn, *s.* අලොන් ගෙඩි

Acoust'ics, *s.* ඝෝෂා ශාස්ත්‍රය

Acquaint′, *v*. අඳුන්වනවා, දන්වනවා

Acquaint′ance, *s*. ඇඳුනුම්කම, ඇඳු නුම්කාරයා, මිත්‍රයා

Acquiesce′, *v*. එකඟවෙනවා, මනා පවෙනවා

Acquiesc′ence, *s*. එකඟවීම, සතුටුවීම

Acquire′, *v*. සපයාගන්නවා, සම්භ කරගන්නවා, ලබාගන්නවා

Acquire′ment, *s*. ලබාගත් දේ, ඉග ණගත් දේ [යාගත් දේ

Acquisi′tion, *s*. උපයාගැණීම, උප

Acquis′itive, *a*. ලබාගන්ට ආසා ඇති

Acquit′, *v*. නිදහස්කරණවා, අත්අරි

Acquit′tal, *s*. නිදහස්කිරීම [ණවා

Acquit′tance, *s*. නැයකින් නිදහස්වූ බවට දෙන කුවිතාන්සිය

A′cre, *s*. හතරැස් අඩි 43560 ඇති බිම් කෑල්ලක්, මිම්මක්, අක්කරය

A′creage, *s*. බිම් කෑබෙල්ලක අක් කර ගණන

Ac′rid, *a*. කහටවූ, කටුකවූ

Acrimo′nious, *a*. කර්කශ

Ac′rimony, *s*. කර්කශ ගතිය, ඵරුෂ කම, කර්කශ රස

Ac′robat, *s*. පිනුම්කාරයා, නැට්ටු වෙක් [ඩට

Across′, *prep. or ad*. හරහට, එගො

Act, *v*. ක්‍රියාකරණවා *s*. ක්‍රියාව, කි රීම, අඥාපණත

Ac′tion, *s*. ක්‍රියාව, සටන, නඩුව

Ac′tionable. *a*. නඩුගතහැකිවූ

Act′ive, *a*. ක්‍රියාකරණ, ශූරවූ, කඩිස රවූ [කම

Activ′ity, *s*. කඩිසරකම, ප්‍රාණවත්

Act′or, *s*. ක්‍රියාකරන්නා, නෘත්‍යකා

Act′ress, *s*. නාටිකාංගනාව [රුවා

Act′ual, *a*. සැබෑ, ඒකාන්ත, නියම

Act′uary, *s*. ලේකම, ලියන්නා [වා

Act′uate, *v*. කරවනවා, පොළඹවන

Acu′men, *s*. තීක්ෂණකම [හපත්

Acute′, *a*. තියුණු, බලවත්, තීක්ෂණ,

Ad′age, *s*. ව්‍යවහාර කීම, හිතෝප දේශය [දියමන්තිය

Ad′amant, *s*. ඉතා තද පාෂාණයක්,

Adaman′tine, *a*. වජ්‍රාකාරවූ, තදග තිවූ, දෘඪවූ

Ad′am's Peak, *s*. සමනලකන්ද

Adapt′, *v*. යොදනවා, සුදුසුකරණවා

Adaptabil′ity, *s*. සුදුසු ලෙස යෙදිය හැකි ගුණය

Adapta′tion, *s*. ගැළපීම, යෙදීම, යෝ ග්‍යකම [වා

Add, *v*. එකතුකරණවා, දිගුණුකරණ

Ad′der, *s*. පොලඟා [නවා

Addict′, *v*. ලැදිවෙනවා, පුරුදුවෙ

Addi′tion, *s*. එකතුකිරීම, වැඩිවීම, එකතුකළ දේ [රවූ

Addi′tional, *a*. එකතුකළාවූ, වැඩිපු

Ad′dled, *a*. නරක්වූ, පිස්වූ

Address′, *v*. කථාකරණවා, ලියනවා, *s*. කථාව, නමගම ලිවීම, ස්තුති ප ත්‍රය, ආචාරකම

Adduce', *v.* ගෙණහැරදක්වනවා, ඔප්පුදෙනවා [පලපුරුදු ඇත්තා

Ad'ept, *s.* සමර්ථයා, බොහෝසෙයින්

Ad'equacy, *s.* සෑහුම්කම, ඕනෑ ප්‍රමාණය

Ad'equate, *a.* සෑහෙන්නාවූ, සුදුසුවූ

Adhere', *v* ඇලෙනවා, විශ්වාසව සිටිනවා, බැඳිසිටිනවා [ශ්වාසකම

Adher'ence, *s.* ස්ථිරව ඇලී සිටීම, වි

Adher'ent, *s.* බැඳී සිටින්නා, ගෝලයා

Adhe'sion, *s.* ඇලීම, බැඳිසිටීම [නාවූ

Adhes'ive, *a.* ඇලෙන, ඇලෙන් [වන්

Adieu', *int.* ශුභසිද්ධවේවා, අයුබෝ

Adi'gar, *s.* අදිකාරම, මහනිලමේ

Adjac'ent, *a.* ලඟවූ, සමීපවූ, කිට්ටුවූ

Ad'jective, *s.* ගුණ වචනය, විශේෂණය [බෙනවා

Adjoin', *v.* එකතුකරණවා, යාව ති

Adjoin'ing, *a.* යාවූ, එක්ව තිබෙන

Adjourn', *v.* කල්දමනවා

Adjourn'ment, *s.* කල්දැමීම, අත්හිටවා තිබෙන කාලය

Adjudge', *s.* නඩු තීන්දුකරණවා, විනිශ්චයදෙනවා

Adju'dicate, *v.* නඩුතීන්දුව දෙනවා

Adjudica'tion, *v.* නඩු තීන්දුකිරීම, විනිශ්චයෙන් නියමකිරීම

Ad'junct, *s.* එකතුවූ දේ

Adjure', *v.* දිවුරවනවා, සහතිකකරවනවා

Adjust', *v.* හරිගස්සනවා, බේරණවා

Ad'jutant, *s.* අත්උදව්කාරයා, යුධහමුදුවේ මුලාදෑනියෙක්

Admin'ister, *v.* කරදෙනවා, ආණ්ඩුකරණවා, උපකාරකරණවා

Administra'tion, *s.* කළමනාකිරීම, සේවය

Administra'tor, *s.* කළමනාකරන්ට බලයලත්තා, බූදල් බලකාරයා

Ad'mirable, *a.* විස්මපත්වූ, ප්‍රශංසාකටයුතුවූ, ඉතාහොඳ

Ad'mirably, *ad.* ඉතා හොඳ ලෙස

Ad'miral, *s.* නාවුක සේනාපතියා

Ad'miralty, *s.* නාවුක කළමනාහාර මනාඩුසභාව

Admira'tion, *s.* සතුට, විස්මපත්කම

Admire', *v.* පුදුමයෙන් සලකණවා, අගේකොට සිතනවා, ප්‍රසන්නවෙනවා

Admis'sible, *a.* ඇතුල්වෙන්ට අවසර ඇති, පිළිගන්ට පුළුවන්වූ

Admis'sion, *s.* ඇතුල්වෙන්ට අවසරය, ඇතුළත්කරගැනීම, ඒත්තුගැනීම [ගන්නවා

Admit', *v.* එන්ට ඉඩදෙනවා, ඒත්තු

Admit'tance, *s.* ඇතුල්කරගැනීම, ඇතුල්වීමට අවසරය

Admix'ture, *s.* මිශ්‍රකිරීම, මිශ්‍රකළ ද්‍රව්‍ය [මුතුකම දෙනවා

Admon'ish, *v.* අවවාදකරණවා, දූෂ

Admoni'tion, *s.* දූනමුතුකම්දීම, අවවාදය.

Ado', *s.* අමිරුව, හිරිහැරය, කලබලය

Adoles'cence, *s.* යෞවන වයස

Adopt', *v.* දරුකමට ඇතිකරගන්නවා, තෝරාගන්නවා, භාරගන්නවා

Adop'tion, *s.* ඇතිකරගැණීම, පිළිගැණීම [රකරන්ට සුදුසුවූ

Ador'able, *a.* වන්දනීයවූ, නමස්කා

Adora'tion, *s.* නමස්කාරකිරීම

Adore', *v.* නමස්කාරකරණවා, වඳිනවා, ඉතා ආදරකරණවා

Adorn', *v.* අසිත්තම්කරණවා, අලංකාර කරණවා, සරසනවා

Adorn'ment, *s.* අසිත්තම, සැරසිල්ල

Adrift', *ad.* පාවී, ඉල්පී, ඔබමොබ

Adroit', *a.* දක්ෂ, සමර්ථ [ලෙස

Adroit'ly, *ad.* කඩිසරලෙස, සමර්ථ

Adula'tion, *s.* අධික ප්‍රශංසාව, ඉච්චාව [තා

Adult', *s.* වැඩිවිය පැමිණි තැනැත්

Adult'erate, *v.* දූෂ්‍යකරණවා, මිශ්‍රකිරීමෙන් නරක්කරණවා

Adult'erer, *s.* පරදාරිකයා

Adult'eress, *s.* පරදාරිකාරී, වෛශ්‍යාවි

Adult'ery, *s.* පරදාරකර්මය

Adum'brate, *v.* හෙවනකරණවා, ඡායාවශයෙන් දක්වනවා

Advance', *v.* ඉදිරියට යනවා, දියුණුකරණවා, අත්පිට දෙනවා *s.* ඉස්සරහට ඒම, වැඩිදියුණුවීම

Advance'ment, *s.* උසස්වීම, වැඩිදියුණුවීම, අත්පිටගෙවීම; [ලාභය. ජය

Advant'age, *s.* වාසිය, ප්‍රයෝජනය,

Advanta'geous, *a.* වාසිඇති, ප්‍රයෝජනවත්

Advanta'geously, *ad.* ලාභ ඇතුව, ප්‍රයෝජනවත්ලෙස[ලොවපහලවීම

Ad'vent, *s.* ලඟාවීම, ගැලවුම්කාරයා

Adventi'tious, *a.* පිටින් පැමිණෙන, ස්වභාවයෙන් අයිතිනැති, අන්‍ය [ත්

Adventi'tiously, *ad.* පිටින්, අහම්බෙ

Advent'ure, *s.* අනතුරකොසලනා කරණ වැඩය, නිර්භීත ක්‍රියාව [කා

Advent'urer, *s.* නිර්භීත ක්‍රියාකරන්

Advent'urous, *a.* නිර්භීතවූ, අනතුරු සහිතවූ

Ad'verb, *s.* ක්‍රියා විශේෂණ නිපාතය

Ad'versary, *s.* සතුරා, එදිරිකාරයා, වෛරකාරයා [දුක්ඛිත

Ad'verse, *a.* විරුද්ධ, අවාසනාවන්ත,

Advers'ity, *s.* විපත්තිය, දුක්පත්කම

Advert', *v.* සඳහම්කරණවා, සලකනවා, ගෙණහැර දක්වනවා

Advert'ence, *s.* මතක්කිරීම, ඇහුම්කන්දීම, සැලකීම

Ad'vertise, *v.* ප්‍රසිද්ධකරණවා, එලිදරව්කරණවා

Advertis'er, *s.* ප්‍රසිද්ධකරන්නා

Advert'isement, *s.* දැන්වීම්පත්‍රය

Advice', *s.* දූනම්තිකම, අවවාදය, ආරචිය

Advise', *v.* දැනම්තිකම දෙනවා, දන්වනවා

Advis'edly, *ad.* සිහිඇතුව, සිතාබලා, ප්‍රවේසමින්

Ad'vocate, *s.* වෙශුවට කථාකරන්නා, මැදහත්කාරයා, පක්‍ෂකාරයා

Adze', *s.* වෑය

A'erate, *v.* වාතය ඇතුල්කරණවා, වාතය හා මිශ්‍රවෙන්ට සලස්සනවා

Aer'ial, *a.* අවකාශයට අයිතිවූ, පවත්වූ, ඉහළවූ

A'eronaut, *s.* දඹුමොනරෙන් යන්නා

Afar', *ad.* දුර, එපිට, ඈත

Affabil'ity, *s.* ගුණවන්තකම, ආචාරවන්තකම

Af'fable, *a.* ආචාරවන්තවූ, උඹගුනැති, ගුණවත්, කරුණාවන්තවූ

Affair', *s.* කටයුත්ත, කාරණව, පලහිලව්ව

Affect', *v.* හිත මෘදුකරණවා, ගුණපානවා, බොරුවට දක්වනවා

Affecta'tion. *s.* බොරු වේසය, වංචාපෙණීම, උඹගුකම

Affect'ed, *a.* වංචාවූ, උඹගුවූ

Affec'tion, *s.* ප්‍රේමය, ඇල්ම, රෝගය

Affec'tionate, *a.* ස්නේහවන්ත, ප්‍රේමවන්ත

Affi'ance, *s.* විවාහබස්දීම, විශ්වාසය *v.* සහතිකකරදෙනවා, විවාහබස්දෙනවා

Affida'vit, *s.* දිවුරුම්පත්‍රය, දිවිරිල්ල

Affil'iate, *v.* දරුකමට භාරගන්නවා, අවයවයෙක්කොට පිළිගන්නවා

Affin'ity, *s.* නෑකම, විවාහයෙන්වූ නෑකම, එකාකාරය, සමානකම

Affirm', *v.* සත්‍යකොට කියනවා, ස්ථිරකරණවා [කර කිම

Affirma'tion, *s.* සත්‍යකීම, සහතික

Affirm'ative, *a.* ඇත්තකොට කියන, *s.* එජ්ය කීම

Affix', *v.* අගට එකතුකරණවා, සම්බන්ධකරණවා *s.* අනුබන්ධය, පදන්තය [පන්නවීම

Affla'tus, *s.* වාතයපිඹීම, අනුහා සම්

Afflict', *v.* පීඩාකරණවා, කණගාටුකරණවා

Afflict'ed, *a.* පීඩාලත්, ලෙඩදුකාපත්වූ [කණගාටුව

Afflic'tion, *s.* පීඩාව, වේදනාව, දුක්

Af'fluence, *s.* පොහොසත්කම, ධනය

Af'fluent, *a.* පොහොසත්වූ

Afford', *v.* උපදවනවා, අටගන්නවා, දෙනවා [හළය

Affray', *s.* දබරය, පෙරළිය, කෝලා

Affright', *v.* භයකරවනවා, තැතිගන්වනවා *s.* හදිස්සි තැතිගැම්ම

Affront', *v.* නින්දාකරණවා, අවනම්බුකරණවා *s.* හෙලාදක්ම

Affu'sion, *s.* වත්කිරීම, වැගිරීම

Afloat' *ad.* or *a.* පාවී, ඉලිප්පී

Afoot', *ad.* පයින්, පටන්ගෙණ [ගෙන්

Afore'hand, *ad.* කල් ඇතුව, කල්මත්

Afore'said, *a.* මතුකී, ඉහතකී
Afore'time, *ad.* ඉස්සර, පූර්වයේදී
Afraid', *a.* භයවූ, භය සැක ඇති
Afresh', *ad.* අලුතෙන්, නැවත
Afront', *ad.* ඉදිරිපිටට, ඉස්සරහට
Aft'er, *prep.* පස්සේ, හැටියට *ad.* පසු
Aft'ernoon, *s.* සවස්වරුව, අපරභාගය
Aft'erthought, *s.* පසුකල්පනාව
Aft'erward, *ad.* ඉන්පසු, ඊටපස්සේ
Again', *ad.* නැවත, ආයෙම, ඇරත්
Against', *prep.* එදිරිව, ඉදිරිපිට, කල්තියා
Ag'ate, *s.* තිරුවානගල් විශෙෂයක්
Age, *s.* වයස, කාලය, වැඩිවයස, පරම්පරාව, සියක්අවුරුද්දක්
Ag'ed, *a.* වයස්ගතවූ, නාකි, මහලු, පරණ
Ag'ency, *s.* ක්‍රියාකෙරීම, මෙහෙය
Agend'a, *s.* කරන්ට තිබෙන වැඩ, කටයුතු සටහන් පොත
Ag'ent, *s.* කර්තෘ, වෙන කෙනෙක් වෙනුවට කටයුතු කරන්නා
Agglomera'tion, *s.* ගුලිගැසීම, ගුලිය
Agglut'inate, *v.* අලවනවා
Ag'grandize, *v.* උතුම්කරණවා, මහත්කරණවා
Aggrandize'ment, *s.* උසස්කිරීම, මහත්කිරීම
Ag'gravate, *v.* වඩා බරපතලකරණවා, වඩා නරක්කරණවා, තරහකරවනවා
Ag'gregate, *v.* එක්කාසුකරණවා, එක්රාශිකරණවා *a.* එක්කාසුවූ, සමස්ත *s.* මුළුල්ල, සමූහය [වා
Aggress', *v.* ඔබරයට ආරම්භකරණ
Aggres'sive, *a.* ඔබරය පටන්ගන්න, මුලින් පහරදෙන
Aggres'sor, *s.* ඔබරයට පටන්ගත් තැනැත්තා, පෙරළිකාරයා
Aggrieve', *v.* දුක්දෙනවා, අනදරකරණවා, ශෝකකරණවා [ස්සිවූ
Aghast', *a.* or *ad.* තැතිගත්, තිගැ
Ag'ile, *a.* කඩිසරවූ, ඉක්මන්වූ
Agil'ity, *s.* කඩිසරකම, ශීඝ්‍රකම
Ag'itate, *v.* සොලවනවා, කලඹනවා
Agita'tion, *s.* කැලඹීම, වංචුකොට විමසීම
Agnos'tic, *s.* ලෝකධර්මයෙන් පිට යමක් නොඅදහන්නා, අද්වෛතවාදියා
Ago', *ad.* ප්‍රථම, ඉස්සර
Ag'onize, *v.* හෘදවේදනාවෙන් ඉතාමත් වීරියකරණවා, බලවත් වේදනා විඳිනවා
Ag'ony, *s.* ඉතා රුදාව, බලවත් වේදනාව [නවා, සමගිවෙනවා
Agree', *v.* එකඟවෙනවා, සමානවෙ
Agree'able, *a.* ප්‍රියවූ, සැහෙන්නාවූ
Agree'ableness, *s.* ප්‍රියභාවය, සැහුම්කම
Agree'ment, *s.* එකඟවීම, ගිවිසුම
Ag'riculture, *s.* ගොයිකම, ගොයිතැන්කිරීම

Aggricul'turist, *s.* ගොවියා, ගොයිතැන් කරන්නා [ඇති

Aground', *ad.* ගොඩ ඇනෙන්ට, බිම

A'gue, *s.* ගැහෙන උණ, වෙවුලන උණ

Ah, *int.* අඃ, අහෝ, අනේ

Ahead', *ad* ඉදිරිපිටට, ඉස්සරහට

Aid, *v.* උදව්වෙනවා, උපකාර කරණවා *s.* උදව්ව, පිහිට, උපකාරය

Aide'-de-camp, *s.* සේනාධිපතියාගේ උදව්කාරයා, සුළුමුලාදෑනියෙක්

Ail, *v.* අසනීපවෙනවා, පීඩිතවෙනවා

Ail'ment, *s.* ලෙඩේ, රෝගය

Aim, *v.* කුරුමානන් බලනවා, මානනවා, අදහස්කරණවා *s.* කුරුමානම, අදහස

Aim'less, *a.* අදහසක් නැති, අභීයක් නැති

Air, *v.* හුලඟෙ තබනවා, හුලන්ගැහෙන්ට අරිණවා *s.* වාතය, අවකාශය, තාලය, ලීලාව

Air'ing, *s.* හුලන් ගැවිල්ලෙ ඇවිදීම, අව්වේ තැබීම

Air'y, *a.* හුලන්ඇති, සැහැල්ලුවූ

Aisle, *s.* දේවස්ථානයේ මාවත, මණ්

Ajar', *ad.* අඩවල්කළ [ඩප විථිය

Akim'bo, *ad.* අතවකුටුකර උරේපිට ගහගණ [මානවූ

Akin', *a.* නෑකම්ඇති, ලේනෑවූ, ස

Al'abaster, *s.* කිරිගරුඬ ගල, මෘදුවූ සුදුවූ ගල්වර්ගයක්

Alac'rity, *s.* කඩිසරකම, ප්‍රසන්නකම

Alarm', *s.* භයගැන්වීම, කෝලාහලය *v.* භයගන්වනවා, යුද්ධයට සරසනවා

Alarm'ing, *a.* භයඋලවන්නාවූ, තැතිගන්වන්නාවූ

Alas', int. අයියෝ, අහෝපායි, අනේ, අඃ

Albe'it, *ad.* ඒකෙසේවිනුමුත්, එහෙත්

Al'bum, *s.* සිහියම් ආදිය දමා තිබෙන පොත

Al'chemy, *s.* බොරු රසායන විද්‍යාවක්

Al'cohol, *s.* මද්‍යසාරය

Al'cove, *s.* රහස්වූ ඉඩම, ඇතුල්ගේ

Al'der, *s.* ගහක නමක් [නියා

Al'derman, *s.* නුවර දෙවෙනි මූලාදෑ

Ale, *s.* බීම වර්ගයක්, බීර [සාය

Ale'house, *s.* බීරාදිය විකුණන සළා

Alert', *a.* ප්‍රවේසම්වූ, කඩිසරවූ

Al'gebra, *s.* බීජ ගණිතය

A'lias, *ad.* එක්කෝ, නොහොත් *s.* පවරාගත් නමක්

Al'ibi, *s.* අන්තැනකවූ බව

Al'ien, *a.* පිටරටවූ, ආගන්තුකවූ *s.* ආගන්තුකයා, පරදේශියා

Al'ienable, *a.* අන්‍ය සන්තක කළහැකි

Al'ienate, *v.* අගන්තරදමනවා, පැහැරගෙණ අනිකෙක් පිට පවරණවා

Alight', *v.* බහිනවා, වැටෙනවා

Alike', *a.* සදෘශ, සමාන *ad.* එකාකාර, එකවගේ

Al'iment, *s.* ආහාර, කෑම, භෝජනය

Aliment'ary, *a.* ආහරවූ, පෝෂනක

Al'imony, *s.* දික්කසාදවූ ස්ත්‍රියෙකුට පුරුෂයා විසින් දෙන්ට නියමවෙන නඩත්තුව

Alive', *a.* පණපිටින්ඉන්න, ජීවමාන, කඩිසර, ප්‍රාණවත්

Al'kali, *s.* යවකාර ලුණු

All, *a.* සියලු, හැම *ad.* සහමුලිම්ම

All, *s.* සේරම, සියල්ල, ඔක්කොම

Allay', *v.* සංසිඳුවනවා

Allega'tion, *s.* සත්තකකොට කීම, ගෙණපාන කාරුණ

Allege', *v.* ඔප්පුවක්මෙන් ගෙණපානවා, සත්තකලෙස කියනවා

Alleg'iance, *s.* ආණ්ඩුවකෙරෙහි පක්ෂපාතකම, විශ්වාසකම

Al'legory, *s.* උපමාව, උදාහරණය

Allev'iate, *v.* සැහැල්ලු කරණවා, පහසුකරණවා [කිරීම

Allevia'tion, *s.* සංසිඳවීම, සැහැල්ලු

Al'ley, *s.* පුලු පාර, පටු මාවත, මුඩුක්කුව [විවාහබන්ධනය

Alli'ance, *s.* සහභාගිවීම, සංගමය,

Al'ligator, *s.* කිඹුලා

Alloca'tion, *s.* කොටස්කර බෙදාදීම, නියමවූ කොටස

Allocu'tion, *s.* කථාකිරීම

Allot', *v.* කොටස් බෙදනවා, නියම කර දෙනවා

Allot'ment, *s.* බෙදාදීම; බෙදා දෙන කොටස

Allow', *v.* ඉඩ අරිණවා, අවසරදෙනවා, ඒත්තුගන්නවා

Allow'able, *a.* අවකාශ හැරිය යුතු, සාහසමක් නැති, සුදුසුවූ

Allow'ance, *s.* අවසරදීම, පඩි, බැල

Alloy', *v.* මාත්තු අඩුකරණවා *s.* මිශ්‍ර ලෝහ

Allude', *v.* සඳහම්කරණවා, අඟවනවා, සංඥාකරණවා [වනවා

Allure', *v.* පොලඹවනවා, අලයකර

Allure'ment, *s.* පොලඹින දෙය, පරීක්ෂාව

Allur'ing, *a.* සිත්පොලඹින, රවටන සුළු [ශ,ව, අභිප්‍රාව

Allu'sion, *s.* අඟවා කථාකිරීම, සං

Ally', *s.* මිත්‍රබන්ධනයට පැමිණි තැනැත්තා, සමගිකාරයා *v.* සම්බන්ධකරණවා, මිතුරුකරණවා

Al'manack, *s.* ලිත

Almight'y, *a.* සර්වපරාක්‍රමවූ, සියලු බල ඇත්තාවූ

Al'mond, *s.* කොට්ටම්බා

Al'moner, *s.* දන්දෙන්නා, හිඟමන් බෙදා දෙන්නා [වෙන්

Almost', *ad.* අනුවාදෙ, ටිකක් අඩු

Alms, *s.* හිඟමන්, දානය

Al'oe, *s.* කෝමාරිකා

Al'oes, *s.* අගරු

Aloft', *ad.* ඉහළ, උඩ, උස

Alone', *a.* තනියම, උදකලාව

Along', *ad.* දිගට, සමග

Aloof′, *ad.* දුරව, ඈත්ව, වෙන්ව
Aloud′, *ad.* මහත්හඬින්,ඝෝෂාවෙන්
Alpac′a, *s.* ලොම්රෙදි වගීයක්
Al′phabet, *s.* හෝඩිය [ලින්
Alphabet′ically, *ad.* හෝඩි පිළිවෙ
Alread′y, *ad.* දැන්ම, මෙලහකටම
Al′so, *ad.* තවත්, සහ, ද
Al′tar, *s.* පූජාසනය [වෙනවා
Al′ter, *v.* වෙනස් කරණවා, වෙනස්
Al′terable, *a.* වෙනස්කළහැකි, වෙනස්වෙන්ට පුළුවන්
Altera′tion, *s.* වෙනස, විපර්‍යාසය
Al′terative, *s.* ගුණදෙන ඖෂධය
Alterca′tion, *s.* විවාදේ, තරගේ
Al′ternate, *v.* මාරුවෙන් මාරුවට කරණවා, වරින්වර වෙනවා *a.* මාරුවෙන්මාරුවටවූ, වරින්වරවූ
Altern′ately, *ad.* මාරුවෙන් මාරුවට
Alter′native, *s.* දෙකින් ඉතුරු එක, දෙකින් එකක් තෝරාගන්ට අවසරය
Although′, *conj.* නුමුත්, එසේ නුමුත්
Alt′itude, *s.* උස, උස්කම
Altogeth′er, *ad.* මුළුමනින්ම, සේරම
Al′um, *s.* සීනක්කාරන්,සවිඤ්ඤවලුණු
Al′ways, *ad.* නිතරම, නිරන්තරයෙන්ම
Am, *v.* (මම) ඉන්නවා, ඉඳිමි, වෙමි
Amain′, *ad.* වියළියෙන්, බලවත් වේගයෙන් [යක්, කලවමක්
Amal′gam, *s.* රසදිය මිශ්‍රවූ ලෝහ
Amal′gamate, *v.* මිශ්‍රකරණවා, ඒකාබද්ධකරණවා
Amanuen′sis, *s.* කියදේ ලියන්නා
A′maranth, *s.* තම්පලා, මලානිකනොවන මල් වගීයක් [ණවා
Amass′, *v.* රැස්කරණවා, ගොඩකර
Amateur′, *s.* යමකට ඇති ආශාව නිසා එය පුහුණුකරන්නා
Am′atory, *a.* ප්‍රේමයෙන් හටගත්, අලේ උපදනා, ඇලයවත්
Amaze′, *v.* පුදුමකරණවා, මවිතකරණවා
Amaze′ment, *s.* විස්මපත්වීම, මවිතය
Amaz′ing, *a.* ඉතා පුදුමවූ, මවිතකරන්නාවූ
Am′azon, *s.* යුද්ධකරණ ස්ත්‍රිය
Ambass′ador, *s.* නානාපතියා, රාජපණිවිඩකාරයා
Am′ber, *s.* තිරියල් [වූ, අවටවූ
Amb′ient, *a.* හාත්පසින් පවතින්නා
Ambigu′ity, *s.* උභයාර්ථභාවය, අර්ථයෙහි අඳුරුකම [කවූ
Ambig′uous, *a.* අනුමාන අර්ථවූ, සැ
Ambi′tion, *s.* උසස්වීමේ සිත, උතුම්වෙන්ට ආශාව
Ambi′tious, *a.* උසස්වෙන්ට ආශා සිතැති, කීර්තිය සොයන්නාවූ
Am′ble, *s.* අශ්වයාගේ තින් පිම්මේ ගමණ *v.* අශ්වයෙක් මෙන් ගමන් කරණවා, හිතට අරන් ගමන්කරණවා

Ambro'sia, *s.* දිව්‍යභෝජනය, අමෘ
තය [ත රසවූ
Ambro'sial, *a.* මිහිරි සුවඳැති, අමෘ
Am'bulance, *s.* යුද්ධයෙහිදී ගෙණ
යන ආරෝග්‍ය රථය
Am'bulatory, *a.* සංචාරණයට පුරුදු,
තැනින්තැන යන
Am'bush, Am'buscade, *s.* පහරදීම
ට සැඟවී රැකසිටීම, රැක්මපල, ර
හස් සේනාව [වැඩිදියුණු වෙනවා
Amel'iorate, *v.* වඩා හොඳකරණවා,
Amen', *s.* ආමෙන්, එසේම වේවා
Amen'able, *a.* උත්තරදෙන්ට යුතුවූ,
කීකරුවූ
Amend', *v.* හරිගස්සනවා, හොඳවෙ
නවා [හැරලීම
Amend'ment, *s.* හරිගැසීම, දෝෂ
Amends', *s.* හිලව්වීම, ප්‍රතිදානය
Amen'ity, *s.* ප්‍රසන්නතාවය, ගුණව
නත ලීලාව
Amerce', *v.* දඩගහනවා
Amerce'ment, *s.* දඩේ
A'methyst, *s.* සෙව්වන්දි පාෂාණය,
අඹතොසතය [සනත ලීලාව
Amiabil'ity, *s.* ප්‍රේමණීය ගතිය, ප්‍ර
A'miable, *a.* ප්‍රේමකරටයුතුවූ, කරු
ණාවන්තවූ, දයාබරවූ, ප්‍රියවූ
Am'icable, *a.* මිත්‍ර, සමගි, සමාදාන
Amid', Amidst', *prep.* මැද, අතරේ
Amiss', *a.* වැරදි, දෝෂසහිත *ad.* වැ
රදිලෙස

Am'ity, *s.* මිත්‍රකම, සමගිකම
Ammon'ia, *s.* ගිනි ලුණු
Ammuni'tion, *s.* යුද්ධ උපකරණ
Am'nesty, *s.* සාමාන්‍ය ක්ෂමාව
Among', Amongst', *prep.* අතරේ,
අතරතුරේ. අස්සේ
Am'orous, *a.* කාමිකවූ, සෝහවූ
Amount', *v.* එකතුවී ගණනක් වෙ
නවා, *s.* ගණන, මුළු ගණන
Amour', *s.* කාමික ක්‍රියාවක්
Amphi'bious, *a.* දිය ගොඩ දෙකේ
වසන, විගුණලත් [බලය
Amphithe'atre, *s.* කවවූ නාට්‍යමණ්
Am'ple, *s.* විශාලවූ, පලල්වූ, සෑ
හෙන ප්‍රමාණවූ
Am'plification, *s.* විශාලකිරීම
Am'plify, *v.* මහත්කරණවා, දීර්ඝක
රණවා
Am'plitude, *s.* මහත්කම, විශාලත්වය
Am'ply, *ad.* බොහෝ ලෙස, සෑහෙ
න පමණට
Am'putate, *v.* ගාත්‍රා කපාදමනවා
Am'ulet, *s.* යන්තරය
Amuse', *v.* සෙල්ලමින් පසු කරණ
වා, සතුටුකරණවා
Amuse'ment, *s.* ප්‍රීති සෙල්ලම, සතු
ටුකරණ කාරණය
Amus'ing, *a.* සෙල්ලම් සහිත, ප්‍රීතිද
යක
An, *a.* එක, එක් [දරණ
Ana'logous, *a.* සමානවූ, සදෘශබවයක්

Ana'logy, *s.* සමානකම, සදෘශත්වය
Ana'lysis, *s.* ඡේදනයකිරීම, කො
ටස්කිරීම
An'alyze, *v.* කොටඨාස කරණවා,
වෙන්වෙන්කරණවා
An'archist, *s.* නිරාණ්ඩුකාරයට අනු
බලදෙන්නා, රාජහංගකයා
An'archy, *v.* නිරාණ්ඩුව, අවුල
Ana'thema, *s.* ශාපය, යැදීම
Ana'thematize, *v.* ශාපකරණවා, ශා
පදෙනවා
Anat'omist, *s.* සල්ල වෙදා
Anat'omy, *s.* සල්ලවිධිය, ශරීරය ක
පා කොටා දත් ශාස්ත්‍රය [ඨයා
An'cestor, *s.* වැඩිමහල්ලා, කුලජේ
An'cestry, *a.* මුතුන්මුතු පරම්පරාව
Anch'or, *s.* නැංගුරම *v.* නැංගුරම් ද
මනවා [නය, නැංගුරම් තීරුව
Anch'orage, *s.* නැංගුරම්දමන සථා
An'chorite, *s.* තාපසයා
Ancho'vy, *s.* ක්ෂුඩයා
An'cient, *a.* පරණ, පුරාණ, මහලු
An'cients, *s.* පුරාතනයෝ
And. *conj.* සහ, ද, තවද [ථාව
An'ecdote, *s.* ලුහුඩු කථාන්තරය, ක
Anew', *ad.* ආයෙම, අලුතෙන්, නැ
An'gel, *s.* දේවදූතයා, දූතයා [වත
Angel'ic, *a.* දේවදූතයින්ට සමාන,
දේවදූතික
An'ger, *s.* තරහ, ක්‍රෝධය, උදහස
v. තරහකරණවා, කෝපකරණවා

An'gle, *s.* කොණ, මුල්ල, බිලිපිත්ත,
බිලිය, *v.* බිලිබානවා, ඇම් දමනවා
An'gler, *s.* බිලිබාන්නා, මත්ස්‍යයෙක්
An'glican, *a.* ඉංග්‍රිසි *s.* එංගලන්තස
භාකාරයා
An'glicise, *v.* ඉංග්‍රිසි භාෂාරීතියට හ
රවනවා
An'gry, *a.* තරහවූ, ක්‍රෝධවූ, වෛ
රවූ [කනගාටුව
An'guish, *s.* බලවත් වේදනාව, තද
An'gular, *a.* මුලුසහිතවූ, කොණ්වූ,
අප්‍රසන ගති ඇත්තාවූ
Angular'ıty, *s.* කොණ්සහිතවීම, න
දගතිය
Animadver'sion, *s.* ගුණදොස් දැක්වී
ම, දොස් පැවරීම
Animadvert', *v.* යමක් කෙරේ සිත
හරවා හරිවැරදි කියනවා, දෝෂා
රෝපණය කරණවා, තරවටුකර
ණවා [ක, සබ, මාංශික
An'imal, *s.* සතා, තිරිසනා *a.* ශරීරි
Animal'cule, *s.* ඇහැට නොපෙණෙ
න තරමේ පුංචි සතා
An'imate, *v.* ජීවිතය දෙනවා, ප්‍රාණ
වත්කරණවා, ධෛර්‍ය දෙනවා
a. ප්‍රාණික, ප්‍රාණවත්
An'imated, *a.* ප්‍රාණවත්, වීර්‍යවත්.
උනන්දු [දුකම
Anima'tion, *s.* ප්‍රාණවත්වීම, උනන්
Animos'ity, *s.* ක්‍රෝධය, වෛරය
An'ise, *s.* අසමෝදගම්

An'kle, *s.* ඇස්වටය, බොලටය

An'nalist, *s.* කාලගණිත ප්‍රවෘත්ති ලි
ඛිතකරු

An'nals, *s.* පිළිවෙලින් සටහන්කල
කාරණව; කාලගණිතප්‍රවෘත්ති

Anneal', *v.* රත්කර පණපොවනවා

Annex', *v.* එකතුකරණවා, අමුනනවා

Annexa'tion, *s.* එකතුකිරීම, යාකිරීම

Anni'hilate, *v.* නාස්තිකරණවා, වි
නාශකරණවා [නවීම

Anni'hilation, *s.* නැතිවියාම, විධ්වංස

Annivers'ary, *a.* අවුරුදුපතා, සංවත්
සරික *s.* සංවත්සරය, අවුරුදු දවස

An'notate, *v.* අර්ථ කියනවා, විස්තර
සටහන්කරණවා

Annota'tion, *s.* අර්ථකථාව, ගැටපද
සන්නය, අටුවාව

Annotat'or, *s.* විස්තර සටහන්කරන්
නා, අටුවාචාර්‍ය්‍යයා

Announce', *v.* ප්‍රසිද්ධකරණවා, එළි
දරව්කරණවා, දන්වනවා

Annoy', *v.* හිංසාකරණවා, කරදර
කරණවා, කෝපකරණවා

Annoy'ance, *s.* හිංසාව, කෝප කර
ණ දේ

An'nual, *a.* අවුරුදුපතා *s.* අවුරුද්
දක් පවතින ගස, අවුරුදු පොත

An'nually, *ad.* අවුරුදුපතා, අවුරුද්
දෙන් අවුරුද්ද

Annu'itant, *s.* අවුරුදුපතා මුදලක්
ලබන්නා

Annu'ity, *s.* අවුරුදුපතා ලබන මුදල

Annul', *v.* අවලංගුකරණවා, හැර
දමනවා

An'nular, *a.* වෘත්තාකාර, වටකුරු,
කවාකාර

Annuncia'tion, *s.* දැන්වීම, ප්‍රවෘත්තිය

Anoint', *v.* ආලේපකරණවා, ගානවා

Anoint'ed, *a.* ආලේපලත්, *s.* මෙසි
යස්වහන්සේ

Anom'alous, *a.* අනියම්වූ, ක්‍රමභ්‍රෂ්ටවූ

Anom'aly, *s.* නියම විධියෙන් භේද
වීම, අනියම් කාරණය

Anon', *ad.* එකෙණෙහිම, සැණෙන්

An'nually, *ad.* අවුරුදුපතා

Annun'ciate, *v.* දන්වනවා, ආරංචික
රණවා

Anonym'ity, *s.* නිර්නාමිකභාවය, න
ම නොදැමීම [සක් නැති

Anon'ymous, *a.* නමනැති, හරි අත්

Anoth'er, *a.* අනික්, වෙනින්, තවත්

An'swer, *s.* උත්තරය, පිරුළ *v.* උත්
තරදෙනවා, සැහෙනවා [ප්‍රශ්නවූ

An'swerable, *a.* උත්තර දියයුතුවූ, ප්‍ර

An'swerably, *ad.* සැහෙන ලෙස, ප්‍ර
ශ්න පරිද්දෙන්

Ant, *s.* කූඹියා, දිමියා, වේයා [රය

Antag'onism, *s.* විරුද්ධවාදිකම, පො

Antag'onist, *s.* විරුද්ධකාරයා, පොර
ට සිටින්නා

Antarct'ic, *a.* දක්ෂිණ ධ්‍රැව

An'te, *prep.* ඉස්සර, පෙරටුව

An′teced′ent, *a.* ඉස්සරව යන, ඉහළින් තිබෙන *s.* පෙරටුව යනඑක කලින්වෙන දේ

Anteced′ently, *ad.* මත්තෙන්, ඉස්සරින් [රය

An′techamber, *s.* පිට ශාලාව, කාම

An′tedate, *v.* නියම දවසට පළමු කොට වකවණුව ලියනවා, බලාපොරොත්තුව සිටිනවා

Antedilu′vian, *a.* නෝවාගේ කාලේ ජලගැලීමට පළමුවූ *s.* මහා ජලගැල්මට මත්තෙන් සිටි කෙනෙක්

An′telope, *s.* මුව වර්ගයක්

Antemeri′dian, *a.* උදේ වරුවට අයිති, මධ්‍යාහ්නයට පූර්වවූ

Ante′rior, *a.* පූර්ව, පෙර, ප්‍රථම, ආදි

An′them, *s.* ශුද්ධ ගීතිකාව, තුතිකාව්

Ant′hill, *s.* වේ හුඹස

Anthol′ogy, *s.* මල් ගැණ කථාව, මල් දම, තෝරගත් කවි හෝ වාසගම්

Anthropol′ogy, *s.* මනුෂ්‍ය ශාස්ත්‍රය, මනුෂ්‍යජාති විද්‍යාව

Anthropomorph′ism, *s.* දේවත්වය මනුෂ්‍ය ස්වභාවෙන් හෝ ගුණධර්ම සහිතව දැක්වීම [කම, විහිළුකාරයා

An′tic, *a.* විහිලුවූ *s.* විහිලුව, කවට

Antichristian, *a.* ක්‍රිස්තුභක්තියට විපක්ෂ *s.* ක්‍රිස්තියානි ආගමට සතුරු

Antic′ipate, *v.* බලාපොරොත්තුව සිටිනවා, වෙන කෙනෙකුට ඉස්සරින් කරණවා, කල්මත්තෙන් කරණවා

Anticipa′tion, *s.* ප්‍රාර්ථනාව, බලාසිටීම [ලකන්නාවූ

An′tidotal, *a.* විෂමරන්නාවූ, නපුර ව

An′tidote, *s.* විෂ මැරීමට ඖෂධය, බෙහෙත, නපුර වලකන දේ

An′timony, *s.* අඳුන, ලෝහජාතියක්

Antinom′ian, *s.* ශුභාරංචියට යටත් අය පරණ නීතියේ අණපණත් පවත්වන්ට බැඳිනැතැයි උගන්වන්නා

Antip′athy, *s.* නොරිස්සීම, විරුද්ධය

Antip′ode *s.* පොළවේ අනිත්පැත්තේ වසන්නෝ, පොළවේ හරි අනිත් පැත්ත

An′tiquary, *s.* පුරාණ දේ සොයාගන්නා, පුරාණ කාරණ උගත්තැනැත්තා [ලට නොබින

An′tiquated, *a.* පරණවූ, කල්ගිය, කා

Antique′, *a.* පුරාණවූ, ආදිවූ *s.* පුරාණ දෙයක්

Antiq′uity, *s.* පුරාණය, ආදිකාලය, යටගිය දවස, පෞරාණික වස්තුවක්

Antiso′cial, *a.* අමිත්‍රවූ, යහළු සමාගමට සතුරුවූ

Antith′esis, *s.* අනී පෙරළීම, අනී විපරීතය, විරුද්ධතාවය

An′titype, *s,* පූර්වලක්ෂණයෙන් දක්වන සත්‍යය, ආදර්ශයට වැටහෙන කාරණව

Ant′ler, *s* මුවඅං ඉත්ත

An′vil, *s.* කිනිහිරය

Anxi′ety, *s.* සැනගාටු සිතිවිල්ල, කාං
සාව, තලංගුව

Anx′ious, *a.* කාංසාවූ, හැවිකාරවූ

Any, *a.* යම්කිසි, කවුරුවත් *ad.* කො
හොත්ම, යම්තම්වත් [හූවූත්

An′yhow, **A**n′ywise, *ad.* කොහොම

An′ywhere, *ad.* කොහේ හූවූත්

Aor′ta, *s.* හෘදයෙන් නික්මෙන ලො
කු නහරය [ඩිනමින්

Apace′, *ad.* ඉක්මණින්, විගසින්, ක

Apart′, *ad.* වෙනම, වෙන්ව

Apart′ment, *s.* ඇතුල්ගේ, කාමරය

Apathet′ic, *a.* නොසැලකිලිවූ, අලසවූ

Ap′athy, *s.* නොසැලකීම, සිතට නො
ගන්නාගතිය

Ape, *s.* වානරයා, වඳුරා, රිලවා *v.* රි
ලවෙක් මෙන් අනුන් කරණහැටි
බලා එලෙස ක්‍රියාකරණවා [හෙත

Ape′rient, *a.* විරේචන *s.* විරේක බෙ

Ap′erture, *s.* සිල, සිදුර

A′pex, *s.* මුදුන

Aph′orism, *s.* හිතෝපදේශය

Aphorist′ic, *a.* හිතෝපදේශාකාරවූ,
උපදේශික [තැන, මීමැසි ගේ

Ap′iary, *s.* මීමැස්සන්නවත්වාඉන්න

Apiece′, *ad.* එකිනෙකට, එක එකාට

Ap′ish, *a.* වඳුරුගතිවූ, හැඩගන්නාවූ

Apoc′alypse, *s.* එළිදරව්කෙරීමනම්
පොත

Apoc′rypha, *s.* බයිබලයට අඳුල
පොත් අතරේ අනුමානකළ පොත්

Ap′ogee, *s.* චන්ද්‍ර ගමන් මාර්ගයෙහි
පොළවට ඉතා දුර ස්ථානය

Apologet′ic, *a.* කමාව ඉල්ලන, නිර්
දොෂකාරණ

Apologet′ics, *s.* ක්‍රිස්තියානි ධර්මයේ
නිදොස් බව ඔප්පුකිරීම පිණිසවූ
ශාස්ත්‍රක්‍රමයක්

Apol′ogize, *v.* කමාව ඉල්ලනවා

Ap′ologue, *s.* උපමාව, කථාව

Apol′ogy, *s.* කාරණකීම, කමාව
ඉල්ලීම

Ap′ophthegm, **A**p′othegm, *s.* කුඩා
කථාව, හිතෝපදේශය, ප්‍රත්‍ය
වාක්‍යය [ය

Ap′oplexy, *s.* අංගවිකෘතිය, සන්නි

Apost′asy, **A**post′acy, *s.* තමාගේ ඇ
දහිල්ල හෝ සමාගමට පිටිපා ඇහ
රීවීම

Apost′ate, *s.* සත්‍ය ධර්මය හැරිය නැ
නැත්තා, දෘෂ්ටිභේදකයා *a.* අවිශ්වා
සවූ, ද්‍රෝහිවූ, වැටීගියාවූ

Apost′atize, *a.* අන්‍යදෘෂ්ටි වෙනවා

Apos′tle, *s.* ප්‍රේරිතයා

Apostol′ic, *a.* ප්‍රේරිතයන් පිළිබඳවූ,
ප්‍රේරිතයන්ගේ ගුණධනවලට හෝ
ගුරුකමට එකඟවූ

Apost′rophe, *s.* අක්ෂර ලොප්කිරීමට
කරණලකුණ [දු

Apoth′ecary, *s.* බෙහෙත් වෙළෙන්

Apotheo′sis, *s.* මනුෂ්‍යයෙක් දෙවිත
මට පත්කිරීම

Appal', *v.* තිගැස්සිකරණවා, භය ගන්වනවා [කරණය

Appara'tus, *s.* උපකරණ, ශාස්ත්‍රෝප

Appar'el, *s.* ඇඳුම්, පැළඳුම්, වස්ත්‍රය *v.* අඳිනවා, පලඳවනවා

Appar'ent, *a.* පෙණෙන්නාවූ, පැහැදිලිවූ, පෙණෙනවා පමණක්වූ

Appar'ently, *ad.* පැහැදිලි ලෙස, පෙණෙනලෙස, පෙණීමට පමණක්

Appari'tion, *s.* අවතාරය, භූතය

Appeal', *v.* නඩුවක් දෙවනු විනිශ්චයකරන්ට ඉල්ලනවා, කියා සිටිනවා, ඉල්ලනවා *s.* දෙවනු විනිශ්චය පැතීම, ඉල්ලා සිටීම, කියාසිටීම

Appear', *v.* පෙණෙනවා

Appear'ance, *s.* පෙණීම, දර්ශනවන දේ, සමාන-ලක්ෂණය

Appease', *v.* නලවනවා, සංසිඳුවනවා, නිශ්චලකරණවා

Appel'lant, *s.* දෙවනු විනිශ්චය ඉල්ලාසිටින්නා [බන්ධ

Appel'late, *a.* දෙවෙනි විනිශ්චය සම්

Appella'tion, *s.* නම, නාමය

Appel'lative, *s.* බොහෝ ගණනකට පොදුවූ නාමය *a.* පොදුවූ, සාමාන්‍යවූ

Append', *v.* අමුණනවා, සම්බන්ධකරණවා [ය

Append'age, *s.* එකතුදෙය, සම්බන්ධ

Appen'dix, *s.* එකතුකළ දේ, අනුබන්ධනය, ඌනපූරණය

Appertain', *v.* අයිතිවෙනවා, අඩුත්තුව තිබෙනවා

Ap'petence, Ap'petency, *s.* ලැදිවීම, මාංශික ඇල්ම [දේ

Ap'petiser, *s.* කෑමට රුචිය වඩවන

Ap'petite, *s.* තෘෂ්ණාව, කෑම තෘෂ්ණාව, බඩගින්න

Applaud', *v.* සාධුකාරදෙනවා, ප්‍රශංසාකරණවා [සාව

Applause', *s.* අත්පොළසන්දීම, ප්‍රශං

Ap'ple, *s.* ජම්බු සමාන ගෙඩිවර්ගයක්; *of the eye*, ඉංද්‍රියාව, කළුරුවාව

Appli'ance, *s.* උපකරණය, අදාළදේ

Ap'plicability, *s.* වැටහෙන ගුණය, සුදුසුකම

Ap'plicable, *a.* සුදුසු. සැහෙන

Ap'plicant, *s.* ඉල්ලුම්කාරයා, පෙත්සම්කාරයා

Applica'tion, *s.* ස්පර්ශකිරීම, තවරණ දේ, උත්සාහය, ඉල්ලීම, ඉල්ලුම් පත්‍රය

Apply', *v.* ස්පර්ශකරණවා, තබනවා, ඉල්ලනවා, නියුක්තකරණවා [ණවා

Appoint', *v.* නියමකරණවා, පත්කර

Appoint'ment, *s.* නියෝගකිරීම, පත්කිරීම, නිලය [දාදෙනවා

Appor'tion, *v.* බෙදනවා, පංගු බෙ

Ap'posite, *a.* අනුරූපවූ, සුදුසුවූ, යුතුවූ

Apposi'tion, *s.* එක්කිරීම, යාබදකම

Appraise', *v.* අගේකරණවා, මිලකරණවා

Appraise'ment, *s.* තක්සේරුකිරීම
Apprais'er, *s.* මිලකරන්නා
Appre'ciable, *a.* අගය කළහැකිවූ, යම්තම් ඇත්තාවූ
Appre'ciate, *v.* අගේකොට සිතන වා, අගේ සලකණවා
Appre'ciative, *a.* අගේකොට සලක න බව දක්වන්නාවූ
Apprehend', *v.* අල්ලනවා, තේරුම් ගන්නවා, භය සිතනවා
Apprehen'sible, *a.* ඇල්ලියහැකිවූ, තේරුම්ගන්ට පුළුවන්වූ
Apprehen'sion, *s.* ඇල්ලීම, දැනගැ ණීම, භය [නාවූ, භයසහිතවූ
Apprehen'sive, *a.* අනුමානකරන්
Apprent'ice, *s.* යම් ශිල්පයක් ඉගෙණ ගන්ට බැඳුනු අය *v.* වැඩක් ඉගෙණ ගන්න පිණිස බන්දවනවා
Apprent'iceship, *s.* වැඩක් ඉගෙණ ගන්ට බැඳී සිටින කාලය [වා
Apprise', *v.* දන්වනවා, සැලකරණ
Approach', *v.* ලඟාවෙනවා, සමීපවෙ නවා *s.* ලඟාවීම, ලංවෙන මාවත
Approach'able, *a.* ලඟාවෙන්ට පුළු වන් [න, ඒත්තුගැණීම
Approba'tion, *s.* මනාපය, කැමැත්
Appro'priate, *v.* අයිතිකරගන්නවා, නියමකර තබනවා *a.* සුදුසුවූ, යු තුවූ, වෙන්කළාවූ
Appro'priately, *ad.* ඔබින ලෙස, නි සි ප්‍රකාරයට

Appropria'tion, *s.* අයිතිකරගැණීම, යම් අදහසකට වෙන්කිරීම [වීම
Approv'al, *s.* ඒත්තුගැණීම, මනාප
Approve', *v.* ඒත්තුගන්නවා, මනා පවෙනවා, අවසරදෙනවා
Approv'ingly, *ad.* මනාපාකාරයෙන්, කැමැත්තෙන් [ගාවෙනවා
Approx'imate, *a.* ලංවූ, කිට්ටු *v.* ල
Approxima'tion, *s.* සමීපවීම
Appur'tenance, *s.* අයිතිවූ දෙයක්
A'pricot, *s.* ඵල වර්ගයක්
A'pril, *s.* බක්මස [න වැස්ම
A'pron, *s.* ඇඳුමට මතුපිටින් දමාගන්
Apt, *a.* සුදුසු, ලැදි, දක්‍ෂ, සමර්ථ
Apti'tude, *s.* සුදුසුකම, හුරුකම, ස මර්ථකම
Aqua'rium, *s.* දියපැල හෝ මසුන් උදෙසා සෑදූ ජලාසයක්
Aquat'ic, *a.* දියේ උපදින, ජලජ, දියේ හැසිරෙණ
Aq'ueduct, *s.* කානුව, අගල
A'queous, *a.* දියාරු, දිය සහිත, ජල යෙන් සෑදුන [ගේ නැවුන
Aq'uiline, *a.* රාජාලියාගේ හොට වා
Ar'ab, *s.* අරාබිකාරයා
Ar'abic, *s.* අරාබි භාෂාව
Ar'able, *a.* සීසෑමට සුදුසු, ගොවික මට යුතුවූ
Ar'biter, *s.* මැදහත් විනිශ්චයකාරයා
Arbit'rament, *s.* සේච්ඡාව, තීන්දුව
Ar'bitrarily, *ad.* සිතුවක්කාර ලෙස

Ar'bitrary, *a.* හිතුවක්වූ, බලාත්
කාරවූ [බේරණව

Ar'bitrate, *v.* විනිශ්චය කරණවා,

Arbitra'tion, *s.* වැදගත් විනිශ්චය
කිරීම, බේරාදීම

Ar'bitrator, *s.* මධ්‍යස්ථයෙහි විනිශ්චි
යට පත්කරණලැබූ තැනැත්තා

Arbor'eous, *a.* වෘක්ෂ සම්බන්ධ, වෘක්ෂ
මයවූ [න, වෘක්ෂාකාර සෑදුන

Arboresc'ent, *a* වෘක්ෂමෙන් වැඩෙ

Ar'bour, *s.* පන්දලම්, වංගුම

Arc. *s.* වෘත්තඛණ්ඩය, දුනුහැඩය

Arcade', *s.* බරාදෙ, බෝක්කුවීදිය

Arch', *a.* ප්‍රධාන, ප්‍රයෝගකාර *s.* අඩ්
සවය, ආරුක්කුව *v.* බෝක්කු න
මනවා [ශාස්ත්‍රය උගතා

Archæol'ogist, *s.* පුරාණදේ සම්බන්ධ

Archæol'ogy, *s.* පුරාතන ශාස්ත්‍රය

Ar'chaism, *s.* මේකලට අව්‍යවහාරවූ
වාක්‍යය

Archan'gel, *s.* උතුම් දේවදූතයා

Archbish'op, *s.* ප්‍රධාන පාරිදශීක
තැන, අග්‍ර බිස්කොප්තැන

Archdea'con, *s.* අග්‍රපාරිදශීකයා, නා
යක උපස්ථායකයා

Arch'er, *s.* වැද්දා, දුනුකාරයා

Arch'ery, *s.* දුනු විදීම, විදුම්ශාස්ත්‍රය

Arch'etype, *s.* මූලානුරූපය, මුල් අ
දශය

Archiepis'copal, *a.* අග්‍ර බිස්කොප්
තැනට අයිති

Archipel'ago, *s.* කොදෙව් සමූහය
කින් යුත් මුහුද

Ar'chitect, *s.* ගෘහකාරක ශාස්ත්‍රයෙ
හි නිපුන තැනැත්තා

Architec'ture, *s.* ඉදිකිරීමේ ශාස්ත්‍රය,
ගොඩනැගිල්ල

Ar'chives, *s.* පුරාණ ලියවිලි තිබෙන
ඉඩම, තෝම්බු [ගල

Arch'stone, *s.* ආරුක්කුවේ ප්‍රධාන

Arch'way, *s* බෝක්කුවට යටින්පාර

Arc'tic, *a.* උත්තර ධ්‍රැව, උතුරුවූ

Ard'ent, *a.* ගිනිමයවූ, ජ්වලිතවූ, තද

Ard'our, *s.* උණුහුම, ජ්වලිතකම

Ard'uous, *a.* අසීරුවූ, අමාරුවූ

Are, *v.* හිටිනවා, තිබෙනවා

A'rea, *s.* විසාල ඉඩම, බිම, අංගණය

Are'ka-nut-cutter, *s.* ගිරේ

Are'na, *s.* රඟමණ්ඩලය, වාදභූමිය

Ar'gent, *a.* රිදීමයවූ

Ar'gil, *s.* කුඹල්මැටි, කිරිමැටි

Ar'gosy, *s.* විසාල වෙළඳ නැවක්

Ar'gue, *v.* විවාදකරණවා, වාදකර
ණවා, තර්කකරණවා

Ar'gument, *s.* තර්කණය, ඔප්පුසාක්ෂිය

Argumenta'tion, *s.* තර්කණය, තර්කය

Argument'ative, *a.* විවාදවූ, තර්කයෙ
න් සමන්විතවූ, තර්කයෙහි ලැදිවූ

Ar'id, *a.* වියලි, ශුෂ්ක

Arid'ity, *s.* වියලි ස්වභාව, දියසීරාව
නැතිකම [න්

Aright', *ad.* හරිලෙස, යුතු පරිද්දෙ

Arise′, *v.* නැගිටිනවා, පෙණියනවා, උපදිනවා [තුන්
Aristoc′racy, *s.* රදල ආණ්ඩුව, වංශව
Ar′istocrat, *s.* රදල ආණ්ඩුවට පක්ෂ ඇත්තා, වංශක්කාරයා, උඩඟු මනුෂ්‍යයෙක්
Arith′metic, *s.* ගණිත ශාස්ත්‍රය
Arithmeti′cian, *s.* ගණිතයා
Ark, *s.* ශිවිසුම් පෙට්ටිය, නැව
Arm, *s.* බාහුව, ශාඛාව, අත්ත, ආයුධය *v.* යුද්ධායුධයෙන් සැරසෙනවා, සරසනවා [සමූහයක්
Arma′da, *s.* යුද්ධයට සැරසුන නැව්
Arm′ament, *s.* යුද්ධ සමූහයක්, නැවක යුද්ධභාණ්ඩයන්
Arm′hole, *s.* කිහිල්ල [යුද්ධ සමාදානය
Ar′mistice, *s.* පෙරළි අත්හිටවීම, යු
Armor′ial, *a.* සන්තාන සම්බන්ධ, වංශ සලකුණුවූ
Ar′mour-bearer, *s.* ආයුධ ගෙණයන්
Arm′our, *s.* සන්නාහය, ආයුධ [නා
Arm′ourer, *s.* ආයුධ සාදන්නා, ආයුධ ප්‍රවේසම්කරන්නා
Arm′oury, *s.* යුද්ධායුධතබනස්ථානය
Arm′pit, *s.* කිහිල්ල.
Arms, *s.* යුද්ධායුධ, සටන, වංශ සලකුණු [නග, සමුද්‍රව
Arm′y, *s.* යුද්ධසේනාව, සිව්රඟ සෙ
Aro′ma, *s.* වෘක්ෂාදියෙන් හටගන්න සුගන්ධය, සුවඳ
Aromat′ic, *a.* සුවඳවූ, සුගන්ධවූ

Arose′, *v.* නැගිට්ටා [පසින්
Around′, *prep. & ad.* වටකර, හාත්
Arouse′, *v.* පුබුදුවනවා, නැඟුටුවන [වා
Ar′rack, *s.* අරක්කු, මේරය
Arraign′, *v.* නඩුකාරයා ඉදිරිපිට සිටුවනවා, චරදනගනවා
Arrange′, *v.* පිළිවෙලට තබනවා, සූදානම්කරණවා
Arrange′ment, *s.* අස්කිරීම, පිළිවෙළ, බේරුම
Ar′rant, *a.* ඉතා දුෂ්ටවූ, ඉතා නපුරුවූ
Array′, *s.* පිළිවෙළ, සැරසීම, බලපෑම, ආභරණය *v.* සරහනවා, පිළියෙලකරණවා
Arrear′, *s.* අවශේෂ, ඉතුරුනය, හිඟ
Arrest′, *v.* අල්ලනවා, නගනම්කරණවා, වලක්වනවා *s.* හිරකිරීම, වැලැක්වීම
Arriv′al, *s.* සම්ප්‍රාප්තවීම, ලඟාවීම
Arrive′, *v.* සම්ප්‍රාප්තවෙනවා, පැමිණෙනවා [කම
Ar′rogance, *s.* උඩඟුකම, අහංකාර
Ar′rogant, *a.* අහංකාරවූ, උඩඟුවූ
Ar′rogate, *v.* ආඩම්බරගන්නවා, අයුත්තෙන් හිමිකරගන්නවා
Ar′row, *s.* ඊතල, සැරය, ඊය
Ar′rowhead, *s.* ඊතලය
Ar′rowroot, *s.* හුලංකිරිය, අරරූත් පිටි [ය
Ar′senal, *s.* යුද්ධායුධ තිබෙන ස්ථාන
Ar′senic, *s.* වච්චනාවි, පාෂාණ

Art, *s.* ශිල්පය, ශාස්ත්‍රය, කර්මාන්තය, උපක්‍රමය [අයිති
Arte'rial, *a.* හෘද ලේ නහරයකට
Ar'tery, *s.* හෘදයෙන්එන ලේනහරය
Art'ful, *a.* දඟකාරවූ,ප්‍රයෝගවූ [කම
Art'fulness, *s.* ප්‍රයෝගකාරකම, ධූර
Ar'ticle, *s.* දෙයක්, වගන්තිය, නිපාතයක් *v.* ලියවී බැඳෙනවා
Artic'ulate, *v.* ශබ්දකරණවා, ස්වර නගණවා *a.* වෙන්වශයෙන් කියවෙන, පැහැදිලි [ශබ්දකිරීම
Articula'tion, *s.* සන්ධිය, පැහැදිලිව
Art'ifice, *s.* වංචාව, දඟය
Artifi'cer, *s.* කර්මාන්තකාරයා
Artifi'cial, *a.* සෑදූවාවූ, වංචාවූ
Artificial'ity, *s.* සාදනලද ගුණය, අස්වභාවූ ගතිය
Artific'ially, *ad.* හස්තකර්මාන්තයෙන්, ජම්මනොවූ විධියකින්
Artil'lery, *s.* කාලතුවක්කු ආදි යුද්ධභාණ්ඩ, හමුදුවක කාලතුවක්කු භාර කොට්ඨාසය [කාරයා
Art'isan, *s.* කර්මාන්තකාරයා, වෑඩ
Art'ist, *s.* කම්කරුවා, ශිල්පකාරයා
Artist'ic, *a.* ශිල්පානුකූල
Art'less, *a.* වංචානැති, උපාරහිත
As, *ad.* & *conj.* පරිද්දෙන්, ප්‍රකාර, එබඳු, හැටි, වාගේ, ආකාර, අතර
Asafœt'ida, *s.* පෙරුන්කායම්
Ascend', *v.* ගොඩනගිනවා, උඩයනවා
Ascend'ant, *a.* උසස්, නැග්ගාවූ *s.* උසස්කම, නැගීයන බලය [කම
Ascend'ency, *s.* උසස්කම, උතුම
Ascen'sion, *s.* ආරූඪවීම, නැගීයාම
Ascent', *s.* නැගීම, ගොඩැල්ල
Ascertain', *v.* නිසැකව දැනගන්නවා, සොයා දැනගන්නවා
Ascertain'able, *a.* නිසැකවදතහැකි
Ascet'ic, *s.* තාපසයා, උපාසකයා *a.* තපස්, යෝගිවූ [භාවනාව
Ascet'icism, *s.* තපස් රැක්ම, තපස්
Ascrib'able, *a.* යමෙක් හෝ යමක් කෙරේ පැවරියහැකි
Ascribe', *v.* යමෙක් පිට පවරණවා, අයිතිකර දෙනවා [කාරුණ
Ascrip'tion, *s.* පැවරීම, පවරණලද
Ash, *s.* ගහක්
Ashamed', *a.* ලජ්ජාවූ
Ash'es, *s.* අළු, මෘත ශරීරය
Ashore', *ad.* වෙරළෙහි, ගොඩ
Ash-Wednes'day, *s.* අළුබදාද
Ash'y, *a.* අළුමිශ්‍ර, අළුපාට, මලානික
Asiat'ic, *a.* ආසියාවට අයිතිවූ
Aside', *ad.* පැත්තක, රහසින්
As'inine, *a.* කොටළුවාට අයිති, මූරුවෙක් වැනි
Ask, *v.* ඉල්ලනවා, අහනවා
Askance', **Askant'**, *ad.* ඇස් කොණින්, පැත්තෙන්
Askew', *ad.* ඇදේට, වපරේට [වෙලා
Aslant', *a.* or *ad.* ඇලවෙලා, හාන්සි

Asleep′, *a.* or *ad.* නිදි, නින්ද ගිහින්
Asp, *s.* විෂකුරු සර්ප වර්ගයක්
As′pect, *s.* බැල්ම, පෙණීම
Asp′en, *s.* නිතරම සෙලවෙන කො
ළ ඇති ගහක්
Asper′ity, *a.* කටුක බව, රෞද්‍රකම
Asperse′, *v.* කේලාම් කියනවා, කෙ
ලෙහනවා
Asper′sion, *s.* කේලම, ඕපාද්‍රූපය
Asphalt′, *s.* පොළවෙන් ගන්නා බ
දුම වර්ගයක්, ගල්තාර
Asphyx′ia, *s.* හුස්මගන්ට බැරිවීයාම,
හුස්ම හිරවීම
Aspir′ant, *s.* උසස්බවට පැමිණෙන්ට
හැත්කරන්නා, පතන්නා
As′pirate, *s.* මහප්‍රාණාක්ෂරය *v.* මහ
ප්‍රාණ ශබ්දකරණවා, ධවනිත ශබ්ද
කරණවා
Aspira′tion, *s.* ශෝෂණයකිරීම, මහ
ප්‍රාණකොට කීම, තද පැතුම
Aspire′, *v.* උත්තමකමට පැමිණෙන්ට
වීයඝීකරණවා, පතනවා [රකොට
Asquint′, *ad.* නෙත් කොණින්, වප
Ass, *s.* කොටළුවා, ගර්දභයා, මෝඩයා
Assail′, *v.* පෙරළිකරණවා, සඞංග්‍රාක
රණවා, ගහනවා
Assail′able, *a.* සඞංග්‍රාවියහැකි, පහර
ලැබෙන්ට පුළුවන් [කාරයා
Assail′ant, *s.* පෙරළිකාරයා, විරුද්ධ
Assas′sin, *s.* හදිස්සියෙන් හෝ රහ
සින් මිනිමරන්නා

Assas′sinate, *v.* රහසින් මිනිමරණවා
Assassina′tion, *s.* රහස් මිනිමැරීම
Assault′, *v.* ගහනවා, අබත්යෝට
ටම්කරණවා *s.* ගැසීම, දබරය
Assay′, *v.* සෝදිසිකරණවා, උරගා
බලනවා, හැත්කරණවා *s.* මාත්තු
බැලීම, සෝදිසිය
Assay′er, *s.* උරගා බලන්නා
Assem′blage, *s.* රැස්වීම, සමූහය
Assem′ble, *v.* රැස්කරණවා, එක්ක
රණවා, එකතුවනවා
Assem′bly, *s.* සභාව, සමූහය
Assent′, *v.* එකමුතුවෙනවා, කැමති
වෙනවා *s.* පිළිගැණීම, එකඟවීම
Assert′, *v.* සහතික කරණවා, කිය
නවා
Asser′tion, *s.* ස්ථිරකීම, සහතිකය
Assess′, *v.* අයබදු නියමකරණවා,
තක්සේරුකරණවා
Assess′or, *s.* අධිකරණ ශාලාවේ දෙ
වෙනියා, තක්සේරුකාරයා [බද්ද
Assess′ment, *s.* තක්සේරුව, ගෙවල්
Assets′, *s.* නයගෙවීමට ඉතුරුවූ වස්තු
ව, වෙළෙන්දට අයිති සියලූ වස්තු
Assev′erate, *v.* සහතිකකොට කිය
නවා [කීම, දිව්රීම
Asseveration, *s.* ඒකාන්තකොට කී
Assidu′ity, *s.* වීයඝීය, උත්සාහය
Assid′uous, *s.* කඩිසරවූ, වීයඝීමත්වූ
Assign′, *v.* භාරදෙනවා, පත්කරණ
වා, ලියාදෙනවා *s.* අයිතිවාසිකම
හෝ බලය ලබන්නා

Assign'able, *a.* ලියාදියහැකිවූ, ගෙ
ණපෑ හැකිවූ

Assigna'tion, *s.* රහස් කථාවකට සම්
භූවන්ට නියමකිරීම, පිට භාරදීම

Assignee', *s.* බලය ලත් අය

Assign'ment, *s.* භාරදුන් දේ, භාරදී
මේ ඔප්පුව

Assim'ilate, *v.* සමානවෙනවා, සම
ද්‍රව්‍යකරණවා

Assimila'tion, *s.* සමාන ද්‍රව්‍යයක්වීම

Assim'ilative, *a.* සමද්‍රව්‍යවන ගුණය
ඇති

Assist', *v.* පිහිටවෙනවා, උදව්කර
ණවා, උපකාරකරණවා

Assist'ance, *s.* උදව්ව, පිහිට

Assist'ant, *a.* උදව්වෙන *s.* උදව්ක
රන්නා, අත්උදව්කාරයා

Assize', *s.* විනිශ්චය සභාව *v.* බර ප්‍ර
මාණදිය නියමකරණවා

Assiz'er, *s.* මිනුම් කිරුම් බර ආදිය
සෝදිසිකරන්නා

Asso'ciate, *a.* එකතු, හවුල් *v.* එක්
වෙනවා, සමාගම් පවත්වනවා, *s.*
සමාගම්කාරයා, මිත්‍රයා

Associa'tion, *s.* රැස්වීම, සමාගම

Assort', *v.* තෝරණවා, බෙදනවා

Assort'ment, *s.* තේරීම, නානාවිධ
බඩු, තෝරගත් බඩු [වා

Assuage', *v.* සංසිඳුවනවා, අඩුවෙන

Assume', *v.* ආරූඪකරගන්නවා, අ
හංකාරවෙනවා

Assum'ing, *a.* තමා ගැණම වැඩිපුර
හිතට ගන්න, ආඩම්බර

Assump'tion, *s.* ආරූඪකරගැණීම,
අහංකාරකම

Assur'ance, *s.* සත්‍යක කිරීම, නිශ්ච
ය, විශ්වාසය [හතිකකරණවා

Assure', *v.* සැබෑකොට කියනවා, ස

Assur'edly, *ad.* සත්‍යලෙස, නිසැක
ව, අනුමාන නැතුව

As'terisk, *s.* අච්චුගැසීමේදී යොදන
තරුවක්වැනි (*) ලකුණ

Astern', *ad.* අවරේ, පස්සේ

Asth'ma, *s.* ශ්වාසය, ඕහ

Asthmat'ic, *a.* ශ්වාසරෝගය වැලඳී,
ඇදුම ඇති [රණවා

Aston'ish, *v.* පුදුමකරණවා, මවිතක

Aston'ishing, *a.* මවිතකරණ, ඉතා
විස්මපත්

Aston'ishment, *s.* මවිතය, පුදුමය

Astound', *v.* මවිතකරණවා, විස්මයට
පමුණුනවා

As'tral, *a.* තාරකාපිළිබඳ, තරුසහිත

Astray', *ad.* වැරදිමාර්ගයේ, මංමුළාවී

Astride', *ad.* කකුල් දෑතට හෝ හර
හට දමාගෙණ

Astring'ent, *a.* වියලවන්නාවූ *s.* විය
ලවන බෙහෙතක් [තියා

Astrol'oger, *s.* නක්ෂත්‍රකාරයා, නැක

Astrol'ogy, *s.* නැකත්ශාස්ත්‍රය, ජ්‍යෝ
තිශ්ශාස්ත්‍රය [තියා

Astron'omer, *s.* නක්ෂත්‍රකාරයා, ජෝ

Astron'omy, *s.* තාරකා ශාස්ත්‍රය, නක්‍ෂත්‍රය [ති, දක්‍ෂ
Astute', *a.* ප්‍රයෝගවූ, සියුම් නුවනැ
Asun'der, *ad.* වෙන්ව, වෙන්කොට
Asyl'um, *s.* රක්‍ෂස්ථානය, උන්මාද කාරයින් ආදි අසරණයින්ට පිහිටවීමට ශාලාව
At, *prep.* එහි, යෙහි, ළඟ, දී, ට
Ate, *past tense* of Eat, කෑවා
A'theism, *s.* අදේවදෘෂ්ටිය, නාස්තික දෘෂ්ටිය [නෙක් නැත කියන්නා
A'theist, *s.* මැවුම්කාර දෙවි කෙ
Atheist'ic,-al, *a.* නාස්තිකදෘෂ්ටි, දේව අභක්තික
Athirst', *a.* පිපාසවූ, පිපාසිතවූ
Ath'lete, *s.* දිවුම පිණිස දිවුම් පැනුම් පොරබැදුම් ආදි හයිහපන්කම් කරන්නා
Athlet'ic, *a.* හයිහපන්, බලසම්පන්න
Athwart', *prep.* & *ad.* හරහට, වැරදි අතට
Atlan'tic, *s.* එනම් සාගරය
At'las, *s.* ලෝක සටහන, ලෝක සිතියම් පොත [තය, භූවන
At'mosphere, *s.* පොළෝ මතුපිට වා
At'mospheric,-al, *a.* වායු, වාතයෙන් වූ [කොටස, සියුම් ද්‍රව්‍යය
At'om, *s.* ඉතා සුංවී කැබෙල්ල, ක්‍ෂුද්‍ර
At once, *ad.* එකවිටම
Atone', *v.* වන්දි ගෙවනවා, දෝෂ මකනවා, පව් නසනවා
Atone'ment, *s.* දෝෂයෙන් මුදවන කාරණාව, සමගිකරණ කාරණාව, පව්නසන පූජාව
Atro'cious, *a.* නපුරුවූ, ඉතා දුෂ්ටවූ.
Atroc'ity, *s.* ඉතා දුෂ්ටකම, අධික කෲරකම
A'trophy, *s.* ක්‍ෂයවියෑම, ක්‍ෂයරෝගය
Attach', *v.* අල්වනවා, බඳිනවා
Attach'able, *a.* නීතිමාර්ගයෙන් තහනම්කළහැකි
Attaché, *s.* නානාපතිවරයාගේ පිරිසට අයිති කෙනෙක්
Attach'ment, *s.* ආදරබැඳුම, මිත්‍රකම, බලපත්‍රයක් පිට ඇල්ලීම හෝ තහනම්කිරීම
Attack', *v.* පහරදෙනවා, දෝෂාරෝපණකරණවා *s.* පහරදීම, පෙරළිකිරීම [නවා
Attain', *v.* පැමිණෙනවා, ලබාගන්
Attain'able, *a.* අත්කරගතහැකි
Attain'der, *s.* රාජ අපරාධයේ අව්චුවම පත්වීම
Attain'ment, *s.* ලබාගැණීම, අත්කරගත්දේ, උගත්කම
Attaint', *v.* වරදමපත්කරණවා, කෙලෙසනවා, අයිතිවාසිකම් පැහැරගන්නවා
Attem'per, *v.* හිසිතරවට මිශ්‍රකරණවා, සැරමරණවා, යෝග්‍යකරණවා
Attempt', *v.* උත්සාහ කරණවා, වෑයම්කරණවා *s.* උත්සාහය, වෑයම

Attend′, *v.* ඇහුම්කන්දෙනවා, සිහිය
ට ගන්නවා, සේවය කරණවා, පැමි
ණෙනවා [ය, මෙහෙය, සේවය

Attend′ance, *s.* පැමිණීම, පැමිණී අ

Attend′ant, *a.* කැටුව යන *s.* කැටුව
යන්නා, මෙහෙකරුවා

Atten′tion, *s.* බලාසිටීම, කල්පනාව
ට ගැණීම, සැලකීම

Atten′tive, *a.* සිතටගන්නාවූ, සැල
කිලිවූ, ඇහුම්කන් දෙනනාවූ

Atten′uate, *v.* කෘසවෙනවා, සිහින්
කරණවා [කෘලද, හීන්වූ

Atten′uate, Atten′uated, *a.* තුනීකර

Attest′, *v.* සාක්ෂිදෙනවා, ඔප්පුකර
ණවා, සහතිකකරණවා

At′tic, *a.* යහපත්, ශෝභමාන *s.* උඩු
මහල්තලය, චන්ද්‍රිකා ශාලාව

Attire′, *s.* ඇඳුම්, වස්ත්‍රාභරණ *v.* අඳි
නවා, සරසනවා

At′titude, *s.* (ශරීරය) පිහිටි අන්දම
හෝ ආකාරය, හැටිය, ලීලාව

Attor′ney, *s.* පෙරකදෝරුවා, වෙනු
වට කාරණ කරන්නා

Attor′ney-gen′eral, *s.* අග්‍රනීතිඥයා,
රාජකීය නීතිඥතැන

Attract′, *a.* ඇදගන්නවා, සිත්ගන්
නවා, පොලඹනවා

Attrac′tion, *s.* ඇදගැණීම, සිත්ගැ
ණීම, ඇදීමේ හේතුව හෝ බලය

Attract′ive, *a.* ප්‍රියකරවන්නාවූ, සිත්
පොලඹනසුළු

Attrib′ute, *s.* අයිති දේ, සවභාලක්ෂ
ණය, ගුණාංගය, *v.* අයිතිකොටදෙ
නවා, යමෙක් කෙරේ පවරා කල්ප
නාකරණවා

Attribu′tive, *a.* ගුණයක් දක්වන
s. විශේෂණය [ම, පශ්චාත්තාපය

Attri′tion, *s.* ඇතිල්ලීමෙන් ගෙවියෑ

Attune′, *v.* ගායනාවට යොදනවා,
තාලය සමකරණවා

Au′burn, *a.* පඬුවන්පාට [දේසිය

Auc′tion, *s.* ප්‍රසිද්ධ විකිණීම, වෙන්

Auctioneer′, *s.* වෙන්දේසිකාරයා

Auda′cious, *a.* භයනැති, ගරුසරු
නැති, ලජ්ජානැති [නැතිකම

Audac′ity, *s.* නිර්භීතකම, භයසැක

Aud′ible, *a.* ඇහෙන්නාවූ, ශ්‍රවණය
කළහැකිවූ

Aud′ibly, *ad.* ඇසෙනාකාරයට

Aud′ience, *s.* ඇහුම්කන්දීම, අහන්ට
එන සමූහයා

Aud′it, *s.* ගණන් බැලීම, ගණන
v. ගණන් පරීක්ෂාකර බලනවා

Aud′itor, *s.* ඇහුම්කන්දෙන්නා, ග
ණන් බලන්නා [ධි

Aud′itorship, *s.* ගණන්බැලීමේ වැ

Aud′itory, *a.* ශ්‍රවණ ඉන්ද්‍රිය සම්බන්ධ
s. අසන සමූහය, කථා ආදි ශ්‍රවණ
කළහැකි ස්ථානය [සවත්

Aught, *s.* යමක්, කිසිදෙයක්, වො.

Augment′, *v.* වැඩිකරණවා, මහත්
වෙනවා

Aug′ment, *s.* වැඩිවීම, උපසර්ගය

Augment′ation, *s.* වැඩිය, එක්වූදේ

Augment′ative, *a.* වැඩිවෙන ගුණය ඇති *s.* වචනයක අර්ථය වඩා බර කොට අඟවන පිණිස එයින් බිඳගත් තවත් වචනයක්

Au′gur, *s.* දිවස් කියන්නා *v.* දිවස් කියනවා, නිමිති කියනවා, අනුමානයට කියනවා [ලකුණ

Au′gury, *s.* නිමිතිකීම, නිමිත්ත, පූර්ව

Au′gust, *s.* නිකිණි මස

August′, *a.* මහත්වූ, ගෞරව කටයුතුවූ, උත්කෘෂ්ටවූ

Aunt, *s.* නැන්දා, මහම්මා, කුඩම්මා

Aure′ola, **A**ur′eole, *s.* හිස වටකර අඳින රශ්මි මාලාව

Aur′icle, *s.* කන්පොත්ත

Auric′ular, *a.* කණට ගෝචරවූ, කණටකර කියන්නාවූ, රහස්වූ [රුවූ

Auric′ulate, *a.* කණක්මෙන් හැඩවූ

Aurif′erous, *a.* රත්රන් ඇති, රත්රන් ලබාදෙන [හැඩ ඇති

Aur′iform, *a.* කර්ණාකාරවූ, කණේ

Aur′ist, *s.* කන් වෙද

Auscultaʹtion, *s.* ලැපැත්තට කණ හෝ නලයක් තිබා ලෙඩ දැනගන්න විධිය

Au′spice, *s.* නිමිත්ත

Au′spices, *pl.* ප්‍රවේසම, පිහිට, බලය

Auspic′ious, *a.* හොඳ නිමිති ඇත්තාවූ, වාසනාවන්තවූ, ශුභවූ, සාලක්ෂණවූ

Austere′, *a.* කර්කශවූ, අනුකම්පා නැත්තාවූ, රෞද්‍රවූ [කම, රළුගතිය

Austere′ness, **A**uster′ity, *s.* කර්කශ

Authent′ic, *a.* සැබෑ, වංචාරහිතවූ

Authent′icate, *v.* සත්‍යබව ඔප්පුකරනවා, සත්‍යකකරනවා

Authentic′ity, *s.* සත්‍යකම, සත්‍යකරුණු සඳහම්වීම [සාදන්නා

Auth′or, *s.* කර්තෘ, කාරකයා, පොත්

Auth′oress, *s.* කර්තෘකාරි

Author′itative, *a.* බලය ඇත්තාවූ, බලපුළුවන්කාරවූ, ඒකාන්තවූ

Author′ity, *s.* බලය, ආණ්ඩුබලය, පුළුවන්කම, අවසරය

Auth′orize, *v.* බලයදෙනවා, නියෝගකරනවා

Auth′orship, *s.* කර්තෘවීම, කර්තෘකම

Autobiog′rapher, *s.* තමාගේම ජීවිත කථාව ලියන්නා

Autobio′graphy, *s.* තමා විසින් ලියූ ස්වකීය ජීවිත කථාව

Autoc′racy, *s.* තනි බලයේ ආණ්ඩුව, ස්වච්ඡන්ද ආණ්ඩුව

Au′tocrat, *s.* අගරජ, ස්වච්ඡන්දරජ

Au′tograph, *s.* සියඅත්අකුර, අත්සන

Automat′ic, **A**utomat′ical, *a.* ඉබේකෙරෙණ, ස්වකීය බලයෙන් ක්‍රියාකෙරෙණ

Autom′aton, *s.* අනුන්ගේ ලීලා දක්වන යන්ත්‍රය, ඉබේ ක්‍රියාකෙරෙණ යන්ත්‍රය

Auton'omy, *s.* ස්වෙච්ඡාණුව, තමාම ආඥාක්‍රමට බලය

Au'tumn, *s.* සරත් කාලය

Auxil'iary, *a.* උපකාරවූ, ආධාරවූ *s.* උදව්කාරයා, උපක්‍රියා වචනය

Avail', *v.* ලාභවෙනවා, ප්‍රයෝජන වෙනවා, හරියනවා *s.* ලාභය, ප්‍රයෝජනය [වලංගුවූ

Avail'able, *a.* ප්‍රයෝජන ගතහැකි,

Avail'ableness, Availab'ility, *s.* ප්‍රයෝජන ගතහැකි ගුණය, වලංගුකම

Av'arice, *s.* ලෝභකම, ආශාව, තන්හාව [භිවූ

Avari'cious, *a.* තණ්හාවූ, වසතු ලෝ

Avaunt', *int.* පල, යව

Avenge', *v.* ප්‍රතිඵල දෙනවා, පළිගන්නවා [වීදිය

Av'enue, *s.* සුලුමග, පන්දලම, පලල්

Aver', *v.* සහතික කරණවා, සත්‍යකොට කියනවා

Av'erage, *a.* මධ්‍යස්ථ, සාමාන්‍ය *s.* මධ්‍යස්ථ ප්‍රමාණය, සම ගණන *v.* මධ්‍යස්ථ ප්‍රමාණයකට පමුණුවනවා, සාමාන්‍ය ගණනක්ව තිබෙනවා

Aver'ment, *s.* සහතික කීම

Averse', *a.* අප්‍රිය, අකැමති, විරුද්ධ

Aver'sion, *s.* අකැමැත්ත, වෛරය

Avert', *v.* පහකරණවා, වලක්වනවා

A'viary, *s.* පක්ෂීන් ප්‍රවේසම්කරණ ඉඩම, කුරුළු ගේ

Avid'ity *s.* ගිජුකම, තණ්හාව, තද ආශාව

Avoca'tion, *s.* මෙහෙය, වැඩ, රක්ෂාව

Avoid', *v.* මගඅරිණවා, අත්අරිණවා, වැලකනවා

Avoid'able, *a.* මගඇරියහැකිවූ, වලකන්ට පුළුවන්වූ

Avoid'ance, *s.* මගඇරීම, නැවැත්වීම

Avoirdupois', *a.* or *s.* රාත්තලට ඖන්ස් දහසයක් බර

Avouch', *v.* සත්‍යකොට කියනවා, ස්ථිරකරණවා [තිකකොට කීම

Avouch'ment, *s.* සත්‍යප්‍රකාශය, සහ

Avow', *v.* ප්‍රකාශකොට කියනවා, ප්‍රසිද්ධයෙන් දක්වනවා, ඒත්තුගන්නවා [ත කියා පිළිගැණීම

Avow'al, *s.* ප්‍රකාශකොට කීම, ඇත්

Avow'edly, *ad.* ප්‍රකාශයෙන්, කියා පිළිගෙණ

Await', *v.* බලාපොරොත්තුව සිටිනවා, සූදානම්ව ඉන්නවා

Awake', *a.* පිබිද, අවදිව, බලාපොරොත්තුව *v.* පුබුදුවනවා, නැගිටිනවා, අවදිවෙනවා

Awak'en, *v.* පුබුදුකරණවා, පුබුදිනවා

Award', *v.* නියෝගකරණවා, විනිශ්චයකරණවා, දෙනවා *s.* විනිශ්චය, තීන්දුව [ධුවත්ව

Aware', *a.* සිහි ඇතුව, ප්‍රවේසම්ව, දූ

Away', *ad.* දුර, ඈත, අහක, එපිට *int.* පල!

Awe, *s.* භය, ගෞරවභය *v.* භයගන්වනවා, ගෞරව භීතියට පත්කරණවා

Awe-struck, *a.* මහත් භීතියට පත්වූ

Aw'ful, *a.* භයානකවූ [කලකට

Awhile', *ad.* ටික වේලාවකට, මඳ

Awk'ward, *a.* අදක්ෂවූ, හුහුරුවූ, අශෝභනවූ [න මඳකම

Awk'wardness, *s.* අදක්ෂකම, ශෝභ

Awl, *s.* විදින කටුව, බූරුමය

Awn'ing, *s.* වියන, සෙවිල්ල

Awoke', *part tense* of Awake, පිබිදෙව්වා, නැගිට්ටා [ඇදට, වපරේට

Awry', *a.* ඇදවූ, වපරවූ *ad.* ඇලේට,

Axe, *s.* පොරව

Ax'iom, *s.* ඔප්පු ඕනෑනොකරණ සත්‍යය, සූත්‍රය, නිද්දේශය

Axiomat'ic, *a.* නිද්දේශවූ, ප්‍රත්‍යක්ෂවූ

Ax'is, *s.* අක්ෂය, ධ්‍රැවය

Ax'le, Ax'le-tree, *s.* අලවංගුව

Ay, **A**ye, *ad.* එහෙයි, ඔව්, එහෙමයි

Aye, *ad.* නිතරම, සදාකාලේටම

Azote', *s.* මැතඝු වායු

A'zure, *a.* නිල්වූ, නිලවූ *s.* නිලවර්ණය, නිල් අවකාශය

B

Baa, *s.* බැටළු හඬ *v.* බැගානවා

Bab'ble, **B**ab'blement, **B**ab'bling, } *s.* ලාමක කථාව, නිරර්ථක දෙබව්ල්ල *v.* ප්‍රලාප බස් දෙඩවනවා, රහස් කියනවා

Bab'bler, *s.* නිෂ්ඵල කථාකාරයා, වාචාලයා

Babe, **B**a'by *s.* ළදරුවා, බිලිඳා

Ba'bel, *s.* ශබ්ද වියවුල, පටලැවිල්ල

Baboon', *s.* වඳුරා, වානර වර්ගයක්

Ba'byhood, *s.* ළදරුකම, ළදරුකාලය

Ba'byish, *a.* ළදරුවූ, ලාමක

Bach'elor, *s.* අවිවාහකයා, ශාස්ත්‍රඥයා

Bac'chanal, Bacchana'lian, *a.* බේබදු *s.* සුරාබූතීයා, බීගණ ප්‍රීතිසෙල්ලම් කරන්නා

Back, *s.* පස්ස, පිට *ad.* පිටිපස්සට, අපස්සු, දෙවනු *v.* පිටේ නගිනවා, උපකාර කරණවා, පස්සට යනවා

Back'bite, *v.* කේලාම්කියනවා, ළඟ නැති අයගේ අගුණ කියනවා

Back'biter, *s.* කේලමා

Back'bone, *s.* මුදුන් ඇටේ, කොඳු ඇටේ, පිටිකොඳු [දොර

Back'door, *s.* පිටිපස්සේ දොර, පස්ස

Backgam'mon, *s.* දුදු ක්‍රීඩාවක්

Back'ground, *s.* පිටිපස්සේබිම, එඩා නොපෙණෙන පැත්ත [සන්නාහය

Back-piece, Back'-plate, *s.* පිටට

Backslide', *v.* පසුබටවෙනවා, ඇදහිල්ලේ කලකිරෙණවා

Backslider, *s.* පසුබටවෙන්නා, පව්ට වැටෙන්නා [ප්‍රමාදවූ

Back'ward, *a.* පසුබටවූ, අකැමතිවූ,

Back'ward, Back'wards, *ad.* පස්සට, පසුබැස, නරක අතට

Ba'còn, *s.* වේලූ ලුණු ඌරුමස්.

Bad, *a.* නරක, නපුරු, දුෂ්ට

Bade, *part tense* of Bid, අණකළා

Badge, *s.* ප්‍රකාශ ලකුණ, ලකුණ

Badg'er, *s.* කැනකිල් වර්ගයක්, *v.* තදෙන් ලුහුබඳිනවා, කරදරකරණවා

Badly, *ad.* නරකලෙස, වැරදිලෙස, අදක්‍ෂාකාරයෙන්

Baf'fle, *v.* පරදවනවා, අවුල්කරණවා, නිෂ්ප්‍රභාකරණවා

Bag, *s.* මල්ල, පසුම්බිය, කූරපසිය *v.* මල්ලක දමනවා

Bagg'age, *s.* සමුද්‍රවක උපකරණ, බර බද්දර, බඩුමුට්ටු, කමකටනැති ස්ත්‍රියක් [රෙදි

Bag'ging, *s.* මල්ලවියන රෙදි, ගෝණි

Bagn'io, *s.* වේසාගෙය

Bag'pipe, *s.* නලාවර්ගයක්

Bail', *s.* ඇප *v.* ඇපදෙනවා, ඇපගෙණ නිදහස්කරණවා, වතුර ඉහඳමනවා

Bail'able, *a.* ඇපදෙන්ට පුළුවන්වූ

Bail'iff, *s.* වරදකාරයින් හිරේට ගන්න මුලාදෑනියා, ගබඩාකාරයා

Bait, *s.* ඇම, පරීක්‍ෂාව, මගදී කන කෑම *v.* ඇම්දමනවා, මග ආහාර වලදනවා, හිරිහැරකරවනවා

Baize, *s.* කම්බිලි, ඝන ලොම්රෙදි වර්ගයක්

Bake, *v.* පුළුස්සනවා [නය, පාන්ගේ

Bake'house, Bak'ery, *s.* පුළුස්සනතැන

Bak'er, *s.* පාන් ආදිය පුළුස්සන්නා, පාන්කාරයා

Bak'ing-pan, *s.* තාච්චිය

Bal'ance, *s.* තරාදිය, සම බර, ඉතුරු ගණන *v.* කිරණවා, සමබරකරණවා, සමානකර බලනවා, ගණන් බේරණවා

Bal'ance-sheet, *s.* අයවැය පත්‍රය

Bal'cony, *s.* කවුළු ප්‍රාසාදය, ඉන්ද්‍රකෝෂය

Bald, *a.* තට්ට, මුඩු, ඉස්මුඩු

Bald'head, *s.* තට්ටයා

Bale, *s.* බඩු මිටිය *v.* මිටි බඳිනවා, වතුර ඉසිනවා

Bale'ful, *a.* දුක්ඛිත, අනතුරුසහිත

Balk, *s.* බාධාව, නිෂ්ප්‍රභාවීම *v.* බාධාකරණවා, වලක්වනවා

Ball, *s.* ගෝලය, පංදුව, නැටුම්මඟුල

Bal'lad, *s.* සින්දුව, සිව්පදය, ගීය

Ball'ast, *s.* නැව ඇලනොවෙන පිණිස පටවන බර, ස්ථිරකම *v.* වැලි ගල්ආදි බරපටවනවා, සවිකරණවා

Bal'let, *s.* ගීසින්දු ආදි සහිත නෘත්‍යයක්

Balloon', *s.* ආකාශයේ ගමන් යන යන්ත්‍රය, දුම්මොනර යන්ත්‍රය

Bal'lot, *s.* තෝරාගැණීමට සලකුණ, රහසින් තෝරාගැණීම *v.* රහසින් තෝරාගන්නවා

Balm, *s.* ඖෂධ වර්ගයක්, ගුගුල්

Balm'y, *a.* සුවඳැති, සැනසිලි ගෙණදෙන

Bal'sam, *s.* පැළ වර්ගයක්, අබල්පය

Bal'uster, *s.* කුඩා පිල්කණුව

Bal'ustrade, *s.* කුඩා පිල්කණු පෙළ, ගරාදිවැට

Bamboo', *s.* උණගස, උණලීය, බටලීය

Ban, *s.* ප්‍රසිද්ධපත්‍රය, ශපරණව, සාපය

Bana'na, *s.* කෙසෙල්, කෙසෙල්ගෙඩි

Band, *s.* පටිය, බැඳීම, සමාගම *v.* බඳිනවා, සමාගම්වෙනවා

Band'age, *s.* වෙළන පටිය, වෙළුම *v.* වෙළනවා, බඳිනවා

Band'box, *s.* කරඬුසි පෙට්ටිය

Ban'dit, *s.* මංකොල්ලකාරයා, පල්හොරා:-*pl.* Ban'dits, Bandit'ti

Ban'dy, *s.* ගැල, රථය, කරත්තය, පන්දු පොල්ල, පන්දු ක්‍රීඩාවක් *v.* පන්දු පොල්ලෙන් මෙන් එහාටමෙහාට ගසනවා

Ban'dy-legged, *a.* බකල කකුල්ඇති, බකලවූ

Bane, *s.* විෂ, නාස්තිය

Bane'ful, *a.* විෂමවූ, විනාසිකවූ

Bang, *s.* තදපහර, ගැසීම, *v.* තදෙන් ගහනවා [යක්

Bang, Bangue, *s.* අබින් සමාන ද්‍රව්‍ය

Ban'gle, *s.* අත් වළල්ල

Ban'ian, *s.* යට කමිසේ, බැනියම

Ban'ish, *v.* රටෙන් පිට දමනවා, පහකරණවා [හල්කම

Ban'ishment, *s.* රටනෑංගීම, පිටව

Ban'jo, *s.* තූර්ය භාණ්ඩයක්

Bank, *s.* ගොඩැල්ල, ඉවුර, අද්දර, මුදල් භාණ්ඩාගාරය *v.* ඉවුරුදමනවා, භාණ්ඩාගාරයෙහි මුදල්දමනවා

Bank'er, *s.* මුදල් භාණ්ඩාගාරිකයා, මුදල් මාරුකරන්නා

Bank'rupt, *a.* නය ගෙවාගන්ට බැරිවූ *s.* නයවූ වෙළෙන්දා, වස්තු භංගත්වයට පැමිණි අය

Bank'ruptcy, *s.* වස්තු භංගත්වය

Ban'ner, *s.* කොඩිය, ධජය

Banns, *s. pl.* පෙරනම්

Ban'quet, *s.* මංගල්‍යය, සැපභෝජනය *v.* මගුල්දෙනවා, මගුල්කෑම වළදනවා

Ban'ter, *v.* කවටකම්කරණවා, සමච්චල්කරණවා *s.* කවටකම, සමච්ච

Ban'yan, *s.* නුග, මානුග [ලය

Bapt'ism, *s.* බව්තීස්මය, අවගාහණය

Baptize', *v.* බව්තීස්මකරණවා, අවගාහණකරණවා

Bar, *s.* පොල්ල, අගුල, තහනම, තැබෑරුමේ බීමවිකුණන කොට්ඨාසය, විනිශ්චය ස්ථානය, නීතිඥයෝ

Bapt'ist, *s.* අවගාහනය කරන්නා, බැප්ටිස්ට් සභාකාරයා

Bapt'istery, *s.* බව්තිස්මකරණ ස්ථානය, අවගාහන ජලාශය

Barb, *s.* ඊතලේ හරස් තුඩ, පස්සා තුඩ, අශ්වතරයෙක්

Barbar'ian, *a.* වනචර, රෞද්‍ර *s.* වනචරයා, කෲරයා, අඥානයා

Bar'barism, *s.* වනවරකම, වල්කම, දුශතත්කම [රකම

Barbar'ity, *s.* නොහික්මුන්කම, කෲ

Bar'barous, *a.* වනවර, කෲර, රඝ ෂ්වූ, අම්දුශනවූ

Barb'er, *s.* අම්බැට්ටයා, පනික්කියා

Bard, *s.* කවිකාරයා, කාව්‍යකරුවායා

Bare, *a.* වැස්මක් නැති, නිර්වස්ත්‍ර, වාන්, තන් *v.* වැස්ම හරිණවා

Bare'faced *a.* මුහුන නොවැසුවාවූ, සැගවිමක් නැති, ලජ්ජා නැති

Bare'ly, *ad.* අමාරුලෙස, නැතිකමට, යන්තමකට

Bar'gain, *s.* පොරොන්දුව, වෙළඳම, *v.* ගණුදෙනු ගැණ ගිවිසගන්නවා

Barge, *s.* ඉස්කෝච්චිය, පාරුව

Bark, *s.* ලෙල්ල, පොත්ත, පතුර, *v.* පොතු අරිණවා, බුරණවා

Bar'ley, *s.* යව, ධාන්‍ය වර්ගයක්

Bar'ley-corn, *s.* යවබීජය, අඟලෙන් [තුණෙන් පංගුව

Barm, *s.* පෙන

Bar'maid, *s.* තැබෑරුමේ මෙහෙකර ණ ස්ත්‍රී

Barn, *s.* අටුව, ධාන්‍යාගාරය

Bar'nacle, *s.* බෙල්ලෝ වර්ගයක්, පාත්ත වර්ගයක්

Barom'eter, *s.* වාතය කිරණ යන්ත්‍රය

Bar'on, *s.* සිටානෝ, පස්වෙනි අමා [ත්‍යයා

Bar'oness, *s.* සිටුදේවි

Bar'onet, *s.* සවෙනි අමාත්‍ය ස්ථානාන්තරය දරන්නා

Bar'onetcy, *s.* සවෙනි අමාත්‍යධූරය

Barque, *s.* කුඩා නැව, නැව

Bar'rack, *s.* ශේවායින් පදිංචි ඉඩම, බැරැක්කය [කු කාණුව

Bar'rel, *s.* පීප්පෙ, ලේගරේ, තුවක්

Bar'ren, *a.* වඳවූ, නිසරුවූ, නිෂ්ඵලවූ

Bar'ricade, *s.* තහනම, පවුර *v.* පවුරක් තහණවා, අවහිරකරණවා

Barr'ier, *s.* පවුර, තහනම, ඉම

Barr'ister, *s.* පැමිණිලි විත්තිකාරයින් වෙනුවට වගකියන්ට පුළුවන් අය, අද්වකාත්

Bar'row, *s.* අත් කරත්තුව, ඉහතදී සොහොන් පිට නැගූ ගොඩැල්ල

Bar'ter, *v.* හුවමාරුකරණවා, හුවමාරු වෙළඳම

Basalt', *s.* කළු ගල් වර්ගයක්

Base, *s.* අඩිතාලම, පතුල, අත්තිවාරම, *a.* පහත්වූ, අධමවූ, නීචවූ

Base'born, *a.* නීච මවුපියන්ගෙන් උපන්, අවජාතක

Base'less, *a.* අත්තිවාරම නැති, සැබෑ නූවූ [තට්ටුව

Base'ment, *s.* ගොඩනැගිල්ලක මුල්

Base'ness, *s.* නීචකම, අශික්ෂිතකම

Bashaw', *s.* තුර්කි ආණ්ඩුකාරයෙක්, පාෂා

Bash'ful, *a.* ලජ්ජාශීලවූ, භයවූ

Bas'il, *s.* තලා, රතු (බැටළු) හම

Bas'ilisk, *s.* මිථ්‍යා සර්පයක්, තුනෝ වර්ගයක්

Bas'in, s. තාලිය, තැටිය, වරාය, ගඟකට සම්පව පිහිටි භූමිප්‍රදේශය

Bas'is, s. පදනම, අත්තිවාරම

Bask, v. අව්ව තපිනවා, අව්වේ නිදාගන්නවා

Bas'ket, s. පෙට්ටිය, කූඩේ, පැස

Bass, a. පහත්, සංහුන් s. තූයඹීරාවයේ ඉතා පහත් නාදය v. පහත් හඬින් ගායනාකරණවා [පැදුර

Bass, or Bast, s. පා කොට්ටේ, පට්ටා

Bast'ard, s. අවජාත දරුවා a. අවජාතක, අනියම්

Bast'ardy, s. අවජාතභාවය

Baste, v. ඳූල් අරිණවා, මස් පුළුස්සන අතර තෙල් වත්කරණවා, තළනවා

Bastinade', Bastina'do, v. පතුලට පහර දෙනවා s. පතුලට වේදනා දෙන දඬුවම

Bat, s. වවුලා, පන්දු පිත්ත v. පන්දු පිත්තෙන් ක්‍රීඩාකරණවා

Batch, s. එකවරට පිළිස්සූ පාන්, කට්ටිය, ගොඩ

Bate, v. අඩුකරණවා, ලුහුඬුකරණවා

Bath, s. නාන ඉඩම, නෑම, හෙබ්‍රෙව් මිම්මක්

Bathe, v. නානවා, නාවනවා

Bath'ing-tub, s. නාන බාල්දිය

Ba'thos, s. උසස් කථාවක හෝ ලියවිල්ලක පහත්වීයාම

Bat'let, s. ඇපිල්ලීමේදී පාවිච්චිකරණ පොල්ලක්

Bat'on, s. පොලිස් පොල්ල, බලේ ලකුණක් [රන්නා

Bats'man, s. පන්දුපිත්තෙන් ක්‍රීඩාක

Battal'ion, s. යුද්ධ සේනාව, පාබල කණ්ඩායම

Baf'ta-money, s. ගමන් පඩි

Batt'en v. තරවෙනවා, පෝෂණයකරණවා, s. ලෑල්ලක්

Bat'ter, v. තළනවා, පොඩිකරණවා s. අනාපු පිටි, පන්දු පිත්තෙන් ගහන්නා

Bat'tery, s. කාලතුවක්කුයෙදූ කොටු පවුර, ප්‍රාකාර හේවා කණ්ඩායම

Bat'tle, s. සටන, යුද්ධය, පෙරළිය v. යුද්ධකරණවා [තන්

Bat'tledoor, Bat'tledore, s. පන්දුපිත්

Bat'tlement, s. කොටුබැම්ම [එදේ

Bau'ble, s. අගේ නැති සැරසිල්ල, සු

Bawd, s. වෙශ්‍යාවියන් සපයාදෙනඅය

Bawd'y, a. දූෂ්‍ය, නොබිත

Bawl, v. හයියෙන් කථාකරණවා, කෑගහනවා

Bay, s. ගහක නමක්, බොක්ක වරාය a. තඹවන්, දුඹුරුවණ් v. බුරණවා

Bay'onet, s. බයිනෙත්තුව, තුවක්කුකට ලඟ අමුනන කිරිච්චිය

Bazaar', s. සල්පිල, කඩේ [ඉන්නවා

Be, v. වෙනවා, සිටිනවා, තිබෙනවා,

Beach, s. වෙරළ, මුහුදුබඩ

Beached, a. ගොඩ ඇදූත, ගොඩවූ

Bea'con, s. අනතුරු පෙන්වන ලකුණ

Bead, *s.* පබළු
Bea'dle, *s.* උසාවියේ පණිවිඩකාරයා
Bead'-roll, *s.* රෝමානුසාරයින් විසින් යාවඥාවේදී සිහිකෙරීම පිණිස තෝරාගන්න මළගියවුන්ගේ නාමලේඛනය [කරන්ට පත්වෙන්නා
Beads'man, *s.* අනුන්වෙනුවට යාවඥා
Bea'gle, *s.* දඩයම් බල්ලෙක්
Beak, *s.* හොට, තුඩ [න් උල්වූ
Beak'ed, *a* හොට ඇති, හොටක්මෙ
Beam, *s.* බල්කෙ, රශ්මිය, තරාදි කද, බෝන්ලිය *v.* බබලනවා, රැස් විහිදනවා
Bean, *s.* මෑ, බෝංචි, කඩල
Bear, *s.* වලහා *v.* උසුලනවා, එළදරණවා, වදනවා
Bear'able, *a.* දරියහැකි, ඉවසියහැකි
Beard, *s.* රැවුල, ඊතුඩ, ධාන්‍යකෙඳි *v.* රැවුලෙන් අල්ලාගන්නවා
Bear'er, *s.* දරන්නා, පණිවිඩ ගෙණයන්නා, මිනිය උසුලන්නා
Bear'ing, *s.* හැසිරෙණ අන්දම, ලීලාව, පිහිටිහැටිය
Bear'ish, *a* වලස්ගුණ ඇති, රළු
Beast, *s.* මෘගයා, තිරිසනා, සතා, කැතවලා
Beast'ly, *a.* තිරිසන්, කැත, අශික්ෂිත
Beat, *v.* තළනවා, ගහනවා, ගැහෙනවා, වදිනවා, ජයගන්නවා *s.* පහර, තට්ටුවීම. පුරුදු මග [වූ, පරදවූ
Beat'en, *a.* තළාපු, පෑගීමෙන් මට්ටම්

Beatif'ic,-al, *a.* ස්වර්ගීය සැපදෙන
Beatifica'tion, *s.* වාසනාවන්තකෙරීම
Beat'ify, *v.* වාසනාවන්ත කරණවා, දිව්‍යසැප ලබාදෙනවා, ස්වර්ගෝපගත කරණවා
Beat'ing, *s.* තැළීම, ගැහීම
Beat'itude, *s.* ආශීර්වාදලත් සැපත, ක්‍රිස්තුස්වහන්සේ කන්දපිට දෙශනාවේදී වාසනාවන්තයයින් විස්තරකොට කී කීම් [තුකාරයා
Beau, *s.* අලංකාර ඇඳුම් ඇති ජේත්
Beau'teous, *a.* ලක්ෂණ, රුවැති, ශෝභමාන
Beau'tiful, *a.* ශොභනවූ, අලංකාරවූ
Beau'tify, *v.* අලංකෘතකරණවා, ලක්ෂණවෙනවා
Beau'ty, *s.* ලක්ෂණය, රුව, අලංකාර, ලක්ෂණකාරයෙක් හෝ කාරියෙක්
Beav'er, *s.* එනම් සත්තු වර්ගයක්, තොප්පි වර්ගයක්
Becalm', *v.* නිශ්චලකරණවා, සන්සිඳනවා [හෙයින්ද, මක්නිසාද
Because', *conj.* නිසා, හෙයින්, කුමක්
Beck, *s.* අතින් හෝ ඔලුවෙන් සංඥාව *v.* සංඥාකරණවා
Beck'on, *v.* සංඥාකරණවා, අඬවනවා, අතවනනවා
Become', *v.* සිද්ධවෙනවා, වෙනවා, ඔබිනවා:-*past tense*, Became'.
Becom'ing, *a.* ඔබින, සැහෙන, ඉනෑංගු

Bed, *s.* ඇඳ, යහන, පාත්තිය, ගංගා පතුල
Bedaub', *v.* මඩකුණු තවරණවා
Bedd'ing, *s.* ඇඳ සහ එහි ඇතිරිලි
Bedeck', *v.* සරසනවා, අලංකාරකරණවා [රණවා
Bedew, *v.* පින්නෙන් මෙන් තෙත්ක
Bed'fellow, *s.* එකට නිදාගන්න අය
Bed'lam, *s.* පිස්සන්ගේ ඉඩම, උන්මාදාගාරය [දවමවූ
Bed'rid, Bed'ridden, *a.* ඔත්පලවූ, ඇ
Bed'room, Bedchamb'er, *s.* සැතපෙන ගේ
Bed'stead, *s.* තෑන්ද, පඩිලියම, ඇඳ
Bee, *s.* මීමැස්සා, බඹරා
Beech, *s.* ගස් වර්ගයක්
Beef, *s.* හරක්මස්, අඩමස් [උ
Beef'steak, *s.* බදින හරක්මස් කෑල්
Bee'hive, *s.* මීය
Beer, *s.* බීම ජාතියක්, බීර
Bees'wax, *s.* මී ඉටි
Beet, *s.* අල ජාතියක්
Bee'tle, *s.* කුරුමිනියා, අතකොලුව *v.* නෙරා තිබෙනවා
Beeves, *s. pl.* එලහරක්, ගවයෝ
Befall', *v.* සිදුවෙනවා, පැමිණෙනවා
Befit', *v.* සෑහෙනවා, හරියනවා
Befitt'ing, *a.* සුදුසු, යුතුවූ
Befool', *v.* මෝඩකරණවා, රවටනවා
Before', *prep.* ඉදිරිපිට, ඉස්සරින් *ad.* ඉස්සර, ප්‍රථමදී, පළමුවෙන්
Before'hand, *ad.* කලින්, කල්මත්තෙන් [කාර කරණවා
Befriend', *v.* සරණක් වෙනවා, උප
Beg, *v.* ඉල්ලනවා, යාච්ඤාකරණවා, බැගෑපත්වෙනවා, හිඟනවා [වා
Beget', *v.* ජනකකරණවා, උපදවන
Begg'ar, *s.* යාචකයා, හිඟන්නා *v.* හිඟමනට පත්කරණවා
Begg'arly, *a.* හිඟන්නෙක් අකාරවූ, නින්දාකටයුතුවූ *ad.* මසුරුලෙස, ඉතා පහත් අකාරයෙන්
Begg'ary, *s.* හිඟකම, අතිදිලිඳුභාවය
Begin', *v.* ආරම්භකරණවා, පටන්ගන්නවා
Beginn'er, *s.* පටන්ගන්නා, ආධුනිකයා [භය
Beginn'ing, *s.* පටන්ගැම්ම, මූලාරම
Begone', *int.* යව, පල, පලයන්
Begot', Begotten', *past part.* of Beget, ජාතවූ, ජනකකරණලද
Beguile', *v.* ප්‍රයෝගකරණවා, රවටනවා, පහසුවෙන් ගතවීයන්ට සලස්වනවා [කෙරීම
Beguile'ment, *s.* රැවටීම, කාලය ගත
Behalf', *s.* වෙනුවට, උදෙසා, ගැණ
Behave', *v.* හැසිරෙණවා, කල්කරණවා
Behav'iour, *s.* කල්ක්‍රියාව, හැසිරීම
Behead', *v.* සිරස කපනවා, ඉස ගහදමනවා
Behest', *s.* අඥාව, අවසරය

Behind', *prep.* පිටිපස්සෙන්, පස්සාට
ad. පස්සේ [බලව
Behold', *v.* බලනවා, දකිනවා *int.*
Behoof', *s.* ප්‍රයෝජනය, ලාභය, ඕ
නෑකම [ස්වභාව
Being, *s.* පවත්නාසත්වයා, පැවැත්ම,
Bela'bour, *v.* හොඳටම ගහනවා
Belat'ed, *a.* ප්‍රමාදවූ, අඳුරුව මුලාවූ
Belch, *v.* ඊමගෙල් අරිණවා
Belea'guer, *v.* සේනාවකින් වටකර
Bel'fry, *s.* සීනු කුළුන [ණවා
Belie', *v.* බොරුකාරකරණවා, කෙ
ළහනවා, අපවාදකරණවා [ව
Belief', *s.* ඇදහිල්ල, විශ්වාසය, ශ්‍රද්ධා
Believe', *v.* අදහනවා, විශ්වාසකර
ණවා [නයා
Believ'er, *s.* අදහන්නා, ඇදහිලිවත්
Bell, *s.* ඝණ්ඨාරය, මිනිගෙඩිය, සීනුව
Belle, *s.* රූමැති ස්ත්‍රී, ලක්ෂණකාරී,
සුන්දරී [කාර
Bell'icose, *a.* යුද්ධකාමී, කෝලාහල
Belli'gerent, *a.* යුද්ධයෙහි යෙදීසිටින
s. යුද්ධකරණ රාජ්‍යය
Bell'ow, *v.* මොරගහනවා, ගිගුරුම්
දෙනවා *s.* බෙරිහන්දීම
Bell'ows, *s.* මයිනහම
Bell'-pepper, *s.* කාපිරි මිරිස්
Bell'-shaped, *a.* සීනුහැඩය ඇති
Bell'y, *s.* බඩ, උදරය, කුක්ෂිය
Bell'yful, *s.* බඩපිරෙණ්ණමණ කෑම,
සෑහෙනා පමණ

Belong', *v.* අයිතිවෙනවා, අයිත්තුවෙ
නවා [ති දේ
Belong'ing, *a.* අයිති, අයිත්තු *s.* අයි
Beloved', *a.* සොහවනැවූ, ප්‍රියවූ
Below', *prep.* පහළ, යට *ad.* පහති
න්, යටින්
Belt, *s.* බඳපටිය, ඉගපටිය, කසතාන
පටිය *v.* පටියක් දමනවා, ආවෘත
කරණවා
Bemoan', *v.* ලතවෙනවා, වැලපෙන
වා [ධූකාරයෝ
Bench, *s.* බංකුව, නඩු ආසනය, න
Bend, *s.* නැමීම, ඇදය *v.* නමනවා,
නැමී තිබෙනවා, ඇදගහනවා
Beneath', *prep.* පහළ, පහතින්,
නොසෑහෙණ *ad.* පහළින්
Benedic'tion, *s.* ආශිර්වාදය, අනුග්‍රහය
Benefac'tor, *s.* සුබවැඩ සලසන්නා,
වැඩදායකයා [කාර ක්‍රියාව
Benefac'tion, *s* වැඩ සලසාදීම, සත්
Ben'efice, *s.* දේවගැති ජීවිකාව, පා
දිරි පදවිය
Benef'icence, *s.* උපස්ථානක ගුණය,
ගුණවන්තකම
Benef'icent, *a.* දයාවන්තවූ [කවූ
Benefi'cial, *a.* ප්‍රයෝජනවූ, වැඩදය
Benefi'ciary, *s.* දේවගැති ජීවිකාවක්
ලබන්නා, නඩත්තු ලබන්නා
Ben'efit, *s.* යහපත, උපකාරය, ප්‍ර
යෝජනය *v.* වැඩසාදදෙනවා, ප්‍ර
යෝජන ලබනවා

Benev'olence, *s.* කරුණාගුණය, දයාව
Benev'olent, *a.* කරුණාවන්ත, දයාබ
ර [කම්පා ඇති
Benign', Benig'nant, *a.* දයාබර, අනු
Benight'ed, *a.* රාත්‍රිගතවූ, අඳුරට අසු
වූ, නූගත් [කරුණාව
Benig'nity, *s.* ගුණවන්තකම, මෛත්‍රී
Bent, *a.* ඇද, වක, *s.* නැමීම, ගතිය
Benumb', *v.* පණනැතිකරණවා, හිරි
වැටවනවා [හිරිකර තබනවා
Bequeath', *v.* උරුමකරණවා, ලියා
Bequest', *s.* ලියා උරුමකරදුන් දේ
Bereave', *v.* අහක්කරගන්නවා, අස
රණ කරණවා
Bereave'ment, *s.* ආදරේ කරන්නන්
ගේ මරණින්වූ පාඩුව
Berr'y, *s.* පුංචි ඵල
Berth, *s.* නැවේ කාමරයක්, රක්ෂාව
ලබන ස්ථානය [යාච්ඤාකරණවා
Beseech', *v.* කන්නලව් කරණවා,
Beseech'inly, *ad.* කන්නලව් ආකාර
යෙන් [වා
Beset', *v.* වටකරණවා, හිංසාකරණ
Besett'ing, *a.* වටකරගන්න, ලේසි
යෙන් අනුකරණ
Beside', *prep.* සමීප, ලඟ, ඇර
Beside, Besides', *ad.* ඊටවඩා, ඇරත්,
තවද [නවා
Besiege', *v.* යුද්ධසේනාවකින් වටල
Besmear', *v.* ගානවා, තවරණවා
Be'som, *s.* ඉලපත, ඉදල, මුස්න

Besought', *past tense* of Beseech',
උදක්ම ඉල්ලූවා [ලගනවා
Bespat'ter, *v.* මඩකුණු ඉහිනවා, කෙ
Bespeak', *v.* කලින් වගකථාකර ඉල්
ලනවා, හඟවනවා
Best, *a.* ඉතා හොඳ *ad.* ඉතා හොඳට
s. හැකි සියල්ල
Best'ial, *a.* මෘගාකාර, තිරිසන්, දුෂ්ඨ
Bestir', *v.* කඩිසරව ක්‍රියාකරණවා
Bestow', *v.* දෙනවා, පවරණවා
Bestow'al, *s.* දීමනාව
Bestride', *v.* දෑතට කකුල් දමනවා
Bet, *s.* ඔට්ටුව *v.* ඔට්ටුකරණවා
Betake', *v.* තමාම යොදනවා, පත්
වෙනවා
Be'tel, *s.* බුලත්
Bethink', *v.* සිහිඋපදවා කල්පනාක
රණවා [වා
Betide', *v.* පැමිණෙනවා, සිද්ධවෙන
Betimes', *ad.* වේලාපහ, කල් ඇතුව
Beto'ken, *v.* ලකුණකින් හඟවනවා
Betray', *v.* සතුරන්ට පාවා දෙනවා,
අවිශ්වාසව ක්‍රියාකරණවා !
Betray'al, *s.* ද්‍රෝහිව පාවාදීම
Betroth', *v.* විවාහබස් දෙනවා
Bet'ter, *a.* වඩා හොඳ, වඩා සනීපවූ
ad. වඩා හොඳකාරයෙන් *v.* දියුණු
කරණවා:-*pl.* වඩා උතුම් අය
Between', Betwixt', *prep.* අතරේ,
මධ්‍යයේ

Bev'el, *s.* ඇලය, ඇලහැඩවූ අවුද
යක් *a.* ඇලහැඩවූ *v.* ඇලහැඩ ක
Bev'elled, *a.* ඔවාලවූ [රණවා
Bev'erage, *s.* බීම, පානය, බොන දේ
Bev'y, *s.* කුරුළුරැල, රංචුව [වෙනවා
Bewail', *v.* විලාප කියනවා, ශොක
Beware', *v.* ප්‍රවේසම් වෙනවා
Bewil'der, *v.* විපරීතකරණවා, මංමු
ළා කරණවා
Bewil'derment, *s.* සිතිය වියවුල්වීම
Bewitch', *v.* හූනියම්කරණවා, සිත්
මුලාකර ඇදගන්නවා
Bewitch'ing, *a.* සිත්පිනවන, සිත් ඇ
ද අසුකරගන්න
Bewitch'ery, Bewitch'ment, *s.* අන
වින බලය, හූනියම
Bewray', *v.* අසුකරණවා, අල්ලා දෙ
නවා [ඩිය
Beyond', *prep.* එපිට, ඈත, දුර, වැ
Be'zoar, *s.* ගෝරෝචන
Bi'as, *s.* සිත් ඇලවීම, නැමීම *v.* එක
පැත්තකට ඇලකරණවා
Bib, *s.* බෙරෙත්තිය
Bibb'er, *s.* බොන්නා, බේබද්ද
Bi'ble, *s.* බයිබලය, ශුද්ධලියවිල්ල
Bib'lical, *a.* බයිබලයට අයිති හෝ
අදාල
Bibliog'raphy, *s.* පොත්පත්වල කතෘ
න් හා වස්තුව ආදි කථාන්තර
විස්තරය [පොත් හෝ ධර්මය
Bibliol'ogy, *s.* බයිබලයේ අඩංගු

Bib'ulous, *a.* බීගන්නසුළු, උරාගන්න
Bick'er, *v.* වරින්වර සණ්ඩුකරණවා
Bick'ering, *s.* තරගය [රවිය
Bi'cycle, *s.* පයින්පදින රෝදදෙකේ
Bid, *v.* අඬගහනවා, අණකරණවා,
ගණනකට ඉල්ලනවා
Bidd'ing, *s.* ගණනකට ඉල්ලීම, තෑ
දවීම, ආඥාව
Bide, *v.* බලාහිටිනවා, නවතිනවා
Bien'nial, *a.* දෑවුරුද්දකට වරක්වූ *s.*
දෑවුරුද්දක් පවතින ගස
Bier, *s.* මිනිමැස්ස, දෙනා, තුම්බෙ
Bifurca'tion, *s.* දෙකට බෙදීයෑම
Big, *a.* ලොකු, මහත්
Big'amy, *s.* ද්විවිවාහකරණය [කයා
Big'ot, *s.* තද දෘෂ්ටිකාරයා, පරිපක්ෂ
Big'oted, *a.* මුරණ්ඩුලෙස පාක්ෂිකයකට
සිත් ඇලුන
Big'otry, *s.* තද භක්තිය
Bile, *s.* පිත [රුව දිය උනනවා
Bilge, *s.* නැව් පතුල *v.* නැවක් සිදු
Bil'imby, *s.* බිලින් [ද්විභාෂා
Bilin'gual, *a.* භාෂා දෙකකින් යුත්,
Bil'ious, *a.* පිත්, පිත් දෝෂයෙන්වූ
Bill, *s.* හොට, ගණන් පත්‍රය, යෝජ
නා පත්‍රය, දුන්වීම් පත්‍රය
Bill'et, *s.* සේවායන්ගේ පදිංචිය නිය
මකරණ පත්‍රය, දරකොටේ *v.* නවා
තැන් නියමකර පදිංචිකරණවා
Bill'-hook, *s.* කැත්ත
Bill'iards, *s.* බෝල ක්‍රීඩාවක්

Bil'low, *s.* රළ, තරඟය
Bil'lowy, *a.* මහා රළපහර ඇති
Bi'met'allism, *s.* නියම වටිනාකම් ඇතුව රත්රන් රිදී යන ලෝහදෙවර්ගයක මිල ව්‍යවහාරය [ට්ටිය, අටුව
Bin, *s.* පත්තායම, බෝග තබන පෙ
Bind, *v.* බඳිනවා, බැඳෙනවා, ස්ථිර
Bind'er, *s.* බඳින්නා [කරණවා
Bind'ing, *a.* යුතුකමක්ව තිබෙන *s.* බැඳීම, පිටකොලේ
Binn'acle, *s.* නැවේ පෙට්ටියක්
Biog'rapher, *s.* ජීවිත කථා ලියන්නා
Biog'raphical, *a.* ජීවිත තොරතුරු සම්බන්ධ
Biol'ogy, *s.* සත්‍වභූත විද්‍යාව
Bi'ped, *s.* ද්විපාද සතා, දෙපා සත්‍වයා
Birch, *s.* ගස් වර්ගයක්, වේවැල්
Bird, *s.* කුරුල්ලා, පක්ෂියා
Bird'lime, *s.* කුරුල්ලන් අල්ලන ලාටු
Bird-of-Par'adise, *s.* වල්ලූ හොරා
Bird's'-eye, *a.* ඉහළින් ඉගිලෙන පක්ෂි නේත්‍රයෙන් දෘෂ්ටි ආකාරවූ
Birth, *s.* උත්පත්තිය, ඉපදීම, ජාතිජ
Birth'day, *s.* උපන් දවස [ම්මය
Birth'right, *s.* උත්පත්තියේ අයිතිවාසිකම, කුළුල්කම
Bis'cuit, *s.* රොටි වර්ගයක්, විස්කෝතු
Bisect', *v.* දෙපල්ලකරණවා [තැන
Bish'op, *s.* පාරිදම්කතැන, නායක
Bish'opric, *s.* නායකධූරය, බිස්කොප් පදවිය

Bi'son, *s.* වල් ගොන් වර්ගයක්
Bit, *s.* කෑල්ල, කටකලියාව, බුරුම කට්ටුව *v.* කටකලියාව දමනවා
Bitch, *s.* බැල්ලී
Bite, *v.* විකනවා, හපාකනවා *s.* හැපීම, කටට හපාගත් ප්‍රමාණය
Bitt'er, *a.* තිත්ත, සැඩබල, කෘර
Bitt'erly, *ad.* තිත්ත ලෙස, බලවත්
Bitt'ern, *s.* කනකොකා [ලෙස
Bitu'men, *s.* තිල්, බදුම, බිම් දුම්මල
Biv'ouac, *s.* භේවාසින්ගේ රෑ මුරය *v.* එළිමහනේ සිට රෑ මුරකරණවා.
Bi'-week'ly, *a.* දෙසතියකට වරක්වූ, සතියකට දෙවරක්වූ
Blab, *v.* බේලාම් කියනවා, ප්‍රලාප කියනවා, දොඩවනවා
Black, *s.* කළුපාට, කළු මනුෂ්‍යයා *a.* කළුවූ, අඳුරුවූ
Black, Black'en, *v.* කළුකරණවා, කෙලගහනවා
Black'berry, *s.* දන්
Black'bird, *s.* කවුඩුපනික්කියා
Black'board, *s.* කළු ලෑල්ල
Black'guard, *a.* නින්දිත *s.* නීචයා
Black'ing, *s.* සපත්තු ආදිය කළුකරණ ද්‍රව්‍ය
Black'lead, *s.* මිණිරන්, කළු ඊයන්
Black'smith, *s* ආචාරියා
Blad'der, *s.* මුත්‍රබොක්ක, දියබිබිල
Blade, *s.* තණපත්‍රය, තලේ, මුවහත
Blade'-bone, *s.* උර ඇටේ

Blain, *s.* ගඩුව, කබගෙඩිය

Blam'able, *a.* දොෂසහිතවූ, වරදවූ

Blame, *s.* දොෂාරොපණය, වරද *v.* දොෂ තබනවා

Blame'less, *a.* නිර්දොෂ, නිරපරාධ

Blame'worthy, *a.* දොස් පැවරියයුතු

Blanch, *v.* සුදුකරණවා, සායම් අරිණවා

Bland, *a.* සුරතල්, මොලොක්, මෘදු

Bland'ishment, *s.* රසබස් කීම, සිත් ඇලවීම, ඉච්චාව [හිස් *s.* හිස්තැන

Blank, *a.* සුදු, නොලියාපු, වියවුල්,

Blank'et, *s.* ලොම් ඇතිරිල්ල, කම්බිලිය

Blaspheme', *v.* දේවාපහාසකරණවා

Blas'phemy, *s.* දෙස් අපහාසකීම, දේවාපහාසය

Blast, *s.* තද සුලඟ, පාළුකරණ සුලඟ *v.* නාසතිකරණවා, පාළුකරණවා, පුපුරවනවා [රවීම

Blast'ing, *s.* විනාශකෙරීම, ගල් පුපු

Blat'ant, *a.* කැප්ලන, ඝෝෂාකාරණ

Blaze, *s.* ගිනිදැල්ල *v.* ඇවිලෙනවා, බබලනවා [කරණවා

Bla'zon, *v.* එළිදරව්කරණවා, පතළ

Bleach, *v.* සුදුකරණවා, අපුල්ලනවා

Bleak, *a.* සීතල, වැස්මක්නැති, සැප නැති [ගායවී අඳුරුවූ

Blear'-eyed, *a* ලෙඩ ඇස්ඇති, ඇස්

Bleat, *v.* බැටළුවෙක් මෙන් ශබ්දකරණවා

Bleat'ing, *s.* බැටළුහඬ [විදිනවා

Bleed, *v.* ලේ යනවා, ලේ හරිණවා,

Blem'ish, *s.* කැළල, පලිදුව, අවනම්බුව *v.* කැලල්කරණවා

Blend, *v.* මිශ්‍රකරණවා, පාගනවා, එකතුවෙනවා [නයකරණවා

Bless. *v.* ආශීර්වාදකරණවා, ශාන්තිදු

Bless'ed, *a.* සෙත්ලත්, වාසනාවන්ත

Bless'ing, *v.* ආශීර්වාදය, වාසනාව

Blight, *s.* පාළුව, විනාශය *v.* පාළුකරණවා

Blind, *a.* කණවූ, අන්ධ, අඥාන *s.* මුවාව, වැස්ම, තිරය, උපාය *v.* අන්ධකරණවා [ඤනවා, රවටනවා

Blind'fold, *a.* ඇස්බැඳුම්වූ *v.* ඇස්ව

Blind'ness, *s.* අන්ධභාවය, අඥානකම

Blink, *v.* ඇස්පියගහනවා, නොබලා මගඅරිණවා

Blink'ers, *s.* අශ්වයාගේ ඇස්වැසුම්

Bliss, *s.* වාසනාවන්තකම, සැපත

Bliss'ful, *a.* පුණ්‍යවන්ත, ඉතා සැපවත

Blis'ter, *s.* බිබිල, බොඩිය, ගඩුව *v.* දියබුබුල් අටගන්වනවා [බු

Blithe, *a.* ප්‍රීතිමත්වූ, සෙල්ලම් සහිත

Blithe'some, *a.* ප්‍රීතිමත් [දුවෙනවා

Bloat, *v.* පුප්පනවා, ඉදිමෙනවා, උ

Block, *s.* දණ්ඩ, කප්පිය, කැටිය *v.* පියාදමනවා, වහනවා, අහුරණවා

Blockade', *s.* යුද්ධයකදී වටලා අවහිරකෙරීම

Block'head, *s.* මෝඩයා, ගුඩ්ඩයා
Blood, *s.* රුධිර, ලේ
Blood'hound, *s.* ලොකු රෞද්‍ර බලු ජාතියක් [වැගිරීම
Blood'shed, Blood'shedding, *s.* ලේ
Blood'shot, *a.* ලේ මතුවීමෙන් රතුවූ
Blood'thirsty, *a* ලේවැගිරීමට සිතවූ
Blood'y, *a.* ලේතැවරුණ, මිනිමරුවූ, කෲර
Bloom, *s.* මල, මල්කාලය, ලක්ෂණකම, තරුණකම *v* මල් අටගන්නවා
Bloom'ing, *a.* මල් පිපෙන, තරුණ, සුවපත් [වෙන
Bloom'y, *a.* මල් අටගත්, සැපසේ වැ
Bloss'om, *s.* මල, කුසුමය *v.* මල්දම
Blot, *s.* කැලල, කටුගෑම [නවා
Blotch, *s.* නහවී විසපීය, ගඩුව
Blott'ing-paper, *s.* තීන්තපොවන කඩදාසිය *v.* කැලල්කරණවා, කටුගානවා
Blow, *s.* පහර, ගැසීම, හදිසි විපත *v.* පිඹිනවා, හමනවා, පිඹිදවනවා, මල් පිපෙනවා
Blow'pipe, *s.* ගිනිමොලවන නලය
Blub'ber, *s.* මත්ස්‍ය තෙල *v.* මොරගාා අඬනවා
Blud'geon, *s.* පොල්ල
Blue, *a.* නිල්, නිල *s.* නිලවර්ණය
Blue'book, *s.* ආණ්ඩුවේ වැදගත් කාරණ අඩංගු පොතක්
Bluff, *a.* ලොකුවට කථා ඇති, සැර ලීලා ඇති *s.* ඉවුරු ප්‍රපාතයක්
Blun'der, *s.* වරද, අනුවන වැරැද්ද *v.* වරද්දගන්නවා
Blun'derbuss, *s.* තුවක්කුවක්
Blunt, *a.* මොට, රළු, චාරිත්‍රනොසලකන *v.* මොට්ටකරණවා
Blur, *s.* කැලල *v.* පැල්ලම්කරණවා
Blurt, *v.* නොසිතා කථාකරණවා
Blush, *s* ලජ්ජාවෙන් හටගත් රත ලජ්ජාවෙන් මුහුන රතුවෙනවා
Blush'ingly, *ad.* ලජ්ජා ශ්‍රියාවෙන්
Blus'ter, *s.* බොරු ඝෝෂා වණිනාව *v.* ආඩම්බර ලෙස කථාකරණවා. ගර්ජනාකරණවා
Bo'a, *s.* පිඹුරා, ස්ත්‍රීන් කුලලේ බඳින ලොම් ඇඳුමක්
Boar, *s.* ඌරා, වල් ඌරා
Board, *s.* ලෑල්ල, පෝරුව, කෑමබීම, මන්ත්‍රසභාව, නැවේ තට්ටුව *v.* ලෑලි අතුරණවා, කෑමබීම ලැබ වා සපයකරණවා, නැවට යනවා
Board'er, *s.* වියදම දී කෑමබීමාදිය ලබන්නා
Boast, *s.* අහංකාරය, පාරට්ටුව *v.* පාරට්ටුකරණවා, ගරුකම් කියනවා
Boast'ful, *a.* ගරුවණිනා කථාකරණ
Boat, *s.* ඔරුව, පාරුව, අහුල *v.* ඔරු පදිනවා
Boat'man, *s.* ඔරුකාරයා
Boat'swain, *s.* මරික්කලේ ප්‍රධානියා
Bob'bin, *s.* බිරළුව
Bob'tail, *s.* කොට වල්ගේ

Bode, *v.* නිමිති දක්වනවා, අවමංගල්‍ය ලකුණු කියනවා

Bod'ice, *s.* චෝලිය

Bod'ily, *a.* ශරීරික *ad.* ශරීරාකාරයෙන්, සම්පූර්ණයෙන්ම

Bod'kin, *s.* කෝර්දන් අදින කටුව

Bod'y, *s.* ඇඟ, ශරීරය, කෙනෙක්, වස්තුවක්, සමාගම [යෝ

Bod'yguard, *s.* රජ රකින මුරකාර

Bog, *s.* වගුර, ගොහොදුව

Bogg'le, *v.* බාධාවී නවතිනවා, වියවුල්ව ප්‍රමාදවෙනවා

Boil, *s.* ගඩුව, ගඩගෙඩිය *v.* නකාරණවා, උයනවා, තම්බනවා, පිසන [වා

Boil'er, *s.* තාලිය, නල්දරම

Boil over, *v.* උතුරණවා

Bois'terous, *a.* ප්‍රචණ්ඩ, කෝලාහල, ඝෝෂා ඇති

Bold, *a.* හිතදුව, භයනැති, උස්

Bold'ness, *s.* නිර්භීතකම, ගරුයරු නැතිකම

Bole, *s.* ගසේ කඳ

Bols'ter, *s.* කොට්ටය, බලකරුව *v* කොට්ටෙන් උසුලනවා

Bolt, *s.* අගුල, ඊගහ, හෙනය *v* අගුල්ලනවා, හණික ගිලිනවා, පැනලා යනවා, පිටිහලනවා

Bo'lus, *s.* ගුලිය, බෙහෙත් ගුලිය

Bombast'ic, *a.* පුච්චම් දෙඩන, අහංකාර

Bomb, Bomb'shell, *s.* ගිනිඋණ්ඩ

Bombard', *v.* කොටුතාප්ප ආදියට කාලතුවක්කු වෙඩි තිබනවා

Bom'bast, *s.* පුච්චම් දෙඩීම, පුච්චම

Bond, *s.* බැම්ම, නායකැරේ:-*pl.* සිර අඩස්සිය

Bond'age, *s.* දාස බව, වහල්කම

Bond'man, Bonds'man, *s.* වාලා, නායට බැඳෙන්නා, ඇපකාරයා

Bone, *s.* ඇටේ, කටුව

Bone'-set'ter, *s.* කැඩුම් බිඳුම් වෙදා, උළුක්කු හරිගස්සන්නා

Bon'fire, *s.* සතුටු ගිනිමැලය

Bonn'et, *s.* ස්ත්‍රීන්ගේ තොප්පිය

Bonn'y, *a,* අලංකාරවූ, ප්‍රියවූ, යස

Bon'us, *s.* වැඩිපුර වාසිය, වැඩිමනත් කොටස

Bo'ny, *a.* ඇට බොහෝවූ, කෙට්ටුවූ

Boob'y, *s.* ලාමකයා, මෝඩයා

Book, *s.* පොත *v* පොතට ඇතුළත් කරණවා

Book'ish, *a.* පොත් කියැව්මට ආශාඇති, පොත්වල දැනගැම්ම පමණක් ඇති

Book'-keeping, *s.* පොතක ගණන් ලියා තිබීම, ගණන් සටහන් තැබීමේ ශිල්පය

Book'seller, *s.* පොත් විකුණන්නා

Book'worm, *s.* පොත්පණුවා, පොත් බැලීමේ අතිකාලස යෙදීසිටින්නා

Boom, *s.* කුඹගහක්, ගිගුරුම *v.* ගිගුම්දෙනවා

Boon, *s.* තෑග්ග, දීමනාව, වරය

Boor, *s.* ගොවියා, පිටිසරයා

Boor'ish, *a.* අශිෂ්ටාචාර, වල්

Boot, *s.* ලාස්, උස් වහන් *v.* සපත්තු දමනවා

Boot, *s.* වාසිය *v.* වාසිවෙනවා

Booth, *s.* පැල, මඩුව

Boot'less, *a.* වාසිනැති, නිෂ්ප්‍රයෝජන

Boot'y, *s.* උදුරාගත් බඩු, කොල්ලය

Bo'rax, *s.* පුක්ෂාර, යවකාර වර්ගයක්

Bord'er, *s.* සීමාව, වාටිය, අද්දර, ඉවුර, අහබඩ *v.* යාව තිබෙනවා, වාටි අල්ලනවා

Bore, *v.* සිදුරුකරණවා, විදිනවා, හිරිහැර කරණවා, කරදර කරණවා *s.* සිදුර, කරදරකාරයා

Born, *part.* උපන්, ප්‍රසූත, ජනිත

Borne, *part.* ඉසුලුවාවූ, දරුවාවූ

Bor'ough, *s.* සුළු නගරය, මන්ත්‍රිප්‍රවර

Borr'ow, *v.* ණයට ගන්නවා, අනුන් ගෙන් ගන්නවා

Bos'om, *s.* ළැපැත්ත, හෘදය, ළය, තුරුල්ල *a.* හිතෙත්සික

Boss, *s.* මොට්ටුහැඩ ඇති ආභරණය, පොහොට්ටුව

Bot'anise, *v.* තෘණදිව්දූව උදෙසා පැළ ලතාදීන් සොයා එකතුකරණවා

Bot'any, *s.* වෘක්ෂලතාදිය ගැණ ශාස්ත්‍රය, වෘක්ෂායුර්වේදය

Botch, *s.* පිළියම, අණ්ඩය, තඩිස්සිය *v.* අණ්ඩදමා පිරිමහනවා

Botch'y, *a.* ඉදිමුම් සහිතවූ, අණ්ඩමූට්ටුවලින් යුත්

Both, *pron.* දෙගොල්ල, දෙන්නා, දෙක, දෙකම *a.* උභය, ද්වි *conj.* සහ, ද

Both'er, *v.* කරදර කරණවා, කරච්චල්කරණවා

Bot'tle, *s.* බෝතලය, භාජනය *v.* බෝතලේවල දමනවා

Bo'-tree, *s.* බෝගස

Bott'om, *s.* පතුළ, පල්ල, අත්තිවාරම

Bott'omless, *a.* පතුලක්නැති, අප්‍රමාණ ගැඹුරු

Bough, *s.* අත්ත, ශාඛාව, රිකිල්ල

Bought, *pret.* of Buy. මිලේටගත්තා

Bould'er, Bowld'er, *s.* ජලයෙන් ගෙවී වටකුරුවූ ගල

Bounce, *v.* පණිනවා, පාරට්ටුකරණවා *s.* තද පහර, පිම්ම, පුව්චම, බොරුව

Bound, *a.* ස්ථානයකට නියමවී යන, යන්ට සූදානම් *part.* බැඳුන, හිරවූ

Bound, *s.* ඉම, සීමාව, පිණුම *v.* වාසිම් තබනවා, පණිනවා

Bound'ary, *s.* ඉම, අන්තිමය, අද්දර

Bound'en, *a.* බැඳී සිටින, පැහැර හැරිය නොහැකි

Bound'less, *a.* අප්‍රමාණ, නිම්මාවක්නැති

Boun'teous, Boun'tiful, *a.* දයාවන්ත, බොහෝකොට දෙන, තෑගිවන්ත

Boun'ty, *s.* දානය, දයාව, යහපත්කම

Bou'quet, *s.* මල් පොකුර
Bout, *s.* එකසැරයක්, උත්සාහය
Bow, *s.* දුන්න, ආචාරය, වැඳුම, ඇනි
ය *v.* නමනවා, යටත්කරණවා, නම
ස්කාරකරණවා, වඳිනවා
Bow'els, *s. pl.* බඩවැල්, අතුණු
Bow'-legged, *a.* බකලවූ
Bow'er, *s.* අතුගේ, පත්දලම, සෙවන
Bowl, *s.* බොන පාත්‍රය, ලී ගෝලය,
පන්දු විසිකරණවා
Bow'man, *s.* දුනුවායා
Bow'sprit, *s.* ඇනිය, ඇනිපොල්ල
Bow'string, *s.* දුනුදිය, දුනුලනුව
Box, *s.* පෙට්ටිය, හෙප්පුව, ආසනය,
අතුල්පහර *v.* අතුල්පහර දෙනවා,
ගුටි අනිනවා, ගහගන්නවා, පෙට්ටි
යේ දමනවා [ණයා, වැඩකාරයා
Boy, *s.* පිරිමිලමයා, කොල්ලා, තරු
Boy'cott, *v.* සමාගමෙන් වෙන්කරණ
වා, ගණුදෙනු නොකර අරිණවා
Boy'ish, *a.* ලමා, ලාමක
Brace, *s.* එතීම, බැඳීම, තුට්ටම, ජෝ
ඩුව, වචන දෙකක් නොහොත්
පේලි දෙකක් බඳින ලකුණ *v.* බඳි
නවා, සවිකරණවා
Braces, *s. pl.* කලිසම පහළ නොවැ
ටෙන පිණිස උරේට උඩින්දමා සවි
කරණ පටි
Brace'let, *s.* වළල්ල, හස්තාභරණය
Brac'ing, *a.* ශක්තිය ගෙණදෙන්නා
වූ, සුවඑලවන්නාවූ

Brack'et, *s.* භිත්තියකට සවිකරණල
ද අතක්, කුරුපාව, සඤ්ඤා ලකුණක්
Brack'ish, *a.* කිවුල්වූ, දෙදියවූ
Brag, *v.* පාරට්ටුකරගන්නවා *s.* පා
රට්ටුව, පුච්චම [යා
Bragg'art, *s.* වාචාලයා, පුච්චම්කාර
Brah'min, *s.* බ්‍රාහ්මණයා
Brah'minism, *s.* බ්‍රහ්මාගම
Braid, *s.* ගෙතිල්ල, ගෑටේ, හැඩපල්
ල *v.* ගොතනවා, වියනවා
Brain, *s.* මොළේ, සිහිය *v.* මොළේ
පොඩිකරදමනවා
Brain'less, *a.* මොළේනැති, මෝඩ
Brake, *s.* හැර බිදින හෝ මදිනය
කරණයන්ත්‍රය, අකුල
Bram'ble, *s.* කටුපදුරු වර්ගයක්
Bran, *s.* දහයියා, ධාන්‍යපොතු, පරළු
Branch, *s.* අත්ත, රිකිල්ල, ශාඛාව
v. අතු විහිදෙනවා
Brand, *s.* දරපෙණෙල්ල, ගිනිපෙ
නෙල්ල, හංවඩුව *v.* හත හහනවා
Brand'ish, *v.* ලෙලවනවා, හරඹක
රණවා *s.* ලෙලවීම
Bran'dy, *s.* බ්‍රැන්ඩි, බීම වර්ගයක්
Bra'sier, Bra'zier, *s.* ලෝකුරුවා, පි
ත්තල වැඩකාරයා, ගිනිඅඟුරුභාජ
Brass, *s.* පිත්තල [නය
Brass'y, *a.* පිත්තලමයවූ, ලජ්ජා භය
Brat, *s.* කොලුපැටියා [නැති
Brava'do, *s.* උඩඟුදෙඩීම, පාරට්ටුව

Brave, *a.* නිර්භීත, නිර්භයවූ *v.* නිර්භී තව සම්මුඛවෙනවා, මිගකියනවා

Brav'ery, *s.* නිර්භීතකම, දක්‍ෂකම

Brav'o, *s.* ගරුනැති වරුඩියා, කුලී පිණිස මිණීමරන්නා *inter.* සාධු, යහපති

Brawl, *s.* කෝලාහලය, සණ්ඩුව *v.* කෝලාහල කරණවා, කෑකෝගහ නවා

Brawn, *s.* වල්ඌරුමස්, ශරීරයේ මාංසමයවූ තැන, මස්ගොබේ [ඇති

Brawn'y, *a.* මස්ගොබ සහිත, සවිබල

Bray, *v.* කොටනවා, කොටළුවා වාගේ මොරදෙනවා *s.* කොටළුහඬ

Bra'zen, *a.* පිත්තලමය, මුරණ්ඩු, ගරුනැති

Breach, *s.* බිඳුම, කඩකිරීම, කබල්ල, භේදය *v.* බිඳුමක් කරණවා

Bread, *s.* පාං, රොටි, භෝජනය

Bread'fruit, *s.* රටදෙල්, බැදිදෙල්

Breadth, *s.* පළල

Break, *v.* කඩනවා, බිඳිනවා, වෙන් වෙනවා, සත්ප නැතිවෙනවා *s.* කැඩීම, නැවැත්ම, පහන්වීම

Break'age, *s.* බිඳීම, කැඩුම්බිඳුම්වල ට ගෙවන මිල

Break'fast, *s.* උදය කෑම, හීල, අලුයම් සුව *v.* අලුයම්සු වලදනවා

Break'water, *s.* වරායේ නැව් ආරක්‍ෂාව සමට තිබෙන ප්‍රාකාරයක්

Breast, *s.* ලය, ලැපැත්ත, පියයුර, තනත්, හෘදය [උරහෘදය

Breast'plate, *s.* උරච්ඡදය, කවචය,

Breath, *s.* හුස්ම, ස්වාසය, ප්‍රාණය, මද හුලඟ

Breathe, *v.* ආශ්වාසකරණවා, හුස්ම අරිණවා, හෙමින් කියනවා [න්වූ

Breath'less, *a.* හුස්ම නැති, ප්‍රාණහා

Breech'es, *s.* ගරුවාල, කලිසන්

Breed, *v.* උපදවනවා, උපදිනවා, බෝකරණවා, ඇතිකරණවා

Breed'er, *s.* ජන්තකරන්නා, ඇති ලොකුකරන්නා

Breed'ing, *s.* බෝකිරීම, පුහුණුකිරීම, ශීලාචාරකම

Breeze, *s.* මදපවන, හුලඟ, වාතය

Breez'y, *a.* මදපවන් සහිත, පවන්ග සහ [දරයෝ

Breth'ren, *pl.* of Brother, සහෝ

Brev'iary, *s.* ලුහුඬු සංග්‍රහය, රෝමා ණු පූජාපොත

Brev'ity, *s.* ලුහුඬුකම, සංක්‍ෂෙපකම

Brew, *v.* බීමජාති සාදනවා, පෙරණවා, උපා යෝජනාකරණවා

Brew'ery, *s.* බීම සාදන ස්ථානය

Brew'ing, *s.* බීම පෙරීම, පෙරණලද බීම ප්‍රමාණය

Bri'ar, Bri'er, *s.* කටු, ගොකටු

Bribe, *s.* අල්ලස්, තෑගි *v.* අල්ලස් දෙනවා

Brib'ery, *s.* අල්ලස්දීම හෝ ගැණීම

Brick, *s.* ගඩොල *v.* ගඩොල් අල්ලනවා

Brick'bat, *s.* ගඩොල්කෑල්ල

Brick'-kiln, *s.* ගඩොල් පච්චලය

Brick'layer, *s.* ගඩොල් අල්ලන්නා, පෙදරේරුවා

Brid'al, *s.* සරණ මංගල්‍යය *a.* සරණ මංගල්‍යයට අයිතිවූ

Bride, *s.* මනාලි

Bride'groom, *s.* මනාලයා

Bridge, *s.* පාලම, ඒදණ්ඩ

Bri'dle, *s.* කටකලියාව *v.* කටකලියාව දමනවා, මැඩපවත්වනවා

Brief, *a.* සංක්ෂෙප, ලුහුඬු, කොට *s.* ලුහුඬු පත්‍රය, නඩුසටහන

Brief'less, *s.* නඩුවක්නැති, නඩුනොලැබෙන

Brig, *s.* පුංචි නැවක්

Brigade', *s.* යුද්ධ සේනා රංචුවක්

Brigadier', Brigadier'-gen'eral, *s.* සේනා රංචුවක අධිපතියා

Brig'and, *s.* පල්හොරා

Brig'andage, *s.* පල්හොරකම, මංකොල්ලය [සමනී, ඉසුරුමත්

Bright, *a.* දීප්තිමත්, පැහැදිලි, දක්ෂ,

Bright'en, *v.* දීප්තිමත්කරණවා, ආලෝකකරණවා, වඩවඩාබබලනවා

Brill'iancy, *s.* දීප්තිය, බැබලීම

Brill'iant, *a.* දීප්තිමත්වූ, බබලන්නාවූ, කාන්ති දිලිසෙන්නාවූ *s.* දියමන්තියක්

Brim, *s.* කට, ගැට්ට, වාටිය, ඉවුර *v.* කටදක්වා පුරවනවා

Brim'ful, *a.* කටදක්වා පිරුණ, හොඳටම පිරුණ

Brim'stone, *s.* ගන්ධක, කෙන්දගම්

Brind'ed, Brin'dled, *a.* ලප් ඇති, කැලැල් ඇති, ඉරිවැටුන

Brine, *s.* මුහුද, මුහුදුවතුර, ලුණුදිය

Bring, *v.* ගෙණෙනවා, පමුණුවනවා, ගෙන්වනවා

Bring about, *v.* සිද්ධකරණවා [නවා

Bring fc th, *v.* ප්‍රසූත කරණවා, වද

Bring up, *v.* ඇතිකරණවා

Brin'jal, *s.* වම්බටු

Brink, *s.* වාටිය, තීරය, අද්දර, ඉවුර

Brisk, *a.* ප්‍රාණවත්වූ, වියසීවූ, බුහුටිවූ, කඩිසරවූ, සැරවූ, පත්තුවන්නාවූ

Bris'tle, *s.* ඌරුකෙස්, දැඩිරෝම *v.* කෙස් කෙළින්සිටිනවා

Brit'ish, *a.* බ්‍රිතාන්‍ය

Brit'tle, *a.* පුපුරන්නාවූ, පහසුවෙන් කැඩෙන්ට පුළුවන්

Broach, *v.* පිප්පයක් සිදුරුකරණවා, එළිකරණවා, කියනවා

Broad, *a.* විශාල, පළල්, නොබිත

Broad'cast, *a.* විශාලලෙස පැතිර

Broad'cloth, *s.* ලාක්ක [වී යනවා

Broad'en, *v.* පළල්කරණවා, විශාල

Brocade', *s.* පටරෙදි වර්ගයක්

Brocc'oli, *s.* ගෝවි වර්ගයක්, රත්වල්

Brochure', *s.* පත්‍රිකාව

Brogue, *s.* වහස් වර්ගයක්, අයර්ලන්තවාසීන්ගේ ව්‍යවහාර කථාව
Broid'er, *v.* ලියවැල් මහනවා
Broil, *s.* ඛබරය, කෝලාහලය *v.* කරකරණවා, බදිනවා, උෂ්ණාධිකවෙනවා [ච, බිඳුන
Bro'ken, *part. a.* කැඩුනාවූ, කැඩිච්
Bro'ker, *s.* පරණ බඩු විකුණන්නා, වෙළඳුම් බඩු පොරොන්දුවෙන්නා
Bronchi'tis, *s.* ගලරෝගය, කණ්ඨරෝ
Bronze, *s.* මිශ්‍ර ලෝහ වර්ගයක් [ගය
Brooch, *s.* හාර්චිය, ස්ත්‍රීන් උරපලඳින ආභරණයක්
Brood, *v.* බිජු රකිණවා, කල්පනාවෙයෙදී සිටිනවා *s.* පැටව් සමූහය
Brook, *s.* ඇල, දෙල *v.* ඉවසනවා
Brook'let, *s.* කුඩා ඇල [කොස්ස
Broom, *s.* ඉදල, ඉලපත, මුස්න,
Broom'stick, *s.* කොහුමිට
Broth, *s.* හොද්ද, මස් තැම්බූ දිය
Broth'er, *s.* සහෝදරයා, සොහොයුරා
Broth'erhood, *s.* සහෝදරකම, සමා
Broth'er-in-law, *s.* මස්සිනා [ගම
Broth'erly, *a.* සහෝදරාකාරවූ, සෝහවතත
Brought, *pret. & pp.* of Bring, ගෙණවා, ගෙණැවිත් [ඉඩූර
Brow, *s.* ඇස්බැම, නලල, ගැවිය,
Brow'beat, *v.* සැර උඩුර බැල්මෙන් හෝ කථාවෙන් යටකරණවා, භයගන්වනවා
Brown, *a.* පඩුවන්, එලඹ
Browse, *v.* දලු කනවා
Bruise, *v.* තලනවා, පොඩිකරණවා
Bruit, *s.* ආරංචිය *v.* පතලකරණවා
Brunt, *s.* සටනේ තිගැස්සිය, පහරේ සැරය
Brush, *s.* කොස්ස, බුරුසුව, බ්‍රන්දලේ *v.* කොස්සෙන් පිහදමනවා, යම්තම් තවරණවා
Brush'wood, *s.* කැලය, වනලැහැබ
Brusque, *a.* ශ්‍රෝෂ්ඨ, සැරලීලා ඇති
Brut'al, *a.* මෘගාකාරවූ, කෲරවූ [ය
Brutal'ity, *s.* කෲරකම, අමනුෂ්‍යගති
Brute, *s.* මෘගයා, තිර්සනා *a.* මෘග. තිරිසන්, වල්
Brut'ish, *a.* මෘගාකාරවූ, අඥාන
Bub'ble, *s.* බුබුල, රුවිටිලි වැඩේ *v.* බුබුල් නගිනවා
Buck, *s.* මුවා, ගෝණා, හාවා
Buck'et, *s.* වතුර අදින භාජනයක්, බාල්දියක්
Buc'kle, *s.* ගැස්පරේ *v.* ගැස්පරේ පියනවා. යම් වැඩකට සැරදෙනවා, උත්සාහයෙන් සෙදෙනවා
Buck'ler, *s.* පලිහ, ඡම්ය
Buck'ram, *s.* ඝණ රෙදි වර්ගයක්, සවි ඇති රෙදි ජාතියක් *a.* තද
Bud, *s.* දලුව, අංකුරය *v.* දලුලනවා
Bud'dhism, *s.* බුද්ධාගම
Bud'dhist, *s.* බුද්ධාගම්කාරයා [වා
Budge, *v.* අහක්වෙනවා, සෙලවෙන

Budg'et, *s.* මල්ල, කුරපසිය, අයවැය ගණන්

Buff, *s.* මීහරක් හම, පඬුවණී

Buff'alo, *s.* මීමා, මීහරකා

Buff'er, *s.* දුම් සුනුගේ රථ එකිනෙක ට වදින තැනදී ගැස්සීම නවත්වන්ට සාදා තිබෙන කොට්ටය නොහොත් දුන්න

Buff'et, *s.* ප්‍රහාරය, පහර, පිඟන් කෝප්ප රාක්කය *v.* පහරදෙනවා

Buffoon', *s.* නළුනාටකයා, කවටයා

Buffoon'ery, *s.* කවට විගඩම

Bug, *s.* ඇඳ මකුණා

Bug'bear, *s.* පඹයා, විකාර රූපය

Bugg'y, *s.* රථ වර්ගයක්

Bu'gle, *s.* හොරණෑව, තලාව

Build, *v.* ගොඩනගනවා, සාදනවා *s.* ඉදිකළ හැඩි

Build'ing, *s.* ගොඩනැගිම, ගෙය

Bulb, *s.* මුල, මුලගිජය, අලය *v.* අල හැදෙනවා, වටකුරුව මහත්වෙනවා [දෙන, වටකුරු

Bul'bous, *a.* අලසුත්, අලවලින් හැ

Bulge, *s.* නෙරා තිබෙන කොටසය *v.* නැවකට දිය උනනවා, නෙරණවා [මාණය

Bulk, *s.* තරම, මහත, සධූලකම, ප්‍ර

Bulk'y, *a.* සධූල, ලොකු

Bull, *s.* මදයා, ගොණා, වෘෂභරාශිය, පාප් උන්නාන්සේගේ ආඥාපත්‍රය

Bull'-bait'ing, *s.* බල්ලන් ලවා ගොණුන්ට හිරිහැරකරවීම

Bull'dog, *s.* ඉතා නිර්භීත බලුජාතිය

Bull'et, *s.* තුවක්කු උණ්ඩ [ක්

Bull'etin, *s.* රාජාඥාදි ප්‍රවෘත්ති පත්‍රය

Bull'ion, *s.* මුදල්නොකළ රන් රිදී

Bull'ock, *s.* ගොණා, එලහරයා, හරකා

Bull'y, *s.* ගෝට්ටිකාරයා, ඩබරකාරයා, කෝලාහල කරන්නා *v.* සැරවැර පානවා යක්

Bul'rush, *s.* පන්, පොතුකොල වර්

Bul'wark, *s.* පවුර, ප්‍රාකාරය, මුවාව

Bum'ble ·bee, *s.* බඹර මැස්සා

Bum'boat, *s.* නැවට කෑමගෙණියන ඔරුව

Bump, *s.* ඉදිමීම, තඩිස්සිය, පහර *v.* ශබ්දනගනවා, තදෙන් වදිනවා

Bump'er, *s.* පුරා වීදුරුව

Bump'kin, *s.* පිටිසරයා

Bun, *s.* මිහිරි පාන් වර්ගයක් [රුල්ල

Bunch, *s.* මිටිය, වල්ල, පොකුර, කැ

Bun'dle, *s.* මිටිය, පොට්ටනිය, පොදිය *v.* පොදිකරණවා, [වා

Bung, *s.* ඇබේ, මූඩිය *v.* ඇබගහන

Bun'galow, *s.* බංගලාව, මණ්ඩපශාලාව

Bun'gle, *v.* අදක්ෂ ලෙස කරණවා *s.* අදක්ෂ වැඩේ, නිවට වැරැද්ද

Bung'ler, *s.* අසමර්ථයා, අදක්ෂයා

Bung'ling, *a.* අදක්ෂ ලෙස කළාවූ, අසමර්ථවූ, අප්‍රවේසම්වූ

Bunt'ing, *s.* නැව්කොඩි සාදන රෙදි

Buoy, *s.* ඉපිලිකඳ, ඉපිල්ල *v.* ඉල්පෙනවා, ඉල්පවනවා, උසුලනවා

Buoy'ant, *a.* ඉල්පෙන්නාවූ, සිත්සැහැල්ලුවූ, ප්‍රාණවත්

Bur'den, Bur'then, *s.* බර, පැටවූ බර *v.* බර පටවනවා, බරකරණවා

Bur'densome, *a.* බරවූ, අමාරුවූ

Bur'eau, *s.* පෙට්ටගම් වර්ගයක්, බිරෝව [තන්ත්‍රයෙක්

Bur'gess, *s.* නුවර වැසියා, නගර ම

Burgh'er, *s.* නගරවාසියා, ලන්සියා, තුප්පහියා [කනිත්තා

Burg'lar, *s.* රාත්‍රීගතව ගෙවල් උමං

Burg'lary, *s.* ගෙවල් කොල්ලකෑම, බලු හොරකම්කිරීම

Burg'omaster, *s.* නුවර මුලාදෑනියා, විනිශ්චයකාරයෙක්

Bur'ial, *s.* භූමදානකිරීම, වැළලීම

Burlesque', *s.* පරිහාසය, කවටකම *a.* විසුලු *v.* විසුලුවට හරවනවා

Bur'ly, *a.* ස්ථූලවූ, බරපතලවූ, ඝෝෂාකාරවූ

Burn, *v.* දවනවා, පුළුස්සනවා, දනවා

Burn'er, *s.* පත්තුකරන්නා, පහන් තුඩ [ණවා *s.* ඔපය, කාන්තිය

Burn'ish, *v.* ඔපලනවා, දිලිසුන්කර

Burn'isher, *s.* ඔපනගන ආවුදය

Burn up, *v.* දවා අළුකරණවා

Burnt'-of'fering, *s.* දවන පූජාව

Bur'row, *s.* බෙනය, බිල *v.* බිම හාරණවා, බෙන් හාරණවා, බිලක වසනවා

Burs'ar, *s.* මුදල් භාරකාරයා

Burst, *v.* පලනවා, පුපුරණවා, පැලෙනවා, පිපිරෙණවා *s.* පිපිරීම [වා

Bur'y, *v.* වළලනවා, භූමදානකරණ

Bur'ying-ground, Bur'ying-place, *s.* සොහොන්පල

Bush, *s.* පඳුර, අකුල [න මිම්ම

Bush'el, *s.* බුසල, වී හාල් ආදිය මනී

Bush'y, *a.* පඳුරු ගහනවූ, ගහනව පැතිරෙණ

Bus'ily, *ad.* කඩිසරලෙස, උනන්දුව

Bus'iness, *s.* වැඩය, කර්මාන්තය, කාරණව [වර්ගයක්

Busk'in, *s.* නැට්ටෙම්දී අඳින ලාස්

Buss, *s.* හාදුව, සිඹීම *v.* සිඹිනවා

Bust, *s.* ඌර්ධ්වකාය

Bus'tle, *s.* කලබල කෝලාහලය *v.* කඩිසරවෙනවා, දුවලාපැනලා කරණවා

Bus'y, *a.* බොහෝ වැඩ ඇත්තාවූ, කඩිසර *v.* කඩිසරව නියුක්තවෙනවා

Bus'ybody, *s.* මැදිහවන්නා, අනුන්ගේ කාරණ ඇඟට ගන්නා

Busy'-minded, *a.* මහත් කඩිසර සිත් ඇත්තාවූ

But, *conj.* or *prep.* එහෙත්, නුමුත්, ඇරත්, මිස, විතරක්

Butch'er, *s.* සතුන් මරන්නා, මස් විකුණන්නා, මින්මරුවා *v.* කෑමට සතුන් මරණවා [මස්

Butch'er-meat, *s.* කෑමට විකුණන

Butch'ery, *s.* සතුන් මැරීම, සතුන් මරණ ස්ථානය, කෲරකාර මැරීම

But'ler, *s.* ගබඩාකාරයා, අප්පු, ප්‍රධාන මෙහෙකරුවා

Butt, *s.* ලේගෙරේ, ඉලක්කේ, හිසින් ඇනුම *v.* ඉහින් පොර අනිනවා

Butt'-end, *s.* කොට්ට කොණ, බරපැත්ත වල්ල

But'ter, *s.* වෙඬරු, කිරිතෙල්, දුන්තෙල්

But'terfly, *s.* සමනලයා

But'termilk, *s.* කිරිමෝරු, තක්‍ර [ගේ

But'tery, *s.* ගබඩා ගේ, කෑම තබන

But'tock, *s.* තට්ටම [දමනවා

But'ton, *s.* බොත්තම *v.* බොත්තම්

But'tress, *s.* බිත්තිසන්ද, කයිරුව, රුකුල *v.* රුකුල් දෙනවා

Bux'om, *a.* ඇදෙන්නාවූ, සතුටුවූ, සෙල්ලම් සහිතවූ [ගන්නවා

Buy, *v.* මිලේට ගන්නවා, කාසිවලට

Buy'er, *s.* මිලේට ගන්නා

Buzz, *v.* නාදකරණවා, කොඳුරණවා *s.* මීමැසි නාදය

By, *prep.* විසින්, ඉන්, එන්, කරණකොටගෙණ, ලඟ, පැත්තෙන් *ad.* ලඟින්, අහකින්

By-and-by, *ad.* ටික වේලාවකින්

By'gone, *a.* පුරාණ, පසුගිය

By'path, *s.* අතුරු පාර, උපමාර්ගය

By'stander, *s.* ලඟ සිටින මිනිහා, බලාසිටින්නා

By'word, *s.* උපමා කීම, පරිභාසය, කවටකම

C

C. 100, සියය

Cab, *s.* කරත්තයක්

Cabal', *s.* නපුරු අදහසකට එකතුවූ සමාගම *v.* රහස් කුමන්ත්‍රණයක් පිණිස එකතුවෙනවා

Cab'bage, *s.* කෝව්, ගෝවා

Cab'in, *s.* නැවේ ඇතුල් ගේ, පැල

Cab'inet, *s.* මන්ත්‍රණකාරණ අප්‍රසිද්ධ ගේ, මන්ත්‍රණසභාව, කුඩු සහිත පෙට්ටියක් [සභාව

Cab'inet-coun'cil, *s.* අප්‍රසිද්ධ මන්ත්‍රණ

Cab'inet-mak'er, *s.* අගනා ලීබඩු සාදන්නා, අරුමෝසම් වැඩකාරයා

Ca'ble, *s.* ගල්කඹේ, නැංගුරම් කඹේ, මූදු විදුලිකම්බිය

Caca'o, *s.* චොකලට්නම් බීම සාදගන්න ගස

Cachinna'tion, *s.* හයියෙන් සිනාසීම

Cack'le, *v.* කෙකරගාණවා, නිරර්ථකයේ කථාකරණවා

Cacoph'ony, *s.* කණට අමිහිරි ශබ්දය

Cac'tus, *s.* පතුක්

Cad, *s.* අධමයා, නීචයා [මළානික

Cadav'erous, *a.* මළ ශරීරකාරවූ,

Cadd'y, *s.* තේකොල පෙට්ටිය

Ca'dence, *s.* හඬ වෙනස්කිරීම, හින්සරවීම [යෞවනයෙක්, බාලපුතා

Cadet', *s.* යුද්ධයට අයිති ශෙකෝලේ

Cadet'ship, *s.* ගේවාශිෂ්‍යත්වය, උපදිශාපති නිලයක්

Ca'di, *s.* මරක්කල අගමේ විනිශ්චය කාරයා, තුර්කි නඩුකාරයෙක්

Cadu'cous, *a.* කලින් වැටෙන

Cage, *s.* මැදිරිය, පක්ෂි කූඩුව

Cai'tiff, *s.* නක්කඩියා, චන්ඩියා, වම්බුවා, නීචයා

Cajole', *v.* වංචාවෙන්නමාගන්නවා, ඉච්චාවෙන් රවටනවා

Cajol'ery, *s.* රැවටිල්ල, ඉච්චාව

Cake, *s.* කැවුම, රොටිය *v.* කැටිගැහෙනවා, දැඩිවෙනවා

Calamand'er, *s.* කළුමැදිරිය [බිත

Calam'itous, *a.* විපත්ති පමුණන, දුක්

Calam'ity, *s.* විපත්තිය, කරුමේ

Calca'reous, *a.* හුණුගතිය ඇත්තාවූ

Calcine', *v.* අළුකර දවනවා

Cal'culate, *v.* ගණන් බලනවා, ගණීනවා, හරිගස්සනවා

Calcula'tion, *s.* ගණන් බැලීම, ගැණීම, ගණන [කල්දේරම, තාලිය

Cal'dron, *s.* උණුකරණ භාජනයක්,

Caledo'nian, *s.* ස්කොට්ලන්ත වැසියා

Calefac'tion, *s.* උණුහුම්කිරීම

Cal'endar, *s.* ලිත, නැකැත් ලේඛනය

Cal'ender, *s.* රෙදිම්රිකා මදින යන්ත්‍රය, රෙදිමදින්නා *v.* යන්ත්‍රයෙන් රෙදි මදින්නා

Calf, *s.* වස්සා:-*pl.* Calves

Calf, *s.-of the leg*-බත්කෙණ්ඩ

Cal'ibre, Cal'iber, *s.* තුවක්කු කාණුවේ මහත, පුළුල් ප්‍රමාණය, සුදුණබල ප්‍රමාණය

Cal'ico, *s.* කපු පිළි, රෙදි වර්ගයක්

Cal'if, Cal'iph, *s.* මරක්කල අගමේ මහනායකයා [අත්අකුරු

Calig'raphy, *s.* හොඳ ලිවීම, ලක්ෂණ

Calisthen'ics, *s.* ශරීරයේ ශෝභනකම හා සත්පක්ෂක්තිය දියුණුකරණ ව්‍යායාම

Cal'iver, *s.* අත්තුවක්කුවක්

Calk, *v.* නැවක සිදුරු අහුරණවා, ගලප්පත්ති කරණවා

Call, *v.* කැඳවනවා, නම් තබනවා, කෑගහනවා, දකින්ට යනවා *s.* කැඳවීම, අඩගැසීම, බලන්ට යෑම

Call'ing, *s.* කැඳවීම, වෑඩය, කර්මාන්තය, රක්ෂාව

Callos'ity, *s.* හමේ තදකම, තද කැටය [තතාවූ

Call'ous, *a.* දැඩිවූ, මුරණ්ඩුවූ, විචේ

Call'ow, *a.* පුඩිබර, පිහාටු නැති

Calm, *a.* නිශ්චලවූ, නොසෙල්වෙන්නාවූ *s.* හුලං නැවතී නිශ්චලකම, සංසුන්භාවය *v.* නිශ්චලකරණවා

Calm'ly, *ad.* නිශ්චල ලෙස

Cal'omel, *s.* රසදියෙන් සෑදූ බෙහෙතක්, රසපුෂ්පය [ධාතුව

Calor'ic, *s.* ග්‍රීෂ්මය, උෂ්ණය, තේජෝ

Calorif'ic, *a.* උෂ්ණ හටගන්වන

Calorim'eter, *s.* උෂ්ණ මනින යන්ත්‍රය

Calum'niate, *v.* කේලාම් කියනවා, බොරු වරද නගනවා, නමකෙලසනවා

Calum'nious, *a.* මිථ්‍යාපවාද සහිතවූ, නම කෙලසන්නාවූ

Cal'umny, *s.* කේලම, මිථ්‍යාපවාදය, බොරු චරද, නින්දාකිරීම

Ca'lyx, Ca'lix, *s.* මල්වල පිට පංගුව, මල් කොපුව

Cam'bric, *s.* සිනි කපු පිළි [නා

Came, *pret.* of Come, ආවා, පැමුණි

Cam'el, *s.* ඔටුවා

Came'leon, Chame'leon, *s.* කටුස්සා

Cam'era obscu'ra, *s.* අඳුරු ගෙයක පිටින් තිබෙන දේ පෙනෙන ලෙස ආලෝකය දෙන ඡායා යන්ත්‍රයක්

Cam'omile, *s.* බෙහෙත්පැල ජාතියක්

Camp, *s.* කඳවුර, යුද්ධ භූමිය *v.* කඳවුරුබඳිනවා

Campaign', *s.* යුද්ධයට එළඹ සිටින කාලය *v.* යුද්ධයට එළඹසිටිනවා

Campaign'er, *s.* යුද්ධවාර කීපයකට එළඹුන භේවායා

Campanol'ogy, *s.* ඝණ්ඨාගැණ සංග්‍රහය, සීනු ගැසීමේ ශිල්පය

Cam'phor, *s.* කපුරු, කර්පූර

Cam'phorated, *a.* කපුරු මිශ්‍ර

Cam'phoric, *a.* කපුරු සම්බන්ධ

Camp'-stool, *s.* පියන පුටුවක්

Can, *s.* කෙණ්ඩිය [could

Can, *v.* හැකි, පුළුවනි:–*past tense,*

Canal', *s.* අගල, කැපූඇල, නලය

Cana'ry, *s.* වැසින් වර්ගයක්, කැනරි පක්ෂියා

Can'cel, *v.* මකනවා, කටුගානවා, අවලංගුකරණවා [මක රාශිය

Can'cer, *s.* පිළිකාව, ගෙඩිය, කර්ක

Can'cerous, *a.* පිළිකාමයවූ, පිළිකාවක් වැනි [චාරකිතවූ, අව්‍යාජවූ

Can'did, *a.* අවංකවූ, ඒකාන්තවූ, වං

Can'didate, *s.* ඉල්ලුම්කාරයා, පතන්නා [තකම

Can'didness, *s.* අවංකකම, අගතිරහි

Can'died, *a.* සීනිදැමූ, සූකිරි ආකාරවූ

Can'dle *s.* ඉටිපන්දම, විලක්කුව

Can'dlestick, *s.* පහන් කන්ද, කඳ

Can'dlewick, *s.* පාන්කඩය [ලාරුව

Can'dour, *s.* අවංකකම, නිර්ව්‍යාජගතිය, ගුණවන්තකම

Can'dy, *s.* සූකිරි, ගල්කණ්ඩ *v.* මිදවනවා, කැටිගස්සනවා

Cane, *s.* වේවැල, උක්ගස, බටගස *v.* වේවැලෙන් තළනවා

Cane-creep'er, *s.* වේවැල

Can'gany, *s.* කාංකානම

Canine', *a.* බල්ලාගේ ස්වභාවවූ, බලුගුණවූ, බලු [පෙට්ටිය

Can'ister, *s.* බෙලෙක් පෙට්ටිය, කුඩා

Can'ker, *s.* ගසේ තුඩා පිළිකා, වෘක්ෂලතාදියට අසිති රෝගයක් *v.* කාවදිනවා, විනාසකරණවා, මළකඩකනවා [වදින

Can'kerous, *a.* පිළිකාවක් මෙන් කා

Can'ker-worm, *s.* ඵල කන පණුවා, ඉල් පණුවා

Can'nibal, *s.* රාක්ෂයා, මිනිමස් කන මිනිහා *v.* මිනිමස් කන

Can'nibalism, *s.* මිනිමස් කෑම

Can'non, *s.* කාලතුවක්කුව

Cannonade', *v.* කාලතුවක්කුවලින් වෙඩිතිබනවා *s.* කාලතුවක්කුවලින් වෙඩිතිබීම

Can'not, *ad.* නොහැකියි, නුපුළුවනි

Can'ny, *a.* ප්‍රවේසම්වූ, සමර්ථවූ

Canoe', *s.* ඔරුව, පඬවිව

Can'on, *s.* අගම් නියෝගය, ධර්ම නියෝගය, ව්‍යවස්ථාව, සත්‍ය ධර්ම පොත්, ක්‍රිස්තියානි අගමේ එක් දේවගැතිනමක්

Canon'ical, *a.* සභාවේ ව්‍යවස්ථාවට අයිති හෝ එකඟ, ධර්මික

Canon'icals, *s.* දේවගැතින්ට සභාවෙන් නියමකළ ඇඳුම

Canonic'ity, *s.* ශුද්ධලියවිල්ලට සැබවින් අයිති පොතක් බව

Can'onize, *v.* ශුද්ධවන්තයකොට පිළිගන්නවා, සාන්තුවරයින්ගේ ගණනට ඇතුළත්කරණවා

Can'opy, *s.* වියන, උඩුවියන *v.* උඩුවියනකින් වසනවා

Cant, *s.* වංචා කථාව, පුරුඳුනිශ්ඵල වාක්‍යය *v.* වාටු හෝ රුවටිලි කථාකරණවා [ලකරණවා

Caut, *s.* නැමීම, ඇලේට තිබීම *v.* ඇ

Cantan'kerous, *a.* දබරකාර, විවාදයට කිතවූ

Canta'ta, *s.* නාලයකට යෙදූ කාව්‍යය

Canteen', *s.* යුද්ධසේවකයන්ට බීම ගෙණියන භාජනය, බීම විකුණන ඉඩම [නවා *s.* ගෙමින් පිම්ම

Cant'er, *v.* අශ්වයින් ගින්පිම්මේ දුව

Can'ticle, *s.* ගිතිකාව ;-*pl.* සලමොන්ගේ ගිතිකාව

Can'to, *s.* කාව්‍ය කාණ්ඩය

Can'ton, *s.* දේශ කොට්ඨාසය *v.* කුඩා ප්‍රදේශවලට බෙදනවා, හේවා නවාතැන් නියමකරණවා

Canton'ment, *s.* නගරයක හේවායින්ට නියම නවාතැන

Can'vas, *s.* හනරෙදි

Can'vass, *v.* විභාගකරණවා, නම් ඉල්ලනවා *s.* සෝදිසිකිරීම, ඉල්ලා සොයා යාම [වසනවා

Cap, *s.* තොප්පිය, මුසවැසුම *v.* මුදුන

Cap'able, *a.* පුළුවන්, සමර්ථ, සුදුසු

Capa'cious, *a.* විශාල, මහත්, ඉඩපාසු ඇති [වත්කරණවා

Capac'itate, *v.* යෝග්‍යකරණවා, බල

Capac'ity, *s.* පුළුවන්ප්‍රමාණය, අවකාශය, සමර්ථකම, විලාසය

Capar'ison, *s.* අශ්වයෙක් පිට එලන රෙද්ද *v.* පෙරවනවා, අලංකාරඇඳුම් සරසනවා [වක්

Cape, *s.* තෙත්තිය, දේශතුඩුව, සළු

Ca'per, *v.* පෙන්නෙළිනවා, නටනවා *s.* මල්කැකුළු වර්ගයක්, පැදීම, නැටීම

Capil'lary, *a.* සිහු, සිහින් සිදුරෙන් යුත්, කේසාකාර, සියුම්

Cap'ital, *s.* ප්‍රධානපුරවර, ලොකු අකුර, මුල්මුදල, කුළුණුහිස, *a.* ප්‍රධාන, වැදගත්, ජීවිතය නසන, මරණීය

Cap'italise, *v.* මුදල්කරගන්නවා, මුදලට හරවනවා [කාරයා

Cap'italist; *s.* මුදල් ඇත්තා, මුල්මුදල්

Capita'tion, *s.* එකිනෙකා බැගින් ගණන්කිරීම, ඇඟබද්ද

Capit'ular, Capit'ulary, *s.* ධර්මසභාවකින් පැණවූ පණතක්, ධර්මසභාවක සාමාජිකයෙක් *a.* ධර්මසභාවකට අයිති

Capit'ulate, *v.* පොරොන්දුවෙන් භාරදෙනවා, ගිවිසුමක්පිට යටත්වෙනවා

Caprice', *s.* හිතුබුද්ධිය, වික්ෂිප්තවීම

Capric'ious, *a.* වෙනස්වෙනසුලු, හිතුවක්කාර

Cap'ricorn, *s.* මකරේ [රිස්

Cap'sicum, *s.* මිරිස් පැලයක්, නයිමි

Capsize', *v.* පෙරළනවා, පෙරළෙනවා

Cap'stan, *s.* නැංගුරම මුහුදෙන් ඉහළට ගන්න යන්ත්‍රයක්

Cap'sule, *s.* බීජකොපුව, දිසිය, වැස්ම

Cap'tain *s.* යුද්ධ මුලාදෑනියා, නැවේ මුලාදෑනියා

Cap'tion, *s.* ඇල්ලීම

Cap'tious, *a.* සිදුරු සොයන්නාවූ, දොෂ සොයන්නාවූ, වරදගන්නාවූ, පලවන්නාවූ

Cap'tivate, *v.* සිත් අයත්කරගන්නවා, දමනයකරණවා

Cap'tivating, *a.* සිත් අල්ලාගන්න, චිත්තාකර්ෂණීය කරණ

Cap'tive, *s.* දාසයා, වාලා, යුද්ධයේදී අල්ලාගත් සිරකාරයා *a.* යුද්ධයේදී අසුවූ, යටත්කරණලද [බව

Captiv'ity, *s.* සිරගණයේ සිටීම, දාස

Cap'tor, *s.* සිරකාරයෙක් අයත්කරගන්නා, දිනාගන්නා

Cap'ture, *s.* අයත්කරගැණීම, අයත්කරගත් දේ *v.* අල්ලාගන්නවා

Car, *s.* කරෙත්තුව, රථය, ගැල

Carambo'la-tree, *s.* කාමරංගා ගහ

Car'at, *s.* මඤ්චාඩි සතරක බර

Car'avan, *s.* මගීන් සමූහය, බඩුඅදින කරෙත්තුව, තවලම

Caravan'sary, Caravan'sera, *s.* තානායම, ගමන්කාර සමූහයානවතින

Car'away, *s.* මාදුරු [ස්ථානය

Car'bine, *s.* පුංචි තුවක්කුවක්

Car'bon, *s.* දූවෙන්ටහැකි ද්‍රව්‍යයක්, අඟාර ධාතුව

Carbon'ic ac'id, *s.* ගිනිගන්නා චූර්ණමය ද්‍රව්‍යයක්, අඟාරිකාම්ලය

Carbonif'erous, *a.* අඟුරු උපදන

Car'buncle, *s.* රතුමැණික, රතුකැටය, විසර්පය, ගඩුව [මිණිය

Car'case, Car'cass, *s.* මළකඳ, කුණ,

Card, *s.* කුඩා ලියුම, [illegible] කඩදාසිය, ක්‍රීඩා පත්‍රය *v.* ලොම් ආදිය අවුල් අරිනවා, බැටළු ලොම් පීරණවා

Car'damon, *s.* කර්දමුංගු, රටඑංසාල්

Car'dinal, *s.* රෝමාපූ අග්‍රාමි අපූ නායක තැන, *a.* ප්‍රධාන, මූල්

Care, *s.* ප්‍රවේසම, කණගාටුව, සැලකිල්ල, භාරය *v.* සිතට බර ගන්නවා, සලකණවා

Career', *s.* දිවීම, හැසිරීම, ගමණ

Care'ful, *a* ප්‍රවේසම්වූ, ආරක්‍ෂාවූ

Care'less, *a.* නොසැලකිලි. අප්‍රවේසම්

Caress', *v* සුරතල්කරණවා, ආදරය කරණවා, වැළඳගන්නවා *s.* සුරතල, සුරතල් ලකුණ

Ca'ret, *s.* වචනයක් අඩුබව දක්වන ලකුණ, කාකපාද ලකුණ

Car'go, *s.* නැවක පැටවිල්ල, බර

Caricature', *v.* විහිලුකර දක්වනවා, ඇතුවාට වඩා අවලක්‍ෂණකර දක්වනවා *s.* විහිලු විස්තාරය

Car'mine, *s.* රතුපාට

Car'nage, *s.* විශාලලෙස මිණීමැරීම, සම්ඝාතනය [මාසක්තවූ

Car'nal, *a.* ශරීරිකවූ, මාංසිකවූ, කා

Carnal'ity, *s.* මාංසිකකම, කාමාභිලාසය [යක්

Carna'tion, *s.* මාංසපාට, රතුමල් වර්ග

Car'nival, *s.* රෝමාපූ මංගල්‍යයක්, කෝලාහල සහිත උත්සවය

Carniv'orous, *a.* මස් කන්නාවූ

Car'ol, *s.* ප්‍රීති ගීතිකාව, සතුටු ගීය *v.* ප්‍රීති ගායනාකරණවා

Carous'al, *s.* මද්‍යපාන උත්සවය

Carouse', *s.* බිබී පවත්වන මංගල්‍යය *v.* මද්‍යපානය බොහෝකොටද හෝෂා සහිතවද බොනවා

Carp, *s.* මාළු වර්ගයක් *v.* වරද සොයනවා, බොරු විවාද කරණවා

Car'penter, *s.* වඩුවා

Carp'er, *s.* නිකම් වරද අල්ලන්නා, අවලාද කථාකාරයා

Car'pet, *s.* පාවාඩය, ඇතිරිල්ල *v.* ඇතිරිලි එලනවා

Carp'ingly, *ad.* නිෂ්කාරණයේ වරද තබමින්, විවාදකාරයෙන්

Carr'iage, *s.* රථය, ගැල, ගෙණයාම, යමක් ගෙණයාමේ කුලිය, හැසිරීම

Carr'ier, *s.* ගෙණියන්නා, උසුලන්නා, පණිවිඩකාරයා

Carr'ion, *s.* කුණු මස්, ඌරල් මස් *a.* කුණුමස් කන

Carr'ot, *s.* අල ජාතියක්

Carr'oty, *a.* රතුපාටවූ

Carr'y, *v.* උසුලනවා, ගෙණියනවා, සිද්ධකරගන්නවා, හැසිරෙණවා

Cart, *s.* රථය, කරත්තය *v.* කරත්තෙන් ගෙණයනවා

Cart'age, *s.* කරත්තෙන් ගෙණයාම, කරත්ත කුලිය

Carte, *s.* කෑමබීමේ වියදම් බිල

Car'tel, *s.* සිරකාරයින් මාරුකරගැණීමට ගිවිසුම් පත්‍රය

Cart'er, *s.* කරත්තකාරයා

Car'tilage, *s.* ශරීරයේ ලපටි ඇට, සන්ධි බැඳුම්ට උපකාර ඇති හින් ලණුවාගේ දෙයක් [දිනා සිතියම

Cartoon', *s.* මහ සිතියම්, අදෘශයට අ

Car'tridge, *s.* පතරම, වෙඩිල්ලකබෙහෙත්සහ උණ්ඩයඅකුලාපු කඩදාසිය

Carve, *v.* කැටයම්කරණවා, මස් කපනවා, හරි තරමට බෙදනවා

Carv'er, *s.* මස් කපන්නා, කැටයම් කර්මාන්තකාරයා, ලොකු මේසපිහි

Cascade', *s.* ඇල්ල, ජලධාරාව [යක්

Case, *s.* කොප්පුව, වහන්තරාව, පෙට්ටිය, ස්වභාව, කාරණව, නඩුව *of grammar*,–විභක්තිය *v.* කොප්පුවක හොහොත් පෙට්ටියක දමනවා

Case'ment, *s.* කවුළු දොර

Cash, *s.* මුදල්, මිල, අත්පිට කාසි *v.* කාසිවලට මාරුකරණවා

Cash'ew-tree, *s.* කජුගහ

Cashier', *s.* මුදල් ගණුදෙනුකරන්නා, මුදල් භාරකාරයා [නවා

Cashier', *v.* නිලයෙන් මාරුකර දම

Cash'mere, *s.* සාළු වර්ගයක්

Casi'no, *s.* ප්‍රසිද්ධ නැටුමට ශාලාවක්

Cask, *s.* ලේග්ගරය. පීප්පේ

Cask'et, *s.* රන්රිදී සහ වෙනත් කුඩා බඩු දමන පෙට්ටිය, හෙප්පුව

Cassa'va, *s.* මඤ්ඤොක්කා

Cass'ia, *s.* ලවඟ, තලිස්, දවුල්කුරුඳු

Cass'ock, *s.* දේවගැතින්ගේ ඇතුල් ඇඳුමක්

Cast, *v.* විසිකරණවා, දල්ලාදමිනවා, බලනවා, ගණන්බලනවා, වාත්තු කරණවා *s.* විසිකෙරීම, බැල්ම, අඩබැල්ම, හැඩය, අච්චුව [ත්තා

Cast'away, *s.* අතකදමිනලද තැනැ

Caste, *s.* ජම්මය, ජාතිය, කුලය, කුලභේදය

Cast'er, *s.* බඩුවල අඩියට යොදන කුඩා රෝදයක්:–in *pl.* පුංචි භාජන හෝ කුප්පි [ඩුවම් කරණවා

Cas'tigate, *v.* අච්චුකරණවා, තළා ද

Cas'tigator, *s.* තළන්නා, දඬුවම්කරන්නා

Cast'ing, *s.* විසිකිරීම, වාත්තුව

Cast'-iron, *s.* වාත්තු යකඩ

Cas'tle, *s.* කොටුව, බලකොටුව, මා

Cas'tor-oil, *s.* එරඬු තෙල් [ළිගාව

Cas'trate, *v.* කප්පාදුකරණවා [වූ

Cas'ual, *a.* අහම්බෙන් සිද්ධවෙන්නා

Cas'ualty, *s.* අහම්බෙන් සිද්ධවෙනදෙය, හදිස්සිය

Cas'uist, *s.* ධර්මාධර්ම විචාරන්නා, යුතුඅයුතුකම් විනිශ්චයකරන්නා

Cas'uistry, *s.* ධර්මාධර්ම විභාගශාස්ත්‍රය

Cat, *s.* බළලා, කෑසේ

Cat'aclysm, *s.* ජලගැල්ම

Cat'acomb, *s.* සොහොන් ගුහාව

Cat'alepsy, *s.* හදිස්සියෙන් සිහිනැතිකරණ ලෙඩක්

Cat'alogue, *s.* නාම වට්ටෝරුව, නාමාවලිය *v.* නාම වට්ටෝරුවක් ලියනවා

Catamaran', *s.* පහුර [තුඃ,ගල්පවිය
Cat'apult, *s.* ගල්ආදිය විසිකරණ යන්
Cat'aract, *s.* ඇල්ල, ජලධාරාව *of the eye*,-ඇස් රෝගයක්, පටලය
Catarrh', *s.* සෙම්ප්‍රතිශ්‍යාව
Catas'trophe, *s.* විපත, අවාසනාවන්ත කෙළවර
Catch, *v.* අල්ලනවා, අසුකරණවා, බෝවෙනවා *s.* ඇල්ලීම, අසුවෙන දේ, වාසිය
Catch'penny, *s.* කාසිකඩන බඩුව, නිෂ්ප්‍රයෝජන දෙය
Catch'up, *s.* ඉස්ම වර්ගයක්, හතු ආදියෙන් සාදන සාස්නම් ඉස්ම
Catechet'ic, Catechet'ical, *a.* ප්‍රශ්නෝත්තරාකාර
Cat'echise, *v.* ප්‍රශ්නෝත්තරක්‍රමයෙන් පුහුණුකරණවා, ඇහීම් අහනවා
Cat'echism, *s.* ප්‍රශ්නෝත්තර පාඨය, කතිකිස්මය
Cat'echist, *s.* කතිසාරුතැන
Catechu'men, *s.* ක්‍රිස්තියානි ඇගෑම් මුල් කාරණ පුහුණුවෙන්නා
Categor'ical, *a.* නියමවූ, ඒකාන්තවූ
Cat'egory, *s.* පන්තිය, වර්ගය, පිළිවෙළ, සමානාධිකරණය [නවා
Cat'enate, *v.* ඈඳනවා, දම්වැල් දම
Ca'ter, *v.* කෑම සෙල්ලම් ආදිය සපයාදෙනවා
Ca'terer, *a.* කෑම සපයාදෙන්නා
Cat'erpillar, *s.* පොලගැවියා, දලඹුවා

Cat'gut, *s.* වීනාලනූ, සතුන්ගේ බඩවැල්වලින් සාදන ලනූ වර්ගයක්
Cathart'ic, *a.* විරේචන *s.* විරේක බෙහෙතක්
Cathe'dral, *s.* පාරිදශීකයාගේ දේවමාලිගාව, මහා දේවස්ථානය *a.* පාරිදශීක දේවස්ථානයට අයිති
Cath'olic, *a.* සාමාන්‍ය, සර්වසාධාරණ, කතෝලික *s.* කතෝලිකයා
Cathol'icism, Catholic'ity, *s.* සර්වසාධාරණකම, නිදහස්කම, අපක්ෂපාතාව, කතෝලික ඇදහිල්ල
Cat'kin, *s.* එල්ලෙන මල්පොකුරක්
Cat-o'-nine-tails, *s.* කසයක්
Cat's'-eye, *s.* වෛරෝඩිය, වෛඩූර්යය
Cat's'-paw, *s.* අනුන්විසින් රවටා ආවුදයක්කොට පාවිච්චිකරණ ලබන් [නා
Cat's'-tail, *s.* හම්බුපත්
Cat'tle, *s. pl.* ගවයෝ, සිව්පාවෝ
Cau'dle, *s.* උණුහුම් බීම, බෙත්කැඳ
Caught, *pret. & pp.* of catch, ඇල්ලුවා, අල්වා
Caul, *s.* කොණ්ඩවසාලන දැල, අක්මාව, සිවිය [මල් වර්ගයක්
Cau'liflower, *s.* ගෝවි වර්ගයක්, සුදු
Caus'al, *a.* කරවන්නාවූ, කාරක
Causal'ity, *s.* කාරකත්වය, හේතුතාව, හේතුවිද්‍යාව
Causa'tion, *s.* කරවීම, සිදුකිරීම
Caus'ative, *a.* කාරක, හේතුක, ප්‍රයෝජ්‍ය

Cause, *s.* හේතුව, කාරණ, කටයුත්ත, නඩුව *v.* ඇතිකරවනවා, කරවනවා

Cause'less, *a.* හේතුවක්නැති, නිෂ්කාරණ

Cause'way, *s* උස්කර සාදපු මාර්ග, බැඳපු පාර [වන, සැර

Caus'tic, *s.* පුළුස්සන බෙහෙත *a.* ද

Caustic'ity, *s.* දවන ස්වභාව, සැරකාවදින ගුණය

Cauterisa'tion, Cau'tery, *s.* ගිනි බෙහෙතකින් හෝ රත්කළ යකඩයකින් පිළිස්සීම

Cau'terize, *v.* පුළුස්සනවා, දවනවා

Cau'tion, *s.* ප්‍රවේසම, සුවන, දැන්වීම, අවවාදය *v.* ප්‍රවේසම්වෙන්ට දැනුම්දෙනවා

Cau'tionary, *a.* කලින්දෙන දැනවීම් ඇත්තාවූ, ඇපයක්වූ [වූ

Cau'tious, *a.* බලාගන්නාවූ, ප්‍රවේසම්

Cav'alcade, *s.* අශ්වාරෝහණ ගමන් පඞ්ක්තිය, අසරු පෙළ

Cavalier', *s.* අශ්වාරෝහණයා, අශ්වයාසියා *a.* අසරුවෙක් වැනි

Cav'alry, *s.* අශ්ව සේනාව, අසරු සෙනග [නාව

Cave', Cav'ern, *s.* බෙනේ, ගුල, ගු

Ca'veat, *s.* තහනම් දැන්වීම, නීති නහනම

Cav'ernous, *a.* කුහරවූ, විවරසහිත

Cav'il, *s.* බොරු වාදය, තමනැති විවාදය *v.* නිෂ්ඵල විවාදකරණවා

Cav'ity, *s.* සිදුර, වළ, කුහරය

Caw, *s.* කපුටු හඬ *v.* කපුටා මෙන් හඬනවා [අනුකරණවා

Cease, *v.* නවතිනවා, වලක්ණවා, නී

Cease'less, *a* නොරනැති, නිරන්තර

Ce'dar, *s.* කිහිරිගස

Cede, *v.* බාරදෙනවා, පාවාදෙනවා

Ceil, *v.* වහලේ යට පැත්තේ ලෑලි හෝ රෙදි ගහනවා

Ceil'ing, *s.* වියන්තට්ටුව, වියන

Cel'ebrate, *v.* කීර්තිමත්කරණවා, මංගල්‍යයක්කොට පවත්වනවා

Cel'ebrated, *a.* කීර්තිමත්, ලෝප්‍රසිද්ධ

Celeb'rity, *s.* කීර්තිය, ප්‍රශංසාව, ගෞරවය [වේගය, ශීඝ්‍රකම

Celer'ity, *s.* කඩිනම්කම, කඩිසරකම,

Cel'ery, *s.* මහ රට අසමෝදගත්, සැල්දි

Celes'tial, *a.* ස්වර්ගීයවූ, දිව්‍යමයවූ, අකාශයෙහිවූ *s.* ස්වර්ග වාසියා

Cel'ibacy, *s.* අවිවාහකකම

Cel'ibate, *a.* අවිවාහක ජීවිතයට අයිති, බ්‍රහ්මචර්ය *s.* අවිවාහකයා

Cell, *s.* පුංචි කාමරේ, කුඩා සිරගේ, කුඩා ගෙය, සිදුර

Cell'ar, *s.* බිත්ගේ, ගබඩාව [තුලිය

Cell'arage, *s.* බිත්ගබඩා, බිත් ගබඩා

Cellaret', *s.* බෝතල්දමන පෙට්ටියක්

Cell'ular, *a.* සිදුරුමයවූ, බෙනසහිතවූ

Celt, *s.* එරෝපයේ පුරාණ වංශයක්, ආයර් වංශයේ කෙනෙක්

Cement', *s.* බදුම, අලවන ද්‍රව්‍යයක්
v. බදුමෙන් එක්කරණවා, පාස්ස
නවා [රසායන විධියක්
Cementa'tion, *s.* බදුමෙන් ඇලවීම,
Cem'etery, *s.* සොහොන්පල
Cen'otaph, *s.* හිස් සොහොන් කොත
Cen'ser, *s.* ධූප භාජනය
Cen'sor, *s.* ගම්බිම් ලියා තක්සේරු
කරණ ලේකම, පොත්පත් පරීක්‍ෂක
යා, දෙස් පවරන්නා
Censo'rious, *a.* දෝෂාරෝපණ සහිත,
වරද සොයන
Cen'sure, *s.* වරද පැවරීම, නින්දා ත
රවටුව *v.* වරද තබනවා
Cen'sus, *s.* රටේ වැසියන් ගණන්බැ
ලීම, ජනලේඛනය
Cent, *s.* සියය, ශතය
Cent'age, *s.* සියයට වැටෙන ගණන
Centena'rian, *s.* සියක් අවුරුදු වයස්
ඇත්තා
Cen'tenary, *s.* වර්ෂශතය, ශතසංවත්ස
රය *a.* සියයක් පිළිබඳ, ශත
Centen'nial, *a.* ශතවර්ෂයකට වරක්වූ
Centes'imal, *a.* සියවෙනි [යා
Cen'tipede, *s.* ශතපාදිකයා, පත්තෑ
Cen'tral, Cen'tric, *a.* මැදවූ, මධ්‍ය
ස්ථානවූ
Cen'tralise, *v.* මැදට එකතුකරණවා
Cen'tre, *s.* මැද, මධ්‍යය *v.* මැදට ප
මුණනවා [ඇදීයනසුලු
Centrif'ugal, *a.* මධ්‍යයෙන් අහකට
Centrip'etal, *a.* මධ්‍යයට ඇදගන්
නාවූ
Centu'rion, *s.* භේවායන් සියයකට
ප්‍රධානියා, සියේකට මුලාදෑනියා, ශ
තාධිපතියා [සිය
Cen'tury, *s.* අවුරුදු සියයක්, ශත ව
Cephal'ic, *a.* හිස සම්බන්ධ
Cere, *v.* ඉටිගානවා
Ce'real, *a.* ධාන්‍ය *pl.* *s.* ධාන්‍යවර්
Cerebell'um, *s.* මොලේ යටිපංගුව
Cereb'ral-letter, *s.* මූර්ධජාක්‍ෂරය
Cer'ebrum, *s.* මොලේ ලොකු පංගුව
Cere'cloth, Cere'ment, *s.* ඉටිරෙද්ද,
ඉටිගාපු මිනිරෙද්ද
Ceremo'nial, *a.* චාරිත්‍ර සම්බන්ධවූ *s.*
පිටාතර චාරිත්‍රය, චාරිත්‍ර පිළිවෙළ
Ceremo'nious, *a.* චාරිත්‍රයට ලැදි, සි
රිත් බොහෝකොට සලකන
Cer'emony, *s.* අගමේ පිළිවෙත, චා
රිත්‍රය [එක්තරා
Cer'tain, *a.* සැබෑ, නිසැක, නියම,
Cer'tainly, *ad.* සත්තකටම, නිසැකි
න්ම [සහතික බව
Cer'tainty, Cer'titude, *s.* සත්‍යතාව,
Certif'icate, *s.* සහතික පත්‍රය, සාක්‍ෂි
පත්‍රය [සහතිකකොට දක්වනවා
Cer'tify, *v.* සහතිකකරණවා, ඒකා
Ceru'lean, *a.* ආකාශවර්ණවූ, නිල්
Cess, *s.* අයබද්ද *v.* අයබදු නියමකර
ණවා [වාඩුව, විශ්‍රාමය
Cessa'tion, *s.* නැවතීම, වැලකීම, නි

Ces'sion, *s.* අන්‍යයාට භාරදීම, පාවාදී [ම

Cess'pool, *s.* වැසිකිළිය

Ceylon', *s.* ලංකාද්වීපය

Chafe, *v.* උලනවා, උෂ්ණකරණවා, ගෙවනවා, කෝපකරණවා *s.* ඉලී මෙන්වූ උෂ්ණය, තරහ ඇවිස්සීම

Chaff, *s.* පොතු, අහසියා, බොල්, රොඩු

Chaff'er, *v.* ගණුදෙනුවක් කරණවා, අගය ගැණ කේවෙල්කරණවා

Chagrin', *s.* ප්‍රසන්න නැතිකම, සිත් වේදනාව *v.* හිංසාකරණවා, තරහ කරණවා

Chain, *s.* දම්වැල, මාලය, පෙළ, අඩි 66ක මිම්ම *v.* දම්වැලකින් බඳිනවා. ඇදනවා

Chair, *s.* පුටුව, ආසනය, ප්‍රධානාසනය

Chair'man, *s.* සම්මුතියක ප්‍රධානියා

Chaise, *s.* වාහනයක්, රථයක්

Chal'dron, *s.* මිම්මක්, රත්තල් ගණනක බරක්

Chal'ice, *s.* පාත්‍රය, කුසලාන

Chalk, *s* රටහුණු *v.* රටහුණු ගානවා

Chalk'y, *a.* රටහුණු මිශ්‍ර

Chall'enge, *v* සටනට කැඳවනවා, අරෝපකරණවා, වරදතබනවා *s.* පොරට අඬගැසීම, හිඟකීම, විරුද්ධ ප්‍රශනය

Cham'ber, *s.* ඇතුල්ගෙය්, කාමරය, මන්ත්‍රණසභාවක්, සභා රැස්වීම් පලක් [සහිත

Cham'bered, *a.* ඇතුල්ගෙවලු. කුහර

Cham'bering, *s.* සල්ලාලකම

Cham'berlain, *s.* ගෙසි අමාත්‍යයා, භාණ්ඩාගාරිකයා [නවා

Champ, *v.* හසියෙන් විකනවා, හප

Cham'pac, *s.* සපු

Champagne', *s.* මිදිරස වර්ගයක්

Champaign', *a.* සමතලා, එලිමහත් *s.* සමතලා ප්‍රදේශය

Cham'pion, *s.* මැදහත් යුද්ධකාරයා, වීර සටන්කාරයා

Chance, *s.* අහම්බය, ඉඩප්‍රස්තාව *v.* ඉබේට සිද්ධවෙනවා

Chan'cel, *s.* දේවස්ථානයේ පූජාසනය නොහොත් මේසේ තිබෙන කොට්ඨාසය

Chan'cellor, *s.* ප්‍රධාන අමාත්‍යයා

Chan'cery, *s.* උතුම් උසාවිය

Chandelier', *s.* වලූපන්දම, කඳලාරුව, පහන්රුක

Chand'ler, *s.* ඉටිපන්දම් සාදන්නා, පුංචි බඩු විකුණන්නා

Change, *v.* මාරුකරණවා, වෙනස්කරණවා, වෙනස්වෙනවා *s.* වෙනස්වීම. පුංචි කාසි [නිත්‍ය, අස්ථිර

Change'able, *a.* වෙනස්වියහැකි, අ

Change'ful, *a.* වෙනස්වෙනසුලු, චපල

Change'less, *a.* වෙනස්නොවෙන, ස්ථිර [වා, වෙනස්වෙන්නා

Change'ling, *s.* මාරුකරගත් ළදරු

Chan'nel, *s.* ඇළ, වතුර බස්නාව, ඕඩය

Chant, *v.* ගී කියනවා, කන්තාරුකරණවා *s.* සින්දු තාලය, වගන්ති ගීතිකාව

Chant'icleer, *s.* කුකුළා, අඬලන්නා

Cha'os, *s.* අවුල, පිළිවෙළක් නැති වස්තුව, මහාභූත ව්‍යාකූලය

Chaot'ic, *a.* අවුල්, ව්‍යාකූල

Chap, *v.* ඉරිලනවා, පැලෙනවා *s.* පැල්ම, ඉර

Chap'el, *s.* දේවස්ථානය, පල්ලිය

Chap'eron, *s.* ප්‍රසිද්ධ තැන්වලදී ස්ත්‍රීයෙක් බලා ප්‍රවේසම්කරගන්නා *v.* ස්ත්‍රීයෙක් කැටුව ප්‍රවේසමට යනවා

Chap'-fallen, Chop'-fallen, *a.* මලානිකවූ, ධෛර්‍ය නැතිවූ

Chap'iter, *s.* කුළුණු හිස

Chap'lain, *s.* යුද්ධහමුදුවේ හෝ පවුලේ දේවගැතියා, පුරෝහිතයා

Chap'let, *s.* මල්වඩම, කොන්තය

Chap'man, *s.* වෙළෙන්ඳා, බඩු ගණුදෙනුකරන්නා

Chaps, *s. pl.* හකු

Chap'ter, *s.* පරිච්ඡේදය, අධිකාරය, දේවගැති සමාගම

Char, *v.* දවස්පතා කුලියට වැඩකරණවා, දවා අඟුරුකරණවා

Char'acter, *s.* අකුර, ලකුණ, ගතිය, කල්ක්‍රියාව, ගුණඞ්ග විස්තරය

Char'acterise, *v.* ගතිය පෙන්වාදෙනවා, විශේෂකොට දක්වනවා

Characteris'tic, *a.* ස්වභාවවූ, විශේෂ ලක්ෂණවූ *s.* විශේෂ ලක්ෂණය

Char'coal, *s.* අඟුරු

Charge, *s.* ගාස්තුව, වියදම, දෝෂාරෝපණය, අපවාදය, අණව, භාරය, සටන, පොර, වෙඩිල්ල *v.* අයකරණවා, භාරකරණවා, පවරණවා, අණදෙනවා

Charge'able, *a.* වියදම පැවරියහැකි, වරද තැබියයුතු, සාවද්‍ය

Charg'er, *s.* යුද්ධ අශ්වයා, තැටිය

Char'ily, *ad.* ප්‍රවේසම් ලෙස [ස්

Char'iot, *s.* උතුම් රථය, කරත්තුව

Charioteer', *s.* රථාචාර්‍යයා

Char'itable, *a.* දයාවන්ත, භක්තිවන්ත, දිළිඳුන්ට පිහිටවන, දන්දෙන, ප්‍රේමවන්ත [න

Char'ity, *s.* කරුණාව, දානය, සිඟම

Char'latan, *s.* නිකම් පාරට්ටු දොඩන්නා, බොරු වෙද

Char'latanry, *s.* පුච්චම්දෙඩීම, නිමිට වෙදකම, රැවටිල්ල

Charm, *s.* යන්ත්‍රය, මන්ත්‍රය, ඒනාකර්ෂණීයදේ *v.* මතුරණවා, සිත් අලවනවා

Charm'ing, *a.* ඉතා ප්‍රියවඩන, ඉතා ලක්ෂණ, ඉතා ප්‍රසන්න

Charm'ingly, *ad.* මනොහරම්‍යකාරයෙන්

Char'nel-house, *s.* මිනිඇට දමනගේ

Chart, *s.* සිතියම, මුහුදේ සිතියම

Chart'er, *s.* රජ බලකඩදාසිය, සන්නස *v.* නැවක් කුලියට ගන්නවා

Chart'ist, *s.* මහාසම්මත නීති සාදන්නා

Char'woman, *s.* එදින්එදට කුලීවැඩ කරණ ස්ත්‍රී [සහිතවූ

Char'y, *a.* සැක සිතින්යුත්, ප්‍රවේසම්

Chase, *v.* එලවනවා, දඩයම්කරණවා *s.* ලුහුබැඳයාම, දඩයම, දඩයම් භූමිය

Chasm, *s.* පැල්ම, විවරය, හිස්තැන

Chaste, *a.* පතිව්‍රතාවූ, පිරිසිදු, ගුණයහපත් [වා, අව්වූකරණවා

Chast'en, *v.* දඬුවම්කර හරිගස්සන

Chaste'ness, Chas'tity, *s.* පවිත්‍රගතිය, බ්‍රහ්මචරියාව, ධර්මිෂ්ඨාව

Chastise', *v.* අව්වූකරණවා, තළනවා, මච්චූකරණවා

Chat, *v.* හිස්එලයේ දොඩනවා, කථාකරණවා *s.* අලස කථාව, යහළු කථාව

Chat'tels, *s.* චංචල නිශ්චල වස්තුව

Chat'ter, *v.* වාචාලකම් දොඩවනවා, වෙව්ලා දත් කටකටගානවා

Chatt'y, *a.* කථාවෙහි ඇළුන

Cheap, *a.* ලාභ

Cheat, *v.* වංචාකර රවටනවා *s.* වංචාව, රැවටිල්ල, වංචාකාරයා

Cheap'en, *v.* ලාභකරණවා, මිලපහත්කරණවා

Check, *v.* නවත්වනවා, වලක්වනවා, තරවටුකරණවා, . හරි වැරදි බලනවා *s.* නැවැත්වීම, තහනම, මැඩපැවැත්වීම, මුදල්ගෙවීමට අණපත්‍රය [ලකුණු කරණවා

Check'er, Chequ'er, *v.* නානාවර්ණ

Check'ered, *a.* විසිතුරුයෙදුම් ඇති, නානාප්‍රකාර

Check'mate, *s.* ක්‍රීඩා අවසිරය, පරාජය *v.* අවසිරයෙන් පරාජයකරණවා

Cheek, *s.* කම්මුල, කපෝලය

Cheer, *s.* සතුට, සෙල්ලම, ප්‍රීතිඝෝෂාව, මංගලභෝජනය *v.* සතුටුකරණවා, සනසනවා, ධෛර්යදෙනවා, උත්සාහ උපදවනවා [තුසට

Cheer'ful, *a.* ප්‍රීතිමත්, ප්‍රාණවත්, සන්

Cheer'ily, *ad.* සතුටින්, ප්‍රීතිමත්ලෙස

Cheer'less, *a.* සැනසිලි නැති, මළානික

Cheer'y, *a.* ප්‍රීතිමත්, සතුටුවඩන

Cheese, *s.* කේජු

Cheese'cake, *s.* කැවුන් වර්ගයක්

Chee'tah, *s.* කොටියා, දිවියා

Chem'ical, *a.* රසායන බෙහෙත්වලට අයිතිවූ, ධාතුන්ට අයිති

Chemise', *s.* ස්ත්‍රීන්ගේ යට ඇඳුමක්

Chem'ist, *s.* රසායන බෙහෙත්හදන්

Chem'istry, *s.* රසායන ශාස්ත්‍රය [නා

Cher'ish, *v.* සනසනවා, වැලඳගණ ප්‍රවේසම් කරණවා, පෝෂණ කරණවා, බලාසිටිනවා

Cheroot', *s.* සුරුට්ටුව

Cherr'y, *s.* රත්පාට ඵල වර්ගයක්

Cher'ub, *s.* දේවදූතයෙක්, ලක්ෂණ දරුවෙක්. — *plural*, Cher'ubs, Cher'ubim, Cher'ubims

Chess, *s.* දම්කෙළිය, චතුරංගක්‍රීඩාව

Chest, *s.* පෙට්ටගම, ලැපැත්ත

Chest'nut, *s.* ඇට වර්ගයක්, මද රතු පැහැයක්

Chevalier', *s.* අසරුවා, වංශාධිපති යෙක්, ධෛර්‍යවීවන්තයෙක්

Chew, *v.* විකනවා, හපනවා

Chicane', *v.* දඟප්‍රයෝග කරණවා

Chica'nery, *s.* බොරු වාදය, දඟය, ප්‍රයෝගකථාව [දරුවා

Chick, Chick'en, *s.* කුකුල්පැටියා, ල

Chick'en-hearted, *a.* බයාදු, බයකාර

Chick'en-pox, *s.* පැපොල් රෝගය

Chide, *v.* සැරකරණවා, නාවටුකර ණවා

Chief, *v.* ප්‍රධාන, උතුම්, නායක *s.* ප්‍රධානියා, ශ්‍රෙෂ්ඨයා, මූලාදෑනියා, අධිපතියා

Chief-Just'ice, *s.* පළමුවෙනි කෝට්ටුවේරජ නායකාධිකරණ තැන

Chief'ly, *ad.* ප්‍රධානකොට, වැඩිකොට

Chief'tain, *s.* අධිපතියා, මූලාදෑනියා

Chil'blain, *s.* සිගඩුව, ශීතවණය

Child, *s.* ළදරුවා, ළමයා

Child'-birth, *s.* ප්‍රසූතය

Child'hood, *s.* ළදරුවයස, බාලකාලය

Child'ish, *a.* ළදරු, ළමා, ලාමක

Child'less, *a.* දරුවන්නැති, වඳ

Child'like, *a.* ළමයෙක් වැනි, යටත් පහත්, මෘදු

Chil'dren, *s. pl.* ළමෝ, ළාබාලයෝ

Chil'li, *s.* මිරිස්

Chil'iad, *s.* දහස, සහස්‍රය

Chill, *s.* ශීතලය *a.* ශීතල, සිසිල් *v.* ශීතකරණවා, මලානිකකරණවා

Chill'y, *a.* ශීතලවූ, සිසිල්වූ

Chime, *s.* මිහිගෙඩිනාදේ, එකහඬ *v.* එනගශබ්ද නගනවා, එකහවෙ නවා [මතය

Chime'ra, *s.* නිකම්කල්පනාව, අද්භූත

Chimer'ical, *a.* නිෂ්ඵල, අද්භූත, වැඩ නැති

Chim'ney, *s.* දුම්කවුළුව, දුම්කුළුන

Chin, *s.* නිකට

Chin'a, *s.* චීන දේශය, චීන පිඟන් කෝප්ප .

Chine, *s.* මුදුන්ඇටේ, කොඳුඇටේ

Chink, *s.* කුඩා පැල්ම, සිදුර, මුදල් ආදියේ නාදය *v.* ලෝහ එකට තට්ටුකර හඬ නගනවා

Chintz, *s.* සිතියම් කපුරෙදි, සායම් රෙදි, චිත්තරෙදි [ල

Chip, *v.* සහිනවා *s.* පතුර, කැබෙල්

Chirog'raphy, *s.* ලේඛන ශාස්ත්‍රය, ලියනවැඩේ [අත බලන ශාස්ත්‍රය

Chi'romancy, *s.* සාමුද්‍රිකා ශාස්ත්‍රය,

Chirp, Chirr'up, *s.* සමහර පක්ෂීන් හා ක්ෂුද්‍ර සතුන්ගේ හඬ [නවා

Chis'el, *s.* නියන *v.* නියනෙන් කප

Chit'-chat, *s.* දෙබස, අලස කථාව

Chiv'alric, Chiv'alrous, *a.* දක්ෂ, ත්‍යාගීත, ශිෂ්ටාචාර

Chiv'alry, *s.* අසරුවන්ගේ ප්‍රතිචාරිත්‍ව හෝ දක්ෂකම් [වර්ගයක්

Chives, *s.* කෙසරු, රේණු, කුඩාලූණු

Chlo'roform, *s.* සිහිනැතිකරවන බෙහෙත් ද්‍රව්‍යයක්

Choc'olate, *s.* සොකලත්

Choice, *a.* තෝරාගැණීම, තෝරාගත හුඳු කොටස *a.* අගනා, උතුම්

Choir, *s.* ගායනා කණ්ඩායම, ගායනාකාර ඉඩම

Choke, *v.* තුලල මිරිකනවා, හුස්ම නවතාවනවා, අහුරණවා, හිලේගැණෙනවා

Choke'-damp, *s.* හුස්මිගන්ට බැරිකරණ පාරක වායුය

Chol'er, *s.* පිත්තුර, ක්‍රෝධය, තරහ

Chol'era, *s.* ජලසන්නිය

Choose, *v.* තෝරණවා, තබිරාගන්නවා.—*past tense.* Chose

Chop, *v.* එකපාරට කපනවා, හින්කර ලියනවා, වෙනස්වෙනවා, හුවමාරුකරණවා *s.* එකපාරට කපනලද මස්කැබෙල්ල [කඩ්ඩ

Chop'-fallen, *a.* අධෛර්ය්‍යවූ, මලානි

Chop'per, *s.* ලොකු පිහිය

Cho'ral, *a.* ගායනාකාර සමූහයට අයිතිවූ, සංගීතික

Chord, *s.* වීනා ලනුව, එකසහඩ

Chor'ister, *s.* ගායනා කණ්ඩායමේ කෙනෙක්, සින්දුකාරයා

Cho'rus, *s.* සංගායනාව, සංගීතය

Chos'en, *a.* තෝරාගත්තාවූ

Chouse, *v.* රවටනවා, වංචාකරණවා

Chrism, *s.* කැපකල තෙල, ආලේපය

Christ Je'sus, *s.* ක්‍රිස්තුස් යේසුස්වහන්සේ [තබනවා

Christ'en, *v.* බව්තිස්මකරණවා, නම්

Christ'endom, *s.* ක්‍රිස්තියානි ලෝකය, පොදු ක්‍රිස්තියානි සමූහයා

Christ'ian, *s.* ක්‍රිස්තියානිකාරයා *a.* ක්‍රිස්තියානි [හරවනවා

Christ'ianise, *v.* ක්‍රිස්තියානි ආගමට

Christian'ity, *s.* ක්‍රිස්තියානි ආගම

Christ'mas, *s.* ක්‍රිස්තුස්වහන්සේගේ උත්පාද මංගල්‍යය, නත්තල්

Christ'mas-box, *s.* නත්තල් තෑගිපෙට්ටිය, නත්තල් තෑග්ග

Christol'ogy, *s.* ක්‍රිස්තුස්වහන්සේ ගැණ විස්තාරය [ක්‍රමයෙන්වූ

Chromat'ic, *a.* වර්ණසම්බන්ධ, අනුනාද

Chron'ic, *a.* බොහෝකල් පැවතුන, නිදන

Chron'icle, *s.* ලේඛනය, පිළිවෙළ කථාව *v.* කාලපිළිවෙළින් කථානතර ලියනවා, සටහන්කරණවා

Chronolog'ical, *a.* කාලපිළිවෙළින්වූ

Chronol'ogy, *s.* කාල ගණිතය

Chronom'eter, *s.* හෝරායන්ත්‍රය, හොඳ ඔරලෝසු වර්ගයක්

Chrys'alis, *s.* සමතලයා සැදෙන ප
ණුවා, දලඹු කොපුව
Chrys'olite, *s.* අනඝ ගලක්
Chubb'y, *a.* ස්ථූලශිසැති, තරවූම්ම්වූ
Chuck, *v.* කෙකරගානවා, හෙමින්
ගගනවා, විසිකරණවා *s.* කිකිළි
පැටවුන්ට අඬගසන හඬ, සුළුපහර
Chuck'le, *v.* කෙකරගානවා, හෙමින්
සිනාවෙනවා [නා, මිත්‍රයා
Chum. *s.* සහවාසියා, එකගෙයිවැසි
Chunam', *s.* හුණු [සත්‍යානි සභාව
Church, *s.* දේවස්ථානය, පල්ලිය, ක්‍රි
Church'man, *s.* එංගලන්ත සභාකා
රයා [මිනිපිට්ටනිය
Church'yard, *s.* දේවස්ථානය අවට
Churl, *s.* අවිගතියා, ලෝභයා, මුර
ණ්ඩුවා, පිට්සරයා
Churl'ish, *a.* සැර, මුරණ්ඩු
Churn, *v.* කිරිකොටනවා *s.* යොදේ
මත්ගාන භාජනය
Chyle, *s.* බඩවට ජීර්ණවූ අහරයෙන්
සැදෙන කිරිමය ද්‍රව්‍යය, අන්න ර
සය [කල්කය
Chyme, *s.* බඩේ ජීර්ණවූ කෑම, අහර
Cic'atrice, Cica'trix, *s.* තුවාලයක්
සුවවූනතැන කැලැල, ලපය
Cic'atrize, *v.* තුවාලයක් සුවකරණවා
Cicero'ne, *s.* අපූර්වදේ පෙන්වන්නා,
මග පෙන්වන්නා
Ci'der, *s.* ඇපල් ගෙඩිවලින් සාදන
බීම වර්ගයක්

Cigar', *s.* සුරුට්ටුව [කෙඳි සහිත
Cil'iary, *a.* ඇස් පිහාටුවලට අයිති,
Cim'eter, *s.* කොට කඩුව [ත් ගස
Cincho'na, *s.* කුවිනයින්නම් බෙහෙ
Cinc'ture, *s.* බඳපටිය, වලල්ල
Cin'der, *s.* අළුකැටි, අඟුරු, යබර
Cinera'tion, *s.* දවා අළුකිරීම
Cin'namon, *s.* කුරුඳු, ලමග [නා
Cin'namon-peeler, *s.* කුරුඳු තලන්
Ci'pher, *s.* බින්දුව, ඉලක්කම, අගය
නැතිදේ *v.* ගණන් ?ාදනවා, රහස්
විධියකට ලියනවා [වට්කරණවා
Cir'cle, *s.* කවය, වලල්ල, චක්‍රය *v.*
Cir'cuit, *s.* රෝන්දය, වටේට යාම,
නඩු විභාගය පිණිස විනිශ්චකාරයි
යින්ගේ ගමන, පලාත [විත්වූ
Circu'itous, *a.* කෙලින්නොවූ, වටපි
Cir'cular, *a.* වටවූ, පොදු *s.* සාධාරණ
පත්‍රය [කම
Circular'ity, *s.* කවාකාරය, වටකුරු
Cir'culate, *v.* වටේ අරිණවා, පතුරු
වනවා, කරකැවෙනවා
Circula'tion, *s.* හැරිහැරී යාම, පැතී
රීම, පාවිච්චිවෙන මුදල
Circumam'bient, *a.* වටේටයන, අවට
Circumam'bulate, *v.* වටකර ඇවිදි
නවා, ප්‍රදක්ෂිණකරණවා
Cir'cumcise, *v.* චර්මච්ඡේදනයකරණවා
Circumci'sion, *s.* චර්මච්ඡේදනය
Circum'ference, *s.* ශ්‍රේණිය, වටේඉර,
වටතාරම

Cir'cumflex, *s.* ස්වරලක්ෂණයක්, ස්ව
රිතය [හාත්පස තිබෙන්නාවූ
Circumja'cent, *a.* වටකර සිටින්නාවූ,
Circumlocu'tion, *s.* වට්ටපිටින් කථා
ව, නිෂ්ඵල දීඝ කථාව [ණවා
Circumnav'igate, *v.* වටේ යාත්‍රාකර
Circumscribe', *v.* ඉම නියමකරණවා,
වටකර සීරකරණවා
Cir'cumspect, *a.* සෝදිසියෙන් ක්‍රියා
කරණ, සිහිපරීක්ෂා ඇති
Circumspec'tion, *s.* වටපිටබලා ප්‍රවෙ
සම්වම, සෝදිසිය
Cir'cumstance, *s.* කාරණව, ස්වභාව
Circumstan'tial, *a.* පිටින්වූ, ප්‍රාසංගි
ක, විස්තර සහිත
Circumstan'tiate, *v.* තොරතුරු පෙන්
නුම්කර දෙනවා [ප්‍රාකාරය
Circumvalla'tion. *s.* හාත්පස යෙදූ
Circumvent', *v.* උපායෙන් රවටනවා
Circumvolu'tion, *s.* කරකැවීම
Cir'cus, *s.* නෘත්‍යමණ්ඩලය, නාඩගම්
පල [ශය, පොකුණ
Cis'tern, *s.* තටාකය, කවාරම, ජලා
Cit'adel, *s.* නුවරෙහි බලකොටුව
Cita'tion, *s.* සිතාසිය, ගෙණහැරදක්
වීම [උපුටා ගෙණපානවා
Cite, *v.* අඬගහනවා, සිතාසිකරණවා.
Cit'izen, *s.* නුවරවැසියා, නුවර පදිංචි
කාරයා [සිදුරන්
Cit'ron, *s.* ලේජනාරන්, නස්නාරන්,
Cit'y, *s.* නුවර, නගරය

Civ'et, *s.* කස්තුරි, කස්තුරි මෘගයා, උ
රුලෑවා
Civ'ic, *a.* නුවරක් සම්බන්ධ, නාගරික
Civ'il, *a.* ශීලාචාර, නාගරික, ආණ්ඩු
වට අදාළ [තිඥයා
Civil'ian, *s.* රාජ්‍යව්‍යාපාරයා, රාජ්‍ය නී
Civ'ilise, *v.* ශික්ෂණවනවා, ශීලාචාර
කරණවා
Civil'ity, *s.* ආචාරවන්තකම, සුසිල
වන්තකම, ශිෂ්ටාචාරය
Civiliza'tion, *s.* ගුණවත්කෙරීම, සුශී
ලභාවය, ශීලාචාරකම
Clack, *v.* තට්ටුකර ශබ්ද නගනවා,
දෙඩවනවා
Claim, *v.* අයිතිකම කියා ඉල්ලනවා
s. අයිතිවාසිකම් කියාසිටීම, අයකිරී
මට බලය, ඉල්ලන දේ [නා
Claim'ant, *s.* ඉල්ලන්නා, අයකරන්
Clairvoy'ance, *s.* ස්වභා ඉන්ද්‍රියයන්
ගෙන් දැනගතනොහැකි දේ දකි
ණු හාස් බලයක්
Clam'ber, *v.* අමාරුවෙන් නගිනවා
Clam'my, *a.* ඇලෙන්නාවූ
Clam'orous, *a.* ඝෝෂණ, කොලහල
Clam'our, *s.* මහාඝෝෂාව, කෝලා
හල හඬ *v.* කෑමොරගසනවා
Clamp, *s.* කලම්පය *v.* ලී ආදියෙන්
පාහනවා, කලම්පගහනවා [ය
Clan, *s.* ගෝත්‍රය, වර්ගය, වංශය, ලබ්ධි
Clandes'tine, *a.* රහස්වූ, හොරෙන්වූ,
අයුතුවූ

Clang, *s.* එකිණෙකට වදින හඬ *v.* සැර ශබ්දයක් නගනවා

Clank, *s.* විනිවිද යන ශබ්දයක් *v.* සැර හඬක් නගනවා

Clann'ish, *a.* එක් පාර්ශ්වයක්ව එක් සත්වූ, වංශයට ඇලුන

Clap, *s.* තට්ටුකිරීම, අත්පොලසන්දීම *v.* තට්ටුකරණවා, ගසනවා, අත්පිඩිගසනවා

Clap'per, *s.* මිනිගෙඩි තට්ටුකරණ දිවත, සණ්ඩාලෝලාව

Clar'et, *s.* වැයින් වර්ගයක්

Clar'ify, *v.* ශුද්ධකරණවා, පිරිසිදුකරණවා, පැහැදෙනවා [වර්ගයක්

Clar'ion, *s.* හොරණෑ වර්ගයක්, නලා

Clash, *v.* ගැහෙනවා, හැපෙනවා, විරුද්ධවෙනවා *s.* හදෙන් තට්ටුවීම, විරුද්ධවීම

Clasp, *v.* තුරුල්කරගන්නවා, බදාගන්නවා *s.* තුරුල්කරගැණීම, කොක්ක, ගාංචුව

Clasp'-knife, *s.* දුනුපිහිය

Class, *s.* පිළිවෙළ, ජාතිය, ක්‍රමය, පඞ්ක්තිය *v.* පඞ්ක්තිවශයෙන් බෙදනවා

Class'ic, *s.* පුරාණ පණ්ඩිත පොතක්

Class'ic, Class'ical, *a.* ශ්‍රේෂ්ඨ පණ්ඩිතාකාරයෙන් ගැළපූ [බේරීම

Classifica'tion, *s.* පඞ්ක්තිකිරීම, වර්ගී

Class'ify, *v.* පිළිවෙළකට යොදනවා, පඞ්ක්තිකරණවා

Clatt'er, *v.* සටසටගානවා, දොඩවනවා [ඩාසය

Clause, *s.* වගන්තිය, වගන්ති කොටි

Clav'icle, *s.* ග්‍රීවාස්ථිය, බාහුවත් කුලලත් එකතුකරණ පුංචි ඇටයක්

Claw, *s.* නිය, පක්ෂි අඩිය *v.* පහුරුගා [නවා

Clay, *s.* මැටි, කලල්

Clean, *a.* පිරිසිදු, නිර්මල *ad.* සම්පූර්ණයෙන්ම *v.* ශුද්ධකරණවා, *(rice)* ගරණවා

Clean'liness, *s.* ශුද්ධපවිත්‍රකම

Clean'ly, *a.* ශුද්ධපවිත්‍රවූ

Clean'ness, *s.* පිරිසිදුකම [රණවා

Cleanse, *v.* පිරිසිදුකරණවා, පවිත්‍රක

Clear, *a.* පිරිසිදු, පැහැදිලි, එලිවූ, නිදොස්වූ *v.* පිරිසිදුකරණවා, පහදවනවා, නිදහස්කරණවා, මිදෙනවා, පායනවා

Clear'ing, *s.* පැහැදීම, එලිකළඉඩම, කළමනා ක්‍රියක් [ලෙස

Clear'ly, *ad.* පැහැදිලිලෙස, ප්‍රත්‍යක්ෂ

Cleave, *v.* පළනවා, මාන්කරණවා, පැලෙනවා, ඇලෙනවා

Cleav'er, *s.* පළන්නා, පොරව, කුවේරිය, මහපිහියේ, කැත්ත

Clef, *s.* ගායනා පේළියේ පටන්ගැම්මේ ලකුණක්

Cleft, *s.* පැල්ම, විවරය, සිදුර

Clem'ency, *s.* මෘදුගුණය, කරුණාව

Clem'ent, *a.* මෘදු, කරුණාවන්ත, දයාබර

Cler'gy, *s.* පාදිලිවරු, දේවගැතියෝ
Cler'gyman, *s.* පාදිලිතැන
Cler'ical, *a.* දේවගැතියන්ට අයිති, ලිපිකරුන්ට අයිති
Clerk, *s.* ලියන්නා, දේවගැතිතැන
Clev'er, *a.* සමර්ථ, පණ්ඩිත, දක්ෂ, ගපන්
Clew, Clue, *s.* නූල්ගුලිය, නූල්පට
Click, *s.* කලික් යන ශබ්දය *v.* එවැනි තියුණු ශබ්දයක් කරණවා
Cli'ent, *s.* නඩු බාරදෙන්නා [මූර
Cliff, *s.* ගල් පර්වතය, ප්‍රපාතය, උස් ඉ
Cli'mate, *s.* දේශගුණය, රට
Climat'ic, *a.* දේශගුණය පිළිබඳ
Cli'matize, *v.* දේශගුණයට පුරුදුකරණවා හෝ පුරුදුවෙනවා
Cli'max, *s.* නැගීයන ස්වභාව, ආරෝහණ වාක්‍යය
Climb, *v.* උඩනගිනවා, නැගෙනවා
Clime, *s.* දේශගුණ වෙනස්රට, දේශය [වා, සම්බන්ධකරණවා
Clinch, *v.* අමුලනවා, මිට්මොලවන
Cling, *v.* ඇලෙනවා, බැදෙනවා, වැලඳගන්නවා, එල්ලෙනවා
Clin'ical, *a.* අසනීපකාරයෙකුගේ ඇඳ ලඟදී කියාදෙන්නාවූ
Clink, *s.* මිහි ශබ්දය, විනිවිද යන තියුණු ශබ්දය *v.* විනිවිදයන ශබ්දයක් කරණවා
Clink'er, *s.* අඟුරුබොරය, තදගඩොල
Clip, *v.* කතුරෙන් කපනවා, ලුහුඬුකරණවා

Clip, Clipp'ing, *s.* කැපීම, කපාදැමූ දෙය [ති සමාගම
Clique, *s.* සමාගම, භේදඅදහස් ඇ
Cloak, Cloke, *s.* මතුපිට ඇඳුම, වැස්ම, උපාය *v.* සළුවකින් වසනවා, සඟවනවා [සිය
Clock, *s.* ඔර්ලෝසිය, ලොකුඔර්ලෝ
Clod, *s.* පස්බිඩැල්ල, මෝඩයා
Clog, *v.* ඇහිරීමෙන් වලක්වනවා, ඇලෙනවා, බාධාකරණවා *s.* බාධාව, පැණුම වලක්වන්ට බඳිනකොටය, සෙරෙප්පුව
Clois'ter, *s.* තපස්ශාලාව, තාපසවිහාරය, බරණේ *v.* තපස් ශාලාවක නවත්වනවා
Close, *s.* කොටුකරණලද මිදුලක්, තීන්දුව, කෙළවර, අවසානය, කොටුකළ පිට්ටනිය *v.* ලංකරණවා, එකතුකරණවා, පියනවා, වහනවා, පුරවනවා, ඇහිරෙණවා, ගිවිසකරණවා *a.* වැසුනාවූ, ඒකාබද්ධවූ, ලංනැති, ලඟ, කිට්ටු, රහස්
Clos'et, *s.* ඇතුල්ගේ, කුඩා රහස්ගේ *v.* ඇතුල්ගෙට කරණවා
Clos'ure, *s.* වැසීම, පියවනදේ [නවා
Clot, *s.* මිදුන කැටිය *v.* කැටිගැහෙ
Cloth, *s.* පිළී, රෙදි, වස්ත්‍ර, ඇඳුම
Clothe, *v.* අඳිනවා, පලඳිනවා, අන්දවනවා
Clothes, *s. pl.* ඇඳුම්, වස්ත්‍ර [වනවා
Clothes'-line, *s.* අනා, රෙදිවේලෙන්ට වණන ලනුව

Cloth'ier, s. ඇඳුම්සාදන්නා රෙදිවෙ
Cloth'ing, s. ඇඳිම, ඇඳුම් [ළෙන්ද
Cloud, s. වලාකුළ, වලාපටලය, රං
චුව, සමූහය v. වලාකුළෙන් අඳුරු
වෙනවා
Cloud'capt, a. වලාකුළට වදින්නාවූ,
ඉතා උස්වූ [පැහැදිලිවූ
Cloud'less, a. වලාකුල් නැත්තාවූ,
Cloud'y, a. වලාකුල් සහිත, අඳුරු
Clout, s. පාත්රෙද්ද, අණ්ඩය
Clove, s. කරාබු, ලමහ [න
Clov'en, a. පලාපු, මාත්කරපු, බෙදූ
Clov'en-foot'ed, a. බෙදුන කුර ඇති,
කුර බෙදුන [පණි
Clov'er, s. තණකොළ වර්ගයක්. ති
Clove'-tree, s. කරාබු ගහ [හුතයා
Clown, s. පිටිසරයා, මෝඩයා, බනු
Clown'ish, a. වල් විඩිවත්කම් ඇති
Cloy, v. තෘප්තිවෙනවා, පූරවනවා
Club, s. පොල්ල, සමාගම v. සම්බන්
මක් වෙනවා
Club'foot, s. පෙරළුන පතුල
Club'law, s. බලාත්කාරකමෙන් ආ
ණ්ඩුකරීම
Cluck, v. කොත්කොටනවා, කි[illegible]
පැටවුන් එකතුකරගැනීමට හඬ
ගහනවා [ණක්
Clue, s. මගපෙන්වන නූල, සඟ[illegible]
Clump, s. දණ්ඩ, කොටකැල්ල, පඳුර
Clum'sy, a. විහිළු පෙණුමැති, අව
ලක්ෂණ, අදක්ෂ

Clus'ter, s. වල්ල, පොකුර, ගොඩ,
කැටිය v. පොකුරු සෑදෙනවා
Clutch, v. අඬුරට අල්ලනවා, s. අඬු
ර, තදින් ඇල්ලීම [වීය
Clutt'er, Clatt'er, s. ඝෝෂාව, ඝෝෂ
Clys'ter, s. බඩ ඇතුලට විදිනලද
බෙහෙතක්
Coach, s. රථයක්, කෝච්චිය
Coadju'tor, s. සමගියාවෙන් උපකා
ර කරන්නා, ආධාරකාරයා, සහකා
රයා
Coag'ulable, a. කැටිගැස්සියහැකි
Coag'ulate, v. මුදවනවා, මිදෙනවා,
කැටිගැහෙනවා
Coag'ulum, s. කැටිගැසුනදේ, කැටිය
Coal, s. ගල්මයවූ අඟුරු, රටඅඟුරු
Coalesce', v. එකතුවෙනවා, එකතු
වෙනවා, ඒකාබද්ධවෙනවා
Coalescence, s. එ[illegible], [illegible]
Coali'tion, s. එ[illegible], [illegible],
සම්බන්ධය [මණ්ඩ
Coarse, a. [illegible], රළු,
Coast, s. [illegible] මුහුදුබඩ, [illegible]
Coat, s. කබාය, උඩු කබාය, මෑගය
[illegible] v. යමක් ආවර
ණනවා
Coax, v. හුරතල්කථාවෙන් හිත නව
නවා, ඉව්වාකරනවා
Cob, s. ඉරිඟුකරල, පුංචිතරමේ අශ්ව
යෙක් [ස කරනවා
Cob'ble, v. අණ්ඩදමනවා, අදක්ෂ ලෙ

Cob'bler, s. සපත්තු අළුත්වැඩියා ක
Co'bra, s. නාගයා, නයා [රන්නා
Cob'web, s. මකුළුදැල
Coch'ineal, s. පාට වර්ගයක්
Cock, s. කුකුළා, පිදුරුගොබ, කොකු
තගඩුව [යක් හෝ මලක්
Cockade', s. තොප්පියේ අමුනන පටි
Cock'atrice, s. සර්ප වර්ගයක්
Cock'le, s. කිරිඳි, මට්ටියා, කාවාටියා
Cock'loft, s. මුදුන් උඩුමහල
Cock'pit, s. පොරකුකුල් කොටුව
Cock'roach, s. කැරපොත්තා
Cocks'comb, s. කුකුල්කරමල, අඹම්
Co'coa, s, කොකලත් [බරකාරයා
Co'coa-nut, s. පොල්, තැඹිලි
Co'coa-nut-shell, s. පොල්කටුව
Cocoon', s. පටපණුවාගේ කුඩුව, දළ
ඹු කොපුව
Cod, s. මෝරට සමාන මත්ස්‍යයෙක්
Cod'dle, v. ඇවිට්ටුණුවෙනවා, සුර
තල්කරණවා
Code, s. ඇණපොත, ධර්මසංහිතාව
Cod'icil, s. අන්තිම කැමැත්තට අති
තුවෙන් එකතුකළ පත්‍රය [දනවා
Cod'ify, v. නීතිසංග්‍රහයක් කොට පො
Cod'ling, s. ජම්බු වර්ගයක්, කොඩ්
නම් මත්ස්‍යයාගේ පැටවා
Coeffic'ient, s. අනිකක් එක්ව ක්‍රියා
කරණ දෙය, සංගුණකය
Coerce', v. වලක්වනවා, බලාත්කාර
කරණවා

Coerc'ive, a. වලක්වන, බලකරණ
Co-essen'tial, a. සමගතිවූ, සමාවශ්‍යවූ
Co-eter'nal, a. සම සදාකාලිකවූ
Coe'val, a. එම වයසෙහිවූ s. සමකා
ලිකයා
Co-exist', v. එක්විට පවතිනවා
Co-exten'sive, a. සම විශාලවූ
Coff'ee, s. කෝපි
Coff'er, s. පෙට්ටිය, කාසි පෙට්ටගම
Coff'in, s. මිනිපෙට්ටි v. මිනිපෙට්ටි
යක තබනවා
Cog, s. රෝදේ දත, චක්‍රදන්තය
Co'gency, s. සිතට වදින බලය, ස්ථිර
තව [දුරුකරත්තාවූ
Co'gent, a. බලවත්වූ, සවිවූ, සැක
Cog'itate, v. පරීක්ෂාකරණවා, මෙනෙ
හිකරණවා, කල්පනාකරණවා
Cog'itative, a. මෙනෙහිකර බලන්
නාවූ [බීම වර්ගයක්
Cog'nac, Cog'niac, s. බ්‍රැන්ඩි නම්
Cog'nate, a. සහජවූ, එම ස්වභාවවූ
Cog'nizable, a. දැනගතහැකි, නඩු
මගින් පරීක්ෂාකළහැකි
Cog'nizance, s. දැනගැන්ම, විචාරය
Cog'nizant, a. දැනුම් ඇති, දන්නාවූ
Cohab'it, v. සංවාසයකරණවා
Coheir', s. හවුල් උරුමක්කාරයා
Cohere', v. ඇලෙනවා, එක්විහිටින
වා, සැණීව පවතිනවා
Coher'ence, Coher'ency, s. එකට ඇ
ලීම, සැළපීම

Coher'ent, *a.* ඇලෙන්නාවූ, එකගවූ, ඉනාංගුවූ

Cohe'sion, *s.* එකිනෙකට ඇලීම, ගැළපීම [වෙන්නාවූ

Cohe'sive, *a.* ඇලෙන්නාවූ, ඒකාබද්ධ

Co'hort, *s.* සේනා සමූහයක්

Coif, *s.* භිත්ෂූයන් විසින් අඳින තොප්පියක්

Coil, *s.* වෙළුම, දඟරය *v.* වටේට දවටනවා, වක්කරණවා, ගෙවලාගන්නවා

Coin, *s.* මිලය, කාසිය, කූඤ්ඤ *v.* මුදල් මුද්‍රගසනවා, අමුතුවෙන් සාදනවා

Coin'age, *s.* කාසි මුද්‍ර ගැසීම, අච්චු ගැසූ මිල, බොරු ප්‍රබන්ධය

Coincide'. *v.* එකට පෑදෙනවා, එකගවෙනවා, එක්සිත්වෙනවා

Coin'cidence, *s.* එක්ව වැටීම, එකගකම, සමකාලිකව සිදුවීම

Coir, *s.* කොහු

Coke, *s.* අඟුරු වර්ගයක්

Col'ander, *s.* බේරණ භාජනයක්, පෙරණ යන්ත්‍රය, පෙනේරය

Cold, *a.* සීතල, සිසිල්, නොසැලකිලි, අඇලිත *s.* සීතලය, සෙම්ප්‍රතිශ්‍යාව

Cold'ly, *ad.* උනන්දු නැතිව, නොසැලකිලි ලෙස

Col'ic, *s.* බඩරුජාව

Collab'orator, *s.* හවුල් වැඩකාරයා, සංකෘතික ශාස්ත්‍රඥයා

Collapse', *s.* කඩාවැටීම, පිරිහීම *v.* එකට වැටෙනවා

Coll'ar, *s.* බෙල්ලේ දවටන පටිය, කරපටිය, ග්‍රීවාභරණය *v.* කරපටියෙන් අල්ලාගන්නවා, බෙල්ලේ ඇඳුම දමනවා

Coll'ar-bone, *s.* කුළල් ඇටේ

Collate', *v.* එකමුතුකරණවා, සමාන කර බලනවා, දෙනවා, පිළිවෙළට පිහිටුවනවා

Collat'eral, *a.* පාර්ශ්වයෙන්වූ, කෙළින්ම නුවූ, සමාන ගෝත්‍රවූ

Colla'tion, *s.* එකට තබා සමානකෙරීම, අතුරුපස

Coll'eague, *s.* සහකාරයා. සමාගම්කාරයා, හවුල්කාරයා

Collect', *v.* රැස්කරණවා, එකතුකරණවා, රැඳෙනවා *s.* දුසුඹු යාච්ඤාව

Collect'ed, *a.* එක්වූ, සිත් එකලස්වූ, නිශ්චල [සමූහය, සම්පාදම

Collec'tion, *s.* එක්වීම, රැස්කෙරීම,

Collect'ive, *a.* එකතුවූ, රැස්වූ

Collect'or, *s.* අයකරන්නා, ප්‍රාංශ්‍රී අයකාරණ දිශාපතිතැන

Collec'torate, Collec'torship, *s.* දිශාපතිධුරය, ආදායම් අයකරණ දිශාව

Coll'ege, *s.* අග්‍ර පාඨශාලාව, පිරිවෙණ [රයා

Colle'gian, *s.* ශිල්පශාලාවේ පදිංචිකා

Colle'giate, *a.* අග්‍ර පාඨශාලාවට අඩංගු, විද්‍යාලයක් ඇති

Collide', v. එකමෙක වදිනවා, හැපෙ
Coll'ier, s. අඟුරු හාරන්නා [නවා
Coll'iery, s. රටඅඟුරු ආකරය
Colli'sion, s. එකමෙක වැදීම, තව්වු
වීම, ඡේදය [වෙලාට පිහිටුවනවා
Coll'ocate, v. රැස්කර තබනවා, පිළි
Coll'op, s. මස් කැබෙල්ලක් [තිවූ
Collo'quial, a. ව්‍යවහාර කථාවට අයි
Collo'quialism, s. පොදු කථා ව්‍යව
හාරය, සිපිල වාක්‍යය [ථාව
Coll'oquy, s. එක්ව කථාව, සවගි ක
Collude', v. එක්ව කුමන්ත්‍රණය කර
ණවා [ණය
Collu'sion, s. ප්‍රයෝගය, වංචා මන්ත්‍ර
Co'lon, s. මේ (:) ලකුණ, වඩා ලො
කු බඩව.ල
Col'onel, (kurnel) s. සේනා පංක්ති
යේ මූලාදෘනියා, කොර්ණෙල්
Colo'nial, a. පිට ප්‍රදේශවලට අයිති
Col'onist, s. පිටරට පදිංචිකාරයා
Col'onize, v. පිටරටක මනුෂ්‍ය සමූහ
යක් පදිංචිකරවනවා
Colonnade', s. කණු පෙළක්
Col'ony, s. සියරටින් ගොස් පිටරටක
පදිංචි ජනසමූහය, ජන සමූහයන්
සියරටින් ගොස් පදිංචි ප්‍රදේශය
Coloss'al, a. අති විශාල, යෝධ
Coloss'us, s. ලොකු රූපය, යෝධ
රූපය
Col'our, s. වර්ණය, පාට, සායම, බො
රු වේශය pl. කොඩි, ධජ v. පාට
කරණවා, වෙනස්කර කියනවා, පා
ට වෙනස්වෙනවා
Col'our-blind'ness, s. පාට අඳිනග
න්ට බැරි ඇස් දෝෂය
Col'ouring, s. පාටකෙරීම, සායම, ර
පාය [පෙනෙන
Col'ourless, a. පාට නැති, විනිවිද
Col'portage, s. පොත්පත් විකුණ ඇ
විදීම
Col'porteur, s. ආගමානුකූල පොත්
පත් විකුණ ඇවිදින්නා [වෙඩයා
Colt, s. අශ්වපැටියා, දඟකාරයා,
Col'ter, Coul'ter, s. නගුල් දත
Col'umbary, s පරවි කූඩුව
Col'umn, s. කණුව, පත්‍රයක තීර
ය, සේනා පෙළ
Colum'nar, a. කුළුණු ආකාරවූ
Col'za, s. බිත්තරයන් තෙල් තිබෙන
කෝල වර්ගයක්
Com, prefix, සමග, එක්ව, යන අර්
ථ ඇති උපසර්ගයක්
Co'ma, s. මූර්ඡාව
Comb, s. පනාව, කරමල v. පීරණ
වා, අවුල් අරිනවා
Com'bat, s. යුද්ධය, සටන, විවාදය
v. ආක්‍රමණය කරණවා, පොරට සිටිනවා
Com'batant, s. යමෙක් හා ගහගන්න
නා සටන්කාරයා, විරුද්ධකාරයා
Com'bative, a. පොරට ලැදිවූ
Combina'tion, s. එකමුතුවීම, සම්බන්
ධය, රැසිය, කැරැල්ල

Combine′, *v.* එකතුකරණවා, මිශ්‍රකරණවා, එකවුතුවෙනවා
Combust′ible, *a.* දැවෙන්ට පුළුවන් *s.* පත්තුවෙනසුලු ද්‍රව්‍ය
Combus′tion, *s.* පිළිස්සීම, දැලායාම
Come, *v* එනවා. පැමිණෙනවා. සිද්ධවෙනවා
Come′dian, *s.* නාඩගම්කාරයා, නාඩගම් ප්‍රබන්ධකරන්නා
Com′edy, *s.* නාඩගම
Come′ly, *a.* සුදුසු, සුතු, ශෝභන, රූපලක්ෂණ
Com′et, *s.* වල්ගාතාරකාව, ධූමකේතුව
Com′fit, *s.* පැනිරස කෑමක්, පෙණි
Com′fort, *s.* සැනසිල්ල, සහනය *v.* සනසනවා, ප්‍රසන්නකරවා
Com′fortable, *a.* සැනසිලිදායකවූ, සැපපහසු ඇත්තාවූ
Com′forter, *s.* සනසන්නා, අස්වැසිලිකරු
Com′ic, Comi′cal, *a.* නාඩගම්වූ, විනෝද, හාස්‍ය, කවට, සිනා උපදවන, හාස්‍යජනක
Com′ing, *a.* එන්නාවූ, එන්ට සිටින්නාවූ *s.* ඊම, පැමිණීම
Com′ity, *s.* ආචාරවන්තකම, ශිෂ්ටාචාර ගුණය
Com′ma, *s.* මෙ (,) ලකුණ
Command′, *v.* අණකරණවා, අණ්ඩුකාරණවා, බලපවත්වනවා *s.* අණ, අණ, බලය
Commandant′, *s.* අණදෙන මූලාදෑනියා, සේනාධිපතියා
Command′ing, *a.* අණදෙන, අණදීමට සුදුසු
Command′ment, *s.* අණ, පණත
Commem′orate, *v.* සිහිපත්කරණවා, ප්‍රසිද්ධියෙන් සමෘතිපත්කරණවා
Commem′orative, *a.* සිහිපත්කරවන
Commence′, *v.* පටන්ගන්නවා, පුරණවා
Commence′ment, *s.* පටන්ගැන්ම, ආරම්භය
Commend′, *v.* භාරදෙනවා, යහපතැයි කියා පිළිගන්වනවා, ප්‍රශංසාකරණවා
Commend′able, *a.* ප්‍රශංසනීය, සැලකිය යුතු
Commend′atory, *a.* පැසසුම් සහිත, හොඳ කියන
Commen′surable, *a.* සමාන ප්‍රමාණවූ
Commen′surate, *a.* එකාකාරවූ, එකතරම්වූ
Comment′, *v.* අටුවාකරණවා, විස්තරකරණවා
Com′ment, *s.* සන්නය, අර්ථකථාව, ගුණදෙස් කීම
Com′mentary, *s.* අටුවාව, අර්ථකථා පොත
Com′mentator, *s.* විස්තරකරන්නා, තෝරන්නා, අටුවාචාර්යයා
Com′merce, *s.* වෙළඳම, ගනුදෙනුව
Commer′cial, *a.* වෙළඳාම් කරන්නාවූ, වෙළඳ
Commina′tion, *s.* තර්ජනය, ශාප කීම
Commin′gle, *v.* මිශ්‍රකරණවා, කලවම් කරණවා
Com′minute, *v.* කුඩුකරණවා
Commis′erate, *v.* කරුණා සිතෙනවා, අනුකම්පාවෙනවා

Commisera′tion, *s.* දයා සිතීම, අනුකම්පාව

Commissa′riat, *s.* භෝජන සපයා දෙන නිලය, භෝජනාධිකාර ධුරය දරන්නෝ

Comm′issary, *s.* කටයුත්තක් බාරවූ අය, භෝජන සපයන්නා

Commis′sion, *s.* සිද්ධකිරීම, බලපත්‍රය, බාරදීම, නියමකිරීම, යම්කායර්‍යකට බැඳී සිටින සභාව, ලැබෙන ප්‍රයෝජන කොටස, සුල්කය *v.* බලේ දෙනවා, පත්කරණවා

Commis′sioner, *s.* වැඩක් ඉෂ්ටකරන්ට භාරගන්නා, කොමසාරිස් තැන, අධිකාරම

Commit′, *v.* බාරදෙනවා, කරණවා, [සිරකරණවා

Commit′ment, Committ′al, *s.* හිරේට යැවීම, හිරේටබාරදීමේ අඥාපත්‍රය

Committ′ee, *s.* කාරක සභාව, සුළු සභාව, කටයුතු සම්පාදික සභාව

Commix′ture, *s.* එකට මිශ්‍රකිරීම, කලවම

Commo′dious, *a.* ඉඩපාඩු ඇත්තාවූ, [විශාල, සෑහෙන

Commod′ity, *s.* බඩුව *pl.* වෙළඳම් බඩු

Com′modore, *s.* නාවුකාධිපතියා, [ලික තැව

Com′mon, *a.* පොදු, සාමාන්‍ය, ව්‍යවහාර *s.* පොදු පිට්ටනිය

Com′monalty, *s.* පොදු සෙනඟ, මහ [ජනයා

Com′moner, *s.* පොදු මිනිහෙක්, මහජන මනුෂ්‍යයෙක්

Com′monplace, *a.* සාමාන්‍ය, අශෝභනැති *s.* පොදු කියමන

Com′mons, *s. pl.* පොදුජනයා, මහජනමනුෂ්‍යයෝ, පොදු කෑම

Com′mon-sense, *a.* හොඳ සිහිකල්පනා ඇති *s.* ජම්ම බුද්ධිය

Com′monwealth, *s.* වැසියන් විසින් අණ්ඩුකරණ රාජ්‍යය, මහසම්මතාණ්ඩුව, ජනසමූහයා

Commo′tion, *s.* චංචලවීම, කම්පාව, කැලඹීම, කෝලාහලය

Commune′, *v.* සමග කථාබස්වෙනවා *s.* පත්තුවක්

Commun′icable, *a.* දියහැකි, අන්‍යයෙකුට දෙන්ට පුළුවන්

Commun′icant, *s.* ස්වාමීන්ගේ රාත්‍රි භෝජනය පිළිගන්න තැනැත්තා

Commu′nicate, *v.* දන්වනවා, ප්‍රකාශකරණවා දෙනවා, සහභාගිවෙනවා, සම්බන්ධව තිබෙනවා, රාත්‍රිභෝජනය ගන්නවා

Communica′tion, *s.* දීම, දැන්වීම, කථාව, ලියුම්හුවමාරුව. ලිවුම, මාර්ගය

Commu′nicative, *a.* දෙන්ට සූදානම්වූ, කියාදීමට හිතවූ

Commun′ion, *s.* කථාබස්කිරීම, එකතුකම, සහභාගිකම, ස්වාමීන්ගේ රාත්‍රිභෝජනය

Commun′ity, *s.* හවුලේ භුක්තිවිඳීම, සභාව, සමූහයා

Commut′able, *a.* මාරුකළ හැකි

Commuta'tion, *s.* මාරුකිරීම, හිලව් කිරීම [කරණවා

Commute', *v.* මාරුකරණවා, වෙනස්

Compact', *a.* එකතුව, ඇළුනාවූ, සවිවූ, ඇඟුරුණවූ, ලුහුඬුවූ *v.* එකට තදකරණවා, අඟුරණවා

Com'pact, *s.* පොරොන්දුව, ගිවිසුම

Compact'ness, *s.* ඇඟුරුම්කම, මනා පිළිවෙල [යා

Compan'ion, *s.* සමාගම්කාරයා, මිත්‍ර

Compan'ionable, *a.* සමාගම්කාර ගති ඇති, ප්‍රසන්න

Com'pany, *s.* සමාගම, සමූහය, ආශ්‍රය

Com'parable, *a.* සමානකළහැකිවූ, සදෘශකළ යුතුවූ

Compar'ative, *a.* සමානකිරීමෙන් දක්නගත්තාවූ, අඩුවැඩි පෙන්වන්නාවූ

Compare', *v.* සමාණකර බලනවා, උපමාකරණවා

Compar'ison, *s.* සමානකර බැලීම, සදෘශකම, උපමාව [ය

Compart'ment, *s.* බෙදීම, කොටස

Com'pass, *v.* වටකරණවා, හාත්පසින් යනවා, ඉෂ්ටකරණවා *s.* ඉම, ප්‍රදේශ ප්‍රමාණය, දිශා දක්වන යන්ත්‍රය *pl.* Com'passes, කවකටුව

Compas'sion, *s.* අනුකම්පාව, දයාබරකම

Compas'sionate, *a.* දයාබර, කරුණාසහිත *v.* දයානුකම්පා වෙනවා

Compatibil'ity, *s.* අවිරුද්ධවීම, එකඟතාව

Compat'ible, *a.* එකිනෙකට සෑහෙන්නාවූ, සුදුසුවූ [*s.* ස්වදේශක්කාරයා

Compa'triot, *a.* එම රටට අයිති

Compeer', *s.* සමාගම්කාරයා

Compel', *v.* බලාත්කාරකරණවා

Compen'dious, *a.* කොටවූ, ලුහුඬු, සංක්ෂේප

Compen'dium, *s.* ලුහුඬු සංග්‍රහය

Com'pensate, *v.* එකමෙක ගෙවනවා, හිලව්වෙනවා [ගෙවීම

Compensa'tion, *v.* විපාකය, වන්දි

Compete', *v.* තරඟවෙනවා, තරඟෙට සිටිනවා, දිනන්ට හදනවා

Com'petence, Com'petency, *s.* සෑහීමකම, වත්කම, බලය

Com'petent, *a.* සෑහෙන, සමර්ථ, දක්ෂ

Competi'tion, *s.* තරඟය, අන්‍යොන්‍යපරදවන වියසිය [කාරයා

Compet'itor, *s.* තරඟකාරයා, විරුද්ධ

Compila'tion, *s.* සම්පාදනය කිරීම, සංග්‍රහය, රචනාව

Compile', *v.* පොතවලින් එකතුකර ගන්නවා, රැස්කරගන්නවා, පොත් කරණවා

Compla'cence, Compla'cency, *s.* සතුටුකම, සතුට [නාවූ

Compla'cent, *a.* ආචාරවන්ත, ප්‍රසන්

Complain', *v.* දුක්කියනවා, ලතවෙනවා, විලාප කියනවා, අවලාදකියනවා, පැමිණිලිකරණවා

Complain'ant, *s.* පැමිණිලිකාරයා

Complaint′, *s.* දුක්කිම, මැසිවිල්ල, පැමිණිල්ල

Com′plaisance, *s.* ආචාරවන්තකම, සුසිල ගුණය [ත, ගුණවන්ත

Com′plaisant, *a.* දයාබර, ආචාරවත්

Com′plement, *s.* ඌනපූර්ණය, පුරා ගණන, සම්පූර්ණ ප්‍රමාණය

Complete′, *a.* සම්පූර්ණවූ, හමාරවූ *v.* සම්පූර්ණකරණවා, නිමකරණවා

Comple′tion, *s.* නිෂ්පාදකිරීම, සම්පූර්ණ බය [වූ, අමාරුවූ

Com′plex, *a.* කලවම්වූ, මිශ්‍රවූ, අවුල්

Complex′ion, *s.* පාට, පෙණීම, හැඩ, මුහුණුවර [ස්වභාව

Complex′ity, *s.* මිශ්‍රගතිය, පටලැවිලි

Compli′ance, *s.* පිළිගැනීම, මනාපවීම, යටත්වීම, ඉෂ්ටකිරීම [වෙන

Compli′ant, *a.* යටත් වෙන, එකඟ

Com′plicate, *v.* පටලවනවා

Com′plicated, *a.* පැටලිලිවූ, සම්මිශ්‍රවූ, අමාරුවූ

Complic′ity, *s.* නපුරු සමාගම් පැවැත්වීම, නපුරක්කිරීමට හවුල්වීම

Com′pliment, *s.* ප්‍රශංසාව, සතුටු වාක්‍ය *v.* ප්‍රශංසාවාක්‍ය කියනවා, ඉච්චාකරණවා

Compliment′ary, *a.* ප්‍රශංසා සහිත

Comply′, *v.* එකඟවෙනවා, ඉෂ්ටකරණවා

Compo′nent, *a.* අබගුවූ, අංගවූ *s.* අයිති කොට්ඨාසය

Comport′, *v.* ඔබිනවා, එකඟවෙනවා, හැසිරෙණවා [ව

Comport′ment, *s.* හැසිරීම, සිරුමාරු

Compose′, *v.* හරිගස්සනවා, කලවනවා, සංසිඳුවනවා, අකුරු අමුණනවා, ප්‍රබන්ධකරණවා

Composed′, *a.* නිශ්චල, සංසුන්

Com′posite, *a.* එකතුවූ, වෙන වෙනම කොටස් මිශ්‍රවූ

Composi′tion, *s.* එකතුකිරීම, යෝගය, රචනාව, ග්‍රන්ථය, සම්මතය, බේරුම [නා, වර්ණයෝජකයා

Composi′tor, *s.* අච්චුඅකුරු ගලපන්

Com′post, *s.* පොර, මිශ්‍ර ද්‍රව්‍යයක්

Compo′sure, *s.* නිශ්චලකම, කලබල නැති ගුණය, සමාධිය

Compound′, *v.* මිශ්‍රකරණවා, එක්කරණවා, බේරාගන්නවා

Com′pound, *a.* සම්බන්ධවූ, මිශ්‍රවූ *s.* මිශ්‍රද්‍රව්‍යය, යෝගය, සමාසය, මිදුල

Comprehend′, *v.* තේරුම්ගන්නවා, අල්වනවා, අන්තර්ගත කරණවා

Comprehen′sible, *a.* අවබෝධ කළ හැකි, වැටහෙන [ය, සිහිය

Comprehen′sion, *s* තේරුම්ගැන්මේ ගුණ

Comprehen′sive, *a.* බොහෝ දේ ඇතුළත්වෙන, විශාල

Compress′, *v.* මඩිනවා, මිරිකනවා, ඒක කරණවා *s.* මිරිකන පටි

Compress′ibility, *s.* මිරිකා හකුළා කළ හැකි ගුණය

Compres'sion, *s.* මිරිකීම
Comprise', *v.* අඩංගුවෙනවා, අන්
තර්ගත කරණවා
Com'promise, *s.* සමාදානකිරීම, ගිවි
සුම්වී බේරගැණීම *v.* එකඟව බේ
රගන්නවා
Compul'sion, *s.* බලාත්කාරය
Compul'sory, *a.* බලකරණ, නොක
රබැරි [චාත්තාපය
Compunc'tion, *s.* ශොක හැඟීම, පශ්
Compunc'tious, *s.* පසුතැවිලි සහිත,
තැවෙන [පිට නිදෝෂකිරීම
Compurga'tion, *s.* අනුන්ගේ දිවුරුම
Computa'tion, *s.* ගැණීම, ගණන,
ගණිතය [ණවා
Compute', *v.* ගණිනවා, ගණන්කර
Com'rade, *s.* සමාගම්කාරයා, යාලුවා
Con,-*particle*-සමග නොහොත් විරු
රුද්ධ යන තේරුම් ඇති නිපාතය
v. ඉගණගන්නවා, කටපාඩම්කර
ණවා, දන්නවා [නවා, අමුණනවා
Concat'enate, *v.* එක්කරණවා, ගළප
Con'cave, *a.* බොකුටුවූ, ගුහාවූ
Concav'ity, *s.* බොකුටුව, කුහරය,
බොකුටුපැත්ත [ගන්නවා
Conceal', *v.* හංගනවා, රහසේ තබා
Conceal'ment, *s.* හැංගීම, සැඟවෙන
ඉඩම [පිළිගන්නවා
Concede', *v.* දෙනවා, අවසරදෙනවා,
Conceit', *s.* උඩඟු කල්පනාව, නිකම්
සිතිවිල්ල

Conceit'ed, *a.* තමන් ගැණම උසස්
කල්පනාවක් ඇති
Conceiv'able, *a.* තේරුම් ගතහැකි,
විශ්වාස කළහැකි
Conceive', *v.* පිළිසිඳෙනවා, කල්පනා
වෙනවා, තේරුම්ගන්නවා
Concen'trate, *v.* සංගත කරණවා,
මැදට එක්කරණවා
Concen'tric, *a.* එකම මධ්‍යස්ථානයක්
ඇති. එකට එකතුවෙන
Concep'tion, *s.* පිළිසිඳගැනීම, ගර්
භොත්පත්තිය, කල්පනාව, සිතිවිල්ල
Concern', *v* වැදගන්නවා සම්බන්ධ
වෙනවා, *s.* වැදගත්ත කාරණාව,
වැදගත්කම, කාන්සාව, ප්‍රවේසම
Concerned', *a.* සම්බන්ධව, සිතින්අසුව
Concern'ing, *prep.* ගැණ, සම්බන්ධව
Concern'ment, *s.* වැදගත් දෙය, වැ
ඩය, කාන්සාවීම
Concert', *v.* එක්ව යෝජනාකරණ
වා, මන්ත්‍රණයකර බේර ගන්නවා
Con'cert, *s.* එක්සිත්වීම, එකඟකම,
සංගායනාකිරීම, සංගීතය
Concerti'na, *s.* තූර්යභාණ්ඩයක්
Conces'sion, *s.* පාවාදීම, අත්හැරීම,
ඒත්තුගැණීම, දීමනාව
Conch, *s.* හක්ගෙඩිය
Conchol'ogy, *s.* ශංඛවිද්‍යාව
Concil'iate, *v.* සිත නලවනවා, මිත්‍ර
කරගන්නවා
Concil'iatory, *a.* සිත හරිගස්සන, ස
තුටු උපදන, සමගිකරණ

Concise', *a.* ලුහුඬු, කොට, සංක්‍ෂෙප

Concise'ly, *ad.* සංක්‍ෂෙපයෙන්, ලුහු ඬුකොට

Con'clave, *s.* පාප් කෙනෙක් තෝරා ගැණීම පිණිස රැස්වෙන රහස් ගෙය, රහස් සම්මුතිය

Con'clude, *v.* තීන්දුකරණවා, තීරණයක් හැරගන්නවා [විනිශ්චය

Conclu'sion, *s.* තීන්දුව, අවසානය,

Conclus'ive, *a.* තීරණය කරන්නාවූ, තිරුත්තරවූ

Concoct', *v.* කලවම්කර තම්බනවා, ජීර්ණකරණවා, යෝජනාකරණවා

Concom'itant, *a.* කැටුව යන, සහචර, අනුබන්ධ *s.* සමඟ යන්නා, එක්ව පවත්නා දෙය [ගිවිසුම

Con'cord, *s.* එකඟකම, සමාදානය,

Concord'ance, *s.* එකඟකම්, ශුද්ධලියවිල්ලේ පද සොයාගැණීම පිණිසවූ අකාරාදිය, සමපද අකාරාදිය

Concord'ant, *a.* එකඟ, එක්සත්

Concord'at, *s.* රාජ ගිවිසුමක්

Con'course, *s.* රැස්වීම, රංචුව, සමූහය

Con'crete, *a.* කැටිගැහුන, වස්තුවාචක *s.* කැටිය, කලවම් ද්‍රව්‍යයක්

Concrete', *v.* කැටිවෙනවා, මිදෙනවා

Concre'tion, *s.* කැටිගැහීම, වැඩිවූ කැටය

Concu'binage, *s.* කසාද නොබැඳ අඹුසැමියන්ව වාසයකිරීම [ස්ත්‍රී

Con'cubine, *s.* උපභාර්‍යාව, වේශ්‍යා

Concu'piscence, *s.* කාමය, කාමාභිලාසය

Concur', *v.* එකඟවෙනවා, එකමුතුවෙනවා, එක්වෙනවා

Concurr'ence, *s.* එකඟවීම, එක්සත් ක්‍රියාව, කැමැත්ත [යාකරණ

Concurr'ent, *a.* එකමුතුවූ, එකට ක්‍රි

Concus'sion, *s.* සෙල්වීම, ගැස්සීම

Condemn', *v.* වරදට පත්කරණවා, අවමාන්න කරණවා

Condemna'tion, *s.* වරදට පත්වීම, දෝෂාරෝපණය, දඬුවම

Condem'natory, *a.* වරද පමුණන, දෝෂාරෝපණසහිත

Condens'able, *a.* මිරිකා ඝනකළහැකි, උකුකළහැකි [කරණවා

Condense', *v.* ඝනකරණවා, ලුහුඬු

Condescend', *v.* යටත්වෙනවා, ගෞරව යහකරගන්නවා

Condescen'sion, *s.* නැමී යටත්වීම, කරුණාවන්තකම, ආචාර ගුණය

Con'dign, *a.* සුදුසුවූ, නිසිවූ, යුතුවූ

Con'diment, *s.* ඉස්ම, සාස්

Condi'tion, *s.* අන්දම, ස්වභාව, ගුණය, තරාතිරම, ගිවිසුම, නියමය

Condi'tional, *a.* පොරොන්දුවක් සහිතවූ, ගිවිසුම් පෙරදැරිවූ

Condi'tioned, *a.* එක්තරා ස්වභාවක් හෝ ගුණයක් ඇති, එක් අන්දමකට නියමවූ [නගාවූ වෙනවා

Condole', *v.* අනුන්ගේ දුක් ගැණ සා

Condol'ence, *s.* අනුකම්පා දුක්වීම

Condone', *v.* ක්ෂමාකරණවා

Conduce', *v.* ආධාරවතිබෙනවා, පිහිටවෙනවා

Conduc'ive, *a.* පිහිටවන්නාවූ, වැඩිදියුණුකරන්නාවූ, හිතවූ

Conduct', *v.* ගෙණයනවා, පමුණුවනවා, හැසුරුවනවා [කල්ක්‍රියාව

Con'duct, *s.* හැසුරුවීම, හැසිරීම,

Conduct'or, *s.* ගෙණයන්නා, වැඩකරවන්නා, ප්‍රධානියා, කංකානම්

Con'duit, *s.* පීල්ල, වතුරපාර, අගල

Cone, *s.* උගැඩි හැඩයඇති දෙයක්,

Co'ney, *s.* රටහාවා [කොත

Confab'ulate, *v.* කථාබස්කරණවා

Confec'tion, *s.* ද්‍රෝෂි, පැනිරස කැවිලි [නා, කැවිලි විකුණන්නා

Confec'tioner, *s.* රස කැවිලි සාදන්

Confec'tionery, *s.* පැනිරස කැවිලි, ඒවා සාදන හෝ විකුණන ඉඩම

Confed'eracy, *s.* ගිවිසුම, ගිවිසගත් අය හෝ රාජ්‍යවල්

Confed'erate, *a.* ගිවිසගෙණ එක්සත්වූ *s.* ගිවිසගත් තැනැත්තා, සහකාරයා *v.* ගිවිසුමකින් බැඳෙනවා, සමගිවෙනවා

Confedera'tion, *s.* සම්බන්ධතය, රජදරුවන් රාජ්‍යවල් ආදීන්ගේ ගිවිසගැණීම

Confer', *v.* සාකච්ඡාකරණවා, මන්ත්‍රණයකරණවා, දානයකරණවා

Con'ference, *s.* සාකච්ඡාව, මන්ත්‍රණයකිරීම, මන්ත්‍රණ සභාව

Confess', *v.* නොසඟවා කියා දෙනවා, ඇත්ත කියනවා, පාපොච්චාරණයකරණවා [යාදීලාම

Confess'edly, *ad.* ප්‍රකාශකොටම, කි

Confes'sion, *s.* ඇත්තකීම, වරද පිළිගැණීම, පාපොච්චාරණය

Confes'sional, *s.* කොච්සන්කරණ ආසනය හෝ ස්ථානය

Confess'or, *s.* සත්‍ය ධර්මය පිළිගත් තැනැත්තා, පාපොච්චාරණය අසන පූජකතැන

Confidant', *s.* විශ්වාස මිත්‍රයා

Confide', *v.* සැබෑවටගන්නවා, විශ්වාසකරණවා, භාරදෙනවා [කම

Con'fidence, *s.* විශ්වාසය, නිර්භීත

Con'fident, *a.* සාංකානැති, සත්‍යක විශ්වාසය ඇති

Confiden'tial, *a.* විශ්වාසවූ, රහසේ තබාගන්ට යුතුවූ [හැඩහුරුකම

Configura'tion, *s.* රූපය, ආකාරය,

Confine', *v.* සීමා නියමකරණවා, හිරකරණවා

Con'fine, *s.* ඉම, මායිම, පොර, අද්දර

Confine'ment, *s.* හිරවීම, හිර අවස්ථාය, දරු ප්‍රසූතය නිසා හිරවී සිටීම

Confirm', *v.* සත්‍යකකරණවා, සවිකරණවා, ස්ථිරකරණවා [රකිරීම

Confirma'tion, *s.* සත්‍යකර කීම, ස්ථි

Confirm'ative, Confirm'atory, *a.* ස්ථිරකරන්නාවූ, ඔප්පුසාක්ෂිවිශයෙන්වූ

Confis'cate, *v.* අඩයක්කොට අණ්ඩුවට අල්ලාගන්නවා, රාජසන්තක කරගන්නවා *a.* අණ්ඩුවට අල්ලා ගත් [ගිනිමැලය

Conflagra'tion, *s.* ලැව්ගින්න, මහ

Con'flict, *s.* හැප්පීම, දූගලීම, පොර ඇල්ලීම, සටන [සිටිනවා

Conflict', *v.* විරුද්ධවෙනවා, පොරට

Con'fluence, *s.* දෙළවල් එකතුවීම, එක්වෙනතැන, සමූහය

Con'flux, *s.* එකට ගලායාම

Conform', *v.* සදෘශකරණවා, සමාන වනවා, කීකරුවෙනවා

Conform'able, *a.* සමානවූ, අනුරූප වූ, සදෘශ [රය, අන්දම

Conforma'tion, *s.* සමානවීම, ආකා

Confound', *v.* මිශ්‍රකරණවා, වියවුල් කරණවා, පටලවනවා, පුදුම්කර භයගන්වනවා

Conform'ity, *s.* සදෘශත්වය, එකඟතාම

Confrater'nity, *s.* සහෝදර සමාගම

Confront', *v.* සම්මුඛවෙනවා, ඉදිරිපිටට පැමිණෙනවා, විරුද්ධව සිටිනවා, සමානකර බලනවා

Confuse', *v.* වියවුල්කරණවා, පටලවා වල්මත්කරණවා

Confus'edly, *ad.* වියවුල් ආකාරයෙන්

Confu'sion, *s.* වියවුල්කිරීම, පැටලිල්ල, කැලඹීම, ලජ්ජාව [රීම

Confuta'tion, *s.* බොරු බව ඔප්පුකි

Confute', *v.* වැරදි ඔප්පුකරණවා, පරදවනවා, උත්තර නැතිකරණවා

Con'ge, *s.* අවසරය, වෙන්වීමේ ආචාරය

Con'gee, Con'jee, *s.* කැඳ, හුලුකැන්

Congeal', *v.* දෘඩිකරණවා, ඝනකරණවා, මිදෙනවා, කැටිගැහෙනවා

Congeal'ment, Congela'tion, *s.* මිදීම, කැටිගැසීම

Conge'nial, *a.* සමානජාතිවූ, අනුගුණවූ, සමසිත්වූ, සදෘශ

Congen'ital, *a.* එක්ව උපන්නාවූ, සහජවූ

Conge'ries, *s.* කුඩා ද්‍රව්‍ය කැටිය

Conges't..n, *s.* ශරීරයේ යම් තැනක ලේ එකතුකිරීම

Conglom'erate, *a.* කැටිවූ *v.* ගුලිගසනවා *s.* බොරළු ගල් එක්ව බැඳීමෙන් සෑදුන පර්වතයක්

Conglomera'tion, *s.* පොදිගැසීම, ගුළිගැසීම, රාශිය, ගොඩ

Conglu'tinate, *v.* අලවනවා, පාස්සනවා, හාවෙනවා

Congrat'ulate, *v.* ප්‍රීතියපනනවා, සමග සතුටුවෙනවා, සොම්නස් දන්වනවා

Congrat'ulatory, *a.* සතුටු සොම්නස් ප්‍රකාශකරණ [වෙනවා

Con'gregate, *v.* එකතුකරණවා, රැස්

Congrega'tion, *s.* සමූහයා, සභාව

Congrega'tionalism, *s.* ඒ ඒ සභාව විසින් ස්වකීය කටයුතු නිදහස්ව කරගන්ට ඉඩදෙන සභා අණ්ඩුක්‍රමය

Con'gress, *s.* රැස්වීම, උතුම් මන්ත්‍රී සභාව

Congru'ity, *s.* යෝග්‍යතාව, සමානකම, ඔබිනාකම, යුතුකම, ඉතාංගුව

Con'gruous, *a.* යුතු, සුදුසු, එකඟ, සෑහෙන [කාරවූ, දුනැබාකාරවූ

Con'ical, *a.* කෝණාකාරවූ, සූචක

Conject'ure, *s.* අනුමාන මත්‍ය, ශංකා සිතිවිල්ල *v.* අනුමානයට සිතනවා [සන්ධිකරණවා, ගලපනවා

Conjoin', *v.* එකට එකතුකරණවා,

Conjoint', *a.* සම්බන්ධ, එක්සත්වූ

Con'jugal, *a.* විවාහිකවූ, සරණ සම්බන්ධයට අයිතිවූ

Con'jugate, *v.* ක්‍රියා ලක්ෂණ පිළිවෙළින් දක්වනවා, වරනගනවා

Conjuga'tion, *s.* ක්‍රියාපද වරනැඟීම

Conjunc'tion, *s.* එක්වීම, සන්ධිය, සන්නිපාතය [ත, අසම්භාවන

Conjunc'tive, *a.* එකතුවූ, සම්බන්ධ

Conjure', *v.* දිව්රවනවා, බොහෝ කොට ඉල්වනවා, මායම් කරණවා, ඇස්බැන්දුම් කරණවා, කමක්නැතුව යොදුගන්නවා

Con'jurer, *s.* ඇස්බැන්දුම්කාරයා, අණවිනකාරයා

Connect', *v.* එක්කරණවා, සන්ධිකරණවා, අමුනනවා [ළපෙනාකාර

Connect'edly, *ad.* සන්ධිවශයෙන්, ගැ

Connec'tion, Connex'ion, *s.* එක්කිරීම, සම්බන්ධය, නෑකම, සමාගම

Connect'ive, *a.* සම්බන්ධකරණ *s.* සන්නිපාතය

Conni'vance, *s.* වරදක් නොදුටු කාක්මෙන් ඉඳීම, ඉඟිකිරීමෙන් එකඟුතුවීම [ක්‍රියාකරණවා

Connive', *v.* දුටුවා නුදුටුවා වාගේ

Con'noisseur, *s.* සමර්ථයා, නිපුණයා

Connote', *v.* ඇතුළත් ගුණයක් හඟවනවා

Connu'bial, *a.* සරණයට අයිති, විවාහික [වා, යටහත්කරණවා

Con'quer, *v.* ජයගන්නවා, පරදවන

Con'querable, *a.* ජයගතහැකි, පරජයකළහැකි

Con'quest, *s.* ජයගැනීම, දිනුම

Consanguin'ity, *s.* ලේ නෑකම

Con'science, *s.* හෘදසාක්ෂිය

Conscien'tious, *a.* හෘදසාක්ෂියේ ප්‍රකාරයට ක්‍රියාකරණ, අවංක

Con'scious, *a.* දැනුම් ඇත්තාවූ, සිතට හැඟෙන්නාවූ, සචේතනිකවූ

Con'sciousness, *s.* තමා ගැණම සිතේ දැනගැනීම, සවිඥානය

Con'script, *a.* නම් ලියාගත් *s.* සටන් පිණිස නාම ගණ්ලැබූ අය

Conscrip'tion, *s.* බලයෙන් සේවකකම් කිරීමට නම් ලියාගැණීම

Con'secrate, *v.* ශුද්ධයයි වෙන්කර තබනවා, කැපකරණවා

Consecra'tion, *s.* ශුද්ධ මෙහෙයකට වෙන්කිරීම, කැපකිරීම

Consec'utive, *a.* එකක් පාසා තවෙකක් බැගින් ක්‍රමයෙන් පැමිණෙන්නාවූ, අනුපූර්වවූ

Consen'sus, *s.* එකඟකම, සම්මතය

Consent', *v.* එක්සිත්වෙනවා, සතුටුවෙනවා, අවසරදෙනවා, යටහත්වෙනවා *s.* එකඟවීම, කැමැත්ත, අවසරය

Consenta'neous, *a.* එකාකාරවූ, අනුකූලවූ, සැහෙන්නාවූ

Con'sequence, *s.* සිද්ධවූ කාරණව, අනුව සිදුවනදේ, වැදගත්කම, වැදගැම්ම

Con'sequent, *a.* පසුව සිද්ධවූ, අනුසාරයෙන්වූ *s.* අනුව සිද්ධිය

Consequen'tial, *a.* හේතුවකින් සිදුවූ, වැදගත් ලීලා ඇති, ගරුගම්භීර

Con'sequently, *ad.* අනුසාරලෙස, ඉන්නිසා

Conserv'ative, *a.* ව්‍යවහාර නීති වෙනස්කිරීමට විරුද්ධවූ, ආරක්ෂාකරන්නාවූ *s.* වෙනස්නොකර පවත්වන්ට සිතැත්තා

Conserva'tion, *s.* රක්ෂාකිරීම, සංරක්ෂණය [ම, වෘක්ෂාගාරය

Conser'vatory, *s.* ආරක්ෂාකරණ ඉඩ

Conserve', *v.* රක්ෂාකරණවා, ගෙඩි ප්‍රෙයි හදනවා

Consid'er, *v.* කල්පනාකරණවා, සිතා බලනවා, සලකණවා

Consid'erable, *a.* කල්පනා කටයුතුවූ, සැලකිය යුතුවූ, වැදගත්වූ, විකනොවූ [මට, හුගක්ම

Consid'erably, *ad.* සැලකියයුතු තර

Consid'erate, *a.* කල්පනාසහිතවූ, සලකා ක්‍රියාකරන්නාවූ, සොඳ සිතැතිවූ [කය

Considera'tion, *s.* කල්පනාව, විපා

Consid'ering, *part.* කල්පනාකරමින්, කල්පනාකරණකල

Consign', *v.* පත්කරණවා, භාරදෙනවා [න්නා

Consignee', *s.* යමක් භාරදෙනු ලබ

Consign'ment, *s.* භාරදීම, භාරකරණ දේ, භාරදීමේ පත්‍රය

Consist', *v.* එනාට පවතිනවා, යුක්තවෙනවා, ඇතුළත්වෙනවා

Consist'ency, *s.* එක්ව පැවැත්ම, ඝුඩුසු තත්වය, එකඟකම

Consist'ent, *a* එකඟවූ, සුදුසුවූ, අවිරුද්ධවූ, ස්ථිරවූ [සභාව

Con'sistory, *s.* සභා රැස්වීම, ධර්ම

Consol'able, *a.* සැනසියහැකි

Consola'tion, *s.* සැනසීම, අස්වැසිල්ල

Console', *s.* සනසනවා, නලවනවා

Consol'idate, *v.* ඝනකරණවා, සවිකරණවා, ඒකාබද්ධකරණවා

Con'sonance, *s.* එකඟකම, හඬසමවීම

Con'sonant, *a.* එකඟ, ඉතාංගු, සම *s.* ගාත්‍රාක්ෂරය

Con'sort, *s.* හවුල්කාරයා, සමාගම්කාරයා, සහකාරී, වල්ලභයා

Consort′, *v.* එකතුවෙනවා, සමාගම් පවත්වනවා

Conspic′uous, *a.* පැහැදිලි ලෙස පෙණෙන, ප්‍රත්‍යක්ෂ, ප්‍රසිද්ධ

Conspir′acy, *s.* කුමන්ත්‍රණය, නපුරු සමාගම්වීම

Conspir′ator, *s.* කුමන්ත්‍රණය කරන්නා, නපුරක් කිරීමට බැඳෙන්නා

Conspire′, *v.* නපුරු සමාගම්වීමට බැඳෙනවා, රහස්මන්ත්‍රණය කරණවා, එකමුතුවෙනවා, එකඟවෙනවා

Con′stable, *s.* පොලිස් විදානේ, කොස්තාපල් [ස්තාපල් සමූහය

Constab′ulary, *s.* විදානගණන, කො

Con′stancy, *s.* නොවෙනස්කම, ස්ථිරකම, නිත්‍යකම, සත්‍යතාව

Con′stant, *a.* නිත්‍යවූ, වෙනස් නොවෙන්නාවූ, දෘඪවූ [තුරුම

Con′stantly, *ad.* නිත්‍යයෙන්ම, නිර

Constella′tion, *s.* තරුසමූහය, තරුවැල, තේජස් රාශිය

Consterna′tion, *s.* භීතිය, මහත් තිගැස්සිය, විශ්මපත්භාවය

Con′stipate, *v.* අඩස්සිකරණවා, බඩවේලවනවා [ය, උස්මුරුතය

Constipa′tion, *s.* ආදුවතීය, මලබද්ධ

Constit′uent, *a.* අඩංගු, ධාතුවූ *s.* ප්‍රධාන පංගුවක්, සාධකයෙක්

Con′stitute, *v.* පිහිටුවනවා, නියමකරණවා, පත්කරණවා, යුක්තවෙනවා

Constit′uency, *s.* මන්ත්‍රීන් තෝරාගන්න ඡන්දවිය, සාධක සමූහය

Constitu′tion, *s.* ශරීරගතිය, ස්වභාව, නීති ව්‍යවහාරය, ආණ්ඩුක්‍රමය, ව්‍යවස්ථාව

Constitu′tional, *a.* ජම්ම ස්වභාවූ, සහජවූ, නීතියට එකඟවූ *s.* සනීප පිණිසවූ සංචාරණය [කාරකරණවා

Constrain′, *v.* බලකරණවා, බලාත්

Constraint′, *s.* බලාත්කාරය

Constric′tion, *s.* මිරිකීම, හැකිලීම, තදකම [වූ, වේලවන්නාවූ

Constrin′gent, *a.* මිරිකා මඩින්නා

Construct′, *v.* ගොඩනගනවා, සාදනවා, යොදනවා

Construc′tion, *s.* ගොඩනැගීම, සෑදීම, වාසගමේ වාක්‍ය යෙදුම, අභිප්‍රාව [දූනගන්න

Construc′tive, *a.* හිත් හෝදිසියෙන්

Con′strue, *v.* පිටපත්කරණවා, අර්ථකියනවා, තේරුම්කරදෙනවා

Consubstan′tial, *a.* එකස්වභාවූ, ස්වකීය ජාතිවූ, එම වර්ගවූ [සමගතිය

Consubstantia′tion, *s.* එම ස්වභාවීම,

Con′suetude, *s.* චාරිත්‍රය, සිරිත

Con′sul, *s.* රෝමවරුන්ගේ ප්‍රධාන මූලාදෘනියා, යම් ආණ්ඩුවක් ගණනේ පිට දේසයක වාසයකරමින් කළමනා කිරීමට පත්වූ මූලාදෘනියා, උද්දේශික මන්ත්‍රියා, තානාපතියා

Con'sulate, *s.* තානාපති ධූරය, තානාපතියාගේ නිවාසය හෝ පලාත

Consult', *v.* ඤුවන අහනවා, විභාග කරණවා, සමග කථාකරණවා, සලකණවා

Consulta'tion, *s.* දැනම්තිකම් ඇසීම, මන්ත්‍රණයට රැස්වීම

Consume', *v.* වියදම්කරණවා, නාස්තිකරණවා, දැලායනවා, ක්‍ෂයවෙනවා

Consum'mate, *v.* සම්පූර්ණකරණවා, තීන්දුකරණවා *a.* සම්පූර්ණ, අතිඋසස්

Consumma'tion, *s.* සම්පූර්ණ කිරීම, ඉෂ්ටකිරීම, අන්තිමය, තීන්දුව

Consump'tion, *s.* වියදම් කිරීම, ක්‍ෂයරෝගය

Con'tact, *s.* තට්ටුවීම, ස්පර්ශය, හැපීම

Conta'gion, *s.* විෂවැදීම, බෝවීම, වසංගතය [ගතවූ

Conta'gious, *a.* බෝවෙන්නාවූ, වසං

Contain', *v.* අඩංගුවෙනවා, අල්ලනවා, අන්තර්ගත වෙනවා, නවත්වනවා [ෂ්ඨකරණවා, නරක්කරණවා

Contam'inate, *v.* අපවිත්‍රකරණවා, දූ

Contemn', *v.* අවනම්බුකරණවා, නින්දකරණවා, නොසලකණවා

Contem'plate, *v.* කල්පනාකර බලනවා, භාවනාකරණවා, මෙනෙහි කරණවා, අරමුණුකරණවා

Contempla'tion, *s.* සිහිකරමින් ඉඳීම, භාවනාකිරීම, ධ්‍යානය

Contem'plative, *a.* මෙනෙහි කරන්නාවූ, භාවනාවට හිතවූ

Contempora'neous *a.* එකම කාලේ සිදුවන්නාවූ හෝ පවතින්නාවූ

Contem'porary, *a.* සමකාලීන *s.* සමකාලීනයා, වයසස්සයා [නම්බුව

Contempt', *s.* නින්දාව, නිග්‍රහය, අව

Contempt'ible, *a.* අපහාස කටයුතුවූ, නින්ද කටයුතුවූ, නීචවූ

Contempt'uous, *a.* උඩඟුරම් සහිත, අනුන්ට ගහීරකරන්නාවූ

Contend', *v.* වියදීකරණවා, තරගකරණවා, විවාදකරණවා, සටන්කරණවා, දබරකරණවා

Content', *a.* සතුටුවූ, මනාපවූ, තෘප්තියට පැමිණුනාවූ *v.* සතුටුවෙනවා

Content'edness, **Content'ment**, *s.* සෑහීම, සතුටු ස්වභාව [රය

Conten'tion, *s.* වැයම, විවාදය, පො

Conten'tious, *a.* දබරසහිතවූ, පෙරළිකාරවූ, කෝලාහල සහිතවූ, වාදවිවාද සහිතවූ

Contents', *s.* අඩංගුවූ දෙය, අඩංගු කාරණ, පටුන

Conter'minal, **Conter'minous**, *a.* පොදු සීමාවක් ඇති, යාබද

Con'test, *s.* සටන, පොරය, අරෝව, බහින් බහට දෙඩීම

Contest', *v.* තරඟ කථාකරණවා, විවාදකරණවා [තිබෙන කීම

Con'text, *s.* ඉහළ පහළ පද, යාව

Contigu'ity, *s.* යාවී තිබීම, සමීප භාවය [වූ, අල්ලාපු
Contig'uous, *a.* ළඟවූ, කිට්ටුවූ, යා
Con'tinent, *s.* විසාලදේශය, මහාවීපය
Con'tinent, *a.* පතිව්‍රතාවූ, අභිලාෂ මැඩපවත්වා ගන්නාවූ
Contin'gence; Contin'gency, *s.* අනියම් ස්වභාව, අහම්බය
Contin'gent, *a.* අනුමානවූ, අහම්බෙන් වෙන්නාවූ *s.* අනියම් දෙය, කොටස
Contin'ual, *a.* නොරනැති, නිරන්තර
Contin'ually, *ad.* නිතරම, නොකඩව, තිස්සේම
Contin'uance; Continu'ation, *s.* පැවැත්ම, පොරොත්තුවීම, නොකඩව කරගණයාම [නොකඩව කරණවා
Contin'ue, *v.* සිටිනවා, පවතිනවා,
Contin'ued, *a.* පවතින, කඩනැති
Continu'ity, *s.* නොකඩව පැවැත්ම, කඩනැති සම්බන්ධතාව
Contin'uous, *a.* ඒකාබද්ධවූ. අඛණ්ඩිත
Contort', *v.* ඇදකරණවා, දරදඬුකරණවා
Contor'tion, *s.* ඇඹරීම, ඇදවීම, දරදඬුගැසීම [සිර සටහන
Contour', *s.* සාමාන්‍ය පෙණීම, බා
Con'traband, *a.* තහනම්වූ, අයුතුවූ, නීතියට විරුද්ධවූ
Contract', *v.* මිරිකෙණවා, ඇකිලෙනවා, ලුහුඬුකරණවා, පවුණුවාගන්නවා, බහදෙනවා, පොරොන්දු වෙනවා
Con'tract, *s.* පොරොන්දුව, බහදීම
Contract'ed, *a.* කොටකළාවූ, පටුවූ, ලුහුඬු [සමාසය
Contrac'tion, *s.* කොටවීම, ලෝපය,
Contract'or, *s.* ගිවිසුමකට බැදෙන්නා, කොන්ත්‍රාත්කාරයා
Contradict', *v.* එදිරිව කියනවා, විරුද්ධ කථාකරණවා, නැතකියනවා
Contradict'ory, *a.* විරුද්ධව කථාකරන්නාවූ, විරුද්ධවූ, පරස්පර විරෝධවූ
Contradistinc'tion, *s.* විපර්යාසතාව, විපරීත භාවය [සය
Contrari'ety, *s.* විරෝධතාව, විපර්යා
Con'trary, *a.* විරුද්ධවූ, වෙනස්වූ *s.* විරුද්ධ දෙය [වීම, ප්‍රභේදය
Con'trast, *s.* එකඟ නොවීම, වෙනස්
Contrast', *v.* වෙනස්ව තිබෙනවා, වෙනස පෙන්වාදෙනවා
Contravene', *v.* විරුද්ධවෙනවා, බාධාකරණවා, කඩකරණවා
Contraven'tion, *s.* විරුද්ධවීම, බාධාකෙරීම [උදව්කරණවා
Contrib'ute, *v.* කොටසක් දෙනවා,
Contribu'tion, *s.* සම්මාදම, ආධාර දීමනා කොටස
Con'trite, *a.* බිඳුන සිතැති, පසුතැවිලිවූ, කණගාටුවූ [විල්ල
Contri'tion, *s.* කණගාටුව, පසුතැ
Contriv'ance, *s.* යෙදීම, උපාය, උපක්‍රමය

Contrive′, *v.* යොදනවා, උපා යො
යාගන්නවා

Control′, *s.* වැලකීම, බලය, අණ්ඩු
ව *v.* අණ්ඩුකරණවා, බලකරණ
වා, මැඩපවත්වනවා·

Controll′able, *a.* අණ්ඩුකළහැකි, හ
සුරුවන්ට පුළුවන්

Controver′sial, *a.* වාදයට අයිති, වා
දකාර, විතර්කණවූ

Con′troversy, *s.* වාදය, විවාදය

Con′trovert, *v.* එදිරිව කියනවා, වි
වාදකරණවා, විරුද්ධ කාරණ කිය
නවා

Contuma′cious, *a.* උඩඟුව මුරණ්ඩුවූ,
අකීකරු [මුරණ්ඩුකම

Con′tumacy, *s.* අකීකරුකම, උඩඟු

Contume′lious, *a.* ගර්හාකරණ, උද්ද
රම්වූ [ම, නින්ද්‍ය බස

Con′tumely, *s.* උඩඟු බැණීම, උද්දර

Contuse′, *v.* පොඩිකරණවා, තළනවා

Contu′sion, *s.* පොඩිකිරීම, මැඩීම,
තැළීම, කුඩුකිරීම

Convales′cent, *a.* සුවවේගණ එන්
නාවූ, සනීපවේගණ එන්නාවූ

Convene′, *v.* රැස්කරණවා, එකතුක
රණවා [තියා

Conven′er, *s.* රැස්කරන්නා, සභාප

Conven′ience, *s.* සුදුසුකම, පහසුව

Conven′ient, *a.* සුදුසුවූ, පහසුවූ, කැදි
මවූ, සැහෙන්නාවූ, ඉඩපාඩු ඇත්
තාවූ

Con′vent, *s.* තාපස සමූහය, තාපස
විහාරය

Convent′icle, *s.* රහස් සභාව, චන්ද
නාව පිණිස රැස්වූ සමූහයක්

Conven′tion, *s.* රැස්වීම, සභාව, පො
රොන්දුව, සම්මතය

Conven′tional, *a.* සම්මතයෙන් හට
ගත්, ව්‍යවහාර, පුරුදු

Conventional′ity, *s.* සිරිත් ප්‍රකාරයෙ
න් වීම, ව්‍යවහාර විධිය

Convent′ual, *a.* තාපස විහාරයට අයි
ති, තපස්

Converge′, *v.* එකතැනකට එකතු
වෙනවා, සියලුදිගින් රැස්වෙනවා

Converg′ence, *s.* එකතැනකට එක
තුවී යාම

Con′versant, *a.* දැනපුරුදුවූ, පුහුණුවූ,
ව්‍යවහාරවූ, ඇඳිනුම්වූ, ආශ්‍රිතවූ

Conversa′tion, *s.* කථාබස්කරගැණී
ම, සාකච්ඡාව, සභාව

Converse′, *v.* කථාකරණවා, දෙඩන
වා, සමාගම් පවත්වනවා

Con′verse, *s.* කථාබස, සාකච්ඡාව,
ප්‍රසව්‍යය [ම, හිතේ වෙනස්වීම

Conver′sion, *s.* හැරීම, වෙනස් කිරී

Convert′, *v.* හරවනවා, වෙනස් කර
ණවා, පෙරළනවා

Con′vert, *s.* එක් ආගමකින් තවත්
ආගමකට හැරුණ කෙනෙක්, හැ
රෙන්නා [නාවූ

Convert′ed, *a.* හැරුණවූ, වෙනස්වූ

Convert'ible, *a.* වෙනස්කළ හැකි, මාරුකරන්ට පුළුවන්

Con'vex, *a.* වටකුරුවූ, මැද උස්වූ

Convex'ity, *s.* පිටින් වටකුරුකම

Convey', *v.* ගෙණයනවා, උසුලනවා, බාරදෙනවා

Convey'ance, *s.* යානාව, කරත්තය, ගෙණයාම, බාරදෙන පත්‍රය

Convey'ancing, *s.* සින්නක්කර බද්දු ඔප්පු ආදිය ලිවීම

Convict', *v.* වරද ඔප්පුකරණවා, වරද හඟවනවා, වරදට පත්කරණවා [තා, සිරකාරයා

Con'vict, *s.* වරදට පත්වූ තැනැත්

Convic'tion, *s.* වරද හැඟවීම, වරදට පත්කිරීම, සහතික හැඟීම

Convince', *v.* සැබෑව ඔප්පුකරදෙනවා, ඒත්තුගන්වනවා

Conviv'ial, *a.* මඞ්ගලවූ, ප්‍රසන්නවූ

Convoca'tion, *s.* සම්මුතිය, පාදිරිවරුන්ගේ රැස්වීම, ධර්මසභාවක්

Convoke', *v.* රැස්කරණවා, එකතුකරණවා

Con'voluted, *a.* දවටාපු, ඔතාපු

Convolu'tion, *s.* එකට එතීම, වෙළීම, වෙළුපට

Con'voy, *s.* ආරක්‍ෂාවට යාම, ගොඩින් දියෙන් යන එන ගේ රැකවල් කිරීම, මුර, ප්‍රවේසම [යනවා

Convoy', *v.* මගදී ආරක්‍ෂාවට එක්ව

Convulse', *v.* සොලවනවා, චංචලකරණවා, වෙවුලනවා

Convul'sion, *s.* චංචල කිරිම, කම්පාකිරීම, වෙවුලීම, ගැස්ම

Co'ny, Co'ney, *s.* රටහාවෝ වර්ගයක්

Coo, *v.* පරවියෙක් ලෙස අඬනවා

Coo'ing, *a.* පරවියෙකු ලෙස ඇඬීම, සුරතල්බස් කීම

Cook, *v.* පිහනවා, උයනවා *s.* කෝකියා, අරක්කැමියා, පිසන්නා

Cook'ery, *s.* සූපශාස්ත්‍රය, සූපකර්මය

Cook'ing-pot, *s.* වලඳ

Cool, *a.* සිසිල්, ශීතල, නිශ්චල, නොසැලකිලි *v.* සිසිල්කරණවා, සංසිඳුවනවා, අඩුවෙනවා

Cool'er, *s.* සිසිල්කරණ භාජනය

Cool'ness, *s.* මද ශීතලය, උනන්දු නැතිකම

Coo'ly, *s.* මෙහෙකරුවා, කුලීකාරයා

Coop. *s.* කූඩුව *v.* කූඩුවක දමා පියනවා [සාදන්නා

Coop'er, *s.* ලේඟර සාදන්නා, පීප්ප

Co-op'erate, *v.* එකතුව වැඩකරණවා, සහකාරව සිටිනවා

Co-opera'tion, *s.* සහභාගිව ක්‍රියාකිරීම [න බලය ඇත්තාවූ

Co-or'dinate, *a.* එම ආකාරවූ, සමා

Coot, *s.* දියේ ඉන්න පක්‍ෂි ජාතියක්

Co-part'ner, *s.* හවුල්කාරයා, කොටස්කාරයා

Cope, *v.* තරඟෙට හිටිනවා, පොරට සිට දිනනවා, *s.* හිසවැස්මක්

Cope'stone, *s.* මුදුන්ගල

Cop'ing, *s.* තාප්පයක මුදුන් ගල් පේ
Co'pious, *a.* බොහෝවූ, බහුලවූ [ළිය
Cop'per, *s.* තඹ
Cop'peras, *s.* හිනිවතුර, තුත්තත්
Cop'perplate, *s.* කැටයම් සහිත තඹ තහඩුව
Cop'pice, Copse, *s.* කුනත්ත, කැලේ
Cop'ula, *s.* ක්‍රියාකාරක සම්බන්ධය
Copula'tion, *s.* සංවාසයකිරීම, සංසගීය [යෝග වාක්‍යය
Cop'ulative, *a.* එකතුකරණ *s.* සං
Cop'y, *s.* සටහන, කෙටුම්පත, තනි පොත *v.* කෙටුම්පත්කරණවා, අදෘශයට. ගන්නවා
Cop'yhold, *s.* සන්නස්පිට බුත්තිවිඳි න ඉඩම
Cop'yist, *s.* එක පොතකින් තව පොතක් ලියන්නා, එකක් බලා අනික ලියන්නා, කෙටුම්පත්කාරයා
Cop'yright, *s.* කතෘගේ පනි අයිති වාසිකම
Co'quetry, *s.* රූවිලි අදරදක්වීම, බොරු ප්‍රේම ලීලාව [ස්ත්‍රිය
Coquette', *s.* නිස්පලේ කථාකරණ
Cor'al, *s.* පබළු, ප්‍රවාල, හිරිගල
Cor'ban, *s.* (හෙබ්‍රෙව්වචනයක්) පඬුර
Cord, *s.* ලනුව, රැණ, යොත
Cord'age, *s.* යොත් ගණනක්
Cor'dial, *a.* අවංකවූ, ප්‍රියවූ, මිත්‍රවූ *s.* රසායනය, සිත ප්‍රාණවත්කරණ දෙය

Cordial'ity, *s.* මිත්‍රසම, ප්‍රියකම, හිතේසිකම
Cor'don, *s.* පිතනය, ගල්පේළිය [වා
Cord'wainer, *s.* සම්කරුවා, සපතේරු
Core, *s.* හෘදය, මදය, සැරව
Co-relig'ionist, *s.* සමභක්තිකයා
Corian'der, *s.* කොත්තමල්ලි, කොත්තඹුරු
Cork, *s.* ඇබේ, මූඩිය *v.* ඇබගහනවා
Cork'screw, *s.* ඇබගලවන ආවුදය, කස්කුරුප්පුව
Cor'morant, *s.* දියකාවා, කෑදරයා
Corn, *s.* ධාන්‍ය, හෝග, ගොයම, කරගෑටේ.
Cor'nea, *s.* ඇහේ විනිවිද පෙණෙන මණ්ඩලය, ඇහේ පොත්ත
Corne'lian, *s.* රතුකැට වර්ගයක්
Cor'ner, *s.* කොණ, මුල්ල. තුඩුව
Cor'ner-stone, *s.* කොණේ ගල, මුල් ගල, ඉතා වැදගත් දේ
Corn'et, *s.* හොරණෑ වර්ගයක්, අශ්ව සේනාවේ සුළු මුලාදෑනියා
Cor'netcy, *s.* සුළු අසරු මුලාදෑනිකම
Cor'nice, *s.* බිත්ති ලීස්තරේ [ය
Cor'ollary, *s.* නිගමනය, උපලක්‍ෂණ
Corona'tion, *s.* ඔටුනු පැලඳීම, රාජාභිෂේකය
Cor'oner, *s.* මිනීමැරුම් සහ හදිස්සි මරණ විමසන මුලාදෑනියා
Cor'onet, *s.* කුඩා ඔටුනු වර්ගයක්
Cor'poral, *s* සුළුසේනාවේ සුළු මුලාදෑනියා *a.* ශරීරිකවූ, රූපිකවූ

Cor'porate, *a.* සමාගම්වූ, සමගිවූ, එකමුතුවූ
Corpora'tion, *s.* එකෙක් මෙන් ක්‍රියාකරන්ට බලයලත් සමාගම
Corpo'real, *a.* ශරීරයක්වූ, රූපිකවූ
Corps, *s.* (kor) සේවක සමූහයක්
Corpse, *s.* මළකඳ, මිනිය [රුකම
Cor'pulence, Cor'pulency, *s.* තරබා
Cor'pulent, *a.* තරවූ, ස්ථූලවූ
Cor'puscle, *s.* ඉතා සියුම් ද්‍රව්‍යය
Correct', *v.* හරිගස්සනවා, මට්ටුකරණවා *a.* හරි, නිවරදි [රීම
Correc'tion, *s.* හරිගැස්සීම, අව්වාකි
Correc'tional, Correct'ive, *a.* දෙස් නැතිකරණ, විශෝධක
Correl'ative, *a.* එකට අඩුත්තුවූ, එකිනෙකට සම්බන්ධවූ *s.* සම්බන්ධඑක
Correspond', *v.* සමානවෙනවා, සෑහෙනවා, ලියුම් හුවමාරුකරගන්නවා
Correspond'ence, *s.* සදෘසකම, ඉසංගුකම, මිත්‍රකම් පැවැත්වීම, හුවමාරුකාර ගන්න ලියුම්
Correspond'ent, *a.* සමාන, වැඩිගෙන *s.* ලියුම්කරුමා
Cor'ridor, *s.* ඉස්තෝප්පුව, බරාදය
Corrob'orant, Corrob'orative, *a.* ස්ථිරකරන්නාවූ
Corrob'orate, *v.* ස්ථිරකරණවා, ඔප්පුදෙනවා [කාවදිනවා, ගෙවෙනවා
Corrode', *v.* මළකඩකනවා, දිරණවා,
Corro'sive, *a.* දිරවන්නාවූ, කාවදින්නාවූ *s.* කාවදින ද්‍රව්‍යයක්
Cor'rugate, *v.* රැළිදමනවා [රැල්ල
Corruga'tion, *s.* රැළිගැස්වීම, වැක
Corrupt', *v.* නරක්කරණවා, දිරණවා *a.* කුණුවූ, දූෂ්‍යවූ, අශුද්ධවූ
Corrupt'ible, *a.* කුණුවියහැකි, දූෂ්‍යකළහැකි
Corrup'tion, *s.* කුණුවීම, කුණ, දූෂණය, අල්ලස්දීම
Cor'sair, *s.* මුහුදේ කොල්ලකන්නා, කොල්ලකාර නැව
Corse, *s.* මළකඳ, මළමිනිය [ය
Corse'let, *s.* යකඩහැට්ටෙ, සන්නාහ
Cor'set, *s.* චෝලිය
Cor'tege, *s.* පිරිවර, පෙළහර
Corusca'tion, *s.* දිස්නවැටීම, කාන්ති කඩාවැටීම
Corvette', *s.* කුඩා යුද්ධනැවක්
Cosmet'ic, *s.* අලංකාරකරවන ද්‍රව්‍යය, ශරීරවර්ණ උපදවන දෙය, මුහුන ප්‍රසන්නකරණ ද්‍රව්‍යය
Cos'mic, Cos'mical, *a.* ලෝකයට අයිති, ලෝක ක්‍රමික
Cosmog'ony, *s.* ලෝකෝත්පත්ති ශාස්ත්‍රය, ලෝකය මැවීම
Cosmopol'itan, *s.* ලෝවැසියා, පොළොවලේ පොදු වැසියා
Cos'mos, *s.* පිළිවෙළ සහිත ලෝකය
Cost, *s.* අගය, වියදම, අලාභය *v.* වියදම්වෙනවා

Cos'termonger, *s.* පලතුරු වෙළෙන්දෙක්, ඇවිද බඩු විකුණන්නෙක්

Cos'tive, *a.* මලබද්ධවූ

Cost'ly, *a.* අනඝවූ, අගේ ඇති, වියදම් අල්ලන්නාවූ

Costume', *s.* අඳින විධිය, ඇඳුම

Co'sy, Co'zy. *a.* සැනසිලිවූ, පහසුවූ

Cot, *s.* පැල, පුංචිඇඳ, බරුපිල්ලාව

Cote, *s.* ගාල, පට්ටිය, පරෙයි කූඩුව

Cotem'porary, *a.* එම කාලයේදීවූ, සමකාලිකවූ

Co'terie, *s.* එක්සත් සුලු සමාගමක්

Cot'tage, *s.* මඩුව, පැල, බංගලාව

Cot'ton, *s.* කපු, පුළුන්, කපු පිළි

Couch, *v.* බාවනවා, වැතිර ඉන්නවා, හගවනවා *s.* සයනාසනය, කවිච්චිය

Couch'ant, *a.* උඩුබුවච ලැගගන්නාවූ

Cough, *s.* කැස්ස, කාසය *v.* කහිනවා

Coul'ter, *s.* කිවැල, නගුල් දත

Coun'cil, *s.* මන්ත්‍රණ සභාව, සභාව

Coun'cillor, *s.* මන්ත්‍රියා, මන්ත්‍රීශ්වරයා

Coun'sel, *s.* අවවාදය, අනුශාසනය, නීතිඥයා *v.* අවවාදකරණවා, දූතමිතිකම්දෙනවා

Coun'sellor, *s.* නුවනදෙන්නා, අවවාදදෙන්නා, පෙරකදෝරුවා, මන්ත්‍රියා, මන්ත්‍රණවායෂීයා [නාමක්

Count, *v.* ගණිනවා *s.* ගණන, සිටු

Coun'tenance, *s.* මුහුණ, බැල්ම, මුහුණුවර, පිහිට *v.* අනුබලදෙනවා

Count'er, *s.* ගණින මේසය, වෙළඳුම් මේසේ

Coun'ter, *ad.* විරුද්ධලෙස

Counteract', *v.* බාධාකරණවා, නිෂ්ඵලකරණවා, බල නැතිකරණවා

Coun'terbalance, *s.* සමබර, විරුද්ධ පැත්තෙන් සමාන බලය

Coun'ter-charm, *v.* යන්ත්‍ර මන්ත්‍ර දෝෂ නැතිකරණවා

Coun'terfeit, *a.* වංචාවූ, හොර *s.* වංචාවූ දේ, රැවටිල්ල, වංචාකාරයා *v.* බොරු සවභාවක් දක්වනවා

Countermand', *v.* අණක් අවලංගුකරණවා

Countermarch', *s.* ඇපසු හැරී යාම, වෙන අතකට ගමණ [ස්තරණය

Coun'terpane, *s.* ඇතිරිල්ල, සයනා

Coun'terpart, *s.* ප්‍රතිරූපය, සම්පූර්ණකරණ කොට්ඨාසය, පිටපත

Coun'terpoise, *v.* සමබර ගෙණදෙනවා, සම බලය පවත්වනවා

Coun'tersign, *v.* දෙවෙනි අත්සන ලියනවා *s.* දෙවෙනි අත්සන, රහස් ලකුණක්

Count'ing, *s.* ගැණීම, ගණන [රුව

Count'ing-house, *s.* ගණන් කන්තෝ

Coun'tervail, *v.* සමාන බලය තිබෙනවා, හරිබරව සිටිනවා

Count'less, *a.* ගණන්කරන්ට නුපුළුවන්වූ, අප්‍රමාණවූ

Coun'trified, *a.* පිටිසර ආකාරවූ

Coun'try, *s.* පිටිසර, දේශය, රට *a.* පිටිසරට අයිතිවූ, ගම්බද

Coun'try-man, *s.* පිටිසර මිනිහා, එකරට වැසියා

Coup'le, *s.* යුග්මය, කුට්ටම, බාන, ජෝඩුව *v.* ඈඳනවා, සගල්කරණවා, විවාහකරණවා

Coup'let, *s.* පද දෙක, කවි දෙපදය

Coup'ling, *s.* බඳිනබෙද්, සන්ධිය, පුරුක

Cour'age, *s.* නිර්භීතකම, ධෛර්‍ය්‍යය

Coura'geous, *a.* නිර්භීත, ධෛර්‍ය්‍යමත්, වීර්‍ය්‍යවන්ත

Cou'rier, *s.* රාජපණිවිඩකාරයා

Course, *s.* දිවීම, දුවන පාර, යනඅත, ක්‍රමය, මේසයක එක්වරට අරිණ කෑම *v.* අධවනවා, දඩයම්කරණවා

Cour'ser, *s.* ශීඝ්‍ර අශ්වයා, දඩයමට අඹවන්නා

Court, *s.* මිදුල, මාලිගාව, රජපිරිස, උසාවිය, නඩුසභාව *v.* සිත් අලවනවා, බැඳගන්නවා, සොයා දූක ඉල්ලනවා

Court'eous, *a.* හොඳ චාරිත්‍ර ඇත්තාවූ, ආචාරවන්ත, සුසීලවන්ත [යක්

Court'esan, Court'ezan, *s.* වේශ්‍යාවි

Court'esy, *s.* සුසීලභාවය, ශිෂ්ටාචාරය, ගුණවන්තකම

Court'esy, *s.* ස්ත්‍රියෙකුගේ ආචාරය

Court'ier, *s.* රාජවල්ලභයා, අමාත්‍යයා

Court'ly, *a.* උතුම් ලීලා දරණ, අලංකෘතවූ

Court'-martial, *s.* රාජඅපරාධ විමසන සභාවක්, හේවා නඩුසභාව

Court'ship, *s.* විවාහ කථාබස් ඇතුව ආශ්‍රයකිරීම

Cous'in, *s.* ඇවැස්ස මස්සිනා, නෑනා, සහෝදර නෑකම් ඇත්තා

Cove, *s.* කුඩා වරාය

Cov'enant, *s.* පොරොන්දුව, ගිවිසුම *v.* ගිවිසගන්නවා

Cov'er, *v.* වහනවා, ආරක්ෂාකරණවා, සඟවනවා, පෙරවනවා, සෙවිලිකරණවා, පිරිමසිනවා,

Cov'er, Cov'ering, *s.* වැස්ම, ඇතිරිල්ල, පිටකොලය; පියන, මුවාව

Cov'erlet, *s.* ඇඳේ ඇතිරිල්ල

Cov'ert, *a.* සැඟවුනාවූ, රහස්වූ *s.* ආවරණය

Cov'ertly, *a.* මුවාවෙන්, රහස් ලෙස

Cov'erture, *s.* මුවාව, ආරක්ෂාව

Cov'et, *v.* ආශාවෙනවා, ලෝභවෙනවා, තණ්හාවෙනවා

Cov'etous, *a.* මසුරුවූ, ලෝභවූ

Cov'etousness, *s.* තණ්හාව, වස්තු තෘෂ්ණාව, මසුරුකම

Cov'ey, *s.* කුඩා පක්ෂිරංචුවක්

Cow, *s.* එලදෙන, එලහරකි

Cow, *v.* භයගන්වා, යටපත්කරණවා

Cow'ard, *s.* භයකාරයා, භයසුල්ලා

Cow'ard, Cow'ardly, *a.* බයගුළු, බයකාර [ලනැතිකම

Cow'ardice, *s.* භයකාරකම, සිත් බ

Cow'er, v. දහින් වැටෙනවා, භයින් ඇකිලෙනවා

Cow'herd, s. ගෝපාලයා, එඬේරා

Cowl, s. ඉසේ වැස්ම, සිරස් පලඳනාව, ජටාව

Cow'ry, s. බෙලිකටු, කවඩි

Cow'slip, s. තුඹා මල්වර්ගයක්

Cox'comb, s. ජේත්තු ඇඳුම්කාරයා, උජාරුකාරයා [නැත්තාවූ

Coy, a. ලජ්ජ කෝලවූ, වඩා කථා

Coz'en, v. ඉව්වා ප්‍රයෝගකරණවා, රවටනවා

Coz'enage, s. දඟප්‍රයෝග කිරීම, රැවටිල්ල [ගෙඩි වර්ගයක්

Crab, s. කකුළුවා, කටකරාශිය, වල්

Crab'bed, a. තරහගති ඇත්තාවූ, කර්කශ, අමාරු

Crack, v. ඉරිවැටෙනවා, පුපුරණවා, බිඳිනවා, s. පිපිරීම, පැල්ම, පලුදුව

Crack'er, s. රතිඤ්ඤා, තද විස්කෝත්තු ජාතියක්

Cra'dle, s. තොට්ටිල්ල

Craft, s. උපාදක්‍ෂකම, සූක්‍ෂමකර්මාන්තඃ, වංචාව, පුංචි නැව්

Craft'ily, ad. උපාදක්‍ෂකමින්, සූවනින් [ඩකාරයා

Crafts'man, s. කර්මාන්තකාරයා, වැ

Craf'ty, a. ප්‍රයෝගවූ, දඟකාර

Crag, s. ගිරිකුළ, ගල්ගොඩලි

Crag'ged, Crag'gy, a. ගිරිකුළුවලින් ගැවසුන, රළු පර්වත සහිත

Cram, v. ඔබනවා, තදකර පුරවනවා, ගිජුලෙස කනවා

Cramp, s. හිරිවැටීම, නැවැත්වීම, තදකරණ යකඩය v. අහුරණවා, වලක්වනවා

Crane, s. කොකා, බර උඩට ගන්න යන්ත්‍රය, දෙඹකරය

Craniol'ogy, s. ඉස ගැණ ශාස්ත්‍රය

Cra'nium, s. හිස, ඉස්කබල

Crank, s. වංගුව, වංක කීව

Cran'ny, s. ඉරුම, පැලුම, රහස්‍යස්ථානය

Crape, s. සින් රෙදි වර්ගයක්

Crash, s. [illegible] ශබ්දය v. යමක් වැටී [illegible]ෂ්මෙන් ශබ්ද න

Crate, s. ලොකු කූඩයක් [ගිනවා

Crat'er, s. ගිනිකන්දේකට

Cravat', s. දුසිය

Crave, s. කන්නලව්කර ඉල්ලනවා, උදක්ම ආශාවෙනවා

Crav'en, a. බියසුලු s. බයාදුවා

Crav'ing, s. තදබල ආශාව, මනදොළ

Craw, s. කුරුළු බොක්ක, පක්‍ෂි ආමාශය

Crawl, v. බඩගානවා, දනගා යනවා

Cray'on, s. රටහුණු පැන්සල, තෙලිතුර [කරණවා

Craze, v. බෙලහීන කරණවා, පිස්සු

Craz'y, a. වසක්කේඩු, බලමදි, විකාර, සිහිනැති

Creak, *v.* සැර ශබ්දයක් කරණවා

Cream, *s.* යොදේ *v.* යොදේ අහක් කරගන්නවා [නවා

Crease, *s.* ඇකිලීම, රැල්ල *v.* රැළිදම

Create', *v.* මවනවා, උපදවනවා, නිලයකට අලුතුවෙන් පත්කරණවා

Crea'tion, *s.* මැවීම, මැව්ල්ල

Crea'tive, *a.* මවන බලය ඇති, මවන්නාවූ

Crea'tor, *s.* මැවුම්කාරයා, උත්පාද

Crea'ture, *s.* මැවිල්ල, සතා [කයා

Cre'dence, *s.* ඇදහීම, විශ්වාසය

Creden'tials, *s. pl.* සාක්ෂිපත්‍ර, සැබෑ ඔප්පු, අස්තේ

Cred'ible, *a.* විශ්වාසකළහැකි

Cred'it, *s.* විශ්වාසය, නම්බුව, මාන්නය, නයටදීම *v.* විශ්වාසකරණවා, යමෙකුට විශ්වාසකර දෙනවා

Cred'itable, *a.* නම්බුවූ, ප්‍රශංසනීයවූ

Cred'itor, *s.* නයහිමියා

Credu'lity, *s.* සැකෙහෙන සාක්ෂි නැතුව එකවර විශ්වාසකරණ ස්වභාව

Cred'ulous, *a.* පහසුවෙන් රැවටෙන්නාවූ, ශංකා නොකරන්නාවූ

Creed, *s.* ඇදහිල්ල, ඇදහිල්ලේ ක්‍රම

Creek, *s.* කුඩා වරාය, බොක්ක [ය

Creep, *v.* බඩගානවා, සෙමින්යනවා, වැලදගන්නවා

Creep'er, *s.* වැල, ලතාව

Crema'tion, *s.* මළමිනී පිළිස්සීම, ආදහනය කිරීම

Cres'cent, *s.* අඩහඳ, අඩහඳවැනි රූ

Cress, *s.* පලාවර්ගයක් [පය

Cress'et, *s.* පහන්කොත, මහත්එලිය

Crest, *s.* කුකුල් කරමල, පක්ෂි කොණ්ඩේ, තොප්පියේ පලඳින පිහාටු, තනතුරේ ලකුණ

Crest'-fallen, *a.* හිසකඩා හෙළාගත්තාවූ, බඳබිඳී ගියාවූ

Crev'ice, *s.* ඉරුම, පැල්ම, විවරය

Crew, *s.* නැව්කාරයෝ, සමාගම

Crew, *past tense of* crow, අඬලෑවා

Crib, *s.* අස්හළ, පට්ටිය, සිව්පාවුන්ට කෑමදමන ඔරුව, පැල, තොට්ල්ල

Crib'bage, *s.* කඩදාසි සෙල්ලියක්

Crib'bed, *a* ඇහුරුවාවූ, හිරකළාවූ, හොරෙන් ගත්තාවූ

Crick, *s.* බෙල්ල රිදුම, ග්‍රීවසංග්‍රහය

Crick'et, *s.* රැහැයියා, වර්ගයක ක්‍රීඩාවක්, පන්දුසෙල්ලිය

Crick'eter, *s.* ක්‍රිකැට් ක්‍රීඩාකරන්නා

Cri'er, *s.* ප්‍රකාශකරන්නා, ඝෝෂකයා, අණබෙරකාරයා

Crime, *s.* වරද, පාපය, අපරාධය

Crim'inal, *a.* අපරාධිවූ, දෝෂසහිතවූ *s.* වරදකාරයා, අපරාධකාරයා

Criminal'ity, *s.* අපරාධකාරකම

Crim'inate, *v.* දෝෂාරෝපණ කරණවා [සුවෙන් පුපුරන්නාවූ

Crimp, *s.* පිපිරෙන්ට කිට්ටුවූ, පහසු

Crimp, *v.* රැළිගස්වනවා, රවටා අසුකරගන්නවා *s.* අනුන් හොරෙන් සිත් නමවාගන්නා

Crim'son, *s.* රතුපාට, අතිරක්තවර්ණය
Crim'son, *a.* ඉතා රතු *v.* රතුපාට
පොවනවා, රතුවෙනවා
Cringe, *v.* වැඳීගෙණ ඉන්නවා, රුවටි
ලි ලෙස බොහෝසේ යටත්වෙනවා,
ඇකිලීගෙණ ඉන්නවා, බැහැදකිනවා
Crink'le, *v.* වංගු ගැහෙනවා, ඇකි
ලෙනවා, රැළිගහනවා
Crip'ple, *s.* කොරා, කොන්ඩියා *v.* වි
කලාංගකරණවා
Cri'sis, *s.* බරපතල මොහොත, වැද
ගත් කාලය, අන්තිම ක්ෂණය
Crisp, *a.* වැකරිලිවූ, ලේසියෙන් කැ
ඩෙන සුලු, පොඩිවෙන්නාවූ
Crite'rion, *s.* විනිශ්චය ලක්ෂණය, ව්‍ය
වස්ථාව [ණ්ඩිතයා
Crit'ic, *s.* ගුණදෝෂ පරීක්ෂකයා, ප
Crit'ical, *a.* ගුණදෝෂ පරීක්ෂාකාරවූ.
දෝෂ දක්නාවූ, තීක්ෂණවූ, ඉතා
වැදගත්වූ [ණව, දොස් තබනවා
Crit'icise, *v.* ගුණදෝෂ පරීක්ෂාකර
Crit'icism, *s.* ගුණදෝෂ දැක්වීම, ගු
ණදෝෂ විභාග ශාස්ත්‍රය
Critique', *s.* ගුණදෝෂ විභාගය, ගු
ණාගුණ පරීක්ෂා වාක්‍යය
Croak, *v.* කවුඩු මැඩි ආදීන්සේ ශබ්ද
කරණවා, කැරකැරගානවා
Croak'er, *s.* අවලාද කියන්නා, කො
දුරන්නා
Croak'ing, *a.* අවලාද කියන්නාවූ
Crock, *s.* මැටිභාජනයක් [භාජන
Crock'ery, *s.* වලන් පිගන් ආදි මැටි

Croc'odile, *s.* කිඹුලා
Croft, *s.* ගෙදරක් ලඟ කුඹුර
Crone, *s.* නාකි ගෑණි, මැහැල්ල
Cro'ny, *s.* පූර්ණ මිත්‍රයා
Crook, *s.* කොක්ක, හෙන්ඩුව, ප්‍රයෝ
ගය *v.* වංගුකරණවා, ඇදවෙනවා
Crook'ed, *a.* ඇද, වකුටු, නැමුණ,
වංක
Crop, *s.* අස්වැන්න, ගොයම, කුරුළු
බොක්ක *v.* කොටකර කපණවා,
ගොවිතැන්කරණවා
Cro'sier, 'ro'zier, *s.* කුරුසිය මෙන්
සාදන බස්තම, පාරිදශීක සැරයටිය
Cross, *s.* කුරුසිය, දුක්ඛය, වේදනාව
v. හරස්කරණවා, කටුගානවා, එ
ගොඩකරණවා, බාධාකරණවා, ජා
තිය මිශ්‍රකරණවා
Cross, *a.* හරස්වූ, විරුද්ධ, තරහගති
වූ, නොසතුටු
Cross'-beam, *s.* හරස් බාල්කේ
Cross-exam'ine, *v.* විරුද්ධ උත්තර අ
Cross'-eyed, *a.* වපරවූ [හනවා
Cross'-grained, *a.* කෙඳි හරහටවූ, වි
රුද්ධ, මුරණ්ඩු [සන්ධිය
Cross'ing, *s.* එතරවීම, හරස්යාම, මං
Cross'-question, *v.* හරස් උත්තර අහ
නවා, කෝන්තර අහනවා
Cross'road, *s.* හරස් පාර [හට
Cross'wise, *ad.* කුරුසි හැඩට, හර
Crotch'et, *s.* ගාන්ධර්ව ශාස්ත්‍රයේ ලකු
ණක්, හිතුවක්කාරකම, ලාමක මතය

Crotch'ety, *a.* නිරර්ථක මත ඇත්තාවූ, අමුතු ස්වභාවවූ

Crouch, *v.* ලගිනවා, නැමෙනවා, ඇකිලී බැහැදකිනවා [ස, තව්වම

Croup, *s.* උගුරේ ලෙඩක්, කාශපීන

Crow, *s.* කපුටා, කාක්කා, කවුඩා *v.* අඩලනවා, පාරම්බුකරණවා

Crow'bar, *s.* අලවංගුව, නාරාසනය

Crowd, *s.* සමූහය, රංචුව, සමුදුව

Crowd, *v.* එකතුකරණවා, පුරවනවා, කැටිගැහෙනවා, තෙරපෙනවා

Crown, *s.* ඔටුන්න, කිරීටය, ඉස්මුදුන, මිලයක් *v.* ඔටුනු පලඳනවා, නම්බුකරණවා, අලංකාර කරණවා, විපාකදෙනවා, අම්පූර්ණකරණවා, තීන්දුකරණවා

Crown'-lands, *s.* රජසන්තක ඉඩම්

Crown'-post, *s.* මුදුන් කණුව

Cru'cial, *a.* පරීක්ෂක, සෝදිසිකොට නිශ්චය දක්වන්නාවූ

Cru'cible, *s.* කෝවය

Cru'cifix, *s.* කුරුසියේ ඇනගැසූ රූපය, කුරුසි සුරුවම

Crucifix'ion, *s.* කුරුසියේ මරණය

Cru'cify, *v.* කුරුසියේ ඇනගහනවා

Crude, *a.* අමු, නොපැසුනු, අජීර්ණ, අසම්පූර්ණ, ප්‍රාතිපදික, ප්‍රකෘති

Crude'ness, Crud'ity, *s.* අමුගතිය, අසම්පූර්ණතාව, පිළිවෙළකට නැතිකම

Cru'el, *a.* කෲරවූ, කරුණා නැති

Cru'elly, *s.* කෲරකම, කෲරතරක්‍රියාව

Cru'et, *s.* කුප්පිය, තුඩා බෝතලය

Cruet'-stand, *s.* කුප්පි ආධාරය Eng. කුවිස්ටැංඩ්

Cruise, *v.* ඔබමොබ යාත්‍රාකරණවා *s.* නැවෙන් යන ගමන, සමුද්‍රයෙන් යන එන ගමන

Cruise, Cruse, *s.* මැටි කුසලානක්, පුංචි බෝතලයක්

Crumb, *s.* පාං කැබෙල්ල, චූර්ණ

Crum'ble, *v.* කැබලිකරණවා, චූර්ණකරණවා, ජරාපත්වෙනවා

Crump'le, *v.* රැළිගස්වනවා, ඇකිලෙනවා

Crunch, Craunch, *v.* හදලෙස විකන

Crupp'er, *s.* අශ්වඇඳුමේ වල්ගාපටිය

Crusade', *s.* ආගම ගැණ කරණ යුද්ධය, යම් නිර්හිත උත්සාහයක් හෝ ප්‍රචලිත සටනක්

Crush, *v.* පොඩිකරණවා, මිරිකනවා, මැඩපවත්වනවා, බලනැතිකරණවා [තුර හැදෙනවා

Crust, *s.* ලෙල්ල, පිටපතුර *v.* පො

Crusta'ceous, *a.* ලෙලිමයවූ, කබල් සහිතවූ

Crust'y, *a.* පිටපැත්ත තදවූ, රළුවූ

Crutch, *s.* හැරමිටිය, රුකුල

Cry, *v.* මොරගහනවා, අඩනවා, විලාප කියනවා, යාච්ඤාකරණවා, ප්‍රසිද්ධකරණවා *s.* හඬගැම, විලාපය

Crypt, *s.* බිම්ගෙ

Crys'tal, *s.* පළිඟුව, දූවාන ගල
Crys'tal, Crys'talline, *a.* පලිඟුමයවූ, පැහැදිලිවූ [ඝුහැඩය වෙනවා
Crys'tallize, *v.* කැටිගැහෙනවා, පලි
Cub, *s.* පැටවා, පැටියා *v.* පැටව්ගහනවා
Cube, *s.* ඍදුකැටේ වැනි දෙයක්, ඝනය, ඝනපදය, තුන්වෙනි බලය
Cu'bic, Cub'ical, *a.* ඍදුකැටයේ හැඩය ඇති, ඝන
Cu'bit, *s.* රියන [ඝිමියා
Cuck'old, *s.* අවිශ්වාස භාය්‍යාවගේ
Cuck'oo, *s.* කුකුල්වගියක්, කොවුලා
Cu'cumber, *s.* කැකිරි, තියඹරා, පි
Cud, *s.* චමාරා කන කෑම් [පිඤ්ඤ
Cud'dle, *v.* බඳුගන්නවා, තුරුල්වී ඉන්නවා [කින් පහරදෙනවා
Cud'gel. *s.* පොල්ල, දණ්ඩ *v.* මුගුර
Cue, *s.* ඊල්ගේ, වරළ, බෝලලීය, සංඥාව, ඔම්පාව
Cuff, *s.* අතුල් පහර, ගුටි ඇනීම, බෝර්ඩිය *v.* පාරගහනවා
Cuirass', *s.* යකඩ හැට්ටෙ, කවචය
Cuisine', *s.* කෑම පිසන වැඩේ, සූපශිල්පය [මට ගන්නාවූ
Cul'inary, *a.* කුස්සියට අඩුත්තු, පිසී
Cull, *v.* තෝරාගන්නවා
Cul'minate, *v.* මුදුන්පත්වෙනවා, මුදුනට එනවා [ත් සබාව, මුදුන
Culmina'tion, *s.* මුදුන් පැමිණීම, මුදු
Culpabil'ity, Cul'pableness, *s.* දෝෂාරෝපණීයකම
Cul'pable, *a.* වරදකාරවූ, සාවද්‍යවූ, දෝෂාරෝපණ ලැබියයුතුවූ [රයා
Cul'prit, *s.* වරදකාරයා, අපරාධකා
Cul'tivate, *v.* ගොවිතැන් කරණවා, අස්වද්දනවා, ඉගෙණගන්නවා, වැඩිදියුණුකරණවා
Cultiva'tion, *s.* ගොවිතැන් කිරීම, ගොවිතැන, දියුණුවීම
Cul'ture, *s.* සශ්‍රීකකිරීම, වැඩීම, වැඩිදියුණුවූ ස්වභාව, උගත්කම
Cul'vert, *s.* බෝක්කුව
Cum'ber, *v.* කරදරකරණවා, කරවිචල්කරණවා, බරකරණවා
Cum'bersome, Cum'brous, *a.* බරවූ, බාධාසහිත, අමාරු
Cum'min, *s.* දුරු, ජීරක
Cu'mulate, *v.* රුස්කරණවා, ගොඩකරණවා
Cu'mulative, *a.* වැඩිවේගෙණ යන්නාවූ, බර දියුණු වෙන්නාවූ [කුළ
Cu'mulus, *s.* සුදු වලාකුළ, මහ වලා
Cune'iform, Cu'niform, *a.* ඊතලේ හැඩවූ, කූඤ්ඤ අකාරවූ
Cun'ning, *a.* උපාදක්ෂවූ, ප්‍රයෝගකාරවූ, නිපුනවූ
Cup, *s.* කෝප්පේ, කුසලාන
Cup'-bearer, *s.* රජුන්ට බීම දෙන මිනිහා, බීම අල්ලන්නා
Cup'board, *s.* රාක්කිය
Cupid'ity, *s.* ආසාකම, ලෝභකම, කාමුකකම, අභිලාසය

Cu'pola, *s.* අඩ කව පියස්ස
Cur, *s.* පාදඩ බල්ලා, නීචයා
Cur'able, *a.* සුවකළ හැකි, සාධ්‍ය
Cur'acy, *s.* උප දේවගැති ධුරය
Cu'rate, *s.* උප දේවගැතියා
Cur'ative, *a.* ලෙඩ පහසුකරන්නාවූ, ප්‍රතිකාර ගුණ ඇති
Cura'tor, *s.* මුලාදෑනිකම් කරන්නා, ප්‍රතිවිසමට පත්වූ තැනැත්තා
Curb, *v.* නවත්වනවා, වලක්වනවා, අමනයකරණවා *s.* මුක්කව්විය, කටකලියාවේ අම්වැල, බාධාව
Curd, *s.* දීකිරි, දී
Curd'le, *v.* මුදවනවා, කැටිගස්සනවා, කැටිගැහෙනවා
Cure, *v.* සුවකරණවා, ආරක්ෂාකරණවා, ලුණුදමනවා *s.* සුවය, පාසුව, බෙහෙත, පිළියම
Cur'few, *s.* නුවරවාසීන්ගේ නින්දට යාමට සුදුසු කාලය දන්වා දුන් රාත්‍රි ගන්ඨාර ශබ්දය
Curios'ity, *s.* කුතූහලය, දැනගැනීමට ආශාව, දුර්ලභ ද්‍රව්‍යය
Cur'ious, *a.* කුතූහලවූ, අමුත්තක් දැකීමට ආසාඇත්තාවූ, පුදුමවූ, අපූර්වවූ
Curl, *s.* වකුටු ඉසකෙස් රොද *v.* වකුටුකරණවා, රැළිවැටෙනවා, කරකැවෙනවා
Cur'lew, *s.* පක්ෂිජාතියක්
Curl'y, *a* වකුටු, බොකුටු
Cur'rant, *s.* ඵලජාතියක්
Cur'rency, *s.* පාවිච්චිකාරණ කාසි, වලංගු මුදල
Cur'rent, *a.* පතළාවූ, ව්‍යවහාරවූ *s.* දියවැල, සැඩපාර, ගමන් ක්‍රමය
Cur'ricle, *s.* අශ්වයෝ දෙන්නා බඳිනා රථයක්
Cur'ry, *v.* හම් පදම්කරණවා, අශ්වයා පිරා පිහදමනවා
Cur'ry, *s.* මාලුව, ව්‍යජන
Cur'ry-comb, *s.* අශ්වයාපිරණ පනාව
Curse, *v.* යදිනවා, නපුරු සාප දෙනවා *s.* සාප කිරීම, දෙස්කිම, සාපය
Curs'ed, *a.* සාපලත්, දුෂ්ට
Cur'sory, *a.* ඉක්මන්වූ, අප්‍රවේසම්වූ, ලුහුඬුවූ
Curt, *a.* කොට, ලුහුඬු [රණවා
Curtail', *v.* ලුහුඬුකරණවා, කොටක
Cur'tain, *s.* තිරය, යවනිකාව
Curt'sy, *s.* ස්ත්‍රියෙකුගේ ආචාරය
Cur'vature, *s.* වකුටුකම, ඇදප්‍රමාණය
Curve, *s.* වංගුව, නැමීම *v.* වකුටුකරණවා, ඇදකරණවා
Cur'vet, *s.* පැනීම, අශ්වපිම්මක්
Curvilin'eal, **Curvilin'ear**, *a.* දුනු හැඩට ඇත්තාවූ, වකුටු ඉරිවලින් සෑදුනාවූ
Cush'ion, *s.* කොට්ටේ, මෙත්තය *v.* කොට්ට සවිකරණවා
Cus'tard, *s.* කිරෙන් සාදපු කෑම වර්ගයක්, තලපයක්
Cus'tard-ap'ple, *s.* අනෝනා, ආත්තා

Custo'dian, *s.* බාරකාරයා, රැකවලා

Cus'tody, *s.* රැකවල, බාරය, හිරේ තැබීම

Cus'tom, *s.* ව්‍යවහාරය, භාවිතාව, සිරිත, වෙළඳාම, තීරුව, අඩුයම

Cus'tomary, *a.* සිරිත්වූ, ව්‍යවහාරවූ, පුරුදු

Cus'tomer, *s.* පුරුද්දට මිලේට්ගන්නා [ගුව

Cus'tom-house, *s.* අඩුයම් ගෙ, රේ

Cut, *v.* කපනවා, සිඳිනවා, වෙන්කරණවා *s.* කැපුම, පහර, ඇල, කපාගත් කැබෙල්ල, අච්චු රූපය

Cuta'neous, *a.* ජවිගතවූ, සමේවූ

Cu'ticle, *s.* හෝහම, පිටජවිය, පිටහම

Cut'lass, *s.* කඩු වගීයක්

Cut'ler, *s.* කැපෙන අවුද සාදන්නා

Cut'lery, *s.* කැපෙන අවුද සෑදීම හෝ වෙළඳාම, කැපෙන අවුද

Cut'let, *s.* පිරිකිඳුල්, කට්ලිස්

Cut'ter, *s.* කපන්නා, කපන අවුදය, බරු වගීයක්

Cut'ting, *s.* කැපීම, කැපූ කැබෙල්ල, රිකිල්ල *a.* කපන, ඇනෙන

Cy'cle, *s.* කාල චක්‍රය, ග්‍රහවටල්ල

Cy'clone, *s.* බලවත් සුලි හුලඟක්

Cyclopæ'dia, *s.* සියලු දේ උගන්වා තිබෙන පොත, විද්‍යාභාරාවලිය

Cyl'inder, *s.* කව ද්‍රව්‍යයක්, වටාකාර දෙයක්, බෙරකඳ වැනි හැඩයක්

Cym'bal, *s.* අත්තල, කෛතාලම

Cyn'ic, *s.* අප්‍රසන්නවූ පණ්ඩිතයා

Cyn'ic, Cyn'ical, *a.* අප්‍රසන්න, රළු, සමා ඇල්ම නැති

Cy'pher, *s.* මේ(0)ලකුණ, පුංලකුණ

Cy'press, *s.* ගස් වගීයක්

Czar, *s.* රුසියාවේ අග රජ්ජුරුවෝ

Czar'evitch, *s.* රුසියාවේ අගරජුගේ වැඩිමල් පුතුයා

D

Dab, *s.* හිත්පහර, ගුලිය, කෑලිය *v.* හිත්සැරේ ගහනවා

Dab'ble, *v.* දියකෙළිනවා, තෙමනවා

Dab'bler, *s.* සෙල්ලමවශයෙන් දියකෙළින්නා, යමක් සුලු ලෙස කරන්නා

Dac'tyl, *s.* කව්පදයක්, ගණය

Dactylol'ogy, *s.* ඇඟිලිවලින් කථාකිරීම

Dad, Dad'dy, *s.* තාත්තා

Daf'fodil, *s.* මල් ජතියක්

Dag'ger, *s.* කොටකඩුව, කිරිච්චිය

Dag'gle, *v.* මඩේ ගෑවෙනවා, තෙමාගන්නවා [යක්

Daguerre'otype, *s.* සිතියම් රූප වගී

Dai'ly, *a.* & *ad.* දවස්පතා, දිනපතා

Dain'ty, *a.* මිහිරි, රසවත් *a.* මධුරහරය

Dai'ry, *s.* කිරි තිබන ගේ, කිරි මිදීම වෙඩරු සෑදීම් ආදිය කරණ ගේ

Da'is, *s.* උස් අසන ප්‍රදේශය

Dai'sy, *s.* පුංචි මල් වගීයක්

Dale, *s.* පාතාලය, මිටියාවත

Dal'liance, *s.* නිකම් මිඹංගුවීම, ආදර සුරතල් කිරීම

Dal'ly, *v.* කාලය ප්‍රමාද කරණවා, [කෙළිනවා

Dam, *s.* වේල්ල, නියර, අමුණ, දෙන, මෑග බෙනුව *v.* අමුණු බඳිනවා, නවත්වනවා

Dam'age, *v.* නාස්තිකරණවා, අලාභ කරණවා, නරක්වෙනවා *s.* අලාභය, අනතුරුව, නාස්තිය

Dam'ageable, *a.* නරක්විය හැකිවූ

Dam'ask, *s.* විසිතුරු රෙදි වර්ගයක් *a.* රතුපාටක් යුත්

Dame, *s.* ලමාඑතනී, ස්ත්‍රී

Damn, *v.* වරදට පත්කරණවා, නිරයට කැපකරණවා, සාප අමනවා

Dam'nable, *a.* නිරයට පත්වෙන්ට සුදුසු, අවචූවට නිසි, වෛෂ කටයුතු

Damna'tion, *s.* නිරයේ සදාකාල අවචූව

Damp, *a.* තෙත්වූ, ආර්ද්‍රවූ *s.* තෙත්ගතිය, තෙතමන *v.* තෙමනවා, මළානිකකරණවා

Damp'er, *s.* තෙත්කරණ දේ, උදුනකට හුලන් වැඩි අඩුකරණ තහඩුව

Dam'sel, *s.* තරුණ ස්ත්‍රිය, යෞවනි, කුමාරිකාව

Dam'son, *s.* ඵල වර්ගයක්

Dance, *v.* නටනවා, නෘත්‍යකරණවා [*s.* නැටුම

Danc'er, *s.* නටන්නා, නැට්ටුවා

Danc'ing, *a.* නටන, නැට්ටුක්කාර *s.* නැටීම

Dan'dle, *v.* වඩාගෙණ සුරතල් කර [ණවා

Dan'druff, *s.* ඉස් හොරි

Dan'dy, *s.* හැඩකාරයා, ජේත්තුකාර [යා

Dan'ger, *s.* අනතුරුව, උපද්‍රවය

Dan'gerous, *a* අන්තරාසහිත

Dan'gle, *v.* එල්ලෙනවා, එල්ලී වැනෙනවා

Dank, *a.* තෙත්වූ, තෙතමන ඇති

Dap'per, *a.* කඩිසරවූ, දක්ෂවූ

Dap'ple, *v.* නානා වර්ණ කරණවා, විචිත්‍රකරණවා *a.* ලප සහිත, ගෝමර ඇති

Dare, *v.* ධෛර්‍යයිගන්නවා, භයනැතිකම පෙන්වනවා

Dar'ing, *a.* නිර්භීතවූ, භයනැති *s.* භය නැතිකම

Dark, *a.* අඳුරුවූ, කළුවරවූ, රහස්වූ

Dark'en, *v.* අඳුරුකරණවා, කළුවර [වෙනවා

Dark'ish, *a.* මදක් අඳුරු

Dark'ness, *s.* අන්ධකාරය, කළුවර

Dar'ling, *s.* ස්නේහවන්තයා, ප්‍රිය තැනැත්තා, සුරතලා

Darn, *v.* එල්ලනවා *s.* එල්ලාපු තැන

Dar'nel, *s.* වල් බෝගජාතියක්, කිරිඳි

Dart, *s.* ඊල, හෙල්ලය *v.* විදිකරණවා, විදිනවා, ඈරෙන් නික්මෙනවා

Dash, *v.* විසිකරණවා, ගසා පොඩිකරණවා, ඉසිනවා, නැතිකරණවා, වදිනවා *s.* ගැටීම, පහර

Dash'-board, *s.* රථයේ ඉස්සරහ ලෑල්ල, පොළුකොටුව

Dash'ing, *a.* වේගවත්, භයනැති
Das'tard, *s.* භයකාරයා *a.* ධෛර්‍ය්‍යී නැති, බයගුලු [රටඉඳි
Date, *s.* වකාවනුව, කාලය, දතම,
Date, *v.* දතම සටහන්කරණවා, ගණන් ගැණෙණනවා, පටන්ගන්නවා
Date-palm, *s.* ඉඳිගහ
Dat'ive, *s.* සම්ප්‍රදාන, සපදන්
Daub, *v.* ගානවා, තවරා නරක්කරණවා *s.* අවලක්‍ෂණ පින්තාරුව
Daugh'ter, *s.* දුව, දෙනියෝ [වා
Daunt, *v.* භයකාරණවා, කලකිරවන
Daunt'less, *a.* භයනැතිවූ, නිර්භීතවූ
Dau'phin, *s.* ප්‍රන්ස රජගේ වැඩිමහල් පුතාගේ නම
Dawn, *s.* පාන්දර, අලුයම, පටන්ගැම්ම *v.* පහන්වෙනවා, එලිවෙන්ට පටන්ගන්නවා
Day, *s.* දිනය, දවස, දා
Day-after-to-morrow, *s.* අනිද්දා
Day'book, *s.* දිනපතා ගණන් ලියන පොත, දිනපොත
Day-before-yesterday, *s.* පෙරේදා
Day'break, *s.* පහන්වීම, අරුණෝදය
Day'dream, *s.* අවදිධ්‍යානය
Day'light, *s.* දවල් එලිය, දවාල
Days'man, *s.* නඩු සාදන්නෙක්, මැදහත්කාරයෙක්
Day'spring, *s.* අරුණෝදය
Day'time, *s.* දවාල, දවල් කාලය
Dazz'le, *v.* අධිකාලෝකයෙන් ඇස් අඳුරුකරණවා, නිලංකාරකරණවා
Dazz'ling, *a.* අතිසයින් දීප්තිමත්වූ, නිලංකාරකරණ
Dea'con, *v.* ක්‍රිස්තියානි සභා සේවකයෙක්, උපසම්පාසිකයා
Dead, *a.* මැරුණවූ, මළාවූ, මිලානික
Dead'en, *v.* පණනැතිකරණවා, නිර්බලකරණවා, අබුකරණවා
Dead'ly, *ad.* විෂ මැඩිනාවූ, මරණය ගෙණදෙන්නාවූ, මරණීයවූ
Deaf, *a.* බිහිරි, කාසන
Deaf'en, *v.* බිහිරිකරණවා
Deaf'-mute, *s.* බිහිරි ගොළුවා
Deal, *s.* බොහොම, භූහක්, පංගුවක්, රටඅඹ ලී
Deal, *v.* බෙදා දෙනවා, වෙළඳම් කරණවා, ගණුදෙනු කරණවා
Deal'er, *s.* වෙළෙන්දා
Deal'ing, *s.* අනුන්කෙරෙහි ක්‍රියාකරණ විධිය, ගණුදෙනුව
Dean, *s.* බිස්සොප්තැනට යටහත් දෙවෙනි දේවගැතියා
Dear, *a.* අලාභවූ, අනඝවූ, ප්‍රියවූ *s.* ස්නේහවන්තයා, ප්‍රේමවන්ති
Dearth, *s.* හානිය, සාය, දුර්භික්‍ෂය
Death, *s.* මරණය, ජීවිතක්‍ෂය
Death'-bed, *s.* අන්තිම ලෙඩ ඇඳ, මරණ ඇඳ [ණීය
Death'less, *a.* නොනසින්නාවූ, අමර
Debar', *v.* තහනම් කරණවා, වලක්වනවා [ණවා
Debase', *v.* පහත්කරණවා, හීනකර

Debase'ment, *s.* අවනම්බූ ස්වභාවක ට පැමිණවීම, නීචභාවය
Debat'able, *a.* විවාදකළහැකි
Debate', *s.* විවාදය, තර්කය, අඝෝෂව *v.* වාදකරණවා, අඝෝෂකරණවා
Debauch', *v.* මුළාකර නරක්කරණ වා, දූෂ්‍යකරණවා [යා
Deb'auchee, *s.* වෙශ්‍යාවා, සල්ලාල
Debauch'ery, *s.* සිත් දූෂ්‍යකිරීම, සල් ලාලකම [ව
Debent'ure, *s.* නායකැරේ, නයඔප්පු
Debil'itate, *v.* වසක්හෙක්බූ කරණවා, දුර්වල කරණවා
Debil'ity, *s.* බෙලහීනකම, හිලන්කම
Deb'it, *s.* නය, නයතීරුව *v.* නය ග ණනට ලියනවා
Debris', ඉතිරිවූ කැබලි, රෙබුනුනු
Debt, *s.* නය
Debt'or, *s.* නයකාරයා, නය ගත් අය
Debouch', *v.* පටුනැනකින් නික්මෙ ණවා
Debouchure', *s.* වොය, සමුද්‍රසන්ධි කට
Debut', *s.* පළමුවෙනි තැන, ප්‍රථම පැමිණීම
Dec'ade, *s.* දසයක් [භාව
Deca'dence, *s.* හීනවීම ජරාපත් ස්ව
Dec'agon, *s.* දසකෝණය
Dec'alogue, *s.* අඥා දසය
Decamp', *v.* අන්දකවෙකින් නික්ම ය නවා, රහසින් අනක්ව යනවා
Decant', *v.* වණ්ඩිබෙඩින් වත්කරණවා
Decant'er, *s.* කැටයම් විදුරු භාජනය
Decap'itate, *v.* හිස කපා දමනවා
Decapita'tion, *s.* හිස ගසාදැමීම
Decay', *v.* දිරාණවා, නරක්වෙනවා, ජරාවට පැමිණෙනවා *s.* හීනවීයා ම, ජරාව
Decease', *v.* කාලක්‍රියා කරණවා, අ පත් වෙනවා *s.* අපත්වීම, මරණය
Deceit', *s.* වංචාව, රැවටිල්ල
Deceit'ful, *a.* රැවටිලිකාර, කපටි
Deceiv'able, *a.* වංචා. ප්‍රයෝගයෙන් අයුතුකළහැකි, රවටන්ට පුළුවන්
Deceive', *v.* රවටනවා, මුළාකරණවා
Decem'ber, *s.* උඳුවප් මස, දෙසැම්බු මස
De'cency, *s.* ශෝභනකම, ඔබිනාකම
Decen'nial, *a.* දසවසියක් පවත්නා, දස අවුරුද්දකට වරක්වූ [ශෙන
De'cent, *a.* ශෝභනවූ, ඉතාංගුවූ, සෑ
Decep'tion, *s.* වංචාව, රැවටිලි ක්‍රියාව
Decep'tive, *a.* රවටන්නාවූ, වංචක
Decide', *v.* නියෝගකරණවා, තීන්දු කරණවා
Decid'ed, *a.* තීන්දුකළාවූ, ඒකාන්ත වූ, ස්ථිරවූ [වත්නාවූ
Decid'uous, *a.* වැටියන්නාවූ, නොපා
Dec'imal, *s.* දසයෙන් එක, දශකය
Dec'imate, *v.* දසයෙන් කොටස ගන් නවා, දසවෙනියා බැගින් මරණවා
Deci'pher, *v.* ගුප්තාක්ෂරවලින් ලියූ දේ කියවනවා, අසීරුදේ තෝරණවා

Decis'ion, *s.* තීන්දුකිරීම, කෙළවර, මුගිංචිය

Deci'sive, *a.* තීන්දුවට බේරන්නාවූ, ඒකාන්තවූ [වේ උඩ තට්ටුව

Deck, *v.* පලඳනවා, සරසනවා *s.* නැ

Declaim', *v.* ඝෝෂා කරණවා, භයි යෙන් කථාකරණවා, ප්‍රසිද්ධියෙන් කථාවක් කරණවා

Declama'tion, *s.* කෑමොරගෑසීම, ප්‍ර සිද්ධියෙන් කරණ කථාව

Declam'atory, *a.* මොරගසා කියන් නාවූ, තිකම් ඝෝෂාසහිත

Declara'tion, *s.* ප්‍රකාශකිරීම, කීම

Declar'ative, Declar'atory, *a.* ප්‍රකා ශකොට කියාදෙන්නාවූ

Declare', *v.* ප්‍රකාශකරණවා, කියාපා නවා, සහතිකකොට කියනවා

Declen'sion, *s.* අඩුවීම, වරනැගීම

Declin'able, *a.* වරනැගිය හැකි, වි භක්ති ඇති [වීම, ඇත්වීම

Declina'tion, *s.* ඇලවීම, නැමීම, හීන

Decline', *v.* ඇලවෙනවා, හීනවෙන වා, අඩුවෙනවා, එපා කියනවා, බැ රිය කියනවා, වරනගනවා

Decliv'ity, *s.* ප්‍රපාතය, බෑස්ම, බෑවුම

Decoct', *v.* කකාරණවා, කසාය උ ණුකරණවා

Decoc'tion, *s.* කසාය, තැම්බුම

Decol'our, Decol'ourise, *v.* පාට නැ තිකරණවා, නිවර්ණකරණවා

Decompose', *v.* ධාතු වෙන්කරණවා, නරක්වෙනවා, කුණුවෙනවා

Decomposi'tion, *s.* ධාතු වෙන්වීම, දිරයාම, කුණුවීම

Dec'orate, *v.* සැරසිලි කරණවා, අ ලංකාර කරණවා [ඇසිත්තම

Decora'tion, *s.* සැරසීම, සැරසිල්ල,

Dec'orative, *a.* සරසන, සැරසිලිවූ

Deco'rous, *a.* යුතුවූ, සුදුසුවූ, ශෝ භමානවූ [ලිහගනවා

Decor'ticate, *v.* පොතු අරිණවා, ලෙ

Deco'rum, *s.* හොඳ කල්ක්‍රියාව, හික් මීම, සුසිලභාවය

Decoy', *v.* රවටා ගන්නවා, උගුලට අසුකරණවා, මළපතට බැඳගන්න වා *s.* පොලඹන දේ, උපාය

Decrease', *v.* අඩුවෙනවා, හීනකර ණවා *s.* අඩුවීම, හානිය

Decree', *s.* විනිශ්චය, නියෝගය, තීන්දුව *v.* නියෝගකරණවා

Dec'rement, *s.* අඩුවූ ප්‍රමාණය

Decrep'it, *a.* මහලුවූ, ඔබලත්වූ

Decrep'itate, *v.* රත්වී පුපුරණවා

Decrep'itude, *s.* ශිලත්වීම, ජරාව

Decre'tal, *s.* පාප්තුමාගේ නියෝගය, නියෝග සංග්‍රහවක්

Decry', *v.* දොස් තබනවා, වරද කිය නවා, නින්දාකරණවා

Ded'icate, *v.* ධර්මාර්ථයක් පිණිස යොදනවා, කැපකරණවා, ඔප්පු කරණවා

Dedica'tion, *s.* කැපකිරීම, ඔප්පුකිරී මේ වාක්‍යය

Ded'icatory, *a.* ඔප්පුකිරීමක් වශයෙන්වූ

Deduce', *v.* ගෙණහැර දක්වනවා, හැරගන්නවා [පුකලහැකි

Deduc'ible, *a.* පැහැර ගතහැකි, ඔප්

Deduct', *v.* අඩුකරණවා, එලෙන්දු කරණවා

Deduc'tion, *s.* ගෙණහැර පෑ කරුණ, අඩුකිරීම, අඩුවූ ගණන

Deed, *s.* ක්‍රියාව, ඔප්පුව, සාක්ෂි පත්‍රය

Deem, *v.* සිතනවා, කල්පනාකරණවා [දක්ෂවූ *s.* ගැඹුර, මුහුද

Deep, *a.* ගැඹුරුවූ, අමාරුවූ, රහස්වූ,

Deep'en, *v.* ගැඹුරුකරණවා, වැඩිකරණවා, වැඩිවෙනවා, අඳුරුවෙනවා

Deep'ly, *ad.* ගැඹුරු ලෙස, ගම්භීර [ලෙස

Deer, *s.* මුවා, මෘගයා

Deer'-stalk'ing, *s.* හොරෙන් රූකාසිට මුවන් දඩයම්කිරීම

Deface', *v.* අරූපකරණවා, මකනවා, කට්ටුගානවා

Deface'ment, *s.* පෙණීම නරක් කිරීම, අරූපකරණ දේ

Defal'cate, *v.* අඩුකරණවා, හොරෙන් හැරගන්නාවා

Defalca'tion, *s.* අඩුකිරීම, අඩුගණන

Defama'tion, *s.* නින්දාව, කෙලසීම

Defam'atory, *a.* අපහාසකරණ, නම කෙළහන්නාවූ

Defame', *v.* නම නරක්කරණවා, අගුණ කියනවා, අපහාසකරණවා

Default', *s.* අප්‍රවේසම්කම, වරද, කටයුත්තක් නොකර ඇරීම

Default'er, *s.* කටයුත්තක් නොකර අරින්නා, මුදල් ගණ වංචාකර සිටින්නා

Defeas'ible, *a.* අවලංගුකලහැකි, නිෂ්ප්‍රභා කලහැකි

Defeat', *v.* පරදවනවා, පරාජය කරණවා, නිෂ්ඵලකරණවා *s.* පැරදීම, පරාජය, නිෂ්ප්‍රභාකිරීම

Defect', *s.* අඩුලුහුඬු, පලුදුව, දෝෂය, වරද [කැරලිගැසීම

Defec'tion, *s.* වැටියාම, පසුබටවීම,

Defect'ive, *a.* අසම්පූර්ණවූ, අඩුලුහුඬු ඇති, පලුදුවූ

Defence', *s.* ආරක්ෂාව, නිවැරදි බව පෙන්වීම, විත්තිකීම

Defence'less, *a.* ආරක්ෂා රහිතවූ, අසරණවූ, දුර්වලවූ

Defend', *v.* රක්ෂාකරණවා, මුවාකරණවා, විත්තිකියනවා

Defend'ant, *s.* විත්තිකාරයා

Defens'ible, *a.* ආරක්ෂාකල හැකිවූ, නිදොස්කර ගතහැකිවූ

Defens'ive, *a.* රූකවලට පිහිටන, රක්ෂක *s.* රූකවල් සංගාව

Defer', *v.* කල්දමනවා, අතපසුකරණවා, යටත් වෙනවා [වීම

Def'erence, *s.* නම්බුකෙරීම, යටත්

Deferen'tial, *a.* ගරුකරණ, සැලකිලි සහිත

Defi'ance, *s.* මිගඩිම, නොසැලකිම
Defi'ciency, *s.* අඩුලුහුඩුව, මදිකම, අඩුපාඩුව
Defi'cient, *a.* අඩුවූ, අසම්පූර්ණවූ
Defile', *v.* අශුද්ධකරණවා, කිලුටුකරණවා [ගමන්කරණවා
Defile', *s.* අතුපාර, පටුපාර *v.* පෙළට
Defile'ment, *s.* අපවිත්‍රකිරීම, කිලුටුකම [යමකළ හැකිවූ
Defin'able, *a.* විස්තරකළ හැකිවූ, නි
Define', *v.* තේරුම්කරණවා, විසඳනවා, නියමකරණවා
Def'inite, *a.* සත්‍යවූ, නියමවූ, ඒකාන්තවූ, පැහැදිලිවූ [රය
Defini'tion, *s.* තේරුම්කරදීම, ව්‍යා
Defin'itive, *a.* නියමවූ, ඒකාන්තවූ
Def'lagrate, *v.* දවනවා, ශීඝ්‍රව දලායනවා [නැමෙනවා
Deflect', *v.* පැත්තකට හරවනවා,
Deflec'tion, *s.* නැමීම, ඇදවීම, ඇදේ
Deflour' *or* **Deflower**, *v.* මල් කඩනවා, ලක්ෂණ පැහැර ගන්නවා, කන්‍යාකම නැතිකරණවා
Defolia'tion, *s.* කොළවැටීම, කොළවැටෙන කාලය [ණ කරණවා
Deform', *v.* විරූපකරණවා, අවලක්ෂ
Deform'ed, *a.* අරූප, අවලක්ෂණ, විකාරාඞ්ග [කම
Deform'ity, *s.* විකලාඞ්ගකම, අරූප
Defraud', *v.* හොරකම්කරණවා, ප්‍රයෝගකරණවා, වංචාකරණවා
Defray', *v.* වියදම්දරණවා, ගෙවනවා
Defunct', *a.* මැරුණාවූ, අපත්වූනාවූ
Defy', *v.* මිගඩියනවා, සටනට අඩගහනවා, පලිවිචිකරණවා
Degen'eracy, **Degenera'tion**, *s.* අඩුතරමට පැමිණීම, පිරිහුන ස්වභාව
Degen'erate, *v.* ජම්මෙන් අඩුවෙනවා, දූෂ්‍යවෙනවා, නිසරු වෙනවා *a.* පිරිහුනාවූ, අඩුතරම් වූනාවූ, හීනවූ [න්නාවූ, හීනවෙන්නාවූ
Degen'erative, *a.* පිරිහීමට පමුණුව
Degluti'tion, *s.* කෑම ගිලීම
Degrade', *v.* පහත්කරණවා, අවමාන්‍යයට පත්කරණවා
Degrada'tion, *s.* පහත බැස්වීම, නීචකම, අවමාන්‍යය, බාහිරකම
Degree', *s.* අඩිය, ක්‍රමය, පිළිවෙළ, තරම, පටිබැඳි කම
Deifica'tion, *s.* දෙවියෙකොට සැලකීම, දෙව් කෙනෙක් ගණනට ගැණීම
Dei'fy, *v.* දෙවිකොට සලකනවා
Deign, *v.* යටහත් වෙනවා, ඉඩ අරිණවා
Deism, *s.* මැවුම්කාරයෙක් ඇති බව පමණක් ඇදහීම, දේවදූෂණය
Deist, *s.* මැවුම්කාර දෙවිකෙනෙක් ඉන්න බව පමණක් අදහන්නා
De'ity, *s.* දේවිකම, දේවත්වය, දෙවියන්වහන්සේ
Deject', *v.* මැලවීමට පමුණුවනවා, ශෝකකරණවා, ධෛර්ය නැතිකරණවා

Deject'ed, *a.* මලානිකවූ, ධෛර්‍ය්‍යහීනැ තිවූ, ශෝකයට පත්වූ [වීම

Dejec'tion, *s.* මලානිකකම, දුක්ඛිත

Delay', *v.* ප්‍රමාදවෙනවා, අතපසුකර ණවා *s.* පසුබටවීම, ප්‍රමාදය, සුනං ගුව [කවූ, ප්‍රියවූ

Delect'able, *a.* ප්‍රසන්නවූ, ප්‍රීතිදය

Delecta'tion, *s.* ප්‍රීතිය, ප්‍රීතිමත්කම

Del'egate, *v.* නියෝගකර යවනවා, බාරකරණවා *s.* තානාපතියා, නියෝජිතයා *a.* නියෝජිත

Delega'tion, *s.* නියෝගකර අරිණඅය

Delete'. *v.* මකනවා, කටුගාදමනවා

Delete'rious, *a.* මරණය පමුණුවන්නාවූ, නාස්තිකවූ, වස

Delib'erate. *v.* කල්පනාකරබලනවා, මෙනෙහිකරණවා, මන්ත්‍රණ කථා කරණවා *a.* හොඳට කල්පනාකර බැලූ. ප්‍රවේසමින්-සිතා බලන

Delibera'tion, *s.* සිතාබැලීම, සිහිකල්පනාව, ප්‍රවේසම

Delib'erative, *a.* සිතාබලා ක්‍රියාකරණ, මන්ත්‍රණයකාරණ [ර කැම

Del'icacy, *s.* මෘදුකම, මිහිරිකම, මටූ

Del'icate, *a.* මෘදු, මොලොක්, සියුම්, සෞම්‍ය. ප්‍රණීත. මිහිරි

Deli'cious, *a.* අමෘතවූ, රසවත්වූ. ප්‍රසන්නවූ, මනෝහරවූ

Delight', *v.* ප්‍රීතිමත්කරණවා, ඉතා ප්‍රසන්නවෙනවා *s.* ප්‍රීතිය, ප්‍රසන්නය, මහත් සොම්නස

Delight'ful, Delight'some, *a.* ප්‍රියව ඩන, මනෝහර, රම්‍ය

Delin'eate, *v.* සලකුණුකරණවා, අඳිනවා, ලක්ෂණ දක්වනවා

Delinea'tion, *s.* සලකුණුකිරීම, විස්තර සටහන

Delin'quency, *s.* යුතුකම ඉෂ්ටනොකෙරීම, වරද, අපරාධය

Delin'quent, *s.* යුතුකම නොකරන්නා, අපරාධකාරයා [උමතු

Delir'ious, *a.* සිහිනැතිවූ, මූර්ඡාවූ,

Delir'ium, *s.* මූර්ඡාව, විකාරය, ඔල්මාදය [රදෙනවා, කියනවා

Deliv'er, *v.* ගලවනවා, මුදනවා, බා

Deliv'erance, *s.* ගැලවීම, මිදීම, නිදහස

Deliv'ery, *s.* පාවාදීම, කථාකරණ විධිය, දරුවැදීම [වන

Dell, *s.* පාතාලය, පහත් බිම, මිටියා

Del'ta, *s.* තුන්මුළු බිම, ත්‍රිකෝණ දූව

Delude', *v.* රවටනවා, වංචාකරණවා

Del'uge, *s.* වතුරගැලීම, ජලප්‍රවාහය *v.* වතුර ගලනවා, ජලයෙන් වසනවා [යූ, මුළාකරවන

Delu'sive, Delu'sory, *a.* රවටන සු

Delu'sion, *s.* රැවටිල්ල, මායාව, වැරදි කල්පනාව

Delve, *v.* හාරණවා, කොටනවා

Dem'agogue, *s.* මහජන ප්‍රධානියා, ව්‍යසන මූලිකයා

Demand', *v.* ඉල්ලනවා, අයකරණවා *s.* ඉල්ලීම, බලේට ඉල්ලීම

Demarca'tion, *s.* මායිම් නියමකිරීම, බෙදීම, සීමාව

Demean', *v.* හැසිරෙණවා, පහත්කරණවා, නීචභාවයට පැමිණෙනවා

Demean'our, *s.* හැසිරීම, ලීලාව

Dement'ed, *a.* සිහිමුළාවූ, බල්මාද

Demer'it, *s.* වරද, අකුසල, දෝෂය

Demesne', *s.* උරුම බිම් [අයිති

De'mi, *prefix* අර්ධ හෝ භාගය යන

Dem'igod, *s.* විද්‍යාධරයා, සිද්ධයා

Demise', *s.* මරණය, පතන්වීම, ඉකුත්වීම, ඇවෑම *v.* උරුම්කරදෙනවා, අන්තිම කැමැත්තෙන් භාරදෙනවා

Democ'racy, *s.* වැසියන් විසින් පවත්වන්නාවූ ආණ්ඩුව

Demo'crat, *s.* සමූහාණ්ඩුවට පක්ෂතෑනැත්තා [කරණවා

Demol'ish, *v.* විනාසකරණවා, භංග

Demoli'tion, *s.* කඩාහෙලීම, නටබුන්කිරීම [සයා

De'mon, *s.* අමනුෂ්‍යයා, යකා, රක්ෂ

Demo'niac, *s.* යක්ෂාවේශ කෙනෙක්

Demonol'atry, *s.* යකුන් වැඳීම

Demonol'ogy, *s.* භූතශාස්ත්‍රය, යක්ෂභූතවිද්‍යාව

Demon'strable, *a.* ඔප්පුකළහැකිවූ

Dem'onstrate, *v.* සැබෑබව ඔප්පුකරණවා [දක්වීම, ඔප්පුව, පෙන්වීම

Demonstra'tion, *s.* ඔප්පු ගෙණහැර

Demon'strative, *a.* සහතිකලෙස ඔප්පු කරන්නාවූ, බොහෝකොට දක්වන්නාවූ

Demoralisa'tion, *s.* සිතේ ස්වභාව නරක්කිරීම, දූෂ්‍යකිරීම

Demor'alize, *v.* නරක්කරණවා, දූෂ්‍ය කරණවා, දුර්වලගති ඇතිකරණවා

Demur', *v.* අනුමානයෙන් ඇනහිටිනවා, සුනංගුකරණවා, අත්හිටවනවා *s.* සාංකාවෙන් ප්‍රමාදවීම, නැවතීම

Demure', *a.* සුවචවූ, යටහත්වූ, සංසුන්කමක් දක්වන්නාවූ

Demurr'age, *s.* නැවක් ප්‍රමාදකරගැණීම නිසා ගෙවන ගණන

Demurr'er, *s.* අකැමතිවෙන්නා, විරුඬව් නැවතීම

Demy', *s.* අඟල් $22\frac{1}{2}$ ක් දිග $17\frac{1}{2}$ ක් පළල ඇති තරම් කඩදාසියක්

Den, *s.* ගුහාව, ලෙන

Denat'ionalize, *v.* වැසියෙකුගේ අයිතිවාසිකම් පහකරණවා

Deni'able, *a.* නැතකියහැකිවූ [හැරීම

Deni'al, *s.* නැතකීම, එපායකීම, අත්

Den'izen, *s.* පදිංචිකාරයා, අන්‍ය දේශවාසියා *v.* පදිංචිකාරයෙක් කරණවා, පදිංචිකරවනවා

Denom'inate, *v.* නම් තබනවා, නම් කරණවා

Denomina'tion, *s.* නම් තැබීම, නාමය, සමාගම [ති; නිකායික

Denomina'tional, *a.* සමාගමකට අයිති

Denomina'tionalism, *s.* සමාගම් ක්‍රමය හෝ ගතිය, නිකායකට බැඳිසිටීම

Denom'inator, *s.* නමදෙන්නා, නම දෙන දේ, හරය, භාගකය

Denote', *v.* පෙන්වනවා, සලකුණු කරණවා, හඟවනවා

Denounce', *v.* තර්ජනය කරණවා, වරදපණවනවා, (විනාසයක්) ප්‍රකාශ කරණවා

Dense, *a.* ඝනවූ, උකුවූ, දැඩිවූ

Dens'ity, *s.* ඝනකම, ගනසැරභාවය, තදකම

Den'tal, *a.* දන්තජවූ, දත්මයවූ *s.* දන්තජාක්ෂරය [දත්කුඩ

Den'tifrice, *s.* දත් මදින ද්‍රව්‍යයක්,

Den'tist, *s.* දත්වෙදා [වෛද්‍ය ශිල්පය

Den'tistry, *s.* දත්වෙදකම, දන්ත

Denuda'tion, *s.* නග්නකිරීම, පර්වත සේදී ගෙවීයාම [නය

Denuncia'tion, *s.* තර්ජනයකිරීම, තර්ජ

Deny', *v.* නැත කියනවා, එපාය කියනවා, පිළිනොගන්නවා

Deo'dorize, *v.* ගඳ ඉවත්කරණවා

Depart', *v.* යනවා, පිටත්වෙනවා, නික්මෙනවා, අපත්වෙනවා

Depart'ment, *s.* කොට්ඨාසය, අධිකාරය, වැඩය, පලාත

Depart'ure, *s.* නික්මීම, පිටත්වයාම, කාලක්‍රියාව

Depend', *v.* එල්ලෙනවා, විශ්වාසකරණවා, උපකාර ලැබෙනවා, අධාර බලාසිටිනවා

Depend'ence, Depend'ency, *s.* එල්ලීම, සම්බන්ධතාව, විශ්වාසය, බලාපොරොත්තුව

Depend'ent, *a.* එල්ලී තිබෙන්නාවූ, දරසිටින්නාවූ *s.* අනිකෙකු කෙරේ පිහිටා සිටින්නා, යටතේ සිටින්නා

Depict', *v.* චිත්‍රියම් කරණවා, ලක්ෂණ දක්වනවා, නිදර්ශනයකරණවා

Deple'tion, *s.* අඩුපාඩුකිරීම, ලේ හින කිරීම

Deplor'able, *a.* වැලපිය යුතු, දුඃඛිත

Deplore', *v.* විලාප කියනවා, ශෝකවෙනවා, දුක් කියනවා

Deploy', *v.* විදහනවා, විහිදුවනවා, පැතිරෙණවා

Deplume', *v.* පිහාටු අහක්කරණවා

Depo'nent, *s.* සාක්ෂිකාරයා, ක්‍රියා වචන විශෙෂයක්

Depop'ulate, *v.* මිනිසුන් නැතිකර දමනවා, පාළුකරණවා

Deporta'tion, *s.* අහක්කෙරීම, රටනෑංවීම [ආකාරය

Deport'ment, *s.* හැසිරීම, කල්ක්‍රියාව,

Depose', *v.* සාක්ෂිදෙනවා, සිංහාසනයෙන් පහකරණවා, පහළදමනවා

Depos'it, *v.* තබනවා, බාරකරණවා *s.* තැබූ දේ, භාරදුන් දේ, උකස

Depos'itary, *s.* බාරකාරයා, බාරේ තිබෙන කෙනෙක්

Deposi'tion, *s.* පහකිරීම, දෙනලද සාක්ෂිය [ව

Depos'itory, *s.* භාණ්ඩාගාරය, ගබඩා

De'pot, *s.* භාණ්ඩාගාරය, උපකරණ ගෙය, ඝුල

Deprava'tion, *s.* නරක්කිරීම, දූෂ්‍ය භාවය

Deprave', *v.* නරක්කරණවා, දූෂ්‍ය කරණවා

Depraved', *a.* නරක්වූ, කිළුටුවූ, දුෂ්ට

Deprav'ity, *s.* පිරිහුණුකම, දූෂ්‍යභාවය, දුෂ්ටකම, අධමකම

Dep'recate, *v.* පහකරන්ට කැමති වෙනවා, බැගෑපත්ව ඉල්ලනවා, නොවෙන හැටියට ඉල්ලනවා, අකැමතිවෙනවා

Dep'recative, Dep'recatory, *a.* පහකරන්ට යදින සුභාවූ, යාච්ඤා අකාරවූ

Depre'ciate, *v.* අගේ අඩුකරණවා, ගණන් පහත්වෙනවා

Deprecia'tion, *s.* අගේ අඩුවීම, සුළුකිරීම

Depre'ciative, Depre'ciatory, *a.* අගේ අඩුකරන්නාවූ, පහත්කර දක්වන සුභාවූ

Dep'redate, *v.* කොල්ලකනවා, හොරකම්කරණවා; වනසනවා

Depreda'tion, *s.* හොරකම් කිරීම, කොල්ලකෑම, නාසතිය

Depress', *v.* යටහත්කරණවා, මිරිකනවා, දිළිඳුකරණවා, ශෝකකරණවා, මලානිකකරණවා

Depres'sion, *s.* පහත්වීම, එබීසියතැන, හීනභාවය, මලානිකකම

Depriva'tion, *s.* ඉවත්කිරීම, අසරණභාවය, අලාභය

Deprive', *v.* අහක්කරදමනවා, පැහැරගන්නවා, වලක්වනවා

Depth, *s.* ගැඹුර, ගම්භීරකම

Depute', *v.* නියෝගකර හරිණවා, යමක්කිරීමට බලේ දෙනවා

Deputa'tion, *s.* නියෝජනය, නියෝගකරණලද තැනැත්තෝ, වෙන කෙනෙකුන් වෙනුවට කාරණකිරීමට බලය ලත් අය

Dep'uty, *s.* දෙවෙනියා, ප්‍රතිපුරුෂයා, නියෝජිතයා

Derange', *v.* අවුල්කරණවා, විසුරුවාදමනවා, විෂ්පතකරණවා

Derange'ment, *s.* අවුල, විකාරය

Der'elict, *a.* අත්ඇරදමනලද *s.* අත්ඇරිය දේ

Derelic'tion, *s.* අත්ඇරීම, අත්ඇරුණුසුභාව

Deride', *v.* සිනාවෙනවා කවටකම් කරණවා, ගරහනවා

Deris'ion, *s.* සිනාව, හාස්‍යය, නින්දුව

Deri'sive, *a.* කවටකම් සහිත, නින්දුකරණ

Deriva'tion, *s.* අයිතිවීම, ධාතුවකින් සෑදීම, පදෝත්පත්තිය, ප්‍රකෘතිය

Deriv'ative, *s.* අන්‍ය වචනයකින් බිදී ආවාවූ වචනය, තත්භව වචනය

Derive', *v.* ලබාගන්නවා, සෑදෙනවා, උපදිනවා

Der'ogate, *v.* අඩුකරණවා, හීනකරණවා

Derog'atory, *a.* අගේ අඩුකරන්නාවූ, වටිනාකම අඩුකරන්නාවූ, අවමාන්නකරන්නාවූ, අහගරසහිතවූ

Der'vis, Der'vish, *s.* මරක්කල අඟමේ තාපසයෙක්

Descant', *v.* දේසනාකරණවා, ගිතිකාකරණවා, විස්තාරයෙන් කථාකරණවා

Descend', *v.* බහිනවා, පහත්වෙනවා, ගිලෙනවා, සටනටවදිනවා, වැටෙනවා, පැවතෙනවා

Descend'ant, *s.* පැවතෙන්නා

Descent', *s.* බැහීම, බෑවුම, සටනට වැදීම, වංශය, පෙළපත

Describ'able, *a.* විස්තාරකළහැකි

Describe', *v.* ලකුණුකරණවා, සිතියම්කරණවා, විස්තාරකොට දක්වනවා, කියාදෙනවා

Descrip'tion, *s.* පෙන්නාදීම, ලක්ෂණ දැක්වීම, විස්තාරය, වගීය

Descrip'tive, *a.* ලක්ෂණ දක්වන, විස්තාරසහිත

Descry', *v.* දුරින් දකිනවා

Des'ecrate, *v.* ශුද්ධස්ථානයක් හෝ දෙයක් අපවිත්‍ර කරණවා

Desert', *v.* අත්හරිණවා, බැහැරකරණවා, සැඟවී යනවා *s.* සුදුසු විපාකය, ප්‍රතිඵලය

Des'ert, *a.* විවේක, පාළු *s.* වනාන්තරය, කැලය, කාන්තාරය

Deser'tion, *s.* අත්ඇරීම, පාළුකම

Deserve', *v.* වටිනවා, යෝග්‍යවෙනවා, සුදුසුව සිටිනවා

Deserv'edly, *ad.* වටිනා ප්‍රමාණයට, [යෝග්‍ය ලෙස

Deserv'ing, *a.* නිසි, යහපත්, ප්‍රශංසනීය

Deshabille', *s.* නිකම් ගෙදරට ඇඳ[ගත් ඇඳුම්

Desicc'ate, *v.* හින්දවනවා, ශුෂ්ක කරණවා, වේලෙනවා

Desid'erate, *v.* යමක්ගැණ බොහෝකොට ආශාවෙනවා

Desidera'tum, *s.* ආශාකළ දේ, ඕනෑකළ යමක්, සිතය

Design', *v.* සිතියම්කරණවා, ලකුණුකරණවා, අදහස්කරණවා *s.* සටහන, සිතියම, අදහස, යෝජනාව

Des'ignate, *v.* සලකුණුකරණවා, නියමකරණවා, නම්කරණවා

Designa'tion, *s.* සලකුණුක්‍රියා දැක්වීම, නම්කිරීම, නාම

Design'edly, *ad.* අදහසක් ඇතුව, අදහස් පිට, සිතාලාම

Design'er, *s.* සිතියම් යොදදෙන්නා, උපායොදන්නා

Design'ing, *a.* ප්‍රයෝගවූ, උපායො[දන්නාවූ, කපටිවූ

Desir'able, *a.* ආසාවියයුතුවූ, ප්‍රියවූ, සතුටුවූ, මනාපවූ

Desire', *v.* ආසාවෙනවා, කැමතිවෙනවා, ඉල්ලනවා *s.* ආසාව, කැමැත්ත, අභිලාසය, තෘෂ්ණාව

Desir'ous, *a.* ආසාඇති, කැමතිවෙන්නාවූ, ලොල්වූ

Desist', *v.* නවතිනවා, අත්හිටිනවා, [වැළකිනවා

Desk, *s.* ලියන මෙසේ, ලියන පෙට්ටිය, දේසනාකූඩුව

Des'olate, *a.* වනගතවූ, කාන්තාරවූ, පාළුවූ, ශූන්‍යවූ, අසරණවූ

Desola'tion, *s.* පාළුකිරීම, පාළුව, විනාසය. නාසනැතිකම

Despair', *v.* ප්‍රාර්ථනා නැතුව සිටිනවා, ප්‍රාර්ථනා ශූන්‍යවෙනවා *s.* ප්‍රාර්ථනා නැතිකම, බලාපොරොත්තු නැතිකම

Despara'do, *s.* රෞද්‍ර හිත්දැඩි සෙනෙක්, බයනැත්තෙක්, උමතුවෙක්

Despatch', *v.* පිටත්කර හරිනවා, පණිවිඩ අරිනවා, මරාදමනවා, ඉක්මණින් නිමකරනවා *s.* කඩිනමින් ඇරීම, පණිවිඩ පත්‍රය, කඩිසරකම

Des'perate, *a.* ප්‍රාර්ථනාවක් නැත්තාවූ, රෞද්‍ර, හිත්දැඩි

Despera'tion, *s.* බලාපොරොත්තු නැතිකම, බයගති නැතිකම, රෞද්‍රකම

Des'picable, *a.* අපහාස්‍යවූ, නින්දා ලැබිය යුතුවූ, නොබිනාවූ, නීචවූ

Despise', *v.* අගෞරව කරනවා, සුලු කරනවා, නින්දා කරනවා, පිළිකුල්කරනවා

Despite', *s.* වෛරය, ක්‍රෝධය, විරුද්ධකම *prep.* විරුද්ධ, විරුද්ධවූ නමුත් [ර

Despite'ful, *a.* ක්‍රෝධසහිත, උද්දිකා

Despoil', *v.* හොරකම් කරනවා, කොල්ලකනවා, පැහැර ගන්නවා

Despond', *v.* ධෛර්‍ය නැතිවෙනවා, ප්‍රාර්ථනා නැතිවෙනවා, කාන්සාවෙනවා

Despond'ency, *s.* බලාපොරොත්තු නැතිකම, මලානික ස්වභාව

Despond'ent, *a.* ප්‍රාර්ථනා හීනවූ, ධෛර්‍ය නැතිව ගියාවූ

Des'pot, *s* අගරජ, තනි ආණ්ඩුකාරයා, දුෂ්ට රජ

Despot'ic, *a.* සියකැමැත්තෙන් ආණ්ඩුකරණ, බලාත්කාර

Des'potism, *s.* හිතුවක්කාර පවත්වන ආණ්ඩුව, මැසියන්ට යටත්නැති බලය [ලාහාරය

Dessert', *s.* අතුරුපස, රසකැවිලි, එ

Destina'tion, *s.* කෙළවර, අදහස, යමෙක් යන ස්ථානය [රණවා

Des'tine, *v.* පත්කරනවා, නියෝගක

Des'tiny, *s.* නියමය, ඉරණම

Des'titute, *a.* හීන, දිළිඳු, අසරණ [ම

Destitu'tion, *s.* හීනභාවය, අසරණක

Destroy', *v.* නාස්තිකරනවා, සිඳදමනවා, නට්බුන්කරනවා, විනාසකරනවා

Destruc'tible *a.* නාස්තිකළහැකි, නැතිවියන [සය, හානිය

Destruc'tion, *s.* නාස්තිකිරීම, විනා

Destruc'tive, *a.* නාස්තිකාරණ, විනාසක, අනතුරුසහිත [අත්හැරීම

Des'uetude, *s.* අත්හිටුවීම, භාවිතාව

Des'ultory, *a.* පිළිවෙළකට නැත්තාවූ, එකඟනුවූ, ස්ථිරයක් නැති

Detach′, *v.* වෙන්කරණවා, කණ්ඩා . යම්කරණවා, ලිහනවා

Detach′ment, *s.* වියෝගය, වෙන්ක ල කොටස, යුද්ධසේනාවෙන් ඈරි යාවූ කණ්ඩායම

Detail′, *v.* විස්තරකොට කියනවා, තොරතුරු කියනවා, වෙන් වශයෙ න් නියමකරණවා *s.* ස්වල්ප කොට ස, කොටඨාස වශයෙන් කීම

Detain′, *v.* නොදී තිබාගන්නවා, න වත්වනවා, වලකාගන්නවා, ප්‍රමාද කරවනවා

Detect′, *v.* සොයා දැනගන්නවා, අසු කරගන්නවා [නගැණීම

Detec′tion, *s.* සොයා දැනගැණීම, දැ

Detect′ive, *s.* රහස් කොස්තාපල්

Deten′tion, *s.* වලකාගැණීම, හිරකි රීම, සුනංගුවීම

Deter′, *v.* භයගන්වනවා, වීර්‍ය මදි කරණවා, වලක්වනවා

Dete′riorate, *v.* අගය අඩුකරණවා, නරක්වෙනවා, පිරිහෙනවා

Deteriora′tion, *s.* ගුණ හීනවීම, ස්ව භාව නරක්වීම [නිශ්චිත

Deter′minate, *a.* නියමවූ, තීන්දු,

Determina′tion, *s.* නියෝගකිරීම, ස නිටුහන්කිරීම, තීන්දුව, අදහස

Deter′mine, *v.* තීන්දුකරණවා, අර මුණුකරණවා, සනිටුහන්කරණවා

Deter′mined, *a.* නියමකළාවූ, ස්ථිරවූ, සවි සිත් ඇති

Deter′rent, *a.* වලක්වන *s.* වැලැක් වීමට හේතුවන දේ

Detest′, *v.* පිළිකුල්කරණවා, වෛර කරණවා, අප්‍රියකරණවා

Detest′able, *a.* වෛර කටයුතු, නුරුස් සන, පිළිකුල් [රණවා

Dethrone′, *v.* සිංහාසනයෙන් පහක

Dethrone′ment, *s.* රජකමෙන් පහ කිරීම

Detona′tion, *s.* තදෙන් පිපිරීම, ගුගු රණ ශබ්දය [ගමන

Detour′, *s.* හැරිහැරී යාම, ඈතින්

Detract′, *v.* වටිනාකම අඩුකරණවා, නම්බුව පැහැරගන්නවා, නින්ද කරණවා

Detrac′tion, *s.* අගය අඩුකිරීම, අගු ණ කීම, කේලම [ලාභය

Det′riment, *s.* නාස්තිය, හානිය, අ

Detriment′al, *a.* අලාභකරණ, අනර්ථ දායක [බලි

Detri′tus, *s.* ගෙවීගිය කුඩු හෝ කැ

Deuterog′amy, *s.* දෙවෙනි කසාදය

Deuteron′omy, *s.* ද්විතීයවාක්‍යය නම් පොත [කරණවා

Dev′astate, *v.* විනාසකරණවා, පාළු

Devasta′tion, *s.* විනාසය, නාස්තිය

Devel′op, *v.* දිගහැර පෙන්වනවා, දියුණුවේගණයනවා, වැඩෙනවා

Devel′opment, *s.* ක්‍රමයෙන් දියුණුකි රීම, වැඩිවේගණයාම

De′viate, *v.* මුළාව යනවා, ඉබාගා තේ යනවා, වැරදිමග යනවා

Devia'tion, *s.* හරිමඟින් පිටවීම, මුළාවීම, නොමඟයාම

Device', *s.* උපාය, යෝජනාව, දක්ෂවූ ක්‍රියාව, වංශ සලකුණ, සිතියම

Dev'il, *s.* යක්ෂයා, යකා, සාතන්, නපුරා *v.* මිරිස් ගම්මිරිස් ආදිය හුගක් දමනවා

Dev'ilish, *a.* යක්ෂාකාර, යක්ෂමයවූ, අති දුෂ්ට [කම්

Dev'ilry, *s.* යක්ෂක්‍රියාව, තද නපුරු

De'vious, *a.* මංමුළාවූ, වැරදිවූ

Devise', *v.* සිතින් යොදනවා, උපායොදුගන්නවා, උරුමකරතබනවා *s.* උරුමකර තැබීම, අන්තිම කැමැත්ත, උරුම කොටස

Devoid', *a.* රහිතවූ, හිස්වූ, නැත්තාවූ [පවරණවා

Devolve', *v.* වැටෙනවා, බසිනවා,

Devote', *v.* ශුද්ධකොට වෙන්කරණවා, පත්කරණවා, කැපකරණවා, භාරවෙනවා, පාවාදෙනවා

Devot'ed, *a.* කැපවූ, ලැදිවූ, ඵලිතවූ

Devotee', *s.* කැපවූ හෝ පැවිදිවූ කෙනෙක්, තාපසයා, සන්නාසියා

Devo'tion, *s.* කැපකිරීම, දේවභක්තිකම්, නමස්කාරය, අධික ඇල්ම

Devo'tional, *a.* නමස්කාරය පිළිබඳවූ, වන්දනා නමස්කාරයට හොබිනාවූ, යාච්ඤා සහිතවූ

Devour', *v.* ගිජුලෙස කනවා, ගිලිනවා, විනාසකරණවා, නැතිකරණවා, කොල්ලකනවා

Devout', *a.* භක්තිවන්ත, දේවභක්ති

Dew, *s.* තුෂාර, සිසිර, පිනි

Dew'drop, *s*, පින්බින්දුව

Dew'y, *a.* පිනි සහිත

Dexter'ity, *s.* දක්ෂකම, බුහුටිකම

Dex'terous, *a.* කඩිසරවූ, සමර්ථවූ, දක්ෂවූ [යාව

Diabe'tes, *s.* මූත්‍ර රෝගයක්, දියවැඩි

Diabol'ical, *a.* යක්ෂවූ, ඉතා නපුරුවූ

Diac'onate, *s.* උපස්ථායක ධූරය, ඩීකන් තනතුර

Di'adem, ඔටුන්න, කිරීටය

Diag'onal, *a.* කොණින් කොණටවූ *s.* කෝණ විෂ්කම්භය

Diagno'sis, *s.* රෝගය විසඳීම, ලක්ෂණ විභාගය [ක්ෂණය

Di'agram, *s.* රූප සටහන, චක්‍රාදි ල

Di'al, *s.* හෝරායන්ත්‍රමණ්ඩලය

Di'alect, *s.* පලාතක භාෂාව

Dialec'tic, Dialec'tical, *a.* භාෂා ව්‍යවහාරයට අයිතිවූ, තර්ක සහිත

Dialec'tics, *s. pl.* තර්ක ශාස්ත්‍රය, තර්ක ක්‍රමය

Di'alogue, *s.* සමග කථාව, දෙබස, උබ බස [ය

Diam'eter, *s.* කවයක මැදඉර, ව්‍යාස

Diamet'rical, *a.* විෂ්කම්භාකාර, කෙළින්වූ

Di'amond, *s.* දියමන්තිය, විදුර, වජ්‍රය

Di'aphragm, *s.* ශරීරභාග වෙන්කරණ මස්ගොබය, බඩමැද හම

Diarrhœ'a, *s.* අතිසාරය, බඩයාම

Di'ary, *s.* දිනපතා සටහන, දවස්පතා සිදුවෙනදේ සහ කරණලද වැඩ සටහන්කරණ පොත, දිනපොත

Di'atribe, *s.* සැරවූ දීඝී කථාව, තදකථාව

Dib'ble, *v.* බිත්තර හිටුවන පිණිස වළවල් හාරණවා *s.* හාරණ උල

Dice, *s.* දාදු, පසඇට

Dic'tate, *v.* ලියන්ට කියාදෙනවා, සැලකරණවා, චෝදනයකරණවා, අණකරණවා *s.* අණ, නියමය

Dicta'tor, *s.* බලයලත් ආණ්ඩුකාරයා

Dicta'tion, *s.* ලියන්ට කියාදීම, චෝදනාය, නිදේශය, බලයෙන් කීම

Dictato'rial, *a.* බලයලත් ස්වභාවූ, අණදෙනාකාරවූ

Dic'tion, *s.* වාග්ව්‍යවහාරය, වාක්‍යයෝජනාව, භාෂාව කියන අන්දම

Dic'tionary, *s.* ශබ්දකෝෂය, අකාරාදිය, වචන පොත

Did, *past tense of* Do, කළා

Didac'tic, *a.* උගන්වන්නාවූ, උපදේ

Die, *v.* නසිනවා, මැරෙණවා [ශකවූ

Die, *s.* අච්චුව, දාදුව, දාදුකැටය

Di'et, *s.* කෑම, පත්තියම, මහජ්ජසභාව *v.* කෑම සපයා දෙනවා, නියම ක්‍රමයකට ආහාර ගන්නවා

Di'etary, *a.* ආහාර සම්බන්ධ *s.* ආහාර පිළිවෙළ [න ශාස්ත්‍රය

Dietet'ics, *s.* ආහාරගැණීම හසුරුව

Dif'fer, *v.* වෙනස්වෙනවා, භේදවෙනවා, ප්‍රභේදව සිටිනවා [රුද්ධය

Dif'ference, *s.* වෙනස, භේදය, වි

Dif'ferent, *a.* වෙනස්, විප්‍රකාරවූ, අසමානවූ

Dif'ficult, *a.* අමාරු, අසීරු, දුෂ්කර

Dif'ficulty, *s.* අමාරුව, අසීරුව, අපහසුකම [ජා බය

Dif'fidence, *s.* සැක, බයාදුකම, ලජ්

Dif'fident, *a.* භයවූ, සිත්සැකවූ, අනුමානවූ, ලජ්ජාකෝලවූ

Diffuse', *v.* පතුරුවනවා, විසුරුවනවා *a.* පැතුරුණාවූ, පතළාවූ, සංක්ෂේපනොවූ

Diffu'sion, *s* විසිදුවීම, පැතිරීම

Diffus'ive, *a.* පැතිරෙන්නාවූ, ව්‍යාප්තවූ [ණීනවා

Dig, *v.* හාරණවා, කොටනවා, ක

Digest', *v.* ජීර්ණවෙනවා, දිරවනවා, පැසවනවා, පිළිවෙළින් තබනවා

Di'gest, *s.* නඩුමාගීයේ පොතක්, නීති සංග්‍රහය, නීතිමාගී සංහිතාව

Digest'ible, *a.* ජීර්ණවෙන්නාවූ, දිරවියහැකි

Digest'ion, *s.* ආහර දිරවීම, අග්නිය

Dig'it, *s* ඇඟිල්ලක පළල, කලාව, ඉන්දුරේඛාව

Dig'ital, *a.* ඇඟිලිසම්බන්ධ [ලීලාඇඟි

Dig'nified, *a.* ශ්‍රේෂ්ඨවූ, ගරුවූ, උතුම්

Dig'nify, *v.* උතුම්කරණවා, ගෞරවකරණවා, උත්තමභාවයට පමුණුවනවා

Dig′nitary, *s.* ශ්‍රේෂ්ඨයා, උත්තමයා, සභාවේ උතුම් නිලධාරියා

Dig′nity, *s.* උතුම්කම, ගරුත්වය, අධිපතිකම

Digress′, *v.* කියයුතු කාරණාවකින් පිට කාරණා කියනවා, මුළාවෙනවා

Digres′sion, *s.* ප්‍රධාන කාරණාවෙන් පිටයාම, අතුරු කථාව

Dike, *s.* අගල, නියර, වේල්ල, ඉවුර

Dilap′idate, *v.* නාස්තිකරණවා, නාදමනවා, ජරපත්වෙන්ට අරිණවා, පාළුවෙනවා

Dilapida′tion, *s.* නාස්තිය, ජරාවාසය

Dilate′, *v.* විහිදවනවා, විසාලකරණවා, ලොකුවෙනවා, ඉදිමෙනවා, විස්තරකරණවා

Dil′atory, *a.* අලස, ප්‍රමාද, හුන්හංගු

Dilem′ma, *s.* කලවිකලත්වය, බේරගන්ට අමාරු කාරණාව [වනාතකම

Dil′igence, *s.* කඩිසරකම, උත්සාහ

Dil′igent, *a.* වීයසිවනාවූ, කඩිසරවූ

Dill, *s.* ඇඳුරු

Dilute′, *v.* වතුර සමග මිශ්‍රකිරීමෙන් සැරකම අඩුකරණවා, තුනීකරණවා [ගැල්ම සම්බන්ධවූ

Dilu′vial, *a.* වතුරහැලීමෙන්වූ, ජල

Dim, *a.* අඳුරුවූ, පැහැදිලි නැති *v.* අඳුරුකරණවා, එළිය නැතිකරණවා

Dimen′sion, *s.* මහත, තරම, ප්‍රමාණය

Dimin′ish, *v.* අඩුකරණවා, හීනවෙනවා

Diminu′tion, *s.* අඩුකිරීම, පිරිහීම, හීනභාවය

Dimin′utive, *a.* පුංචිවූ, නොවිසාලවූ, කුඩාවූ [යක්

Dim′ity, *s.* සවිඇති සුදු කපුපිළි වර්ගයක්

Dim′ple, *s.* කම්මුලේ වළ *v.* වළගැහෙනවා [*v.* ගෝට්ටිකරණවා

Din, *s.* කෝලාහල හඬ, ඝෝෂාව

Dine, *v.* දවල්කෑම කනවා

Ding′dong, *s.* ඝණ්ටාර ශබ්දය, එකම සබගාව [රය

Din′gle, *s.* පටු නිම්නස්ථානය, කන්දරය

Din′gy, *a.* අඳුරු, කිළුටු, පාටගියාවූ

Din′ner, *s* දවල්කෑම, මංගලකෑම

Dint, *s.* පහර, පැල්ම, බලය

Dioc′esan, *a.* බිස්සොප්ට යටත් පලාත සම්බන්ධ *s.* බිස්සොප්තැනා

Di′ocese, *s.* බිස්සොප් යටතේ පලාත

Diora′ma, *s.* සිතියම් පෙන්වන ක්‍රමයක් [ට ඇලවෙනවා

Dip, *v.* ගිල්ලනවා, ගිලෙනවා, පහල

Diphthe′ria, *s.* උගුරේ රෝගයක්

Diph′thong, *s.* ද්විමාත්‍රය, ඒකාබද්ධ ප්‍රාණාක්ෂර දෙකක් [බල කඩදාසිය

Diplo′ma, *s.* සන්නස, අධිකාරිපත්‍රය,

Diplo′macy, *s.* පිටරට තානාපතිකම් ඉෂ්ටකෙරීම, තානාපතිකමේ වැඩ

Diplomat′ic, *a.* තානාපතියෙකුට අයිත්තු කටයුතු සැලැස්වීමෙහි දක්ෂ

Diplo′matist, *s.* තානාපතිකම් කිරීමෙහි නිපුනයා

Dire, *a.* භයානකවූ, ඝෝරවූ, දරුණු

Direct', *a.* කෙළින්වූ, ඍජු, ඇදනැති *v.* එල්ලකරණවා, මගපෙන්වනවා, දන්වනවා, අණදෙනවා, ලියුමක පිට නමගම ලියනවා

Direc'tion, *s.* කෙළින් පිහිටුවීම, දිශාව, අන, අණ, විධාන, කාරකසභාව

Direct'or, *s.* මගපෙන්වන්නා, කළමනාකාරතැන, මූලිකයා

Direct'ory, *s.* ගුරුකම් පොත, නම්ගම් පොත, කාරක සභාව

Dirge, *s.* ලතෝනි ගීතිකාව, භූමදාන ගීතිකාව

Dirk, *s.* පුංචි කඩුව, කිරිච්චිය

Dirt, *s.* කුණු, කසල, මඩ

Dirt'y, *a* කිලුටුවූ, කැත, අපවිත්‍ර, නීච

Dis, *prefix.* අ, අව, නි, නිර්, නො, නැති, යන අර්ථ ඇති උපසර්ගය

Disabil'ity, *s.* නුපුළුවන්කම, බලය නැතිකම

Disa'ble, *v.* නුපුළුවන්කරණවා, බල නැතිකරණවා, දුර්වලකරණවා

Disabuse', *v.* දෝෂ නැතිකරණවා, වැරදි අදහස් දුරුකරණවා

Disadvant'age, *s.* අවාසිය, පාඩුව

Disadvanta'geous, *a.* අවාසිවූ, අප්‍රයෝජනවූ

Disaffect'ed, *a.* අනුපකාරවූ, අහිතවූ, [අමනාපවූ

Disaffec'tion, *s.* අමිත්‍රකම, අපක්ෂවාදිකම

Disagree', *v.* එකඟනොවෙනවා, විරුද්ධවෙනවා, අසමානවෙනවා, වෙනස්වෙනවා

Disagree'able, *a.* අප්‍රසන්නවූ, අමනොඥවූ, අප්‍රියවූ

Disagree'ment, *s.* එකඟ නැතිකම, වෙනස, අසමකම, භේදය

Disallow', *v.* අවසර නොදෙනවා, ප්‍රතික්ෂේපකරණවා

Disallow'able, *a.* අවසර නොදියහැකි, තහනම්කළ යුතු

Disannul', *v.* නිෂ්ප්‍රභාකරණවා, අවලංගුකරදමනවා

Disappear', *v.* නොපෙණී යනවා

Disappear'ance, *s.* නොපෙණීයාම, අන්තර්ධානය

Disappoint', *v.* බලාපොරොත්තු නැතිකරණවා, ඉෂ්ටනොකරණවා, අදහස නිෂ්ප්‍රභාකරණවා

Disappoint'ment, *s.* අදහස ඉෂ්ටනොවීම, ප්‍රාර්ථනා කඩකිරීම

Disapproba'tion, Disapprov'al, *s.* අමනාපය, ඒත්තු නොගැණීම

Disapprove', *v.* අප්‍රසන්නවෙනවා, ප්‍රතික්ෂේප කරණවා

Disarm', *v.* ආයුධ පැහැරගන්නවා, [බලසිඳිනවා

Disarm'ament, *s.* යුද්ධායුධ පහකිරීම, අසන්නද්ධවීම

Disarrange', *v.* පිළිවෙළ නැතිකරණවා, වියවුල්කරණවා

Disas'ter, *s.* අවාසනාව, විපත, දුක

Disas'trous, *a.* අවාසනාවන්ත, අහේතුක, ව්‍යසන

Disavow′, *v.* නැතකියනවා, දන්නේ
නැත කියනවා, පිළිනොගන්නවා

Disavow′al, *s.* නැතකිම, ප්‍රතික්ෂේප
කිරීම

Disband′, *v.* සමූහයක් නිදහස්කරණ
වා, විසුරුවනවා, මුදාඅරිණවා, අ
සම්බන්ධවෙනවා

Disbelief′, *s.* අවිශ්වාසකිරීම, ඇදහි
ලිනැතිකම

Disbelieve′, *v.* අවිශ්වාසකරණවා

Disbeliev′er, *s.* ඇදහිලි නැත්තා,
නොඇදහිලිකාරයා

Disbur′den, *v.* බර ඉවත්කරණවා,
බරින් නිදහස්කරණවා [නවා

Disburse′, *v.* වියදම්දෙනවා, ගෙවි

Disburse′ment, *s.* මුදල් අරන් ගෙවී
ම, ගෙවන ගණන

Disc, Disk, *s* මණ්ඩලය, වතුපිට [වා

Discard′, *v.* ඇරදමනවා, පහකරණ

Discern′, *v.* දකිනවා, විනිශ්චයකර
ණවා, තේරුම්ගන්නවා

Discern′ible, *a.* දක්කහැකි, දකග
තහැකි, දකෙන [හි පරීක්ෂාව

Discern′ment, *s.* විනිශ්චයඥාණය, සි

Discharge′, *v.* බඩුබානවා, නිදහස්
කරණවා, ඉවරකරණවා, හැරදම
නවා *s.* බඩුබෑම, ඇරීම, පිටවෙන
ද්‍රව්‍ය

Disci′ple, *s.* ගෝලයා, ශිෂ්‍යයා

Disciplina′rian, *s.* නියම අණපණත්
වල හසුරුවන්නා

Dis′ciplinary, *a.* පුහුණුකෙරීමට අයි
. ති, හික්මවීමට අදාල

Dis′cipline, *s.* පුහුණුකෙරීම, විනය,
ඥාණය, අච්චුකිරීම *v.* නියම් පිළිවෙ
ළයට හසුරුවනවා, පුහුණුකරණ
වා, මට්ටුකරණවා

Disclaim′, *v.* අයිතිකම් නැත කියන
වා, ඒත්තුනොගන්නවා [කිරීම

Disclaim′er, *s.* අයිතිනැත කිම, එපා

Disclose′, *v.* වැස්ම අරිණවා, ප්‍රකාශ
කරණවා, එළිදරව්කරණවා

Disclo′sure, *s.* එළිදරව් කිරීම, එළිද
රව්වන දේ

Discol′our, *v.* පාට වෙනස්කරණවා,
පාට නරක්කරණවා, ලක්ෂණ වෙ
නස්කරණවා [වනවා

Discom′fit. *v.* වියවුල්කරණවා, පරද

Discom′fiture. *s.* පැරදවීම, පරාජය

Discom′fort, *s.* සැනසිලි නැතිකම,
අපහසුව *v.* සිතේ අමාරුව හටගන්
වනවා

Discompose′, *v.* කලබැගෑනිකරණ
වා, වනතුල්කරණවා, අවුල්කරණ
වා, හිස්සාකරණවා

Discompo′sure, *s.* කැලඹීම, චංචලය

Disconcert′, *v.* කලඹනවා, අවුල්ක
රණවා, නිෂ්ප්‍රයෝජනකරණවා

Disconnect′, *v.* සම්බන්ධතාව කඩක
රණවා, වෙන්කරණවා

Discon′solate, *a.* සැනසිලිනැත්තාවූ,
කණගාටුවූ, ශෝකසහිතවූ

Discontent', *s.* අසතුටුභාවය, නෝ
සැහුම්කම
Discontent'ed, *a.* අසතුටුවූ, අසන්
තෝෂවූ [සන්නතාව
Discontent'ment, *s.* අසතුටුකම, අප්‍ර
Discontin'uance, Discontinua'tion, *s.*
නැවැත්වීම, අත්හිටවීම
Discontin'ue, *v.* නවත්වනවා, අත්හි
ටවනවා, නවතිනවා
Dis'cord, *s.* එකඟනොවීම, විරුද්ධක
ම, භේදය, නොපෑහෙන ශබ්ද
Discord'ant, *a.* භේදවූ, වෙනස්වූ,
නොපෑහෙන
Dis'count, *s.* අඩුකරණ ගණන, අල
ගු ගණන, අකල් පොලිය
Discoun'tenance, *v.* දුර්මුඛ කරණ
වා, ධෛර්‍ය්‍යනොදෙනවා *s.* අධෛ
ර්‍ය්‍යකිරීම [වා, කලකිරවනවා
Discour'age, *v.* ධෛර්‍ය්‍ය නැතිකරණ
Discour'agement, *s.* අධෛර්‍ය්‍යය, සිත්
කලකිරවන දේ
Discourse', *s.* කථාව, කීම, දේසනාව
v. කථාකරණවා, දේසනාකරණවා
Discourt'eous, *a.* ආචාරවන්ත නුවූ,
රළු [ලාචාර මදකම
Discourt'esy, *s.* ආචාරනැතිකම, ශී
Discov'er, *v.* සොයාගන්නවා, පෙන්
වනවා, වැහුම්අරිණවා, දකිනවා
Discov'ery, *s.* සොයා දැනගැන්ම,
සොයාගත් දේ, අමුතු කාරණව
Discred'it, *s.* අවිශ්වාසය, අපකීර්තිය
v. අවිශ්වාසකරණවා, අවනම්බුක
රණවා
Discred'itable, *a.* අපහාසවූ, නින්දා
වූ, අවමාන්න සහිතවූ
Discreet', *a.* ඥානවන්තවූ, ප්‍රවේසම්
ඇත්තාවූ [ය, අසමානකම
Discrep'ancy, *s.* වෙනස, විරුද්ධතාව
Discrep'ant, *a.* වෙනස්, විරෝධ, අසම
Discre'tion, *s.* ප්‍රඥාව, සිහිවිපරම
Discre'tionary, *a.* තනි නුවනට ඇර
තිබෙන, නිදහස්වූ
Discrim'inate, *v.* වෙන්කරණවා, ප්‍ර
භේද කරණවා, වෙනස දැනගන්
නවා
Discrimina'tion, *s.* වෙනස්කර දැන
ගැණීම, සිහිපරීක්ෂාව
Discrim'inative, *a.* වෙනස දන්නාවූ,
ප්‍රභේද ප්‍රකාශික
Discur'sive, *a.* එකකින් තවෙකකට
දුවන, සම්බන්ධකමක් නැති
Discuss', *v.* විභාගකරණවා, වාදනු
වාදකරණවා, තීරණයකරණවා
Discus'sion, *s.* විභාගය, විමසීම, වා
දය
Disdain', *v.* නොසලකාහරිණවා, අප
හාසකරණවා *s.* හෙලාදැක්ම, උඩ
ගුකම [ඩුරමවූ
Disdain'ful, *a.* හෙලාදකින්නාවූ, උ
Disease', *s.* ලෙඩ, රෝගය, ව්‍යාධිය,
වේදනාව [සිත
Diseased', *a.* ලෙඩවූ, රෝගාතුර, ව්‍යා

Disembark', *v.* ගොඩබානවා, ගොඩ බසිනවා

Disembod'y, *v.* ශරීරයෙන් චුතකරණවා, ශරීරරහිත කරණවා

Disembogue', *v.* නික්මවනවා, බැසයනවා, පිටවෙනවා

Disembow'el, *v.* බඩවැල් අරිණවා

Disengage', *v.* මුදනවා, නිදහස්කරණවා

Disengage'ment, *s.* මුදලීම, නිදහස, නිස්කලංකය [ටලිලි බේරණවා

Disentan'gle, *v.* බැඳුම් ලිහනවා, පැ

Disestab'lish, *v.* පණවනලද දෙයක් අවලංගුකරණවා

Disfa'vour, *s.* අනුපකාරය, අමනාපය *v.* අමනාපය දක්වනවා

Disfig'ure, *v.* අවලක්ෂණකරණවා, අප්වකරණවා

Disfran'chise, *v.* අධිතිවාසිකම් පැහැරකරණවා [නික්මවනවා

Disgorge', *v.* වමනේකරණවා, පිටට

Disgrace', *s.* නිග්‍රහය, ලජ්ජාව; නින්දාව, අවමාන්නය *v.* අවනම්බුකරණවා, නින්දාකරණවා

Disgrace'ful, *a.* අවමානන, නින්දිත, නීච [ලිකරණවා *s.* බොරුවේශය

Disguise', *v.* වෙස්පෙරළනවා, රුවවි

Disgust', *v.* අප්‍රියාව, අරුචිය, පිළිකුල්සිතීම *v.* අප්‍රියාකරණවා, නොරිස්සුම්කරණවා

Disgust'ing, *a.* අප්‍රිය උපදවන, රුචි නැති, අශික්ෂිත

Dish, *s.* පලඟාන, තැටිය, මණ්ඩය

Dis'habille, *s.* බුරුල් ඇඳුමක්, ගෙදරට අඳින ඇඳුමක්

Disheart'en, *v.* හිත් මලානිකකරණවා, ධෛර්ය්‍ය නැතිකරණවා

Dishev'el, *v.* හිසකේ අවුල්කරණවා, ලිහාඅරිණවා [පිරිපු

Dishev'elled, *a.* ලිහාවැටුනාවූ, නො

Dishon'est, *a.* වංක, හොර, අවිශ්වාස, තක්කඩි [යෝගය

Dishon'esty, *s.* වංකකම, වංචාව, ද්‍ර

Dishon'our, *s.* අවනම්බුව, නින්දාව *v.* අවනම්බු කරණවා, අවමාන්න කරණවා

Dishon'ourable, *a.* නිග්‍රහ කටයුතුවූ, අවනම්බුවූ, නින්දිත, අධාර්මික

Disinclina'tion, *s.* අකැමැත්ත, අමනාපය, හිතනැතිකම

Disincline', *v.* අමනාප කරවනවා, නොකැමති කරවනවා, අප්‍රියකරණවා

Disinfect', *v.* රෝග බෝවීමට හේතුවූ දේ නැතිකරණවා, විෂ අරිණවා

Disinfect'ant, *s.* රෝග බෝනොවෙන පිණිස විෂමරණ ද්‍රව්‍යය

Disingen'uous, *a.* අවංකනැති, ඍජු මද, නිවචූ [වා, අහිමිකරණවා

Disinher'it, *v.* උරුමය නැතිකරණ

Disin'tegrate, *v.* කොටස් වෙන්කරණවා [නවා

Disinter', *v.* සොහොනින් ගොඩල

Disin'terested, *a.* ආත්මාර්ථය නොස ලකන්නාවූ, අගතිරහිතවූ, අවිපක්ෂවූ

Disjoin', *v.* බෙදනවා, වෙන්කරණවා

Dislike', *v.* අප්‍රියකරණවා, අරුචිකර ණවා *s.* අප්‍රියාව, අප්‍රසන්නය

Dis'locate, *v.* අවසන්ධිකරණවා, සන්ධි ඉගිලෙනවා, උළුක්කුවෙනවා

Dislodge', *v.* ස්ථානයකින් නික්මව නවා, පහකරණවා

Disloy'al, *a.* රාජ්‍යාපරාධීවූ, ද්‍රෝහිකා ර, අවිශ්වාසවූ [වූ, භයානකවූ

Dis'mal, *a.* අඳුරුවූ, දුඃඛිතවූ, කාන්සා

Disman'tle, *v.* ඇඳුන් අරිණවා, සෑර සිලි පහකරණවා, කඩාදමනවා

Dismast', *v.* නැවේ කුඹපහකරණවා

Dismay', *s.* බයපත්කම, වීරියචදක ම, කැලඹීම *v.* භීතකරණවා

Dismem'ber, *v.* කෑලිකෑලි කපනවා, ගාත්‍රාසිඳිනවා, වෙන්කර හරිණවා

Dismiss', *v.* අරිණවා, අත්අරිණවා, මාරුකරණවා

Dismis'sal, Dismis'sion, *s.* අත්ඇරීම, මාරුකිරීම, පහකිරීම

Dismount', *v.* බහිනවා, බානවා

Disobe'dience, *s.* අකීකරුකම

Disobe'dient, *a.* අකීකරු, කීකරුනෑ [ති

Disobey', *v.* අකීකරුවෙනවා

Disoblige', *v.* අප්‍රසන්නකරණවා, අ සතුටුවන දේ කරණවා

Disor'der, *s.* අවුල්කම, කලබැගෑනි ය, කෝලාහලය, ලෙඩේ *v.* පිළිවෙ ළ කඩකරණවා, අවුල්කරණවා, ලෙඩහටගන්වනවා

Disor'derly, *a.* පිළිවෙළක් නැති, අ වුල්වූ, අකීකරු *ad.* වියවුල් ආකාර යෙන් [තිකම, වක්‍රතුලය

Disorganiza'tion, *s.* පිළිවෙළක් නැ

Disor'ganize, *v.* කොටස්‌ස වෙන්කර ණවා, වියවුල්කරණවා

Disown', *v.* පිළිනොගන්නවා, නැත කියනවා, එපාකරණවා

Dispar'age, *v.* අගේ අඩුකරණවා, අ වනම්බුකරණවා [මදිකම

Dispar'agement, *s.* අගය අඩුකිරීම,

Dispar'ity, *a.* අසමකම, වෙනස

Dispas'sionate, *a.* ශාන්ත, නිශ්චල, අපක්ෂපාත

Dispatch', *v.* යවනවා, ඉක්මන්කර ණවා, තීන්දුකරණවා, මරණවා *s.* කඩිසරකම, පණිවිඩ පත්‍රය [වා

Dispel', *v.* විසුරුවාදමනවා, දුරලන

Dispens'ary, *s.* බෙහෙත් සාදා දෙන ස්ථානය, බෙහෙත් ගේ

Dispensa'tion, *s.* දානයකිරීම, දෙවි යන්වහන්සේගේ ආණ්ඩුකිරීම, ශා සනය, අවසරය

Dispense', *v.* බෙදාදෙනවා, අයිතිකර නොගන්නවා, එපාකරණවා

Disperse', *v.* විසුරුවනවා, තුනීකර අමනවා, විසිරියනවා

Disper'sion, *s.* විසිරවීම, දුරිභූතවීම, විසිරයාම

Dispir'it, *v.* ඔදබිඳිනවා, ධෛර්‍ය්‍යහීනැ
තිකරණවා

Displace', *v.* ස්ථානය වෙනස්කරණ
වා, තනතුරෙන් මාරුකරණවා, අ
මුල්කරණවා. [නවා *s.* විදහාපෑම

Display', *v.* ප්‍රකාශකරණවා, දක්ව

Displease', *v.* අසන්තෝෂ කරණවා,
අමනාපකරණවා

Displeas'ure, *s.* අමනාපය, අප්‍රසන්
නය [හැසිරෙණවා

Disport', *s.* කෙළිනවා, සෙල්ලම්හ්

Dispos'al, *s.* යෝජනාව, නියමකළ
පිළිවෙළ, දීමනා බලය

Dispose', *v.* යොදනවා, හරිගස්සන
වා, කැමතිකරවනවා, දෙනවා, වි
කුණනවා [භාව, නැමීම

Disposi'tion, *s.* යෙදීම, පිළිවෙළ, ස්ව

Dispossess', *v.* හිමිකම නැතිකරණ
වා, පිටපත්කරදමනවා [වාදය

Dispraise', *s.* දෝෂාරෝපණය, අභ

Dispropor'tion, *s.* අසමානකම, එකා
කාර නැතිකම, අසම ප්‍රමාණකම

Dispropor'tionate, *a.* අසම, නොගැ
ළපෙන

Disprove', *v.* සාක්ෂි අවලංගුකරණ
වා, බොරු බව ඔප්පුකරණවා

Disput'able, *a.* තකහී, නිශ්චිතනො
වූ, සැක සහිත

Dis'pntant, *s.* වාදකාරයා, තර්කකරු

Disputa'tious, *a.* වාදකාර, අරෝ
වට හිතැති

Dispute', *v.* වාදකරණවා, තරඟයට
කථාකරණවා, අරෝව්කරණවා *s.* වි
වාදය, තරඟය

Dis-qual'ify, *v.* නුසුදුසුකරණවා, අ
යෝග්‍ය කරණවා

Disquisi'tion, *s.* විචාරය, විනිශ්චය

Disregard', *v.* නොසලකනවා, ගණ
නකට නොගන්නවා *s.* නොසැල
කීම, සුළුකිරීම [ය, අප්‍රියකම

Disrel'ish, *v.* අරුචිකරණවා *s.* අරුචි

Disrep'utable, *a.* අවනම්බුවූ, අවමා
න්නවූ, නින්දිතවූ

Disrepute', *s.* අවනම්බුව, අපකීර්තිය

Disrespect', *s.* නොසැලකීම, නො
තැකීම [න, නොහික්මුන්

Disrespect'ful, *a.* සැලකිලිනොදෙ

Disrobe', *v.* සළුව පැහැරගන්නවා,
සිවුරු අරිණවා [දය

Disrup'tion, *s.* පිපිරීම, දෙදරීම, භේ

Dissatisfac'tion, *s.* අප්‍රසන්නකම, අ
මනාපය [පවූ, නොසෑහුන්වූ

Dissat'isfied, *a.* නොසතුටුවූ, අමනා

Dissect', *v.* ශරීරය කපාබලනවා, ඡේ
දනයකරණවා, වෙන්කර බලනවා

Dissem'ble, *v.* රැවටිලිකරණවා, ක
පටිකම්කරණවා, ඇත්ත සඟවනවා

Dissem'inate, *v.* විසුරුවනවා, පතළ
කරණවා [අරෝව

Dissen'sion, *s.* විරුද්ධකම, භේදය,

Dissent', *v.* එකඟනොවෙනවා, භේ
දවෙනවා *s.* එක්සිත් නොවීම

Dissent'er, *s.* එකඟනොවී සිටින්නා, වෙනස්වෙන්නා

Dissen'tient, *a.* එකඟනැති *s.* එකමු තු නොවෙන්නා

Disserta'tion, *s.* විස්තර කථාව, දේ සනාව, විස්තර සංග්‍රහය

Disserv'ice, *s.* අවැඩය, අලාභය, හා නිය [කපනවා

Dissev'er, *v.* වෙන්කරණවා, දෙකට

Dissim'ilar, *a.* අසමානවූ, එකාකාර නොවන්නාවූ

Dissimilar'ity, *s.* අසමානකම, අසමා නත්වය [කපටිකම

Dissimula'tion, *s.* රැවටිල්ල, වංචාව,

Diss'ipate, *v.* වියදම්කරණවා, අහස් කරණවා, දුරුකරණවා

Dissipa'tion, *s.* විසුරුවාදැමීම, ඉසිරී ම, පංචකාමයෙහි ඇලීම

Disso'ciate, *v.* අසම්බන්ධකරණවා; වෙන්කරණවා

Dis'soluble, Dissolv'able, *a.* උණුක රන්ට හැකිවූ, දියකළ හැකිවූ, අව ලංගුකළ හැකිවූ

Dis'solute, *a.* දුශ්චරිත, සල්ලාල

Dissolu'tion, *s.* දියවීම, තුනීවීම, නාස්තිවීම, අනතිමය, මරණය

Dissolve', *v.* දියකරණවා, මක්නවා, ක්ෂයකරණවා, බිඳිනවා, වෙන්කර ණවා, බිඳෙනවා, උණුවෙනවා

Dissolv'ent, *a.* දියකරවන්නාවූ

Dis'sonance, *s.* විරෝධ ශබ්දය, එක ඟනොවීම

Dis'sonant, *a.* විරුද්ධ ස්වරවූ, එකඟ නුවූ, අමිහිරි, අසමාන

Dissuade', *v.* අකැමතිකරවනවා, ව ලක්වනවා

Dissua'sion, *s.* හිතනැරවීම, වැලැක් වීම [වචනය, විස්වරවාචකය

Dissyll'able, *s.* ශබ්ද දෙකකින් යුක්ත

Dis'taff, *s.* ඉද්ද

Dis'tance, *s.* දුර, එපිට, ඈත, බැනැර

Dis'tant, *a.* දුරවූ, එපිටවූ, දුරයතරවූ

Distaste'ful, *a.* අරුචිවූ, අප්‍රියවූ

Distem'per, *s.* ලෙඩ, අසනීපය, රෝ ගය [නවා, ඉදිමෙනවා

Distend', *v.* පළල්කරණවා, පුම්බව

Dis'tich, *s.* දෙපද කවිය

Distil', *v.* වාෂ්පනවා, වැස්සෙනවා, උණුකරණවා, පෙරණවා

Distilla'tion, *s.* වෑස්සීම, පෙරීම, පෙ රාගත්ත ද්‍රව්‍ය

Distill'ery, *s.* පෙරණ ස්ථානය, කල් දේරම්මඩුව [හැඳිලිවූ

Distinct', *a.* වෙනස්වූ, බේරුම්වූ, පැ

Distinc'tion, *s.* වෙනස, වෙනස් ලක්ෂ ණ, උසස්කම [ශේෂ

Distinct'ive, *a.* වෙනස දක්වන, වි

Distin'guish, *v.* වෙනස් කරණවා, බේරාගන්නවා, උසස්කරණවා

Distort', *v.* ඇදකරණවා, අරූපකර ණවා, වකතුලකරණවා

Distor'tion, *s.* වංකකම, ඇදකම, වි කෘතිය

Distract′, *v.* නොයෙක් අතට අදිනවා, වියවුල්කරණවා, කරදරකරණවා

Distrac′tion, *s.* වියවුල් ස්වභාව, කරදරය [බඩු අල්වනවා

Distrain′, *v.* බඩු තහනම්කරණවා,

Distress′, *s.* දුක, විපත්තිය, අනතුරව *v.* දුක්දෙනවා, වේදනාකරණවා

Distress′ful, *a.* දුක්ඛිත, වේදනා සහිත [කොටස්කරණවා

Distrib′ute, *v.* බෙදනවා, දෙනවා,

Distribu′tion, *s.* බෙදදීම, කොට්ඨාස වශයෙන් නියමකිරීම

Dis′trict, *s.* දිසාව, කෝරලේ, පත්තුව, තොටමුන [භේදකරණ

Distrib′utive, *a.* කොටස්කරණ, ප්‍ර

Distrust′, *s.* අවිශ්වාසකම, සැකය *v.* අවිශ්වාසකරණවා

Distrust′ful, *a.* අවිශ්වාසකරණ, සැක සහිත

Disturb′, *v.* චංචලකරණවා, කලත්තනවා, කලබලකරණවා, කරදරකරණවා

Disturb′ance, *s.* කැලඹීම, චංචලය, කරදරය, කෝලාහලය [විරුද්ධකම

Disun′ion, *s.* අසම්බන්ධකම, භේදය,

Disunite′, *v.* භේදකරණවා, ලිහනහනවා, වෙන්වෙනවා

Disuse′, *v.* පාවිච්චිනොකර අරිණවා, පුරුදුනැතිවෙනවා *s.* භාවිතාව නැවැත්වීම, අව්‍යවහාරය

Ditch, *s.* අගල, ඇලිය

Di′theism, *s.* ද්විදේවදෘෂ්ටිය [ර, එම

Dit′to, Do, *ad.* යටකී ලෙස, එමාකා

Dit′ty, *s.* ගීය, සින්දුව, ලුහුඬු කවිය

Diurn′al *a.* දෛවසික, දිනපතා

Divan′, *s.* රජ මන්ත්‍රණ සභාවක්, උතුම් ශාලාවක් හෝ ආසනයක්

Divar′icate, *v.* දෑතට බෙදීයනවා

Dive, *v.* කිමිදිනවා, විභාගකරණවා

Div′er, *s.* කිමිදින්නා, කිමිදින පක්ෂියෙක් [නවා

Diverge′, *v.* විහිදෙනවා, පැතිරය

Diverg′ence, Diverg′ency, *s.* විහිදයාම, ඈත්වී යන ස්වභාව

Diverg′ent, *a.* පහවෙන, ඈත්වේගණයන්නාවූ [බොහෝ

Di′vers, *a.* කිප, නොයෙක්, අනේක,

Diverse′, *a.* වෙනස්වූ, නානාප්‍රකාර, ප්‍රභේද, විරුද්ධ

Diver′sify, *v.* නානාප්‍රකාර කරණවා, ප්‍රභේදකරණවා, විසිතුරුකරණවා

Diver′sion, *s.* සෙල්ලම, ක්‍රීඩාව, ප්‍රීතිය

Diver′sity, *s.* වෙනස, අසමානකම, ප්‍රභේදකම

Divert′, *v.* පැත්තකට හරවනවා, සෙල්ලමෙන් ප්‍රීතිකරණවා

Divert′ing, *a.* සෙල්ලම්වූ, විනෝදක

Divest′, *v.* නිර්වස්ත්‍රකරණවා, අහිමිකරණවා, නැතිකරණවා

Divide′, *v.* බෙදනවා, කොටස්කරණවා, වෙන්කරණවා, භේදකරණවා, බෙදෙනවා

Div′idend, *s.* භාජනය, බෙදීමෙන් ලැබෙන කොටස

Divine′, *a.* දිව්‍ය *s.* දේවධර්මයෙහි නිපුණ තැනැත්තා, දේවගැතියා *v.* දිවස් කියනවා, දිවසින් මෙන් දැනගන්නවා [කියන්නා

Divin′er, *s.* දිවස් කියන්නා, සෝත්‍ර

Divin′ity, *s.* දිව්‍යකම, දේවත්වය, දෙවිකෙනෙක්, දේවධර්ම ශාස්ත්‍රය

Divisibil′ity, *s.* බෙදියහැකි ගුණය

Divis′ible, *a.* බෙදියහැකි, භාජ්‍ය

Divi′sion, *s.* බෙදීම, පංගුව, ඡේදය

Divi′sional, *a.* බෙදීමකට අයිති, කණ්ඩායම් වශයෙන්වූ

Divi′sor, *s.* බෙදන්නා, භාජකය

Divorce′, *v.* විවාහය අවලංගුකරණවා, වෙන්කරණවා *s.* දික්කසාදය

Divulge′, *v.* ප්‍රකාශකරණවා, එලිදරව්කරණවා

Diz′ziness, *s.* කරකැවිල්ල, තෝන්තුව, භ්‍රමණය

Diz′zy, *a.* වෙව්ලන්නාවූ, තෝන්තුවූ

Do, *v.* කරණවා, සාදනවා, ක්‍රියාකර

Do′bie, *s.* රදවා, රෙද්දා [ණවා

Do′cile, *a.* උගන්වන්ට පුළුවන්වූ, හිලෑවූ

Docil′ity, *s.* කීකරුකම, හික්මුන්කම

Dock, *v.* ලුහුඬුකරණවා, කොටකරණවා

Dock, *s.* නැව් උදෙසා සෑදූ තටාකය, විත්ති කුඩුව

Dock′yard, *s.* නැව් සාදන භූමිම, නැව් කොටුව

Doc′tor, *s.* පණ්ඩිතයා, වෛද්‍යාචාර්යයා, වෙද [ළබද

Doc′trinal, *a.* ගුරුකම්සහිත, ධර්ම ප

Doc′trine, *s.* ඉගැන්වීම, ධර්මය, දහම

Doc′ument, *s.* ඔප්පු පත, සාක්ෂි පත්‍රය, ලියවිල්ල, කැරය

Document′al, **Document**′ary, *a.* ලියවිලි සම්බන්ධ, පත්‍රවල අඩංගුවූ

Dodec′agon, *s.* ද්වාදශකෝණය

Dodge, *v.* පිටත පණිනවා, රැවටිලිකරණවා *s.* උපාය, දඟය

Doe, *s.* මුවදෙන

Doff, *v.* ඇඳුම් ගලවනවා, අහක්කර

Dog, *s.* බල්ලා, ශුනකයා [ණවා

Dog′cart, *s.* අශ්වරථ විශේෂයක්

Dog′fish, *s.* මෝරු වර්ගයක්

Dog′ged, *a.* රළු, මුරණ්ඩු

Dog′gerel, *s.* නරක කාව්‍යය, කුකවිය *a.* විධියකට නැති

Dog′gish, *a.* බලු ආකාරවූ, නකිශ, රළු [ශික්ෂාව

Dog′ma, *s.* ස්ථිරමතය, ධර්මය, නියම

Dogmat′ic, **Dogmat**′ical, *a.* නිශ්චිත, ඒකාන්තකොට කියන්නාවූ, නෛයමිකවූ

Dog′matism, *s.* මතය සහතිකකොට කීම, අහංකාරකම

Dog′matize, *v.* ඒකාන්තකොට කියනවා, අහංකාර ලෙස මතය ගෙණපානවා

Dog's'-ear, *s.* පොතකකොලේ නැමී තිබෙන කො
Doi'ly, *s.* මේසයේ කුඩා තුවායක්
Do'ings, *s pl.* කෝර්මවල්, වැඩපල
Doit, *s.* දෙයිතුව, අලුක්කාල
Dole, *v.* පංගුදෙනවා, බෙදාදෙනවා *s.* බෙදාදෙන විත [කසහිතවූ
Dole'ful, *a.* කාංසාවූ, දුක්ඛිතවූ, ශෝ
Doll, *s.* රූකඩය, බෝනික්කා
Dol'lar, *s.* පතාගය, රිදීපහ
Dol'orous, *a.* දුක්ඛිතවූ, කාංසාසහිතවූ
Do'lour, *s.* ශෝකය, කණගාටුව
Dol'phin, *s.* විසාල මත්ස්‍යවර්ගයක්
Dolt, *s.* අඥානයා, මූඪයා
Domain', *s.* උරුම ඉඩම, රාජ්‍යය
Dome, *s.* ඇගෑව, දාගැබ, වෙහෙර
Domes'tic, *a.* ගෙදරට අයිතිවූ, රහස් වූ, හීලෑවූ *s.* ගෘහස්ථ වැඩකාරයා
Domes'ticate, *v.* ගෙදරට පුරුදුකරණවා, හීලෑකරණවා
Dom'icile, *s.* ගෙදර, නිවාසය *v.* නියම ස්ථානයක පදිංචිවෙනවා
Dom'inant, *a.* අණ්ඩුකරන්නාවූ, ප්‍රධානකම ඇත්තාවූ
Dom'inate, *v.* අණ්ඩුකරණවා, බලය පවත්වනවා [ත්කාරය
Domina'tion, *s.* අණ්ඩුව, බලේ, බලා
Domineer', *v.* උඩගුකමින් අණ්ඩුකරණවා, අධිපතිකම්කරණවා
Domin'ion, *s.* අණ්ඩුව, බලප්‍රාක්‍රමය, රාජ්‍යය

Dom'ino, *s.* දිගඇඳුමක්, කැටකෙළිය
Don, *s.* ප්‍රධානියා, මහත්මයා [වා
Don, *v.* පැලඳගන්නවා, දමාගන්න
Dona'tion; *s.* දීමනාව, දානය, තෑග්ග
Don'ative, *s.* සතුටු දීමනාව, ජීවිකා දානය [ඩයා
Don'key, *s.* බූරුවා, ගර්දභයා, මෝ
Do'nor, *s.* තෑගිදෙන්නා, දායකයා
Doom, *s.* මූශිචීය, විනාශය *v.* වරදට පත්කරණවා, දඬුවමට නියමකරණවා
Dooms'day, *s.* අන්තිම විනිශ්චය දින
Door, *s.* දොර, වාරය
Door'case, Door'frame, *s.* උළුවස්ස
Door'keeper, *s.* දොරටුපාලයා
Door'way, *s.* දොරකඩ
Dor'mant, *a.* නිදිවූ, ක්‍රියානොකරණ ස්වභාවූ, ඇලවූ
Dor'mitory, *s.* නිදාගන්න ස්ථානය, ලැගුම්ගෙය, සොහොන
Dor'mouse, *s.* බටුමීයා, මීයන්වර්ගයක්
Dor'sal, *a.* පිටට අයිතිවූ, පෘෂ්ඨ
Dose, *s.* වරකට දෙන බෙහෙත්, බෙහෙත් පංගුව, ගතයුතු කොටස
Dot, *s.* බින්දුව, තිත *v.* තිත්ගහනවා
Dot'age, *s.* වෘද්ධවයසේ දුර්වලභාවය, ළාමකභාවය
Dote, *v.* ළාමකලෙස් ආදරයකරණවා, උමතුලෙස ඇලය වෙනවා
Dot'ted, *a.* බින්දු ඇත්තාවූ, තිත්තිත්වූ

Doub'le, *a.* විගුණවූ, දෙපටවූ, දෙපංගුවූ, ඉරට්ටවූ, රැවටිලිවූ *v.* දෙගුණකරණවා, නමනවා, දෙකෙන් වැඩිකරණවා, නැමෙනවා, (the fist) ගුළුක්කරණවා

Doub'le-dealing, *s.* දෙපිට කැපීම, වංචාව

Doub'le-entry, *s.* ගණන් දෙවිධියකින් ලියාතිබීම

Doub'le-minded, *a.* අනිශ්චිරවූ, චංචල සිත්වූ

Doubt, *v.* අනුමානකරණවා, සැකසිතනවා *s.* අනුමානය, අවිශ්වාසය, ශංකාව

Doubt'ful, *a.* අනුමානවූ, සැකසහිතවූ

Doubt'less, *ad.* අනුමාන නැතිව, නි [සැකව

Dough, *s.* අනාපු පිටි

Douse, *v.* විතුරේ ගිල්ලවනවා, නිවනවා

Dove, *s.* පරවියා, කොබෙයියා, බට [ගොයා

Dove'cot, *s.* පරවි කූඩුව

Dove'tail, *v.* ලෑලි එකිනෙකට වද්දනවා, පුරුද්දනවා, ගලපනවා

Dow'ager, *s.* උරුමයක් ඇති කන වැන්දුම් ස්ත්‍රී, වැන්දඹු මහේසිකාව

Dow'dy, *s.* අශික්ෂිත අශෝභන ස්ත්‍රිය

Dow'er, Dow'ry, *s.* දෑවැද්ද, දායාදය

Down, *ad.* පහත, පහළට, යටට

Down, *s.* හෙල් පිට්ටනිය, සිහින් රෝම, පුළුන් වර්ගයක්

Down'cast, *a.* පහත බලාගත්තාවූ, කාංසාවූ, විලාපකාවූ

Down'fall, *s.* යටවැටීම, නටබුන්වීම

Down'hearted, *a.* අධෛර්යවූ, සිත බල නැතිවූ

Down'right, *a.* සෘජුවූ, අවංක, ඒකාන්ත, හරි *ad.* කෙළින්ම, සහමුලින්ම

Down'ward, Down'wards, *ad.* පහත් දිසාවට, පහළට

Down'y, *a.* සිහින් රෝමමයවූ, කෝමලවූ, සැප ඇත්තාවූ

Doxo'logy, *s.* ස්තුති ගීය

Doze, *v.* අඩුනින්දෙන් නිදගන්නවා, නිදවැටෙනවා, ප්‍රමාදයෙන් පසුකරණවා *s.* අඩනින්ද

Doz'en, *s.* දුසිම, දොළහ *a.* දොළොස්

Drab, *a.* දූවිලිපාටවූ, දුඹුරු

Drachm, Dram, *s.* මදේරිය අටක බර

Draft, *s.* සටහන, කවුළුවෙන් හෝ දොරින් ගහන හුළඟ, සමූදුවකින් මිනිසුන් තෝරාගැනීම, මුදල ගෙවීමට දෙන පත්‍රය, දියේ කිඳෙන ප්‍රමාණය *v.* කෙටුම්පත් කරණවා, රචනාකරණවා, ඇදගන්නවා

Drafts'man, *s.* අඳින්නා, සිතියම්කාරයා

Drag, *v.* අදිනවා, ඇදගන්නවා, ඇදීගණයනවා *s.* කොක්ක, මිරි ගැලක්, බාධාවක්

Drag'gle, *v.* බිම ඇද කිළුටුකරණවා

Drag'net, *s.* අදින දැලක්, මාදැල

Drag'oman, *s.* තෝරාදෙන්නා, තුප්පහිකම් කියන්නා (තුර්කියෙහිද මිසරයෙහිද ව්‍යවහාර වචනයක්)

Drag'on, *s.* මහාකලනාගයා, මිථ්‍යා සර්පයෙක්, ක්ෂුද්‍රවගීයේ තරුවක්

Dragoon', *s.* අශ්වාරෝහණසේවකයා, අසරු හේවායා

Drain, *v.* නිස්සාරණවා, අගල් කපා හින්දවනවා, අද්දවනවා, බැසයනවා *s.* අගල, ඇල, කානුව

Drain'age, *s.* වැස්සියාම, වතුර බැසයන කානු යනාදිය

Drake, *s.* තාරාවා, රේරා

Dram, *s.* *see also* Drachm, සෝජ්පිය

Dra'ma, *s.* නාඩගම, නාඩගම්ප්‍රබන්ධය

Dramat'ic *a.* නාඩගමට අදාළවූ, නෘත්‍යකාරවූ

Dram'-shop, *s.* බීම විකුණන ස්ථානය, සුරාසැල

Drape, *v.* රෙදිපිලින් වසනවා

Drap'er, *s.* පිළි වෙළෙන්ද

Drap'ery, *s.* රෙදි, වස්ත්‍ර, පටපිළි, තිර

Draught, *s.* බර ඇදීම, මුදල් පත්‍රය, බීම, එක්වරකට කටටගත් බීම ප්‍රමාණය, සටහන, දැලටගන්න මසුන්, සේවක සමූහය *see* Draft

Draughts, *s. pl.* අශ්වාද ක්‍රීඩාව, දම් කෙළිය [කාරයා

Draughts'man, *s.* සිත්තරා, සිතියම්

Draw, *v.* අදිනවා, ඇදගන්නවා, උරණවා, ආශ්වාසකරණවා, ගැරගන්නවා, පෙරණවා, මදිනවා, අදිනවා, මුදල් ගැරගන්නවා, මුදල් පත්‍ර ලියනවා, ඇදෙනවා, එලඹෙනවා *s.* ඇදීම [වාසිය

Draw'back, *s.* තහනම, බාධාව, අ

Draw'bridge, *s.* උඩ අදින පාලම

Draw'er, *s.* ලාච්චුව

Draw'ing, *s.* සිතියම්කිරීම, සටහන, නොම්මර ඇදීම

Draw'ing-room, *s.* දර්ශනශාලාව, විසිත්ත කාමරය

Drawl, *v.* ඇදලා කථාකරණවා *s.* ඇදලාපැදලා කථාව

Draw'-well, *s.* වතුර අදින ළිඳ

Dray, *s.* මිටි බර කරත්තය, ගැල [නා

Dread, *s.* භය, භීතිය *a.* භීත උපදව

Dread'ful, *a.* භීතවූ, භයානක, ඝෝර

Dream, *s.* සිහිනය, ස්වප්නය *v.* සිහින පෙණෙනවා, ස්වප්න දකිනවා, අලස සිතිවිලි සිතනවා

Drear'y, *a.* කාන්තාරවූ, තනිවූ, කනගාටුඇති, නලංගු

Dredge, *s.* කාවාටි රැස්කරගන්න දැල *v.* අඩියෙන් පස් හෝ මඩ අහක්කරණවා, මස්වලට පිටි ඉසිනවා

Dredg'er, *s.* දියපල්ලෙන් පස් උස්සන යන්ත්‍රය

Dregs, *s.* මණ්ඩි, රොඩු, කුණු, බොර

Drench, *v.* පොඟනවා, තෙත්කරණවා, පොවනවා *s.* බලෙන් පොවන බෙහෙත්

Dress, *v.* අඳිනවා, සරසනවා, උයනවා, බෙහෙත් දමනවා *s.* ඇඳුම, වස්ත්‍රය, පැලඳුම

Dress′er, *s.* අත්දවන්නා, පිළියෙල කරන්නා, ශ්‍රෘංගාර මේසය

Dress′ing, *s.* ඇඳුම්, පෝර, වණයක් වෙළන බැම් අඳිය

Drib′ble, *v.* බින්දු වැගෙනවා, බින්දු ඉගෙනවා

Drib′let, *s.* වැස්සෙනපොද, බින්දුව

Dri′ed, *a.* වේලුන, වේලාපු

Drift, *s.* ගහගණයන ගොඩ, ගහගණයනඅත, අදහස, තේරුම *v.* ගොඩගැහෙනවා, පාවෙනවා, ඉලිප්පියනවා

Drill, *v.* විදිනවා, කිල්කරණවා, යුද්ධය පුරුදුකරණවා, පේළිවලට වපුරණවා *s.* බුරුමය, ගල්කටුව, පුහුණුකිරීම

Drill′ing, *s.* රෙදි ජාතියක්

Drink, *v.* බොනවා, පානයකරණවා *s.* බීම, මද්‍යපානය

Drip, *v.* බින්දු වැටෙනවා, වැස්සෙනවා *s.* පොදවැටීම

Dripp′ing, *s.* වැටෙන තෙල, මේදය

Drive, *v.* දක්කනවා, එලවනවා, වද්දවනවා, ගහගණයනවා *s.* රථයෙන් යාම, රථපාර

Driv′el, *v.* කෙළ වැගිරෙනවා, දෙඩවනවා [යා

Driv′eller, *s.* කෙලතොල්ලා, මෝඩ

Drizz′le, *v.* පොදගහනවා

Droll, *a.* කවටවූ, විකට *s.* විහිළුකාරයා

Drom′edary, *s.* වේගීයන ඔටුවෙක්

Drone, *s.* පැණි නොසාදන මීමැස්සා, කම්මැලියා, නලාවක් [නවා

Droop, *v.* දුර්වලවෙනවා, කලානතාවෙ

Drop, *v.* පොදවැටෙනවා, වැස්සෙනවා, හෙළනවා, අත්හැරදමනවා, ලුහුඬින් කියනවා, බස්වනවා

Drop, *s.* පොද, බින්දුව, කඩුක්කම

Drop′sy, *s.* දියඋදරය, උදර රෝගය

Dross, *s.* රොඩු, කුණු, බොර, බොල්

Dross′y, *a.* බොර සහිත, නොවටින

Drove, *s.* රැළ, රංචුව, සමූහය

Drov′er, *s.* ගවරැළක් දක්කන්නා, මැගරංවූ වෙළෙන්ද

Drought, *s.* නියඟ, ඉඩෝරය, පිපාසය

Drown, *v.* දියේ ඔබනවා, ගිල්ලවා මරණවා, ගිලී මැරෙණවා, වැහීයනවා, යටවෙනවා

Drows′y, *a.* නිදිමතවූ, කම්මැලිවූ

Drub, *v.* තළණවා, ගහනවා *s.* පහර, පොලූපහර

Drudge, *v.* අධික වැඩකරණවා, නීච වැඩකරණවා *s.* බරවැඩ කරන්නා, පහත්වැඩකරු

Drudg′ery, *s.* නීචවැඩ, වෙහෙස වැඩ, නිරන්තර වැඩ

Drug, *s.* බෙහෙත, ඖෂධය *v.* බෙහෙත් දවා මිශ්‍රකරණවා, බෙහෙත් දෙනවා

Drug'get, *s.* ලෝමමයවූ රෙදිවර්ගයක්

Drug'gist, *s.* බෙහෙත් බඩු විකුණන් නා [පුරාණ කැල්තික් සමය

Dru'idism, *s.* පුරාණ බ්‍රිතාන්‍යයන්ගේ ආගම,

Drum, *s.* දවුල, තම්මැට්ටම, බෙරේ *v.* දවුල් ගහනවා, බෙරගහා පිට කරණවා

Drum'head, *s.* දවුලේ හිස, බෙර ඇය

Drunk, *a.* බීගත්, මත්වූ, වෙරිවූ

Drunk'ard, *s.* බේබද්දා, සුරාධූතීයා

Drunk'en, *s.* බේබදු, වෙරිමත්වූ

Drunk'enness, *s.* බීමත්කම, මත්ගතිය

Dry, *a.* වියලි, තෙතමන නැති, නිසරු *v.* වේලනවා, වියලෙනවා

Dry'ly *or* **Dri'ly**, *ad.* තෙත නැතිව, ශුෂ්කලෙස, නිසරුලෙස

Dry'-nurse, *s.* තනකිරි නොදී ළදරුවා හදන්නී

Dry'-rot, *s.* ලීදඬු දිරායාම

Du'al, *a.* ද්වි, ද්විත්වකවූ

Dub, *v.* නම්බුනාමයක් දෙනවා, පට බඳිනවා, වැයෙන් සහිනවා

Du'bious, *a.* අනුමානවූ, සැකවූ

Duc'al, *a.* ප්‍රධාන් සිටු ධූරයට අයිති

Duch'ess, *v.* 'ඩියුක්' නම බරණ සිටානන්ගේ භායඝ්‍යාව, අග්‍ර සිටුදුව

Duch'y, *s.* ප්‍රධාන සිටානන්ගේ තොටමුන

Duck, *s.* තාරාවා, තාරාවී, දළ රෙදිවර්ගයක් *v.* දියේ ගිල්ලනවා, හිස පහත්කරනවා

Duct, *s.* නලය, නාලය

Duc'tile, *a.* කම්බි අදින්ට හැකිවූ, මෘදුවූ, හික්මවන්ට හැකිවූ, නැමෙන්නාවූ

Dudg'eon, *s.* ක්‍රෝධය, කොට කඩුවක්

Due, *a.* නයවූ, නිසි, සුතු, නියම *s.* ගෙවියයුතු දේ, බද්ද

Du'el, *s.* දෙන්නෙකුගේ යුද්ධය

Duet', *s.* දෙන්නෙකුගේ ගීතිකාව

Duke, *s.* වංශාධිපති නාමයක්

Duke'dom, *s.* පළමුවෙනි වංශාධිපති න්ලය, ඒට අයිති රාජ්‍යය

Dul'cet, *a.* රසවත්, රුචි, මිහිරි

Dul'cimer, *s.* ඒපංචිකාව, ගායනා යනායක්

Dull, *a.* ගුඩ්ඩවූ, මෝඩවූ, අඳුරුවූ, දුක්ඛිතවූ, මොට්ටවූ *v.* මොට්ටකරණවා, මිලානිනවෙනවා

Dull'ard, *s.* ගුඩ්ඩයා, මෝඩයා

Dull'-witted, *a.* මන්ඩබුද්ධිවූ, තීක්ෂණමදවූ [යම වේලාවට

Du'ly, *ad.* සුතුලෙස, නියමලෙස, නි

Dumb, *a.* ගොළු, නිශ්ශබ්ද

Dumb'-show, *s.* කථා නැතුව දක්වන නාඩගම [නිකා

Dump'ish, *a.* කාංසා සවභාවූ, මිලා

Dumps, *s. pl.* දුකඛිතභාවය, කාංසාව

Dump'ling, *s.* පිටිවසා සාදනකෑමක්, පුඩිංවර්ගයක් [බු වණිවූ

Dun, *a.* තලඑලලූ, අඳුරුපාටවූ, තාම්

Dun, *v.* ණය ඉල්ලා කරදරකරණවා
s. ණයගොවුකරණ ණය හිමියා
Dunce, *s.* ගුඩ්ඩයා, අඥානයා
Dung, *s.* කසල, අශුචි, ගොම, බෙටි
Dun'geon, *s.* ඇඳිරිගේ; හිරගේ [ඩ
Dung'hill, *s.* කසලගොඩ, කුණුගො
Duodec'imo, *a.* ඉරු දොළසකට නැමු
වාවූ *s.* දොළොස් ප්‍රමාණයේ පොත
Dupe, *v.* රවටනවා, මුළාකරණවා
s. පහසුවෙන් රැවටෙන්නා
Du'plicate, *a.* ද්විගුණවූ *s.* දෙවුම්පත
v. යුග්මකරණවා [කනම
Duplic'ity, *s.* දෙබස, රැවටිල්ල, වං
Durabil'ity, *s.* පවතිනාකම, චිරස්ථ
භාවය
Dur'able, *a.* පවතින්නාවූ, සවිවූ
Dur'ance, *s.* පැවතීම, හිරඅඩස්සිය
Dura'tion, *s.* පැවතීම, පවතිනකාලය
Dur'bar, *s.* රජදූක්ම
Dur'ing, *prep.* අතරතුරේදී, දී, තෙක්
Dusk, *s.* ඇඳිරිවීම, අඳුරුකම
Dusk'y, *a.* අඳුරුවර්ණවූ, කළුවූ
Dust, *s.* දූවිලි, පස්, රජස්, රේණු
v. දූවිලි ගසාදමනවා
Dust'er, *s.* දූවිලි ගසාදමන දෙය, දූ
විලි රෙදිකඩ
Dust'-pan, *s.* දූවිලි වළඳ [සුන
Dust'y, *a.* දූවිලිසහිත, ධූලියෙන් වැ
Du'tiful, Du'teous, *a.* කීකරුවූ, යට
හත්වූ, කීක්මුම්වූ [ව, තීරුව
Du'ty, *s.* යුතුකම, වැඩය, යටහත්ක

Dwarf, *s.* ලකුණ්ටකයා, මිට්ටා
Dwarf'ish, *a.* අකුට්ටුම්ටිවූ, ක්ෂුද්‍ර, පහත්
Dwell, *v.* පදිංචිවෙනවා, වාසයකරණ
Dwell'ing, *s.* පදිංචිය, වාසස්ථානය [වා
Dwin'dle, *v.* අඩුවෙනවා, හීනවෙනා
වා, අධමභාවයට පැමිණෙනවා, අ
ඩුකරණවා
Dye, *v.* සායම්පොවනවා *s.* සායම
Dyke, *s.* නියර, ඉවුර, වේල්ල
Dynam'ics, *s.* බල විස්තර ගැන ශා
ස්ත්‍රය, වේගශාස්ත්‍රය
Dyn'amite, *s.* සැරලෙස පුපුරණ ද්‍ර
ව්‍යයක් [ළපත
Dyn'asty, *s.* රාජ පරම්පරාව, රජපෙ
Dys'entery, *s.* පාචනරෝගය, අතිසා
රය
Dyspep'sy, Dispep'sia, *s.* අජීර්ණරෝ
ගය, මන්දාග්නිය
Dyspep'tic, *a.* අජීර්ණරෝගීවූ *s.* අජී
ර්ණයෙන්පෙළෙන්නා

E

Each, *a.* එක එක *pron.* එකිනෙකා,
එකිනෙක
Ea'ger, *a.* ආසාවූ, තන්හාවූ, ලොල්වූ
Ea'gerly, *ad.* ඉතා ආශාවෙන්, උන
න්දු ලෙස [ශ්ඛියා
Ea'gle, *s.* රාජාලියා, උකුස්සා, ගිජුලි
Ea'gle-eyed, *a.* තීක්ෂණ ඇස් ඇති, සි
හිපරීක්ෂා සහිත [හමගන්නවා
Ear, *s.* කණ, සවන, කරල *v.* කරල්

Ear'ache, *s.* කන් කැක්කුම
Ear'drop, *s.* කඩුක්කම, අරුන්නො
ලය
Ear'drum, *s.* කණේමැද කොටස්සය
Earl, *s* තුන්වෙනි සිටානෝ
Earl'dom, *s.* තුන්වෙනි සිටුනිලය, ඔ
හුට හිමි ප්‍රදේශය
Ear'ly, *a.* වේලාසන, අලුයම *ad.* වේ
ලාසන්න්, කල්තියා
Earn, *v.* උපදවනවා, සපයනවා, කු
ලීකොට සපයනවා
Ear'nest, *a.* කඩිසරවූ, ආසාලුත්, උ
නන්දු, ජවලිත [ම, ප්‍රථම ඵලය
Ear'nest, *s.* ඒකාග්‍රතාව, අත්තිකාර
Ear'nestly, *ad.* උත්සාහයෙන්, ජවලි
තාලස, ඒකාග්‍ර ලෙස, උදක්ම
Ear'nings, *s. pl.* සම්බන්ධ‍ාරගත් දේ,
පඩි
Ear'pick, *s.* කන්හැන්ද [රණය
Ear'ring, *s.* කඩුක්කාම, කුණ්ඩලාභ
Ear'shot, *s.* කාණට ඇසෙන දුර ප්‍රමා
ණය [ය, ලෝකය
Earth, *s.* පස්, පොළව, භූමිය, පෘථිවි
Earth'born, *a.* පොළවෙහි උපන්
Earth'en, *a.* මැටිමයවූ [දේ, මැටිබඩු
Earth'enware, *s.* මැටිවලින් සාදන
Earth'ly, *a.* මේ ලෝකයට අඩුත්තු,
භූමික, ලෞකික [කම්පාව
Earth'quake, *s.* භූමිකම්පාව,පොළෝ
Earth'work, *s.* පස් ඉවත්කිරීම, පස්
වැඩය

Earth'worm, *s.* ගැඩවිල් පණුවා, නී
ච ගති ඇත්තා
Earth'y, *a.* පස්මයවූ, පස්මුසු, පස්වැ
නි, භූමික
Ear'wax, *s.* කලාඳුරු, කන්හල
Ear'wig, *s.* පණුවෝ වර්ගයක්, කන්
වැයා [කාරයා
Ear'-witness, *s.* කණින් ඇසූ සාක්ෂි
Ease, *s.* පහසුව, නිෂ්කලංකය, සැන
සිල්ල *v.* ලේසිකරණවා, සහනයක
ණවා, සැපදෙනවා
Eas'el, *s.* සිතියම්කාරයා පාවිච්චිකර
ණ මැස්ස [දිග, පූර්වදිශාව
East, *s.* නැගෙනහිර, පෙරදිග, ඉඳු
East'er, *s.* පාස්කුව, පාස්කු මංගල්‍ය
ය, උපරිගමන මංගල්‍යය
East'erly, *a.* නැගෙනහිරින් එන.
නැගෙනහිර දිශාවටවූ
East'ern, *a.* පූර්වදිසාභාගයට අයිතිවූ
East'ward, *ad.* නැගෙනහිර දෙසට
Eas'y, *a.* පහසු, ලේසි, අමාරුනුවූ, න
දනැති, නිෂ්කලංක [ලදෙනවා
Eat, *v.* කනවා, අනුභවකරණවා, ව
Eat'able, *a.* කෑමට සුදුසු *s.* කෑමට
ගන්න දේ [පිලිකන්න
Eaves, *s. pl.* වහලේ අද්දර, අගුව,
Eaves'-dropper, *s.* පිලිකණ්ඩවල අහ
ගණ ඉන්නා, ඇහුම්කම්දෙන්නා
Ebb, *s.* බාදිය *v.* බසිනවා, බැසයන
වා, ක්ෂයවෙනවා
Eb'ony, *s.* කළුවර ලී

Ebri′ety, *s.* බිමත්කම

Ebulli′tion, *s.* උණුවී ඉතිරීම, ඉතිරීයාම, කලබලය, කිපීම

Eccen′tric, *a.* අව්‍යවස්ථිතවූ, මූලාවයන්නාවූ, නියමයෙන් පිටවූ

Eccentric′ity, *s.* අපූර්ව ක්‍රියාකාරකම, අනියම් ගුණය

Ecclesias′tic, *s.* පූජකයා, පාදිරිතැන

Ecclesias′tical, *a.* සමයානුකූල, සභාවට අයිති

Ech′o, *s.* ඝෝෂංකාරය, ප්‍රතිරාවය *v.* ඝෝෂංකාරදෙනවා [ව, පෙළහර

Eclat, *s.* (eclá) ඔල්වර හඬ, ප්‍රශංසා

Eclec′tic, *a.* තෝරාගන්නාවූ *s.* නොයෙක් අතින් මත තෝරාගන්න පණ්ඩිතයෙක්

Eclec′ticism, *s.* සියලූ ශාස්ත්‍රවලින්ම සත්‍යයකොට යම් කොටසක් තෝරාගැණීම

Eclipse′, *s.* ඉර හඳ වැහීම, ග්‍රහණය *v.* විසා අඳුරුකරණවා, හිවනවා

Eclip′tic, *s.* ක්‍රාන්තිමණ්ඩලය, මණ්ඩලචක්‍රය, හිරුමග [කවිය

Ec′logue, *s.* කව්වගීයක්, ගොපොල්

Econom′ical, *a.* සකසුරුවම්වූ, පිරිමැසුම්කාරවූ

Econ′omise, *v.* ප්‍රවේසමින් වියදම්කරණවා, පිරිමසනවා

Eco′nomy, *s.* ප්‍රවේසම, සකසුරුවම්කම, පිරිමැස්ම, පිළිවෙළ

Ec′stasy, *s.* ඉතාම ප්‍රීතිමත්කම, දූරියගනාහැකි ප්‍රීතිය

Ecstat′ic, *a.* ප්‍රීතියෙන් පිණවන, ඉතා ප්‍රීතිමත් [න්‍ය

Ecumen′ical, *a.* සමස්තලෝක, සාමා

Eda′cious, *a.* කෑදර, කෑබලාවූ, ගිජු

Ed′dy, *s.* සුළිය, දියසලාව *v.* කරකැවෙනවා

Edge, *s.* මුවාත, අද්දර, වාටිය, ගැට්ය *v.* අද්දරක් දමනවා, පොළඹනවා, ටිකෙන් ටික යනවා

Edge′tool, *s.* මුවාත ඇති ආවුදය

Edg′ing, *s.* වාටිය, පිස්මෙන්තුව, ලිස්තරය

Ed′ible, *a.* කන්ට සුළුවන්වූ, කන්නා

E′dict, *s.* රාජාඥාව, රාජනියෝගය [වූ

Edifica′tion, *s.* ඉගැන්වීම, ඥානාභිවෘද්ධිය, ගුණනැණ වැඩීම

Ed′ifice, *s.* මහත් ගොඩනැගිල්ල, මන්දිරය

Ed′ify, *v.* ධර්මඥානයෙහි වර්ධනයකරණවා, ආත්මිකලෙස දියුණුකරණවා

Ed′it, *v.* පොතක් ප්‍රසිද්ධකිරීමේදී බලාගන්නවා, කතෘකම්කරණවා

Edi′tion, *s.* එකවරට ප්‍රසිද්ධකළ පොත් ගණන, මුද්‍රණකාණ්ඩය

Ed′itor, *s.* පොත්පත් ප්‍රසිද්ධකෙරීමට සූදානම් කරන්නා, කතෘ

Ed′ucate, *v.* උගන්වනවා, පුහුණුකරණවා, හික්මවනවා

Ed′ucated, *a.* පුරුදු පුහුණුවූ, උගත්

Educa′tion, *s.* ඇතිකිරීම, ඉගැන්වීම, පුහුණුව

Educa'tional, *a.* ඉගැන්වීම සම්බන්ධ
Educa'tionist, *s.* ඉගැන්වීමේ නිපුණ අය, ශාස්ත්‍රෝද්ග්‍රහණය වැඩිදියුණු කරන්නා
Educe', *v.* පිටතට ඇදගන්නවා, ගැර ගන්නවා, නික්මවනවා
Educ'tion, *s.* පිටතට ඇද්දවීම, නික් මවීම, ඉපදවීම
Eel, *s.* අඳු
Efface', *v.* මකනවා, නාස්තිකරණවා
Efface'able *a.* මකාදැමිය හැකිවූ, ප හකල හැකිවූ
Effect', *s.* සිද්ධවීම, සිද්ධිය, නිත්‍යුව, ගුණය *v.* ඉෂ්ටකරණවා, උපදවනවා
Effec'tive, *a.* බලවත්වූ, ඉෂ්ටකරන්නාවූ, සිද්ධියුක්තවූ
Effects', *s. pl.* බඩු, දේපල, වස්තුව
Effec'tual, *a.* බලවත්වූ, ඉෂ්ටකළහැකිවූ, සාධන [ණවා
Effec'tuate, *v.* සිද්ධකරණවා, ඉෂ්ටකර
Effem'inacy, *s.* පුරුෂගති මදකම, දුර්වලකම, කාමුකතාව
Effem'inate, *a.* ගෑණු ස්වභාවවූ, අපුරුෂ, දුර්වල, ලපටි [තුවෙනවා
Effervesce', *v.* උතුරණවා, බුබුලු ම
Efferves'cence, *s.* ඉතිරීම, පෙනදැමීම [වලංගු
Effete', *a.* බෙලහීනවූ, ජරාපත්වූ, අ
Effica'cious, *a.* යමක් ඉෂ්ටකිරීමට බලය ඇති, අනිසංසලත් [ව
Ef'ficacy, *s.* බලකම, ගුණය, අනුභා
Effi'cience, Effi'ciency, *s.* සිද්ධිබලය, කාරකත්වය
Effi'cient, *a.* බල ඇත්තාවූ, සමර්ථවූ
Ef'figy, *s.* රූපය, රූකඩය, පඹයා
Effloresc'ence, *s.* මල්දැමීම, මල් පිපෙන කාලය, හමේ රතක්, කුඩ්‍යුපිව
Ef'fluent, *s.* වැවකින් හෝ ගඟකින් නික්ම ගලායන ඇලක් හෝ ඔයක්
Efflu'vium, *s.* නික්මෙණ දුර්ගන්ධද්‍රව්‍ය, දුර්ගන්ධය, හැරව
Ef'flux, *s.* බැහැයාම, පිටතයාම
Ef'fort, *s.* ව්‍යායම, උත්සාහය
Effront'ery, *s.* ලජ්ජානැතිකම, විලිබියනැතිකම [ව, තේජස
Efful'gence, *s.* දීප්තිමත්කම, ප්‍රභා
Efful'gent, *a.* දීප්තිමත්, ප්‍රොජ්වලිත
Effu'sion, *s.* වැගිරීම, වගුරණ දේ
Effu'sive, *s.* බොහෝසෙයින් පිටකරණ, වචන බොහෝවූ
Egg, *s.* බිත්තරය, බීජය, බිජුව
Eg'otism, *s.* පුර්වීම, උඩඟුවාචාලකම
Egotist'ic, *a.* තමන්ම වර්ණනාකරගන්න, අහංකාර
Egre'gious, *a.* බොහෝවූ, ඉතාමත්, හදබලවූ, විශිෂ්ටවූ
E'gress, *s.* නික්මයාම, පිටවීම
Egyp'tian, *a.* මිසරදේශයට අයිතිවූ *s.* මිසරයා [ක්
Ei'der-duck, *s.* මුහුදු තාරාවෝ වර්ගය
Eight, *a.* or *s.* අට

Eight'een, *s.* අටළොස, දහඅට
Eight'eenth, *a.* දහඅටවෙනි, අටළොස්වෙනි
Eight'fold, *a.* අටගුණයක්
Eighth, *a.* අටවෙනි
Eight'ieth, *a.* අසූවෙනි
Eight'y, *s.* අසූව
Ei'ther, *a.* or *pron.* දෙකින් එකක්, දෙන්නාගෙන් එක්කෙනෙක් *conj.* වත්, නුමුත්, හරි, හෝ
Ejac'ulate, *v.* හදිස්සියෙන් කෑගසනවා, ලුහුඩු යාච්ඤාබස් කටින් පිටකරණවා [ක
Ejac'ulatory, *a.* හදිසි, ලුහුඩින් කිය
Eject', *v.* අහක්කරදමනවා, පිටතට දමනවා, පහකරණවා, මෝචනය කරණවා
Ejec'tion, *s.* පිටකිරීම, බැහැරකිරීම, පැහැරීම [රීමේ නඩුව
Eject'ment, *s.* අහක්කෙරීම, පිටකෙ
Eke, *v.* වැඩිකරණවා, දිඝීකරණවා, පිරිමසනවා
Elab'orate, *v.* උත්සාහයෙන් සම්පූර්ණකරණවා, මාංසිගන්නවා *a.* උත්සාහයෙන් කළාවූ, සම්පූර්ණවූ, විසිතුරුවූ
Elabora'tion, *s.* සම්පූර්ණකිරීම, විසිතුරුකිරීම, ශරීරයේ අහර වෙනස්වෙන ක්‍රමය
Elapse', *v.* පසුවෙනවා, ගෙවෙනවා
Elas'tic, *a.* ඇදුම්දෙන්නාවූ, බුරුල්වූ, අපසු පණින සුලුවූ
Elastic'ity, *s.* අපසු පණින ගුණය, නැවත ප්‍රාණවත් වෙන්ට පූර්වත් කම
Elate', *v.* උසස්කරණවා, පිණවනවා, ආඩම්බර කරණවා
Ela'tion, *s.* ප්‍රීතියෙන් පිණීම, උසස්වීමෙන් ලත් අහංකාරය
El'bow, *s.* වැලමිට *v.* වැලමිටින් තල්ලුකරණවා, එපිටකරණවා
El'der, *a.* වැඩිමහල්, වයසින් වැඩිවූ *s.* වැඩිමහල්ලා, උපසථායකයා, ගස් වර්ගයක්
Eld'erly, *a.* මදක්මහලුවූ, වයස්ගතවූ
Eld'est, *a.* ඉතා වැඩිමහල්
El-dora'do, *s.* ස්වර්ණ ප්‍රදේශය, බොහෝ වස්තු තිබෙන ඉඩම
Elect', *v.* තෝරාගන්නවා *a.* තෝරාගත්තාවූ *s.* තෝරණු ලැබූඅය
Elec'tion, *s.* තෝරාගැණීම, දේව පෙර නියෝගය
Elect'ive, *a.* තෝරාගන්නාවූ
Elect'or, *s.* තෝරාගැණීමට බලය ලත්තෙක්
Elect'orate, *s.* ජර්මනියේ අගරජ තෝරාගැණීමේ බලය තිබූ සිටු නිලය හෝ සිටු ප්‍රදේශය
Elec'tric, Elec'trical, *a.* විදුලි බලය ඇත්තාවූ, විදුලි බලයෙන්වූ
Electric'ity, *s.* විදුලි බලය, විදුලි ශාස්ත්‍රය [හ වසාලනවා
Elec'troplate, *v.* විදුලි බලයෙන් ලෝ

Elec'trify, *v.* විදුලි ද්‍රව්‍ය පොවනවා, හදිස්සියෙන් ප්‍රබෝධකරණවා, විස්මපත්කරණවා

Elec'tuary, *s.* මධුර බෙහෙත් ගුළිය

Eleemos'ynary, *a.* භිඟමන්දීමට අයිතිවූ, පිනට දෙන්නාවූ

Eleg'ance, Eleg'ancy, *s.* මනෝඥභාව, ශෝභනකම, අලංකාරය

El'egant, *a.* මනෝඥවූ, අලංකාරවූ

Ele'giac, *a.* ලතෝනිවූ

El'egy, *s.* ලතෝනි ගිතිකාව [ව

El'ement, *s.* මුල් ධාතුව, නියම සචභා

Element'ary, *a.* අමිශ්‍රවූ, මුල්ධාතුවූ, ආරම්භවූ, මුල්

El'ements, *s.* මහා භූතයෝ, ආපෝ තේජෝ වායු පඨවි

El'ephant, *s.* අලියා, ඇතා, හසතියා

Elephan'tine, *a.* අලියා සම්බන්ධවූ, අලි, හසති, ඉතා ලොකු

El'evate, *v.* උස්සනවා, උස්කරණවා, උසස්කරණවා, උත්තමභාවයට පමුණුවනවා, ප්‍රීතිකරණවා

Eleva'tion, *s.* ඉස්සීම, උසස්ප්‍රමාණය, උසස් සචභාව, උස් ඉඩම, උස

El'evator, *s.* උසස්කරන්නා, ඉහත්කරණ යන්ත්‍රය, උස්සන නහරය

Elev'en, *s.* එකොළහ [වා

Elf, *s.* කුඩා ප්‍රේතයා, පිශාචයා, මිටි

Elic'it, *v.* එලියට ඇදගන්නවා, උපදවනවා

Elide', *s.* සචර ලොප්කරණවා

Eligibil'ity, *s.* සුදුසුකම, යෝග්‍යතාව, සුතුකව

El'igible, *a.* තෝරාගන්ට සුදුසුවූ, සෑහෙන්නාවූ, යෝග්‍යවූ

Elim'inate, *v.* පහකරණවා, අහක්කරණවා, නෙරපනවා

Eli'sion, *s.* සචර ලොප්කිරීම, දුහුඩුකිරීම, ලෝපය

Elix'ir, *s.* ඖෂධවර්ගයක්, රසායනයක්

Elk, *s.* ගෝණා

Ell, *s.* දෙරියන් හමාර [වි කවය

Ellipse', *s.* අණ්ඩාකාර ලක්ෂණය, දිග

Ellip'sis, *s.* ලොප්කිරීම, අධ්‍යාහාරය

Elocu'tion, *s.* කථාකිරීමේ අන්දම, උච්චාරණය, වාක්පටුත්වය [ණවා

Elon'gate, *v.* දිඝීකරණවා, දික්කර

Elong'ation, *v.* දික්කෙරීම, දුරවීම,

Elope', *v.* සැඟවී යනවා [දුර

Elope'ment, *s.* ස්ත්‍රියෙක් පුරුෂයෙක් සමග සැඟවීයාම

El'oquence, *s.* කථාවේ දක්ෂකම, වාක්පටුත්වය [ත

El'oquent, *a.* දක්ෂ කථාකාරවූ, වාක්

Else, *pron.* තවත්, වෙන *ad.* නැත්නම්, එසේ නොවීනම්

Else'where, *ad.* වෙනතැනක, අන්තැනක, වෙන කොහේවත් [නවා

Elu'cidate, *v.* විස්තරකරණවා, පහද

Elu'cidative, Elu'cidatory, *a.* විසදන, තෝරා දෙන [වා, මගඇරිණවා

Elude', *v.* හැංගෙනවා, වැලහෙන

Elu'sory, *a.* මගඇර යන්නාවූ, රව වන්නාවූ [සය

Elys'ium, *s.* ස්වර්ග භූමිය, ප්‍රීති නිවා

Ema'ciate, *v.* මාංසය දියවෙනවා, කෘශවෙනවා

Ema'ciated, *a.* කෘශවූ, කෙට්ටු

Em'anate, *v.* නික්මෙනවා, හටගන්නවා [දේ

Em'anation, *s.* නික්මීම, නිකුත්වෙන

Eman'cipate, *v.* නිදහස්කරණවා, මුදනවා, ඉට්ටන්කරණවා

Emancipa'tion, *s.* නිදහස්කිරීම, නිවහල්කම, ඉට්ටම

Emas'culate, *v.* කරඹනවා, කප්පාදුකාරණවා, පුරුෂගතිය නැතිකරණවා

Embalm', *v.* මෘතශරීරයේ සුගන්ධ ද්‍රව්‍ය ගල්වනවා, රක්ෂාකර තබනවා

Embank', *v.* නියරබඳිනවා

Embank'ment, *s.* වේල්ල, නියර

Embar'go, *s.* වරායට නැව් ඊම යාම වැලැක්වීම, වෙළඳුම් අත්හිටවීම, තහනම්කිරීම

Embark', *v.* නැව් නගිනවා, වැඩක් පටන්ගන්නවා

Embarka'tion, *s.* නැව්නැගීම, නැව කට පැටවීම, නැව්නැන්වූ බර

Embar'rass, *v.* බාධාකරණවා, අවුල් කරණවා, සිත් වියවුල්කරණවා

Embarr'assment, *s.* පැටලිලි ස්වභාව, කැලඹීම, අමාරුව

Em'bassy, *s.* තානාපතිකම, රාජ ප ණිවිඩය දරණ අය

Embat'tle, *v.* යුද්ධය පිණිස සරසනවා, යුද්ධ ප්‍රාකාර බඳිනවා

Embed'ded, *a.* ගැලී තිබෙන්නාවූ, ඔබා තිබෙන්නාවූ [කරණවා

Embell'ish, *v.* සරසනවා, අලංකාර

Embell'ishment, *s.* සැරසීම, අසිත්තම [කොටසක්

Em'ber-days, *s. pl.* උපවාස දවස්

Em'bers, *s. pl.* ගිනිඅඟුරු

Embezz'le, *v.* ප්‍රවේසමට දුන් දේ අධර්මයෙන් වියදම්කරණවා, වංචාවෙන් ගන්නවා

Embezz'lement, *s.* අනිකෙකුගේ වස්තුව හොරෙන් ගැණීම

Embla'zon, *v.* දීප්තිමත් සලකුණුවලින් අලංකාර කරණවා [ශය

Em'blem, *s.* සලකුණ, සංඥාව, අඳු

Embod'ied, *a.* මූර්තිමත්වූ, එක්කාසුකළාවූ, එක කඳකට අන්තර්ගතවූ

Embod'y, *v.* ශරීරයක් කරණවා, එකට අන්තර්ගතකරණවා

Embol'den, *v.* නිර්භීත කරණවා, ධෛර්යදෙනවා

Emboss', *v.* ඉහළට තෙරා සිටිනසේ කැටයම් කරණවා, උලුප්පවා අච්චු ගසනවා

Embrace', *v.* බදාගන්නවා, වැළඳගන්නවා, අන්තර්ගත කරණවා

s. බදාගැණීම, ආලිංගනය

Embra'sure, *s.* පවුරක විවරය
Embroca'tion, *s.* බෙහෙත් වතුර
Embroid'er, *v.* රූප්‍රදමනවා, ගෙත් තම්කරණවා
Embroid'ery, *s.* රූලිවාටි වැඹීම, ලි ගවැල් මැහුම, ගෙත්තම
Embroil', *v.* සඹංගුවනට අසුකරවන වා, පටලවනවා
Em'bryo, *s.* දරුගැබ, කලල් රූපය, ආරම්භය, පටන්ගැනීම [ස්සිම්
Emenda'tion, *s.* වරදහැරීම, හරිගැ
Emen'datory, *a.* වරදහරිණ, දෙස් දු රලන්නාවූ
Em'erald, *s* මරකතමිණ, පච්චගල
Emerge', *v.* මතුවෙවනවා, නික්මෙ නවා [රූ ප්‍රකාශව
Emer'gency, *s.* හදිසි ඕනෑකම, අඩ්‍ර
Emer'gent, *a.* මතුවෙන, හදිසියෙන් පැමිණෙන
Em'ery, *s.* සාද ලෝහ වර්ගයක්
Emet'ic, *s.* ලය විරේකය, වමනෙක රවන බෙහෙත
Em'igrant, *a.* සියරටෙන් පිටත්ව ය න *s.* පිටරට යන්නා [නවා
Em'igrate, *v.* සිය රටෙන් පිටත්ව ය
Em'inence, *s.* මස්තකය, මුදුන, උස් ස්ථානය, කන්ද, උසස්කම, උතුම් තනතුර, නම්බු නාමයක්
Em'inent, *a.* උසස්, උත්කෘෂ්ට, උතුම්
Em'inently, *ad.* අති, ප්‍රසිද්ධලෙස, වි ශේෂයෙන්ම

E'mir, *s.* මරක්කල කුමාරයා ෂයා
Em'issary, *s.* ඔත්තුකාරයා, වරපුරු
Emis'sion, *s.* නික්මවීම, පිටවෙනදේ
Emit', *v.* නික්මවනවා, විසුරුවනවා
Em'met, *s.* කූඹියා
Emol'lient, *a.* මොලොක් කරණ, සන්ග්ධ *s.* මොලොක්ගෙරීම පිණි ස් ගාන බෙහෙතක් [ජනය
Emol'ument, *s.* කුලී, ලාබය, ප්‍රයෝ
Emo'tion, *s.* හෘදකම්පාව, සිත චංච ලවීම
Emo'tional, *a.* සිත් චංචලවෙන ස්ව භාවූ [ළල තිබනවා
Empale', *v.* වැටබැඳ කොටුකරණවා,
Empan'nel, *v.* ජූරි මහත්වරුන්ගේ නම් සටහන්කරණවා
Em'peror, *s.* අගරජ්ජුරුවෝ
Em'phasis, *s* ස්වරනැඟීම, බරකොට කීම, අවධාරණය
Em'phasize, *v.* තදලෙස ස්වරනගා කියනවා [බලසම්පන්නවූ
Emphat'ic, *a.* ස්වරනගා කියන්නාවූ,
Em'pire, *s.* අග්‍රබලය, අගුරාජ්‍යය
Empir'ic, *a.* අත්දැකීම පිට රඳා තිබෙ න *s.* අසමර්ථ වෙද
Empir'icism, *s.* අත්හදා බැලීමෙන් ලත් ඥානය කෙරේ පමණක් පිහි ටන දෘෂ්ටිය, නිවාට වෙදකම
Employ', *v.* පාවිච්චිකරණවා, යොද නවා, මිඩංගුකරණවා, වැඩට පත් කරණවා

Employ'e. *s.* වැඩට පත්වූතැනැත්තා
Employ'ment, *s.* වැඩය, නිලේ,
කර්මාන්තය [ලද නගරය
Empor'ium, *s.* මහාවෙළඳම්පල, වෙ
Empow'er, *v.* බලේ දෙනවා [සව
Em'press. *s.* අග්‍ර මහේසිකාව, අගබි
Emp'ty, *a.* හිස්, ශූන්‍ය, පාළු, අඥාන
v. හිස්කරණවා, ශූන්‍යකරණවා
E'mu, *s.* ලොකු පක්ෂි වර්ගයක්
Em'ulate, *v.* තරඟකරණවා, සමාන
වීමට වීරියකරණවා
Em'ulative, Em'ulous, *a.* සමානවීම
ට උත්සාහදරන්නාවූ, තරඟ සහිත
Emul'sion, *s.* මිශ්‍ර පානයක්
Ena'ble, *v.* සමර්ථකරණවා, පුළුවන්
කරණවා, බලයදෙනවා
Enact', *v.* ආඥා පණවනවා, අණදෙ
නවා, ඉඩකරණවා
Enact'ment, *s.* පැණවීම, ආඥාව, පණත
Enam'el, *s.* තදවූ තුනී බඳුමයක්
v. ඔප බඳුමගානවා
Enam'oured, *a.* කාද සොහයෙන්
යුක්තවූ, සිත් ඇදුනාවූ, සතුටුවූ
Encamp', *v.* කඳවුරුබැද සිටිනවා,
කුඩාරම්ගහනවා
Encamp'ment, *s.* කඳවුරු බැඳීම, ක
ඳවුර, කූඩාරම් භූමිය [ගන්නවා
Enchain', *v.* දම්වැන් බඳිනවා, අල්ලා
Enchant', *v.* මතුරණවා, ප්‍රීතිමත්කර
ණවා [ත්‍රකාරයා, ප්‍රමෝදකරන්නා
Enchant'er, *s.* අනවිනකාරයා, මන්

Enchant'ment, *s.* කොඩිවිනය
Enchant'ress, *s.* අනවිනකාරී, මායා
කාරී [නවා
Encirc'le, *v.* වටකරණවා, වටේට ය
Enclit'ic, *s.* අගට බැඳී තිබෙන වච
නය [කරණවා
Enclose', *v.* වටකරණවා, ඇතුළත්
Enco'mium, *s.* ප්‍රසංශාව, වර්ණනාව
Encom'pass, *v.* හාත්පසින් ඇවිදින
වා, වටකරණවා [වතූ ඉල්ලනවා
Encore', *ad.* නැවත, දෙවතූ *v.* දෙ
Encount'er, *v.* සම්මුඛවෙනවා, හරි
ලනවා, විරුද්ධව සිටිනවා, සටන්
කරණවා *s.* සම්මුඛවීම, පොරය
Encour'age, *v.* ධෛර්‍ය්‍ය කරණවා,
වීර්‍ය්‍යදෙනවා, අනුබලදෙනවා
Encour'agement, *s.* ධෛර්‍ය්‍ය කිරීම, අ
නුබලය
Encroach', *v.* අල්ලාගන්නවා, අනුන්
ගේ අයිතිකරගන්නවා
Encroach'ment, *s.* අනුන්ගේ අල්ලා
ගැනීම, ක්‍රමයෙන් පැහැරගත් දේ
Encum'ber, *v.* බරකරණවා, බරපට
වනවා [කස් නය
Encum'brance, *s.* බර, බාධාව, උ
Encyc'lical, *a.* පොදු ලියුමක් වශ
යෙන් පිටත්කර හරින්නාවූ, සාමා
න්‍ය
Encyclopæ'dia, *s.* සෑම කාරණ ගැ
ණම අකාරාදි පිළිවෙළින්වූ පො
තක්, විද්‍යාභාරාවලිය

End, s. කෙළවර, කොණ, අන්තිමය, මරණය, අදහස v. අන්තිමකරණවා, හමාරකරණවා, කම්මුතුවෙනවා, කෙළවර වෙනවා [නවා
Endan'ger, v. අනතුරුවට පමුණුව
Endear', ප්‍රියකරණවා. පෙම්බඳිනවා
Endear'ment, s. ස්නේහබැඳීම, ප්‍රියවඩවන කාරණව
Endeav'our, v. උත්සාහකරණවා, වෑයම්කරණවා, s. වෑයම
End'ing, s. කෙළවර, ප්‍රත්‍යය
End'less, a. කෙළවරක් නැත්තාවූ, අනන්තවූ
Endorse', v. මතුපිටලියනවා, පිට අත්සන්කරණවා, සහතික කරණවා
Endow', v. දෑවැද්ද දෙනවා, සම්පත් අයිතිකරණවා, උරුමකරණවා
Endow'ment, s. දායාද දීම, දෑවැද්ද, උරුම්කර දෙනලද සම්පත
Endue', v. ගෙණදෙනවා, පලඳවනවා, ගුණකාකරණවා, අතමයට අත්කරදෙනවා [හැකි
Endur'able, a. දරියහැකි, ඉවසිය
Endur'ance, s. ඉසිලීම, දරීම, ඉවසීම
Endure', v. පවතිනවා, ඉවසනවා, විඳිනවා, ධරණවා
End'wise, ad. කොණ බිම තිබා, අගපෙරටුකොට
En'emy, s. සතුරා, එදිරිකාරයා
Energet'ic, a. වියසීවන්ත, උත්සාහවන්ත, තදබල, උනන්දු
En'ergy, s. බලේ, වියසීය, ශක්තිය
Ener'vate, v. බෙලහිනකරණවා, සවි නැතිකරණවා
Enfee'ble, v. දුර්වලකරණවා, වසක්කේබු කරණවා
Enforce', v. බලයෙන් කරවනවා, බලාත්කාරකරණවා, විලංගුකරණවා
Enforce'ment, s බලකිරීම, සවිකිරීම, බලාත්කාරය
Enfran'chise, v. නිදහස්කරණවා, පුරවැසිව අයිතිවාසිකම් සලස්වා දෙනවා, බලය දෙනවා
Engage', v. පත්කරණවා, බැඳගන්නවා, නියුක්ත වෙනවා, පොරටසිටිනවා, සිත්ගන්නවා, පොරොන්දු වෙනවා [විසුම. වැඩේ. සටන
Engage'ment, s. පොරොන්දුවීම, ගි
Engag'ing, a. සිත් දිනාගන්න, ප්‍රියකරවන
Engen'der, v. ජනක කරණවා, උපද
En'gine, v. සූත්‍රය, යන්ත්‍රය [වනවා
Engineer', s. යන්ත්‍ර බලාගන්නා, ඉංජිනේරුවා
En'glish, a. ඉංග්‍රීසි s. ඉංග්‍රීසිභාෂාව
Engrave', v. කැටයම්කරණවා, ධාරණයකරණවා
Engrav'ing. s. කැටයම් කර්මාන්තය, කැටයම්කින් ගෙවිචුගසාගත් පිතියම
Engross', v. සිත් එකඇත්කරණවා, මුළුමනින්ම යොදගන්නවා; ලොකු අකුරුවලින් ලියනවා

Engulf′, *v.* වතුරේ ගිලගන්නවා
Enhance′, *v.* වැඩිකරණවා, උස්කර
ණවා, ගණන් උස්සනවා
Enhance′ment, *s.* වැඩිකිරීම, වැඩිවීම
Enig′ma, *s.* අමාරුප්‍රශ්නය, තේරවිල්ල
Enigmat′ical, *a.* විසඳන්ට අමාරුවූ,
තේරවිලි ආකාරවූ
Enjoin′, *v.* අණදෙනවා, අවවාද දෙ
නවා, නියෝගකරණවා
Enjoy′, *v.* ප්‍රීතිමත්වෙනවා, බුක්ති
විඳිනවා, අනුභවකරණවා
Enjoy′ment, *s.* භුක්තිවිඳීම, ප්‍රීතිය,
සැපත [ණවා, අවුස්සනවා
Enkin′dle, *v.* දල්වනවා, පත්තුකර
Enlarge′, *v.* වැඩිකරණවා, මහත්ක
රණවා, විස්තරකොට කියනවා, නි
දහස්කරණවා [ලවීම, වර්ධනය
Enlarge′ment, *s.* ලොකුකිරීම, විශා
Enlight′en, *v.* ආලෝක කරණවා, උ
ගන්වනවා, පහදනවා
Enlight′enment, *s.* ආලෝක කෙරීම,
පැහැදුන ස්වභාව
Enlist′, *v.* නම් ලියාගන්නවා, සේවා
කමට බැඳෙනවා, ලියවෙනවා
Enliv′en, *v.* ජීවමානකරණවා, ප්‍රාණ
වත්කරණවා, ප්‍රීතිකරණවා
En masse, *ad.* සමූහවශයෙන්
En′mity, *s.* සතුරුකම, විරුද්ධකම
Enno′ble, *v.* උතුම්කරණවා, උසස්
කරණවා [ලකිරීම
Ennui′, *s.* අප්‍රියාව, වසක්කේඩුව, ක
Enor′mity, *s.* තදවරද, භයානක පැව
තුම, අති දුෂ්ටකම
Enor′mous, *a.* ඉතා ලොකු, ඉතා තද
බල, අති දුෂ්ටවූ
Enough′, *a.* සෑහෙන *ad.* සෑහෙන
පමණ *s.* සම්පූර්ණකම, සෑහුම
Enrage′, *v.* ඉතා කෝපකරණවා, ත
රහකරණවා
Enrap′ture, *a.* ඉතා ප්‍රීතිමත්කරණවා,
ප්‍රීතියෙන් පිණවනවා
Enrich′, *v.* පොහොසත් කරණවා
Enrich′ment, *s.* ධනවත්කිරීම, ඓශ්වර්‍ය
ය හටගන්වන දේ
Enrol′, *v.* නම්වට්ටෝරුකරණවා, ස
ටහන්කරණවා, ලියාපදිංචිකරණවා
En route, *ad.* පාරේ, මගදී
Ensam′ple, *s.* ආදර්ශය [දන්කරණවා
Enshrine′, *v.* කරඬුවක තබනවා, නි
En′sign, *s.* කොඩිය, ධජය, කොඩිය
උසුලන අය, කොඩිකාරයා
Enslave′, *v.* දාසකරණවා, වහල්කර
ණවා [සිද්ධවෙනවා
Ensue′, *v.* අනුවපැමිණෙනවා, පසුව
Ensure′, *v.* සත්‍යකකර තබනවා,
සත්‍යකලෙස කරණවා
Entail′, *v.* උරුමය නියමකර තබන
වා, පිළිවෙළ නොසිඳීමවා පැවතෙ
නවා, සත්‍යක ලෙස පමුණුවනවා
Entail′ment, *s.* උරුමය නියමකර දී
ම, ප්‍රවේණිකරදීම [නවා
Entan′gle, *v.* අවුල්කරණවා, පටලව

En'ter, *v.* ඇතුල්වෙනවා, ඇතුළට ව
දිනවා, සටහන් කරණවා
Euteri'tis, *s.* අතුණු හෝ බඩවැල් දැ
විල්ල
En'terprise, *s.* භාරගන්න කාරණ
ව, නිර්භීත ක්‍රියාව, ධෛර්‍යය
En'terprising, *a.* අනතුරුඇති කාර
ණ භාරගන්න, උත්සාහවන්ත
Entertain', *v.* සත්කාර කරණවා, සං
ග්‍රහකරණවා, කල්පනාවටගන්නවා
Entertain'ment, *s.* සත්කාරය, මංග
ල්‍යය, සෙල්ලම
Enthrone', *v.* සිංහාසනාරූඪකරණ
වා, අභිෂේක කරණවා
Enthu'siasm, *s.* මහත් ජ්වලිතකම, බ
ලවත් උනන්දුව
Enthu'siast, *s.* ඉතාමත් ජ්වලිත අය
Enthusias'tic, *a.* ඉතාමත් ජ්වලිත, දැ
වෙන උනන්දුව ඇති [ඹනවා
Entice', *v.* කැමතිකරවනවා, පොල
Entice'ment, *s.* සිත්ඇලවීම, පොලඹ
Entire', *a.* සම්පූර්ණ, මුළු [න දේ
Entire'ly, *ad.* සහමුලින්ම, සම්පූර්ණ
යෙන්ම [ව, අඛණ්ඩතාව
Entire'ty, *s.* සම්පූර්ණකම, සේරම බ
Enti'tle, *v.* නම් තබනවා, හිමිවීමට
බලය දෙනවා
En'tity, *s.* පැවැත්ම, සත්වයා
Entomb', *v.* භූමදානකරණවා
Entomol'ogy, *s.* මැසි ආදී කුඩාසතුන්
ගැණ ශාස්ත්‍රය

En'trails, *s. pl.* අතුනු, බඩවැල් [සල
En'trance, *s.* ඇතුල්වීම, දොරකඩ, වා
Entrance', *v.* මූර්ච්ඡාවට පමුණුවන
වා, අතිශයින් ප්‍රීතිමත්කරණවා
Entrap', *v.* උගුලට අල්ලනවා, රව
ටා අසුකරණවා
Entreat', *v.* බැගෑපත්ව ඉල්ලනවා,
යාච්ඤාකරණවා
Entreat'y, *s.* කන්නලව්ව, යාච්ඤාව
Entree', *s.* (ang-tra) ඇතුල්වීම, ඇ
තුල්වෙන්ට අවසරය, මුල් ආහාරය
Entrust', *v.* භාරදෙනවා, පාවාදෙන
වා [ග, ලියාතැබීම, සටහන
En'try, *s.* ඇතුල්වීම, ඇතුල්වෙන ම
Entwine', *v.* දවටනවා, ඔතනවා
Entwist', *v.* විවෙටා ඔතනවා
Enu'merate, *v.* ගණන්කරණවා, එ
කිනෙක කියාදෙනවා
Enumera'tion, *s.* ගැණීම, එක එක
සඳහන්කිරීම, ගණන
Enun'ciate, *v.* පැහැදිලි ලෙස කියා
දෙනවා, දන්වනවා, දක්වාසිටිනවා
Enuncia'tion, *s.* කියා දක්වා සිටීම,
උච්චාරණයකරණ අන්දම
Envel'op, *v.* ඔතනවා, දවටනවා, අ
තුලනවා, සඟවනවා
En'velope, *s.* ලියුමේ පිටවැස්ම
Enven'om, *v.* වහදමනවා, විෂපොව
නවා, ක්‍රෝධකරණවා
En'viable, *a.* ඊර්ෂ්‍යාසහගතගන්වන්නාවූ,
අශාන්තරවන

En'vious, *a.* ඊර්ෂ්‍යාවූ, කුහුඹක්වූ
Envi'ron, *v.* වටකරණවා, කොටුකරණවා
හාත්පස සිටිනාව
Envi'ronment *s.* වටේටතිබෙන දේ,
Envi'rons. *s. pl.* වටපිට ස්ථාන, පිටකොටුව, බහිද්වාර
En'voy, *s.* රාජදූතයා, රාජ පණිවිඩකාරයා [කරණවා
En'vy, *s.* ඊර්ෂ්‍යාව, වෛරය *v.* ඊර්ෂ්‍යා
Eol'ian harp, *s.* සුලඟින් කරණලද නාද ඇති වීණාවක්
E'pact, *s.* චන්ද්‍රමාස ප්‍රමාණය
Epaulet', *s.* කූරස්, යුද්ධයේ මූලාදෑනියෙකුගේ උර පලඳනාව [ඒනාව
E'phah, *s.* බුසල් එකහමාරක මිම්මක්,
Ephem'eral, *a.* එක දවසක් පවතිනාවූ, දෛවසික, ටිකකට පවතින
Ephem'eris, *s.* දිනචරියාව, ග්‍රහචාරය
Eph'od, *s.* ඒපොද, පූජක පලඳනාව
Ep'ic, *v.* ඉතිහාසිකවූ, උසස් කථා ප්‍රබන්ධවූ *s.* ඉතිහාස කාව්‍යම [දරයා
Ep'icure, *s.* සැපතට ලොල්වූඅය, කෑ
Ep'icurism, *s.* එපිකුරෙව්වන්ගේ ධර්මය, සැපලෝලත්වය
Epidem'ic, *s.* වසංගතය
Epider'mis, *s.* පිට සිවිය, හෝහම
Epiglot'tis, *s.* උඩු දිව [ණු වාක්‍යය
Ep'igram, *s.* ලුහුඬු කවිය, තියුණු ල
Epigrammat'ic, *a.* ලඝු කාව්‍යාකාර, ලුහුඬුවූ හා ඇනෙන්නාවූ
Ep'igraph, *s.* ගෘහචෛත්‍යාදියෙහි වැඩාදිය දක්වන සටහන, මාතෘකා පදය [චාරය
Ep'ilepsy, *s.* මීමස්මිර රෝගය, අපස්
Ep'ilogue, *s* නාඩගමේ සාරාංශය
Epiph'any, *s.* නක්ෂත්‍රගිය දෙවිලාට වෙන් දවස, එදින මංගල්‍යයක්
Epis'copacy, *s.* බිස්කොප් අණ්ඩුව, පාරිදර්ශික ක්‍රමය
Epis'copal, *a.* බිස්කොප් කෙනෙකුට අදාළවූ, පාරිදර්ශික
Episcopa'lian, *a.* පාරිදර්ශික *s.* පාරිදර්ශික සභාකාරයා [දර්ශක පදවිය
Epis'copate, *s.* බිස්කොප් ධුරය, පාරි
Ep'isode, *s.* අතුරු කථාව
Epis'tle, *s.* යවුම් පත්‍රය. ලියමන
Epis'tolary, *a.* යවුම්පත්‍රවලින්වූ, ලියුම්වලට අඩංගුවූ
Ep'itaph, *s.* සොහොන්කොතේ කොටනලද අකුරු, චෛත්‍ය ලේඛනය
Ep'ithet, *s.* ගුණ ප්‍රකාශකාරණ නම, ගුණාර්ථ වාක්‍යය
Epit'ome, *s.* ලුහුඬු සංග්‍රහය, සඟරාව
Ep'och, *s.* වැදගත් වකවානුව [කාම
Equabil'ity, *s.* සමගුණය, ඒකාකාර
E'quable, *a.* සමවූ, නොපෙරළෙන්නාවූ
E'qual, *a.* සමාන, ඒකාකාර, තුල්‍ය *s.* සමාන තැනැත්තා *v.* සමකරණවා
Equal'ity. *s.* ඒකසමානත්වය, සමකම
E'qualize, *v.* සමකරණවා, සමානත්වයට පමුණුවනවා

Equanim'ity, *s.* සිතේ නිශ්චලකම, නිසන්සලභාවය

Equa'tion, *s.* සමකිරීම, සම ප්‍රමාණ කොට දැක්වීම [ක්ෂය

Equa'tor, *s.* ලෝකේ මැද ඉර, නිර

Eq'uerry, *s.* රජ අශ්වපාලයා

Eques'trian, *a.* අසරුවූ *s.* අසරුවා

Equian'gular, *a.* සමකොන්ඇත්තාවූ

Equidis'tant, *a.* සමාන දුරවූ

Equilat'eral, *a.* සමපැති ඇත්තාවූ

Equilib'rium, *s.* සමානබරකම, නිශ්චලකම

Equimul'tiple, *s.* තුල්‍ය ගුණිතය

E'quinox, *s.* දිවාරාත්‍රිදෙක සමවෙන කාලය

Equip', *v.* උවමනා සපයාදෙනවා, සරසනවා [විභනය, ආයිත්තම්

Eq'uipage, *s.* යුද්ධභාණ්ඩ, පිරිවර,

Equip'ment, *s.* උවමනාදී සැරසීම, සපයාදෙන බඩු

E'quipoise, *s.* තුලාබර, සම බලය

Eq'uitable, *a.* සාධාරණවූ, අගතිරහිතවූ, හරිවූ. යුතුවූ

Eq'uity, *s.* සාධාරණකම, යුක්තිය

Equiv'alent, *a.* සමඅගයවූ, සමාන අභිප්‍රා ඇත්තාවූ *s.* බලයෙන් සමවූ දෙයක්

Equiv'ocal, *a.* අනුමාන අර්ථ ඇත්තාවූ, යුගලාර්ථවූ, සැකවූ

Equiv'ocate, *v.* විප්‍රකාර අර්ථ ඇතුව කථාකරණවා, රවටන පිණිස සගවා කථාකරණවා

E'ra, *s.* වකවානුව, යුගය, සමය

Erad'icate, *v.* මුලින් උදුරණවා, නාසතිකරණවා [උකනවා

Erase', *v.* සූරාඅරිණවා, කටුගානවා,

Era'sion, Erase'ment, Era'sure, *s.* සූරාදැමීම, කටුගෑම, කටුගෑතැන

Ere, *ad.* ඉස්සර, පෙර, ප්‍රථමයෙන්, පළමුවෙන්

Erect', *s.* කෙළින්කරණවා, ඉදිකරණවා, ගොඩනගනවා *a.* කෙළින්වූ, ඔ ·වාපු, ඍජු [නැගීම

Erec'tion, *s.* කෙළින්කෙරීම, ගොඩ

Ere'long, *ad.* වැඩි කල්යන්ට ප්‍රථමයෙන්, ටික කලකින් [සින්

Er'go, *con.* ඉන්නිසා, එබැවින්, එහෙ

Er'mine, *s.* පුංචි මෘග වර්ගයක්, සුදුමුගටි ලොම් වර්ගයක්

Ero'sion, *s.* කාවැදීම

Err, *v.* වරද මාර්ගයේ යනවා, මුළාව යනවා, වරදිනවා

Er'rand, *s.* පණිවිඩය [න

Er'rant, *a.* මුළා වෙන්නාවූ, වල්වැදු

Erra'tum, *s.* වැරදිල්ල, ලිපිදෝෂය: *pl.* Erra'ta

Errat'ic, Errat'ical, *a.* නියම විධිය කට නැති, අනිස්ථිරවූ

Erro'neous, *a.* වැරදිවූ, බොරුවූ

Er'ror, *s.* වැරැද්ද, දෝෂය

Erst, *ad* ප්‍රථමදී, පළමුවෙන්

Eructa'tion, *s.* රාමතෙල් ඇරීම

Er'udite, *a.* උගත්, විචක්ෂණ

Erudi'tion, s. උගත්කම, පණ්ඩිතකම
Erup'tion, s. පිපිරියාම, සැරෙන් නික්මීම, බිබිල, හඬුව, දදය [සජීය
Erysip'elas, s. මුහුණෙන් කුෂ්ඨයක්, වි
Escalade', s. හිනිමගින් නැඟීම
Escapade', s. සිතුවක්කාර වැඩක්
Escape', v. හැලවෙනවා, සැඟවියනවා, නොපෙණීයනවා s. ගැලවීම, බේරියාම, පලායාම
Escarp'ment, s. පර්වත බෑවුම
Escheat', s. රාජසන්තකවූ වස්තුව
Eschew', v. අහක්ව යනවා, පහව සිටිනවා, දුරලනවා
Escort', v. ඇරලන්ට යනවා [සෝ
Es'cort, s. රැකවලා, ප්‍රවේසම්කාර
Es'culent, a. ආහාරවූ, කෑමට සුදුසුවූ s. භෝජ්‍යයක් [පලිහ
Escutch'eon, s. ප්‍රසිද්ධසලකුණු සහිත
Esoter'ic, a. අප්‍රසිද්ධ, රහස්, ගුප්ත
Espec'ial, a. ප්‍රධාන, විශේෂ
Espec'ially, ad. ප්‍රධානකොට, වැඩිවශයෙන්ම
Es'pionage, s. ඔත්තුබැලීම, වරපුරුෂකම [ලඟ පිට්ටනිය
Esplanade', s. පිට්ටනිය, කොටුවක්
Espous'al, s. විවාහබස්දීම, සරණගැණීම, යමකට බැඳීම
Espouse', v. විවාහබස් කථාකරණවා, විවාහ කරණවා, බාරගන්නවා, වැලඳගන්නවා [දකිනවා
Espy', v. දුරින් දකිනවා, හදිසියෙන්
Esquire', s. වංශාධිපතිවූ නාමයක්, රාළහාමි, නිලමේ
Es'say, s. අත්හදා බැලීම, ලුහුඬු ලියවිල්ල, සංග්‍රහය [බලනවා
Essay', v. උත්සාහකරණවා, අත්හදා
Es'sence, s. මුල්ගතිය, ධාතුව, ලූතය, සාරය, සුවඳ
Essen'tial, a. අතිශයින් ඕනෑවූ, මුල්වූ, ප්‍රධානවූ, අවශ්‍යවූ
Essen'tially, ad. මුලින්ම, ස්වභාවයෙන්ම, විශේෂයෙන්ම
Estab'lish, v. නියමකරණවා, පිහිටුවනවා, සවිකරණවා
Estab'lishment, s. පිහිටුවීම, අඩිතාලම, ස්ථිර ක්‍රමය, නියම වැඩපල, වාසස්ථානය, පිහිටි සභාව
Estate', s. තත්වය, තරම, වස්තුව, භූදලය, වත්ත, උරුමය
Esteem', v. අගේකොට සිතනවා, සලකනවා s. සැලකීම, ගෞරවය
Es'timable, a. වටින්නාවූ, අනගිවූ
Es'timate, v. මිලකරණවා, අගයකරණවා, වටිනාකම නියමකරණවා s. කල්පනාව, තක්සේරුව, ගණන
Estima'tion, s. අගය කිරීම, ගණන් බැලීම, සැලකිල්ල
Estrange', v. භේදකරණවා, දුරස්තරකරණවා, අදරේ නැතිකරණවා
Estrange'ment, s. භේදකිරීම, අමිත්‍රවීම, වෙන්වීම
Es'tuary, s. මෝය, මෝදර, ඇලකට

Etch, *v.* තඹතහඩුවල ශිත්වතුරෙන් සිතියම්කරණවා

Etch'ing. *s.* තඹතහඩුවල කැටයම, කැටයම් සිතියම [ත, අනාදි

Eter'nal. *a.* සදාකාලික, නිත්‍ය, අනන්

Eter'nity. *s.* සදාකාලය, නිත්‍යකම, මතු ජීවිතය

Ete'sian (wind), *s.* සංවත්සරික (සුළඟ), නියම (සුලඟ) [ව

E'ther, *s.* අවකාසධාතුව, සිහින්වායු

Ethe'real, *a.* අවකාසධාතුවූ, ස්වර්ගීය

Eth'ical, *a.* චාරිත්‍ර සම්බන්ධ, ධර්මශික්ෂා අඩංගු

Eth'ics, *s.* ශීලධර්මය, ධර්මශික්ෂාව

Ethnog'raphy, *s.* මනුෂ්‍ය ජාතිභේද විස්තරය

Ethnol'ogy, *s.* මිනිසුන්ගේ ජාතිභේද දැනගන්නා ශාස්ත්‍රය, නර ජාති විද්‍යාව

Etiquette', *s.* ආචාරය, සමාචාරය, ආචාර සමාචාර විධිය

Etymol'ogy, *s.* පදසිද්ධිය, වචන සෑදුන අන්දම, ශබ්දෝත්පත්ති විද්‍යාව

Eu'charist, *s.* රාත්‍රිභෝජනයනම් සත් කාර්ය

Eu'logize, *v.* පසසනවා, වර්ණනාකරණවා [ර්ණනාව, ස්තුති වාක්‍යය

Eu'logy, Eulo'gium, *s.* ප්‍රශංසාව, ව

Eu'nuch, *s.* නපුංසකයා, පණ්ඩකයා

Eu'phemism, *s.* අමිහිරි දෙයක් හැඟවීමට කියන මිහිරි වාක්‍යය

Euphon'ic, Eupho'nious, *a.* මිහිරි ශබ්දවූ, සුබෝච්චාරණවූ

Eu'phony, *s.* මිහිරි ශබ්දය, සුබෝච්චාරණය

Eura'sian, *s.* යුරෝපීය හා ආසියාතික මව්පියන්ගෙන් උපන් අය

Europe'an, *s.* යුරෝපීයයා [නවා

Evac'uate, *v.* හිස්කරණවා, ඉවත්වී ය

Evacua'tion, *s.* හිස්කිරීම, අත්ඇරයාම, පැහැරීම

Evade', *v.* මගඇරිනවා, සැඟවී යනවා, බේරෙණවා [වූ, අස්ථිර

Evanes'cen., *a.* අන්තර්ධාන වෙන්නා

Evangel'ical, *a.* ශුභාරංචි පොත්වලට එකඟ, ශුභාරංචි ධර්මයට අනුකූල

Evan'gelist, *s.* මංගල වෘත්තාන්තය ලියූ කෙනෙනක්, ශුභාරංචිය දේශනාකරන්නා

Evan'gelize, *v.* ශුභාරංචිය පතළකරණවා, මංගලවෘත්තාන්තය උගන්වනවා

Evap'orate *v.* සිඳෙනවා, හින්දනවා, අන්තර්ධාන වෙනවා [ය

Eva'sion, *s.* මගඇරීම, බේරෙණ උපා

Eva'sive, *a.* මගඇරීණකාරවූ, සෘජු නොවූ [න්දෑව

Eve, Ev'en, Eve'ning, *s.* සවස, හැ

Ev'en, *a.* පැතලි, ඒකාකාරවූ, සම, ඉරට්ටට *ad.* පවා, ත්, වත්, එසේ නුමුත් [ශාන්ත

Ev'en-minded, *a.* සමසිත්වූ, නිශ්චල,

Event′, *s.* සිද්ධවූ කාරණාව, සිද්ධිය
Event′ful, *a.* බොහෝ කාරණා සිද්ධවූ, වැදගත්වූ [ලය
Ev′entide, *s.* සවස්වේලාව, සන්ධ්‍යාකා
Event′ually, *ad.* අන්තිමේදී, කෙළවරදී
Ev′er, *ad.* සෑමදාම, නිතරම, සදාකල්ම, කවදාවත්, කිසිකලක
Ev′ergreen, *a.* නිතර අමුවූ, සෑමදාම අමුවූ *s.* අවුරුද්ද මුලුදාම අමුපාට ඇති ගස [පවතින්නාවූ *s.* සදාකාලය
Everlast′ing, *a.* සදාකාලවූ, සෑමදාම
Evermore′, *ad.* නිත්‍යලෙස, සදාකාලේටම, නිරන්තරයෙන්ම
Ev′ery, *a.* එක එක, සියල්ල, සෑම
Ev′erywhere, *ad.* සෑමතැනම
Evict′, *v.* නඩුවෙහින් භුක්තිය නැතිකරණවා, බැහැරකරණවා
Evic′tion, *s.* භුක්තිය නැතිකිරීම, පිටකිරීම [ප්‍රකරණවා
Ev′idence, *s.* සාක්ෂිය, ඔප්පුව *v.* ඔප්
Ev′ident, *a.* පැහැදිලිවූ, ප්‍රත්‍යක්ෂවූ
Eviden′tial, *a.* සාක්ෂිසහිත, ඔප්පුකරණකාරවූ
E′vil, *a.* නරක, නපුරු, දුෂ්ට *s.* නරක්කම, නපුර, විපත
E′vildoer, *s.* නරක්කම් කරන්නා, දුශ්චරිතයා
E′vil-eye, *s.* ඇස්වහ
E′vil-minded, *a.* නපුරුගතිවූ, දුෂ්ටසිතැති
E′vil-speaking, *s.* අගුනකීම, කේලම්කීම
Evince′, *v.* ප්‍රත්‍යක්ෂව පෙන්වනවා, ඔප්පුකරණවා [නවා
Evoke′, *v.* කැරගන්නවා, හටගන්ව
Evolu′tion, *s.* සන්තතිය, දිගඇරීම, ක්‍රමයෙන් නික්මී සෑදීම, පරිණාමය
Evolve′, *v.* දිගඅරිණවා, විවරව නික්මෙනවා
Ewe, *s.* බැටළුදෙන
Ew′er, *s.* වතුරභාජනයක්, කෙණ්ඩිය
Ex, *prefix* කෙරෙන්, ඇතුළෙන්, පිටතට, වඩාම යනාදි අර්ථයි
Exac′erbate, *v.* කෝප කරණවා, වඩා තදබල කරණවා
Exact′, *a.* හරිවූ, සම්පූර්ණවූ, පිළිවෙලට කළාවූ, නියමවූ, සත්‍යවූ
Exact′, *v.* බලෙන් ඉල්ලනවා, අයකරණවා, බලකරණවා
Exac′tion, *s.* අයුතුලෙස අයකෙරීම, බලෙන් අයකරගන්න දේ
Exag′gerate, *v.* වැඩිකර කියනවා, බොහොම බරපතල කරණවා
Exalt′, *v.* උසස්කරණවා, උතුම්කරණවා [ශ්‍රෙෂ්ඨභාවය
Exalta′tion, *s.* උසස්කිරීම, උසස්කම,
Exalt′ed, *a.* උසස්වූ, උතුම්, ශ්‍රෙෂ්ඨ
Examina′tion, *s.* සෝදිසිකිරීම, ඇසීම, විභාගය
Exam′ine, *v.* සෝදිසිකරණවා, සොයා බලනවා, විභාගකරණවා

Exam'iner, *s* විභාගකරන්නා, පරීක්ෂකයා

Exam'ple, *s.* ආදශය. නිදර්ශනය

'Ex an'imo, *ad.* හිතෙන්ම, ඒකානත ලෙස, අවංක ලෙස [ප කරණවා

Exas'perate, *v.* තරහකරණවා, කෝ

Exaspera'tion, *s.* ඇවිස්සීම, කුපිතකිරීම, අධික තරහ

Ex'cavate, *v.* හාරණවා, කුහරකරණවා, කොටනවා

Exceed', *v.* වැඩිකරණවා, අධිකතර වෙනවා, අතික්‍රාන්තවෙනවා, මායිම් පන්නායනවා [ලෙස, උදක්ම

Exceed'ingly, *ad.* ඉතාමත්, අධික

Excel', *v.* වැඩි උසස්කරණවා, වැඩ නොදව වැඩකරණවා, එබා යමනී වෙනවා, ඉතා උතුම්ව සිටිනවා

Ex'cellence, Ex'cellency, *s.* උතුම්කම, අනඝකම, ශ්‍රෙෂ්ඨකම

Ex'cellent, *a.* ඉතා හොඳ, අනඝ, උතුම්, ගරුතර, මාහැඟි

Except', *v.* අත්ඇරදමනවා, පිළිනොගන්නවා, බැහැරකරණවා

Except', Except'ing, *prep.* මිස, හැර, විනා [දෙය

Excep'tion, *s.* අත්හැරීම, අත්හැරිය

Excep'tionable, *a.* පිළිගතනොහැකිවූ, විරුද්ධව කියහැකිවූ

Excerpt', *s.* උපුටාගත් වාක්‍යය

Excess', *s.* වැඩිපුරකම, අධිකකම, අතිශය

Excess'ive, *a.* වැඩිපුරවූ, අධිකවූ, අතිශයින්වූ [සීන්ම

Excess'ively, *ad.* අධිකලෙස, අතිශ

Exchange', *v.* මාරුකරණවා, හුවමාරුකරණවා *s.* මාරුකෝම, හුවමාරුව, මුදල්වල අගයේ වෙනස, පලහිලව්කරණ ශාලාව

Excheq'uer, *s.* රාජභාණ්ඩාගාරය, විනිශ්චය ශාලාවක්

Excise', *s.* ආදායම, සුංගම, තීරුව

Exci'sion, *s.* කපාදැමීම, සිඳදැමීම

Excit'able, *a.* අවුස්සන්ට පුළුවන්වූ, පහසුවෙන් ඇවිස්සෙන්නාවූ

Excite', *v.* සිත ප්‍රබෝධකරණවා, පොලඹවනවා, අවුස්සනවා, කෝප කරවනවා, උපදවනවා

Excite'ment, *s.* කැලඹීම, චලලය

Exclaim', *v.* මොරගහනවා, හඬනගා කියනවා

Exclama'tion, *s.* ඝෝෂාකිරීම, හදිසියෙන් නගන හඬ, මේ ලකුණ(!)

Exclam'atory, *a.* හදිසි කීමක් අඩංගු

Exclude', *v.* පිටකරණවා, නෙරපනවා, අත්අරිණවා, වලක්වනවා

Exclu'sive, *a.* බැහැර කරන්නාවූ, හැරදමන්නාවූ, තනිවූ

Exclu'sion, *s.* පිටකිරීම, වැලැක්වීම

Excog'itate, *v.* සොයා දැනගන්නවා, ඕනෑකමින් සිතාබලනවා

Excommun'icate, *v.* සමාගමෙන් පිට දමනවා, ප්‍රතික්ෂෙප කරණවා

Excommunica'tion, *s.* සභාවෙන් පිට දැමීම [ගොම
Ex'crement, *s.* මල, කසල, අශුචි,
Excresc'ence, *s.* ඉදිමුම, තඩිස්සිය, බිබිල, ගඩුව, වැඩිපුර පංගුව
Excrete', *v.* නික්මවනවා, පහරනවා, මෝචනය කරනවා ද්‍රව්‍ය
Excre'tion, *s.* පහකිරීම, නික්මවන
Excru'ciate, *v.* වදකරනවා, තදලෙස වේදනාකරනවා
Excul'pate, *v.* නිදෝෂකරනවා, නිවැරදිකරනවා, නිදහස්කරනවා
Excur'sion, *s.* පිටත්වයාම, ක්‍රීඩාගමන, සෙල්ලම්ගමන, මුළාවීම
Excur'sive, *a.* මුළාව යන්නාවූ, කාරණෙන් පිට යන්නාවූ
Excus'able, *a.* කමාවිය හැකිවූ
Excuse', *v.* නිදහස්කරනවා, කමාවෙනවා *s.* නිදහස්වීමට ගෙනහැර දක්වන කාරණය, නිදෝෂවීමට කාරණය [නිවවූ
Ex'ecrable, *a.* වෛෂකටයුතුවූ, ඉතා
Ex'ecrate, *v.* යදිනවා, දෙස්කියනවා
Execra'tion, *s.* යැදීම, ශාපකිරීම, ශාපය
Ex'ecute, *v.* සිදුකරනවා, ඉෂ්ටකරනවා, මරණයට පත්කරනවා
Execu'tion, *s.* ඉෂ්ටකිරීම, මරාදැමීම
Execu'tioner, *s.* වධකයා, අලුගෝසුවා
Exec'utive, *a.* රාජකාරිකරවන, කරවන්නාවූ *s.* රාජකාරිකරවන අය, කාරක සභාව [පොල්මෑකාරයා
Exec'utor, *s.* බූදලේ බාරකාරයා,
Exege'sis, *s.* විසඳීම, විස්තාරකිරීම, අර්ථවිවරණ ශාස්ත්‍රය
Exeget'ic, Exeget'ical, *a.* විසඳන්නාවූ, විස්තාරසහිතවූ
Exem'plar, *s.* ආදර්ශය, ආදර්ශයකොට ගතයුතු කෙනෙක්
Exem'plary, *a.* ආදර්ශයට ගතයුතුවූ, හොබිනාවූ, ප්‍රශංසාකටයුතුවූ
Exemplifica'tion, *s.* උදාහරණයෙන් පෙන්වාදීම, සාක්ෂිසහිත කොටුම්පත
Exem'plify, *v.* උදාහරණයෙන් පෙන්වාදෙනවා, ආදර්ශයෙන් ඔප්පුකරනවා [කරනවා, අත්හැරදමනවා
Exempt', *v.* අවසරදෙනවා, නිදහස්
Exemp'tion, *s.* නිදහස්කිරීම, නිදහස
Ex'ercise, *v.* පාවිච්චිකරනවා, අභ්‍යාසකරනවා, පුරුදුකරනවා
Ex'ercise, *s.* භාවිතාකිරීම, ව්‍යායාම, පාඩම [යම්කරනවා
Exert', *v.* උත්සාහ පවත්වනවා, වෑ
Exer'tion, *s.* උත්සාහය, වීර්‍යය
Exhala'tion, *s.* මීඩුම නැගීම, නැගීන ද්‍රව්‍ය [අරිනවා
Exhale', *v.* මීඩුම නගිනවා, හුස්ම
Exhaust', *v.* සහමුලින් වියදම්කරනවා, හිස්කරනවා, බලේනැතිකරනවා

Exhaust'ed, *a.* කෙඩෙත්තුවූ, විඩාවූ

Exhaust'ive, *a.* තීන්දු කරන්නාවූ, සම්පූර්ණ

Exhib'it, *v.* දක්වනවා, පානවා, පෙන්වාදෙනවා *s.* දක්වන දේ, ගෙණපාන සාක්ෂිය

Exhibi'tion, *s.* ගෙණපෑම, ප්‍රදර්ශනය, ශිෂ්‍යයන්ට නියම භාගයක් හෝ දීමනාවක්

Exhil'arate, *v.* ප්‍රීතිකරණවා, සතුටුකරණවා, උනන්දුකරණවා

Exhilara'tion, *s.* ප්‍රීතිකිරීම, ප්‍රාණවත්කම

Exhort', *v.* දූනමුතුකම්දෙනවා, අවවාදකරණවා, ප්‍රාණවත්කරණවා

Exhorta'tion, *s.* අවවාද වාක්‍යය, අනුශාසනාව

Exhuma'tion, *s.* වළෙන් ගොඩලෑම, හාරගැණීම

Exhume', *v.* බිමෙන් හාරගන්නවා, වළෙන් ගොඩදමනවා

Ex'igency, *s.* හදිසි ඕනෑකම, අනතුරු කාලය

Ex'ile, *v.* පිටවහල්කරණවා, රටනන්වනවා *s.* සියරටෙන් පිටවහල්ව සිටීම, පිටවහලා

Exist', *v.* ඉන්නවා, සිටිනවා, තිබෙනවා, පවතිනවා

Exist'ence, *s.* සිටීම, තිබීම, පැවැත්ම, පවත්නා දේ හෝ කෙනෙක්

Ex'it, *s.* පිටත්වයාම, නික්මයාම, ඉකුත්වීම; නිකුත්ව යන මග

Ex'odus, *s.* නික්මයාම, බයිබලයේ දෙවෙනි පොත

Exon'erate, *v.* නිර්දෝෂකරණවා, නිදොස් බව ඒත්තුගන්නවා

Exor'bitant, *a.* වැඩිවූ, අධිකතරවූ, ප්‍රමාණාතික්‍රාන්තවූ

Ex'orcise, *v.* යකුන් දුරුකරණවා

Exor'cism, *s.* යක්ෂ ප්‍රලයකිරීම

Exor'cist, *s.* මන්ත්‍රකාරයා, යක්ෂප්‍රලය කරන්නා

Exor'dium, *s.* ප්‍රාරම්භය

Exoter'ic, *a.* ප්‍රසිද්ධ, ගුප්තනොවූ

Exot'ic, *a.* අන්‍යදේසීවූ, පිටරටින් ගෙණවාවූ, රට

Expand', *v.* විදහනවා, අතුරණවා, මහත්කරණවා, පතලවෙනවා, පැතිරෙණවා, පිපෙනවා

Expanse', *s.* විදහීම, විසාලය, තලාව, අවකාශය

Expan'sion, *s.* විදහීම, විසාලකම, විසාල ප්‍රමාණය

Expans'ive, *a.* විදහියහැකි, පතළාවූ

Ex parte, *ad.* එක් පාර්ශ්වයකින් පමණක් පැමිණෙන

Expa'tiate, *v.* තෝරණවා, විස්තර ලෙස කියනවා, ඉමක්ගමක් නැතුව කථාකරණවා

Expa'triate, *v.* රටෙන් පිටවහල් කරණවා

Expatria'tion, *s.* රටෙන් පිටවහල් කිරීම, සියරට අත්හැරදැමීම

Expect', *v.* බලාපොරොත්තුවෙනවා, බලාසිටිනවා, සිතනවා

Expect'ant, *a.* බලාපොරොත්තුවෙන *s.* බලා සිටින්නා

Expecta'tion, *s.* බලාසිටීම, බලාපොරොත්තුවෙන දේ

Expec'torant, *s.* සෙමඅරිණබෙහෙත

Expec'torate, *v.* කෙළගසනවා, සෙලෙම්මාදමනවා, කාරාදමනවා

Expe'diency, *s.* සුදුසුකම, යෝග්‍යකම, වාසිය

Expe'dient, *a.* සුදුසු, සුතු, හිසි *s.* උපාය, යෝජනාව, උපාමාරුව

Ex'pedite, *v.* ඉක්මන්කරණවා, පිටත්කරණවා, ලේසිකරණවා

Expedi'tion, *s.* කඩිනම්කම, යුද්ධ ගමන, ගමන්යන්නාවූ සමූහව [ශීඝ්‍ර

Expedi'tious, *a.* කඩිසර, ඉක්මන්,

Expel', *v.* නෙරපනවා, දුරුකරණවා, පිටවහල්කරණවා

Expend', *v.* වියදම්කරණවා, ගෙවා [හරිණවා

Expend'iture, *s.* වියදම

Expense', *s.* වියදම, වියදම්වෙන ගණන [ලන, හුගක් වටින

Expens'ive, *a.* බොහෝ වියදම් අල්

Expe'rience, *s.* පුරුදුවීම, අත්දැකීම, පලපුරුදුකම *v.* අත්හද බලනවා, අත්දකිනවා

Expe'rienced, *a.* අත්දුටුවාවූ, පලපුරුදුවූ, දැනුම්තේරුම් ඇති [ක්‍ෂාව

Exper'iment, *s.* අත්හදබැලීම, පරී

Experiment'al, *a.* අත්හද බැලුවාවූ, අත්දැකීමෙන් දැනගත්තාවූ

Expert', *a.* පලපුරුදුවූ, සමත්, දක්‍ෂ *s.* පලපුරුදු ඇත්තා, දක්‍ෂයා

Ex'piable, *a.* මකාදැමිය හැකිවූ

Ex'piate, *v.* පව් මකනවා, පව් නසනවා [න පූජාව

Expia'tion, *s.* පව් වසාලීම, පව් නස

Ex'piatory, *a.* පව් මකන, පව් දුරුකරණ බලය ඇත්තාවූ

Expira'tion, *s.* ප්‍රාණවාසකිරීම, ප්‍රාණය තුරන්දුවීම, මරණය, ගෙවීම, අතික්‍රාන්තවීම

Expire', *v.* හුස්මඅරිණවා, ප්‍රාණය තුරන්දුකරණවා, මැරෙණවා, ගෙවෙනවා, ඉකුත්වෙනවා

Explain', *v.* තෝරාදෙනවා, පැහැදිලිකරණවා, විස්තරකරණවා

Explana'tion, *s.* තෝරාදීම, යමක් පහදන කාරණව, විස්තරය, තෝරාබේරාගැණීම

Explan'atory, *a.* විසඳන්නාවූ, විස්තර සහිත [වනය

Ex'pletive, *s.* පදපූරණය, වැඩිපුර ව

Ex'plicable, *a.* පහදන්ට පුළුවන්වූ, තේරුම්ගතහැකි

Ex'plicate, *v.* තෝරණවා, පහදනවා

Explic'it, *a.* පැහැදිලි, ප්‍රත්‍යක්‍ෂ

Explode', *v.* මහහඬින් පිපිරෙණවා, පුපුරා ඇවිලෙනවා, බිඳහෙලනවා

Exploit', *s.* සමත්කම, වික්‍රම ක්‍රියාව

Explore', *v.* සොයනවා, සෝදිසිකර බලනවා, විභාගකරණවා

Explo'sion, s. හඬදෙන් පිපිරීම, වෙ
ඩිල්ල
Explo'sive, a. හඬලෙස පුපුරන්නාවූ
Expo'nent, s. දක්වන්නා, දක්වන
දෙය හෝ ඉලක්කම
Export', v. පිටරටවලට පැටව්ලිකර
හරිණවා, රටකින් රටකට ගෙණ
යනවා [ඥම් බඩුව
Ex'port, s. රටෙන් පිට හරිණ වෙළ
Expose', v. එලියේ තබනවා, විවෘත
කර දක්වනවා, ප්‍රකාශකරණවා
Exposi'tion, s. එලිකිරීම, අර්ථකීම,
විස්තරය, අටුවාව, අර්ථවිවරණය
Expos'itor, s. විස්තරකරන්නා, විස
දන්නා
Expost'ulate, v. කාරණ කියාදෙන
වා, බොහෝසේ අවවාදකරණවා
Expo'sure, s. එලියේ තැබීම, වැස්
මක් හෝ මුවාවක් නැතිවීම
Expound', v. අර්ථකියනවා, විස්තර
කරණවා, පහදනවා
Express', v. කියනවා තැටයම්කර
දක්වනවා, මිරිකාහරිණවා a. පැ
හැදිලි, ඒකාන්ත, විශෙෂ
Express', s. විශෙෂ පණිවිඩකාරයා,
කඩිනම් වාහනය
Expres'sion, s. කථාකරණ විධිය, කී
ම, පැහැදිලි දක්වීම, පෙණීම,
බැල්ම
Expres'sive, a. පැහැදිලිවූ, ප්‍රකාශි
කවූ, හඟවන්නාවූ, අර්ථසහිතවූ

Express'ly, ad. පැහැදිලි ලෙස, ඒ
කාන්ත ලෙස, කෙලින්ම
Expugn', v. ජයගන්නවා, සටනින්
අල්ලාගන්නවා [ම, දුරුකිරීම
Expul'sion, s. නෙරපීම, පන්නාදැමී
Expunge', v. මකනවා, කටුගානවා
Expur'gate, v. පිරිසිදුකරණවා, දෝ
ෂ මකනවා
Ex'quisite, a. ඉතා කදිමවූ, ඉතා සි
යුම්වූ, ජෙත්තුකාරවූ [මානවූ
Extant', a. තවම තිබෙන්නාවූ, විද්‍ය
Extem'pore, Extem'porary, a. සූදා
නමක් නැතිව කරන්නාවූ
Extem'porize, v. කලින් සූදානම්නො
වී කථාකරණවා
Extend', v. දිගඅරිණවා, දිගලනවා,
අතුරණවා, වැඩිකරණවා, විශාල
වෙනවා [විශාලබවය
Exten'sion, s. දික්කිරීම, වැඩිවීම,
Exten'sive, a. විශාලවූ, පළල්වූ
Exten'uating, a. අඩුකරණ, සැහැල්
ලුකරණ
Extent', s. විශාලකම, තරම, දිග, ප
ළල [ය කරණවා
Exten'uate, v. අඩුකරණවා, මර්දන
Ext'erior, a. පිට, පිටස්තර, බාහිර
s. පිටපැත්ත, බාහිරපැත්ත
Exter'minate, v. සහමුලින්ම නැති
කරණවා, මුලින් උදුරණවා
Extern'al, a. පිට, පිටාතර, බාහිර
Extern'als, s. pl. පිටාතර කාරණ,
බාහිර කොටස හෝ චාරිත්‍ර

Extinct', *a.* නිවුනාවූ, නැතිව්ගියාවූ
Extinc'tion. *s.* නැතිවියාම, නාස්තිය
Extin'guish, *v.* නිවනවා, නාස්තිකරණවා, නිවාරණයකරණවා
Extir'pate, *v.* උදුරණවා, නටබුන්කරණවා
Extirpa'tion, *s.* මුලින් උපුටා දූමීම, සිඳදූමීම [කරණවා, උසස්කරණවා
Extol', *v.* ප්‍රශංසාකරණවා, වර්ණනා
Extort', *v.* බලෙන් ගන්නවා, පැහැරගන්නවා
Extor'tion, *s* බලෙන් ගැණීම, බලාත්කාරය, කොල්ලකෑම
Ex'tra, *a.* වැඩිය, වැඩිපුර, අමුතු
Extract', *v.* උගුලනවා, පෙරාගන්නවා, සින්දනවා, පිටපතක් ගන්නවා, තෝරාගන්නවා
Ex'tract, *s.* හැරගත් දෙය, සාරය, උපුටාගත් වාක්‍යය [පෙළපත
Extrac'tion, *s.* ඇදගැණීම, වංශය,
Extradi'tion, *s.* එක රටකින් තවත් රටකට පලාගිය හිරකාරයන් ආපසු භාරදීම [නැති
Extran'eous, *a.* බාහිරවූ, අයුත්තු
Extraor'dinary, *a.* විශෙෂ, අපූර්ව
Extrav'agance, *s.* ප්‍රමාණය ඉක්මවායාම, නිෂ්ඵල වියදම්කිරීම
Extrav'agant, *a.* පමණ නොදන්නාවූ, ඕනෑවාට පිටින්වූ, [illegible]
Extreme', *a.* ඉතාදුරවූ, අන්තිමවූ, අති, ඉතා ලොකු *s.* කෙළවර
Extreme'ly, *ad* ඉතාමත්ම, අතිශයින්
Extrem'ity, *s.* අන්තිමය, කෙළවර, ඉතා තදබලකම [වනවා
Ex'tricate, *v.* නිදහස්කරණවා, ගල
Extrude', *v.* පිටතට දමනවා, තෙරවනවා [ති·බහුලත්වය
Exu'berance, *s.* වැඩිපුර ඇතිවම, අ
Exu'berant, *a.* වැඩිපුරවූ, බහුලවූ, බොහෝ සම්පූර්ණවූ
Exuda'tion, *s.* ඩහදිය දූමීම, නික්මෙන ද්‍රව්‍ය
Exude', *v.* ඩහදිය උනනවා, ඩහදිය දමනවා, වහනයවෙනවා
Exult', *v.* ප්‍රීතිමත්වෙනවා, සන්තොෂවෙනවා, ප්‍රීතියෙන්පැණනගිනවා
Exult'ant, *a.* ප්‍රීතිමත් වෙන්නාවූ, ප්‍රීතියෙන් පිණන්නාවූ
Exulta'tion, *s.* ප්‍රීතිමත්කම, ඉතා මහත් සන්තොෂය
Eye, *s.* ඇස, නේත්‍රය, ඇස්බැල්ම, දෘෂ්ටිය, මල, සිල· දලුව *v.* නෙත් හෙලනවා, බලාඉන්නවා
Eye'ball, *s.* ඇස්මොරය, අක්ෂිගෝලය
Eye'brow, *s.* ඇස්බැම, භෲවැල
Eye'lash, *s.* ඇස්පිහාටුව
Eye'lid, *s.* ඇස්පිය, අක්ෂිපුටය
Eye'-fly, *s.* කෝදුරුවා
Eye'-ser'vice, *s.* ඇස්බැල්ම පිටකරණ වැඩය, දෘෂ්ටිසේවය
Eye'sore, *s.* අවලක්ෂණ පෙණීම, ඇසට අප්‍රශන්න දෙය

Eye'-wit'ness, *s.* සියැසින් දකින්නා, ඇසින් දුටු තැනැත්තා

Ey'ry, Ey'rie, *s.* රාජාලි වැනි පක්ෂීන් කූඩු සාදා බිජු දමන තැන

F

Fa'ble, *s.* හිතෝපදේශය, මිථ්‍යා කථාව, මිථ්‍යා ප්‍රබන්ධය

Fab'ric, *s.* කර්මාන්තය, ඉදිකිරීම, ගොඩනැගිල්ල; පිළිය, විතානය

Fab'ricate, *v.* ගොඩනගනවා, සාදනවා, වංචා ප්‍රබන්ධකරණවා

Fab'ulous, *a.* බොරු ප්‍රබන්ධවූ, මිථ්‍යා

Façade', *s.* ගොඩනැගිල්ලක ඉස්සරහ පැත්ත

Face, *s.* මූහුණ, පිටත, මතුපිට පැත්ත, බැල්ම, පෙණුම

Face, *v.* සම්මුඛවෙනවා, මූහුණපානවා, මුනගැහෙනවා

Face'tious, *a.* කවටවූ, සරදම්වූ, සිනාස්සවන්නාවූ

Fa'cial, *a.* මූහුණසම්බන්ධවූ, මූහුණුවර

Fac'ile, *a.* පහසුවූ, ලේසිවූ, තදනැතිවූ, පහසුවෙන් ආශ්‍රයකළ හැකිවූ

Facil'itate, *v.* අමාරුකම අඩුකරණවා, පහසුකරණවා [දක්ෂකම

Facil'ity, *s.* ලේසිකම, පහසුකම,

Fac'ing, *s.* මතුපිට වැස්ම, වාට්වගීයක්

Fac-sim'ile, *s.* හරි පිටපත [යථාර්ථය

Fact, *s.* කරපුදෙය, සිද්ධිය, ඇත්ත,

Fac'tion, *s.* එක්සත්වූ පක්ෂය, කැරලි පක්ෂය, භේදය

Fac'tious, *a.* විවාදවූ, කුමන්ත්‍රණකාර, කෝලාහල

Facti'tious, *a* සාදපු, ස්වභාවනොවූ

Fac'tor, *s.* අනිකෙක් උදෙසා වෙළඳ කළමනා කරන්නා, මූලාංගය

Facto'tum, *s.* කොයි අත්දමේ වැඩත් කරන්නා [ගේ

Fac'tory, *s.* කර්මාන්තශාලාව, වෙළඳ

Fac'ulty, *s.* සමර්ථකම, සිහිය, චිත්තසංස්කාරය, ඉන්ද්‍රිය, ගුණය, අවසරය, බලයලත් පණ්ඩිත සමාගම

Facun'dity, *s.* වාක්පටුත්වය, කීමේ චතුරකම, වාක්සාරය

Fade, *v.* පරවෙනවා, මලානිකවෙනවා, විවර්ණවෙනවා, හැකිලෙනවා, ක්ෂයවෙනවා

Fag, *v.* කොඹත්තු වෙනවා, වෙහෙසෙනවා

Fag'ot, Fag'got, *s.* දරමිටිය

Fail, *v.* පිරිහෙනවා, අඩුවෙනවා, හිඟවෙනවා, නාස්තිවෙනවා, වරද්දනවා, බැරිවෙනවා [කම

Fail'ing, *s.* වැරද්ද, දෝෂය, දුර්වල

Fail'ure, *s.* බැරිවීම, නොකෙරීම, වස්තුභංගය

Fain, *ad.* කැමැත්තෙන්, ආසාලෙස

Faint, *v.* මූර්ඡාවෙනවා, ක්ලාන්තවෙනවා, මලානිකවෙනවා *a.* වෙහෙසවූ, වසක්කේබූවූ, දුර්වල, ස්වල්ප

Faint-heart'ed, *a.* සිත දුර්වලවූ, බිය සුළුවූ [ලෙස

Faint'ly, *ad.* දුර්වලාලෙස, අසම්පූර්ණ

Fair, *a.* නොකැලැල්වූ, ශුද්ධවූ, ශෝභනවූ, ලක්ෂණවූ, පැහැදිලිවූ, සුතුවූ, යහපත්වූ

Fair, *s.* ප්‍රසිද්ධ ප්‍රස්තාවලදී පවත්වන වෙළඳම, මංගලානකාර සල්පිල

Fair'ing, *s.* වෙළඳම්පලේදී ලැබුන තෑග්ග

Fair'y, *s.* ක්ෂුද්‍ර භූතයෙක්, බිල්ලෙක්

Faith, *s.* විශ්වාසය, ඇදහිල්ල, ශ්‍රද්ධාව, භක්තිය, සත්‍යකම [සත්‍යවූ

Faith'ful, *a.* විශ්වාස, ඇදහිලිවන්ත,

Faith'less, *a.* විශ්වාසනැති, නොඇදහිලිකාර, අවිශ්වාස

Fal'chion, *s.* වකුටු කඩුවර්ගයක්

Fal'con, *s.* කුරුළුගොයා

Fall, *v.* වැටෙනවා, බසිනවා, අඩුවෙනවා, සිද්ධවෙනවා *s.* වැටීම, නාස්තිය, පැරදීම, බැවුම, වතුරබස්නාව

Falla'cious, *a.* වැරදිවූ, රැවටිලිවූ, අසත්‍යවූ

Fal'lacy, *s.* වැරදි කල්පනාව. රැවටිල්ල, වංචා තර්කය [දුබ

Fall'en, *a.* වැටුනාවූ, වැටී තිබෙන,

Fallibil'ity *s.* වරදින්ට පුළුවන් ස්වභාව, වරදින ගුණය [දින සුලු

Fal'lible, *a.* වැරදෙන්ට පුළුවන්, වර

Fal'low, *a.* පඩුවන්වූ, පුරන්වූ *s.* පුරන්බිම, මුඩුබිම

Fal'low-deer, *s.* මුවෝ වර්ගයක්, ඕලු මුවා [වංචාවූ, ද්‍රෝහිකාර

False, *a.* බොරු, අසත්‍ය, ප්‍රයෝගවූ,

False'hood *s.* බොරුව, මිථ්‍යාව, මුසාවාදය [කෙරීම, රැවටිල්ල

Falsifica'tion, *s.* බොරු යෙදීම, දග

Fals'ify, *v.* බොරුකරනවා, වංචා බව දක්වනවා

Fal'ter, *v.* වික්කල්ගහනවා, ගොතගහනවා, බල අඩුවෙනවා

Fal'teringly, *ad.* ගොතගහමින්, ඇනහිටිමින්, දුර්වල ලෙස

Fame, *s.* කීර්තිය, [illegible] ඝෝෂාව, ප්‍රශංසාව

Famed, *a.* කීර්තිමත්, ලෝකපූජිත

Famil'iar, *a.* සමගිවූ, එකවුතුවූ, මිත්‍රවූ, හොඳකාර දැනගත්තාවූ, පුරුදුවූ

Familiarize, *v.* හොඳකාර ඇඳුනුම්කරනවා, පුරුදුකරනවා

Famil'iar'ity, *s.* ඇඳුනුම්කම, පලපුරුදුකම, ආශ්‍රයකිරීම

Fam'ily, *s.* පවුල, පෙළපත, වංශය, වර්ගය [භික්ෂය

Fam'ine, *s.* කෑම්හානිය, සාගතය, දු

Fam'ish, *v.* හාමත්කරනවා, කෑම නැතුව මැරෙනවා [ලෝප්‍රසිද්ධ

Fa'mous, *a.* කීර්තිමත්, ප්‍රශස්ත,

Fan, *s.* පවන්අත්ත, අවානය, තල්වැට, වටාපත *v.* පවන්ගහනවා, පොළනවා

Fanam', *s.* පනම, තඹසල්ලි දෙළහ

Fanat'ic, Fanat'ical, *a.* උන්මාදකාරයෙන් ජ්වලිතවූ

Fanat'ic, *s.* උමතු ජ්වලිතයා

Fanat'icism, *s.* ඉතා සැර ජ්වලිතකම, භක්ත්‍යොන්මාදය

Fan'cy, *s.* මනස්කාරය, කිතුබුද්ධිය, මතිය, සිතිවිල්ල, ආසාව, *v.* කිතනවා, කල්පනාකරණවා, මනාපවෙනවා *a.* සිත්කළු, කදිම

Fane, *s.* දේවාලය, කෝවිල, දේව[සංඨානය

Fang, *s.* දිගදත, දළය, නිය

Fantas'tic, as'tical, *a.* අභූතවූ, කිතුබුද්ධිවූ, විසුලුවූ

Far, *a.* දුර, එපිට, ඈත *ad.* දුරට, වඩා

Farce, *s.* නාඩගම, කෝලම

Fare, *v.* පසුවෙනවා, සිද්ධවෙනවා *s.* කෑම, භෝජනය, ගමන්මුදල

Farewell', *int.* සුවපත්වේවා, ශුභසිද්ධවේවා, ආයුබෝවන්

Far'-fetched, *a.* දුරින් පැමිණෙවූවාවූ, කාරණවට අදළනැති

Farm, *s.* ගොයිපල, බදුගත් බිම *v.* ගොයිතැන්කරණවා, බද්දට ගන්නවා, බදුදෙනවා

Farm'er, *s.* ගොවියා, රේන්දකාරයා

Farra'go, *s.* අවුල්ගොඩ, අවුල

Far'rier, *s.* ලාඩම් ගහන්නා; අශ්වවෙද

Far-see'ing, Far-sight'ed, *a.* දුර පෙණෙන්නාවූ, දුරදකින, සැණවන්ත

Far-sight'edness, *s.* දුරදකිමේ බලය, සැණවන්තකම, සිහිඇතිකම

Far'ther, *ad.* එසින් එපිට, වඩා දුරට

Far'thest, *a.* or *ad.* ඉතා දුරවූ, ඉතා දුරට

Far'thing, *s.* තඹසල්ලි දෙක

Fas'ces, *s.* රෝම නඩුකාරයා ඉදිරිපිට ගෙණයන්ට යෙදූන පොරවක් බැඳි කෝටුමිටිය

Fas'cinate, *v.* සිත අල්ලාගන්නවා, පිණවනවා, සූනියම්කරණවා

Fascina'tion, *s.* සිත් ඇල්වීම, අනවිනකිරීම, චිත්තාකර්ෂණය කිරීමේ බලය

Fash'ion, *s.* ඇන්දම, ඇඳුම්විධිය, මෝස්තරය, සිරිත, ව්‍යවහාරය *v.* තනනවා, නිර්මිතකරණවා, හැඩගුරුකරණවා

Fash'ionable, *a.* සිරිත්ප්‍රකාරවූ, සාමාන්‍ය චාරිත්‍රාකාරයට අදින්නාවූ හෝ හැසිරෙන්නාවූ, හැඩකාර

Fast, *a.* තද, සවි, ස්ථිර, ශීඝ්‍ර, සැපසෙල්ලමට ඇලුන *ad.* ඉක්මණට, වේගයෙන්

Fast, *v.* නිරාහාරයෙන් සිටිනවා, උපවාසකරණවා *s.* කෑම නොකා ඉඳීම, උපවාසය

Fast'en, *v.* සවිකරණවා, තදකරණවා, [බදිනවා

Fastid'ious, *a.* සතුටුකරන්ට අමාරුවූ, උඩඟුවූ, අරුචිවූ

Fast'ness, *s.* කොටුව, ආරක්ෂස්ථානය

Fat, *a.* තරවූ, සවුලවූ *s.* තෙල, සාරඕය, තරකම

Fat'al, *a.* මරණය පමුණුවන්නාවූ, මරණීය, නාස්තික, අසාධ්‍ය

Fat'alism, *s.* කොයිදේත් නියතින් සිදුවෙනවාමය යන ධර්මය, ඉරණම් ධර්මය

Fatal'ity, *s.* ඉරණමේ නියමය, නියතිය, මරණහානිය

Fate, *s.* ඉරණම, නියමය, කර්මය

Fa'ther, *s.* පියා, පිතා, තාත්තා, අප්පොච්චි, පිතෘ

Fa'therhood, *s.* පියකම, පිතෘභාවය

Fa'ther-in-law, *s.* මාමා, භාර්යාවගේ පියා, පුරුෂයාගේ පියා

Fa'therland, *s.* පියවරුන්ගේ රට, කුලභූමිය, ජම්ම දේශය

Fa'therless, *a.* පියානැති, නාථ කවිදූසි නොදන්න

Fa'therly, *a.* පියෙක්වැනි, පිතෘක, පියගති

Fath'om, *s.* බඹය *v.* ගැඹුර මණිනවා, හොඳින් විභාගකර දැනගන්නවා

Fatigue', *s.* වෙහෙස, කෙබෙත්තුව *v.* වෙහෙසකරණවා, විඩාවට පමුණුවනවා [ළ සිව්පාවා

Fat'ling, *s.* තරසතා; මරන්ට තරක

Fat'ten, *v.* තරකරණවා, සාරවත්කරණවා, අරණවා [රවූ

Fat'ty, *a.* තෙල සහිතවූ, තෙල ආකා

Fatu'ity, *s.* පිහිබබලත්කම, රැවටෙන ස්වභාව

Fault, *s.* වරද, දෝෂය, පලුදුව

Fault'less, *a.* නිර්දෝෂ, නිවැරදි, නිර්මල

Fault'y, *a.* දෝෂසහිත, පලුදු ඇති, සාවද්‍ය

Fauna', *s.* යම්රටක සතුන් ජාති

Fa'vour, *s.* කරුණාව, පිහිට, අනුග්‍රහය, උදව්ව, උපකාරය *v.* කරුණාකරණවා, අනුග්‍රහ කරණවා, පිහිටවෙනවා, පක්ෂපාතවෙනවා

Fa'vourable, *a.* මිත්‍රවූ, පක්ෂවූ, උදව්වූ, වාසි ඇත්තාවූ

Fa'vourite, *s.* ප්‍රිය මිත්‍රයා, ප්‍රිය තැනැත්තා, සෝභවනතයා, වල්ලභයා *a.* වඩා ප්‍රියවූ

Fawn, *s.* මුවපැටියා

Fawn, *v.* ඉච්චාකරණවා, රැවටිල්ලෙන් උපකාර සොයනවා *s.* ඉච්චාකාර වැඩීම [පක්ෂවාදිකම

Feal'ty, *s.* යටහත්වූ විශ්වාසකම,

Fear, *s.* භය, භීතිය *v.* භයවෙනවා, භීතවෙනවා, භයාදුකම්න් සලකනවා [භයංකාර

Fear'ful, *a.* භීතවූ, භයවූ, භයානක,

Fear'less, *a* භයනැති, නිර්භීත [නිය

Feas'ible, *a.* කරන්ට පුළුවන්වූ, සාධ

Feast, *s.* මංගල්‍යය, මඟුල, මංගල්‍ය භෝජනය *v.* මංගල්‍ය පවත්වනවා, මඟුල්කෑම කනවා, ඉතා ප්‍රීති භුක්තිවිඳිනවා

Feat, *s.* දක්‍ෂ ක්‍රියාව, සමත්කම
Feath'er, *s.* පිහාටුව
Feath'ery, *a.* පිහාටුසහිතවූ, පිහාටු [ආකාරවූ
Feat'ure, *s.* හැඩහුරුකම, ලක්‍ෂණය *pl.* මුහුණේ පෙණීම
Feb'rile, *a.* උණසහිත, උණඇත්තාවූ
Feb'ruary, *s.* නවන්මය, පෙබ්‍රුවාරි මය
Fec'ulent, *a.* කැතකුණු සහිතවූ, [බොරවූ
Fec'und, *a.* බොහෝ පැටවුන් ගහන, ඵලදරණ, සාර්‍ථක
Fec'undate, *v.* ඵලදරන්ට සලස්වනවා, දරුගැබ හටගන්වනවා
Fecund'ity, *s.* ඵලදරකම, බෝවීමේ සාරවත්කම
Fed'eral, *a.* ගිවිසුම් සහිතවූ, ගිවිසුම් කොට එක්සත්වූ
Fed'eralism, *s.* ගිවිසුමෙන් එක්සත්වීම, එක්සත්කමේ ධර්මය
Fed'erate, *a.* ගිවිසුමෙන් එකසත්වූ
Fee, *s.* කුලිය, ගාසතුව
Fee'ble, *a.* දුර්වල, බෙලහීන, ගිලන්
Fee'ble-minded, *a.* දුර්වල සිතැති, අස්ථිර
Feed, *v.* ආහරදෙනවා, කවනවා, පෝෂණකරණවා, වලඳනවා, පුෂ්ටිමත්වෙනවා *s.* වරකට දෙන කෑම, ගොදුර [විඳිනවා, හැඟෙනවා
Feel, *v.* ස්පර්ශකරණවා, අතගානවා,
Feel'er, *s.* අල, තුඩ, අනුන්ගේ අදහස් සෝදිසිකිරීමට කියන කීම
Feel'ing, *s.* ස්පර්ශය, හැඟීම, සිත් වංචලය *a.* හිතට වදින
Feel'ingly, *ad.* හිතට වදින ලෙස, සිත් මෘදුකමින්
Feet, *s. pl.* පාද, කකුල්, අඩි
Feign, *v.* රැවටිලිකරණවා, බොරුවට හඟවනවා, තනාලා කියනවා, බොරුවට දක්වනවා [බොරුසටන
Feint, *s.* ප්‍රයෝගය, රැවටිලි උපාය,
Feld'spar, **Feld'spath**, *s.* විදුරු සමාන ලෝහවර්ගයක්
Felic'itous, *a.* වාසනාවන්ත, සඵලවත්, සැපඳායක, යෝග්‍ය
Felic'ity, *s.* වාසනාවන්තකම, සැපත
Fe'line, *a.* බළල්ගතිවූ, බළල්ආකාර
Fell, *a.* කුරිරු, නපුරු, කෘූරතර
Fell, *v.* හෙලනවා, ගසාහෙලනවා, කපාදමනවා
Fel'low, *s.* සමාගම්කාරයා, අනිත් පංගුකාරයා, සහකාරයා, සාමාජිකයා, තක්කඩියා, නීචයා
Fel'low-feeling, *s*, සහභාගී හැඟීම, අනුකම්පාව
Fel'lowship, *s.* පංගුකාරකම, සමාගම, අග්‍ර පාඨශාලාවකින් ලැබෙන නම්බුඳායාදය [මසාතකයා
Fe'lo-de-se, *s.* තමාම මරාගන්නා, අත්
Fel'on, *s.* අපරාධකාරයා, වරදකාරයා, දුෂ්ටයා
Felo'nious, *a.* අපරාධී, නපුරු, දුෂ්ට අදහසින් කරන්නාවූ

Fel'ony, *s.* අපරාධ ක්‍රියාව, නීතියට එදිරිවූ අපරාධය [නීයක්

Felt, *s.* නොවියාපු ලෝමමය රෙදි ච

Fe'male, *s.* ස්ත්‍රී, ගෑනි, ගෑනුසතා *a.* ගෑනු, ස්ත්‍රී, බවලත්

Fem'inine, *a.* ස්ත්‍රීගතිවූ, ගෑනු සබ හාවවූ, කෝමල, ස්ත්‍රීවාචකවූ

Fen, *s.* මඩවගුර

Fence, *s.* වැට, ප්‍රාකාරය, පවුර, හර ඹය *v.* වැටබඳිනවා, කොටුකරණ වා, කඩුහරඹ කරණවා

Fenc'ing, *s.* වැටබැඳ කොටුකෙරීම, හරඹ ක්‍රමය

Fend'er, *s.* ගිනි ප්‍රවේසම්කරණ යක ඩ වැට්, නැවේ පිටපැත්තෙහ් අව න තොව්වයක්

Fen'nel, *s.* දුරු, රටඇඳුරු

Feoff'ment, *s.* බිම් උරුමකරදීම

Fer'ment, *s.* ඇවිස්සීම, පැසීම, කෝ ලාහලය

Ferment', *v.* පැසෙනවා, පිපෙනවා, අවුස්සනවා [ලය

Fermenta'tion, *s.* පැසීම, පිපීම, මව

Fern, *s.* මීවන, පඹජාතියක්

Fero'cious, *a.* කෲර, රෞද්‍ර, වනචර

Feroc'ity, *s.* රෞද්‍රකම, අධික කෲර කම

Fer'ret, *s.* මුගටි වර්ගයේ සතෙක්

Fer'ret, *v.* සෝදිසිකරණවා, එලවන වා, සොයා එළියට පමුණුවනවා

Fer'riage, *s.* තොටුපල් කුලී

Ferru'ginous, *a.* යකඩ සහිත, යකඩ

Fer'rule, *s.* විල්ල, ලෝහ මුද්ද [මුසු

Fer'ry, *s.* තොට, තොටුපල *v.* ඔරු වෙන් එතරකරණවා

Fer'tile, *a.* සරුවූ, බොහෝ ඵලබ රන්නාවූ, සශ්‍රීක

Fertil'ity, *s.* සාරවත්කම, සශ්‍රීකකම

Fer'tilize, *v.* සශ්‍රීකකරණවා, ඵලබර කරණවා

Fer'vency, *s.* උණුසුම්කම, සිතේ ත ද ජ්වලිතය [තවූ

Fer'vent, Fer'vid, *a.* උණුවූ, ජ්වලි

Fer'vently, *ad.* ඉතා ජ්වලිත ලෙස, බලවත් උනන්දුකමින්

Fes'tal, Fes'tive, *a.* මංගල්‍ය, මගුල්, ප්‍රීතිමත්

Fes'ter, *v.* පැසවනවා, කුණුවෙනවා

Fes'tival, *s.* මංගල්‍යය, මගුල් දවස

Festiv'ity, *s.* මංගල්‍ය ප්‍රීතිය, උත්සව ප්‍රීතිය, ප්‍රීතිසෙල්ලම

Festoon', *s.* මල්වැල, මල්දම

Fetch, *v.* ගොසින් ගෙණෙනවා, පමු ණුවනවා

Fete, *s.* මංගල්‍යය, උත්සවය

Fe'tich, *s.* වැඳ නමස්කාර කරණ දෙයක්

Fe'tichism, *s.* ගස්ගල් යනාදියට වැඳ නමස්කාර කෙරීම

Fet'id, *a.* දුගඳවූ

Fet'lock, *s.* අශ්වයින්ගේ කුරයක්ව ල වැවෙන මයිල් රොද

Fet'ter, *s.* විලංගුව, යදම *v.* විලංගු දමත්වා, වලක්වනවා

Fe'tus, Fœ'tus, *s.* ගැබේ හෝ බිජු වේ ඉන්ය පැටවා, දරුගැබ

Feud, *s.* සන්ඩුව, දබරය, සට්කාපටය

Feud'al, *a.* පුරාණ කාලයේ පැවති වැඩවසම්වූ, වැඩප්‍රවේණිවූ

Fe'ver, *s.* උණ, ජ්වරය

Fe'verish, *a.* උණගතිය ඇත්තාවූ, උණසහිත

Few, *a.* ටික, ස්වල්ප

Fi'at, *s.* ආඥාව, අණ, තීන්දුව

Fib, *s.* බොරුව, මුසාවාදය *v.* බොරුකියනවා

Fi'bre, *s.* කෙන්ද්, පට්ටය, මෑණලය

Fi'brine, *s.* ශරීරයේ කෙඳි ද්‍රව්‍යයක්

Fi'brous, *a.* කෙඳිසහිතවූ, පට්ටාඇති

Fib'ula, *s.* කෙණ්ඩේ ඇටයක්

Fick'le, *a.* වෙනස්වෙන්නාවූ, චපලවූ, අනිස්ථිරවූ

Fic'tion, *s.* ප්‍රබන්ධය, බොරු ප්‍රබන්ධය, මිථ්‍යා කථාව [බොර

Ficti'tious, *a.* සැබෑ නුවූ, බොරු,

Fid'dle, *s.* වීනාව, වේනාව, රොති නැණ [ළත්කම

Fidel'ity, *s.* විශ්වාසකම, ස්ථිර ඇතු

Fidg'et, *v.* එහෙමෙහෙ දඟලනවා, ඇඹරෙණවා [කම, චචලභාවය

Fidg'etiness, Fidg'ets, *s.* සලපතල

Fie, *int.* ච්, ඡඃ [වේණිය

Fief, *s.* වැඩ ප්‍රවේණිය, නිලකාර ප්‍ර

Field, *s.* කුඹුර, කෙත, වෙල, ඕවිට, පිට්ටනිය [ඩ්පතියා

Field'-mar'shal, *s.* සේනා සමූහයේ අ

Field'piece, *s.* යුද්ධභූමියට ගෙණයන කාලතුවක්තුවක්

Fiend, *s.* භූතයා, යකා, යක්‍ෂයා

Fiend'ish, *a.* යක්‍ෂ, රකුසු, ඉතානපුරු

Fierce, *a.* සැර, කෲර, රෞද්‍ර

Fierce'ly, *ad.* සැරලෙස, රළුලෙස, කෲරකාරයෙන්

Fi'ery, *a.* ගිනි, ගිනිමයවූ, කිපෙන්

Fife, *s.* කුඩා නලාවක් [නාවූ, සැර

Fif'teen, *s.* පහළොහ *a.* පසළොස්

Fif'teenth, *a.* පසළොස්වෙනි *s.* පහළොහෙන් කොටස

Fifth, *a.* පස්වෙනි *s.* පහෙන් පංගුව

Fif'tieth, *a.* පණස්වෙනි *s.* පණහෙන්

Fif'ty, *s.* පණහ *a.* පණස් [පංගුව

Fig, *s.* අත්තික්කා, උදුම්බරා, දිඹුල්

Fight, *v.* ගහගන්නවා, සටන්කරණවා, පොරකනවා *s.* ගහගැණීම, පොරේ, සටන [ව, නිකම්සිතිවිල්ල

Fig'ment, *s.* හිතුවක්කාර කල්පනා

Fig'urative, *a.* උපමා, උපමාසහිතවූ

Fig'uratively, *ad.* උපහැරණ වශයෙන්, උපමා ආකාරයෙන්

Fig'ure, *s.* රූපය, හැඩය, පෙණීම, ඉලක්කම, උපහැරණය, උපමාව *v.* සනිටුහන්කරණවා, රූප සිතියම්කරණවා, අඳිනවා, අදහසයකින් පෙන්වනවා

Fig'urehead, *s.* නැවේ ඇනියේ තිබෙන රූපය
Fil'ament, *s.* කෙන්ද, මෑණලය
Fil'bert, *s.* මද කන ඇට වර්ගයක්
Filch, *v.* සුලු හොරකම්කරණවා
File, *s.* පීර, කඩදාසිකම්බිය, පිළිවෙළට ඇමුණූ කඩදාසි, පිළිවෙළට සිටෙවූ භේවායෝ *v.* පීරිගානවා, කඩදාසි කම්බියේ අමුනනවා, පිළිවෙළට පිහිටුවනවා
Fil'ial, *a.* දරු, පුත්‍ර, දූ, [කරගැන්ම
Filia'tion, *s.* දරුකම, දරුකමට ඇති
Fil'igree, *s.* කැටයම් වැඩවිශේෂයක්
Fi'lings, *s. pl.* යහුණු, යතුකුඩු
Fill, *v.* පූරවනවා, සම්පූර්ණ කරණවා, පිරෙණවා, තෘප්තියට පැමිණෙනවා *s.* පූරණය
Fil'let, *s.* කුඩාපටිය, ඉසකෙස් බඳින පටිය, වලුගාතෙන් මස් කෑල්ලක්
Fil'lip, *v.* නියපිටින් ගහනවා
Fil'ly, *s.* පුංචි අශ්වඑලෙම්බි, ක්‍රීඩා සහිත තරුණී
Film, *s.* සිවිය, තුනීහම [තත්‍වය
Fil'ter, *s.* පෙරහන්කඩ, පෙරණය
Fil'ter, Fil'trate, *v.* පෙරණවා, පෙරෙණවා
Fil'tering, Filtra'tion, *s.* පෙරීම, පෙරහන්කිරීම [දේ, අශුද්ධ දේ
Filth, *s.* කසල, කුණු, කෑත, අපවිත්‍ර
Filth'y, *a.* අපවිත්‍ර, කිලුටු, අශික්ෂිත
Fin, *s.* වරළ, වල්පත
Fi'nal, *a.* අන්තිමවූ, තීන්දුවූ, කෙළවරවූ
Fi'nale, *s.* අන්තිමය, අවසානය
Final'ity, *s.* අවසානභාවය, අන්තිමවීම, නිම්මාව [වටම
Fi'nally, *ad.* අවසානකොට, තීන්දු
Finance', *s.* මුදල්කළමනාව, ආදායම
Finan'cial, *a.* මුදල්සම්බන්ධවූ, අයවැය
Finan'cier, *s.* මුදල් කළමනාවේ සමර්ථයා
Find, *v.* සම්බවෙනවා, සොයාගන්නවා, සපයනවා, දැනගන්නවා
Find'ing, *s.* සම්බවීම, සම්බකිරීම, නඩුතීන්දුව
Fine, *s.* දඩය *v.* දඩගහනවා
Fine, *a.* සිහින්, සිනිඳු, කදිම, ලක්ෂණ, අලංකාර
Fine'ly, *ad.* සියුම්ලෙස, කදිමට, යසට
Fi'nery, *s.* අලංකාර ඇඳුම් ආභරණ
Finesse', *s.* තීක්ෂණ උපාය, සියුම් උපක්‍රමය
Fin-foot'ed, *a.* බද්ධපාදවූ
Fin'ger, *s.* ඇඟිල්ල, අංගුලිය *v.* අල්ලනවා, අතගාගන්නවා, හොරෙන් ගන්නවා, නව්ටුකරණවා
Fin'ger-glass, *s.* ඇඟිලි සෝදන වීදුරුව [හෝ කණුව
Fin'ger-post, *s.* මඟ පෙන්වන අත
Fin'ical *a.* සුලු දේ ගැණ හුඟක් හිත වගන්නාවූ, ජේත්තුකාර
Fin'is, *s.* තීන්දුව, කෙළවර, අවසානය

Fin'ish, *v.* තීන්දුකරණවා, හමාරකරණවා, නිමවනවා, තීරණය කරණවා *s.* තීන්දුව, නිමවූ අකාරය, අන්තිම වැඩේ

Fin'ished, *a.* තීන්දුවූ, හමාරකරණලද, සම්පූර්ණවූ, සමාපිත

Fi'nite, *a.* අනන්‍යසහිතවූ, ඉමක් හෝ ප්‍රමාණයක් ඇත්තාවූ

Fi'niteness, *s.* අනන්‍යසහිතවීම, අනන්ත නොවන භාවය

Fir, *s.* දේවදුර

Fire, *s.* ගිනි, ගින්දර, අග්නිය, තදඋනන්දුකම *v.* ගිනි තබනවා, පත්තුකරණවා, වෙඩිතිබනවා, ඇවිලෙනවා, ප්‍රාණවත්කරණවා

Fire'arms, *s. pl.* තුවක්කු හා අනිතුත් පත්තුකරණ යුද්ධායුධ

Fire'brand, *s.* ගිනපෙනෙල්ල, අනුන් අවුස්සවන්නා

Fire'-brig'ade, *s.* ගිනි නිවන පිණිස සමාගම්වූ මිනිස්සු

Fire'damp, *s.* අඟුරුවළවල රැස්වන ගිනිගන්නාවූ වායුව [න යන්ත්‍රය

Fire'-en'gine, *s.* ජලයෙන් ගිනි නිව

Fire'-escape', *s.* ගින්නෙන් බේරීමට උදව්වෙන යන්ත්‍රය

Fire'lock, *s.* පුරාණ තුවක්කුව [යා

Fire'fly, *s.* කනමැදිරියා, කද්‍යෝතිම්

Fire'man, *s.* ගිනි නිවන වැඩේ භාරවූ කෙනෙක්, ගින්දර බලාගන්න කෙනෙක්

Fire'place, *s.* ලිප, ගිනිහල

Fire'proof, *a.* පත්තුනොවෙන, ගිනි නොගන්න [වාසය, ගෙදර

Fire'side, *s.* ගිනිමැලේ ලඟ ඉඩම, නි

Fire'stick, *s.* ගිනිපෙනෙල්ල

Fire'wood, *s.* දර, කාෂ්ඨ

Fire'works, *s. pl.* ගිනිකෙළි

Fir'ing, *s.* වෙඩිතිබීම, දර

Fir'kin, *s.* ගැලොන්නවයක මිම්මක්

Firm, *a.* නොසෙල්වෙන්නාවූ, ස්ථිර, සවි, හයි, තද, වෙර සිතැති

Firm, *s.* වෙළඳසමාගම, හවුල්නාමය

Firm'ament, *s.* අහස, අවකාශය, නභස්තලය, ආකාශ මණ්ඩලය

Fir'man, *s.* තුර්කි ආණ්ඩුවේ අණපණතක්

First, *a.* පළමුවෙනි, මුල්, ප්‍රථම *ad.* පළමුවෙන්, ප්‍රථමකොට, ප්‍රධානව

First'-born, *a.* කුලුදුල් *s.* කුලුදුලා

First'ling, *s.* කුලුදුල්සතා

First'-fruit, First'-fruits, *s.* අගස්, නාඹුල් ඵල, ප්‍රථම ඵලවිපාක

First'-rate, *a.* ඉතා හොඳ, ඉතා අගේ ඇති, ශ්‍රේෂ්ඨවූ

Fis'cal, *s.* පිස්කල්

Fish, *s.* මාලුවා, මත්ස්‍යයා *v.* මාලුඅල්ලනවා, මස්මරණවා, බිලිබානවා, ප්‍රයෝගයෙන් ලබාගන්ටසොයනවා

Fish'er, Fish'erman, *s.* මස්මරන්නා

Fish'ery *s.* මස්මරණ වැඩේ, දැල්පන්නය, මාලු අල්ලනතැන

Fish'ing, *a*. මාලු අල්ලන, මස්මැරීමට අයිති *s*. මස්මැරීම

Fish'y, *a*. මාලු ආකාරවූ, මාලු බොහෝකොට ඇති

Fis'sure, *s*. ඉරිවැටීම, පැල්ම, සිදුර

Fist, *s*. මිට, මොලවාපු මිට

Fis'tula, *s*. පිළිකාව, නලාව

Fit, *a*. නිසි, සුදුසු, සුතු *v*. යෝග්‍යකරණවා, හරියනවා, සැහෙනවා, හරිගස්සනවා

Fit, *s*. මූර්ඡාව, කලාතනය, හදිසි හෝ මදවේලාවක් පවතින ස්වභාවක් [සුළු, චපල

Fit'ful, *a*. හදිසියෙන් වෙනස්වෙන

Fit'fully, *ad*. අනිස්ථිරාකාරයෙන්, එකවිධියකට නැතුව, ඉඳහිටලා

Fit'ness, *s*. සුදුසුකම, යෝග්‍යභාව, සුතුකම

Fit'ter, *s*. නිසිලෙස සොදන්නා, යන්ත්‍රයෝගකාරයා

Fit'ting, *a*. නිසි, යෝග්‍ය *s*. සම්පූර්ණ කිර්මට ගන්න අඩුලුහුඩු දේ

Five, *s*. පස, පහ *a*. පස්, පච

Fix, *v*. ස්ථිකරණවා, පිහිටුවනවා, පාහනවා, පූට්ටුකරණවා, නියමකරණවා, හයිවෙනවා

Fixed, *a*. ස්ථිර, අචල, ස්ථි, නියමවූ

Fix'edness, Fix'ity, *s*. ස්ථිරකම, ස්ථිස්වභාව, අචලත්වය

Fix'ture, *s*. ගේක සවිකරපු බඩුව, අචලබඩුව

Flab'biness, *s*. මෘදුකම, තදනැතිකම, ලිහිල්කම

Flab'by, *a*. මෑදුවූ, සෙලවෙන්නාවූ, නැමෙන්නාවූ, එල්ලාවැටෙන්නාවූ

Flac'cid, *a*. බුරුල්වූ, එල්ලාවැටෙන්නාවූ, දුර්වලවූ

Flac'cidness, Flaccid'ity, *s*. බුරුල්කම, ස්ථිනැති ගතිය

Flag, *s*. ගල්ලැල්ල, කොඩිය, ධජය

Flag, *v*. කෙඩෙත්තුවෙනවා, මලානිකවෙනවා, පසුබසිනවා

Flag'eolet, *s*. නලාවක් [රවූ

Flagi'tious, *a*. බොහෝනපුරුවූ, දුෂ්

Flag'on, *s*. භාජනයක්, බීමවක්සාරණ භාජනය

Fla'grancy, *s*. අධිකකම, මහත් බරපතලකම [තලවූ

Fla'grant, *a*. අධිකවූ, මහත්වූ, බරප

Flag'staff, *s*. කොඩිගහ, කොඩිකුඹය

Flail, *s*. ගොයම් මඩිනා ලීය

Flake, *s*. කොරපොත්ත වැනි දේ, තහඩුව, කුඩාකැටිය, හිමකැල්ල

Flam'beau, *s*. හුල, පන්දම, විළක්කුව

Flame, *s*. ගිනිදැල්ල, ගිනිමැලය, ජ්වලිතය, ආශාව, ප්‍රේමගින්න *v*. දැල්වෙනවා, ඇවිලෙනවා

Flange, *s*. රථ රෝද වාටියේ මෙන් නෙරාපු ගැටිය

Flank, *s*. ඇලපත, අංශය, පැත්ත *v*. පැත්තට ලංව සිටිනවා, අංශය ඉදිරිපිටට පැමිණෙනවා

Flan'nel, *s.* ලොම් රෙදි, සිහින් කම්බිලි රෙදි

Flap, *s.* එල්ලෙන බුරුල් දෙයක්, පෙත්ත, පෙත්තකින් වදින පහර *v.* අත්හැදිමෙන් වදිනවා, පළල් දෙයක් එල්ලෙනවා, වැණෙනවා

Flare, *v.* දැලිගෙණ පත්තුවෙනවා, ලෙලදිදී ඇවිලෙනවා, දිලිහෙනවා *s.* අධික දිලිහිම

Flash, *s.* ආලෝක ජලාව, හදිසි කානතිය *v.* හදිසියෙන් දිලිහෙනවා, බබලනවා

Flash'y, *a.* ක්ෂණයකට පමණක් දිලිහෙන්නාවූ,පිටතපෙණීමපමණක්වූ

Flask, *s.* කුඩා භාජනයක්, බෝතල ජාතියක්, වෙඩිබෙහෙත් කාරනය

Flas'ket, *s.* වේවැල්පෙට්ටියක්, පැස

Flat, *a.* පැතලි, සමතලා, වැටිදිගාවූ, රසනැත්තාවූ, මලානික *s.* පැතලි ඉඩම, තැනිතලාව, ගෙයි තට්ටුව

Flat'ten, *v.* සමතලාකරණවා, පැතලිකරණවා, සමතලාවෙනවා

Flat'ter, *v.* ඉච්චාබස් දොඩනවා, බොරු ප්‍රශංසාකරණවා, රවටනවා

Flat'terer, *s.* ඉච්චාකාරයා, බොරු ස්තුතිකරන්නා

Flat'tering, *a.* ඉච්චාකරණ, චාටුකාර, නිෂ්ඵල ප්‍රාර්ථනා උපදවන

Flat'tery, *s.* ඉච්චාව, චාටු ප්‍රශංසාව

Flat'ulence, Flat'ulency, *s.* බඩේ වාතය, කුපිත වාතය

Flat'ulent, *a.* වාවඩන්නාවූ, බඩේ වාතය ඇත්තාවූ, හිස්වූ

Flaunt, *v.* පෙණෙන්ට වණනවා, අහංකාරකම් පෙන්වනවා

Fla'vour, *s.* රස, සුවඳ, ගඳ

Flaw, *s.* ඉරිවැට්ම, කැලල, පලුදුව, වරද

Flaw'less, *a.* පලුදුනැති, ඇදකුදනැති, නොකැලැල්

Flax, *s.* සිහින් කෙදිවර්ගයක්, හන

Flax'en, *a.* සිහින් හන වර්ගයකින් සාදපු නොහොත් සෑදුවා වැනි, රන්වන්

Flay, *v.* හමඋගුල්ලනවා,හමගහනවා

Flea, *s.* බලුමැක්කා, වැලිමැක්කා

Fledge, *v.* පිහාටුවලින් සරහනවා

Fledge'ling, *s.* පිහාටු හටගත් කුරුළු පැටියා

Flee, *v.* පලායනවා, පැණලා යනවා, වලකිනවා

Fleece, *s.* කපාගත් බැටළු ලොම් *v.* බැටළු ලොම් කපනවා, පැහැරගන්නවා, රෝමවලින් මෙන් වසා දමනවා, සුදුකරණවා

Fleec'y, *a.* ලොම්වලින් වැසුන, මෘදු

Fleer, *v.* හෙලාදකිනවා, සරදම්කරණවා *s.* සරදම, කවටකම

Fleet, *s.* නැව් සමූහය, නැව් කණ්ඩායම *a.* ශීඝ්‍ර, කඩිසර, ඉක්මන්

Fleet'ing, *a.* ඉක්මණින් පලායන්නාවූ, නොපවතින, අනිත්‍ය

Flesh, *s.* මාංසය, මස්, මාලු, වදය, මාංසවූ සත්‍වයෝ, මනුෂ්‍ය ජාතිය, ශරීරය, මාංසික තෘෂ්ණාව, ලෞකික ස්වභාව

Flesh'ly, *a.* මාංසවත්වූ, මාංසික, කාමික [බොහෝවූ

Flesh'y, *a.* තර, තරබාරු, සථූල, මද

Flexibil'ity, *s.* නැමෙන සුලු ගුණය, තදනැතිකම, හික්මෙන ගතිය

Flex'ible, *a.* නැමෙනසුලුවූ, හරවාගන්ට පුළුවන්වූ, බුරුල්වූ

Flick'er, *v.* චංචලලෙස ඇවිලෙනවා

Flick'ering, *a.* පියාපත් ගහන්නාවූ, අඩුවෙවී පත්තුවෙන්නාවූ

Flight, *s.* ඉගිලීම, පලායාම, එඟිදීම, පක්ෂිරැළ, පඩිපෙළ

Flight'y, *a.* අනිස්ථිර ස්වභාවවූ, මදත් උමතුවූ, කඩිගොලුවූ

Flim'sy, *a.* තුනීවූ, සවිනැති, බෙලහීන, නිස්සාර

Flinch, *v.* පස්සටයනවා, හැකිලෙනවා, පසුබටවෙනවා

Fling, *v.* විසිකරණවා, හෙලනවා, දමාගහනවා, විසුරුවනවා

Flint, *s.* ගින්නල, අග්නිපාෂාණය

Flint'y, *a.* ගිනිගල්මයවූ, ගිනිගල්වැනි, තද, කෲර

Flip, *s.* කිකිල්බිජු සීනි මත්පැන් යනමේවා මිශ්‍රකොට සාදන බීමක්

Flip'pancy, *s.* දෙබව්ම, කමනැති චාචාලකම

Flip'pant, *a.* දෙබව්වන්නාවූ, චාචාලවූ, චපලවූ

Flirt, *v.* ප්‍රේමය ගැණ සැහැල්ලු ලෙස ක්‍රියාකරණවා *s.* සැහැල්ලු ලෙස හැසිරෙණ අය, විලස්පාත්නි

Flirta'tion, *s.* ප්‍රේමය ගැණ සැහැල්ලු අදහසින් හැසිරීම

Flit, *v.* තැනින් තැන පැණයනවා, කඩිනමට පියාසරකරයනවා

Flitch, *s.* ලුණු ඌරුමස් පළුවක්

Float, *v.* ඉපිලිප්පෙනවා, පාවෙනවා, දියත්කරණවා *s.* පාවෙවී තිබෙන දේ, පහුර, ඉපිල්ල, ඉපියාව

Flock, *s.* රැළ, රංචුව, සමූහය *v.* රැස්වෙනවා, රංචුගැසෙනවා

Floe, *s.* මුහුදේපාවෙන මිදුනුවූ දියරාශිය

Flog, *v.* තලනවා, කෝටුමස්කරණවා

Flood, *s.* වතුරගැලීම, ජලගැල්ම *v.* වතුරගලනවා, ගලාහරිණවා

Flood'gate, *s.* ජලදොර, දියදොර

Floor, *s.* බිම, ගෙයක තට්ටුවක් *v.* ගඩොල් යනාදියෙන් බිම සාදනවා, බිම හෙළනවා

Flo'ra, *s.* මල්වල භේදතාවී, රටක ගස්කොළත්පලාජාති

Flo'ral, *a.* මල්සම්බන්ධ, කුසුම්

Floresc'ence, *s.* මල් පිපීම, මල් පිපෙන කාලය

Flo'riculture, *s.* මල්ගස් වැවිලිකිරීම

Flo'rid, *a.* දිප්තිවර්ණවූ, මදත් රතුවූ, අලංකෘතවූ

Flo'riform, *a.* මල්හැඩය ඇති, පුෂ්පාකාර [කාසියක්

Flor'in, *s.* ශිලින් දෙකක් වටිනා රිදී

Flor'ist, *s.* මල් වවන්නා, වෘක්ෂලතා දිය ගැණ රචනාවක් ලියන්නා

Floss, *s.* සමහර කරල්වල තිබෙන සිහින් කෙඳි, පුළුන්, පටකෙඳි

Flotil'la, *s.* කුඩා නැව්කණ්ඩායමක්

Flounce, *v.* නොඉවසිල්ලෙන් ක්‍රියාකරණවා, දඟලනවා *s.* ඉවසිලිනැති ක්‍රියාව, රැල්ල, වාට්ටිය

Floun'der, *v.* දඟලනවා

Floun'der, *s.* මාලුවර්ගයක්

Flour, *s.* පිටි

Flour'ish, *v.* සඵලවෙනවා, සශ්‍රිකවෙනවා, වැඩිදියුණුවෙනවා, වැවෙනවා *s.* පිටින අලංකාරය, ලකුණුදෙඬුම, රචනය, හරඹය

Flour'ishing, *a.* සඵලවත්, සරු, දියුණුවෙන්නාවූ

Flout, *v.* අපහාසකරණවා, හෙලා දකිනවා *s.* ගැරහුම, සුලුකම

Flow, *v.* ගලනවා, වැක්සෙනවා, ඉතිරෙණවා, නික්මෙණවා *s.* ගලායාම, ජලප්‍රවාහය, වඩදිය

Flow'er, *s.* මල, පුෂ්පය, උතුම් කොටස හෝ අය *v.* මල් හටගන්නවා, පූදිනවා, මල්වැඩවලින් විසිතුරුකරණවා

Flow'er-bud, *s.* මල්කැකුල, මොට්ටුව

Flow'eret, **Flo'ret**, *s.* කුඩා මල

Flow'erless, *a.* මල්නැති

Flow'er-pot, *s.* මල්පෝච්චිය

Flow'ery, *a.* මල්ඇත්තාවූ, පුෂ්පවත්, මල්වැඩ සහිත, අලංකාර

Flow'ing, *a.* ගලායන්නාවූ, පහසුවෙන් ගියවෙන

Fluc'tuate, *v.* චංචලවෙනවා, වෙනස්වෙනවා, පාවෙනවා, අස්ථිරව පවතිනවා

Fluctua'tion, *s.* වරින්වර වෙනස්වීම, චලිතය

Flue, *s.* දුම්කවුළුව, නලය [රිකම

Flu'ency, *s.* කථාවේ පහසුකම, මුඛ

Flu'ent, *a.* නොරඳා යන්නාවූ, වචන ගලන්නාවූ, මුඛරිවූ

Flu'id, *a.* ගලන්නාවූ, දියවූ, මාසු *s.* දිය ද්‍රව්‍යය, දියර

Fluid'ity, **Flu'idness**, *s.* දියරභාවය

Flum'mery, *s.* උකුවූ කෑම ජාතියක්, නිස්සාර දෙඩුම, ඉච්චාව

Flun'key, *s.* වාල්වැඩ කරන්නෙක්, ජාවඑකෙක්

Flur'ry, *s.* චංචලය, හැතිගැනීම *v* චකිත කරණවා, හැතිගන්වනවා

Flush, *s.* හදිසිගැලීම, මුහුණ රතුවීම, බොහෝකම *v.* හදින් ගලනවා, රතුවෙනවා, දිළිසෙනවා, පිණනවා

Flus'ter, *s.* චකිතය, චංචලය *v.* චංචලකරණවා [ලයාදනවා

Flute, *s.* නලාව, නළය, නාලය *v.* න

Flut'ed, *a.* නලාකාර, නාල ඇත්තාවූ

Flut'ter, *v.* පියාපත්ගහනවා, ඝුලගාව ගැහෙනවා, වෑණෙනවා, වියවුල් වෙනවා, චඤ්චලකරණවා *s.* පියාපත්ගැසීම, කලබලය, වියවුල

Flu'vial, *a.* ගංගාවලට අයිතිවූ, ජලජවූ, දියෙහි හැසිරෙන්නාවූ

Flux, *s.* ගැලීම, ගලන හෝ පහවෙනදේ, කඩුත්තුව *v.* උණුකරණවා, මකනවා

Fly, *v.* ඉගිලෙනවා, පියාඹනවා, පලායනවා *s.* මැස්සා, සැහැල්ලුරථය

Fly'blow, *s.* ඉහඳ, මැසිඉහඳ

Fly'leaf, *s.* පොතේ මුල සහ අග හිස් කොලය

Foal, *s.* අශ්වපැටියා, කොටළුපැටියා

Foam, *s.* පෙන, පෙද *v.* පෙන නගිනවා, කෝපවෙනවා

Fob, *s.* ඔර්ලෝසු සාක්කුව

Fo'cus, *s.* එළිය ඇතිරෙණඉඩම, රැස් වී රැඳෙන තැන, රශ්මිඇස, මැද කොණ *v.* එකතැනකට යොමුකරණවා

Fod'der, *s.* සිව්පාවුන්ට දෙන කෑම *v.* මෘගයන්ට පිදුරු ආදිය දමනවා

Foe, *s.* විරුද්ධකාරයා, සතුරා

Fœ'tus, *s.* දරුගර්භය, ගැබෙහිවූ දරුවා හෝ පැටියා

Fog, *s.* මීදුම, පොළවෙන් නගින දුම

Fog'gy, *a.* මීදුම් සහිත, මද්දුරම්, අඳුරු, නොපැහැදිලි

Foi'ble, *s.* දුර්වලකම, සුළු පලුදුව

Foil, *v.* පරදවනවා, නිෂ්ප්‍රභාකරණවා *s.* පරාජය, මොටකඩුව, තුනී ලෝහකොල

Foist, *v.* වංචාලෙස ඇතුල්කරණවා, හොරෙන් පවරණවා

Fold, *s.* පට, නැම්ම, රැල්ල, පට්ටිය, බැටළුරළ *v.* නමනවා, අකුලනවා, ගාල්කරණවා

Fold'ing-doors, *s.* අකුලන දොරවල්

Fo'liage, *s.* කොළ, පත්‍ර

Fo'liate, *v.* කොළමෙන් වෙන ලෙස තළනවා, ලෝහකොල අලවනවා

Fo'lio, *s.* වරක් නැමූ සම්පූර්ණ කඩදාසිකොලය, ගණන්පොතේපත්ඉරුව

Folk, *s.* සෙනග, මිනිස්සු, අය

Folk'lore, *s.* පුරාණයින්ගේ පිළිවෙත් කියමන් ආදිය සම්බන්ධවූදැනගැම්ම

Fol'low, *v.* පස්සේයනවා, අනුව යනවා, අඹවනවා, අධිපාරේ යනවා, කීකරුවෙනවා

Fol'lower, *s.* කැටුවයන්නා, යමෙකුගේ ගුරුකම්පාරේ යන්නා, ශිෂ්‍යයා, ගෝලයා

Fol'lowing, *a.* පස්සේ යන, ඊලඟට පැමිණෙන, අනුගත

Fol'ly, *s.* මෝඩකම, අනුවනකම, අඥානකම

Foment', *v.* තවනවා, දියුණුකරණවා, භෛෂජ්‍යදෙනවා

Fomenta'tion, *s.* උණුදියෙන් තැවීම, තැවිල්ල, තවන බෙහෙත් වතුර, ඇවිස්සීම

Fond; *a*. දුම්ලසේ සුරතල්කරන්නා වූ, අලය ඇත්තාවූ, අතිශෝභාවූ

Fond'le, *v*. ආදරකරණවා, සුරතල් කරණවා

Fond'ling, *s*. සුරතල්කිරීම, සුරතලා, සුරතල් දෙය [ලය, ලැදිකම

Fond'ness, *s*. මොලොක් ආදරය, අ

Font, *s*. බව්තීස්මකරණ පිණිස දිය වක්කරණ භාජනය, එක ප්‍රමාණ සේ අච්චු අකුරු

Food, *s*. කෑම, භෝජනය, ආහර

Fool, *s*. මෝඩයා, මූර්ඛයා, පිස්සුකම් කරන්නා *v*. කවටකම්කරණවා, ර වටනවා [ඩම

Fool'ery, *s*. මෝඩකම්, විහිලුව, විග

Fool'hardy, *a*. මූඩලෙස නිර්භීතවූ, අනුවන ධෛර්‍ය ඇත්තාවූ

Fool'ish, *a*. මෝඩ, අනුවන, විගඩම්වූ

Fools'cap, *s*. එක් ප්‍රමාණයකකඩදාසිය

Foot, *s*. පය, පාදය, අඩිය, මූල, අඟල් දොළහ, පාබලසේනාව

Foot'ball, *s*. ක්‍රීඩා පිණිස පයින් ගස න බෝලය, පාදගෝලකෙළිය

Foot'bridge, *s*. පයින් යන පාලම, ඒදණ්ඩ

Foot'hold, *s*. අඩිය තබන පමණ ඉඩ

Foot'ing, *s*. අඩිඅල්ලීම, අඩි තබන තැන, අත්තිවාරම, ස්ථිරපිහිටීම, පි හිටි ස්වභාව

Foot'man, *s*. දුවන්නා, නියම ඇඳුම් ඇඳි සේවකයා, මෙහෙකරුවා

Foot'mark, Foot'print, *s*. අඩි ලාංඡන, පාදසටහන

Foot'pad, *s*. මංකොල්ලකාරයා

Foot-pas'senger, *s*. පයින් ගමන්යන්නා

Foot'path, *s*. අඩිපාර, අතුපාර

Foot-sol'dier, *s*. පාබල භේවායා

Foot'step, *s*. අඩිය

Foot'stool, *s*. පාපුටුව [රයා

Fop, *s*. ජේත්තුකාරයා, ආඩම්බරකා

Fop'pery, *s*. ජේත්තුකාරකම, ආඩම්බර ලීලාව

Fop'pish, *a*. හැඩකාර, මෝස්තරකාර

For, *prep*. නිසා, උදෙසා, ගැණ, වෙනුවට, පිණිස *conj*. මක්නිසාද යත්, හෙයින් [න්, බැවින්

For'asmuch, *conj*. ඉන්නිසා, හෙයි

For'age, *s*. අශ්වයින්ගේත් ගවයින්ගේත් කෑම *v*. සිව්පාවුන්ට කෑම සොයාගොස් බලෙන් පැහැරගන්නවා, කොල්ලකනවා

Forbear', *v*. නවතිනවා, වළකිණවා, වැළකෙණවා, ඉවසනවා

Forbear'ance, *s*. වැළකීම, ඉවසිලිවන්තකම, ක්ෂාන්තිය

Forbid', *v*. තහනම්කරණවා, වළක්වනවා, එපාකරණවා

Forbid'den, *a* තහනම්කරපු, එපාකරපු, තහනම්

Forbid'ding, *a*. අප්‍රිය කරවන්නාවූ, අවගතිවූ, අරුචි

Force, *s.* බලය, සවිය, සැරය, වලංගුව *v.* බලාත්කාරකරණවා, බලකරණවා, බලයෙන් අල්ලාගන්නවා

Force′ful, *a.* බලසහිත, බලවත්, ශක්තිමත්

Force′meat, *s.* හින්කර කොටා ලූණු මිරිස් දමූ මස්

For′ceps, *s.* දත් අඬුව, මස් කතුර

Forc′ible, *a.* බලවත්, තද, බලාත්කාර

Ford, *s.* තොට, තොටුපල, පාදිය *v.* වතුරේ පයින් එතරවෙනවා

Fore, *a.* පෙරටු, පළමු, ඉස්සරහ *ad.* ඉස්සරව, කලින්

Fore′arm, *s.* අත්දණ්ඩ, අත්ගොබය *v.* අනුබ කල්ඇතුව පලදවනවා, කලින් සූදානම්වෙනවා

Forebode′, *v.* නපුරක් අනුමානයට බලාපොරොත්තු වෙනවා, කලින් කියනවා, නිමිති කියනවා

Forebod′ing, *s.* නපුරක් වේය කියා අනුමානයට කලින් සිතීම, කල්මතෙන් හටගන්න හැඟීම

Forecast′, *v.* කලින් සිතාගන්නවා, කල්ඇතුව සූදානම්කරගන්නවා

Fore′cast, *s.* කලින් දැකීම, කල් ඇතුව කල යෝජනාව

Fore′castle, *s.* නැවේ ඉස්සරහ පංගුව, ඇනියේ ඇතුල් ශාලාව

Foreclose′, *v.* වලක්වනවා, කලින් අත්හිටවනවා

Fore′fathers, *s.* වැඩිමහල්ලෝ, මුතුන්මුත්තෝ

Fore′finger, *s.* තරගිල්ල, දබරැඟිල්ල

Fore′foot, *s.* ඉස්සරහ කකුල

Fore′front, *s.* හරි ඉස්සරහ, ප්‍රමුඛ පැත්ත

Forego′, *v.* අත්හරිණවා, වලකිණවා

Forego′ing, *a.* මුලින්ගිය, ඉහතකී, යථොක්ත

Foregone′, *a.* කලින්නියමව් තිබෙන්නාවූ

Fore′ground, *s.* ඉස්සරහ බිම, චිත්‍රකර්මාන්තයක අග්‍රභාගය

Fore′head, *s.* නළල, ලලාටය

For′eign, *a.* පරදේශීවූ, පිටරට, දේශාන්තර, අනාසවූ, ආගන්තුකවූ

For′eigner, *s.* පරදේශියා, විදේශියා, පිටරට වැසියා

Forejudge′, *v.* සාක්ෂි අසන්ට පළමුවෙන් විනිශ්චයකරණවා, කල්තියා තීන්දුවට පැමිණෙනවා

Foreknow′, *v.* මතුවෙන දේ දැන සිටිනවා, පූර්වඥානයෙන් දැනගන්නවා

Foreknowl′edge, *s.* පූර්වඥානය, අනාගත ඥානය

Fore′land, *s.* තුඩුව, දේශතුඩුව

Fore′lock, *s.* නලල් කෙස් රොද

Fore′man, *s.* ප්‍රධානියා, වැඩක මූලාදෑනියා, පළමුවෙනියා

Fore′mast, *s.* නැවේ ඇනියේ කුඹගහ

Foremen′tioned, *a.* ඉහත සඳහන්කලාවූ, පූර්වෝක්ත

Fore′most, *a.* පළමුවූ, ඉතා උතුම්

Fore′noon, *s.* උදයකාලය, පෙරවරුව

Foren'sic, *a.* විනිශ්චයස්ථානයට අයිති
වූ, නඩුමානීයට අයිතිවූ

Fore-ordain', *v.* ඉදිරියට එනදේ නිය
මකරණවා, පූර්වයෙන් නියෝගකා
රණවා [ගය

Fore'part, *s.* ඉස්සරහපැත්ත, පූර්වභා

Forerun', *v.* පෙරටුව යනවා, ඉස්ස
රින් දුවනවා [පූර්වනිමිත්ත

Fore'runner, *s.* ඉස්සරව දුවන්නා,

Fore'sail, *s.* නැවේ ඉස්සරහ රුවල

Foresee', *v.* මතුවෙන දේ දකිනවා,
පළමුවෙන් දැනගන්නවා

Foreshad'ow, *v.* ඡායාවකින් මෙන්
කලින් දක්වනවා

Fore'shore, *s.* වෙරළේ ඉස්සරහතො
ටස, වෙරළේ බෑවුම

Foreshow', *v.* අනාගත ලකුණු පෙන්
වනවා, පූර්වඥානයෙන් කියනවා

Fore'sight, *s.* කලින් දැකීම, කලින්
ප්‍රවේසම්ගැනීම

Fore'skin, *s.* චර්මාග්‍රය

For'est, *s.* වනය, වනාන්තරය, කැ
ලෑව *a.* කැලෑ, වනාන්තර, අරණ්‍ය

For'ester, *s.* වනයක් භාරකාරයා,
වනරක්ෂකවලා, අරණ්‍යවාසයා

Forestall', *v.* කලින් කරගන්නවා,
ඉස්සරවෙනවා

Foretaste', *s.* කලින් රසදැනගැනීම,
පූර්වයෙන් විඳිම [නදේ කියනවා

Foretell', *v.* දිවස් කියනවා, මතුවෙ

Fore'thought, *s.* කලින් කල්පනා කි
රීම, කල්ඇතුව ප්‍රවේසම්ගැනීම

Fore'tooth, *s.* ඉස්සරහ දතක්

Forev'er, *ad.* සදාකාලේටම, සෑම
කල්ම

Forewarn', *v.* කල්ඇතුව දැනුම්තුකම්
දෙනවා, කලින් දැනුම්දෙනවා

For'feit, *v.* වරදක් නිසා වාසියක්
නැතිකරගන්නවා *s.* දඩය

For'feiture, *s.* දඩයක්කොට ගෙවීම,
වරදක් නිසා අහිමිවන දේ

Forge, *s.* කම්මල, පට්ටලය *v.* තළා
ලා සාදනවා, බොරුවෙන්සාදනවා

Forg'ery, *s.* හොරලියුම් ලිවීම, හො
ර අත්සන්කෙරීම [පක්ෂකරණවා

Forget', *v.* මතකනැතිකරණවා, අත

Forget'ful, *a.* මතකනැතිකරණ, සි
හිනැතිවෙන්නාවූ

Forget'fulness, *s.* සිහිනැතිකම, මත
කනැතිකරණ ස්වභාව [නවා

Forgive', *v.* ක්ෂමාකරණවා, කමාවෙ

Forgive'ness, *s.* කමාව

Forgiv'ing, *a.* කමාවීමට සැදී සිටින,
කමාවදෙන

Fork, *s.* ගාර්පුව, කරුව *v.* අතු දෙ
කකට බෙදෙනවා, ගාර්පුවක් වැ
නි දෙයකින් උස්සනවා

Fork'ed, *a.* දෙබලවූ, කරුවූ

Forlorn', *a.* මුළාවූ, අත්ඇරුණාවූ, පා
ළුවූ, අසරණවූ, දුකට පත්වූ

Forlorn'-hope, *s.* ඉතා දුෂ්කර වැඩක
ට නියමිකළ සේවක සමූහය, ඉතු
රුවූ එකම පැතුම

Form, *s.* අන්දම, හැඩය, විධිය, ආකාරය, රූපය, පිළිවෙළ, ආදර්ශය, සිරිත, බංකුව, පඩිපෙළ, අච්චුව

Form, *v.* සාදනවා, තනනවා, පිළිවෙළකට සාදනවා, පණවනවා, අභිප්‍රාකරණවා, සැදෙනවා

Form'al, *a.* චාරිත්‍රාකාරවූ, නියමවූ, පිටාතරවූ, ආචාරසහිතවූ

Form'alism, *s.* ආගමේ බාහිර චාරිත්‍රවල පමණක් පිහිටා සිටීම

Form'alist, *s.* පිටාතර චාරිත්‍රවලින් සෑහිසිටින්නා, බාහිර භක්තිකයා

Form'ality, *s.* බාහිර චාරිත්‍රය, සිරිත, නියම පිළිවෙළම පැවැත්වීම

Form'ally, *ad.* සිරිත්ලෙස, ව්‍යවහාරලෙස, නියමාකාරයෙන්ම

Forma'tion, *s.* ඉදිකිරීම, සෑදීම, ආකාරය, භූමිසංයෝගය

Form'ative, *a.* හැඩදෙයක, රූපය දෙන්නාවූ *s.* ප්‍රකෘතිනොවූ වචනය

Form'er, *s.* සාදන්නා *a.* පළමු, ප්‍රථම, ඉස්සර, පූර්ව, මුලකි

For'merly, *ad.* ප්‍රථමදී, පූර්වයෙහි, ඉස්සර, ආදියේදී

For'midable, *a.* භයානක, භයඑලවන, බලසම්පන්න [ඇදකිලි ක්‍රමය

Form'ula, *s.* නියම පිළිවෙළ, සූත්‍රය,

Form'ulary, *s.* නියම ක්‍රම අඩංගු ග්‍රන්ථය, සූත්‍ර සංග්‍රහය

Form'ulate, *v.* නියම ක්‍රමයට යොදනවා, පැහැදිලි ලෙස දක්වනවා

Fornica'tion, *s.* වේශ්‍යාකම, අනාචාරය, කාමමිථ්‍යාචාරය

For'nicator, *s.* කාමමිථ්‍යාචාර කරන්නා, සල්ලාලයා [මනවා

Forsake', *v.* අත්හරිනවා, අත්ඇරද

Forsak'en, *a.* අත්හරිනලද, අත්හැරදූමූ, අත්ඇරියාවූ

Forsooth', *ad.* සැබෑලෙස, අනුමානනැති ලෙස, සැබෑවට, යසට

Forswear', *v.* දිවුරුම්පිට නැත කියනවා, බොරු දිවුරණවා

Fort, *s.* කොටුව, බලකොටුව

Forte', *s.* බලපැත්ත, වඩා සමර්ථවූ කාරණය

Forth, *ad.* පිටතට, ඉස්සරහට, එළියට

Forth'coming, *a.* පෙනෙන්ට සූදානම්වූ, පැමිණෙන්ට තිබෙන්නාවූ

Forthwith', *ad.* දැන්ම, වහාම, එකෙණෙහිම

For'tieth, *a.* හතළිස්වෙනි [ටුව

Fortifica'tion, *s.* පවුර, ප්‍රාකාරය, කො

For'tify, *v.* කොටු සාදනවා, සවිකරණවා [රකම, ධෛර්‍යය

For'titude, *s.* සිත්සවිය, සවිකම, ශූ

Fort'night, *s.* දෙසතිය, සුමානදෙක

Fort'nightly, *a.* දෙසතියකට වරක්වූ *ad.* දෙසතිපතා, මසකටදෙවරක්

For'tress, *s.* බලකොටුව, ප්‍රාකාරය, ආරක්ෂා ස්ථානය

Fortu'itous, *a.* අහම්බවූ, අනියම්වූ

Fortu'itously, *ad.* අහම්බෙන්, අනියම් ලෙස

Fortu'ity, *s.* අහම්බගතිය, අහම්බෙන් සිදුවෙන දෙය

For'tunate, *a.* වාසනාවන්තා,පින්වත්, කල්‍යාණ

For'tunately, *ad.* වාසනාවන්ත ලෙස, වාසනාවට වගේ

For'tune, *s.* ඉරණම, වාසනාව, වස්තුව, සම්පත

For'tune-teller, *s.* නිමිති කියන්නා, පලාපල කියන්නා, කේන්දු කියන්නා

For'ty, *s.* හතළිහ *a.* හතළිස්

Fo'rum, *s.* පුරාණ රෝමයේ ප්‍රසිද්ධ වෙළඳම්පල

For'ward, For'wards, *ad.* ඉදිරිපිටට, [ඉස්සරහට

For'ward, *v.* පිටත්කර හරිණවා, වැඩිදියුණු කරණවා, උපකාරකරණවා, ඉක්මන්කරණවා

For'ward, *a.* ඉස්සරින්වූ, ඉස්සරහ, ඉක්මන්, ඕනෑවාට වඩා ඉදිරියට එන්නාවූ

For'wardness, *s.* කඩිසරකම, වේලාසනකාව, ධෛර්‍ය්‍යමත්කම,උඩඟුකම

Fosse, *s.* අගල, බලකොටු අගල

Fos'sil, *s.* පොළවෙන් හාරගන්නා සතුන්ගේ හෝ පලාජාතිවල හෝ ගල්වූ ධාතුව

Fos'silize, *v.* ගල්කරණවා, ගල්වෙනවා, පාෂාණීභූතවෙනවා

Fos'ter, *v.* ඇතිකරණවා, පෝෂණ කරණවා, දියුණුකරණවා

Fos'ter-brother, *s.* සහෝදරයෙක් මෙන් එකට ඇතිවුණු ළමයා

Fos'ter-child, *s.* අන් මවෙකු විසින් නොහොත් පියෙකු විසින් ඇතිකළ ළමයා

Foul, *a.* කිලුටු, කැත, මඩවූ, පල්වූ, අපවිත්‍ර, නින්දිත, අනඩු, විරුද්ධවූ *v.* කිලුටුකරණවා, හැපෙනවා

Foul'-mouthed, *a.* කැත වචන කියන්නාවූ, දූෂණ කථාකාරවූ

Found, *v.* අත්තිවාරම් දමනවා, පිහිටුවනවා, හොඩනගනවා

Founda'tion, *s.* අත්තිවාරම, අධිතාලම, පදනම, ස්ථිර නඩත්තුව පිණිස දුන් වස්තුව

Found'er, *s.* අත්තිවාරම තබන්නා, පිහිටුවන්නා, ලෝහ මකන්නා

Found'er, *v.* ගිලාබසිනවා,කිඳෙනවා, කටබුන්වෙනවා

Found'ery, *s.* ලෝහ වාත්තුකිරීමේ වැඩේ, ලෝහ මසන ස්ථානය, පට්ටලය, කම්මල

Found'ling, *s.* මව්පියන්විත් අයිතිකාරයෙක්වත්නැතිව සම්බවූලමයා

Fount, Fount'ain, *s.* උල්පත, ජලාකරය, මූල

Fount'ain-head *s.* උල්පතේ මූල, ප [මන්ගැම්ම

Four, *s. or a.* හතර, සතර

Four'fold, *a.* සතරගුණයක්වූ

Four'-footed, *a.* සතරපාවූ, සිව්පාවූ

Four'score, *s.* අසූව

Four'square, *a.* හතරැස්
Four'teen, *s.* දහහතර, තුදුස
Four'teenth, *a.* දහහතරවෙනි
Fourth, *a.* හතරවෙනි
Fowl, *s.* කුකුළා, කිකිළි, පක්ෂියා
Fowl'er, *s.* දඩයම්කාරයා, පක්ෂිවැද්දා
Fowl'ing-piece, *s.* පක්ෂි වෙඩිතිබන තුවක්කුව [කාරයා
Fox, *s.* හිවලා, නරියා, කැනහිලා, දඩ
Fox'hound, *s.* හිවලුන් දඩයම්කරණ බල්ලා
Fracas', *s.* සණ්ඩුව, කෝලාහලය
Frac'tion, *s.* කැබෙල්ල, බිඳපු දෙයෙන් පංගුව, භාගය, ඛණ්ඩගණන [භිනන
Frac'tional, *a.* ඛණ්ඩ ගණනාකාරවූ,
Frac'tious, *a.* කිපෙන ස්වභාවවූ, දබරකාර
Frac'ture, *s.* කැඩුම, බිඳුම *v.* කඩනවා, බිඳිනවා
Frag'ile, *a.* පහසුවෙන් බිඳෙන්නාවූ, පුපුරන්නාවූ, දුර්වල
Fragil'ity, *s.* පහසුවෙන් බිඳෙන ගතිය, බෙලහීනකම [පතුර
Frag'ment, *s.* කැබෙල්ල, සැල්ල,
Frag'mentary, *a.* කැබලි අකාරවූ, කෑලිවශයෙන්වූ, අසම්පූර්ණවූ
Fra'grance, *s.* සුවඳ, සුගන්ධය
Fra'grant, *a.* සුගන්ධවත්, මිහිරි සුවඳවූ
Frail, *a.* දුර්වල, බෙලහීන, අනිත්‍ය
Frail'ty, *s.* දුර්වලභාවය, බෙලහීනකම, අස්ථිරකම
Frame, *v.* යොදනවා, සාදනවා, හරිගස්සනවා, යෝජනාකරණවා, රාමුවක් දමනවා *s.* රාමුව, මැස්ස, රූපය, සිතේ අන්දම, විධිය
Frame'work, *s.* යමක් දරාසිටින රාමුව හෝ මැස්ස, විලාස රූපය, සැකිල්ල
Franc, *s.* ප්‍රන්ස රිදී මිලයක්
Fran'chise, *s.* මන්ත්‍රීන් තෝරාගැනීමට තිබීකම හෝ බලය
Fran'gible, *a.* පහසුවෙන් කැඩෙන්ට පුළුවන්
Frank, *a.* අවංක, පැහැදිලි, නොසඟවා කථාකරණ
Frank, *s.* පැන්ස දහයේ කාසියක්, පූර්ණයේදී ඒරෝපේ බස්නාහිර රාජ්‍යවල වැසියෙක් [කරණවා
Frank, *v.* තැපැල් මුදලෙන් නිදහස්
Frank'incense, *s.* තුවරලා, කට්ටකුමංචල්
Frank'ly, *ad.* අවංක ලෙස, අකපටි ලෙස, නිදහස්ලෙස, නොසඟවා
Fran'tic, *a.* මල්මාදලෙස කුපිතවූ, පිස්සුවූ
Frater'nal, *a.* සහෝදරවූ
Frater'nally, *ad.* සහෝදරකාරයෙන්, සහෝදර සොහයෙන්
Frat'ernise, *v.* සහෝදරයින් මෙන් එක්සත් වෙනවා, සහකාරවෙනවා

Frater'nity, *s.* සහෝදරකම, සහකාර සමාගම [හෝදරයෙකු මරන්නා

Frat'ricide, *s.* සහෝදරයා මැරීම, ස

Fraud, *s.* රැවට්ල්ල, ප්‍රයෝගය, වංචාව, දඟය

Fraud'ulence, Fraud'ulency, *s.* වංචාකාරකම, රැවටිලිකාරකම, කපටිකම [ගකාරවූ

Fraud'ulent, *a.* වංචාසහිතවූ, ප්‍රයෝ

Fraught, *a.* පිරුණවූ, පූර්ණවූ, භරිත

Fray, *s.* දබරය, පෙරළිය, සඹංඟුව, සටන වා, ගෙවෙනවා

Fray, *v.* හුල් ඇදදමනවා, අතුල්ලන

Freak, *s.* සිතුවූඅදිය, විෂමිපනකම, විහිලුව

Freck'le, *s.* බිබිල, පුල්ලිය, ලපය *v.* හමේ තුඹා පුල්ලි . හටගන්වනවා, පුල්ලිදමනවා

Free, *a.* නිදහස්, නිදහස්වූ, මිදුනාවූ,නිදෝෂ *v.* නිදහස්කරණවා, මුදනවා, බේරණවා, නිස්කලන්කකරණවා

Free'-a'geut, *s.* නිදහස් කැමැත්ත ඇත්තා, සියකැමැත්තේ ප්‍රකාරයට ක්‍රියාකරන්ට බලය ලත්තා

Free'booter, *s.* කොල්ලකාරයා, මංකොල්ලකන්නා

..born, *a.* නිදහස්ව උපන්, නිදහස් ඉපදු..

Freed'man, *s.* දාසව සිට නිදහස්කම ලැබූ තැනැත්තා [නිදහස්කම

Free'dom, *s.* නිදහස්කම, නිදහස,

Free'-handed, *a.* නිදහස් ලෙස වියදම්කරණ, නිර්ලෝභි

Free-heart'ed, *a.* වංචානැතිවූ, ගුණවත්නාවූ, අලෝභි

Free'hold, *s.* මුතුන් ප්‍රවේණිය, සින්නක්කර ඉඩම

Free'ly, *ad.* නිදහස්ලෙස, කිත්වූ පරිද්දෙන්, නොසඟවා, තෑගිවකන ලෙස [යා

Free'man, *s.* නිදහස්කාරයා, නිදහස

Freema'son, *s.* එක්තරා මිතුරු සමාගමකට අයිති කෙනෙක්

Free'-spoken, *a.* නිදහස්ලෙස කථාකරණ

Free'stone, *s.* ගල්වර්ගයක්, වැලිගල්

Free'thinker, *s.* ආගමක්නැති කෙනෙක්, දේව වචනය පිළිනොගන්නා [ස් කල්පනාකාරකම

Free'thinking, *s.* ආගම ගැණ නිදහ

Free'-trade, *s.* නිදහස් ලෙස වෙළඳාම් කෙරීම, බාධාවක් නැතුව කරණ වෙළඳාම

Free'will, *s.* සිතේ නිදහස්කම, සියකැමැත්ත *a.* නිදහස් කැමැත්තෙන්කරණ, ස්වච්ඡන්ද [දෙනවා

Freeze, *v.* සීතලෙන් දැඩිකරණවා, මි

Freez'ing-point, *s.* සීතලෙන් වතුර මිදෙන ප්‍රමාණය හෝ හරිය

Freight, *s.* නැවක පැටවිලි, බඩුගෙණයාම පිණිස ගෙවනකුලිය *v.* නැවකට පටවනවා

French, *a.* ප්‍රන්ස *s.* ප්‍රන්සයේභාෂාව

Fren′zy, *s.* වියරුව, උම්මාදකම, පිස්සුකම

Fre′quency, *s.* නැවත නැවත සිද්ධවීම, ගනසැරය

Frequent′, *v.* බොහෝවිට යනවා, ගැවසෙනවා, ආශ්‍රයකරණවා

Fre′quent, *a.* නැවත නැවත වෙන්නාවූ, ගනසැරවූ

Fre′quently, *ad.* නැවතනැවත, බොහෝවිට, ගනසැරේ

Fres′co, *s.* බිත්තියේ ඇන්ද සිතියම, හිතනිඹිසියම

Fresh, *a.* අමු, අමුතු, අලුත්, ශුද්ධවූ, ප්‍රාණවත්

Fresh′et, *s.* අලුත්වතුරපාර, ගංවතුර

Fresh′ness, *s.* අමුගතිය, අලුත්කම, සනීපපාට, මිහිරිකම

Fresh-water, *s.* ලුණු නැති වතුර, මිරිදිය *a.* මිරිදියේ ඉන්න

Fret, *v.* ගෙවනවා, හිරිහැර කරණවා, කාන්සාවෙනවා *s.* දිය ද්‍රව්‍යයක් උතුපිට වඩිලවීම, නොසතුටු සිතිවිල්ල, කනස්සලුව

Fret′ful, *a.* කනස්සලුවූ, අසතුටුවූ, තරහ සිතන්නාවූ

Fret′fulness, *s.* අසතුටුකම, කනස්සලු ගතිය

Fret′ted, *a.* ගෙවුනාවූ, කඩතොලුවූ, විත්‍රකළාවූ

Fret′work, *s.* චිත්‍ර වැඩවගීයක්

Fri′able, *a.* පහසුවෙන් කැඩෙන, කුඩුකළ හැකි

Fri′ar, *s.* රෝමාග්‍ර තාපසයා

Frib′ble, *v.* ඕනෑනැතිකමට කාරණකරණවා

Fricassee′, *s.* සෑමවගීයක්, පිරිකිඳුල

Fric′tion, *s.* ඇතිල්ලීම, ඉලීම

Fri′day, *s.* සිකුරාදා, කිවිදින.

Friend, *s.* මිත්‍රයා, මිතුරා, යාළුවා

Friend′less, *a.* මිත්‍රයින් නැති, අසරණවූ

Friend′ly, *a.* මිත්‍ර, යහලු, හිතෛෂි, කරුණාවන්ත

Friend′ship, *s.* මිත්‍රුරුකම, මිත්‍රභාවය, මිත්‍රධර්මීය

Frieze, *s.* කුළුනේ උඩ පංගුවක්, ලොම් රෙදි වගීයක්

Frig′ate, *s.* එක්වගීයක යුද්ධනැවක්

Fright, *s.* තිගැස්සිය, භය, භීතිය

Fright′en, *v.* භයගන්වනවා, තිගැස්සිකරණවා, තැතිගන්වනවා

Fright′ful, *a.* භයානක, භයංකාර, භීති උපදන

Frig′id, *a.* ශීතලවූ, අධිකශීතවූ, ප්‍රාණවත්කම නැත්නාවූ

Frigid′ity, *s.* ශීතලය, ශීතල ගතිය, ශීතභාවය, උනන්දු නැතිකම

Frill, *s.* රැලිවාටිය, පස්මේත්තුව

Fringe, *s.* බුරුල්වාටිය, රැල්ල, අද්දර

Frip′pery, *s.* පරණ ඇඳුම්, කඩචිලු, සිල්ලර බඩු

Frisk, *v.* පණිනවා, පෙංකෙළිනවා

Fris′ket, *s.* අච්චුයන්ත්‍රයේ කඩදාසිය තදකරණ රාමුව

Frisk′y, *a.* උඩපණින, පෙංකෙළින,
සෙල්ලම්කරණ
Frit, *s.* වීදුරු සාදන ද්‍රව්‍යය
Frith, *s.* පටු මුහුදුතුඩුව, මෝය, ග
ඟේ හරහට වැටක් හෝ බැම්මක්,
කැලෑ ඉඩම
Frit′ter, *s.* බැදපු මස්කෑල්ලක් හෝ
කෑවුමක් *v.* කැබලිකරණවා, නි
රර්ථකයේ ගෙවනවා
Frivol′ity, *s.* නිරර්ථකකම, අවැඩය
Friv′olous, *a.* නිෂ්ඵල, නිරර්ථක, ස
රදම් අකාරවූ [රළුකරණවා
Frizz, Frizz′le, *v.* බොකුටුකරණවා,
Fro, *ad.* ගෙන්, සිටන්, මෙහෙ
Frock, *s.* බුරුල් ඇඳුම් වර්ගයක්, ග
වොම, සාය [ඩියා, ඉගම්බා
Frog, *s.* ගෙම්ඩියා, ඇටිකිත්තා, වැ
Frol′ic, *s.* සෙල්ලම, කෙළිය, ක්‍රීඩාව
v. ක්‍රීඩාකරණවා, පෙංකෙළිනවා
Frol′icsome, *a.* සෙල්ලම්කාර, පෙං
කෙළින, විහිලුකාර
From, *prep.* කෙරෙන්, ගෙන්, පට
න්, සිට, නිසා [ගොබය
Frond, *s.* ලපටි දලුව හෝ අත්ත,
Front, *s.* ඉස්සරහපිට, පෙරටුව, පැත්
ත, පෙරමුනය *v* ඉදිරිපිට සිටිනවා,
පෙරටුව සිටිනවා, මුනගැහෙනවා
Front′age, *s.* ගොඩනැගිල්ලක පෙර
වූ පැත්ත
Front′al, *a.* නළලට අයිති, නළල්
s. නළල් පලඳනාවක්, ලලාටිකාව

Front′ier, *s.* රටේ ඉම, දේශ සීමාව
a. මායිමෙහිවූ
Front′ispiece, *s.* පොතක මුලතිබෙ
න රූපය හෝ සිතියම
Front′less, *a.* ලජ්ජානැති, විලිනැති
Front′let, *s.* නළල්පට
Frost, *s.* වතුර මිදෙන ස්වභාව, මිදිච්
ච පිනි, තුෂාරය, හිම
Frost′-bitten, *a.* ශීතල වැදුනාවූ, හි
මවලින් පීඩිතවූ
Frost′y, *a.* තුෂාර ඇති, ඉතා ශීතල,
හිමවැනි
Froth, *s.* පෙන, පෙද, හිස්වචන
Froth′y, *a.* පෙනදමන, පෙන සහිත,
හිස් [රුවූ, මුරණ්ඩු
Fro′ward, *a.* හිතුවක්කාරවූ, අකීක
Frown, *v.* රවනවා, දුර්මුඛවෙනවා,
අප්‍රසන්නය පෙන්වනවා *s.* රවා
බැල්ම, අප්‍රසන්න බැල්ම
Froz′en, *a.* ශීතලෙන් මිදුනාවූ
Fructifica′tion, *s.* පලගැන්වීම, ඵල
නය, ජනික කොටස්‍යය
Fruc′tify, *v.* පලහටගන්වනවා, සා
රවත්කරණවා, පූදිනවා
Fru′gal, *a.* සකසුරුවම්වූ, ප්‍රවේසම්වූ
Frugal′ity, *s.* සකසුරුවම්කම, පිරි
මැසීම [නය, ලාභය
Fruit, *s.* ඵලය, ගෙඩිය, ඵලප්‍රයෝජ
Fruit′erer, *s.* පලතුරු වෙළෙන්දා
Fruit′ful, *a.* ඵලදරන්නාවූ, බෝවෙ
න්නාවූ, ඵල බහුලවූ, සශ්‍රීක

Fruit'fulness, *s.* බොහෝ පලදරණ ස්වභාව, සාරවත්කම, සශ්‍රීකකම

Frui'tion, *s.* බුත්තිවිඳීම, ඵලවිඳීම, සැපානුභවය

Fruit'less, *a.* පලනැති, නිෂ්ඵල

Fruit'lessly, *ad.* නිෂ්ඵල ලෙස, නිෂ් ප්‍රයෝජන ලෙස

Frus'trate, *v.* නිෂ්ඵලකරණවා, නිෂ් ප්‍රභාකරණවා, නැතිකරදමනවා

Frustra'tion, *s.* බාධාකිරීම, නිරර්ථ කවීම, පරාජය

Fry, *v.* බදිනවා *s.* බැදපු කෑමක්

Fry, *s* පුංචි මාලුරංශිය, කුඩා රැළ

Fry'ing-pan, *s.* බදිනවලංද, තාච්චුව

Fud'dle, *v.* මත්කරණවා, වෙරිවෙ නවා

Fudge, *s.* විසුලු ප්‍රබන්ධය, ගෑල්ල

Fu'el, *s.* දර, පත්තුවීමට හේතුවූ ද්‍රව්‍ය

Fuga'cious, *a.* පලායන, පහවියන

Fu'gitive, *a.* පලායන්නාවූ, මංමුලා වූ, අනිස්සිරවූ *s.* පාදඩයා, සැඟවි යන්නා

Fu'gleman, *s.* සේවායන් ඉදිරිපිට සිට හැසිරීම් උගන්වන්නා

Ful'crum, *s.* බලකරුව, අඩය, ආධා රය

Fulfil', *v.* සම්පූර්ණකරණවා, ඉෂ්ටකර ණවා [වීම

Fulfil'ment, *s.* සම්පූර්ණ කිරීම, ඉෂ්ට

Ful'gency, *s.* දිලිහීම, දීප්තිමත්කම

Ful'gent, *a.* දිලිහෙන්නාවූ, බබලන් නාවූ [රවූ

Fulig'inous, *a.* සියන්දුඹුඑවූ, ධූමාකා

Full, *a.* සම්පූර්ණ, පූර්ණ, සම්පන්න, මුදු *s.* සම්පූර්ණය, පූරණය, ශේරම

Full'-blown, *a.* හොඳට පිපුන, සම් පූර්ණවූ මුලුමනින්ම

Full, Ful'ly, *ad.* සම්පූර්ණලෙස, පුරා,

Ful'ler, *s.* අපුල්ලන්නා, රදවා

Ful'ler's-earth, *s.* රෙදි ඇපිල්ලීමට ගන්න පස්, ඕර්මන්ත්‍රු

Full'-grown, *a.* සම්පූර්ණයෙන් ලොකුවූන, පැහිච්ච, ඉදුන

Ful'minate, *v.* ගුගුරණවා, පුපුරවන වා, අපත්ති පණවනවා

Fulmina'tion, *s.* ගර්ජනාකිරීම, තර්ජන පණවා ඇරීම, තර්ජනය

Ful'some, *a.* වැඩිකමින් අරුචිවූ, කැතවූ, නිමවූ

Fum'ble, *v.* නුහුරු ලෙස අතගා බල නවා, අදක්ෂ ලෙස කරණවා

Fum'bler, *s.* අදක්ෂලෙස කාරණ කරන්නා, අත නුහුරුකාරයා

Fume, *s.* දුම, මීදුම, නගිනද්‍රව්‍ය, නාරහ *v.* දුම්ගහනවා, මීදුමනගිනවා, දුමෙන් වෙලනවා, කුපිතවෙනවා

Fu'migate, *v.* දුම්ගස්සනවා, සුවඳ කරණවා

Fun, *s.* කවටකම, සෙල්ලම, සරදම

Func'tion, *s.* වැඩය, ව්‍යාපාරය, ඉන්ද්‍රිය කෘත්‍යය

Func'tionary, *s.* තනතුරක් ධරයි සිටින්නා, නිලධාරියා

Fund, *s.* අරමුදල, මුල්මුදල, පූහක් *v.* අරමුදලක්කොට තබනවා

Fund'ament, *s.* ඉන්මුල, ගුදය

Fundament'al, *a.* මුල්වූ. අත්‍යවශ්‍යවූ, ප්‍රධානවූ

Fu'neral, *s.* තැන්පත්කිරීම, මිනීමළ ගම *a.* භූමදානය සම්බන්ධ, අවමංගල්‍ය [බිහවූ, අඳුරුවූ

Fune'real, *a.* අවමංගල්‍යකාරවූ, දුක්

Fun'gus, *s.* හතු, ගල්මල, මස්දලුව, බොරුමස්

Fu'nicle, *s.* සිහින් ලනුව, කෙන්ද

Fun'nel, *s.* පුනීලය, නලය

Fun'ny, *a.* විහිලුකාරවූ, කවටවූ

Fur, *s.* ලෝම, සිනිඳු රෝම සහිත මෘගහම, මල, කාරම

Fur'below, *s.* ලොව්විය

Fur'bish, *v.* ඔපලනවා, ඔපදමනවා

Fur'cate, *a.* අතු විහිදී තිබෙන

Fu'rious, *a.* කෝපවූ, රවුද්‍රවූ, මහත් වේගවත්

Fu'riously, *ad.* කෝප ලෙස, මහත් වේගයෙන්, උමතුලෙස [නවා

Furl, *v.* අකුලනවා, ඔතනවා, දවට

Fur'long, *s.* හැතැප්මෙන් අටෙන් පංගුව

Fur'lough, *s.* නිවාඩුගන්ට අවසරය

Fur'nace, *s.* උදුන, ගිනි උදුන

Fur'nish, *v.* උපයනවා, සපයනවා, සපයාදෙනවා, සරහනවා

Fur'niture, *s.* බඩු, ගෙසිබඩු, සැරසිලිබඩු

Fur'rier, *s.* රෝම හම් වෙළෙන්දා

Fur'row, *s.* සීවිට, මුහුණේ රැල්ල *v.* සීහානවා, වැකැරැල්ලහැගෙනවා

Fur'ry, *a.* සිනිඳු රෝම සහිතවූ

Fur'ther, *v.* දියුණුකරණවා, ආධාර කරණවා [දුරවූ, තවත්

Fur'ther, *ad.* වැඩිදුර, තවද *a.* වඩා

Fur'therance, *s.* උපකාරකිරීම, අනුබලදීම, වැඩිදියුණුවීම

Fur'thermore, *ad.* තවදුරටත්, ඈරත්

Fur'thest, *ad.* ඉතාදුරට *a.* ඉතාදුරවූ

Fur'tive, *a.* සොරාගත්, හොර, රහස්

Fur'tively, *ad.* හොරෙන්, රහසින්

Fu'ry, *s.* රවුද්‍රතාභව, කෝපඋමතුව

Furze, *s.* කටු ඇති පැල වර්ගයක්

Furz'y. *a.* එනම් පඳුරු ගහනවූ

Fuse, *v.* මසනවා, උණුකරණවා, දියකරණවා, උණුවෙනවා

Fuse, *s.* ගිනිපුල, පේවලනුව

Fusee', *s.* ගිනිකූර, ඔර්ලෝසියේ දම්වැල එතෙන චක්‍රය

Fus'ible, *a.* උණුකරන්ට පුළුවන්වූ, දියකළ හැකිවූ

Fus'ilade, *s.* වෙඩිමුරයක් [වායෙක්

Fusileer', *s.* තුවක්කුවක් දරණ යෝ

Fus'ing-point, *s.* ඝන ද්‍රව්‍යයක් උණුවෙන ප්‍රමාණය

Fu'sion, *s.* උණුකිරීම, මැකීම, දියවීම

Fuss, *s.* කලබලය, සලපතලකම

Fuss'y, *a.* සලපතල ඇත්තාවූ, ඕනෑ නැති කලබල දක්වන්නාවූ

Fus'tian, *s.* දළ කපු රෙදි වර්ගයක් *a.* එනම් රෙදිවලින් සෑදූ

Fustiga'tion, *s.* පොල්ලකින් ගැසීම, තඩිබෑම

Fust'y, *a.* පුස්ගඳවූ, දුගඳවූ

Fu'tile, *a.* නිෂ්ප්‍රයෝජන, වැදගත් නොවූ, සුළු [සාරකම

Futil'ity, *s.* වැදගත්නොවූකම, නිස්

Fu'ture, *a.* අනාගත, මතු *s.* මතු කාලය

Futur'ity, *s.* එනකාලය, අනාගතය

Fy, Fie, *int.* ඡි, ඡෘ

G

Gab, *v.* දොඩවනවා, ප්‍රලාප කියනවා *s.* වාචාල දෙඩවිල්ල

Gab'ble, *v.* ප්‍රලාප දොඩවනවා, කට වාචල් කියනවා, කොකරගානවා

Gab'bler, *s.* නිෂ්ඵලේ කථාකරන්නා, වාචාලයා

Ga'bionade, *s.* පස්පිරූ කූඩා තබා ගොඩනැගූ ප්‍රාකාරය

Ga'ble, *s.* ගෙයක තුන්හුලස් මුදුන

Ga'ble-roof, *s.* දෙබෑවුම් වහල

Gad, *v.* දුවඇවිදිනවා, නිෂ්ඵලේ තැනින්තැන ඇවිදිනවා

Gad'fly, *s.* ඇටමැස්සා [භාෂාව

Gae'lic, *s.* උඩරට ස්කොට්වරුන්ගේ

Gaff, *s.* මාලු මරණ උලක්, රුවල්දණ්ඩ

Gag, *v.* කටපිදුවනවා, මුඛබඳිනවා, නිශ්ශබ්දකරණවා *s.* මුඛබන්ධනය

Gage, *s.* උකස, ඔට්ටුව

Gage, Gauge, *v.* මනිනවා

Gag'gle, *v.* පාත්තයා වාගේ ශබ්දකරණවා

Ga'iety, *s.* ප්‍රීතිසෙල්ලම, අලංකාරය

Gai'ly, *ad.* ප්‍රීතියෙන්, ලක්‍ෂණලෙස

Gain, *v.* ලාභලබනවා, ලබාගන්නවා, දිනනවා, සිත්ගන්නවා, පැමිණෙනවා, ලඟාවෙනවා *s.* ලාභය, ප්‍රයෝජනය

Gain'ful, *a.* ලාභසහිත, ප්‍රයෝජනවූ

Gain'ings, *s.* ලබාගත් දේ, ලබන ලාභය [වූ

Gain'less, *a.* ලාභනැති, අප්‍රයෝජන

Gain'say, *v.* විරුද්ධව කථාකරණවා, විවාදකරණවා, නැතකියනවා

Gait, *s.* ගමනේ අන්දම, සක්මන් ලීලාව [ජංඝාරක්‍ෂණය

Gai'ter, *s.* කෙණ්ඩයේ බඳිනවැස්මක්,

Ga'la, *s.* මංගල්‍යය, සතුටු මගුල

Gal'axy, *s.* ලක්‍ෂණදේවල් නොහොත් මිනිසුන් සමූහයක්, මඳාකිනි

Gale, *s.* මහත් කුණාටුව, සැඩපවන

Gall, *v.* හමගානවා, ගෙවෙනවා, තරහ අවුස්සනවා, වෙහෙස කරණවා *s.* ඉරීමෙන්වූ තුවාලය

Gall, *s.* පිත, තිත්තකම, වෛරය

Gal'lant, *a.* වික්‍රමවූ, දක්‍ෂවූ, ධෛර්‍යමත්, ශ්‍රෙෂ්ඨ

Gallant', *a.* ස්ත්‍රීන්ට ආචාරවූ, සුශීලවූ *s.* ස්ත්‍රීන්ට වැඩිපුර සැලකිලි පෙන්වන්නා, ජාරයා

Gal'lantly, *ad.* නිර්භීතලෙස, ධෛර්‍ය්‍යවත්ලෙස, ශුශ්‍රෂාකාරයෙන්

Gal'lantry, *s.* වික්‍රමකම, නිර්භයකම, ස්ත්‍රීන්ට ආචාරවනතකම

Galled, *a.* හමගියාවූ, හිරිහැරවූ

Gal'leon, *s.* පුරාණකාලේ තිබුන ලොකු නැව් වර්ගයක්

Gal'lery, *s.* උඩුමාලේ, උස්අසුන්පෙළ, ගේක දිග ඇතුල්මග

Gal'ley, *s.* පාරුව, පදින නැව් වර්ගයක්, වාල්වැඩකරණ ස්ථානය, අච්චු අකුරු සවිකරණ රාමුව

Gal'ley-slave, *s.* වහලෙක්සේ නැව් හම්බන් පැදීමේ වැඩේට නියමවූ වරදකාරයා [ජපේ

Gal'lipot, *s.* බෙහෙත් තිබෙන කෝ

Gall, Gall'-nut, *s.* අරළු, අරළු සමාන ඇටවර්ගයක්

Gal'lic, *a.* ප්‍රන්ස රටට අයිති, ප්‍රන්ස

Gal'lon, *s.* ගැලොම, නැලි දෙකහමාරක පමණ මිම්ම, තුරුණිය

Gal'lop, *v.* පිම්මේ පණිනවා, පිම්මේ යනවා, තදෙන් දුවනවා *s.* හතරගාතන් දෙකාදෙක බැගින් උස්සා පැණීම, ශීඝ්‍රනැටුමක්

Gal'loway, *s.* පුංචි අශ්ව වර්ගයක්

Gal'lows, *s.* එල්ලුන්ගහ, පෝරකය

Galoche', Galosh', *s.* ශීත සෑතුවේදි සපත්තුවකට පිටින් අඳින තවත් සපත්තුවක්

Gal'vanism, *s.* අසමාන ද්‍රව්‍යවයක සම්බන්ධයෙන් හටගන්නා විදුලි බලය, රසායන වෛද්‍යුත ශාස්ත්‍රය

Gal'vanize, *v.* රසායන විදුලි බලය වද්දවනවා

Galvanom'eter, *s.* රසායන විදුලිබලය මනින යන්ත්‍රය

Gam'ble, *v.* සූදුකෙළිනවා

Gam'bler, *s.* සූදුකෙළින්නා, සූදුකා

Gamboge', *s.* ගොකටුකිරි [රයා

Gam'bol, *v.* පෙංකෙළිනවා, සෙල්ලම්කරණවා, පණිනවා, නටනවා *s.* පෙංකෙළිය, සෙල්ලමට පැණීම

Game, *s.* සෙල්ලම, ක්‍රීඩාව, දඩයම *v.* කෙළිනවා, සූදුකෙළිනවා

Game'cock, *s.* පොරකුකුළා

Game'keeper, *s.* දඩයම් සතුන්. ප්‍රවේසම්කරන්නා

Game'some, *a.* සෙල්ලමට ලැදිවූ, ක්‍රීඩාකාර

Game'ster, *s.* සූදුකාරයා, සූදුවා

Gam'mon, *s.* ලුණුලා වේලාපු ඌරුපස්සාගාතය, කවටකම, රැවටිල්ල *v.* ලුණු ඌරුමස් දුමෙන් වියලනවා, කවටකමට රවටනවා

Gam'ut, *s.* ගාන්ධර්ව විධිය, තූර්‍ය්‍යනාදක්‍රමය

Gan'der, *s.* පාත්තයා, හංසයා

Gang, *s.* මිනිස්සුරංචුව, පෙළ, කැවිය

Gan′glion, *s.* නහර ඉදිමීම, නහර ගැටය

Gan′grene, *s.* කුණුමාංසය, විද්‍රධිය

Gang′way, *s.* නැවට නඟින බහින මග, යනඑන මග [වක්

Gant′let, *s.* ද්‍රුවද්දී කරන්නාවූ අච්චු

Gaol, Jail, *s.* හිරගේ, දඬුගේ, බන්ධනාගාරය

Gaol′er, Jail′er, *s.* හිරගෙයිමුලාදෑනියා, සිපිරියා

Gap, *s.* කබොල්ල, හිදැස්ස, කපොල්ල

Gape, *v.* ඈතනවා, ඇනුම් අරිණවා, විස්මයෙන් කටඅරිණවා, ඇරී තිබෙනවා [ලක්ෂණය, වේශය

Garb, *s.* ඇඳුම්වල ආකාරය, බාහිර

Garb′age, *s.* සතෙකුගේ බඩවැල්, රොඩු

Gar′ble, *v.* අයුතුලෙස තෝරාගන්නවා, උපුටා නරක්කරණවා

Gar′den, *s.* උයන, වත්ත, ආරාමය

Gar′dener, *s.* වතු වැවිලිකරන්නා, උයන්ගොව්වා, උද්‍යානපාලයා

Gar′dening, *s.* වතුවැවීම, උද්‍යාන කර්මාන්තය

Gar′gle, *s.* උගුර සෝදන බෙහෙත් වතුර *v.* බෙහෙත් වතුරෙන් උගුරසෝදනවා [ලක්

Gar′goyle, *s.* කැටයන්කළ ගල් පිල්

Gar′ish, *a.* දීප්තිමත්වූ, අලංකාරවූ

Gar′land, *s.* මල්දම, මල්මාලේ, මා

Gar′lic, *s.* සුදුලූනු, ලශුන [ලාව

Gar′ment, *s.* වස්ත්‍රය, ඇඳුම

Gar′ner, *s.* අටුව, පත්තායම *v.* අටුවේ රැස්කරණවා

Gar′net, *s.* රතුමැණිකක්, රබහගල

Gar′nish, *v.* සරසනවා, අලංකාරකරණවා *s.* සැරසිල්ල

Gar′niture, *s.* සැරසිලිබඩු, ආයිත්තම

Gar′ret, *s.* උඩුමහළ, අට්ටාලය, වලහිය

Gar′rison, *s.* කොටුවක් ප්‍රවේසම්කරණ යුද්ධහමුදාව, බලකොටුව *v.* කොටුවක යුද්ධහමුදාව තිටවනවා, පවුරුබැඳ මුරකරවනවා

Garrote′, *s.* හුස්මයානොදී මැරීම *v.* බෙල්ල මිරිකා මරණවා

Garrot′er, *s.* කොල්ලකෑම පිණිස බෙල්ල මිරිකන්නා [ලකම

Garrul′ity, *s.* බොහෝ කථාව, වාචා

Gar′rulous, *a.* කටවාචාල

Gar′ter, *s.* මේස් බඳින පටිය

Gas, *s.* වායුව, අඟුරෙන් උපන් වායු ධූමය

Gasconade′, *s.* පුවිච්ච, පාරට්ටුව

Gas′eous, *a.* වායුස්වභාවඇති, වායුවූ

Gas′-fitter, *s.* ගෑස් එත්තුසිරීමට නල ආදිය සවිකරන්නා

Gash, *s.* කැපීමෙන්වූ දිග තුවාලය

Gas′ify, *v.* වායුකරණවා

Gasom′eter, *s.* අඟාරජ වායු යන්ත්‍රය, වායු මනින යන්ත්‍රය, වායු රැස්කරණ ඉඩම

Gasp, *v.* හුස්මගන්ට කටඅරිණවා, අ
මාරුවෙන් හුස්ම අරිණවා *s.* හුස්ම
ගන්ට කටඇරීම, ස්වාසය

Gas'tric, *a.* ආමාශයට අයිති

Gas'tric juice, *s.* ආමාශයේ ඕජස

Gastron'omy, *s.* හොඳ ආහාරගැණී
මේ ශාස්ත්‍රය හෝ විධිය

Gate, *s.* දොර, දොරකඩ, දොරටුව

Gate'way, *s.* වාරමාගීය, දොරකඩ

Gath'er, *v.* රුස්කරණවා, එකතුකර
ණවා, නෙලනවා, තේරුම්ගන්න
වා, තේරුම්යනවා, පැසවනවා

Gath'ering, *s.* රුස්වීම, සමූහය, ගඩුව

Gaud'iness, *s.* අයෝග්‍යනැති අලංකාර
ය, වැඩිපුරදිලිසීම [මට අලංකාරවූ

Gaud'y, *a.* පිටතින් ලක්ෂණවූ, පෙණී

Gauge, *v.* මනිනවා, තරම දැනගන්
නවා *s.* මනින යන්ත්‍රය, මිම්ම, ත
රම, ප්‍රමාණය

Gaug'ing, *s.* භාජනවල දියජාති අල්
ලන ප්‍රමාණය, මැනීමේ ශාස්ත්‍රය

Gaunt, *a.* තුනීවූ, සිහින්වූ, කෙට්ටුවූ

Gaunt'let, *s.* අතේ පැලඳි යකඩ ඇත්
තාහය

Gauze, *s.* සිහින් පිළිජාතියක්

Gay, *a.* ප්‍රසන්න ලීලා ඇති, ක්‍රීඩාකා
ර, පිටතින් ලක්ෂණවූ

Gaze, *v.* ඕනෑකමින් බලනවා, බලා
ගණම හිටිනවා *s.* ස්ථිරබැල්ම, නි
රීක්ෂණය

Gazelle', *s.* ලක්ෂණ පුංචි මුවවර්ගියක්

Gazette', *s.* අරංචිපත්‍රය, රාජනීති අ
දිය දන්වන පත්‍රය, රාජප්‍රවෘත්ති
පත්‍රය [අකාරාදිය

Gazetteer', *s.* භූමි විස්තාරදිය සහිත

Gaz'ing-stock, *s.* ක්‍රීඩා රූපය, පුදුම
යක් හෝ කෝලමක්කොට ලෝක
යා විසින් බලනු ලබන කෙනෙක්

Gear, *s.* ඇඳුම්, උපකරණ, පන්න,
අඩුවැඩිය

Geese, *s. pl.* පාත්තයෝ

Gehen'na, *s.* ජෙරුසලියවිල්ලේ නරකා
දියට නමක් [ජල්ලිය

Gel'atine, *s.* සත්තුලාටු, මැලියම්,

G̣elat'inous, *a.* ලාටුවූ, මැලියම් ආ
කාරවූ, ජල්ලිමයවූ

Geld, *v.* කප්පාදුකරණවා

Geld'ing, *s.* කප්පාදු කිරීම, කරඅඹා
පු අශ්වයා

Gel'id, *a.* ශීතල, ඉතා ශීතවූ

Gem, *s.* මැණික, රත්නය, අනර්ඝදෙය

G̣emma'tion, *s.* දළුලෑම, දළුදමන
කාලය [කරණවා, උපදවනවා

G̣en'der, *s.* ලිංගය, ලිඟුව *v.* ජනක

G̣enealog'ical, *a.* පරම්පරාව දක්ව
න, පෙළපත් [පෙළපත් ලේකම

G̣eneal'ogist, *s.* පරම්පරා විභසන්නා,

G̣eneal'ogy, *s.* පෙළපත්කථාව, පරම්
පරා ලේඛනය, වංශය [පතියා

G̣en'eral, *s.* සේනාපතියා, සේනාධි

මෙහි **G̣** අකුර ජයන්නේ ශබ්දයද, **G** අකුර ගයන්නේ ශබ්දයද වේ.

Ġen′eral, *a.* සාමාන්‍යවූ, පොදුවූ
Ġeneralis′simo, *s.* පළමුවෙනි සේනාපතියා, සෙනෙවිරත්
Ġeneral′ity, *s.* සාමාන්‍යකම, සාමාන්‍යතාව, වැඩිකොටස
Ġeneraliza′tion, *s.* සාමාන්‍ය කිරීම, සමහර සමානකම් ඇති දේවල් එකවර්ගයක් මෙන් ගණන් ගැනීම
Ġen′eralize, *v.* සාමාන්‍ය කරණවා, එකසමාන ලෙස කල්පනාකරණවා, ආදෘශ ස්වල්පයකින් මුළු වර්ගයක් ගැණ තීන්දුවට පැමිණෙනවා
Ġen′erally, *ad.* සාමාන්‍යයෙන්, පොදුලෙස, වැඩිකොටම
Ġen′eralship, *s.* සේනාපතිකම, මූලාදෑනිකම, යුද්ධදක්ෂකම
Ġen′erate, *v.* උපදවනවා, උත්පාදක රණවා [ය, පරම්පරාව, වර්ගය
Ġenera′tion, *s.* උත්පාදකිරීම, වංශ
Ġen′erative, *a.* ජනක කිරීමේ බලය ඇති, උත්පාදක, ජනිත
Ġenera′tor, *s.* ජනකකරන්නා, උත්පාදකයා, උපදවන්නා
Ġener′ic, *a.* ජම්මවූ, ජාතියට අයිතිවූ, සාධාරණවූ
Ġener′ically, *ad.* ජාතිවශයෙන්, ජාති ප්‍රකාරයට [ත්‍යාගිවන්තකම
Ġeneros′ity, *s.* කරුණාවන්තකම,
Ġen′erous, *a.* උත්තමවූ, ගුණවන්තවූ, ත්‍යාගිවන්තවූ, නිර්ලෝභිවූ

Ġen′esis, *s.* උත්පත්තිය, මැවීම, බයිබලයේ පළමුවෙනි පොත
Ġe′nial, *a.* ප්‍රීතිමත්වූ, සොම්නස් දායකවූ
Ġenial′ity, *s.* ප්‍රීතිගතිය, ප්‍රසන්න ස්වභාව, යහළුගුණය [ද විබත
Ġen′itive, *s.* සම්බන්ධ විභක්තිය, සබ
Ġe′nius, *s.* විශේෂ සමර්ථකම, ප්‍රඥා ස්වභාව, සහජ සුගුණශක්තිය, ස්වභාවයෙන් සමර්ථයා
Ġenteel′, *a.* උතුම් ලීලා ඇත්තාවූ, සෞම්‍ය, ශොභන, ආචාරවන්ත
Ġen′tile, *s.* අන්‍යජාතියා, යුදෙව්වෙක් නොවෙන්නා
Ġentil′ity, *s.* වංශවත්කම, හොඳට ඇතිදැඩිවූ ගතිය, ආචාරවන්ත ස්වභාව
Ġen′tle, *a.* මෘදු, සංසුන්, ශාන්තදාන්ත
Ġen′tleman, *s.* මහත්මයා, නම්බුකාර උත්තමයා
Ġen′tlemanlike, Ġen′tlemanly, *a.* මහත්මයෙකුට ඔබින, ආචාරවන්ත
Ġen′tly, *ad.* මෘදුලෙස, සංසුන්ලෙස, හින්සැරේ, හෙමින්
Ġentoo′, *s.* පිටජාති අය, හින්දුවරයා
Ġen′try, *s.* පමණකට වැඩිසිටියෝ, මහත්වරු, රදලවරු
Ġenuflex′ion, *s.* දන නැමීම, දන නමස්කාරය වූ, අමිශ්‍රවූ
Ġen′uine, *a.* සත්‍යවූ, නියම ස්වභාව

මෙහි Ġ අකුර ජයන්නේ ශබ්දයද, G අකුර ගයන්නේ ශබ්දයද වේ.

Ge'n'uineness, *s.* සැබෑකම, නොරැවටිලිභාවය, අමිශ්‍ර සවභාව [ජාතිය
Ge'nus, *s.* වර්ගසමූහයට පොදුනම,
Geog'rapher, *s.* භූගෝල ශාස්ත්‍රය දැනගත් කෙනෙක්, පෘථිවිශාස්ත්‍රඥයා
Geograph'ical, *a.* පෘථිවියට අයිතිවූ, භූගෝල, භූමිවිස්තර
Geog'raphy, *s.* පෘථිවිදීපනා ශාස්ත්‍රය, භූගෝල ශාස්ත්‍රය, භූමිවිස්තරය
Geolog'ical, *a.* පෘථිවිධාතු ශාස්ත්‍රය සම්බන්ධ
Geol'ogist, *s.* පෘථිවිධාතු ශාස්ත්‍රඥයා
Geol'ogy, *s.* පස්පොළව සම්බන්ධ ශාස්ත්‍රය, පෘථිවිධාතු ශාස්ත්‍රය
Geomet'rical, *a.* මැනුම් ශාස්ත්‍රය සම්බන්ධ, මානකශාස්ත්‍ර පරිද්දෙන්වූ
Geom'etry, *s.* මැනුම්ශාස්ත්‍රය, මානකශාස්ත්‍රය
Geor'gic, *s.* ගොවිකවිය
Gera'nium, *s.* මල්ගස් වර්ගයක්
Germ, *s.* බීජංකුරය, දළුව, මුල, පටන්ගැන්ම
Ger'man, *s.* ජර්මන්කාරයා, ජර්මන් භාෂාව *a.* ජර්මන්
Ger'man, Ger'mane, *a.* ඇවැස්ස සහෝදර සහෝදරියන්ගෙන් උපන්
Ger'man-silver, *s.* රිදී සමාන මිශ්‍ර ලෝහ වර්ගයක් [පැළවෙනවා
Germ'inate, *v.* දළුලනවා, ලියලනවා,
Ger'und, *s.* ක්‍රියාවාචක ශබ්දය, මිශ්‍ර ක්‍රියාපදය

Gesta'tion, *s.* ගර්භධාරය, ගර්භිනිව සිටීම
Gestic'ulate, *v.* හස්තක්‍රියා දක්වනවා, කථාකිරීමේදී සංඥාකරණවා
Ges'ture, *s.* අංගවික්ෂේපය, හස්ත ක්‍රියාදී ලක්ෂණය
Get, *v.* ලබනවා, ලබාගන්නවා, සපයාගන්නවා, ඉගෙණගන්නවා, ලඟාවෙනවා, අල්ලනවා
Get'-up, *s.* හුඳනම්කළදේ, පිළියෙළකර තිබෙන අන්දම
Gew'gaw, *s.* අගේනැති සැරසිල්ල, කෙළිබඩුව [උල්පත
Gey'zer, *s.* උණුවතුර පැනනගින
Ghast'liness, *s.* මිනියක පෙණුම, පෙණීමේ භයානකකම
Ghast'ly, *a.* මළානිකවූ, ඉතා සුදුමැලිවූ, භයානකවූ
Ghaut, *s.* කඳුපෙළ, කඳුඅතරේ පාර
Ghee, *s.* ගිතෙල්, දුන්තෙල්
Gher'kin, *s.* පුංචි පිපිඤ්ඤා වර්ගයක්
Ghost, *s.* ආත්මය, අවතාරය, හොල්මන [අවතාර සම්බන්ධ
Ghost'ly, *a.* ආත්මයසම්බන්ධ, ආත්මික,
Ghoul, *s.* මළමිනී කන ප්‍රේතයා
Giant, *s.* යෝධයා *a.* යෝධ
Gi'antess, *s.* යෝධ ස්ත්‍රී, යෝධී
Giaour, *s.* මහමත්ගේ ආගම විශ්වාස නොකරන්නා [විල්ල
Gib'berish, *s.* අර්ථරහිත කථාව, දෙඩ

මෙහි Ġ අකුර ජීයන්නේ ශබ්දයද, G අකුර ගයන්නේ ශබ්දයද වේ.

Gib'bet, *s.* එල්ලුන්ගහ, පෝර්කේ

Gib'bon, *s.* දිඝීඅත්ඇති වඳුරුවර්ගයක්

Gib'bous, *a.* කුදුවූ, වකුටුවූ, අර්ධචන්ද්‍රාකාරවූ

Gibe, *v.* නින්දාකරණවා, අපහාසකරණවා *s.* කවටකම, ගැරීව

Gib'lets, *s. pl.* පාත්තාදී පක්ෂීන්ගේ බඩමාලු

Gid'dily *ad.* අප්‍රවේසම් ලෙස, හිස කරකැවෙන්නාක් මෙන්

Gid'diness, *s.* හිසකරකැවිල්ල, තෝන්තුව, අප්‍රවේසම්කම

Gid'dy, *a.* හිසකරකැවිල්ල ඇත්තාවූ, අනිස්ථිරවූ, නොසැලකිලි [නාව

Gift, *s.* තෑග්ග, දානය, දායාදය, දීම

Gift'ed, *a.* ස්වභාවයෙන් දීමනා ලද්දාවූ, ඉතා සමර්ථවූ [පුංචි ඔරුව

Gig, *s.* රෝද දෙකේ සැහැල්ලු රථය,

Gigan'tic, *a.* යෝධවූ, ඉතා මහත්, බලවත් [*s.* මෝඩසිනාව

Gig'gle, *v.* ලාමක ලෙස සිනාසෙනවා

Gild, *v.* දෙයිරාදුකරණවා, රත්රන් ගානවා, දීප්තිමත්කරණවා

Gill, *s.* කරමල, තැල්ල, මිම්මක්

Gilt, *a.* රත්රන්ගෑ, රණින් වසනලද, දෙයිරාදුකළ

Gilt'-edge1, *a.* රත්රන් ගාපු දර ඇති, අද්දර රත්රන්ගාපු

Gim'crack, *s.* සෙල්ලිබඩුවක්, සුලුයන්ත්‍රාකාරයක්

Gim'let, *s.* බුරුම්කටුව, තොරපනය

Gin, *s.* උගුල, මලපුඩුව, කප්පිය, දෙඹකරය, ජින් නම් බීම වර්ගයක්

Gingely oil; *s.* තලතෙල්

Gin'ger, *s.* ඉඟුරු, මහෞෂධ [යක්

Gin'gerbeer, *s.* ඉඟුරු රස මිශ්‍ර පාන

Gin'gerbread, *s.* ඉඟුරු මිශ්‍රකොට සෑදූ විස්කෝත්තු

Gin'gerly, *ad.* ප්‍රවේසමින් අඩිතිබා, සුදුනම් ඇතුව

Ging'ham, *s.* කපුරෙදි වර්ගයක්

Gin'gle, *s.* ගෙජ්ජිශබ්දය, කිංකිණිකනාදය *Same as* Jingle [යක්

Gip'sy, *s.* ආඩියා, පාදඩ මිනිස්සු වර්ග

Giraffe', *s.* අප්‍රිකාවේ ඉන්න ඉතා උස් කකුල් හා කුළලක් ඇති සිව්පාවෙක්

Gird, *v.* වටේ බදිනවා, වටකරණවා

Gird'er, *s.* බල්ක වර්ගයක්

Gird'le, *s.* ඉඟපටිය, බඳපටිය, හවඩිය *v.* පටියකින් වමන් බදිනවා, පටිබදිනවා, වටකරණවා [කි

Girl, *s.* ගෑනුලමයා, ලමිස්සි, පැටික්

Girl'hood, *s.* ගෑනුලමයෙක්ව සිටින කාලය

Girl'ish, *a.* ගෑනුලමයෙක් වැනිවූ, ගෑනුලමා ස්වභාවවූ

Girt, **G**irth, *s.* බඳපටිය, ඔකනපටිය

Gist, *s.* ප්‍රධාන කාරණාව, පරමාර්ථය, භාවාර්ථය

මෙහි **G** අකුර ජීයන්නේ ශබ්දයද, **G** අකුර ගියන්නේ ශබ්දයද වේ.

Give, *v.* දෙනවා, දානයකරණවා, බාරදෙනවා, ගෙවනවා, භූමිඅරිණවා, අත්අරිණවා

Giv'er, *s.* දෙන්නා, දානයකරන්නා, දායකයා

Giz'zard, *s.* පක්‍ෂි බොක්ක

Gla'cial, *a.* මිදුනදිය සහිතවූ, තුෂාරාකාර

Gla'cier, *s.* කඳු පල්ලම් හෝ පාතාලවල මිදුන දියවැටිය

Glad, *a.* සතුටුවූ, ප්‍රසන්නවූ, ප්‍රීතිමත්වූ

Glad'den, *v.* සතුටුකරණවා, ප්‍රසන්නකරණවා, සනසනවා

Glade, *s.* වනාන්තරයේ එලිමහන

Glad'iator, *s.* පුරාණ රෝමයේ මනුෂ්‍යයන් හෝ තිරිසනුන් සමග ස්ටන්කරගත් තැනැත්තා

Gladiator'ial, Glad'iatory, *a.* කඩුවෙන් සටන්කරණ, හරඹකරණ

Glad'ly, *ad.* සතුටින්, ප්‍රීතියෙන්

Glad'ness, *s.* සන්තෝෂය, ප්‍රීතිමත්කම

Glad'some, *a.* සන්තුෂ්ට, තුටුපහටු

Glam'our, *s.* ඇස්බැඳුම, මායාව

Glance, *s.* හදිසි බැලීම, ඉක්මන් බැල්ම *v.* යන්තම් බලනවා

Gland, *s.* ශරීරයේ මාංසමයවූ කොටසක්, ශරීරකූපය

Gland'ers, *s.* අශ්වයාගේ ලෙඩක්, අශ්ව පීනස

Gland'ular, *a.* ශරීරයේ ඉස්පිඩු සම්බන්ධවූ

Glare, *s.* තද දීප්තිය, අතිප්‍රභාව, සැරබැල්ම *v.* තදේට දිලිහෙනවා, සැර ලෙස රවා බලනවා

Glar'ing, *a.* තදලෙස බබලන්නාවූ, ඉතා ප්‍රකාශවූ, ප්‍රත්‍යක්ෂ [ඩිය

Glass, *s.* වීදුරුව, කැඩපත, කන්නාඩිය

Glass'-blow'er, *s.* වීදුරුබඩු පිඹීමෙන් සාදන්නා

Glass'y, *a.* වීදුරුවලින් සෑදු, වීදුරු ආකාර

Glaze, *v.* වීදුරුදමනවා, ඔපලනවා

Gla'zier, *s.* කවුළුවලට වීදුරු අල්ලන්නා, වීදුරුශිල්පයා

Glaz'ing, *s.* වීදුරු ඇල්ලීම, වීදුරු සමාන ද්‍රව්‍යගෑම, වීදුරු සමාන ඔපය

Gleam, *v.* දිස්නවැටෙනවා, දිලිහෙනවා *s.* රශ්මිය, කාන්තිය

Glean, *v.* කරල්ඇහිඳිනවා, අවුලනවා

Glean'ing, *s.* ඉතුරු කරල් ඇහිඳීම, ඇහිඳගත් දේ

Glebe, *s.* දේවස්ථානයට අයිති බිම, පිට්ටනිය

Glee, *s.* ප්‍රීතිය, ප්‍රසන්නය, සතුටු මංගල්‍යය, සින්දුව

Glen, *s.* පාතාලය, මිටියාවත

Glib, *a.* සිනිඳුවූ, ලිස්සන්නාවූ, කචසරලෙස කථාකරන්නාවූ

Glib'ly, *ad.* ගලාගණ යන ආකාරයෙන්, මුඛරිලෙස

Glide, *v.* ලිස්සනවා, ඉක්මණින් පසුවියනවා, ලේසියෙන් ගලායනවා

Glim'mer, *v.* මදලෙස දිලිහෙනවා *s.* මද බැබලීම, දුර්වල එලිය

Glimpse, *s.* ක්‍ෂණප්‍රභාව, ලුහුඬු පෙණීම, මඳ බැල්ම

Glis'ten, Glit'ter, *v.* දිලිහෙනවා, දිස්නාවැටෙනවා, බබලනවා

Glit'ter, *s.* දිලිසීම, දීප්තිය, එලිය

Glit'tering, *a.* දිලිහෙන, දිස්නයඇත්තාවූ [වස

Gloam'ing, *s.* අඳුරුවේගණ යෑම, ස

Gloat. *v.* ආශාවෙන් බලනවා, ප්‍රීතියෙන් නෙත් හෙළනවා

Glob'ate, *a.* ගෝලාකාරවූ

Globe, *s.* ගෝලය, භූගෝලය

Glob'ular, *a.* ගෝලහැඩය ඇත්තාවූ, ගෝලාකාර

Glob'ule, *s.* කුඩා ගෝලය, ගුළිය, බින්දුව [කැටියක්කරණවා

Glom'erate, *v.* ගුළිකරණවා, වටකුරු

Gloom, *s.* අඳුර, මළානිකකම, දුක්ඛිතකම [නිකවූ

Gloom'y, *a.* අඳුරුවූ, කාංසාවූ, මළා

Glorifica'tion, *s.* ගෞරවයට පැමිණවීම, නම්බුදීම, ප්‍රශංසාකිරීම

Glo'rified, *a.* තේජසට පැමිණුන, ස්වර්ගෝපගත

Glo'rify, *v.* ගෞරවකරණවා, මහත්තනතුරට පමුණුවනවා

Glo'rious, *a.* තේජවන්ත, මහිමතාවූ, අග්‍ර, විරාජමාන

Glo'ry, *s.* තේජස, මහිමය, ගෞරවය, වර්ණනාව, ප්‍රශංසාව *v.* පාරම්බාකරණවා, ප්‍රීතිමත්වෙනවා

Gloss, *s.* දිලිසීම, ඔපය, තේරුම්දීම, විස්තරය [දකෝෂය, ටීකාව

Gloss'ary, *s.* ගැටපදවිවරණය, ශබ්

Gloss'y, *a.* සිනිඳු, බොහෝ ඔප ඇත්තාවූ

Glot'tis, *s.* උගුරුදණ්ඩේ විවරය

Glove, *s.* අත්වැස්ම, අත්මේස්

Glow, *v.* උෂ්ණයෙන් බබලනවා. ඇවිලෙනවා, දූවෙනවා *s.* දිලිහෙන උෂ්ණය, දිලිසීම, ගිනිපාට

Glow'ing, *a.* උෂ්ණයෙන් දිලිහෙන්නාවූ, උනන්දු

Glow'worm, *s.* රැබදුල්ලා

Gloze, *v.* ඉච්චාකරණවා, ඇත්තසඟවා පානවා

Glue, *s.* මැලියම් වර්ගයක්, පසුමැලියම්, ලැසීන් *v.* පසුමැලියම්වලින් අලවනවා

Glue'y, *a.* මැලියම් සහිත, ලාටු ආකාරවූ [බවූ

Glum, *a.* දුක්වූ, නොසතුටුවූ, දුර්මු

Glut, *v.* ගිජුලෙස කනවා, ගිලිනවා, පූරවනවා *s.* අධික තෘප්තිය, ගිලපුදේ, ඇකිරිල්ල

Glu'tinous, *a.* ඇලෙන්නාවූ, ලාටුගතිය ඇත්තාවූ

Glut'ton, *s.* කෑඹලාවා, බඩජාලියා

Glut'tonous, *a.* ගිජු, කෑදර, කෑඹලාවූ

Glut'tony, *s.* ගිජුකම, කෑදරකම, කාකකම

Glyc'erine, *s.* ඖෂධ පිණිස ගන්න මධුර දියසාරයක්

Gnarl, *v.* ගොරවනවා, කොඳුරණවා

Gnarled, *a.* ගැටසහිතවූ

Gnash, *v.* දත්මිටිකනවා, දත්කුරුකනවා

Gnat, *s.* මදුරු වර්ගයක්

Gnaw, *v.* විකනවා, හපනවා, කාවදිනවා

Gneiss, *s.* පර්වත වර්ගයක්, මිශ්‍ර ගල් විශේෂයක්

Gno'mon, *s.* සංකුව, ජායායන්ත්‍රකටුව

Gnomon'ics, *s.* සෙවනැල්ලෙන් පැය ගණන බලාගන්නා ශාස්ත්‍රය

Go, *v.* යනවා, ඇවිදිනවා, පැමිණෙනවා, වඩිනවා

Goad, *s.* කෙවිට, හෙණ්ඩුව *v.* කෙවිටිකරණවා, දක්කනවා, පොළඹනවා

Goal, *s.* දිනුම්පල, සලකුණු ඉම, අන්තිමය, අභිප්‍රාව

Goat, *s.* එළුවා

Goat'herd, *s.* එළු එඬේරා

Gob'ble, *v.* ඉක්මණින්ගිලගන්නවා, කළුකුමා මෙන් ශබ්දයක්කරණවා

Go'-between', *s.* අතරේයන්නා, මැදහත්කම්කරන්නා

Gob'let, *s.* කුසලාන, ගුරුලේත්තුව

Gob'lin, *s.* ප්‍රේතයා, භූතයා

Go'-by, *s.* නොසලකා පසුකර යාම, උපායෙන් මගහැරීම

God, *s.* දෙවියන්වහන්සේ, දෙවියෝ

God'dess, *s.* දිව්‍යාඞ්ගනාව, දේවතාවී

God'father, *s.* ඉසඅත් තිබූ පියා

God'head, *s.* දෙවිකම, දිව්‍යභාවය, දේවත්වය

God'less, *s.* දේවභක්ති නැත්තාවූ, දුෂ්ට, අදේවදෘෂ්ටි

God'like, *a.* දෙවියන්ට සමානවූ, දිව්‍යරවාබලන ඇස්ඇති

God'liness, *s.* භක්තිවන්තකම, දේවභක්තිය, ධර්මිෂ්ඨකම

God'ly, *a.* දේවභක්ති, භක්තිවන්ත, යහපත්

God'send, *s.* බලාපොරොත්තුවක් නැතුව ලැබුනාවූ හොඳක්, දේවදීමනාවක්

Go'down, *s.* ගබඩාව, ගබඩා ගෙය

God'son, *s.* ඉසඅත්තබනුලැබූ ලමයා

God'speed, *s.* ශුභසිද්ධිවීම, සඵලය

God'ward, *ad.* දෙවියන්වහන්සේ වෙතට

Gog'gle-eyed, *a.* නෙරාපු ඇස් ඇති,

Gog'let, *s.* ගුරුලේත්තුව, ප්ලකුරුව

Go'ing, *s.* යාම, පිටත්වීම, හැසිරීම

Go'itre, *s.* උගුරේ ඉදිමුමක්, කණ්ඨමාලය

Gold, *s.* රන්, රත්රන්, රුවන්, කනකන්, සවර්ණය

Gold'-beating, *s.* රන්පත්‍ර තැළීම, රන් තැළීමේ ශිල්පය

Gold'-dust, *s.* රත්රන් කුඩු

Gold'en, *a.* රණින් සෑදූ, රත්රන්, සවර්ණමය, රන්වන්, අනර්ඝ, වාසනාවන්ත

Gold'finch, *s.* රන්වන් පක්ෂි වර්ගයක්

Gold'fish, *s.* රන්වන් මත්ස්‍ය වර්ගයක්

Gold′-leaf, *s.* තලාපු රත්රන්කොලය

Gold′smith, *s.* බඩාලා, රන්කරුවා, නවන්දන්නා මිනිහා

Gold′stick, *s.* රන්කොන්තයක් රැගෙණ රජඉදිරියේ යන මිනිහා

Golf, *s.* පන්දු ක්‍රීඩාවක්

Gon′dola, *s.* පාරුවර්ගයක්, සෙල්ලම් ඔරුව

Gone, *pp.* of Go, ගිහින්, ගොස්, පසුවී, පහවී, නාස්තිවී [න තැටිය

Gong, *s.* ගැසීමෙන් ශබ්දයක් උපදි

Good *a.* හොඳ, යස, මනා, නිසි, සුන්දර, යහපත් *s.* හොඳ, යහපත, යසස, ප්‍රයෝජනය, ශුභය, වාසිය

Good, *int.* හොඳයි

Good-breed′ing, *s.* හොඳහික්මීම, ආචාරවන්තකම

Good-bye′, *s.* ආයුබෝවන්

Good-day′, *s.* ආචාරකිරීමේදී කියන වචනයක්, ආයුබෝවන්

Good-Fri′day, *s.* මහසිකුරාදා

Good-hu′mour, *s.* සන්තෝෂකම, ප්‍රීතිමත්ගතිය

Good-hu′moured, *a.* සිත් සතුටු ස්වභාවක් ඇත්තාවූ

Good′ly, *a.* ශෝභනවූ, යස, සුන්දර

Good-man′, *s.* ස්වාමිපුරුෂයා, ගෙදර මුලාදෑනියා [වන්තස්වභාව

Good-na′ture, *s.* හොඳගතිය, කරුණා

Good-na′tured, *a.* හොඳ ගති ඇති, සුගති, කරුණාවන්ත

Good′ness, *s.* හොඳකම්, යහපත්කම, ගුණය, සත්පුරුෂකම

Good-night′, *int.* (මේ රෑ) ශුභසිද්ධ වේවා, ආයුබෝවන්

Goodwill′, *s.* හොඳසිත, කරුණාව, වාසිය

Goods, *s.* බඩු, දේපල, වෙළඳම් බඩු

Gooroo′, *s.* ගුරුවරයා, ආචාර්යයා

Goose, *s.* පාත්තයා, පාත්ති, ඉස්ත්‍රික්කේ, මෝඩයා

Goose′berry, *s.* ඵලවර්ගයක්

Gor′dian-knot, *s.* ලිහන්ට අමාරු ගැටයක්, බොහෝ අමාරු කාරණාවක්

Gore, *s.* ලේ වැදලි, කැටිගැහුන ලේ

Gore, *s.* ඇඳුමකට දමනතුන් හුලස්වූ කෑල්ලක් *v.* තුන්මුලු කෑලි අල්ලනවා, අනිනවා

Gorge, *s.* උගුර, කඳු අතරේ පටුමාර්ගය *v.* උගුරලඟට එනකල් කනවා, ගිලිනවා [නවූ

Gor′geous, *a.* විරාජමානවූ, අලංකා

Gor′geously, *ad.* අලංකාර ලෙස, විරාජිත ගම්භීරකාරයෙන්

Goril′la, *s.* ඉතා ලොකු වඳුරු ජාතියක්

Gor′mandize, *s.* ඉක්මණින් ගිලිනවා, ගිජුකමින් කනවා [යා

Gor′mandizer, *s.* කෑදරයා, බඩජාලි

Gorse, *s.* කටුඇති පැලෑටි වර්ගයක්

Go′ry, *a.* ලේ වැදලිවලින් වැසුන, ලේ තැවරුණ

Gos'ling, *s.* පාත්ත පැටියා

Gos'pel, *s.* ශුභාරංචිය, මංගලවෘත් තාන්තය

Gos'samer, *s.* ශින්මකුලුකෙඳි, සුඹුළු

Gos'sip, *s.* දෙබචා ඇවිදින්නා, වාචාලයා *v.* දෙබචා ඇවිදිනවා

Goth, *s.* පුරාණ වනවර මනුෂ්‍ය ජාතියක්, ශීලාචාරනුවූ තැනැත්තා

Goth'ic, *a.* උස්කොත්සහිත බෝක් කුඅැති ගෙවල් සාදන විධිමයවූ, පුරාණවූ

Gouge, *s.* බොකු තියන, කලම්බුව *v.* බොකු තියනෙන් කපනවා, ඇහැ උලුප්පනවා

Gourd, *s.* ලබුගෙඩිය, ලබුවැල, පුහුල

Gour'mand, *s.* ශිජුලෙස කන්නා, කෑදරයා

Gout, *s.* වාදම්රෝගය, වාතරක්තය

Gout'y, *a.* වාදම් රෝගිවූ, වාතරක්ත

Gov'ern, *v.* ආණ්ඩුකරණවා, අණකරණවා, හසුරුවනවා

Gov'ernable, *a.* ආණ්ඩුකල හැකිවූ, හික්මෙන්නාවූ [චීම

Gov'ernance, *s.* ආණ්ඩුකිරීම, හසුරු

Gov'erness, *s.* ගුරුවරී, උගන්වන්නී

Gov'ernment, *s.* ආණ්ඩුකිරීම, මෑඩ පැවැත්වීම, ආණ්ඩුව, ආණ්ඩුක්‍රමය

Government'al, *a.* ආණ්ඩුව සම්බන්ධ, ආණ්ඩුවෙන් අවසරදුන්

Gov'ernor, *s.* ආණ්ඩුකාරයා, උතුමානන්වහන්සේ, ආචාර්‍ය්‍යා

Gown, *s.* ස්ත්‍රීන්ගේ ඇඳුමක්, ගවොම, උත්තරසාටකය

Gown'man, **Gowns'man**, *s.* උත්තර සාටකයක් අඳින අග්‍ර පාඨශාලාවක සාමාජිකයෙක් හෝ නිලධාරියෙක්

Grab, *v.* හදිසියෙන් අල්ලනවා.

Grace, *s.* කරුණාව, අනුග්‍රහය, දයාව, අනුභාව, ක්ෂමාව, ශ්‍රීයාව, ශෝභනකම, අහර ගැණීමේදී කියන ලුහුඬු යාච්ඤාව *v.* අලංකාරකරණවා, සරසනවා

Grace'ful, *a.* ශෝභන, අලංකාර, ලක්ෂණ, ශ්‍රීයාවන්ත

Grace'less, *a.* ගුණනැත්තාවූ, දුශ්චරිතවූ, නපුරුවූ

Graces, *s.* *(myth.)* රූපලක්ෂණදිව්‍යාංගන සහෝදරියන් තුන්දෙනෙක්, කරුණාව, මිත්‍රකම [ත, දයාබර

Gra'cious, *a.* කරුණාවන්ත, ගුණවත්

Grada'tion, *s.* ක්‍රමයෙන් නැගීම, ක්‍රමය, පිළිවෙළ, ප්‍රමාණය

Grade, *s.* තරම, තරාතිරම, ක්‍රමය

Gra'dient, *s.* පිළිවෙළින් නැගීම සහ බැසීම, බෑවුමේ ප්‍රමාණය [වූ

Grad'ual, *a.* ක්‍රමක්‍රමයෙන් වෙන්නා

Grad'ually, *ad.* ක්‍රමයෙන්, ටිකෙන් ටික, හෙමින්

Grad'uate, *v.* පිළිවෙළකට බෙදා ලකුණුකරණවා, ක්‍රමයෙන් යනවා, මහ ශිල්ප ශාලාවක ගෞරව නාමයක් ලබාගන්නවා

Grad'uate, *s.* මහ අග්‍ර පාඨශාලාවක පටබැඳි නාමයක් ලැබූතැනැත්තා
Graft, *v.* අතු පාහනවා, පාස්සනවා *s.* පාස්සන අත්ත හෝ රිකිල්ල
Grain, *s.* ධාන්‍යය, බීජය, ඇටය, මං චාඩියකින් හතරෙන් පංගුව
Gram, *s.* කඩල, මුංඇට
Gramin'eal, Gramin'eous, *a.* තෘණ කාරවූ
Graminiv'orous, *a.* තෘණකන්නාවූ
Gram'mar, *s.* ව්‍යාකරණ ශාස්ත්‍රය, වියරණය, ව්‍යාකරණ පොත
Gramma'rian, *s.* ව්‍යාකරණකාරයා, වියරණ දන්නා
Grammat'ical, *a.* ව්‍යාකරණය සම්බන්ධවූ, වියරණට එකගවූ [ලපතා
Gram'pus, *s.* ලොකු මත්ස්‍යයෙක්, ත
Gran'ary, *s.* අටුව, ධාන්‍යාගාරය
Grand, *a.* මහත්, උතුම්, උසස්, ශ්‍රෙෂ්ඨ
Grand'child, *s.* මුනුබුරා, මිනිබිරී
Grandee', *s.* ශ්‍රෙෂ්ඨවංශාධිපතියෙක්, ගරු ගම්භීර තැනැත්තෙක්
Grand'eur, *s.* මහත්තත්වය, අලංකාරය, උතුම්කම
Grand'father, *s.* සියා, මුත්තා, අතා
Grandil'oquence, *s.* අහංකාර වාක් පටුත්වය, අලංකාර කථාව
Grandil'oquent, *a.* ගම්භීර ලෙඝ්‍යා ව්‍යාකරණ
Grand-ju'ry, *s.* නඩුවක් විභාගකරන්ට ප්‍රථමයෙන් හිරකාරයාට වි රුද්ධව තිබෙන පැමිණිල්ල සොයා බලන ජූරිවහන්වරු
Grand'mother, *s.* ආච්චි, අත්තා
Grand'sire, *s.* මුත්තා
Grand'son, *s.* මුනුබුරා
Grange, *s.* ගෙවල් දොරවල් සහිත කමත, ගොවිපලේ ගෙදර
Gran'ite, *s.* කළුගල් ජාතියක්
Graniv'orous, *a.* බීජ ඇට අනුභව කරන්නාවූ
Grant, *v.* දෙනවා, දානයකරණවා, අවසරදෙනවා, ඒත්තුගන්නවා
Grant, *s.* දීම, ප්‍රදානය, සන්නස
Gran'ular, *a.* ඇට සහිතවූ, ඇට අකාරවූ
Gran'ulate, *v.* ඇට අකාරයට සැදෙනවා, කැටගැසෙනවා *a.* ඇට අකාරවූ
Granula'tion, *s.* ඇට ආකාරයට සෑදීම, වණයක් සුවවීමේදී අමුතු මස් උෑම
Gran'ule, *s.* කුඩා ඇටය, පුංචිකැටය
Gran'ulous, *a.* ඇට ගහනවූ
Grape, *s.* මුද්‍රිකාඵල, මිදිඵල
Grape'shot, *s.* මුණ්ඩ පොකුරු වයියක්
Grape'-vine, *s.* මුද්‍රිකාවැල, මිදිවැල
Graph'ic, *a.* විස්තරකොට දක්වන්නාවූ, මනාකොට සටහන්වූ
Graph'ically, *ad.* විස්තර ලෙස, ඉතා පැහැදිලි අකාරයෙන්

Graph'ite, *s.* මිනිරන්
Grap'nel, *s.* කුඩා නැංගුරමක්
Grap'ple, *v.* තදින් අල්ලාගන්නවා, පොරබදනවා
Grasp, *v.* අල්ලාගන්නවා, බදාගන්නවා *s.* අඟුරවගැණීම,උද්ග්‍රහණය
Grass, *s.* තණකොළ, තණ, තෘණ
Grass'y, *a.* තණකොල සහිතවූ, තෘණ වැනිවූ
Grass'-cut'ter, *s.* තණකොල කපන්නා, පණ්නයා [ශිරවා
Grass'hopper, *s.* පොළගැටියා, තණ
Grass'-plot, *s.* තණබිම, පිට්ටනිය
Grate, *s.* යකඩගරාදිමැස්ස,ගිනිමැස්ස
Grate, *v.* සූරණවා, අතුල්ලනවා, සැර ශබ්දයක් ගන්නවා
Grat'ed, *a.* ගරාදිදමාපූ, ගිනිමැස්සක් ඇති, කුඩුගාපූ
Grate'ful, *a.* සතුතිවන්තවූ, කෙළෙහිගුණ සලකන්නාවූ, ප්‍රියවූ, ප්‍රසන්නවූ
Grat'er, *s.* පිරිවගීයක්, සිරමනය
Gratifica'tion, *s.* ප්‍රසන්නය, ප්‍රීතිමත්කම, සතුටු තෑග්ග
Grat'ify, *v.* ප්‍රියඇති දේ කරණවා, සතුටුකරණවා, පිරිමසනවා
Grat'ing, *s.* ගරාදිය, මැස්ස, ඉලීම, ඇතිල්ලීමේ ශබ්දය
Grat'ing, *a.* නොම්හිරිවූ, අප්‍රසන්නවූ
Gra'tis, *ad.* නිකමට,ගෙවීමක්නැතුව
Grat'itude, *s.* කෘතෝපකාර සැලකීම, කෙළෙහිගුණය, සතුතිවන්තකම

Gratu'itous, *a.* නිකමට දෙන්නාවූ, සාක්ෂියක් නැත්තාවූ, නිකරුණේවූ
Gratu'ity, *s.* දූනය, තෑග්ග [වාදනය
Gratula'tion, *s.* සතුටුසොම්නස, අභි
Grav'amen, *s.* පැමිණිල්ලේකාරණව
Grave, *s.* මිනිවළ, සොහොන
Grave, *a.* බරපතල, වැදගත්, සිනා නැත්තාවූ, සංසුන්, පහත්
Grave, *v.* කැටයම් කරණවා, රූප කපනවා
Grav'el, *s.* බොරළු, මාවැලි, අසමරි
Grave'ly, *ad.* වැදගත්ලෙස, ශාන්තලෙස, ඉ සුන්ව
Grav'er, *s.* කැටයම් කරන්නා, කැටයම්කරණ ආවුධය
Grave'stone, *s.* සොහොන් ගල
Grav'ing, *s.* කැටයම්කිරීම, කැටයම් වැඩ, කැටයම
Grav'ing-dock, *s.* ශුද්ධකිරීම් අදිය සඳහා නැව්ගන්න ස්ථානය
Grav'itate, *v.* පොළවට ඇදෙනවා, ආකර්ෂණය වෙනවා
Gravita'tion, *s.* සියලු වස්තු එකිනෙකට ඇදගැණීම, ආකර්ෂණ බලය
Grav'ity, *s.* බර, බරකම, ගරුත්වය, සංසුන්කම [තෙල්, ඉස්ම
Grav'y, *s.* බැදීමේදී වැටෙන මස්
Gray, Grey, *a.* අළුපාටවූ, ධූමවර්ණවූ, පැසුනාවූ
Gray, *s.* අළුපාට, ධූමවර්ණය, අළුපාටවූ අශ්වයෙක් හෝ අන් සතෙක්

Gray'ish, *a.* මදක් අළුපාටවූ, ටිකක් පැහුන

Graze, *v.* තණකොල කනවා, තණ කවනවා, හෙමින් ගෑවිගණයනවා

Gra'zier, *s.* තණකොලකවා සතුන් තරකරන්නා, එඬේරා

Grease, *s.* මස්වල තෙල්, තෙල් *v.* තෙල්ගානවා. තෙල් ගල්වනවා, ගුරුදූර දමනවා

Greas'y, *a.* තෙල්මුසු, තෙල් ආකාර, ස්නිඳු

Great, *a.* මහත්, ලොකු, උතුම්, බොහෝ, ප්‍රධාන, වැදගත්, බලවත්, ගුණවත්

Great'coat, *s.* උඩ කබාය

Great'ly, *ad.* බොහෝලෙස, අතිශයින්, ප්‍රධානවශයෙන්, ශ්‍රෙෂ්ඨලෙස

Great'ness, *s.* මහත්කම, විශාලකම, බහුලතාව, ශ්‍රෙෂ්ඨකම, උසස්කම, වැදගත්කම

Greaves, *s. pl.* ජංඝාරක්ෂණී, වහන් [වර්ගයක්

Gre'cian, *a.* ග්‍රීස්රටට අයිතිවූ, ග්‍රීක්

Greed, *s.* ගිජුකම, තණ්හාව

Greed'iness, *s.* ගිජුකම, ලෝභකම, තණ්හාව

Greed'y, *a.* ගිජු, කෑදර, තණ්හාවූ

Greek, *s.* ග්‍රීස්රටේ මිනිහා, ග්‍රීක්භාෂාව

Green, *a.* කොලපාටවූ,පලාවන්,අමු, ළපටි, නිවට, බාල

Green'-crop, *s.* තණකොල හා පලා එලවලු ආදි අස්වැන්න

Green'grocer, *s.* අමු එලවලු සහ ගෙඩි විකුණන්නා

Green'horn, *s.* ළපටි තරුණයා, මෝඩයා

Green'house, *s.* පුංචි පැළෑටි ප්‍රවේසම්කරණ පිණිස සෑදූ වීදුරු ගෙය

Green'ish, *a.* කොලපාටට හුරුවූ, අමුපාටවූ

Greens, *s. pl.* අමු එලවලු, පලා

Green'stone, *s.* පලාවන් ගල්වර්ගයක්

Green'sward, *s.* තණබිම

Greet, *v.* ආචාරකරණවා, ශුභසිද්ධවේවයි කියනවා හෝ කියා හරිණවා

Greet'ing, *s.* ආචාරකිරීම, ආචාරය

Grega'rious, *a.* රැලේ වාසය කරන්නාවූ, රංචුවශයෙන් හැසිරෙන්නාවූ

Grenade', *s.* අත් ගිනිඋණ්ඩය

Grenadier', *s.* උස් පාබල හේවායා

Grey'beard, *s.* පැසුනු රැවුලඇත්තා, මහල්ලා

Grey'head, *s.* නරකිස, පැහිච්ච ඉස

Grey'hound, *s.* හුලන් බල්ලා

Grid'dle, *s.* කෑවුම් බදින වලඳක්, තාච්චුවර්ගයක්

Grid'iron, *s.* මස් බදින යකඩ මැස්ස

Grief, *s.* ශෝකය, කණගාටුව, කාංසාව [දුක්ඛ, වරද

Griev'ance, *s.* දුකට හේතුව, දුක, අ

Grieve, *v.* සිත් වේදනා කරණවා, දුක්දෙනවා, ශෝකවෙනවා

Griev'ous, *a.* වේදනාසහිතවූ, බරවූ, කණගාටුවූ, දුක් උපදවන්නාවූ

Griev'ously, *ad.* දුක්ඛිත ලෙස, තද් බල ලෙස

Grif'fin, *s.* අඩියක් සිංහ අඩියක් ලිහිණි රූපයක් ඇති සතා, ලපටියා

Grig, *s.* වැලිඅඳු, ප්‍රීතිවතතයෙක්

Grill, *v.* පුළුස්සනවා, බදිනවා

Grim, *a.* රෞද්‍ර පෙණීමක් ඇති, භයානක, අජීව

Grimace', *s.* මුහුන විසුලුකිරීම, නිය [ව්ම

Grimal'kin, *s.* නාකි බළලා

Grime, *v.* කිලුටුකරණවා, අපවිත්‍ර කරණවා *s.* හමේ තද කිලුට

Grim'y, *a.* කිලුටුවූ, අපවිත්‍රවූ

Grin, *v.* දත්නියවනවා *s.* දත්නියවීම

Grind, *v.* අඹරණවා, කුඩුකරණවා, හනට අල්ලනවා, අතුල්ලනවා, පීඩාකරණවා

Grind'er, *s.* අඹරන්නා, හක්කේ දත

Grind'stone, *s.* අඹරණ ගල. සරකවන ගල, හනපෝරුව

Grip, *s.* අතින් තදකර අල්ලාගැණීම

Gripe, *v.* තදින් අල්ලනවා, මිරිකනවා, මිරිමොලවනවා, බඩරිදවනවා *s.* තදින් ඇල්ලීම, පීඩාව

Gripes, *s. pl.* බඩරුජාව, බඩේ කැක්කුම

Gris'ly, *a.* භයානක, ඝොරතර

Grist, *s.* වරකට අඹරණධාන්‍ය, ලාභ

Gris'tle, *s.* මෘදු ඇටය, ලපටි ඇටය, දඬු මාංසය

Grit, *s.* ගොරෝසු පිටි, රළු ධාන්‍ය කුඩු, බොරළු, වැලිගල් ජාතියක්

Grit'ty, *a.* වැලිකැට සහිතවූ, කුඩාප්කැට ඇත්තාවූ

Griz'zly, Griz'zled, *a.* අළුපාටවූ

Groan, Groan'ing, *s.* කෙඳිරිගෑම, ගෙරවීම [වා

Groan, *v.* කෙඳිරිගානවා, ගොරවන

Groat, *s.* පැන්සහතරේ කාසිය

Groats, *s. pl.* පොතුඇරපු ඕට්ස් නම් ධාන්‍ය

Groc'er, *s.* තේ සිනි තුළුබඩු ආදිය විකුණන්නා

Groc'ery *s.* තේ සීනි වෙළුන එල අදි බඩු, තුළුබඩු [බීම

Grog, *s.* බීම, මද්‍යපානය හා වතුරමිශ්‍ර

Groin, *s.* ඉකිලිය, බෝක්කු සන්ධියක්

Groom, *s.* අස්ගොව්වා, අශ්වකාරයා

Grooms'man, *s.* මනමාලයා කැටුව යන යාලුවා

Groove, *s.* භාරාපු ඉර, හිවිට, පීල්ල

Grope, *v.* අන්ධකාරයේ මෙන් තේරුමක් නැතුව සොයනවා, අතපතගා බලනවා

Gross, *a.* ඝන, දළ, ගොරෝසු, නර, මෝඩ, ථුසුදුසු, කැත, අපවිත්‍ර, තදබල *s.* සේරම, සියල්ලම, දුසින් දොළහ

Gross'ly, *ad.* දළ ලෙස, රළු ලෙස, නරක ලෙස, මහත් ලෙස

Grot, Grot'to, *s.* ගුහාව, පොළවේ කුහරයක් [කවූ

Grotesque', *a.* විසුලු අකාරවූ, නාට

Ground, *s.* බිම, භූමිය, පොළව, මුල් කාරණය, හේතුව *v.* බිම සිටවනවා, පිහිටුවනවා, පොළවේ වදිනවා

Ground′-floor, *s.* ගෙයි පහත් තට්ටුව

Ground′less, *a.* නිෂ්කාරණවූ, අහේතුක, බොරු

Ground′-plot, *s.* ගෙපල, ගෙබිම

Ground′-rent, *s.* බිම්කුලිය

Ground′-swell, *s.* මූදේ ගැඹුරු චලයක්

Ground′work, *s.* අත්තිවාරම, පදනම, මුල් කාරණව

Group, *s.* පොකුර, රංචුව, කැටිය *v.* ගොඩගහනවා, රාසිකරණවා, රංචුවශයෙන් පිහිටුවනවා

Grouse, *s.* පක්ෂිවර්ගයක්

Grove, *s.* කුඩා වෘක්ෂ පඞ්ක්තිය, වනය, ආරාමය

Grov′el, *v.* මුනින්තලව්වෙනවා, බඩගායනවා, නීචලෙස හැසිරෙණවා

Grov′eller, *s.* බිම වැතිරෙන්නා, නීචලෙස ක්‍රියාකරන්නා

Grow, *v.* වැඩෙනවා, පැළවෙනවා, ලියලනවා, හටගන්නවා, වැඩිදියුණුවෙනවා, පැමිණෙනවා, වවනවා

Growl, *v.* ගොරවනවා, කොඳුරණවා *s.* ගොරවීම, කෙඳිරීම

Growth, *s.* වැවීම, ලියලීම, හටගැනීම, වැඩිදියුණුව, වැඩුන දේ

Grub, *s.* පණුවා, පිළුවා

Grub, *v.* පහුරුගානවා, බිම හාරණවා, හාරා උදුරණවා

Grudge, *v.* උරණවෙනවා, කුඩුයේ ඩුකම්කරණවා, අමනාපෙන් දෙනවා නොහොත් ගන්නවා *s.* ක්‍රෝධය, ඊර්ෂ්‍යාව, තරහ

Grudg′ingly, *ad.* කෙඳිරීමෙන්, අකැමැත්තෙන්, ලෝභලෙස

Gru′el, *s.* කැඳ, උළුකැන්

Grue′some, *a.* භය උපදවන, භයංකාර

Gruff, *s.* රෞද්‍රාකාරවූ, රළු

Grum′ble, *v.* අවලාද කියනවා, කන්කෙඳිරිගානවා, ගොරවනවා

Grum′bler, *s.* අවලාද කියන්නා, කොඳුරන්නා

Grum′bling, *s.* කන්කෙඳිරිගෑම, අවලාදය, මැසිවිල්ල

Grum′py, *a.* නොසතුටුවූ, සාතිශ, අප්‍රසන්න

Grunt, *v.* ඌරුවාගේ ගොරවනවා *s.* ගොරෝසු ශබ්දය

Gua′na, *s.* තලගොයා, කබරගොයා

Gua′no, *s.* පක්ෂි පෝරවර්ගයක්

Guarantee′, *s.* ඇපවීම, සහතික කිරීම, ඇපකාරයා *v.* ඇපවෙනවා, භාර ගන්නවා, සහතිකකරණවා

Guard, *v.* මුරකරණවා, ප්‍රවේසම්කරණවා, බලාගන්නවා *s.* මුර, ආරක්ෂාව, මුරකාරයා, රැකවල් සේනාව, ඔරලෝසු මාලය

Guard′ed, *a.* ප්‍රවේසම් සහිතවූ, සිහි පරීක්ෂා ඇති

Guard'ian, *s.* ප්‍රවේසම්කරන්නා, ආරක්ෂාකාරයා *a.* ආරක්ෂක, රැකවල්

Guard'ianship, *s.* රැකවල් බූරය, භාරකාර වැඩේ

Guard'room, *s.* මුරසිටින ගෙය, මුරකාර මඩුව

Guard'ship, *s.* මුරනැව, රෝන්දනැව

Gua'va, *s.* පේර [අයිතිවූ

Guberna'torial, *a.* ආණ්ඩුකාරයාට

Gud'geon, *s.* කුඩා මාළු ජාතියක්

Guer'don, *s.* විපාකය, ප්‍රතිඵලය,

Guess, *v.* අනුමානයට කල්පනාකරණවා, නිකම් හිතනවා *s.* ශංකා කල්පනාව

Guess'work, *s* අනුමානපිට කරණ දේ, අනුමාන වැඩේ

Guest, *s.* ආගන්තුකයා, අමුත්තා

Guid'ance, මගපෙන්වීම, ආණ්ඩුව, මුලාදෑනිකම, දනුමැතිකම

Guide, *v.* මගපෙන්වනවා, ගෙණයනවා, හසුරුවනවා *s.* මගකියන්නා, දැනමුතුකම්දෙන්නා.

Guide'post, *s.* මගපෙන්වන කණුව

Guild, *s.* සමාගමක්, වෙළඳ සමාගමක් [ගය

Guile, *s.* වංකකම, රැවටිල්ල, ප්‍රයෝ

Guile'ful, *a.* වංක, දඟ, ප්‍රයෝගකාර

Guile'less, *a.* වචා නැත්තාවූ

Guil'lotine, *s.* ඉස කපාදමන යන්ත්‍රයක් [ෂය

Guilt, *s.* වරදකාරකම, වැරැද්ද, දෝ

Guilt'less, *a.* වරදනැති, නිවරදි, නිර්දෝෂ

Guilt'y, *s.* වරදකාර, දෝෂකාර, අපරාධී [යක්

Guin'ea, *s.* සිලින් 21 ක් වටින මිල

Guin'ea-fowl, *s.* ගිනිකුකුළා, ගිනිකිකිළි

Guin'ea-pig, *s.* ගිනි ඌරා

Guise, *s.* අන්දම, ආකාරය, විලාසය, පෙණීම, සිරිත

Guitar', *s.* වීණාවගීයක්, කින්නාරම

Gulf, *s.* ගැඹුරු වරාය, මහ දියසලාව, අගාධය, පාතාලය [ක්

Gull, *s.* ලිහිණිවර්ගයක්, මුහුදු පක්ෂියෙ

Gull, *v.* රවටනවා, වචාකරණවා *s.* රැවටිල්ල

Gul'let, *s.* උගුර, ආහාරනාලය [නාවූ

Gul'lible, *a.* පහසුවෙන් රැවටෙන්

Gul'ly, *s.* වතුර බැස්මෙන් හැරී තිබෙන පාර, ඇල්ල

Gulp, *v.* ගලිනවා, ගිලිනවා

Gum, *s.* විදුරුමහ

Gum, *s.* මැලියම, ලාටුව *v.* මැලියම් වලින් අලවනවා, ලාටුගානවා

Gum'boil, *s.* විදුරුමහේ ගඩුව, පණුනෙඩිය, සෙම් ගෙඩිය [ලාකඩ

Gum'lac, *s.* ලාටුවූ ද්‍රව්‍යයක්, දුම්මල,

Gum'my, *a.* මැලියම් සහිතවූ, ලාටු ආකාර, ඇලෙන

Gun, *s.* තුවක්කුව

Gun'-bar'rel, *s.* තුවක්කු කාණ්ඩුව

Gun'boat, *s.* කාලතුවක්කු ඇති කු ඩා යුද්ධ නැවක්

Gun'-car'riage, *s.* කාලතුවක්කු උසු ලන ගැල [පූරණ පුළුන්

Gun'-cot'ton, *s.* වෙඩිබෙහෙත් මෙන් පූ

Gun'ner, *s.* කාලතුවක්කුකාරයා

Gun'nery, *s.* තුවක්කු ශාස්ත්‍රය, කාල තුවක්කු පාවිච්චිකරණ විධිය

Gun'ny, *s.* ගෝණි රෙදි

Gun'powder, *s.* වෙඩිබෙහෙත්

Gun'shot, *s.* වෙඩිඋණ්ඩයක් යන දුර

Gun'smith, *s.* තුවක්කු සාදන්නා

Gun'stock, *s.* තුවක්කු වල්ල

Gun'wale, *s.* නැව්කඳේ උඩ පංගු වේ අයින [ගඩගානවා

Gur'gle, *v.* ගඩගඩගා ගලනවා, ගඩ

Gush, *v.* තදින් ගලායනවා *s.* වේග යෙන් ගැලීම, ගලා පිටතවන දේ

Gush'ing, *a.* තදින් වගනයවෙන, බොහෝකොට ගලන්නාවූ

Gus'set, *s.* ඇඳුමකට දමා මහන රෙ දි කෑල්ලක්

Gust, *s.* හදිසි සැර හුලඟ, සැඩපව න, හදිසි කිපීම [තිය

Gust, Gust'o, *s.* රසේන්ද්‍රිය, රසය, ප්‍රී

Gut, *s.* ආහරයන බඩවැල, අතුග *v.* බඩවැල් අරන්දමනවා, කො ල්ලකනවා

Gut'ta-perch'a, *s.* එක්වර්ගයක ගස්ව ලින් උපදින ඇඳුම්දෙන මැලියම්

Gut'ter, *s.* අගල, කානුව, පීල්ල

Gut'tural *a.* උගුරට අයිතිවූ, කණ්ඨ ජ *s.* කණ්ඨජාක්ෂරය

Guy, *s.* බරක් ඉහළ පහළ කරවන ලනුව, අවලක්ෂණ පෙණීම ඇත් තෙක්, විසුලු රූපයක්

Guz'zle, *v.* ඉක්මණින් ගලිනවා, ගි ජුලෙස ගිලගන්නවා

G̣ymna'sium, *s.* ශරීරයේ සනීප පි ණිස සෙල්ලම්කරණ ඉඩම, සෙල් ලම්පල

Gym'nast, *s.* ශරීර ව්‍යායම ක්‍රමය පු හුණුකරවන්නා, ශරීර සනීප පිණි ස ක්‍රීඩාකරන්නා

Gymnas'tics, *s. pl.* ශරීරව්‍යායම පිණි ස කරණ සෙල්ලම්

G̣y'rate, *v.* වටේට කරකැවෙනවා, භ්‍රමනය කරණවා

G̣yra'tion, *s.* කරකැවීම, භ්‍රමයකිරීම

G̣yve, *s.* විලංගුව *v.* මාංචුලනවා

H

Ha, *int.* ඔහෝ

Ha'beas-Cor'pus, *s.* නඩුකාරයා ඉදි රියට හිරකාරයෙක් ගෙණයාම පි ණිස දෙන අණපත්‍රය [ණන්නා

Hab'erdasher, *s.* රෙදිපිළි ආදිය විකු

Hab'erdashery, *s.* රෙදිපිළි ඉදිකටු නූල් ආදි සුලු වෙළඳම් බඩු

Habil'iment, *s.* ඇඳුම, වස්ත්‍රය

මෙහි **G̣** අකුර ජයන්නේ ශබ්දයද, **G** අකුර ගයන්නේ ශබ්දයද වේ.

Hab'it, *s.* සිරිත, පුරුදුව, පුරුද්ද, භාවිතාව, ඇඳුම
Habi'table, *a.* වාසයකළ හැකිවූ
Hab'itat, *s.* සතෙකුගේ හෝ ගහක ජම්ම වාසස්ථානය, ජම්ම ප්‍රදේශය
Habita'tion, *s.* වාසස්ථානය, පදිංචිය, ගෙදර [නිරන්තරවූ
Habit'ual, *a.* ව්‍යවහාරවූ, භාවිතාවූ,
Habit'uate, *v.* පුරුදුකරණවා, භාවිතාවෙන්ට සලස්වනවා
Hack, *v.* කපනවා, කෑබලිකරණවා
Hack, *s.* මහළු අශ්වයා, කුලී අශ්වයා
Hack'ery, *s.* තනිගොන් කරත්තය, තිරික්කලය
Hack'ney, *s.* කුලී අශ්වයෙක්, කුලී කරත්තයක් *v.* බොහෝකොට පාවිච්චිකරණවා
Hack'ney, Hack'neyed, *a.* කුලියට දෙන්නාවූ, අධිකලෙස පාවිච්චි කළාවූ
Had, *pret. of* Have, තිබුනා
Had'dock, *s.* මාලු වර්ගයක්
Ha'des, *s.* අදෘශ ලෝකය, මළවුන්ගේ වාසස්ථානය
Had'jee, *s.* මහමත් වන්දනාකාරයා
Haft, *s.* මිට [කාරී, මායාකාරී
Hag, *s.* අජීව මැහැල්ලී, කොඩිවින
Hag'gard, *a.* කෙට්ටුවූ, අජීවවූ
Hag'gle, *v.* සුලු ගණුදෙනුවක් ගැණ ඝුගක් කථාකරණවා, කෑබලිකර කපනවා, කඩතොලුකරණවා
Hah, *int.* ඔහෝ, අපොයි
Hail, *int.* ආයුබොවන්, ශුභසිද්ධිවේවා, සෙත්වේවා
Hail, *v.* අඬගහනවා, ගල්වර්ෂා වසිනවා
Hail, *s.* ගල්වර්ෂාව, පාණවැස්ස
Hail'stone, *s.* පාණවැහි කැටය
Hair, *s.* කෙස්, කේශ, ඉසකෙස්, රෝම, ලොම්
Hair'-breadth, *s.* ඉසකේ ගනක දුර
Hair'brush, *s.* ඉසකේ පීරණ බුරුසුව
Hair'-pin, *s.* කූර
Hair-split'ting, *s.* ඉතා සවල්ප වෙනසක් ගැණ සැලකීම
Hair'spring, *s.* ඉතා සිහින් දුන්නක්, ඉසකේ දුන්න [වැසූන
Hair'y, *a.* කෙස්ගහනවූ, රෝමයෙන්
Hal'berd, *s.* කෙටේරිය, ලංසවර්ගයක්
Hal'cyon, *a.* නිශ්චලවූ, සමාදානවූ
Hale, *a.* සැපවූ, සනීපවූ, නිරෝගිවූ
Half, *s.* අර්ධය, භාගය, දෙකෙන්පංගුව *a.* අර්ධ, භාග, අඩ
Half'-broth'er, Half'-sis'ter, *s.* අර්ධ සහෝදරයා, අර්ධ සහෝදරී
Half'-caste, *s.* ජාති දෙකකින් මිශ්‍රව උපන් කෙනෙක්
Half'-holiday, *s.* වරුවක නිවාඩුව
Half'-moon, *s.* අඩහඳ, අර්ධ චන්ද්‍ර හැඩය [කුලිය
Half'-pay, *s.* පඩියෙන් භාගය, අර්ධ
Half'penny, *s.* පැන්ස බාගය

Half'-way, *a.* මැදදුරවූ *ad.* භාගය ක් දුරට, අසම්පූර්ණලෙස

Half'-wit'ted, *a.* සිහිකල්පනා මදිවූ, බුද්ධි හීන

Half'-year'ly, *a.* හමාසයකට වරක් වූ *ad.* අවුරුද්දකට දෙවරක්

Hall, *s.* ශාලාව, හල,මඩුව,මණ්ඩපය

Hallelu'jah, *int.* & *s.* දෙවියන්ව හන්සේට¦ සතුතිවේවා, දේව වර්ණ නා වාක්‍යයක්

Halloo', *int.* ඕයි, හෝයි *v.* ඕයි කියා අඬගසනවා, මොරගහනවා

Hal'low, *v.* ශුද්ධකරණවා, කැපකො ට වෙන්කරණවා

Hallucina'tion, *s.* මුළාව, මායාව, රැවටිලි කල්පනාව

Ha'lo, *s.* මඬල, ප්‍රභාමණ්ඩලය

Halt, *v.* නවතිනවා, නවත්වනවා, ඇනහිටිනවා, කොරගහනවා

Halt, Halt'ing, *s.* නැවතීම, තොණ්ඩිගැසීම

Halt'er, *s.* අශ්වයාගේ බෙල්ලේ දමන ලණුවක්, එල්ලුම් පටිය

Halt'ing, *a.* කොරගහන්නාවූ, විස් කල්වූ, හිත් සාංකාවූ [කරණවා

Halve, *v.* දෙකට බෙදනවා, දෙපළු

Hal'yard, *s.* නැවේ කඹයක් [තය

Ham, *s.* ලුණුදමා වියලාපු ඌරු ගා

Ham'let, *s.* ගම, ගොඩ, පුංචිගම

Ham'mer, *s.* මිටිය *v.* මිටියෙන් තළනවා

Ham'mock, *s.* එල්ලන ඇඳ, තොටිල්

Ham'per, *s.* ලොකු වැල්කූඩය [ල

Ham'per, *v.* බාධාකරණවා, අවහිර කරණවා

Ham'string, *s.* කලවයේ නහරය *v.* ගාතේ නහරය කපනවා

Hand, *s.* අත, හස්තය, පැත්ත *v.* අතින් දෙනවා, භාරදෙනවා

Hand'bill, *s.* කොටකැත්ත, අච්චු කොලය

Hand'book, *s.* අත්පොත

Hand'breadth, *s.* අල්ලේ පළල

Hand'cuff, *s.* මාංචුව, හස්තබන්ධනය *v.* මාංචුදමනවා .

Hand'ful, *s.* අහුර, අතලොස්ස

Hand'icraft, *s.* හස්තකර්මාන්තය, අත් වැඩය [කාරයා, ශිල්පියා

Hand'icraftsman, *s.* හස්තකර්මාන්ත

Hand'ily, *ad.* දක්ෂලෙස, පහසුවෙන්

Hand'kerchief, *s.* ලේන්සුව

Hand'le, *s.* මිට *v.* අතගහනවා, අල්ලා බලනවා, විභාගකරණවා, භාවිතාකරණවා

Hand'maid, *s.* දාසී, මෙහෙකාරී

Hand'some, *a.* ලක්ෂණ, සුන්දර, මනෝඥ, අලංකාර, මහත්

Hand'somely, *ad.* ලක්ෂණලෙස,ශෝභන පරිද්දෙන්, නිලෝභිලෙස

Hand'writing, *s.* අත්අකුරු, ලිවීම

Hand'y, *a.* දක්ෂවූ, හපන්වූ, ලඟවූ, පහසුවූ

Hang, *v.* එල්ලනවා, එල්ලාදමනවා, එල්ලෙනවා, බරවෙනවා

Hang'er, *s.* එල්ලන්නා, යමක් එල්ලීමට ඇනය, කඩුවක්

Hang'er-on, *s.* අනුන්ගේ කෑම බීම බලාඉන්නා, අනුන්පිටබරවෙන්නා

Hang'ing, *a.* එල්ලෙන, ලම්බමාන, එල්ලුම්ගහට පමුණුවන *s.* එල්ලාදැමීම, ලම්බනය

Hang'ings, *s.* එල්ලෙන දේ, තිර

Hang'man, *s.* වදකරුවා, අලුගෝසුවා

Hank, *s.* නූල් කැරැල්ල

Hank'er, *v.* ආසාවෙනවා, ලෝභවෙනවා, හිතඇදී ඉන්නවා

Hap, *s.* අහම්බය, හදිස්සිය, හදිසිසිද්ධිය

Hap'-haz'ard, *s.* අහම්බෙන් වෙන දේ, අහම්බය, අනුමානය

Hap'less, *a.* අවාසනාවන්තවූ, අභාග්‍යවූ, කරුමක්කාර [වට

Hap'ly, *ad.* අහම්බෙන්, බාගවෙලා

Hap'pen, *v.* සිද්ධවෙනවා, ඉබේ වෙනවා [කම

Hap'piness, *s.* සැපත, වාසනාවන්ත

Hap'py, *a.* ප්‍රීතිමත්වූ, සන්තෝෂවූ, වාසනාවන්තවූ

Harangue', *s.* ප්‍රසිද්ධ ව්‍යාඛ්‍යා කථාව *v.* ප්‍රසිද්ධ සමූහයකට ඝෝෂා ඇතුව කථාකරණවා

Har'ass, *v.* වෙහෙස කරණවා, කනගාටුකරණවා, හිරිහැර කරණවා

Har'binger, *s.* පේවාරුල, පෙරටුව යන්නා, පූර්වනිමිත්ත

Har'bour, *s.* වරාය, නැව්තොට, නවාතැන, රක්ෂස්ථානය *v.* මුවාකරණවා, සඟවාගෙණ ඉන්නවා, සැඟවෙනවා

Har'bourer, *s.* අනුන් පිළිගෙණ සංග්‍රහකරන්නා, අන්තුරින් මුවාකරන්නා

Har'bour-mas'ter, *s.* වරාය භාරකාරතැන, වැල්ලේ කප්පිත්තා

Hard *a.* තද, සවි, අසීරු, බරපතළ, දැඩි, සැර, රෞද්‍ර *ad.* තදලෙස, බලවත්ලෙස, අමාරුවෙන්, ස්වම්පලෙස, ලඟින්

Hard'en, *v.* තදකරණවා, හයිකරණවා, දැඩිකරණවා, දැඩිවෙනවා

Hard'ened, *a.* තදකළාවූ, දෘඪවූ, හිත්දැඩිවූ

Hard-feat'ured, *a.* රෞද්‍ර පෙණුමක් ඇත්තාවූ

Hard-fist'ed, *a.* ලෝභවූ

Hard-head'ed, *a.* සිහිපරීක්ෂා ඇත්තාවූ, තීක්ෂණ

Hard-heart'ed, *a.* සිත්දැඩිවූ, කරුණා නැතිවූ, කෲරවූ

Hard'ihood; Hard'iness, *s.* හිත්ධෛර්යය, නිර්භීතකම, හිත් දැඩිකම

Hard'ly, *ad.* අමාරුලෙස, යන්තම්, තදලෙස, රෞද්‍රලෙස [රණ්ඩුකම

Hard'ness, *s.* තදකම, අමාරුව, මු

Hard'ship, *s.* දරන්ට අසීරු දේ, අමාරුව, වෙහෙස [තාලි කේතලාදිය

Hard'ware, *s.* ලෝහභාණ්ඩ, යකඩ

Hard'y, *a.* වීර්‍යමත්වූ, ශක්තිමත්වූ,

Hare, *s.* හාවා [සිත්දූෂිවූ

Hare'brained, *a.* ස්ථිරගතියක් නැති, ලිහිල්, නොසැලකිලි

Hare'lip, *s.* හාවාගේ මෙන් බෙදිච්ච තොල

Ha'rem, *s.* පූර්විදිග රටවල ගෙයින් ස්ත්‍රීන්ට පමණක් නියමවූ කොටස, අන්තඃපුරය

Hark, *int.* අසව, ශ්‍රවණයකරව

Har'lequin, *s.* නාටකකාරයා, බහුගුනයා [ගණිකාව

Har'lot, *s.* වේශ්‍යාවී, වෛශ්‍යා ස්ත්‍රිය,

Har'lotry, *s.* වෛශ්‍යාකම් කිරීම

Harm, *s.* අනාදරය, අලාභය, නපුර *v.* අනාදර කරණවා, අනතුරු කරණවා, පාඩුකරණවා

Harm'ful, *a.* අවැඩ උපදින, උපද්‍රව සහිත

Harm'less, *a.* අහිංසකවූ, නිරුපද්‍රව

Harmon'ic, Harmon'ical, *a.* තූර්‍ය්‍ය නාදය සම්බන්ධවූ, ගාන්ධර්වී, සමශබ්දවූ

Harmo'nious, *a.* තූර්‍ය්‍යනාදමෙන් එකගවූ, අවිරුද්ධවූ, මිහිරිවූ

Harmo'niously, *ad.* එකගලෙස, මිහිරිලෙස, එකමුතුව [මක්

Harmo'nium, *s.* තූර්‍ය්‍ය භාණ්ඩයක න

Har'monize, *v.* එකගකරණවා, ගලපනවා, එකගවෙනවා

Har'mony, *s.* එකගකම, සමාදානය, එක්සිත්වීම, සමගිකම, සමශබ්දය

Har'ness, *s.* අශ්ව ඇඳුම්, යුද්ධාභරණ *v.* අශ්වයාට ඇඳුම් දමනවා, යුද්ධ ඇඳුම් අන්දවනවා

Harp, *s.* වීණාව, වේණාව *v.* වීණාගානවා, යමක් නැවත නැවත කියනවා

Harpoon', *s.* මළෙඩ, ඇවුළුම්බිලිය

Har'py, *s.* ගිජුලිහිණිවර්ගයක්, කොල්ලකන්නා

Har'rier, *s.* හාවුන්දඩයම්කරණ බල්ලෝ වර්ගයක්, කුරුළුගොයා

Har'row, *s.* දත්පෝරුව *v.* පෝරුගානවා, හානවා, කනගාටුකරණවා

Har'rowing, *a.* සිත්වේදනා කරණ, ලය පැලෙන

Har'ry, *v.* වෙහෙසකරණවා, සිරිහැරකරණවා [බල, රෞද්‍ර

Harsh, *a.* රළුවූ, අමිහිරි, පරුෂ, තද

Harsh'ness, *s.* රළුකම, පරුෂකම, කසට

Hart, *s.* ගෝනා, මුවා [න වර්ගයක්

Harts'horn, *s.* අංවලින් සෑදූ රසාය

Har'vest, *s.* ගොයම් කපන කාලය, ගොයම, අස්වැන්න *v.* ගොයම් කපාගන්නවා, ඵල රැස්කරගන්නවා

Har'vest-home, *s.* අලුත්බත් මගුල

Hash, *v.* කෑලිකර කපනවා, පෙති
ගහනවා *s.* පෙතිකර කොටු මස්
Hasp, *s.* පත්ත, කොක්ක
Has'sock, *s.* දනගහන කොට්ටය
Haste, Hast'en, *v.* කඩිනම්කරණවා,
ඉක්මන්කරණවා, ඉක්මන්වෙනවා
Haste, *s.* කඩිනම, අප්‍රමාදය, ඉක්
මන්කම
Hast'ily, *ad.* ශීඝ්‍රලෙස, ඉක්මන්ක
මින්, කලබලයේ [කාර
Hast'y, *a.* කඩිනම්, ඉක්මන්, තරහ
Hat, *s.* තොප්පිය
Hatch, *v.* බිජුරකිණවා, රහසින් යො
දනවා *s.* බිජුරුකිම, දොරපළුව
Hatch'et, *s.* අත්පොරව, කැත්ත
Hate, *v.* ක්‍රෝධකරණවා, වෛෂකර
ණවා, වෛරවෙනවා [වෛරය
Hate, Hat'red, *s.* ක්‍රෝධය, වෛෂය,
Hate'ful, *a.* වෛෂකටයුතු, ශුරුස්
සන්නාවූ
Hat'ter, *s.* තොප්පි සාදන්නා, තොප්
පි වෙළෙන්දා
Haught'iness, *s.* අහංකාරකම, අ
ඹම්බරකම, ගම්භීරකම
Haught'iness, *s.* උඩගුකම, උදුරම්
කම, ආඩම්බරය
Haught'y, *a.* උඩගු, උදුරම්, අහංකාර
Haul, *v.* තදෙන් අදිනවා *s.* ඇදීම,
දැලට ඇදගන්න ප්‍රමාණය
Haunch, *s.* උකුල, තට්ටම
Haunt, *v.* නැවත නැවත එනවා,
නිතර ආශ්‍රයකරණවා, අරග්ගන්න
වා *s.* නිතර ගැවසෙන ඉඩම
Haunt'ed, *a.* හොල්මන් ඇති, ඇතමි
වේසවූ, අරග්ගත්
Haut'boy, *s.* නලාවගීයක්
Hauteur', *s.* ආඩම්බරය, අහංකාරය
Have, *v.* තිබෙනවා, ඇතුව සිටිනවා.
බුත්තිවිඳිනවා
Ha'ven, *s.* වරාය, නැව්තොට, නිස්
කලංක ඉඩම
Hav'oc *s.* නාස්තිකරදැමීම, නාස්ති
ය, විනාසය, ව්‍යසනය
Haw, *s.* පුංචි ගෙඩි වගීයක්, තුඩා
කෙත, බඩවැටිය
Hawk, *s.* කුරුළුගොයා, උකුස්සා
v. උකුස්සන් ලවා දඩයම් කරව
නවා, කාරණවා
Hawk, *v.* වෙළඳම පිණිස තැනින්
තැන ගෙණයනවා
Hawk'er, *s.* වෙළඳමට බඩු උසුලාග
ණ යන්නා [කඹය
Haws'er, *s.* නැංගුරම් කඹය, ගල්
Haw'thorn, *s.* කටුගස් වගීයක්
Hay, *s.* වියලි තණකොල, ශුෂ්කතෘණ
Hay'cóck, *a.* වියලි තණකොලගොඩ
Haz'ard, *s.* අහම්බය අනුමාන කාර
ණව *v.* අනතුරු පැමිණිය හැකි
ප්‍රමුත් කාරණවා [මාන
Haz'ardous, *a.* උපද්‍රව සහිත, අනු
Haze, *s.* මීසිදුම
Ha'zel, *s.* ගස්වගීයක් *a.* තඹවන්

Haz'y, *a.* මිදුමසහිතවූ, පැහැදිලිනැතිවූ, අඳුරුවූ

He, *pron.* ඔහු, ඌ, උන්දෑ, උන්නැහේ, උන්නාන්සේ, උන්වහන්සේ

Head, *s.* හිස, ශිරස, ඔලුව, උතුමඟ, මුදුන, ප්‍රධානියා, මූලාදෑනියා, මූල, මූලික ස්ථානය, ඉද්දර

Head, *v.* මූලිකව ක්‍රියාකරණවා, මූලාදෑනිකම්කරණවා, මූල්වෙනවා

Head'ache, *s.* ඉසේරදේ, ඉසරුජාව

Head'band, *s.* සිරස්පටිය, හිසේබැම්ම

Head'-dress, *s.* ශීර්ෂාභරණය, හිස පල

Head'ing, *s.* මාතෘකාව [දනාව

Head'land, *s.* දේසතුඩුව, තොස්ගල

Head'less, *a.* හිසනැති, ප්‍රධානියෙක් නැති

Head'long, *ad.* මුනින්, වේගයෙන්, කල්පනා රහිතව *a.* අප්‍රවේසම්වූ, ඉක්මන්

Head'man, *s.* මූලිකයා, ප්‍රධානියා, පළමුවෙනියා, මූලාදෑනියා, නිලමේ

Head'-quarters, *s.* ප්‍රධාන කඳවුර, ප්‍රධානියාගේ වාසස්ථානය

Head'ship, *s.* මූලිකකම, ප්‍රධානත්වය

Head'stone, *s.* මුදුන්ගල, සොහොනේ හිසපැත්තේ ගල

Head'strong, *a.* හිතුවක්කාර, මුරණ්ඩු

Head'way, *s.* ඉස්සරහට යන දුරප්‍රමාණය, ඉදිරියට ගමන

Head'wind, *s.* ඉදිරිපිටින් එන හුළඟ, ප්‍රතිවාතය

Heal, *v.* සුවකරණවා, නිරෝගීකරණවා, සනීපවෙනවා

Heal'ing, *s.* සුවකරණ ක්‍රමය, සුවවීම *a.* සුවකරණ

Health, *s.* සනීපය, සැපය, පහසුව

Health'ful, *a.* සනීප ඇති, නිරෝගී, සුවපත්, සැපදායක

Health'iness, *s.* නිරෝගීකම, සනීප ගතිය [ගිවූ, සනීපවඩන්නාවූ

Health'y, *a.* සනීප ඇත්තාවූ, නිරෝ

Heap, *s.* රැස, රාශිය, ගොඩ, සමූහය, හුග *v.* ගොඩගහනවා, රැස්කරණවා

Hear, *v.* අහනවා, විභාගකරණවා, ඇහුම්කන්දෙනවා, ඇහෙනවා

Hear'ing, *s.* ඇසීම, ශ්‍රවණය කිරීම, කන් ඇසීම [හුම්කන්දෙනවා

Heark'en, *v.* අහගණ ඉන්නවා, ඇ

Hear'say, *s.* කියාපුදෙය, ඇසූදෙය කීම, නිකම් ආරංචිය

Hearse, *s.* මිනිගෙණියන රථය [ර්‍යය

Heart, *s.* හෘදය, හිත, අරටුව, ධෛ

Heart'ache, *s.* හෘදවේදනාව, සිත් ශෝකය [පෑලෙන

Heart'-break'ing, *a.* සිත්බිඳින, ලය

Heart'burn, *s.* බඩේදූවිල්ල

Heart'burning, *s.* නොසතුටුකම, සිත්කෝපය

Heart'en, *v.* ධෛර්‍යදෙනවා, සිත් සවිකරණවා

Heart'felt, *a.* හිතට වැදුන, අවංක

Heart'ily, *ad.* සිතෙත්ම, මුලුසිතින්, අශාවෙන්

Heart'less, *a.* සිතනැති, සිත් උණුවි මක් නැති, කෲරතර

Hearth, *s.* ලිප, ගිනිහල, ගෙදර

Hearth'stone, *s.* ලිප්ගල

Heart'-rend'ing, *a.* ඉතා දුක්සහිත, හිත් බිඳින්නාවූ

Heart'-search'ing, *a.* සිත් සෝදිසි කරන්නාවූ, අදහස් විමසන්නාවූ

Heart'y, *a.* හෘදයික, අවංකවූ, විශ්‍රීමත්වූ, උනන්දු

Heat, *s.* ග්‍රීෂ්මය, උෂ්ණය, උණුසුම, දූහය, ගිනියම, වේගය *v.* උණුසුම් කරණවා, ගිනියම් කරණවා, අවුස්සනවා, රත්වෙනවා [වූබිම

Heath, Heath'er, *s.* පැලවර්ගයක්, මු

Hea'then, *s.* මිථ්‍යාදෘෂ්ටියා, බොරුදෙවි දේවතාවුන් අදහන්නා

Hea'then, Hea'thenish, *a.* මිථ්‍යාදෘෂ්ටි, මිසදිටු, වනචර

Hea'thenism, *s.* මිථ්‍යාදෘෂ්ටිය, මිථ්‍යාලබ්ධි සේවනය, වනචරකම

Heat'ing, *a.* උෂ්ණය උපදවන, රත්කරණ

Heave, *v.* ඔසවනවා, උස්සනවා, ඔක්කාරකරණවා, ඉදිමෙනවා *s.* එසවීම, ඉහත්වීම, ඔක්කාරය

Heav'en, *s.* ස්වර්ගය, දිව්‍යලෝකය, අහස

Heav'enly, *a.* ස්වර්ගික, සග, දිව්‍ය

Heav'enly-mind'ed, *a.* සිත ස්වර්ගීය දේට යොමුකළාවූ, ආත්මික

Heav'enward, Heav'enwards, *ad.* ස්වර්ගය දෙසට

Heav'iness, *s.* බර, බරකම, භාරදූරකම, කාංසාව, මලානිකකම

Heav'y, *a.* බරවූ, බරපතළ, අමාරු, තද, දුඃඛිත, කම්මැලි

He'brew, *s.* හෙබ්‍රෙව්වා, යුදෙව්වා, හෙබ්‍රෙව් භාෂාව

Hec'atomb, *s.* සතුන් සියයකගේ පූජාව, සතුන් රසියක් අඩංගු පූජාව

Hec'tic, *a.* ස්වභාවිකවූ, වරින්වර අල්ලන්නාවූ *s.* කාසරෝග සහිත උණරයක්

Hec'tor, *s.* තර්ජනයකාරයා, කලහකාරයා *v.* තර්ජනයකරණවා, සැරකරණවා

Hedge, *s.* වැට, බඹවැටිය, ඉම *v.* වැටබදිනවා, කොටුකරණවා

Hedge'hog, *s.* ඉත්තෑවා [ට

Hedge'row, *s.* බඹවැටිය, පැළඉණිවැ

Heed, *v.* සලකණවා, කල්පනාකරණවා, ප්‍රවේසම්වෙනවා *s.* සැලකිල්ල, සිතටගැනීම [වේසම්වූ

Heed'less, *a.* නොසලකන්නාවූ, අප්‍ර

Heed'lessly, *ad.* නොසැලකිලිලෙස, අපරීක්ෂාවෙන්

Heel, *s.* විලුඹ, අඩිය *v.* විලුඹදමනවා, ඇලවෙනවා

Heif'er, *s.* වැස්සි, නැම්බි

Heigh'-ho! *int.* අඃ, අයියෝ, අපොයි
Height, *s.* උස, ඉහළ, මුදුන, කන්ද, උසස්කම
Height'en, *v.* උස්කරණවා, දියුණුකරණවා, වැඩිකරණවා
Hein'ous, *a.* ඉතා දුෂ්ටවූ, ඉතා තදබල [රගා
Heir, *s.* උරුමක්කාරයා, අයිතිකාරයා
Heir'ess, *s.* උරුමක්කාරි, හිමිකාරි
Heir'-loom, *s.* පරම්පරාගතව උරුමවූ බඩුවක්
Heir'ship, *s.* උරුමක්කාරකම
Hell, *s.* නරකාදිය, නිරය, අපාය
Hel'lish, *a.* නරක, අපාගත, අතිදුෂ්ට
Helm, *s.* සුක්කානම, අණ්ඩුකරණ ස්ථානය
Helm'et, *s.* ආරක්ෂා තොප්පිය
Helms'man, *s.* සුක්කානම්කාරයා
Help, *s.* උදව්ව, උපකාරය, පිහිට, සරණ *v.* උදව්වෙනවා, අධාරකරණවා, වලක්වනවා
Help'er, *s.* උදව්වෙන්නා, උපකාරකාරයා, සහකාරයා
Help'ful, *a.* උදව්වෙන්නාවූ, උපකාරසහිත, පරෝපකාර [කම
Help'fulness, *s.* අධාරවීම, පිහිටහල්
Help'less, *a.* අසරණවූ, අනුපකාරවූ
Help'lessness, *s.* අසරණකම, පිළිසරණ නැතිවීම, බැරිකම
Help'mate, *s.* සහකාර මිත්‍රයා, සහකාරි
Hel'ter-skel'ter, *ad.* කලබල ලෙස, කලබැගෑනිලෙස
Hem, *s.* වාටිය, අද්දර, හැට්ය *v.* වාටිමහනවා [ණ්ඩලය
Hem'isphere, *s.* අර්ධගෝලය, අර්ධම
Hem'lock, *s.* විස පැලවගීයක්, විස පලා බෙහෙතක්
Hem'orrhage, *s.* ලේයාම, රුධිරස්‍රාවය
Hemp, *s.* හන, නියද
Hen, *s.* කිකිළි, කිරිල්ලි
Hence, *ad.* මෙතනින්, මෙයින්, ඉතින්, එබැවින් [මින්මතු
Henceforth', *ad.* මෙතැන් පටන්,
Hen'coop *s.* කුකුල් කූඩුව
Hen'pecked, *a.* දුර්වල ලෙස භාර්‍යාවට යටත්වූ
Hen'roost, *s.* කුකුල් ලැගුම, කුකුල් ගේ [කෝණය
Hep'tagon, *s.* හත්පැතිහැඩය, සප්ත
Hep'tarchy, *s.* රජුන් හත්දෙනෙක් සමගීව කරණ අණ්ඩුව, සප්තාරාජ්‍යය
Her, *pron.* ඈ, ඇගේ [කය
Her'ald, *s.* ප්‍රසිද්ධ පණිවිඩකාරයා, පෙරටුව දුවන්නා *v.* කලින් ප්‍රකාශකරණවා
Her'aldry, *s.* ප්‍රසිද්ධ පණිවිඩකාර නිලය, වංශ සලකුණු ශාස්ත්‍රය
Herb, *s.* පලා, පලාගහක්
Herba'ceous, *a.* පලාආකාරවූ, ඖෂධි
Herb'age, *s.* පලාජාති, තණ, තණකොළ

Hercu'lean, *a.* බොහෝ අමාරුවූ, ඉතා ශක්තිමත්වූ, යෝධ
Herd, *s.* රැල, රංචුව
Herds'man, *s.* ගෝපාලයා, එඬේරා
Here, *ad.* මෙහි, මෙතන, මෙහේ
Here'about, *ad.* මෙහිලඟ, මේ අසල
Hereaft'er, *ad.* මින්පසු, මීටපස්සේ, මෙයින්මතු *s.* මතු ජීවිතය
Here'by, *ad.* මෙයින්
Hered'itary, *a.* පරම්පරාගතව උරුම වෙන්නාවූ, සහජවූ
Hered'ity, *s.* මුතුන් මුත්තන්ගේ ස්වභාගති උරුමවීම, සහජගති
Herein', *ad.* මෙහි, මෙයින්
Hereof', *ad.* මෙයින්, මේ ගැණ
Hereon', *ad.* මෙපිට, මෙනිසා
Her'esy, *s.* අගම ගැණ වැරදි කල්පනාව, අසම්‍යක්දෘෂ්ටිය, දුලබ්ධිය
Her'etic, *s.* මිථ්‍යාලබ්ධිගත් තැනැත්තා, මිථ්‍යාදෘෂ්ටියා, අධර්මවාදියා
Heret'ical, *a.* අසම්‍යක්දෘෂ්ටිවූ, මිථ්‍යාමතිකවූ
Here'tofore, *ad.* මින්ඉහත, මීට පූර්ම, යටගිය දවස
Here'with, *ad.* මේ සමග
Her'itage, *s.* දායාදය, උරුමය, ප්‍රවේණිය
Hermaph'rodite, *s.* ස්ත්‍රී පුරුෂ යන දෙලිඟු සහිත සතා *a.* විලිංගවත්
Hermet'ic, Hermet'ical, *a.* සම්පූර්ණයෙන් වැසූවාවූ
Her'mit, *s.* වනවාසියා, තාපසයා
Her'mitage, *s.* තපස් නිවස, පන්සල, ලැගුම්ගෙය
Her'nia, *s.* අන්තරවෘද්ධි රෝගය, අබ්වාතය
He'ro, *s.* වීරයා, වික්‍රමවන්තයා, යෝධයා, කථානායකයාගේ ප්‍රධාන අඟ
Hero'ic, *a.* වීරවූ, ශූරවූ, වික්‍රමවන්තවූ, නිර්භීතවූ, වීරචරිතවිෂයවූ
He'roine, *s.* ධෛර්‍ය්‍යවත් ස්ත්‍රිය, වීර්‍ය්‍යවන්තී
He'roism, *s.* වීර්‍ය්‍යවන්තකම, නිර්භීතකම, ශූරකම
He'ron, *s.* කොක්කු වර්ගයක්
Hers, *pron.* ඇගේය
Her'ring, *s.* කුඩා මුහුදුමාලු වර්ගයක්
Hes'itancy, Hesita'tion, *s.* අනුමානයෙන් පමාවීම, සාංකාව, චකිතය, ඇනහිටීම
Hes'itate, *v.* ප්‍රමාදවෙනවා, අනුමානයෙන් ලතවෙනවා, සාංකාකරණවා
Het'erodox, *a.* අසම්‍යක්, මිථ්‍යාලබ්ධික
Het'erodoxy, *s.* අසම්‍යක්මතිය, වැරදි ලබ්ධිය
Heterogen'eous, *a.* ජාතියෙන් අසමානවූ, වෙනස් ආකාරවූ
Hew, *v.* කපනවා, කොටනවා, සිඳිනවා
Hex'agon, *s.* පැතිසයක් ඇති රූපය
Hexam'eter, *s.* අඩි සයකින් යුත් කවි පදය
Hex'apla, *s.* පුරාණ භාෂා සයකින් ශුද්ධලියවිල්ල ලියනලද පොත
Hey, *int.* අහා, අ

Hey′day, *s.* තරුණ සැප සෙල්ලම් කාලය

Hia′tus, *s.* විවරය, හිස්තැන, ප්‍රාණ ස්වර ශබ්ද ලඟ ලඟ පිහිටීම

Hi′bernate, *v.* නිස්දෙන් ශීතකාලය පසුකරණවා

Hic′cough, Hic′cup, *s.* ඉක්කාව *v.* ඉක්කාගහනවා

Hid′den, *a.* සැඟවුනාවූ, රහස්වූ, ගුප්ත

Hide, *v.* සඟවනවා, යටපත්කරණවා, සැඟවෙනවා

Hide, *s.* හම, චර්මය

Hid′eous, *a.* භීතවූ, භයකරුවූ, ඉතා අප්‍රියවූ [නවා

Hie, *v.* ශුභුව යනවා, ඉක්මණට ය

Hi′erarch, *s.* ආගම සම්බන්ධ කාරණ වලදී බලය පවත්වන්නා

Hi′erarchy, *s.* දේව සභා ආණ්ඩුව, දේව සභාපතියෝ

Hieroglyph′ic, *s.* මිසරවරුන්ගේ සිතියම් අකුර, ගූඪාක්ෂරය

Hig′gle, *v.* ගෙන්ගෙට සුළු වෙළඳම් බඩු ගෙණියනවා, අගය ගැණ ලෙල්ලම්කරණවා

High, *a.* උස්වූ, ඉහළවූ, උතුම්වූ, උත්කෘෂ්ට, උදුරම්, බලවත්, අමාරු, අලාභවූ *ad.* උසට, ඉහළට, ගම්භීර ලෙස [වත්

High′-caste, *a.* උසස්කුලයේ, වංශ

High′-church, *s.* එංගලන්තසභාවේ බාහිර පිළිවෙත් අදිය බොහෝ වැදගත්කොට සලකණ කොටසාසය, උසස් සභාව

High′-church′man, *s.* උසස් සභාකාරයා, චාරිත්‍ර දෘෂ්ඨියා

High′-col′oured, *a.* දිළිහෙන පාට ඇති, ඔපදමාපු

High′-flown, *a.* වැඩිපුරවූ, ඉතා ගම්භීරවූ, අඩම්බරවූ

High′-hand′ed, *a.* බලාත්කාරවූ, ආඥාදුෂ්ඨ පුළුවන්කාරකම් පාන්නාවූ

High′land, *s.* කඳුබිම, කඳුරට

High′lander, *s.* කඳුකරවාසියා, උඩරට වැසියා

High′-life, *s.* වංශවතුන්ගේ ජීවිතය

High′-mass, *s.* මහපූජාව

High′mind′ed, *a.* උසස් සිත් ඇත්තාවූ, අහංකාරවූ [වංශාධිපතිකම

High′ness, *s.* උසස්කම, ශ්‍රෙෂ්ඨකම.

High′-priest, *s.* උතුම් පූජකයා, නායක පූජකයා

High′-prin′cipled, *a.* උතුම්ධර්ම හෙන් අදහස්පිට ක්‍රියාකරන්නාවූ

High′-road, *s.* ප්‍රසිද්ධමාවත, මහපාර

High′-sound′ing, *a.* මහා ගම්භීරවූ, උන්නතාකාරවූ

High′-spir′ited, *a.* ප්‍රාණවත්ගතිය ක් ඇත්තාවූ, නිර්භීත, ධෛර්‍යමත්

High′-time, *ad.* සම්පූර්ණවූ කාලය, නිසි කාලය

High′-treason, *s.* රජ අපරාධය, රාජ ද්‍රෝහිකම

High-wa'ter, *s.* වඩදිය, වඩිජ්ජ

High'way, *s.* මහමාවත, ප්‍රසිද්ධපාර

High'wayman, *s.* මංකොල්ලකාරයා

Hila'rious, *a.* සිනාසෙල්ලම් සහිතවූ, බොහෝ ප්‍රීති සන්තෝෂවූ

Hilar'ity, *s.* සෙල්ලමින් හටගන්න ප්‍රීතිය, ලොකු සන්තෝෂය

Hill, *s.* මිටි කන්ද, හෙල

Hil'lock, *s.* මිටිහෙල, ගොඩැල්ල

Hil'ly, *a.* හෙල්සහිතවූ, කඳුමයවූ

Hilt. *s.* මිට, කඩුමිට

Him, *pron. obj. of* He, ඔහු, ඔහුට

Himself', *pron.* ඔහුම, තමාම

Hind, *s.* මුවදෙන, මෑගදෙනුව, ගොවියාගේ අතවැසියා, පිටිසරයා

Hind, *a.* පස්සා, පස්සේ, පසු

Hind'er, *v.* තහනම්කරණවා, වලක්වනවා, බාධාකරණවා

Hin'derance, Hin'drance, *s.* වැලැක්වීම, බාධාව, අවහිරකරණ දේ

Hind'most, Hinder'most, *a.* පස්සේමවූ, කෙළවරවූ, අන්තිම

Hin'du, Hin'doo, *s.* හින්දුකාරයා, හින්දු මිනිහා

Hin'duism, *s.* හින්දු ආගම

Hindustan'i, *s.* හින්දුස්ථානි භාෂාව

Hinge, *s.* අසව්ව, සරණේරුව *v.* සරණේරු ගහනවා, අසව්වක් පිට මෙන් හැරෙණවා

Hint, *s.* ඇඟවීම, සංඥාව, සිහියට ගැන්වීම *v.* හඟවනවා, සංඥාකරණවා, ඉඟිකරණවා

Hip, *s.* උකුල, ඉන්මුල, තට්ටම

Hip'podrome, *s.* සෙල්ලම්පිණිස අශ්වයන් දුවවන ලොකු වට මණ්ඩපය

Hippopot'amus, *s.* දිය අශ්වයා, ගංගා අශ්වයානම් සතෙක්

Hire, *s.* කුලී, බැල, බද්ද, පඩිය *v.* කුලියට ගන්නවා

Hire'ling, *s.* කුලීකාරයා, බැලමෙහෙකරුවා

Hir'sute, *a.* රෝමමයවූ, ලෝම්කවූ

His, *pron.* උගේ, ඔහුගේ, උන්වහන්සේගේ, තමාගේ

Hiss, *v.* පිඹිනවා, හූගානවා

Hiss, *s.* හිස් යන ශබ්දය, හූගෑම

Hiss'ing, *s.* හූගාන හඬ, ඒ හඬින් නින්දා ලබන කාරණය

Histo'rian, *s.* කථානතරකාරයා, ඉතිහාසිකයා

Histor'ic, Histor'ical, *a.* කථානතරමයවූ, ඉතිහාසික

His'tory, *s.* කථාව, කථානතරය, කථාවස්තුව, ඉතිහාසය

Histrion'ic, Histrion'ical, *a.* නාඩගමට අයිතිවූ, රඟමඩලට [illegible]

Hit, *v.* ගහනවා, තට්ටුකරණවා, වදිනවා *s.* ගැසීම, පහර, වැදීම, වදින කීම

Hitch, *v.* අවුලනවා, අහුකරණවා *s.* ඇවිලීම, කොක්ක, බාධාව

Hith'er, *ad.* මෙතනට, මෙහාට *a.* මේපැත්තේ, කිට්ටු

Hith'erto, *ad.* දැන් දක්වා, මෙවෙ නතුරු, මෙතනට

Hive, *s.* මිය, මිවදය, රුස

Hive, *v.* මිමැසි කූඩුවට රුස්කරණ වා, එකතුව වාසයකරණවා

Ho, Hoa, *int.* හා, ඔහෝ, නැවතී යන්, සිටපන්

Hoar, *s.* සුදු, ශුභ්‍ර, ශ්වෙත, පැසුනාවූ

Hoard, *s.* නිධානය *v.* මසුරු ලෙස රුස්කරතිබනවා, නිදන්කරණවා

Hoard'ing, *s.* රුස්කරතැබීම, ගොඩ නැගිල්ල වටේ පිහිටුවන වැට

Hoar'-frost, *s.* මිදුච්ච පිනි

Hoarse, *a.* බැරැඩිවූ, හඬගොරෝසුවූ

Hoarse'ness, *s.* බැරැඩිකම, ස්වරභේදය [වූ, සුදුවූ

Hoar'y, *a.* පැසුනාවූ, කෙස් පැසුනා

Hoax, *s.* වචාව, සරදමට කරණ දගය *v.* සෙල්ලමට රවටනවා

Hob, *s.* බොස්ගෙඩිය, ලිප

Hob'ble, *v.* කොර ගහ ගහ යනවා *s.* කොරගැහීම, අතියම් විධියේ ගමන, අමාරුව

Hob'by, *s.* පුංචි සවිඇති අශ්වයා, ලී අශ්වයා, නිතරම සිතට ප්‍රසන්න වැඩය

Hobgob'lin, *s.* ප්‍රේතයා, බිල්ලා

Hob'nail, *s.* ලාඩම් ඇනය

Hock, *s.* දනහන්දිය, ඌරුකුදිය, පස්සාගාතයේ මැද සන්ධිය, බීමවර්ගයක්

Hock'ey, *s.* පන්දු ක්‍රීඩාවක්

Ho'cus-po'cus, *s.* විජ්ජාකාරයා, ඇස් බැන්දුම්කාරයා, සෙප්පිඩිවිජ්ජාව

Hod, *s.* බදාම ගෙණියන ඔරුවක්, බදාම ටැල්ල, කූඩේ

Hoe, *s.* උදැල්ල *v.* උදැල්ලෙන් කොටනවා

Hog, *s.* ඌරා, සූකරයා, නිවයා

Hogs'head, *s.* ගැලොන් සැටක් පමණ අල්ලන මිම්මක්හෝ භාජනයක්

Hoist, *v.* උස්සනවා, (කොඩි) නගනවා *s.* එසවීම, රුවලේ උස, උස්සන යන්ත්‍රය

Hold, *v.* අල්ලනවා, බාරේ තබාගණ සිටිනවා, නවත්වනවා, අඩංගුවෙ නවා, විශ්වාසකරණවා

Hold, *s.* ඇල්වීම, අසුකිරීම, අල්ලන බලය, හිරඅඩස්සිය, බලකොටුව

Hold'er, *s.* අල්ලාගණ සිටින්නා, මිට

Hold'fast, *s.* සවියෙන් අසුකරණදේ, දිග ඇනය, කොක්ක

Hole, *s.* සිල, සිදුර, වළ, මුළුහැරය *v.* සිල්කරණවා, වළවල් හාරණවා, වළේ දමනවා

Hol'iday, *s.* නිවාඩු දවස, නිස්කලංක දවස, උත්සව දින

Ho'liness, *s.* ශුද්ධකම, පවිත්‍රකම, දේවභාක්තිකම

Hol'lands, *s.* ඕලන්දේ සාදන ජින් නම්වූ බීම

Hollea', Hol'lo, Hol'la, *int.* ඕයි

Hol′low, *a.* කුහරවූ, හිස්වූ, සිල්වූ, ගිලූනාවූ, වළාකාර *s.* හිල, කුහරය, ගුහාව, වළගැහුන තැන

Hol′low-eyed, *a.* ඇස් ගිලුනාවූ, ගිලුන ඇස්ඇති

Hollow-heart′ed, *a.* වංක සිත් ඇති, අවිශ්වාසවූ, ද්‍රෝහිවූ

Hol′lowness, *s.* කුහරසහිතවීම, හිස්කම, ශූන්‍යතාව, වංකකම, කුහකකම

Hol′ocaust, *s.* අනවශේස දවන පූජාව, මුලුපූජාව, හෝමය

Holst′er, *s.* අසරුවෙකු විසින් පිස්තෝල සඟවා තිබාගන්නා පිණිස සෑදලයේ ඉදිරියෙන් සාදා තිබෙන කෝෂය [වනතාවූ, කැපවූ

Ho′ly, *a.* ශුද්ධවූ, පිරිසිදුවූ, භක්ති

Ho′ly Ghost, Ho′ly Spir′it, *s.* ශුද්ධාත්මයානන්වහන්සේ

Ho′ly or′ders, *s.* ශුද්ධ දේවල් සම්බන්ධ මෙහෙයට පත්කිරීම, දේවගැතිධුරය

Ho′ly-wa′ter, *s.* ඉසීම පිණිස කැපකළ පැන්, ආසිරි පැන්

Ho′ly-writ, *s.* ශුද්ධලියවිල්ල

Hom′age, *s.* බැහැදැකීම, වැඳීම, නමස්කාරය, ආදර ගෞරවය

Home, *s.* ගෙදර, නිවස, වාසස්ථානය, සියරට *a.* ගෙදර සම්බන්ධ, සියරටට අයිති, තද [ගෘහස්ථක, වාන්

Home′-bred, *a.* ගෙදර ඇතිකළාවූ,

Home′ly, *a.* ගෙදර ස්වභාවවූ, වඩාලක්ෂණනැති, වාංවූ

Home′-made, *a.* ගෙදර සෑදුවාවූ, වාංවූ

Homeop′athy, *s.* රෝගයට අයිති ලක්ෂණ උපදවා ප්‍රතිකාරකරණ පිළිවෙළක්, සම වෛද්‍ය ක්‍රමය

Home′sick, *a.* ගෙදරින් වෙන්වී සිටීම නිසා දුක් ඇත්තාවූ

Home′spun, *a.* ගෙදර වියාපූ, පිටරටින් නොවූ, වාං

Home′st .d, *s.* වලව්ව තිබෙන ඉඩම, මුල් ගේදොර

Home′ward, *ad.* ගෙදර දිසාවට, සියරට දෙසට

Home′ward-bound, *a.* සිය නිවස හෝ ස්වදේසය දෙසට ගමන්කරන්නාවූ [තක

Hom′icidal, *a.* මිනිමරුවූ, මනුෂ්‍යඝා

Hom′icide, *s.* මිනිමැරීම, මනුෂ්‍ය ඝාතනය, මනුෂ්‍යඝාතකයා

Homilet′ics, *s.* දේසනාශාස්ත්‍රය

Hom′ily, *s.* දේසනාව, විස්තරකථාව

Homoge′neous, *a.* සමානජාතිවූ, එම වර්ගීමයවූ, සමභාව

Homolog′ous, *a.* සමානාකාරවූ, තුල්‍ය

Hone, *s.* කරගල, හනගල

Hon′est, *a.* වචාරහිතවූ, වචානැත්තාවූ, සැබෑවූ, විශ්වාසවූ

Hon′esty, *s.* වචාරහිතකම, අවංකකම, සත්‍යවාදිකම

Hon′ey, *s.* මීපැනි, පැනි, මධු
Hon′eycomb, *s.* මීවදය
Hon′eycombed, *a.* මීවදයක් මෙන්
සිදුරු සහිතවූ
Hon′eyed, Hon′ied, *a.* මීපැනි ගෑ
වාවූ, මධුර [වෙනි මාසය
Hon′eymoon, *s.* විවාහය පසුවූ පළමු
Hon′ey-mouthed, *a.* මෘදු කථාකාර,
ඉච්චාබස් ඇති
Honora′rium, *s.* නිලධාරියෙකුට සි
යකැමැත්තෙන් ගෙවන ගාස්තුව
Hon′orary, *a.* ගෞරවාන්විතවූ, වැ
ඩවසමක්වත් විපාකයක්වත් නැති
ව නිලයක් ධරණ
Hon′our, *s.* නම්බුව, ගෞරවය, ග
රුමාන්නය, උත්කෘෂ්ටකම *v.* ගෞ
රවකරණවා, ගරුනම්බුදෙනවා, බු
හුමන්කරණවා
Hon′ourable, *a.* නම්බුකාර, ගරුක
ටයුතු, උතුම්, ශ්‍රෙෂ්ඨ, වංශාධිපති
Hon′ourably, *ad.* නම්බුකාර ලෙස,
ගරුතරකාරයෙන්, ගෞරව සහිත
ව, අවංකලෙස
Hood, *s.* ඉසේ වැස්ම, මොට්ටක්කිලි
ය, තොප්පියක් වැනි වැස්මක්
Hood′wink, *v.* ඇස්බඳිනවා, වමාක
Hoof, *s.* කුරය [ර රවටනවා
Hook, *s.* කොක්ක, හාක්කය, බිලි
කටුව, දෑකැත්ත *v.* කොක්කෙන්
අල්ලනවා, කොක්ක දමනවා, නැ
වෙනවා, වකුටුවෙනවා
Hoop, *s.* වළල්ල, දරණුව [වා
Hoop, *v.* වලලුදමනවා, මොරගහන
Hoop′ing-cough, *s.* කක්කල්කැස්ස
Hoot, *v.* කෑගහනවා, හූකියනවා
s. මොරදීම, හූකීම [යනවා
Hop, *v.* කුන්දුගහනවා, පැන පැන
Hope, *v.* ආසාවෙන් බලාපොරොත්තු
වෙනවා, ප්‍රාර්ථනාකරණවා, පතන
වා *s.* ප්‍රාර්ථනාව, පැතීම, බලාපො
රොත්තුව
Hope′ful *a.* බලාපොරොත්තු ඇති,
පැතුම් සහිත
Hope′less, *a.* බලාපොරොත්තු නැත්
තාවූ, ප්‍රාර්ථනා ශූන්‍යවූ
Hop′per, *s.* ආප්ප, වපුරණ බිජ ගෙ
ණයන භාජනය, මෝලක හෝග
වැටෙන ඔරුව, මූදට මඩ ගෙණය
න පාරුව
Hop′ple, *v.* කකුල් ඇදනවා *s.* (in
pl.) සතුන්ට දමන විලංගු
Horde, *s.* රංචුව, රැළ, තැනින්තැන
යන සමූහය
Hori′zon, *s.* පොළව සහ අහස එක
තුවූවාක් මෙන් පෙණෙන තැන,
දෘෂ්ටිමණ්ඩල චක්‍රය
Horizon′tal, *a.* හරස්වූ, දිග ඇත්තා
වූ, හරි මට්ටම්වූ
Horn, *s.* අඟ, ශෘංගය, හොරණෑව
Horned′, *a.* අංඇති, ශෘංගවත්
Horn′et, *s.* දෙබරා [විමක්
Horn′pipe, *s.* තූර්යභාණ්ඩයක්, නැ

Hor'oscope, *s.* කේන්දය, හඳහන

Hor'rible, *a.* භයංකාරවූ, භීතවූ, ඝෝරවූ

Hor'rid, *a.* ඝොරතරවූ, භයානකලෙ ඨ අපිවූ [කවූ

Hor'rific, *a.* භීත උපදවන, භයානක

Hor'rify, *v.* භීතකාරණවා, භයින් ත්‍රාසකරණවා [දවන දේ

Hor'ror, *s.* තිගැස්සිය, භය, භීතඋප

Horse, *s* අශ්වයා, සෛන්ධවයා, තුරඟයා, ඇඳුම් අදිය දමන අධාරය, කවුස්තොක්කය [රන්නා

Horsebreak'er, *s* අශ්වයින් පුරුදුක

Horse'fly, *s.* ඇටමැස්සා

Horsekeep'er, *s.* අශ්වකාරයා, තුදිරකාරයා [වීම

Horse'laugh, *s.* මහ හයියෙන් හිනා

Horse'leech, *s.* මහ්ලියකූඩැල්ලා

Horse'man, *s.* අසරුවා

Horse'manship, *s.* අශ්වන්පිටේ යාමේ විද්‍යය, අශ්වන් හසුරුවන ක්‍රමය

Horse'racing, *s.* තරඟෙට අශ්වන් එළවීම

Horse'shoe, *s.* අශ්වලාඩම

Horse'whip, *s.* අශ්වකසය *v.* අශ්වකසයෙන් තළනවා

Hort'ative, Hort'atory, *a.* අවවාදකාරවූ, ධෛර්‍ය්‍ය දෙන්නාවූ, අනුශාසනා ඇති

Hor'ticulture, *s.* උයන් කර්මාන්තය, උයන් වවන ශිල්පය, උද්‍යාන විද්‍යාව

Hosan'na, *s.* දෙවියන්වහන්සේට ප්‍රශංසා වේවා, හෝසන්නා

Hose, *s.* මේස්, දිග මේස්, දිය ගෙණයන නාලයක්

Ho'sier, *s.* මේස් ආදිය විකුණන්නා

Ho'siery, *s.* මේස් බඩු

Hos'pitable, *a.* උපස්ථානකරන්නාවූ, ආගන්තුක සත්කාර කරන්නාවූ

Hos'pital, *s.* ආරෝග්‍ය ශාලාව, ඉස්පිරිතාලය, රෝගෝපකාර ශාලාව

Hospital'ity, *s.* ආගන්තුක සත්කාරය, උපස්ථාන කිරීම, සත්කාර සංග්‍රහය

Host, *s.* සංග්‍රහකාරයා, සත්කාර කරන්නා, සේනාව, රෝමාන්‍ය ආගම්කාරයින්ගේ සත්ප්‍රසාද පූජය

Hos'tage, *s.* සතුරන් වෙත නවතින ඇපකාරයා

Host'ess, *s.* සත්කාරකාරී, තානායම්කාරී

Hos'tile, *a.* සතුරුවූ, එදිරිවූ, විරුද්ධවූ

Hos'tility, *s.* විරුද්ධභාවය, සතුරුකම

Host'ler, *s.* තානායම්පලේ අශ්වයන් බලාගන්නා

Hot, *a.* ග්‍රීෂ්මවූ, උෂ්ණ, රස්නය ඇති, ගිනියම්, සැර [හෝටලේ

Hot'bed, *s* උණුහුම් පාත්තිය, ඉක්මණින් වැවෙන ඉඩම

Hotel', *s.* නවාතැන් දෙන ස්ථානය,

Hot'-head'ed, *a.* කිතුවක්කාරවූ, චණ්ඩවූ

Hot'-house, *s.* ගස්අඳිය පැලකෙරීම පිණිස උණුසුම්කළ ගේ [වනවා

Hound, *s.* දඩයම්බල්ලා *v.* උහුගන්

Hour, *s.* පැය, ඝටිකාව, හෝරාව, සනිසම, වේලාව

Hour'glass, *s.* ඝටියන්ත්‍රය, පැයන්ත්‍රය

Hour'ly, *a.* පැයෙන් පැයට සිද්ධවෙන *ad.* පැයෙන් පැය, පැයක්පාසා, නිතර

House, *s.* ගේ, ගෙදර, ගෘහය, පවුල, වෙළඳ සමාගම *v.* ගෙට ගන්නවා, රක්‍ෂාකරණවා, නවාතැන්ගන්නවා

House'breaking, *s.* ගෙවල් බිඳීම, ගෙවල් උමංකෑම

House'hold, *s.* ගෙයිවැසියෝ, පවුල, ගෘහවාසීහු [මූලිකයා

House'holder, *s.* ගෘහපතියා, ගෘහ

House'-keeper, *s.* ගේදොර බලන්නී, ප්‍රධාන වැඩකාරී

House'keeping, *s.* ගේදොර බලාගැණීම, ගෙයක් තිබාගණ සිටීම

House'maid, *s.* ගේදොර පිරිසිදුව තබාගන්න වැඩකාරී

House'wife, *s.* ගෘහමූලික ස්ත්‍රී, ගෙදර කළමණාකාරයන්නී, ඉඳිකටු නූල් ආදිය දමන පෙට්ටිය

House'wifery, *s.* ගෙයි ස්වාමිදුවගේ වැඩපල

Hov'el, *s.* පැල, මඩුව, පන්දලම

Hov'er, *v.* පියාසර කිරීමෙන් නැවතිසිටිනවා, අවටින් හෝ සැකෙන් බලාසිටිනවා [හොමද

How, *ad.* කෙසේද, කෙලෙසද, කො

Howbe'it, *ad.* එසකුදුවූවත්, එසේනමුත් [කොයිහැටිනුමුත්

Howev'er, *ad.* කොහොම නුමුත්,

Howl, *v.* මොරගහනවා, උඹුලුරුලනවා *s.* උඹුලුරුලන හඬ, විලාප ඝෝෂාව

Howsoev'er, *ad.* කොයි අන්දමින් නුමුත්, කොයිහැටි නුමුත්

Hoy, *s.* පඹච්ච, යාත්‍රාව

Hub, *s.* රෝද නාභිය, බොස්ගෙඩිය

Hub'bub, *s.* කෝලාහලය, ගෝට්ටිය

Huck'le, *s.* උකුල [මනිකාරයා

Huck'ster, *s.* සුළුවෙළෙන්දා, පොට්

Hud'dle, *v.* යමක් ඉක්මණින් කරණවා, අවුල්ලෙස ගොඩගහනවා

Hue, *s.* වර්ණය, පාට, පැහ

Hue and cry, *s.* ඝොෂ්කෙරීම, හොරුන් ඇල්ලීමට මොරගෑසීම

Huff, *s.* කිපීම, ක්‍රෝධය, අහංකාරය පෑම

Huf'fish, *a.* අහංකාර, තරහකාර

Hug, *v.* තදකර බඳගන්නවා *s.* බඳගැණීම, වැලඳගැණීම

Huge, *a.* ඉතා ලොකු, යෝධ, විහත්

Hu'guenot, *s.* ඉහතදී ප්‍රන්සයේ රෙප්‍රමාදු අගම්කාරයින්ට දුන් නම

Hulk, *s.* නැව්කඳ, ඔරුකබල

Hull, *s.* ලෙල්ල, පොත්ත, නැව්කඳ

Hum, *v.* මීමැස්සන්මෙන් ගිනි ශබ්ද යක්කරණවා, ගින් හඬින් ගිතිකා කරණවා *s.* මීමැසි හඬ, කෝදුරු හඬ, ගින් පහත් ශබ්දය

Hu'man, *a.* මනුෂ්‍යවූ, මානුසික, නර

Humane', *a.* දයාවූ, කරුණාවන්තවූ, මෘදු

Humanita'rian, *s.* ක්‍රිස්තුස්වහන්සේ දෙවියන්වහන්සේ නොව මනුෂ්‍ය යෙක් පමණක්යයි විශ්වාසකරන් නා *a.* මනුෂ්‍යමයවූ, දයාවන්ත

Human'ity, *s.* මනුෂ්‍යභාවය,මිනිසත් බව, දයාවන්තකම

Hu'manize, *v.* මනුෂ්‍යගතියට පමුණු වනවා, මෘදුකරණවා

Hum'ble, *a.* යටහත්, පහත් *v.* යටත් කරණවා, මැඩපවත්වනවා, දමන යකරණවා [ගෑපත්කම්න්

Hum'bly, *ad.* යටත්පහත් ලෙස, බෑ

Hum'bug, *s.* රැවට්ල්ල, දගය, රැවට් ලිකාරයා *v.* රවටනවා

Hum'drum, *a.* ගුඩ්ඩවූ, මලානිකාවූ *s.* මලානිකයා, මෝඩයා [වූ

Hu'mid, *a.* තෙත්වූ, ආර්ද්‍රවූ,තෙමුනා

Humid'ity, *s.* තෙත්ගතිය,තෙතමන

Humil'iate, *v.* පහත් අඩියකට පමු ණුවනවා, යටපත්කරණවා

Humilia'tion, *s.* යටහත්වීම, පහත් අඩියකට පැමිණීම, පහත්ස්වභාව

Humil'ity, *s.* සිතේ පහත්භාවය, ය ටහත්කම

Hum'orist, *s.* කවටගතියක් ඇත්තා, සරදම් කථාකාරයා

Hu'morous, *a.* සිනා උපදවන්නාවූ, කවටකපීක, නාටක

Hu'mour, *s.* ශරීරයේ දිය, හැරව, ස්වභාව, සරදම්ගතිය *v.* කෙනෙ කුගේ ආසාවට ඉඩඅරිණවා, මිනා පකරණවා

Hump, *s.* මොල්ලිය, කූදය

Hump'-backed, Hunch'-backed, *a.* කුද්දු, වකගැසුනු

Hunch, *s.* මොල්ලිය, වැදැල්ල

Hun'dred, *s.* සියය, රටක පත්තුව

Hundred'fold, *s.* සියපංගුවක්, ශත ගුණයක්

Hun'dredweight, *s.* රාත්තල් එකසි යදෙළස, බන්දරය

Hun'ger, *s.* බඩගින්න,ක්ෂුධාව,ආසාව *v.* බඩගිනි වෙනවා, ආසාවෙනවා

Hun'gry, *a.* බඩගිනිවූ, සාගිනි ඇත් තාවූ

Hunt, *v.* දඩයම්කරණවා, සොයනවා *s.* දඩයම, ලුහුබැඳයාම, සෙවීම

Hunt'er, *s.* දඩයම්කාරයා, දඩයම් අශ්වයා හෝ බල්ලා

Hunts'man, *s.* දඩයක්කාරයා

Hur'dle, *s.* ලිකෝටූ මැස්ස, හරස් ලීබැම්ම

Hurl, *v.* තදෙන් විසිකරණවා, හෙල නවා [ලබලය

Hur'ly bur'ly, *s.* කෝලාහලය, ක

Hurrah', *int.* හුරා යන හඬ, සාධුකාර නාදය [ග, මහ කුණාටුව

Hur'ricane, *s.* චණ්ඩමාරුතය, සැරසුළ

Hurry, *v.* කලබලලෙස කඩිනම්කර වනවා, ඉක්මන් වෙනවා *s.* වේගය, ඉක්මණ, කලබැගෑනිය

Hurt, *v.* රිදවනවා, තුවාලකරවනවා *s.* රිදුම, තුවාලය, අලාභය

Hurt'ful, *a.* රිදුම් උපදවන්නාවූ, අලාභකරවන්නාවූ, අහිතවූ

Hus'band, *s.* ස්වාමි පුරුෂයා, රාළ, වල්ලභයා *v.* ප්‍රවේසමින් යොදගන්නවා, සකසුරුවම් කරගන්නවා

Hus'bandman, *s.* ගොවියා, ගොයිතැන්කරන්නා [න

Hus'bandry, *s.* ගොයිකම, ගොවිතැ

Hush, *int.* නිශ්ශබ්දවෙයන් *v.* නිශ්චලකරණවා, නැලවනවා

Hush'-money, *s.* යමක් එළිනොකර නිශ්ශබ්දව සිටීම පිණිස දෙන අත්ලස් මුදල

Husk, *s.* ලෙල්ල, පොත්ත, පතුර, දහයියා *v.* ලෙලිගහනවා

Husk'y, *a.* ගොරෝසුවූ, හඬ රළුවූ

Hussar', *s.* සොල්දාදු වර්ගයක්, අසරු වර්ගයක්

Hus'tings, *s.* මන්ත්‍රීන් තෝරගැනීම සම්බන්ධ මඩුව හෝ කථිකාසනය

Hus'tle, *v.* එකට තෙරපනවා

Hut, *s.* පැල, මඩුව, කුටිය

Hutch, *s.* පෙට්ටිය, රටහා කූඩුව

Hy'acinth, *s.* මල්වර්ගයක්, රතුකැටයක්

Hy'brid, *s.* මිශ්‍රජාති සතෙක් හෝ ගහක්, මිශ්‍ර වචනයක් *a.* වෙනස් ජාතිවලින් හැදුන

Hy'dra, *s.* (*myth.*) හිස් හුගක් ඇති දියසර්පයා, නොයෙක්ප්‍රකාරවූ නපුර

Hydraul'ics, *s.* ජලවහලක්ෂණ විද්‍යාව, ජලයන්ත්‍ර ශාස්ත්‍රය

Hy'drogen, *s.* ජලකාරවායුව

Hydrom'eter, *s.* ජලප්‍රමාණය සොයන යන්ත්‍රය, මද්‍යසාරප්‍රමාණ යන්ත්‍රය

Hydro'pathy, *s.* සිසිල් දියෙන් ලෙඩ සුවකරණශාස්ත්‍රය, ජලවෛද්‍යක්‍රමය

Hydropho'bia, *s.* ජලභීත රෝගය, පිස්සුබල්ලන් ආදි සතුන් හපාකෑමෙන් හටගන්නා පිස්සුව

Hydrostat'ic, *s.* අචලජල ශාස්ත්‍රය

Hyen'a, *s.* වෘකජාතියක්, දිවිවර්ගයක්

Hy'giene, Hogien'ics, *s.* සනීපාරක්ෂාව සම්බන්ධ ශාස්ත්‍රය

Hy'men, (*myth.*) විවාහ දේවතාවා, විවාහය වාහ කාව්‍යම

Hymene'al, *a.* විවාහයට අයිතිවූ *s.* වි

Hymn, *s.* ගීතිකාව

Hymnol'ogy, *s.* ගීතිකා ශාස්ත්‍රය, ගීතිකා සමූහයක්

Hyper'bole, *s.* අතිශෝක්තිය, ඇතුවාට වැඩිකර දක්වීම

Hypercrit'ic, *s.* අධිකලෙසගුණදෙස් විභාගකරන්නා

Hy′phen, *s.* සංයෝග රේඛාව (-)
Hyp′notism, *s.* යම්කිසි විධියකින් ග ට ගන්වනලද නිදාගත්තා වැනි ස්වභාවය
Hypochon′dria, *s.* අජීර්ණයෙන් හට ගත් හිත්-නලංගු ස්වභාවකට පමුණුවන රෝගයක්
Hypoc′risy, *s.* වංකකම, කුහකකම, කපටිකම [යා, කපටියා
Hyp′ocrite, *s.* කුහකයා, වංචාකාර
Hypoth′ecate, *v.* උකස්කරණවා, ඇපයට බඳිනවා
Hypoth′esis, *s.* මූලට සිතාගන්න කාරණාව, කල්පනාව, සාධ්‍යය
Hys′sop, *s.* පැලජාතියක්, හිසොප්
Hyste′rical, *a.* කලානතය හැදෙන, ගැස්ම අල්ලන
Hyster′ics, Hyster′ia, *s.* ස්ත්‍රීන්ට අල්ලන සන්නිරෝගයක්

I

I, *pron.* මම
Ibex, *s.* එළුවෝ වර්ගයක්
I′bis, *s.* කොක්කු වර්ගයක්, මිසර දේශවාසීන් ඇදහූ පක්ෂිවර්ගයක්
Ice, *s.* මිදුච්ච ජලය, හිම
Ice′berg, *s.* මිදුච්චදියකන්ද, හිමකණු
Ice′boat, *s.* මිදුච්ච දිය පසුකර යන පිණිස පාරුව [තිබෙන
Ice′bound, *a.* මිදුච්ච වතුරට හිරවී
Ice′cream, *s.* මුදවා රසකළ යොදේ
Ichonol′ogy, *s* පුරාණ පාදලාඤ්ඡන [ශාස්ත්‍රය
I′chor, *s.* දියසැරව
I′cicle, *s.* හිමකූර
Icon′oclast, *s.* රූප පිළිම කඩාබිඳ දමන්නා, රූප වන්දනාවට විරුද්ධකාරයාවූ
Iconol′ogy, *s.* රූප පිළිම ධර්මය
I′cy, *a.* හිමමයවූ, ශීතල
Ide′a, *s.* කල්පනාව, මතය, අභිප්‍රාව
Ide′al, *a.* කල්පනාවෙහි පමණක්වූ, මානසිකවූ, අදහස්වූ *s.* කල්පනාකරණලද සම්පූර්ණත්වය
Ide′alism, *s.* මනසකාර හෝ අදහස් පමණක් පවතිනවායයි උගන්වන ධර්මය, මානසික ධර්මය
Ide′alist, *s.* මනසකාර දෘෂ්ටියා, අද්‍රව්‍ය දෘෂ්ටියා
Ide′alize, *v.* කල්පනාවෙහි යොදාගන්නවා, සම්පූර්ණවශයෙන් සිතාගන්නවා
Iden′tical, *a.* එම, අනන්‍යරූපවූ, සම සමානවූ
Iden′tify, *v.* එම එකම බව දැනගන්නවා, එකක්කරණවා
Iden′tity, *s.* තත්සමතාවය, ඒකත්වය
Ideol′ogy, *s.* චෛතසික ධර්මශාස්ත්‍රය
Id′iocy, Id′iotcy, *s.* සහජ මෝඩකම, පිස්සුගතිය
Id′iom, *s.* භාෂාවේ අන්දම, භාෂාරීතිය, වාග්ව්‍යවහාරය [තිවූ
Idiomat′ic, *a.* වාග්ව්‍යවහාරයට අයි

Idiosyn'crasy, *s.* අමුතු ස්වභාව, යමෙකුගේ විශේෂ ගතියක්

Id'iot, *s.* උපන් මෝඩයා, පිස්සා

Idiot'ic, *a.* සහජ බුද්ධි නැත්තාවූ, මෝඩ, අවන

I'dle, *a.* නිරර්ථකවූ, නිෂ්ප්‍රයෝජනවූ, වැඩක්නැති, කම්මැලි *v.* නිකම් ඉන්නවා, කම්මැලිකමින් පසුකරණවා

I'dler, *s.* කම්මැලියා, අලසයා

I'dol, *s.* රූපය, පිළිමය, දේවරූපය, අධිකලෙස ඇලුම්කරණ දේ

Idol'ater, *s.* රූපවලට වඳින්නා, බොරු දේවතාවුන් අදහන්නා

Idol'atrous, *a.* රූපවන්දනාවට අයිතිවූ, රූප අදහන්නාවූ

Idol'atry, *s.* රූපවන්දනාව, දේවතාවුන් ඇදහීම, නුසුදුසු ආලය

I'dolize, *v.* අධිකලෙසප්‍රේමකරණවා, අධිකලෙස ගෞරවකරණවා

I'dyl, *s.* ලුහුඬු කාව්‍යය, එඬේරකාවි

If, *conj.* නම්, හොත් [යම්

Ig'neous, *a.* ගින්දරවූ, අග්නි

Ig'nis-fat'uus, *s.* වගුරුබිමෙන් රෑ නගින එළියවගියක්, මිථ්‍යාගින්න

Ignite', *v.* පත්තුකරණවා, ගිනිදල්වනවා, ඇවිලෙනවා

Igni'tion, *s.* ගිනිගැණීම, පත්තුවීම

Igno'ble, *a.* කුලහීනවූ, අධමවූ, නීචවූ, අවනම්බුවූ [නින්දිත

Ignomin'ious, *a.* අවනම්බුවූ, නීච,

Ig'nominy, *s.* ලජ්ජාව, අවමාන්නය, අපකීර්තිය, නින්දිතභාවය

Ignora'mus, *s.* නූගතා, උගතෙක් මෙන් පෙණීසිටින අඥානයා

Ig'norance, *s.* අඥානකම, නූගත්කම, අවිද්‍යාව [තා, බාල

Ig'norant, *a.* අඥාන, නූගත්, අපණ්ඩි

Ig'nore, *v.* නොතකනවා, නොසලකණවා, අත්හැරලනවා

Igua'na, *s.* කබරගොයා, තලගොයා

Ill, *a.* නරක, නපුරු, අපහසු, දුඃඛ, අවාසනාවන්ත, රෝගාතුර, කෝප

Ill'-bred, *a.* නරකට හැදුනාවූ, අශිෂ්ටවූ

Ille'gal, *a.* නඩුමාර්ගයටවිරුද්ධවූ, අනඩු, අසාධාරණ

Illegal'ity, *s.* නීතියට විරුද්ධ බව, අනඩුව, අයුතුකම

Illeg'ible, *a.* කියවන්ට නුපුළුවන්වූ, පැහැදිලි මදිවූ

Illegit'imacy, *s* අවජාතකවීම, වේසාකමට උපන් බව

Illegit'imate, *a.* අවජාතවූ, වේශ්‍යාවට උපන්නාවූ, අනඩු, අයුතු

Ill-fa'voured, *s.* විරූපවූ, අවිලක්ෂණවූ

Illib'eral, *a.* තනගිවසනාවූ, ලෝභවූ, නීචාකාරවූ, ගුණේ නැත්තාවූ, තදවූ

Illiberal'ity, *s.* ලෝභකම, මසුරුකම, කරුණානැතිකම

Illic'it, *a.* අයුතු, අනඩු, තහනම්වූ

Illim'itable, *a.* ඉමක් නැත්තාවූ, අප්‍රමාණවූ [නයවීම

Illi'sion, *s.* එකිනෙකට වැදීම, ඝට්ට

Illit'eracy, *s.* ශ්‍රුතගත්කම, අකුරු නොදන්නාකම

Illit'erate, *a.* ශ්‍රුතගත්තාවූ, අකුරුනොදත්තාවූ, අපණ්ඩිතවූ

Ill-na'tured, *a.* අවගතිවූ, කරුණා නැත්තාවූ, නපුරු

Ill'ness, *s.* රෝගය, ලෙඩ, අසනීපය

Illog'ical, *a.* තර්කශාස්ත්‍රයට එකඟනැති, තර්කානුකූලනොවූ

Ill'-starred, *a.* අශුබ ග්‍රහයෙක් යටතේ උපන්, අභේතුවන්ත

Ill'-temper, *s.* තරහගතිය

Illude', *v.* උපායෙන් රවටනවා

Illumina'tion, *s.* ආලෝකකිරීම, දීප්තිය, බැබලීම, ප්‍රදීපාලෝකය

Illu'mine, Illu'minate, *v.* ආලෝකකරණවා, දීප්තිකරණවා, සරසනවා

Illu'sion, *s.* රැවටිල්ල, මෝහය, මායාව

Illu'sive, Illu'sory, *a.* බොරු පෙණීමෙන් රවටන්නාවූ, මායාවත්

Illus'trate, *v.* තේරුම්කරණවා, විස්තරකරණවා, විසඳනවා

Illus'tration, *s.* විස්තරය, ආදර්ශය, උදාහරණය, සිතියම

Illus'trative, *a.* විස්තරකරණ, පහදන, නිදර්ශනවූ

Illus'trious, *a.* උතුම්වූ, ප්‍රසිද්ධවූ, ශ්‍රීමත්වූ, ශ්‍රේෂ්ඨවූ, උත්කෘෂ්ටවූ

Ill-will', *s.* එදිරිය, වෛරය

Im'age, *s.* ස්වරූපය, රූපය, පිළිරුව, සුරුවම, කල්පනාව

Im'agery, *s.* සිතියම් වැනි කල්පනා, දෘෂ්ටි, උදාහරණ [කලහැකි

Imag'inable, *a.* සිතියහැකි, කල්පනා

Imag'inary, *a.* මානසිකවූ, මනස්කාරවූ, නිකම් සිතන්නාවූ

Imagina'tion, *s.* සිතිවිලි ඉපදවීමේ බලය, මනස්කාරය, චිත්තකල්පනාව

Imag'inative, *a.* සිතිවිලි සිතන්නාවූ, චින්තෝත්පාදක

Imag'ine, *v.* සිතනවා, කල්පනාකරණවා, නිකම් සිතාගන්නවා

Im'becile, *a.* දුර්වලවූ, සිහිය බෙලහීනවූ *s.* බෙලහීනයා

Imbecil'ity, *s.* දුර්වලකම

Imbed'ded, *a.* එබුවාවූ, ගැල්වූවාවූ

Imbibe', *v.* බොනවා, උරණවා, හිතටගන්නවා [සාකරණවා

Imbit'ter, *v.* දුඃඛිතකරණවා, කාං

Im'bricated, *a.* උළුකැටමෙන් නැමී තිබෙන, එකපිට එක පිහිටියාවූ

Imbrue', *v.* පොඟවනවා; තෙමනවා

Imbue', *v.* සායම්පොවනවා, තෙත්කරණවා, ඇදගන්වනවා

Im'itate, *v.* ආදර්ශයගන්නවා, අනිකක් හැටියට කරණවා

Imita'tion, *s.* සමානලෙස කිරීම, අනිකක ලක්ෂණයට කළ දෙය

Im'itative, *a.* සමානලෙස කරණ, අනිකක් බලාගෙණ කරන්නාවූ

Immac'ulate, *a.* නිර්දෝෂවූ, නික්ලේශවූ, නිර්මලවූ [සිමවූ

Im'manent, *a.* ඇතුලත්වූ, ඇතුලතෙ

Immate'rial. *a.* අද්‍රව්‍යවූ, අරූපිකවූ, ආත්මිකවූ, වැදනොගත්වූ

Immate'rialism, *s.* ද්‍රව්‍යවූ වස්තු නැත යන ධර්මය

Immature', *a.* නොපැසුනාවූ, අකල්වූ, අමුවූ, අසම්පූර්ණවූ

Immeas'urable, *a.* මනින්ට නුපුළුවන්වූ, අප්‍රමාණවූ, ඉමක් නැත්තාවූ

Immeas'urably, *ad.* මනින්ට බැරිලෙස, අප්‍රමාණලෙස

Imme'diate, *a.* යාවූ, අල්ලාපු, කිට්ටු, කෙණෙහිවූ, අප්‍රමාද

Imme'diately, *ad.* අනතුරුව, කෙලින්ම, අප්‍රමාදව, ක්ෂණයේම

Immemo'rial, *a.* ඉතා පුරාණ, සිහිකර බලන්ට නුපුළුවන්, ස්මරණාතික්‍රාන්ත [ක්නැති, අතිවිශාල

Immense', *a.* ප්‍රමාණාතික්‍රාන්ත, ඉව

Immens'ity, *s.* අප්‍රමාණකම, අනන්තකම, අති මහත්කම

Immerge', *v.* ගිල්වනවා, ගල්වනවා

Immerse', *v.* ගිල්වනවා, ගිල්ලවනවා

Immer'sion, *s.* ගිල්වීම, අවගාහනය, භාවනාවේ යෙදී සිටීම

Im'migrant, *s.* පිටරටකින් එන්නා

Immigra'tion, *s.* වාසය පිණිස රටකට පැමිණීම

Im'minent, *a.* ළඟදී සිද්ධවෙන්ට තිබෙන්නාවූ, ආසන්නවූ

Immobil'ity, *s.* නොසෙල්වෙන ගුණය, අචලතාව [වූ, අධිකතරවූ

Immod'erate, *a.* පමණ නොදන්නා

Immod'est, *a.* ළංගෙනැති, නිර්ලජ්ජ

Immod'esty, *s.* විලිබියනැතිකම, ලජ්ජානැති ගතිය

Im'molate, *v.* බිලිපුදනවා, යාගකරණවා, මරා පූජාකරණවා

Immola'tion, *s.* බිලිදීම, මරා යාගකිරීම, යාග පූජාව

Immor'al, *a.* නපුරුවූ, දුශ්ශීලවූ, අවකල්ක්‍රියාකාරවූ

Immoral'ity, *s.* දුෂ්ටකම, දුසිරිත, අනාචාරය, අවකල්ක්‍රියාව

Immor'tal, *a.* නොනස්නාවූ, කිසිකලක විනාශනැති නොවෙන්නාවූ

Immor'tality, *s.* අමරණභාවය, අමරණීයකම, අමෘතබව

Immor'talize, *v.* අමරභාවයට පමුණුවනවා, නොනැසී පවතින්ට සලස්වනවා

Immovabil'ity, *s.* නොසෙල්වෙන ගුණය, ස්ථිරකම, ඝදකම [වූ

Immov'able, *a.* ස්ථිරවූ, සවිවූ, නිශ්චල

Immu'nity, *s.* නිදහස, තුරන්දුව, මිදීම [ණවා

Immure', *v.* වසාතබනවා, හිරකර

Immutabil'ity, *s.* නිත්‍යකම, වෙනස් නොවෙන ගතිය

Immu'table, *a.* නිත්‍යවූ, නොපෙර ළෙන සුලුවූ, මාරුනොවෙන්නාවූ
Imp, *s.* පුංචිප්‍රේතයා, යක්පැටියා
Im'pact, *s.* හැපීම, එකටෙක වැදීම, හැප්පුන පහරේ බලය
Impair', *v.* අඩුකරණවා, නරක්කර ණවා, අලාභකරණවා, දුර්වලකරණ
Impale', *v.* උලතියනවා [වා
Impal'pable, *a.* ස්පර්ශකල නොහැකි වූ, නොදැනෙන්නාවූ, ඉතා සියුම්වූ
Impan'nel, *v.* ජූරිසභාවේ මහතුන්ගේ නම් ලියනවා
Impart', *v.* දෙනවා, දන්වනවා
Impar'tial, *a.* අපක්ෂපාතවූ, හරිවූ
Impartial'ity, *s.* නිපක්ෂගතිය, අප ක්ෂකම, අපක්ෂපාතව, සාධාරණකම
Impass'able, *a.* පසුකරයන්ට නුපුළු වන්වූ
Impassibil'ity, *s.* දුක්වේදනා ආදිය නොදැනෙන නිසා ඒවා විඳින්ට බැ රිගතිය
Impas'sioned, *a.* වේගවත්වූ, කම්පි තවූ, ඉතා උනන්දුවූ
Impa'tience, *s.* නොඉවසිලිවන්තක ම, ඉක්මන්කම
Impa'tient, *a.* ඉවසිල්ල නැත්තාවූ, නොපොරොත්තුවූ
Impeach', *v.* වරදනඟනවා, දොෂා රෝපණකරණවා
Impeach'ment, *s.* වරදනැඟීම, විනිශ් චයට පැමිණවීම
Impeccabil'ity, Impecc'ancy, *s.* පව් කලනොහැකි ගතිය, පාපගතියක් නැතිකම
Impecc'able, *a.* පව්කල නොහැකිවූ, අපාප [පත්
Impecu'nious, *a.* මිලමුදල්නැති, දුප්
Impede', *v.* වලක්වනවා, බාධාකර ණවා, නතනම්කරණවා
Imped'iment, *s.* බාධාව, අවහිරකම, වැලැක්වීම, අමාරුව
Impel', *v.* දක්කනවා, පොළඹවනවා
Impend', *v.* උඩින් එල්ලෙනවා, ලං ව තිබෙනවා, ආසන්නවෙනවා
Impend'ing, *a.* එල්ලී තිබෙන, ලංව තිබෙන, ආසන්න
Impen'etrability, *s.* සිදුරුකල නො හැකි තදකම, තද අපුරුකම හෝ රහස්කම
Impen'etrable, *a.* සිදුරුකල නොහැ කිවූ, ඇතුල්විය නොහැකිවූ, සො යා දැනගතනොහැකිවූ, ඉතා ඝනවූ
Impen'itence, *s.* පසුතැවිලිනැතිකම, පාපය ගැණ කනගාටුනැතිකම
Impen'itent, *a.* පසුතැවිලි නොවන, සිත් තදවූ, මුරණ්ඩු
Imper'ative, *a.* අණකරන්නාවූ, නි යෝගසහිතවූ, ඕනෑමවූ *s.* විධි ක්‍රි යාව [දැනෙන ගතිය
Imperceptibil'ity, *s.* අදෘශ්‍යකම, නො
Impercep'tible, *a.* නොපෙණෙන්නා වූ, දකින්ට බැරිවූ, ඉතා සියුම්වූ

Imper'fect, *a.* අසම්පූර්ණවූ, හරියට නැත්තාවූ, වරදිනසුලුවූ, අතීතවූ

Imperfec'tion, *s.* අසම්පූර්ණකම, අඩුලුහුබ, ඌනත්වය

Impe'rial, *a.* අග්‍රරාජ්‍යය සම්බන්ධවූ, අගරජහට අයිතිවූ, රාජනීය, උතුම්

Impe'rialist, *s.* අගරජුට අයිති තැනැත්තා, අගරජුගේ සේවායා

Imper'il, *v.* අනතුරුවට පමුණුවනවා

Impe'rious, *a.* උඩගුවූ, උදුරතරවූ, අහංකාරවූ, බලපවත්වන්නාවූ, අණකරන්නාවූ

Imper'ishable, *a.* නාසවිය නොහැකිවූ, ජරාවට නොපැමිණෙන

Imper'meable, *s.* පසාරුකරගන්නිය නොහැකිවූ, සිදුරුකළ නොහැකිවූ

Imper'sonal, *a.* අපුද්ගලිකවූ, කෙනෙක් නැත්තාවූ, අකර්තෘකවූ

Imper'sonate, *v.* කෙනෙක්කොට හෝ ශරීරයකින් ප්‍රකාශකොට දක්වනවා, අප්‍රාණික දේ සත්වයෙක් කොට කල්පනාකරණවා

Imper'tinence, *s.* නිරර්ථකකම, ගරුසරුනැතිකම, නොහිසි මැදිවීම

Impor'tinent, *a.* කාරණවට අඩංගු නැත්තාවූ, ගරුසරුනැති, කමකට නැති

Imper'turbable, *s.* චංචලකළ නොහැකිවූ, නිශ්චලවූ

Imper'vious, *a.* සිදුරුකළ නොහැකිවූ, ඇතුල්වියනොහැකිවූ

Impetuos'ity, Impet'uousness, *s.* වේගවත්කම, බලගතු ඉක්මන්කම

Impet'uous, *a.* වේගවත්වූ, නදබලවූ, සැරවූ

Im'petus, *s.* බලාත්කාරය, වේගය

Impi'ety, *s.* දේවභක්ති නැතිකම, දේව අපහාසය, දුෂ්ටකම

Impinge', *v.* සළඹිවෙනවා, වදිනවා

Impinge'ment, *s.* හට්ටුවීම, වැදීම

Im'pious, *a.* දේව අභක්තික, දේව අපහාසික, අධර්මිෂ්ඨ

Implacabil'ity, *s.* එදිරිය අත්නැරීම, සමානොවන ගතිය

Impla'cable, *a.* සංසිඳුවන්ට නුපුළුවන්වූ, සමාදානනොවෙන

Implant', *v.* වවනවා, සිටුවනවා, පිහිටුවනවා, පදිංචිකරණවා

Im'plement, *s.* ආවුදය, අවිය, උපකරණය

Im'plicate, *v.* පටලවනවා, අසුකරණවා, දෝෂ නගනවා

Implica'tion, *s.* පටලැවීම, හවුල්කිරීම, හැඟෙන අදහස

Implic'it, *a.* සැකනුවූ, අනුමාන නොකරන්නාවූ

Implic'itly, *ad.* හැඟෙන ප්‍රකාරයට, නිසැකව, සම්පූර්ණ විශ්වාසයෙන්

Implore', *v.* උදක්ම ඉල්ලනවා, යාච්ඤාකරණවා, කන්නලව්කරණවා

Implor'ingly, *ad.* කන්නලව් ආකාරයෙන්, බැගෑපත්කමින්

Imply′, v. හැඟෙණවා, තේරුම්යනවා, කල්පනාව හඟවනවා, අර්ථය දක්වනවා

Impolite′, a. ශීලාචාරනැති, ආචාරවන්තනොවූ [නොවූ, අවැඩකරුවූ

Impol′itic, a. අඥානවූ, නුවනටහුරු

Imponder′able, a. බරනැත්තාවූ

Import′, v. පිටරටින් ගෙණෙනවා, වෙළඳාම් ගෙන්වනවා, අභිප්‍රාව දක්වනවා, හැඟෙනවා

Im′port, s. පිටරටින් ගෙණ දෙය, අභිප්‍රාව, වැදගත්කම

Import′ance, s. වැදගත්කම [වූ

Import′ant, a. වැදගත්වූ, බරපතල

Importa′tion, s. පිටරටකින් ගෙණඒම, පිටරටින් ගෙණ දේ

Impor′tunate, a. අතිසයින් යාච්ඤාකරන්නාවූ, නිතර ඉල්ලන්නාවූ

Impor′tune. v. නිස්සාකරමින් ඉල්ලනවා, උදක්ම කන්නලව්කරණවා

Importun′ity, s. කරදර වෙනතරම් ඉල්ලීම, පළිගැසීම, පෙරත්තය

Impose′, v. නියමකරණවා, පණවනවා, පවරණවා, රවටනවා

Impos′ing, a. අණදෙනාකාරවූ, සිතටවදින්නාවූ

Imposi′tion, s. නියමකිරීම, හසොතාපනය, සුංගම, වංචාව

Impossibil′ity, s. බැරිකම, වෙන්ට නුපුළුවන් දේ [වෙන්ට නුපුළුවන්වූ

Impos′sible, a. බැරිවූ, නුපුළුවන්වූ,

Im′post, s. සුංගම, තීරුව, පදනම

Impos′tor, s. ප්‍රයෝගකාරයා, වංචාකාරයා

Impos′ture s. රැවටිලි උපාය, දඟය

Im′potence, Im′potency, s. ශක්තිහීනකම, බලරහිතකම, දුර්වලකම

Im′potent, a. සවිනැති, දුර්වල, බෙලහීන, තමන්ම චලන්වාගත නොහැකි

Impov′erish, v. දුප්පත්කරණවා, හීගමනට බස්සනවා, අසාරකරණවා

Impov′erishment, s. දිළිඳුකිරීම, දුප්පත්කම, නිස්සාරවීම

Imprac′ticability, s. කළනොහැකිකම, අසාධ්‍යතාව

Imprac′ticable, a. කළනොහැකිවූ, නුපුළුවන්වූ, අසීරුවූ, මුරණ්ඩුවූ

Im′precate, v. යදිනවා, නපුරුශාපදෙනවා, යමෙකුට නපුර පතනවා

Impreca tion, s. යැදීම, දෙස්කීම, ශාපය

Impreg′nable, a. ජයගන්ට බැරිවූ, අල්ලාගන්ට නුපුළුවන්වූ, සොලවන්ට නුපුළුවන්වූ

Impreg′nate, v. දරුගැබ හටගන්වනවා, ගුණදෙනවා,. සංයුක්ත කරණවා

Impress′, v. මුද්දරගහනවා, (සිතට) වද්දවනවා, ධාරණයකරණවා, බලෙන් වැඩට ගන්නවා

Im′press, s. මුද්දරය, මුද්‍රලාඤ්ජනය, ලකුණ

Impres'sion, *s.* මුද්දරකිරීම, මුද්‍රබනණය, සිතේ ධාරණයවීම, හැඟීම

Impres'sive, *a.* සිතට වදින්නාවූ, තදලෙස වැටහෙන්නාවූ, බරපතලවූ

Imprima'tur, *s.* අච්චුගැසීමට අවසරය, එකඟවීම

Imprint', *v.* අච්චුගහනවා, මුද්දරකරණවා, ලකුණුකරණවා, සිතේ ධාරණයකරණවා

Impris'on, *v.* සිරඅඩස්සිකරණවා, සිරේතබනවා

Impris'onment, *s.* සිරකිරීම, සිරඅඩස්සිය

Improb'able, *a.* වෙනවා ඇතැයි නොසිතියහැකිවූ, අනුමාන

Improbabil'ity, *s.* වේයයි සිතන්ට අමාරුකම, සැබෑවෙන්ට නුපුළුවන්කම

Impromp'tu, *a.* සූදානම්නොවී කරණ, සණප්‍රබන්ධවූ *ad.* සූදානම්නොවී

Improp'er, *a.* නුසුදුසු, අයෝග්‍ය, වැරදි

Impropri'ety, *s.* නොනිසිකම, නොහොබිනාකම, අයුතුකම

Improve', *v.* වැඩිදියුණුකරණවා, වර්ධනයකරණවා, හරිගස්සනවා, වඩා හොඳවෙනවා, ප්‍රචනගන්නවා

Improve'ment, *s.* වැඩිදියුණුවීම, හරිගැස්සීම, වැඩිදියුණුව, පුහුණුවීම

Improv'idence, *s.* මතුකාලය ගැණ අප්‍රවේසම්කම

Improv'ident, *a.* මතුකාලය ගැණ නොසැලකිලිවූ

Improvise', *v.* ඒ ඒ වේලාවටම කව් යනාදිය ගොතා කියනවා, හදිසියෙන් පිරිමසාගන්නවා

Impru'dence, *s.* ප්‍රවන මදකම, වටපිට නොබලා ක්‍රියාකිරීම

Impru'dent, *a.* ප්‍රවනමදවූ, අඥානවූ

Imp'udence, *s.* ගරුසරුනැති නිර්භීතකම, විලිබියනැතිකම

Im'pudent, *a.* ගරුනැති, ලජ්ජානැති, නොසැහෙන

Impugn', *v.* විවාදකරණවා, දොෂ නගනවා, දබරකරණවා

Impuls'ive, *a.* හදිසි අදහස්වලින් පොළඹවනු ලබන්නාවූ

Im'pulse, *s.* සැරය, වැදීමේ බලය, වේගය, අනුභාවය

Impu'nity *s.* අච්චුවෙන් නිදහස්වීම, අනතුරු අලාභවලින් මිදීසිටීම

Impure', *a.* අශුද්ධ, අපවිත්‍ර, පිළිකුල්

Impur'ity, *s.* අපවිත්‍රකම, කිලුටුකම, කෑතකම

Imputa'tion, *s.* ගණනට තැබීම, පවරණකාරණව, දොෂාරෝපණය

Inaccess'ibility, *s.* ළංවෙන්ට හෝ අත්කරගන්ට බැරිකම

Impute', *v.* ගණන්ගන්නවා, වෙන කෙනෙකුගේ ගණනට තබනවා, යමෙකු පිට පවරණවා

In, *prep. & ad.* තුළ, තුළේ, ඇතුළෙහි, කෙරෙහි

Inabil'ity, *s.* නුපුළුවන්කම, බලේ නැතිකම, අසමර්ථකම

Inac'curacy, *s.* හරිනැතිකම, වැරද්ද

Inacces'sible, *a.* ලංවෙන්ට නුපුළුව න්වූ, ලබාගන්ට නුපුළුවන්වූ

Inac'curate, *a.* හරිනැතිවූ, වැරදිවූ

Inac'tion, *s.* නිශ්චලය, නැවතී සිටීම, අලසකම

Inact'ive, *a.* ක්‍රියානොකරණ, කඩිස රමදි, අලස

Inactiv'ity, *s.* උනන්දුනැතිකම, ම න්දෝත්සාහය, අලසකම

Inad'equacy, *s.* මදිකම, නොසෑහුම් කම, අසමර්ථකම

Inad'equate, *a.* මදිවූ, අඩුවූ, අසම්පූ ර්ණවූ, නොසෑහෙන්නාවූ

Inadmissibil'ity, *s.* පිළිගන්ට යුතුනැ තිකම, ඉඩදෙන්ට හරිනැතිකම

Inadmis'sible, *a.* පිළිගන්ට යුතුනැ තිවූ, අවසරදෙන්ට නුපුළුවන්වූ

Inadvert'ence, Inadvert'ency, *s.* ක ල්පනා මදිකම, වැරදිල්ල, ප්‍රමාද දෝෂය

Inadvert'ent, *a.* අප්‍රවේසමින්වූ, ප්‍රමාද

Ina'lienable, *a.* අන්කෙනෙකුට අයි තිකරන්ට බැරිවූ, උරුමය වෙනස් කළ නොහැකිවූ [ශ්ඵල

Inane,' *a.* හිස්, සිහිකල්පනාරහිත, නි

Inan'imate, *a.* පණනැති, මළාවූ

Inani'tion, *s.* හිස්කම, වසක්කේඩුක ම, හාමත

Inan'ity, *s.* සිස්කම, අවකාශය

Inap'plicable, *a.* අදාළනැති, නො වැටහෙන, හරිනොයන

Inappro'priate, *a.* නුසුදුසු, ඉකාංගු නොවූ, හරිනැති

Inartic'ulate, *a.* ප්‍රභේද ස්වරනැත් තාවූ, පැහැදිලිනැති, සඞ්කීරණිත

Inasmuch', *ad.* නිසා, බැවින්, හෙයින්

Inatten'tion, *s.* ඇහුම්කන් නොදීම, නොසැලකිල්ල

Inattent'ive, *a.* කන් නොදෙන්නාවූ, අප්‍රවේසම්වූ, නොසැලකිලිවූ

Inaud'ible, *a.* නෑසෙන්නාවූ

Inau'gurate, *v.* නිලයට නියෝගකර ණවා, අභිෂේකකරණවා, කැපක රණවා, පටන්ගන්නවා

Inaugura'tion, *s.* කැපකිරීම, පටන් ගැණීම, ගෙවදීම

Inauspi'cious, *a.* අශුභනිමිති ඇත් තාවූ, අභේතුවූ, අවාසනාවන්ත

In'born, In'bred, *a.* ජම්මවූ, සහජවූ

Incal'culable, *a.* ගණන්කළ නොහැ කිවූ, අනන්ත, අප්‍රමාණ

Incandes'cent, *a.* ගිනියම්වූ, රත්වී දි ලිහෙන

Incanta'tion, *s.* මැතිරීම, තොවිලය

Incap'able, *a.* බලේනැත්තාවූ, අස මර්ථවූ

Incapac'itate, *v.* බලනැතිකරණවා, අසමර්ථ කරණවා, අයෝග්‍ය කර ණවා

Incapac'ity, *s.* බලය නැතිකම, අසමර්ථකම, භූපුද්‍රකම

Incar'cerate, *v.* හිරකරණවා

Incar'nate, *a.* මාංසස්වභාව ගත්තාවූ

Incarna'tion, *s.* මාංස ස්වභාව ගැණීම, මනුෂ්‍ය ශරීරයකින් ඉපදීම

Incase', *v.* පෙට්ටියක හෝ කොපුවක දමනවා, වසාතබනවා

Incau'tious, *a.* අප්‍රවේසම්වූ

Incen'diary, *s.* ගෙවල් ගිනිතියන්නා, දබරඅවුස්සන්නා

In'cense, *s.* සුවඳදුම්, හෝමදුම, සුවඳ දුව්‍ය

Incense', *v.* අවුස්සනවා, කෝපකරණවා

Incent'ive, *s.* හිත පොළඹන කාරණව, අදහස *a.* පොළඹන්නාවූ

Incep'tion, *s.* පටන්ගැම්ම, ආරම්භය

Inces'sant, *a.* නිරන්තර, නොකඩවූ

In'cest, *s.* කිට්ටුනෑකම ඇති ස්ත්‍රීන් කරා එළඹීම

Incest'uous, *a.* කිට්ටුනෑයෙක් සමග දුෂ්ට සංවාසයෙහි යෙදෙන්නාවූ

Inch, *s.* අඟල

In'cidence, *s.* තට්ටුවීම, එකිනෙකට වදින ප්‍රමාණය

In'cident, *a.* වැටෙන, සිද්ධවෙන *s.* සිද්ධවෙන කාරණව, සිද්ධිය, අහම්බය

Incident'al, *a.* අහම්බෙන් වෙන්නාවූ, හදිස්සියෙන් සිද්ධවෙන්නාවූ, අවුතු, අනියම්

Incip'ient, *a.* පටන්ගන්න, මුල්වූ

Inci'sion, *s.* කැපීම,ඡේදනය,තුවාලය

Inci'sive, *a.* කැපෙන, කාවදින, තියුණු

Inci'sor, *s.* ඉස්සරහ දත, කපන දත

Incite', *v.* පොලඹනවා, ධෛර්‍යය දෙනවා, සිත්ඵලවනවා

Incite'ment, Incita'tion, *s.* පෙලඹීම, සිත් අවුස්සන කාරණව, අදහස

Incivil'ity, *s.* චාරිත්‍රනැතිකම, අශීලාචාරකම, අවනම්බුවූ හැසිරීම

Inclem'ency, *s.* අකරුණාව, මෘදුනැතිකම, තදකම

Inclem'ent, *a.* කරුණානැති, රළුවූ, සැර

Inclina'tion, *s.* නැමීම, ඇලවීම, ආසාව, කැමැත්ත

Incline', *v.* නමනවා, ආසාකරණවා, නැමෙනවා, ඇලකරණවා, හැරෙණවා *s.* නැමීම, බෑවුම, නැඹුම

Inclose', *v.* කමේ ඇතුළේ දමනවා, වැටබඳිනවා, ඇතුළත්කරණවා

Inclo'sure, *s.* කොරටුව, කොටුව

Include', *v.* වටකරණවා, අඩංගුකරණවා, ඇතුළත්කරණවා

Inclu'sive, *a.* ඇතුළත්වූ, අඩංගුවූ

Incog'nito, *a.* අඳුනන්ට බැරුවූ / ප්‍රසිද්ධනොවූ *ad.* සැඟවිල්ලේ, අප්‍රසිද්ධලෙස

Incoher'ence, *s.* නොගැළපීම, එකඟනැතිකම, අසම්බන්ධභාව

Incoher'ent, *a.* එකඟනූවූ, නොගැළපෙන, අසම්බන්ධ

Incombust'ible, *a.* අළුකළ නොහැකිවූ, දවන්ට බැරිවූ, දැලානොයන

In'come, *s.* ආදායම, පඩිය, ඵලප්‍රයෝජනය, ලාභය

Incommen'surable, *a.* අසමාන ප්‍රමාණවූ

Incommode', *v.* අපහසුකරණවා, හිරිහැරකරණවා

Incommo'dious, *a.* අපහසුවූ, හිරිහැරවූ, ඉඩපාඩුමදිවූ

Incommun'icable, *a.* දියනොහැකිවූ, අනුන්ට දුන්විය නොහැකිවූ

Incom'parable, *a.* සමානකළ නොහැකිවූ, අසදෘශවූ, අසහාය

Incompat'ible, *a.* එකඟනැතිවූ, එකිනෙකට විරුද්ධවූ

Incom'petence, Incom'petency, *s.* බලය මදිකම, අසමර්ථකම, අයෝග්‍යකම

Incom'petent, *a.* බලේ නැත්තාවූ, අසමර්ථවූ, නොසෑහෙන්නාවූ

Incomplete', *a.* අසම්පූර්ණ, ඉවරනැති, නිමනූවූ

Incomprehen'sible, *a.* තේරුම්ගත නොහැකිවූ, දැනගතනොහැකිවූ

Inconceiv'able, *a.* තේරුම්ගත නොහැකිවූ, සිතන්ට බැරිවූ

Inconclus'ive, *a.* තීරණයක් නැත්තාවූ, හොඳට ඔප්පුනූවූ

Incongru'ity, *a.* එකඟනැතිකම, අසමානකම, නුහුරුකම

Incon'gruous, *a.* එකඟනූවූ, අසම, අයෝග්‍ය

Inconsid'erable, *a.* කල්පනාකරන්ට නොවටින, වැදනොගත්, අල්ප

Inconsid'erate, *a.* කල්පනා නොකරණ, නොසැලකිලි, අප්‍රවේශම්

Inconsist'ency, *s.* එකඟනැතිකම, විධියකට නැතිකම, අයෝග්‍යතාව, නොසෑහෙන ගතිය

Inconsist'ent, *a.* එකඟනැත්තාවූ, ප්‍රතිවිරුද්ධවූ, භේදවූ

Inconsol'able, *a.* සනසන්ට බැරිවූ, නොසැනසෙන්නාවූ

Incon'stancy, *s.* අනිස්ථිරකම, චපලකම, යමකට ඇලී නොසිටින ගතිය

Incon'stant, *a.* අනිස්ථිර, චපල, වෙනස්වෙන්නාවූ

Incontest'able, *a.* අරෝවක් නැත්තාවූ, නිරුත්තරවූ, වාදකරන්ට බැරිවූ, නිසැකවූ

Incon'tinent, *a.* අභිලාස මැඩපවත්වා නොගන්නාවූ, සල්ලාලවූ

Incontrovert'ible, *a.* නිරුත්තරවූ, විවාදයට ඉඩනැත්තාවූ

Inconven'ience, *s.* පහසුනැතිකම, ඉඩපාඩු මදිකම *v.* අපහසුකරණවා

Inconven'ient, *a.* අපහසුවූ, අයෝග්‍ය

Incor'porate, *v.* එකතුකරණවා, මිශ්‍රකරණවා, සමාගම්කරණවා

Incorpo'real, *a.* අශරීරිකවූ, අරූපිකවූ, අකාමිකවූ

Incorrect', *a.* හරිනැති, වැරදිවූ

Incor'rigible, *a.* මට්ටුකරන්ට බැරිවූ, හරිස්සන්ට බැරිතරම් නරක්වූ, තද දූරණු

Incorrupt'ible, *a.* නරක්කරන්ට නුපුළුවන්වූ, ජරාවට නොපැමිණෙන්නාවූ, අස්ලස්නොගන්නාවූ

Incorrup'tion, *s.* නරක්නොවූ ස්වභාවය, ජරාවට නොපැමිණෙනභාවය

Increase', *v.* බෝවෙනවා, වැඩිවෙනවා, මහත්වෙනවා, වර්ධනයකරණවා

In'crease, *s.* බෝවීම, දියුණුවීම, වැඩිවීම, වර්ධනය, අස්වැන්න

Incred'ible, *a.* විශ්වාසකරන්ට බැරිවූ

Incred'ulous, *a.* අවිශ්වාසකාරණ සුලු, විශ්වාසකිරීමට හිතනැති

In'crement, *s.* වැඩිවීම, වැඩීම, වර්ධනය, වැඩිවූ කොටස

Incrim'inate, *v.* දොෂාරෝපණයකරණවා, වරද නගනවා

Incrusta'tion, *s.* පොත්තකින් මෙන් වැසීම, පතුරක්වැනි වැස්ම, පිට තට්ටුව

Incuba'tion, *s.* බිජුරැකීම

In'cubus, *s.* නින්දේදී ළයපිට බරක් පැටෙවුවාක්මෙන් හැඟීමක්, මහත් බර හෝ බාධාව

Incul'cate, *v.* නැවත නැවත උගන්වනවා, සිතට ධාරණයකරවනවා

Incul'pate, *v.* වරදට අසුකරණවා, දොෂාරෝපණකරණවා

Incum'bency, *s.* කර්තව්‍යභාවය, නිලයක්දරීම, පදවිය, දේවගැතිනිලය

Incum'bent, *a.* යමක් මතුරේ පිහිටා තිබෙන, භාරවූ, යුතුවූ, නියමවූ *s.* දේවගැතියා, කිසියම් නිලයක් දරන්නා

Incum'ber, *v.* බරකරණවා, කරදරකරණවා [වා ගන්නවා

Incur', *v.* සල්ස්වාගන්නවා, පමුණු

Incur'able, *a.* සුවකරන්ට නුපුළුවන්වූ, අසාධ්‍යවූ *s.* අසාධ්‍ය රෝගකාරයා

Incur'sion, *s.* යුද්ධය පිණිස රටකට පැමිණීම, කොල්ලකෑමට යාම

Indebt'ed, *a.* නයවූ, නයවී සිටින

Inde'cency, *s.* පිළිකුල, අශික්ෂිත ක්‍රියාව

Inde'cent, *a.* පිළිකුල්, කැත, අශික්ෂිත

Indeci'sion, *s.* තීන්දුවකට නොපැමිණීම, ශංකාවෙන් නැවතීම, ස්ථිර නැතිකම

Indecli'nable, *a.* වරනැගීමක් නැත්තාවූ, අවිභක්තික

Indeco'rous, *a.* අශෝභන, නොහොබින [රීමේ නොහොබිනකම

Indeco'rum, *s.* අශෝභනකම, හැසි

Indeed', *ad.* ඇත්තටම, සැබෑවටම, සත්තකටම

Indefat'igable, *a.* වෙහෙස නොසලකන, කලාන්ත නොවෙන, ඉතා වීර්යවන්ත

Indefens'ible, *a.* නිදෙස්කොට දක්වීය නොහැකිවූ

Indefi'nable, *a.* විස්තර නියමකොට දක්වීය නොහැකිවූ

Indef'inite, *a.* අනියම්වූ, තීන්දුවක් නැති, ඒකාන්ත නැති

Indel'ible, *a.* මකන්ට බැරිවූ, කටුගාන්ට බැරිවූ, මැකිනොයන

Indel'icate, *a.* අපිරිසිදු, අමනෝඥ, කැත

Indem'nify, *v.* අලාභයෙන් ගලවනවා, පාඩුව පිලිවකරණවා

Indem'nity, *s.* අච්චුවෙන් නිදහස් කිරීම, අලාභය ගෙවීම, වන්දිය

Indent', *v.* කියත් දත්වල හැඩේට කපනවා, කඩතොලුකරණවා, ලියවිල්ලකින් ඉල්ලා හරිණවා

Indenta'tion, *s.* දතිකැපීම, කඩතොලුව

Indent'ure, *s.* ගිවිසුම් පත්‍රය, පොරොන්දු පත්‍රය

Independ'ence, *s.* යටත්නැතිකම, නිදහස්කම, අපරාධීන භාවය

Independ'ent, *a.* අනිකෙකුට යටත් නැති, නිදහස්වූ, වෙනමවූ

Indescrib'able, *a.* විස්තරකොට දක්වන්ට නුපුළුවන්වූ

Indeter'minate, *a.* නියමයක් නැති, තීන්දුනුවූ, ඒකාන්ත නැත්තාවූ

Indestruc'tible, *a.* නාසකළ නොහැකිවූ

In'dex, *s.* පොත් පටුන, සූචිපත්‍රය, යමක් පෙන්වන ලකුණ

In'dian, *a.* ඉන්දියානු *s.* ඉන්දියාවේ ස්වදේශිකයෙක්

In'dian-corn, *s.* ඉරිඟු, බඩඉරිඟු

In'dia-rubber, *s.* මකන ලාටුකෑල්ල

In'dicate, *v.* පෙන්වනවා, පෙන්වා දෙනවා, සලකුණුකරණවා

Indica'tion, *s.* පෙන්වීම, දක්වීම, ලකුණුකිරීම, ලක්ෂණය

Indic'ative, *a.* පෙන්වන, ලකුණුවූ *s.*—*a mood in grammar,*—කර්තෘ කාරකය

Indict', *v.* වරදතබනවා, නඩුකුමයෙන් දෝෂාරෝපණකරණවා

Indict'able, *a.* නඩුක්‍රමයෙන් වරද තගහු ලැබිය හැකිවූ

Indict'ment, *s.* දෝෂාරෝපණ පත්‍රය

Indif'ference, *s.* නොසැලකිලිකම, අපාක්ෂගතිය, උපේක්ෂාව

Indif'ferent, *a.* නොසලකන්නාවූ, වැඩි වැදගැම්මක්නැති, මධ්‍යස්ථ

Indif'ferently, *ad.* අප්‍රවේශම් ලෙස, නොසැලකිලිලෙස, මධ්‍යස්ථතරමට

Indig'enous, *a.* සියරටෙහිම හටගත්, ස්වදේශික, ජන්ම

In'digence, *s.* දිළිඳුබව, දුප්පත්කම, සිඟකම

In'digent, *a.* දිළිඳුවූ, අසරණවූ

Indigest'ible, *a.* දිරවීමට අමාරුවූ, ජීර්ණ නොවන

Indigest'ion, *s.* අජීර්ණය

Indig'nant, *a.* කෝපවූ, තදලෙස අප්‍රසන්නවූ

Indigna'tion, *s.* කෝපය, උදහස

Indig'nity, *s.* අවනම්බුව, නිග්‍රහය, අපහාසය

In'digo *s.* අවරිය, නිල් අවරිය

Indirect', *a.* ඇදවූ, වංකවූ, සෘජුනුවූ

Indiscreet', *a.* අනුවනවූ, අප්‍රවේසම්වූ

Indiscre'tion, *s.* අනුවනකම, නුවනමද ක්‍රියාව

Indiscrim'inate, *a.* ප්‍රභේදනූවූ, වෙනස්කම් නොසලකන්නාවූ, තේරුමක් නැත්තාවූ, අවුල්වූ

Indiscrim'inately, *ad.* ප්‍රභේද නැතුව, වෙනස්කම් නොසලකා, වනතුලාකාරයෙන්

Indispens'able, *a.* නැතුව බැරිවූ, ඕනෑවකරණ

Indispose', *v.* අවනාපකරවනවා, අප[හාසුකරණවා

Indisposi'tion, *s.* කැමතිනැතිකම, මද අසනීපය

Indispu'table, *a.* අභෝජවක් කරන්ට නුසුදුසුවන්වූ, විවාදකරන්ට බැරිලෙස සත්‍යවූ, නිසැකවූ

Indis'soluble, *a.* වෙන්කළ නොහැකිවූ, අවලංගුකරන්ට නුසුදුසුවන්වූ, භේද නොවෙන්නාවූ, නොබිඳෙන්නාවූ

Indis'solubly, *ad.* අසම්බන්ධ නොවෙන ලෙස, නොකැඩෙනාකාරයෙන්

Indistinct', *a.* පැහැදිලි නැත්තාවූ, වියවුල්වූ, අඳුරුවූ

Indistinct'ly, *ad.* අප්‍රභේදව, නොපැහැදිලි ලෙස, වියවුල්ලෙස

Indistin'guishable, *a.* වෙන්කොට දැනගත නොහැකිවූ, අප්‍රභේදවූ

Indite', *v.* ප්‍රබන්ධකරණවා, ලියන්ට නොහොත් කියන්ට තිබෙන දේ කියනවා

Individ'ual, *a.* තනිවශයෙන්වූ, පුද්ගලීක *s.* තනි කෙනෙක්, පුද්ගලයෙක්, තනිදෙයක්

Individ'ually, *ad.* තනි තනිව, වෙන් වෙන් වශයෙන්, පුද්ගලීකලෙස

Individual'ity, *s.* තනිවූ ඒකත්ව ගුණය

Indivis'ible, *a.* වෙන්කළ නොහැකිවූ, බෙදන්ට නොහැකිවූ

Indocil'ity, *s.* නොහික්මුම්ගතිය, අකීකරුකම

Indoc'trinate, *v.* ශික්ෂාමතයන්හි පුහුණුකරණවා, ධර්මයන් උගන්වනවා

In'dolence, *s.* අලසකම, කම්මැලිකම

In'dolent, *a.* අලස, කම්මැලි

Indom'itable, *a* යටත්කළ නොහැකි, දමනයකරන්ට බැරි

Indorse'ment, *s.* යම් ලියවිල්ලක පිට ලිවීම, පිට අත්සන, අවසරය

Indu'bitable, *a.* අනුමානකළ නොහැකිවූ, අනුමානනැති, නිසැකවූ

Induce', *v.* මනාපකරවනවා, කැමතිකරවනවා, සලස්වනවා

Induct', *v* ප්‍රකාශකරණවා, නිලයකට පමුණුවනවා

Induc'tion, *s.* නිලයකට පැමිණවීම, පතකිරීම, නිදර්ශනයෙන තර්කයෙ නිශ්චයකට පැමිණීම

Induc'tive, *a.* නිදර්ශන ගෙණ දා ඔප්පුකරණ

Indue', *v.* පලඳවනවා

Indulge', *v.* අවකාසහරිණවා, නිදහසදෙනවා, නොවැලැක්වීමෙන් ප්‍රියකරණවා, භුක්තිදිනවා

Indul'gence, *s.* ඉඩදීම, අනුසරය, අනුග්‍රහය. (*Rom. Cath.*) පුණ්‍යඵලය

Indul'gent, *a.* ඉවසන, නොවලක්වන, යහදු, කරුණාවන්ත

In'durate, *v* දෘඪකරණවා, සවිකරණවා, තදවෙනවා

Indus'trial, *a.* වැඩපලසම්බන්ධ, ශිල්ප

Indus'trious, *a.* වීර්යවන්ත, උත්සාහවන්තලෙස වැඩපලවල යෙදී සිටින, අලසනුවූ

In'dustry, *s.* උත්සාහවන්තකම, වීර්යවන්තකම, කඩිසරකම

In'dwelling, *a.* ඇතුලෙහි වාසයකරණ, සිතෙහි පවතනාවූ

Ine'briate, *v.* මත්කරණවා, වෙරිකරණවා

Inebria'tion, Inebri'ety, *s.* මත්වීම, වෙරිකම

Inef'fable, *a.* කියනොහැකිවූ, කියාපාන්ට බැරි අකාරවූ

Ineffec'tive, *a.* සිද්ධනොකරන්නාවූ, ගුණනැත්තාවූ, නිෂ්ප්‍රයෝජනවූ

Ineffec'tual, *a.* බලනැතිවූ, අසාධක, නිෂ්ඵල

Ineffica'cious, *a.* සිද්ධකරවන ගුණය නැත්තාවූ, සාර්ථකනොවූ

Inef'ficacy, *s.* බලය නැතිකම, ගුණනැතිකම, අසමර්ථකම

Ineffi'cient, *a.* අසමර්ථවූ, නොසෑහෙන්නාවූ

Inel'egant, *a.* අශෝභන, අවලක්ෂණ

Inel'igible, *a.* තෝරාගන්න ලැබීමට නුසුදුසු, නොසෑහෙන

Inel'oquent, *a.* අව්‍යක්ත, කථාකිරීමෙහි අසමර්ථ

Inept', *a.* අයෝග්‍ය, නුසුදුසු, මෝඩ, අඥාන

Inequal'ity, *a.* අසමානය, එකාකාර නැතිකම, සමතලා නැතිකම

Ineq'uitable, *a.* අසාධාරණ, අනාඩු

Inert', *a.* ප්‍රාණවත්නුවූ, මැලිවූ, ප්‍රමාද සහිතවූ, බලහීනවූ, අකමීනවූ

Iner'tia, *s.* බලනැතිකම, අකම්පාමානකම, අලසකම

Inessen'tial, *a.* අවශ්‍යනොවූ, ඕනෑ [නැති

Ines'timable, *a.* මිල නොකළහැකිවූ, ඉතා අනර්ඝවූ, බොහෝ අගයවූ

Inev'itable, *a.* වලක්වන්ට බැරිවූ, බේරෙන්ට නොහැකිවූ, නියතවූ

Inexact', *a.* හොඳටම හරිනැති, ස්වල්ප වැරදි සහිත

Inexcus'able, *a.* නිදොස්කළ නොහැකිවූ, ක්ෂමාවෙන්ට බැරිවූ

Inexhaust'ed, *a.* ක්ෂයනූනාවූ, බල හීනනොවෙන්නාවූ

Inexhaust'ible, *a.* ඉවරකරන්ට නුපුළුවන්වූ, හිස්කළ නොහැකිවූ, අප්‍රමාණවූ

Inex'orable, *a.* කරුණා නැත්තාවූ, නොනැමෙන්නාවූ, නොසෙල්වෙන සුළුවූ [වූ, සුපිපසඹූ

Inexpe'dient, *a.* අනනීවූ, නොනිසි

Inexpens'ive, *a.* වැඩිවියදම්නොල්ලන

Inexpe'rience, *s.* නුපුරුදුකම, අත් නුදුටුකම

Inexpe'rienced, *a.* අත්නදු නොබැලූවාවූ, පලපුරුදු නැත්තාවූ

Inex'piable, *a.* වරද ගෙවන්ට බැරිවූ. මැකිය නොහැකිවූ

Inex'plicable, *a.* විස්තාරකරන්ට නුපුළුවන්වූ, නොතේරෙන්නාවූ

Inexpres'sible, *a.* කිය නොහැකිවූ, කියාදෙන්ට නුපුළුවන්වූ

Inextin'guishable, *a.* නිවන්ටබැරිවූ, නැතිකළ නොහැකිවූ

Inex'tricable, *a.* පහදුගන්ට නුපුළුවන්වූ, බේරගන්ට නුපුළුවන්වූ, බේරන්ට බැරිවූ. ලිහන්ට නොහැකිවූ

Infallibil'ity, *s.* නොවරදින ස්වභාව, වරදින්නේනැති ගතිය

Infal'lible, *a.* වරදින්ට බැරි, නොවරදින සුළු, සත්තක

In'famous, *a.* අවනම්බුවූ, නින්දිතවූ, ඉතා දුෂ්ටවූ [දුෂ්ටකම

In'famy, *s.* අවනම්බුව, නින්දාව,

In'fancy, *s.* ළදරුකම, බිළිඳුකාලය

In'fant, *s.* ළදරුවා බිළින්දා, බාලයා

In'fant, In'fantile, *a.* ළදරු, ළමා, බාල

Infant'icide, *s.* ළදරුවන් මැරීම, බිළිදුන් මැරීම, ළදරුවෙක් මරන් [නා

In'fantry, *s.* පාබලසේනාව

Infat'uate, *v.* සිත්මුළාකරනවා, විමූඪකරනවා, උමතුකරනවා

Infatua'tion, *s.* සිහිවිකල කිරීම, දුවිනාර නුවිතකම, පිස්සුකම, මෝහිතතාව

Infect', *v.* අපවිත්‍රකරනවා, නරක්කරනවා, විෂවිද්දවනවා

Infec'tion, *s.* විෂවැදීම, බෝවීම, වසංගතය

Infec'tious, *a.* බෝවෙන, වසංගත

Infelic'itous, *a.* අවාසනාවන්ත, අඳුළනැති [කන්නිකම

Infelic'ity; *s.* අවාසනාව. දුක, කාල

Infer', *v.* තීරණවශයෙන් ගෙණහැර දක්වනවා, තේරුම්ගන්නවා

In'ference, *s.* තේරුම්යන කාරණාව, තීන්දුව

Inferen'tial, *a.* කාරණාවලින් තේරුම්ගතිහැකි, ඔප්පුවෙන

Infe'rior, *a.* අගේ වඩා අඩුවූ, අඩුතරම්වූ, පහත්වූ *s.* පහත් නැනැත්තා

Inferior'ity, *s.* අඩුතරම, බාලකම, පහත් අඩිය

Infer'nal, *a.* නිරයට අයිතිවූ, අපායට අයිතිවූ, පාතාල, යක්‍ෂ

Infer'tile, *a.* අසාර, නිසරු, ඵලනූප දවන

Infest', *v.* කලඹනවා, කරදරකරණවා, ගැවසී හිරිහැරකරණවා

In'fidel, *a.* සඞානැති, නොඇදහිලිකාර *s.* අවිශ්වාසයා, ආගම ප්‍රතිෂෙපකරන්නා, ක්‍රිස්තියානි ආගම විශ්වාස නොකරන්නා

Infidel'ity, *s.* නොඇදහිලිකාරකම, ක්‍රිස්තියානි ආගම අවිශවාසකිරීම, විශවාසනැතිකම, ද්‍රෝහිකම

In'finite, *a.* ඉමක් නැත්තාවූ, කෙළවරක් නැති, අනන්ත, අප්‍රමෙය්‍ය

Infinites'imal, *a.* අප්‍රමාණතරම් කුඩාවූ, අනන්ත ක්‍ෂුද්‍රවූ

Infin'itive, *s.—a mood in grammar,—* භාවක්‍රියාවේ අනියම් විධිය

Infin'itude, *s.* අනන්තකම්, අප්‍රමෙය්‍යකම

Infirm', *a.* දුර්වල, කෙබෙත්තු, බෙල [ශීන, පව්නැති

Infirm'ary, *s.* චිකිත්සා ශාලාව, ගිලන්හල, ලෙඩුන් වසන ගේ

Infirm'ity, *s.* දුර්වලකම්, රෝගාතුරකම, සිහි ඔබලත්කම

Inflam'mable, *a.* පත්තුකරන්ට පුළුවන්වූ, පහසුවෙන් ඇවිලෙන්නාවූ

Inflamma'tion, *s.* දහය, ඉදිමුම් සහිත දුවිල්ල

Inflam'matory, *a.* දුවිල්ල හටගන්වන, අවුලුවන, සිත්කලඹන

Inflame', *v.* පත්තුකරණවා, අවුලුවනවා, ඇවිස්සෙනවා

Inflate', *v.* පුල්ංපුරවනවා, පුප්පනවා

Infla'tion, *s.* වාතයපිරවීම, පිපුනභාව, උඩඟුගතිය

Inflect', *v.* නමනවා, හරවනවා, වෙනස්කාරගබ්දකරණවා, වරනැඟනවා

Inflec'tion, *s.* වරනැඟීම, හඩවෙනස්කිරීම [හැරෙන්නාවූ

Inflex'ible, *a.* නමන්ට බැරිවූ, නො

Inflict', *v.* (අවිචුවක්) පවරණවා, (දුක්) පමුණුවනවා

Inflic'tion, *s.* පැවරීම, පවරණලද දඬුවම, පත්විපත

In'fluence, *s.* ආනුභාව, බලය, වරම *v.* බලපවත්වනවා, අනුභාස්පා ක්‍රියාකරවනවා

Influen'tial, *a.* බලපවත්වන, බලවත්; වැදගත්

Influen'za, *s.* බෝවෙන බලවත් සෙම්ප්‍රතිසතාව | වීම, වැඩිවීම

In'flux, *s.* ඇතුළටගැලීම, අද්දවාවැ

Infold', *v.* බඳනවා, වැලඳගන්නවා

Inform', *v.* දන්වනවා, කියාහිටිනවා, උගන්වනවා

Inform'al, *a.* නියම විධියට නොවූ, අනියම්වූ

Inform'ant, *s.* දන්වන්නා, සැලකරන්නා

Informa'tion, s. දැන්වීම, සැලකල කාරණ, දැනගැන්ම, ගත්ත
Infrac'tion, s. බිඳීම, කඩකිරීම
Infran'gible, a. බිඳින්ට නොහැකිවූ, කඩනොකළ යුතුවූ
Infre'quent, a. නිතර සිද්ධනොවෙන, කලාතුරකින් පමණක් වෙන්නාවූ, දුර්ලභ
Infringe', v. කඩකරණවා, අවලංගු කරණවා, ඉෂ්ටනොකර හරිනවා
Infringe'ment, s. කඩකිරීම, ඉෂ්ටනොකර හැරීම
Infu'riate, v. කෝපකරණවා, උදහසින් උමතුකරණවා
Infuse' v. වත්කරණවා, පොගවනවා, ඇතුල්කරණවා, සිතටදෙනවා
Infu'sion, s. වත්කිරීම, කසාය, රසය
In'gathering, s රැස්කරගැනීම, ශස්‍යකාලය, ගොයම
Inge'nious, a. තියුණුඥානය ඇති, සමර්ථ, හපන්
Ingenu'ity, s. හපන්කම, සමර්ථකම, දක්ෂ යෝජනාවේ නිපුනකම
Ingen'uous. s. අවංකවූ, රැවටිලිනැතිවූ, උත්තමවූ
Inglo'rious, a. ගෞරවරහිතවූ, අපකීර්තිවූ, නිවවූ
In'got, s. ලෝහ කැබෙල්ල
Ingraft', v. පාස්සනවා, පාහනවා, අලවනවා
Ingrain', v. සැරලෙස සායම්පොවනවා, පදියම්කරණවා

Ingra'tiate, v. අන්‍යයෙකුගේ හොඳ සිත ගන්නවා, අනුග්‍රහය යටතට පැමිණෙනවා
Ingrat'itude, s. කෘතවේදිතානැතිකම, කෙලෙහිගුණ නොසැලකීම
Ingre'dient, s. ද්‍රව්‍යයක්, කොට්ඨාසයක්
In'gress, s. ඇතුල්වීම, ප්‍රවිෂ්ටවීම
Ingulph', v. ගැඹුරේ ගිල්වනවා, දියවැලට ගිලගන්නවා
Inhab'it, v. පදිංචිවෙනවා, වාසයකරණවා, වසනව
Inhab'itable, a. වාසය[illegible] හැකිවූ
Inhab'itant, s. පදිංචිකාරයා, වැසියා
Inhale', v. ආශ්වාසකරණවා
Inhere', v. තුළෙහි පවතිනවා, අන්තර්ගතව තිබෙනවා
Inhe'rent, a. වෙන් නොවෙනලෙස අඩංගුවූ, අන්තර්ගතවූ, ඇතුළත පවත්නාවූ
Inher'it, v. උරුමකරගන්නවා, අයිතිවෙනවා, හිමිවෙනවා
Inher'itance, s. උරුමය; ප්‍රවේණිය
Inher'itor, s. උරුමකරගන්නා, උරුමක්කාරයා
Inhib'it, v. වළක්වනවා, තහනම්කරණවා
Inhibi'tion, s. නැවැත්වීම, තහනම, තහනම්පත්‍රය
Inhos'pitable, a. ආගන්තුක සත්කාර නොකරන්නාවූ, උපකාරනැති

Inhu'man, *a.* අමනුෂ්‍යවූ, අසත්පුරුෂ
වූ, අනුකම්පා නැත්තාවූ

Inhuman'ity, *s.* අනුකම්පා නැතික
ම, කෲරකම

Ini'mical, *a.* නොමිතුරුවූ, සතුරුවූ

Inim'itable, *a.* සමානලෙස කළනො
හැකිවූ, අසදෘශවූ [පුරු

Iniq'uitous, *a.* දුෂ්ඨ, අධර්මිෂ්ඨ, න

Ini'quity, *s.* දුෂ්ඨකම, අධර්මිෂ්ඨකම,
අපරාධය

Ini'tial, *a.* පටන්ගත්, පළමු *s.* මුලකු
ර, නමක ආරම්භාක්ෂරය *v.* නමේ
අකුරුලි අත්සන්කරණවා

Ini'tiate, *v.* පටන්ගන්නවා, මූල්කාර
රණ උගන්වනවා, නිලයකට පමු
ණුවනවා

Initia'tion, *s.* ආරම්භකිරීම, මුල්ගුරු
කම් උගන්වාදී යම් සමාගමයකට ඇ
තුළත්කිරීම

Ini'tiative, *a.* ආරම්භකාරණ, ප්‍රාරම්භ
ක *s.* ආරම්භක කෘත්‍යය

Ini'tiatory, *a.* ආරම්භක, පටන්ගැම්
මට අයිතිවූ

Inject', *v.* ඇතුළට විදිනවා, වස්තික
රණවා [න, වස්තිය

Injec'tion, *s.* ඇතුළට වද්දන බෙහෙ

Injudi'cious, *a.* අනුවණවූ, ඥානගෝ
චරනොවූ [නම්, අණව

Injunc'tion, *s.* අණ, අවවාදය, තහ

In'jure, *v.* අපාඩුකරණවා, අලාභක
රණවා, අවැඩකරණවා, අනතුරුක
රණවා, සරක්කරණවා

Injur'ious, *a.* අවැඩදායකවූ, අනතුරු
සහිතවූ, හිංසකවූ

In'jury, *s.* අනර්ථය, අනාදරය, අලා
භය, පීඩවීම

Injus'tice, *s.* අසාධාරණකම, අයුක්
තිය, අනාඩුව, අපරාධය

Ink, *s.* තීන්ත *v.* තීන්ත ගානවා

Ink'ling, *s.* සංඥාව, සංකාසිතිවිල්ල,
යන්තම් දැන්වීම

Ink'y, *a.* තීන්ත ගෑවී තිබෙන, තීන්
ත සමාන කළු

Ink'stand, *s.* තීන්තකූඹුව

Inlaid', *a.* යමක් වද්දා නොහොත්
ගිල්වා තිබෙන

In'land, *a.* මුහුදෙන් දුරවූ, පිටිසර
s. පිටිසර ප්‍රදේශය

Inlay', *v.* වද්දනවා, පුරුද්දනවා, ග
ල්වනවා [වරය, කලපුව

In'let, *s.* ඇතුල්වෙන මග, බොකු

In'ly, *ad.* අභ්‍යන්තරව, සිතෙහි, රහ
සේ, සිත තුළින්

In'mate, *s.* සහවාසයා, ගෙයිවැසියා

In'most, In'nermost, *a.* ඉතා ඇතුළ
තවූ, ඉතා අභ්‍යන්තර [ශාලාව

Inn, *s.* නවාතැන, තානායම, විශ්‍රාම

In'nate, *a.* සහජ, ජන්ම, සහජාත,
ස්වභා [අභ්‍යන්තර

In'ner, *a.* වඩා ඇතුල්වූ, ඇතුළත,

In'ning, *s.* ගොයම් රැස්කරගැනීම,
පන්දුගැසීමේ වාරය

Inn'keeper, *s.* තානායම්කාරයා

In'nocence, *s.* අහිංසකකම, නිදොස්කම, ශුද්ධකම, අවංකකම

In'nocent, *a.* නිර්දෝෂ, නිවැරදි, පවිත්‍ර, නිරපරාධ

Innoc'uous, *a.* උපද්‍රවරහිත, අහිංසක

In'novate, *v.* අමුතුකාරණයක් කරණවා, අලුත් භාවිතා පමුණුනවා

Innova'tion, *s.* අලුත්විධියකට කිරීම, අමුතු අන්දම, වෙනස් භාවිතාව

Innuen'do, *s.* සංඥාව, ඉඟිකිරීම, වදින්ට කී කීම

Innu'merable, *a.* ගණන් හැකිවූ, ගණන්නැති, අසංඛ්‍ය, නනත

Innutrit'ious, *a.* පෝෂ්‍ය නොකරන්නාවූ, පෝෂ්‍ය ගුණයක් නැති

Inoc'ulate, *v.* ලග්නකරණවා, අත්විදිනවා, එන්නත්කරණවා

Inocula'tion, *s.* පැස්සීම, අත්විදීම

Ino'dorous, *a.* ගඳනැත්තාවූ, නිගීන්ධ

In'offensive, *a.* අපරාද නොකරන්නාවූ, නිරුපද්‍රව, අහිංසක

Inop'erative, *a.* අකර්මක, බලනොපිහිටන, ගුණනැති

Inopportune', *a.* අකල්වූ, ප්‍රස්තාවට අයෝග්‍ය, අසවාස

Inor'dinate, *a.* ප්‍රමාණතික්‍රාන්තවූ, පිළිවෙළකට නැති, අධිකතර, අයුතු

Inorgan'ic, *a.* ඉන්ද්‍රියරහිත, ගාත්‍රානැති. අප්‍රාණික

In'quest, *s.* විභාගකිරීම, සෙවීම, හදිස්සි මරණයක් ගැණ ජූරිවිභාගය

Inquire', *v.* අහනවා, ප්‍රශ්නකරණවා, විභාගකරණවා, සොයනවා

Inquir'er, *s.* අහබලන්නා, විචාරන්නා, සොයන්නා

Inqui'ry, *s.* ඇසීම, විභාගය, සෝදිසිය

Inquis'itive, *a.* අසා දැනගන්ට සිත වූ, අනුන්ගේ කාරණ සෝදිසිකරන්නාවූ

Inquisi'tion, *s.* විචාරීම, විභාගකිරීම, රෝමානු නඩුසභාවක්

Inquis'itor, *s.* විභාගකරන්නා, පරී

වීම, සටනාව

Insane', *a.* බල්මාද, උමතු, පිස්සුවිකාර, වියරු

Insan'ity, *s.* බල්මාදය, උන්මාදය, විකාරය, පිස්සුගතිය, වියරුව

Insatiabil'ity, *s.* සෑහීමට නොපැමිණෙන ගතිය, අතෘප්තිකම

Insa'tiable, *a.* තෘප්තියට නොපැමිණෙන, සංනොසිදෙන, ඉතා ගිජු

Inscribe', *v.* පිට ලියනවා, ලියා දක්වා තිබිනවා; කැටයම්කරණවා, අදිනවා

Inscrip'tion, *s.* පිටලිවීම, මාතෘකාව, කැටයම, ශිලාලේඛනය

Inscrutabil'ity, *s.* සොයා දැනගත නොහැකි ගුණය, අවිඥාත්‍යභාවය

Inscru'table, *a.* සොයා දැනගන්ට නුපුළුවන්වූ, අවිඥාත්‍ය

In'sect, *s.* මැසි කුඹුම්බි ආදී ප්‍රාංචි ස තෙක් [තාවූ, අවිශ්වාසවූ

Insecure', *a.* සුරක්ෂිතවූ, සවි නැත්

Insecur'ity, *s.* ආරක්ෂාරහිත ස්වභාව, ස්ථිරනැතිකම

Insen'sate, *s.* සිහිකල්පනානැති, මන්දබුද්ධි, මෝඩ

Insensibil'ity, *s.* දැනීමක් නැතිකම, නොහැඟීම, දුර්ගුණය

Insen'sible, *a.* නොදැනෙන්නාවූ, හැඟීමක් නැත්තාවූ, සිහිනැති

Insen'sibly, *ad.* නොදැනෙන ලෙස, නොහැඟෙන ආකාරයෙන්, ක්‍රම ක්‍රමයෙන්

Insep'arable, *a.* වෙන්කළ නොහැකිවූ, ප්‍රභේදකළ නොහැකිවූ

Insep'arably, *ad.* වෙන්කළ නොහැකිලෙස, අභේද්‍යාකාරයෙන්

Insert', *v.* ඇතුල්කරණවා, අතරේ තබනවා, අන්තර්ගත කරණවා

Inser'tion, *s.* ඇතුල්කිරීම, ගැළපීම, බහාලනලද්ද

In'side, *a.* ඇතුල්, අභ්‍යන්තර *ad.* or *prep.* ඇතුලෙහි, ඇතුලට. තුළින්

In'side, *s.* ඇතුල්පැත්ත, තුළ, ඇතුළ

Insid'ious, *d.* අනුකරන්ට රැකසිටින, ප්‍රයෝගවූ, ද්‍රෝහිකාර, රහස්

In'sight, *s.* අභ්‍යන්තර දෘෂ්ටිය, දැනගැනීම, සූක්ෂ්ම තේරුම්කම

Insig'nia, *s. pl.* නිලවලට ඉදන ලකුණු, අක්න, හැඳිනීමට සලකුණු

Insignif'icant, *a.* වැදගැම්මක් නැති, නිෂ්ප්‍රයෝජන, සුළු, අධම

Insincere', *a.* අසත්‍ය, අවිශ්වාස, කපටි

Insincer'ity, *s.* වංකකම, අවිශ්වාසකම, රැවටිලිකාරකම

Insin'uate, *v.* ක්‍රමයෙන් ඇතුල්වෙනවා, උපායෙන් සිත්ගන්නවා, හඟවනවා

Insinua'tion, *s.* සූචනින් ඇතුල්කිරීම, හැඟවීම, සංඥාව

Insip'id, *a.* රසනැති, අරුචි, මලානික

Insipid'ity, Insipid'ness, *s.* රසනැතිකම, අසාරකම, උනන්දු නැතිකම

Insist', *v.* තදබලකරණවා, බලකර කියනවා, ස්ථිරලෙස කියනවා

Insist'ence, *s.* බලාත්කාරලෙස කීම, ස්ථිරව සිටීම

Insnare', *v.* මලපුඩුවෙන් අල්ලනවා, ප්‍රයෝගයෙන් අසුකරණවා

Insobri'ety, *s.* බීමත්කම

In'solence, *s.* උද්දාමලෙස ක්‍රියාකිරීම, උඩඟුකම, හෙලාදැකීම

In'solent, *a.* උද්දාමකම් පාන්නාවූ, ආඩම්බරවූ

Insol'uble, *a.* දියකළනොහැකි, පැහැදිලිකළ නොහැකි

Insolv'able, *a.* විස්තරකළනොහැකි, තේරුම්ගන්ට නුපුළුවන්

Insolv'ent, *a.* ණය ගෙවන්ට නුපුළුවන්වූ, වස්තුභංගත්වයට පත්වූ *s.* වස්තුභංගත්වයට පැමිණි කෙනෙක්.

Insom'nia, *s.* නින්දනොයාම, නිඳු ගන්ට බැරිකම

Insomuch', *ad.* මෙපමණව, තරමට, එපලස [වා, බලාගන්නවා

Inspect', *v.* බලනවා, සෝදිසිකරණ

Inspec'tion, *s.* බැලීම, සෝදිසිකිරීම

Inspect'or, *s.* බලන්නා, සෝදිසිකරන්නා, පරීක්ෂකයා

Inspira'tion, *s.* ආශ්වාසකිරීම, අනුභාවය, දේවානුභාවයෙන් ඉගැන්වීම

Inspire', *v.* ආශ්වාස කරණවා, ඇතුළට පිඹිනවා, සිතට වද්දනවා, ප්‍රාණවත්කරණවා

Inspir'it, *v.* ප්‍රාණවත්කරණවා, වියෂී දෙනවා

Instabil'ity, *s.* අනිෂ්ථිරකම, චචලකම, වෙනස්වෙන ගතිය

Install', *v.* ස්ථානාන්තර ගතකරණවා, නිලයකට පත්කරණවා

Installa'tion, *s.* නිලයකට පත්කිරීම, තුලවැද්දීම

Instal'ment, *s.* නිලයක් භාරකිරීම, මුළු ගණනින් වරින්වර ගෙවන කොටස

In'stance, *s.* සිද්ධවූ කාරණය, ප්‍රස්තාව, ආදෘශය *v.* ආදෘශයක් නොහොත් නිදර්ශනයක් ගෙණපානවා

In'stant, *a.* ඉක්මන්වූ, හදබලවූ, එකෙණෙහිම බිනෑවූ *s.* වර, වතාව, මොහොත, දින

In'stantly, *ad.* දැන්ම, එකෙණෙහිම, ඇසිල්ලකින්

Instantan'eous, *a.* ක්ෂණයෙහිවූ, එකෙණෙහිම වෙන්නාවූ [උදෙසා

Instead', *prep.* වෙනුවට, තිලව්වට,

In'step, *s.* උඩුපතුල, පිටිපතුල

In'stigate, *v.* නරකක් කිරීමට සිත පොළඹවනවා, අනුබලදෙනවා

Instiga'tion, *s.* පෙළඹීම, උසිගැන්වීම, පොළඹන කරුණ

In'stigator, *s.* නපුරට පොළඹන්නා, පරීක්ෂාකාරයා

Instil', *v.* ක්‍රමයෙන් ඇතුළට වත්කරණවා, ටිකෙන් ටික පුහුණුකරවනවා

In'stinct, *s.* ජම්ම දැනුම, සහජබුද්ධිය

Instinct', *a.* ප්‍රාණවත්, සෙල්වෙන

Instinct'ive, *a.* සහජබුද්ධියෙන් වෙන්නාවූ, අදහස්නොකර හටගන්නාවූ

In'stitute, *v.* පිහිටුවනවා, පත්කරණවා, පණවනවා, පටන්ගන්නවා *s.* ප්‍රඥප්තිය, නියෝගය, පණත් පොත, ශාස්ත්‍රසභාව

Institu'tion, *s.* පිහිටුවීම, නියෝගකිරීම, ආඥාව, ධර්මසභාව, විද්‍යාලය

Instruct', *v.* පුහුණුකරණවා, උගන්වනවා

Instruc'tion, *s.* ඉගැන්වීම, දැනමුතුකම, ශික්ෂාව, ආඥාව [කවූ

Instruct'ive, *a.* ගුරුකම්සහිත, ශික්ෂා

Instruct'or, s. උගන්වන්නා, ගුරුවරයා, ආචාර්යයා, ශික්ෂකයා

In'strument, s. ආවුදය, මෙවලම, තූර්යභාණ්ඩය, ලේඛනය, ඔප්පුව

Instrument'al, a. ආවුදවශයෙන්වූ, කලමනාකාරවූ, තූර්යභාණ්ඩවූ

Instrumental'ity, s. ආවුදයක්වීම, උපකරණබව, ක්‍රියාකිරීම

In'subordinate, a. අකීකරු, යටත් නැති, පෙරළිකාර

Insubordina'tion, s. යටත්නොවී සිටීම, කැරළිකාර ස්වභාව

Insuf'ferable, a. ඉවසන්ට බැරිවූ. නුරුස්සන්නාවූ

Insuffic'ient, a. මදිවූ, නොසෑහෙන්නාවූ, නුසුදුසුවූ, අසමර්ථවූ

In'sular, a. ද්වීපනකට අයිති, දිවයින් වටවූ, විපාකාර

Insular'ity, s. විපාකාරය, වෙන්වූ හෝ තනිවූ ස්වභාව [රතබනවා

In'sulate, v. වෙන්කරණවා, තනික

Insult', v. නින්දාකරණවා, අවනම්බු කරණවා, හෙලාදකිනවා

In'sult, s. නිග්‍රහකිරීම, බැණීම, අපහාසය, නින්දාව

Insult'ingly, ad. නිග්‍රහලෙස, සුලුකම්පෑමෙන්, උඩඟු ලෙස

Insu'perable, a. බැරිතරම් අමාරුවූ, ජයගත නොහැකිවූ

Insupport'able, a. දරන්ට නුපුළුවන්වූ, ඉවසන්ට බැරිවූ

Insur'ance, s. ආරක්ෂාකරන්ට පොරොන්දුකිරීම, අලාභ අනතුරුවලදී ආරක්ෂාව පිණිස ගෙවා තබනාමුදල

Insure', v. සහතිකකරණවා, මුදලක් ගෙවා අලාභනැතිකරණ ලෙස පොරොන්දුගන්නවා

Insur'gent, a. ආණ්ඩුවට විරුද්ධව නැගිටින, කැරළිකාර s. කැරළිගසන්නා

Insurmount'able, a. නගින්ට බැරිතරම්වූ, පහකරගත නොහැකිවූ

Insurrec'tion, s. කැරළිගැසීම, කැරැල්ල, කෝලාහලය

Insuscep'tible, a. නොදැනෙන්නාවූ, හැකිව නැත්තාවූ

Intact', a. අතනොහැපු, නොබිඳුන

Intan'gible, a. ස්පර්ශකල නොහැකිවූ, අතට නොදැනෙන

In'teger, s. සමස්තය, මුළුගණන, අඛණ්ඩය [න්වූ

In'tegral, a. අඛණ්ඩවූ, සම්පූර්ණයෙ

In'tegrate, v. සම්පූර්ණකරණවා, එක්රැසකරණවා, ප්‍රකෘතිමත්කරණවා

Integ'rity, s. සම්පූර්ණකම, අවංකකම, සෘජුකම

Integ'ument, s. සිවිය, වැස්ම, හම

In'tellect, s. සිහිය, මතිය, බුද්ධිය

Intellect'ual, a. සිහිය පිළිබඳ, සවිඥානකවූ, සිහිබුද්ධි ඇත්තාවූ

Intellect'ualism, s. සිහිබුද්ධිධර්මය, සිහිය දියුණුකිරීම

Intel'ligence, *s.* බුද්ධිමත්කම, ඥාන ය, දැනවීම, අරංචිය

Intel'ligent, *a.* බුද්ධිමත්,සිතිකල්පනා ඇති, දැනුම්තෙරුම් ඇති, අවබෝධ ඔබ්බූ

Intelligibil'ity, Intel'ligibleness, *s.* පැහැදිලිකම, තේරුම්ගන්ට පුළුවන්කම

Intel'ligible, *a.* පැහැදිලිවූ, තේරුම් ගන්ට පුළුවන්වූ

Intem'perance, *s.* පමණ නොදැන්ම, ප්‍රමාණය ඉක්මවා ක්‍රියාකිරීම, බීමත්කම

Intem'perate, *a.* පමණ නොදන්නා වූ, බේබදුවූ

Intend', *v.* අදහස්කරණවා, අරමුණු කරණවා, සිතනවා

Intense', *a.* අධිකතරවූ, බලිතවූ, තදබලවූ, ඉතා බොහෝවූ

Intense'ly, *ad.* අධිකලෙස, තදලෙස, අතිශයින්

Intens'ify, *v.* අධිකකරණවා, තදබලකරණවා, වැඩිවෙනවා

Intent', *a.* සිත නැමුනාවූ; ස්ථිරලෙස යොමුකළාවූ *s.* කල්පනාව, අදහස, තේරුම [භිප්‍රාව

Inten'tion, *s.* අදහස, කල්පනාව, අ

Inten'tional, *a.* අදහස්කරපු, සිතා ලා නොහොත් ඕනෑවාට කළාවූ

Inter', *v.* වළලනවා, භූමදානකරණවා, තැන්පත්කරණවා

Interac'tion, *s.* වස්තූන් අතරේ ක්‍රියා කරගෑණීම, අන්‍යොන්‍ය ක්‍රියාව

Intercede', *v.* වෙනුවට කථාකරණවා, මැදහත්කම්කරණවා, වෙනුවට යාච්ඤාකරණවා

Intercept', *v.* නවත්වනවා, අල්වනවා, බාධාකරණවා

Interces'sion, *s.* මැදහත්කම, අන්‍යයෙක් උදෙසා කරණ ඉල්ලීම

Intercess'or, *s.* මැදහත්වෙන්නා, මැදහත්කම් කරන්නා

Intercess'ory, *a.* මැදහත්කමට අඳුළුවූ, මැදහත් වශයෙන්වූ

Interchange'. *s.* හුවමාරුකරණවා, මාරුකරණවා *s.* හුවමාරුව, ගණුදෙනුව

Interchange'able, *a.* මාරුකළහැකිවූ, මාරුවෙන්නාවූ

In'tercourse, *s.* ගණුදෙනුකිරීම, සමාගම් පැවැත්වීම, ආශ්‍රය, සංසර්ගය

Interdict', *v.* තහනම්කරණවා, වළක්වනවා

In'terdict, *s.* තහනම, තහනම්පත්‍රය

Interdict'ive, Interdict'ory, *a.* තහනම්කරන්නාවූ, තහනම් සහිත

In'terest, *s.* ප්‍රයෝජනය, සිත පෙළඹීම, සහභාගීකම, පංගුව, පොළිය *v.* මැදහත්ව තිබෙනවා, සිත් ප්‍රීතිකරණවා, පොළඹවනවා

In'terested, *a.* පංගුකාරවූ, ප්‍රයෝජනැති‍වූ, ආත්මාර්ථ

In'teresting, *part.* ප්‍රසන්නකරන්නාවූ, සිතටවදින

Interfere', *v.* මැදිවෙනවා, අනුන්වෙනුවෙන් අරැවුල්කරණවා, බාධාවක් වෙනවා

Interfe'rence, *s.* අනුන්ගේ කාරණවලට මැදිවීම, විරුද්ධව තිබීම

Interfused', *a.* අතරෙහි විසුරුවාදැම්මාවූ

In'terim, *s.* අතරතුර, අතරවාරය

Inte'rior, *a.* ඇතුල්, මධ්‍යස්ථ, අභ්‍යන්තර, පිටිසරබද *s.* ඇතුළ, පිටිසර

Interject', *v.* අතරට්දමනවා, හදිසියෙන් කියනවා

Interjec'tion, *s.* විස්මාර්ථ නිපාතය

Interlace', *v.* එකට ගොතනවා, පටලවනවා, මිශ්‍රකරණවා

Interlard', *v.* මිශ්‍රකර ප්‍රභේදකරණවා, අමුතු දේ ගෙණහැර පා කථාකරණවා

Interleave', *v.* ලියාපු කොල අතරට නොලියාපු කොල දමා බඳිනවා

Interline', *v.* ඉරි අතරේ ලියනවා, පේළි අතරේ ලියනවා

Interlinea'tion, *s.* ඉරිඅතරේ ලිවීම, පේළි අතරේ ලියාපු දේ

Interlocu'tion, *s.* උත්තරප්‍රත්‍යුත්තර කථාව, දෙබස

Interloc'utor, *s.* දෙබසකදී කථාකරන්නා, උත්තර ප්‍රත්‍යුත්තර දෙන්නා

Interlop'er, *s.* යුතුකමක් නැතුව පැමිණෙන්නා

In'terlude, *s.* අතුරු සෙල්ලම, අතුරු ගායනාව

Intermarr'iage, *s.* සරණපාවා දීම ගැනීම [ණවා

Intermar'ry, *v.* කිරගණුදෙනු කර

Intermed'dle, *v.* අරැවුල් කරණවා, අනුන්ගේ කාරණ ගැණ මැදිවෙනවා

Interme'diate, *a.* මධ්‍යස්ථවූ, අන්තර

Inter'ment, *s.* භූමදාන කිරීම, තැන්පත්කිරීම [ය්‍යන්ත, අනන්ත

Interm inable, *a.* නිමක්නැති, අප

Inter'mingle, *v.* මිශ්‍රකරණවා, මිශ්‍රවෙනවා

Intermis'sion, *s.* අත්හිටීම, අතරවාරය, නැවැත්වීම [නවතිනවා

Intermit', *v.* අත්හිටවනවා, කලකට

Intermit'tent, *a.* කලකට අත්හිටින, බැහැලාගන්නාවූ [ලවම්කරණවා

Inter'mix, *v.* මිශ්‍රකරණවා, එකට ක

Intermix'ture, *s.* එකට මිශ්‍රවූ ද්‍රව්‍ය, කැලවම

Inter'nal, *a.* ඇතුල්, අභ්‍යන්තර, සිතෙහිවූ, දේශයට අයිතිවූ

Inter'nally, *ad.* ඇතුළතින්, ඇතුලෙහි, ආධ්‍යාත්මිකලෙස

Interna'tional, *a.* ජාතීන් අතරෙහිවූ

Interne'cine, *a.* එකිනෙකා නසාගන්න, අන්‍යොන්‍යඝාතක

Inter'polate, *v.* හොරෙන් අමුතු පද අඩංගුකරණවා

Interpola'tion, *s.* පොත්පත්වල හොර වචන නොහොත් පාඨදැමීම, එසේ දැමූ අමුතු පදය

Interpose', *v.* අතරේ තබනවා, මැදහත්වෙනවා

Interposi'tion, *s.* අතරේ තැබීම, මැදිකිරීම, මැදහත්වීම

Inter'pret, *v.* තෝරාදෙනවා, විසඳනවා, පිටපත්කරණවා, තේරුම් කියනවා [නය, අභිප්‍රාව

Interpreta'tion, *s.* පිටපත්කිරීම, සත්

Inter'preter, *s.* තෝරාදෙන්නා, තුප්පහිකම් කියන්නා

Interreg'num, *s.* රජෙක් නැති කාලය, එක් රජකෙනෙක් හා තවත් කෙනෙක් ට පසුව රාජ්‍යයට පැමිණෙන්නා අතරේ කාලය [ණවා, විචාරණවා

Inter'rogate, *v.* අහනවා, ප්‍රශ්නකර

Interrog'ative, *a.* ප්‍රශ්නකරන්නාවූ, ඇහීමක්වූ, ප්‍රශ්නවාචක *s.* ප්‍රශ්නවාචක ශබ්දය

Interrog'atory, *s.* ඇහීම, විභාගය

Interrupt', *v.* වැදිච් බාධාකරණවා, කඩකරණවා, බෙදනවා

Interrup'tion, *s.* මැදිවීම, වැළැක්වීම, නැවතීම, බාධාව

Intersect', *v.* හරහට කපනවා, ඡේදකරණවා, හරහට වැටීතිබෙනවා

Intersperse', *v.* අතරේ විසුරුවනවා, තැනින්තැන දමනවා, ඉසිනවා

Inter'stice, *s.* අතරෙහි විවරය, සිලු, සිදුර, අවකාශය

Intertwine', *v.* එකට බහනවා, පටලවනවා, එතනවා, වෙළෙනවා

In'terval, *s.* අවකාශ ප්‍රමාණය, අතර, ඉඩ

Intervene', *v.* අතරට පැමිණෙනවා, මධ්‍යස්ථවෙනවා, මැදිවෙනවා

Interven'tion, *s.* අතරට පැමිණීම, මැදහත්කම

In'terview, *s.* සම්මුඛවීම, එක්ව කථාකිරීම කරණවා

Interweave', *v.* එකට වියනවා, එක්

Intes'tate, *a.* තෙස්තමේන්තුවක් නොසාදා මැරුණාවූ *s.* අන්තිම කැමති පත්‍රයක් ලියා නොදී මැරෙන්නා

Intes'tine, *a.* ශරීරය ඇතුළෙහිවූ, දේශගතවූ, ස්වදේශි

Intes'tines, *s.* අතුණු, බඩවැල්

Inthral', *v.* වහල්කරණවා

In'timate, *a.* ඇතුළත්, හිතේෂි *s.* හිතේෂි මිත්‍රයා, සහකාරයා, විශ්වාසයා *v.* හඟවනවා, දන්වනවා

Intima'tion, *s.* හැඟවීම, සංඥාව, දැන්වීම

Intim'idate, *v.* භයගන්වනවා, භය කරණවා, අධෛර්‍යකරණවා

In'to, *prep.* ඇතුළට, අභ්‍යන්තරයට

Intol'erable, *a.* ඉවසන්ට නුපුළුවන්වූ, දරන්ට බැරිවූ, නොරිස්සන

Intol'erant, *a.* නොඉවසන, නුරුස්සන, පිඩාකරණ

Intona'tion, *s.* තුයෂ්ටනාද නැඟීම, හ ඬනගනවිධිය [කියනවා

Intone', *v.* නාදකරණවා, ස්වරනගා

Intox'icant, *s.* මත්කරණ ද්‍රව්‍යය, ම ද්‍යපානය [කරණවා

Intox'icate, *v.* මත්කරණවා, වෙරි

Intoxica'tion, *s.* මත්වීම, මත්ගතිය, වෙරිමත

Intract'able, *a.* නොනැමෙන්නාවූ, නීකාරුකල නොහැකිවූ, තික්මවන්ට අපුහුළුවත්වූ, හිතුවක්කාරවූ

Intran'sitive, *a.* අකර්මක

Intrench', *v.* පතස්කපනවා, වටකර අගල්කපා කඳවුරු බඳිනවා

Intrench'ment, *s.* වටකර අගල්කැපීම, ආරක්ෂාව පිණිස සෑදූ අගල හා ප්‍රාකාරය, කඳවුර

Intrep'id, *a.* නිර්භීතවූ, සිත්දැඩිවූ

Interpid'ity, *s.* නිර්භීතකම, ශෞර්‍යය

In'tricacy, *s.* පැටලිලි ඇතිකම, ගම්භීරකම

In'tricate, *a.* පට ලැවුනාවූ, වක්‍රතුළවූ

Intrigue', *v.* කුමන්ත්‍රණය කරණවා, රහසින් අනාචාරයේ හැසිරෙණවා *s.* කුමන්ත්‍රණය, රහස් උපාය

Intrin'sic, *a.* ඇතුළෙහිවූ, ඇතිකැටිමවූ, සැබෑවූ

Introduce', *v.* ඇතුළට පමුණුවනවා, අඳුන්වනවා, පළමුවෙන් ගෙණපානවා

Introduc'tion, *s.* අඳුනුබකරවීම, ආරම්භය, පටන්ගැම්ම

Introduc'tory, *a.* මූලාරම්භක, ප්‍රාරම්භ

Introspec'tion, *s.* ඇතුළනබැලීම, තමාම සෝදිසිකර බැලීම [නවා

Intrude', *v.* අවසරනැතුව ඇතුල්වෙ

Intru'sion, *s.* අවසරනැතුව පැමිණීම, බලෙන්ට ඇතුල්වීම

Intru'sive, *a.* අවසරනැතුව ඇතුල්වෙන, නොකැඳවා මැදිවෙන

Intrust', *v* පාවාදෙනවා, භාරදෙනවා, විශ්වාසකර භාරදෙනවා

Int'iutio: *s.* ජම්මිත්‍රුවන, සහජ දැනීම, ස්වභාවයෙන් හැඟෙන සත්‍යය

Intu'itive, *a* සිඃප්‍රුවනින් දැනගත්තාවූ, ජම්මිලෙස හැඟෙන්නාවූ, ඉබේම සිතට පහළවෙන්නාවූ

Intwine', *v.* අඹරණවා, ඔතනවා, පටලනවා [දියෙන් වැසියනවා

Inun'date, *v.* වතුරගලායටිකරණවා,

Inunda'tion, *s.* වතුරගැලීම, ජලගැල්ම, මහරැළියකින් පිරියෑම

Inure', *v.* පුරුදුකරණවා, පුහුණුකරණවා, දැඩිකරණවා

Invade', *v.* සටනටවදිනවා, යුද්ධ පිණිස රටකට ඇතුල්වෙනවා

In'valid, *a.* දුර්වල, රෝගාතුර *s.* දුර්වලයා, රෝගාතුරයා, ලෙඩා

In'valid, *a.* බලනැති, අවලංගු, නිෂ්ඵල *v.* රෝගාතුරකරණවා, ලෙඩෙක් හැටියට පොතේ නම සටහන් කරණවා

Inval'idate, *v.* බල නැතිකරණවා, දුර්වලකරණවා, අවලංගුකරණවා

Invalid'ity, *s.* දුර්වලකම, වලංගු නැතිකම [වන්වූ, අනඝී, මාහැඟි

Inval'uable, *a.* අගේකරන්ට නුපුළු

Inva'riable, *a.* වෙනස් නොවෙන්නාවූ, සැමදුම ඒකාකාර පවතින්නාවූ

Inva'riably, *ad.* නොවෙනස්ලෙස, ස්ථිරලෙස, නිරන්තරයෙන්ම

Inva'sion, *s.* සටනට වැදීම, සතුරන්ගේ පැමිණීම, රෝගයක් බෝවීම

Invec'tive, *s.* තද බැණුම් වාක්‍යය, ඇනුම්පදය

Inveigh', *v.* විරුද්ධව කථාකරණවා, අගුණ කියනවා, නින්දා කරණවා, දෝෂාරෝපණ කරණවා

Invei'gle, *v.* රවටනවා, වචනවෙන් අනුකරණවා

Invent', *v.* අමුතුවෙන් සාදනවා, අලුතෙන් උපදවනවා, ගොතනවා, ප්‍රබන්ධකරණවා

Inven'tion, *s.* අලුතෙන් ඉපදවීම; අමුතු යෙදුම, උපාමාරුව, බොරු ප්‍රබන්ධය, අමුතු දේ යොදාගැණීමෙහි සමර්ථකම

Invent'ive, *a.* අලුතෙන් උපදවන, අමුතු දේ යොදන්ට පුළුවන්

In'ventory, *s.* බඩුදලේ ගණන, වස්තු සටහන, බඩු වට්ටෝරුව

Inverse', *a.* පෙරළුනාවූ, පූර්වාපර පිළිවෙලින්වූ [ණවා

Invert', *v.* පෙරළනවා, පූර්වාපරකර

Inver'sion, *s.* පෙරළීම, පූර්වාපරභාවය, පිළිවෙළේ විපර්‍යාසය

Invest', *v.* පැලඳවනවා, ධානාන්තරයකට පත්කරණවා, සරසනවා, වටකරණවා, ප්‍රයෝජනයකට මුදල් දමනවා

Invest'igate, *v.* විචාරණවා, සෝදිසිකර බලනවා, විභාගකරණවා

Investiga'tion, *s.* සෝදිසිකිරීම, විචාරණය, විභාගය [අයිතිකාරදීම

Invest'iture, *s.* පැලඳවීම, පත්කිරීම,

Invest'ment, *s.* පැලඳවීම, වටලෑම, ප්‍රයෝජනය පිණිස මුදල් දැමීම

Invet'erate, *a.* බොහෝ කල්ගියාවූ, බද්ධ, තදබල

Invid'ious, *a.* කුඩුකේඩුකම උපදවන, ඊර්ෂ්‍යාවට හේතුවූ

Invid'iousness, *s.* කුඩුකේඩුකම උපදවන ස්වභාව, ඊර්ෂ්‍යෝත්පාදක ගුණය [වියදෙනවා

Invig'orate, *v.* ශක්තිමත්කරණවා, ස

Invin'cible, *a.* ජයගන්ට නුපුළුවන්වූ, මැඩපවත්වන්ට බැරිවූ

Invin'cibil'ity, *s.* පරාජය කළනොහැකි ස්වභාව, ජයගන්ට බැරි ගුණය

Invi'olable, *a.* කඩකරන්ට අයුතුවූ

Inviolabil'ity, *s.* අපවිත්‍රකරන්ට හෝ කෙළසන්ට බැරිකම, අවලංගුකරන්ට නුපුළුවන්කම

Invi'olate, *a.* කඩනොකළාවූ; අපහරනොකළාවූ, නොකිලුටුවූ

Invis'ibil'ity, *s.* අදෘශ්‍යමානතාව, දකින්ට බැරිකම [දෘශ්‍යමානවූ

Invis'ible, *a.* නොපෙණෙන්නාවූ, අ

Invita'tion, *s.* නිමන්ත්‍රණය, කැඳවීම, ආරාධනාව, ආරාධනා පත්‍රය

Invite', *v.* නිමන්ත්‍රණය කරණවා, අඬගසනවා, ආරාධනාකරණවා, සිත් පොළඹනවා

Invit'ingly, *ad.* පොළඹනලෙස, මනෝඥලෙස, ආකර්ෂණකාරයෙන්

Invoca'tion, *s.* යාච්ඤාකිරීම, ඉල්වීම, යාතිකාකිරීම

In'voice, *s.* බඩු සටහන් වට්ටෝරුව, වෙළඳ ගණන් පත්‍රය

Invoke', *v.* යාච්ඤාවෙන් පිහිට ඉල්වනවා, යදිනවා

Invol'untary, *a* සියකැමැත්ත නැතුව කෙරෙන්නාවූ, අචේතනික, අකාමික

Invol'untarily, *ad.* සියකැමැත්ත නැතුව, අකැමැත්තෙන්, ඉබේට

Involu'tion, *s.* ඇතුළට නැමී එතීම, පැටලිල්ල, ගණනක් එයින්ම වාර ගණනක් වැඩිකිරීම

Involve', *v.* පටලනවා, අතුලනවා, අන්තර්ගතකරණවා, අසුකරණවා

Invul'nerable, *a.* තුවාලකළ නොහැකිවූ

In'ward, *a.* ඇතුල්වූ, ආධ්‍යාත්මිකවූ, *ad.* ඇතුළට, සිතතුළට [ලෙහි

In'wardly, *ad.* ඇතුළෙහි, සිතතු

In'wards, *ad.* ඇතුළට, ඇතුළත දෙසට, සිතතුළට

Inwrap', *v.* ඔතනවා, දවටා වසනවා

Inwrought', *a.* සැරසූවාවූ, රූපවියා අලංකාරකළාවූ [බින්දුව

Io'ta, *s.* අක, ඉතා කුඩා ප්‍රමාණය,

Irascibil'ity, *s.* ලේසියෙන් කිපෙන ගතිය, ඉක්මන් තරහකාරකම

Iras'cible, *a.* ලේසියෙන් කිපෙන්නාවූ, ඉක්මන් කෝපකාරවූ

Irate', *a.* තරහවූ, කිපුනාවූ

Ire, *s.* තරහ, කෝපය, උදහස

Irides'cent, *a.* දේදුන්නේ පාට ඇත්තාවූ, ඉන්ද්‍රචාපවර්ණකාරවූ

I'ris, *s.* දේදුන්න, ඉන්ද්‍රචාපය, ඇසේ තාරාමණ්ඩලය

I'rish, *a.* අයර්ලන්තයට අයිතිවූ *s.* අයර්ලන්තකාරයින්ගේ භාෂාව

Irk'some, *a.* අපහසුවූ, සිතට වෙහෙසවූ, අමාරුවූ

I'ron, *s.* යකඩ, යකඩය, ඉස්තිරික්කේ, ශෘංඛලය *pl.* යදම්

I'ronclad, *a.* යකඩෙන් වැසී තිබෙන *s.* යකඩෙන් වසනලද යුද්ධ නැව

Iron-found'ry, *s.* යකඩ වාත්තුකරණ ඉඩම, යකඩ වීංකාලය

I'ron-hand'ed, *a.* යකඩ මෙන් සවි අත් ඇත්තාවූ [නාවූ, ඔඩියරු

Iron'ical, *a.* විරුද්ධාර්ථයෙන් කියන්

I'ron-monger, *s.* යකඩ බඩු වෙළෙන්දා

I'ronwood, *s.* නාළි, නාගස්

I'rony, *s.* විරුද්ධාර්ථකීම, ඇනුම්පද ය, කවටකම

Irra'diance, *s.* දීප්තිය, රශ්මිය

Irra'diate, *v.* රශ්මිවිහිදුවනවා, එළිය කරණවා, පහදවනවා

Irradia'tion, *s.* රශ්මිවිහිදුවීම, ආලෝකකිරීම, විහිදෙන කාන්ති, දීප්තිය

Irra'tional, *a.* අවිඥානක, ඥානශක්ති රහිත, සිහිනැති, මෝඩ, අනුවන

Irreclaim'able, *a.* හරිගස්සාගන්ට නුපුළුවන්වූ, මට්ටුකළනොහැකිවූ

Irreconcil'able, *a.* සමාදානකළ නොහැකිවූ, එකඟකරන්ට බැරිවූ, නොගැළපෙන

Irrecov'erable, *a.* නැවත ලබාගත නොහැකිවූ, හරිගස්සාගන්ට බැරිවූ

Irredu'cible, *a.* යටහත්කළ නොහැකිවූ, වෙනස් ස්වභාවකට පමුණුවා ගත නොහැකිවූ [නිරුත්තර

Irref'ragable, *a.* බිඳියනොහැකිවූ,

Irref'utable, *a.* බොරුකළනොහැකිවූ

Irreg'ular, *a.* පිළිවෙළකට නැති, අනියම්, අයෝග්‍ය, අනාචාර

Irregular'ity, *s.* පිළිවෙළකට නැතිකම, අනියම් විධිය, ඇදකුදය, නුසුදුසු කල්ක්‍රියාව

Irrel'evant, *a.* අසම්බන්ධවූ, කාරණවට වැදනොගත්තාවූ

Irrelig'ion, *s.* භක්තිනැතිකම, අභක්තිය, ඇදහිල්ලක් නැතිකම

Irrelig'ious, *a.* අභක්ති, නොඇදහිලිකාර, ආගමට හිතනැති

Irreme'diable, *a.* හරිගස්සන්ට බැරි, සුවකළ නොහැකි, අසාධ්‍ය

Irremov'able, *a.* අහක්කරන්ට බැරිවූ, අචල, ස්ථිර

Irrep'arable, *a.* අලුත්වැඩියාකරන්ට නුපුළුවන්වූ, පිරිමසන්ට බැරිවූ

Irrepress'ible, *a.* නැවැත්විය නොහැකිවූ, මැඩපවත්වන්ට නුපුළුවන්වූ

Irreproach'able, *a.* නිර්දෝෂවූ, වරද රහිතවූ, නිරපරාධවූ

Irreprov'able, *a.* වරදතැබිය නොහැකිවූ, නිර්දෝෂවූ

Irresist'ible, *a.* විරුද්ධවිය නොහැකිවූ, වළක්වන්ට බැරිවූ [පිරවූ

Irres'olute; *a.* චලිතවන්නාවූ, අනිස්

Irrespect'ive, *a.* නොසලකන්නාවූ, අසම්බන්ධවූ, වැදනොගත්තාවූ

Irrespect'ively, *ad.* නොසලකා, පැත්තකින් තිබියදී [නැති

Irrespons'ible, *a.* වගකියන්ට ඕනෑ

Irretriev'able, *a.* නැවත හරිගස්සන්ට නුපුළුවන්වූ, පිරිමසන්ට බැරිවූ

Irrev'erence, *s.* ගරුනැතිකම, දේව අපහාසගතිය [ගෞරවසහිතවූ

Irrev'erent, *a.* ගරුබුහුමන් නැති, අ

Irrevers'ible, *a.* හරවන්ට බැරිවූ, වෙනස්කළනොහැකිවූ [එවන්වූ

Irrev'ocable, *a.* වෙනස්කරන්ට නුසු

Ir'rigate, *v.* වතුර ගෙණ දෙනවා, තෙමනවා [ඇර තෙමීම

Irriga'tion, *s.* වතුර ගෙණදීම, වතුර

Irritabil'ity, *s.* පහසුවෙන් කිපෙන ගතිය, ඉක්මනට දූනෙන ස්වභාව

Ir'ritable, *a.* කිපෙන, ඇවිස්සෙන, ඉක්මනට දූනෙන

Ir'ritant, *s.* අවුස්සන බෙහෙත, අමුතු ගතියක් උපදවන දේ

Ir'ritate, *v.* තරහකරණවා, කුපිතකරණවා, අවුස්සනවා [සු ගතිය

Irrita'tion, *s.* ඇවිස්සීම, කිපීම, අපහ

Irrup'tion, *s.* කඩාගණ පැමිණීම, වැදීම, බලෙන් ඇතුල්වීම

Is, *v.* සිටිනවා, ඉන්නවා, තිබෙනවා, පවතිනවා [මාලූ ලාටු

I'singlass, *s.* ඇලෙන්නාවූ ද්‍රව්‍යයක්,

Is'lam, Is'lamism, *s.* මහමත් අගම

I'sland, Isle, *s.* ඩීපය, කොදෙව්ව, දිවයින, දූපත, දූව [තබනවා

I'solate, *v.* තනිකරණවා, තනිකර

Isola'tion, *s.* තනිව තිබීම, වෙන්ව සිටීම, උදකලාභාවය

Is'raelite, *s.* ඊශ්‍රායෙලිතයා, යුදෙව්වා

Is'sue, *v.* වැස්සෙනවා, පිටතට යනවා, නික්මෙණවා, බිහිවෙනවා, කෙළවරකට පැමිණෙනවා, නිකුත් කරණවා *s.* නික්මීම, නික්මෙණ දේ, උපදින දරුවෝ, ප්‍රයෝජනය, ප්‍රසිද්ධකිරීම, අන්තිමය

Isth'mus, *s.* ගෙද්ශසන්ධිය

It, *pron.* ඒක, එය, අරක, ඕක

Ital'ian, *a.* ඉතාලියට අයිති *s.* ඉතාලියා, ඉතාලි භාෂාව [යක්

Ital'ics, *s. pl.* ඇල අච්චුඅකුරු වගී

Itch, *s.* හොරි, කිලාස

I'tem, *s.* වෙන්වශයෙන් කාරණයක්, වෙනම ගණනක්, එකක්

Itin'erancy, *s.* තැනින්තැන ගාම, සමාරණය

Itin'erant, *a.* තැනින්තැන යන්නාවූ *s.* තැනින්තැනයන්නා, සමාරණයා

Itin'erary, *a.* ගමන් *s.* ගමන්පොත

Itin'erate, *v.* තැනින්තැන යනවා, පලාතෙන් පලාතට මාරුවෙනවා

Itself', *pron. neut.* ඒකම

I'vory, *a.* ඇත්දත් *s.* ඇත්දත

I'vy, *s.* ඉත්තවැල

J

Jab'ber, *v.* දෙඩවනවා, නිරර්ථක කථාකරණවා [කෑනහිලා

Jack'al, *s.* නරියා, හිවලා, සිගාලයා,

Jack'ass, *s.* පිරිමි කොටළුවා, ගුඩ්ඩයා

Jack'daw, *s.* එක්වර්ගයක කපුටුවෙක්

Jack'et, *s.* හැට්ටය, බාච්චුව, හෙන්ඩ්‍රුක්කය, ජෑකැට්ටුව

Jack'-fruit, *s.* කොස්ගෙඩි, හෙරලි

Jade, *s.* වෙහෙසවූ නොහොත් පලක් නැති අශ්වයා, නීච ස්ත්‍රී *v.* වසක්කේඩු කරණවා, හෙහෙට්ටුකරණවා

Jag'ged, *a.* දැතිආකාරවූ, කඩතොලුවූ

Jag'gery, *s.* හකුරු, සකුරු

Jaguar', *s.* දකුණු අමෙරිකාවේ ඉන්න කොටි වර්ගයක්

Jail, s. හිරගේ, දඬුගේ, බන්ධනාගාරය
Jal'ap, s. විරේචන බෙහෙතක්වූ ගහක මුලක් [තෙරපනවා
Jam, v. තදකරණවා, මිරිකණවා,
Jam, s. ජුසි වර්ගයක්, පැනිපෝසි
Jamb, s. උළුවහුකණුව
Jan'gle, v. අමිහිරි ශබ්දකරණවා, තරඟදෙඩනවා, වාදකරණවා s. වියවුල් ශබ්දය, තරඟය
Jan'itor, s. වාරපාලයා, දොරරැකවලා
Jan'uary, s. දුරුතුමස, ජනවාරිමාසය
Japan', s. ජපන්රට, කළුදුම්මල, එයින් සායම් ගෑවාවූ කර්මාන්තය
Jar, s. මැටිභාජන ජාතියක්, බුජම
Jar, v. වදිනවා, තරඟකරණවා s. වදින ශබ්දය, විවාදය, තරඟය
Jar'gon, s. අර්ථරහිත කථාව, වියවුල් කථාව, දෙඩවිල්ල
Jas'mine, Jes'samine, s. සමන්පිච්ච, පිච්ච [ල් ජාතියක්
Jas'per, s. සූර්යකාන්ති, තිරුවානග
Jaun'dice, s. සෙංගමාලය, පාණ්ඩුව
Jaunt, s. සෙල්ලම් ගමන
Jaunt'ily, ad. සෙල්ලම් අකාරයට, පිටතින් යසලෙස
Jav'elin, s. ලන්සෙ, හෙල්ලය
Jaw, s. හක්ක, හනුව
Jaw'bone, s. හකුපාඩාව, හකුඇටය
Jay, s. කිපුටුවර්ගයේ කුරුල්ලෙක්
Jeal'ous, a. මාත්සර්යවූ, ගෞරවය රැකගැනීමට ජ්වලිතවූ, කුකුස්වූ, ඊර්ෂ්‍යාවූ
Jeal'ousy, s. මාත්සර්යය, ශුතු අමනාපය, ඊර්ෂ්‍යාව
Jeer, v. කවටකම්කරණවා, සමච්චල් කරණවා, පරිහාසකරණවා s. කවටකම, සරදම, අපහාසය
Jeho'vah, s. යෙහෝවාඃවහන්සේ, ස්වයම්භූතනැන්වහන්සේ
Jejune', s. හිස්, නිස්සාර, තුච්ඡ
Jel'ly, s. ජල්ලි, මැලියම්
Jel'ly-fish, s. මැලියම් සමාන මුහුදු මත්ස්‍ය වර්ගයක්
Jeop'ardy, s. අනතුරුස්වභාව, උපද්‍රව
Jerk, v. හදිස්සියෙන් විසිකරණවා s. හදිස්සියෙන් වැදීම, හැපීම, පැනනැගීම
Jer'sey, s. සිනිඳු ලොම්, ලොම් ඇඳුම් වර්ගයක් [ටකම්කරණවා
Jest, s. කවටකම, සමච්චලය v. කව
Jest'er, s. කවටයා, සරදමා
Jes'uit, s. ජේසුයිට්නම්වූ (රෝමානු) සභාකාරයා, උපාදක්ෂයා
Jes'uitism, s. ජේසුයිට්වරුන්ගේ ධර්ම හා පිළිවෙත්, උපාදක්ෂකම, ප්‍රයෝගකාරකම
Jet, s. කළුපලිඟු, නලය, දියවැල
Jet'-black, a. අතිශයින් කළුවූ
Jet'ty, s. නැව්හම්බන් ආදියෙන් බඳු ගොඩබාන පාලම
Jew, s. යුදෙව්වා Jew'ess, s. යුදෙව් ස්ත්‍රී
Jew'el, s. මාණික්‍යය, රත්නය

Jew'eller, *s.* ආභරණ සාදන්නා, මැණික් වෙළෙන්දා
Jew'elry, *s.* මැණික් ජාති, ආභරණ
Jew's-harp, *s.* ගිරිණඩව
Jib, *s.* නැවේ ඉස්සරහ රුවලක් *v.* දඟලනවා
Jig, *s.* ඉක්මන්තාලයක්, කඩිසර නැටුමක්
Jilt, *s.* පුරුෂයෙකුට බස්දී දෙවනු රවටන ස්ත්‍රී *v.* විවාහබස්දී අත්අරිණවා
Jin'gle, *s.* මිනිගෙඩි මෙන් නාදය, එකාග හඬදීම
Job, *s.* පුංචි කුලීවැඩය, අයුතුවැඩය
Job'ber, *s.* සුළු වැඩවල යෙදෙන්නා, වෙළහෙළඳම්කරන්නා
Job'bery, *s.* අයුතු මාගී පාවිච්චිකර ප්‍රයෝජන ලබාගැණීම
Jock'ey, *s.* ඔට්ටුවට අශ්වයින් එලවන්නා, අශ්ව වෙළෙන්දා
Jocose', Joc'ular, *a.* කවටවූ, සරදම්වූ, සෙල්ලම්ගතිවූ
Joc'und, *a.* ප්‍රිය සන්තෝෂවූ, සෙල්ලම්සහිතවූ
Jocund'ity, *s.* ප්‍රසන්නකම, සරදම්ගතිය
Jog, *v.* සොලවනවා, තල්ලුකරණවා
Jog'gle, *v.* මදක් සොලවනවා
Join, *v.* සන්ධිකරණවා, හාකරණවා, හේත්තුකරණවා, එකතුකරණවා, සම්බන්ධවෙනවා, යාව තිබෙනවා, බැඳෙනවා
Join'er, *s.* වඩුවා, එකතුකරන්නා
Join'ery, *s.* වඩු කර්මාන්තය
Joint, *a.* හවුල්වූ, සවගිවූ, සහකාරවූ *s.* සන්ධිය, පුරුක, අසව්ව, මස්ගාතය
Joint'-heir, *s.* හවුල් උරුමක්කාරයා
Joint'ly, *ad.* හවුල්ව, සහභාගිලෙස, සම්බන්ධව
Joint'-stock, *s.* හවුලේ තිබෙන මුදල
Joint'ure, *s.* කනවැන්දුම්වූ පසු අයිතිවීමට විවාහයේදී ස්ත්‍රියෙකුට දෙන ගම්බිම
Joist, *s.* බාල්කය, පරාලය
Joke, *s.* කවටකම, සරදම, සමච්චලය *v.* කවටකම්කරණවා, සරදම්කරණවා
Jol'lity, *s.* සෙල්ලම, කෙළිකම
Jol'ly, *a.* සෙල්ලම් සහිත, සරදම්වූ
Jolt, *v.* ගැස්සෙනවා, හලගැප්පෙනවා, සොලවනවා *s.* ගැස්සීම, හලගැප්පීම
Jos'tle, *v.* තෙරපනවා, හප්පනවා
Jot, *s.* බින්දුව, කඳුල, අක *v.* සුළුඩින් සටහන්කරණවා
Jour'nal, *s.* දවස්පතා සිදුවෙන දේ සටහන්කරණ පොත, දිනපොත, ප්‍රවෘත්තිපත්‍රය, සංග්‍රහය
Jour'nalism, *s.* දිනපොතක් තැබීම, ප්‍රසිද්ධ පත්‍ර පැවැත්වීම
Jour'nalist, *s.* ප්‍රසිද්ධ පත්‍රයක් පවත්වන්නා, පත්‍ර කර්තෘ
Jour'ney, *s.* සංචාරණය, ගමන *v.* ගමන්කරණවා, ගමනක් යනවා

Jour'neyman, *s.* කුලියටගත් කම්මාන්තකාරයා [ක්‍රීඩා සටන

Joust, *s.* අසරුවන් දෙදෙනෙකුගේ

Jo'vial, *a.* සෙල්ලම්වූ, ප්‍රීතිසන්තෝෂවූ

Joy, *s.* ප්‍රීතිය, සතුට, සොම්නස

Joy'ful, Joy'ous, *a.* ප්‍රීතිමත්, සන්තුෂ්ටවූ, ප්‍රමුදිත [ඉතා ප්‍රීතිමත්

Ju'bilant, *a.* ප්‍රීති ඝෝෂාකරන්නාවූ,

Ju'bilee, *s.* පණස් අවුරුදු පසුවූනු මංගල්‍යය, අඩ ශතසාංවත්සරික මංගල්‍යය, ජුබිලිය

Ju'daism, *s.* යුදෙව් ආගම, යුදෙව් චාරිත්‍ර පිළිපැදීම

Judge, *s.* විනිශ්චයකාරයා, නඩුකාරයා *v.* විනිශ්චයකරනවා, නඩු විභාගකරනවා, විමසා යුක්තිය බේරනවා

Judg'ment, *s.* විනිශ්චය, නඩුතීන්දුව, ප්‍රඥාව, සිහිනුවන, ඊශ්වරදඬුවම

Judg'ment-day, *s.* විනිශ්චය දවස, අන්තිම දේව විනිශ්චය දින

Judg'ment-seat, *s.* විනිශ්චාසනය, නඩු ආසනය

Ju'dicature, *s.* නඩු විභාගකිරීම, විනිශ්චය ක්‍රමය, අධිකරණ බලය, නඩුසභාව

Judi'cial, *a.* නඩුභාගීයට අයිති, නඩු ක්‍රමයෙන්වූ, අවවූවක්කොට නියමවූ

Judi'ciary, *s.* විනිශ්චයකාර සභාව *a.* නඩු ශාලා සම්බන්ධ, තීන්දුව දෙන්නාවූ

Judi'cious, *a.* ප්‍රඥාවන්ත, නැණවත්, සිහිපරීක්ෂා ඇති [ඩිය

Jug, *s.* පූකුරුව, කොතලය, කෙණ්

Jug'gle, *v.* සෙප්පිඩි විජ්ජාකරනවා, ඇස්බැන්දුම් කරනවා *s.* විජ්ජාව, රුවටිල්ල

Jug'gler, *s.* විජ්ජාකාරයා, ඇස්බැන්දුම්කාරයා, රුවටිලිකාරයා

Ju'gular, *a.* උගුරට අයිතිවූ *s.* කුළ ලේ දෙපැත්තේ ලොකු ලේ නහරයක්

Juice, *s.* ඕජස, ඉස්ම, යුෂ, ක්ෂීරසය

Juic'y, *a.* ඕජස සහිත, ඉස්ම බොහෝවූ

July', *s.* ඇසලමස, ජූලිමස

Jum'ble, *v.* මිශ්‍රකරනවා, අවුල්කරනවා *s.* අවුල්ලෙස මිශ්‍රකළ දේ

Jump, *v.* පනිනවා, පැනලා යනවා *s.* පැනීම, පිනුම [සන්ධිය

Junc'tion, *s.* එකතුවීම, සංයෝගය,

Junc'ture, *s.* සන්ධිවීම, සන්ධිවෙන තැන, වැදගත් ප්‍රස්තාව

June, *s.* පොසොන්මස, ජූනිමාසය

Jun'gle, *s.* කැලෑව, වනාන්තරය

Jun'gly, *a.* කැලෑසහිතවූ

Ju'nior, *a.* වඩා බාලවූ, ආධුනික *s.* වයස් අඩු අය, බාලයා, ළමයා

Junk, *s.* චීන නැවක්, පරණ කුඹ කෑලි

Ju'piter, *s.* රෝමවරුන්ගේ ප්‍රධාන දෙවියෝ, බෘහස්පතිනම් ග්‍රහයා

Jurisdic′tion, *s.* ආණ්ඩුකාර බලය, විනිශ්චයකාරයාට අයිති ප්‍රදේශය
Jurispru′dence, *s.* නීතිශාස්ත්‍රය, ව්‍ය වස්ථා ඥානය
Ju′rist, *s.* නීති ශාස්ත්‍රඥයා
Ju′ror, Ju′ryman, *s.* ජූරිසභාවට වා ඩිවෙන්නා [මහත්වරු
Ju′ry, *s.* විනිශ්චයදෙන සභාව, ජූරි
Just, *a.* ධර්මිෂ්ඨ, යුතු, සාධාරණ, හරිවූ
Just, *ad.* හරියටම, යන්තම්
Jus′tice, *s.* ධර්මිෂ්ඨකම, සාධාරණක ම, යුක්තිය, නඩුකාරයා
Just′ifiable, *a.* නිර්දෝෂකළහැකිවූ, නිදොස්වූ
Justifica′tion, *s.* ධර්මිෂ්ඨකිරීම, නි දොස්කොට දක්වීම, සමාව
Just′ify, *v.* ධර්මිෂ්ඨකරණවා, නිර්දෝ ෂකරණවා, ධර්මිෂ්ඨකොට ගණන් ගන්නවා [සාධාරණලෙස
Just′ly, *ad.* ධර්මිෂ්ඨලෙස, යුතුලෙස,
Jut, *v.* තුඩුවෙනවා, නෙරණවා
Ju′venile, *s.* බාල, තරුණ, ළපටි
Juxtaposi′tion, *s.* ළඟතිබීම, සමීප කම

K

Kaf′fir, *s.* කාබ්රියා
Kangaroo′, *s.* ඇස්ත්‍රේලියාවේ ඉන්න සිව්පාවෙක්
Kalei′doscope, *s.* වෙනස් වෙනස් දර්ශ න පෙන්වන කන්නාඩියක්
Kal′endar, *s.* ලිත, අවුරුදු පත්‍රය
Keel, *s.* ඊරිකද [සමතී
Keen, *a.* මුවහත්වූ, තද, තීක්ෂණ,
Keep, *v.* තිබාගන්නවා රක්ෂාකරණ වා, පවත්වනවා, පසුවෙනවා *s.* ර ක්ෂාව, ඇතුල් බලකොටුව
Keep′er, *s.* ආරක්ෂාකරන්නා, රැකව ලා, එඬේරා [ගතම
Keep′ing, *s.* ප්‍රවේසම. රැකවල, එක
Keg, *s* කුඩා පීප්පය
Kelp, *s.* වීදුරු සෑදීමට ගන්න අළු
Ken, *v.* දකිනවා, දැනගන්නවා, දුර තිබා ඇඳිනගන්නවා *s.* දකින ප්‍රමා ණය, දෘෂ්ටිය, දැනගැන්ම
Ken′nel, *s.* බල්ලන් ලගින ගේ, බලු කූඩුව, බලුසමූහය, ලෙන
Ker′chief, *s.* අඳින රෙදිකඩක්
Kern′el, *s.* මදේ, ඇටය
Ker′osine, *s.* භූමිතෙල්
Ketch′up, *s.* හතු ඉස්ම, සෝස්වර්ගයක්
Ket′tle, *s.* කේතලය, කටාහය
Ket′tle-drum, *s.* පිත්තල දවුල
Key, *s.* යතුර, යතුරුපෙත්ත, රහ සක් පහදන දේ, විස්තරපොත
Key′hole, *s.* යතුරු සිදුර, යතුරු කා ඩුල්ල [ශබ්දය
Key′note, *s.* ගායනාව පටන්ගන්න
Key′stone, *s.*, ආරුක්කුවේ ප්‍රධාන ගල
Khan, *s.* තුර්කිවරුන්ගේ මූලාදැනි යෙක්,පර්සියාවේ ආණ්ඩුකාරයෙක්, තානායම

Khedive', *s.* මිසරදේශයේ රජුට නම
Kick, *v.* පයින් ගහනවා, පයින් අනිනවා *s.* පයින් ගහන පහර
Kid, *s.* එළුපැටියා [ණවා
Kid'nap, *v.* මිනිසුන් සොරකම්කර
Kid'ney, *s.* වකුගඩුව, අක්මාව
Kid'ney-bean, *s.* රටබෝංචි
Kilder'kin, *s.* කුඩා පීප්පය, ගැලොන් 16 ක් නොහොත් 18 ක් අල්ලන මිම්ම [කරණවා
Kill, *v.* මරණවා, නසනවා, ඝාතනය
Kiln, *s.* උදුන, ලොකු පෝරණුව
Kilt, *s.* ස්කොට්ලන්තේ පිරිමින් අඳින කොට සායක්
Kim'bo, *a.* අරඅැදිවූ, වකගහගත්
Kin, *s.* ඤාතිබන්ධුකම, නෑකම, නෑයෝ
Kind, *a.* කරුණාවන්ත, දයාබර, ගුණවන්ත *s.* වර්ගය, වංශය, ජාතිය, ස්වභාව, ආකාරය
Kin'dle, *v.* පත්තුකරණවා, දල්වනවා, ඉමාලවනවා, ඇවිලෙනවා
Kind'ly, *a.* කරුණා ගුණඇත්තාවූ, දයාවන්තවූ *ad.* දයාවන්තලෙස, කරුණාවෙන් [පත්කම, දයාව
Kind'ness, *s.* කරුණාවන්තකම, යහ
Kind'red, *a.* නෑදූවූ, ජාතියෙන් සමවූ *s.* නෑයෝ, බන්ධුජනයෝ
Kine, *s. pl.* එළදෙන්නු, හරක්, ගොන්
King, *s.* රජ, රදා, නිරිඳු, නරේන්ද්‍රයා
King'dom, *s.* රාජ්‍යය, රාජධානිය
Kingfish'er, *s.* දියපිළිහුඩුවා
King's-e'vil, *s.* ගණ්ඩමාලය, කණ්ඨමාලය
King'ly, *a.* රජෙකුට නිසි, රාජනීය
Kins'man, *s.* නෑයා, බන්ධුවරයා
Kiosk, *s.* උද්‍යාන මණ්ඩපයක්
Kirk, *s.* දේවස්ථානය, පල්ලිය
Kir'tle, *s.* පිට ඇඳුමක්, උතුරු සළුව
Kiss, *v.* සිඹිනවා, හාදුදෙනවා *s.* සිඹීම, හාදුව, තොත්තුව
Kit, *s.* ලී භාජනයක්, භේවායාගේ අඩුවැඩිය
Kitch'en, *s.* කුස්සිය, උයන ගේ
Kitch'en-maid, *s.* කුස්සියේ අම්මා
Kite, *s.* කුරුළුගොයා, උකුස්සා, සරුංගොල්ලය
Kit'ten, *s.* බළල්පැටියා *v.* බළල් පැටව්ගහනවා
Knack, *s.* දක්ෂකම, පුරුද්ද
Knag, *s.* ලී ඇනය, ලී ගැටය
Knap'sack, *s.* පිටමල්ල, තමනෝපකරණ මල්ල
Knarl, *s.* ලීයක ගැටේ [නිවයා
Knave, *s.* රැවටිලිකාරයා, තක්කඩියා,
Knav'ery, *s.* රැවටිලිකාරකම, ජඩකම
Knead, *v.* අනනවා.
Knee, *s.* දන, දනහිස
Knee'-cap, *s.* දනිස් ඇටය
Kneel, *v.* දනනමනවා, දනගහනවා
Knell, *s.* අවමංගල්‍ය මිනිශබ්දය

Knick'erbockers, *s. pl.* කොටකලිසම් වර්ගයක් [සෙල්ලම් බඩුවක්

Knick'-knack, *s.* සුලු දෙයක් හෝ

Knife, *s.* පිහියේ, කපන අවුදයක්

Knight, *s.* වංශාධිපති නාමයක්

Knight'hood, *s.* නෛට්නම් වංශාධිපති නිලය හෝ චරිතය

Knit, *v.* ගොතනවා, එකතුකරණවා

Knit'ting, *s.* ගෙතීම, ගෙතුම, සම්බන්ධකිරීම

Knob, *s.* ගැටේ, ගුළිය, මොට්ටුව

Knock, *v.* පහරගහනවා, චද්දනවා, තට්ටුකරණවා, හැපෙනවා *s.* ගැහීම, තට්ටුකිරීම, පහර

Knock'er, *s.* තට්ටුකිරීමට දොරේ එල්ලා තිබෙන මිටිය.

Knoll, *s.* සිනුවක ශබ්දය, කුඩාහෙල

Knot, *s.* ගණ්ඨිය, ගැටය, බැඳීම, අමාරු කාරණාව *v.* ගැටගහනවා, ගැටගැහෙනවා [ටලිලි ඇති

Knot'ty, *a.* ගැටසහිතවූ, අමාරු, පැ

Knout, *s.* වදකාර කසයක්

Know, *v.* දන්නවා, තේරෙණවා, දැනගන්නවා, අඳුනනවා

Know'able, *a.* දැනගතහැකිවූ

Know'ing, *a.* දන්නාවූ, දැනුම් තේරුම් ඇති, දක්ෂ

Know'ledge, *s.* දැනගැන්ම, දැනුම, තේරුම, විඥානය, සමර්ථකම

Knuck'le, *s.* ඇඟිලිසන්ධිය, ඇඟිලි පුරුක *v.* යටත්වෙනවා

Ko'rale, *s.* කෝරළය

Kor'an, *s.* මහමත් අගමේ ශුද්ධ පොත, කුරාන්පොත

Kraal, *s.* ගාල, ගම

L

La', *intj.* බලව, මෙන්න, අනේ

La'bel, *s.* පිටලියවිල්ල, සූචනපත්‍රය *v.* නාම පත්‍රයක් අලවනවා

La'bial, *a.* ඕෂ්ඨජ, තොලට අයිතිවූ *s.* තොල්වලින් හැදෙන ශබ්දය, ඕෂ්ඨජාක්ෂරය

Lab'oratory, *s.* රසායන කර්මාන්තකරණ ඉඩම, වැඩ පට්ටලය

Labo'rious, *a.* වෙහෙස දරන්නාවූ, උත්සාහවන්තවූ

Labo'riousness, *s.* වෙහෙසසහිතකම, මාංසිකම, අමාරුකම

La'bour, La'bor, *s.* වෙහෙසමාංසිය, වැඩය, උත්සාහය, විලිරුදාව *v.* වෙහෙස දරණවා, මාංසිගන්නවා, වැඩකරණවා, වදන වේදනා විඳිනවා

La'boured, *a.* අමාරුවෙන් කළ බවට ලකුණු ඇත්තාවූ, දුෂ්කර

Lab'yrinth, *s.* අමාරු මාර්ග සහිත ඉඩම, වංකගිරිය, අමාරු පටලැවිල්ල

Lac, *s.* ලක්ෂය, සියක්දහ, 100,000

Lace, *s.* ගොතාපු පටිය, රේන්ද

Lac'erate, *v.* ඉරණවා, ඉරාදමනවා, තුවාලකරණවා, දුක්දෙනවා

Lach′rymal, *a.* කඳුලුගලා එන්නාවූ

Lach′rymose, *a.* කඳුලු සහිතවූ, කඳු ලු උපදවන්නාවූ

Lack, *v.* හිඟවෙනවා, නැතුව කිටිනවා, අඩුව තිබෙනවා *s.* හිඟකම, අගහිඟය, නැතිකම

Lackadai′sical, *a.* නිකම් ලතවෙවී ඉන්නාවූ, ස්ත්‍රීගුණවූ

Lack′ey, *s.* මෙහෙකරුවා, පහත් වැඩකාරයා [ඝුඩුවාචකවූ

Lacon′ic, *a.* සංක්ෂේප කථාකාරවූ, ලු

Lacq′uer, Lack′er, *s.* ඔප තෙල්වර්ගයක්, වාර්නිස් ජාතියක් *v.* ඒ වාර්නිස් ගානවා [ලය

Lacta′tion, *s.* කිරිදීම, කිරිදෙන කා

Lac′teal, *a.* කිරිමයවූ, ඕජස්වූ *s.* ක්ෂීර නාලියක්

Lactes′cent, *a.* කිරි උපදවන්නාවූ, සුදු ඕජස් ඇත්තාවූ

Lacu′na, *s.* විවරය, හිස්තැන

Lad, *s.* කොල්ලා, ගැටයා, තරුණයා

Lad′der, හිණිමග, හිණ

Lad′en, *a.* බරපැටවූ, බරවූ, පීඩිතවූ

Lad′ing, *s.* පැටවිල්ල, බර

Lad′le, *s.* ලොකු හැන්ද

La′dy, *s.* උත්තම ස්ත්‍රී, කුල ස්ත්‍රී, ලමාඑතනි, නෝනාමහත්මයා [වෙනිදා

La′dy-day, *s.* මාර්තු මාසේ විසිපස්

La′dy-like, *a.* හොඳට ඇතිවූනාවූ, මෘදු ගුණ ඇත්තාවූ

La′dylove, *s.* යමෙක් ප්‍රේමකරණ ස්ත්‍රී, ප්‍රේමවන්තී

Lag, *v.* ප්‍රමාදව එනවා, සුනංගුවෙනවා [නා, අලසයා

Lag′gard, *a.* ප්‍රමාදවූ *s.* ප්‍රමාදවෙන්

Lagoon′, *s.* කලපුව, ඕඩේ

La′ic, *a.* ගිහි *s.* ගිහියා, ගෘහස්ථයා

Lair, *s.* ලෙන, බෙනය

Laird, *s.* ස්වාමියා, ගම්බිම් හිමියා

La′ity, *s.* ගෘහස්ථයෝ, ගිහියෝ

Lake, *s.* වැව, විල, රක්තවර්ණයක්

La′ma, *s.* තිබැට් රටේ බුද්ධාගමේ ස්ථවිරයෙක්

Lamb, *s.* බැටළු පැටියා, බැටළු වස්සා, බැටළු පෝතකයා

Lam′beut, *a.* දිලිහි දිලිහී විහිදෙන්නාවූ, ලෙලදෙන්නාවූ

Lamb′kin, *s.* කුඩා බැටළු වස්සා

Lamb′like, *a.* බැටළු පැටියෙක් වැනි, මෘදු

Lame, *a.* කොර, කොණ්ඩි, අසම්පූර්ණ

Lame′ness, *s.* කොරකම, අඩ්බාගාතකම, බෙලහීනකම

Lament′, *v.* ලතවෙනවා, වැලපෙනවා, තැවෙනවා *s.* විලාපය

Lam′entable, *a.* දුක්ඛිතවූ, කණගාටුවූ, ශෝක සහිතවූ

Lamenta′tion, *s.* වැලපීම, විලාපකීම, ලතෝනිය

Lam′ina, *s.* පටිය, ලෙල්ල, පෙත්ත

Lam′mas-day, *s.* නිකිනි මස පළමුවෙනි දින, අගස් මංගල්‍යය

Lamp, *s.* පහන, පාන, ප්‍රදීපය

Lamp′black, *s.* දූලි, දුඹුල

Lampoon′, *s.* නිග්‍රහ ප්‍රබන්ධය, බැණුම් පත්‍රය *v.* කවටව ලියුමකින් නින්දා කරණවා

Lam′prey, *s.* අඳුව සමාන මත්ස්‍ය [වර්ගයක්

Lance, *s.* හෙල්ලය, ලංසය

Lance′-corporal, *s.* සේවා මූලාදෑනි [යෙක්

Lan′cet, *s.* විදින කටුව, කවුළු වර්ගයක්

Land, *s.* ගොඩ, ගොඩබිම, රට, පොළව, භූමිය *v.* ගොඩබානවා, ගොඩබසිනවා

Land′force, *s.* ගොඩ යුද්ධසේනාව, [පාබලසේනාව

Land′holder, *s.* ගම්බිම් හිමියා

Land′lady, *s.* ගම්බිම් අයිතිකාරී, ගෙයි හිමිකාරී

Land′lord, *s.* ගෙවල් අයිතිකාරයා, ගෘහපතියා, තානායමේ ස්වාමියා

Land′ing-place, *s.* ගොඩබසින ස්ථානය, ගොඩබාන තැන

Land′mark, *s.* ඉම, මායිම් ලකුණ

Land′scape, *s.* දෘෂ්ටිමණ්ඩලය, එක බැල්මට පෙණෙන භූමි ප්‍රදේශය

Land′slip, *s.* කඩාවැටුන කාණ්ඩය

Land′tax, *s.* බිම් අඳුයම්, බිම් බද්ද

Land′ward, *ad.* ගොඩබිම දෙසට

Lane, *s.* පටුමග, පටුමාවත, අතුමාර්ගය, මුඩුක්කුව

Lan′guage, *s.* භාෂාව, බස, කථා ව්‍ය [වහාරය

Lan′guid, *a.* දුර්වල, ක්ලාන්තවූ, වසක් කෙඩු, මලානික

Lan′guish, *v.* දුර්වලවෙනවා, මලානිකවෙනවා, වියලෙනවා, මැලවෙනවා

Lan′guishingly, *ad.* මලානිකලෙස, දුර්වලාකාරයෙන්, සෞච්‍යකම්න්

Lan′gour, *s.* දුර්වලකම, බෙලහීනකම, කෙට්ටුකම

Lank, Lank′y, *a.* කෘෂවූ, වැරුණුවූ, සිහින්වූ, හින්දැරිවූ, දිගවූ

Lan′tern, Lan′thorn, *s.* ලන්තෑරුම, පහන, කොපත් මුදුන් කවුළුව

Lap, *s.* උකුල, උකුල්වැස්ම, පටක්

Lap, *v.* ලෙවකනවා, අතුලනවා

Lap′-dog, *s.* කුඩා බලුවර්ගයක්

Lap′idary, *s.* ගල්කපන්නා, ගල් වෙළෙන්ඳා, මැණික් වෙළෙන්ඳා

Lapse, *v.* බැසයනවා, පසුවෙනවා, වැටෙනවා *s.* බැසීම, ගතවීම, වරදවැටීම, පසුබටය

Lap′wing, *s.* පක්ෂි වර්ගයක්

Lar′board, *s.* නැවේ වම්පැත්ත

Lar′ceny, *s.* හොරෙන් ගැණීම, සොරකම

Lard, *s.* ලාරුතෙල් *v.* ලාරුතෙල් [ගානවා

Lard′er, *s.* කෑම ගබඩාව

Large, *a.* ලොකු, මහත්, විශාල

Lar′gess, *s.* දානය, දීමනාව, තෑග්ග

Large-heart′ed, *a.* විශාල සිත් ඇත්තාවූ, ත්‍යාගීවන්ත, නිලෝභී

Lark, *s.* ගී කියන කුරුළු වර්ගයක්; සෙල්ලම, සරදම

Lar′va, *s.* දලඹුවා, පණුවා

Lar′ynx, *s.* උගුරුදණ්ඩ, උගුර

Las′car, *s.* ඉන්දියාවේ ස්වදේශික සේවායෙක්

Lasciv'ious, *a.* කාමවිකාරවූ, මදමත්

Lasciv'iousness, *s.* කාමවිකාරය, මදමත, සල්ලාලකම

Las'coreen, *s.* ශේවාපන්නෙ මිනිහා

Lash, *s.* කසය, කසප්‍රහාරය, ඇනුම්පදය *v.* පහරදෙනවා, බදිනවා, සැරකරණවා

Lass, *s.* කෙල්ල, පොඩොඉස්සී, පැටික්කි, ගෑණුලමයා [ස, දුර්වලකම

Las'situde, *s.* වෙසක්කෙක්බුව, වෙහෙ

Las'so, *s.* වල් අසුන් අල්ලන කඹේ

Last, *a.* අන්තිම, කෙළවරවූ, පසුගිය *s.* වහන්සගල් අච්චුව, අන්තිමය *ad.* අන්තිමකොට, කෙළවරට

Last, *v.* පවතිනවා

Last'ing, *a.* පවතින්නාවූ, චිරස්ථායි

Latch, *s.* අගුල, දොරඅගුල, කොක්ක

Latch'et, *s.* මිරිවැඩියේ පටිය

Late, *a.* පමාවූ, සුනංගුවූ, තිබ්බූ, නොබෝදා නැසිගියාවූ, අභිනවවූ *ad.* ප්‍රමාදව, පසුවෙලා

Late'ly, *ad.* අලුත,නොබෝදා,මෑතදී

Late'ness, *s.* ප්‍රමාදව පැමිණීම, පමාකම [නාවූ, ගුප්තවූ

La'tent, *a.* අප්‍රකාශවූ, සැඟවී තිබෙන්

Lat'eral, *a.* පැත්තට අයිතිවූ, ඇලවූ, පාර්ශ්වකවූ

Lath, *s.* රීප්පය *v.* රීප්පගහනවා

Lathe, *s.* ලියන කඳ

Lath'er, *s.* පෙන, සබන්පෙන

La'tin, *s.* ලතින් භාෂාව

Lat'itude, *s.* දුර ප්‍රමාණය, රේඛාන්තරය, ප්‍රද්ශලය, විසාලකම, අතිප්‍රමාණය, නිදහස්කම, ඉඩ

Latitu'dina'rian, *a.* ආගම ගැණ නිදහස් කල්පනා ඇත්තාවූ *s.* නිදහස්ලෙස හෝ අනියම්ලෙස කල්පනා කරන්නා

Lat'rine, *s.* ප්‍රසිද්ධ වැසිකිළිය

Lat'ten, *s.* පිත්තල, බෙලෙක් තහඩු

Lat'ter, *a.* පසුව පැමිණෙන්නාවූ, දෙදෙනාගෙන් අන්තිමඑකාවූ, අභිනව

Lat'terly, *ad.* පසුකාලයේදී, මෑතදී, නොබෝදා [කම්මාන්තය

Lat'tice, *s.* ජලෝඩිය, ගරාදිය, දැල්

Laud, *v.* ප්‍රශංසාකරණවා, වර්ණනාකරණවා

Laud'able, *a.* ප්‍රශංසනීයවූ, හොඳ

Laud'anum, *s.* අබින්වලින් සාදාපු බෙහෙත් වතුර

Laud'atory, *a.* ප්‍රශංසා සහිත, වර්ණනාකරන්නාවූ [නවා

Laugh, *v.* සිනාසෙනවා, සිනහවෙ

Laugh'able, *a.* සිනාසීමට කාරණවූ, සිනාසියයුතු, හාස්‍යජනක

Laugh'ing-stock, *s.* සිනාසීමට කෙණෙක් හෝ දෙයක්, හාස්‍යජනක කාරණව

Laugh'ter, *s.* සිනාව, හාස්‍යය

Launch, *v.* මුහුදට බානවා, දියත්කරණවා *s.* පාරුවගීයක්

Laun'dress, *s.* අපුල්ලන්නී, රදවි

Laun'dry, *s.* ඇඳුම් අපුල්ලා මදින ඉඩම

Lau'reate, *s.* රජුගේ කවිකාරයා

Lau'rel, *s.* කුරුඳුගස් වර්ගයක්

La'va, *s.* ගිනි කන්දෙන් නික්මෙණ ලෝදිය

Lav'atory, *s.* නාන ගේ, පැන්පල

Lave, *v.* සෝදනවා, නානවා

Lav'ender, *s.* සුවඳ ගස් වර්ගයක්

La'ver, *s.* නාන භාජනයක්

Lav'ish, *v.* පමණ නොදන වියදම් කරණවා, නාස්තිකරණවා *a.* නිෂ්ඵල ලෙස වියදම්කරන්නාවූ, නිදහසේ දෙන්නාවූ

Lav'ishly, *ad.* පමණ නොදත්ලෙස, අධිකලෙස, නොමසුරුව

Law, *s.* නීතිය, ව්‍යවස්ථාව, පණත, නියෝගය, ධර්මය

Law'ful, *a.* නීතියට එකඟවූ, ව්‍යවස්ථානුකූල, සුදුසු

Law'giver, *s.* නීතිදායකයා

Law'less, *a.* නීතියට අකීකරුවූ, කැරළිකාර, අනඩු

Lawn, *s.* තෘණ සහිත පිට්ටනිය, එලිමහන, රෙදිවර්ගයක් [ක්‍රීඩාවක්

Lawn'-ten'nis, *s.* එලිමහනේ කරණ

Law'suit, *s.* නඩුව, පැමිණිල්ල, හබය

Law'yer, *s.* නඩුක්‍රමය දන්නා, නීතිඥයා, පෙරකදෝරුවා

Lax, *a.* බුරුල්, ලිහිල්, අස්ථිර, අනාචාර, පාචනවෙන්නාවූ

Lax'ative, *a.* විරේචන, පාචනකරවන *s.* විරේචන බෙහෙත, විරේකය

Lax'ity; **Lax'ness**, *s.* බුරුල්කම, අනියම්කම

Lay, *v.* තබනවා, අල්ලාදමනවා, අතුරණවා, බිජුදමනවා, ඔට්ටුකරණවා, නියමකරණවා

Lay, *s.* ගීතිකාව, කාවියම

Lay, *a.* ගිහි, ගෘහස්ථ

Lay'er, *s.* තට්ටුව

Lay'man, *s.* ගිහියා, ගෘහස්ථයා

Laz'ar, *s.* කුෂ්ඨ රෝගාතුරයා, පරංගි රෝගකාරයා

Lazaret'to, **La'zar-house**, *s.* කුෂ්ඨ රෝගකාරයන්ට ආරෝග්‍යශාලාව, ලාදුරු ඉස්පිරිතාලය

La'ziness, *s.* අලසකම, කුසීත භාවය

La'zy, *a.* අලස, කම්මැලි

Lea, *s.* පිට්ටනිය, තෘණ බිම

Lead, *s.* ඊයන්, ලඹය

Lead, *v.* ගෙණයනවා, කැඳවාගෙණයනවා, ඉස්සරව යනවා *s.* මගපෙන්වීම, මූලිකකම

Lead'en, *a.* ඊයන්මයවූ, බර, අලස

Lead'er, *s.* පෙරටුව යන්නා, මගපෙන්වන්නා, මූලිකයා, ප්‍රධාන කතෘවාක්‍යය

Lead'ership, *s.* මූලිකකම, ප්‍රධානත්වය

Lead-pen'cil, *s.* ඊයන් පැන්සල, මිනිරන්කූර

Leaf, *s.* කොළය, පත්‍රය

Leaf'let, *s.* පුංචිකොළය, පුංචි පත් ඉරුව, පත්‍රිකාව
Leaf'y, *a.* කොළබහුලවූ, පත්‍රගහනවූ
Leak, *s.* සිදුර, කාන්දුවීම, වතුරයාම
Leak'age, *s.* කාන්දුවීම, කාන්දුවී අඩුවෙන ප්‍රමාණය [වෙන්නාවූ
Leak'y, *a.* සිදුරු ඇති, දිය කාන්දු
Lean, *v.* ඇලවෙනවා, හේත්තුවෙනවා, හාංසිවෙනවා
Lean, *a.* කෙට්ටු, ක්ෂීණ, කෘශ, සිහින් දුරි [කම
Lean'ness, *s.* කෘශකම, තෙලනැති
League, *s.* හැතැප්ම තුණක ප්‍රමාණය, එක්සත්වීම, සමාගම
Leap, *v.* පනිනවා, පිම්ගහනවා, පැන නඟිනවා *s.* පැනීම, පිම්ම, පනිනදුර [ලමක්
Leap'-frog. *s.* ලමයින් අතරේ සෙල්
Leap'-year, *s.* පෙබරවාරි මාසය විසිනව දවසකින් යුත් අවුරුද්ද, අධිකවර්ෂය [නවා
Learn, *v.* ඉගෙණගන්නවා, දැනගන්
Learn'ed, *a.* උගත්, පණ්ඩිත, නිපුණ
Learn'er, *s.* ඉගෙණගන්නා, ගෝලයා, ශිෂ්‍යයා [සමර්ථකම
Learn'ing, *s.* උගත්කම, ව්‍යක්තකම,
Lease, *s.* බද්ද, බදුකැරේ *v.* බදුදෙනවා
Lease'hold, *s.* බද්දටගත් ඉඩම
Leash, *s.* උකුස්සෙක් හෝ දඩයම්බල්ලෙක් බැඳ අල්ලාගන්නා ලනුව
Leath'ern, *a.* හමෙන් කළ, හම්

Leas'ing, *s.* මුසාවාද, බොරු
Least, *a.* ඉතා ස්වල්ප, ඉතා සෙස්සු, ඉතා කුඩා *ad.* ඉතා අඩුතරමින්
Leath'er, *s.* පදම්කළහම, හම, චර්මය
Leath'ery, *a.* හමවැනිවූ, සවි, තද
Leave, *s.* අවසරය, සමුදීම
Leave, *v.* අත්අරිණවා, නවත්වා යනවා, භාරදෙනවා, නවතිනවා
Leav'en, *s.* මුහුන්, ඇඹුල්පිටි *v.* මුහුන්දමා පිපෙන්ට සලස්වනවා
Leav'ings, *s. pl.* අත්ඇරදැමූ දේ, ඉතිරි දේ [සල්ලාල
Lech'erous, *a.* කාමාධ්‍යාසක, මදමත්,
Lech'er, *s.* කමුකයා, සල්ලාලයා
Lec'tern, Lec'turn, *s.* දේවස්ථානයේ ශුද්ධලියවිලි පාඩම් කියවන කූඩුව. ධර්මාසනය
Lec'tion, *s.* පොත කියවීම, පිටපතක වෙනස, දේවමෙහෙයේදී කියවන ශුද්ධලියවිලි කොට්ඨාසය
Lec'ture, *s.* කියාදීම, දේසනාව, අවවාදය, තරවටුව *v.* දෙසනවා, අවවාද කථාවක් කරණවා, තරවටුකරණවා
Lec'turer, *s.* අවවාද කථාකාරයා, නියම කාරණාවක් ගැණ ප්‍රසිද්ධ කථාවක් කරන්නා [ව, වැටිය
Ledge, *s.* රාක්කය, ලිස්තරය, තව්ටු
Ledg'er, *s.* ප්‍රධාන ගණන්පොත
Lee, *s.* හුලඟවදින පැත්ත [වෙරළ
Lee'-shore, *s.* හුලන්ගහන පැත්තේ

Leech, *s.* කුඩැල්ලා, පූඩාවා, වෙදා
Leek, *s.* රටලූනු ජාතියක්
Leer, *s.* වපරකරබැලීම, අඩබැල්ම
Lecs, *s. pl.* මඩ්ඩි, බොර
Lee'ward, *a.* හුලං යටිකර දිසාවෙහිවූ
Left, *a.* වම් *s.* වම, වම්පැත්ත
Left, *part.* අත්හැරුණාවූ
Left-hand'ed, *a.* වමතහුරු, පුරුදුමදි
Leg, *s.* කකුල, කෙණ්ඩය, ජංඝාව
Leg'acy, *s.* අන්තිම කැමති පත්‍රයෙන් දෙන දීමනාව
Le'gal, *a.* නීතියට එකඟවූ, නඩුවට ඇත්තාවූ, යුතු
Legal'ity *s.* නීතියට එකඟකම, ගැලවීම පිණිස නීතිය කෙරේ නොහොත් තමාගේම කුසල කෙරේ පිහිටා සිටීම
Le'galize, *v.* නඩුමගට අයිතිකරණවා, නීතියෙන් අවසරදෙනවා
Leg'ate, *s.* පාප්ගේ තානාපතියා
Legatee', *s.* අන්තිම කැමති පත්‍රයෙන් නියමකල දේට උරුමක්කාරයා
Lega'tion, *s.* යමෙක් වෙනුවෙන් ක්‍රියාකරන්නා, තානාපතියෝ
Leg'end, *s.* පුරාණ කථාව, ජාතක කථාව
Leg'endary, *s.* පුරාණ කථාන්තර වශයෙන්වූ, පුරා වෘත්ත, බොරු ප්‍රබන්ධ
Legerdemaiu', *s.* විජ්ජාව, ඉන්ද්‍රජාලය
Leg'ging, *s.* කකුලේ දමන පිණිස හමින් සාදන ඇඳුමක්, ජංඝාරක්ෂණය
Leg'ible, *a.* කියවන්ට පුළුවන්වූ, පැහැදිලිවූ
Leg'ibleness, Legibil'ity, *s.* කියවන්ට පුළුවන්වීම, පැහැදිලිකම
Le'gion, *s.* සේවක සමූහයා, මහත් යුද්ධසේනාව, රැසිය
Leg'islate, *v.* නීතිසාදනවා, ව්‍යවස්ථා පණවනවා
Legisla'tion, *s.* ව්‍යවස්ථා පැණවීම
Leg'islative, *a.* නීතිදායක, ව්‍යවස්ථායක
Leg'islator, *s.* නීතිදායකයා, නීතිසම්[පාදකයා
Leg'islature, *s.* නීතිසාදන්නෝ, ව්‍යවස්ථායක සභාව
Legit'imacy, *s.* අවජාතක නොවීම, ඖරසභාවය, නීතියට එකඟකම
Legit'imate. *a.* සුජාතවූ, ඖරසවූ, නීතියට එකඟවූ, සුදුසු
Leg'ume, Legu'men, *s.* මෑ, බෝන්චි ආදි ජාතිවල කරල
Legu'minous, *a.* කරල් සහිතවූ, මෑ, මුං, කොල්ලු ආදියමෙන්වූ
Lei'sure, *s.* නිෂ්කාලංකය. අවකාශය, ඉස්පාසුව
Lei'surely, *a.* නිෂ්කාලංකලෙසවූ, කලබල නැති *ad.* නිෂ්කාලංක ලෙස, හෙමිහිට
Lem'ou, *s.* රටදෙහි, දෙහි, දෙසි
Lem'ouade, *s.* දෙහිවලින් සාදපු බීමවර්ගයක්, පෝන්ස
Lem'on-grass, *s.* පැඟිරිමාන්

Le'mur, *s.* මදගාස්කර් ද්වීපයේ ඉන්න වඳුරු වර්ගයේ සතෙක්

Lend, *v.* ණයටදෙනවා, දෙවනු ගෑණීමට දෙනවා

Length, *s.* දිග, දිගප්‍රමාණය, ආයාම

Length'en, *v.* දික්කරණවා, අදිනවා, දිඝීවෙනවා

Length'wise, *ad.* දිගඅතට, දිගට

Length'y, *a.* දිග, දිඝී

Le'niency, *s.* තදබලනැති ගුණය, මෘදුකම, කරුණාව

Le'nient, *a.* තදබලනුවූ, මොලොක්, පහසු, කරුණාවනත [රුණාව

Len'ity, *s.* මෘදුකම, ක්ෂමාගුණය, ක

Lens, *s.* වටකුරු විනිවිද පෙනෙන ද්‍රව්‍යයක්, කුහර වීදුරුවක්

Lent, *s.* උපවාසකාලය, නිරාහාරකාලය, කොරුස්මකාලය

Len'til, *s.* කොල්ලු

Le'onine, *a.* සිංහ, සිංහයෙක් වැනි, සිංහගති ඇති [යා

Leop'ard, *s.* දිවියා, කොටියා, ව්‍යාඝ්‍ර

Lep'er, *s.* කුෂ්ඨරෝගාතුරයා, කිලාසකාරයා, ලාදුරු ලෙඩා

Lep'rosy, *s.* කුෂ්ඨරෝගය, කිලාසරෝගය, ලාදුරු ලෙඩ

Lep'rous, *a.* කුෂ්ඨරෝගි, ලාදුරු

Le'sion, *s.* තුවාලයක්

Less, *a.* වඩා අඩුවූ, වඩා කුඩාවූ *ad.* වඩා ස්වල්පලෙස

Lessee', *s.* බදුගන්නා, බදුකාරයා

Les'sen, *v.* අඩුකරණවා, මදිකරණවා, අඩුවෙනවා

Les'ser, *a.* වඩා අඩු, වඩා කුඩා, බාල

Les'son, *s.* පාඩම, ශික්ෂාව, ගුරුකම

Les'sor, *s.* බදුදෙන්නා [නිසා

Lest, *conj.* නොවෙන පිණිස, භය

Let, *v.* ඉඩදෙනවා, ඉඩඅරිණවා, අවසරදෙනවා, කුලියටදෙනවා, බද්දටදෙනවා; let go, අත්අරිණවා, යන්ට අරිණවා

Let, *s.* බාධාව, වැලක්ම, පමාව

Le'thal, *a.* ප්‍රාණහානිකරන්නාවූ, මරණීය

Lethar'gic, Lethar'gical, *a.* නිදිමත් ස්වභාවවූ, වියසීනැති, අලස

Leth'argy, *s.* නිදිමත් බව, අලස බව

Le'the, *s.* *(myth.)* අතීතය මතකනැතිකරවන නිරයේ ගඟක්, විස්මරණය

Lethe'an, *a.* මතකනැතිකරවන

Let'ter, *s.* අකුර, අක්ෂරය, ලියුම

Let'terpress, *s.* අච්චුගැසූ අකුරු, මුද්‍රිතවාක්‍යය

Let'ters-pa'tent, *s.* යමෙකුට බලයක් දෙනයකිරීමේ ලියවිල්ලක්; ශ්‍රීසන්නස් පත්‍රයක්

Let'tuce, *s.* සලාද

Levant', *s.* නැගෙණහිර, මධ්‍යධරණී මුහුදට යාවූ පූර්වදිශාභාගය

Lev'ee, *s.* රජදැක්ම, රාජප්‍රදර්ශනපිරිස

Lev'el, *a.* සමතලා, තැනිතලා, පැතලි *s.* සමතලා රේඛාව, සමතලාව, මට්ටම, මට්ටම් පෝරුව *v.* සමතලා කරණවා, ජලමට්ටම්කරණවා, පෝරුගහනවා, එල්ලකරණවා

Le'ver, *s.* ඔසවන පොල්ල, මුක්කුව

Le'verage, *s.* පොලුවලින් ඉස්සීමේ බලය

Lev'eret, *s.* හාපැටියා

Levi'athan, *s.* තිමිය, තල්මහ

Le'vite, *s.* ලෙවිගෝත්‍රයේ කෙනෙක්, ලෙවීයයෙක්

Levit'icus, *s.* ලෙව් කථාව

Lev'ity, *s.* සැහැල්ලුකම, නොසැලකිලිගතිය, නිරාජීනකම

Lev'y, *v.* අයකරණවා, රුස්කරණවා

Lewd, *a.* කාමුක, දූෂ්‍ය, සල්ලාල

Lewd'ly, *ad.* කාමුකලෙස, කාමාභිලාසයෙන්

Lewd'ness, *s.* කාමාභිලාස ගතිය, සල්ලාලකම, කැතකම

Lexicog'rapher, *s.* අකාරාදි ලියන්නා

Lexicog'raphy, *s.* අකාරාදි ලිවීම, ශබ්දකෝෂ සෑදීම

Lexicol'ogist, *s.* අකාරාදිකාරයා

Lexicol'ogy, *s.* වචන ශාස්ත්‍රය

Lex'icon, *s.* අකාරාදිය, වචනපොත

Liabil'ity, *s.* වගකියන්ට බැඳී සිටින ස්වභාව, යමකට අසුවෙන්ට පුළුවන් ගතිය

Li'able, *a.* වගකියන්ට බැඳුනාවූ, නියමවූ, යටත්වූ

Li'aison, *s.* එක්සත්කම, අයුතු බන්ධනය

Li'ar, *s.* බොරු කියන්නා, බොරුකාරයා, මුසාවාදයා

Liba'tion, *s.* බීම පූජාව, මුද්‍රිකපානය වැගිරීම

Li'bel, *s.* අපකීර්ති සටහන, අපහාසය, පැමිණිලි පෙත්සම *v.* අපකීර්තියට පමුණුවනවා, අපහාසකරණවා, පැමිණිලි පෙත්සමක් ඔප්පුකරණවා

Li'bellous, *a.* නින්දාසහිතවූ, අපහාස පමුණුවන්නාවූ

Lib'eral, *a.* තෑගිවන්ත, නිර්ලෝභි, ගුණවන්ත, නිදහස්

Lib'erally, *ad.* නිර්ලෝභිලෙස, නිදහස්ලෙස, නොමසුරුව

Lib'erate, *v.* නිදහස්කරණවා, වහල්කමින් මුදනවා

Liberal'ity, *s.* තෑගිවන්තකම, නොමසුරුගුණය, අගතිරහිතකම

Lib'ertine, *s.* කිතුවක්කාරයා, කාමුකයා, සල්ලාලයා

Lib'erty, *s.* නිදහස, නිවාඩුව, අනිසි නිදහස්කම ගැනීම [රාගසහිත

Libid'inous, *a.* කාමවිකාර, මදමත්,

Libra'rian, *s.* පොත්ගුලක් භාරකාරයා

Li'brary, *s.* පොත්ගුල, පුස්තකාලය

Li'brate, *v.* කිරා සමකරණවා, තුලාස කරණවා, සමව සිටිනවා

Libra'tion, *s.* කිරා සමකිරීම, තුලානාව

Lice, *s. pl.* උකුණෝ, ලේඩියෝ

Li'cense, *s.* අවසරය, බලකඩදාසිය, අස්ගෙත් *v.* අවසර දෙනවා, බලකඩ දාසියක් දෙනවා

Licen'tiate, *s.* වැඩක් භාවිතාකිරීමට අවසරලත් තැනැත්තා

Licen'tious, *a.* අනාචාර, කාමුක, සල්ලාල [ලාලකම

Licen'tiousness, *s.* අනාචාරකම, සල්

Lich'en, *s.* පාසි, පණුකැවිල්ලක්

Lich'gate, *s.* දේවස්ථාන භූමියේ තුම්බෙ තිබීමට පියස්ස ඇති දොරටුවක්

Lick, *v.* ලෙවකනවා, ලොවිනවා, ගහනවා

Lick'spittle, *s.* අධම ඉච්චාකාරයෙක්

Lic'tor, *s.* රෝමවරුන්අතරේවදකයා

Lid, *s.* වැස්ම, පියන, මූඩිය, මලාව

Lie, *s.* බොරුව, මුසාවාදය *v.* බොරු කියනවා

Lie, *v.* දිගාවී ඉන්නවා, සයනයකරණවා, වැතිරෙණවා, තිබෙනවා, අඩුත්තුවෙනවා [ස්වාමියා

Liege, *s.* නියම යටත් වැසියා, නියම

Lien, *s.* අයිතිකාර බලය, තහනම් බලය

Lieu, *s.* වෙනුව, තිලව්ව

Lieuten'ancy, *s.* උප මුලාදෑනිකම, උප මුලාදෑනි පිරිස

Lieuten'ant, *s.* උප මුලාදෑනියා, දෙවෙනි ආණ්ඩුකාරයා

Life, *s.* ප්‍රාණය, ජීවිතය, පැවැත්ම, ජීවනය [රක්‍ෂා ඔරුව

Life'-boat, *s.* ජීවිතරක්ෂිත ඔරුව, අ

Life'-guard, *s.* ජීවිතරක්‍ෂක සේවකයෝ, රජුට මුරකරණ භේවායා

Life'-insur'ance, *s.* යමෙකුගේ ඇවෑමෙන් මුදලක් ලැබෙන්ට බේරා තැබීමේ ගිවිසුම

Life'less, *a.* පණනැති, ජීවිතරහිත, කඩිසරනුවූ, මලානික [ලෙස

Life'lessly, *ad.* අප්‍රාණිකලෙස, මැලි

Life'like, *a.* ජීවත්ව ඉන්නාක්මෙන් පෙනෙණ, පණඇති ආකාරවූ

Life'long, *a.* දිවිහිමි, යවිදිවි

Life'-preserv'er, *s.* නැව් කැඩුනාම ගැලවීම පිණිස සාදා තිබෙන පාවෙන දෙයක්, අනතුරුවලදී ගැලවෙන පිණිස පාවිච්චිකරණ ආවුදයක්

Life'time, *s.* ජීවත්ව සිටින කාලය, පැවැත්ම, ආයුෂය

Lift, *v.* ඔසවනවා, උස්සනවා, උසස් කරණවා *s.* ඉස්සීම, උස්සන දේ, උපකාරය

Lig'ament, Lig'ature, *s.* බැම්ම, බැඳුම, සන්ධි බන්ධනය, නහරය

Light, *s.* ආලෝකය, එළිය, දීප්තිය, කාන්තිය, දැනගැම්ම *v.* එළියකරණවා, ආලෝක කරණවා, පත්තුකරණවා

Light, *a.* සැහැල්ලු, ලඝු, ඉක්මන්, ලේසි, නිෂ්ඵල, අනිස්සර, නොසැලකිලි

Light'en, *v.* සැහැල්ලුකරණවා, බර අඩුකරණවා, පහකරණවා, එලිය කරණවා, ආලෝක කරණවා

Light'er, *s.* නැව්වලින් බඩු ගොඩ බෑමටද නැව්වලට බඩු පැටවීමටද පාවිච්චිකරණ පාරුවක්

Light'erage, *s.* පාරුවලින් නැව්වල බඩු ගොඩබෑම, පටවාගෙණයාමේ කුලිය [රකමෙහි දක්‍ෂවූ

Light'-fin'gered, *a.* සූරකඩිසරවූ, සො

Light'-head'ed, *a.* ඉසකරකැවිල්ල ඇත්තාවූ, සැහැල්ලු ගතිවූ, නොසැලකිලි [සිත් ඇත්තාවූ

Light'-heart'ed, *a.* ප්‍රසන්නවූ, සතුටු

Light'-heart'edness, *s.* සිතේ බරක් නැති ස්වභාව, සතුටු සිත් ඇතිවීම

Light'house, *s.* එලිය තබන කුළුන, දීපස්තම්භය

Light'ly, *ad.* සැහැල්ලුලෙස, පහසු වෙන්, නොසැලකිලිලෙස

Light'-mind'ed, *a.* අනිස්ථිර සිතක් ඇත්තාවූ, නොසැලකිලිගතිවූ

Light'ning, *s.* විදුලිය, විද්‍යුල්ලතාව

Light'ning-rod, *s.* සාන්දම් පොල්ල

Lights, *s. pl.* සතුන්ගේ පෙනහැල්ල

Light'some, *a.* ආලෝකමත්, ප්‍රීතිමත්, සතුටුවූ

Light'someness, *s.* ආලෝකමත් ගතිය, කනගාටුනැති ස්වභාව, ප්‍රීතිමත් කම [වාවූ, කාෂ්ඨ

Lig'neous, *a.* ලීමයවූ, ලීයෙන් සෑදු

Like, *a.* සමාන, බඳු, සම, ඒකාකාර *s.* සමාන දේ, සමාන අය *ad.* සමාන ලෙස, එකාකාරයෙන්, මෙන්

Like, *v.* කැමතිවෙනවා, මනාපවෙනවා, ප්‍රසන්නවෙනවා

Like'ly, *a.* වියහැකිවූ, වෙන්ට පුළුවන්වූ, විශ්වාසකළහැකි, ශෝභන *ad.* සමහරවිට

Like'liness, **Like'lihood**, *s.* වියහැකිකම, වේයයි සිතන්ට පුළුවන් ස්වභාව

Like'ness, *s.* සමානකම, සමාන ලක්‍ෂණය, පින්තාරුව, රූපය

Like'wise, *ad.* එලෙසම, එසේම, තවද, ඇරත් [දීකම

Lik'ing, *s.* කැමැත්ත, මනාපය, ලැ

Li'lac, *s.* මල්ගස්වර්ගයක්, එහිපාට

Lilipu'tian, *s.* ලකුණ්ඩකයා, මිට්ටා

Lilt, *v.* යමක් දක්‍ෂලෙස හෝ ශීඝ්‍රලෙස කරණවා, ගී කියා නටනවා *s.* ප්‍රසන්න ගීයක් හෝ තාලයක්

Li'ly, *s.* මානෙල්, පද්ම, කමල්, නෙළුම්

Limb, *s.* අවයවය, ගාත්‍රය, අත්ත

Lime, *s.* හුණු, බඳුම, දෙහි

Lime'-juice, *s.* දෙහි යුස, පෝන්ස

Lime'kiln *s.* හුණුඋඳුන, හුණුපෝර්ණුව

Lime'stone, *s.* හුණුගල්, හිරිගල්

Lim'it, *s.* ඉම, සීමාව, තෙර, ප්‍රමාණය

Limita'tion, *s.* සීමාකිරීම, ප්‍රමාණකිරීම, ප්‍රමාණය, මායිම

Lim'ited, *a.* සීමාසහිත, ප්‍රමාණය නි
යමවූ, ස්වල්ප [මහත් විශාල

Lim'itless, *a.* ඉමක් නැති, අප්‍රමාණ,

Limn, *v.* රූප ඇඳ අලඞ්කාරකරණ
වා, සිතියම්කරණවා

Lim'ner, *s.* සිතියම්අඳින්නා, සිත්තරා

Limp, *v.* කොරගහනවා, තොණ්ඩි
ගහනවා *s.* කොරගෑසීම

Limp, *a.* නැමෙන්නාවූ, මෘදුවූ

Lim'pet, *s.* කබල ඇති කුඩා මාලු
වර්ගයක් [ද පෙණෙන

Lim'pid, *a.* පිරිසිදු, පැහැදිලි, විනිවි

Limpid'ity, Lim'pidness, *s.* පැහැදි
ලිකම, විනිවිද පෙණෙන ස්වභාව

Linch'pin, *s.* කඩඇනය

Line, *s.* ලනුව, නූල, ඉර, රේඛාව,
පේළිය, පෙළපත, පදය

Line, *v.* ඉරිගසනවා, ඇතුල් තට්ටුව
දමනවා, පෝරුදමනවා, පඞ්ක්ති ක්‍ර
මයෙන් රුකවල්කොට නවත්වනවා

Lin'eage, *s.* කුලපත, වංශය, පවුල

Lin'eal, *a.* රේඛාවැතිවූ, ඉරක්මෙන්
දිගවූ, පරම්පරානුගත

Lin'eament, *s.* මුහුණුවර, විශේෂ ල
කුණ, දේහලක්ෂණය

Lin'en, *s.* හනරෙදි, වස්ත්‍ර, පිළී

Linen-dra'per, *s.* හනරෙදි වෙළෙන්
දා, පිළී වෙළෙන්දා

Lin'ger, *v.* ප්‍රමාදවෙනවා, නතරවෙ
නවා, විඳවනවා

Lin'gering, *a.* ප්‍රමාදවෙන්නාවූ, බො
හෝකල් පවතින්නාවූ, විඳවන

Lin'go, *s.* භාෂාව, බස

Lin'gual, *a.* දිවට අයිතිවූ, ජිහ්වජ
s. ජිහ්වජාක්ෂරය

Lin'guist, *s.* භාෂා ගැන සමර්ථයා

Linguist'ic, Linguist'ical, *a.* භාෂා
ශාස්ත්‍රයට අයිතිවූ, භාෂා සම්බන්ධවූ

Lin'iment, *s.* ආලේපයක්, ආලේප
බෙහෙතක්, ගාන බෙහෙත්වතුරක්

Lin'ing, *s.* ඇතුල්පැත්තේ වැස්ම,
පෝරු රෙද්ද, ඉරිඇඳීම

Link, *s.* පුරුක, ඇඳුස්ත *v.* ඈඳනවා,
සම්බන්ධකරණවා, අමුණනවා, ගැළ
පෙනවා

Lin'net, *s.* නාදකරණ පක්ෂියෙක්

Lino'leum, *s.* ගෙයි බිම වසන රෙදි
වර්ගයක්

Lin'seed, *s.* හන ඇට

Lin'seed-oil, *s.* හන තෙල් වර්ගයක්

Lint, *s.* පුළුන්, කපු

Lin'tel, *s.* උළුවස්සේ කඳ

Li'on, *s.* සිංහයා

Lion'ess, *s.* සිංහදෙන

Lion-heart'ed, *a.* සිංහ ලය ඇති, සිං
හයා මෙන් නිර්භීතවූ

Li'onise, *v.* සිංහයෙක් හා සමානකො
ට සලකනවා, ඇරුමදෙයක්කොට
දක්වනවා

Lip, *s.* ඕෂ්ඨය, තොල, අදර

Liq'uefy, *v.* දියකරණවා, උණුකර
ණවා, දියවෙනවා [භාව

Liquefac'tion, *s.* දියකිරීම, දියවූ ස්ව

Liquesc'ent, *a.* දියවෙන, උණුවෙන

Liq'uid, *a.* දියකළ, දියාරු, මෘදු *s.* දියමය දේ, දියර [දමනවා

Liq'uidate, *v.* ගෙවනවා, නය බේරා

Liquida'tion, *s.* නයගෙවා බේරාදැමීම

Liquidat'or, *s.* නය බේරන්නා

Liq'uor, *s.* දිය, බොනදේ, මද්‍යපානය

Liq'uorice, *s.* වැල්මී [කරණවා

Lisp, *v.* සකාර තකාර වරදවා ශබ්ද

Lisp, Lisp'ing, *s.* වරදවා ශබ්දකිරීම, වැරදි උච්චාරණයක්

Lis'some, Lithe'some, *a.* නැමෙන්ට ලේසිවූ, පහසුවෙන්ක්‍රියාකරන්නාවූ

List, *s.* වාටිය, වට්ටෝරුව, නාමලේඛනය, කඳවුර, *v.* නම් ලියා තබනවා, ලියවෙනවා, ඕනෑවූකරණවා

List, *v.* මනාපවෙනවා, කැමතිවෙනවා

List'en, *v.* අහනවා, ශ්‍රවණයකරණවා, ඇහුම්කන්දෙනවා

List'ener, *s.* ඇහුම්කන්දෙන්නා

List'less, *a.* ඇහුම්කන් නොදෙන, නොසලකන්නාවූ, සිතනැති, කම්මැලි [සැලකිලිලෙස

List'lessly, *ad.* ඇහුම්කන්නොදී, නො

List'lessness, *s.* සැලකිල්ලක් නැතිකම, සිතනැතිකම

Lit'any, *s.* යාච්ඤා පිළිවෙළ

Lit'eral, *a.* නියම අභිප්‍රාවවූ, පදගතාර්ථවූ, අක්ෂරාකාරයෙන්වූ

Lit'erally, *ad.* පදගතාර්ථයෙන්, වචනානුසාරයෙන්

Lit'eralness, *s.* නියම අභිප්‍රාවව ඇතිවීම, පදගතාර්ථතාව

Lit'erary, *a.* පොත්පත් හෝ ශාස්ත්‍රය සම්බන්ධ, පණ්ඩිත

Lit'erate, *a.* අකුරු උගත්, ව්‍යක්ත *s.* පටබැඳි නමක් නොලත් උගතා

Litera'ti, *s.* ශාස්ත්‍රව්‍යක්තයෝ, පණ්ඩිතයෝ [පොත්පත්

Lit'erature, *s.* ශාස්ත්‍රපොත්, ව්‍යක්ත

Lithe, *a.* පහසුවෙන් නැමෙන්නාවූ

Lith'ograph, *v.* ගල්තහඩුවක කැටයම්කර මුද්‍රණයකරණවා *s.* ගල්තහඩුවකින් අච්චුගසාගත් දෙයක්

Lithog'rapher, *s.* ගල්වල කැටයම්කර අච්චුගසන්නා, ශිලාවෙන් මුද්‍රණයකරන්නා

Lithog'raphy, *s.* ශිලාලේඛනමුද්‍රණය

Lit'igant, *s.* නඩුකියන්නා

Lit'igate, *v.* නඩු පැමිණිලිකරණවා, නඩුකියනවා [යෙදීම

Litiga'tion, *s.* නඩුකීම, නඩුහබවල

Litig'ious, *a.* නඩුකීමට කිහවූ, අවුල්ගේදවූ

Litig'iousness, *s.* නඩුකීමට ලැදිකම, අරාවුල්කාරකම

Li'tre, *s.* ප්‍රන්ස දියම්මමක්

Lit'ter, *s.* දෝලාව, යහනාව, ලගින්ට දමන පිදුරුගොඩ, පැටව් *v.* චල්කරණවා, පැටව්ගහනවා

Lit'tle, *a.* පුංචි, කුඩා, ස්වල්ප, ටික, සුළු *s.* ටික, ස්වල්පය, ඩිග *ad.* ස්වල්පවශයෙන්, ටිකක්, ඇබිත්දක්

Lit′toral, *a.* වෙරළට අයිතිවූ

Litur′gic, Litur′gical, *a.* දේවමෙහෙයේ ක්‍රමය සම්බන්ධවූ, නියම පිළිවෙළින්වූ [යාච්ඤා ක්‍රමය

Lit′urgy, *s.* දේවමෙහෙය පිළිවෙළ,

Live, *a.* ජීවමාන, පණඇති, පත්තුවෙන [වසනවා

Live, *v.* ජීවත්වෙනවා, පවතිනවා,

Live′lihood, *s.* රක්ෂාව, ජීවිකාව

Live′liness, *s.* ජීවමානභාවය, ප්‍රාණවත්කම

Live′long, *a.* කලක්ම පවතින

Live′ly, *a.* ප්‍රාණවත්, ශක්තිමත්, උනන්දු

Liv′er, *s.* කෑවුත, අක්මාව

Liv′ery, *s.* වැඩකාරයින්ට නියම ඇඳුම්, එක පිළිවෙළක වස්ත්‍ර

Live′stock, *s.* ඇතිකරණ සතුන්

Liv′id *s.* ඊයම්පාට, විවර්ණ

Liv′ing, *a.* පණඇති, ජීවමාන *s.* රක්ෂාව, ආදායම, ජීවිකාව [යක්

Li′vre, *s.* පැන්සදහයක ප්‍රන්ස කාසි

Liz′ard, *s.* හූනා, හූනුවර්ගයේ සතා

Lla′ma, *s.* දකුණු අමෙරිකාවේ ඉන්න ඔටුවෝ වර්ගයක්

Llan′o, *s.* දකුණු අමෙරිකාවේ විශාල සමභූමි ප්‍රදේශයක් [අන්න

Lo, *int.* බලව, මෙන්න, ඔන්න,

Load, *v.* පටවනවා, බරකරණවා, තුවක්කුවට බෙහෙත් දමනවා *s.* බර, පැටවිල්ල, කද

Load′star, Lode′star, *s.* මඟපෙන්වන ධ්‍රැව තාරකාව

Load′stone, *s.* කාන්දම් ගල

Loaf, *s.* පාන්ගෙඩිය [ණවා

Loaf, *v.* අලසලෙස කාලය ගතකර

Loaf′er, *s.* නිෂ්ඵල් එහාමෙහා ඇවිදින්නා, අලසයා

Loam, *s.* මැටි වැලි ආදිය මිශ්‍ර පස්

Loan, *s.* නයටදුන් දෙය, නයටදීම, පොළියට දුන් මුදල

Loathe, *v.* පිළිකුල්කරණවා, ඉතා අප්‍රියවෙනවා [හුරුස්සන

Loath′ful, *a.* ඉතා පිළිකුල්කරණ,

Loath′ing, *s.* තද පිළිකුල, ද්වේෂය

Loath′some, *a.* ඉතා අරුචි, අප්‍රිය, පිළිකුල් [අරුචිය

Loath′someness, *s.* පිළිකුල්කම, තද

Lob′by, *s.* පුංචිශාලාව, ගෙට ඇතුල්වෙන පොදු කාමර මඟ

Lobe, *s.* වටවූ කොටසක්, පළුවක්, කන්පෙත්ත

Lob′ster, *s.* පොකිරිස්සා

Lo′cal, *a.* ඉඩමකට අයිති, ස්ථානික, ප්‍රදේශක [පලාත

Local′ity, *s.* තිබෙනතැන, ප්‍රදේශය,

Localisa′tion, *s.* යම්තැනකට නියම කර නැවැත්වීම

Lo′calise, *v.* ස්ථානයකට නියමකරණවා, යම්තැනක නවත්වනවා

Lo′cally, *ad.* ඉඩමේ ආකාරයට, ස්ථානවශයෙන්

Lo'cate, *v.* යම් ස්ථානයක පදිංචිකර වනවා, පිහිටිතැන දක්වනවා

Loca'tion, *s.* ස්ථානයක පදිංචිකිරීම, පිහිටිතැන [තිය

Lo'cative, *s.* *(gram.)* ආධාර විභක්

Loch, *s.* වැව, බොකුවරාය

Lock, *s.* අගුල, යතුරුතහඩුව, තුවක්කු තහඩුව, රොද *v.* අගුල්ලනවා, හිරකරණවා, තදකර බදාගන්නවා

Lock'et, *s.* ලොවාදුව, මාලපෙත්ත

Lock'-jaw, Locked'-jaw, *s.* හනුපුට්ටුව

Lock'up, *s.* හිරකර තබන ගේ

Locomo'tion, *s.* තැනින්තැනට යාම, යාමේ බලය

Locomo'tive, *s.* දුම්රථය

Lo'cust, *s.* පොලගැටියා, ගස් වර්ගයක්

Lode, *s.* ලෝහවැල, ලෝපස්තට්ටුව

Lode'star, *s.* මගපෙන්වන තරුව, ධ්‍රැවතාරකාව

Lode'stone, *s.* කාන්දම් ගල

Lodge, *s.* බංගලාව, වාඩිය, දොරටුපාලයාගේ ගෙය, ලැගුම්පල *v.* නවාතැන් දෙනවා, තබනවා, පොරොත්තුව සිටිනවා, ටිකකලක් පදිංචිවෙනවා

Lodg'er, *s.* නවාතැන්කාරයා

Lodg'ing, *s.* නවාතැන, අගන්තුක ශාලාව, නිවහනය, වාඩිය [පුර

Lodg'ment, *s.* පදිංචිය, රඳාතිබීම, කඳ

Loft, *s.* උඩුමහල, ප්‍රාසාදය

Loft'iness, *s.* උස්කම, උසස්කම, ආඩම්බරය

Loft'y, *a.* ඉහල්වූ, උසස්වූ, උඩගුවූ

Log, *s.* කොටන් කැබෙල්ල, කඳන් කැබෙල්ල [මයක්

Log'arithm, *s.* සංඛ්‍යාශාස්ත්‍රයෙහි නා

Log'-book, *s.* නැව් යාත්‍රාවේදී වෙන් නාවූ කාරණා ලියන පොත

Log'gerhead, *s.* මෝඩයා, මූර්ඛයා

Log'ic, *s.* තර්කශාස්ත්‍රය, න්‍යායශාස්ත්‍රය

Log'ical, *a.* තර්කශාස්ත්‍රයට එකග, තර්කශාස්ත්‍රය උගත්, න්‍යායී

Logi'cian, *s.* තර්කශාස්ත්‍රඥයා

Logom'achy, *s.* නිකම් වචන ගැණ වාදකිරීම, වාක්‍යපොරය

Log'wood, *s.* පතඟි සමාන ලී

Loin *s. pl.* තුනටිය, ඉහටිය, පිටිකොන්ද [වා

Loi'ter, *v.* වැතිරෙණවා, ප්‍රමාදවෙන

Loi'terer, *s.* කල්ඇර ප්‍රමාදවෙන්නා, නතරවෙන්නා, කම්මැලියා

Loll, *v.* අලසලෙස හේත්තුවෙනවා, හාන්සිවෙනවා, දිව එල්ලාගන්නවා

Lol'lard, *s.* වික්ලිප්ගේ ගුරුකම් අනුවගිය රෙප්‍රමාදු සමාගමක නම

Lone, Lone'ly, *a.* තනිවූ, උදකලාවූ

Lone'liuess, *s.* තනිකම, විවේකය

Lone'some, *a.* තනිවූ, උදකලාවූ අඳුරු ස්වභාවවූ

Lone'someness, *s.* තනිකම, සහකාරයෙක් නැති ස්වභාව

Long, *a.* දිග, දීර්ඝ, බොහෝකල්වූ *ad.* බොහෝකල්; දීර්ඝ කාලයක් *v.* ඇලුම්කරණවා, ඉතා ආසාවෙනවා

Long'er, *a.* වඩාදිග *ad.* වඩාකල්

Long'est, *a.* ඉතා දීර්ඝ *ad.* ඉතා වැඩිකල් [ආයුෂ

Longev'ity, *s.* දීර්ඝජීවිතය, බොහෝ

Long'ing, *s.* තද ආසාව, මනදොළ

Long'ingly, *ad.* ඉතා ආශාවීමෙන්, තද ඇල්මෙන්, මනදොළසහිතව

Lon'gitude, *s.* දිගඅතට දුර ප්‍රමාණය, රේඛාන්තරය [අතටවූ

Longitud'inal, *a.* දිගට ඇත්තාවූ, දිග

Longitud'inally, *ad.* දිගට, දිගඅතට

Long'-run, *s.* සම්පූර්ණවූ කරුණු පෙළ, කාරණවල කෙළවර

Long'-sight'ed, *a.* දුර පෙනෙන්නාවූ, දීර්ඝදෘෂ්ටි, තීක්ෂණ

Long'-sight'edness, *s.* දුර පෙනෙන ඇස් ඇතිවීම, දුර දැකීම, දීර්ඝදෘෂ්ටිය

Long'-stop, *s.* ක්‍රිකැට් ක්‍රීඩාවේදී බෝලය නැවැත්වීමට පිටිපස්සේ එපිටින් සිටින තැනැත්තා

Long'-suffering, *a.* බොහෝ ඉවසිලි ඇත්තාවූ *s.* බොහෝකාල් ඉවසීම, ඉවසිලිවන්තකම

Look, *v.* බලනවා, අවලෝකනයකරණවා, බලාඉන්නවා, සොයනවා *s.* බැල්ම, පෙනුම

Look'ing-glass, *s.* කැඩපත, මූනබලන කන්නාඩිය

Look'-out, *s.* ප්‍රවේසම්වීම, සෝදිසි ඇතුවසිටීම, බලාසිටීමට උස්තැනක්

Loom, *s.* අළුව

Loom, *v.* දුරසිට දෘශ්‍යමානවෙනවා, ලොකුවට පෙනෙනවා

Loon, *s.* නීචයා, තක්කඩියා

Loop, *s.* විවරය, පුඩුව, තොණ්ඩුව

Loop'hole, *s.* සිදුර, අනතුරුවෙන් ගැලවීගන්න මග

Loose, *a.* බුරුල්වූ, නිදහස්වූ, තදනැති, ලිහිල්, අවකල්ක්‍රියාකාර *v.* ලිහනවා, මුදනවා

Loos'en, *v.* බුරුල්කරණවා, ලිහනවා

Loose'ness, *s.* ලිහිල්වකම, බුරුල්කම, කාමවිකාරකම, පාවනවීම

Loot, *s.* කොල්ලය *v.* කොල්ලකනවා

Lop, *v.* කොටකර කපනවා, සිඳිනවා

Loqua'cious, *a.* වාචාලවූ, දොඩමන්නාවූ [ථාකාරකම

Loquac'ity, *s.* වාචාලකම, අධික ක

Lord, *s.* ස්වාමියා, ස්වාමිපුරුෂයා, වංශාධිපතියා *v.* අධිපතිකම්කරණවා

Lord'ling, *s.* සුළු ස්වාමියා, බොරුස්වාමියා [කෘෂ්ට, උඩඟුවූ

Lord'ly, *a.* ස්වාමිකමට අයිතිවූ, උත්

Lord'ship, *s.* ස්වාමිකම, අධිපතිකම, හාමුදුරුවෝ [භෝජනය

Lord's-sup'per, *s.* ස්වාමින්ගේ රාත්‍රී

Lore, *s.* ඉගෙණගැන්ම, දැනගැන්ම

Lo'ris *s.* උනහපුලුවා

Lorn, *a.* අසරණවූ, පාළු

Lor'ry, *s.* ඇඳි නැති රෝද හතරේ වාහනයක්

Lose, *v.* නැතිවෙනවා, නැතිකරගන්නවා, පරදිනවා

Loss, *s.* නැතිවීම, අලාභය, හානිය

Lost, *a.* නැතිවූනාවූ, මුලාවූ

Lot, *s.* ඉරණම, කොටස, පංගුව, කැබිය, පසඇටය

Loth, *a.* අකමැතිවූ, අරුචිවූ

Lo'tion, *s.* බෙහෙත් වතුර

Lot'tery, *s.* දුදුකෙළිය, ලොතරැයිය

Lo'tus, *s.* නෙළුම්

Lo'tus-eat'er, *s.* කම්මැලිගති ඇත්තෙක්

Loud, *a.* හඬියඇති, ඝෝෂාවූ *ad.* හඬියෙන්

Lou'is-d'or (Loo-e-dore), *s.* සිලින් විස්සක රත්රන් කාසියක්

Lounge, *v.* හාන්සිවෙනවා, අලසලෙස හැසිරෙණවා *s.* හාන්සිවීම, කවිච්චියක්

Loung'er, *s.* අලසයා

Louse, *s.* උකුණ, ලේඩියා

Lout, *s.* අසමත්තයා, නිවටයා

Lov'able, *s.* ප්‍රියවඩන්නාවූ, ප්‍රේමනීය

Love, *s.* අදරය, ප්‍රේමය, ස්නේහය, අලය *v.* අදරේවෙනවා, ප්‍රේමකරණවා

Lov'er, *s.* අදරේවෙන්නා, ප්‍රේමවන්තයා

Love'-feast, *s.* මැතොදිස්තවරුන්ගේ ප්‍රේම මංගලෳය

Lov'ing, *a.* අදරය ඇති, ප්‍රේමවන්ත, ශෝභවන්ත

Love'liness, *s.* අලංකාරකම, මනෝඥකම

Love'lorn, *a.* ප්‍රේමවන්තයා හෝ ප්‍රේමවන්තිය විසින් අත්හරින්ලැබූ

Love'ly, *a.* ප්‍රේමනීය, ශෝභන, අලංකාර

Love'-sick, *a.* ප්‍රේමයෙන් ලෙඩවෙන්නාවූ, දුකසේ අලය ඇත්තාවූ

Lov'ing-kind'ness, *s.* අදර කරුණව, දයාව

Low, *a.* පහත්, මිටි, නීච, හීන, ගෙමින්වූ, හීන්, කාංසාවූ, අඩුගණන්වූ, දිළිඳු *ad.* පහත්ලෙස, පහතින්, අඩුගණනේ

Low, *v.* හැප්ලනවා, හප්පුලනවා

Low'-bred, *a.* නීචවූ, අධමවූ

Low'-caste, *a.* අඩුජම්මක්කාර, පහත්කුලයේවූ

Low'-church, *s.* (එංගලන්ත සභාවේ) චාරිත්‍රානුකූල ධර්ම බොහෝ වැදගත්කොට කල්පනානොකරණ පක්ෂය

Low'er, *v.* බානවා, පහත්කරණවා, බහිනවා, අඩුවෙනවා

Low'ering, *a.* වැසිකළුකළාවූ

Low'ing, *a.* හැප්ලන *s.* හැප්ලීම, හප්පුලෑම

Low'land, *s.* මිටිබිම, මිටියාවත් රට

Low'ly, *a.* යටහත්, පහත්, යටත්පහත්වූ

Low-mind'ed, *a.* කෑතසිත්වූ, අශික්ෂිත

Low-spir'ited, *a.* හිත්කාංසාවූ, මලානික වාසවූ

Loy'al, *a.* පක්ෂපාතවූ, අණ්ඩුවට විශ්

Loy'alist, *s.* රජුට විශ්වාසව සිටින්නා, රජපක්ෂිකයා [රුලෙස

Loy'ally, *ad.* රජපාක්ෂිකලෙස, කීක

Loy'alty, *s.* රජ පක්ෂවාදිකම, විශ්වාසකම

Loz'enge, *s.* ලේහය, මෝදකය

Lub'ber, *s.* අදක්ෂයා, කම්මැලියා

Lu'bricant, *s.* සිලුටුකිරීමට භාවිත තෙල් මිනිරන් ආදිය

Lu'bricate, *v.* සිලුටුකරණවා, සිනිඳුකරණවා [තා හෝ දේ

Lu'bricator, *s.* සිනිඳුකරණ තැනැත්

Lu'cent, *a.* බබලන, දීප්තිමත්

Lu'cid, *a.* දිලිසෙන්නාවූ, දීප්තිමත්, පැහැදිලි [ලෙස

Lu'cidly, *ad.* දීප්තිමත්ලෙස, ප්‍රත්‍යක්ෂ

Lucid'ity, Lucid'ness, *s.* දීප්තිය, පැහැදිලිකම

Lu'cifer, *s.* ශුක්‍රනම් තාරකාව, පහන් තරුව, සාතන්ට නමක්, ගිනිකූර

Luck, *s.* ඉරණම, සිද්ධිය, වාසනාව

Luck'ily, *ad.* හේතුවට, වාසනාවන්තලෙස [නාව

Luck'iness, *s.* හේතුවන්තකම, වාස

Luck'less, *a.* අහේතුක, අවාසනාවන්ත, අනිෂ්ට

Luck'y, *a.* හේතුවන්ත, වාසනාවන්ත

Lu'crative, *a.* ප්‍රයෝජනවූ, ලාභ උපදවන්නාවූ

Lu'cre, *s.* ලාභය, ප්‍රයෝජනය, කාසි

Lu'cubration, *s.* පහන්එලියෙන් ඉගෙණගැණීම, රාත්‍රියේ කළ රචනාව

Lu'dicrous, *a.* නාටකවූ, කවටවූ, සිනා උපදවන්නාවූ

Lu'dicrousness, *s.* නාටකභාවය, විහිලුකම, හාස්‍යජනකභාව

Lug, *v.* තදෙන් අදිනවා, අමාරුවෙන් ගෙණයනවා

Lug'gage, *s.* ගමනකට ගෙණියන බරබඩුදර

Lug'ger, *s.* කුඹතුනේ පුංචි නැවක්

Lugu'brious, *a.* දුක්ඛිතවූ, විලාප සහිතවූ [ද්‍යෝත්සාහ

Luke'warm, *a.* ඇල්මැරුණවූ, මන්

Luke'warmness, *s.* ඇල්මැරීච්ච සභාව, මන්ද්‍යෝත්සාහය

Lull, *v.* නිශ්චලකරණවා, නලවනවා, නවතිනවා *s.* නවතින වේලාව, නිවාඩුව

Lull'aby, *s.* නලවන සින්දුව

Lumba'go, *s.* කටිවාතුව

Lum'bar, *a.* තුනටියෙහිවූ

Lum'ber, *s.* නිරර්ථකදේ, අගේනැති බඩු, ලීදඬු

Lum'bering, *a.* ලීදඬුවලින් පිරීයන, බඩුදමා අවුල්කරණ, බරකරත්තයක්මෙන් දුෂ්කරලෙස යන

Lu'minary, *s.* ආලෝකයක්, ආලෝක කරණ හෝ පහදන කෙනෙක්

Lu'minous, *a.* දිලියෙන්නාවූ, දීප්තිමත්, පැහැදිලි

Lu'minously, *ad.* දිලිසෙමින්, බැබලීම් සහිතව, පැහැදිලිලෙස

Lu'minousness, Luminos'ity, *s.* බැබලීම, දීප්තිමත්කම, දීප්තිය, ඉතා පැහැදිලිකම
Lump, *s.* පිඩ, ගොඩ, වැද්දල්ල, කැටිය
Lump'ish, *a.* ස්ථූලවූ, බරවූ, ගුඩ්ඩවූ
Lu'nacy, *s.* පිස්සු ගතිය, විකාරය, බල්මාදය [කාර
Lun'ar, *a.* චන්ද්‍රයාට අයිතිවූ, සඳ අ
Lu'natic, *s.* පිස්සා, බල්මාදකාරයා
Lunch, Lunch'eon, *s.* අතුරුපස
Lunge, *s.* හරඹයෙකි දෙන හදිසි පහරක් *v.* ඉස්සරහට පැණ පහරක් දෙනවා
Lungs, *pl. s.* පෙනපප්පුව, පෙනහල්ල
Lu'pine, *a.* වෘකයෙක් වැනි, වෘකම යවූ
Lurch, *v.* පැත්තකට පෙරළෙනවා *s.* නැවක් හදිස්සියෙන් ඇලවීම, හදිසි සෙලවීම
Lure, *s.* පොළඹන දෙය, ඇම, උපාය *v.* පොළඹවනවා [රුවූ
Lu'rid, *a.* මලානිකවූ, දුකඛිතවූ, අඳු
Lurk, *v.* රැකඛිටිනවා, අප්‍රකාශව හිටිනවා [සැඟවී සිටින තැන
Lurk'ing-place, *s.* නිලීන ස්ථානය,
Lus'cious, *a.* ඉතා මිහිරි, මධුර රසැති
Lus'ciousness, *s.* ඉතා මිහිරිකම, අති මධුරතාව
Lush, *a.* ඕජස බහුල (තෘණ)
Lust, *v.* තෘෂ්ණාව පවත්වනවා, අභිලාසවෙනවා, මදමත්වෙනවා *s.* තන්හාව, කාමතෘෂ්ණාව, අභිලාෂය
Lust'ful, *a.* තෘෂ්ණාසහිතවූ, කාමුකවූ
Lust'fulness, *s.* කාමතෘෂ්ණා සහිතවීම, රාගනිශ්‍රිතකම [කමින්
Lust'fully, *ad.* කාමුකලෙස, මදමත්
Lus'tral, *a.* සෝදුපවිත්‍රකිරීමට ගන්න, පිරිසිදුකරණ
Lustra'tion, *s.* පූජාවලින් පවිත්‍රකිරීම, පිරිසිදුකිරීම
Lus'tre, *s.* දිස්නය, කාන්තිය, තේජස
Lus'tring, *s.* සේද රෙදිවර්ගයක් [ඇති
Lus'trous, *a.* දිලිසෙන්නාවූ, කාන්ති
Lust'y, *a.* සවිපඅැති, ශක්තිමත්
Lute, *s.* කින්නාරම, වීණාව
Lu'theran, *s.* ලූතර්ගේ ඉගැන්වීම් පිළිගන්නා, ලූතර් සභිකයා
Luxu'riant, *a.* ඉසුරුමත්වූ, බොහෝ එලදෙන්නාවූ, බහුලවූ
Luxu'riate, *v.* ඉසුරුමත්ලෙස වැඩෙනවා. සැපෙන් පසුවෙනවා, ප්‍රීතියෙන් දෙඩනවා
Luxu'rious, *a.* සැපාශුභවකරණ, සැපෙහි ගැලුන, සැපවත්
Luxu'riously, *ad.* සැපෙන්, සැපවත් ලෙස, සැපෙහිගැලී
Luxu'riousness, *s.* අධික සැප ඇතිවීම, සැප බහුලකම [කැවබීමාදිය
Lux'ury, *s.* සැපාශුභවය, සැප ඇති
Lyce'um, *s.* පුරාණ ග්‍රීසියේ ශාස්ත්‍ර උද්‍යානයක්, ශාස්ත්‍රශාලාව, පණ්ඩිත සභාව
Lye, *s.* යවක්ෂාර දිය, අළුමුසුවතුර

Ly'ing, *s.* බොරුකිම, මුසාවාදය
Lymph, *s.* දිය, ඕජස, මේද, හැරව
Lynch, *v.* නඩුමාගීයක් නැතුව දඩු වමකරණවා
Lynx, *s.* වල් බලල්වගීයක්
Lyre, *s.* වීණව
Lyr'ic, *a.* වීණවට එකතුව කියත්නාවූ *s.* ගීතිකා කාව්‍යය
Lys, *s.* චීනමැනිම, අඩි පන්සිය තිස් තුණේ මිදුල

M

M., *s.* දහසට ලකුණ
Macad'amize, *v.* ගල්කැලිදමා පාර සාදනවා [කවටයා
Macaroon', *s.* විස්කෝත්තු වගීයක්,
Macaw', *s.* තල්ගස් වගීයක්, ගිරවි වැනි පක්ෂිවගීයක්
Mace, *s.* මුගුර, පොල්ල, වසාවාසි
Mac'erate, *v.* පොඟවනවා, කෙට්ටු කරණවා
Macera'tion, *s.* පොඟවා දියකිරීම
Machiavel'ian, *a.* රාජෙත්පාදක්‍ෂ, ප්‍රයෝගකාර, කපටි [ප්‍රයෝගය
Machina'tion, *s.* උපා යෙදීම්, වංචා
Machine', *s.* සූත්‍රය, යන්ත්‍රය, අවුදය
Machin'ist, *s.* යන්ත්‍ර කම්ාන්තකාරයා, යන්ත්‍රශිල්පියා
Mac'rocosm, *s.* සමස්තලෝකය, අවකාශලෝකය
Mack'intosh, *s.* වරුෂාවට අඳින ලොකු කබායක්
Mad, *a.* ඔල්මාද, උමතු, පිස්සු, කුපිතවූ [නෝනා
Mad'am, *s.* ලමාඑතනි, හාමිනේ,
Mad'cap, *s.* වේගවත්කමින් හෝ උමතුලෙස හැසිරෙන්නා
Mad'den, *v.* පිස්සුකරණවා, කුපිත කරණවා
Madei'ra, *s.* මදේරා දිවයිනේ සාදනා මිදිරස, වැයින් වගීයක්
Mademoiselle', *s.* තරුණියෙකුට කථාකරණ විධියක්
Mad'house, *s.* පිස්සන් ගේ, උන්මාද ශාලාව
Mad'man, *s.* පිස්සා, උන්මාදකයා
Mad'ness, *s.* පිස්සුකම, වියරුව
Mad'repore, *s.* කිරිගල් සාදන පණුවගීය, කිරිගල්
Mad'rigal, *s.* එඬේර කවිය, සින්දුව
Magazine', *s.* යුද්ධායුධ ගබඩාව, වෙඩිබෙහෙත් ගේ, සංග්‍රහය, සඟරාව
Mag'got, *s.* කුමි, ඉහඳ පණුවා
Ma'gi, *s. pl.* පාර්සිවරුන්ගේ පූජකයෝ, පූර්විදිග ශාස්ත්‍රවන්තයෝ
Mag'ic, *s.* මන්ත්‍රවිද්‍යා, අණවින, විජ්ජාව [රයා
Magi'cian, *s.* මායාකාරයා, විජ්ජාකා
Mag'ic-lantern, *s.* රූප සිතියම් ලොකුකොට පෙන්වන කන්නාඩි සූත්‍රයක් [ආකාරවූ, උදුරම්
Magiste'rial, *a.* අධිකාරීකාවූ, අධිපති
Mag'istracy, *s.* සුළු විනිශ්චයකාර නිලය, නඩුකාරකම

Mag′istrate, *s.* සුළු විනිශ්චයකාරයා, මහෙස්ත්‍රාත්තැන

Mag′na Charta, *s.* මහා නිදහස් පත්‍රය, එංගලන්තේ මිනිසුන්ට මහත් ප්‍රයෝජන ගෙණදුන් නීතියක්

Magnanim′ity, *s.* සිතේ උතුම්කම, මහාත්මික ගුණය [මික, ශ්‍රේෂ්ඨ

Magnan′imous, *a.* මහාමතිවූ, මහාත්

Mag′nate, *s.* මහාත්මයා, වංශාධිපතියා

Magne′sia, *s.* සුදු බෙහෙත් කුඩු වර්ගයක්

Mag′net, *s.* කාන්දම් ගල, කාන්දම

Magnet′ic, Magnet′ical, *a.* කාන්දම් බලය ඇති, ඇදගන්න ස්වභාවවූ

Magnet′ically, *ad.* කාන්දම් බලයෙන්, ආකර්ෂණකාරයෙන්

Mag′netise, *v.* කාන්දම් බලය පිහිටුවනවා, කාන්දමකින් මෙන් ඇදගන්නවා [ගන්න බලය

Mag′netism, *s.* කාන්දම්ගලේ ඇද

Magnif′icat, *s.* ලූක් 1. 46—55 සඳහන් කන්‍යාමරියාගේ ගීතිකාව

Magnif′icence, *s.* අති ගම්භීරතාව, උත්කෘෂ්ට අලංකාරය, ඓශ්චර්යය

Magnif′icent, *a.* ගරුගම්භීර, අත්‍යලංකෘත, ශ්‍රේෂ්ඨ

Magnif′icently, *ad.* ගරුගම්භීරලෙස, ප්‍රසූරුමත් ආකාරයෙන්

Mag′nify, *v.* ලොකුකරණවා, මහත්කර පෙන්වනවා, වර්ණනාකරණවා

Magnil′oquent, *a.* ගම්භීරකාරයෙන් කථාකරණ, අහංකාර පූච්චන් දොඩන

Magnil′oquently, *ad.* ගම්භීර කථා විධියකින්, අහංකාරවාක්පටුබවයෙන්

Mag′nitude, *s.* මහත්කම, ලොකුකම, තරම, ප්‍රමාණය, වැදගත්කම

Mag′pie, *s.* පොල්කිච්චා

Mahog′any, *s.* බුරුත ලී වර්ගයක්

Mahom′etan, *s.* මහමත්ආගම්කාරයා

Maid, Maid′en, *s.* යෞවනී, අවිවාහක ස්ත්‍රී, වැඩකාරී

Maid′enhair, *s.* පඹ ජාතියක නමක්

Maid′enh d, Maid′enhead, *s.* අවිවාහක ස්වභාව, කන්‍යාකම, නොකිලුටුභාවය

Maid′enliness, *s.* තරුණියකුට ඔබින ස්වභාව, ලජ්ජාශෝලගතිය

Maid′enly, *a.* යෞවනියකුගේ ස්වභාවවූ, තරුණියකුට ඔබින, මෘදු

Mail, *s.* ලියුම් කෝෂය, තැපැල් මල්ල, යකඩ හැට්ටය

Maim, *v.* විකලාංග කරණවා, අඞ්ගඝාත කරණවා

Main, *a.* ප්‍රධාන, බලසම්පන්න, පළමුවෙනි *s.* බලය, වැඩිපංගුව, මහමුහුද, මහවීපය

Main′land, *s.* ප්‍රධාන භූමිප්‍රදේශය

Main′ly, *ad.* ප්‍රධානකොට, වැඩිවශයෙන්

Main′-sail, *s.* මහරුවල

Maintain′, *v.* පවත්වනවා, රක්ෂාකරණවා, නඩත්තුකරණවා, ඔප්පු ගෙණහැර දක්වනවා

Main'tenance, *v.* රක්ෂාව, නඩත්තුව, පෝෂණය, ජීවිකාව

Maize, *s.* ඉරිඟු

Majes'tic, *a.* මහත්තත්වය පාන්නාවූ, උත්කෘෂ්ටවූ, ගරුගම්භීර

Maj'esty, *s.* මහත්තත්වය, මහෝත්තමකම, රාජභාවය, රාජත්වය

Ma'jor, *a.* ප්‍රධානවූ, අධිකතරවූ *s.* සම්පූර්ණ වයසට පැමිණි අය, යුද්ධ මූලාදෘනියෙක්

Major'ity, *s.* වැඩිකොට්ඨාසය, වැඩිගණන, සම්පූර්ණ වයස

Make, *v.* සාදනවා, තනනවා, කරණවා, සලස්වනවා *s.* අන්දම, ආකාරය, හැඩය

Mak'er, *s.* සාදන්නා, නිර්මාණකරන්නා, මැවුම්කාරයා [පිරිමැස්ම

Make'shift, *s.* වේලාව පිරිමසන දේ,

Make'weight, *s.* බර හරිගැස්සීමට තබන යමක්

Maladministra'tion, *s.* අයුතු ලෙස ආණ්ඩුකිරීම, අධර්මාණ්ඩුව

Mal'ady, *s.* රෝගය, ලෙඩ, අසනීපය

Mal'apert, *a.* මුරණ්ඩු, ගරුනැති, නොහික්මුන්

Mala'ria, *a.* නරකහුලඟ, කුණුවාතය

Mal'content, *a.* අසතුටුවූ, නොසෑහුනාවූ *s.* නොසතුටු අය, කොඳුරන්නා

Male, *a.* පිරිමි *s.* පිරිමියා, පුරුෂයා

Maledic'tion, *s.* ඇවීම, යැදීම, නපුරු සාපදීම [කාරයා

Malefac'tor, *s.* වරදකාරයා, අපරාධ

Malev'olence, *s.* අවගතිය, ඊර්ෂ්‍යාව, ක්‍රෝධකාරකම [ඊර්ෂ්‍යාවූ

Malev'olent, *a.* නපුරුවූ, අවගතිවූ,

Malev'olently, *ad.* නපුරු සිතින්, කුහුකේඩුකමින් [විකෘතිය

Malforma'tion, *s.* විරූප සංජීතය,

Mal'ice, *s.* නපුරුකම, කුහුකේඩුකම, වෛරය [වෛරබඳිනා

Malic'ious, *a.* නපුරු, කුහුකේඩු,

Malic'iously, *ad.* කුහුකේඩුකමින්, ක්‍රෝධයෙන්

Malic'iousness, *s.* නපුරුගතිය, කුහුකේඩුකම, ඊර්ෂ්‍යා ක්‍රෝධකාරකම

Malign', *a.* නපුරු අදහස් ඇති, සතුරුවූ *v.* ක්‍රෝධකම්කරණවා, අගුණ කියනවා

Malig'nant, *a.* වෛරවූ, නපුරු, වස

Malig'nity, *s.* තද ඊර්ෂ්‍යාව, ක්‍රෝධය

Malin'ger, *v.* වැඩට නොයන පිණිස බොරුලෙඩගන්නවා

Mall, Mall'et, *s.* අතකොලුව, මිටිය

Mal'leable, *a.* තළා දිගලාගන්ට පුළුවන්වූ, බුරුල්වූ [වර්ගයක්

Malm'sey, *s.* මිදිඵල වර්ගයක්, වැයින්

Malprac'tice, *s.* දුශ්චරිතය, අවකල් ක්‍රියාව, අනඩු ක්‍රියාව

Malt, *s.* පොගවා බැදපු යව

Maltreat', *v.* හිංසාපීඩාකරණවා, අකාරුණවනතලෙස ක්‍රියාකරණවා

Maltreat'ment, *s.* පීඩාකිරීම, හිංසාව

Mamma', *s.* අම්මා, මෑණියෝ, මව්

Mamma'lia, s. පැටවුන්ට කිරිදෙන සතුන්

Mammi'ferous, a. තනකිරෙන් සෑදෙන්නාවූ, පියයුරු ඇත්තාවූ

Mam'mon, s. ධනය, සම්පත, වස්තුව, ධනේශ්වරයා

Mam'moth, s. අදිකාලයේ සිටි අලිවර්ගයක් a. ඉතා ලොකු

Man, s. මනුෂ්‍යයා, මිනිහා, පුරුෂයා v. මිනිසුන් සපයාදෙනවා

Man'acle, s. අත්විලංගුව, මාංචුව v. අත්විලංගුදමනවා, මාංචුදමනවා

Man'age, v. කළමනා කරනවා, හසුරුවනවා, අණඩුකරනවා, උපායොදනවා, සලස්සාගන්නවා

Man'ageable, a. හසුරුවන්ට පුළුවන්, අණඩුමට්ටුකලහැකි, ඉෂ්ටකරගන්ට පුළුවන් [රුවන්නා

Man'ager, s. කළමනාකාරයා, හසු

Manda'mus, s. නඩුශාලාවකින් දුන් අඥාපත්‍රයක්

Mandarin', s. චීනරටේ මූලාදෑනියා

Man'date, s. අඥාව, අණ

Man'dible, s. හනුව

Man'drake, s. දුඳුසිව්

Mane, s. කේශර, අශ්වයාගේ බෙල්ලේ කෙස්, සිංහ කේශර [මත්

Man'ful, a. පුරුෂගති ඇති, ධෛර්‍ය්‍යම

Mange, s. මෑගසින්ගේ හොරි, ගවකුෂ්ඨය

Mang'er, s. ගවයින් කන ඔරුව

Mang'iness, s. හොරිසහිතවීම, හොරිකුෂ්ඨගතිය

Man'gle, s. රෙදිමදින යන්ත්‍රයක්

Man'gle, v. ඉරනවා, කපා කෑබලිකරනවා, රෙදි මදිනවා

Man'go, s. අඹ, අම්බ්‍ර, අඹු

Man'grove, s. කඩොල්

Man'hood, s. මනුෂ්‍යකම, පුරුෂභාවය, පුරුෂත්වය [හොරිකබ

Mang'y, a. හොරි රෝගය ඇති,

Ma'nia, s. උන්මාදය, පිස්සුකම

Ma'niac, උන්මාදයා, පිස්සා

Mani'acal, a. උන්මාද, පිස්සු, වියරු

Man'ifest, a. ප්‍රකාශ, ප්‍රත්‍යක්ෂ, පැහැදිලි v. ප්‍රකාශකරනවා

Man'ifestly, ad. ප්‍රකාශලෙස, පැහැදිලිලෙස, අතඹුලක්සේ [ක්ෂභාව

Man'ifestness, s. ප්‍රකාශභාවය, ප්‍රත්‍ය

Manifesta'tion, s. ප්‍රකාශකිරීම, ප්‍රකාශතාව, එළිදරව්වීම

Manifest'o, s. එළිදරව් පත්‍රය

Man'ifold, a. අනේකාකාරවූ, බොහෝවූ

Man'ikin, s. පුංචි මිනිහා, මිට්ටා

Manip'ulate, v. අතින් කරනවා

Manipula'tion, s. අතින්කිරීම, හස්තකෘත්‍යය

Mankind', s. මනුෂ්‍යජාතිය, ජනයෝ

Man'liness, s. පුරුෂකම, නිර්භීතකම, ශූරකම

Man'ly, a. පුරුෂගති ඇති, වීර්‍ය්‍යවත්

Man′na, *s.* ඊශ්‍රායෙල්වරුන්ට වන ගේදී ලැබුන අහාර

Man′ner, *s.* ප්‍රකාරය, ආකාරය, අස් දව, හැටිය, සිරිත

Man′nerism, *s.* එකාකාර සිරිතක් පැවැත්වීම, විශේෂාකාරය

Man′nerly, *a.* ශිෂ්ටාචාර, ආචාරවන්ත

Man′ners, *s. pl.* හැසිරීම, ආචාරවන් තකම, ශිෂ්ටාචාරය [යුද්ධ උපාය

Manœu′vre, *s.* දක්ෂ වැඩය, උපාය,

Man-of-war′, *s.* යුද්ධ නැව [ගම

Man′or, *s.* දිශාපති උරුමෙ, ප්‍රවේණි

Manse, *s.* දේවගැතියෙකුගේ නිවාසය, පාදිරි ගෘහය [වලව්ව

Man′sion, *s.* වාසස්ථානය, මන්දිරය,

Man′slaughter, *s.* අත් වැරැද්දෙන් මිනිමැරීම, අනියම් මිනිමැරීම

Man′tle, *s.* පිට කබායක්, උතුරු සළුව, වැස්ම *v.* වැස්මක් දමනවා, අතුරණවා, වැසෙනවා, දිලිහෙනවා

Man′ual, *a.* අතින් කරණ, හස්ත *s.* අත්පොත, සංග්‍රහය

Manufact′ory, *s.* බඩුසාදන ස්ථානය, හස්තකර්මාන්තශාලාව [කර්මාන්තය

Manufac′ture, *s.* බඩුසෑදීම, හස්ත

Manufac′turer, *s.* බඩු සාදන්නා, හස්තකර්මාන්තකාරයා

Manumis′sion, *s.* වහල්කමින් නිදහස්කිරීම, ඉට්ටම්කිරීම

Man′umit, *v.* නිදහස්කරණවා, නිදහසකරණවා

Manure′, *s.* පොර [බතය

Man′uscript, *s.* අත්ලියුම, හස්ත ලේ

Ma′ny, *a.* බොහෝ, අනේක *s.* නොයෙක් දෙනෙක්, බොහෝමයක්

Ma′ny-times, *ad.* බොහෝවිට, නොයෙක්විට, බොහෝ වතාවල

Map, *s.* සිතියම, භූමි සිතියම

Mar, *v.* නරක්කරණවා, පලුදුකරණවා

Maraud′er, *s.* කොල්ලකා ඇවිදින්නා, කොල්ලකාරයා

Mar′ble, *s.* ඔපවැටෙන ගල, ගරුඩ-පාෂාණය, ගල්බෝලය

March, *s.* මැදින්දින, මාර්තුමාසය

March, *v.* පිළිවෙළට ගමන්කරණවා, ඇවිද්දවනවා *s.* පිළිවෙළේ ගමන, හේවායින්ගේ යාම, ගමන්පාලය

March′ioness, *s.* මාර්ක්විස් නම් වංශාධිපතියාගේ භාර්‍යාව

Mare, *s.* අශව එලෙම්බි

Mare's-nest, *s.* හිස්කල්පනාව, කවටකිමක් [ය, සිනාව

Mar′gin, *s.* තීරය, අද්දර, ඉවුර, දුර

Mar′ginal, *a.* ප්‍රාන්තස්ථ, අයිනේ පිහිටි, අද්දර ලියා තිබෙන

Mar′igold, *s.* කහපාට මල්වර්ගයක්

Marine′, *a.* මුහුදට අයිතිවූ, මුහුදු

Mar′iner, *s.* නැව්කාරයා, නැවියා

Mar′ital, *a.* ස්වාමිපුරුෂයෙක් සම්බන්ධවූ

Mar′itime, *a.* සාගරය සම්බන්ධවූ, මුහුදුබඩවූ, සමුද්‍රිය, නාවික, නැව් ඇත්තාවූ

Mark, *s.* ලකුණ, සලකුණ, සටහන, ඔප්පුව *v.* ලකුණුකරනවා, සිහියට ගන්නවා

Mark′et, *s.* කඩේ, ආපණය, වෙළඳම්පල, මිල ප්‍රමාණය

Mark′etable, *a.* කඩේ විකිණෙන්නාවූ, විකුණගතහැකිවූ

Mark′et-town, *s.* ප්‍රසිද්ධ කඩයක් හෝ වෙළඳම්පලක් අරින්ට බලයලත් නුවර [තීන්ත

Mar′king-ink, *s.* රෙදිවල නම් ලියන

Marks′man, *s.* තුරුමානම්කාරයා, හොඳට ඉලක්ක බලන්නා

Marl, *s.* හුදුමැටි, සුදු පස් වර්ගයක්

Mar′malade, *s.* දොසි, දෙඩම් දොසි

Mar′moset, *s.* පුංචි රිලව් ජාතියක්

Mar′mot, *s.* වල්මීයෝ වර්ගයක්

Maroon′, *a.* ඉඩුවන්පාටට හුරු රත් තවණිවූ

Maroon′, *s.* බටහිර ඉන්දියාවේ සැඟවී ගොස් ඉන්න වහලෙක්

Marquee′, *s.* ලොකු කූඩාරමක්

Mar′quis, *s.* දෙවෙනි සිටු ඨානාන්තර නාමය

Mar′riage, *s.* කසාදබැඳීම, සාරබන්ධනය, විවාහය, මඟුල

Mar′row, *s.* ඇටමොල, මිදුළු, සාරය

Mar′ry. *v.* කසාදබඳිනවා, සරණපාවාගන්නවා, විවාහකරනවා, සරණවෙනවා

Mars, *s.* අඟහරුවා, කුජ

Mar′seillaise, *s.* ප්‍රන්ස ආණ්ඩු විපර්‍යාසය සම්බන්ධ ගීතිකාව

Marsh, *s.* වගුර, හැල, වෙල

Mar′shal, *s.* සේනාධිපතියා, පෙරටුව යන මුලාදෑනියා *v.* පිළිවෙළට යොදනවා, නියෝගකරනවා

Marsh′y, *a.* හැලමයවූ, වගුරු ඉඩම් ගහනවූ

Marsu′pial, *a.* හම්මල්ලක් වැනි දෙයක පැටියන් ගෙනයන *s.* පැටියන් ගෙනයන හම්මල්ලක් ඇති සතා, චර්මකෝෂ සත්වයා

Mart, *s.* කඩේ, ආපණය

Mar′ten, *s.* මුගටි වර්ගයක් [කාමිවූ

Mar′tial, *a.* යුද්ධයට අසිතිවූ, යුද්ධ

Mar′tyr, *s.* ආගම නිසා දිවි පුදන තැනැත්තා, වේදසාක්ෂිකයා

Mar′tyrdom, *s.* ආගම නිසා දිවිපිදීම, වේදසාක්ෂික මරණය

Mar′vel, *s.* පුදුමය, මවිතය, විස්මය

Mar′vellous, *a.* පුදුමවූ, අරුමවූ, විස්මපත්වූ

Mas′culine, *a.* පිරිමිවූ, පුරුෂවූ, ධෛර්‍යමත්, පුල්ලිංගික

Mash, *v.* මිශ්‍රකරනවා, පොඩිකරනවා, තම්බා අනනවා

Mask, *s.* වෙස්මූන, බොරුවේශය

Mask, Masque, *v.* වෙස්මූනක් දමාගන්නවා, වෙස්පෙරළා ගන්නවා, සඟවනවා

Ma′son, *s.* ගල්වඩුවා, පෙදරේරුවා

Ma'sonry, *s.* පෙදරේරු වැඩ, ගල්වඩුකර්මාන්තය

Masquerade', *s.* වෙස්මුහුණුමඟුල, කෝලම් නැටීම, කෝලම

Masquerad'er, *s.* වෙස්මුහුණුකාරයා, කෝලම්නටන්නා

Mass, *s.* පිඩ, ගොඩ, රාශිය, රුස, සමූහය, රෝමානුකාරයන්ගේ පූජාව, සත්ප්‍රසාදය

Mas'sacre, *s.* මිනිමැරීම, විනාසකිරීම *v.* කෲරලෙස මරාදමනවා

Mas'sive, *a.* බරවූ, බරපතළ, මහත්

Mas'siveness, *s.* මහත් බරකම, බරපතළකම

Mast, *s.* කුඹ, කුඹගහ

Mas'ter, *s.* ස්වාමියා, මූලාදෑනියා, ගුරුවරයා, මහත්මයා *v.* මැඩපවත්වනවා, ජයගන්නවා, ආණ්ඩුකරණවා

Mas'terly, *a.* නිපුණ ප්‍රධානියෙක් මෙන්වූ, දක්ෂපක්ෂවූ

Mas'ter-piece, *s.* සමර්ථ පොත නොහොත් කර්මාන්තය, ශ්‍රේෂ්ඨවැඩය

Mas'tery, *s.* ආණ්ඩුව, අධිපතිකම, ජය

Mas'ticate, *v.* විකනවා, හපනවා

Mastica'tion, *s.* දත්වලින් කෑම විකීම

Mas'ticatory, *a.* විකන්නාවූ, විකීමට සුදුසු

Mas'tiff, *s.* ලොකුබලු ජාතියක්

Mat, *s.* පැදුර, කලාලය

Match, *s.* සමවූදෙය, සමකෙනෙක්, සෙල්ලම් පොරය, විවාහය, ජෝඩුව *v.* සමව තිබෙනවා, සමානව කරණවා, විවාහකරණවා

Match, *s.* ගිනිපුළුන්, ගිනිකූර

Match'less, *a.* සමවූ අනිකක් නැත්තාවූ, අසහාය

Mate, *s.* සහකාරයා, කූට්ටමට අයිති පිරිමි සතා හෝ ගැණුසතා, දෙවෙනි මූලාදෑනියා, උදව්කාරයා

Mate'rial, *a.* ද්‍රව්‍යවූ, ශාරීරික, වැදගත්

Mate'rialism, *s.* ආත්මයක් නැත—ඇත්තේ ද්‍රව්‍ය පමණක්යයි උගන්වන ධර්මය, අනාත්මදෘෂ්ටිය

Mate'rialist, *s.* ඇත්තේ ද්‍රව්‍ය පමණක්යයි විශ්වාසකරන්නා, ද්‍රව්‍ය දෘෂ්ටියා

Mate'rials, *s. pl.* ද්‍රව්‍ය, උවමනා දේ

Mater'nal, *s.* මව්ගතිවූ, මව් පක්ෂයේවූ, මාතෘක

Mater'nity, *s.* මවෙක්වීම, මවෙකුගේ ගතිය හෝ තත්වය

Mathemati'cian, *s.* ගණිත මිනිත ශාස්ත්‍ර උගතා, ප්‍රමාණ ශාස්ත්‍රඥයා

Mathemat'ics, *s.* ගණිත මැනුම් ශාස්ත්‍රය, ප්‍රමාණ ශාස්ත්‍රය

Mat'ins, *s. pl.* උදය යාච්ඤාව, උදේ [පූජාව

Mat'rice, Mat'rix, *s.* ගර්භය, ගැබ, අකුරු අච්චුව

Mat'ricide, *s.* මව්මැරීම, මාතෘ ඝාත[කයා

Matri'culate, *v.* අග්‍රපාඨශාලා සමාගමකට බැදගන්නවා

Matricula'tion, *s.* අග්‍රපාඨශාලා සභාවක සාමාජිකයෙක් වීම

Matrimo'nial, *a.* විවාහය සම්බන්ධ, විවාහික

Mat'rimony, *s.* විවාහය, විවාහක ස්වභාව

Ma'tron, *s.* විවාහක ස්ත්‍රිය, තරමක් වයස්ගිය ස්ත්‍රි, සාත්තුකාරි

Ma'tronly, *a.* තරමක් වයස්ගිය විවාහක ස්ත්‍රියෙකුගේ අකාරවූ, මහවක් වැනිවූ, සංසුන් [ණ, හැරඩ

Mat'ter, *s.* ද්‍රව්‍යය, කාරණාව, කරු

Matter-of-fact, *a.* ඇත්ත දිහා පමණක් බලන, මනසකාර ගුණයක් නැති

Mat'ting, *s.* පැදුර, පැදුරුවියන ද්‍රව්‍ය

Mat'tock, *s.* පිකම, කෙටේරිය

Mat'tress, *s.* කුලිච්චම, ගුදිරිය, මෙත්තය

Mature', *v.* පැසවනවා, මෝරණවා *a.* පැසුන, මෝරච්ච, සම්පූර්ණවූ

Matu'rity, *s.* පැසුන ස්වභාව, මෝරච්චකම, සම්පූර්ණභාවය

Matuti'nal, Mat'utine, *a.* උදෑසන සම්බන්ධවූ, වේලාසනවූ

Maud'lin, *a.* මිදන් තවරිවූනාක්මෙන් මෝඩවූ, මෝඩලෙස මෑදුවූ

Maul, *v.* පොල්ලකින් තළනවා, පොඩිකරණවා *s.* අතකොලුව

Maun'der, *v.* කොඳුරණවා, මැසිවිලි කියනවා [හොත් දුගැඹ

Mausole'um, *s.* චෛත්‍ය ගර්භය, සො

Mauve, *s.* ලක්‍ෂණ අඳුරු රක්තවර්ණයක් [බොක්ක

Maw, *s* කෑම බොක්ක, තුරුළු

Mawk'ish, *a.* ඔක්කාර උපදවන, අරුචිවූ [ශිෂ්ටෝපදේශය

Max'im, *s.* සූත්‍රය, ව්‍යවහාරක්‍රම,

Max'imum, *s.* සම්පූර්ණවූ ගණන, වඩාම ලොකු ප්‍රමාණය

May, *v.* වෙන්ට පුළුවනි, ඉඩතිබෙනවා

May, *s.* වෙසක්මස, මැයිමස [නිදු

May'day, *s.* වෙසක්මාසේ පලමුවෙ

May'or, *s.* නුවර මූලාදෑනියා

May'oralty, May'orship, *s.* නුවර මූලාදෑනිකම, නගරාධිපාද නිලය

Maze, *s.* වංක මාවත, පැටලිල්ල, විම්භය

Maz'y, *a.* පැටලිලි සහිතවූ, ව්‍යාකූලවූ

M. D. වෛද්‍යශාස්ත්‍රයේ ඉතා සමර්ථකමට ලැබෙන නම

Me, *pron.* මා [තියක්

Mead, *s.* මීපැණිවලින් සෑදූ බීම ජා

Mead, Mead'ow, *s.* තණ පිට්ටනිය, එලිමහන

Mea'gre, *a.* කෙට්ටු, කෘශ, අසාර, හිඟ

Meal, *s.* කෑමවේල, භෝජනය, අඹරපු ධාන්‍ය

Meal'y-mouthed, *a.* සිනිඳු දිව් ඇති, ඇති සැටි කෙලින් කීමට අකමැතිකමින් සෞම්‍යබස් දෙඩන

Mean, *a.* පහත්, සුලු, නීච, මධ්‍යම, මධ්‍යස්ථ *s.* මධ්‍ය ප්‍රමාණය, මැදහරිය *v.* අභිප්‍රායකරණවා, කියනවා, කල්පනාකරණවා, හැඟෙනවා, තේරෙණවා

Mean′der, *v.* වංගුවලින් බෑසයනවා, වංක අන්දමෙන් යනවා
Mean′ing, *s.* තේරුම, අභිප්‍රාව, අර්ථය
Mean′ingless, *a.* තේරුමක් නැති, අර්ථරහිත
Mean′ly, *ad.* පහත්ලෙස, නීචලෙස
Mean′ness, *s.* නීචකම, හීනකම, මසුරුකම [හැකිය, ආදායම
Means, *s. pl.* ආකාරය, උපකරණ,
Mean′time, Mean′while, *ad.* ඒ අතර, ඒ අතරේ, එකල්හි
Mea′sles, *s.* සරම්ප රෝගය
Mea′sure, *s.* මිම්ම, මිනුම, තරම, පමණ, මාත්‍රය, උපාය, යෝජනාව *v.* මනිනවා, ප්‍රමාණකරණවා, මැනෙනවා
Mea′surable, *a.* මනින්ට පුළුවන්, ප්‍රමාණකළහැකි, පමණකටවූ
Meas′ureless, *a.* ප්‍රමාණයක් නැති, අනන්ත, ප්‍රමාණාතික්‍රාන්ත
Meat, *s.* කෑමට ගන්නා මස්, භෝජනය [කරුවා
Mechan′ic, *s.* කර්මාන්තකාරයා, කම්
Mechani′cian, Mech′anist, *s.* යන්ත්‍ර සාදන්නා, යන්ත්‍ර ශාස්ත්‍රඥයා
Mechan′ics, *s. pl.* ශිල්පවිද්‍යාව, යන්ත්‍ර ශාස්ත්‍රය [යන්ත්‍රයේ විධිය
Mech′anism, *s.* යන්ත්‍ර ශාස්ත්‍රක්‍රමය,
Med′al, *s.* පදක්කම, මාලපෙත්ත, ස්මරණමුද්‍රය [කම
Medal′lion, *s.* ලොකු පුරාණ පදක්

Med′dle, *v.* මැදහත්වෙනවා, අනුන්ගේ කාරණාවලට මැදිවෙනවා, පටලැවෙනවා
Med′dlesome, *a.* අනුන්ගේ කාරණාවලට මැදිවීමට සිතවූ
Med′dling, *a.* මැදිවෙන, පටලැවෙන *s.* නුසුදුසු මැදිවීම
Me′dial, *a.* මධ්‍යස්ථ, මධ්‍යම ප්‍රමාණවූ, අඩුවැඩි නැත්තාවූ
Me′diate, *v.* මධ්‍යස්ථවෙනවා, මැදහත්වෙනවා [කම
Media′tion, *s.* මැදහත්වීම, මැදහත්
Media′tor, *s.* මැදහත්කාරයා, මැදහත්කම්කරන්නා
Mediato′rial, *a.* මැදහත්කාරයාට අයිතිවූ, මැදහත්කාරවූ [දු, ඖෂධවූ
Med′ical, *a.* වෙදකම සම්බන්ධවූ, වෙ
Med′icine, *s.* බෙහෙත්, ඖෂධය
Medie′val, Mediæ′val, *a.* මධ්‍යම කාලවල් සම්බන්ධ
Me′diocre, *a.* මධ්‍යම ප්‍රමාණවූ, මද්දිම
Medioc′rity, *s.* මධ්‍යස්ථභාවය, මද්දිමතරම
Med′itate, *v.* අභිප්‍රාකරණවා, මෙනෙහිකරණවා, භාවනාකරණවා
Med′itated, *a.* අභිප්‍රාකරණලද, අදහස්කරණලද [නාව, ධ්‍යානය
Medita′tion, *s.* භාවනාකිරීම, භාව
Mediterra′nean, *s.* රට මධ්‍යයෙහිවූ, මධ්‍යධරණී [ප්‍රමාණය, මාධ්‍යය
Me′dium, *s.* මැද, මධ්‍යය, මධ්‍යම
Med′ley, *s.* කලවම, අවුල්ගොඩ

Medul'lary, *a.* මිදුලූවියවූ, මිදයවූ
Meed, *s.* කුලී, විපාකය
Meek, *a.* මෘදුගුණ ඇත්තාවූ, බොලොක්, සංසුන්
Meek'ness, *s.* මෘදුගුණය, යටහත්කම
Meer'schaum, *s.* මැටිවගීයක්, එයින් සාදන දුම් උරණ පයිප්ප වගීයක්
Meet, *v.* හරිලනවා, සම්බවෙනවා, සම්මුඛවෙනවා, රුස්වෙනවා
Meet, *a.* සුදුසු, සුතු [වීම, සමාගම
Meet'ing, *s.* සම්බව්ව, සම්මුතිය, රුස්
Meet'ing-house, *s.* පල්ලිය, දේවගෘහය [ක සවභාවවූ
Mel'ancholic, *a.* කාංසාසහිතවූ, ශෝ
Mel'ancholy, *s.* කාංසාව, ශෝකය, සිත් මලානිකකම
Melee', *s.* අවුල්වූ සටන
Me'liorate, *v.* වඩා හොඳකරණවා; වැඩිදියුණුකරණවා [වූපවූ
Mellif'erous, *a.* මී උපදවන්නාවූ, ම
Mellif'luous, *a.* මිහිරිවූ, මධුරවූ, කණ්රසායන
Mel'low, *a.* ඉදුන, බෙරිවුන, මෘදු *v.* ඉදවනවා, මෘදුකරණවා, ඉදෙනවා, බෙරිවෙනවා
Mel'lowness, *s.* ඉදිච්ච සවභාව, මෘදුකම, මිහිරිකම
Mel'lowy, *a.* මෘදු, තෙල්ගතිවූ
Melo'dious, *a.* මිහිරි හඬ ඇත්තාවූ, කණ්රසායන
Melodramat'ic, *a.* සින්දු සහිත නාඩගමක ආකාරයවූ, සිත් චංචලකරන්නාවූ
Mel'ody, *s.* තාලය, මිහිරි හඬ
Mel'on, *s.* කැකිරි වගීයක්, පුහුල්, කොමඩු
Melt, *v.* මකනවා, දියකරණවා, මෘදුකරණවා, උණුවෙනවා
Mem'ber, *s.* ගාත්‍රය, අවයව, සමාගම්කාරයා, සාමාජිකයා
Mem'bership, *s.* සමාගම්කාරකම, සාමාජිකත්වය, සමාගමක්
Mem'brane, *s.* හෝතම, හින්සිවිය, පටලය [කුණ, සටහන
Memen'to, *s.* සිහිකරවීම පිණිස සල
Mem'oir, *s.* ලුහුඩු ජීවිත කථාන්තරය, තොරතුරු අඩංගු පොත
Mem'orable, *a.* සිහිකටයුතුවූ, සමරණීය, උතුම්, වැදගත්
Memoran'dum, *s.* සිහිවීම පිණිස තබන සටහන [ඉල්ලුම්පත්‍රය
Memo'rial, *s.* සිහිවීමට තනන දෙය,
Memo'rialise, *v.* ඉල්ලුම්පත්‍රයක් ඔප්පුකරණවා
Memo'rialist, *s.* ඉල්ලුම්පත්‍රයක් දෙන්නා, ඉල්ලුම්පත්‍රයකට අත්සන්කරන්නා
Mem'ory, *s.* සිහිය. මතක, ධාරණය
Men, *s.* පුරුෂයෝ, මනුෂ්‍යයෝ, මිනිස්සු
Men'ace, *v.* තර්ජනයකරණවා, උරුක්කරණවා *s.* තර්ජනය, මිගකීම
Menag'erie, *s.* වල්මෘග කොටුව, වල්මෘග සමූහය [ගස්යනවා
Mend, *v.* අලුත්වැඩියාකරණවා, හරි

Menda'cious, *a.* මිථ්‍යා, බොරුකාර

Mendac'ity, *s.* බොරුකාරකම, බො, රුකීම්, මිථ්‍යාව [භාවය

Men'dicancy, *s.* යාචකභාවය, හිඟන

Mend'icant, *s.* හිඟන්නා, යාචකයා

Mendic'ity, *s.* හිඟනකම, යාචකකම්

Mend'ing, *s.* හරිගැස්සීම, පිළියම

Me'nial, *a.* වැඩකාරුවූ, දාසවූ, පහත්

Men'strual, *a.* මාසේ මාරුවීමට අයිතිවූ, කිළිමයවූ [ශ, මිනිතය

Mensura'tion, *s.* මැනීම, මනින ක්‍රම

Men'tal, *a.* සිහියට අයිතිවූ, බුද්ධියට අඩුත්තුවූ, චෛතසික, මානසික; මනෝමය

Men'tion, *s.* සඳහන්කිරීම, මතක්කිරීම *v.* මතක්කරණවා, සඳහන්කරණවා, දන්වනවා, කියනවා

Men'tor, *s.* ප්‍රඥාවන්ත විශ්වාස මනුෂ්‍යයා, ගුණදූනමුතුකම්දෙන්නා

Men'u, *s.* භෝජන නාම ලේඛනය

Mephistophe'lean, *a.* ධූරුස්සන හෝ අවිශ්වාසකාරණ ගතියක් ඇති, අවගතිවූ [මයවූ

Mephit'ic, *s.* දුර්ගන්ධවූ, කුණුවූ, විස

Mer'cantile, *a.* වෙළඳාම්කිරීමට අඩුත්තු, වෙළඳ

Mer'cenary, *a.* ලාභම සොයන්නාවූ, තණ්හාවන්ත වූ, මුදල්තකාවූ

Mer'cer, *s.* පට්පිළි වෙළෙන්ඳා, සේද වෙළෙන්ඳා [කිරීම, වෙළඳාම් බඩු

Mer'chandise, *s.* වෙළඳාම, ගණුදෙනු

Mer'chant, *s.* වෙළෙන්ඳා, විකුණන්නා

Mer'chantman, *s.* වෙළඳ නැව

Mer'ciful, *a.* කාරුණාවන්ත, දයාබර

Mer'cifully, *ad.* කාරුණාවන්තලෙස, දයාවන්තලෙස [දයාබරකම

Mer'cifulness, *s.* කාරුණාවන්තකම,

Mer'ciless. *a.* කාරුණාරහිත, කාරුණාව නොපෙන්වන, ක්‍රෑර

Mer'cilessly, *ad.* කාරුණා නැතිලෙස, ක්‍රෑරලෙස, නදයලෙස

Mer'cilessness, *s.* කාරුණා නැතිකම, දයාරහිතකම, නදකම

Mercu'rial, *a.* උනන්දු, කඩිසර, රසදිය සහිතවූ

Mer'cury, *s.* රසදිය, බුදහු

Mer'cy, *s.* දයාව, කාරුණාව, අනුකම්පාව [සිංහාසනය

Mer'cy-seat, *s.* කාරුණාසනය, දේව

Mere, *a.* තනි, නිකම්, කේවල *s.* තටාකය, විල, සීමාව [කොට

Mere'ly, *ad.* නිකම්, විතරක්, තනි

Meretri'cious, *a.* බොරු පිටාතර පෙනීමෙන් ඇදගන්නා, ඇස් රවටන්නාවූ

Merge, *v.* ගිල්වනවා, කිඳවනවා, ගිලෙනවා

Merid'ian, *s.* මධ්‍යම්‍රේඛාව, මද්දහන, මුදුන්වේලාව, උත්තම ස්වභාව

Meri'no, *s.* කදිම ලෝම සහිත බැටළුවෝ වර්ගයක්, හින් ලොම් පිළි වර්ගයක්

Mer'it, *s.* කුසල, පිණ, වටිනාකම

Merito'rious, *a.* කුසල් ඇත්තාවූ, පුණ්‍යවත්, යහපත්

Mer'lin, *s.* කුරුළුගොයා, උකුස්සා

Mer'maid, *s.* දිය කිඳුර් [ලම

Mer'riment, *s.* ක්‍රීඩා මංගල්‍යය, සෙල්

Mer'ry, *a.* ප්‍රීති සෙල්ලම්වූ, සරදම්වූ

Mer'ry-an'drew, *s.* නළුනාටකයා, විගඩම්කාරයා, කවටයා

Mer'ry-mak'ing, *s.* ප්‍රීති සෙල්ලම් පැවැත්වීම, මංගල්‍යය

Mer'ry-thought, *s.* කුකුළෙකුගේ ලැපැත්තේ තිබෙන දෙබල කටුවක්

Mes'entery, *s.* අතුණුබහන

Mesh, *s.* දැල්ඇස

Mes'merism, *s.* ශරීර බලය නැතුව කල්පනාසහිතව සිටින්ට සලස්සන එක්තරා නිද්‍රාවක්, මූර්ච්ඡාකිරීමක්

Mess, *s.* අරුවිකලවම, අප්‍රිය ස්වභාව, අවුල, පැටලිල්ල

Mess, *s.* කෑමපංගුව, කෑම පිඟාන, එකතුව කන්නෝ *v.* එකතුව කෑම කනවා, එක මේසයේ කනවා

Mes'sage, *s.* පණිවිඩය, දූතවාක්‍යය

Mes'senger, *s.* පණිවිඩකාරයා, දූතයා, පෙරටුව යන්නා

Messi'ah, *s.* ආලේප කරණලද තැනන්වහන්සේ, ක්‍රිස්තුස්වහන්සේ

Messian'ic, *a.* මෙසියස්වහන්සේ සම්බන්ධ [හා, සමඟ කන්නා

Mess'mate, *s.* එකමේසේ කන මිනි

Mes'suage, *s.* වාසස්ථානය, ගේදොර

Met'al, *s.* ලෝහ, ලෝකඩ, ගල්කැලි

Metal'lic, *a.* ලෝහමය, ලෝකඩසහිත

Met'allist, *s.* ලෝහ වැඩකරන්නා, ලෝහ ගැණ තොරතුරු අන්නා අය

Met'allurgist, *s.* ලෝහ කර්මාන්තකරන්නා, ලෝහ ශිල්පියා [අයිති

Metallur'gic, *a.* ලෝහ පස් ශිල්පයට

Met'allurgy, *s.* ලෝහ පස්වලින් ලෝහ වෙන්කිරීමේ ශිල්පය

Metamor'phic, *a.* වේශය මාරුවෙන සුළුවූ, ගතිය වෙනස්වූ

Metamor'phose, *v.* වෙනස්කරණවා, මාරුකරණවා, වෙස්පෙරළනවා

Metamor'phosis, *s.* වෙස් පෙරළීම, ස්වභාව වෙනස්වීම

Met'aphor, *s.* උපමාව, සමාන වාක්‍යය

Metaphor'ic, Metaphor'ical, *a.* උපමාසහිතවූ, උපහැරණ කීම් සම්බන්ධවූ

Metaphor'ically, *ad.* උපමාවිශයෙන්, සමාන වාක්‍ය ඇතුව

Metaphys'ical, *a.* අරූප ධර්මශාස්ත්‍රය සම්බන්ධවූ, චෛතසික ධර්මානුකූලවූ

Metaphysi'cian, *s.* අරූප හෝ මානසික ධර්මයන් ගැණ උගත් අය, පරම හේතු ධර්ම ශාස්ත්‍රඥයා

Metaphys'ics, *s.* අරූප ධර්මයන් ගැණ ශාස්ත්‍රය, මානසික ධර්ම ශාස්ත්‍රය

Mete, *v.* මනිනවා, ප්‍රමාණකරණවා

Metempsycho'sis, *s.* පුනර්භවය, ශරීරයකින් ශරීරයකට ආත්මයාගේ ගමන, සංසාර ගමන

Me'teor, *s.* උල්කාව, කේතු තරුව

Meteor'ic, *a.* උල්කාවලට අයිතිවූ, උල්කාපාත [ඥයා

Meteorol'ogist, *s.* ආකාශ විද්‍යාශාස්ත්‍ර

Meteorol'ogy, *s.* අහසේ වෙනස් ගුණ ප්‍රකාශකරණශාස්ත්‍රය, ආකාශ විද්‍යාව

Me'ter, *s.* මනින ද්‍රව්‍යය, මානක යන්ත්‍රය

Methinks', *v.* මට සිතෙනවා

Meth'od, *s.* පිළිවෙළ, ක්‍රමය, අන්දම

Method'ic, Method'ical, *a.* පිළිවෙළකට එකඟව පිහිටාවූ, ක්‍රමික, විධිවත්

Method'ically, *ad.* නිසි පිළිවෙළින්, පිළිවෙළක් ඇතුව [මය

Meth'odism, *s.* වැස්ලියන් සභාක්‍ර

Meth'odist. *s.* මෙතොදිස්ත සභාවට අයිති කෙනෙක්, වැස්ලියන්කාරයා

Methodist'ic, Methodist'ical, *a.* මෙතොදිස්තවරුන්ගේ පිළිවෙළට අදාළවූ, අගමානුකූල කාරණ ගැන විශේෂ උනන්දුකම ඇත්තාවූ

Me'tre, *s.* කවිපද ප්‍රමාණය, වෘත්තය, අඟල් 39 ක පමණ මිම්මක්

Metrop'olis, *s.* අගනුවර, රාජධානිය

Metropol'itan, *a.* ප්‍රධාන නුවරට අයිතිවූ *s.* අග බිස්කොප්තැන

Met'tle, *s.* උනන්දුකම, ධෛර්‍ය්‍යශීඝ්‍රතිය, වීර්‍ය්‍යය [මෙන්

Me'um et Tu'um, *ad.* මගේත් උ

Mew, *v.* කූඩුවක දමනවා, හිරකරණවා *s.* කුරුළු ගේ *pl.* අස්හල

Mew, *v.* බළලෙක් මෙන් අඬනවා, කෑගහනවා *s.* ලිහිනි වර්ගයක්

Mewl, *v.* ළදරුවෙක් මෙන් අඬනවා

Mias'ma, *s.* කුණුවාතය, විෂවාතය

Mias'mal, Miasmat'ic, *a.* විෂවායු සහිත, කුණුවාතයෙන් නිපදුණ

Mi'ca, *a.* වීදුරු සමාන ලෝහ ජාතියක්, තහඩු මිනිරන්

Mice, *s. pl.* මීයෝ

Mi'croscope, *s.* ක්‍ෂුද්‍ර වස්තූන් මහත් කර පෙන්වන කන්නාඩිය

Microscop'ic, Microscop'ical, *a.* සූක්ෂම දර්ශක කන්නාඩිය සම්බන්ධ, ඉතා ක්‍ෂුද්‍ර

Mi'croscopist, *s.* සූක්ෂම දර්ශක කන්නාඩිය පාවිච්චිකිරීමෙහි දක්ෂ අය

Mid, Mid'dle, *a.* මැද, මධ්‍යම

Mid'dle, *s.* මැද, මධ්‍යය, මැදහරිය

Mid'day, *s.* මද්දහන, ඉරමුදුන් වේලාව [මැදහත්වෙන්නා

Mid'dle-man, *s.* දෙපක්ෂයන් අතරේ

Mid'dle-ages, *s.* රෝම මහාරාජ්‍යයේ වැටියාමටත් ඒරෝපයේ ශාස්ත්‍රාවබෝධනය සම්බන්ධ මහත් පණපිහිටීමක් සිදුවූ 15 වෙනි ශතසාංවත්සරයටත් අතරේ ගතවූ කාලය

Mid'dling, *a.* මද්දිම තරම්වූ, මධ්‍යම ප්‍රමාණ

Midge, *s.* මදුරුවා [දුරවූ, පිටිසරබද

Mid'land, *a.* රටමැදවූ, වෙරළෙන්

Mid'night, *s.* මධ්‍යමරාත්‍රිය, මද්දියම රෑ

Mid'riff, *s.* බඩමැද හම

Mid'shipman, *s.* යුද්ධනැවේ ඉතා සුලු නිලධාරියා

Midst, *s.* මැද *ad.* මධ්‍යයෙහි
Mid'summer, *s.* ඉඩවර මැද, ග්‍රීෂ්ම ඍතුවේ මැද කාලය
Mid'way, *ad.* පාරමැද, අතරමග
Mid'wife, *s.* වින්නඹුගෑණි, වින්නඹුව
Mid'wifery, *s.* වින්නඹුකම
Mien, *s.* පෙණීම, ආකාරය, හැටිය
Might, *s.* බලය, ශක්තිය, වෙරය, වැරවීරිය, වික්‍රමය
Might'iness, *s.* බලවත්කම, උත්කෘෂ්ටකම, ශ්‍රෙෂ්ඨකම
Might'y, *a.* බලවත්, බලසම්පන්න
Mignonette', *s.* මිහිරි සුවඳ මල් හට ගන්න පැළයක්
Mi'grate, *v.* ඉඩමෙන් ඉඩමට යනවා, වෙන රටකට යනවා [යාම
Migra'tion, *s.* විදේශයට වෙන රටකට
Mi'gratory, *a.* රටෙන්රටට යන්නාවූ, එක ස්ථානයේ නොනවතින්නාවූ
Milch, *a.* කිරිදෙන Milch cow, *s.* කිරිඑලදෙන, කිරිදෙන හරකි
Mild, *a.* මෘදු, සෞම්‍ය, සංසුන්
Mil'dew, *s.* ශස්‍ය බොල්වීම, කොළවලට අල්ලන පුස්
Mild'ness, *s.* මෘදුගුණය, සංසුන්කම
Mile, *s.* හැතැප්ම, ගව්වෙන් හතරෙන් පංගුව
Mile'age, *s.* හැතැප්ම ගණනකට ගෙවන මුදල් ගණන, දුරවූ හැතැප් ගණන
Mile'stone, *s.* හැතැප් කණුව

Mil'itant, *a.* යුද්ධකරන්නාවූ, සටනෙහි යෙදී ඉන්නාවූ [තිබෙනවා
Mil'itate, *v.* සටන්කරණවා, විරුද්ධව
Mil'itary, *a.* යුද්ධයට අයිති, හේවාකමට නිසි, යුද්ධකාර
Mili'tia, *s.* ආයුධ ඇති වැසියෝ, යුද්ධය පුරුදුකළ සෙනග
Milk, *s.* ක්ෂීර, කිරි *v.* කිරිදෙව්නවා
Milk'sop, *s.* කිරිවල පෙඟූ රොටි හෝ පාන්, පුරුෂගති නැති ලාමකයා
Milk'y, *a.* කිරෙන්සෑදුවාවූ, කිරිමයවූ
Milk'y-way, *s.* මන්දාකිනිය, ආකාශ ගංගාව
Mill, *s.* අඹරණගල, අඹරණ යන්ත්‍රය, මෝල *v.* අඹරණවා, යන්ත්‍රයකින් චූර්ණකරණවා, කාසි මුද්‍රගහනවා
Millen'nium, *s.* එළිදරව් කිරීමේ පොතේ අනාගත වාක්‍යයෙන් කියා තිබෙන සමාදන අවුරුදු දහස
Mil'leped, *s.* කංකුණ්ඩා, හැකරල්ලා
Mil'ler, *s.* ධාන්‍ය මෝල ක්බලාගන්නා
Mil'let, *s.* තණහාල්, මෙනේරි
Mil'liner, *s.* ස්ත්‍රීන්ගේ තොප්පි ආදිය සාදන්නා, ගෑණුතොප්පි ආදිය විකුණන්නී
Mil'linery, *s.* ස්ත්‍රීන්ගේ තොප්පි ආදිය සාදන්නන් විසින් කළ නොහොත් විකුණන බඩු
Mil'lion, *s.* දශලක්ෂය
Mil'lionaire, *s.* පවුන් දශලක්ෂයකට හිමිකාරයා, අති මහත් වස්තු ඇත්තා

Mill'race, *s.* මෝලේ යනත්‍රකරවන වතුරපාර

Milt, *s.* ඇලදිව, මාලු බිජු

Mim'ic, *v.* සරදමට අනිකෙක් වාගේ කරණවා *s.* විහිලුකාරයා, කවටයා, අනිකෙකුගේ ක්‍රියා සමාන ක්‍රියාකරන්නා

Mim'ic, Mim'ical, *a.* අනිකෙක් වාගේ කරණ, අනුහාරගති ඇති

Mim'icry, *s.* අනිකෙක් කරන්නාක් මෙන් කිරීම, විහිලුකම් කිරීම, අනුහාරය

Mimo'sa, *s.* නිදිකුම්බ [කොත

Min'aret, *s.* මරක්කල පල්ලියේ

Min'atory, *a.* තර්ජනයකරණ, තරවටු සහිත

Mince, *v.* කැබලිකොට කපනවා, සින්කර ලියනවා, සින්සැරේ කථා කරණවා, අහංකාර අන්දමට අඩි තිබා යනවා

Mince'-meat, *s.* මාලුකැබලි, මස්කුඩු

Minc'ing, *a.* නිදහස්ලෙස කථානොකරණ, අහංකාර අන්දමට ඇවිදින

Mind, *s.* චිත්තය, සිහිය, සිත, අභිප්‍රාව, කල්පනාව *v.* සිතමගන්නවා, සලකණවා, ප්‍රවේසම්කරණවා

Mind'ful, *a.* සිහිඇත්තාවූ, සිතේ තබාගන්නාවූ, සලකන්නාවූ

Mine, *pron.* මගේ, මාගේය

Mine, *s.* ආකරය, පතලය, නිධානය *v.* හාරණවා, ආකර සාදනවා

Min'er, *s.* ආකරයක හාරන්නා

Min'eral, *s.* ලෝහධාතු, ලෝගල්

Mineral'ogy, *s.* ලෝහධාතු විද්‍යාව

Min'gle, *v.* මිශ්‍රකරණවා, කලවම්කරණවා, හාමුවෙනවා

Min'gling, *s.* මිශ්‍රකිරීම, කලවම

Min'iature, *s.* සුළුරූපය, පුංචිපිළිරූපය

Min'im, *s.* මිට්ටා, ලකුණකයා, ධ්‍යනි ක්‍රමයේ ලකුණක්, බින්දුව

Min'imise, *v.* ඉතා අඩුතරමට පමුණුවනවා, හානිකරණවා

Min'imum, *s.* ඉතා කුඩා ප්‍රමාණය, ඉතා අඩු ප්‍රමාණය, ඉතා ස්වල්පගණන

Min'ion, *s.* කුලුපගයා, කැපකරුවා, කුඩා අච්චු අකුරු වගයක්

Min'ister, *s.* සේවකයා, දේවගැතියා, පාදිරිඋන්නාන්සේ, අමාත්‍යයා, පිටරට තානාපතියා *v.* මෙහෙකරණවා, උපස්ථානකරණවා, උපමනා සපයාදෙනවා

Ministe'rial, *a.* සේවක, දේවගැති, පාදිරිකම හෝ අමාත්‍ය ධුරය සම්බන්ධවූ

Min'istrant, *a.* සේවයකරණ, උපස්ථානකරණ [වය, උපස්ථානය

Ministra'tion, *s.* මෙහෙකෙරීම, සේ

Min'istry, *s.* සේවය, දේවගැතිකම, පාදිරි වැඩ, දේවගැතිවරු, අමාත්‍ය මණ්ඩලය

Min'now, *s.* පුංචි මාලුවගයක්

Mi'nor, *a.* සුළුවූ, අඩුවූ, පහත්වූ *s.* වයසින් බාලයා, තර්ක වාක්‍යයේ දෙවෙනි වගන්තිය

Minor'ity, *s.* වයස් අසම්පූර්ණකාලය, බාලාවස්ථාව, වඩා අඩු ගණන

Min'ster, *s.* මහා දේවස්ථානය

Min'strel, *s.* පුරාණේ ගායනාකාරයා, වීණා සින්දුකාරයා

Min'strelsy, *s.* ගායනා ශිල්පය, ගාන්ධර්ව සමූහය, තූර්යගායනාව

Mint, *s.* මුදල් අච්චුගසන ඉඩම, මිල මුද්‍රාංකන ශාලාව, රාශියක් ලැබෙන තැන *v.* මුදල් අච්චුගහනවා

Min'uet, *s.* නැටීමක්, නෘත්‍යයක්

Mi'nus, *a.* අඩු, සිග *s.* අඩුකිරීමේ ලකුණ (—), ඍණය

Minute', *a.* ඉතා කුඩා ළුල්ල, සියුම්

Min'ute, *s.* විනාඩිය, ඉතා ටික වේලාව, ලුහුඩු සටහන

Minute'ly, *ad.* ඉතා සියුම්ලෙස, තීක්ෂ්ණකාරයෙන් [ක්ෂුද්‍රතාව

Minute'ness, *s.* තීක්ෂ්ණකම, සුළුකම,

Min'ute-book, *s.* සටහන්පොත [වස්

Minu'tiæ, *s. pl.* ක්ෂුද්‍ර දේ, සියුම් කො

Minx, *s.* අහංකාර ලමිස්සි

Mir'acle, *s.* ආශ්චර්යය, පුදුමය, හාස්කම, ප්‍රාතිහාර්යය

Mirac'ulous, *a* ආශ්චර්යමත්, ලෝක ධර්මයට වෙනස්ව සිදුවූ, අපූර්ව

Mirac'ulously, *ad.* ආශ්චර්ය බලයෙන්, විස්මාකාරයෙන්, අපූර්වලෙස

Mirac'ulousness, *s.* ආශ්චර්යමත්කම, ප්‍රාතිහාර්යතාව

Mire, *s.* මඩ, ගොහොරු, කැලල

Mir'ror, *s.* කැඩපත, කන්නාඩිය, දර්පණය [ම, හාස්‍යය

Mirth, *s.* ප්‍රීතිය, ප්‍රසන්නය, සෙල්ල

Mirth'ful, *a.* සෙල්ලම්සහිත, ප්‍රීතිසිනා ඇති

Mirth'fulness, *s.* ප්‍රීති සෙල්ලම් ගතිය, ප්‍රසන්න ලීලාව, හාස්‍යභාවය

Mi'ry, *a.* මඩමයවූ, ගොහොරු

Misadven'ture, *s.* අවාසනාව, කාරුමේ, සිදුවූ අනතුර

Misadvised', *a.* වැරදිලෙස අවවාද කරණලැබූ, වැරදි දැනම්තිකම් ලැබුවාවූ [ෂ්‍යයින්ට වෛරවෙන්නා

Misant'hrope, Misan'thropist, *s.* මනු

Misanthrop'ic, Misanthrop'ical, *a.* මනුෂ්‍යයින් කෙරෙහි වෛර පවත්වනා, අනුන්ට ප්‍රේමයක් නැති

Misan'thropy, *s.* මිනිසුන් කෙරෙහි වෛර ඇතිවීම [රුම්ගන්නවා

Misapprehend', *v.* වැරදිලෙස තේ

Misapprehen'sion, *s.* වරදවා තේරුම්ගැණීම [කරගන්නවා

Misappro'priate, *v.* අයුතුලෙස අත්

Misappropria'tion, *s.* අයිති නැතිදේ අත්කරගැණීම

Misbehave', *v.* අයුතුලෙස හැසිරෙණවා, නපුරු කල්ක්‍රියාවේ හැසිරෙණවා [ම, අවකල්ක්‍රියාව

Misbehav'iour, *s.* අයුතුලෙස හැසිරී

Miscal'culate, *v.* වැරදිලෙස ගණිනවා

Miscalcula'tion, *s.* වරද්දා ගණන්කිරීම, වැරදි කල්පනාව

Miscar'riage, *s.* නිෂ්ඵලවීම, ඉපදනො
වියාම, වැරදිල්ල, ගස්සාවීම
Miscar'ry, *v.* නිෂ්ඵලවෙනවා, වරදි
නවා, ගස්සාවෙනවා
Miscellan'eous, *a.* නානාප්‍රකාර, විවි
ධ, නොයෙක් ජාති මිශ්‍රවූ
Mis'cellany, *s.* නොයෙක් කාරණ
එකතුකළ පොත, මිශ්‍රසඟරාව
Mischance', *s.* අහේතුව, අවාසනාව
Mis'chief, *s.* අනදරය, නපුර, අලාභය
Mis'chief-maker, *s.* දබර උපදවන්
නා, නපුරු හටගන්වන්නා
Mis'chievous, *a.* දබර උපදවන්නා
වූ, අහානිකාර, මැරවර
Misconceive', *v.* වරදවා කල්පනාක
රණවා, වැරදිලෙස තේරුම්ගන්නවා
Misconcep'tion, *s.* වැරදිව තේරුම්
ගැණීම, වැරදි කල්පනාව
Miscon'duct, *s.* අයුතු හැසිරීම, අව
කල්ක්‍රියාව [ණවා
Misconduct', *v.* අයුතුලෙස හැසිරෙ
Misconstruc'tion, *s.* වැරදිලෙස තේ
රුම්කිරීම, අදහස වරද්දාගැණීම
Misconstrue', *v.* වැරදිලෙස තේර
ණවා [අසික්ෂිතයා
Mis'creant, *s.* තක්කඩියා, දුර්ජනයා,
Mis'deed, *s.* නරක ක්‍රියාව, වරද
Misdemean'our, *s.* අයුතුක්‍රියාව, වරද
Mis'doing, *s.* අවක්‍රියාව, වැරැද්ද
Mi'ser, *s.* ලෝභයා, තණ්හාවනතයා,
මසුරා [වනතා, අසරණ
Mis'erable, *a.* කාලකන්නි, අවාසනා
Mi'serly, *a.* ලෝභිවූ, තණ්හාවනත,
මසුරු [නාව, විපත්තිය
Mis'ery, *s.* කාලකන්නිකම, අවාස
Misfor'tune, *s.* අභේතුව, අවාසනා
ව, විපත්තිය [නැතිකරණවා
Misgive', *v.* සැකකරණවා, ධෛර්‍ය
Mis'giving, *s.* සැකසිතීම, අවිශ්වාසය
Misgot'ten, *a.* අයුතුලෙස ලබාගත්
තාවූ
Misgov'ern, *v.* නරකට ආණ්ඩුකරණවා
Misgov'ernment, *s.* නරකට ආණ්ඩු
කිරීම, අධර්මාණ්ඩුව [අත්වැරැද්ද
Mishap', *s.* අවාසනාව, අහේතුව,
Misjudge', *v.* වැරදිලෙස විනිශ්චයක
රණවා, වැරදි තීන්දුවකට පැමි
ණෙනවා [රදි කල්පනාව
Misjudg'ment, *s.* අයුතු විනිශ්චය, වැ
Mislay', *v.* වැරදි ස්ථානයේ තබනවා
Mislead', *v.* මුලාකරණවා, රවටනවා
Misman'age, *v.* වැරදිලෙස හසුරුව
නවා, අදක්ෂලෙස ආණ්ඩුකරණවා
Misman'agement, *s.* වැරදි හසුරුවී
ම, හරිනැතිලෙස කාරණ කිරීම
Misno'mer, *s.* වැරදි නමක් තැබීම,
වැරදීම [රන්නා
Misog'amist, *s.* සරණවීමට වෛෂක
Misog'amy, *s.* විවාහයට වෛෂකිරීම
Misplace', *v.* වැරදි තැනක තබනවා
Misprint', *s.* අච්චුගැසීමේ වැරැද්ද
Misrepresent', *v.* වැරදිලෙස දක්ව
නවා, වරදවා පෙන්වනවා

Mispronounce', *v.* වැරදිලෙස ශබ්ද කරණවා

Mispronuncia'tion, *s.* වැරදිලෙස ශබ්දකිරීම, වැරදි උච්චාරණය

Misrepresenta'tion, *s.* වරදවා දැක්වීම, වරදවා කීම, වැරදි ප්‍රවෘත්තිය

Misrule', *s.* වැරදි හෝ අයුතු ආණ්ඩුව, වියවුල, කෝලාහලය

Miss, *s.* අවිවාහක තැනැත්තිට කියන නාම, තරුණී

Miss, *v.* වරදිනවා, ලබාගන්ට බැරිවෙනවා, අත්අරිණවා, නැති බව දැනෙනවා *s.* වැරදීම, නොවැදීයාම

Mis'sal, *s.* රෝමාග්‍ධු කතෝලික පූජාපොත, දේවමෙහෙයේ පොත

Misshape', *v.* නරක හැඩයකට සාදනවා, අරූපකරණවා [යට්ය

Mis'sile, *s.* දමාගහන අවුඩය, අබ

Mis'sion, *s.* නානාපතිකම, පණිවිඩය, මිෂණරි සමාගම

Mis'sionary, *s.* යවනලද දේවගැතිතැන, ප්‍රේරිතතැන, මිෂණරිතැන

Mis'sive, *s.* එවනලද යමක්, ලියුමක්

Misspell', *v.* වචනයක අකුරු වරදවා කියනවා හෝ ලියනවා

Misspell'ing, *s.* වැරදිලෙස අකුරු එකතුකිරීම, වැරදිලෙස ලිවීම

Misspend', *v.* අයුතුලෙස වියදම්කරණවා, නැතිකරණවා

Misstate', *v.* වැරදිලෙස කියනවා, අසත්‍යලෙස සැලකරණවා

Misstate'ment, *s.* වැරදි හෝ අසත්‍ය කියමන

Mist, *s.* මීදුම, සිනිඳු වැසිපොද

Mistake', *v.* වරදවා තේරුම්ගන්නවා, වරද්දගන්නවා *s.* වැරදීම, වැරදිල්ල

Mistak'en, *a.* වැරදිලෙස තේරුම්ගත්තාවූ, වරද්දගත්, හරිනැති

Mister, Mr., *s.* මහත්මයා, උන්නැහේ, උන්නාන්සේ [රණවා

Mistranslate', *v.* වරදවා පිටපත්ක

Mistransla'tion, *s.* වරදවා පිටපත්කිරීම, වැරදි පිටපත

Mis'tress, *s.* ලමාඑතනා, ගාමිනේ, ස්වාමිදුව, ඉගැන්නුම්කාරී, අනියම්භාර්‍යාව

Mistrust', *s.* විශ්වාසනැතිකම *v.* අවිශ්වාසකරණවා, ශංකාකරණවා

Mistrust'ful, *a.* අවිශ්වාසවූ, බොහෝ සැකසහිත

Mist'y, *a.* මීදුම් නගින්නාවූ, අඳුරු

Misunderstand', *v.* වැරදිලෙස තේරුම්ගන්නවා

Misunderstand'ing, *s.* වැරදිව තේරුම්ගැණීම, ස්වල්පභේදය

Misuse', *v.* අයුතුලෙස පාවිච්චිකරණවා, අයුතුකම්කරණවා *s.* අයුතු පාවිච්චිය [පුංචි පණුවා, ඉල්ලා

Mite, *s.* කුඩා මිලයක්, පුංචිදෙයක්,

Mit'igate, *v.* සංසිඳවනවා, සැහැල්ලු කරණවා, මොලොක්කරණවා, අඩුකරණවා

Mitiga'tion, *s.* සැහැල්ලුකිරීම, මදි
නාඋකිරීම, පහසුකිරීම, සහනය
Mi'tre, *s.* පාරිදශීක ඔටුන්න, මකුටය
Mit'tens, *s.* අත්වැස්ම, අත්මේස් වගී
යක් [තුව, හිරකඩදසිය
Mit'timus, *s.* සිරඅඩස්සියේ වරෙන්
Mix, *v.* මිශ්‍රකරණවා, කලවම්කරණ
වා, මිශ්‍රවෙනවා [වතුර
Mix'ture, *s.* කලවම, මිශ්‍රය, බෙහෙත්
Miz'zen, *s.* කුඹතුනේ නැවක්
Miz'zle, *v.* වැහිපොදගහනවා
Mnemon'ic, Mnemon'ical, *a.* මත
කේ තිබාගැණීමට ආධාරවූ, ස්මෘති
ජනක
Mnemon'ics, *s.* මනක්කරවිමේශාස්ත්‍රය
Moan, *v.* කෙඳිරිගානවා, ලතෝනි
කියනවා *s.* කෙඳිරිගෑම, විලාපය
Moat, *s.* අගල, ගිල්ම, පරිඛාව
Mob, *s.* කෝලාහල සමූහය
Mo'bile, *a.* සෙලවියහැකි, චංචල
වන්නාවූ [වනවා
Mob'ilise, *v.* හේවායින් සටනට කැඳ
Mobilisa'tion, *s.* හේවායින් රැස්කර
වීම [ලබිය
Mobil'ity, *s.* සෙලවිය හැකිකම, චච
Mock, *v.* කවටකම්කරණවා, සරදම්
කරණවා, රවටනවා, නිෂ්ප්‍රභාකර
ණවා *a.* සැබෑනුවූ, බොරු
Mock'ery, *s.* කවටකම, නින්දව
Mode, *s.* හැටිය, ආකාරය, අන්දම
Mo'dal, *a.* හැටිය හෝ අන්දම සම්
බන්ධවූ, අන්දම පමණක් ඇත්තාවූ

Mod'el, *s.* ආදශය, අනුරූපය, අච්චුව
Mod'erate, *v.* අඩුකරණවා, බාලකර
ණවා, අඩුවෙනවා *a.* මධ්‍යස්ථවූ,
මද්දිමකරම්වූ
Modera'tion, *s.* පමණදුන ක්‍රියාකිරී
ම, මධ්‍යස්ථභාවය, නිශ්චලකම
Mod'erator, *s.* මඩ්නයකරන්නා, ප්‍ර
ධානකම දරන්නා [අභිනව
Mod'ern, *a.* මෑතකාලවලට අයිති,
Mod'ernise, *v.* දැන් කාලයට යෝග්‍ය
කරණවා, අභිනවකරණවා
Mod'est, *a.* ලජ්ජාභය ඇත්තාවූ, ලජ්
ජාවූ, යටහත්වූ, පතිව්‍රතාවූ
Mod'estly, *ad.* නිසි ලජ්ජාභය ඇතුව,
ශෝභන ලෙස, යටත්පහත් ලීලා
වෙන් [රිත්‍රය, පිරිසිදුකම
Mod'esty, *s.* ලජ්ජාශෝලය, පුතුචා
Mod'icum, *s.* ස්වල්ප ප්‍රමාණයකටවූ
දෙයක්, ටිකක්
Modifica'tion, *s.* ආකාරය ටිකක් වෙ
නස්කිරීම, වෙනස්වූ ස්වභාව
Mod'ify, *v.* හරිගස්සනවා, ආකාරය
වෙනස්කරණවා, මිදකරණවා, සැ
හැල්ලු කරණවා [ආවූ, හැඩකාර
Mo'dish, *a.* ව්‍යවහාර ලෙස තිබෙන්
Mod'liar, *s.* same as Mu'daliyar
Mod'ulate, *v.* ශබ්දය හසුරුවනවා,
හඬ නිසිලෙස වෙනස්කරණවා, හඬ
මාරුකරණවා
Modula'tion, *s.* නිසි පමණට වෙනස්
කිරීම, හඬ හසුරුවීම

Mo'hair, *s.* කොඹු, සොවුපිලි
Moham'medan, *s.* මහමත් අගමිකාරයා [මහමදුගම
Moham'medanism, *s.* මහමත් අගම,
Mohan'diram, *s.* මුහන්දිරම්
Mo'hur, *s.* බ්‍රිතාන්‍ය ඉන්දියාවේ ව්‍යවහාරවෙන රත්රන් මිලයක්
Moi'dore, *s.* සිලින් විසිහතක පුරාණ කාසියක් [අඩ
Moi'ety, *s.* දෙකෙන් පංගුව, භාගය,
Moil, *v.* වෙහෙසදරණවා, මහත්සි ගන්නවා, බරවැඩකරණවා
Moist, *a.* තෙත තෙත්වූ
Moist'en, *v.* තෙත්කරණවා, තෙමනවා
Moist'ness, *s.* තෙත්කම, තෙත්ගතිය
Mois'ture, *s.* තෙතමන, දියසරිව
Mo'lar, *a.* මෝලක්මෙන් අඹරන්නාවූ, ඇඹිරීමට පාවිච්චිකරන්නාවූ *s.* අඹරණ දතක් [දත්
Mo'lars, Mo'lar-teeth, *s.* හක්කෙ
Molas'ses, *s.* උක්පැනි, උක්රස
Mole, *s.* ලපය, මුහුදු ප්‍රාකාරය, වැලිමියා [විශ්වාසයක්, භූතමාත්‍රය
Mol'ecule, *s.* ද්‍රව්‍යයන්ගේ ක්‍ෂුද්‍ර කො
Molest', *v.* හිංසාකරණවා, ලෙල්ලම් කරණවා, හිරිහැරකරණවා
Molesta'tion, *s.* හිංසාකිරීම, ලෙල්ලම, හිරිහැරය
Mol'lient, *a.* see Emollient
Mollifica'tion, *s.* මොලොක්කිරීම, මෘදුකිරීම, සහනය්කිරීම

Mol'lusc, *s.* කබල ඇති සතුන්, බෙල්ලන් වැනි සතුන්
Mol'lify, *v.* මොලොක්කරණවා, මෘදුකරණවා, සහනයකරණවා
Molt'en. *a.* උණුකරපු, වාත්තුකල
Mo'ment, *s.* ක්‍ෂණය, මොහොත, ඇසිල්ල [මොහොත, ඇසිල්ලකට
Mo'mentarily, *ad.* මොහොතින් මො
Mo'mentary, *a.* ක්‍ෂණයක් පවතින, මොහොතකින් සිදුවූන [දූර
Moment'ous, *a.* ඉතා වැදගත්, භාර
Moment'um, *s.* හැසිරෙන්නාවූ බලය, බරසහිත වේගප්‍රමාණය
Mon'achism, *s.* වනවාසය, තාපසකම
Mon'ad, *s.* පරමාණු ධාතුව, පරමාණුව [නෛර්ජුගා, මණ්ඩපාල
Mon'arch, *s.* රජ්ජුරුවෝ, රජ, රද,
Monarch'ic, Monarch'ical, *a.* රාජාණ්ඩු ක්‍රමය සම්බන්ධ, අගරජ බලයට අයත්
Mon'archy, *s.* රාජාණ්ඩුව, රාජ්‍යය
Monas'ticism, *s.* තපස්භාවය, තාපස ජීවිතය, තාපස වෘත්තිය
Mon'astery, *s.* තාපසවිහාරය, අශ්‍රමය
Monas'tic, *a.* තපස්වූ, තාපස
Mon'day, *s.* සඳුදා
Mon'etary, *a.* මුදල් සම්බන්ධ, මුදල්
Mon'ey, *s.* මුදල්, මිල, කාසි, සල්ලි
Mon'eyed, *a.* මුදල් ඇති, ධනවත්, මුදල්වූ
Mon'ger, *s.* යමක වෙළඳම්කාරයා
Mongoose', *s.* මුගටියා, හෝතඹුවා

Mon'grel, *a.* මිශ්‍ර, කලවම් *s.* මිශ්‍ර ජාතියක සතෙක් [දය, දූනුම්දීම
Moni'tion, *s.* දැනමුතුකම්දීම, අවවා
Mon'itor, *s.* දැනමුතුකම්දෙන්නා, අවවාදකරන්නා, ශිෂ්‍ය ගුරුවරයා
Mon'itory, *a.* කලින් දැනමුතුකම් දෙන්නාවූ, අවවාදසහිත
Monk, *s.* තාපසයා, තවුසා
Mon'key, *s.* රිළවා, වඳුරා, වානරයා
Monk'ish, *a.* තාපසයෙක් සම්බන්ධ, ශ්‍රමණකාර, තාපස්
Monog'amist, *s.* එක භාර්‍යාවක් පමණක් පාවාගන්නා [මණක් ඇති
Monog'amous, *a.* එක භාර්‍යාවක් ප
Monog'amy, *s.* එක ස්ත්‍රියක් පමණක් සරණපාවාගැණීම
Mon'ogram, *s.* ඒකාක්ෂර සලකුණ
Mon'ograph, *s.* එකම කාරණවක් ගැණ ලියනලද ලියවිල්ල
Mon'olith, *s.* තනි ගලකින් සාදනලද කුළුණ හෝ ටැඹ
Mon'ologue, *s.* එක්කෙනෙක් විසින් කරගන්න කථාව, තනි කථා ප්‍රබන්ධය
Monop'olise, *v.* අන්‍යන්ට ඉඩනොදී වෙළඳමක් කිරීමට අයිතිවාසිකම ලබාගන්නවා, එකහෙළපට්ටම තමාටම පවරාගන්නවා
Monop'oly, *s.* වෙන තැනැත්තන්ට අවකාස නැතුව කරණ වෙළඳම, අසහාය වෙළඳුමට අවසරය
Monosyl'lable, *s.* ඒක ශබ්දය, ඒක ස්වරවාචකය
Mon'otheism, *s.* එක දෙවිකෙනෙක් කෙරේ පමණක් විශ්වාසය, ඒක දේවදෘෂ්ටිය [නස්නැති හඬ
Mon'otone, *s.* ඒකාකාර ශබ්දය, වෙ
Monot'onous, *a.* ශබ්දය නොකඩව ඒකාකාරවූ, වෙනස්වීමක් නැත්තාවූ
Monot'onously, *ad.* ඒකාකාරයෙන්ම, වෙනස්වීමක් නැතුව
Monsoon, *s.* හමාසෙන් හමාසේට ඒ ඒ දිගින් හමන සුළඟ, ඍතුභේදය
Mon'ster, *s.* අස්වභාවදේ, විරූපයා, භයානකයා, කෲරයා, රාක්ෂයයා
Monstros'ity, *s.* ස්වභාවට විරුද්ධවීම, අස්වභා දේ
Mon'strous, *a.* අස්වභාවවූ, මහා විසාලවූ, අවලක්ෂණවූ, භයානකවූ,
Month, *s.* මාසය, මාසේ, මස
Month'ly, *a.* මස්පතා, මාසික *s.* මස්පතා පළකරණ එක *ad.* මස්පතා, මාසයෙන් මාසයට
Mon'ument, *s.* සිහිකරවන සලකුණ, චෛත්‍යය, සොහොන් කොත, දාගැබ
Monument'al, *a.* සොහොන් කොතකට අයිතිවූ, චෛත්‍යවූ, සිහිකරවන සලකුණක්වූ
Mood, *s.* ගතිය, සිතේ ස්වභාව; *in grammar* ක්‍රියාවිශේෂය, ක්‍රියාවිධිය

Mood'y, *a.* තරහවූ, කෝපවූ, කාංසාවූ
Moon, *s.* හඳ, සඳ, චන්ද්‍රයා, සෝම
Moon'shee, *s.* (ඉන්දියාවේ) භාෂා ආචාර්‍ය්‍යයෙක්
Moon'shine, *s.* හඳඑලිය, හිස්පෙණීම, හිස්කම
Moon'struck, *a.* උන්මාදවූ
Moor, *v.* නැංගුරම්දමා නැව සවිකරණවා
Moor'land, *s.* මඩබිම, වගුරුබිම
Moor'man, *s.* මරක්කලයා, යොනා
Moot, *v.* වාදයට යෝජනාකරණවා, වාදකර විමසනවා *a.* වාදවිවාද කොට විමසනලද
Moot'-point, *s.* වාදකිරීමට කාරණාවක්, අනිශ්චිත ප්‍රශ්නයක්
Mop, *s.* රෙදි මූස්න වර්ගයක්
Mope, *v.* මලානික වෙනවා, කනස්සලුවෙනවා [නස්සලු
Mop'ish, *a.* මලානික, නොර්ජල්, ක
Mor'al, *a.* චරිතයට අයිති, කුසලාකුසල සම්බන්ධ, හොඳ නොහොඳ දන්නාවූ, සුචරිත, සදාචාර, සිල්වත් *s.* යමකින් ලැබෙන ගුරුකම, හිතෝපදේශය
Mor'alise, *v.* සුචරිතාර්ථයකට විසඳනවා, ශීලධර්මයට අදාළකොට කියනවා නොහොත් ලියනවා
Mor'aliser, *s.* සුචරිතය හෝ කල්ක්‍රියාව සම්බන්ධකොට කාරණ විසඳන්නා
Mor'alist, *s.* සුචරිත ධර්මය හෝ සුතු කල්ක්‍රියා උගන්වන්නා, තමාගේ සදාචාරය ගැණ උසස් කල්පනා ඇත්තා
Moral'ity, *s.* සුතු කල්ක්‍රියාව, සිල්වත් ගුණය, ධර්මාචාරය, සුචරිතය
Mor'als, *s.* ශීලශාස්ත්‍රය, සුචරිතභාවය, සුශීලධර්ම
Morass', *s.* මඩබිම, ගොහොරුව, හැල
Mor'bid, *a.* රෝගාතුරවූ, ගිලන්වූ
Morda'cious, *s.* විකන්නාවූ, හපාකන්නාවූ, ඇනුම්පද කියන්නාවූ
More, *a.* වඩා, තව, බොහෝ *ad.* වඩා, වැඩියෙන්, අධිකලෙස *s.* තව වැඩිය
More'over, *ad.* තවද, තවත්, ඒ ඇර
Mor'ibund, *a.* මරණසන්න
Morn, Morn'ing, *s.* උදය, උදෑසන, පාන්දර, ප්‍රාතඃකාලය
Morn'ing-star, *s.* පහන්තරුව
Moroc'co, *s.* හම්වර්ගයක්, රටකනාවක්
Morose', *a.* අප්‍රසන්න ගතිවූ, කෝපවූ, කර්කශවූ, රළුවූ
Mor'phia, Mor'phine, *s.* අබින්සාරය
Mor'row, *s.* හෙට, සෙට [බින්ද
Mor'sel, *s.* කෑබෙල්ල, කෑල්ල, ඇ
Mor'tal, *a.* මරණයට යටත්වූ, මියන්නාවූ, මරණීය, වස, මනුෂ්‍ය
Mortal'ity, *s.* මරණීය භාවය, මරණය, මැරෙණ ගණන හෝ ප්‍රමාණය
Mor'tar, *s.* වංගෙඩිය, බෝම්බ අරිණ කාලතුවක්කු වර්ගයක්, හුණුබදුම

Mort′gage, *s.* උගස, උකස *v.* උකස් තියනවා, උකස්කරණවා

Mort′gagee, *s.* උකස්ගන්න තැනැත්තා, උකස හිමියා

Mor′tify, *v.* නසනවා, තුණ්ඩකරණවා, යටහත්කරණවා, නෙද්ට අප්‍රසන්න කරණවා, කුණුවෙනවා

Mortifica′tion, *s.* මාංසකුණුවීම, යටහත්කිරීම, මැඩපැවැත්වීම, අප්‍රසන්නය [රුමය

Mort′main, *s.* අහක්කරන්ට බැරි උ

Mosa′ic, Mosa′ic-work, *s.* පාට ඇති අනේක ගල් වීදුරු ආදි කැබලි යොදා කරණලද විචිත්‍ර කර්මාන්තයක්

Mos′lem, *s.* මහමත් අගම්කාරයා *a.* මහමත් අගමට අයිති

Mosque, *s.* මරක්කල පල්ලිය

Mosqui′to, *s.* මදුරුවා

Moss, *s.* පාසි, පෙද, සෙවෙල්, වනස්ස

Most, *a.* ඉතා වැඩි, අධික *ad.* ඉතා, අති, අධිකතර *s.* ඉතා මහත් ප්‍රමාණය, වැඩිගණන

Mote, *s.* දූවිලිපොද, පොඩිය, ශේෂය

Moth, *s.* ඉපියා, කාවා

Moth′er, *s.* මව්, මෑනියෝ, අම්මා, අම්මණ්ඩි, මාතෘ

Moth′er-in-law, *s.* නැන්දා, නැන්දනියෝ, නැන්දම්මා

Moth′erhood, *s.* මව්කම, මාතෘභාවය

Moth′erly, *a.* මෑවකුගේ සභාවවූ මව්වැනි, මෘදු

Moth′er-of-pearl, *s.* ඹිප්පිවල ඇතුළ

Mo′tion, *s.* සෙලවීම, චංචලය, බඩයාම, යෝජනාව [ශ්වල

Mo′tionless, *a.* නොසෙල්වෙන, නි

Mo′tive, *s.* අදහස, අධ්‍යාසය, කාරණව [පාට, විවිධාකාර

Mot′ley, *a.* නානාවර්ණ, නොයෙක්

Mo′tor, *s.* ක්‍රියාකරවන්නා, ක්‍රියාකරවන බලය [ට පැල්ලම් ඇත්තාවූ

Mot′tled, *a.* විචිත්‍රවර්ණවූ, වෙනස් පා

Mot′to, *s.* ආදර්ශපදය, මාතෘකාව

Mould, *s.* පස්, පෝරපස්, පුස්

Mould, *s.* අච්චුව, ආදර්ශය, ආකාරය *v.* ආකාරයකට සාදනවා, අනනවා

Mould′er, *v.* සුණ්ණවෙනවා, චූර්ණවෙනවා, දිරායනවා, කුඩුකරණවා

Mould′iness, *s.* පුස්බැඳී තිබෙන සභාව, පුස්සහිතවීම [සැරසිල්ලක්

Mould′ing, *s.* වාත්තුව, ශිල්පකාරවැනි

Mould′y, *a.* පුස්බැඳුන [වැටෙනවා

Moult, *v.* පිහාටු රෝම අං යනාදිය

Mound, *s.* තාප්පය, පවුර, ගොඩැල්ල

Mount, *s.* උස ගොඩැල්ල, හෙල, කන්ද *v.* නගිනවා, ගොඩනගිනවා, පිටට නගිනවා, ආරූඪකරණවා

Mount′ain, *s.* කන්ද, උස් හෙල

Mount′ainous, *a.* කඳු ගැවසිගත්, කඳුකර, මහත් [වෙදා, පූච්චම්කාරයා

Mount′ebank, *s.* බොරු පූච්චම්කාර

Mourn, *v.* දුක්වෙනවා, වැලපෙනවා, විලාප කියනවා, අවමංගල්‍ය ඇඳුම් අඳිනවා

Mourn′er, *s.* දුක්වෙන්නා, වැලපෙන්නා, අවමංගල්‍යයට හවුල්වෙන්නා

Mourn′ful, *a.* ශෝකවෙන්නාවූ, කනගාටු සහිත, දුඃඛිත

Mourn′fully, *ad.* ශෝකවිලාසයෙන්, කණගාටු ඇතුව, විලාපයෙන්

Mourn′fulness, *s.* වැලපෙන සභාව, දුක්විලාසය [මංගල්‍ය ඇඳුම

Mourn′ing, *s.* වැලපීම, ලතැවීම, අව

Mouse, *s.* බට්ටුමීයා, මීයෝ වගීයක්

Mouse′-trap, *s.* බට්ටු මී උගුල

Mouth, *s.* මුඛය, කට, තුඩ, හොස්ස

Mouth′piece, *s.* කටට ගන්න කොටස, අනුන් වෙනුවෙන් කථාකරන්නා

Mov′able, *a.* අහක්කරන්ට පුළුවන්වූ, මාරුකළහැකිවූ, චඤ්චල, වෙනස්වෙන

Mov′ableness, Movabil′ity, *s.* අහක් කළහැකිකම, චඤ්චල ගුණය, ජංගමභාවය

Mov′ables, *s. pl.* චඤ්චල බඩු

Move, *v.* චඤ්චලකරණවා, සොලවනවා, හෙණයනවා, යෝජනාකරණවා, සෙලවෙනවා, අහක්වෙනවා

Move′ment, *s.* චඤ්චලවීම, ගමන්කිරීම, කම්පාව [කම්පාකරන්නාවූ

Mov′ing, *a.* චඤ්චලවන්නාවූ, සිත්

Mow, *s.* පත්තායම, පිදුරුගොඩ

Mow, *v.* දෑකැත්තෙන් කපනවා

Mr., Mrs., *a.* මහත්මයාවූ, නෝනා මහත්මයාවූ

Much, *a.* බොහෝ, බොහෝම *ad.* බොහෝම, බොහෝකොට, බෙහෙවින් *s.* බොහෝම, හුග

Mu′cilage, *s.* සෙවෙල, මැලියම්

Muck, *s.* කසල, රොඩුකුණු, ගොහොරු

Muck′y, *a.* කුණුකසල ගැවසුන, කැත, කිලුටු [ඇඳි මල

Mu′cus, *s.* සෙලෙඹාව, සෙල සොටු

Mud, *s.* මඩ, ගොහොදු, කලල්

Mu′daliyar, *s.* මුදියන්සේ, මැතින්ද

Mud′dle, *v.* මඩකරණවා, කිලුටුකරණවා, වෙරිකර වියවුල්කරණවා

Mud′dy, *a.* මඩමයවූ, බොරවූ

Muff, *s.* උණුරෝමයෙන් සාදනලද අත්වැස්ම, ගුඩ්ඩයා

Muf′fin, *s.* මපින්, තිරිඟු පිටිවලින් සාදන රොටි වගීයක්

Muf′fle, *v.* ඇස්වසා බඳිනවා, වෙළනවා, දවටා වසනවා, සඟවනවා

Muf′ti, *s.* මරක්කල අගමේ ධර්මාචාර්යයා

Mug, *s.* බොන පාත්‍රය, කොතලේ

Mug′gy, *a.* තෙත්වූ, උණුහුම් තෙත් ගතිවූ

Mul′berry, *s.* රටඇඹිල්ල

Mulct, *s.* දඩය *v.* දඩගහනවා

Mule, *s.* අශ්වතරයා

Mu′lish, *a.* මුරණ්ඩු, සිතුවක්කාර

Mull, *v.* සැර අඩුකරණවා, සුගන්ධ ද්‍රව්‍ය දමා මිදිරස මිහිරිකරණවා

Multifa′rious, *a.* අනේක ප්‍රකාරවූ, නානාප්‍රකාරවූ, අනේකවිධවූ

Mul'tiform, *a.* අනේක ස්වරූපවූ, නොයෙක් හැඩ ඇත්තාවූ

Mul'tiple, *s.* ගුණිතිය [කාකාරවූ

Mul'tiplex, *a.* ගුණ කිපයක්වූ, අනේ

Mul'tiplicand, *s.* වැඩිකරණීය, ගුණ්‍යය [ම, ගුණනය

Multiplica'tion, *s.* බෝවීම, වැඩිකිරී

Multiplic'ity, *s.* බොහෝකම, බහුලතාව [කය

Mul'tiplier, *s.* වැඩිකරන්නා, ගුණ

Mul'tiply, *v.* බෝකරණවා, වැඩිකරණවා, බෝවෙනවා

Mul'titude, *s.* රැස, රැශිය, සමූහය

Multitu'dinous, *a.* බහුල

Mul'tum in par'vo, *ad.* ටිකින් බොහොම

Mum, *a.* නිශ්ශබ්දව *s.* මෙර වර්ගයක්

Mum'ble, *v.* නොපැහැදිලි ලෙස කථාකරණවා, කොඳුරණවා

Mum'bling, *a.* කොඳුරණ අකාරවූ, තොල්නැර හෙම්සිට විකන්නාවූ

Mum'mer. *s.* කෝලම්නටන්නා, උඹුලුවිකිලූකරන්නා

Mum'mery, *s.* විකිලූකෙරීම, කෝලම

Mum'my, *s.* සුගන්ධ ද්‍රව්‍යවලින් රක්ෂා කරපු මිනියක්

Mumps, *s.* අඩප්පරය, ඇකන්සාව

Munch *v.* කටවනගණ විකනවා

Mun'dane, *a.* මේ ලෝකයට අයිතිවූ, ලෞකික, භූමික [අයිති, නාගරික

Munic'ipal, *a.* බ[illegible]ලත් නගරයකට

Municipal'ity, *s.* නාගරික පලාත, නාගරික සභාව [තානගිවනන

Munif'icent, *a.* නිලෝභිවූ, ඉතා

Mu'niment, *s.* පවුරුබැම්ම, බලකොටුව, රක්ෂස්ථානය, සන්නස

Muni'tion, *s.* යුද්ධය සඳහා අඩුවැඩිය, යුධෝපකරණ, ප්‍රාකාරය, බලකොටුව [ප අකාර

Mu'ral, *a.* භිත්තියකට අයිතිවූ, තාප්

Mur'der, *s.* මිනීමැරීම, මනුෂ්‍ය ඝාතනය *v.* මිනීමරණවා, නසනවා

Mur'derous, *a.* මිනීමරු, ලේවැකිරීමට සිතවූ, ඉතා කෲර [දෙබන්නා

Mur'murer, *s.* කොඳුරන්නා, අවලාද

Murk'y, *a.* අඳුරුවූ, කළුවරවූ

Mur'mur, *s.* ශීත්‍ශබ්දය, කෙඳිරීම, අවලාදය *v.* කොඳුරණවා, මැසිවිලිකියනවා

Mur'rain, *s.* ගව වසංගතය

Mus'cle, *s.* මස්ගොබය, බලනහරය, මච්චියා, මිරිස්සා

Mus'cular, *a.* මස්ගොබවයවූ, කාය බලසහිතවූ, ශක්තිමත්

Muse, *v.* භාවනාකරණවා, මෙනෙහිකරණවා *s.* මෙනෙහිකිරීම, භාවනාව, වාග්දේවී, සරස්වතී

Muse'um, *s.* අපූර්ව දේ තිබෙන ස්ථානය, කෞතුකාගාරය, කටුගෙය

Mush'room, *s.* හතු, හත්ත, බිම්මල

Mu'sic, *s.* ගායනාව, ගාන්ධර්ව විද්‍යාව, තූර්යනාදය

Mu'sical, *a.* ගායනා ශාස්ත්‍රයට අයිති, තුයඝීතාද උපදවන, මධුර ශබ්ද ඇත්තාවූ
Musi'cian, *s.* ගායනාකාරයා, ගාන්ධ ර්වශාස්ත්‍රයෙහි නිපුණ තැනැත්තා
Musk, *s.* කස්තුරි, මෘගකස්තුරි [තුව
Musk'et, *s.* තුවක්කුව, අත්තුවක්
Musk'-rat, *s.* හික්මීයා, කස්තුරි මීයා
Mus'lin, *s.* සිහින් පිළිවර්ගයක්, කව නිරෙදි
Mus'sulman, *s.* මහමත්කාරයා
Must, *v.* කටයුතුයි, ඕනෑ
Mustache', *s.* උඩුරැවුල
Mus'tard, *s.* අබ, සර්ෂප
Mus'ter, *v.* එකතුකරණවා, භේවා සින් රැස්කරණවා, රැස්වෙනවා *s.* රැස්වීම, පෙරෙට්ටුව, ·රැස්වූවන් ගේ නාමලේඛනය
Must'iness, *s.* පූස්ගතිය, තෙතම නෙන් ගවගත් දුගඳ
Must'y, *a.* පූස්ගතිවූ, ගඳවූ
Mu'table, *a.* වෙනස්වෙන්නාවූ, චංචලවෙන්නාවූ, අනිත්‍ය [කිරීම
Muta'tion, *s.* වෙනස්වීම, වෙනස්
Mute, *a.* නිශ්ශබ්දවූ, ගොළු *s.* නිශ් ශබ්දතැනැත්තා, ගොළුවා, ව්‍යඤ්ජ නාක්ෂරය
Mu'tilate, *v.* අංගච්ඡේදනය කරණ වා, පංගුවක් කපාදමනවා
Mutila'tion, *s.* අංගච්ඡේදනයකිරීම, අවයවයක් කපාදැමීම [ණකාර
Mu'tinous, *a.* කැරළිකාර, කුමන්ත්‍ර
Mu'tinously, *ad.* කැරළිගැසීමෙන්, කුමන්ත්‍රණකාරයෙන්
Mu'tiny, *s.* භේවායන්ගේ නො හොත් නැව්කාරයන්ගේ කැරැල්ල *v.* කැරළිගසනවා, කුමන්ත්‍රණයක රනවා [ණනවා, කොඳුරණවා
Mut'ter, *v.* කටඇතුලේ තිබාගණ කි
Mut'ton, *s.* එළුමස්, බැටළුමස්
Mu'tual, *a.* පරස්පරවූ, දෙපක්ෂයටම අයිතිවූ, අන්‍යෝන්‍ය
Mu'tually, *ad.* අන්‍යෝන්‍ය වශ යෙන්, හුවමාරු අකාරයෙන්
Muz'zle, *s.* කට, හොස්ස, මුඛබැඳුම, තුවක්කුකට
My, *adj. pron.* මගේ, මාගේ
Myr'iad, *s.* දසදහස,මහරාශිය [වායා
Myr'midon, *s.* බෙයක්මිත් වණ්ඩ්‍රස්
Myrrh, *s.* ගන්ධරස වර්ගයක්
Myr'tle, *s.* සුවඳපැල ජාතියක්, ගො ඩමරඳ, රටමරඳ
Myself', *pron.* මමම, මම්ම [පූව්
Myste'rious, *a.* අප්‍රසිද්ධවූ, රහස්වූ, අ
Mys'tery, *s.* රහස, ගුප්තකරුණ
Mys'tic, **Mys'tical**, *a.* පැහැදිලි නැත්තාවූ, තේරුම අඳුරුවූ, ගුප්ත
Mystifica'tion, *s.* කාරණවක් අඳුරු කිරීම, අඩිය පටලැවීම
Mys'tify, *v.* තේරුම අඳුරුකරණවා, ගුප්තකරණවා, වික්‍යලකරණවා
Myth, *s.* බොරුකථාව, මිථ්‍යා ප්‍රබන්ධ ය, බොරු ඉතිහාසය
Mythol'ogy, *s.* බොරු දෙවි දේවතා වන් ගැණ කථා ප්‍රබන්ධය

N

Nab *v.* හදිස්සියෙන් අල්ලනවා
Na'bob, *s.* යුවරජ, මහ පොහොසතා
Na'dir, *s.* පෘථිවියේ අප සිටින ස්ථානයට හරිකෙලින් යට අහස් මුදුන
Nag, *s.* අශ්වයා, කුඩා අශ්වයා
Nail, *s.* නිය, නියපොත්ත, ඇනය
Na'ked, *a.* නග්න, නිර්වස්ත්‍ර, වැස්මක් නැති, වාත්
Nam'by-pam'by, *a.* දුර්වලලෙස මෘදු වූ, බොරු උනන්දුකමක් හෝ ශිෂ්ටාචාර ගතියක් ඇත්තාවූ
Name, *s.* නාමය, නම, කීර්තිය *v.* නම් තබනවා, නම්කරණවා
Name'ly, *ad.* එනම් [නාම ඇත්තා
Name'sake, *s.* එම නම ඇත්තා, සම
Nankeen', *s.* කපුරෙදි වර්ගයක්
Nap, *s.* මදනින්ද, ටිකවේලාවකනින්ද, රෙදිවල මෘදු රෝම, බූව
Nape, *s.* කුලල්සන්ධිය, උකුණුවල
Naph'tha, *s.* බිම්දුම්මලවලින් සාදන තෙලක්, භූමිතෙල් වර්ගයක්
Nap'kin, *s.* අත්පිස්නාකඩ, තුවාය
Narcot'ic, *a.* නිදිකරවන්නාවූ, මූර්ච්ඡාකරවන *s.* නිදිමත උපදවන බෙහෙත [යා දෙනවා
Narrate', *v.* කියනවා, පිළිවෙළින් කි
Nar'rative, *s.* කථාන්තරය, කථාව
Nar'row, *a.* පටු, කුපුළුල්, ලෝභවූ
Nar'rowly, *ad.* අභිනූලෙස, ප්‍රවේසම් ලෙස, අමාරුවෙන්, යත්තම්

Nar'row-mind'ed, *a.* කල්පනා මදවූ, ගුණනැත්තාවූ [නාසිකාක්ෂරය
Na'sal, *a.* නාසික *s.* නාසිකා ස්වරය,
Nas'cent, *a.* පැලවෙන්නාවූ. හැදිගෙණඑන්නාවූ [කුල්
Nas'ty, *a.* කෑත, කිලුටු, අපවිත්‍ර, පිළි
Na'tal, *a.* උප්පැන්නයට අයිතිවූ, ජනිත, උත්පත්ති
Nata'tion, *s.* පිනීම [යය ජනයෝ
Na'tion, *s.* මනුෂ්‍ය ජාතියක්, රාජ්‍යය
Na'tional, *a.* මනුෂ්‍යජාතියකට අයිතිවූ, ජම්ම, පොදු
Na'tionalise, *v.* ජාතියට අයිතිකරවනවා, රාජ්‍යයට අඳුළුකරණවා
Na'tionalism, National'ity, *s.* සියරටට අලයවීම, ජාතියේ ස්වභාව, ජාතිය
Na'tive, *a.* ජම්ම, උපන් ස්වභාවජ, දේශජ *s.* ජම්මක්කාරයා, ස්වදේශියා [කේන්ද්‍රය, වේලාපත්කඩය
Nativ'ity, *s.* උත්පත්තිය, ඉපදීම,
Nat'ty, *a.* අලංකාර, ජේත්තු
Nat'ural, *a.* ජම්ම, සහජ, ස්වභාවික, අවජාතක [ය
Nat'uralist, *s.* ජම්මවස්තු ශාස්ත්‍රකාර
Nat'uralise, *v.* දේශගුණයකට පුරුදු කරණවා, ස්වදේශික ප්‍රයෝජන ගෙණදෙනවා, අන් දේසක්කාරයෙක් ස්වදේශිකයෙක් කරණවා
Na'ture, *s.* මවන බලය, මූළ මැව්ල්ල, ජම්මය, ස්වභාව, ප්‍රකෘතිනීතිය
Naught, *s.* කිසිත්නැත්ත, බින්දුව *a.* නරක, කමකටනැති

Naught'y, *a.* නරක, අකීකරු, දඟ
Nau'sea, *s.* බඩදූගලීම, ඔක්කාරය, හද අරුචිය
Nau'seate, *v.* අරුචිවෙනවා, නොරිසිවෙනවා, පිළිකුල්කරණවා
Nau'seous, *a.* හුරුස්සන්නාවූ, අප්‍රිය උපදවන්නාවූ, පිළිකුල් [නාවික
Naut'ical, *a.* යාත්‍රාකිරීමට අයිතිවූ,
Nau'tilus, *s.* බෙල්ලෝ වර්ගයක්
Na'val, *a.* මුහුදට අයිතිවූ, නාවික
Nave, *s.* චක්‍රනාභිය, බොස්ගෙඩිය, දේවස්ථානයේ මධ්‍යභාගය
Na'vel, *s.* පෙකණිය, නාභිය, බුරිය
Nav'igable, *a.* නැවෙන් ගියහැකිවූ, යාත්‍රාකළහැකිවූ
Nav'igate, *v.* මුහුදේ යාත්‍රාකරණවා
Naviga'tion, *s.* යාත්‍රාකිරීම, මාලිම ශාස්ත්‍රය [මාලිමයා
Nav'igator, *s.* නැව් යාත්‍රාකරන්නා,
Nav'vy, *s.* ඇලවල් කැපීම් ආදි වැඩ කරණ කුලීකාරයා
Na'vy, *s.* නැව්කණ්ඩායම, යුධනැව් සමූහය, නාවික යුධසේනාව
Nay, *ad.* නෑ, නැහැ, නැත
Naz'arite, *s.* යුදෙව් තාපසයා, අමද්‍ය පායක යුදෙව්වා
Neap, Neap'-tide, *s.* මද වඩදිය
Near, *a.* ළඟ, කිට්ටු, සමීප, ආසන්න, *ad.* ළඟ, ළඟට, නුදුරුව, කර *v.* ළංවෙනවා, කිට්ටුවෙනවා
Near'ly, *ad.* අසන්නලෙස, කිට්ටුවෙන්, ටිකක් අඩුතරමට
Near'ness, *s.* කිට්ටුකම, ආසන්නකම, සම්බන්ධකම, මසුරුභාවය
Near-sight'ed, *a.* කිට්ටුකර බලන්ට ඕනෑවූ
Neat, *a.* පිරිසිදු, පවිත්‍ර, කදිම, යහ
Neb, *s.* නාසිකාව, හොට, තුඩ
Neb'ula, *s.* මල්පොල, තාරකාමේඝය
Neb'ulose, Neb'ulous, *a.* තාරකා මේඝාකාරවූ, වලාකුල්වැනිවූ
Nebulos'ity, *s.* තාරකා මේඝාකාරය, පැහැදිලි නැතිකම
Ne'cessary, *a.* ඕනෑමවූ, අවශ්‍ය, සාමාන්‍ය, නොවිබැරි
Ne'cessaries, *s. pl.* ඕනෑවූදේ, උවමනාදේ, අඩුවැඩිය
Neces'sitate, *v.* ඕනෑමකරණවා, බලාත්කාර කරණවා
Neces'sitous, *a.* හිගමග ඇත්තාවූ, නිසාදවූ, දිළිඳු
Neces'sity, *s.* ඕනෑකම, ඕනෑම දෙය, හිගය, දිළිඳුකම [ය, බොටුව
Neck, *s.* ගෙල, කුලට, බෙල්ල, ග්‍රීව
Neck'cloth, *s.* දුසිය, කරපටිය
Neck'lace, *s.* ඇටවැල, මාලය
Necrol'ogy, *s.* මරණ ලේඛනය
Nec'romancer, *s.* අනාම බන්ධනකරන්නා, මන්ත්‍රකාරයා
Nec'romancy, *s.* මන්ත්‍රකිරීම, ඇස් බැන්දුම් කිරීම, පිල්ලි ඇරීම
Necrop'olis, *s.* මළගෝන, සොහොන්භූමිය

Nec'tar, *s.* දිව්‍යපානය, අමෘතය, ඉතා රස ජලය

Need, *s.* ඕනෑකම, හිඟකම, උවමනාව, නොයාම *v.* ඕනෑ, ඕනෑකරණවා [ශාඩු

Need'ful, *a.* ඕනෑවූ, උවමනාවූ, අව

Nee'dle, *s.* ඉදිකටුව, මාලිම යන්ත්‍ර කටුව [කෙන්ති, මැහුම්කාරි

Need'lewoman, *s.* මැහිමෙන් රැ

Need'lework, *s.* මැහුම්කර්මාන්තය, මැහුම [ති, නිෂ්ප්‍රයෝජන

Need'less, *a.* ඕනෑනැති, කමක් නැ

Needs, *ad.* ඕනෑමලෙස

Nefa'rious, *a.* ඉතා අශුභ, ඉතා දුෂ්ට

Nega'tion, *s.* නැතකිම, නැතිකම, අභාවය

Neg'ative, *a.* නැතකියන්නාවූ, එපා කියන, නිෂේධ, ශූන්‍ය *s.* නැතකිම, එපාකම, නැත්ත

Neglect', *v.* පැහැර අරිණවා, නොසලකා අනපඤ්ඤකරණවා *s.* අනපඤ්ඤකිරීම, අප්‍රවේසම, නොසැලකිල්ල

Neglect'ful, *a.* අනපඤ්ඤකරන්නාවූ, අප්‍රවේසම්, නොසැලකිලි

Neglect'fulness, *s.* නොසලකා පැහැරඅරිණ ගතිය, අප්‍රවේසම්කම

Neg'ligent, *a.* අනපඤ්ඤ කරන්නාවූ, නොසැලකිලි, අප්‍රවේසම්

Nego'tiable, *a.* ගණුදෙනුකළහැකි, මාරුකරගතහැකි, චලංගු

Negotiabil'ity, *s.* ගණුදෙනුකරගත හැකිවීම, චලංගුතාව

Nego'tiate, *v.* ගණුදෙනුකරණවා, සහතවිජාකරණවා, ගිවිසගන්නවා

Negotia'tion, *s.* ගණුදෙනු කථාබස් කිරීම, ගිවිසුම්කරගැණීම

Ne'gress, *s.* කාබිරි ගැණී

Ne'gro, *s.* කාපිරියා, කාබිරියා

Neigh, *v.* හේෂාරව කරණවා *s.* හේෂාරවය, අශ්වනැජලීම

Neigh'bour, *s.* අසල්වාසියා, අසල වැසියා [වූ ඉඩම, වටකරනැත්

Neigh'bourhood, *s.* අසලපහල කිට්

Neigh'bourliness, *s.* අසල්වාසියෙක් කොට ක්‍රියාකිරීම, මිත්‍රභාවය

Neigh'bourly, *a.* අසල්වාසියෙක් මෙන්වූ, යහළු

Nei'ther, *pron. or conj.* එකෙක්වත් නැ, දෙකෙන් එකක්වත් නැ

Nem'esis, *s.* *(Myth.)* පළිගැණීමේ දේවතාවී, ප්‍රතිඵලවූ දඬුවම

Neol'ogy, *s.* අලුත් වචනය හෝ පාඨය, අභිනව බස්

Ne'ophyte, *s.* අලුත අගමට හැරුණ තැනැත්තා, සාමණේර, ආධුනිකයා

Neph'ew, *s.* බෑනා

Ne plus ultra, *ad.* සම්පූර්ණලෙස, අබිබවූ නැති ලෙස

Nep'otism, *s.* නෑසින් කෙරේ පවත්වන අනුසූවිත පක්ෂකම

Nep'tune, *s.* සමුද්‍රදෙවියෝ,ග්‍රහයෙක්

Nerve, *s.* දූතිමේ නහරය, ශක්තිය, ස්ථිරකම, ධෛර්‍යය [ති, දුර්වල

Nerve'less, *a.* බෙලහීන, ධෛර්‍යනැ

Nerv′ine, *a.* නහරවල චඤ්චලගතිය දුරුකරණ *s.* නහරවලට ගුණදෙන බෙහෙතක්

Nerv′ous, *a.* නහර සම්බන්ධවූ, සවිබල, වියඹීවනත, චඤ්චල, බයාදු

Nerv′ousness, *s.* බලවත්කම, නහරවල චඤ්චලගතිය, බයාදුකම

Nesc′ience, *s.* නොදැනීම, අඥානකම

Nest, *s.* කූඩුව, කැදැල්ල, පෙට්ටිකැටිය

Nes′tle, *v.* වැතිර ඉන්නවා, කූඩුවේ ඉන්නවා, තුරුල්කරණවා

Nest′ling, *s.* කැදැල්ලේ ඉන්න කුරුල් පැටියා

Net, *a.* වියදම් ආදියෙන් පිටවූ, තනි, අමිශ්‍ර *v.* තනි ලාභ වශයෙන් උපදවනවා

Net, *s.* දැල, ජාලය

Net′ting, *s.* දැල, දැල්ගෙතුම

Net′tlerash, *s.* හමේ ගඩු හටගන්වන උෂ්ණරෝගයක්

Neth′er, *a.* යටින්වූ, පහල, පාතාල

Neth′ermost, *a.* ඉතායට, ඉතාපහත්වූ

Net′tle, *s.* කහඹිලියා, මාඋස්සා

Net′work, *s.* දැල්ගෙතුම, දැල්වැඩ

Neural′gia, *s.* නහරකැක්කුම

Neurot′ic, *a.* නහරගතවූ, සනායු[සත

Neu′tral, *a.* පාර්ශවනුවූ, අපක්ෂ, මධ්‍යස්ථ

Neu′tralise, *v.* අපාර්ශවභාවයට පමුණුවනවා, අවිපක්ෂකරණවා, බලනැතිකරණවා, නිෂ්ප්‍රභාකරණවා

Neutral′ity, *s.* අපාර්ශව භාවය, මධ්‍යස්ථ ගතිය

Neu′ter, *a.* අවිපක්ෂ; *in grammar* නපුංසක, අලිංග, අප්‍රාණික

Nev′er, *ad.* කවදාවත් නැත, කිසිකලකවත් නැත [සිතැටි නුමුත්

Nevertheless′, *ad.* එසේනුමුත්, කො

New, *a.* අලුත්, අභිනව, අමුතු, නව

Newfan′gled, *a.* අලුත සාදපු, අලුතෙන් යොදාගත්

News, *s.* ආරංචිය, අස්න, ප්‍රවෘත්ති

News′boy, News′man, *s.* ප්‍රවෘත්ති පත්‍ර භාර දෙන්නා නොහොත් විකුණන්නා

News′monger, *s.* ආරංචි ඇසීමෙන්ද දූත්විමෙන්ද කාලය ගතකරණ අය, ආරංචිකාරයා

News′paper, *s.* ආරංචිපත්‍රය

News′room, *s.* ප්‍රවෘත්ති සඟරා ආදිය කියවන ශාලාව

Newt, *s.* හූනුවර්ගයක්, දියහූනා

New-year′s-day, *s.* අවුරුද්දේ පළමුවෙනි දවස, අවුරුද්දදා

Next, *a.* ඊලඟ, ඊගාවා තිබෙන *ad.* ඊලඟට, ඊගාවා

Nex′us, *s.* බැම්ම, බන්ධන ධර්මය

Nib, *s.* හොට, තුඩ, චංචුව, පෑන්තලය

Nib′ble, *v.* ටික ටික විකනවා, ඇමකොටනවා, කොත්තුකරණවා

Nice, *a.* සුරසවූ, රිසි, මනෝඥ, කදිම, සියුම් [ගුණය, කදිමකම

Nice′ness, *s.* සියුම්කම, අධික තීක්ෂණ

Nic′ety, *s.* සූක්ෂමභාවය, ඉතා සුළු වෙනස, මධුරභාරය

Niche, *s.* කුහරය, වල, ප්‍රතිමාස්ථානය
Nick, *s.* සිදුර, කැත්තුව, හරිමොහො ත හෝ ප්‍රස්තාව *v.* සිදුරු කපනවා, හරිවේලාවටම කරණවා
Nick'el, *s.* සුදුපැහැවටහුරුවූ ලෝහයක්
Nick'nacks, *s. pl.* පුංචි ලස්සණ සුදු බඩු, සුලුදේ [නම
Nick'name, *s.* නිඝ නාමය, කවට
Nic'otine, *s.* දුම්කොළ සාරය
Nidifica'tion, *s.* කූඩු සෑදීම සහ බිජු රැක පැටවුන්ගැහීම
Niece, *s.* ලේලී, යෙහෙලි
Nig'gard, *s.* ලෝභයා, මසුරා
Nig'gardly, *a.* ලෝභ, මසුරු, අබකි
Nigh, *a.* ලඟ, කිට්ටු, සමීප *ad.* ලඟ, ලඟින්, සමීපයට
Night, *s.* රාත්‍රිය, රැය, නිශාභාගය
Night'-dress, *s.* රාත්‍රි ඇඳුම
Night'fall, *s.* අඳුරවැටෙන වේලාව, සන්ධ්‍යාකාලය [යක්, කෝකිලයා
Night'ingale, *s.* රෑ ගීකියන පක්ෂිවර්ගී
Night'ly, *a.* රෑ සිදුවෙන, රැයක් පාසා කරණ *ad.* රාත්‍රියෙහි, රැයින් රැයට
Night'mare, *s.* දුස්වප්නය, බියකර මහ හීනය
Night'shade, *s.* නිදිමත හටගන්වන ගුණය ඇති පැලජාති [කාරයා
Night'-watch, *s.* රාත්‍රියාමය, රෑ මුර
Nigres'cent, *a.* කළුවෙනගුණයන්තාවූ, මදක් කළු [තාව
Ni'hilism, *s.* නොපැවැත්ම, ශූන්‍ය
Ni'hilist, *s.* ශූන්‍ය ධර්ම මතිකයා, පවත්නා දේ පෙරළා නැතිකරදමන්ට තැත්කරන්නා
Nim'ble, *a.* ශීඝ්‍ර, ඉක්මන්, කඩිසර
Nim'bus, *s.* රශ්මිජාලාව, රශ්මිචක්‍රය, හිසවට පවත්නා රශ්මිචක්‍රය, වැහි වලාකුළ
Nin'compoop, *s.* ලාමක මෝඩයා
Nine, *s.* නවය, නමය
Nine'fold, *a.* නවගුණයක්වූ, නවපට
Nine'pins, *s.* ලීකොට නවයකින් කරණ ක්‍රීඩාවක්
Nine'teen, *s.* දහනවය, එකුන්විස්ස
Nine'ty, *s.* අනූව
Nin'ny, *s.* මෝඩයා, අමනයා
Nip, *v.* කොණහකණවා, කඩාදමනවා, නැතිකරණවා, *s.* කොණහීම, කෙණිත්තීම, මිරිකීම
Nip'pers, *s.* අඬුව, පත්අඬුව
Nip'ple, *s.* තනපුඩුව, චූචුකය, නිපුල
Nit, *s.* ලේඩියා Nit'ty, *a.* ලේඩිගහනවූ
Ni'tre, *s.* වෙඩිලුණු, යවකාරලුණු
Ni'trogen, *s.* ජීවානාශක වායුව
No, *ad.* නැහැ, නෑ, නැත
Nob, *s.* උසස් අන්දමේ මනුෂ්‍යයෙක්
Nobil'ity, *s.* උදාරමකම, වංශවත්කම, වංශාධිපතියෝ, රදලකොටස
No'ble, *a.* උතුම්, උත්තම, ශ්‍රේෂ්ඨ, වංශාධිපති *s.* උත්තමයා, ශ්‍රේෂ්ඨයා, සිටුවරයා [යා, සිටුවරයා
No'bleman, *s.* ශ්‍රේෂ්ඨයා, වංශාධිපති
No'bleness, *s.* උතුම්කම, ශ්‍රේෂ්ඨකම, වංශවත්කම, වටිනාකම

No'bly, *ad.* උතුම්ලෙස, ගෞරවාකාරයෙන් [වත් නෑ

No'body, *s.* කිසිවෙක් නෑ, කවුරු

Noctur'nal, *a.* රාත්‍රි, රාත්‍රිගත

Nod, *v.* හිසනමනවා, ඔලුව වනනවා

Node, *s* ගැටය, ශෝථය, ඉදිමුම; *in astr.* *(ascending)* රාහු, *(descending)* කේතු

Nod'dle, *s.* ඔලුගෙඩිය, ඔලුව

Nod'ule, *s.* කුඩා ගැටය, පුංචි කෑටිය

Nog'gin, *s.* කුඩා ලීකෝප්පය

Noise, *s.* ඝෝෂාව, ගෝට්ටිය, මොර ගඞ [ශබ්ද

Noise'less, *a.* ඝෝෂාවක් නැති, නිශ්

Noise'lessly, *ad.* ඝෝෂාරහිතව, නිශ් ශබ්දලෙස [ගසා

Nois'ily, *ad.* ඝෝෂාසහිතව, කෑගසා

Nois'iness, *s.* ඝෝෂාකාරකම, උද් ඝෝෂණය [පිළිකුල්, දුගඳ

Noi'some, *a.* සනීපයට හොඳනැති,

Nois'y, *a.* ඝෝෂාකාරණ, ගෝට්ටිකරණ, කෑමොරගසන

Nom'ad, *s.* තැනින් තැන යමින් එඬේරකම්කරන්නා

No'menclature, *s.* නාමලේඛනය, නිඝණ්ටුව, ශබ්දසංග්‍රහය

Nom'inal, *a.* නාම සම්බන්ධවූ, නමින් වූ, නාමයෙන් පමණක්වූ [ණවා

Nom'inate, *v.* නම්කරණවා, පත්කර

Nomina'tion, *s.* නිලයකට නම සඳහන්කිරීම, පත්වීම, පත්කිරීමේ බලය

Nom'inative, *s.* *in gram.* ප්‍රථමා විභක්තිය, කර්තෘ

Nominee', *s.* නම්කරණලද තැනැත්තා, නියමවූ අය [පාතය

Non, *ad.* නකාරාර්ථය, නැත යන නි

Nonagena'rian, *s.* අවුරුදු අනූවක් වයස් ඇති අය [කමක් දරණ

Non-commis'sioned, *a.* සුළු මුලාදැනි

Non-conduc'tor, *s.* විදුලිය යනාදිය ගමන්නොකරණ දෙයක්, ඇද නොගන්න ද්‍රව්‍යයක්

Nonconform'ist, *s.* පිළිනොගන්නා, එකඟනොවෙන්නා, ආණ්ඩුවේ ආගමට අයිති නැත්තා

Nonconform'ity, *s.* පිළිනොගැන්ම, සම්මතනොවී සිටීම, නියම ක්‍රමයකට නොබැඳුන ස්වභාව

Non'descript, *a.* විස්තර නොකළාවූ, අනියම් *s.* කොයිවර්ගයට අයිතිද කියා විස්තරකරන්ට අමාරු දේ

None, *pron.* කිසිවක් නැත, කවුරුවත් නැත [එක

Nonen'tity, *s.* නොපැවැත්ම, නැති

Non-exist'ence, *s.* අවිද්‍යමානකම, නොපැවැත්ම [අකුරු වර්ගයක්

Non'pareil, *s.* අසහාය දේ, කුඩා අච්චු

Non'plus, *v.* නිරුත්තර කරණවා, කලබල කරණවා

Non'sense, *s.* තේරුමක් නැති දේ, නිරර්ථකවාක්‍යය, සරදම, මෝඩකම

Nonsens'ical, *a.* තේරුමක් නැති, ත්ස්ථලාණී, විහිලු

Non'suit, *s.* පැමිණිල්ල අත්හැරීම *v.* න බුපැමිණිල්ල නිෂ්ප්‍රභාකරණවා
Noo'dle, *s.* ගුඩ්ඩයා, මලමොට්ටලයා
Nook, *s.* කොණ, මුල්ල, අස්ස
Noon, *s.* ඉරමුදුන් වේලාව, මද්දහ න, දවාල
Noon'day, *s.* ඉරමුදුන්වේලාව, මද්ද හන *a.* ඉරමුදුන්වේලාවට අයිති, මධ්‍යාහ්න
Noon'tide, *s.* මද්දහන *a.* මද්දහන්
Noose, *s.* පුඩුව, මල, තොණ්ඩුව, පාශය
Nor, *conj.* නැත යන අර්ථය සම්බන්ධ නිපාතයක්
Nor'mal, *a.* නිමිම ප්‍රකාරවූ, පිළිවෙළ කට අයිති, විධිවත් [දිග
North, *s.* උතුර, උතුරුදිශාව, උතුරු
North-east', *s.* ඉසානදිග *a.* ඊශාන
North'ern, North'erly, *a.* උතුරෙන් වූ, උතුරුදිශාවෙහිවූ, උතුරු
North'-star, *s.* උතුරු තරුව, උත්තර ධ්‍රැවතාරකාව
North-west', *s.* වයඹකොණ, වයඹ
Nose, *s.* නාසය, නාසිකාව, ගහණ
Nose'bag, *s.* ධාන්‍යසහිත අශ්වනාසි කාවල්ල
Nose'gay, *s.* මල්පොකුර, මල්කලඹ
Nosol'ogy, *s.* රෝග විද්‍යාව, රෝග ප්‍ර භේද ශාස්ත්‍රය
Nos'tril, *s.* නාසාපුඩුව, නාස්පුඩුව
Nos'trum, *s.* රහස් බෙහෙත
Not, *ad.* නෑ, නැත, නැහැ
No'table, *a.* සිහිකටයුතු, අපූර්ව, ප්‍රසිද්ධ
Not'ary, *s.* නොතාරිස්
Nota'tion, *s.* සටහන්කිරීම, සලකුණු කොට තැබීම, සලකුණු ක්‍රමය
Notch, *s.* කත්තුව, කත්තුමල්ලිය
Note, *s.* ලකුණ, සිහිවීමට සලකුණ, සටහන, කොට ලියමන, විස්තරය, ටීකාව, ගාන්ධර්ව ස්වරය, නය පත්‍රය, කීර්තිය, ප්‍රසිද්ධිය *v.* සලකණවා, සි හියටගන්නවා, සටහන්කරණවා
Note'-book, *s.* සටහන්පොත, වට්ටෝ රුපොත, ගණන්පොත, අත්පොත
Not'ed, *a.* ප්‍රසිද්ධ, කීර්තිමත්
Note'worthy, *a.* සැලකියයුතු, සිතට ගතයුතු [නැත
Noth'ing, *s.* මොකතුත් නැත, කිසිත්
No'tice, *s.* සැලකීම, ඇඟුම්කත්දීම, දැන්වීම [කන්ට වටින
Not'iceable, *a.* පැහැදිලි, ප්‍රකට, සල
Not'iceably, *ad.* ප්‍රත්‍යක්ෂලෙස, සැල කියයුතු අකාරයෙන්
Notifica'tion, *s.* දැනුම්දීම, සැලකිරී ම, දැන්වීම්පත්‍රය
Not'ify, *v.* දන්වනවා, සැලකරණවා
No'tion, *s.* අභිප්‍රාව, කල්පනාව, මතය
Notori'ety, *a.* ප්‍රසිද්ධකම, අපකීර්තිය ලැබ සිටීම [මත්වූ
Noto'rious, *a.* ප්‍රසිද්ධවූ, අපකීර්ති
Notwithstand'ing, *conj.* & *prep.* එ සේ වුවත්, ඒ කොයිහැටි වුවත්, එහෙත්

Nought, *s.* කිසිත්නැත්ත, ශූන්‍යය
Noun, *s.* නාම වචනය, නාම පදය
Nour'ish, *v.* පෝෂ්‍යයකරණවා, සාත්තුකරණවා [ව, ආහාරය, කෑම
Nour'ishment, *s.* පෝෂ්‍යය, සාත්තු
Nov'el, *a.* අලුත්, නව, අභිනව, අපූර්ව *s.* අමුතු ප්‍රබන්ධය, බොරු කථා වශයක් [යන්නා
Nov'elist, *s.* අමුතු ප්‍රබන්ධ පොත් ලි
Nov'elty, *s.* අලුත්කම, අපූර්වය [මාසය
Novem'ber, *s.* ඉල්මස, නොවැම්බ
Novi'tiate, *s.* නවශිෂ්‍ය භාවය, අබුනිකයෙක්ව සිටින කාලය, අබුනිකයා
Nov'ice, *s.* අලුත් ගෝලයා, නවශිෂ්‍යයා, අබුනිකයා
Now, *ad* දැන් Just now, මේ දැන්, දැන්ම *conj.* ඉතින්, දැන් ඉතින්
No'way, No'ways, *ad.* කොයි ප්‍රකාරයකින්වත් නැත
Now'adays, *ad.* මේ කාලයේදී
No'where, *ad.* කොතනවත් නෑ, කොයිබවත් නෑ
No'wise, *ad.* කිසිසේත් නෑ, කොහෙත්ම නෑ [ණ, විනාසකාර
Nox'ious, *a.* අනදරවූ, අහතුරුකර
Noz'zle, *s.* නාසාග්‍රය, හොම්බ, කට
Nu'cleus, *s* මද්‍යස්ථානය, භාත්පසින් වස්තූන් රැස්වෙන තැන
Nude, *a.* නග්න, නිර්වස්ත්‍ර, අවලංගු
Nudge, *s.* හෙමින් තල්ලුකිරීම *v.* හෙමින් තල්ලුකරණවා

Nud'ity, *s.* නග්නකම, නිර්වස්ත්‍රය
Nu'gatory, *a.* නිෂ්ඵල, නිරර්ථක, බලනැති, හිස් [ආදි ගුලියක්
Nug'get, *s.* ලෝහකැටිය, රන් පිඩු
Nui'sance, *s.* හිංසාවක්වූ දේ, කැත දේ, අසිතු, කසල
Null, *a.* අවලංගු, නිෂ්ප්‍රයෝජන
Nullifica'tion, *s.* අවලංගුකිරීම, නිෂ්ප්‍රභාකිරීම
Nul'lify, *v.* බල නැතිකරණවා, නිරර්ථක කරණවා, අවලංගුකරණවා
Nul'lity, හිස්කම, කිසිත් නැතිකම, වලංගුනැතිකම
Numb, *a.* හිරිවැටුනාවූ, පණනැතිවූ
Num'ber, *s.* ඉලක්කම, අංකය, නොම්මරය, ගණන, සමූහය, සංඛ්‍යාව *v.* ගණන්කරණවා, ගණිනවා, අංකය සලකුණුකරණවා
Nu'meral, *s.* ඉලක්කම, සංඛ්‍යාව, ලකුණ [ණය
Numera'tion, *s.* ගණන්කිරීම, සංඛ්‍යා
Nu'merator, *s.* ගණන්කරන්නා, ගණනකින් බෙදුගන්න කොටස ගණන අඳින ඉලක්කම, ලවය
Numer'ic, Numer'ical, *a.* ගණන් සම්බන්ධ, සංඛ්‍යා
Numer'ically, *ad.* ගණනින්, ගණනාකාරයෙන්, සංඛ්‍යාවශයෙන්
Nu'merous, *a.* බොහෝවූ, බොහෝ ගණන් ඇත්තාවූ, බහුල [සම්බන්ධ
Numismat'ic, *a.* මිල හෝ පදක්කම්

Numismatol'ogy, *s.* මිල හා පදක්
කම් ගැණ කථාතතාර්තුකූල විස්ත
රය, මුද්‍රාශාස්ත්‍රය [තනතිරුවා
Num'skull, *s.* මෝඩයා, ගූඩ්ඩයා,
Nun, *s.* තාපසී, රෝමානු ඇගමේ තා
පසියෙක් [නාපතියා, දූතයා
Nun'cio, *s.* පාප් උන්නාන්සේගේ නා
Nun'nery, *s.* තාපසියන් වසන විහා
රය, ස්ත්‍රීන්ගේ තපස් මඩම
Nup'tial *a.* විවාහබන්ධනයට අයිතිවූ,
වෛවාහික [මඞ්ගල්‍යය
Nup'tials, *s. pl.* විවාහය, සරණ
Nurse, *s.* කිරිමව්, අම්මා, ආයා, සාත්
තුකරණ අය
Nur'sery, *s.* පෝෂ්‍යස්ථානය, ළමයින්
ගේ කාමරය, වැඩිවෙන ස්ථානය,
තවාන
Nurs'ling, *s.* කිරිදරුවා, ළදරුවා
Nur'ture, *v.* පෝෂ්‍යකරණවා, ඇතිදැ
ඩිකරණවා, පුහුණුකරණවා *s* පෝ
ෂ්‍යය, රක්ෂාකිරීම, පුහුණුකිරීම,
ඉගැන්වීම
Nut, *s.* ඉදුනට පිටින් තද ලෙල්ලක්
ඇති ඇටජාති, ඉස්කුරුප්පු පෙත්ත
Nut'meg, *s.* ජාතිඵල, සාදික්කා
Nu'trient, *a.* පෝෂ්‍යය ගෙණදෙන
Nu'triment, *s.* පෝෂ්‍යය, ආහාරය
Nutri'tion, *s.* පෝෂ්‍යකිරීම, පෝෂණ
ය, සාත්තුව
Nutri'tious, *a.* පෝෂ්‍ය කරන්නාවූ,
පුෂ්ටිමත්කරන්නාවූ

Nut'shell, *s.* ගෙඩිවල කටුව, ඇටේ
ලෙල්ල
Nux vom'ica, *s.* විෂ ලබාගන්න ග
හක්, ගොඩකදුරු [ව්‍යාඛ්‍යනාවක්
Nymph, *s.* (*myth.*) දේවතා දුව, දි

O

O, *intj.* අහෝ, අනේ, අපොයි
Oaf, *s.* මෝඩයා, ගූඩ්ඩයා, අත්‍රුවන
ළමයා
Oak, *s.* අලොන් ගහ
Oak'um, *s.* කිත්තම් කෙඳි
Oar, *s.* හබල, අවලය
Oath, *s.* දිවුරුම, දිව්රිල්ල, සහතිකවීම
O'asis, *s.* කාන්තාරයේ පිහිටි සාරවත්
ඉඩමක්
Oat'meal, *s.* ධාන්‍ය පිටි වර්ගයක්
Oats, *s.* භෝගවර්ගයක්
Ob'duracy, *s.* හිත්දැඩිකම, නොහික්
මුන්කම, මුරණ්ඩුකම
Obdu'rate, *a.* හිත් දැඩිවූ, නොනැ
මෙන්නාවූ, මුරණ්ඩු
Obe'dieuce, *s.* කීකරුකම, යටත්වීම
Obe'dient, *a.* කීකරු, යටත්වෙන්නාවූ
Obei'sance, *s.* ආචාරකෙරීම, පාමිළ්
කාරකෙරීම, වැඳීම
Ob'elisk, *s.* සතරැස් ටැඹ
Obese', *a.* ස්ථූල, තරබාරු [රකාම
Obese'ness, Obes'ity, *s.* ස්ථූලකම, ත
Obey, *v.* කීකරුවෙනවා, යටහත්වෙ
නවා

Obfus'cate, *v.* අඳුරුකරණවා, වියවුල්කරණවා

O'bit, *s.* කාලක්‍රියාව, අවමංගල්‍ය චාරිත්‍ර, මළගිය ප්‍රාණකාරයෙක් උදෙසා පවත්වන සංවත්සර පූජාමෙහෙය

Obit'uary, *s.* මැරුණවූ කෙනෙක් ගැණ කථාව, කාලක්‍රියා ප්‍රවෘත්තිය *a.* කෙණෙකුගේ මරණය සම්බන්ධ, කාලක්‍රියා ප්‍රවෘත්තිවූ

Ob'ject, *v.* එදිරිවී කථාකරණවා, විරුද්ධවෙනවා [අදහස

Object', *s.* කාරණව, දෙය, අභිප්‍රාව,

Objec'tion, *s.* විරුද්ධවීම, විරුද්ධකාරණව, විරුද්ධ කථාව, බාධාව

Objec'tionable, *a.* විරුද්ධ කාරණයක් උපදින්ට පුළුවන්වූ, නොනිසිවූ

Objec'tive, *a.* සිතට ඇතුළත්නොවූ, පිටානර *s.* (*gram.*) කර්මවිභක්තිය

Objurga'tion, *s.* සැරකිරීම, දොස්කීම

Objur'gatory, *a.* සැරකිරීම පිණිසවූ, දෙස් කියන්නාවූ

Obla'tion, *s.* පූජාව, පිදීම, යාගය

Obliga'tion, *s.* බැඳිසිටීම, යුතුකම, පොරොන්දු ඔප්පුව

Ob'ligatory, *a.* යුතුකමක්වූ, අවශ්‍යවූ

Oblige', *v.* බලකරණවා, කරුණාකරණවා, උපකාරකරණවා

Oblig'ing, *a.* උපකාරකිරීමට කැමතිවූ

Oblique', *a.* වකුටු, ඇද, ඍජුනැති

Oblique'ness, Obliq'uity, *s.* වකුටුවීම, ඇදකුදය, කෙලින්නැතිකම, වංකකම

Oblit'erate, *v.* මකානවා, කට්ටගානවා, සිඳදමනවා

Oblitera'tion, *s.* මැකීම, කට්ටගාදැමීම, මුලින් සිඳදැමීම [මීම, සිහිනැතිකම

Obliv'ion, *s.* මතකනැතිවීම, මකාදැ

Obliv'ious, *a.* මතකනැතිවෙන; සිහිනැතිකරණ, විස්මෘති

Ob'long, *s.* පළලට වඩා දිගිටිවූ, දීර්ඝාකාරවූ [ගාර්‍ථාව

Ob'loquy, *s.* අගුණකීම, නින්දාව,

Obnox'ious, *a.* අච්චුවට යෝග්‍යවූ, දෝෂාරෝපණීයවූ, වග කියයුතුවූ, අප්‍රියවූ

Obscene', *a.* කැත, නීච, දූෂ්‍ය

Obscene'ness, Obscen'ity, *s.* කැතකම, අශික්ෂිතකම, කුණුසරුපය

Obscur'ant, *s.* අඳුරුකරන්නා, අභිනව ඥානාලෝක වර්ධනයට බාධාකරණ ලියුම් කාතෘ [අප්‍රකාශ, පහත්

Obscure', *a.* අඳුරු, පැහැදිලිනැති,

Obscu'rity, *s.* අඳුරුකම, කළුවරකම, අප්‍රසිද්ධකම

Ob'sequies, *s. pl.* භූමදානකෘත්‍ය, තැන්පත්කිරීමේ කළමනා, අවමංගල්‍ය චාරිත්‍ර [වූ, නැමෙන්නාවූ

Obse'quious, *a.* අධිකලෙස යටහත්

Obse'quiously, *ad.* අධික යටත්පාත්කමින්, නොමහාබින කීකරුලීලා සහිතව

Obse'quiousness, *s.* අධික යටහත්කම, නැමී කීකරුකම්පාන ස්වභාව

Observ'ance, *s.* පැවැත්වීම, රක්‍ෂාකිරීම, පිළිපදිනා චාරිත්‍රය, ව්‍යවහාරය

Observ'ant, *a.* බලාගන්නාවූ, හිතට ගන්නාවූ, ප්‍රවේසම්වූ

Observa'tion, *s.* බැලීම, සලකුණුකිරීම, කියනකීම, පැවැත්වීම

Observ'atory, *s.* තාරකාබලනතැන, අකාශයෙහි වෙනස් ඍඩහා විමසනා ඉඩම [යනවා, පිළිපදිනවා

Observe', *v.* බලනවා, සලකණවා, කි

Observ'ing, *a.* හොඳට බලන, හිතට ගන්න, කල්පනාව යොමුකරණ

Ob'solete, *a.* භාවිතාව නැතිවූ, අව්‍යවහාරවූ, යටපත්වූ

Ob'stacle, *s.* බාධාව, අවහිරය

Obstet'ric, Obstet'rical, *a.* වින්නඹුකම සම්බන්‍ධ

Obstet'rics, *s. sing.* වින්නඹුකම්කිරීමේ ශාස්ත්‍රය. ගර්භිණීග තන්‍ත්‍ර ශාස්ත්‍රය

Ob'stinacy, *s.* මුරණ්ඩුකම, තදකම

Ob'stinate', *a.* මුරණ්ඩු, සිත්දැඩි, තද අදහස්වූ [හෝච්චිකාර

Obstrep'erous, *a.* ඝෝෂාකරණ,

Obstruct', *v.* බාධාකරණවා, අහුරණවා, නවත්වනවා, නහනම්කරණවා

Obstruc'tion, *s.* බාධාකිරීම, නැවැත්වීම, බාධාව, අවහිරය

Obstruct'ive, *a.* බාධාකරණ, අවහිරකරණ, බාධක

Obtain', *v.* ලබාගන්නවා, උපයාගන්නවා, වලංගුව පවතිනවා

Obtain'able, *a.* ලබාගතහැකි, උපයන්ට පුළුවන්, ලභ්‍ය

Obtrude', *v.* බලාත්කාරයෙන් පවරණවා හෝ ප්‍රවිෂ්ටවෙනවා, නොකැඳවා වැදිවෙනවා

Obtru'sion, *s.* බලෙන් පැවරීම, අනිසිලෙස ඇතුල්වීම

Obtrus'ive, *a.* බලෙන් පවරණ හෝ දෙන, නිෂ්කාරණයේ වදින්නාවූ

Obtuse', *a.* මොටවූ, මොට්ට, තීක්‍ෂණ නැති [නැතිකම, මන්දබුද්ධිය

Obtuse'ness, *s.* මොට්ටකම, තීක්‍ෂණ

Ob'verse, *a.* මුදුනට වඩා පතුළ පටුවූ

Ob'viate, *v.* වලක්වනවා, මඟින් ඉවත්කරණවා, පහකරණවා

Ob'vious, *s.* සාක්‍ෂි ඔප්පු සහිතවූ, පැහැදිලි, ප්‍රත්‍යක්‍ෂ

Occa'sion, *s.* සිද්ධවීම, ප්‍රස්තාව, අවකාශය, කාරණව, ඕනෑකම

Occa'sional, *a.* ඉදහිටලා සිද්ධවෙන්නාවූ, අතරවාර

Oc'cident, *s.* බස්නාහිර දිශාව, පශ්චිම දිශාව, අවරදිග [බන්‍ධවූ

Occip'ital, *a.* හිසේ පස්සපැත්ත සම්

Oc'ciput, *s.* හිසේ පස්ස කොටසය

Occult', *a.* රහස්වූ, සැඟවිලාවූ, ගුප්ත

Oc'cupancy, *s.* අත්කරගණ සිටීම, බුක්තිවිඳීම, පදිංචිවීම

Oc'cupant, *s.* බුක්තිවිඳින්නා, වාසයකරන්නා [ගැණීම, රක්‍ෂාව, වෑඬ

Occupa'tion, *s.* බුක්තිවිඳීම, අත්කර

Oc'cupier, s අත්කරගණ සිටින්නා, පදිංචිව සිටින්නා

Oc'cupy, v. අත්කරගණ බුත්තිවිඳිනවා, පදිංච්ච සිටිනාවා, පාවිච්චිකරණවා, අඩංගුව තිබෙනවා, ගත්නවා

Oc'cur, v. සිද්ධවෙනවා, සිහියට එනවා, අතන මෙතන සම්බවෙනවා

Occur'rence, s. සිද්ධිය, සිද්ධවූදෙය

O'cean, s. සාගරය, සමුද්‍රය, මහමුහුද

Ocean'ic, a. සාගරය සම්බන්ධ, සාගරික, සමුද්‍ර

O'chre, s. කහපාටට හුරු මැටි වර්ගයක්, සිරියල්

Oc'tagon, s. අටපට්ටම් දෙයක්, අටකොණ සනයක්

Octahe'dron, s. සමපෑති අටකින් යුත්

Oc'tave, s. අටවෙනි එක

Octa'vo, a. සම්පූර්ණ කොළේ අටට නැමූවාවූ s. අෂ්ටපත්‍රක පොත්‍යාකාය

Octo'ber, s. වප්මස, ඔක්තෝබ්‍රි

Octogena'rian, s. අසූ අවුරුද්දක් වයස් ගිය තැනැත්තා ශාස්මානවූ

Oc'ular, a. ඇසින්ම දකින්නාවූ, දෘ

Oc'ulist, s. ඇස්වෙද

Odd, a. ඔත්තවූ, අසම, අපූරු, විහිලු

Od'dity, s. අපූරුකම, අපූරුදෙය

Odd'ness, s. ඔත්තය, අපූරුකම, විකාරය

r පෙණුම

Odds, s. ඔත්තෙ, වෙනස, දිනුම, දබ

Ode, s. සින්දුව, සොලෝව, ගීය, කාව්‍යය

O'dious, a. වෛෂ්‍ය, පිළිකුල්, අප්‍රිය

O'dium, a. වෛෂය, තද අප්‍රියකම

Odontol'ogy, s. දත් ගැණ ශාස්ත්‍රය, දනත වෛද්‍යශාස්ත්‍රය

Odorif'erous, a. සුගන්ධ සහිත, සුවඳ පතුරුවන, පුස්ඹවූ

Odorif'erously, ad. සුගන්ධාකාරයෙන්, සුවඳ විසිදුවමින්

O'dorous, a. සුගන්ධ, සුවඳ

O'dorously, ad. සුගන්ධ සහිතව

O'dour, s. සුගන්ධය, සුවඳ

Of, *prep.* ගේ, ගෙන්, යේ, යෙහි

Off, *ad.* ඉවත, ඉවතට, ඈතින්, අහකට a. ඈතින්වූ, ඈත, එහාපැත්තෙහිවූ *intj.* යව, පල

Of'fal, s. නොගන්නා දේ, නරක මස්, ඇටකටු, ඉතිරි නොවටින කෑලි

Offence', s. අමනාපය, තරහ, වරද, දෝෂය, පාපය

Offend', v. අමනාපකරණවා, අප්‍රසන්නකරණවා, වරදකරණවා

Offend'er, s. අමනාපකරන්නා, වරදකාරයා, අපරාධකාරයා

Offens'ive, a. අමනාප කරන්නාවූ, නොරිස්සුම්කරන්නාවූ, අප්‍රසන්න

Of'fer, v. පුදනවා, ඔප්පුකරණවා, ගණනකට ඉල්ලනවා, කියාහිටිනවා s. පිළිගැණීමට බාරදීම, ඉල්ලන ගණන, පොරොන්දුව [ය

Of'fering, s. පූජාකෙරීම, පූජාව, තේව

Of'fertory, s. මිලපූජාව, මුදල්දානය, සමමාදම

Off'-hand, *ad.* නොසැලකිලි ලෙස, එවලේම

Of'fice, *s.* නිලය, වැඩය, ඨානාන්තරය, තනතුර, කන්තෝරුව

Of'ficer, *s.* නිලධාරියා, මුලාදෑනියා, විදුනෙ *v.* මුලාදෑනින් සපයනවා, මුලාදෑනිකම්කරණවා

Offic'ial, *a.* නිලයක් සම්බන්ධවූ, නිලධාරිවූ, රාජකාරිවූ *s.* නිලකාරයා, ධර්මාධිකාරතැන

Offic'ially, *ad.* නිලයේ බලයෙන්, ආඥාප්‍රකාරයෙන්

Offic'iate, *v.* නිලකරණවා, දේවමෙහෙය පවත්වනවා

Offic'ious, *a.* ඕනෑනෑතුව උපකාරපාන්නාවූ, මැදිවෙන්නාවූ

Off'ing, *s.* දියඹ [ගැදැමූ දේ, කසල

Off'scouring, *s.* සෝදුදැමූ කිලුට, තෝ

Off'set, *s.* අංකුරය, කදුතලාව, හිලව්වශයෙන් තබන ගණන

Off'shoot, *s.* අංකුරය, රිකිල්ල

Off'spring, *s.* දූදරුවෝ, අටගන්න දේ

Oft, Oft'en, Oft'times, *ad.* නොයෙක්වර, බොහෝවිට, බොහෝවර, එරින්වර

Oft'enness, *s.* නොයෙක්වර වීම, නැවත නැවත සිදුවීම

O'gle, *v.* අඩබැල්මෙන් බලනවා, වපරකරබලනවා

O'gre, *s.* මිනිමස් කන යෝධයා [සි

Oh, *intj.* අහෝ, අනේ, අයියෝ, අපොයි

Oil, *s.* තෙල, තෙල් *v.* තෙල්ගානවා, තෙල්දමනවා, තෛලාලේප කරණවා.

Oil'y, *a.* තෙල්ගතිවූ, තෙල්මිශ්‍රවූ, මොලොක් [ලේප ද්‍රව්‍යය

Oint'ment, *s.* තෛලය, තෛලම, ආ

Old, *a.* පරණ, නාකි, මහලු, වයස්ගත, පුරාණ, පූර්ව

Old Test'ament, *s.* පරණ තෙස්තමේන්තුව, පුරාණ ගිවිසුම

Oleag'inous, *a.* තෛලම්වූ, තෙල්මයවූ, තෙල්ගතිවූ

Olean'der, *s.* අරලිය

Oleas'ter, *s.* කටු ඇඹිල්ල, කටුවෙලඟ

O'leograph, *s.* තෙල් තීන්තෙන් අච්චුගැසූ සිතියම

Olfac'tory, *a.* ගඳ දැනෙන්නාවූ, සුවඳ ඝ්‍රාණයකරන්නාවූ

Ol'igarchy, *a.* ස්වල්පදෙනකු විසින් කරණ ආණ්ඩුව, රදළ ආණ්ඩුව

Ol'ive, *s.* ඔලිව්ගහ

Olym'piad, *s.* අවුරුදු හතර, සතර සාංවත්සරය [කුර, අන්තිමය

O'mega, *s.* ග්‍රීක්භාෂාවේ අන්තිම අ

Om'elet, *s.* වෙල්ලවැහුම්, කැවුම් ජාතියක්

O'men, *s.* පූර්ව ලකුණ, නිමිත්ත

Om'inous, *a.* පූර්වනිමිතිවූ

Omis'sion, *s.* පැහැරහැරීම, අත්ඇරීම, නොකර හැරිය දේ

Omit', *v.* අත්අරිණවා, පැහැරහරිණවා, නොකරසිටිනවා [රථවාහියක්

Om'nibus, *s.* කෝච්චිවගීයක්, ලොකු

Omnif'ic, *a.* සියල්ල මවන්නාවූ

Omnip'otence, Omnip'otency, *s.* සර්ව පරාක්‍රමය, සියලු බල ඇතිවීම

Omnip'otent, *a.* සර්වපරාක්‍රමවූ, සියලු බල ඇත්තාවූ

Omnipres'ence, *s.* සෑමතැනම පිරී වැඩසිටීම, සර්වව්‍යාප්තිය [නාවූ

Omnipres'ent, *a.* සෑමතැනම සිටින්

Omnis'cient, *a.* සර්වඥවූ, සියල්ල දන් නාවූ

Om'nium-gath'erum, *s.* නානාප්‍රකාර දේවල් නොහොත් මිනිසුන් සමූහය

Omniv'orous, *a.* සියලු දේ කන්නාවූ

On, *prep.* පිට, උඩ, උඩට, මතුපිට, කෙරෙහි, විට, *ad.* තව, ඉදිරියට, ඉස්සරට

Once, *ad.* වරක්, වතාවක්, එක්වි ටක්, එකසැරයක් [ණෙක්

One, *pron.* එකක්, එකෙක්, කෙ

One'ness, *s.* එකමකම, එකඟකම

On'erous, *a.* බරවූ, බරපතළ

One-sid'ed, *a.* එක පැත්තක් පම ණක්වූ, පාර්ශ්වගතිවූ

On'ion, *s.* ලූනු, රතුලූනු

On'ly, *a.* එකමවූ, හුදකලාවූ, තනි *ad.* පමණක්, පමණයි, විතරයි

On'set, *s.* තදපහරදීම, සඩංගුව

On'slaught, *s.* වේගයෙන් පහරදීම, ආක්‍රමණය

On'ward, *ad.* ඉස්සරහට, ඉදිරිපිටට

On'yx, *s.* තඹ මාණික්‍යය, ගල් වර්ගයක්

Ooze, *v.* හෙමින් බැසයනවා, වෑස් සෙනවා *s.* මඩ, සෙවෙල, වෑස්සීම

Opac'ity, *s.* විනිවිද නොපෙනීම, නොපැහැදිලිකම

O'pal, *s.* වෙනස්වෙන වර්ණ ඇත්තාවූ මාණික්‍යයක්, අග්නිමාණික්‍යය

Opaque', *a.* අඳුරු, විනිවිද නොපෙ ණෙන

O'pen, *a.* ඇරී තිබෙන්නාවූ, නොපි යෙවුවාවූ, පිපුනාවූ, ප්‍රසිද්ධ, අවකා ශ ඇති, එළිමහන්, අවංක, හමාර නොකළාවූ *v.* අරිණවා, විවරකර ණවා, විදහනවා, පායනවා, පටන් ගන්නවා, තෝරාදෙනවා, ඇරෙණ වා, විවෘතවෙනවා, පිපෙනවා

O'pen-handed, *a.* අත මිට විශාලවූ, නොමසුරුවූ

O'pen-hearted, *a.* හිතේ වැස්මක් නැත්තාවූ, අවංක, නිර්ලෝභි

O'pening, *s.* ඇරීම, විවරය, කට, පටන්ගැනීම

O'penly, *ad.* ප්‍රසිද්ධලෙස, පැහැදිලි ලෙස, එළිපිට, නොසඟවා [ඛගම

Op'era, *s.* නාටක කාව්‍යප්‍රබන්ධය, නා

Op'erate, *v.* ක්‍රියාකරණවා, සිද්ධකර ණවා, බලය පවත්වනවා, සල්ල විධියේ ක්‍රියාවක්කරණවා

Opera'tion, *s.* ක්‍රියා කිරීම, ගුණය, සල්ලවිධියේ ක්‍රියාව

Op'erative, *s.* හස්ත කර්මාන්තකාරයා

Ophiol'ogy, *s.* සර්පශාස්ත්‍රය, සර්පවිද්‍යාව

Ophthal'mia, *s.* ඇස්රෝගය, ඇස්රු
දුව [ශෝදිසිකිරීමට යන්ත්‍රයක්
Ophthal'moscope, *s.* ඇසේ ඇතුළත
O'piate, *s.* අබින් මිශ්‍ර බෙහෙත්, නිදි
බෙහෙත්
Opine', *v.* සිතනවා, කල්පනාකරණවා
Opin'ion, *s.* කල්පනාව, අභිප්‍රාව, මතය
O'pium, *s.* අබින්, මාඩා
Opos'sum, *s.* අමෙරිකාවේ වල්සතුන්
ජාතියක් [රයා, විරුද්ධවාදියා
Oppo'nent, *s.* එදිරිකාරයා, විරුද්ධකා
Opportune', *a.* කලට සුදුසුවූ, කාල
යෝගයවූ, ප්‍රස්තාවානුකූල, පහසුඇති
Opportun'ity, *s.* නිසි කාලය, ප්‍රස්තා
ව, වේලාව
Oppose', *v.* විරුද්ධව සිටිනවා, විරුද්ධ
කොට පානවා, බාධාකරණවා
Op'posite, *a.* අභිමුඛවූ, ඉදිරිපිටවූ,
ඉස්සරහින්වූ, විරුද්ධ
Opposi'tion, *s.* විරුද්ධවීම, විරුද්ධක
ම, විරෝධය, විරුද්ධපක්ෂය
Oppress', *v.* හිංසාකරණවා, පීඩාකර
ණවා, බලාත්කාරකරණවා, බරක
රණවා
Oppres'sion, *s.* හිංසාකෙරීම, හිංසා
ව, කිරිහැරය, පීඩාව, බලාත්කාරය
Oppres'sive, *a.* පීඩාකරණ, කිරිහැර
සහිත, තද, අධර්මි [ගර්හාව
Oppro'brium, *s.* නින්දාව, අවනම්බුව,
Oppro'brious, *a.* නින්දාවූ, අවනම්බු
වූ, ගර්හාසහිත, අපහාස

Oppugn', *v.* සතුරුවෙනවා, විරුද්ධ
කම් පානවා, බාධාකරණවා
Op'tative, *a.* කැමැත්ත හඟවන, ආ
ශිංසන *s.* (*gram.*) ආශිංසන ක්‍රියාව
Op'tics, *s.* දර්ශනය හා ආලෝකය ගැ
ණ ශාස්ත්‍රය, දෘෂ්ටි විද්‍යාව [අසිති
Op'tical, *a.* දෘෂ්ටිය සම්බන්ධ, දෘෂ්ටියට
Opti'cian, *s.* කන්නාඩි සාදන්නා, ස
මුස්කා විකුණන්නා
Op'timism, *s.* සෑමදේම ඉතා යහපත්
අදහස් පිට පවතිනවාය යන ධර්මය,
පාරමික මතය
Op'timist, *s.* සියලු දේම ඉතා යහ
පත් අදහස් හා සම්බන්ධකොට ක
ල්පනාකරන්නා, පාරමික මතිකයා
Op'tion, *s.* තෝරාගැණීම, තෝරාගැ
ණීමේ බලය, මනාපය
Op'ulence, *s.* ධනවත්කම, සම්පත
Op'ulent, *a.* පොහොසත්, ධනවත්,
සම්පත් ඇත්තාවූ
Or, *conj.* නොහොත්, නැත්නම්, හෙ
වත්, එක්කෝ, වත්, හෝ
Or'acle, *s.* දිවස්කීම, පේනකීම, දිවස්
කියන දේවාලය, සෘෂිවනතයා
Or'acles, *n. pl.* දේව වාක්‍ය
Orac'ular, *a.* පේනකියන්නාවූ, බල
සහිතවූ, දුකට තේරුම්යන, අඳුරු
O'ral, *a.* කියන්නාවූ, කටේ වචන
යෙන්වූ, මුඛවාචිවූ [ඝක්
Orang-outang', *s.* ලොකු වානර වර්ග
Or'ange, *s.* දොඩම්, පැණිදොඩම්, නා
රම් *a.* දොඩම්පාටවූ, කහපාට

Ora'tion, *s.* වාක්‍යා ප්‍රසිද්ධ කථාව

Or'ator, *s.* අලංකාර කථාකාරයා, වාක්‍යා කථිකයා

Orator'ical, *a.* වාක්‍යා කථිකවූ

Orator'ically, *ad.* වාක්‍යා කථිකාකාරයෙන්, දක්ෂ කථනයෙන්

Orato'rio, *s.* ධර්මකීර්ති සංගීතිය

Or'atory, *s.* වාක්‍යා කථික ශාස්ත්‍රය, දක්ෂ කථනය, යාච්ඤා ගෘහය

Orb, *s.* චක්‍රය, ගෝළය, බෝලය, බිඹුව [ර, වටකුරු

Orbed, *a.* ගෝළයක්වැනි, චක්‍රාකා

Orbic'ular, *a.* ගෝළයක ආකාරවූ, චක්‍රහැඩයවූ, කවවූ

Or'bit, *s.* ග්‍රහමාර්ගය, ග්‍රහවලල්ල, කක්ෂය, ඇසේ වළ

Or'chard, *s.* උයන, පලතුරු වත්ත

Or'chestra, *s.* නාඩගමේ ගීතිකාකාරයින්ගේ ඉඩම, ගායනා මණ්ඩලය

Or'chid, *s.* කෝශබුලු පැළයක්

Orchida'ceous, *a.* කෝශබුලුවූ, ලක්ෂණ සුවඳැති මල් ඇත්තාවූ

Ordain', *v.* පත්කරණවා, උපසම්පදා කරණවා, නියමකරණවා [රීක්ෂාව

Or'deal, *s.* නඩුවිභාග විධියක්, සාදප

Or'der, *s* පිළිවෙළ, ක්‍රමය, නියමය, ආඥාව, වර්ගය, සමාගම *pl.* දෙවගෑතිධුරය *v.* හසුරුවනවා, අණදෙනවා, මූලාදෑනිකම්කරණවා

Or'derly, *a.* පිළිවෙළක් ඇත්තාවූ, නිසි පිළිවෙළින්වූ, නිශ්චලවූ *ad.* පිළිවෙළින්, නියම ක්‍රමයෙන් *s.* මූලාදෑනියෙකුගේ වැඩපණිවිඩ ඉඩක රණ සේවායා

Or'dinal, *a.* ක්‍රමික *s.* ක්‍රමික සංඛ්‍යාව නොහොත් ගණන [ණය, චාරිත්‍රය

Or'dinance, *s.* ආඥාව, නියෝගය, ප

Or'dinary, *a.* ව්‍යවහාරවූ, භාවිතාවූ, සාමාන්‍ය, පොදු, උතුම්නොවන

Or'dinate, *a.* විධිප්‍රකාරවූ, ක්‍රමික

Ordina'tion, *s.* පත්කෙරීම, උපසම්පදාකෙරීම, හස්තාලේපය [කු

Ord'nance, *s.* ශුද්ධාශුද්ධ, කාලතුවක්

Or'dure, *s.* කසල, අශුචි

Ore, *s.* ලෝපස්, ලෝමැටි, ලෝහ

Or'gan, *s.* ඉන්ද්‍රියය, තූර්ය භාණ්ඩයක්, ඕර්ගලය, උපක්‍රමය

Organ'ic, Organ'ical, *a.* ඉන්ද්‍රියයන් සම්බන්ධ, ඉන්ද්‍රිය සහිත, ධාතු හෝ අවයව ඇත්තාවූ

Organ'ically, *ad.* ඉන්ද්‍රියයන් ඇතුව, ධාතුවල හෝ අවයවයන්ගේ ක්‍රමයෙන්

Organisa'tion, *s.* පිළිවෙළකට යෙදීම, යෙදූ රූපය හෝ ආකාරය, ග්‍රන්ථනය, සමාගම

Or'ganism, *s.* ඉන්ද්‍රියයන්ගෙන් යුත් වස්තුව, රූපය, ජීවමාන වස්තුව

Or'ganise, *v.* හදනවා, පිළිවෙළට යොදනවා, සමාගම්කරණවා, යෝජනාකරණවා

O'riel, *s.* පිටතට නෙරා තිබෙන කවුළුවක්, පුංචි ඇතුල්ගෙයක්

Or'gies, *s. pl.* බීගණ කරණ කෙළි සෙල්ලම්

O'rient, *s.* පූර්වදිශාව, නැගෙනහිර

Orien'tal, *a.* පූර්වදිශාවට අයිතිවූ, නැගෙනහිරෙන්වූ, පූර්වදේශ [අය

Orient'alist, *s.* පූර්ව දේශ භාෂා උගත්

Or'ifice, *s.* විවරය, සිල, මුඛය, ඇරීම

Or'igin, *s.* උත්පත්තිය, මූල, ආරම්භය, පටන්ගැන්ම

Orig'inal, *a.* මුලිකවූ, උත්පත්තිවූ, පළමුවෙනිවූ, ප්‍රකෘතිමත් *s.* මුල් එක, මුල් පොත, මුල් භාෂාව

Orig'inally, *ad.* මුලින්, මුලදී

Original'ity, *s.* මුල්කම, මුලින් උපදවාගැණීමේ සමර්ථකම

Orig'inate, *v.* උපදවනවා, පටන්ගන්නවා, අටගන්නවා [මුවසිරිසය

Ori'on, *s.* තාරකා සමූහයක නමක්,

Or'ison, *s.* යාච්ඤාව, ඉල්ලීම

Or'nament, *s.* ආයිත්තම, ආභරණය, සැරසිල්ල [කාරවූ

Ornament'al, *a.* සැරසිලිසහිතවූ. අලං

Ornamenta'tion, *s.* ආයිත්තම්කිරීම, සැරසීම, ආයිත්තම [සජ්ජිත

Ornate', *a.* සැරසිලි සහිත, අලංකෘත,

Ornate'ly, *ad.* අලංකෘතලෙස, සජ්ජිතාකාරයෙන් [ලංකෘතභාවය

Ornate'ness, *s.* සජ්ජිතාකාරය, සම

Ornithol'ogy, *s.* පක්ෂි විද්‍යාව

Or'phan, *s.* දෙමව්පියන්නැති ළමයා

Or'phanage, *s.* මව්පියන් නැති ස්වභාව, මව්පියන් නැති ළමයින්ට වාසස්ථානය, අනාත්දරු නිවාසය

Orts, *s. pl.* කෑමෙන් ඉතුරු කෑබලි, ඉඳුල් [ධර්ම ප්‍රකාරවූ

Or'thodox, *a.* සම්‍යක්දෘෂ්ටිවූ, සත්‍ය

Or'thodoxy, *s.* සම්‍යක්දෘෂ්ටිය, වැඩිදෙනා පිළිගෙණ තිබෙන ධර්මයට එකඟකම, සම්‍යක්මතිය

Or'thoepy, *s.* සුබෝච්චාරණය, හරියාකාර වචන ශබ්දකෙරීම

Orthog'raphy, *s.* හරියට අකුරු එක්කාසුකෙරීම, අක්ෂර ශාස්ත්‍රය

Os'cillate, *v.* ඈත මෑත යනවා, වැණෙනවා, පැදෙනවා, හුලඟින් පැද්දෙනවා

Oscilla'tion, *s.* ඔන්චිල්ලාව මෙන් පැද්දීම, එහාමෙහා වැණීම

Os'culate, *v.* සිඹිනවා, තට්ටුවෙනවා

Oscula'tion, *s.* සිඹීම, එකිනෙකාට වැදීම [නයකරන්නාවූ

Os'culatory, *a.* සිඹීම සම්බන්ධ, චුම්බ

O'sier, *s.* බටවර්ගයක් [කාරවූ

Os'seous, *a.* ඇටසහිතවූ, ඇටකටු ආ

Ossifica'tion, *s.* ඇටකටු සෑදීම

Os'sify, *v.* ඇටකටු ආකාර කරණවා, ඇට මෙන් හයිවෙනවා

Osten'sible, *a.* ගෙණපාන්නාවූ, ප්‍රසිද්ධවූ, දෘශ්‍යමානවූ

Ostenta'tion, *s.* අහංකාර පෙන්වීම, නිරර්ථක හැසිරීම, පාරට්ටුව

Osten'atious, *a.* පාරට්ටුකාරවූ, අහංකාර, ගම්භීර

Osteol'ogy, *s.* අස්ථි විද්‍යාව
Os'tiary, *s.* දොර්ය, දොර්ය කට
Ost'ler, *s.* අශ්වකාරයා, තුදිරකාරයා
Os'tracise, *v.* සමාගමෙන් පහකරණවා, පිටවහල්කරණවා [කිරීම
Os'tracism, *s.* පිටවහල්කිරීම, වෙන්
Os'trich, *s.* ඉතා ලොකු පක්ෂි වගී යක්, පැස්බරා
Oth'er, *a.* වෙන, අනිත්, අනික්
Oth'erwise, *ad.* වෙන අන්දමින්, වෙන හැටිනම්, එසේ නැත්නම්
O'tiose, *a.* වැඩපල නැතිවූ, නිවාඩු ඇත්තාවූ, අලසාකාරයෙන් පසු වෙන්නාවූ
Ot'ter, *s.* දියබල්ලා
Ot'to, Ot'tar, At'tar, *s.* සුවඳ රස, පුෂ්ප තෙල්, පුෂ්පසාරය
Ot'toman, *s.* තුර්කියා, චක්‍රාසනය
Oubliette', *s.* මුදුනෙන් පමණක් දොරක් ඇති හිරගෙය
Ought, *v.* ඕනෑ, ඕනෑව තිබෙනවා, යුතුයි [චෙහන් පංගුව
Ounce, *s.* රත්රිදී රත්තලෙන් දොළ
Our, *a pron.* අපේ, අපගේ
Ourselves', *pron.* අපිම, අපම
Oust, *v.* පහකරණවා, දුරලනවා, හැරදමනවා [රින් පිටම
Out, *ad.* පිට, පිටත, පිටතින්, ගෙද
Outbal'ance, *v.* බරෙන් වැඩිවෙනවා, වැඩිබරවෙනවා
Out'bid, *v.* වැඩි ගණනට ඉල්ලනවා, මිල වැඩිකර ඉල්ලනවා

Out'break, *s.* බිඳගෙණ ඒම, වේගයෙන් නික්මීම [සැරලෙස පිටවීම
Out'burst, *s.* හදිසියෙන් නික්මීම,
Out'cast, *s.* පිටවහලා, චණ්ඩාලයා, පාදඩයා
Out'cry, *s.* ඝෝෂාව, කෑමොරගෑසීම
Out-do', *v.* අනිකෙකුට වඩා ඉහළින් කරණවා, ඉස්තරම්වෙනවා
Out'door, *a.* ගෙයින් පිටතවූ, එලියේවූ
Out'doors, *ad.* ගෙයින් පිට, එලිමහනේ
Out'er, *a.* පිටතින්වූ, පිටාතර, බාහිර
Out'ermost, *a.* ඉතා පිටවූ, පිටාතර
Out'fit, *s.* ගමනට ඕනෑකරණ වියදම, ගමන්යාමට ඕනෑවූ දේ, උවමනා උපකරණ [ම, වියදම
Out'going, *s.* නික්මයාම, පිටත්වයා
Out'house, *s.* පිටගේ, අතුගේ
Outland'ish, *a.* විදේශීවූ, පිටරට, පිටිසර, වනචර [සරාසීවෙනවා
Outlast', *v.* වඩා කල්පවතිනවා, චිර
Out'law, *s.* අණඩුවෙන් ආරක්ෂාවක් නැත්තා, පිටවහලා, මංකොල්ලකාරයා [ඕකලෙස වැඩෙනවා
Outgrow', *v.* වඩා ලොකුවෙනවා, අ
Out'lay, *s.* පිටකරණ ගණන, වියදම
Out'let *s.* පිටවෙන මාර්ගය, පිටතින් තිබෙන පාර, පිටවානය
Out'line, *s.* පිටත හැඩ සටහන, සංක්ෂේප ප්‍රවෘත්තිය
Outlive', *v.* වඩාකල් ජීවත්වකිටිනවා

Out'look, *s.* කලින් බලා සිටීම, ඉදිරිපිට බැලීම, බලාපොරොත්තුව, බලන ස්ථානය

Out'lying, *a.* පිටත පිහිටියාවූ, පිට තිබ්වූ, ප්‍රත්‍යන්ත, මුළුහැර

Outnum'ber, *v.* වැඩිගණන්වෙනවා

Out'post, *s.* පිට මුරපල, පෙරමුණේ මුරකාරයෝ

Outpour', *v.* වගුරවනවා, වක්කරණවා

Out'put, *s.* නියම කාලයකදී මකන ලද ලෝහප්‍රමාණය, වලෙන් පිට කළ රමඅඟුරු ප්‍රමාණය

Out'pouring, *s.* වැගිරීම, වැගිරවීම

Out'rage, *s.* තද බලාත්කාරය, බරපතල නපුරුකම *v.* තදලෙස බලාත්කාර කරණවා, තද නපුරුකම් පානවා, ගනිස්සාබුකරණවා

Outra'geous, *a.* ඉතා සැර, ඉතා තද බල, ඖරළිකාර

Outra'geously, *ad.* ඉතා සැරලෙස, නපුරු කෲරකමින්, චණ්ඩකාරයෙන්

Outra'geousness, *s.* ඉතා සැරකම, තද බලාත්කාරගතිය, චණ්ඩකම

Out'rider, *s.* අශ්වයාපිටින් ගමන්කරණ මෙහෙකරුවා, උප අසරුවා, තුරුප්පුකාරයා

Out'rigger, *s.* කොල්ලෑව

Out'right, *ad.* එවෙලේම, සම්පූර්ණලෙස, සහමුලින්ම

Outrun', *v.* ඉස්සරවෙලා දුවනවා, ඉක්මවනවා

Out'set, *s.* පටන්ගැනීම, ආරම්භය

Outshine', *v.* පැහැදිලිව දිලිහෙනවා, වඩා බබලනවා

Out'side, *a.* පිට, පිටාතර, බාහිර

Outside', *s.* පිටත, පිටපැත්ත, පිටස්තරය

Out'sider, *s.* පිටතෙනෙක්, බාහිර පුද්ගලයෙක්

Out'skirt, *s.* සීමාව, අයින, ප්‍රාන්තය

Outspread', *v.* විදහනවා, විසුරුවනවා, අතුරණවා

Outstand'ing, *a.* නෙරාතිබෙන්නාවූ, එකතුනොකළාවූ, නොගෙවූවාවූ

Outstretch', *v.* දිගුකරණවා, විදහනවා

Outstrip', *v.* ඉස්සරව දුවනවා, පසුකරණවා

Outvie', *v.* අනිකාතු පරදවා ඉස්සරවෙනවා, ඉස්මතුවෙනවා

Out'ward, *a.* පිටත, පිටාතර, බාහිර

Out'ward-bound, *a.* පිටරටකට යාත්‍රාකරණ

Out'wardly, *ad.* පිටින්, පිටාතරින්, පිටස්තර පෙණුමෙන්

Outweigh', *v.* බරින් නොහොත් අගෙන් වැඩිවෙනවා, වඩා බරවෙනවා

Outwit', *v.* සපත්කමින් රවටනවා, උපායෙන් ජයගන්නවා

Out'work, *s.* පිටපවුර, පිට බලකොටුව

O'val, *a.* බිජු ආකාරවූ, දිකිවූ

O'vary, *s.* බිජු හැදෙන ස්ථානය

Ova'tion, *s.* මහජනයා විසින් සාධුකාර නාද පවත්වා පිළිගැනීම, ප්‍රීති ඝෝෂා මංගල්‍යයක්

Ov'en, *s.* උදුන, පෝරණුව

O′ver, *prep.* උඩ, ඉහළ, හරහ, එතර, මතුයේ, කෙරෙහි *ad.* පැත්තෙන් පැත්තට, වැඩියෙන්, ඉදිරිපිට, අධිකලෙස, සම්පූර්ණලෙස [සම්වගයක්

O′veralls, *s.* පිටින් අඳින බුරුල් කලි

Overawe′, *v.* භයින් යටහත්කරණවා

Overbal′ance, *v.* බරින් නොහොත් වැදගත්කමින් වැඩිවෙනවා, වැඩි තරම් වටිනවා වූ, ආඩම්බර

Overbear′ing, *a.* උඩඟුකම් පාන්නා

Over′board, *ad.* නැවෙන් පිටතට

Overbur′den, *v.* බොහෝ බරකරණවා, අධික බර තබනවා

Overcast′, *v.* වලාපටලවලින් වැසෙනවා, අඳුරුකරණවා [නවා

Overcharge′, *v.* අධික මිලගණන් දම

Overcome′, *v.* මැඩපවත්වනවා, පරදවනවා, ජයගන්නවා, දිනනවා

Overdo′, *v.* අධිකලෙස කරණවා, බොහෝ වෙහෙස කරණවා, ඕනෑ තරමට වඩා පිහනවා

Overdone′, *a.* අධිකලෙස කළාවූ, විඩාවූ, තෙහෙට්ටුවූ, බෙරිවූ

Overdraw′, *v.* ලැබියයුතු ගණනට වඩා මුදල් ගන්නවා, වැඩිකර දක්වනවා

Overflow′, *v.* ගලනවා, ඉතිරයනවා, ගලායනවා, ඉතිරෙණවා

Overgrow′, *v.* අධිකතරව ලියලනවා, බොහෝසෙයින් ලොකුවෙනවා, නිසිතරමට වඩා වැවෙනවා

Overhang′, *v.* උඩින් නැමී එල්ලී තිබෙනවා, ඉහළින් නෙරාවැටෙනවා

Overhaul′, *v.* එක එක විභාගකර බලනවා, දෙවනු විභාගකරණවා, ලුහුබැඳ ලඟාවෙනවා

O′verhaul, *s.* පෙරළාපෙරළා විභාගකිරීම, ලුහුබැඳ ලංකරගැනීම

Overhear′, *v.* කථාවක් අදහස්නොකර ඇහෙනවා

Overland′, *a.* ගොඩින් යන්නාවූ

Overlay′, *v.* වසාලනවා

Overload′, *v.* අධිකලෙස පටවනවා

Overlook′, *v.* උඩින් බලාඉන්නවා, මුලාදෑනිකම් කරණවා, නොසලකාහරිණවා, සමාවනවා

Overmuch′, *a.* ඕනෑවාට වඩා අධිකවූ

Overnight′, *ad.* ප්‍රථම දින රාත්‍රියේදී

O′verplus, *s.* ඉතිරිවූන දේ, වැඩිව තිබෙන පංගුව

Overpow′er, *v* බලාත්කාරයෙන් ජයගන්නවා, මැඩපවත්වනවා

Overreach′, *v*, වංචාකරණවා, හපන්කමින් රවටනවා, රැවටිලිකරණවා

Overrule′, *v.* බලපවත්වනවා, අවලංගුකරණවා, නිෂ්ප්‍රභාකරණවා

Overrun′, *v.* අධිකලෙස පැතිරීයනවා, කොල්ලකනවා

Overseer′, *s.* වැඩබලන්නා, මුලාදෑනියා, කංකානම

Overset′, *v.* පෙරළාදමනවා

Overshad′ow, *v.* වසාලනවා, සෙවනැල්ල වැටෙනවා, මූවාකරණවා

Overshoot′, *v.* නියම දුරට එපිටින් විදිනවා, ඕනෑ දුරට වඩා යනවා, නියම ප්‍රමාණයට පිටින් කරණවා

O′versight, *s.* බලාගැණීම, මුලාදෑනිකම, ප්‍රමාද දෝෂය

Oversleep′, *v.* බොහෝවේලා නිදාගන්නවා [ණවා

Overspread′, *v.* වසායනවා, පැතිරෙ

Overstrain′, *v.* බලකරණවා, අධික උත්සාහයක්කරණවා, තදකරණවා

Overt′, *a.* ප්‍රකාශවූ, ප්‍රසිද්ධියේ පෙණෙන්නාවූ [රණවා

Overtake′, *v.* කිට්ටුකරණවා, අසුක

Overthrow′, *v.* පෙරළාදමනවා, නාස්තිකරණවා, පරාජයකරණවා

O′verture, *s.* ප්‍රථම කථාව, යෝජනාව, ප්‍රථම රඟය, ප්‍රාරම්භ ගායනාව

Overturn′, *v.* පිටපෙරළනවා, හෙලාදමනවා, නැතිකරණවා

Overween′ing, *a.* ඕනෑවාට වඩා සිතාගන්න, තමා ගැණ උඩඟුවූ

Overwhelm′, *v.* වසාගන්නවා, යටපත්කරණවා

Overwork′, *v.* ශක්තිය ඉක්මවා වැඩකරණවා, අධිකලෙස මහන්සිවෙන්ට කරණවා

O′verwork, *s.* නිසිතරමට පිටින් කරණ වැඩය, වැඩිදුර වැඩය

O′viform, O′void, *a.* බිජු හැඩයවූ, අණ්ඩාකාරවූ

Ovip′arous, *a.* බිජු උපදවන්නාවූ

O′vum, *s.* බිජුව, ගර්භකෝශය

Owe, *v.* නයව සිටිනවා

Owl, *s.* බස්සා, බකමූනා

Own, *v.* කියාසිටිනවා, ඒත්තුගන්නවා, අයිතිව සිටිනවා, හිමිකාරවෙනවා [මියා

Own′er, *s.* ඇත්තා, හිමිකාරයා, හි

Own′ership, *s.* හිමිකාරකම, අයිතිකාරකම

Ox, *s.* ගොනා, හරකා

Ox′ygen, *s.* අම්ලකර වායුව

Oys′ter, *s.* බෙල්ලා, කාවාටියා

P

Pab′ulum, *s.* කෑම, ගොදුර

Pace, *s.* අඩිය, ඇවිදින අන්දම *v.* අඩිතබා යනවා, සන්සුන්කරණවා

Pacha′, *s.* තුර්කි ආණ්ඩුකාරයා

Pacif′ic, *a.* සමාදානවූ, සමගි ශාන්ත

Pa′cify, *v.* සමාදානකරණවා, සංසිඳුවනවා, නලවනවා

Pack, *s.* මිටිය, අඩුක්කුව, කඩදාසිකුට්ටම, දඩයම් බල්ලරැළ, රංචුව *v.* අසුරණවා, මිටිබදිනවා, අඩුක්කරණවා, කඩිනමින් පිටත්කර අරිණවා

Pack′age, *s.* මිටිය, බඩුමිටිය

Pack′et, *s.* කුඩා මිටිය, ලියුම් මිටිය, තැපැල් නැව [අසුරණ ද්‍රව්‍ය

Pack′ing, *s.* මිටිබැඳීම, අඩුක්කිරීම,

Pack′thread, *s.* සෙල්ලාර නූල්

Pact, *s.* ගිවිසිල්ල, පොරොන්දුව

Pad, *s.* අශ්වයාගේ පිට නොරිදීමට දමන කුෂන් [illegible]ක්, ගුදිරිය

Pad'dle, *s.* හබල, අවලය *v.* පදිනවා, වතුරේ පාගා ඇවිදිනවා

Pad'dle-wheel, *s.* දුම්නැවේ රෝදය

Pad'dock, *s.* මැඩියා; කොරට්ටුව, තු

Pad'dy, *s.* වී [ඛා පිට්ටනිය

Pad'lock, *s.* ඉබියතුර

Pæ'an, *s.* ජය ගිය, ප්‍රීති ගීතිකාව

Pa'gan, *s.* මිථ්‍යාදෘෂ්ටියා *a.* මිථ්‍යාදෘෂ්ටි

Pa'ganise, *v.* මිථ්‍යාදෘෂ්ටියට හරවනවා, මිසදිටුකරණවා

Pa'ganism, *s.* මිථ්‍යාදෘෂ්ටිය, මිසදිටුකම, දේවතාවන් ඇදහීම

Page, *s.* කොලඉරුවේ පිට, ඇබිත්තයා, මෙහෙකරුවා [නය

Pag'eant, *s.* පෙරහැර, ලක්ෂණ දශී

Pag'eantry, *s.* පෙළහර, අලංකාර පෙන්වීම, කෞතුකය

Pago'da, *s.* කෝවිල, දේවාලය, දාගැබ, දේවරූපය

Pail, *s.* ලී භාජනයක්, බාල්දිය

Pain, *s.* රිදුම, වේදනාව, කැක්කුම, රුජාව, වෙහෙස *v.* වේදනාකරණවා, රිද්දවනවා, කකියනවා

Pain'ful, *a.* වේදනා සහිත, කණගාටුකරණ, අමාරු [වියසිවනනාවූ

Pains'taking, *a.* වෙහෙසගන්නාවූ,

Paint, *s.* සායම, තීන්ත *v.* සායම්ගානවා, තීන්ත ගානවා, පින්තාරුකරණවා

Paint'er, *s.* පින්තාරුකරන්නා, චිත්‍රකර්මාන්තකාරයා, සිත්තරා

Paint'ing, *s.* පාටගෑම, චිත්‍රකර්මය, පින්තාරුව

Pair, *s.* කුට්ටම, ජෝඩුව, යුග්මය

Pal'ace, *s.* රජවාසල, මාලිගාව

Palæog'raphy, *s.* පුරාණ ලේඛන ශාස්ත්‍රය, පුරාණ ලියවිලි ක්‍රමය

Palæol'ogy, *s.* පුරාණ දේවල් ගැන ශාස්ත්‍රය, පෞරාණික වස්තු විද්‍යාව

Palæol'ogist, *s.* පෞරාණික වස්තු ශාස්ත්‍රඥයා

Palæontol'ogy, *s.* පෘථිවියේ පෞරාණික ධාතු සම්බන්ධ ශාස්ත්‍රය, පාෂාණීභූත ධාතු ශාස්ත්‍රය [ශාස්ත්‍රඥයා

Palæontol'ogist, *s.* පෞරාණික ධාතු

Palanquin', *s.* කූණම, දෝලාව, පල්ලක්කිය

Pal'atable, *a.* රසවූ, දිවට ප්‍රසන්නවූ

Pal'atal, *a.* උඩුතල්ලට අයිති, තාලුජ *s.* තාලුජාක්ෂරය

Pal'ate, *s.* උඩුතල්ල, රසදිය

Pala'tial, *a.* මාලිගාවක් සම්බන්ධවූ, රාජමන්දිරයක් වැනිවූ, ඉසුරුමත්

Pala'ver, *s.* නිෂ්ප්‍රයෝජන කථාව, ඉච්චා කථාව, සාකච්ඡාව

Pale, *s.* ගරාදිලෑල්ල, කොටුව *v.* වටේට ගරාදිවැටක් දමනවා, කොටුකරණවා

Pale, *a.* සුදුමැලි, පාණ්ඩු, දුර්වර්ණ

Pales'tra, *s.* පොරබැදීම උගන්වන සේකාලය

Pal'frey, *s.* පුංචි අශ්වයා

Palimp'sest, *s.* එක ලියවිල්ලක් මකා තව ලියවිල්ලක් ලියූ පත්‍රය

Palisade', *s.* කූඤ්ඤ වැල, ගරාදිවැට

Pall, *s.* මිනීවැස්ම, උතුරුසළුවක්

Pall, *v.* අරුචිවෙනවා, බෙලහීනකරණවා

Palla'dium, *s.* ආරක්ෂාදේවතා රූපය

Pal'let, *s.* පුංචි ඇඳ, මෙත්තය

Pal'let, *s.* සිත්තර සායම් මිශ්‍රකරණ තහඩුව, තුඹලාගේ තළන මෙවලමක්, රත්රන් ගාන තෙලිකූරක්

Palliasse', *s.* ගුදිරිය, පිදුරුකුළිච්චම

Pal'liate, *v.* අඩුකරණවා, සැහැල්ලූකරණවා, සංසිඳුවනවා, වසාලනවා

Pal'lid, *a.* සුදුමැළි, දුර්වර්ණ, පාණ්ඩු

Palm, *s.* අල්ල, තල්ගහ, ජයලකුණ *v.* වංචාවෙන් පවරණවා

Pal'mate, **Pal'mated**, *a.* අත් හැඩය ඇති, හස්තාකාර, දූල්පාද ඇති

Palm'y, *a.* සශ්‍රීක, සමෘඩ, ඉසුරුමත්

Palmy'ra, *s.* තල්ගහ, තාලවෘක්ෂය

Pal'pable, *a.* අතගා බලන්ට පුළුවන් වූ, පැහැදිලි, ප්‍රත්‍යක්ෂ

Pal'pitate, *v.* කම්පාවෙනවා, හෘදය ගැහෙනවා, තිගැස්සිවෙනවා [සිය

Palpita'tion, *s.* හෘදය ගැස්ම, තිගැස්

Pal'sy, *s.* අංශභාග රෝගය, ගාත්‍රා වලංගුනැතිවීම

Pal'ter, *v.* වංකකම් කරණවා [අධම

Pal'try, *a.* නීච, වැදගතොත්, සුළු,

Pam'per, *v.* බොහෝතොට බොජුන් දෙනවා, හුරතල් කවනවා

Pam'phlet, *s.* පුංචිපොත, පත්‍රිකාව

Pamphleteer', *s.* කුඩා පොත් ලියන්නා, පත්‍රිකාකාරයා

Pan, *s.* හට්ටිය, තාච්චුව, වළඳ, තුවක්කු කණ [බෙහෙත

Panace'a, *s.* සියලු රෝග සුවකරණ

Pan'cake, *s.* කැවුම් වර්ගයක්, තුනී රොටි වර්ගයක්, වෙල්ලවැහුම

Pan'creas, *s.* ශරීරය ඇතුළේ තිබෙන මස් වැදූල්ලක්, කෑමබොක්කට යටින් පිහිටි මස් පිඩක්, පොල් ගෙඩිය

Pane, *s.* කවුළු වීදුරු තහඩුව

Panegyr'ic, *s.* ප්‍රශංසා කථාව, ගුණවර්ණනාකෙරීම, කීර්ති වර්ණනාව

Pan'egyrise, *v.* උසස් වර්ණනාවක් කරණවා, බොහෝ ප්‍රශංසාකරණවා

Panegyr'ist, *s.* ප්‍රශංසා කථාවක් කරන්නා, වර්ණනා රචනාකාරයා

Pan'el, *s.* ජූරිවරුන්ගේ නාම වට්ටෝරුව, පනේලය *v.* පනේල අමනවා

Pan'elling, *s.* පනේල වැඩ

Pang, *s.* රිදුම, රුජාව, හදිසි බලවත් වේදනාව [කුලප්පුව

Pan'ic, *s.* නිෂ්කාරණ භය, හදිසි භය,

Pan'nier, *s.* කූඩා වර්ගයක්, අස්පැස

Pan'oply, *s.* සම්පූර්ණ සන්නාහය

Panora'ma, *s.* දිග සිතියම, මහා චිත්‍රකර්මාන්තය, සියලු දිසා දර්ශනය

Pant, *v.* හතිදමනවා, ඉතා ආසාවෙ
නවා [රිමේ අවුදයක්
Pan'tagraph, *s.* සිතියම් කොපිකි
Pantaloon', *s.* නළුනාටකයෙක්
Pantaloons', *s.* කලිසම් වගීයක්
Pan'theon, *s.* සියලු දෙවිවරුන්ට කැ
පකළ දේවාලය [උගන්වන ධර්මය
Pan'theism, *s.* ලෝකය දෙවියෝයයි
Pan'ther, *s.* අඳුන්දිවියා, ව්‍යාඝ්‍රයා
Pan'tile, *s.* උළුකැටය [නාඩගම
Pan'tomime, *s.* නිශ්ශබ්ද අඟුහාර
Pan'try, *s.* ආහාර ගබඩාව
Pap, *s.* තනපුඩුව [ර, තලප, මඳුල
Pap, *s.* ලදරුවන්ගේ මොලොක් ආහ
Papa', *s.* අප්පා, අප්පොච්චි, තාත්තා
Pa'pacy, *s.* පාප් පදවිය, පාප්ශාසනය
Pa'pal, *a.* පාප් ආගමට අයිතිවූ
Pa'per, *s.* කඩදාසි, කඩදාසි
Papil'la, *s.* කුඩා තනපුඩුව, හමේ ම
තුවන නහර තුඩක්
Pap'illary, Papil'lous, *a.* දිව මතුපිට
සහ ඇඟිලි අග ආදියෙහි නහරතුඩු
සහිත, නහරතුඩු ආකාර
Pa'pist, *s.* රෝමාන්‍ය ආගම්කාරයා
Papy'rus, *s.* පුරාණ කාලයෙහි කඩදා
සි සෑදීම පිණිස පාවිච්චිකළාවූ බ
ටගස් වගීයක්
Par, *s.* සමකම, ඒකාකාරකම
Par'able, *s.* උපමාව, උදාහරණය
Parabol'ic, Parabol'ical, *a.* උපමාවූ,
උදාහරණවූ, දෘෂ්ටාන්තකොට ඇත්
තාවූ

Par'achute, *s.* බැලූන් නම් යන්ත්‍ර
යෙන් පූවතස් බැසීම පිණිස අදහස්
කරණලද කුඩයක් සමාන දෙයක්
Par'aclete, *s.* මැදහත්කාරයා, සැන
සිලිකාරයා, ශුද්ධාත්මයානන්වහන්
සේ [ගෑරු ප්‍රදර්ශනය
Parade', *s.* පෙරහැර, යුද්ධශික්ෂාව,
Par'adigm, *s.* ආදර්ශය, සංහිතාව
Par'adise, *s.* ඒදන් උයන, ස්වර්ගය,
පාරාදීසය [විරෝධය
Par'adox, *s.* පෙණීමට පරස්පර වි
Paradox'ical, *a.* පෙණීමට පූර්වාපර
විරෝධවූ, පරස්පර විරෝධ විධියට
හිතවූ
Par'agon, *s.* සම්පූර්ණ ආදර්ශය, සමාන
රූපය, ඉතා උතුම් ඒක
Par'agraph, *s.* වගන්ති කොටස්ඨාසය,
ඡුහුබු වාක්‍යය
Paraleip'sis, *s.* ව්‍යාක්‍යා කථික ශාස්ත්‍ර
යේ එක්තරා විධියක්
Par'allax, *s.* ආකාශ වස්තුවක් පෙණී
මට පිහිටි ස්ථානයත් සැබෑවට පිහි
ටා තිබෙන ස්ථානයත් අතරේ ඇති
වෙනස
Par'allel, *a.* සමදුරවූ, සමාන්තරවූ
Par'allelism, *s.* සමදුරවීම, සමාන්ත
රත්වය, සමානකම
Parallel'ogram, *s.* ඉදිරිපිටින් සමාන්
තරවූ චතුරංශයක්, දික් චතුරස්‍රය
Paral'ysis, *s.* පක්ෂවාත රෝගය, පක්ෂා
ඝාතය [භාග රෝගකාරයා
Paralyt'ic, *a.* අංශභාග රෝගී *s.* අංශ

Par'alyse, *v.* අංශභාග රෝගය උපදවනවා, පණනැතිකරණවා

Par'amount, *a.* ප්‍රධාන, ඉතා උතුම්

Par'amour, *s.* හොරසැමියා, හොර පුරුෂයා, සොර අඹුව

Par'apet, *s.* සතුරන්ගේ වෙඩිවලින් ආරක්ෂාකරණ පිණිස නැගූ මිටි ප්‍රාකාරය, තනමත්තක් උස බිත්තිය

Paraphernal'ia, *s. pl.* ඇඳුම්ආයිත්තම්, සැරසිලි

Par'aphrase, *s.* විස්තරකෙරීම, සන්නය, භාවාර්ථ පිටපත *v.* සන්නාකරණවා, වෙන වචනවලින් තේරුම දක්වනවා

Paraphrast'ic, Paraphrast'ical, *a.* පැහැදිලිලෙස විස්තරවූ, තේරුම්කිරීම සඳහා වචන බොහෝවූ

Par'asite, *s.* ඉච්චාකර කෑම ලබන්නා, අන් ගස්වල වැවෙන ගහ

Parasit'ic, Parasit'ical, *a.* ඉච්චාකරවූ, අන් ගස් හෝ සතුන් පිට ජීවත්වෙන්නාවූ, අනුන් පිට බරවූ

Par'asol, *s.* ඡත්‍රය, කුඩය, අවුපත

Par'boil, *v.* ටික ටික තම්බනවා, ඇට්ටකුණකරණවා

Par'cel, *s.* මිටිය, පොට්ටනිය, පොදිය, පංගුව *v.* කොටස්වලට බෙදනවා

Parch, *v.* වියලනවා, ශුෂ්ක කරණවා, කරවෙනවා [හව

Parch'ment, *s.* සම්පොත්ත, ලියන

Par'don, *v.* ක්ෂමාකරණවා, කමාවෙනවා *s.* ක්ෂමාව, කමාව

Par'donable, *a.* ක්ෂමාකළහැකිවූ, බරපතල දෝෂයක් නූවූ

Par'donably, *ad.* කමාවියහැකි අන්දමට, වැඩිදොස් නැති ආකාරයෙන්

Pare, *v.* ටික ටික සපාදමනවා, සහිනවා, ලෙලිගහනවා

Paregor'ic, *a.* සහනයකරණ, වේදනා සංසිඳුවන *s.* වේදනා සහනය කරණ ඖෂධයක්

Par'ent, *s.* පියා, මව් *pl.* මව්පියෝ, දෙගුරු [පත

Parent'al, *a.* මව්පියන් සම්බන්ධ, මව්පිය, මෘදු

Paren'thesis, *s.* අමුතුවෙන් එක්කාසුකරණ වාසගම, අප්‍රධාන වාක්‍යය, ( ) මේ ලකුණ

Par'iah, *s.* කුලයෙන් පිටවූ හීනයා, පිටවහලා, පරයා [හෝ පැතිවූ

Pari'etal, *a.* භිත්ති සම්බන්ධ, භිත්ති

Par'ing, *s.* ලෙල්ල, පොත්ත

Par'ish, *s.* කට්ටලය, දේව මෙහෙය කරණ ප්‍රදේශය

Parish'ioner, *s.* කට්ටල වැසියෙක්, දේවගැති පලාතට අයිතිකෙණෙක්

Par'ity, *s.* සමකම, එකාකාරකම, සමානකම

Park, *s.* කොටුව, සෙල්ලම් පිට්ටනිය

Par'lance, *s.* කථාව, කථාබස, කථාව්‍යවහාරය

Par'ley, *v.* අනිකෙක් සමග කථාබස් කරණවා, සාකච්ඡා කරගන්නවා,

මන්ත්‍රණයකරණවා *s.* සමග කථා කෙරීම, සාකච්ඡාව

Par'liament, *s.* රාජමන්ත්‍රණ සභාව

Parliament'ary, *a.* රාජමන්ත්‍රණ සභාව සම්බන්ධ, මන්ත්‍රණ සභාව විසින් පැණවූ, මන්ත්‍රණ සභා ක්‍රමයට එකඟවූ

Par'lour, *s.* කථාබස්කරමින් හිඳින ශාලාව [බා පල්ලාතක් සම්බන්ධවූ

Paro'chial, *a.* කච්චලයට අයිතිවූ, ඇ

Par'ody, *s.* විරුද්ධාර්ථ කථාව, සරදම් කවිය

Parole', *s.* කටවචනය, මුරවචනය

Par'oquet, *s.* බටුගිරවා, මලිත්තා

Par'oxysm, *s.* තදරුජාව, කිලිපෙළුම

Par'ricide, *s.* පිතෘඝාතකයා, පිතෘඝාතනය

Par'rot, *s.* ගිරවා, පෙත්තා

Par'ry, *v.* පැහැර හරිණවා, පැත්තකට හරවනවා, වලක්වනවා

Parse, *v.* ශබ්දදිකාණ්ඩ විභාගකරණවා, පද බේරණවා

Par'see, *s.* පාර්සිකාරයා

Parsimo'nious, *a.* මසුරු, ලෝභ, තණ්හාවූ [හකම, අබකිකම

Parsimo'niousness, *s.* මසුරුකම, ලෝ

Par'simony, *s.* මුදල් වියදම්කරන්ට නොකැමැත්ත, මසුරුකම

Pars'ley, *s.* අසමෝදගම්, පියර්සෙලි

Pars'nip, Pars'nep, *s.* කෑමට ගන්න එලවලු ජාතියක්

Par'son, *s.* පල්ලාතක දේවගැතියා, පාදිලිතැන

Par'sonage, *s.* දේවගැතියාගේ ගෙදර, දේවගැති වලව්ව

Part, *s.* පංගුව, කොටස, පාර්ශ්වය *v.* වෙන්කරණවා, බෙදනවා,

Partake', *v.* පංගුව බාරගන්නවා, භාගීවෙනවා

Parterre', *s.* මල්පාත්ති [පාතවූ

Par'tial, *a.* පක්ෂවූ, අසම්පූර්ණවූ, පක්ෂ

Partial'ity, *s.* පක්ෂපාතකම, පාර්ශ්වගතිය, පක්ෂනර්තනය, පැත්තකට සිත ඇදීම [වෙන්නා

Partic'ipant, *s.* සහභාගිකයා, හවුල්

Partic'ipate, *v.* පංගුවක් ගන්නවා, සහභාගිවෙනවා

Par'ticiple, *s.* පූර්වක්‍රියාව, මිශ්‍රක්‍රියාව

Par'ticle, *s.* බොහෝහාමවික, නිපාතය

Partic'ular, *a.* එකමවූ, තනිවූ, පුද්ගලික, විශේෂ

Partic'ularise, *v.* එක එක සඳහන් කරණවා, වෙන්වශයෙන් තේරුම් කරණවා, බේරුම්කාරණවා

Partic'ularly, *ad.* වෙනවෙනම, පුද්ගලික වශයෙන්, බේරුම් ඇතුව

Part'ing, *a.* වෙන්කරණ, වෙන්වියන, වෙන්විමේදී දෙන *s.* වෙන්කිරීම, තුරන්වීම, බෙදුම

Par'tisan, *s.* පක්ෂවාදියා, පක්ෂයක් භජනයකරන්නා

Parti'tion, *s.* වෙන්කෙරීම, බෙදීම, වෙන්කරණ ඉද්

Part'ly, *ad.* කොටස්ලෙස, පංගුවක්

Part′ner, *s.* පංගුකාරයා, හවුල්කාරයා, කොටස්කාරයා, සහකාරයා, සහකාරී

Part′nership, *s.* පංගුකාරකම, හවුල්කාරී කිරීම, සහභාගිකම

Par′tridge, *s.* ඇටිකුකුළා, වලිකුකුළා

Parturi′tion, *s.* වැදීම, බිහිකෙරීම

Par′ty, *s.* කණ්ඩායම, සමාගම, පිරිස, පක්ෂය [ල්‍යය සම්බන්ධවූ

Pas′chal, *a.* පාස්කු, උපරිගමන මංග

Pass, *v.* යනවා, පසුකරයනවා, පසුකරණවා, ගතවෙනවා, එගොඩවෙනවා, පණවනවා *s.* මාර්ගය, පටුපාර, අවසර පත්‍රය

Pass′able, *a.* පසුකරන්ට පුළුවන්වූ, යන්වෙන්ට පුළුවන්වූ, මදක් හොඳ

Pass′age, *s.* යාම, ගමන, එගොඩවීම, මාවත, වගන්තිය, පාඨය

Pass′-book, *s.* ගණුදෙනු පොත, නය ගත් බඩුවල ගණන් ලියන පොත

Pass′enger, *s.* ප්‍රසිද්ධ රථවාහනයක වත් නැවු යාත්‍රාවකවත් යන්නා, මගියා

Pass′ing-bell, *s.* මැරෙණ වෙලාවේදී නාද්වූකරණ මිනිගෙඩිය

Pas′sion, *s.* කෝපය, සිත් චංචලය, ආලය, රාගය, ක්ලේශය, දුක්විඳීම

Pas′sionate, *a.* කිපෙන, අධිකතර

Pas′sion-flow′er, *s.* මල්ජාතියක්

Pass′ive, *a.* ඉවසන්නාවූ, විඳින්නාවූ; *a passive verb*, කර්මවාචකය

Passiv′ity, *s.* ඉවසන ගුණය, ක්‍රියා නොකරණ ගුණය, අකර්මකතාව

Pass′over, *s.* පාස්කුව, උපරිගමන මංගල්‍යය [පත්‍රය

Pass′port, *s.* අවසරය, ගමන් අවසර

Pass′word, *s.* මුරවචනය

Past, *a.* පසුවූ, පසුවූනාවූ, ඉකුත්වූ *s.* පසුගිය කාලය, අතීතය

Paste, *s.* අත්තාපුපිටි, පාප්ප, තලප *v.* බඳුම්හානවා, පාප්ප ගා අලවනවා

Paste′board, *s.* ඝන කඩදාසිය

Pas′tern, *s.* අශ්වයාකුරේ පහළ පුරුක

Pas′time, *s.* සෙල්ලම, විනෝදය, කවටකම

Pas′tor, *s.* දේවගැතියා, එඬේරා

Pas′toral, *a.* එඬේර, දේවගැති බුරයට අයිති

Pas′torate, Pas′torship, *s.* දේවගැතිකම, පාදිරි සනතුර

Pas′try, *s.* පිටිකෑම, කැවිලි

Pas′ture, Pas′turage, *s.* එඬේරකම, ගෝචරස්ථානය, තෘණ කෙත

Pat, *s.* තට්ටුකෙරීම, සුලුපහර

Pat, *a.* සුදුසුවූ, හරිවූ

Patch, *s.* අණ්ඩය, ලාප්පය *v.* අණ්ඩදමනවා, යන්තම් හරිගස්සනවා

Patch′work, *s.* කෑලිවලින් කළ වැඩේ, කෑලි මැහුම, අසම්පූර්ණ වැඩේ

Pate, *s.* හිස්මුදුන, ඔලුව

Patel′la, *s.* දනහිස් ඇටය

Pat′ent, *s.* බලපත්‍රය

Patentee', *s.* බලපත්‍රයක් දරන්නා, තනි අයිතිවාසියකට හිමිකාරයා

Pater'nal, *a.* පියවූ, පිතෘක, පිය පක්ෂයෙහිවූ; [කතෘකව

Pater'nity, *s.* පියකම, පිතෘභාවය,

Pa'ternoster, *s.* ස්වාමින්වහන්සේගේ යාච්ඤාව [මග, මාර්ගය, චරිතය

Path, Path'way, *s.* මාවත, පාර, පා

Pathet'ic, *a.* සිත් අලවන්නාවූ, සිත් උණුකරණ

Patholog'ic, Patholog'ical, *a.* රෝග ශාස්ත්‍රයට අයිති, රෝග විස්තර

Pathol'ogist, *s.* රෝග විස්තරකාරයා

Pathol'ogy, *s.* රෝග ශාස්ත්‍රය, රෝග විස්තරය

Path'os, *s.* අනුකම්පාව උපදවන ආකාරය [ම, ක්ෂාන්තිය

Pa'tience, *s* ඉවසීම, ඉවසිලිවන්තක

Pa'tient, *a.* ඉවසන්නාවූ, ඉවසිලිවන් තවූ. ක්ෂාන්ත *s.* ලෙඩා, රෝගාතුරයා

Pa'tiently, *ad.* ඉවසිල්ලෙන්, ඉවසිලිවන්තලෙස [අපභ්‍රංශය

Patois', *s.* පහත් භාෂා විශේෂයක්,

Pat'riarch, *s.* කුලජ්‍යෙෂ්ඨයා, මුල් මුත්තා [කුලදෙටු නිවාසය

Patriarch'ate, *s.* කුලජ්‍යෙෂ්ඨ නිලය,

Patri'cian, *s.* ශ්‍රේෂ්ඨයා, උත්තමයා

Patrimo'nial, *a.* මව්පිය උරුමයවූ, ප්‍රවේණි [වේණිය

Pat'rimony, *s.* පරම්පරා උරුමය, ප්‍ර

Pa'triot, *s.* ස්වදේශයට ප්‍රේමකරන්නා, ස්වදේශාලයා

Patriot'ic, *a.* ස්වකීය රටට ආලය ඇත්තාවූ, ස්වදේශ භජන

Patriot'ically, *ad.* ස්වදේශාලයෙන්, ස්වදේශ භජනය ඇතිව

Patrol', *s.* මුරසංචාරණය, රෑ අන්දුය ම මුරකරමින් ඇවිදින්නා [රයා

Pa'tron, *s.* රක්ෂාකරන්නා, ආධාරකා

Pat'ronage, *s.* ආධාරය, ප්‍රතිපාලනය

Pat'ronize, *v.* ආධාරව හිටිනවා, ප්‍රතිපාලනය කරණවා

Pat'ten, *s.* ලී සෙරෙප්පුව, කුළුඹු අඩිය

Pat'ter, *v.* අඩිගැස්මකරණවා, පට පටගානවා [තරය

Pat'tern, *s.* ආදර්ශය, අන්දම, මෝස්

Pau'city, *s.* අඩුකම, ස්වල්පතාව

Paunch, *s.* බඩ, කෑමබොක්ක

Pau'per, *s.* දිළින්දා, සිගන්නා, පින් පඩිකාරයා

Pauperisa'tion, *s.* දරිද්‍රභාවයට පමුණුවීම, දිළින්දන්කරවීම

Pau'perise, *v.* තද දිළිඳුභාවයට පමුණුවනවා [කුණ

Pause, *s.* නැවතීම, නැවතිල්ලේ ල

Pave, *v.* ගල් අතුරණවා, ගඩොල් අල්ලනවා, මාර්ගය සූදානම්කරණවා

Pave'ment, *s.* ගල් අල්ලාපු බිම, පාර

Pavil'ion, *s.* කූඩාරම, මන්දිරය

Paw, *s.* කුරය, මෘගඅඩිය, අත

Pawk'y, *a.* සියුම්, හොර, දක්ෂ

Pawn, *v.* උකස් තිබනවා *s.* උකස

Pawn'broker, *s.* උකස් ලැබ නයට දෙන්නා, උකස් වෙළෙන්දා

Pay, *v.* ගෙවනවා, පඩිදෙනවා, කුලී දෙනවා, ප්‍රතිඵලදෙනවා *s.* පඩි, කුලී, බැලය

Pay'able, *a.* ගෙවියහැකි, ගෙවියයුතු

Payee', *s.* ගෙවනු ලබන්නා, මුදල් ලබන අය [න මුලාදෑනියා

Pay'master, *s.* පඩිගෙවන්නා, පඩිදෙ

Pay'ment, *s.* ගෙවීම, පඩිය, විපාකය

Pea, *s.* රටමෑ, බෝලමෑ [තිය

Peace, *s.* සමාදානය, සමගිකම, ශාන්

Peace'able, *s.* සමාදානයට ලැදිවූ, සමාදානවූ [ශාන්තහෘදයක

Peace'ful, *a.* සමාදානවූ, නිශ්චලවූ,

Peace'maker, *s.* සමාදානකාරයා, සමගිකරන්නා

Peace'-offering, *s.* ශාන්ති පූජාව

Peace'-of'ficer, *s.* සමාදාන මුලාදෑනියා, විදානරාල

Peach, *s.* ඵලවර්ගයක්, රට ඇටඹ

Pea'cock, *s.* මොනරා, මයුරා

Peak, *s.* මුදුන, මස්තකය, කඳු මුදුන

Peal, *s.* ඝෝෂාව, ගර්ජනාව, ඝණ්ටා නාද [ගීය

Pe'an, **Pæ'an**, *s.* ප්‍රීති ගීතිකාව, ජය

Pear, *s.* පේර සමාන ගෙඩි වර්ගයක්

Pearl, *s.* මුතු ඇටය, කුඹා අච්චු අනුරූ වර්ගයක්

Pearl'-oyster, *s.* මුතුබෙල්ලා

Peas'ant, *s.* ගොවියා, පිටිසර වැසියා

Peas'antry, *s. pl.* ගොවිවැඩකරන්නෝ, පිටිසර උදවිය, ග්‍රාම්‍යයෝ

Peat, *s.* දර වර්ගයක්

Peb'ble, *s.* බොරළුකැටේ, වටකුරු ගලක් [කිවූ, පව්කරණ සුළු

Pec'cable, *a.* පාපයට වැටෙන්ට හැ

Peccabil'ity, *s.* පව්කළහැකි ස්වභාව

Pec'cant, *a.* පාපවූ, වරදකාර, නරක

Peck, *s.* මිම්මක්, බුසලෙන් හතරෙන් පංගුව [වා

Peck, *v.* හොටගහනවා, ඇනිදකන

Pec'toral, *a.* ළයට අයිතිවූ

Pec'ulate, *v.* කොල්ලකනවා, හොරකම්කරණවා [කොල්ලකෑම

Pecula'tion, *s.* හොරෙන් ගැනීම,

Pecu'liar, *a.* නියමවූ, සාමාන්‍ය නොවූ, විශේෂ [ගුණය

Peculiar'ity, *s.* විශේෂභාවය, විශේෂ

Pecu'niary, *a.* මුදල් සම්බන්ධ

Pedagog'ics, **Ped'agogy**, *s.* ඉගැන්නුම් ශාස්ත්‍රය

Ped'agogue, *s.* ගුරුන්නාන්සේ

Ped'al, *a.* පාදයට අයිති, පාදික *s.* තූර්ය භාණ්ඩවල අඩිලෑල්ලක්

Ped'ant, *s.* තමන්ගේ උගත්කම් ගැණ පාරට්ටුකරගන්නා

Pedant'ic, **Pedant'ical**, *a.* අහංකාර ලෙස උගත්කම ගෙණපාන්නාවූ, පණ්ඩිතමානී

Ped'antry, *s.* නිෂ්ඵල අහංකාරකමින් උගත්කම ගෙණපෑම, පණ්ඩිත මාන්‍යය

Ped'dle, *v.* සුළු බඩු වෙළඳාම් පිණිස ගෙණයනවා, සිල්ලර ගණනේ විකුණනවා

Peddling, *a.* සුළුවූ, වැදගොගත්

Ped'estal, *s.* කණුමුල, තුළුනුපාදය

Pedes'trian, *s.* පයින්යන්නා, පයින් ඇවිදින්ට සමතා

Pedes'trianism, *s.* පයින් ගමන්කිරීම, පයින් යන අභ්‍යාසය හෝ පුරුද්ද

Ped'igree, *s.* ගෝත්‍රය, පෙළපත, පරම්පරා කථාව

Ped'ler, Ped'lar, *s.* සංචාරණයකොට සුළු බඩු විකුණන්නා, පෙට්ටිකාර වෙළෙන්දා

Ped'lery, *s.* පෙට්ටිකාර වෙළඳම, විකිණීමට ගෙණයන සුළු බඩු

Pedobap'tism, *s.* ලදරු බව්තීස්මය

Pedobap'tist, *s.* ලදරුවන් බව්තීස්ම කරන්නා, ලදරු බව්තීස්මය හරි ක්‍රමයයි පිළිගන්නා

Peel, *s.* ලෙල්ල, පතුර, සිවිය *v.* ලෙලිගහනවා, පොතු අරිණවා [නවා

Peep, *v.* කුකුල්පැටවෙක්මෙන් අඬ

Peep, *v.* එබිබලනවා, පෙණෙන්ට පටන්ගන්නවා *s.* එබීම, එබිකන් කෙරීම [ජොෂ්ඨයා

Peer, *s.* සහකාරයා, වංශාධිපතියා,

Peer'age, *s.* ශ්‍රෙෂ්ඨබව, වංශාධිපති නිලය, රදල පෙළ

Peer'ess, *s.* වංශාධිපති දේවි

Peer'less, *a.* සමාන කෙණෙක් නැත්තාවූ, අසහාය [නාවූ

Peev'ish, *a.* අප්‍රසන්නවූ, කොඳුරන්

Peg, *s.* වල් ඇණේ

Pe'koe, *s.* තේකොල වර්ගයක්

Pelf, *s.* මිල, ධන, පාප වස්තුව

Pel'ican, *s.* ඔටුබලාකයා, ඔටුමානා

Pelisse', *s.* ස්ත්‍රීන්ගේ ඇඳුමක්

Pel'let, *s.* කුඩා ගුළිය, ඔුසිය

Pel'licle, *s.* තුනී සිවිය, හැවය [ලිව

Pell-mell', *ad.* වියවුල්ලෙස, පටලැවි

Pellu'cid, *a.* පැහැදිලිවූ, විනිවිද පෙණෙන්නාවූ, පවිත්‍රවූ

Pelt, *s.* පශුහම, ජඞිය

Pelt, *v.* විසිකරණවා, දමාගහනවා

Pel'vis, *s.* වස්තිප්‍රදේශය, අධෝකුහරය [කටුව *v.* ලියනවා

Pen, *s.* පෑන, පිහාට්ට, පන්හිද, උල්

Pen, *s.* පට්ටිය *v.* වසාතබනවා, හිරකරණවා, [පමුණුවන, දණ්ඩන

Pe'nal, *a.* දඬුවම්කරන්නාවූ, අච්චූ

Pen'alty, *s.* අච්චුව, දඬුවම, දඩය

Pen'ance, *s.* රෝමානුකාරයන් විසින් වරද නිසා කරගන්න දඬුවම

Pence, *s. pl.* පැන්ස

Pen'chant, *s.* මනාපය, ලැදිකම

Pen'cil, *s.* පැන්සල, පොතලොත්කුර, ඉරිඅඳින කූර, චිත්‍රකූර

Pen'cilled, *a.* පැන්සලෙන් ලිවූවාවූ නොහොත් සලකුණුකළාවූ, ඉරි ඇඳි තිබෙන [නැව්කොඩියක්

Pend'ant, *s.* එල්ලෙන ආභරණය,

Pend'ent, *a.* එල්ලෙන්නාවූ, අවලම්බිත, හොරතිබෙන

Pend'ing, *a.* පටන්ගත් නුමුත් තීන් දුනුවූ, ඉවරනැති

Pend'ulum, *s.* එහා මෙහා වැනෙණ ලෙස එල්ලනලද බරුව

Pen'etrate, *v.* අනිනවා, සිදුරුකරණවා, කාවදිනවා, තේරුම්යනවා

Pen'etrating, *a.* ඇනෙන, කාවදින, තීක්ෂණ, සියුම් නුවනැති

Penetra'tion, *s.* ඇතුළට යාම, තීක්ෂණකම, සමර්ථකම

Pen'etrative, *a.* කාවදින්නාවූ, තේරුම්යන්නාවූ, තීක්ෂණ, දක්ෂ

Penin'sula, *s.* අර්ධ ද්වීපය, සම්පූර්ණයෙන් වාගේ ජලයෙන් වටව තිබෙන භූමිය

Penin'sular, *a.* අර්ධ ද්වීපයකට අයිති, අර්ධද්වීපාකාර, අර්ධද්වීප

Pen'itence, *s.* පශ්චාත්තාපය, පාපය ගැන තැවිල්ල

Pen'itent, *a.* සිත්තැවිලිවූ, පශ්චාත්තාපවෙන්නාවූ *s.* පසුතැවිලිවෙන්නා

Peniten'tial, *a.* පශ්චාත්තාපය සම්බන්ධවූ, පසුතැවිල්ල දක්වන්නාවූ *s.* පසුතැවිලිවීමේ දඬුවම් සම්බන්ධ ගුරුකම් පොතක්

Pen'knife, *s.* පෑනමස්පිහිය, පෑන කපන පිහිය

Pen'man, *s.* ලියන්නා, ලිවීමේ සමර්ථයා, පොත්කරන්නා

Pen'manship, *s.* ලිවීම, ලිවීමේ ශිල්පය, ලියන විධිය

Pen'nant, Pen'non, *s.* පටු කොඩියක්, ධජය

Pen'nate, Pen'nated, *a.* පියාපත් ඇති

Pen'niless, *a.* මිලමුදල් කිසිත්නැති, දිළිඳු

Pen'ny, *s.* එනමවූ මිලයක්, පැන්සය, සුළු ගණන

Pen'nyweight, *s.* ධාන්‍ය ඇට 24 ක බර

Pen'sile, *a.* එල්ලෙන, අවලම්බන

Pen'sion, *s.* පින්පඩි, ඉහතදී කළ වැඩ උදෙසා ලැබෙන පඩිය

Pen'shioner, *s.* පින්පඩිකාරයා, පැන්ෂන්කාරයා

Pen'sive, *a.* සිතිකරන්නාවූ, ශෝකාකාරයෙන් සිතා බලන්නාවූ, කනස්සලු

Pen'tagon, *s.* පස්කොණ

Pen'tateuch, *s.* පරණ ගිවිසුමේ මුල් පොත් පස

Pen'tecost, *s.* පණස්වෙනි දින මංගල්‍යය, ශුද්ධාත්මදූතය ලැබූ දවස

Pent'house, *s.* පලය, ගෙටයාවූ මඩුව

Penult', Penult'ima, *s.* අන්තිම ශබ්දයට පෙරටුව තිබෙන ශබ්දය

Penult'imate, *a.* අන්තිමඑකට පෙරවූ *s.* අග ශබ්දයට මුලින් ශබ්දය

Penum'bra, *s.* ග්‍රහණ ඡායාව වටේට පිහිටි බාල ඡායාව, සිතියමේ එලියත් සෙවනත් මිශ්‍රවූ හරිය, ඡායා ප්‍රාන්තය

Penu'rious, *a.* මුදල් වියදම්කරන්ට නොකැමතිවූ, මසුරුවූ

Pen'ury, *s.* දුප්පත්කම, හිඟකම, නැතිකම

Pe'on, *s.* පියොන්කාරයා, පණිවිඩ කාරයා [නග, මහජනයා
Peo'ple, *s.* මිනිස්සු, මනුෂ්‍යයෝ, සෙ
Pep'per, *s.* ගම්මිරිස්,කාලමිරිස්,මිරිස්
Pep'permint, *s.* ගම්මිරිස් සමාන සුව දතලා වර්ගයක්, එයින් පෙරාගත් බීමක් [වැඩිවූ, සැර
Pep'pery, *a.* ගම්මිරිස් වැනිවූ, මිරිස්
Pep'sine, *s.* ආමාශයේ කෑම දිරවීම ට ආධාරකරන්නාවූ ඕජස් ජාතියක්
Peradven'ture, *ad.* බාගවේලාවට, ස මහරවිට [හැනින්තැන යනවා
Peram'bulate, *v.* ප්‍රදක්ෂිණකරණවා,
Peram'bulator, *s.* හැනින්තැන සක් මන්කරන්නා, පාරවල දුරප්‍රමාණය මනින යන්ත්‍රයක්, ළදරුවෙකු උදෙ සා සැහැල්ලු රථයක්
Perceive', *v.* දකිනවා, දැනෙනවා, හැඟගනවා, තේරුම්ගන්නවා
Percent'age, *s.* සියයකට මෙපමණ යයි වෙන්කරණ ගණන
Percept'ible, *a.* දැනෙන්නාවූ, දැනග තහැකිවූ, ඉන්ද්‍රියගෝචර
Percep'tion *s.* දැනීම, හැඟීම, සංඥා ව, ඉන්ද්‍රිය ඥාණය
Percept'ive, *a.* දැනීමේ බලය ඇති, හැඟියන්නාවූ, තේරුම්ගන්නාවූ
Perch, *s.* ලගින ලීය, යාර පහමාරක දිග, මාලු වර්ගයක් [ලාවට
Perchance', *ad.* සමහරවිට, බාගවේ
Percip'ient, *a.* දැනීමේ බලය ඇත් තාවූ, හැගෙන්නාවූ

Per'colate, *v.* කාන්දුවෙනවා, වෑස් සෙනවා
Percola'tion, *s.* කාන්දුවීම, වෑහීම
Percus'sion, *s.* එකිනෙකට ගැසීම, ග සියෙන් වැදීම, තට්ටුකිරීම [නාශය
Perdi'tion, *s.* නාස්තිය, පරලොව වි
Per'egrinate, *v.* සැරිසරා ඇවිදිනවා, තැනින්තැන සංචාරණයකරණවා
Peregrina'tion, *s.* ගමන්යාම, ඈත මෑත ඇවිදීම [දබල, ඒකාන්ත
Per'emptory, *a.* ආඥාවශයෙන්වූ, න
Peren'nial, *a.* අවුරුද්ද මුලුල්ලේ පව තින්නාවූ, නිත්‍ය [නාවූ, අඛණ්ඩ
Per'fect, *a.* සම්පූර්ණ, අඩුපාඩු නැත්
Perfect', *v.* සම්පූර්ණ කරණවා, සමාප් තකරණවා
Perfec'tion, *s.* සම්පූර්ණකම, සම්පූර්ණ ත්වය, අඩුපාඩුවක් නැතිවීම
Per'fectly, *ad.* සම්පූර්ණලෙස, අඩුපා ඩුවක් නැතුව, හරියටම
Per'fectness, *s.* සම්පූර්ණකම, සමාපන ය, අන්‍යුනතාව
Perfid'ious, *a.* අවිශ්වාසවූ,ද්‍රෝහිකාර
Per'fidy, *s.* විශ්වාස නැතිකම, ද්‍රෝහි ක්‍රියාව [වා
Per'forate, *v.* සිදුරුකරණවා, විදින
Perfora'tion, *s.* සිදුරුකිරීම, සිදුර, සිල [විදින කටුව
Per'forator, *s.* සිදුරුකරණ ආවුදය,
Perforce', *ad.* බලෙන්, බලාත්කාර යෙන් [නයකරණවා
Per'form, *v.* ඉෂ්ටකරණවා, සම්පාද

Perform'ance, *s.* ඉෂ්ටකිරීම, කළ වැඩය, රඟුම් දැක්වීම

Perform'er, *s.* ඉෂ්ටකරන්නා, ක්‍රියාකරන්නා, නැට්ටුක්කාරුවා

Per'fume, *s.* සුවඳ, සුගන්ධද්‍රව්‍ය

Perfum'er, *s.* සුවඳකරන්නා, සුවඳ ගල්වන්නා, සුගන්ධකාරන්නා, සුවඳ වෙළෙන්ද

Perfunc'torily, *ad.* නොසැලකිලිලෙස, උපේක්ෂකලෙස, ඕනෑවට එපාවට

Perfunc'toriness, *s.* වැඩි සැලකිලි නැතුව—ඕනෑවාට එපාවාට—ක්‍රියාකරණ ගතිය

Perfunc'tory, *a.* නොසැලකිලිලෙස කළාවූ, උපේක්ෂක ක්‍රියාකාරවූ [වීට

Perhaps', *ad.* බාගවේලාවට, සමහර

Pericar'dium, *s.* හෘදය වටේට තිබෙන හෝහම, හෘදපටලය

Per'icarp, *s.* බීජකෝෂය, පලතුරුවල ලෙල්ල, කටුව

Per'igee, *s.* චන්ද්‍ර මාර්ගයෙන් පොළවට ඉතා ලඟ ස්ථානය

Perihe'lion, Perihe'lium, *s.* ග්‍රහතාරකා මාර්ගයේ සූර්යයාට ඉතා කිට්ටුවූ තැන

Per'il, *s.* උපද්‍රවය, අනතුරය, අනතුර

Per'ilous, *a.* උපද්‍රව ඇත්තාවූ, අන්තරාසහිතවූ

Per'ilously, *ad.* උපද්‍රව වියහැකිතරම්, අනතුරු සහිතලෙස

Perim'eter, *s.* සමතලා රූපයක මුළු වටප්‍රමාණය, සමස්තපරිධිය

Pe'riod, *s.* නියම කාලය, වකවානුව, යුගය, අන්තිමය, අවසාන ලකුණ

Period'ical, *a.* කාලයෙන් කාලයට වූ, කාලාන්තර *s.* කලින්කලට ප්‍රසිද්ධකරණ පුංචි පොත, කාලාන්තර සංග්‍රහය [වට ප්‍රමාණය

Periph'ery, *s.* වක්‍රපරිධිය, සවයක

Periphras'tic, *a.* වාග්විස්තර වැඩිවූ, අධික වාක්‍යවූ

Per'iphrase, Periph'rasis, *s.* වචන හුඟක් පාවිච්චිකිරීම, යම් අදහසක් ප්‍රකාශකිරීම, අධික වාක්‍යය

Per'ish, *v.* නාසතිවෙනවා, විනාශවෙනවා, අබලිවෙනවා

Per'ishable, *a.* නාසතිවෙන්නාවූ, නැතිවීයන්නාවූ, වැඩිකල් නොපවතින, අනිත්‍ය

Per'istyle, *s.* ගොඩනැගිල්ලක් වටේට පිහිටුවා තිබෙන කුළුනුපෙළ, කුළුනුවලින් වටවූ මිදුලක්

Per'iwig, *s.* බොරු කොණ්ඩය [යක්

Per'iwinkle, *s.* ගොම්බෙල්ලෝ වර්ග

Per'jure, *v.* බොරුදිවුරණවා

Per'jury, *s.* බොරු දිවිරීම

Per'manence, Per'manency, *s.* වෙනස්නොවී පැවතීම, චිරස්ථිතය, ස්ථිරකම

Per'manent, *a.* පවතින්නාවූ, චිරස්ථිතවූ, නිත්‍යවූ [නවා

Per'meate, *v.* වාහිනවා, ඇතුල්වෙ

Permis'sible, *a.* ඉඩදියහැකිවූ, අවසර දෙන්ට පුළුවන්වූ

Permis'sion, *s.* අවසරය, සමුදීම

Permit', *v.* ඉඩඅරිණවා, අවසරදෙන
වා, අවකාශදෙනවා

Permuta'tion, *s.* මාරුකෙරීම, වෙ
නස්කෙරීම [අනාගිදුයකවූ

Perni'cious, *a.* නාසක්කවූ, අවැඩවූ,

Perora'tion, *s.* දක්‍ෂ කථාවක අන්ති
ම පංගුව

Perpendic'ular, *a.* හරිකෙලින් පිහිටි

Per'petrate, *v.* ඉඹකරණවා, (නර
ක අදහසින්) කරණවා

Perpetra'tion, *s.* අපරාධයක්කිරීම,
නරක ක්‍රියාවක්

Per'petrator, *s.* වරද දෙයක් කරන්
නා [රන්තර, නිත්‍ය

Perpet'ual, *a.* කෙළවරක් නැති, නි

Perpet'uate, *v.* පවත්වනවා, නැති
වෙන්ට නැර රක්‍ෂාකර තබනවා

Perpetua'tion, *s.* නැතිවෙන්ට නැර
පැවැත්වීම, චිරස්ථායිකිරීම

Perpetu'ity, *s.* නිරන්තර පැවතීම,
කෙළවරක් නැති පැවැත්ම, නිත්‍ය
තාව [-ණවා, වියවුල්කරණවා

Perplex', *v.* තේරුම්ගන්ට අමාරුකර

Perplex'ity, *s.* අමාරුව, අවුල්කම, ක
ලබැගෑනිය, සැකසිතීම

Per'quiste, *s.* ප්‍රයෝජනය, ප්‍රසාදය,
පඩි ඇර අමුතු ලාභය

Per'secute, *v.* පීඩාකරණවා, කරච්
චල්කරණවා, හිංසාකරණවා

Persecu'tion, *s.* පීඩාකිරීම, පීඩාව,
වදදීම

Persevere', *v.* අත්නැර කරණවා

Persever'ance, *s.* අත්නැර කිරීම,
නොනවත්වා කරගණයාම, නොක
ඩවූ උත්සාහවන්තකම

Persist', *v.* ස්ථිරලෙස කරණවා, සඩ
නැතුව කරගණයනවා

Persist'ence, **Persist'ency**, *s.* නොක
ඩව කරගණයන ගුණය, ස්ථිරකම,
නිරන්තර උත්සාහය, මුරණ්ඩුකම

Persist'ent, *a.* අත්නැර කරගණයන,
ස්ථිර ගුණ ඇත්තාවූ, පවතින්නාවූ

Per'son, *s.* කෙනෙක්, යමෙක්, අය,
ශරීරය [කෙනෙක්

Per'sonage, *s.* පුද්ගලයෙක්, උතුම්

Per'sonal, *a.* කෙනෙක් සම්බන්ධවූ,
පුද්ගලික, වචනල (බඩු)

Per'sonally, *ad.* කෙලින්ම, තමාම,
පුද්ගලික වශයෙන්

Per'sonate, *v.* තමා අනිකෙක් හැටි
යට අක්වනවා, වෙස් මාරුකරණවා

Persona'tion, *s.* වෙන කෙනෙක් හැ
ටියට දක්වීම

Per'sonator, *s.* වෙන කෙනෙකුගේ
වේසයෙන් පෙණී සිටින්නා

Personifica'tion, *s.* අප්‍රාණික දේ සප්‍රා
ණිකකොට දක්වීම

Person'ify, *v.* කෙනෙක් කොට දක්
වනවා, පණනැතිදෙයක් පණඇති
දෙයක් මෙන් කල්පනාකරණවා

Perspect'ive, *s.* දර්ශනප්‍රකාර චිත්‍ර කි
ර්මේ ශිල්පය, දුර්දර්ශන සිතියම

Perspic'uous, *a.* පැහැදිලිවූ, ප්‍රභසූ වෙන් තේරුම්යන්නාවූ, ප්‍රකාශවූ
Perspica'cious, *a.* තීක්ෂණ දෘෂ්ටීන ඇත්තාවූ [ද සිකිය
Perspicac'ity, *s.* තීක්ෂණ ඥානය, හො
Perspicu'ity, *s.* පැහැදිලිකම, ප්‍රත්‍යක්ෂතාව
Perspira'tion, *s.* ඩාදිය, දාඩිය
Perspire', *v.* දාඩියදමනවා
Persuade', *v.* මනාපකරවනවා, එක් සිත් කරවනවා, පිළිගන්වනවා
Persua'sion, *s.* මනාපකරවීම, සිත් එලවීම, විශ්වාසය, ඇදකිල්ල, යම් භක්තියක පිහිටි සමූහය
Persua'sive, *a.* කැමතිකරවන බලය ඇති, සිත් එලවන්නාවූ
Persua'sively, *ad.* කැමතිකරවනාකාරයෙන්, සිත නමාගන්න අන්දමට
Persua'siveness, *s.* කැමතිකරවන බලය, සිත නමාගන්න ගතිය [චම්බූ
Pert, *a.* නිකම් දොඩන්නාවූ, වාචාල,
Pertain', *v.* අයිතිවෙනවා, අයුත්තුවෙනවා, අඳාලව තිබෙනවා
Pertinac'ity, *s.* මතයක් අත්නෑර අල්ලාගෙණ සිටීම, කිතුවක්කාර ගතිය
Pertina'cious, *a.* මතයක් හෝ අදහසක් අත්නැර සිටින, මුරණ්ඩු
Per'tinent, *a.* ඔබින්නාවූ, අයුත්තු, අනුකූල [ණවා, වකිතකරණවා
Perturb', *v.* කලඹනවා, චඤ්චලකර
Perturba'tion, *s.* කැලඹීම, චලිතය, සිත් චඤ්චලය
Per'uke, *s.* බොරු කොණ්ඩෙ
Perus'al, *s.* කියවාබැලීම
Peruse', *v.* කියවා බලනවා, සෝදිසිකරණවා [පැතිරයනවා
Pervade', *v.* අභ්‍යන්තරගතවෙනවා;
Perverse', *v.* අගති සිත්වූ, කිතුවක්කාර, අකීකරු
Perverse'ly, *ad.* කිතුවක්කාරලෙස, විපරීතලෙස, අගති සිතින්
Perverse'ness, **Pervers'ity**, *s.* කිතුවක්කාරකම, විපරීතකම, අගතිය
Perver'sion, *s.* නරක අතකට හැරවීම, පෙරළීම, විකාරය
Pervert', *v.* වැරදි අතට හරවනවා, නරක්කරණවා [රූකලහැකිවූ
Per'vious, *a.* ඇතුල්වියහැකිවූ, සිදු
Pest, *s.* වසංගතය, හිංසාව, කිරිහැරය
Pes'ter, *v.* කරදරකරණවා, සිත් කලඹනවා [ය, ආරෝග්‍යශාලාව
Pest'house, *s.* වසංගත ඉස්පිරිතාල
Pest'ilence, *s.* වසංගතය, මාරිය
Pest'ilent, *a.* වසංගත උපදවන, මාරජනක, අනර්ථදායක
Pestilen'tial, *a.* වසංගත ආකාරවූ, මාරක, උවදුරුදායක
Pes'tle, *s.* මෝල්ගහ
Pet, *s.* ස්වල්ප තරහ
Pet, *v.* සුරතල්කරණවා, අදරකරණවා *s.* සුරතල්සතෙක්, සුරතලා

Pet'al, *s.* පුෂ්ප පත්‍රය, මල්කොලය
Pet'ard, *s.* පුපුරණ යුද්ධායුධයක්
Peti'tion, *s.* ඉල්ලීම, අයැදුම, යාච්ඤාව, පෙත්සම *v.* ඉල්ලුම්කරණවා, අයදිනවා, පෙත්සමක් ඔප්පුකරණවා
Peti'tioner, *s.* ඉල්ලන්නා, ඉල්ලුම්කරුවා, පෙත්සම්කාරයා
Peti'tioning, *s.* අයැදුම්පත්‍රයක් ඔප්පුකිරීම, අයදීම, කන්නලව්ව
Petrifac'tion, *s.* ගල්වීම
Pet'rify, *v.* ගල්කරණවා, ගල්වෙනවා
Petro'leum, *s.* ගිනිවූ තෙල් වර්ගයක්, ගල් තෙල් [සාය
Pet'ticoat, *s.* ස්ත්‍රීන්ගේ යට ඇඳුමක්,
Pet'tifogger, *s.* සුළු නඩු භාරගන්න පෙරකදෝරුවා, අධමක්‍රියාකරන්නා
Pet'tifoggery, *s.* සුළු නඩු භාරගැනීම, සුළු හොරබොරුකම, අධමවැඩ
Pet'tish, *s.* සුළු දේ ගැන තරහගන්න, ලාමක
Pet'tishness, *s.* ලාමක තරහ, තරහකාර නොසතුටු ගතිය
Pet'ty, *a.* සුළු, සුළුපටු, අල්ප
Pet'ulance, Pet'ulancy, *s.* නිකමට කිපෙන ගතිය, ලාමක තරහ, කොපුරණ ස්වභාව
Pet'ulant, *a.* තරහගතිවූ, නිකමට කිපෙන්නාවූ, දඟවූ
Pew, *s.* දේවස්ථානේ ඉඳගැනීමට සාදා තිබෙන කොටුව, අසනකුඩුව
Pew'ter, *s.* බොලන්මුසු ඊයම්, තුත්තනාගම්

Phae'ton, *s.* හතරද නැති රෝදහතරේ රථවර්ගයක්
Phal'anx, *s.* සතරැස් ආකාරයෙන් සිටින යුද්ධ සේනාවක් [අභූතරූපය
Phant'asm, *s.* හිස් නිරර්ථක දර්ශනය,
Phan'tom, *s.* අවතාරය, භූතයා
Pharisa'ic, Pharisa'ical, *a.* ඵරිසිවරුන් සම්බන්ධවූ, වංචාභක්තිකවූ
Pharisa'ically, *ad.* ඵරිසිවරුන්ට සමානව, බොරු පිටාතර භක්තියක් ඇතුව [කයා
Phar'isee, *s.* ඵරිසියා, වංචා භක්තිකයා
Pharmaceut'ic, Pharmaceut'ical, *a.* බෙහෙත් සෑදීමට අයිතිවූ, ඖෂධ ශිල්පය සම්බන්ධවූ [යන ශිල්පය
Phar'macy, *s.* බෙහෙත් සෑදීම, රසා
Phar'ynx, *s.* උගුරේ උඩපංගුව
Phase, Phas'is, *s.* පෙණීම, දෘශ්‍යමාන ආකාරය, දෘශ්‍ය ප්‍රමාණය
Pheas'ant, *s.* වලිකුකුළා
Phenom'enon, *s.* පෙණීම, දෘශ්‍යමාන දේ, අපූරුව
Phi'al, *s.* පුංචි බෝතලය, කුප්පිය
Philanthrop'ic, Philanthrop'ical, *a.* සර්ව සෞහය ඇති, ජනහිත, කරුණාවන්ත
Philan'thropist, *s.* මනුෂ්‍යයන්ට යහපත ඉෂ්ටකිරීමට හිත ඇති අය, ශුභජනකයා, කරුණාවන්තයා
Philan'thropy, *s.* මනුෂ්‍ය සෞහය, සර්වකරුණාව, මෛත්‍රීගුණය

Philip′pic, *s.* ඇනුම්පදවලින් ගහන වූ කථාව

Philolog′ic, Philolog′ical, *a.* ශබ්දශාස්ත්‍රය සම්බන්ධ, භාෂා ශාස්ත්‍ර [විද්‍යාව

Philol′ogy, *s.* ශබ්ද ශාස්ත්‍රය, භාෂා

Philos′opher, *s.* හේතුතාශාස්ත්‍රඥයා, න්‍යායශාස්ත්‍රඥයා, සංසුන්ව සිතාබලා ක්‍රියාකරන්නා

Philosoph′ic, Philosoph′ical, *a.* හේතුතාශාස්ත්‍ර, න්‍යායාකාර, සිහිබුද්ධි ඇති, සංසුන්

Philosoph′ically, *ad.* හේතුතාශාස්ත්‍රාකාරයෙන්, ශාස්ත්‍ර පිළිවෙළින්, ශාන්තවන්තලෙස, නිශ්චලලෙස

Philos′ophy, *s.* හේතුතා ලක්ෂණය, භාව ශිල්පය, න්‍යාය ශාස්ත්‍රය [මන්ත්‍රය

Phil′ter, *n.* සිත්ගන්නා ඖෂධය හෝ

Phlegm, *s.* [*flem*] සෙම, සෙලෙස්මාව

Phlegmat′ic, *a.* සෙලෙස්මාධිකවූ, සෙම්වඩන්නාවූ, ප්‍රාණවත්නූවූ, ප්‍රමාදවූ

Phonet′ic, Phonet′ical, *a.* මුඛශබ්දාකාර, ඝෝෂා ආකාර, ශබ්දකරණකාරයටවූ

Pho′nograph, *s.* මුඛශබ්ද මුද්‍රායන්ත්‍රය

Phonog′raphy, *s.* ශබ්දකරණ හැටියට ලිවීම, ශබ්දාක්ෂරාකාරයෙන් කොටින් ලියන ක්‍රමයක්

Phosphores′cent, *a.* ස්වභා දීප්තියෙන් දිලිසෙන, කබ්බ [කබ්බය

Phosphores′cence, *s.* ජලම දීප්තිය,

Phos′phorus, *s.* ගිනිමය ද්‍රව්‍යයක්, රසායනයක්

Pho′tograph, *s.* ඡායාරූපය

Photog′rapher, Photog′raphist, *s.* ඡායාරූප ශිල්පියා, පින්තූරගන්නා

Photograph′ic, Photograph′ical, *a.* ඡායාරූප ශිල්පය සම්බන්ධ, ඡායාරූපාකාර

Photog′raphy, *s.* ඡායාරූප ශිල්පය

Phrase, *s.* ලුහුඬු වගන්තිය, පාඨය, වාග්ව්‍යවහාරය [ව්‍යවහාරය

Phraseol′ogy, *s.* වාසගම් ක්‍රමය, වාග්

Phrenol′ogy, *s.* මනස්විද්‍යාවක්

Phthi′sis, *s.* ක්ෂයරෝගය, ශෝෂය

Phylac′tery, *s.* යුදෙව්වරුන් අතරේ ශුද්ධලියවිලි පද ලියූ පටියක්, යන්ත්‍රාකාර පට්ටබන්ධනයක්

Phys′ic, *s.* බෙහෙත්, ඖෂධය

Phys′ical, *a.* ජම්ම ස්වභාවස්තු සම්බන්ධවූ, ද්‍රව්‍යවූ, ශරීරක

Physi′cian, *s.* වෙද්‍ය, චිකිත්සකයා

Phys′ics, *s.* සංඛාර විද්‍යාව, ස්වභාව ධර්ම ශාස්ත්‍රය, ද්‍රව්‍ය ගුණ ශාස්ත්‍රය

Physiog′nomy, *s.* මුහුණුපුවර ගුණ ශාස්ත්‍රය, මුහුණේ පෙනුම

Physiog′raphy, *s.* ලෝකවස්තුශාස්ත්‍රය

Physiol′ogy, *s.* සත්වධර්ම ශාස්ත්‍රය

Physique′, *s.* මනුෂ්‍යයෙකුගේ ශරීරගතිය, ස්වභා දේහලක්ෂණය

Piac′ular, *a.* පූජාවූ, පව් නසන්නාවූ

Pia′nist, *s.* පියානෝ නම් තූර්යභාණ්ඩය තට්ටුකරන්නා

Pia'no-for'te, *s.* කලවිර්, පියානානම් තූර්යභාණ්ඩය

Pias'tre, *s.* මිලයක නමක් [තක්

Piaz'za, *s.* ඉස්තෝප්පු ආකාර මාව

Pi'ca, *s.* අච්චුඅකුරු වර්ගයක්

Pice, *s.* තුට්ටුව

Pick, *v.* ඇහිඳිනවා, අවුලාගන්නවා, තෝරණවා, සොයනවා *s.* තෝරා ගැණීම, පිකම

Pick'axe, *s.* පිකම, ගල්කටුව

Pick'et, *s.* උල, මුරකාරකණ්ඩායමක්

Pick'le, *s.* අච්චාරු, වියවුල *v.* ලුණු විනාකිරි ආදිය කරණකොටගෙණ රක්ෂාකරණවා, අච්චාරුදමනවා

Pick'lock, *s.* යතුරු අරිණ කටුව

Pick'pocket, *s.* ගැටකපන හොරා

Pic'nic, *s.* එකිනෙකා විසින් පංගා ඔම්නරගණ සෙල්ලම් පිණිස යන ගමන [තුර සහිත

Pictor'ial, *a.* සිතියම් සම්බන්ධ, පින්

Pictor'ially, *ad.* සිතියම් ආකාරයෙන්, පින්තූර ඇතුව

Pic'ture, *s.* සිතියම, පින්තාරුව, පින් තූරය, සමානඛය [ත්‍රාකාර

Picturesque'. *a.* ඇසට ප්‍රසන්නවූ, චි

Pie, *s.* පිටිවල සාදන කෑමවර්ගයක්, කපුටුවර්ගයක්

Pie'bald, *a.* නානාවර්ණවූ, විසිතුරු

Piece, *s.* කෑබෙල්ල, කෑල්ල, කණ්ඩ නාකය, ප්‍රබන්ධය, තුවක්කුව, මිලයි *v.* කෑල්ලක් දමා හරිගස්සනවා, සන්ධිකරණවා, පූර්වටුකරණවා

Piece'meal, *ad.* ටිකෙන් ටික, කඩින් කඩ වෙන් වෙන් වශයෙන්

Piece'work, *s.* නියම කොටස් වශයෙන් කරණ වැඩ, කෑලි වැඩ

Pied, *a.* නොයෙක්වර්ණවූ, පුල්ලිඇති

Pier, *s.* කණුව, කුළුන්න, මුහුදු ප්‍රාකාරය, නැවේ බඩුබාන ස්ථානය

Pierce, *v.* අනිනවා, විදිනවා, සිල්කරණවා, ඇනෙනවා

Pierc'ing, *a* සිතට වදින්නාවූ, තීක්ෂණවූ, කාවදින [තිය

Pi'ety, *s.* භක්තිවන්තකම, දේවභක්

Pig, *s.* ඌරා, සූකරයා, ඊයන් නොහොත් යකඩකෑල්ල

Pig'eon, *s.* පරවියා, කොබෙයියා

Pig'eon-hole, *s.* පරවිකූඩු සිල, පෙට්ටියක කඩදාසි ආදිය දැමීමට සිදුරක්

Pig'gery, *s.* ඌරුකොටුව

Pig'gish, *a.* ඌරන්ට සමානවූ, සෑත

Pig'headed, *a.* හිතුවක්කාර, මොට්ට

Pig'ment, *s.* සායම, තීන්ත

Pig'my, *s.* මිට්ටා

Pig'tail, *s.* හිසේ පිටිපසින් ගැටගැසූ ඌරුවල්ගයක් වැනි කෙස්රොද, දුම්කොළ මිටිය [ජාතියක්

Pike, *s.* සෙල්ලය, ලන්සය, මත්ස්‍ය

Pike'staff, *s.* හෙල්ලම්ට, ලන්ස පොල්ල

Pilas'ter, *s.* හතරැස් කණුව

Pile, *s.* ගොඩ, අඹුක්කුව, ගොඩකෑසිල්ල *v.* ගොඩගහනවා, අඹුක්කරණවා, අහුරණවා

Piles, *s pl.* අශීස් රෝගය
Pil'fer, *v.* සුළු හොරකම් කරණවා
Pil'grim, *s.* වන්දනාකාරයා, වන්දනා වේ යන්නා [දනාව
Pil'grimage, *s.* වන්දනා ගමන, වන්
Pill, *s.* බෙහෙත් ගුලිය
Pil'lage, *s.* කොල්ලකෑම, උදුරාගැණීම, කොල්ලය
Pil'lar, *s.* කණුව, මැඹ, ස්තම්භය
Pil'lory, *s.* තදබලවලස අච්චුකරණ විධියක්, දඩුරාමුවක්
Pil'low, *s.* කොට්ටය, බිම්බෝහනය
Pil'low-case, *s.* කොට්ටඋරේ
Pi'lot, *s.* වරායකට නොහොත් වරාය කින් නැවක් ගෙණයන්නා
Pi'lotage, *s.* වරායකට නැව් ගෙණයාම, නැව්වලට මග පෙන්වන්නාට ලැබෙන ගාස්තුව
Pimp, *s.* අනුන්ගේ කාමාභිලාස පිරිමසාගැණීමට උදව්වෙන්නා, ස්ත්‍රීන් සපයාදෙන්නා *v.* අනුන්ට ස්ත්‍රීන් සපයාදෙනවා
Pim'ple, *s.* බිබිල, කුරුලෑව
Pin, *s.* අල්පෙනෙත්තිය, කූර, ඇණේ *v.* අල්පෙනෙත්තිගහනවා, කූරකින් සවිකරණවා, සවිකර තබනවා, හිරකරණවා
Pin'afore, *s.* ලමයින්ගේ ඉන උඩින් බඳින වස්ත්‍රය, ලයකඩ
Pin'cers, *s. pl.* අඬුව
Pinch, *v.* කොණ්ගහනවා, කොණ්ගහනවා, මිරිකනවා *s.* ඇඟිලිවලින් මිරිකීම, ඇඟිලිවලට අසුවෙන ප්‍රමාණය, අසීරුව, පීඩාව [ටය
Pin'cushion, *s.* අල්පෙනෙත්තිකොට්
Pine, *v.* ක්ෂයවෙනවා, දුර්වලවෙනවා, ආශාවෙනවා
Pine'apple, *s.* අන්නාසි
Pin'ion, *s.* පියාපත, අත්තට්ටුවේ පිහාටු, අත්වාංචුව, දණ්ඩවයුග්
Pink, *s.* සුවඳමල් ජාතියක්, ලේවන රත්තය, මදක් රතුපාට, ශ්‍රේෂ්ඨ දේ
Pin'-money, *s.* සවකීය වියදම් පිණිස භාර්යාවට දුන් මිල [විය
Pin'nace, *s.* කුඩා නැවක්, ඉස්කෝච්
Pin'nacle, *s.* උස් කොත, මුදුන, මස්තකය
Pint, *s.* බෝතල් බාගය, මිනාව
Pioneer', *s.* පයින්රුවා, ඉස්සරින් ගොස් මග සලසන්නා [සඞාවනන
Pi'ous, *a.* දේවභක්ති, ඇදහිලිවන්තා,
Pip, *s.* දෙඩම් ඇඹුල් ගෙඩිවල ඇට, කුකුළන්ගේ රෝගයක්
Pipe, *s.* නලාව, නාලය, දුම්නලය, පිප්පය *v.* නලා පිඹිනවා, හීන් ශබ්දයක් කරණවා
Pipe'clay, *s.* කිරිමැටි, මතුල්
Pip'ing, *a.* හීන් බෙලහීන ශබ්දයක් කරණ, ගිලන්, දුර්වල
Pip'kin, *s.* මැටිභාජනයක්, වලඳ
Pip'pin, *s.* ජම්බු වර්ගයක්
Piq'uant, *a.* තියුණු, කටුක, උග්‍ර

Pique, *s.* මදකෝපය, ගම්භීරවේදනාව *v.* මදක් කෝපකරණවා, තරහකරණවා, ඊෂ්‍යා උපදවනවා

Pi'racy, *s.* මුහුදු කොල්ලකෑම, පොතක අයිතිවාසිය සොරාගැණීම

Pi'rate, *s.* මුහුදු කොල්ලකාරයා, උදුරාගන්නා

Pirat'ical, *a.* මුහුදු කොල්ලකාර

Pirouette', *s.* නැටීමේදී කරකැවීම, අඟවභ්‍රමණය

Pish, *int.* ඡී!

Piscato'rial, **Pis'catory**, *s.* මත්ස්‍ය, මසුන් ඇල්ලීම සම්බන්ධ

Pis'ciculture, *s.* මත්ස්‍යයින් ඇතිකිරීම

Pis'til, *s.* පුෂ්පකර්ණිකාව, කර්ණිකාව

Pis'tol, *s.* කොට අත්තුවක්කුව, පිස්තෝලේ

Pis'ton, *s.* යන්ත්‍ර නලයක ඉහළපහළ යන කොට ඝන නලයක්

Pit, *s.* වළ, පතහ, පාතාලය, බඩතුර

Pit'-a-pat, *ad.* හෘදය ගැහිගැහී, තිගැස්සියෙන්

Pitch, *s.* ප්‍රමාණය, තරම, උස්පහත් ප්‍රමාණය *v.* විසිකරණවා, හෙළනවා, කඳවුරුබඳිනවා

Pitch, *s.* කිල් *v.* කිල්ගානවා

Pitch'er, *s.* පැන් කලය, මැටි භාජනය, කෙණ්ඩිය

Pitch'er-plant, *s.* වතුර අල්ලාසිටින කෙණ්ඩි සමාන කොළ ඇති පැළයක්, බාදුරා

Pitch'fork, *s.* ගොයිකම්කාන්තයට වැදගත් හෙල්ලයක්

Pitch'y, *a.* කිල්අකාරවූ, කිල්ගෑවාවූ, කළුවර, අඳුරු

Pit'eous, *a.* දුක්ඛිත, අනුකම්පා උපදවන්නාවූ, කණගාටු සහිත

Pit'fall, *s.* බොරු වළ

Pith, *s.* මදය, ඉරිමදේ, මොලය, සැරය, බලය

Pith'y, *a.* මදඇති, සාරවත්, බලගතු

Pit'iable, *a.* අනුකම්පාකළයුතුවූ, කාලකන්නි

Pit'iful, *a.* දයාවන්තවූ, කණගාටු උපදවන්නාවූ, දුක්ඛිත, නීච

Pit'saw, *s.* දෙන්නා කපන ලොකු කියත

Pit'tance, *s.* ලැබෙන ස්වල්පය, ස්වල්ප රක්ෂාව, ඇබිත්ත

Pit'ted, *a.* කැලැල් ඇත්තාවූ, මහලෙඩ කැලැල් ඇත්තාවූ

Pit'y, *s.* දයාබරකම අනුකම්පාව, ලෙන්ගතු කරුණාව *v.* අනුකම්පාකරණවා, දයාවෙනවා

Piv'ot, *s.* චක්‍රය කරකැවෙන ඇනය, කටුව, මැද ඇනය

Pix, *s.* රෝමානු කතෝලික පල්ලිවල පාවිච්චිකරන්නාවූ පෙට්ටියක නමක්

Placabil'ity, *s.* ක්ෂමාවෙන්ට කැමතිකම, සෞම්‍ය ගුණය

Plac'able, *a.* සාන්තගුණ, සමගිවෙන්ට කැමතිවූ, ක්ෂමාවෙන

Plac'ard, *s.* ප්‍රසිද්ධ පත්‍රය, පලක් කට්ටුව

Place, *s.* ඉඩම, පල, ස්ථානය, නිලය, තනතුර *v.* තබනවා, පත්කරණවා, පිහිටුවනවා

Plac'id, *a.* සමාදාන, නිශ්චල, සංසුන්

Pla'giarise, *v.* අනිකෙකුගේ පොතකින් සොරකම්කරගන්නවා, තමාට අයිති නැති රචනා පැහැරගන්නවා

Plag'iarism, *s.* අන්මෙකුගේ පොතකින් සොරකම්කෝම, වාක්‍ය චෞරිකාව

Pla'giarist, *s.* වාක්‍ය සොරාගන්නා, රචනා චෞරයා [සිරිහැරය

Plague, *s.* වසංගතය, වදුරු රෝගය.

Plaice, *s.* මාලු වර්ගයක්

Plaid, *s.* රෝම සළු වර්ගයක්

Plain, *a.* සමතලා, පැතළි, පැහැදිලි, ගුණනොවූ, විසිතුරු නැති, අවංක

Plain, *s.* සමබිම, සමතලාව, පිට්ටනිය

Plain'-deal'ing, *a.* කෙලින් කථාකරණ, අවංකව ක්‍රියාකරණ *s.* කෙලින් අවංකලෙස කථාකිරීම හෝ ක්‍රියා [ලෙස කිරීම

Plain'ly, *ad.* පැහැදිලිලෙස, වාත්

Plain'-spok'en, *a.* කෙලින් හෝ සැඟවීමක් නැතුව කථාකරණ

Plaint, *s.* ලතෝනිය, පැමිණිල්ල

Plaint'iff, *s.* පැමිණිලිකාරයා

Plaint'ive, *a.* ලතෝනි අකාරවූ, දුක්මුසු, ශෝක සහිත

Plaint'ively, *ad.* ලතෝනි සහිතව, දුක්මුසු අකාරයෙන්

Plait, *s.* නැමීම, ඇකිලීම, පට *v.* පට නමනවා, ගොතනවා

Plan, *s.* යෙදුම, විධික්‍රමය, ආකාරය

Plane, *s.* යතුකැටය, යත්ත *v.* යතුගානවා [පැතළි

Plane, *s.* සමතලාව *a.* සම, සමතලා,

Plan'et, *s.* ග්‍රහතාරකාව, ග්‍රහයා

Plan'etary, *a.* ග්‍රහතාරු සම්බන්ධවූ

Plank, *s.* ගන පෝරුව, ගන ලෑල්ල

Plant, *s.* පැළය, පලතුරු, කර්මාන්තෝපකරණ *v.* හිටවනවා, ඉන්දවනවා, වවනවා, පිහිටුවනවා

Plan'tain, *s.* කෙසෙල්, රඹ

Planta'tion, *s.* වැවිල්ල, වත්ත

Plant'er, *s.* වැවිලිකාරයා

Plash, *s.* දිය වළ, ගොහොදුව

Plas'ter, *s.* හුණුබදුම, ප්ලැස්තරේ *v.* බදුමගානවා, කපලාරු කරණවා

Plas'tic, *a.* සාදන, හැඩගුරු කළහැකි, මෙලෙක්

Plat, *v.* ගොතනවා, වියනවා

Plat, *s.* බිම්කැබෙල්ල, සමතලා බිම් කෑල්ල

Plate, *s.* ලෝහතහඩුව, පිඟාන, රන් රිදී බඩු, තහඩු සිතියම *v.* තහඩුගහනවා, ලෝහයෙන් වසාලනවා

Plateau', *s.* සමතලා බිම, උස්තලාව

Plate'-glass, *s.* ඝන තහඩු වීදුරු ජාතියක් [කාසනය, යෝජනාව

Plat'form, *s.* තට්ටුව, අට්ටාලය, කපි

Plat'ing, *s.* රන් රිදීවලින් වැසීම

Plat'inum, *s.* ලෝහ වර්ගයක්

Plat'itude, *s.* පැතලිකම, අසමර්ථකම දක්වන දෙය, කිස්කිම,

Plat'ter, *s.* පාත්‍රය, පලංගාන

Plaud'it, *s.* සාධුකාරදීම, ප්‍රශංසාව

Plaus'ible, *v.* ප්‍රශංසා ලැබෙන, පෙණීමට හරිවූ

Play, *v.* සෙල්ලම් කරණවා, ක්‍රීඩාකරණවා, නෘත්‍යගීතවාදිත ක්‍රියා කරණවා *s.* සෙල්ලම, කෙළිය, ක්‍රීඩාව, කවටකම, නාඩගම, නෘත්‍යය

Play'fellow, Play'mate, *s.* සෙල්ලක්කාර යහලුවා

Play'ful, *a.* සෙල්ලක්කාර, ක්‍රීඩා සහිත, සරදම්ගතිවූ

Play'fully, *ad.* සෙල්ලක්කාරලෙස, සෙල්ලමට [සරදම්ගතිය

Play'fulness, *s.* සෙල්ලක්කාරකම,

Plea, *s.* කියාහිටින කාරණාව, ඒත්තිය, සමාව ඉල්ලීම

Plead, *v.* කාරණ කියා හිටිනාවා, වාසියට කථාකරණවා, වග කියනාවා, කන්නලව්කරණවා

Pleas'ant, *a.* ප්‍රසන්න, මධුර, ප්‍රිය

Pleas'antly, *ad.* ප්‍රසන්නලෙස, සන්තුෂ්ටාකාරයෙන්

Pleas'antness, *s.* ප්‍රසන්න ගුණය, මිහිරුතාව, රිසිකම [දම

Pleas'antry, *s.* ප්‍රසන්න කථාව, සර

Please, *v.* සන්තෝෂකරණවා, ප්‍රසන්නකරණවා, සතුටුකරණවා

Pleas'ing, *a.* සතුටුකරන්නාවූ, ප්‍රසන්න, ප්‍රීතිදායක [ණදෙන, මනෝඥ

Pleas'urable, *a.* ප්‍රීතිජනක, සැපගෙ

Pleas'ure, *s.* ප්‍රීතිය, ප්‍රීතිසන්තෝෂය, සැපත, සතුට, කැමැත්ත

Plebei'an, *a.* පොදුජනයා සම්බන්ධ

Pledge, *s.* උගස, ඇපය *v.* උකස්දෙනවා, උකස්තියනවා, පොරොන්දුවකින් බැඳෙනවා, සහතිකලෙස පොරොන්දුකරවාගන්නවා

Plen'ary, *a.* සම්පූර්ණ, පරිපූර්ණ

Plenipoten'tiary, *s.* රජ දූතයා, යම් තීන්දුව කරගැණීමට සම්පූර්ණ බලය ඇති තානාපතියා [තාව

Plen'itude, *s.* සම්පූර්ණකම, පරිපූර්ණ

Plen'teous, *a.* සම්පූර්ණවූ, බහුලවූ

Plen'tiful, *a.* බොහෝවූ, බහුල, බාහුල්‍ය [දව

Plen'tifully, *ad.* බහුලලෙස, නොම

Plen'ty, *s.* බහුලකම, සමෘධතාව

Ple'onasm, *s.* ඕනෑවාට වඩා වචන පාවිච්චිය, වැඩිපුර වචන ඇති කීම

Pletho'ra, *s.* ලේ අධිකකම, රත්පිත

Pleu'risy, *s.* හෘද රෝගයක්, ලයේ දැවිල්ලක් [නාවූ, බුරුල්වූ

Pli'able, Pli'ant, *a.* මෘදුවූ, නැමෙන්

Pli'ers, *s. pl.* අඬුව, පත්අඬුව

Plight, *s.* ස්වභාව, අත්දම, උකස, බසදීම *v.* උකස්කරණවා, බසදෙනවා, පොරොන්දුවෙනවා

Plod, *v.* නොකඩව උත්සාහගන්නවා, ස්ථිරව හෙමින් කරණවා

Pletho'ra, *s.* ලේ අධිකකම, රත්පිත
Pleu'risy, *s.* හෘද රෝගයක්, ලයේ
දැවිල්ලක් [නාවූ, බුරුල්වූ
Pli'able, Pli'ant, *a.* මෘදුවූ, නැමෙන්
Pli'ers, *s. pl.* අඬුව, පත්අඬුව
Plight, *s.* සඬනාව, අත්දම, උකස,
බහදීම *v.* උකස්කරණවා, බහදෙ
නවා, පොරොන්දුවෙනවා
Plod, *v.* නොකඩව උත්සාහගන්නවා,
ස්ථිරව හෙමින්කරණවා
Plod'der, *s.* නොකඩව උත්සාහකරන්
නා, හෙමින් ස්ථිරලෙස කරගණ
යන්නා
Plod'ding, *a.* නොකඩව කරගණයන,
හෙමින් වියශී වඩා කරන්නාවූ
Plot, *v.* කුමන්ත්‍රණය කරණවා, උපා
යොදනවා [ය, උපාය
Plot, *s.* බිම් කැබෙල්ල, කුමන්ත්‍රණ
Plot'ter, *s.* උපායොදන්නා, රහස්කු
මන්ත්‍රණකාරයා [නවා, සීසානවා
Plough, *s.* නගුල *v.* හානවා, මඩව
Plough'man, *s.* සීසාන්නා, ගොවියා,
ග්‍රාම්‍යයා
Plough'share, *s.* නගුල් දත, කිවැල
Pluck, *v.* උදුරණවා, උපුටනවා, කඩ
නවා, තෙලනවා [යශීය
Pluck, *s.* පපුකැනැත්ත, හෘදය, ධෛ
Plucked, *part. & a.* උදුරාපු, ලජ්ජා
වූ, අසමත්වූ [විලෙස
Pluck'ily, *ad.* ධෛර්‍ය්‍යවත්ලෙස, බුහු
Pluck'iness, *s.* ධෛර්‍ය්‍යවත් ගතිය, සි
තේ වැරවීරිය

Pluck'y, *a.* ධෛර්‍ය්‍යවත්, බුහුටි
Plug, *s.* ඇබය, පොරොප්පය *v.* ඇබ
ගහනවා [එල
Plum, *s.* ගෙඩිජාතියක්, වියලි මුද්‍රික
Plum'age, *s.* පිහාටු
Plumb, *s.* ලඹය, ලඹකැටය *ad.* කෙ
ලින් පහතට *v.* ලඹ බානවා, ගැඹු
ර සොයනවා
Plumba'go, *s.* මිනිරන්
Plum'ber, *s.* ඊයන්වැඩ කරන්නා
Plumb'-line, *s.* ලඹ ලනුව
Plum'-cake, *s.* මුද්‍රික ඵල ඇතුව සා
දන කැවිලි
Plume, *s.* පිහාටුව *v.* පිහාටුවලින් ස
රසනවා, අහංකාරවෙනවා
Plum'met, *s.* බරුව, ලඹේ [සිනිදු
Plump, *a.* තරවූ වටකුරුවූ, සම්පූර්ණ,
Plun'der, *v.* උදුරණවා, කොල්ලක
නවා *s.* කොල්ලය.
Plunge, *v.* ගිල්වනවා, කිඳවනවා,
සැරෙන් පණිනවා *s.* සැරෙන් පැ
ණීම, වේගයෙන් වැදීම.
Plung'ing, *a.* සැරලෙස පණින, කිඳ
යන *s.* ගිල්වීම, කිඳීම, අශ්වයෙකු
ගේ අඟලෑම [ක *s.* බහු වචනය
Plu'ral, *a.* එකකට වැඩිවූ, බහුවාච
Plural'ity, *s.* එකකට වැඩිගණන,
බහුලකම
Plus, *s.* එකතුකිරීමෙහි ලකුණ (+)
Plush, *s.* විල්ලුද සමාන රෙදි වර්ගයක්

Plutoc′racy, *s.* ධනවතුන් විසින් කරණ ආණ්ඩුව [වූ, අගසිප

Pluton′ic, *a.* ගින්නෙන් හටගන්නා

Plu′vial, *a.* වැසිවූ, වර්ෂාකාර

Ply, *v.* උත්සාහයෙන් කරණවා, නිතර වැඩක් කරණවා, යොමුකරණවා

Pneumat′ic, **P**neumat′ical, *a.* වායු සම්බන්ධ, වායු බලයෙන් කෙරෙණ, වායු ශාස්ත්‍ර

Pneumat′ics, *s.* වායු ශාස්ත්‍රය

Pneumo′nia, *s.* පපුවේ දුවිල්ල, පෙනහැල්ලේ ඉදිමුම් සහිත දුවිල්ල

Poach, *v.* හොරෙන් අඩයම්කරණවා, බිජු බිද තම්බනවා

Pock′et, *s.* පසුම්බිය, සාක්කුව, ඔඩොක්කුව, කුරපසිය

Pock′et-book, *s.* අතේ පාවිච්චිකරණ පුංචි පොත, අත්පොත

Pod, *s.* කරල

Po′em, *s.* කවිය, කාව්‍ය ප්‍රබන්ධය

Po′esy, *s.* කාව්‍ය ශාස්ත්‍රය, කාව්‍යය

Po′et, *s.* කාව්‍යක්කාරයා, කවිවරයා

Po′etess, *s.* කාව්‍යක්කාරි

Poet′ic, **P**oet′ical, *a.* කාව්‍ය, කාව්‍යකාර, කාව්‍ය භාෂාවෙන් දැක්වූ

Po′etry, *s.* කාව්‍යම, කවි පදබැඳිම, කාව්‍ය ශාස්ත්‍රය

Poign′ant, *a.* තියුණු, තීක්ෂණ, මුවහත් ඇති, ඇනෙනන, වේදනාසහිත

Point, *v.* උල්කරණවා මුවත්කරණවා, අතින් පෙන්වනවා, ලකුණු දමනවා *s.* තුඩ, තුඩුව, තොන්ගල, කොණ, අග, කටුව, බින්දුව, ප්‍රධාන කල්පනාව

Point-blank′, *a.* කෙලින්ම ඉලක්කේට මානන, කෙලින්මවූ *ad.* වටපිට නොබලා කෙලින්ම

Point′ed, *a.* උල්වූ, තියුණු, මුවහත්, වදින [අඩයම් බල්ලුවර්ගයක්

Point′er, *s.* පැය පෙන්වන ලකුණ,

Points′man, *s.* දුම්රථපාරේ පීලි තල්ලුකරන්නා

Poise, *v.* කිරණවා, හරිබරකරණවා *s.* තුලාබර, සමබර, සමාන බලය

Poi′son, *s.* විෂ, විස *v.* විෂදෙනවා

Poi′sonous, *a.* විෂමයවූ, විසකුරු

Poke, *s.* කුරපසිය, ගෝනිය

Poke, *v.* උල්දෙයකින් අනිනවා, දිගවූ යමක් දමා සෝදිසිකරණවා, අත පතගා බලනවා

Pok′er, *s.* අඟුරුකටුව, ගින්නේ අඟුරු සොලවන යකඩය

Po′lar, *a.* පෘථිවි ධ්‍රැව සම්බන්ධවූ

Pole, *s.* ධ්‍රැවය, රිටි, දණ්ඩ, තුඹය

Pole′axe, *s.* යුද්ධ පොරවක්

Pole′cat, *s.* උගුඩුවා

Polem′ic, **P**olem′ical, *a.* විතර්කණ, වාදකාර, තර්ක කථාකාර

Polem′ics, *s. pl.* ධර්මවිතර්කණය, ආගම ගැණ වාදය, සමය වාදකථාව

Pole′-star, *s.* ධ්‍රැවය දක්වන තාරකාව, ධ්‍රැව තාරකාව

Police′, s. නාගරිකාණ්ඩුව, පොලිසිය
Pol′icy, s. ආණ්ඩුකරණ විධිය, රජ නීතිය, උපාය, ඔප්පු පත්‍රය
Po′lish, v. ඔපදමනවා, ඔපනගනවා, පලිප්පුදමනවා, ඔපවැටෙනවා s. ඔපය, දිස්නය, පලිප්පුව
Polite′, a. හොඳට ඇතිවුනු, ආචාර වන්ත, ශිෂ්ටාචාර
Pol′itic, a. හොඳට යෝජනාකළාවූ, යෝජනාවෙහි දක්ෂ, උපක්‍රමදන්න, ප්‍රවනක්කාර [කිරීම සම්බන්ධ
Polit′ical, a. රාජ්‍යයට අයිති, ආණ්ඩු
Politi′cian, s. රාජ්‍යක්‍රම ශාස්ත්‍රඥයා, ආණ්ඩුකිරීමේ කාරණ දන්නා, උපාදක්ෂයා [වට අදාළ කාරණ
Pol′itics, s. රාජක්‍රම ශාස්ත්‍රය, ආණ්ඩු
Pol′ity, s. රාජධර්මය, ආණ්ඩුක්‍රමය
Pol′ka, s. එක්තරා නැටුමක්
Poll, s. හිස, ඉසේ පස්ස, නම් වට්ටෝරුව, නිලධාරීන් තෝරාගැණීම
Poll, v. අග්ගිස් කපනවා, අතු කපා දමනවා, නම ලියාපදිංචිකරණවා
Pol′lard, s. කප්පදුකළ ගහ, අතු පැස්ස ගහ, පරළු
Poll′-tax, s. ඇඟබද්ද
Pol′len, s. රොන්, රේණු, සිනිදු පිටි
Po′lo, s. අශ්වන් පිට නැගී කරණ පන්දු ක්‍රීඩාවක් [කරණවා
Pollute′, v. අපවිත්‍රකරණවා, කිලුටු
Pollu′tion, s. කිලුටුකෙරීම, දූෂ්‍යකෙරීම, කෙලසීම

Poltroon′, s. නිවටයා, බයගුල්ලා
Poltroon′ery, s. නිවට බයගුලු ගතිය, තුච්ඡකම [යන් ඇතුව සිටීම
Polyan′dry, s. එකෙකුට වඩා පුරුෂ
Polyg′amy, s. බොහෝ භාර්‍යාවන් හෝ පුරුෂයින් හෝ ඇතුව සිටීම, බහු භාර්‍යාතාව [පොත
Pol′yglot, s. කීප භාෂාවකින් ලියාපු
Pol′ysyllable, s. බහු ස්වර වාචකය, ශබ්ද තුණකට වැඩි වචනය
Polytech′nic, a. බොහෝ ශිල්ප අඩංගුවූ, බහු ශිල්පශාස්ත්‍ර සහිත
Pol′ytheism, s. බොහෝ දේවතාවුන් ඇදහීම, බහු දේවදෘෂ්ටිය
Pol′ytheist, s. බොහෝ දෙවිවරුන් කෙරේ අදහන්නා
Polytheist′ic, Polytheist′ical, a. බහු දේවදෘෂ්ටිය සම්බන්ධ [යක්
Poma′tum, s. ඉසගල්වන සුගන්ධද්‍රව්‍ය
Pom′egranate, s. දෙළුම්, දාඩිම
Pom′mel, v. ගනවූ හෝ බරදෙයකින් තළනවා, පොඩිකරණවා s. කඩුවේ නොහොත් සැදලේ මිට, ගණ්ඨිය [රම
Pomp, s. ඓශ්වර්‍යය, පෙළහර, උඳ
Pom′pous, a. පෙළහර සහිතවූ, ඓශ්වර්‍යමත්, අහංකාර
Pond, s. තටාකය, පොකුණ, ජලාශය
Pon′der, v. සිතා බලනවා, කල්පනා කරණවා, මෙනෙහිකරණවා
Pon′iard, s. කුඩා කිරිච්චිය

Pon′derous, *a.* ඉතාබරවූ, අතිභාරවූ
Pon′tiff, *s.* උතුම් පූජකයා, නායක පූජකයා, පාප් උන්නාන්සේ
Pontif′icate, *s.* නායක පූජකකම, පාප් තිලය හෝ පදවිය [ලම
Pontoon′, *s.* පාලම්පාරුවක්, පාරුපා
Po′ny, *s.* කුඩා අශ්වයා, මිටි අශ්වයා
Poo′dle, *s.* දික් සිනිදු ලොම් සහිත කුඩා බල්ලෙක්
Pooh, *int.* චී, චිඃ
Pool, *s.* පොකුණ, වැව, විල
Poop, *s.* නැවේ පස්සා කොටස්ඨාසය, අවරයේ උඩතට්ටුව
Poor, *a.* දිළිඳු, දුප්පත්, දුර්වල, අධම, කෙට්ටු, නිස්සාර
Poor′ly, *a.* මදක් අසනීපවූ
Poor′-rate, *s.* දිළිඳුන්ගේ නඩත්තුව උදෙසා අයකරණ බද්ද
Poor-spir′ited, *a.* දුර්වල සිතැති, ධෛර්‍යහීනැති, බයගුළු [නවා
Pop, *v.* ගැස්සෙනවා, එහාමෙහා පණි
Pope, *s.* පාප් උන්නාන්සේ
Pop′ery, *s.* රෝමානු ආගම
Pop′gun, *s.* බටතුවක්කුව, පුංචිසෙල්ලම් තුවක්කුව
Pop′injay, *s.* ගිරවා, ගිරවෙක් වැනි ඉලක්කය, ජේත්තුකාරයා
Pop′lin, *s.* පටරෙදි වර්ගයක් [යක්
Pop′py, *s.* ලොකු මල් ඇති ගස් ජාති
Pop′ulace, *s.* පොදු රටවැසියෝ, මහජනයා [නාශ්‍රයවූ, පොදුවූ
Pop′ular, *a.* මහජනයාට අයිතිවූ, ජ
Pop′ularise, *v.* පොදුජනයාට යෝග්‍ය කරණවා, මහජනයා අතරේ පතළ කරණවා
Popular′ity, *s.* මහජනයාට ප්‍රසන්න වූ ස්වභාව, ජනප්‍රියතාව
Pop′ulate, *v.* ජනගහනයකරණවා, සෙනඟ පදිංචිකරණවා [හනය
Popula′tion, *s.* රටවැසියෝ, ජනග
Pop′ulous, *a.* ජනගහනවූ, බොහෝ මනුෂ්‍යයන් ඇත්තාවූ [පාදිය
Por′celain, *s.* යස සිනිදු පිඟන්කෝප්
Porch, *s.* පියස්සක් ඇති දොරටුව, මාර මණ්ඩපය
Por′cupine, *s.* ඉත්තෑවා
Pore, *s.* රෝමකූපය, ඩා සිදුර
Pore, *v.* බොහෝ භාවිතාකරණවා, ඕනෑකමින් බලනවා
Pork, *s.* ඌරුමස්, ශූකරමාංස
Pork′er, *s.* තරුණ ඌරා, කෑමට මරන්ට ඇතිකරණ ඌරා [කම
Poros′ity, *s.* සිදුරු ඇති ගතිය, බුරුල්
Por′ous, *a.* සිදුරු ඇති, කූපසහිත
Por′phyry, *s.* ගිනිගල් වර්ගයක්
Por′poise, *s.* මුහුදු ඌරා, ජලශූකරයා
Por′ridge, *s.* තලපයක්, කාල්දු
Port, *s.* ඇතුල්වරාය, වරාය, තොට, දොරටුව, මිදිරස වර්ගයක්
Port′able, *a.* ගලවා ගෙණියන්ට සුළුවන්වූ, පහසුවෙන් ගෙණියිය හැකිවූ [යදම
Port′age, *s.* ගෙණයාම, ගෙණියන වි

Por'tal, *s.* කුඩා දොරකඩ, දොරටුව
Portcul'lis, *s.* නුවර දොර රකින ග
රාදි වැට
Porte, *s.* තුර්කි ආණ්ඩුව
Portend', *v.* පූර්ව නිමිති කියනවා, ක
ලින් පෙන්වනවා [ණ
Por'tent, *s.* නරක නිමිත්ත, පූර්වලකු
Portent'ous, *a.* නරක නිමිතිවූ, පූර්ව
ලකුණක් කොට ඇත්තාවූ
Portent'ously, *ad.* නිමිති සහිතව, න
පුරු නිමිත්තක ආකාරයෙන්
Por'ter, *s.* දොරටුපාලයා, බරගෙණි
යන කුලීකාරයා, බීම වර්ගයක් [ය
Port'erage, *s.* බඩුගෙණයාමේ කුලි
Portfo'lio, *s.* පත්‍රාධාරය, කඩදාසි ප්‍ර
වේසම්කරණ කම්බ පොත
Port'hole, *s.* නැව් අංශයේ විවරයක්
Por'tico, *s.* දොරකඩ ඉදිරිපිට බරාඳ
ය, මාර පිණ්ඩය
Por'tion, *v.* කොටස්කරණවා, පංගුව
බෙදාදෙනවා, දායාද දෙනවා *s.* පං
ගුව, කොටස, උරුමය, දායාදය,
දෑවැද්ද
Port'ly, *a.* මහත් හැඩහුරුකම් ඇති,
සුන්දරතරවූ
Portman'teau, *s.* ගමනට රෙදි ආදිය
ගෙණියන හම්පෙට්ටිය
Por'trait, *s.* රූප සිතියම, සටහන්
රූපය, විස්තරාකාරය
Portray', *v.* රූප සිතියම්කරණවා,
ගුණ කියනවා, ලක්ෂණ දක්වනවා

Pose, *v.* යම් අන්දමකට සිටිනවා, න
වත්වනවා, නිරුත්තර කරණවා
s. සිටින අන්දම, පිහිටි හැටිය
Posi'tion, *s.* පිහිටිතැන, ඇතිසැටිය,
කාරණවල ආකාරය
Pos'itive, *a.* නිසැකවූ, ඒකාන්ත,
සත්‍යක, අවශ්‍ය, නියම
Possess', *v.* හිමිව තිබෙනවා, භුක්ති
විඳිනවා, උරුමකරගන්නවා
Posses'sion, *s.* භුක්තිය, අයිතිකම, හි
මිවූ දේ, උරුමය [භක්තිය
Possess'ive case, *s.*(*gram.*)සම්බන්ධ වි
Possess'or, *s.* හිමියා, ඇත්තා, අයිති
කරගණ සිටින්නා, භුක්තිවිඳින්නා
Pos'set, *s.* වැයින් හෝ ඇඹුල් සමග
කැටිගැස්වූ උණුකිරි
Possibil'ity; *s.* වියහැකිකම, බැරිනැ
තිකම, වෙන්ට පුළුවන් දෙය
Pos'sible, *a.* වියහැකිවූ, පුළුවන්වූ
Post, *v.* කණුවකට සවිකර තබනවා,
ප්‍රසිද්ධියේ නින්දා පමුණුවනවා, පිහි
ටුවනවා, තැපැලේ දමනවා, හුනුව
ගමන්කරණවා *s.* කණුව, තුරුපාව,
මුරපල, ස්ථානය, නිලය, තැපැල
Pos'tage, *s.* තැපැල් වියදම
Pos'tal, *a.* තැපැල් කන්තෝරුවට
අයිතිවූ, තැපැල්
Post'boy, *s.* රථ අශ්වයෙක් පිට යන්
නා, තැපැල් ගෙණයන්නා
Post'card, *s.* තැපැල් සිට්ටුව
Post'chaise, *s.* කුලී අශ්ව කෝච්චිය-

Postdate′, *v.* හරි දින නොදමා පසු දිනක් දමනවා, මතු දිනමක් දමනවා

Post′diluvian, *a.* ජලගැල්මට පසුවූ

Poste′rior, *a.* පසුවවූ [ටම

Poste′riors, *s. pl.* පස්ස, පිටිපස්ස, සටි

Poster′ity, *s.* පැවත එන්නෝ, මතු පරම්පරා [සේ දොර

Post′ern, *s.* කුඩා රහස් දොර, පස්

Post-haste′, *ad.* වහාම, හුහුව, ඉක්මනින්

Post′humous, *a.* පියාගේ මරණින් පසු උපන්, කතෘගේ මරණින් පසු ප්‍රසිද්ධකළ

Postil′lion, *s.* රථයක යෙදූ අශ්වයින්ගෙන් එකෙකු පිට නැගී දක්කන්නා

Post′man, *s.* තැපැල්කාරයා [ලතුණ

Post′mark, *s.* ලියුමේ ගහන තැපැල්

Post′master, *s.* තැපැල්කන්තෝරුවක් බලාගන්නා, තැපැල්මහත්මයා

Postmaster-general, *s.* තැපැල් කන්තෝරු දෙපාතීමේන්තුවේ ප්‍රධාන මූලාදූනියා [පස්වරු

Post-merid′ian, *a.* ඉරමුදුනෙන් පසු,

Post-mor′tem, *a.* මරණින්පසු කරණ

Post-of′fice, *s.* තැපැල් කන්තෝරුව

Postpone′, *v.* කල්දමනවා, ප්‍රමාදකරණවා, අතපසුකරණවා

Postpone′ment, *s.* කල්දැමීම, අතපසුව, ප්‍රමාදය

Post-pran′dial, *a.* කෑමට පසුවවූ

Post′script, *s.* ලියුමක අත්සනට යටින් එකතුකළ කාණ්ඩය, අඩු ලියවිල්ල

Pos′tulate, *s.* අනුමාන නොකොට භාරගන්න කාරණය, මූලසත්‍යය

Pos′ture, *s.* පිහිටි අන්දම, ඉරියාව, ආකාරය [වාක්‍යය

Po′sy, *s.* මල්පොකුර, මුදුවක කෙටි

Pot, *s.* මුට්ටිය, හැලිය, වලඳ, කලය

Pot′ash, *s.* යවක්ෂාර ලුණු

Pota′to, *s.* අර්තාපල්, බතල

Po′tency, *s.* ගුණය, බලය [නවූ

Po′tent, *a.* ශක්තිමත්වූ, බලසම්පන්

Po′tentate, *s.* බලවන්තයා, ආණ්ඩුකාරයා, රජ [ඇත්තාවූ

Poten′tial, *a.* වියහැකිවූ, වීමේ බලය

Potential′ity, *s.* නැති නුමුත් වියහැකිකම, පුළුවන් බලය

Poten′tially, *ad.* බලයේ හැටියටනම්

Pot′house, *s.* පහත් සුරා සැලක්, තැබෑරුම [කොයිදෙයක් නමුත්

Pot′luck, *s.* කෑමට සූදානම්ව තිබෙන

Po′tion, *s.* වරට දෙන බෙහෙත්, බෙහෙත් විතුරක්

Pot′share, Pot′shared, *s.* කැබිලිත්ත, පිඟන්කටුව

Pot′tage, *s.* මස් හොද්දක්

Pot′ter, *s.* බඩහැලයා, කුඹලා

Pot′ter, *v.* සුළු දේවල ලොකුවට යෙදී ඉන්නවා, අතපතගගා ඉන්නවා

Pot′tery, *s.* මැටිභාජන, කුම්භකාරශාලාව

Pot'tle, *s.* බුසලෙන් දහයෙන් පංගුව ක මිම්මක්, කුඩා පැස
Pouch, *s.* මඩිස්සලය, කෝෂය
Poult, *s.* කුකුල්පැටියා
Poul'tice, *s.* වණ ගඩාදියෙහි බඳින පාප්ප *v.* පාප්ප බඳිනවා
Poul'try, *s.* ඇතිකරණ කුකුල් ආදිය
Pounce, *s.* දුම්මල කුඩු
Pounce, *v.* කුඩු ඉසිනවා, පැණලා අල්ලනවා [කාසියක්, පවිම
Pound, *s.* රාත්තල, සිලින් විස්සක
Pound, *v.* පාගිනවා, කොටනවා, හ ළනවා, සුණුවිසුණුකරණවා
Pound'age, *s.* සුංගම, රාත්තල් ගණ නට ගෙවන තීරුව
Pour, *v.* වක්කරණවා, වගුරුවනවා, ගලනවා, නික්මෙණවා
Pout, *v.* තොල් නෙරවනවා, මුහුණ ඇඹුල්කරණවා [හිඟකම
Pov'erty, *s.* දිළිඳුකම, දුප්පත්කම,
Pow'der, *s.* කුඩු, සුණු, වෙඩිබෙහෙත්
Pow'dered, *a.* කුඩුකළාවූ, කුඩු ඉසි නලද, සුණුදූවූ
Pow'dery, *a.* කුඩු ඉස්සාවූ, කුඩු අං කාරවූ, කුඩුවෙන්නාවූ
Pow'er, *s.* බලය, පුළුවන්කම, ශක්ති ය, අනුහස, පරාක්‍රමය, ආණ්ඩු බලය
Power'ful, *a.* බලවත්, බලසම්පන්න
Pox, *s.* කුෂ්ඨය, පැපොල, කුණුලෙඩ
Prac'ticable, *a.* කළහැකිවූ, කරන්ට පුළුවන්වූ, සාධ්‍ය

Prac'tical, *a.* ක්‍රියාකර්මට අයිතිවූ, අත්දුටුවාවූ, ප්‍රයෝජනවත්
Prac'tice, *s.* පුරුද්ද, භාවිතාව, පාවිච්චිය, සිරිත, කෙරීම
Prac'tise, *v.* භාවිතාකරණවා, ක්‍රියා කරණවා, පුරුදුකරණවා
Practi'tioner, *s.* පුරුදුලෙස ක්‍රියාක රන්නා, භාවිතාකරන්නා
Præto'rium, *s.* පුරාණ රෝමවරුන් අ තරේ සේනාපති මැදුර, නඩුශාලාව
Pragmat'ical, *a.* අවසර නැතුව අ නුන්ගේ දේ ගැණ මැදිවෙන්නාවූ
Prai'rie, *s.* අමෙරිකාවේ විසාල තෘණ තලාවලට නමක්
Praise, *s.* ප්‍රශංසාව, වර්ණනාව, කීර් තිය, ස්තුතිය *v.* ප්‍රශංසාකරණවා, පසසනවා [යශුතු
Praise'worthy, *a.* ප්‍රශංසනීය, පැසසි
Prance, *v.* පිම් පණිනවා, පැණපැණ යනවා [විකිලුව
Prank, *s.* සරදම් ක්‍රියාව, සමච්චලය,
Prank, *v.* අලංකාරකරණවා, සරස නවා
Prate, *v.* නිෂ්ඵලව දෙඩවනවා, චා චාලකම් කියනවා *s.* දෙඩවිල්ල
Prat'tle, *v.* දෙඩවනවා, ළදරුවෙක් මෙන් බොළඳ බස් කියනවා *s.* සුර තල් බස, බොළඳ බස, දෙඩවිල්ල
Prawn, *s.* ඉස්සා නිදර්ශනය
Prax'is, *s.* භාවිතාව, අභ්‍යාසය සඳහා
Pray, *v.* යාච්ඤාකරණවා, ඉල්ලනවා

Prayer′, *s.* යාචඤාව, ඉල්ලීම, අයදුම

Prayer′ful, *a.* යාචඤාකරණ සුලුවූ, යාචඤාවෙන් යුක්තවූ [කරණවා

Preach, *v.* දේසනාකාරණවා, ප්‍රකාශ

Preach′er, *s.* දේසනාකාරයා

Preach′ing, *s.* දේසනාකිරීම, දම්දෙ සීම [ම

Pream′ble, *s.* ප්‍රාරම්භය, පටන්ගැන්

Preb′endary, *s.* බිස්කොප් කෙනෙකුගේ දේවසභාගේට අයිති දේවගැතියෙක්

Preca′rious, *a.* අස්ථිරවූ, අනුමානවූ

Precau′tion, *s.* කලින් ප්‍රවේසම්වීම, කල්මත්තෙන් දූත්වීම

Precede′, *v.* ඉස්සරවෙනවා, ඉස්සරින් තිබෙනවා, පෙරටුව යනවා

Prec′edence, Prec′edency, *s.* ඉස්සරවයාම, ප්‍රථමවීම, ප්‍රධාන ඉඩම

Prec′edent, *s.* පූර්ව ආදශයය, ඉහතින් සමානව සිදුවූ දෙය

Preced′ent, *a.* ඉස්සරට යන්නාවූ; පෙරටුවූ, පූර්ව [කාකාරයා

Precen′tor, *s.* පල්ලියේ ප්‍රධාන ගීති

Pre′cept, *s.* ආඥාව, විනය, ප්‍රඥප්තිය, ශික්ෂාව

Precept′ive, *a.* ශික්ෂාසහිත, කල්ක්‍රියාව ගැණ ගුරුකම්දෙන්නාවූ, උපදේශක

Precept′or, *s.* ගුරුවරයා, ශික්ෂකයා, ආචාර්යයා [සාරය

Pre′cient, *s* සීමාව, ප්‍රදේශය, පර්‍යා

Prec′ious, *a.* වටින්නාවූ, අනර්ඝ, අනගි, අගේඇති [කම

Prec′iousness, *s.* අනර්ඝකම, මාහැගි

Prec′ipice, *s.* ප්‍රපාතය, පර්වත බෑවුම

Precip′itance, *s.* ඉතා ඉක්මන් ගතිය, මහත් වේගය

Precip′itant, *a.* ඉක්මනින් ඇදවැටෙන, වේගයෙන් බසින, හදිසිවූ

Precip′itate, *v.* පහළට ඇදහෙලනවා, විසිකරණවා, අධිකලෙස ඉක්මන්කරවනවා *a.* බොහෝ වේගවත්වූ, ඉතා අප්‍රවේසම්

Precipita′tion, *s.* පහළට ඇදහෙලීම, මුහුනින් හෙලීම, අධික ඉක්මන, අපරීක්ෂා වේගය [මන්වූ

Precip′itous, *a.* ප්‍රපාතවූ, ඉතා ඉක්

Pre′cis, *s.* ලුහුඩු පිටපත, භාවාර්ථ සටහන

Precise′, *a.* සියලු ප්‍රකාරයෙන් හරිවූ, නියමාකාරවූ, සත්‍යක

Precise′ly, *ad.* හරියටම, නියම ප්‍රකාරයටම, අධික තීක්ෂණකමින්

Precise′ness, *s.* සම්පූර්ණයෙන් හරිවීම, නියමාකාරය, ඕනෑවාට වැඩි තීක්ෂණකම

Preci′sion, *s.* සම්පූර්ණ හරිකම, නිවැරදිකම, නියමවූ මායිම

Preclude′, *v.* බාධාකරණවා, කලින් වලක්වනවා, අහක්කරණවා

Preco′cious, *a.* නියම කලට ඉස්සරින් පැසුනාවූ, අකාලයට පැසිච්ච

Precoc'iousness, Precoc'ity, *s.* කලින් පැසීම, බාල වයසේදීම සිහිය වැඩීම, වයසට වඩා සමිණිකම, පැහිච්චකම

Preconcep'tion, *s.* කල්මත්තෙන් කළ කල්පනාව, කලින් සිතාගත් දේ

Preconceive', *v.* කල්මත්තෙන් කල්පනාකරණවා, කලින් සිතාගන්නවා

Precur'sor, *s.* පෙරටුව දුවන්නා, ඉස්සරට යන දේ [පූර්වනිමිත්තක්වූ

Precur'sory, *a.* පෙරටුව යන්නාවූ.

Preda'ceous, *a.* ගොදුරුකා ජීවත්වෙන

Pre'dal, *a.* ගොදුරවූ, කොල්ලකන

Pred'atory, *a.* කොල්ලගන්නාවූ, කොල්ලකාර, ගොදුරු අල්ලන

Predeces'sor, *s.* ඉස්සරින් යම් නිලයක සිටි තැනැත්තා

Predestina'tion, *s.* පූර්ව නියෝගය

Pre'dial, *a.* ගම්බිම්වලට අයිතිවූ

Pred'icable, *a.* යමක් සම්බන්ධකොට කියහැකිවූ, වාච්‍ය

Predic'ament, *s.* තත්වය, ස්වභාව, අමාරුව, අසීරු අඩිය

Pred'icate, *s.* උක්තවාක්‍යය, වාච්‍යය

Prodioa'tion, *s.* යමක් ගැන යම් කරුණක් කීම, ආරෝපණයකිරීම, ආරෝපිත වාක්‍යය

Predict', *v.* මතු පැමිණෙන දේ කියනවා, දිවස් කියනවා

Predic'tion, *s.* අනාගත වාක්‍යය

Predict'ive, *a.* මතු දේ කියන්නාවූ, දිවස් වශයෙන්වූ

Predilec'tion, *s.* කල්මත්තෙන් තෝරාගැනීම, කලින් ඇති මනාපය, ලැදිකම

Predispose', *v.* කලින් මනාපකරවනවා, කල් ඇතුව සූදානම්කරණවා

Predom'inance, Predom'inancy, *s.* ප්‍රධානකම, ප්‍රධානත්වය, මූලිකකම

Predom'inant, *a.* ප්‍රධාන, වැඩි බලය ඇති, අධිකවූ

Predom'inate, *v.* ප්‍රධානවෙනවා උසස්වෙනවා, වැඩිබලය පවත්වනවා

Pre-em'inence, *s.* වැඩි උසස්භාවය, වඩා උතුම්කම. ප්‍රධානකම

Pre-em'inent, *a.* වැඩි උසස්වූ, උතුම්වූ, විශේෂයෙන් ප්‍රධානවූ

Pre-exist'ence, *s.* පූර්වයෙන් සිටීම, පෙරජාතිය

Pref'ace, *s.* ප්‍රාරම්භකීම, සංක්‍ෂෙපනය

Pref'atory, *a.* මුලට යොදන්නාවූ, ප්‍රාරම්භ [ණ්ඩුකාරයෙක්

Pre'fect, *s.* අධිපතියා, ප්‍රත්‍යයේ ආ

Prefer', *v.* වැදගැම්මට ගන්නවා, වඩා කැමතිවෙනවා, තෝරාගන්නවා

Pref'erable, *a.* වඩා උතුම්කොට සැලකිය යුතුවූ; වඩා හොඳ

Pref'erence, *s.* වඩා කැමතිවීම, වැඩි කැමැත්තෙන් තෝරාගත් දේ

Preferen'tial, *a.* වැඩි කැමැත්තක් ඇත්තාවූ

Prefer′ment, *s.* වැඩිදියුණුකෙරීම, වඩා උතුම් තනතුරකට පැමිණීම, වඩා උසස් අඩිය

Prefig′ure, *v.* පළමුවෙන් ගෙණහැර දක්වනවා, පූර්ව ලක්ෂණයකින් දක්වනවා

Prefix′, *v.* ඉදිරියෙන් පත්කරණවා, මුල්කොටතබනවා, මුලින්තබනවා

Pre′fix, *s.* උපසර්ගය [පරිපූර්ණවූ

Preg′nant, *a.* ගර්භිනිවූ, බඩදරුවූ,

Pre′hensile, *a.* අහුරට ගන්නාවූ

Prehistor′ic, *a.* ඉතිහාසික කාලයට ප්‍රථම කාලයක් සම්බන්ධවූ

Pre′judge, *v.* කලින් විනිශ්චයකරණවා, විභාගනොකර තීන්දුවට පැමිණෙනවා

Prej′udice, *s.* කල්මත්තෙන් විනිශ්චයකෙරීම, පැත්තකට ඇලුම්කම, පක්ෂකම, අහානිය

Prejudi′cial, *a.* අලාභ සිද්ධකරණ, අහානිදායක, අවාසිවූ, බාධාවූ,

Prel′acy, *s.* පාරිදර්ශික නිලය, නායක පදවිය, බිස්කොප් පිළිවෙල

Prel′ate, *s.* පාරිදර්ශිකයා, බිස්කොප්

Prelim′inary, *a.* පූර්වවූ, පළමුවූ, ප්‍රාරම්භවූ *s.* මුල්කාරණව, ප්‍රාරම්භය

Prel′ude, *s.* කථාවක නොහොත් ගායනාවක ආරම්භය, ප්‍රාරම්භය, පූර්ව ලකුණ [ඉක්මන් වැඩිවූ

Prem′ature, *a.* අකාලයට පැහුනාවූ,

Premed′itate, *v.* කලින් මෙනෙහිකරණවා, පූර්වයෙන් අරමුණුකරණවා

Premedita′tion, *s.* කලින් කල්පනාකිරීම, පූර්වයෙන් කරණ අරමුණ

Prem′ier, *s.* ප්‍රධාන අමාත්‍යයා, මහාමාත්‍යයා

Premise′, *v.* පළමුකොට තේරුම්කරදෙනවා, අත්පිට නියමකරකියනවා

Prem′ises, *s. pl.* ප්‍රථමකොට ඒත්තුගන්න කාරණ, ගේදොර

Pre′mium, *s.* විපාකය, අත්තිකාරම, ලාබය, පොලඹනා ත්‍යාගය

Premoni′tion, *s.* කලින් අවවාද දීම, පූර්වනිමිත්ත

Pren′tice, *s.* ශිල්පයක් ඉගෙණගැනීමට බැඳුනු තැනැත්තා

Preoc′cupy, *v.* කලින් අල්ලාගෙණ සිටිනවා; පළමුවෙන් පිහිටානවා

Preordain′, *v.* කල්ඇතුව නියමකරණවා [කලතෙද්, බෙහෙත

Prepara′tion, *s.* සූදානම, පිළියෙල

Prepar′atory, *a.* සූදානම්කරණ, කලින් උපවනාවූ, ප්‍රාරම්භක

Prepare′, *v.* සූදානම්කරණවා, පිළියෙලකරණවා, සැදෙනවා [සම්වූ

Prepared′, *a.* පිළියෙලකළාවූ, සූදා

Prepay′, *v.* අත්පිට ගෙවනවා

Prepay′ment, *s.* කලින් ගෙවීම, අත්තිකාරම [බර පතලවූ

Prepon′derant, *a.* වඩා බරවූ, අධික

Prepon′derate, *v.* වඩා බරට කිරෙණවා, වැඩි බර ඇතිවෙනවා

Preposi′tion, *s.* පිට, නිසා, විසින් ආදි විභක්ති වචන

Prepossess′, *v.* පළමුව භූතාභිවිද්දිනවා, කලින් සිත් ඇදුම්කරගන්නවා

Prepossess′ing, *a.* කලින් සිත ඇදුම් කරගන්න, මනෝහර

Preposses′sion, *s.* කලින් අයිතිකර ගණ සිටීම, පූර්වභූතාතිය, කලින් සිත් ඇල්ම, පූර්වපාක්ෂිකම [දිවූ, මෝඩ

Prepos′terous, *a.* විපරීතාකාර වැර

Prereq′uisite, *s.* කලින් ඕනෑවූ දෙය

Prerog′ative, *s.* තනි බලය, විශේෂ වාසිය [කුණ

Pres′age, *s.* පූර්ව නිමිත්ත, දවස් සල

Presage′, *v.* කලින් ලකුණු දක්වන වා, නිමිති කියනවා [තියා

Pres′byter, *s.* වැඩිමහල්ලා, දේවගැ

Presbyte′rian, Presbyte′rial, *a.* වැඩි මහල් සභාකාර, දේවගැතින් සෑම දෙනාම සමානකොට සලකන සභා ආණ්ඩුක්‍රමයට අයිති [රයා

Presbyte′rian, *s.* වැඩිමහල් සභාකා

Pres′bytery, *s.* වැඩිමහල්ලන්ගෙන් යුත් මන්ත්‍රණ සභාව, සභාවේ වැඩි මහල්ලෝ

Pres′cience, *s.* පූර්ව ඥානය, අනාගත ඥානය [මතු වෙන දේ දන්නාවූ

Pres′cient, *a.* අනාගත ඥානය ඇති,

Prescribe′, *v.* නියෝගකරණවා, නියම කරණවා,(බෙහෙත්)කියාදෙනවා

Prescrip′tion, *s.* නියමකිරීම, ඖෂධ වට්ටෝරුව, භුක්තියේ සවිය [නාවූ

Prescript′ive, *a.* භුක්තිවිදීමෙන් අත්වූ

Pres′ence, *s.* ඉදිරිපිට සිටීම, පෙරවූ ණ, පෙණුම, මතකතිබීම

Pres′ent, *a.* ඉදිරිපිට සිටින්නාවූ, අභි මුඛවූ, වර්තමාන

Present′, *v.* ඉදිරිපිටට ගෙණ එනවා, පානවා, දක්වනවා, ප්‍රදකරණවා

Pres′ent, *s.* තෑග්ග, තෑග්ගය, දීමනාව

Presenta′tion, *s.* දීම, දූතයකෙරීම, ගෙණපෑම, ප්‍රදර්ශනය

Presen′timent, *s.* කලින් දූතිම, පූර්ව මතය හෝ සැකය

Pres′ently, *ad.* ප්‍රමාදනැතුව, විගසකින්, ඉක්මණිම්ම [ආරක්ෂාවක්

Preser′vative, *s.* රක්ෂාකරණ දෙයක්,

Preserva′tion, *s.* රක්ෂාකිරීම, ආරක්ෂාව, සංරක්ෂණය

Preserve′, *v.* රක්ෂාකරණවා, රැකවල් කරණවා, රකිනවා

Preside′, *v.* ප්‍රධාන අසනයට පැමිණෙනවා, මූලිකකම කරණවා

Pres′idency, *s.* ප්‍රධානකම, නායකකම, සභාපති නිලය, ප්‍රධානයාගේ කාලය හෝ ප්‍රදේශය

Pres′ident, *s.* ප්‍රධානියා, නායකයා, මූලාදෑනියා, සභාපතියා

Presiden′tial, *a.* ප්‍රධානකම්කරණ, ප්‍රධානතැන සම්බන්ධ, නායක

Press, *v.* මඩිනවා, මිරිකනවා, තද කරණවා, බොහෝකර ඉල්ලනවා, බලකරණවා, එබෙනවා, තෙරපෙනවා

Press, *s.* මිරිකණ යන්ත්‍රය, අච්චු යන්ත්‍රය, තද බිනෑකම,-සමූහය

Press′-gang, *s.* නැව්කාරයන්වීම පිණිස මිනිසුන් අල්ලන සමූහයක්

Press′ing, *a.* ඉතා බිසෑවූ, බලගතු

Press′-man, *s.* අච්චුගහන්නා

Pres′sure, *s.* එබීම, බලාත්කාරය, තදබලකම

Pres′tige, *s.* වාසිබලය, අනුභාව, කල්ක්‍රියාව හෝ කීර්තිය නිසා ලත් බලය

Presume′, *v.* නොවිමසා සිතනවා, හිතාගන්නවා, විශ්වාස කරණවා, ප්‍රශ්නප්‍රශ්න තරමට හිතාගෙණ හැසිරෙණවා

Presum′ing, *a.* නොවිමසා හෝ අවසර නැතුව සිතාගන්න, නොනිසි ධෛර්‍යගන්නාවූ, එඩි [පෙණෙන

Presump′tive, *a.* විශ්වාසකළහැකියයි

Presump′tuous, *a.* නොනිසි ධෛර්‍ය සිතාගත්, අහංකාර, හිතුවක්කාර

Presuppose′, *v.* ප්‍රථමකොට සිතාගන්නවා, කලින් ඇතැයි හැගෙනවා

Pretence′, *s.* බොරුවට දක්වීම, ප්‍රයෝගය, උපාය

Pretend′, *v.* බොරුවට හඟවනවා, කපටිකම්කරණවා, අයිතිවාසිකම් කියාහිටිනවා [වංචාව

Preten′sion, *s.* බොරුවක් හැඟවීම,

Preten′tious, *a.* බොරු උසස්භාවයක් දරණ, බැරෑරුම් පෙණීමක් ඇති, අහංකාර

Pret′erit, *a.* අතීත, පසුගිය [යම්

Preternat′ural, *a.* අස්වභාවික, අති

Pre′text, *s.* බොරුවෙන් ගෙණහැර දක්වීම, බොරුවිලාසය, අසත්‍යකීම

Pret′tily, *ad.* ලක්ෂණ ලෙස, ප්‍රියලෙස, ශෝභමානලෙස

Pret′ty, *a.* ලක්ෂණ, ප්‍රිය, යස, කදිම

Prevail′, *v.* ජයගන්නවා, මනාපකරවාගන්නවා, බලවත්වෙනවා

Prevail′ing, *a.* ජයගන්න, ඉඩකරගන්න, ඉතා බහුල

Prev′alence, Prev′alency, *s.* බහුලත්වය, සාමාන්‍යකම, බලවත්කම, අනිසංසය [වූ, සාමාන්‍ය

Prev′alent, *a.* බලවත්තාවූ, බොහෝ

Prevar′icate, *v.* ඇත්ත සඟවා කියනවා, බොරු කියනවා, වංක උත්තර දෙනවා [වංකලෙස කීම

Prevarica′tion, *s.* ඇත්ත සඟවා කීම,

Prevar′icator, *s.* ඇත්ත සඟවන්නා, කෙලින් කථානොකරන්නා

Preve′nient, *a.* ඉස්සරව යන්නාවූ

Prevent′, *v.* වලක්වනවා, ඉඩනාරිණවා [මගහැරවීම, නිවාරණය

Preven′tion, *s.* වැලැක්වීම, කලින්

Prevent′ive, *s.* වලක්වන දේ

Pre′vious, *a.* පළමු, ප්‍රථම, පූර්ව

Prey, *s.* කොල්ලය, ගොදුර

Price, *s.* මිලගණන, වටිනාකම, විපාකය [සිය, විකිණීම්පත්‍රය

Price′-current, *s.* මිලගණන් කඩදා

Price'less, *a.* ඉතා අනඝීවූ,අති අනඝිවූ

Prick, *v.* අනිනවා, විදිනවා, පොළඹනවා *s.* කටුව, උල, තුවාලය

Prick'le, *s.* කටුව, උල

Prick'liness, *s.* කටුගහනකම

Prick'ly, *a.* කටුසහිත, කටුගහන

Prick'ly-pear, *s.* කටුපතුක්

Pride, *s.* උදූරම, ආඩම්බරය, ගම්භීරත්වය, අහංකාරකම, ඉසූර

Priest, *s.* පූජකයා, ගුරුප්‍රසාදි තැන, භික්ෂු, ශ්‍රමණයා, කපුරාල [ක්‍රියා

Priest'craft, *s.* පූජකයන්ගේ රුවටිලි

Priest'ess, *s.* පූජක දුව, භික්ෂුණී

Priest'hood, *s.* පූජකධුරය, මහණකම, පූජක පදවිය

Priest'-rid'den, *a.* පූජකයින්ගේ කැමැත්තට සහමුලින් යටත්වූ

Prig, *s.* බොරු අහංකාරකාරයා, සොරා [වූ, කදිම

Prim, *a.* ප්‍රවේසමෙන් ඇන්දවූ, සෘජු

Pri'macy, *s.* අග්‍ර බිස්කොප් ඨානාන්තරය

Pri'marily, *ad.* මුලදී, පළමුකොට

Pri'mary, *a.* මුල්වූ, ආරම්භවූ, පළමුවෙනි, ප්‍රධාන [පාරිදර්ශීක තැන

Pri'mate, *s.* ප්‍රධාන බිස්කොප්, අග්‍ර

Prime, *a.* මුල්, මූලික, ශ්‍රේෂ්ඨ, අනඝී *s.* ආරම්භය, අලුයම, ඉතා හොඳ කොටඨාසය [දමනවා

Prime, *v.* තුවක්කු කණේ වෙඩිබෙත්

Prime-min'ister, *s.* මහා අමාත්‍යයා, අගමැතියා

Prim'er, *s.* මුල් පොත, පළමුවෙනි පාඩම් පොත

Prime'val, *a.* පුරාතනවූ, මුල්, පූර්ව

Prim'itive, *a.* පුරාණවූ, මුල් ස්වභාවවූ, ආදිආකාරවූ *s.* මූල, ධාතුශබ්දය

Primogen'iture, *s.* වැඩිමහල්කම, කුළුඳුල්කම

Primor'dial, *a.* මූලික, මුල්, පළමු *s.* ආරම්භය, මුල් ධාතුව [ධිපතියා

Prince, *s.* කුමාරයා, රාජකුමාරයා, අ

Prince'dom, *s.* කුමාර ප්‍රදේශය පදවිය හෝ ආණ්ඩුව [වූ, ඉසුරුමත්වූ

Prince'ly, *a.* රාජමයවූ, ඉතා උත්තම

Prin'cess, *s.* රජදූ, කුමාරිකාව

Prin'cipal, *a.* ප්‍රධාන, නායක *s.* ප්‍රධානියා, මූලිකයා, මුල් මුදල

Principal'ity, *s.* රාජධානිය, රජදරුවෙකු විසින් ආණ්ඩුකළ ප්‍රදේශය

Prin'cipally, *ad.* ප්‍රධානකොට, වැඩිකොට

Prin'ciple, *s.* ධාතුව, මුල් කාරණාව, මූලික සත්‍යය, ස්වභාව ධර්මය

Print, *v.* අච්චුගහනවා, මුද්‍රණයකරණවා, ලකුණුගහනවා *s.* අච්චු සිතියම, අච්චුගැසූ පත්‍රය, සිතියම්කළ පිළී

Print'er, *s.* අච්චුගහන්නා

Pri'or, *a.* පළමු, ආදි, ප්‍රථම, මත්තෙහිවූ *s.* රෝමානු තාපස විහාරයේ ප්‍රධානියා

Prior'ity, *s.* ඉස්සරවීම, පළමුවෙනිකම, ප්‍රධානත්වය, මුල්කම

Prism, *s.* ත්‍රිකෝණ සහ විදුරුවක්
Prismat'ic, *a.* ත්‍රිකෝණාකාර, ඉද්දුන්නේ සත්වර්ණ ඇති
Pris'on, *s.* හිරගේ, බන්ධනාගාරය
Pris'oner, *s.* හිරකාරයා, වරදකාරයා
Pris'tine, *a.* අදි, ප්‍රථම, පළමු, පුරාණ
Pri'vacy, *s.* රහස්කම, විවේකය
Pri'vate, *a.* අප්‍රසිද්ධ රහස්, පුද්ගලික
Privateer', *s.* අණුඩුවට නොව තිගම් කෙනෙකුට අයිති යුද්ධනැවක්
Priva'tion, *s.* හිඟකම, හානිය, නැතිකම, නැතිවීම
Priv'ative, *s.* නාකරණී නිපාතය
Priv'ilege, *s.* වැදගත් ලාභය, විශේෂ ප්‍රයෝජනය, අන්‍යයන්ට නැති මහත් වාසිය
Priv'ily, *ad.* රහස් ලෙස [වත්කම
Priv'ity, *s.* රහස් දැනගැන්ම, දැනු
Priv'y, *a.* රහස්, අප්‍රසිද්ධ, රහසක් දැනගත්තාවූ *s.* වැසිකිළිය
Priv'y-coun'cil, *s.* රහස් රාජමන්ත්‍රණ සභාව
Priv'y-purse, *s.* රජ්ජුගේ හෝ රාජිනිගේ පාවිච්චිය සඳහා නියම මුදල
Prize, *v.* අගයකරණවා, අගේකොට සිතනවා *s.* සතුරෙකුගෙන් කොල්ලගත් දෙය, විපාකය, තෑග්ග, දිනුම
Prize'-money, *s.* කොල්ල මුදල්
Pro and con, *ad.* සමගි එදිරි, වීමට නොවීමට, පක්ෂ විපක්ෂ
Probabil'ity, *s.* වෙන්ට පුළුවන්කම ඇති ස්වභාව, ඇත්ත වාගේ පෙණීම, සත්‍යාකාරය
Prob'able, *a.* වෙන්ට පුළුවන්වූ විය, හැකිවූ [ලාවට
Prob'ably *ad.* සමහරවිට, බාගවෙ
Pro'bate, *s.* අන්තිම කැමති පත්‍රයේ සාක්ෂි සහිත කෙටුම්පත
Proba'tion, *s.* පරීක්ෂණය, සෝදිසිපිට සිටින කාලය, හොඳ නරක සොයන කාලය
Proba'tioner, *s.* සෝදිසිපිට සිටින්නා
Probe, *v.* තුවාලයක් නොහොත් වණයක් සෝදිසිකරණවා, සම්පූර්ණ ලෙස පරීක්ෂාකරණවා
Pro bono pub'lico, *ad.* පොදු ජනයාගේ ප්‍රයෝජනයට [සත්පුරුෂකම
Prob'ity, *s.* අවංකකම, සුචරිතය,
Prob'lem, *s.* අමාරු ප්‍රශ්නය, සාධ්‍යය
Problemat'ic, Problemat'ical, *a.* අනිශ්චිත ප්‍රශ්නාකාරවූ, අනුමාන
Probos'cis, *s.* සොඬය, ඇත්සොඬ
Proced'ure, *s.* යමක් කරණ අන්දම, ක්‍රියාකෙරීම
Proceed', *v.* ඉදිරියට යනවා, පැමිණෙනවා, නික්මෙණවා, පැමිණිලිකරණවා
Proceed'ing, *s.* යාම, ක්‍රියාකෙරීම, ක්‍රියාකාර ක්‍රමය [ජන
Pro'ceeds, *s. pl.* ඵලය, ලාභ, ප්‍රභයෝ
Pro'cess, *s.* ක්‍රමය, කල්යාම, පිළිවෙළ, නඩුක්‍රමය

Proces'sion, *s.* පේළියට යාම, පෙර හැර [රවීකරණවා
Proclaim', *v.* ප්‍රසිද්ධකරණවා, එළිදු
Proclama'tion, *s.* ප්‍රසිද්ධකිරීම, අණ බෙරය, රාජනියෝග දැන්වීම් පත්‍රය
Procliv'ity, *s.* නැම්ම, ලැදිකම, ඇල්ම
Procras'tinate, *v.* කල්දමනවා, ප්‍රමා දකරණවා
Procrastina'tion, *s.* කල්දැමීම, අතප සුකිරීම, ප්‍රමාදය [ණවා
Pro'create, *v.* උපදවනවා, බෝකර
Proc'tor, *s.* පෙරකදෝරුවා
Procura'tion, *s.* අනිකෙකුගේ කළම නා බලාගැණීම, කළමනාකාර බ ලය, කළමනාකාර මුදල
Procure', *v.* සපයාගන්නවා, සම්බ කරගන්නවා
Procure'ment, *s.* සපයාගැණීම, කළ මනාකාරකම, මෙහෙය
Procur'er, *s.* සපයන්නා, ස්ත්‍රීන් සප යාදෙන්නා
Prod'igal, *a.* බොහෝ වියදම්කරන් නාවූ, නැතිකරගන්නාවූ, *s.* නිෂ්ඵ ල වියදම්කාරයා
Prodigal'ity, *s.* අධික වියදම්කාරක ම, බහුලකම [වියසුතුවූ
Prodig'ious, *a.* ඉතා මහත්වූ, පුදුම
Prod'igy, *s.* ආශ්චර්යයදෙයක්, අද්භූත ය, පුදුමය
Produce', *v.* උපදවනවා, දක්වන වා, හටගන්නවා ඵලදරණවා

Prod'uce, *s.* අස්වැන්න, පලදාව, ඵල ප්‍රයෝජනය
Prod'uct, *s.* අස්වැන්න, ලාභය, උප දවාගත් දෙය, ගුණිතය
Produc'tion, *s.* ඉපදවීම, හටගැන්වී ම, ඉපදවූ දෙය, ඵල
Product'ive, *a.* උපදවන්නාවූ, හට ගන්වන්නාවූ, උත්පාදක, සාරවත්
Profana'tion, *s.* ශුද්ධ දේ කෙලෙසීම, කිලුටුකිරීම
Profane', *a.* දේව අපහාසික, අභක් ති, අශුද්ධ, ලෞකික *v.* අශුතු පාවිච් චියකට සාදනවා, කෙලෙසනවා, අප හාසකරණවා [සය, කිලුටු දෙය
Profan'ity, *s.* කෙලෙසීම, දේව අපහා
Profess', *v.* කියාසිටිනවා, ප්‍රකාශකර ණවා, ප්‍රසිද්ධයෙන් කියනවා
Professed', *a.* ප්‍රකාශලෙස කියාසිටින් නාවූ, ප්‍රසිද්ධයේ පිළිගත්තාවූ
Profes'sedly, *ad.* කියා සිටිනලෙස, ප්‍රකාශලෙස, ප්‍රසිද්ධලෙස
Profes'sion, *s.* කියාසිටීම, වැඩේ, ධා නාන්තරය, ඇදහිල්ලකට ඇතුළත් වීම වන්නා, ආචාර්යයා
Profes'sor, *s.* කියාපාන්නා, උගන්
Prof'fer, *v.* පානවා, දිගුකරණවා, දෙන්ටහදනවා *s.* දීම, දෙන්ට හද න දේ [ගත් තැනැත්තා, දක්ෂයා
Profi'cient, *a.* ප්‍රගුණවූ, සමර්ථ *s.* උ
Profi'ciently, *ad.* ප්‍රගුණිත පරිදි, සම ර්ථලෙස, පලපුරුදු ආකාරයෙන්

Pro'file, *s.* අංශරූපය, මුහුණුකඩ

Prof'it, *v.* ලාභ උපදවනවා, ලාභ ලැබෙනවා, ප්‍රයෝජන ලබනවා, වැඩසිද්ධකරණවා *s.* ලාභය, ප්‍රයෝජනය, ඵල [ජනවත්

Prof'itable, *a.* ලාභ ලැබෙන, ප්‍රයෝ

Prof'itably, *ad.* ලාභ ලැබෙනලෙස, ප්‍රයෝජනවත්ලෙස

Prof'ligate, *a.* අවකල්ක්‍රියාවේ හැසිරෙණ, අනාචාර

Profound', *a.* ගැඹුර, ගම්භීර, අතිඋගත්, අධික, බලවත්

Profound'ly, *ad.* ගම්භීරලෙස, ගැඹුරුඥානය ඇතුව, ඉතා වැදගත්ලෙස

Profound'ness, *s.* ගැඹුරුකම, ගම්භීරතාව [ඥානය, ගැඹුර

Profund'ity, *s.* ගම්භීරත්වය, ගම්භීර

Profuse', *a.* වියදම්කරන්නාවූ, නොමසුරුවූ, අතිශයින්වූ, අධිකවූ

Profuse'ness, **Profu'sion**, *s.* බහුලලෙස ඇතිවීම, අධිකකම, නොමසුරුතාවය [කෙනෙක්

Progen'itor, *s.* මුතුන්මුත්තන්ගෙන්

Prog'eny, *s.* දරුවෝ, පැවතඑන්නෝ, ගෝත්‍රය [දූනගැන්ම

Progno'sis, *s.* රෝග ලක්ෂණ කලින්

Prognos'tic, *s.* පූර්වලකුණ, නිමිත්ත

Prognos'ticate, *v.* කල්මත්තෙන් කියනවා, මතු ලකුණු පෙන්වනවා

Pro'gramme, *s.* පූර්ව ලේඛනය, යෝජනා පත්‍රය, කෘතවස්ත සටහන

Prog'ress, *s.* ඉදිරියට යාම, වැඩිදියුණුවීම, පුහුණුවීම, ගමන

Progress', *v.* ඉදිරියට යනවා, ඉස්සරහට ගමන්කරණවා, දියුණුවෙනවා

Progres'sion, *s.* ඉදිරියට ගමන්කිරීම, ක්‍රමයෙන් වැඩිදියුණුවීම, වර්ධනය

Progres'sive, *a.* ක්‍රම ක්‍රමයෙන් ඉදිරියට යන්නාවූ, වර්ධනවෙන්නාවූ

Prohib'it, *v.* තහනම්කරණවා, වලක්වනවා [නම

Prohibi'tion, *s.* බාධාකෙරීම, තහ

Proj'ect, *s.* යෝජනාව, අදහස, උපාය

Project', *v.* ඉදිරියට විසිකරණවා, යොදනවා, යෝජනාකරණවා, නෙරණවා, නෙරා තිබෙනවා

Projec'tile, *a.* විසිකරණ *s.* විසිකරණු ලබන දෙයක්

Projec'tion, *s.* විසිකිරීම, නෙරාතිබෙන කොටස, නෙරුම, යෝජනාව, සටහන

Prolif'ic, *a.* ඵලබරවූ, බොහෝ උපදවන්නාවූ, බෝවෙන, සශ්‍රීක

Prolix', *a.* දීර්ඝවූ, විස්තර වැඩිවූ

Proloc'utor, *s.* මූලාරම්භය කියන්නා, රැස්වීමේ ප්‍රධානියා

Pro'logue, *s.* අරම්භකිම, ප්‍රාරම්භය

Prolong', *v.* දිගකරණවා, තව තව දීර්ඝකරණවා

Prolonga'tion, *s.* දීර්ඝකෙරීම, ප්‍රමාදය

Promenade', *s.* ප්‍රීතියට හෝ සනීපයට සක්මන්කිරීම, ඇවිදින ස්ථානය

Prom'inent, *a.* නෙරුවාවූ, ප්‍රමුඛ, ප්‍රධාන [මුල්වූ, පොදු

Promis'cuous, *a.* මිශ්‍රවූ, හාමුවූ, හ

Prom'ise, *s.* පොරොන්දුව, ගිවිසුම, ප්‍රතිඥාව *v.* පොරොන්දු වෙනවා, බස්දෙනවා, ප්‍රතිඥාවදෙනවා, බලාපොරොත්තු උපදවනවා

Prom'ising, *a.* ප්‍රාර්ථනා උපදවන්නාවූ, බලාපොරොත්තු දෙන්නාවූ

Prom'issory, *a.* පොරොන්දුවූ, පොරොන්දුවක් සහිත

Prom'ontory, *s.* උස් දේසතුඩුව, නෙරුවාවූ පර්වතය

Promote', *v.* වැඩිදියුණුකරණවා, උසස්කරණවා, පොළඹනවා

Promo'tion, *s.* දියුණුකිරීම, වඩා උසස් තනතුරකට පත්වීම

Prompt, *a.* අප්‍රමාද, සූදානම්, කඩිසර, ඉක්මන් *v.* ධෛර්‍යදෙනවා, පොළඹනවා, හඟවනවා, සිහිකරවනවා

Prompt'itude, *s.* ප්‍රමාද නැතුව යමක් කිරීම, කඩිසරකම

Prom'ulgate. *v.* එළිදරව්කරණවා, ප්‍රසිද්ධකරණවා, පතුරුවනවා

Promulga'tion, *s.* ප්‍රසිද්ධකිරීම, පතළකිරීම, ප්‍රකාශය [සිත් අදින්නාවූ

Prone, *a.* නැමුනාවූ, ඇලවෙන්නාවූ,

Prong, *s.* උල, කටුව, තුඩ

Pro'noun, *s.* සර්ව නාමය

Pronounce', *v.* කියනවා, ශබ්දකරණවා, ශබ්දදෙනවා [චාරණය

Pronuncia'tion, *s.* ශබ්දකෙරීම, උච්

Proof, *a.* තද, ස්ථිර, නොනැමෙන *s.* සාක්ෂිය, ඔප්පුව, විභාගය, හරිවැරදිබැලීමට අච්චුගහපු පත්‍රය

Prop, *s.* කුරුපාව, කරුව, බලකරුව

Propagan'da, *s.* රෝමානු කතෝලික සමූහයා

Propagand'ism, *s.* ආගමක් නොහොත් ඇදහිලික්‍රමයක් පතළකිරීමේ විධිය [කරණවා, බෝවෙනවා

Prop'agate, *v.* බෝකරණවා, පතළ

Propaga'tion, *s.* බෝකිරීම, පතළකිරීම, වැඩිදියුණුකෙරීම [වා

Propel', *v.* තල්ලුකරණවා, පද්දවන

Propel'ler, *s.* පන්නන බලය, නැව පද්දවන යන්ත්‍රය [දිකම, මනාපය

Propens'ity, *s.* සිත් පොළඹවීම, ලැ

Prop'er, *a.* නියම, පුද්ගලික, යුතු, සුදුසු, යෝග්‍ය

Prop'erly, *ad.* නියමලෙස, යුතුලෙස, කතීවනකාරයෙන්

Prop'erty, *s.* යම්කට නියම ගුණය, හිමිවූ වස්තුව, ධනය, සම්පත, දේපල [වාක්‍ය

Proph'ecy, *s.* දිවස්කීම, අනාගත

Proph'esy, *v.* අනාගත වාක්‍ය කියනවා, මතු පැමිණෙන දේ කියනවා

Proph'et, *s.* අනාගතවක්තෘ, අනාගතකීම් කියන්නා

Prophet'ic, Prophot'ical, *a.* අනාගතවාක්‍ය අඩංගුවූ, අනාගතවක්තෘවූ, දිවසින් දන්වන

Prophet'ically, *ad.* අනාගතවාක්‍යකාරයෙන්, දිවසින්

Propin'quity, *s.* ළංකම, කිට්ටුකම

Propi'tiate, *v.* සහනයකරණවා, සමාදානකරගන්නවා [පව්නාසන පූජාව

Propitia'tion, *s.* සමථිකරගැණීම,

Propi'tious, *a.* දයාබර, කරුණාවන්ත, මෛත්‍රී ගුණ ඇත්තාවූ

Propor'tion, *s.* ප්‍රමාණය, තරම, සම ප්‍රමාණය, සදෘශකම, කඩවසම

Propos'al, *s.* යෝජනාව, කථාව

Propose', *v.* යෝජනාවක් කරණවා, පොරොන්දු කරණවා, විවාහ බස් ඉල්ලනවා

Proposi'tion, *s.* ඉදිරිපිට තැබීම, යෝජනාව, වගන්තිය, සාධ්‍යය

Propound', *v.* ගෙණහැරදක්වනවා, පානවා, විසඳනවා, ප්‍රශ්න අහනවා

Propri'etor, *s.* අයිතිකාරයා, හිමියා

Propri'ety, *s.* යුතුකම, සුදුසුකම, ශෝභනකම, අයිතිකම

Propul'sion, *s.* තෙරපීම, ඉදිරියට යැවීම, යවන්නාවූ ක්‍රමය

Prorogue', *v.* මන්ත්‍රණ සභාව වාරයෙන් වාරයට පවත්වනවා, අනික් වාරයට කල්දමනවා

Prosa'ic Prosa'ical, *a.* වාසගම් පිළිවෙළින්වූ, ගද්‍යකාර, උනන්දු මඳවූ

Proscribe', *v.* අච්චුවිදිමට පත්කරණවා, තහනම්කරණවා

Proscrip'tion, *s.* මරණයට පත්කිරීම හෝ පිටිවහල්කිරීම, සම්පූර්ණයෙන් තහනම්කිරීම

Prose, *a.* පාඨමයවූ, වාසගම්වූ, ගාථානුවූ *s.* නිකම් වගන්තිය

Pros'ecute, *v.* කරගෙණයනවා, විනිශ්චයට පමුණුවනවා, යමෙකුට විරුද්ධව පැමිණිලිකරණවා

Prosecu'tion, *s.* යමක් කරගෙණයාම, යමක යෙදීසිටීම, පැමිණිල්ල

Pros'elyte, *s.* එක් ආගමකින් වෙන ආගමකට බැඳී සිටින්නා

Proselytise', *v.* ලබ්ධියකට හෝ මතයකට හරවාගන්නවා

Pros'elytism, *s.* යමෙකුගේ ආගමට හෝ මතයට හරවාගැණීම, බන්දවාගැණීම

Pros'ody, *s.* කාව්‍ය ඡන්දස් ආදිය සම්බන්ධ ශාස්ත්‍රය, පද්‍යවිද්‍යාව

Pros'pect, *s.* ඉදිරිවූ දර්ශනය, පෙණීම, ප්‍රාර්ථනාව

Prospec'tion, *s.* ඉදිරිපිට බැලීම, මතු කාලයට උවමනා සපයාතැබීම

Prospec'tive, *a.* අනාගතය සම්බන්ධවූ, මතු බලන්නාවූ, දූරදර්ශී

Prospec'tus, *s.* ප්‍රසිද්ධකරණ යෝජනා පත්‍රය

Pros'per, *v.* සඵලවෙනවා, වැඩිදියුණුවෙනවා, සඵලකරණවා

Prosper'ity, *s.* සඵලවීම, සඵලත්වය

Pros'perous, *a.* සඵලවූ, සමෘද්ධ, සශ්‍රීක

Pros'perously, *ad.* සඵලලෙස, සඵලවත් ආකාරයෙන්

Pros'titute, *s.* වෛශ්‍යාවී, වේසා ස්ත්‍රී

Prostitu'tion, *s.* වෛශ්‍යාකම, අසුතු අදහසකට කැපකිරීම

Pros'trate, *a.* බිමවැටී හෝ දිගාවී ඉන්නාවූ, බැහැදකින *v.* බිම හෙලාදමනවා, මුනින් වැටෙනවා, බැහැදකිනවා

Prostra'tion, *s.* හෙලාදැමීම, මුනින් තලාවීම, ශක්තිය සහමුලින් නැතිවීම්, බෙලහීනකම

Pros'y, *a.* මූඪවූ, ප්‍රාණවත්නොවූ

Pro'tean, *a.* පහසුවෙන් නොයෙක් වෙස්ගන්නාවූ,වෙස්මාරුකරගන්න

Protect', *v.* රක්ෂාකරණවා, රැකවල් කරණවා, මුවාකරණවා

Protec'tion, *s.* ආරක්ෂාව, රැකවල

Protect'ive, *a.* සුරක්ෂිතකරණ, ආරක්ෂක, පාලක

Protect'or, *s.* රැකවල්කරන්නා, රැකවලා, ආරක්ෂකයා, පාලකයා

Protect'orate, *s.* රැකවල් ආණ්ඩුව, අනුරජකම [රත්නී, රැකවලී

Protect'ress, Protect'rix, *s.* රක්ෂාක

Protegé, *s.* යමෙකුගේ ආරක්ෂාව යටතේ සිටින කෙණෙක්

Pro tempore, *ad.* කාලකට

Protest', *v.* සහතිකකර කියනවා, විරුද්ධව සිටිනවා

Pro'test, *s.* ස්ථිරකොටකීම, සහතිකය

Prot'estant, *s.* රෙප්‍රමාදු ආගම්කාරයා,රෝමානු ආගම පිළිනොගන්නා

Protesta'tion, *s.* සහතිකකරකීම, ඒකාන්ත කියමන, එකඟනැති බව කියාසිටීම

Pro'toplasm, *s.* ප්‍රාණවස්තුව මුලින් රඳසිටි ද්‍රව්‍යය, ආද්‍යධාතුව

Pro'totype, *s.* මුල්ආදර්ශය,මෝස්තරය

Protract', *v.* දීර්ඝකරණවා, ප්‍රමාදකරණවා [නවා, නෙරණවා

Protrude', *v.* තල්ලුකරණවා, නෙරප

Protu'berance, *s.* නෙරුම, ඉලිප්පුම, ඉදිමුම [පෙන්නාවූ

Protub'erant, *a.* නෙරාතිබෙන, ඉලිප්

Proud, *a.* ආඩම්බර, උඩුරම්, උඩඟු, බැරෑරුම්

Prove, *v.* ඔප්පුකරණවා, අත්හදා බලනවා, සහතිකකරණවා

Prov'ender, *s.* සිව්පාවුන්ට දෙන කෑම, ගෝචර, පිදුරුවැනි ගොදුරු

Prov'erb, *s.* උපදේශය, හිතෝපදේශය, උපමා කීම

Proverb'ial, *a.* උපදේශවූ, උපදේශාකාර, උපමාවක් වැනි

Proverb'ially, *ad.* උපදේශාකාරයෙන්, උපමා වශයෙන්

Provide', *v.* සම්බකරණවා, උපයනවා, සපයාගන්නවා, සපයාදෙනවා

Prov'idence, *s.* කලින් පිළියෙළකිරීම, දේවාරක්ෂාව, දේවපිහිට, ප්‍රවේසම [සකසුරුවම්

Prov'ident, *a.* කලින් සපයන්නාවූ,

Providen'tial, *a.* දේවපිහිටෙන් සිද්ධවෙන්නාවූ, ශුභවූ

Prov'ince, *s.* දිශාව, පලාත, පදවිය

Provin'cial, *a.* පලාතක් සම්බන්ධ, ප්‍රදේශික, ග්‍රාමික

Provin'cialism, *s.* පිටිසර පලාතක කථා ව්‍යවහාරය,ග්‍රාමික භාෂාරීතිය

Provi'sion, *s.* සැපයීම, සපයනලද දේ, සූදානම, භෝජන, උපකරණ

Provi'sional, *a.* කලකට නියමවූ, ප්‍රස්තාවට පිරිමසින, කාලික

Provi'sionally, *ad.* කලකට පමණක් පිරිමැස්මට, ඕනෑකමකට හරියන ලෙස [වාසගම

Provi'so, *s.* විශේෂ යමක් දක්වන

Provi'sory, *a.* කොන්දේසි සහිත, විශේෂ නියමයක්පිටවූ, කලකට පිරිමැසීමටවූ

Provoca'tion, *s.* කෝප ඉපදවීම, ඇවිස්සීම, කුපිතකරවන දේ [පවඩන

Provo'cative, *a.* අවුස්සන්නාවූ, කෝ

Provoke', *v.* උපදවනවා, කෝපකරණවා, උදහස්කරණවා [යා

Prov'ost, *s.* නුවර ප්‍රධානියා, අධිපති

Prow, *s.* ඇනිය

Prow'ess, *s.* වීර්‍යවන්තකම, බලය

Prowl, *v.* හොර අදහසින් ඇවිදිනවා, ගොදුරු සොයා ඇවිදිනවා

Prox'imate, *a.* ලඟම තිබෙන, ඉතා කිට්ටු සම්බන්ධකම් ඇති, අනන්තර

Proxim'ity, *s.* සමීපකම, ලඟකම

Prox'imo, *a.* ලබන (මාසයේ)

Prox'y, *s.* අනිකෙක් වෙනුවට කාරණකරන්නා, බලේලත් අය

Prude, *s.* වැඩිපුර ලජ්ජාකාරී, අධික කෝල පාත්ති

Pru'dent, *a.* ඥානවන්ත, නුවණැති, සිහිපරීක්ෂා සහිත [බොරු කෝලය

Prud'ery, *s.* අධික ලජ්ජාකාරිකම,

Prune, *v.* අතුබානවා, අතුපාගිනවා, ගස් පිරිසිදුකරණවා

Prune, *s.* වියලි මිදිඵල

Pry, *v.* එබී බලනවා, ඕනෑනැති තරමට සෝදිසිකරණවා

Psalm, *s.* ගීතිකාව, ශුද්ධ ගීය

Psalm'ist, *s.* ගීතිකාකාරයා

Psalm'ody, *s.* ගීතිකා කීම, ගීතිකාව, සමූහය

Psal'ter, *s.* ගීතිකා පොත

Psal'tery, *s.* යුදෙව් වීනාවක්

Pseu'do, *prefix.* බොරු, හොර, මිථ්‍යා

Pseu'donym, *s.* අරුණකරගත් බොරු නාමය

Pshaw, *int.* අඃ, චිඃ

Psy'chical, *a.* ආත්මවස්තුව සම්බන්ධ, ආත්ම, මානසික

Psycholog'ic, Psycholog'ical, *a.* ආත්මශාස්ත්‍රයට අයිති, ආත්මකාර, චිත්තධර්මාකාර [තධර්ම විද්‍යාව

Psychol'ogy, *s.* ආත්ම ශාස්ත්‍රය, චිත්

Pu'berty, *s.* වැඩිවියපැමිණීම, මල්වරවීම [මල්වරවූ

Pubes'cent, *a.* වැඩිවියපැමිණෙන,

Pub'lic, *a.* මහජනයාට අයිති, පොදු, ප්‍රසිද්ධ *s.* මහජනයා, පොදු සෙනඟ

Pub'lican, *s.* තැබෑරුම්කාරයා,රේන්දකාරයා, සුංගම් අයකරන්නා

Publica'tion, *s.* ප්‍රසිද්ධකෙරීම, පොත

Public'ity, *s.* ප්‍රසිද්ධිය, ප්‍රසිද්ධකම, ප්‍රකාශකම

Pub'lic-spir'ited, *a.* මහජනයාගේ ප්‍රයෝජනයට හිතවූ, ලෝවැඩකැමතිවූ [කරණවා, පළකරණවා

Pub'lish, *v.* ප්‍රකාශකරණවා, ප්‍රසිද්ධ

Pub'lisher, *s.* පළකරන්නා, පොත්පත් ප්‍රසිද්ධකරන්නා

Puce, *a.* අඳුරු නිල්පාටවූ

Puck'er, *v.* වැකරැලිගහනවා, ඇකිලෙනවා *s.* රැල්ල

Pud'ding, *s.* කෑමජාතියක්, පුඩින්

Pud'dle, *s.* මඩගොහොරුව, මඩකඩිත්ත *v.* මඩකරණවා, තෙලූ මැටියෙන් දියයාම අහුරණවා

Pu'erile, *a.* ළමාගතිවූ, ළාමක

Pueril'ity, *s.* ළාමකකම, ළාමක දේ, බොළඳකම

Puff, *v.* හුලඟ පිඹිනවා, පුම්බනවා, පිපෙනවා, පාරට්ටුකරණවා *s.* හදිසි පිඹීම, හුලංපහර, වැඩි පාරට්ටුව

Puff'ery, *s.* අධික ප්‍රශංසාව, ඉච්චාපාරට්ටුව

Puff'y, *a.* පිම්බීතිබෙන, ඌදු, උජාරු

Pug, *s.* රිළවා, කුඩා බලුවර්ගයක්

Pugh, *int.* ඡිඃ, චිඃ [ම

Pu'gilism, *s.* මිටමොලවා ඇනගැණීම

Pugna'cious, *a.* ගහගැණීමට ඇලුනාවූ, දබරකාර [සණ්ඩුකාරකම

Pugnac'ity, *s.* ගහගැණීමට ලැදිකම,

Puis'ne, *a.* දෙවෙනිවූ, අලුත්වූ, අඩුතරම්වූ

Pu'issance, *s.* බලය, ශක්තිය, සවිය

Pu'issant, *a.* බලවත්, වික්‍රමවත්

Puke, *v.* වමනයකරණවා [ඳුරණවා

Pule, *v.* ළමයෙකු මෙන් අඬනවා, කො

Pull, *v.* අදිනවා, උදුරණවා [ලි

Pul'let, *s.* කිකිළි පැටියා, පොඩි කිකි

Pul'ley, *s.* කප්පිය [තිවූ

Pulmo'nary, *a.* පෙනහැල්ලට අයි

Pulp, *s.* මදුල, මොළොක් පංගුව

Pul'pit, *s.* දේශනාකූඩුව, දේශනාපුටුව, ධර්මාසනය [වූ

Pulp'y, *a.* මදුලුමයවූ, මදුලුආකාර

Pul'sate, *v.* නාඩිවැටෙනවා, ගැහෙනවා

Pulsa'tion, *s.* නාඩිගැස්ම

Pulse, *s.* නාඩිය, මෑ මුං ආදිය

Pul'verable, Pul'verisable, *s.* කුඩුකළහැකි, දූවිලි ආකාර කරන්ට පුළුවන් [රණවා

Pul'verize, *v.* කුඩුකරණවා, සූර්ණක

Pum'ice, *s.* ගිනිපර්වතවලින් නික්මෙණ ලෝහයක්, හතු සමාන ගල්ජාතියක්

Pump, *s.* වතුර අදින යන්ත්‍රය, බෝම්බය *v.* වතුර බෝම්බකරණවා, පිටකරගන්නවා

Pump'kin, *s.* රටලබු, පුහුල්, කුෂ්මාණ්ඩ

Pun, *s.* කවට වචනය, යුගලාර්ථ වචන කීම

Punch, *v.* සිදුරුකරණවා, විදිනවා, ගුටි අනිනවා *s.* සිල්කරණ කටුව, බූතුල
Punch, *s.* මිශ්‍රකරපු බීමක්, පොන්ස
Punch'eon, *s.* ගැලොම් 84 ක නො හොත් 120 ක මිම්ම, විදින කටුව
Punctil'io, *s.* කල්ක්‍රියාවේ වැදගත් කොට සලකණ සුළු කාරණය
Punctil'ious, *a.* සුළු සිරිත් ගැණ බොහෝකොට සලකන්නාවූ
Punc'tual, *a.* හරියටකරණ, නියම වේලාවට කරන්නාවූ
Punctual'ity, *s.* හරියට නියම් වේලා වට කිරීම, කලටවේලාවට ඉෂ්ඨකි රීමේ ගුණය
Punc'tually, *ad.* හරිවේලාවටම, නි යම කලට වේලාවට
Punctua'tion, *s.* පදච්ඡේදන ලකුණු දැමීම, පදච්ඡේදනය, පදබිඳීම
Punc'ture, *s.* සිදුර, සිල
Pun'dit, *s.* ගුරුවරයා, පණ්ඩිතයා
Pun'gency, *s.* කටුකරස, කහට, සැර කම, ඇනුම්ගතිය [ඇනෙන
Pun'gent, *a.* කටුක, තීව්‍ර, සැර, උෂ්ණ,
Pun'gently, *ad.* සැරලෙස, ඇනෙන ලෙස, කිතට වැදියන අකාරයෙන්
Pu'nic, *a.* කාර්තේජ් නුවරට අයිති, අසත්‍ය, ද්‍රෝහි [රණවා
Pun'ish, *v.* අච්චුකරණවා, දඬුවම්ක
Pun'ishment, *s.* අච්චුකිරීම, අච්චුව, දඬුවම
Pu'nitive, *a.* දඬුවම් වශයෙන්වූ, දණ්ඩන
Pun'ka, *s.* ජවනිකාව, පංකාව
Pun'ster, *s.* කවටකමට ශුෂ්ගලාණී ව චන කීමෙහි දක්ෂයා [නවා
Punt, *v.* රිටිගසා පදිනවා, පාරුපදි
Pu'ny, *a.* කුඩා, සුළු, දුර්වල
Pu'pil, *s.* ගෝලයා, බාලයා, කළුඉංගි රියාව [බාලාවස්ථාව
Pu'pilage, *s.* ගෝලකම, ශිෂ්‍යකම,
Pup'pet, *s.* බෝනික්කා, රූකඩය
Pup'py, *s.* බලුපැටියා, අඩම්බරකාර තරුණයා [වූ, පෙණීම අඳුරුවූ
Pur'blind, *a.* දුර නොපෙනෙන්නා
Pur'chase, *v.* සපයාගන්නවා, මිලේට ගන්නවා *s.* මිලේටගැණීම, මිලේට ගත් දෙය [කාරයා
Pur'chaser, *s.* මිලේටගන්නා, ගැණුම්
Pure, *a.* නිර්මල, පිරිසිදු, ශුද්ධ, නිර්දෝ ෂ, තනි [කිරීම, නිදෝස්කිරීම
Purga'tion, *s.* පවිත්‍රකිරීම, කුණුපහ
Pur'gative, *s.* විරේචන බෙහෙත
Pur'gatory, *a.* පවිත්‍රකරණ, කිලුටු පහකරණ, දෝෂ මකන *s.* ශුද්ධිනි ස්ථානය, පූර්ගතෝරිය
Purge, *v.* පවිත්‍රකරණවා, කිලුටු පහ කරණවා, විරේචනකරණවා, බඩ උගුලනවා
Purifica'tion, *s.* පවිත්‍රකිරීම, චාරිත්‍රානු කූල ශුද්ධකිරීමේ කෘත්‍යය
Pur'ify, *v.* නිර්මලකරණවා, පවිත්‍රක රණවා, ශුද්ධකරණවා

Pur'ist, *s.* පිරිසිදු භාෂාව යෙදීමෙහි අධික සැලකිලි ඇත්තා

Pur'itan, *s.* බයිබල්යේ අණපණත් ලෙසම හැසිරෙන්ට උත්සාහ කරන්නෙක්

Pur'ity, *s.* පිරිසිදුකම, පවිත්‍රකම

Purl, *v.* හින් ශබ්දයක් ඇතුව ගලා බහිනවා *s.* දෙලපාරක හින් ශබ්දය

Purl, *s.* ගෙතුම් විධියක්

Purloin', *v.* කොල්ලකනවා, සොරකම්කරණවා

Pur'ple, *s.* අඳුරු රත්පාට, නිලරක්ත වර්ණය, නිලරක්ත වස්ත්‍රය

Pur'port, *s.* අදහස, අර්ථය, අභිප්‍රාව

Pur'pose, *s.* අරමුණ, අභිප්‍රාව

Pur'poseless, *a.* අභිප්‍රායක්නැති, අදහසක් නැතුව කරණ

Pur'posely, *ad.* අරමුණක් පිට, අදහස්කරලා, ඕනෑවට

Purr, *v.* බළලෙක්මෙන් හඬනවා

Purse, *s.* පසුම්බිය, මුදල්පසිය

Purse'-proud, *a.* වස්තුව නිසා අහංකාරවූ [බාහාරිකයා

Purs'er, *s.* සැව්ගබඩාකාරයා, භාණ්

Pursu'ant, *a.* පරිද්දෙන්, ප්‍රකාරයෙන්, ඒ නිසා සිද්ධවූ

Pursue', *v.* පසුපස්සේ යනවා, අඹවනවා, එලවාගණයනවා, සරගණයනවා

Pursuit', *s.* ලුහුබැඳීම, ක්‍රියාව, වැඩේ

Purs'y, *a.* මිටි තරබාරු, හුස්ම අදින

Pur'tenance, *s.* අයිතිදේ, සතෙකුගේ ශරීරය·ඇතුළේ අඩංගු දේ

Pu'rulence, Pu'rulency, *s.* හැරව හටගැණීම, හැරවයාම, හැරව

Pu'rulent, *a.* හැරව පිරුණවූ, හැරව වැනි

Purvey', *v.* සපයනවා, සම්බකරගන්නවා

Purvey'ance, *s.* ආහාරාදිය සැපයීම

Purvey'or, *s.* ආහාර සපයන්නා, කාමාභිලාසයට ස්ත්‍රීන් සපයාදෙන්නා

Pus, *s.* ඕජස, සැරව

Push, *v.* තල්ලුකරණවා, උභාදමනවා, වියසීකරණවා

Push, *s.* තල්ලුකිරීම, පහර, වේගවත් වියසීය, හදිසි අවාරුව

Push'ing, *a.* ඉදිරියටම යන, මෙහෙයෙහි වියසීවනත

Pusillan'imousness, Pusillanim'ity, *s.* බයාදුකම, බයගුල්ලකම

Pusillan'imous, *a.* දුර්වල සිත් ඇත්තාවූ, ජඩ සිත් ඇත්තාවූ, බයාදු

Puss, *s.* බළලාට කියන හුරතල්නම, හාවාට අඩයම්කාරයින්ගේ නමක්

Pus'tule, *s.* සැරව සහිත බිබිල

Put, *v.* තිබනවා, ලනවා, දමනවා, පමුණුවනවා [කළාවූ

Pu'tative, *a.* සිතාපුලබන, කල්පනා

Putrefac'tion, *s.* කුණුවීම, කුණුගතිය, දිරායාම [කුණුකරවනවා

Pu'trefy, *v.* කුණුවෙනවා, දිරණවා,

Putres'cent, *a.* කුණුවෙන්නාවූ, කු
ණුවීම සම්බන්ධ [වූ, පල්
Pu'trid, *a.* කුණුවූන, දිරාපු, නරක්
Put'ty, *s.* වීදුරු සවිකරණ බදාම වගී
යක්, ලයිනෝරු බදාම
Puz'zle, *v.* අවුල්කරණවා, වල්මත්
කරණවා *s.* වියවුල, අසිරුව, තේර
විල්ල [වනකුල
Puz'zling, *a.* වියවුල්කරණ, අකුල
Pyg'my, *s.* කුඩා මිට්ටා, ඉතා කුඩා
දෙයක්
Pyr'amid, *s.* විශාල දාගැබ් වගීයක්
Pyramid'ical, *a.* පැතලි පට්ටම් ඇති
දාගැබක ආකාරවූ
Pyre, *s.* දරසෑය, මිනිදවීමට ගොඩ
කළ දඬුසෑය [මිනින යන්ත්‍රයක්
Pyrom'eter, *s.* අධික උෂ්ණ ප්‍රමාණය
Pyrotech'nic, Pyrotech'nical, *a.* ගි
නිකෙළි සෑදීමේ ශිල්පය සම්බන්ධවූ
Py'thon, *s.* පිඹුරා

Q

Quack, *v.* තාරාවෙක් මෙන් හඬනවා
s. තාරාහඬ, පුච්චම්කාරයා, බොරු
න්‍යුගත් වෙදා [වාටු වෙදකම
Quack'ery, *s.* නිවට පුච්චම්කාරකම,
Quadrages'ima, *s.* සොරොස්ම කාලය
Quadran'gle, *s.* සිව්කොණ, හතරැස්
මිදුල
Quadran'gular, *a.* සමපැති හා කොන්
සතරක් ඇත්තාවූ, සතරැස්, චතුෂ්
කෝණ

Quad'rant, *s.* චක්‍රයෙන් හතරෙන්
කොටස, උසමනින චතුර්භාග යන්ත්‍රය
Quad'rate, *a.* ඍජුචතුෂ්කෝණ, සම
කොටස් හතරකට බෙදියහැකි, ස
ම, යෝග්‍ය [චතුරශ්‍රකිරීම
Quad'rature, *s.* සතරැස්කිරීම, චක්‍ර
Quadren'nial, *a.* හතර අවුරුද්දක් අ
ඩංගුවූ, හතර අවුරුද්දකට වරක්වූ
Quadrilat'eral, *a.* පැතිහතරක් ඇති
Quadrille', *s.* චතුරඞ්ග නෘත්‍යයක්
Quadruma'na, *s. pl.* අත් හතරෙන්
යුත් සත්තු [කයා
Quad'ruped, *s.* සිව්පාවා, චතුෂ්පාද
Quadru'pedal, *a.* චතුෂ්පාදිකවූ
Quad'ruple, *a.* සතරපංගුවක්වූ, ච
තුර්ගුණවූ *v.* චතුර්ගුණකරණවා
Quaff, *v.* බොහෝකොට බොනවා,
හුගක් කටට්ගෙණ පානයකරණවා
Quag'mire, *s.* වඩපොළව, වගුරුබිම
Quail, *s.* වටු වගීයක්
Quail, *v.* භයින් ඇකිලෙනවා, නෑති
ගෙණ පසුබසිනවා [රවූ, අපූර්
Quaint, *a.* අපූරු ආකාරවූ, අව්‍යවහා
Quake, *v.* වෙව්ලනවා, ගැහෙනවා,
කම්පාවෙනවා *s.* වෙව්ලුම, ගැස්ම,
කම්පාව
Qualifica'tion, *s.* යෝග්‍යකම, යමක
ට යෝග්‍යකරණ ගුණය, ප්‍රමාණකි
රීම, මදක් බාලකිරීම
Qual'ify, *v.* යෝග්‍යකරණවා, බලය
දෙනවා, ප්‍රමාණකරණවා, සැහැල්
ලුකරණවා

Qual′itative, *a.* ගුණබන්ධ සම්බන්ධ, ගුණ නිශ්චයකරණ

Qual′ity, *s.* ගුණය, ගතිය, අංගය, ස්වභාව, තරම [තාපය

Qualm, *s.* ඔක්කාරය, හදිසි පශ්චාත්

Qualm′ish, *a.* ඔක්කාරකරණ, බඩ අගලන [මාරුව

Quan′dary, *s.* අනුමාන ස්වභාව, අ

Quan′tity, *s.* තරම, ප්‍රමාණය, ගණන, කිරුම් බර

Quan′tum, *s.* ප්‍රමාණය, ගණන

Quar′antine, *s.* රෝගයක් නිසා නෑවෙන් ගොඩට යාම ඒම තහනම් කාලය

Quar′rel, *v.* දබරකරණවා, සණ්ඩුකරණවා, විවාදකරණවා, භේදවෙනවා *s.* දබරය, කෝලාහලය, සඩංගුව, භේදය

Quar′relsome, *a.* දබරකාර, කෝලාහලයට කිතවූ, සණ්ඩුකාර

Quar′ry, *s.* ගල් වළ, ගල් පතහ

Quart, *s.* ගැලොමෙන් හතරෙන් පංගුවක මිම්ම, නැළිය

Quar′tan, *a.* චතුර්ථික, සතර දවසක ට වරක් පැමිණෙන

Quar′ter, *s.* හතරෙන් පංගුව, කාල, දිශාව, ස්ථානය, සතුරන්ගේ දිවි දීම

Quar′ter, *v.* හතරට බෙදනවා, කොටස්කරණවා, නවාතැන් දෙනවා; නවාතැන්ගන්නවා

Quar′terly, *a.* තුන්මාසයකට වරක්වූ *ad.* ත්‍රිමාස වශයෙන්

Quar′termaster, *s.* සේවායන්ගේ නවාතැන් කෑමබීමාදිය ගැණ බලන මූලාදෑනියා, නැවේ සුළු මූලාදෑනියෙක්

Quartette′, Quartet′, *s.* හතර කොට සකින් යුත් දේ, කොටස්වාස හතරක් ඇති තාලය, සිව්පද ගාථාව

Quar′to, *a.* සම්පූර්ණ කඩදාසි කොළය හතරට නැමූවාවූ

Quartz, *s.* වෙනස් පාටින් යුත් ගල් වර්ගයක්, තිරුවාන

Quash, *v.* මිරිකාදමනවා, යටකරණවා, නිෂ්ප්‍රභාකරණවා

Quater′nary, *a.* හතරකින් යුත්, හතර බැගින්වූ *s.* හතර [තරදෙන

Quater′nion, *s.* හතර, ස්වාගේ හ

Qua′ver, *v.* ස්වරය නලවනවා, ලෙලවා ගිතිකාකරණවා

Quay, *s.* පැටවිලි ගන්නාදෙන පාලම, බඩුගොඩබාන ඉඩව [හරාජිනී

Queen, *s.* රාජමහේසිකාව, බිසව, ම

Queen′ly, *a.* මහේසිකාවක් වැනි, බිසෝතොමකට ඔබින

Queer, *a.* අනියම්, නාටක, අපූරු

Queer′ish, *a.* අනියම් අකාරවූ, මදක් විකාරවූ [නවා, සංසිඳුවනවා

Quell, *v.* මැඩපවත්වනවා, නවත්ව

Quench, *v.* නිවනවා, නැතිකරණවා, සංසිඳුවනවා

Quer′ist, *s.* ප්‍රශ්නකාරයා

Quern, Kern, *s.* ධාන්‍ය ඇඹරීමට අත්මෝලක්

Quer'ulous, *a.* අවලාද කියන්නාවූ, නොසතුටුවූ, කංකෙඳිරිගාන්නාවූ,

Que'ry, *v.* ප්‍රශ්නකරණවා, අනුමාන කරණවා, සැකය හැඟවීමේ ලකුණක් කරණවා *s.* ඇසීම, ප්‍රශ්නය

Quest, *s.* සෙවීම, සෝදිසිකෙරීම

Ques'tion, *s* ඇසීම, ප්‍රශ්නය, සැකය *v.* අහනවා, විචාරණවා, ප්‍රශ්නකරණවා, අනුමානකරණවා

Ques'tionable, *a.* අනුමානකළ හැකිවූ, ශංකා සහිතවූ

Quib'ble, *v.* වචන පෙරළනවා, වචන හරවනවා *s.* වචන පෙරළීම, රැවටිලි වාක්‍යය, අසත්‍ය කීම [ණවත්

Quick, *a.* ඉක්මන්, කඩිසර, ශීඝ්‍ර, ප්‍රා

Quick'ly, *ad.* ශීඝ්‍රලෙස, කඩිසරලෙස, ඉක්මනින් [දක්‍ෂකම

Quick'ness, *s.* ශීඝ්‍රකම, උනන්දුකම.

Quick'en, *v.* ප්‍රාණවත්කරණවා, ජීවමානකරණවා, උනන්දුකරණවා, ශීඝ්‍රකරණවා, ප්‍රාණවත්වෙනවා

Quick'lime, *s.* අලුතෙන් දවාපු හුණු, අළුහුණු

Quick'sand, *s.* සොරවැල්ල, බොරුවැල්ල [නාවූ, තීක්‍ෂණදෘෂ්ටි

Quick'sighted, *a.* තියුණු බැලුම් ඇත්

Quick'silver, *s.* රසදිය

Quid'dity, *s.* සාරය, වැදගොගත් තීක්‍ෂණ දෙය

Quid'nunc, *s.* නිතරම අරංචි බලා සිටින්නා, සිදුවෙන සියල්ල දන්නාක්මෙන් පෙන්වන්නා

Quies'cence, *s.* නිශ්චලය, නිවාඩුව, නිසොල්මන [ශාන්ත, නිශ්ශබ්ද

Quies'cent, *a.* අචල, නිසොල්මන්,

Qui'et, *a.* නොසෙල්වෙන්නාවූ, නිශ්චල, සමාදාන *s.* නිශ්චලය, සමාදානය, ශාන්තිය *v.* නිශ්චලකරණවා, නවත්වනවා, නලවනවා

Qui'etism, *s.* සිතේ නිශ්චලය, මානසික ශාන්තිය, අගමිනම් දෙවියන්වහන්සේ ගැණ නිශ්චලව භාවනා කිරීමෙන් පසුවීමය යන ධර්මය

Qui'etness, Qui'etude, *s.* නිශ්චලය, නිවාඩුව, ශාන්තිය, සමාදානය

Quill, *s.* පිහාටුව, පෑන

Quilt, *s.* ඇඳේ ඇතිරිල්ල, ඝන ආස්තරණය *v.* එකට මහනවා

Quince, *s.* කන ගෙඩි වර්ගයක්

Quinine', *s.* සින්කෝනා පොතුවලින් සාදන උණ බෙහෙත්

Quinquages'ima, *a.* පාස්කුවට පණස් දවසකට ප්‍රථමයෙන් පැමිණෙන ඉරිද

Quinquen'nial, *a.* පස් අවුරුද්දකට වරක් සිදුවෙන, පස් අවුරුද්දක් පවතින

Quin'sy, *s.* ගලශූනය, උගුරේ අසනීපයක් [සම්පූර්ණ ගුණය

Quintes'sence, *s.* උතුම් අමිශ්‍ර සාරය,

Quip, *s.* හරවා කියන සැරකීම

Quire, *s.* කඩදසිකොල විසිහතරක්

Quirk, *s.* රැවටිල්ල, සැරකීම

Quit, *v.* අත්අරිණවා, නිදහස්කරණ වා, නික්මයනවා

Quite, *ad.* සම්පූර්ණ ලෙස, එහෙමපි ට්ම්ම, ඉතා, හොඳටම

Quiv′er, *s.* හියවුර, හීකොපුව

Quiv′er, *v.* වෙව්ලනවා, ගැහෙනවා

Quixot′ic, *a.* මෝඩ උසස් අදහස්ගත් තාවූ, විකාරකාරයෙන් පළිතවූ

Quiz, *v.* තේරවිලි කියනවා, සරදමට ඇස්හෙලාගණ සිටිනවා, සමච්චල් කරණවා *s.* තේරවිල්ල, අසිරු ප්‍රශ් නය, සරදම් අන්දමේ කෙණෙක්, සරදම්කරන්නා [වූ

Quon′dam, *a.* ඉහතදී වූ, වරක් සිටියා

Quo′rum, *s.* කාර්‍ය්‍යකිරීමට සෑහෙන සාමාජිකයින් ගණන

Quo′ta, *s.* නියම පංගුව, කොටස්‍ය

Quota′tion, *s.* උපුටාගැණීම, වෙන පොතකින් හැරගත් පාඨය

Quote, *v.* පොත්වලින් ගෙණහැර දක්වනවා, මිලගණන් සඳහන්කර ණවා

Quotid′ian, *a.* දවසින්දවස සිදුවෙන, දිනපතා *s.* දිනපතා සිඩිය, දවස්ප තා හැදෙන උණ [න, භාජනය

Quo′tient, *s.* බෙදීමෙන් එන ගණ

R

Rab′bi, *s.* යුදෙව් ආචාර්යයා

Rab′bit, *s.* රටහාවා [උදවිය

Rab′ble, *s.* කෝලාහල සමූහය, නිච

Rab′id, *a.* රෞද්‍ර, උන්මාද, පිස්සු

Ra′bies, *s.* බල්ලන්ගේ පිස්සුව, වියරුව

Race, *s.* වංශය, ජාතිය, දිවීම, ගමන

Race′course, *s.* අශ්වයන් දුවවන භූමිය, රේස්පිට්ටනිය [දුවන අශ්වයා

Rac′er, *s.* දිනන්ට දුවන්නා, දිනුමට

Ra′cily, *ad.* ඉතා රසලෙස, රුචිරකා රයෙන්, බලගතුලෙස

Ra′ciness, *s.* අතිරසකම, සුරසගතිය, ප්‍රාණවත්කම

Rack, *v.* රාමුවක බැඳ ඇග අදිනවා, වධකරණවා, වේදනාකරණවා

Rack, *s.* ගාත්‍රා ඇදලන යන්ත්‍රය, ව ධක රාමුව, රාක්කය, තද වේදනාව

Rack′et, *s.* කෝලාහල ඝෝෂාව, දූල් පන්දුපිත්ත [වත්වූ

Ra′cy, *a.* අතිරසවූ, බලවත්වූ, ප්‍රාණ

Ra′diance, Ra′diancy, *s.* බැබලීම, දීප්තිය, ප්‍රභාව

Ra′diant, *a.* රැස්විහිදුවන්නාවූ, දිලි සෙන්නාවූ, දීප්තිමත්වූ

Ra′diate, *v.* රශ්මීන් විහිදුවනවා, වි හිදෙනවා [ය විහිදීම

Radia′tion, *s.* රශ්මි විහිදුවීම, රස්න

Rad′ical, *a.* ධාතුමයවූ, ජම්මවූ, මුල්වූ *s.* ධාතුව, ප්‍රකෘති වචනය

Rad′ish, *s.* රාබු, රාබු අල

Ra′dius, *s.* අර්ධ විෂ්කම්භය

Raf′fle, *s.* එක්තරා සූදු දූම්මක්

Raft, *s.* පහුර, පබ්බව

Raf′ter, *s.* උමන්ලීය, පරාළය

Rag, *s.* කඩමාල්ල, වැරහැල්ල
Ragamuf'fin, *s.* අධමයා, හීනයා
Rage, *v.* තද සැරවැර පානවා, උද හස්වෙනවා, තදබලව පවතිනවා *s.* සැර කෝපය, උදහස
Rag'ged, *a.* කඩමාලුවූ, වැරහැලි අඳි න, සමතලා නැති, රළු
Rag'ing, *a.* තද සැරකම පාන, සැර වැරවූ, බලවත්වූ
Rail, *s.* අත්වැල, ග්‍රාදිවැට, මාවරය, යකඩ පිහිල්ල [පහාසකරණවා
Rail, *v.* බණිනවා, නිගුකරණවා, අ
Rail'lery, *s.* කවටකම, සමච්චලය
Rail'road, Rail'way, *s.* යකඩපාලු පාර, දුම්රථපාර
Rai'ment, *s.* වස්ත්‍ර, ඇඳුම්, ආයිත්තම්
Rain, *v.* වහිනවා *s.* වර්ෂාව, වැස්ස
Rain'bow, *s.* දේදුන්න, ඉන්ද්‍රචාපය
Rain'-gauge, *s.* වැස්ස ප්‍රමාණය මනි න යන්ත්‍රය, වර්ෂාමානක යන්ත්‍රය
Raise, *v.* උස්සනවා, ඔසවනවා, ගො ඩනගනවා, හටගන්වනවා
Rai'sin, *s.* වියලි මුද්‍රිකාඵල, මුද්දිරප් පලම්, කිස්මිස් [ජෙක්
Ra'jah, *s.* ඉන්දියාවේ ස්වදේශික ර
Rake, *s.* කුණු එකතුකරණ යකඩ ප නාව, දූතිගොයියා, සල්ලාලයා
Rak'ish, *a.* දුශ්චරිත, සල්ලාල, පාදඩ
Ral'ly, *v.* විසිරගිය යුද්ධසමූහයක් නැවත එකතුකරණවා, නැවත ස නීප ශක්තිය ලැබෙනවා, සමච්චල් කරණවා

Ram, *v.* ඇතුළට ගහනවා *s.* පිරිමි බැටළුවා, ජම්බාරය
Ram'ble, *v.* මුලාව ඇවිදිනවා, ගිය ගිය අත යනවා *s.* තැනින්තැන ඇ විදීම, සැරිසරණ ගමන
Ram'bling, *a.* තැනින්තැන යන, පි ළිවෙළක් නැති, අනියම්
Ramifica'tion, *s.* අතුවිහිදීම, අතු මෙන් බෙදීයාම, අත්ත, කොටඨාසය
Ram'ify, *v.* අතු විහිදුවනවා, නො යෙක් අතට බෙදීයනවා
Ram'pant, *a.* වැඩිවෙන්නාවූ, අධිකවූ
Ram'part, *s.* කොටුතාප්පය, කොටු පවුර, මුවාව
Ram'rod, *s.* අච්චුකූර
Ran, *pret.* of Run, දිවුවා
Ran'cid, *a.* පුස්බැඳි, මුඩුවූ, ඇඹුල්
Ran'cidness, Rancid'ity, *s.* මුඩුකම, පිළිකුලගඳ [හිත, නපුරු කුඩුකෙඩු
Ran'corous, *a.* ක්‍රෝධකාර, වෛෂ ස
Ran'corously, *ad.* ක්‍රෝධලෙස, වෛ ර අදහසින්, කුඩුකෙඩුකමින්
Ran'cour, *s.* වෛරය, ක්‍රෝධය, වෛ ෂය, වස කුඩුකෙඩුකම
Ran'dom, *a.* කුරුමානන් නැති, නිසි අභිප්‍රා නැති, හදිස්සියෙන්වූ, අප්‍ර වේසම්
Range, *v.* පිළිවෙළට තබනවා, එහා මෙහා යනවා *s.* පෙළ, ක්‍රමය, සංචාරණය, අඩංගු දුරප්‍රමාණය
Rang'er, *s.* අශ්වාරෝහන හේවායා, වනපාලකයා, දඩියම් බල්ලෙක්

Rank, *s.* පේළිය, පිළිවෙළ, තරම,
කුලය, තරාතිරම

Rank, *a.* අතිබහුලවූ, ඉතා සාරවත්,
තද ගඳවූ, මුඩුගඳ ඇත්තාවූ, පිළි
කුළුවූ, අධිකතර [වා, එදිරිබඳිනවා

Rank′le, *s.* ඇවිලෙනවා, කුණුවෙන

Ran′sack, *v.* සෑමතැනම සොයනවා,
කොල්ලකනවා

Ran′som, *s.* නිදහස්වීම පිණිස දුන්
මිලය, මිදීම *v.* මුදලක් දී නිදහස්
කරණවා, මුදගන්නවා

Rant, *v.* තදෙන් කථාකරණවා, වල්
පල් දොඩවනවා

Rant′er, *s.* තදෙන් වල්පල් දොඩන්
නා, ඝෝෂාකර දේසනාකරන්නා

Rap, *v.* ඉක්මන් පහරක් දෙනවා,
තට්ටුකරණවා *s.* තට්ටුකෙරීම,
සැරපහර

Rapa′cious, *a.* උදුරාගන්නාවූ, කොල්
ලගන්නාවූ, ලෝභිවූ, ගිජු

Rapac′ity, *s.* කොල්ලකාර ගතිය, බ
ලාත්කාරයෙන් ගැණීම, තද ගිජු
කම

Rape, *s.* තනිස් නාඹුව

Rap′id, *a.* ශීඝ්‍ර, කඩිනම්, ඉක්මන්

Rapid′ity,. *s.* ශීඝ්‍රකම, ඉක්මන්කම,
වේගය [ස, සුහුඹුව

Rap′idly, *ad.* ශීඝ්‍රලෙස, කඩිනම්ලෙ

Rap′ids, *s. pl.* ඇල්ල, සැරෙන් වතු
ර බස්නා ඉඩම [හැල්ලූ කඹුවක්

Ra′pier, *s.* ඇනීමට පාවිච්චිකරණ සැ

Rap′ine, *s.* බලාත්කාරයෙන් ගැණී
ම, කොල්ලකෑම, ඉදිරීම

Rap′per, *s.* තට්ටුකරන්නා, දොරට
තට්ටුකරණ මිටියක් [මපත්

Rapt, *a.* ඉතා පිණගිය, මහත් සතුට

Rap′ture, *s.* ඉතා මහාපය, මහත් ස
තුට, ප්‍රමෝදය

Rap′turous, *a.* ඉතා සතුටුවූ, අතිප්‍ර
මෝදිත, අතිශයින් පිණවන

Rap′turously, *ad.* මහත් ප්‍රීතියෙන්,
අතිශයින් සිත් පිණගොස් [අනාසී

Rare, *a.* සිනිඳු, තුනී, දුර්ලභ, අපූරු,

Rarefac′tion, *s.* තුනීකිරීම, වායු තු
නිවීම, අඝනතාව [ණවා

Rar′efy, *v.* තුනීකරණවා, සිහින්කර

Rare′ly, *ad.* දුර්ලභ ලෙස, ඉදහිටලා,
කලාතුරකින්

Rare′ness, *s.* තුනීකම, විරලතාව,
දුර්ලභකම, අනාසීකම [රු දෙය

Rar′ity, *s.* තුනීකම, දුර්ලභදෙය, අපූ

Ras′cal, *s.* ජඩයා, තක්කඩියා

Rascal′ity, *s.* තක්කඩිකම, නෛරා
විකකම, දඟය [චණ්ඩාල

Ras′cally, *a.* ජඩ, තක්කඩි, නීච,

Rase, *v.* සුරාදමනවා, කටුගානවා, මු
ලින් උදුරණවා [වේගවත්

Rash, *v.* කලබල සිතුවක්කාර, අප්‍ර

Rasp, *s.* පුල්ලෝරම, දැතිපිර, ගිරවණය

Rasp′berry, *s.* රස ගෙඩි වර්ගයක්

Rat, *s.* මීයා

Rat'able, *a.* මිලකළහැකි, අගය තක්සේරුකළහැකි, අයබද්ද ගෙවීමට යටත්

Rate, *s.* ප්‍රමාණය, ගණන, අගය, අන්දම *v.* අගයකරණවා, මිලකරණවා, ප්‍රමාණය නියමකරණවා

Rath'er, *ad.* වඩා මනාපයෙන්, වඩාම, වැඩියෙන්, අනික් අතට, මදක්

Ratifica'tion, *s.* ස්ථිරකිරීම, වලංගුකිරීම

Rat'ify, *v.* වලංගුකරණවා, සවිකරණවා

Ra'tio, *s.* තරම, ප්‍රමාණය

Ratiocina'tion, *s.* විතර්කණයකිරීම, තර්කානුකූලලෙස කාරණ විමසීම

Ra'tion, *s.* දවසට නියම කෑම

Ra'tional, *a.* සවිඥානක, බුද්ධිමත්, සිහි ඇත්තාවූ, ඤාණවන්ත

Ra'tionalism, *s.* බුද්ධියේ මගපෙන්වීම පමණක් වැලඳගන්නා ධර්මය, බුද්ධිමතිකදෘෂ්ටිය

Ra'tionalist, *s.* දේව වචනයට වඩා මනුෂ්‍ය බුද්ධිය වැදගත්ලෙස කල්පනාකරන්නා, බුද්ධිමතියා

Rational'ity, *s.* සවිඥානකතාව, සිහිබුද්ධිඇතිකම, ඤාණයට හුරුකම

Rat'snake, *s.* ගැරඬියා

Rattan', *s.* වේවැල

Rat'tle, *v.* කටකටගානවා, සටසටගානවා *s.* කටකටගාන ශබ්දය, නිෂ්ඵල දෙඩවිලි ඝෝෂාව, සටසටගාන කෙළිබඩුවක්

Rat'tlesnake, *s.* විසකුරු ඝෝෂක සර්ප වර්ගයක්

Rat'-trap, *s.* මී උගුල

Rav'age, *v.* නාසත්කරණවා, කොල්ලකනවා, පාළුවට අරිණවා

Rav'ager, *s.* කොල්ලකන්නා, අලාපාළුකරන්නා, වනසන්නා

Rave, *v.* උන්මාදවෙනවා, උමතුලෙස දොඩවනවා

Rav'el, *v.* හුල්අදිනවා, පටලවනවා, පටලැවෙනවා, ලිහෙනවා

Rav'en *v.* බලෙන් ලබාගන්නවා, ගිජුලෙස කනවා, කෑදරකමින් ගිලදමනවා

Rav'en, *s.* කපුටු වර්ගයක්

Rav'enous, *a.* තද කෑදරවූ, ගිජුලෙස කන්නාවූ

Ravine', *s.* ගිරිකඳුර, කඳුරැළිය

Rav'ish, *v.* තනිස්නාඩු කරණවා, ඉතා සතුටුකරණවා

Rav'ishment, *s.* තනිස්නාඩුකිරීම, මහත් සතුට, ඉතා ප්‍රීතිමත්කම

Raw, *s.* අමු, නොකැවීට, අමිශ්‍ර, වණවූ, පුරුදුනැති

Ray, *s.* රශ්මිය, රැස, කාන්තිය, ඤාණඑළිය, මත්ස්‍ය වර්ගයක්

Raze, *v.* නාසතිකරණවා, මකනවා

Ra'zor, *s.* දැලිපිහිය, කඩකැත්ත

Reach, *v.* යමකට අතදිගුකරණවා, අතගහනවා, සමීපවෙනවා, ලඟාවෙනවා, පැමිණෙනවා *s.* දිගුකිරීම, දිගුප්‍රමාණය, තට්ටුවෙන දුර, බලය පවතින හරිය

React′, *v.* නැවත ක්‍රියාකරණවා, විරුද්ධව ක්‍රියාකෙරෙණවා, ප්‍රතිබලය පවත්වනවා

Reac′tion, *s.* විරුද්ධ ක්‍රියාකෙරීම, ප්‍රතිබලය පැවැත්වීම

Read, *v.* කියවනවා, පොත්බලනවා, හරියට ඉගෙණගන්නවා

Read′able, *a.* කියවන්ට වටින, කියවීමට යෝග්‍ය, පාඨනීය, රසවත්

Read′er, *s.* කියවන්නා, දේවස්ථානගේ යාචඤා කියවන්නා, බොහෝ පොත්පත් බලන්නා, සිඞිපත්‍ර බලන්නා, කියවන පාඩම් පොත

Read′ing, *a.* පොත්පත් කියවීමට ලැදිවූ *s.* කියවීම, පොත්පත් බැලීම, පදකාරය, වාක්‍යයක් හෝ පොතක් තේරුම්කරණ ආකාරය

Read′ily, *ad.* අප්‍රමාදව, සතුටුලෙස

Read′iness, *s.* ලැස්තිකම, සතුටුකම, දක්‍ෂකම

Readjust′, *v.* නැවත හරිගස්සනවා, නැවත පිළිවෙළට තබනවා

Readmis′sion, *s.* නැවත පිළිගැණීම, දෙවනු ඇතුල්කරගැණීම

Readmit′, *v.* නැවත ඇතුල්වෙන්ට ඉඩදෙනවා, දෙවනු ඒත්තුගන්නවා

Read′y, *a.* සූදානම්, ලැස්ති, දක්‍ෂ, පහසු

Read′y-made, *a.* කලින් සාදා තිබෙන, පාවිච්චියට සූදානම්වූ

Rea′gent, *s.* අන් ද්‍රව්‍ය ඇතිනැති බව ප්‍රකාශකරණ ද්‍රව්‍යයක්

Real, *a.* සත්‍ය, සැබෑ, අවංක

Realisa′tion, *s.* ඉෂ්ටකිරීම, සැබෑවූ දෙයක්කොට සිතට හැඟීයාම [ය

Real′ity, *s.* ඇත්තටම පැවැත්ම, සත්‍ය

Re′alize, *v.* ඉෂ්ටකරණවා, සම්බකාරගන්නවා, ඇතිසැටි තේරුම්ගන්නවා

Re′ally, *ad.* සැබෑවටම, ඇත්තටම

Realm, *s.* රාජ්‍යය, රාජධානිය

Ream, *s.* කඩයර් විස්සක් නොහොත් දුසිං 40 ක් ඇති කඩදාසි මිටියක්

Rean′imate, *v.* නැවත ප්‍රාණවත්වෙනවා, දෙවනු පණපිහිටුවනවා

Reap, *v.* ගොයම්කපනවා, එකතුකරගන්නවා, ඵලවිපාක ලැබෙනවා

Reap′ing-hook, *s.* දෑකැත්ත [යා

Reap′er, *s.* ගොයම්කපන්නා, ලාවක

Re-appoint′, *v.* දෙවනු පත්කරණවා

Rear, *s.* පස්ස, පස්සා කොටස

Rear, *v.* ඔසවනවා, නඩත්තුකරණවා, ඇතිකරණවා, උගන්වනවා, පස්සා ගාතෙන් නැගිට හිටිනවා

Rea′son, *s.* හේතුව, කාරණව, බුද්ධිය, සිහිකල්පනාව *v.* කාරණකාරණ වසයෙන් කල්පනාකරණවා, තර්කණයකරණවා

Rea′sonable, *a.* සිහිබුද්ධි ඇත්තාවූ, ඥුවනට හුරුවූ, යුතු, සෑහෙන

Rea′sonably, *ad.* ඥුවනටහුරුලෙස, යුතුලෙස

Rea′sonableness, *s.* සිහිබුද්ධි ඇතිවීම. ඥුවනටහුරුකම, කාතීව්‍යතාව

Rea'soning, *s.* සිහියෙන් කල්පනාකිරීම, විතර්කණය,

Reassem'ble, *v.* නැවත රැස්කරණවා, දෙවනුව එකතුවෙනවා

Reassert', *v.* නැවත ස්ථිරලෙස කියනවා, ආයෙත් කියාසිටිනවා

Reassur'ance, *s.* නැවත සහතිකකිරීම, ආයෙත් ධෛර්‍ය්‍යයට පැමිණීම

Reassure', *v.* නැවත සහතිකකරණවා, ආයෙත් ධෛර්‍ය්‍යකාරණවා

Rebate'ment, *s.* අඩුවීම, අඩුකිරීම

Rebel', *v.* කැරලිගහනවා [යා

Reb'el, *s*, කැරළිකාරයා, රාජද්‍රෝහි

Rebel'lion, *s.* කැරලිගැහීම, කැරැල්ල

Rebel'lious, *a.* කැරලිකාර, රාජද්‍රෝහි

Rebound', *v.* ආපසු පණිනවා, පස්සට පණිනවා *s.* ආපසු පැණීම

Rebuff', *v.* සැරෙන් පස්සටදමනවා, වලක්වනවා, එපාකරණවා *s.* පස්සට ගැසීම, හදිසි වැලැක්වීම, හදිසි තරවටුව

Rebuild', *v.* දෙවනුව ගොඩනගනවා, නැවත සාදනවා

Rebuke', *v.* තරවටුකරණවා, අවවාද කරණවා *s.* තරවටුකිරීම, තරවටුව, අවවාදය, පිඩාව

Re'bus, *s.* එක්තරා තේරවිල්ලක්

Rebut', *v.* උත්තර දෙනවා, විරුද්ධව සිටිනවා සතනය දක්වන

Recal'citrant, *a.* විරුද්ධකම හෝ අප්‍ර

Recall', *v.* ආපසු කැඳවනවා, අවලංගු කරණවා, සිහිකරණවා

Recant', *v.* කළ කී දේ අවලංගුකරණවා, දෙවනුව ප්‍රතික්ෂේපකරණවා

Recanta'tion, *s.* දෙවනුව ප්‍රතික්ෂේපකිරීම, කී දේ අවලංගුකිරීම

Recapit'ulate, *v.* දෙවනුව කියනවා, නැවත සංක්ෂේපලෙස දක්වනවා

Recapitula'tion, *s.* දෙවනුව සංක්ෂේපකර කීම, සංග්‍රහය

Recapit'ulatory, *a.* දෙවනුව කියන, සංක්ෂේප සංග්‍රහකාරවූ

Recap'ture, *v.* දෙවනුව අල්ලාගන්නවා, අ ලාගත් දේ ආපසු ගලවාගන්නවා [වනුව වක්කරණවා

Recast', *s.* දෙවනුව හරිගස්සනවා, දෙ

Recede', *v.* පසුබටවෙනවා, පසුබසිනවා, පස්සට යනවා

Receipt', *v.* කුවිතාන්සියක් දෙනවා, ලැබුන බවට අත්සන්කරණවා *s.* ලැබීම, කුවිතාන්සිය, සිට්ටුව

Receive', *v* ලැබෙනවා, බාරගන්නවා, පිළිගන්නවා

Receiv'er, *s.* ලබන්නා, බාරගන්නා, අල්ලා සිටින භාජනය

Recen'sion, *s.* හරිවැරදිබැලීම, පොතක සංශෝධනය, සංශෝධිත පිටපත

Re'cent, *a.* නොබෝදා සිදුවූ, මෑත, අභිනව, අලුත් [ස්ථානය, භාජනය

Recep'tacle, *s.* යමක් අඩංගුවෙන

Recep'tion, *s.* ලැබීම, බාරගැණීම, උපස්ථානකෙරීම

Recep'tive, *a.* ලබන හෝ අල්ලන ගුණය ඇති, සිතට ඒත්තුගන්න

Receptiv'ity, *s.* සිතටගන්න ගතිය, අල්ලාසිටින බලය [රහස් තැන

Recess', *s.* විශ්‍රාමය, විවේකභාවය,

Reces'sion, *s.* පසුබැසීම, පස්සටවීම

Rec'ipe, *s.* බෙහෙත් වට්ටෝරුව

Recip'ient, *s.* ලබන්නා, ලැබුන්කාරයා අන්‍යොන්‍යවූ, පරස්පර

Recip'rocal, *a.* මාරුවෙන් මාරුවටවූ.

Recip'rocally, *ad.* මාරුවෙන් මාරුවට, අන්‍යොන්‍යප්‍රකාරයෙන්

Recip'rocate, *v.* මාරුවෙන් මාරුවට කරණවා

Reciproc'ity, *s.* අන්‍යොන්‍ය බන්ධනය, පරස්පර සම්බන්ධකම

Recit'al, *s.* කීම, කියාදීම

Recita'tiou, *s.* පාඩම් කීම, ප්‍රසිද්ධියෙන් කීම

Recite', *v.* වදුරණවා, කටපාඩමෙන් කියනවා, අන් කෙනෙකුගේ වචන ගෙණ කියනවා [සැලකිලි

Reck'less, *a.* අප්‍රවේසම්වූ, ඉතා නො

Reck'lessly, *ad.* ඉතා අප්‍රවේසම් ලෙස, තද නොසැලකිලිකමින්

Reck'lessness, *s.* ප්‍රවේසම්නැතිකම, තද නොසැලකිල්ල, අප්‍රසමීක්ෂණය

Reck'on, *v.* ගණිනවා, ගණනට ගන්නවා, සලකණවා, ගණන්බලනවා

Reck'oning, *s.* ගණන් බැලීම, ගණනට ගැණීම, ගණන් බේරීම, ගණන

Reclaim', *v.* හරිගස්සනවා, පාළු ඉඩම් අස්වද්දනවා

Reclaim'able, *a.* නැවත හරවාගන්ට පුළුවන්, හරිගස්සාගතහැකි

Reclama'tion, *s.* දෙවනු හරි අතකට හරවාගැණීම, ආපසු ලබාගැණීම, අස්වද්දවීම

Recline', *v.* ඇලවෙනවා, ඇලේකට ඉන්නවා, හාන්සිවෙනවා

Recluse', *s.* තාපසයා, තවුසා, වනවාසියා, සන්නාසියා

Recogni'tion, *s.* ඇඳිනගැණීම, මතක්වීම, පිළිගැණීම

Recog'uizance. *s.* ඒත්තුගැණීම, පොරොන්දුවෙන් බැඳීසිටීම

Rec'ognize, *v.* ඇඳිනගන්නවා, මතක්වෙනවා, ඒත්තුගන්නවා

Recoil', *v.* පස්සට පණිනවා, පස්සට ගැන්නෙනවා, පසුබසිනවා

Recollect', *v.* මතක්කරණවා, සිහිකරණවා, මතක්වෙනවා

Recollec'tion, *s.* සිහිකරගැණීම, මතක්වීම [නවා

Recommeuce', *v.* නැවත පටන්ගන්

Recommend', *v.* යහපත්ය කියා සාක්ෂිදෙනවා, පිළිගන්වනවා

Recommenda'tion, *s.* යහපත්යයි සාක්ෂිදීම, ප්‍රශංසාව, රෙකමදූරුව

Rec'ompense, *v.* වන්දිදෙනවා, පළිගෙවනවා, ප්‍රතිඵලදෙනවා *s.* ප්‍රතිඵලය, විපාකය, වන්දිය

Recompose', *v.* දෙවනු සාදනවා, නලවනවා, සංසිඳුවනවා

Reconcil'able, *a.* සමාදානකළහැකි වූ, සමගිකළ හැකිවූ, එකගවූ

Rec'oncile, *v.* සමාදානකරණවා, මිත්‍ර කරණවා, එකඟකරණවා

Rec'onciler, *s.* සමාදානකරන්නා, සමගිකාරයා [හාදකෙරීම, මිතුරුවීම

Reconcilia'tion, *s.* සමාදානකරීම,

Rec'ondite, *a.* රහස්, ගැඹුරු, උගත්

Recon'naissance, *s.* පලාතක් සෝදිසිකිරීම, සොයාබැලීම

Reconnoi'tre, *v.* සෝදිසිකරණවා, බලනවා

Reconsid'er, *v.* දෙවනු කල්පනාකරණවා

Reconstruct', *v.* දෙවනු තනනවා, නැවත සාදනවා [නැගීම

Reconstruc'tion, *s.* දෙවනු ගොඩ

Record', *v.* සටහන්කරණවා, ලියාතබනවා, හිතටගන්නවා

Rec'ord, *s.* ලේඛනය, ලිඛුම, සටහන

Record'er, *s.* ලියන්නා, ලේකම් පිගත්වියා, නුවර නඩුකාරයා [වා

Recount', *v.* විස්තරලෙස කියාදෙන

Recoup', *v.* පාඩුව පිරිමසනවා, හිලව්කරණවා, අලාභගෙවනවා

Recourse', *s.* උපකාර ඉල්ලීම, පිහිට සෙවීම, සරණ උපාය

Recov'er, *v.* දෙවනු ලබාගන්නවා, ගලවාගන්නවා, සුවවෙනවා, සනීපවෙනවා

Recov'erable, *a.* අපසු ලබාගතහැකිවූ, පළමු ස්වභාවට පමුණුවාගත හැකිවූ

Recov'ery, *s.* නැතිවූ දෙයක් දෙවනු ලබාගැණීම, සුවවීම

Rec'reancy, *s.* නීච භයගුළුගතිය

Rec'reant, *a.* නීච භයකාර, නීචලෙස හැරදමනා. *s.* නීචයා, බයගුල්ලා

Recrea'tion, *s.* පහසුගැණීම, නිශ්ශාලංකය, සෙල්ලම

Rec'reative, *a.* පහසුව ගෙණදෙන්නාවූ, නිශ්ශාලංකගැණීමට අදාළවූ, විනෝද [රෝපණය කරණවා

Recrim'inate, *v.* එකට එක දෝෂා

Recruit', *v.* අලුත්වතන් සම්පාදනය කරගන්නවා, දෙවනු උපදවාගන්නවා, ප්‍රකෘතිමත්කරගන්නවා *s.* අලුත් භේවායා

Recruit'ing, *a.* අලුතෙන් සපයාදෙන, භේවාකමට මිනිසුන් සොයන

Rect'angle, *s.* ඍජුචතුෂ්කෝණය

Rectan'gular, *a.* ඍජුකෝණ

Rec'tify, *v.* හරිගස්සනවා, දෝෂ පහකරණවා

Rectilin'eal, Rectilin'ear, *a.* ඍජුරේඛාවලින් වටවූ, ඍජුරේඛා

Rec'titude, *s.* ඍජුකම, හරිකම, අවංකකම [ශාලාවක අධිපතියා

Rec'tor, *s.* දේවගැතියෙක්, අග්‍ර පාඨ

Rec'tory, *s.* ප්‍රධාන දේවගැති පදවියක්, දේවගැති වලව්වක්

Rec'tum, *s.* ලොකු අතුණේ පහත් කොට්ඨාසය

Recum'bence, Recum'bency, *s.* හාන්සිව සිටීම, ඇලවූ ගතිය

Recum'bent, *a.* හාන්සිවූ, ඇලවූ

Recu'perative, Recu'peratory, *a.* සුවඅතටවූ, හරිගැස්සෙන

Recur', *v.* දෙවනු සිද්ධවෙනවා, නැවත සිහිවෙනවා

Rec'usant, *a.* පිළිනොගන්න, එකමුතුනොවෙන *s.* නියම සභාවට යටත් නොවෙන්නා [වර්ණය

Red, *a.* රතු, රක්ත *s.* රතුපාට, රක්ත

Redac'tion, *s.* පිළිවෙළට තැබීම, පිළිවෙළට යෙදූ සංග්‍රහය

Red'-ant, *s.* ඇඹලයා, දිමියා

Red'breast, *s.* ගී කියන පක්ෂිවර්ගයක්

Red'-deer, *s.* මුවෝ වර්ගයක්, මුවා

Red'den, *v.* රතු කරනවා, රතුපාට වෙනවා

Redeem', *v.* මිලදී මුදාගන්නවා, නිදහස්කරනවා, ඉෂ්ටකරනවා, උකස් ගලවනවා [කාරයානෝ

Redeem'er, *s.* මුදාගන්නා, ගැලවුම්

Redemp'tion, *s.* මිලදී මුදාගැනීම, මිදීම, නිදහස, ගැලවීම

Redemp'tive, *a.* මිලදී මුදාගන්නාවූ, මිදීම සම්බන්ධවූ

Redemp'tory, *a.* මුදාගන්නාවූ, මිදීමේ මිලයකොට ගෙවූවාවූ

Red'hot, *a.* ගිනිමෙන් රත්වූ

Red'-lead, *s.* සාදිලිංගම්

Red'olence, Red'olency, *s.* ගන්ධය, සුගන්ධතාව [විසිදුවන

Red'olent, *a.* ගන්ධ සහිත, සුගන්ධ

Redoub'le, *v.* දෙගුණයක් කරනවා, බොහෝසෙයින් වැඩිකරනවා, දෙපංගුවක් වැඩිවෙනවා

Redoubt', *s.* කොටුවෙන් පිට ප්‍රාකාරය, ඇතුල් බලකොටුව

Redoubt'able, *a.* භය උපදවන්නාවූ, වික්‍රමවන්ත [වෙනවා

Redound', *v.* ප්‍රතිඵල වශයෙන් සිද්ධ

Redress', *v.* හරිගස්සනවා, වරද සහනයකරනවා *s.* හරිගැස්සීම, සහනය

Red-tape', *s.* ප්‍රසිද්ධ කන්තෝරු ආදියේ ලියකියවිලි බඳින රතු පටිය, නිලධාරීන්ට පුරුදු තද විධිවත්කම

Red-tap'ism, *s.* සිරිත් විධියටම කටයුතු ඉෂ්ටකිරීම, රෙගුලාසියෙන් පිට නොයාම

Reduce', *v.* අඩුකරනවා, හීනකරනවා, යටහත්කරනවා, ක්‍රමයකට පමුණුවනවා

Reduc'ible, *a.* අඩුකළහැකිවූ, වඩා පහත් අඩියකට ගෙණඑන්ට පුළුවන්

Reduc'tion, *s.* අඩුකිරීම, හීනභාවයට පැමිණීම, අන්‍යවර්ගීකිරීම

Redun'dant, *a.* වැඩිපුරවූ, අධිකවූ

Redu'plicate, *v.* ද්විගුණකරනවා, වැඩිකරනවා, නැවත කියනවා

Re-ech'o, *v.* නැවත දෝංකාරදෙනවා *s.* දෙවෙනි දෝංකාරය

Reed, *s.* බට, බටගහ, නළාව

Reef, *s.* මුහුදු ගල්වැටියක්, රුවලෙන් පංගුවක්

Reek, *v.* දුම්පිටත්වෙනවා *s.* දුමාරය

Reek'y, *a.* දුම්ගසන, දුමාරයෙන් ගැවසුනු, කිලුටුවූ [නැටුම් වගීයක්

Reel, *s.* නූල් ඔතන රෝදය, බීරළුව,

Reel, *v.* ඇලෙල්ට යනවා, වැනෙනවා

Re-el'igible, *a.* නැවත තෝරාගන්ට සුදුසුවූ, අයෙත් පත්කරගතහැකිවූ

Re-enforce'ment, *s.* යුද්ධනැව් සහ යුද්ධ සේනා ආදියෙන් බලවැඩිවීම, අමුතු උපකාරය

Re-en'try, *s.* නැවත ඇතුල්වීම, දෙවනුව අත්කරගැණීම

Refec'tion, *s.* අතුරුපස

Refec'tory, *s.* අතුරුපස වලඳන ඉඩම

Refer', *v.* බාරදෙනවා, නියමකරණවා, පමුණුවනවා, සංඥාකාරණවා

Referee'. *s.* යමක් බේරීමට මැදහත් කරගන්නා, බේරුම්කාරයා

Ref'erence, *s.* බාරදීම, බැලීම, සම්බන්ධය, හඟවන කාරණාව

Refine', *v.* පිරිසිදුකරණවා, නිර්මල කරණවා, ශුද්ධකරණවා, ආචාරවන්තකරණවා

Refine'ment, *s.* පිරිසිදුවීම, ආචාරවන්තකම, හික්මුම්කම

Refin'ery, *s.* ලෝහ යනාදිය පිරිසිදු කරණ ස්ථානය

Refit', *v.* අලුතෙන් හරිගස්සනවා, අලුත්වැඩියාකරණවා

Reflect', *v.* ආපසු හරවනවා, පස්සට පණිනවා, කල්පනාකර බලනවා, සිතාබලනවා, දෙස් පවරණවා

Reflec'tion, *s.* එළිය පස්සට පැණීම, ප්‍රතිබිම්බය, මෙනෙහිකිරීම, කල්පනාව, දොස් කීම

Re'flex, *a.* පස්සට විසිවෙන්නාවූ *s.* ආපසුවැටෙන එළිය

Reflex'ive, *a.* ආපසු හරවන, පස්සට විසිවෙන, ඒ පිටව පෙරළෙන

Ref'luent, *s.* ආපසු ගලන, පස්සට ගලාබසින

Reform', *v.* හරිගස්සනවා, හොඳ ස්වභාවකට පමුණුවනවා, නපුරෙන් හැරෙණවා *s.* හරිගැස්සීම, යහපත් අතට හැරීම, පරිශෝධනය

Reforma'tion, *s.* අලුත්වැඩියා කෙරීම, ප්‍රකෘතිමත්කෙරීම

Reform'ative, *a.* දෙවනු හරිගස්සන්නාවූ, හොඳ ස්වභාවකට පමුණුවන සුලුවූ

Reform'atory, *a.* හරිගස්සන, නපුරෙන් හරවන, පරිශෝධක

Reformed', *a.* නැවත හරිගස්සන ලද, හොඳ අතකට හැරුණ, වෙනස්වූ, පරිශෝධිත

Reform'er, *s.* හරිගස්සන්නා, පරිශෝධකයා, ආගම ප්‍රකෘතිමත්කරන්නා

Refract', *v.* ස්වභා ගමන වලකනවා, නමනවා [ඇරීම, පරිණතිය

Refrac'tion, *s.* නැමීම, රශ්මි නමා

Refract'ive, *a.* නමාඅරිණ, පරිණත

Refract'ory, *a.* අකීකරු, මුරණ්ඩු, තද, නොනැමෙන්නාවූ [කිණවා

Refrain', *v.* නවත්වා හිටිනවා, වල

Refrain', *s.* ගීතිකාවක අගට නැවත නැවත කියවෙන පදය, පුනරුක්ති පදය

Refran'gible, *a.* නියම ගමනෙන් පැත්තකට නැමියහැකිවූ

Refresh', *v.* සිසිල්කරණවා, සතපනවා, ප්‍රාණවත්කරණවා

Refresh'ment, *s.* ප්‍රාණවත්වීම, විශ්‍රාමය, නැමබීම

Refrig'erant, *a.* සිසිල්කරණ, ශීතකරණ *s.* සිසිල්කරණ දේ, ශීත ජන කෞෂධය [කරණවා

Refrig'erate, *v.* සිසිල්කරණවා, ශීත

Refrig'erator, *s.* කෑම සිසිල්ව රක්ෂා කරගැණීමට උපකරණයක්, ශීතාරක්ෂක පෙට්ටිය

Ref'uge, *s.* රක්ෂස්ථානය, මුඩාව, සරණ

Refugee', *s.* ආරක්ෂාව සොයා පිටරට කමයන්නා

Reful'gence, Reful'gency, *s.* දීප්තිමත් බැබලීම, උජ්ජ්වලතාව, තේජස

Reful'gent, *a.* බබලන්නාවූ, කාන්ති ඇත්තාවූ

Refund', *v.* නැවත ගෙවනවා

Refus'al, *s.* දෙන්ට බැරිය කීම, නැත කීම [අගේ නැති දෙය

Ref'use, *s.* රොඹ්ඹ, අගසඩුළු දෙය,

Refuse', *v.* එපාකරණවා, නැතකියනවා, බැරිය කියනවා

Refuta'tion, *s.* වැරදි බව ඔප්පුකෙරීම, නිරුත්තරකිරීම

Refute', *v.* විරුද්ධව ඔප්පුයාරණවා, බොරු බව පෙන්වනවා

Regain', *v.* නැවත ලබාගන්නවා

Re'gal, *a.* රාජකීය, රාජ, නෘරේන්ද්‍ර

Regale', *v.* සංග්‍රහකරණවා, ප්‍රීති උපසථානකරණවා, මගුල්කනවා

Rega'lia, *s.pl.* රාජාභරණ, රාජලක්ෂණ

Regard', *v.* තකනවා, සැලකනාකරණවා, සලකණවා, ගරුකරණවා *s.* තැකීම, සැලකිල්ල, නම්බුව

Regard'ful, *a.* තකන, සැලකිලිවන්ත, සිතාටගන්න [ප්‍රවේසම්වූ

Regard'less, *a.* නොසලකන්නාවූ, අ

Regat'ta, *s.* ඔරුසෙල්ලම, ඔරු එලවීම [කම

Re'gency, *s.* යුවරාජණ්ඩුව, අනුරජ

Regen'erate, *v.* දෙවනු උත්පාදකරණවා, නැවත උපදවනවා

Regenera'tion, *s.* නැවත ඉපදීම, පුනරුත්පත්තිය

Re'gent, *s.* බාල රජ වෙනුවට ආණ්ඩුකරන්නා, යුවරජ, ආණ්ඩුකාරයා

Reg'icide, *s.* රජුන්මැරීම, රාජඝාතනය, රජෙක් මරන්නා

Regime', *s.* ජීවත්වීමේ ...දම, පත්ථ්‍යම, ආණ්ඩුක්‍රමය

Reg'imen, *s.* පත්තියම් ඇල්ලීම, පිළිවෙළට හසුරුවීම

Reg'iment, *s.* යුද්ධසේනා කාණ්ඩායම

Re'gion, *s.* පලාත, රට, ප්‍රදේශය

Reg'ister, *s.* තෝම්බුව, සටහන, ලේඛනය *v.* සටහන්කරණවා, ලියා පදිංචිකරණවා

Reg'istrar, *s.* තෝම්බු ලේකම

Registra'tion, *s.* සටහන්කිරීම, තෝම්බුවේ ලියාපදිංචිකිරීම

Reg'istry, *s.* සටහන්කිරීම, ලේඛනාගාරය, සටහන්කළ කාරණ

Reg'nancy, *s.* රජකම්කිරීම, ආණ්ඩුකිරීම, රාජ්‍ය බලය

Reg'nant, *s.* රජකම්කරණ, ආණ්ඩු බලය පවත්වන, ප්‍රාධාන්‍ය

Re'gress, *s.* ආපසු ඊම, හැරීයාම

Regret', *s.* කණගාටුව, ඛේදය, පශ්චාත්තාපය *v.* කණගාටු වෙනවා, තැවෙනවා

Regret'ful, *a.* කණගාටු සිතන, තැවෙන, පසුතැවිලිවෙන

Regret'fully, *ad.* කණගාටු ආකාරයෙන්, ඛේද සහිතව, පශ්චාත්තාප වෙමින්

Reg'ular, *a.* නියමයට එකඟ, හරි, එකාකාර, විධිවත් [ළිවෙළ

Regular'ity, *s.* විධිවත්කම, නියම පි

Reg'ulate, *v.* හසුරුවනවා, හරිගස්සනවා, විධිසේ යොදනවා [ණත

Regula'tion, *s.* හසුරුවීම, නියමය, ප

Reg'ulator, *s.* හසුරුවන්නා, බර්ලෝසුවේ ගමන හසුරුවන පොල්ල, වේගය ප්‍රමාණකරණය

Rehear'sal, *s.* කියාදීම, වැදූරීම, අප්‍රසිද්ධ නාඩගම

Rehearse', *v.* නැවත කියනවා, කල්තියා පුරුදුවෙනවා

Reign, *v.* රාජ්‍යයකරණවා, අධිපතිකම්කරණවා *s.* රජකම, ආණ්ඩුව

Reimburse', *v.* වියදම් නැවත ගෙවනවා, සමාන අගය දෙනවා

Rein, *s.* කටකලියාවේ පටිය, නහලණුව, ආණ්ඩු බලය

Rein'deer, *s.* පිනි මුවා

Reinforce', *v.* බලය වැඩිකරණවා, අලුතෙන් ආධාරදී බලවත්කරණවා

Reinforce'ment, *s.* වඩා බලවත්කිරීම, අමුතු බලය හෝ ආධාරය

Reins, *s. pl.* තුනටිය, වකුගඩුව, ඇතුල් කොටස්ඨාසය

Reinstate', *v.* නැවත පිහිටුවනවා, දෙවනු පත්කරණවා

Reinstate'ment, *s.* නිලයක නැවත පිහිටුවීම, දෙවනු පත්කිරීම

Reit'erate, *v.* නැවත නැවත කියනවා, නැවත කරණවා

Reitera'tion, *s.* නැවත නැවත කීම, පුනරුක්තිය

Reject', *v.* ඉවත්කරණවා, එපාකරණවා, ප්‍රතික්ෂේපකරණවා

Rejec'tion, *s.* එපාකිරීම, අහකදැමීම, ප්‍රතික්ෂේපය [වෙනවා

Rejoice', *v.* ප්‍රීතිවෙනවා, සන්තෝෂ

Rejoic'ing, *s.* ප්‍රීතිවීම, ප්‍රීතිය, සන්තුෂ්ටිය

Rejoin', *v.* නැවත එකතුවෙනවා

Rejoin′der, *s.* උත්තරවලට දෙවනු උත්තරදීම, ප්‍රත්‍යුත්තරය, පිළිතුර

Rejuvenes′cent, *a.* නැවත තරුණ භාවයට පැමිණෙන්නාවූ

Rekin′dle, *v.* නැවත පත්තුකරණවා

Relapse′, *v.* පසුබසිනවා, පළමු ස්වභාවට හැරෙණවා *s.* දෙවනු පසුබටවීම, රෝගයකින් සුවවූ පසු දෙවනු ඇල්ලීම

Relate′, *v.* කියනවා, ගෙණහැර දක්වනවා, නෑකම් බඳිනවා, සම්බන්ධව තිබෙනවා

Relat′ed, *a.* සම්බන්ධවූ, අදාළවූ, නෑකම් ඇත්තාවූ, ඥාති

Rela′tion, *s.* කියාදීම, කථාප්‍රවෘත්තිය, සම්බන්ධකම, නෑයා

Rel′ative, *a.* සම්බන්ධවූ, අයිත්තුවූ *s.* නෑයා, බන්ධුවරයා

Rel′atively *ad.* සම්බන්ධාකාරයෙන්, අනිකකට සමානකර බැලූ තැනදී

Relax′, *v.* බුරුල්කරණවා, අඩුකරණවා, ලිහනවා, බුරුල්වෙනවා

Relaxa′tion, *s.* බුරුල්කිරීම, විවේකය, නිෂ්කලංකය

Relay′, *s.* ගමනකදී මාරුකරණ පණිවිඩකාරයෝ නොහොත් අශ්වයෝ

Release′, *v.* මුදනවා, ගලවනවා, නිදහස්කරණවා *s.* මිදීම, නිදහස

Rel′egate, *s.* අහකට අරිණවා, හරවා අරිණවා, පිටවහල්කරණවා

Relent′, *v.* මෘදුවෙනවා, බුරුල්වෙනවා, අනුකම්පාවෙනවා

Relent′less, *a.* හිත බුරුල්නොවෙන, දයානොවන, අනුකම්පා නැති

Relent′lessly, *ad.* හිත් තදකමින්, දයා නොදක්වා

Relent′lessness, *s.* තදකම නාරිණ ගතිය, හිත් බුරුල්නැතිකම, නිරනුකම්පාව

Rel′evance, Rel′evancy, *s.* කාරණවට අයිත්තුකම, අනුකූලභාව, වැටහුම්කම

Rel′evant, *a.* අයිත්තු, අදාළ, අනුකූල

Reliabil′ity, Reli′ableness, *s.* විශ්වාසනගුණය, විශ්වාසකම [සන

Reli′able, *a.* විශ්වාසකළහැකි, විශ්වා

Reli′ance, *s.* විශ්වාසය, සඬා ඇල්ම

Rel′ic, *s.* ඉතිරිවූදෙය, ධාතුව

Rel′ict, *s.* කනවැන්දුම්, වැන්දඹු ස්ත්‍රී

Relief′, *s.* සහනය, පහසුව, පිහිට

Relieve′, *v.* පහසුදෙනවා, උදව්වෙනවා, නිදහස්කරණවා

Relig′ion, *s.* ආගම, ඇදහිල්ල, සමය

Relig′ionist, *s.* ආගම්කාරයා, ලබ්ධිකයා [භක්තිවන්ත

Relig′ious, *a.* ආගමානුකූල, ලබ්ධික,

Relin′quish, *v.* අත්අරිණවා, ඈරදමනවා

Rel′ish, *s.* රස, රුචිය, මනාපය

Reluc′tance, Reluc′tancy, *s.* අකැමැත්ත, අමනාපය

Reluc′tant, *a.* අකැමැති, අප්‍රසන්න, අමනාප [ප්‍රසන්නයක් නැතුව

Reluc′tantly, *ad.* අකැමැත්තෙන්,

Rely′, *v.* විශ්වාසකරණවා, විශ්වාසය පිහිටුවනවා

Remain′, *v.* ඉතුරුවෙනවා, පවතිනවා, සිටිනවා, පොරොත්තුවෙනවා

Remain′der, *s.* ඉතිරි කොටස, ඉතුරුව තිබෙන ගණන, ශේෂය

Remains′, *s. pl.* ඉතුරුදේ, මළමිනිය

Remand′, *v.* වැඩිදුර සාක්ෂි විභාගකරණ පිණිස දෝෂාරෝපිත කෙනෙක් නැවත සිරේට අරිණවා

Remark′, *v.* සිහියට ගන්නවා, කියනවා *s.* කියමන [වූ, අපූර්ව, පුදුම

Remark′able, *a.* සලකන්ට වටින්නා

Remark′ably, *ad.* අපූර්වාකාරයෙන්, පුදුමලෙස, විශේෂලෙස, ඉතාම

Reme′dial, *a.* සුවකිරීම පිණිසවූ, හරිගස්සන, ප්‍රතිකාරකාර, පිළියම්

Reme′dially, *ad.* සුවකරන්නාවූ හෝ සහනයකරන්නාවූ අන්දමට, ප්‍රතිකාර වශයෙන්

Rem′edy, *s.* පිළියම, බෙහෙත

Remem′ber, *v.* මතක්කරණවා, සිහිපත්කරණවා, සිහිවෙනවා

Remem′brance, *s.* සිහිවීම, මතක

Remem′brancer, *s.* මතක්කරවන දෙය, මතක්කරවන්නා

Remind′, *v.* මතක්කරවනවා, සිහිකරවනවා [තක්වෙන දේ

Reminis′cence, *s.* මතක්කෙරීම, ම

Remiss′, *a.* නොකර අරිණ, ප්‍රමාද, අප්‍රවේසම්, කම්මැළි

Remis′sion, *s.* නිදුවීම, අත්ඇරීම, මිදීම, ක්ෂමාව [අරිණ

Remis′sive, *a.* ක්ෂමාකරණ, අත්

Remit′, *v.* බුරුළදෙනවා, ක්ෂමාකරණවා, මුදල් ආදිය යවනවා

Remit′tance, *s.* දුරතැනකට ඇරීම, යවනලද මුදල

Remit′tent, *a.* වෙනස්වෙන්නාවූ, වරින්වර අඩුවැඩිවෙන්නාවූ

Rem′nant, *s.* ඉතිරිවූ දෙයක්, ඉතුරු පංගුව [වනු හැඩහුරුකරණවා

Remod′el, *v.* අලුතෙන් තනනවා, දෙ

Remon′strance, *s.* විරුද්ධව කාරණ ගෙනහැරදක්වීම, තරවටුකිරීම, අවවාදය

Remon′strate, *v.* උදක්ම අවවාදකරණවා, තරවටුකරණවා

Remorse′, *s.* පසුතැවිල්ල, සිත්තැවීම, හෘදශෝකය

Remorse′ful, *a.* තමාගේ වරද නිසා හෘදවේදනාවට පත්වූ, දුඃඛ සිත්තැවීම ඇත්තාවූ [වූ, දයානැති, කෲර

Remorse′less, *a.* අනුකම්පා නැත්තා

Remote′, *a.* දුර, එපිට, දුරස්ථ

Remote′ly, *ad.* දුරින්, එපිටින්, දුරනෑකමකින් [තරකම, විදකම

Remote′ness, *s.* එපිටින් තිබීම, දුරස්

Remould′, *v.* වෙනස්කර සාදනවා, අලුතෙන් හැඩහුරුකරණවා

Remount′, *v.* දෙවනු ගොඩනගිනවා, නැවත නගනවා නොහොත් අරූඪකරණවා

Remov'able, *a.* අහක්කළහැකි, ඉඩම මාරුකරන්ට පුළුවන්

Remov'al, *s.* අහක්කිරීම, ඉඩම මාරුකිරීම, මඟහැරවීම, දුරලෑම

Remove', *v.* අහක්කරණවා, මාරුකරණවා, ඉඩමකින් ඉඩමකට යනවා

Remu'nerate, *v.* විපාකදෙනවා, කුලීදෙනවා

Remunera'tion, *s.* ප්‍රතිදානය, විපාකය

Remu'nerative, *a.* සුදුසු විපාක ලැබෙන, ඵලදයක, වාසි ඇති

Renais'sance, *s.* අපරදිග්භි ශිල්පශාස්ත්‍රාදිය නැවත ප්‍රාණවත්වූ (15වෙනි ශතසාංවත්සරයට ඇතුළත්) කාලය, පුනරුත්පත්තිය

Re'nal, *a.* වකුගඩු සම්බන්ධවූ

Renas'cence, Renas'cency, *s.* නැවත ප්‍රාණවත්වීම හෝ ඉපදීම, පුනරුත්පත්තිය

Renas'cent, *a.* නැවත ප්‍රාණවත්වෙන, අලුතෙන් හටගන්න [වනවා

Rend, *v.* ඉරණවා, පළනවා, දෙදර

Ren'der, *v.* දෙනවා, නැවත දෙනවා, භාරදෙනවා, පිටපත්කරණවා

Ren'dering, *s.* නැවත දීම, ප්‍රතිඵල දීම, පිටපත

Ren'dezvous, *s.* රැස්වෙන ඉඩම

Ren'egade, *s.* ධර්මය හෝ පක්ෂය අත්අරින්නා

Renew', Ren'ovate, *v.* අලුත්වැඩියා කරණවා, අලුතෙන් ප්‍රාණවත්කරණවා

Renew'al, *s.* අලුත්වැඩියාකිරීම, දෙවනු ප්‍රාණවත්කිරීම, නැවතෝත්පාදය

Renounce', *v.* අත්අරිණවා, ඒත්තු නොගන්නවා, ප්‍රතික්ෂේපකරණවා

Renounce'ment, *s.* අත්ඇරදැමීම, අයිතිවාසිකම ප්‍රතික්ෂේපකිරීම

Renova'tion, *s.* අලුත්කෙරීම, ප්‍රකෘතිමත්වීම

Renown', *s.* කීර්තිය, ප්‍රශංසාව

Renowned', *a.* කීර්තිමත්, ලෝක ප්‍රසිද්ධ, ශ්‍රීමත්වූ

Rent, *v.* කුලී ගෙවා භූක්තිවිඳිනවා, කුලියටගන්නවා, බදුදෙනවා

Rent, *s.* ඉරුම, පැළුම, කුලිය, බදු මිල, බද්ද

Rent'er, *s.* බදුකාරයා, රේන්දකාරයා

Renuncia'tion, *s.* අයිතිවාසිකම අත්හැරලීම, ප්‍රතික්ෂේපකිරීම

Repair', *v.* අලුත්වැඩියා කරණවා, හරිගස්සනවා, යනවා *s.* හරිගැස්සීම, පිළියම [අලාභය පිරිමැසීම

Repara'tion, *s.* අලුත්වැඩියාකෙරීම,

Repartee', *s.* සමිහි උත්තරය, කවිනම් පිරුළු වාක්‍යය [තුරුපස

Repast', *s.* කෑම්වේල, භෝජනය, අ

Repay', *v.* දෙවනු ගෙවනවා, ජේත්දු කරණවා

Repay'ment, *s.* දෙවනු ගෙවීම, නැවත ගෙවන ගණන හෝ දේ, ප්‍රතිඵලය

Repeal', *v.* අවලංගුකරණවා, නිෂ්ප්‍රභාකරණවා *s.* අවලංගුකිරීම

Repeal'er, *s.* අවලංගුකරන්නා, අවලංගුකරවාගැණීමට තැත්කරන්නා

Repeat' *v.* නැවත කරණවා, දෙවනු කියනවා, කටපාඩමෙන් කියනවා

Repeat'edly, *ad.* නැවත නැවත

Repeat'er, *s.* නැවත කරන්නා, නැවත නැවත කියවෙන ගණන, ගත වූ පැය දෙවනු තට්ටුකරවන ඔරලෝසුව

Repel', *v.* පස්සට පන්නනවා, අපසු නෙරපනවා, විරුද්ධව සිටිනවා

Repel'lent, *a.* පස්සට පන්වන, ලංවෙන්ටනොදී වලක්වන, අප්‍රසන්න

Repent', *v.* පශ්චාත්තාපවෙනවා, පසුතැවිලිවෙනවා

Repent'ance, *s.* පශ්චාත්තාපය, පාපය නිසා පසුතැවිල්ල [තැවිලිවූ

Repent'ant, *a.* පශ්චාත්තාපවෙන, පසු

Rep'ertory, *s.* භාණ්ඩාගාරය, වස්තුව තියන ස්ථානය, සංග්‍රහය

Ropeti'tion, *s.* නැවත නැවත කෙරීම, නැවත නැවත කීම

Repine', *v.* කොඳුරණවා, නොසතුටුවෙනවා, නොරිස්සුම් සිතිවිලි සිතනවා [නවා, හිලව්කරණවා

Replace', *v.* ස්ථානයක නැවත තබ

Replen'ish, *v.* නැවත පුරවනවා, වැඩිදියුණුකරණවා

Replete', *a.* සම්පූර්ණවූ, පිරුණුවූ

Reple'tion, *s.* පරිපූර්ණභාවය

Replica'tion, *s.* උත්තරය, පැමිණිලි ප්‍රත්‍යුත්තරය

Reply', *v.* උත්තරදෙනවා *s.* උත්තරය, ප්‍රතිවචනය, පිරුළ

Report', *v.* දන්වනවා, ප්‍රසිද්ධකරණවා, ආරංචිකරණවා *s.* ආරංචිය; වාර්තාව, රපෝර්තුව, ශබ්දය

Report'er, *s.* ආරංචි දන්වන්නා, රපෝර්තුකරන්නා

Repose', *v.* නිවාඩුගන්නවා, නිදාගන්නවා, විශ්වාසය තබනවා *s.* සැතපීම, හාන්සිවීම, නින්ද, නිශ්චලය

Repos'itory, *s.* බඩු ප්‍රවේසම්කරණ ස්ථානය, භාණ්ඩාගාරය, ගබඩාව

Repossess', *v.* දෙවනු හිමිකරගන්නවා, නැවත උරුමවෙනවා

Reprehend', *v.* තරවටුකරණවා, වරද තබනවා [දෝෂාරෝපණීයවූ

Reprehen'sible, *v.* තරවටුකළ යුතුවූ,

Reprehen'sion, *s.* තරවටුකිරීම, තරවටුව, දෝෂාරෝපණය

Reprehen'sive, *a.* තරවටු සහිතවූ, දෝෂාරෝපක

Represent', *v.* දක්වනවා, පෙන්වනවා, අනිකෙකුගේ වෙසින් පෙණෙනවා, දන්වාසිටිනවා

Representa'tion, *s.* දැක්වීම, සමාන රූපය, පෙන්වාසිටීම, කියාදීම

Represent'ative, *s.* අන්‍යයන් වෙනුවෙන් පෙණීසිටින්නා, නියෝජිතයා

Repress′, *v.* නවත්වනවා, තහනම් කරණවා, මැඩපවත්වනවා

Repres′sion, *s.* තහනම්කිරීම, මැඩ පැවැත්වීම, අත්හිටුවීම [වන

Repress′ive, *a.* මැඩපවත්වන, නවත්

Reprieve′, *s.* මරණය කල්දැමීම, කල කට අච්චුවෙන් නිදහස්කෙරීම

Rep′rimand, *s.* වරද ගැණ අවවාද දෙනවා, තදින් තරවටුකරණවා

Reprint′, *v.* නැවත අච්චුගසනවා, දෙවනු මුද්‍රණයකරණවා

Re′print, *s.* නැවත අච්චුගැහූ පොත

Repri′sal, *s.* පළිගැන්ම, ප්‍රතිහිංසාව

Reproach′, *v.* වරද තබනවා, අවලා ද කියනවා, නින්දාකරණවා *s.* අව ලාදය, නිග්‍රහය, අවනම්බුව

Reproach′able, *a.* දොස් තැබියයුතුවූ, ගර්හණීය

Reproach′ful, *a.* අවලාදසහිත, නිග්‍ර හවූ, ගරහන්නාවූ, නින්දිත

Reproach′fully, *ad.* අවලාද වශ යෙන්, ගැරහුම් ආකාරයෙන්, නින් දිතලෙස

Rep′robate, *s.* දුෂ්ටයා, ජඩයා

Reproba′tion, *s.* මෙෂකොට ප්‍රතික්ෂේ පකිරීම, විනාශමෙන්ම අත්ඇරීම

Reproduce′, *v.* නැවත උපදවනවා, නැවත සාදනවා

Reproduct′ive, *a.* නැවත උපදවන, ඵලප්‍රයෝජන දෙවනු ලබාදෙන

Reproof′, *s.* වැරැද්ද පෙන්වීම, අව වාදය, තරවටුව

Reprov′able, *a.* තරවටු ලැබීමට සු සුවූ, වරදතැබියයුතුවූ

Reprove′, *v.* වරද තබනවා, තරවටු කරණවා, සැරකරණවා

Rep′tile, *s.* බඩගානා සතා

Repub′lic, *s.* රජෙක් නැතුව වැඩි යන් විසින් පවත්වන ආණ්ඩුව, මහ සම්මතාණ්ඩුව, සමූහාණ්ඩුව

Repub′lican, *a.* මහජන ආණ්ඩුවකට අයිති, සමූහාණ්ඩු ක්‍රමයට හිත *s.* සමූහාණ්ඩු ක්‍රමය හජනයකු රන්නා

Repu′diate, *v.* අහක්කරණවා, එපා කරණවා, ප්‍රතික්ෂේපකරණවා

Repudia′tion, *s.* අහක්කිරීම, තුරන් කරදැමීම, ප්‍රතික්ෂේපය

Repug′nance, *s.* අකමැත්ත, තද අප්‍ර සන්නය, විරුද්ධකම

Repug′nant, *a.* අකමැතිවූ, අප්‍රිය, විරුද්ධ [වීම, එපාකිරීම

Repulse′, *v.* ආපසු එලවනවා *s.* එළ

Repul′sion, *s.* පස්සට පන්නාදැමීම, පහකිරීම, ද්‍රව්‍යයන්ගේ ප්‍රති විරුද්ධ ගුණය [ධක, අප්‍රසන්න, කැට

Repuls′ive, *a.* ඉවත්කරන්නාවූ, බා

Rep′utable, *a.* වටිනාවූ, නම්බුකා ර, අපකීර්ති නොවූ

Rep′utably, *ad.* වටිනා කියන අන්ද මින්, නම්බුකාරආකාරයෙන්

Reputa′tion, Repute′, *s.* ලබන සැල කීම, වටිනාකම, නම්බුව, කීර්තිය

Repute′, *v.* කල්පනාකරණවා, සලක ණවා [වා *s.* ඉල්ලීම, අයදුම

Request′, *v.* ඉල්ලනවා, ඉල්ලාසිටින

Req′uiem, *s.* මළ කෙනෙක් උදෙසා කියන ගීය තොහොත් යාච්ඤාව

Require′, *v.* ඉල්ලනවා, ඕනෑකරණ වා, නියමකරණවා

Require′ment, *s.* ඕනෑයයි නියමකිරී ම, නියෝගය, අණ

Req′uisite, *a.* ඕනෑවවූ *s.* ඕනෑමක රණ දෙය, උවමනාව

Requisi′tion, *s.* ඉල්ලීම, නියමය, අ මතනුණ පත්‍රය

Requit′al, *s.* ප්‍රතිඵලදීම, අනුරූප විපාකය, ප්‍රතිදානය

Requite′, *v.* විපාකදෙනවා, එකට එක දෙනවා, ප්‍රතිඵලදෙනවා

Rere′dos, *s.* පල්ලියක පූජාසනයට පි ටිපසින් හිතනියක්, එහි තබාතිබෙ න සැරසිලිසහිත ජවනිකාවක්

Rere′ward, *s.* පස්සෙ මුරකාරයෝ

Rescind′, *v.* නැතිකරදමනවා, අව ලංගුකරණවා [රාජාඥාව

Re′script, *s.* අගරජගේ නියෝගය,

Res′cue, *v.* ගලවනවා, මුදනවා *s.* ග ලවාගැණීම, නිදහස්කිරීම

Research′, *s.* ප්‍රවේසමින් විභාගකෙ රීම, හොඳකාර සෝදිසිකිරීම

Resemb′lance, *s.* සමානකම, සදෘශ ත්වය [ව තිබෙනවා

Resem′ble, *v.* සමානවෙනවා, සදෘශ

Resent′, *v.* වැරුද්දටගන්නවා, තර හවෙනවා, අමනාපය දක්වනවා

Resent′ful, *a.* වැරදිගන්න, ඉක්ම නින් අමනාපවෙන, නොරිස්සුම්

Resent′ment, *s.* තරහගැණීම, කිපීම, තද අමනාපය

Reserva′tion, *s.* මතුවට ඉතුරුකර තබාගැණීම, ඉතුරුකරගත් දේ, ප්‍ර සිද්ධනොවූ කාරණව

Reserve′, *v.* ඉතුරුකර තිබෙනවා, ම තුවට ප්‍රවේසම්කර තබනවා *s.* ඉතු රුකර තබනදෙය, නොකියා හිතේ සඟවාගණ ඉන්න ගතිය

Reserved′, *a.* ඉතුරුකළාවූ, නිදහස් කරා නැත්තාවූ

Reservoir′, *s.* වතුර රක්ෂාකරණ ඉඩ ම, ජලාශය [වෙනවා

Reside′, *v.* වාසයකරණවා, පදිංචි

Res′idence, *s.* වාසය, පදිංචිය, ගෙය

Res′ident, *s.* වාසයකරණ, පදිංචි, නි වාසි *s.* පදිංචිකාරයා

Residen′tial, *a.* පදිංචිවී ඉන්න, වාස යගත්, නියමලෙස නිවාසි

Res′idue, *s.* ඉතිරි පංගුව, අවශේෂය

Resign′, *v.* කැමැත්තෙන් අත්අරිණ වා, ඉල්ලා අහක්වෙනවා, බාරක රණවා,යටත්වෙනවා [යටත්වීම

Resigna′tion, *s.* අත්ඇරීම, බාරදීම,

Res′in, *s.* දුම්මල, ලාටු

Res′inous, *a.* දුම්මලවල ගති ඇති, දුම්මල අකාරවූ [කම්කරණවා

Resist′, *v.* විරුද්ධව සිටිනවා, විරුද්ධ

Resist'ance, *s.* විරුද්ධකම් පෑම, වි
රෝධය, බාධාකිරීම, බාධකබලය
Resist'ible, *a.* විරුද්ධවියහැකි, වැ
ලැක්වියහැකි
Resist'less, *a.* විරුද්ධව සිටින්ට නුපු
ළුවන්වූ, වලක්වන්ට බැරිවූ
Resolute'. *a.* ධෛර්‍ය්‍යමත්, ස්ථිර
Res'olutely, *ad.* ධෛර්‍ය්‍යමත්ලෙස,
ස්ථිරලෙස, සව් සිතින්
Res'oluteness, *s.* ධෛර්‍ය්‍යමත්කම, ස්ථි
ර ගුණය, සිත්සවිය
Resolu'tion, *s.* කොට්ඨාස වෙන්කිරී
ම, බිඳීම, ස්ථිරකම, ධෛර්‍ය්‍යය, නි
යමය, යෝජනාව
Resolve', *v.* කොටස් වෙන්කරණවා,
බිඳිරණවා, තෝරාදෙනවා, අරමුණු
කරණවා, නියමකරණවා [කරගත්
Resolved', *a.* අරමුණුකරගත්, තින්දු
Res'onance, *s.* ඝෝංකාරදීම, ඝෝංකා
රදෙන ගුණය
Res'onant, *a.* ඝෝංකාරදෙන්නාවූ
Resort', *v.* නැවත නැවත යනවා,
පැමිණෙනවා, ගැවසෙනවා *s.* ගැ
වසෙන ඉඩම, පිහිටාධාරය
Resound', *v.* නැවත ශබ්දකරණවා,
ඝෝංකාරදෙනවා, කීර්තිඝෝෂා ප
තුරුවනවා
Resource', *s.* පිහිට, උපාය, උපක්‍රම
ය *pl.* උපයන මාර්ගය, ධන
Respect', *v.* සලකණවා, නම්බුකර
ණවා *s.* සැලකීම, සම්මානය, නම්
බුව
Respectabil'ity, *s.* වටිනාකම, පමණ
කට වැදගත්කම [වැදගත්
Respect'able, *a.* සලකන්ට වටිනා,
Respect'ful, *a.* සැලකිලිකරන්නාවූ,
ගරුබුහුමන් පෙන්වන, සාදර
Respect'fully, *ad.* ගෞරවලෙස, සා
දරයෙන්
Respect'ing, *prep.* ගැණ [ලික
Respect'ive, *a.* එක එකෙක්මවූ, පුද්ග
Respect'ively, *ad.* වෙන් වශයෙන්,
එක එකෙක්ම [ප්‍රාශ්වාසකිරීම
Respira'tion, *s.* හුස්මඅරිම, ආශ්වාස
Respir'atory, *a.* ආශ්වාස ප්‍රාශ්වාස
කිරීම සම්බන්ධ, හුස්මගැණීම පිණි
සවූ [ප්‍රාශ්වාස කරණවා
Respire', *v.* හුස්මඅරිණවා, ආශ්වාස
Res'pite, *s.* අත්හිටවීම, නිෂ්කාලංකය
v. අත්හිටවනවා, සහනයදෙනවා,
කල්දමනවා
Resplen'dence, Resplen'dency, *s.* දීප්
තිමත්කම, දිලිසීම, විරාජමානතාව
Resplen'dent, *a.* දිලිසෙන්නාවූ, දීප්ති
මත්වූ, විරාජමාන [වෙනවා
Respond', *v.* උත්තරදෙනවා, එකඟ
Respond'ent, *a.* උත්තරදෙන, බලා
පොරොත්තුවට අනුකූලවූ *s.* උත්ත
රදෙන අය, විත්තිකාරයා
Response', *s.* උත්තරය, ප්‍රතිවචනය
Responsibil'ity, *s.* වගකීමට බැඳී
සිටීම [උත්තරදෙන්ට සුතුවූ
Respon'sible, *a.* වගකියන්ට ඕනෑවූ,

Respon'sive, *a.* උත්තරදෙන්නාවූ, ගැලපෙන්නාවූ, අනුකූල

Rest, *v.* නවතිනවා, නිවාඩුගන්නවා, ශයනාගෙ වෙනවා, ශේත්තු වෙනවා, *s.* නිවාඩුව, නිශ්කලංකය, විශ්‍රාමය, නින්ද, අවශේෂය, ඉතුරු පංගුව

Res'taurant, *s.* අහාරපාන විකුණන ගෙය, භෝජනසංග්‍රහ ශාලාව

Rest'-house, *s.* අම්බලම, තානායම

Restitu'tion, *s.* නැතිවූ හෝ පැහැර ගත් දේ අපසු ලබාදීම, අලාභ ගෙවීම, පළිදීම

Rest'ive, *a.* දඟලන, මුරණ්ඩු

Rest'less, *a.* චපල, ඉවසිලිනැති, නිදිනැති, ස්ථිරනොවූ

Rest'lessness, *s.* චපල ගතිය, නොඉවසිලිකම, නිදිනැතිවීම

Restora'tion, *s.* නැවතදීම, සනීපය, අලුත්වැඩියාකෙරීම

Restor'ative, *a.* නැවත බලයදෙන්නාවූ, සුවකරන්නාවූ *s.* නැවත සනීපදෙන බෙහෙත, ශක්තිවඩන ඖෂධය

Restore', *v.* දෙවනු දෙනවා, නැවත පිහිටුවනවා, නැවත පවුණුවනවා, ප්‍රකෘතිමත් කරණවා, ගලවනවා, සුවකරණවා

Restrain', *v.* නවත්වනවා, අත්හිටවනවා, වලක්වනවා, හිරකරණවා

Restraint', *s.* නැවැත්වීම, අවහිරය, තහනම

Restrict', *v.* අවහිරකරණවා, සීමා සහිතකරණවා, වලක්වනවා

Restric'tion, *s.* වැලැක්ම, තහනම, බාධාව

Restrict'ive, *a.* හිරකරන්නාවූ, ප්‍රමාණය කරණ, බාධක ගුණය ඇති

Result', *s.* ඵලය, විපාකය, අවසානය

Resume', *v.* දෙවනුගන්නවා, දෙවනු පටන්ගන්නවා

Resump'tion, *s.* නැවත ගැණීම, දෙවනු අරුඹකරගැණීම

Resurrec'tion, *s.* නැවත නැගිටීම, මළවුන්ගෙන් නැගිටීම

Resus'citate, *v.* නැවත පණඋපදවනවා, නැවත ප්‍රාණවත්කරණවා

Resuscita'tion, *s.* නැවත ප්‍රාණවත් කිරීම, ප්‍රතිජීවනය

Resuscita'tive, *a.* නැවත පණ උපදවන, අමුතු ශක්තිදායක, ප්‍රතිජීවක

Retail', *v.* ටිකටික විකුණනවා, සිල්ලර වෙළඳාම් කරණවා, පංගු වශයෙන් කියාදෙනවා

Re'tail, *s.* පුංචි පංගුවලින් වෙළඳාම් කෙරීම, මදමද තරමින් වෙළඳාම් කෙරීම, සිල්ලර විකිණීම

Retain', *v.* තිබාගන්නවා, නවත්වා ගන්නවා, කුලියටගන්නවා

Retain'er, *s.* අත්හැර සිටින්නා, අත වැසියා, නඩුවක් බාරදී දුන් මුදල

Retal'iate, *v.* එකට එක දෙනවා, පළිගන්නවා

Retalia'tion, *s.* එකට එක දීම, ප්‍රති නාමිය, පළිගැණීම

Retal'iative, Retal'iatory, *a.* එකට එක කරණ, පළිගන්න, ප්‍රතිහිංසක

Retard', *v.* අත්හිටවනවා, වලක්වනවා, ප්‍රමාදකරණවා, බාධාකරණවා

Retarda'tion, *s.* ප්‍රමාදකිරීම, සුනංගුව, බාධාව [කරන්ට හදනවා

Retch, *v.* ඔක්කාරකරණවා, වමනය

Reten'tion, *s.* නවතාගැණීම, ධාරණබලය, ස්මරණබලය, අඩස්සිය

Retent'ive, *a.* සිහියෙහි තබාගන්නාවූ, මතකතිබාගන්ට පුළුවන්වූ, ධාරණයකරගන්නාවූ

Ret'icence, *s.* නිශ්ශබ්දයෙන් සඟවාගණ සිටීම, වැඩි කථා නැතිකම

Ret'icent, *a.* කථානොකර සඟවාගණ සිටින, නිශ්ශබ්ද, තුෂ්ණීම්භූත

Retic'ular, Retic'ulated, *a.* දැල් කම්බිනතයෙන් තැනූ, දැල් ආකාර

Ret'icule, Ret'icle, *s.* දැල් ආකාර පුංචි මල්ලක්, නෝනාකෙනෙකුගේ මැහුම් මල්ල

Ret'ina, *s.* නේත්‍රමණ්ඩලයේ ජවිය

Ret'inue, *s.* පිරිවර, පිරිස, සේනාව

Retire', *v.* ඉවත්වෙනවා, පහවයනවා, අත්හැරලනවා, නික්මයනවා, අත්හිටවනවා [විවේකව සිටීම

Retire'ment, *s.* අහක්වයාම, පහවීම,

Retort', *v.* ඇණුම්පදයෙන් උත්තර දෙනවා, බකින්බස් කියනවා *s.* ඇණුම්පද උත්තරය, පෙරණ භාජනයක්

Retouch', *v.* නැවත තට්ටුකරණවා, ඇදපලුදු මකනවා, සිතියමක් වඩා හොඳකරණවා

Retrace', *v.* ආපසු බලා යනවා, අලුතෙන් සිතියමේ ඉරි අඳිනවා

Retract', *v.* කියාපු දේ අත්අරිණවා, ඇතුලාගන්නවා [ඇකිලෙන

Retract'ile, *a.* පස්සට ඇදගතහැකි,

Retreat', *v.* ආපසු යනවා, පසුබසිනවා *s.* පස්සටයාම, සැඟවෙනතැන, රක්ෂස්ථානය [හිඟකරණවා

Retrench', *v.* අඩුකරණවා, වියදම්

Retrench'ment, *s.* අඩුකෙරීම, කොටකෙරීම, ඇතුල්කොට්ටුව [ලය

Retribu'tion, *s.* ඵලවිපාකදීම, ප්‍රතිඵ

Retrib'utive, *a.* ප්‍රතිඵලදෙන, වන්දිදායක

Retriev'able, *a.* ආපසු ලබාගතහැකි, නැවත බේරාගන්ට පුළුවන්

Retriev'ably, *ad.* නැවත ලබාගතහැකි ආකාරයෙන්, බලාපොරොත්තු ඇතුව

Retrieve', *v.* දෙවනු ගලවාගන්නවා, නැවත පිහිටුවනවා, විපත්තියකින් ගොඩ එනවා [බසින්නාවූ

Re'trograde, *a.* පස්සටයන්නාවූ, පසු

Retrogres'sion, *s.* පස්සටයාම, පසුබැසීම [පසුබටවෙන්නාවූ

Retrogres'sive, *a.* ආපසු යන්නාවූ,

Re'trospect, *s.* පසුගිය කාලය බැලි
ම, පසුගිය දේ කල්පනාකර බැලීම

Retrospec'tion, *s.* ආපසු හැරී බැලීම,
අතීත කාල නිරීක්ෂණය, අතීත දේ
කල්පනාකරබැලීමේ ඉන්ද්‍රියය

Retrospect'ive, *a.* පසුකල් බලන්නා
වූ, අතීතයට වැටහෙන්නාවූ

Return', *v.* ආපසුයනවා, හැරී එනවා,
ආපසු යවනවා, නැවත දෙනවා,
උත්තරදෙනවා *s.* ආපසු යාම, නැව
ත ඒම, නැවත ගෙවීම, ප්‍රතිලාභය,
ගණන් වච්චෙට්රුව [තිය

Reun'ion, *s.* නැවත එකගවීම, සම්මු

Reunite', *v.* නැවත සම්බන්ධකරණ
වා, නැවත සමාදානකරණවා, නැ
වත එක්කාසුවෙනවා, නැවත එ
කගවෙනවා

Reveal', *v.* එළිදරව්කරණවා, ප්‍රකා
ශකරණවා [මංගල්‍යය

Rev'el, *s.* කා බී ඝෝෂාකිරීම, ක්‍රීඩා

Reveil'le, *s.* අලුයම් භේවාසීන් ප්‍රබුද්ධ
වීම පිණිස බෙරයක් හෝ නලාවක්

Revela'tion, *s.* එළිකෙරීම, ප්‍රකාශවූ
දේව ධර්මය, එළිදරව්කෙරීම නම්
පොත

Rev'el, *v.* ඝෝෂා සහිතව කෑමෙහි
බීමෙහි යෙදෙනවා, ක්‍රීඩා මංගල්‍ය
පවත්වනවා [ක්‍රීඩාව

Rev'elry, *s.* ඝෝෂා මංගල්‍යය හෝ

Revenge', *v.* පළිගන්නවා, එකට එ
ක කරණවා *s.* පළිගැණීම, එදිරි
පිරිමැසීම

Revenge'ful, *a.* පළිගන්න ස්වභා
ඇත්තාවූ

Rev'enue, *s.* ආදායම, අයබදු

Rever'berate, *v.* ඝෝෂාකාරදෙනවා,
ගිගුම්දෙනවා, ප්‍රතිරාවය නගින
වා, ආපසු හැරෙණවා

Reverbera'tion, *s.* ගිගුරුම, ඝෝෂ
කාරදීම

Revere', *v.* බොහෝ ගෞරවකර
ණවා, ගරුබුහුමන්කරණවා

Rev'erence, *s.* ගරුබුහුමන්කිරීම, බ
හුමානය [වයුතු

Rev'erend, *a.* ගෞරවනීයවූ, ගරුක

Rev'erent, *a.* ගරුබුහුමන් කරණ,
නම්බුදෙන, සම්මානක

Reveren'tial, *a.* ගරුකරන්නාවූ, නම්
බුදෙන්නාවූ

Rev'erently, *a.* ගරුසම්පාමින්, බහු
මානයෙන්, ගෞරවසහිතව [නය

Rev'erie, *s.* අනර්ථ කල්පනාව, ධ්‍යා

Revers'al, *s.* වෙනස්කිරීම, නිෂ්ප්‍රභා
කිරීම, විපර්‍යාසය

Reverse', *v.* පෙරළනවා, හරවනවා,
අවලංගු කරණවා *s.* වෙනස්වීම,
පූර්වාපරකම, විපර්‍යාසය, අහේතුව,
අලාභය [නස්කළහැකි

Revers'ible, *a.* හරවාගතහැකි, වෙ

Rever'sion, *s.* ගමක්බිමක් උරුමක්
කාරයින්ට හැරී ඒම, මාරුව

Revert', *v.* වෙනස්වී එනවා, නැවත
බසිනවා, හැරීඑනවා

Review′, *v.* නැවත බලනවා, ගුණදෙස් විභාගකරණවා *s.* නැවත බැලීම, දෙවනු සෝදිසිකිරීම, ප්‍රදර්ශනයකිරීම

Review′er, *s.* ගුණදොස් පරීක්ෂකයා, පරීක්ෂක සඟරාවක ලියුම්කාරයා

Revile′, *v.* බණිනවා, නින්දාකරණවා

Revise′, *v.* හරිවැරදි බලනවා, හරිගස්සනවා *s.* දෙවෙනි සිඩිපත්‍රය

Revi′sion, *s.* හරි වරද බැලීම

Reviv′al, *s.* නැවත පණපිහිටීම, අලුතු උතන්දුකම

Reviv′alist, *s.* ආගම සම්බන්ධ අලුතු පණපිහිටීමක් හටගන්වන්නා, ආත්මිකලෙස ප්‍රාණවත් කරන්නා

Revive′, *v.* දෙවනු ජීවත්වෙනවා, නැවත ප්‍රාණවත්වෙනවා, පණ උපද්දනවා

Reviv′ify, *v.* දෙවනු ජීවත්කරණවා, දෙවනු ප්‍රාණවත්කරණවා

Revoca′tion, *s.* අවලංගුකෙරීම

Revoke′, *v.* අවලංගුකරණවා, අත්හිටවනවා [ගැසීම, රාජද්‍රෝහිය

Revolt′, *v.* කැරළිගසනවා *s.* කැරළි

Revolt′ing, *a.* සිත කැරළිගස්වන, පිළිකුල්, කැත

Revolu′tion, *s.* කරකැවීම, වටේට යාම, වෙනස්වීම, රාජාණ්ඩුවේ පෙරළීම, ආණ්ඩුවිපර්‍යාසය

Revolu′tionary, *a.* ආණ්ඩු විපර්‍යාසය සම්බන්ධ, විපර්‍යාස හටගන්වන

Revolu′tionist, *s.* ආණ්ඩුවේ පෙරළීමක් හිඟඩිකරන්නා, විපර්‍යාසයට පක්ෂ අය

Revolve′, *v.* කරකැවෙනවා, වටේට යනවා, කල්පනාකරණවා

Revolv′er, *s.* කරකැවෙන කාණ්ඩු ඇති පිස්තෝලය

Revul′sion, *s.* සිත් ප්‍රසන්නය නැතිවීම, පිළිකුල, රෝගයක් ශරීරයේ එක් කොට්ඨාසයකින් වෙන කොට්ඨාසයකට මාරුවීම

Reward′, *v.* විපාකදෙනවා, ප්‍රතිඵලදෙනවා, එකත්වක ගෙවනවා *s.* විපාකය, ප්‍රතිඵලය, තෑග්ග

Rhap′sody, *s.* අසම්බන්ධ වාක්‍යය, ව්‍යාකූල රචනාව

Rhet′oric, *s.* ව්‍යක්ත කථාශාස්ත්‍රය, ශබ්දාලංකාර ශාස්ත්‍රය

Rhetor′ical, *a.* ව්‍යක්ත කථාශාස්ත්‍රයට අයිති, ව්‍යක්ත කථික, උපමා ආකාරවූ

Rhetor′ician, *s.* ව්‍යක්ත කථික ශාස්ත්‍රඥයා, දක්ෂ කථිකයා

Rheum, *s.* ශ්ලේෂ්මාව, සෙමගැලීම

Rheumat′ic, Rheumat′ical, *a.* වාත රෝගිවූ, වාතරෝගාකාර

Rheum′atism, *s.* වාතරෝගය

Rhinoc′eros, *s.* ඉතා ඝනවූ සමක්ද නාසේ ඉදිරිපිට අංද ඇති ඇතා හා සමාන සත්තෙක්, බඹගයා

Rhododen′dron, *s.* මාරත්මල්ගහ

Rhomb, Rhom'bus, *s.* සමවූ පැතිද සෘජුනොවූ කොන්ද ඇති චතුරස්‍රයක්, පැතිසම් අළුවා හැඩය

Rhom'boid, *s.* ඉස්සරහ පැති හා කෝණ සමවූ චතුරස්‍රයක්; දිග අළුවාහැඩය [බාර්බ් නම් පැලය

Rhu'barb, *s.* බෙහෙත් මුලක්, රූ

Rhyme, *s.* අගකුරුවල සමාන ශබ්දය, එලිසමකම, කවිය

Rhythm, *s.* ඡන්දස, ශබ්දවල සමකම

Rib, *s.* ඉල ඇටේ, ඇලඇටය

Rib'ald, *v.* නීචයා, ජඩයා, කෑතයා *s.* නීච, ජඩ, කෑත

Rib'aldry, *s.* නීචකථාව, කුණුසරුපය

Rib'bon, *s.* සේදපටිය, පිත්තපටිය

Rice, *s.* හාල්, බත්

Rich, *a.* පොහොසත්, ධනවතා, අනඝ, සාරවත් [ය

Rich'es, *s. pl.* වස්තුව, සම්පත, ධන

Rich'ly, *ad.* වස්තු ඇතුව, ධනවත් ලෙස, ඉසුරුමත් ආකාරයෙන්

Rich'ness, *s.* පොහොසත්කම, ඉසුරුමත්කම, සාරවත්කම, වටිනාකම, සමෘද්ධිතාව [ඩ, පිදුරුගොඩ

Rick, *s.* කොල කෑවිය, ගොයම් ගො

Rick'ets, *s.* ළදරුවන්ගේ ඇට සන්ධි දුර්වලකම, ගිලන්කම

Rick'ety, *a.* දුර්වලවූ, ග්‍රහනිවූ

Rid, *v.* මුදනවා, නිදහස්කරණවා, ඉවත්කරණවා

Rid'dle, *s.* අමාරු ප්‍රශ්නය, තේරවිල්ල; ලොකු පෙනේරය

Ride, *v.* අශ්වයා පිට යනවා, රථයක යනවා

Rid'er, *s.* අශ්වයා පිටින් යන්නා, රථවාහනයෙන් යන්නා [දුන් යටලීය

Ridge, *s.* මුදුන් වැටිය, කඳුහිරිය, මු

Rid'icule, *v.* කවටකම්කරණවා, සමච්චල්කරණවා *s.* කවටකම, සරදම, අපහාසය

Ridic'ulous, *a.* සිනා උපදවන්නාවූ, සමච්චල් කටයුතු, විසුලු

Rife, *a.* බහුලව තිබෙන, බොහෝවූ

Riff'-raff, *s.* අගේනැති දෙය, කුණු කසල, ජඩ උදවිය

Ri'fle, *s.* රැෆ්ල් තුවක්කුව

Ri'fle, *v.* උදුරාගන්නවා, ඉතාඉහ කොල්ලකනවා

Rift, *s.* පැල්ම, විවරය, තුවාලය

Rig, *v.* අන්දවනවා, සරහනවා, නැවේ කඹ ආදිය අමනවා

Rig'ging, *s.* නැව් කුඹවල යොත්

Right, *a.* සෘජු, හරි, නිවැරදි, සැබෑ, යුතු, සුදුසු, දකුණු *s.* හරිළස, යුතුකම, ධර්මය, අයිතිවාසිකම, දකුණ

Right'eous, *a.* ධර්මිෂ්ඨ, යුතු, යහපත්

Right'eously, *ad.* ධර්මිෂ්ඨලෙස, සාධාරණලෙස, දැහැමින්

Right'eousness, *s.* ධර්මිෂ්ඨකම, ධාර්මිකත්වය, දැහැම

Right'ful, *a.* යුතු, හරි, නීතියට එකඟ

Right'fully, *ad.* යුතුලෙස, හරි මාර්ගයෙන්

Right'-hand, *s.* දකුණු අත [ඍජුර

Rig'id, *a.* නමන්ට අසීරු, තද, දෘඪ,

Rigid'ity, *s.* නොනැමෙන ගතිය, තදකම, අපහසු අන්දමේ හැසිරීම

Rig'marole, *s.* මෝඩබස් දෙඩීම, දිගහැල්ල

Rig'orous, *a.* බුරුල නොදෙන, ඉතා තද, දැඩිගතිවූ [තදබලලෙස

Rig'orously, *ad.* බුරුලක් නොදී,

Rig'our, *s.* තදකම, සැරකම, බුරුල් නැතිකම, තද ශීතලය

Rill, *s.* දොළ, කුඩා ඇළ

Rim, *s.* වාටිය, ගැටිය, අද්දර, අයින

Rime, *s.* මිදුච්ච පිණි, තුසාර, හිම

Rind, *s.* ලෙල්ල, පතුර, පොත්ත

Rin'derpest, *s.* වස බෝවෙන හරක් ලෙඩක් [මඩල

Ring, *s.* චක්‍රය, වළල්ල, මුද්ද, රඟ

Ring, *v.* නාදකරණවා, නාට්ටුකරණවා, නාදදෙනවා

Ring'leader, *s.* කැරැල්ලෙහි මූලිකයා, නරක සමාගමක ප්‍රධානියා

Ring'let, *s.* බොකුට්ටු කෙස්ස, කුඩා මුදුකිරුව

Ring'worm, *s.* පණුකැවිල්ල, දදය

Rinse, *v.* වතුර වක්කර සෝදනවා, කුඹුදවනවා

Ri'ot, *v.* කෝලාහලකරණවා, ගෝට්ටිකරණවා, අධිකලෙස මගුල්කනවා *s.* කෝලාහලය, දඹරය, ඝෝෂා සහිතව මංගල්‍ය පැවැත්වීම

Ri'otous, *a.* කෝලාහලකාරවූ, කෑමබීමෙහි ඇලුනාවූ

Ri'otously, *ad.* කෝලාහල සහිතව, සැර ඝෝෂා පවත්වමින්

Rip, *v.* ඉරණවා, ඉරා වෙන්කරණවා

Ripa'rian, *a.* ගංඉවුරට අයිතිවූ

Ripe, *a.* ඉදුනු, පැසුනු, සම්පූර්ණවූ

Rip'en, *v.* මෝරණවා, පැසෙනවා, සම්පූර්ණවෙනවා

Rip'ple, *s.* කුඩා දියරැල්ල *v.* කුඩා රැළි නංවනවා, කුඩා රැළි නගිනවා

Rise, *v.* නැගිටිනවා, නගිනවා, උඩයනවා, උපදිනවා, වැඩෙනවා *s.* නැගීම, උස්වීම, ඉපදීම, වැඩීම, උසස්වීම, ගොඩැල්ල

Ris'ible, *a.* සිනාසෙන සුලුවූ, සිනා උපදවන්නාවූ [කැරළිගැසීම

Ris'ing, *s.* නැගීම, නැවත නැගිටීම,

Risk, *s.* උපද්‍රාව, අනතුරුවියහැකිබව *v.* අනතුරුවියහැකි සවනාවට පමුණුවනවා, අනුමානයට කරණවා

Rite, *s.* සිරිත, ආගමේ පිළිවෙත

Rit'ual, *s.* ආගමේ චාරිත්‍ර ක්‍රමය

Rit'ualism, *s.* ආගමේ නියම පිළිවෙත් ක්‍රමය, චාරිත්‍ර දෘෂ්ටිය

Rit'ualist, *s.* ආගමේ සිවාසාර සිරිත් බොහෝසෙයින් පවත්වන්නා, චාරිත්‍ර දෘෂ්ටියා

Rival, *a.* එම අයිතිවාසිකම් ඇති, තරගකාර *v.* සමව තිබෙනවා, එක සමානවෙන්ට හදනවා

Ri'val, *s.* තරඟකාරයා, අරෝකාරයා

Ri'valry, *s.* සමානවෙන්ටහෝ දිනන්ට උත්‍සාහකිරීම, තරඟකාරකම

Rive, *v.* පලනවා, දෙකඩවෙනවා

Riv'er, *s.* ගඟ, ගංගාව

Riv'et, *s.* කම්බි ඇණය, තර ඇණය, තදකරණ ඇණය *v.* තර ඇණය කින් සවකරණවා, මිටියංකරණවා

Riv'ulet, *s.* ඇල, දොළ, ඔය

Rix-dol'lar, *s.* රිදීපහ

Road, *s.* පාර, මාවත, මාර්ගය, විරය

Road'stead, *s.* විරය, නැව්තොට

Road'way, *s.* පාරේ රථවාහනා ගමන් කරණ හරිය

Roam, *v.* තැනින් තැන ඇවිදිනවා, සංචාරණය කරණවා

Roan, *a.* සුදු සහ අළුපාට ලප සහිත අඳුරු වර්ණවූ *s.* පාදම්කළ බැටළු හම්වර්ගයක්

Roar, *v.* මුරගසනවා, ගොරවනවා, ගර්ජනාකරණවා, බෙරිහන්දෙනවා, කෑගසනවා *s.* ගෙරවීම, ගර්ජනාව, සිංහනාදය, බෙරිහම

Roar'ing, *s.* ගිගුරුම, අශ්ව රෝගයක්

Roast, *v.* පුළුස්සනවා, බදිනවා *s.* පුළුස්සාපු දේ, බැදපු මස්

Rob, *v.* වංචාවෙන් පැහැරගන්නවා, හොරකම්කරණවා, කොල්ල කනවා

Rob'ber, *s.* හොරා, කොල්ලකාරයා

Rob'bery, *s.* හොරකම, කොල්ල කෑම

Robe, *s.* උතුරුසළුව, පොරෝණය, සිවුර *v.* උතුරුසළුව පෙරවනවා, හඳවනවා

Robust', *a.* සවිබල ඇත්තාවූ, ශක්තිමත්වූ, නිරෝගීවූ

Rock, *s.* පර්වතය, ගල

Rock, *v.* පද්දනවා, සොලවනවා, පැද්දෙනවා

Rock'et, *s.* අහසාශ රොකට්ටුව

Rock'y, *a.* පර්වතගහනවූ, ගල්මයවූ, දෘඩ, තද

Rod, *s.* වේවැල, කෝටුව, රිකිල්ල, යෂ්ට පහමාර

Roden'tia, *s.* මීයන් සමාන දත්වලින් කාන සත්තු

Roe, *s.* මාලු බිජු, මුවදෙන

Roe'buck, *s.* කුඩා මුවජාතියක්

Roga'tion, *s.* ඉල්ලීම, යාච්ඤාකිරීම

Rogue, *s.* තක්කඩියා, හොරා, මැරයා

Rog'uery, *s.* තක්කඩිකම, ප්‍රයෝගය, සරදම

Rogu'ish, *a.* තක්කඩි, මැර, ප්‍රයෝගකාර

Rog'uishness, *s.* තක්කඩිකම, මැරකම, ප්‍රයෝගය, සරදම

Roist'er, *v.* ඝෝෂාකරණවා, ගාලාගෝට්ටිකරණවා

Roist'erer, *s.* ඝෝෂාකරන්නා, පෙරළිකාරයා

Role, *s.* යමෙකුට භාරවූ මෙහෙය, කරණ විශේෂ වැඩේ

Roll, *v.* පෙරළිගණයනවා, පෙරළනවා, කරකවනවා, ඔතනවා, අකුලනවා *s.* පෙරළීම, අකුලාපු දෙයක්, ලේඛනය

Roll'-call, *s.* නාමලේඛනය කියවීම, නම් අඬගැසීම

Rol'ler, *s.* කරකැවෙන දේ, වටතුරු කදන්, එතීමට දිග පටියක්

Rol'licking, *a.* සෙල්ලම් සහිත, වැනි වැනී යන

Roll'ing-pin. *s.* අඹරණ පොල්ල

Roll'ing-stock, *s.* දුම්රථපාරේ යානොපකරණ

Ro'man, *a.* රෝමයට නොහොත් රෝමවරුන්ට අයිතිවූ, රෝමානු අගම සම්බන්ධවූ, රෝමානු *s.* රෝම නගරවැසියා

Ro'man Cath'olic, *a.* රෝමානු කතෝලික *s.* රෝමානු කතෝලිකාගම්කාරයා [ථා කතාරය

Romance', *s.* මිථ්‍යා කථාව, අපූර්ව ක

Ro'manism, *s.* රෝමානු අගම

Roman'tic, *a.* වියනොහැකි බොරු ප්‍රබන්ධවූ, විචිත්‍රාලංකාරවූ, සිත් අල වන්නාවූ [ම සම්බන්ධ

Rom'ish, *a.* රෝමානු, රෝමානු අග

Romp, *s.* ගාලාගෝට්ටි කෙල්ල

Romp, *v.* ඝෝෂා සහිතව සෙල්ලම් කරණවා, දුවපැණ සෙල්ලම්කරණවා *s.* දුවනපණින කෙල්ල, ගාලාගෝට්ටි කෙළිය

Rood, *s.* අක්කාරෙන් හතරෙන් පංගුවක්, බිහිත පිළිමයක්, අරුසි කුරුසම

Roof, *s.* වහල, පියස්ස, උඩුහල්ල *v.* වහලක්දමනවා, සෙවිලිකරණවා

Roof'ing, *s.* වහලක්දැමීම, වහලේ අඩුවැඩිය, වහල

Roof'less, *a.* වහලක්නැති, ගෙයක් දොරක් නැති, රැකවලක් නැති

Rook, *s* කපුටු වර්ගයක්

Rook, *v.* රවටනවා, වංචාකරණවා

Rook'ery, *s.* කපුටෝ ලගින ඉඩම

Room, *s.* කාමරය, ගෙය, අවකාසය, ඉඩ

Room'y, *a.* අවකාස ඇත්තාවූ, විශාල

Roost, *v.* පක්ෂියෙක් මෙන් ඇතිරෙරණවා, ලගිනවා *s.* කුකුළන් ලගින ලීය

Root, *v.* මුල් අදිනවා, බිම හාරණවා; root up, මුලින් උදුරාදමනවා *s.* මූල, ධාතුව, හේතුව

Root'let, *s.* කුඩාමුල, මුලේ කොන්ද

Rope, *s.* ලණුව, කඹය, බාන, රැණ

Rop'y, *a.* මැලියන්මයවූ, දිගට ඇදෙන්නාවූ [කොටුව

Rop'ery, *s.* ලණු සාදනතැන, කඹ

Rope'walk, *s.* කඹසෑදීමට පාවිච්චි කළාවූ දිගකොටුවක්

Ros'ary, *s.* රෝසමල් පාත්තිය, නොත්තෑය, ජපමාලාව, නවගුණවැල

Rose, *s.* රෝස, සෞවන්දි

Rose-ap'ple, *s.* රට ජම්බු

Ros'eate, *a.* රෝසමල් ගහනවූ, සෞවන්දිවැනි, රතු

Rose'mary, Rose'marin, *s.* කුඩා සුවදැති පැළෑටියක නමක්

Rosette', *s.* පිත්තපටි මලක්, රෝසමලක අකාරයෙන් කළ සැරසිල්ලක්

Rose'-water, *s.* සෙවුවන්දි, පිනිදිය, රෝසවතුර

Ros'in, *s.* දුම්මල [ථිකාසනය

Ros'trum, *s.* කුරුළුතුඩ, නැව්ඉස, ක

Rot, *v.* දිරණවා, කුණුවෙනවා *s.* දිරීම, කුණුවීම, කුඩුවීම,බැටළුලෙඩක්

Ro'tary, *a.* රෝදයක්මෙන් කරකැවෙන, කැරකෙන

Ro'tate, *v.* චක්‍රයක්සෙ කරකැවෙනවා, කරකවනවා

Rota'tion, *s.* චක්‍රයක්සෙ කරකැවීම, මාරුවෙන් මාරුවට කැරකැවීම

Rota'tory, *a.* කරකැවෙන්නාවූ, වටේට යන්නාවූ [නැවත කීම

Rote, *s.* තේරුම නොදැන නැවත

Rot'ten, *a.* දිරුවාවූ, දිරච්ච, කුණුවූ, අවිශ්වාස

Rotund', *a.* වටකුරු, චක්‍රාකාර

Rotund'ness, Rotund'ity, *s.* වටකුරකම, චක්‍රාකාරය [රෞද්‍ර

Rough, *a.* ඝන, කොරහැඩි, රළු,

Rough, *s.* රළුගතිය, රෞද්‍ර අය

Rough, *s.* රතු සායමක් *v.* සායම්ගා කම්බිල් රතුකරණවා

Rough'ly, *ad.* රළුලෙස, අවිකිරිලෙස, සැරලෙස [කම, සැරකම

Rough'ness, *s.* රළුකම, කොරහැඩි

Round, *a.* වටවූ, කවවූ, වටකුරු *ad.* වටකර, වටේට *s.* වටකුරුදෙය, චක්‍රය, ගෝලය [ලිත්නැති

Round'about, *a.* වටින්පිටින්වූ, කෙ

Round'house, *s.* පුංචි කිරගෙ, අවරේ කුඹා ගෙයක් [දිල්ලෙන්

Round'ly, *ad.* සම්පූර්ණලෙස, පැහැ

Round'ness, *s.* වටකුරුකම, බුහුටිකම

Rouse, *v.* නැඟුට්ටුවනවා, පුබුදුවනවා, අවුස්සනවා [ය, මංගල්‍ය පිරිස

Rout, *s.* ඝෝෂාව, කොලාහල සමූහ

Rout, *v.* පරදවා විසුරුවනවා, එලවා දමනවා *s.* යුද්ධසේනාවක් විසුරුවා දැමීම, වියවුල් පරාජය

Route, *s.* ගමන් මාර්ගය, යනමග

Routine', *s.* කටයුතු පිළිවෙළ, දවසින් දවස කරණවැඩ, පුරුදු ක්‍රමය

Rove, *v.* තැනින් තැන ගමන්කරණවා, ඔබමොබ ඇවිදිනවා

Rov'er, *s.* තැනින්තැන යන්නා, මුහුදේ කොල්ලකන්නා

Row, *s.* පේළිය, පෙළ, වැල

Row, *v.* පදිනවා

Row, *s.* ගෝට්ටි සබංගුව, කෝලාහලය [කඩි

Row'dy, *a.* කෝලාහලකාර, පක්

Row'dyism, *s.* කෝලාහලකිරීම

Row'lock, *s.* හබල්පාසය, අවලමල

Roy'al, *a.* රජ්ජුරුට අදාළ, රාජ, රාජකීය

Roy'alist, *s.* රාජාණ්ඩුවට විශ්වාසයා

Roy'ally, *ad.* රජ්ජුරුට ඔබින පරිද්දෙන්, රාජකීයාකාරයෙන්, ඉතා ශ්‍රේෂ්ඨලෙස

Roy'alty, *s.* රජකම, රාජභාවය, රාජශ්‍රීය, රජ්ජුරුවෝ, රාජ්‍යය

Rub, *v.* ගානවා, අතුල්ලනවා, පිහදමනවා, ඔප්නගනවා *s.* ඇතිල්ලීම, ඉලීම, බාධාව [ක්‍රියා විශේෂයක්

Rub′ber, *s.* මකනලාටු, හනගල, පත්‍ර

Rub′ble, *s.* බුරුල් ගල්කැබලි, වතුරට ගෙවිච්ච ගල්, රළුගල්

Ru′bicand, *s.* රතවතුරු, රතානවණ්වූ

Rub′bish, *s.* කැටකැබිලි, කුණු, රොඩු, අගේ නැති දේ, වල්පල්

Ru′bric, *s.* යාවඥ පොතෙහි නියම කළ විනාශ පද

Ru′by, *s.* රතුකැටය, ලෝහිතාංකය

Rud′der, *s.* සුක්කානව

Rud′dy, *a.* රත්පැහැවූ [නූගත්

Rude, *a.* ශීලාචාරනූවූ, වණ්ඩ, රළු,

Rude′ly, *ad.* රළුලෙස, අසමනීලෙස, අශිෂ්ටාචාරලෙස [කම

Rude′ness, *s.* රළුකම, ශීලාචාරනැති

Rud′iment, *s.* ඉගෙණගැන්මේ පටන් ගැම්ම, මුල් කාරණව, ධාතුව

Rudiment′al, Rudiment′ary, *a.* මුල් කාරණ අඩංගුවූ, පටන්ගැම්මට අසිතිවූ, ධාතුවූ

Rue, *s.* දුරු [නැවෙනවා

Rue, *v.* දුක්වෙනවා, කාංසාවෙනවා,

Rue′ful, *a.* දුක්මුසු, කණගාටු උපදවන, ලතෝනි සහිත

Ruff, *s.* බෙල්ලේ පලඳින ලොච්චිය, පක්ෂියෙක් [මරුවා

Ruf′fian, *s.* භාරතක්කඩියා, මිනි

Ruf′fle, *v.* රැලිදමනවා, සංවල්කරණවා, අවුස්සනවා *s.* රැලි මන්තය, ලොච්චිය, අරාවුල

Rug, *s.* කම්බිලිය, ඝන ලොම් පලස

Rug′ged, *a.* සමතලානැති, රළු, කොරහැඩි, කණට අමිහිරි

Rug′gedness, *s.* කොරහැඩිකම, රළුකම, ගල්ගහනවීම

Ru′in, *v.* නාසතිකරණවා, පාළුකරණවා *s.* විනාසය, ජරාවාසය, පාළුගෙපල

Ru′inous, *a.* ජරාපත්, විනාශක

Ru′inously, *ad.* ජරාවාසවූ ආකාරයෙන්, වනාශකලෙස

Rule, *v.* ආණ්ඩුකරණවා, අධිපතිකම් කරණවා, තීක්මවනවා, ඉරිගහනවා *s.* ආණ්ඩුව, විධිය, පණත, නියමය, ඉරිගහන දණ්ඩ

Rul′er, *s.* ආණ්ඩුකරන්නා, අධිපතියා, රේඛණිය [වත්වන, ප්‍රධාන

Rul′ing, *a.* අධිපතිකම්කරණ, බලප

Rum, *s.* රම් නම් මද්‍යපාන වර්ගයක්

Rum′ble, *v.* නාදකරණවා, ගුගුරණවා, මන්‍දනාදවෙනවා *s.* හින් ගිගුරුම [යක්

Rum′bling, *s.* හින් ගිගුරුම් නාද

Ru′minant, *a.* වමාරා කන්නාවූ *s.* කෑම වමාරා කන සතා

Ru′minate, *v.* වමාරාකනවා, මෙනෙහි කරණවා [වමෙනෙහිකිරීම

Rumina′tion, *s.* වමාරා කෑම, සංස්මන්

Rum′mage, *v.* පෙරළ පෙරළා සොයනවා *s.* ප්‍රවේසමින් සෙවීම [ථාව

Ru′mour, *s.* ආරංචිය, පැතිරෙණ ක

Rump, *s.* තට්ටම, කොන්දගුය, සට්ටම [ගහනවා *s.* රැල්ල

Rum'ple, *v.* වැකරැලිගහනවා, රැලි

Run, *v.* දුවනවා, ඉක්මණට යනවා, ගලායනවා, පැතිරෙණවා, දුවවනාව, අක්කනවා

Run, *s.* දිවුම, ගමනාගමනය, යාත්‍රා කළ දුරප්‍රමාණය, සෙරෙණ පිළිවෙළ, බහුලවීම

Run'away, *s.* රහසින් පැනලා යන්නා, සැඟවී යන්නා, පලායන්නා

Run'ner, *s.* දුවන්නා, දිවුම්කාරයා, පණිවිඩකාරයා, බිම දුවන වැල

Run'ning, *a.* දිවවීමට තබාතිබෙන, පිටපිටම සිදුවෙවන, කඩනැති, ගලායන, හැරවයන, *s.* දිවීම, ගලායන දේ, හැරව

Rupee', *s.* රුපියල

Rup'ture, *s.* බිඳීම, පිපිරීම, අණ්ඩවාතය, හුලැව *v.* පුපුරණවා. භි ා කරණවා, සඳනවා, පිපිරෙණවා, භේදයක් සිදුවෙවනවා

Rur'al, *a.* පිටිසරවූ, ගම්බඳ

Rur'al-dean, *s.* පලාතක උපනායක කම්ට බිස්කොප්තැන විසින් නියම් කළ දේවගැතියා

Rush, *v.* තදෙන් යනවා, වේගයෙන් දුවනවා, සැරෙන් ඇතුල්වෙවනවා

Rush, *s.* පන්, තණකොල වගීයක්, ඉක්මණට ඇතුල්වීම, වේග ගමන

Rush'-light, *s.* පන් ඉටිපන්දම

Rusk, *s.* විස්කෝත්තු වගීයක්

Rus'set *a.* දුඹුරු, දළ, ගෝහු

Rust, *s.* මලකඩ, යකඩමල, බැදෙන කුඩු [*s.* පිටිසරයා, ග්‍රාමිකයා

Rus'tic, *a.* පිටිසර, ග්‍රාමික, වාන්

Rustica'tion, *s.* පිටිසරට හැරීම, මහ ශාස්ත්‍ර ශාලාවකින් දඬුවමක් වශයෙන් කලකට පහකිරීම

Rustic'ity, *s.* ග්‍රාමිකකම, වාන්කම, අශිෂ්ටතාව

Rus'tle, *v.* සිහින් ඝෝෂාවෙවනවා, සරසරගානවා *s.* වියලි පත්‍රමෙන් සරසරගෑම

Rust'y, *a.* මලකඩබැඳුන, පාවිච්චි නොකිරීමෙන් නරක්වූ, රළු

Rut, *s.* රථචක්‍රයෙන් හැදෙන ඇල්ල, මෘගසංවාසය

Ruth'less, *a.* අනුකම්පා නැති, කෲර

Ruth'lessly, *ad.* අනුකම්පා නැතුව, කෲරලෙස

Ruth'lessness, *s.* නිරනුකම්පාව, කරුණා නැතිකම, කෲරකම

Rye, *s.* කළු තිරිඟු

Ry'ot, *s.* ගොයිතැන් කරන්නා

S

Sab'bath, *s.* සබත්දවස, නිවාඩු දින, ඉරිදා

Sabbat'ic, Sabbat'ical, *a.* සබත්දවස සම්බන්ධ, ශුද්ධවූ නිවාඩු දින වැනි, විශ්‍රාම පවුණුවන

Sa'ble, *a.* කළුවූ, කෘෂ්ණවූ

Sa'bre, *s.* වකුටු කඩුව, අසිපත

Sac'charine, *a.* පැණිරසවූ, සීන්සහිත

Sacerdot'al, *a.* පූජක තනතුරට අයිතිවූ, පූජක

Sacerdot'alism, *s.* පූජක තන්ත්‍රය, පූජක තනතුරට ඇති සැලකිල්ල

Sach'el, *s.* පසුම්බිය, පොත්පසිය

Sack, *s.* ගෝණිය, මල්ල [ණවා

Sack, *v.* කොල්ලකනවා, ගම් පහර

Sack'but, *s.* නලාවක්, වීණාවක්

Sack'cloth, *s.* ගෝණි රෙදි, හනපිළි

Sack'ing, *s.* ගෝණි මහන රෙදි

Sac'rament, *s.* සක්‍රමේන්තුව, සත්කර්මය, බව්තීස්මය, රාත්‍රිභෝජනය

Sa'cred, *a.* ශුද්ධවූ, කැපකළාවූ, පූජාකළාවූ, ගෞරවනීයවූ

Sa'credly, *ad.* කැපවූ දෙයක්සේ, ශුද්ධලෙස [දෙයක්වීම

Sa'credness, *s.* ශුද්ධකම, කැපකළාවූ

Sac'rifice, *v.* පූජාකරණවා, යාගකරණවා *s.* පූජාව, යාගය, බිල්ල, නාස්තිය [පූජාකරණ, යාජක

Sacrifi'cial, *a.* පූජා සම්බන්ධ, යාග

Sac'rilege, *s.* දේවස්ථානයේ දේ කොල්ලගැනීම, ශුද්ධ දේ කෙලසීම

Sacrile'gious, *a.* ශුද්ධ දේ කෙලසන්නාවූ, අකැපවූ

Sac'risty, *s.* දේවස්ථාන භාණ්ඩාගාරය, පල්ලියේ ඇතුල් කාමරය

Sad, *a.* දුක්මුසු, මලානික, කාංසාවූ, කනගාටු

Sad'dle, *s.* අශ්වාභරණය, සැදලය, හැඳ *v.* සැදලයදමනවා, බර තබනවා

Sad'dler, *s.* සැදල සාදන්නා

Sad'ducee, *s.* මළවුන්ගෙන් නැගිටීමක්වත් ආත්මයින්ගේ පැවැත්මක්වත් අනාගත ජීවිතයක්වත් නැතැයි ඉගැන්නූ යුදෙව් කොටසක කෙනෙක්

Sad'ly, *ad.* දුක්මුසුලෙස, කාංසාවලෙස, තැලංශු ආකාරයෙන්

Sad'ness, *s.* දුක්මුසු වෙනීම, මලානික ස්වභාව, කාංසාගතිය [රුනැති

Safe, *a.* ප්‍රවේසම්වූ, සුරක්ෂිත, අනතු

Safe, *s.* ප්‍රවේසම් පෙට්ටිය, සේප්පුව

Safe'guard, *s.* ආරක්ෂක දේ, රැකවල

Safe'ly, *ad.* ප්‍රවේසමින්, අනතුරු නැතුව, සුවසේ [රක්ෂිතතාව

Safe'ness, *s.* අනතුරුනැතිකම, සු

Safe'ty, *s.* ආරක්ෂාව, ප්‍රවේසම

Safe'ty-lamp, *s.* අඟුරු වල්වලට යාම පිණිස යකඩ කම්බි සහිතව සාදන පහනක්

Safe'ty-valve, *s.* ධූමයන්ත්‍රය මුදුනෙන් දුම පිටවීමම යොදා තිබෙන ආරක්ෂක පියනක්

Saff'ron, *s.* කහ, කහ [තවනත

Saga'cious, *a.* සිහිඇති, තීක්ෂණ, ඥා

Saga'ciously, *ad.* සිහිනුවණින්, තීක්ෂණලෙස, සිහිපරීක්ෂා ඇතුව

Saga'ciousness, Sagac'ity, *s.* සිහිනුව ණ, තීක්ෂණ ඥානය, මහා සිහිවිපරම

Sage, *a.* නුවණැති, ප්‍රඥාවන්ත, පණ්ඩිත *s.* නුවණක්කාරයා, පණ්ඩිතයා

Sa'go, *s.* සව්හාල් [තලා

Said, *pret.* of Say, කිවුවා, කථනය

Sail, *v.* යාත්‍රාකරණවා, නැවෙන් යනවා *s.* රුවල, නැව

Sail'ing, *s.* යාත්‍රාකිරීම, නැවේ ගමන

Sail'or, *s.* නාවිකයා, නැවියා, මරියා

Saint, *s.* ශුද්ධවන්තයා, සාන්තුවරයා, මුනින්ද්‍රයා

Saint'ed, *a.* ශුද්ධවන්තයෙක්හෙකාට සලකණලැබූ, ශුද්ධ, ස්වර්ගප්‍රාප්ත

Saint'like, Saint'ly, *a.* ශුද්ධවන්තයෙක් වැනි, ඉතා භක්තිවන්ත

Saint'liness, *s.* ශුද්ධවන්තකම, අති භක්තිවන්තකම [වට

Sake, *s.* නිසා, තකා, උදෙසා, වෙනු

Salaam', Salam', *s.* ආචාර වාක්‍යයක්

Sal'ad, *s.* සලාද.

Sal'aried, *a.* පඩියක් ලබන

Sal'ary, *s.* පඩිකාසි, වැටුප්, කුලී [සිය

Sale, *s.* විකිණීම, වෙළඳාම, වෙන්දේ

Sal'ient, *a.* පණින්නාවූ, පිටට නෙරුවාවූ, පැහැදිලි

Saline', *a.* ලුණුවූ, ලවණකාරවූ

Sali'va, *s.* කෙල [කරණවා

Sal'ivate, *v.* රහදියෙන් කෙල වැඩි

Saliva'tion, *s.* කෙල අධිකලෙස ගැලීම

Sal'low, *a.* කසාවින්පාට, පාණ්ඩු

Sal'lowness, *s.* සුදුමැළිපෙණීම, පාඬුපාට

Sal'ly, *s.* හදිස්සියෙන් පිටනයාම, සටනට වැදීම, සෙල්ලම්ගමන, කවටවාක්‍යය *v.* වේගයෙන් වදිනවා, පැණ එනවා [විය

Sal'ly-port, *s.* කුරුබිලිය, ගුළුවඩිච

Salm'on, *s.* මාලු වර්ගයක්, පිහ මත්ස්‍යයා

Saloon', *s.* මහ සාලාව

Salt, *a.* ලුණුරසවූ, ලුණුමුසු *v.* ලුණුදමනවා, ලුණුලනවා *s.* ලුණු, ලවණ

Salta'tion, *s.* පැණීම, පනුවගැහීම

Sal'tatory, *a.* පණින, නැටුම්ගැහුම් ඇති [ලුණු සාල්රුව

Salt'-cellar, *s.*. ලුණුදමන භාජනය,

Salt'ish, *a.* මදක් ලුණුරසවූ

Salt'ness, *s.* ලුණුරස, ලුණුගතිය

Saltpe'tre, *s.* වෙඩිලුණු

Salu'brious, *a.* සනීප ගෙණදෙන්නාවූ, සැප වඩන්නාවූ, සුඛදායක

Sal'utary, *a.* සැපවඩන, වැඩදායක

Saluta'tion, *s.* ආචාරකෙරීම, ආචාරය

Salute', *v.* ආචාරකරණවා, ගෞරව පිණිස වෙඩිතිබනවා *s.* ආචාරය, සිඹීම, ආවැඩීම, ආචාර වෙඩිල්ල

Sal'vage, *s.* නැව් බිඳීමේදී නැව ගෝඩබඩු ගලවාගැණීමට ලැබෙන කුලිය [ප්‍රාණගැලවීම

Salva'tion, *s.* ගැලවීම, රක්ෂාකර්ම,

Salve, *s.* තෛලම, අලේපය, කල්කය, තුවාල බෙහෙත
Sal'ver, *s.* තලිය, බත්දේසිය
Sal'vo, *s.* ගෞරවාචාරයෙන් කාලතුවක්කු වෙඩිතිබ්බීම
Same, *a.* එම, සම, සමාන
Same'ness, *s.* එම ගුණය, ඒකාකාරකම, සමානතාව [දර්ශනය
Sam'ple, *s.* ආදර්ශය, මෝස්තරය, නි
Sam'pler, *s.* පුරුදුවෙන්ට මහන මැහුමක, මෝස්තු සකස්කරන්නා
San'ative, *a.* සුවකරණ, සුඛදායක
Sanato'rium, *s.* සුවගෙණදෙන ස්ථානය, සනීපගැණීමට නවතින ඉඩම
San'atory, *a.* සුව ගෙණදෙන්නාවූ
Sanctifica'tion, *s.* පිරිසිදුකාරිම, ශුද්ධකම [මට කැපකරණවා
Sanc'tify, *v.* පිරිසිදුකරණවා, ශුද්ධක
Sanctimo'nious, *s.* ශුද්ධ, ශුද්ධවන්තයෙක්මෙන් පෙණෙන
Sanctimo'niously, *ad.* ශුද්ධවන්තයෙක්මෙන්, ශුද්ධවන්තකමක් පෙන්නාගණ [ඟෙණපෑම
Sanctimo'niousness, *s.* ශුද්ධවන්තකම
Sanc'tum, *s.* ශුද්ධ ස්ථානය, රහස්කාමරය
Sanc'tion, *v.* අවසරදෙනවා, කැමැත්තදෙනවා *s.* අවසරය, ඒත්තුගැණිම [කම
Sanc'tity, *s.* ශුද්ධගතිය, ශුද්ධවන්ත
Sanc'tuary, *s.* පවිත්‍ර ස්ථානය, ශුද්ධභූමිය, දේවස්ථානය, පල්ලිය
Sand, *s.* වැලි, වාලුකා [ප්පුව
San'dal, *s.* මිරිවැඩිය, වහන, සෙරෙ
San'dal-wood, *s.* හඳුන් ලී, සඳුන්
Sand-pa'per, *s.* බඩු මැදීමට ගන්නා කඩදාසි වර්ගයක්, වීදුරු කඩදාසිය
Sand'stone, *s.* වැලිගල
Sand'wich, *s.* පාන්පෙති දෙකක් අතරේ ලුණුමස් ආදිය ඇසුරූ කෑමක්
Sand'y, *a.* වැලිසහිත, වැලිආකාර, වැලිපාට ඇති
Sane, *a.* සිහිඇත්තාවූ, උන්මාදනොවූ
San'guinary, *a.* බොහෝ ලේ වගුරුවන්නාවූ, මිනිමරුවූ
San'guine, *a.* උණුසුම්වූ, තද ආසා සහිතවූ, අපේක්ෂක
San'hedrim, *s.* යුදෙව්වන්ගේ මහමන්ත්‍රණ සභාව [වඩන්නාවූ,
San'itary, *a.* සුව එලවන්නාවූ, සනීප
San'ity, *s.* හරි සිහිවිපරම් ඇතිකම, සනීපය [ෂාව
Sans'crit, Sans'krit, *s.* සංස්කෘත භා
Sap, *s.* ස්වරස, බීජස, ඉස්ම
Sap, *v.* යටින් හාරා නාස්තිකරණවා, ක්‍රමයෙන් අනතුරුකරණවා
Sap'id, *a.* රසඇති, රසවත්වූ
Sa'pience, *s.* ඥානගැම්ම, ඤුවනක්කාරකම
Sa'pient, *a.* ඥානවන්ත, ඤුවනක්කාර
Sap'ling, *s.* පැලය, තරුණගස

Sapona'ceous, *a.* සබන් ආකාරවූ

Sap'phire, *s.* නීලමාණික්‍යය, නිල්කැටය, ඉන්ද්‍රනීලය

Sap'py. *a.* ඕජස්සහිතවූ, ස්වරස බොහෝවූ [නින්දාව

Sar'casm, *s.* කවටකම, ඇනුම්පදය,

Sarcas'tic, Sarcas'tical, *a.* ඇනුම්පද සහිත, ඇනෙන්ට කියන

Sarcas'tically, *ad.* ඇනුම්පද ආකාරයෙන්, සැරේට වදිනලෙස

Sarce'net, *s.* සිහින් පටරෙදි වර්ගයක්

Sarcoph'agus, *s.* ගල් මිනීපෙට්ටිය

Sar'dine, *s.* කුඩා මත්ස්‍ය වර්ගයක්, සූඩයා [ලෝහිතරත්නය

Sar'dius, *s.* රතු මාණික්‍ය වර්ගයක්,

Sardon'ic, *a.* බලාත්කාර හෝ නියවිලි (සිනාව) [ගෝමේදය

Sardon'yx, *s.* තඹ මාණික්‍යය, ගෝ

Sarsaparil'la, *s.* ඉරමුසු

Sash, *s.* ඉඟපටිය, දූල්පටිය, වාපතය, ජනේල කඳ

Sa'tan, *s.* සාතන්, යක්ෂයා

Satch'el, *s.* පසුම්බිය, පොත්පසිය

Sat'ellite, *s.* උපග්‍රහයා, මහත් ග්‍රහයෙක් වටකර යන කුඩා ග්‍රහයෙක්, අනුව යන්නෙක්

Sate, Sa'tiate, *v.* ආශාව සංසිඳවනවා, හොඳට තෘප්තිමත්කරණවා

Sati'ety, *s.* අධික තෘප්තිමත්කම, වැඩිකම

Sat'in, *s.* පටරෙදි වර්ගයක්, සිනිඳු

Sat'in-wood, *s.* බුරුත

Sat'ire, *s.* ඇනුම්පදය, නින්දා ප්‍රබන්ධය

Satir'ic, Satir'ical, *a.* ඇනුම්පද ආකාරවූ, නින්දා හඟවන්නාවූ, විදූෂක

Sat'irise, *v.* ඇනුම්පද කියනවා, සැර ලෙස දොෂාරෝපණයකරණවා

Sat'irist, *s.* ඇනුම්පද ලියුම්කාරයා, නින්දා ප්‍රබන්ධ රචනාකාරයා

Satisfac'tion, *s.* ප්‍රසන්නවීම, සතුටුකම, සන්තුෂ්ටිය, වන්දිය

Satisfac'torily, *ad.* සතුටු උපදනාලෙස, සෑහෙන පරිද්දෙන්

Satisfac'tory, *a.* සතුටු උපදවන්නාවූ, සෑහෙන්නාවූ

Sat'isfy, *v.* සතුටුකරණවා, සෑහීමට පමුණුවනවා, ආශා සංසිඳුවනවා

Sat'urate, *v.* තෙතමනින් පූර්ණකරණවා, පුරවනවා

Satura'tion, *s.* තෙතමනින් පිරීතිබීම, පූර්ණයට පෙඟවීම, අතිපූරණය

Sat'urday, *s.* සෙනසුරාදා, ශනිදින

Saturna'lian, *a.* ප්‍රීති කෝලාහලකාර, අනාචාර [උනන්දුනැති

Sat'urnine, *a.* සංසුන්, මලානික,

Sat'yr, *s.* වන දේවතාවෙක්

Sauce, *v.* ව්‍යඤ්ජන ඉස්ම දමනවා, රසකරණවා, සැර වචන පාවිච්චිකරණවා *s.* ව්‍යඤ්ජන ඉස්ම, හොයි, හොදි [ය, සාස්පාන

Sauce'pan, *s.* බදින තලිය, අප්පල්ල

Sauc'er, *s.* පිරිසිය

Sau'cily, *ad.* නොහික්මුන්ලෙස, ගරුනැතුව

Sauc'iness, *s.* නොහික්මුන්කම, ගරු සරු නැතිකම

Sauc'y, *a.* නොහික්මුනාවූ, මුරණ්ඩු

Saun'ter, *v.* නෙමිහිට යනවා, අලස ලෙස ඇවිදිනවා, නතරවෙනවා

Sav'age, *a.* වනචර, රෞද්‍ර, චණ්ඩ *s.* වනචරයා, රෞද්‍රයා [ලෙස

Sav'agely, *ad.* වනචරලෙස, රෞද්‍ර

Sav'ageness, Sav'agery, *s.* වනචරකම, රළුගුණය, කෲරකම

Save, *v.* ගලවනවා, මුදනවා, රක්‍ෂා කරණවා, ඉතුරුකර තබනවා

Save, *ad.* මිස, විනා, හැර

Sav'ings-bank, *s.* ඒක ඒක කාසි බාරගෙණ රක්‍ෂාකර දෙන ඉඩම

Sav'iour, *s.* ගලවන්නා, ගැලවුම්කාරයානන්වහන්සේ

Sa'vour, *s.* රස, සුවඳ, සුගන්ධය

Sa'voury, *a.* රසවත්, සුරස, සුගන්ධ

Sa'vouriness, *s.* රසවත්කම, සුගන්ධතාව

Savoy', *s.* කෝවි වර්ගයක් [දැක්කා

Saw, *pret.* of see, දුටුවා, දර්ශනය කළා,

Saw, *v.* කියතෙන් ඉරණවා *s.* කියත

Saw'dust, *s.* කියත් කුඩු

Saw'fish, *s.* තලපතා, දූතීමෝරා

Saw'mill, *s.* ලී ඉරණ මෝල

Saw'pit, *s.* ලී ඉරණ වළ

Saw'yer, *s.* කියත්කාරයා, ලීඉරන්නා

Say, *v.* කියනවා, වදුරණවා, පවසනවා [ථාව

Say'ing, *s.* කීම, කියමන, භාවිතා ක

Scab, *s.* කබල, බැටළු කුෂ්ඨයක්

Scab'bard, *s.* කඩු කොපුව

Scab'bed, Scab'by, *a.* කබලුසහිතවූ, හොරිදූවූ

Scaf'fold, *s.* අට්ටාලය, තට්ටුව, පෝරක් [ආදිය

Scaf'folding, *s.* වැස්ස, මැසි දුව

Scal'able, *a.* නැගගන්ට පුළුවන්

Scald, *v* උණුවතුර ආදියෙන් දවනවා *s.* උණුදියෙන් සිදුවූ දැවීම

Scale, *s.* තරාදිය, තුලාව, කොරපොත්ත, ඉනිමග, ක්‍රමය, ක්‍රමයට යෙදූ මිම්ම, ශබ්දක්‍රමය

Scale, *v.* සීරණවා, කොරපොතු අරිණවා, නගිනවා

Scal'lop, *v.* කොතු කපනවා *s.* නාවාවි වර්ගයක්, දුරවංගුව

Scalp, *v.* ඉස්කබල් හම ගලවනවා *s.* ඉස්මුදුනේ හම [බා පිහියක්

Scalp'el, *s.* කැපුම් කෙටුම් සඳහා තු

Scamp, *s.* පාදඩයා, තක්කඩියා *v.* හොරකමට හෝ යන්තමට වැඩක්කරණවා [ලායනවා

Scam'per, *v.* කඩිනමින් දුවනවා, ප

Scan, *v.* හොඳින් විභාගකර බලනවා, ඡන්දස්මාත්‍රා ගණිනවා [ව

Scan'dal, *s.* කැලම, ඕපාදූපය, නින්

Scan'dalize, *v.* කැලම්කියනවා, අප්‍රසන්නකරණවා, ගර්හාකරණවා

Scant, Scant'y, *a.* හිඟවූ, මදිවූ, පටු, කුඩා

Scape'goat, *s.* මිනිසුන්ගේ පව් ඉසුලූ එළුවා, අනුන්ගේ වරද උසුලන්නා

Scape'grace, *s.* කමකටනැති එකා

Scap'ula, *s.* උරපත්ත

Scar, *s.* කැලල, ලපය, පලුදුව

Scarce, *a.* දුලීභවූ, හිඟවූ, වඩානැති

Scarce'ly, *ad.* අමාරුලෙස, ස්වල්ප වශයෙන්, යන්තම්

Scarc'ity, *s.* දුලීභතාව, හිඟකම

Scare, *v.* භයගන්වනවා, කුලප්පුකරණවා [නිකම් භයකාවන දේ

Scare'crow, *s.* වකපෝරුව, පඹයා,

Scarf, *s.* උතුරුසළුව, දිගපටුසළුව

Scar'ify, *v.* විදලා ලේ අරිණවා

Scarlati'na, Scar'let-fe'ver, *s.* බෝවෙන උණක්, රතාවණී ජ්වරය

Scar'let, *a.* රතුපාට, දීප්තිරක්තවණීය

Scath, Scathe, *s.* අනතුර, හානිය

Scathe'less, *a.* අනතුරට අසුනොවූ

Scat'ter, *v.* ඉතිරවනවා, විසුරුවනවා, විසිරෙණවා

Scav'enger, *s.* කුණු අදින්නා, මංමාවත් අතුගාන්නා, කහලයා

Scene, *s.* දශීනය, පෙනුම, සිඩිස්ථානය

Scen'ery, *s.* වෘක්ෂලතාදිය සහිතවූ දේශ දශීනය, රටේ පෙනුම

Scen'ic, *a.* දේශ දශීනයට අයිති, ස්ථාන ප්‍රදශීක, නාඩගම් ආකාර

Scent, *v.* ගන්ධය දැනෙනවා. ඉවඅල්ලනවා, සුවඳකරණවා *s.* ගන්ධය, සුවද, පුස්ඹ, ඉව

Scep'ric, *s.* අනුමානකරන්නා, දේවධර්ම අවිශ්වාසකරන්නා

Scep'tical, *a.* අනුමානකාරණ, අවිශ්වාසකරණ

Scep'ticism, *s.* අනුමානය, ශංකා ධර්මය, දේව ධර්මය අවිශ්වාසකිරීම

Sceptre, *s.* ජයකොන්තය, රාජබලය

Sched'ule, *s.* බඩු වට්ටෝරුව, ද්‍රව්‍ය නාම වට්ටෝරුව

Scheme, *v.* යෝජනාකරණවා, උපක්‍රමයක් යොදනවා *s.* විධික්‍රමය, යෝජනාව, උපාය

Schem'ing, *a.* උපා යෙදීමට ලැදිවූ, උපායවත් [භේදය

Schism, *s.* භේදය, ප්‍රභේදය, සභා

Schismat'ic, Schismat'ical, *a.* භේදකාරවූ, භේදකරවන

Schismat'ic, *s.* සභාවකින් වෙන්වෙන්නා, භේද උපදවන්නා

Schol'ar, *s.* ගෝලයා, ශිෂ්‍යයා, පණ්ඩිතයා [කම්ට බඳින, උගත්

Schol'arly, *a.* පණ්ඩිතාකාර, පණ්ඩිත

Schol'arship, *s.* පණ්ඩිතකම, විචක්ෂණතාව, උගත්කම

Scholas'tic, *a.* ශිල්පශාලාවලට අයිති, ශිෂ්‍ය, පණ්ඩිත

School, *s.* යෝලය, පාඨශාලාව, අක්ෂරශාලාව, ශිෂ්‍යසමූහය, නිකාය

School'ing, *s.* ඉගැන්වීම, ගුරුකම්දීම

School'master, *s.* ගුරුවරයා, ගුරුන්නාන්සේ, ආචාය්‍යීයා

School'mistress, *s.* ගුරුවරී, ගැණු ගුරුන්නාන්සේ

Schoon'er, *s.* කුඹා නැවක්, සුලුප්පුව

Sciat'ic, Sciat'ical, *a.* උකුල සම්බන්ධ, උකුල්සන්ධි [ගයක්

Sciat'ica, *s.* උකුල්සන්ධියේ වාතරෝ

Sci'ence, *s.* ශාස්ත්‍රය, විධිවත් විද්‍යාව

Scientif'ic, *a.* ශාස්ත්‍රාකාර, ශාස්ත්‍රඥ, ශාස්ත්‍රවන්ත, උගත් ත්‍රඥයා

Sci'entist, *s.* විද්‍යාභ්‍යාසකරන්නා, ශාස්

Scim'itar, *s.* කොට වකුටු කඩුව

Scin'tillate, *v.* ගිනිපුපුරු විසිරෙනවා, දිස්නවැටෙනවා, දිලිහෙනවා

Scintilla'tion, *s.* දිස්න විසිදීම, දිලිසී බැබලීම [විද්‍යාව

Sci'olism, *s.* මතුපිට ඥානය, මන්ද

Sci'olist, *s.* යමක් මතුපිටින් පමණක් දැනගෙණ සිටින්නා, මන්දවිද්‍යාකාරයා

Sci'on, *s.* පාස්සන අලුව, පවුලක බාලයෙක්

Scis'sors, *s. pl.* කතුර

Sclerot'ic, *s.* ඇසේ පිට සිවිය

Scoff, *v.* සමච්චල්කරණවා, ගරහනවා, බණිනවා *s.* සමච්චලය, ගැරහුම, නින්දුව

Scold, *v.* දෙසාබානවා, වගපල කියනවා *s.* සණ්ඩුකරණ ස්ත්‍රී

Sconce, *s.* ඉටිපන්දම් අත, හිස

Scoop, *v.* ඉහදමනවා, උලුප්පනවා *s.* ලොකු හැන්ද, ඉස්කෝප්පය

Scope, *s.* ඉඩ, අවකාශය, අදහස

Scorbu'tic, *a.* ගඩුඇත්තාවූ, කුෂ්ඨ

Scorch, *v.* කරකරණවා, වියලනවා, කරවෙනවා, දනවා

Score, *s.* කැපුම, ගණන, විස්ස

Scorn, *s.* නිවකොට සැලකීම, නිග්‍රහය, අපහාසය *v.* ඉතා නිවකොට සලකණවා, නිග්‍රහකරණවා, හෙලා දකිනවා [කරන්නා

Scorn'er, *s.* නිග්‍රහකරන්නා, නින්ද

Scorn'ful, *a.* නිග්‍රහසහිතවූ, උදුරම්

Scorn'fully, *ad.* නිග්‍රහසහිතව, ගඹා ආකාරයෙන්, උදුරම්ලෙස

Scor'pion, *s.* ගෝනුස්සා, වෘශ්චිකයා

Scot'-free, *a.* බද්දට අසුනොවූ, නිදහස්වූ

Scoun'drel, *s.* අතිනීචයා, තක්කඩියා

Scoun'drelism, *s.* තද තක්කඩිකම, ජඩකම

Scour, *v.* මදිනවා, සෝද පවිත්‍රකරණවා, සැරෙන් ගමන්කරණවා

Scourge, *s.* ඉපල, කසය, වදය, අච්චුව *v.* කසයෙන් තළනවා, මට්ටුකිරීම පිණිස දඬුවම්කරණවා

Scout, *s.* ඔත්තුකාරයා, චරපුරුෂයා

Scout, *v.* සුළුකොට හෙලාදකිනවා, නිග්‍රහකොට ප්‍රතික්ෂේපකරදමනවා

Scowl, *v.* රවනවා, බූන පැඟිරිකරණවා *s.* රවාබැල්ම, දුර්මුඛවීම

Scrag'gy, *a.* කෙට්ටුවූ, අනවවූ, රළුවූ

Scram'ble, *v.* අහුරට අල්ලාගන්ට හදනවා, අතපයගසා නගිනවා *s.* අතපයගසා නැගීම, ලබාගන්ට පොරකෑම

Scrap, *s.* කුඩා කෑබෙල්ල, තුණ්ඩුව

Scrap'-book, *s.* ලුහුඩු කාරණ සටහන් කරගන්න පොත, සිතියම් ඈඳිය අලවාපු පොත

Scrape, *v.* සූරණවා, ගානවා, අමාරුවෙන් එකතුකරගන්නවා *s.* අමාරුව

Scratch, *v.* පහුරුගානවා, කපනවා, ඉරිගහනවා, කටුගානවා, මකනවා *s.* පහුරුගෑ ලකුණ, සීරුව

Scrawl, *v.* නරකට ලියනවා *s.* විධියකට නැති හෝ ඉක්මන් ලිවීම

Scream, *v.* කෑගහනවා, මොරගහනවා *s.* කෑගැසීම

Screech, *v.* තීක්ෂණ හඬින් කෑගහනවා *s.* රළු තීක්ෂණ හදිසි හඬක්

Screech'-owl, *s.* බස්සෝ වර්ගයක්

Screen, *s.* මුවාව, ආවරණය, ඉස්කිරීනය, පැටැල්ල *v.* මුවාකරණවා, පැලලි වහනවා, සඟවනවා

Screw, *s.* ඉස්කුරුප්පුව, සංගසූරිය

Screw, *v.* ඉස්කුරුප්පු දමනවා, ඉස්කුරුප්පු ඇනයකින් තදකරණවා, කරකවනවා, මිරිකනවා

Screw'-driv'er, *s.* ඉස්කුරුප්පු නියන

Scrib'ble, *v.* අවලක්ෂණ ලෙස ලියනවා, කුරුටුගානවා

Scribe, *s.* ලියන්නා, ලේකම [සටන

Scrim'mage, *s.* සුළු පොරය, පොදු

Scrimp, *v.* කොටකරණවා, ලුහුඩුකරණවා *a.* කොටවූ, හිඟවූ

Scrip, *s.* පසුම්බිය, තුණ්ඩුකෑබෙල්ල, චට්ටෝරුව [කුරු, ගසනමුද්‍රාක්ෂර

Script, *s.* ලියන අකුරුවැනි අච්චු අ

Script'ural, *a.* බයිබලයේ අඩංගු, ශුද්ධලියවිලි ප්‍රකාර [ල, බයිබලය

Script'ure, *s.* ලියවිල්ල, ශුද්ධලියවිල්

Scriv'ener, *s.* ලිපිකරුවා, ලියන්නා, මුදල් භාරගෙණ පොලියට දෙන්නා

Scrof'ula, *s.* කණ්ඨමාලය

Scrof'ulous, *a.* කණ්ඨමාලාකාර, කණ්ඨමාලය වැලඳුන [යවිල්ල

Scroll, *s.* කුලන පත්‍රය, අකුලාපු ලි

Scro'tum, *s.* අණ්ඩකෝෂය

Scrub, *v.* උලනවා, මදිනවා, තදින් අතුල්ලනවා *s.* තදින් වැඩකර මසුරුලෙස ජීවත්වෙන අය, ගෙවීගිය කොස්ස, අතුල

Scrub'by, *a.* නීච, මසුරු, සුළු

Scru'ple, *s.* අනුමානය, සැකය, මිංචාඩි පහක බර [ක ක්‍රියාකාරවූ

Scru'pulous, *a.* සැක ඇත්තාවූ, අවං

Scru'pulously, *ad.* සැකසහිතව, ප්‍රවේසමින් බලාගෙණ

Scru'pulousness, **Scrupulos'ity**, *s.* සැකකරණ සවභාව, හොඳට බලා ගැණීම, ඉතා ප්‍රවේසම්කම

Scrutineer', *s.* සෝදිසිකාරත්තා, පරීක්ෂකයා [කරණවා

Scru'tinize, *v.* තීක්ෂණලෙස විභාග

Scru'tiny, *s.* තීක්ෂණලෙස විභාගකිරීම, සෝදිසිය, පරීක්ෂණය

Scud, *v.* කඩිසරින් යනවා, වේගයෙන් දුවනවා

Scuf'fle, *v.* වියවුල්ලෙස පොරකනවා, පෙරළිකරණවා *s.* වියවුල් පෙරළිය, සණ්ඩුව

Scull, *s.* කොට හබල, කුඩා ඔරුව *v.* කොට හබල්වලින් පදිනවා, අවරයේ පැත්තෙන් පැත්තට හබල නමා, පදිනවා

Scul'ler, *s.* පඩව්ව, ඔරුපිලාව

Scul'lery, *s.* වලන් ආදිය තබන ගේ, පලව්ව් කාමරය [දන වැඩකාරයා

Scul'lion, *s.* වලන් පිඟන් ආදිය සෝ

Sculp'tor, *s.* කැටයම්කාරයා

Sculp'ture, *s.* කැටයම, කැටයම් කර්මාන්තය

Scum, *s.* පෙණ, කුණු, කුණුකසල

Scurf, *s.* කොරල, කොරපොතු

Scurril'ity, *s.* නිග්‍රහබස්, කුණුහරුපය, කැත වචනවලින් බැණුම

Scur'rilous, *a.* නින්දාකරන්නාවූ, බණින්නාවූ, නිග්‍රහ, අධම

Scur'rilously, *ad.* නින්දාබස්සහිතව, නිග්‍රහ ආකාරයෙන්, කැත කථා ඇතුව [කාරයෙන්, හීනගතියෙන්

Scurv'ily, *ad.* නීචලෙස, අශික්ෂිතා

Scurv'iness, *s.* කොරපොතු ගහනව්ම, නීචකම, හීනගතිය

Scurv'y, *s.* කරප්පන්, කබර, පරංගි වගීයක් [හීන

Scurv'y, *a.* කොරළ ඇත්තාවූ, නීච,

Scut'tle, *s.* පැස් වගීයක්, පැතළි කූඩා වගීයක්, නැවේ සිදුරක් *v.* නැවේ සිදුරුකපනවා, හිල්කපා නැව කිඳවනවා

Scythe, *s.* ලොකු දෑකැත්ත

Sea, *s.* මුහුද, සමුද්‍රය, සාගරය

Sea'-board, Sea'-coast, *s.* මුහුදුබඩ, වෙරළ

Sea'-breeze, *s.* මුහුදු හුලඟ

Sea'faring, *a.* මුහුදේ සංචාරණය කරන්නාවූ, මුහුදු යාත්‍රාකාර

Sea'-girt, *a.* මුහුදෙන් වටවූ

Sea'-gull, *s.* මුහුදු ලිහිණියා

Seal, *v.* මුද්‍රාකරණවා, ස්ථිරකරණවා *s.* මුද්‍රය, මුද්‍රාව, ස්ථිරකරණ දේ

Seal'ing-wax, *s.* මුද්‍ර ලාකඩ

Seam, *v.* රෙදි මූට්ටුකරණවා, මහනවා *s.* මූට්ටුව, තුනී තට්ටුව

Sea'man, *s.* නාවිකයා, යාත්‍රාකාරයා, මරියා [මාලිමශාස්ත්‍රය

Sea'manship, *s.* නාවික දැනගැම්ම,

Seam'stress, *s.* මහන්නී, මැහුම් ගුරුන්නාන්සේ

Sea'port, *s.* පඩව්ව, ඔරුපිලාව

Sear, *v.* දවනවා, කරකරණවා, දෑඩිකරණවා *a.* වියලුන, වෙලිච්ච

Search, *v.* සෝදිසිකරණවා, සොයනවා *s.* සෝදිසිය, විභාගය

Search'ing, *a.* හොඳකාර සෝදිසිකරණ, තීක්ෂණ, කාවදින

Search'ingly, *ad.* තීක්ෂණකාරයෙන්, ප්‍රවේසම්ලෙස

Search'-war'rant, *s.* හොරබඩු අඩිය සෝදිසිකිරීමට බල පත්‍රය, සෝදිසි වරෙන්තුව

Sear'fish, *s.* තෝරමාලු

Sea'-shell, *s.* බෙලිකටු, සිප්පි

Sea'shore, *s.* වෙරළ, මුහුදුබඩ

Sea'-sick, *a.* මුහුදු මත

Sea'side, *s.* මුහුද අද්දර ගොඩබිම

Sea'son, *v.* රසකරණවා, පදම්කරණවා, මෝරණවා *s.* සමය, කාලය, අවස්ථාව, අවදිය, ඍතුව

Sea'sonable, *a.* කාලයට සුදුසුවූ, ප්‍රස්තානුකූල

Sea'soning, *s.* කෑම වඩා රසකිරීමට එකතුකාරණ කුළුබඩු

Seat, *v.* වාඩිකරවනවා, ඉඳගන්වනවා, පිහිටුවනවා *s.* අසනය, බන්කුව, පුටුව. වාසස්ථානය [රියා

Sea'-ur'chin, *s.* මුහුදු ඉත්තෑවා, ඉකි

Sea'weed, *s.* මුහුදේ හැදෙන පැලයක්

Sea'worthy, *s.* මුහුදේ යාත්‍රාකිරීමට සුදුසු [ණවා, භේදවෙනවා

Secede', *v.* අහක්වෙනවා, අත්අැරෙ

Seced'er, *s.* අහක්වෙන්නා, සමාගමෙන් වෙන්වෙන්නා

Seces'sion, *s.* සමාගමකින් අහක්වීම

Seclude', *v.* වෙන්කරණවා, තනිකර තබනවා

Seclu'sion, *s.* තනිකරතැබීම, වෙන්වූ ස්වභාව, රහස්කම, විවේකත්වය

Sec'ond, *a.* දෙවෙනි, ද්විතිය, *v.* උදව් දෙනවා, ස්ථිරකරණවා *s.* දෙවෙනියා, උදව්වෙන්නා, පත්පරය

Sec'ondary, *a.* දෙවෙනිවූ, වැදගත් නූවූ *s.* දෙවෙනියෙක්, අප්‍රධාන කෙනෙක් [ව්කලාවූ, පරණ

Sec'ond-hand, *a.* අලුත්නොවූ, පාවිච්

Sec'ondly, *ad.* දෙවනුව

Se'crecy, *s.* රහස්කම, රහසිගතව සිටීම, රහස් ප්‍රකාශනොකෙරීම

Se'cret, *a.* සැඟවුනාවූ, රහස්, අප්‍රකාශ *s.* රහස, අප්‍රකාශිත දෙය

Sec'retary, *s.* ලියන්නා, ලේකම්, සෙක්‍රතාරිස් [ලඅධිකරණවා

Secrete', *v.* සඟවනවා, බේරණවා, ම

Secre'tion, *s.* සැඟවීම, ලේ ආදී දියර ද්‍රව්‍යයකින් බේරීම හෝ වෙන්කිරීම, බේරණබීජස [බාගන්නාවූ

Secret'ive, *a.* බේරණ සුලුවූ, සඟවා ත

Se'cretly, *ad.* රහසින්, රහසිගතව, සැඟවිල්ලේ, අප්‍රකාශලෙස

Sect, *s.* ලබ්ධිය, පක්ෂය, නිකාය

Secta'rian, *a.* ලබ්ධියකට අයිති, නිකායික *s.* නිකායිකයා

Secta'rianism, *s.* ලබ්ධි භජනය, නිකායකට ඇලුම්කම

Sec'tion, *s.* කොටස්සය, පංගුව, පගතිය, කාණ්ඩය, පර්ච

Sec'ular, *a.* අනාගමික, ලෞක, ලෞකික, නොපැවිදි, ගිහි

Secularisa'tion, *s.* ආගමට අයිති දේ ලෝක දේවලට පෙරළීම, ආගමෙන් අයින්කිරීම

Sec'ularise, *v.* ලෞකික කරණවා, ආගමේ දේ ලෝක පාවිච්චියට ගන්නවා, ලෞකික භාවයට පමුණුවනවා

Sec'ularist, *s.* ලෞකික කාරණ පමණක් සලකන්නා, ඓහික දෘෂ්ටියා

Secure', *a.* අනතුරනැති, ආරක්ෂා සහිත, සවිවූ, භයනැති *v.* සුරක්ෂිත කරණවා, ප්‍රවේසම්කරණවා, රක්ෂා කරණවා

Secure'ly, *ad.* අනතුරු නැතුව, ආරක්ෂාසහිතව, සුරක්ෂිතලෙස

Secure'ness, *s.* අනතුරරහිතවීම, සුරක්ෂිතතාව [ක්ෂාව, ඇපය, උකස

Secur'ity, *s.* සුරක්ෂිත ස්වභාව, ආර

Sedan', *s.* දෙදෙනෙකු විසින් උසුලා ගණයන පුටුවක් නොහොත් දෝලාවක්

Sedate', *a.* සංසුන්, නිශ්චල, සමාධි

Sedate'ness, *s.* නිශ්චලකම, ශාන්ත ගතිය

Sed'ative, *a.* නිශ්චලකරණ, සන්සුන් කරණ *s.* වේදනාව සන්සුන්කරණ බෙහෙතක්

Sed'entary, *a.* බොහෝ වාඩිවී ඉන්නාවූ, ඉඳගෙණ කරන්නාවූ

Sedge, *s.* ඇටවරා, ජල තෘණවර්ගයක්

Sed'iment, *s.* බොර, රොඩ්ඩ

Sedi'tion, *s.* කැරැල්ල, කෝලාහලය

Sedi'tious, *a.* කැරළිගසන, කුමන්ත්‍රණකාර

Seduce', *v.* මුළාකරණවා, නපුරට කැමතිකරවාගන්නවා

Seduc'tion, *s.* සුචරිතමාර්ගයෙන් හරවාගැණීම, රැවටිල්ලෙන් ස්ත්‍රියෙකුගේ පතිව්‍රතාබව නැතිකිරීම

Seduc'tive, *a.* අභාගයට හරවාගන්නාවූ, නපුරට කැමතිකරවන

Sed'ulous, *a.* වෑයම්ඇති, වියසිවන්ත

Sed'ulously, *ad.* වෑයම්ඇතිආකාරයෙන්, උත්සාහවන්තලෙස

Sed'ulousness, *s.* වෑයම්ඇතිභාව, වීයසිවන්තකම; නොකඩවූ උත්සාහය

See, *s.* බිෂොප්තැනගේ අණ්ඩුව පවතින පළාත, අග්‍ර පාරිදශීක පළාත

See, *v.* දකිනවා, පෙණෙනවා, බලනවා, තේරුම්ගන්නවා *int.* බලව, මෙන්න, අන්න [ය, ගෝත්‍රය

Seed, *s.* බීජය, බිත්තර, ශුක්ල, වංශ

Seed'-time, *s.* වපුරණ කාලය

Seed'y, *a.* බීජගහනවූ, බිත්තර හට ගත්, පරණවූ, බෙලහීනවූ

See'ing, *s.* දැකීම, දර්ශනය, බැල්ම *conj.* නිසා, බැවින්

Seek, *v.* සොයනවා, විභාගකරණවා

Seem, *v.* පෙණෙනවා, හැඟෙනවා

Seem'ing, *a.* පෙණීම් හැටියටවූ, පෙණීම පමණක්වූ

Seem′ingly, *ad.* පෙණෙන හැටියට, පෙණිමෙන්නම්

Seem′liness, *s.* ඔබිනාකම, ඉනංගුක ම, ශෝභමානභාව

Seem′ly, *a.* සුදුසු, ඔබින, ඉනංගු

Se′er, *s.* දිවසින් දකින්නා, අනාගත වක්තෘ [ප්‍රගල පැදෙන ක්‍රීඩාවක්

See′saw, *s.* එහා මෙහා පැදීම, ඉහල

Seethe, *v.* තම්බනවා, තැම්බෙනවා

Seg′ment, *s.* ඛණ්ඩය, අර්ධවක්‍රය, ගෝලඛණ්ඩය

Seg′regate, *v.* වෙන්කරණවා, තනිනරතබනවා [නිවූ සවභාව

Segrega′tion, *s.* වෙන්කරතැබීම, ත

Seig′nior, *s.* ස්වාමියා, මහත්මයා

Seis′mic, *a.* භූමිකම්පාවක් සම්බන්ධ

Seismol′ogy, *s.* භූමිකම්පා ශාස්ත්‍රය

Seize, *s.* අල්ලනවා, බලෙන් ගන්නවා, අයිකරගන්නවා

Sei′zure, *s.* ඇල්ලීම, අල්ලාගත් දේ

Sel′dom, *ad.* දුලීභ ලෙස, කලාතුරකින්

Select′, *a.* තෝරාගත්, අගය ඇති *v.* තෝරාගන්නවා, තෝරණවා

Selec′tion, *s.* තෝරාගැණීම, තෝරාගත් දේ

Self, *pron.* තමා, තමාම, මමත්වය

Self-abase′ment, *s.* තමා ගැණ අඩුතරමට කල්පනාකෙරීම, පහත්භාවය

Self-deni′al, *s.* ආත්මපරිත්‍යාගය, සවකීය ආසා වලකාගැණීම

Self-ev′ident, *a.* තේරුම්ගන්ට ලේසිවූ, සාක්ෂියක් ඕනෑනොකරන්නාවූ

Self-exist′ent, *a.*, සවකීය බලයෙන් පවතින, සවයම්භූ

Sel′fish, *a.* තමා ගැණම පමණක් සලකාණ, ආත්මාර්ථී, ලෝභී

Self′ishly, *ad.* තමා ගැණම පමණක් සලකාගණ, ආත්මාර්ථීකාරයෙන්

Self′ishness, *s.* තමාගේම කාරණ පමණක් සැලකීම, ආත්මාර්ථී ගතිය, ලෝභකම

Self-posses′sion, *s.* කලබලනොවන ගතිය, සංසුන්කම, නිශ්චලකම

Self′-same, *a.* එමවූ, එම එකමවූ

Self′-will, *s.* කිනුවක්කාරකම

Sell, *v.* විකුණනවා, විලේට පාවාදෙනවා

Sel′vage, Sel′vedge, *s.* වාටිය, ගැටිය

Sem′blance, *s.* සදෘශකම, පෙණීම, සමානකම, සවරූපය

Sem′icircle, *s.* අර්ධ කවය, අර්ධ වක්‍රය

Sem′icolon, *s.* මේ ලකුණ [;]

Sem′inal, *a.* බීජ සම්බන්ධ, බීජවූ

Sem′inary, *s.* පාඨශාලාව, සිප්සැල, තවාන [කි

Semp′stress, *s.* මැහුම්කාරි, මහන්

Sen′ate, *s.* මන්ත්‍රණ සභාව, රාජ මන්ත්‍රිමණ්ඩලය

Sen′ate-house, *s.* මන්ත්‍රණ ශාලාව

Sen′ator, *s.* මන්ත්‍රණවායෂියා, මන්ත්‍රීවරයා [පිටත්කර හරිණවා

Send, *v.* එවනවා, අරිණවා, යවනවා,

Sen'eschal, *s.* ගබඩාකාරයා, භාණ්ඩාගාරිකයා

Se'nile, *a.* වයෝවෘද්ධ, මහලු

Senil'ity, *s.* වයෝවෘද්ධය

Sen'ior, *a.* වැඩිමහල් *s.* වඩා වයස්ගිය ඇත්තා, වැඩිමහල්ලා, ජ්‍යෙෂ්ඨයා

Sen'na, *s.* විරේචන කොළ වර්ගයක්

Sensa'tion, *s.* දැනීම, හැඟීම, සිත් චංචලය [ව, සිහිය, ඥානය, අර්ථය

Sense, *s.* දැනීමේ බලය, ඉන්ද්‍රිය, සංඥා

Sense'less, *a.* දැනීම නැති, සිහිනුවණ නැති, අඥාන

Sensibil'ity, *s.* දැනීමේ ගතිය, හැඟීම, හැඟීමේ තීක්ෂණකම

Sen'sible, *a.* දැනෙන්නාවූ, තීක්ෂණලෙස හැඟෙන්නාවූ, සිහිකල්පනා ඇත්තාවූ [ල්පනා ඇතුව

Sen'sibly, *ad.* දැනෙනලෙස, සිහික

Sen'sitive, *a.* දැනීම ඇත්තාවූ, පහසුවෙන් හෝ තීක්ෂණලෙස දැනෙන්නාවූ

Sen'sitiveness, *s.* තීක්ෂණලෙස දැනෙන ගුණය, සිතට තදලෙස හැඟීම

Sen'sual, *a.* කාමුකවූ, මාංසිකවූ, රාගනිශ්‍රිතවූ, පචකාමයෙහි ඇලුනාවූ

Sen'sualist, *s.* පචකාමයෙහි ඇලුන අය, මාංසිකයා, සල්ලාලයා

Sensual'ity, *s.* කාමුකකම, මාංසිකකම, සල්ලාලකම

Sen'suous, *a.* ඉන්ද්‍රියයන් සම්බන්ධවූ, ඉන්ද්‍රිය ගෝචර, කෙලෙසයන්ට රුචිවූ

Sent, *pret.* of Send, ඇරියා, යැවූවා, එවූවා

Seu'tence, *s.* මුගිංචිය, තීන්දුව, සම්පූර්ණ වගන්තිය, වාසගම *v.* මුගිංචිය කියනවා, අච්චුවට පත්කරණවා

Senten'tious, *a.* හිතෝපදේශ සහිතවූ, සංක්ෂේපයෙන් කියන්නාවූ

Sen'tient, *a.* හැඟීමේ බලය ඇත්තාවූ, සවිඥානකවූ, චේතනාසහිතවූ

Sen'timent, *s.* මතය, කල්පනාව, අභිප්‍රාව, හැඟීම

Sentiment'al, *a.* මතසහිත, බොහෝ තීක්ෂණ කල්පනා ඇති, බොරු මෘදුකම් පාන

Sentiment'alist, *s.* තීක්ෂණ මතයෙන් හැඟීම්පාන්නා, සිත් මෘදු බව හඟවන්නා [කින්නා

Sen'tinel, Sen'try, *s.* මුරකාරයා, ර

Sep'arate, *v.* වෙන්කරණවා, ප්‍රභේදකරණවා, වෙන්වෙනවා, ඈත්වෙනවා *a.* වෙන්වූ, ඈත්වූ, ප්‍රභේද

Sep'arately, *ad.* වෙන්වශයෙන්, ප්‍රභේදලෙස, අසම්බන්ධලෙස

Separa'tion, *s.* වෙන්වීම, වියෝගය, දික්කසාදවීම

Se'poy, *s.* ඉන්දියාවේ බ්‍රිතාන්‍ය යුද්ධ හමුදාවට අයිති ස්වදේශික භේවායා

Septem'ber, *s.* හිතර මස

Septen'nial, *a.* සපත සත්වත්සරික, අවුරුදු සතකින් සිද්ධවෙන

Sep′tuagint, *s.* හෙබ්‍රෙව් භාෂාවෙන් ග්‍රීක් භාෂාවට නැගූ පරණ තෙස්තා . මේන්තුවේ පිටපත

Sepul′chral, *a.* සොහොන්පලකට අයිති, සොහොන් කොත් සම්බන්ධ, භූමිදාන, දුක්මුසු

Sep′ulchre, *s.* සොහොන්පල, මිනිවළ

Sep′ulture, *s.* තැන්පත්කෙරීම, භූමිදානය

Se′quel, *s.* පසුව, හෝ අනුව පැමිණෙන දේ, ශේෂභාගය, අන්තිමය

Se′quence, *s.* පසුව සිදුවීම, අනුක්‍රමය, පිළිවෙළ, අනුව පැමිණෙන දෙය

Se′quent, *a.* අනුව සිදුවෙන, පසුව පැමිණෙන

Seques′ter, *v.* වෙන්කොට තබනවා, ගම්බිම් ආදිය තහනම්කරණවා

Seques′tered, *a.* වෙන්කළාවූ, පැහැරගත්තාවූ, තුරන්වූ

Seragl′io, *s.* තුර්කි රජගේ භාර්‍යාවන්ගේ මාලිගාව

Ser′aph, *s.* අග්‍ර දේවදූතයෙක්

Seraph′ic, *a.* අග්‍ර දේවදූතමයවූ, අති පිරිසිදු, ඉතා උතුම්

Sere, *a.* වියලුනාවූ, ශුෂ්ක

Serenade′, *s.* රාත්‍රියේදී එළියේ කරණ සෙල්ලම් ගායනාව

Serene′, *a.* ශාන්ත, නිශ්චල, සංසුන්

Seren′ity, *s.* ශාන්ති බව, නිශ්චලකම, සමාදානය

Serf, *s.* ගොවිදාසයා, ප්‍රවේණි වහලා

Serf′dom, *s.* දාසබව, ප්‍රවේණි වහල් කම [කම්බිලි රෙදි

Serge, *s.* ලොම් රෙදිවර්ගයක්, සිහින්

Ser′geant, *s.* නීතිදක්ෂයෙක්, සරයම්, සරෙන්තුවා

Se′rial, *s.* කාලාන්තර රචනාව

Se′ries, *s.* අනුක්‍රමය, පේළිය, පිළිවෙළේ ගණන [වැදගත්, බරවූ

Se′rious, *a.* සංසුන්, සැලකිලිවන්ත,

Se′riously, *ad.* සංසුන්ලෙස, වැදගත් ලෙස, ඕනෑකමින්

Se′riousness, *s.* සංසුන්කම, සැලකිලි ඇති ගතිය, බරපතලකම

Ser′mon, *s.* දේශනාව [රවූ

Se′rous, *a.* තුනී ඕජස්වූ, සැරව ආකා

Ser′pent, *s.* සර්පයා, උරගයා

Ser′pentine, *a.* ඇදවූ, වංගුවූ

Ser′rate, Ser′rated, *a.* කියත්හැඩය වූ, දැතිආකාරවූ [කිණි

Ser′ried, *a.* ඝනලෙස ගැවසීගත්, අ

Se′rum, *s.* ලේවල දියාරු පංගුව, සැ රව [රුවා

Ser′vant, *s.* වැඩකාරයා, මෙහෙකා

Serve, *v.* වැඩකරණවා, මෙහෙකර ණවා, කීකරුවෙනවා, හරියනවා

Ser′vice, *s.* මෙහෙය, මෙහෙවරය, වැඩේ, සේවය, රාජකාරිය, ප්‍රයෝ ජනය

Ser′viceable, *a.* පාවිච්චිකළ හැකිවූ, වැඩගන්ට පුළුවන්වූ, ප්‍රයෝජන වත් [වෙන

Ser′vile, *a.* දාසවූ, නීචලෙස යටත්

Servil'ity, *s.* දාසකම, වහල් ස්වභාව, නිචලෙස යටත්විම

Ser'vitude, *s.* දාසවීම, වහල්කම

Ses'sion, *s.* සභාවාරය, නඩුඅහන අවදිය, මන්ත්‍රණ සභාවාරය

Set, *v.* තබනවා, හිටුවනවා, පිහිටුවනවා, බසිනවා, මිණදනවා, හසිවෙනවා

Set, *a.* සවිවූ, ස්ථිරවූ, නියමකළාවූ, පිළියෙළකළාවූ

Set'-down, *s.* අපවාදය, තරවටුව

Settee', *s.* ඇඳිබංකුව

Set'-off, *s.* අයකෙරීම, එලෙන්දුව

Set'ter, *s.* තබන්නා, දඩයම්බල්ලා

Set'ting, *s.* තැබීම, පිහිටුවීම, හිරුගේ ගමන දිසාව; යමක් පිහිටුවන දේ.

Set'tle, *v.* ස්ථිරලෙස පිහිටුවනවා, පත්කරණවා, තීරණයකරණවා, ගෙවනවා, පදිංචිවෙනවා, බේරණවා, සන්සුන්වෙනවා

Set'tler, *s.* පදිංචිවෙන්නා, පිටරටක පදිංචිකාරයා

Set'tlement, *s.* ස්ථිරකිරීම, තීන්දුව, අලුත් වාසස්ථානයක පදිංචිවීම

Sev'en, *s.* සත, හත

Seven'fold, *a.* සත්ගුණයවූ

Sev'enteen, *s.* සත්තලොස, දහහත

Sev'enteenth, *a.* දහහත්වෙනි

Sev'enth, *a.* හත්වෙන්

Sev'enty, *s.* හැත්තෑව

Sev'er, *v.* වෙන්කරණවා, දෙකඩකරණවා, කපාදමනවා

Sev'eral, *a.* නොයෙක්, කීප, වෙනවෙනම්වූ, නානාප්‍රකාර

Sev'erally, *ad.* වෙන් වෙන් වශයෙන්, වෙනම්

Sev'erance, *s.* වෙන්කිරීම, වෙන්වීම

Severe', *a.* තද, තදබල, සැර, තියුණු, මෘදුනොවූ, අමාරු

Severe'ly, *ad.* තදලෙස, සැරලෙස

Sever'ity, *s.* තදකම, සැරකම, දරුණුභාව, මෘදුනැතිකම

Sew, *v.* මහනවා

Sew'age, *s.* කානුවලින් පහවයන කුණුරොඩු

Sew'er, *s.* අගල, කානුව

Sew'erage, *s.* නගරයක කානු ක්‍රමය, කානුවල කුණුරොඩු

Sew'ing, *s.* මැසීම, මැහුම

Sex, *s.* ලිංගය, ලිඟුව

Sexages'ima, *s.* කොරුස්ම කාලයට ප්‍රථමයෙන් දෙවෙනි ඉරිදා

Sex'tant, *s.* චක්‍රයකින් හයෙන් පංගුව, චක්‍ර ෂඩ්භාග යන්ත්‍රය

Sex'ton, *s.* පල්ලිය බලාගණ මිනිවල් භාරවන්නා, දේවස්ථාන මෙහෙකරුවා

Sex'ual, *a.* ලිංග සම්බන්ධවූ, මෛථුන

Shab'bily, *ad.* පරණ ඇඳුම් ඇඳගණ, අවලක්ෂණලෙස, මසුරුලෙස

Shab'biness, *s.* ඇඳුම්වල පරණකම, හීනකම, මසුරුකම

Shab'by, *a.* පරණවූ, දිරුවාවූ, අශික්ෂිත, කෑන, හීන

Shack'le, *v.* විලංගුදමනවා, බඳිනවා

Shack'les, *s. pl.* අත්විලංගුව, මාංචුව, බාධාව

Shad'dock, *s.* මහ නාරම්, ජම්බෝල

Shade, *s.* හෙවන, සෙවනැල්ල, මුවාව, අව්තාරය *v.* සෙවනකරණවා, මුවාකරණවා, අඳුරුකරණවා

Shad'ow, *s.* ඡායාව, හෙවනැල්ල, අඳුරු ආකාරය *v.* සෙවනකරණවා, ඡායාව පානවා, යන්තම් හෝ ස්වල්ප වශයෙන් දක්වනවා

Shad'owy, *a.* සෙවන ඇත්තාවූ, සෙවනැලිවූ, අඳුරු, ප්‍රතිරූපාකාර [ති

Shad'y, *a.* අව්වෙන් මුවාවූ, සෙවනැ

Shaft, *s.* හිය, ඊගහ, කුළුණුකඳ, බෝන්ලිය, මිට, අලවංගුව

Shag, *s.* රළු රෝම රෙදි

Shag'gy, *a.* ඝනවූ කෙස් ඇති, දළවූ

Shag'reen, *s.* අශ්වතරයන් ආදී සතුන්ගෙන් සූදනම්කළ හම් [ජුරුවෝ

Shah, *s.* පාර්සි රජ, පාර්සියාවේ රජ්

Shake, *v.* කම්පාකරණවා, චඤ්චලකරණවා, සොලවනවා, සෙලවෙනවා, වෙව්ලනවා [භාවෙහිවූ, අනිස්ථිර

Shak'y, *a.* සෙලවෙන, චඤ්චල ස්ව

Shall, *v.* අනාගතය සම්බන්ධ ක්‍රියා වචනයක්

Shal'low, *s.* වැලිකණ්ඩිය, වතුර ගැඹුරුනැති සමතලාව *a.* ගැඹුරුනැති, නුවනමඳ

Shalot', *s.* ලූණු වර්ගයක්

Sham, *a.* බොරු, ව්‍යාජ; රැවටිලි *s.* රැවටිල්ල, බොරු පෙනීම *v.* රැවටිලිකරණවා, බොරුවට හඟවනවා

Sham'bles, *s. pl.* මස්කඩ, අංගාතිය

Shame, *s.* ලජ්ජාව, ඔතප, අවනම්බුව *v.* ලජ්ජාකරණවා, ලජ්ජාවට පත්කරණවා

Shame'faced, Shame'fast, *a.* ලජ්ජාගතිවූ, පහසුවෙන් ලජ්ජාවෙන

Shame'ful, *a.* ලජ්ජාපමුණුන, නින්දිත

Shame'fully, *ad.* ලජ්ජා උපදවනාකාරයෙන්, නින්දිතලෙස [ණියතාව

Shame'fulness, *s.* නින්දිතකම, ගර්හ

Shame'less, *a.* ලජ්ජානැති, විළිබිය නැති, අශික්ෂිත

Shame'lessly, *ad.* නිලීජ්ජ ආකාරයෙන්, විළිබිය නැතුව, අශික්ෂිත ලෙස

Shame'lessness, *s.* ලජ්ජා නැතිකම, විළිබියනැතිකම, නොබිනාකම

Shampoo', *v.* ශරීරය පරාමර්ශණයකරණවා, ඇඟ මර්දනයකරණවා

Shank, *s.* කෙණ්ඩය, ජඞ්ඝය, දිගමිට

Shape, *s.* හැඩය, ස්වරූපය, හැඩහුරුකම, ආකාරය, අන්දම, ලක්ෂණය *v.* හැඩහුරුකරණවා, අන්දමකට යොදනවා, හැඩහුරුවෙනවා

Shape'ly, *a.* හැඩහුරු, ශෝභන

Shard, *s.* කැබිලිත්ත, මත්ස්‍යවර්ගයක්

Share, *s.* පංගුව, කොටස, හවුල, සීදත *v.* බෙදුදෙනවා, හවුල්වෙනවා

Share'holder, *s.* හවුල්කාරයා, කොටස්කාරයා

Shark, *s.* මෝරා

Sharp, *a.* මුවහත්වූ, තියුණු, තුනී, තීක්ෂණ, දක්ෂ, සැර, රෞද්‍ර

Sharp'en, *v.* මුවහත්කරණවා, මුවාත තියනවා, තීක්ෂණකරණවා, උනන්දුකරණවා, තියුණුවෙනවා

Sharp'er, *s.* අගකාරයා, වම්බුවා

Sharp'ly, *ad.* තියුණුලෙස, තීක්ෂණලෙස, සැරලෙස

Sharp'ness, *s.* මුවහත, තියුණුකම, තීක්ෂණකම, සමර්ථකම, සැරකම

Sharp'-set, *a.* තීක්ෂණ, ලෝභී, කිජු

Sharp'-sighted, *a.* තියුණු පෙනුමැති, තීක්ෂණඥානය ලත්

Sharp'-wit'ted, *a.* තියුණු දැනුමැති, හොඳ සිහිපරීක්ෂා ඇත්තාවූ

Shat'ter, *v.* බිඳදමනවා, කෑලිකරණවා, පොඩිවෙනවා, කටබුන්වෙනවා

Shave, *v.* රැවුල කපනවා, බූගානවා, සිහින්කොට කපනවා, සහිනවා

Shav'ing, *s.* සැතුකුඩු, වඩුරොඩු

Shawl, *s.* උත්තරසාටකය, සාළුව

She, *pron.* ඕතොමෝ, ඈ

Sheaf, *s.* ගොයම්මිටිය, ශස්‍යකලාපය

Shear, *v.* කතුරෙන් කපනවා

Shears, *s.* ලොකු කතුර

Sheath, *s.* කෝෂය, කොපුව

Sheathe, *v.* කොපුවේ දමනවා, තහඩුවෙන් වසනවා [ගිරෙණවා

Shed, *v.* වගුරුවනවා, හෙලනවා, වැ

Shed, *s.* මඩුව, පැල, පත්දලව

Sheen, *s.* දීප්තිය, දිස්නය

Sheep, *s.* බැටළුවා [වීය

Sheep'-fold, *s.* බැටළු ගාල, බැටළු පට්ටි

Sheep'ish, *a.* හයසුලුවූ, ලජ්ජාශීලවූ

Sheer, *a.* අමිශ්‍ර, කඩනැති *ad.* පැහැදිලිව, හොඳටම, වහාම

Sheet, *s.* පලල් තුනීදෙයක්, ඇඳට එලන රෙද්ද, ඇතිරිල්ල, කොලපත

Sheet'-anchor, *s.* මහනැංගුරම, ප්‍රධාන රක්ෂාව

Sheet'ing, *s.* ඇඳ ඇතිරිලි රෙදි

Sheet'-light'ning, *s.* පැතළි පෙණී වන් ඇති විදුලිය [කුට නමක්

Sheik, *s.* ශ්‍රෙෂ්ඨ හෝ නායක කෙනෙ

Shek'el, *s.* සිලින් දෙකහමාරක් වටින යුදෙව් මිලයක්

Sheki'nah, *s.* යුදෙව් දේවමාලිගාවේ කරුණාසනය පිට වලාකුල් ආකාරයෙන් රැඳුන දේව ලක්ෂණය

Shelf, *s.* රාක්කය, පර්වත තට්ටුව

Shell, *s.* කට්ටුව, කබල, ලෙල්ල, පොත්ත, ගිනි උණ්ඩය *v.* ලෙලිගහනවා, පතුරු අරිණවා

Shell'fish, *s.* කබල ඇති මාලු

Shel'ter, *s.* මුවාව, ආවරණය, ප්‍රවේශම *v.* මුවාකරණවා, ආරක්ෂාකරණවා

Shelve, *v.* රාක්කයේ තබනවා, පැත්තක තබනවා, ඇලව් තිබෙනවා

Shep'herd, *s.* එඬේරා, බැටළුපාලයා

Shep'herdess, *s.* බැටළුපාලී

Sher'bet, *s.* රසපානයක්, සර්බත්

Sher'iff, *s.* එංගලන්තයේ කෝරළේ මූලාදෑනියෙක්

Sher'ry, *s.* ස්පාඤ්ඤයේ මිදිපැන් වර්ගයක් [කරණවා, මුවාකරණවා

Shield, *s.* පලිහ, ආරක්ෂාව *v.* ආරක්ෂා

Shift, *v.* වෙනස්කරණවා, බැහැරකරණවා, පිරිමහනවා, මාරුවෙනවා *s.* මාරුකිරීම, උපාය

Shil'ling, *s.* සිලිම [වෙනවා

Shim'mer, *v.* දිලිසෙනවා, දිස්න වැ

Shin, *s.* තරිඳණ්ඩ, බත්කෙණ්ඩ

Shine, *v.* දිලිසෙනවා, බබලනවා, ඔපවැටෙනවා *s.* ඔප, බැබලීම

Shin'gle, *s.* ලීපතුර, බොරළුකැට

Shin'ing, *a.* බබලන්නාවූ, දීප්තිමත් *s.* බැබලීම, පැහැපත්කම, දීප්තිය

Shin'y, *a.* බබලන, දීප්තිමත්, වලාකුල්නැති

Ship, *s.* නැව, නෞකාව

Ship'ment, *s.* නැවකට පැටවීම, නැවේ පටවා ඇරීම, පැටවන බඩු

Ship'ping, *s.* නැව්පංක්තිය, නැව්ගණන [බිඳීම, නැවබුන්වීම

Ship'wreck, *s.* නැව් කැඩීම, නැව්

Ship'wright, *s.* නැව් වඩුවා

Ship'yard, *s.* නැව් සාදන තොහොත් අලුත්වැඩියාකරණ මිදුල

Shire, *s.* දිසාව, කෝරළේ, පත්තුව

Shirk, *v.* වැඩනොකර වලකිනවා, මග අරිණවා

Shirt, *s.* කමිසය

Shiv'er, *v.* කඩකරණවා, පොඩිකරණවා, කම්පාවෙනවා, වෙව්ලනවා

Shiv'er, *s.* ගසාබිඳපු කැබෙල්ලක්

Shoal, *s.* මාලුඅසින, වැලිකණ්ඩිය

Shoal'y, *a.* වැලිකණ්ඩිගහනවූ, ගැඹුරුනැති

Shock, *s.* සැර කම්පාව, තදපහර, ගැස්සීම, බිරිතතය, හදිසි අරුචිය

Shock'-head'ed, *a.* ගනකම් ඇති හිසකේ ගහනවූ

Shock'ing, *a.* කම්පාකරවන්නාවූ, තැතිගන්වන්නාවූ, භයානක, අප්‍රිය, කැත [යෙන්, භයානකලෙස

Shock'ingly, *ad.* සිත් කම්පා අකාර

Shoe, *s.* සපත්තුව, මිරිවැඩිය, වහන, ලාඩම *v.* ලාඩම්ගසනවා, පතුල වසනවා

Shoe'black, *s.* සපත්තු පිහදමන්නා

Shoe'maker, *s.* සපත්තුරුවා, සොම්මරයා

Shoe'flower, *s.* සපත්තුමල, වදමල

Shoot, *v.* වෙඩිතිබනවා, විදිනවා, විසිකරණවා, ලියලනවා, පැලවෙනවා *s.* රිකිල්ල, ගොබය

Shoot'ing, *s.* වෙඩිතිබීම, ඊගස්විදීම, ඈවිලිල්ල [ව, කේතුතාරුව

Shoot'ing-star, *s.* දුවැටෙන තාරකා

Shop, *s.* සාප්පුව, කඩය, ආපණය, පට්ටලය [කාරයා

Shop'keeper, *s.* කඩකාරයා, සාප්පු

Shop'-lift'er, *s.* සාප්පුවකින් සොරකම්කරන්නා, සාප්පු හොරා

Shop'-lift'ing, *s.* සාප්පුවකින් යමක් සොරාගැනීම

Shop'ping, *s.* බඩුගැණීමට සාප්පුවලට යාම [තෙර

Shore, *s.* වෙරළ, වැල්ල, ගොඩ, ගං

Short, *a.* ලුහුඩු, කොට, ටික, ස්වල්ප

Short'coming, *a.* අඩුලුහුඩුකම, අතපසුකම, වරද, දෝෂය

Short'en, *v.* කොටකරණවා, ලුහුඩුකරණවා, කොටවෙනවා [ධියක්

Short'hand, *s.* ලුහුඩුකොට ලිවීමේ වි

Short'ness, *s.* ලුහුඩුකම, කොටකම, මිටිකම

Short'-lived, *a.* ටිකකලක් පමණක් ජීවත්වෙන හෝ පවතින, මඳායුස

Short'ly, *ad.* ස්වල්පකලකින්, ටික වේලාවකින්, ඉක්මණටම

Short-sight'ed, *a.* දුර නොපෙණෙන්නාවූ, කල්පනාමඳ

Short-sight'edness, *s.* දුර දකින්ට බැරිකම, නුවනමඳකම

Short-wind'ed, *a.* හුස්මඅල්ලන්ට අමාරු, ඉක්මණින් හතිදමන

Shot, *s.* වෙඩිල්ල, මුනිස්සන්, මුණ්ඩ

Should, *aux. v.* ඕනෑය, යුතුයි

Shoul'der, *s.* උරය, උරහිස, කර, සතෙකුගේ අත්ගාත *v.* උරහිසින් තල්ලුකරණවා, කරටගන්නවා

Shoul'der-blade, *s.* උරපත්ත

Shout, *v.* ඝෝෂාකරණවා, කෑගහනවා *s.* ඝෝෂණය, මොරගැසීම [රීම

Shove, *v.* තල්ලුකරණවා *s.* තල්ලුකි

Shov'el, *s.* ඉස්කෝප්ප හැන්ද *v.* ඉස්කෝප්ප හැන්දෙන් උස්සාදමනවා, බොහෝකොට රැස්කරණවා

Show, *v.* පෙන්වනවා, දක්වනවා, පානවා *s.* පෙණුම, දැක්ම, ප්‍රදර්ශනය

Show'er, *s.* වැසිවලාව, ගල්වර්ෂාව *v.* වැස්සෙන් තෙමනවා, බොහෝකොට වගුරුවනවා, වර්ෂණයකරණවා

Show'ery, *a.* වැසිවලා වසින්නාවූ

Show'ily, *ad.* පිටාතර පෙන්නුම් ඇතුව, ජේත්තුවට

Show'iness, *s.* පිටත අලංකාර පෑම, කලේලි වැඩිකම

Show'y, *a.* පිටත අලංකාරය පාන, උජාරු, ජේත්තුකාර

Shred, *s.* දිග පටු කෑබෙල්ල, තීරුව

Shrew, *s.* පෙරළිකාරී, දබරකාරී

Shrewd, *a.* නුවනක්කාර, දක්ෂ

Shrewd'ly, *ad.* නුවනක්කාරලෙස, උපාමාරුවෙන්

Shrewd'ness, *s.* නුවනක්කාරකම, සිහිනුවන, දක්ෂකම

Shriek, *v.* කින්හඬින් කෑගසනවා, කෑගසා අඬනවා *s.* කින් හඬින් කෑගැසීම

Shrift, *s.* පූජකයෙකුට පව් කියාදීම, මරණාසන්න කෙනෙකුගේ පාපමෝචනයකිරීම [ණු, කර්කශ

Shrill, *a.* සැර ශබ්දදෙන්නාවූ, තියු

Shrimp, *s.* කූනිස්සා

Shrine, *s.* කරඬුව, දාගැබ, චෛත්‍ය
ය, පූජාසනය
Shrink, *v.* හැකිලෙනවා, ඉඩ ඇරෙණ
වා, වියළෙනවා, භයින් කොන්දෙව
නවා [පාපෝච්චාරණය අසනවා
Shrive, *v.* පාපෝච්චාරණය කරණවා,
Shriv'el, *v.* වැකරුළුවැටෙනවා, රැළි
වැටෙනවා, රැළිගස්වනවා
Shroud, *s.* මිනිවැස්ම, මිනී ඔතන
රෙද්ද *pl.* කුඹලනු *v.* මිනියට අන්
දවනවා, වහනවා, මූවාකරණවා
Shrove'-tide, *s.* කොරුස්මෙට ප්‍රථමවූ
පාපෝච්චාරණ අගහරුවාද
Shrub, *s.* මිටිගස, පඳුර, ලැහැබ
Shrub'bery, *s.* පඳුරු ඇති ඉඩම
Shrub'by, *a.* පඳුරුගහනවූ, ලැහැබ
වූ, පඳුරක්වැනිවූ
Shrug, *v.* උරඉස්නටවනවා, කරඋස්
සනවා *s.* කරඉස්සීම
Shud'der, *v.* වෙව්ලනවා, ගැහෙන
වා *s.* වෙව්ලුම, ත්‍රාසය
Shuf'fle, *v.* අවුල්කරණවා, කලවම්
කරණවා, ඇන්ත පෙරළනවා, ක
සුල්ගා යනවා *s.* අවුල්කිරීම, එහා
ටමෙහාටකිරීම, මගඇරීමට උපාය
Shuf'fler, *s.* කඩදාසි කලවම්කරන්
නා, ප්‍රයෝගකරන්නා
Shun, *v.* වලකිනවා, අහක්වියනවා,
මගඇරිණවා
Shunt, *v.* දුම්රථය පිලිවලට මාරුකර
ණවා, අයින්කරණවා

Shut, *v.* පියනවා, වහනවා, වැහෙන
නවා [දොර
Shut'ter, *s.* ජනේල දොර, කවුළු
Shut'tle, *s.* නඩාව
Shut'tle-cock, *s.* ඇබයක් සහ පිහා
ටුවලින් සාදන රඟමක්
Shy, *a.* භයවූ, ලජ්ජාවූ, ප්‍රවේසම්
වෙන්නාවූ *v.* අශ්වයෙක් භයවී
පැත්තකට පනිනවා
Shy'ly, *ad.* ලජ්ජාලෙස, කෝලඅකා
රයෙන්, ප්‍රවේසම් ඇතුව
Sib'ilant, *a.* උෂ්මජවූ, සූ ගාන්නාවූ
s. උෂ්මජාක්ෂරය [ශබ්දයක්
Sibila'tion, *s.* සූ ගෑමෙන් කියවෙන
Sick, *a.* රෝගාතුරවූ, ලෙඩවූ, අසනී
පවූ [කරවනවා, ලෙඩවෙනවා
Sick'en, *v.* ලෙඩකාරවනවා, පිළිකුල්
Sick'le, *s.* දෑකැත්ත
Sick'liness, *s.* රෝගාතුරකම, ලෙඩ
ස්වභාව, අසනීපගතිය
Sick'ly, *a.* රෝගාතුරවූ, ලෙඩ ස්වභා
වවූ, ගිලන්
Sick'ness, *s.* ලෙඩ, වමනේයාම
Side, *s.* අංශය, පැත්ත, අයින, දිශාව,
ඇලය, පාර්ශ්වය *a.* පැත්තකින්වූ,
පැත්තේ, අංශ *v.* පක්ෂවෙනවා, එ
කතුවෙනවා
Side'board, *s.* වීදුරු ආදිය තබන
මේසය [කා
Side'real, *a.* තාරකා සම්බන්ධ, තාර

Side′ways, Side′wise, *ad.* පැත්ත දෙසට, පැත්තකට හැරී, පැත්තෙන්

Sid′ing, *s.* දුම්රිය පැත්තකට ගැණීමට කොට පාරක්

Siege, *s.* යුද්ධයට වටලෑම

Sier′ra, *s.* රළු මස්තකසහිත කඳුවැටිය

Sies′ta, *s.* මද්දහන්නින්ද, දවාලේ ලුහුඬු නින්ද

Sieve, *s.* පෙනේරය

Sift, *v.* හලනවා, ගරණවා, සෝදිසිකරණවා [සුම්ලෑම

Sigh, *v.* සුසුම්ලනවා, හුල්ලනවා *s.* සු

Sight, *s.* දැකීම, දෘෂ්ටිය, පෙණීම, පෙණුම *v.* දර්ශනයකරණවා, දැකගන්නවා

Sight′less *a.* ඇස්නොපෙණෙන, අන්ධ

Sight′ly, *ad.* නේත්‍රයට ප්‍රසන්නවූ, ශෝභනවූ

Sign, *s.* ලකුණ, සලකුණ, අඩයාලම, සංඥාව, තරුරාශියක්, හද්දින්න *v.* ලකුණුකරණවා, අත්සන්කරණවා

Sig′nal, *s.* දන්වන සලකුණ, සංඥාව *v.* සංඥාකරණවා *a.* වැදගත්, සිහිකටයුතු, සැලකිය යුතු, විශේෂ

Sig′nalling, *s.* සංඥාකිරීම, ලකුණුවලින් දැන්වීම

Sig′nally, *ad.* සිහිකටයුතුලෙස, අපූර්වලෙස, විශේෂාකාරයෙන්

Sig′nalize, *v.* උතුම්කරණවා, විශේෂකරණවා, සමර්ථකම් පෙන්වනවා

Sig′nature, *s.* අත්සන, අතහන, ලාඤ්ජනය

Sign′board, *s.* මනුෂ්‍යයෙකුගේ රක්ෂාව හෝ විකිණීමට තිබෙන බඩු දැනුම්දෙන සලකුණු ලෑල්ල

Sig′net, *s.* රාජ මුද්‍රය

Signif′icance, *s.* හඟවන දේ හෝ අදහස, අභිප්‍රාය, වැදගත්කම

Signif′icant, *a.* අර්ථයක් හඟවන්නාවූ, වැදගත්වූ [සංඥා වශයෙන්

Signif′icantly, *ad.* හඟවනලෙස,

Significa′tion, *s.* අර්ථය, අභිප්‍රාව

Sig′nify, *v.* දැනුම්දෙනවා, හඟවනවා, තේරුම්යනවා

Sign-man′ual, *s.* සමාගේම අතින් කළ සලකුණ, රාජ අත්සන

Sign′-post, *s.* ලකුණු කණුව, අත පෙන්වන කණුව

Si′lence, *s.* නිශ්ශබ්දය, කථානොකර සිටීම *v.* නිශ්ශබ්දකරණවා, සංසිඳුවනවා *int.* කථානොකරව, නිශ්ශබ්ද වෙව [ණ, තුෂ්ණීම්භූත

Si′lent, *a.* නිශ්ශබ්ද, කථානොකර

Si′lently, *ad.* නිශ්ශබ්දලෙස, තුෂ්ණීකව, කථානැතුව

Silk, *s.* පටනූල්, පටරෙදි, සේද *a.* පට

Silk′en, *a.* පටනූල්වලින් සෑදූ, සේදපැළඳී, පටවැනි, සිනිඳු

Silk′iness, *s.* පටආකාරකම, සිනිඳුකම

Silk′y, *a.* පටරෙදි ආකාරවූ, සිනිඳු, සෞම්‍ය

Silk'worm, *s.* පට පණුවා

Sill, *s.* එලිපත්ත, පඩිකඳ

Sil'liness, *s.* මෝඩකම, අඥානකම, නිවටකම

Sil'ly, *a.* ඥානවිරහිත, මෝඩ, අඥාන

Silt, *s.* වතුරෙන් බේරී රැඳීතිබෙන වැලිමඩ ආදිය, මඬි

Sil'van, *a.* වන, වනාන්තර, වනවාසි

Sil'ver, *s.* රජත, රිදී, රිදී මිල *a.* රිදී යෙන් සෑදූවාවූ, රිදී සමානවූ, දිස් නවෙනෙවන, අගෙය්ඇති, මෘදු *v.* රිදී ගාපාවා, රිදීපාට කරණවා, දිස්න නගනවා

Sil'versmith, *s.* රිදීකාරුවා, බඩාලා, නවන්දන්නා මිනිහා

Sil'very, *a.* රිදීයෙන් වැසූ, රිදීමෙන් [illegible], සිනිත්, මෘදු [බදු, සදෘශ

Sim'ilar, *a.* සමාන, එකාකාර, එක

Similar'ity, *s.* සමානකම, එකාකාරය, සදෘශකම

Sim'ilarly, *ad.* එම්ලෙස, එමාකාරයෙන්ම, සමානලෙස [ය

Sim'ile, *s.* උපමාව, සදෘශ උදාහරණ

Simil'itude, *s.* සමානකම, සදෘශතාව, උපමාව [යෙක්වැනි

Sim'ious, *a.* ශාඛාමෘගාකාර, වානර

Sim'mer, *v.* මදක් ඉතිරෙණවා, තැම්බී ඔස්ගානවා

Sim'ony, *s.* දේවගැතිකම විකිණීම

Simoon', *s.* අරාබිය වැනි රටවල හමන වියලි ග්‍රීෂ්ම සුලඟක්

Sim'per, *v.* මෝඩ ලෙස සිනාසෙනවා *s.* මෝඩ සිනාව

Sim'ple, *a.* මිශ්‍රනූවූ, තනි, වාත්, වංකනැති, ලාමක

Sim'pleness, *s.* අමිශ්‍රභාව, ලිහිල්කම, ලාමකකම, අමනකම [අමනයා

Sim'pleton, *s.* ලාමකයා, මෝඩයා,

Simplic'ity, *s.* අමිශ්‍රකම, අවංකකම, වාත්කම, අලංකාරරහිතකම, නිවටකම [කිරීම, අනාකුලකිරීම

Simplifica'tion, *s.* ලිහිල්කිරීම, පහසු

Sim'plify, *v.* පහසුකරණවා, පැහැදිලි කරණවා [පමණක්, නිකම්

Sim'ply, *ad.* ලේසියෙන්, නිවටලෙස,

Sim'ulate, *v.* බොරුවටපානවා, නැති ස්වභාවක් ඇතිසේ හඟවනවා

Simula'tion, *s.* නැතිගුණ පෑම, කපටිකම, වංචාකම

Simulta'neous, *a.* එම්විට සිදුවෙන්නාවූ, සමකාලිකවූ [කාලයේදීම

Simulta'neously, *ad.* එම්විටම, එක

Sin, *s.* පාපය, පව, දේවපණත කඩකෙරීම *v.* පව්කරණවා

Since, *prep.* පටන්, සිට *ad.* පසු, ප්‍රථමයෙන් *conj.* නිසා, හෙයින්

Sincere', *a.* වංචානූවූ, සැබෑ, විශ්වාස, අවංක [ලෙස, සත්‍යලෙස

Sincere'ly, *ad.* වංචා නැතුව, අවංක

Sincer'ity, *s.* සැබෑකම, වංචාරහිතකම, කපටිනැතිකම

Si'necure, *s.* රාජකාරිනැති නිලය, වැඩනැති දේවගැති ජීවිකාව

Sin'ew, *s.* මස්නහාබය, බලනහරය, ශක්තිය

Sin'ewy, *a.* බලනහරසහිත, ස්නායුබන්ධනාකාර, ශක්තිමත්, බලවත්

Sin'ful, *a.* පව්වූ, පාපිෂ්ඨ, නපුරු

Sin'fully, *ad.* පව්වූලෙස, පව්කාර ලෙස [කම, පාපගතිය

Sin'fulness, *s.* පව්කාරකම, පාපිෂ්ඨ

Sing, *v.* ගීතිකාකරණවා, ගී කියනවා, කවි කියනවා

Singe, *v.* මතුපිට දවනවා

Sing'er, *s.* ගීතිකාකරන්නා, ගීතිකාකාරයා, ගායකයා

Sing'ing, *s.* ගීතිකාකිරීම, ගායනය

Sing'ing-mas'ter, *s.* ගීතිකාකිරීම පුහුණුකරන්නා

Sin'gle, *a.* තනි, අමිශ්‍ර, අවිවාහකවූ *v.* වෙන් වශයෙන් තෝරාගන්නවා: බේරණවා

Sin'gle-heart'ed, *a.* අවංක සිතැති, වචා අදහසක් නැති [සිටින්නාවූ

Sin'gle-mind'ed, *a.* එක අභිප්‍රාවක

Sin'gleness, *s.* තනිකම, අවංකකම, චාන්කම

Sing'ly, *ad.* තනියම, එකඑක බැගින්, වෙනම, අවංකාකාරයෙන්

Sing'song, *s.* ඇදලා හෝ නරකට ගීතිකාකිරීම

Sin'gular, *a.* තනි, එකම, සාමාන්‍ය නොවූ, අනියම්, අපූර්ව, ඒකවාචක

Singular'ity, *s.* අසාමාන්‍යකම, විකාරකම, විශේෂය

Sin'gularly, *ad.* අපූර්වාකාරයෙන්, අනියම්ලෙස, අමුතු අන්දමකට

Sin'ister, *a.* වමට තිබෙන්නාවූ, ප්‍රයෝග, අයුතු, අහේතු

Sin'istrous, *a.* වම්, වම්පැත්තෙන්වූ, වැරදිවූ, විපරීත

Sink, *v.* ගිලෙනවා, කිඳෙනවා, බහිනවා, අඩුවෙනවා, හාරණවා *s.* කුණුවතුරකාණුව, කුණුරුඳෙනතැන

Sin'less *a.* පව්නොකළාවූ, පාපරහිත, නිර්මල

Sin'lessness, *s.* පව්නොකළ ස්වභාව, පාපරහිතකම, නොකැලැල් භාවය

Sin'ner, *s.* පව්කාරයා, වරදකාරයා

Sin'-of'fering, *s.* පාප පූජාව

Sinuos'ity, *s.* වක්‍රභාවය, වංගුපෙළ

Sin'uous, *a.* වකවූ, වංගුගැහී යන

Si'nus, *s.* නැමීම, විවරය, මුහුදුබොක්ක, හැරව සහිත කුහරය

Sip, *v.* තොලගා බොනවා *s.* තොලගෑම, කටට ගන්න ටික

Si'phon, *s.* එක් භාජනයකින් අනික් භාජනයකට වතුර අද්දවන නලයක් [වෝ

Sir, *s.* මහත්මයා, ස්වාමියා, හාමුදුරු

Sir'dar, *s.* හින්දු මුලාදෑනියා

Sire, *s.* පිතෘ, ස්වාමියා

Si'ren, *s.* ගී කීමෙන් මිනිසුන් පෙළඹූ ජලාංගනාව *a.* ජලාංගනාකාර, චිත්තාකර්ෂණ

Sir'ius, *s.* සාරමේය තරුව [ල

Sir'loin, *s.* තුනාටියේ හරක්මස් කෑල්

Siroc'co, *s.* මරුභූමිධාරණී මුනුදේ හම න ග්‍රීෂ්මයික හුලගක්
Sir'up, Syr'up, *s.* සීනිමුසු යුස, ඉස්ම.
Sis'ter, *s.* සහෝදරී, සොහොයුරී, අක්කා, නංගී මාගම
Sis'terhood, *s.* සහෝදරකම, ස්ත්‍රී ස
Sis'terlike, Sis'terly, *a.* සහෝදරී යෙක් වැනි, කාරුණවන්ත, සෙන් හවන්ත
Sit, *v.* ඉඳගන්නවා, වාඩිවෙනවා
Site, *s.* ඉඩම, ස්ථානය, තැන
Sit'ting, *s.* ඉඳගැණීම, සභාවක් රැස් වීම, ඉඳිමේ වේලාව
Sit'uate, Sit'uated, *a.* පිහිටා තිබෙන, පිහිටා සිටින
Situa'tion, *s.* ස්ථානය, ස්වභාව, රක්ෂාව, ස්ථලය, තනතුර
Six, *s.* හය, සය
Six'pence, *s.* පැන්සහය, පනම්හතර
Six'teen, *s.* දහසය, සොළස
Sixth, *a.* හයවෙනි *s.* හයෙන් පංගුව
Six'tieth, *a.* හැටවෙනි *s.* හැටෙන් පංගුව
Six'ty, *s.* හැට, සැට
Size, *s.* තරම, ලොකු ප්‍රමාණය, මහත, ඔප තෙල් වර්ගයක්
Skate, *s.* මඩුවා, ලිස්සන වහන් වර්ගයක් *v.* ලිස්සන මිරිවැඩි දමායනවා
Skein, *s.* නූල්මල්, නූල් කැරැල්ල
Skel'eton, *s.* ඇටසැකිල්ල, ලුහුඬු සටහන
Sketch, *s.* සංක්ෂේප සිතියම හෝ සටහන *v.* කෙටුම්පත්කරණවා, ලුහුඬින් සටහන්කරණවා
Sketch'y, *a.* සංක්ෂේප සටහනක් සහිත, අසම්පූර්ණ
Skew, *a.* ඇද, ඇලේට තිබෙන *ad.* ඇද අකාරයෙන්, ඇලේට
Skew'er, *s.* මස් අමුනන කටුව
Skiff, *s.* පුංචි සැහැල්ලු ඔරුව
Skil'ful, *a.* සමර්ථ, දක්ෂ
Skil'fully, *ad.* දක්ෂලෙස, හපන් අකාරයෙන්
Skil'fulness, Skill, *s.* සමර්ථකම, දක්ෂකම, හපන්කම, නිපුණත්වය
Skilled, *a.* හපන්, නිපුණ, පලපුරුදු
Skim, *v.* පෙන අරිණවා, පාදනවා, ගෑවිගෙනයනවා, ලිස්සායනවා
Skim'mer, *s.* පාදන හැන්ද
Skim'-milk, *s.* යොදේ බේරපු කිරි
Skin, *s.* හම, සිවිය, ලෙල්ල *v.* හමෙන් වහනවා, හම අරිණවා, හම ගහනවා
Skin'-deep, *s.* මතුපිටවූ, සවල්ප
Skin'flint, *s.* ඉතා මසුරු අය, කෑත ලෝභයා [කෙට්ටු
Skin'ny, *a.* හම විතරක්වූ, මස්නැති,
Skip, *v.* පණිනවා, පෙන්කෙලිනවා, පනුකරයනවා *s.* පැණීම, පිනුම, ඇරයාම
Skip'per, *s.* වෙළඳ නැවක ප්‍රධානියා
Skip'ping-rope, *s.* පැණුම් ලනුව

Skir'mish, *s.* අතුරු සටන, සුළු යුද්ධය *v.* අතුරුසටන්කරණවා

Skirt, *s.* අයිනා, අද්දර, තීරය, වාටිය, රෙද්ද, සාය *v.* අයින දිගට යනවා, අද්දරව තිබෙනවා, අද්දරට යාව තිබෙනවා, අයිනේ ඉන්නවා

Skit'tish, *a.* චකිත, භයසුලු, තිගැස්සිවෙන, ඉක්මන්, අනිස්ථිර

Skit'tles, *s. pl.* ක්‍රීඩාවක නමක් [වා

Skulk, *v.* හැංගෙනවා, මුළුගැහෙන

Skull, *s.* ඉස්කබල, ඔලුකබල

Sky, *s.* අහස, ආකාශය, භුවන, ගුවන

Sky'larking, *s.* නැවේ කුඹ යොත්වලට නැගී සෙල්ලමට දිවීම

Sky'-light, *s.* වහලේ කවුළුව

Sky'-rocket, *s.* ආකාශ වෙඩිල්ල

Sky'ward, *ad.* ආකාශය දෙසට

Slab, *s.* ගල්ලෑල්ල, පිට ලෑල්ල

Slab'ber, **Slav'er**, *v.* කටෙන් කෙල වැගිරෙන්ට අරිණවා, කෙලවලින් තෙමනවා

Slack, *a.* බුරුල්, සවිනැති, ප්‍රමාද

Slack, **Slack'en**, *v.* බුරුල්කරණවා, මදීනයකරණවා, බුරුල්වෙනවා

Slack'ness, *s.* බුරුල්කම, හෙමින්කම, ප්‍රමාදගතිය

Slake, *v.* නිවනවා, සංසිඳුවනවා

Slam, *v.* හයියෙන් තල්ලුකර වසාදමනවා *s.* හයියෙන් වසාදැමීම, එයින් නගින ඝෝෂාව

Slan'der, *s.* කේලම, අගුණ කීම, ඕපාදූපය *v.* කේලම් කියනවා

Slan'derer, *s.* ඕපාදූප කියන්නා, කේලමා [ණ දොඩන, උපවාද

Slan'derous, *a.* කේලම් කියන, අගු

Slan'derously, *ad.* ඕපාදූපවශයෙන්, අපවාදකාරයෙන් [කීම්

Slang, *s.* හීන බස, පහත් ව්‍යවහාර

Slant, *a.* ඇලවූ, බෑවුම්වූ, *s.* බෑවුම *v.* ඇලකරණවා, ඇලවෙනවා

Slap, *s.* අතුල්පහර *v.* අතුල්පහර දෙනවා [ආකාරයෙන්

Slap'dash, *ad.* නිඩීහිත නොසැලකිලි

Slash, *v.* තදපහරකින් කපනවා, දිග කැපුම්කරණවා, කැපෙන ආවුදයකින් ඒඅත මේඅත පහරදෙනවා *s.* දිගකැපුම, හිතුවකටකැපීම

Slate, *s.* ගල්ලෑල්ල, සිලාපෝරුව

Slat'tern, *s.* ඇඳුම ගැණ නොසැලකිලි ස්ත්‍රී, නොහික්මුන් ස්ත්‍රිය

Slat'ternly, *a.* ඇඳුම් ආදිය ගැණ සැලකිලි නැත්තාවූ, අපිරිසිදු *ad.* නොසැලකිලි ආකාරයෙන්, ඇඳුම් අපවිත්‍රව [කෙරීම

Slaugh'ter, *s.* මරාදැමීම, ජීවිත හානි

Slaugh'ter-house, *s.* මෑගසින් මරණ ඉඩම, මස්මරණ මඩුව [විනාශක

Slaugh'terous, *a.* ජීවිත හානිකරණ,

Slave, *s.* දාසයා, වාලා, යටපත් අය *v.* වාලෙක්මෙන් වැඩකරණවා, බොහෝ සේ වෙහෙසෙනවා

Slav'er, *s.* කෙල, සෙම, වාල්වෙල දූම් නැව

Slav′ery, *s.* වහල්කම, දාසකම
Slave′-trade, *s.* වාල්වෙළඳම
Slav′ish, *a.* වාලෙක් වැනි, නිවලෙස යටත්වූ, නින්දිත
Slav′ishly, *ad.* වාලුන්ලෙස, ඉතා යටත්පහත් අකාරයෙන්, බොහෝ වෙහෙසෙමින් [නිව යටත්කම
Slav′ishness, *s.* වාල්ගුණ ඇතිවීම,
Slay, *v.* මරණවා, ඝාතනයකරණවා
Sled, Sledge, *s.* ලිස්සන රථ වර්ගයක්
Sledge′-hammer, *s.* කුළුගෙඩිය, යකුළ
Sleek, *a.* සිනිඳු, මෘදු, සියුම්
Sleek′ness, *s.* සිනිඳුකම, සිලුටුකම, ඉච්චාකාර ගුණය
Sleep, *v.* නිඳුගන්නවා, නිදනවා *s.* නින්ද, නිදුව
Sleep′er, *s.* නිඳුඉන්න අය, දුම්රථ පාරේ පීඹිලි දරාසිටින බාල්කය
Sleep′less, *a.* නිදිනැති, නින්දනොයන [නොගෙණ
Sleep′lessly, *ad.* නිදිනැතුව, නිඳු
Sleep′lessness, *s.* නිදිනැතිකම, නිදිමැරීම, අනිද්‍රාභාවය [දින්නා
Sleep′-walk′er, *s.* නින්දෙන්ම ඇවි
Sleep′-walk′ing, *s.* නිඳුගණ සක්මන් කිරීම [අකාරයෙන්
Sleep′ily, *ad.* නිදිමතලෙස, කම්මැළි
Sleep′iness. *s.* නිදිමතකම, බුදිමතය
Sleep′y, *a.* නිදිමතවූ, උනන්දුනැති, කම්මැළි
Sleet, *s.* වර්ෂා පිනිබිඳු, තුෂාර වර්ෂාව
Sleeve, *s.* ඇඳුමේ අත
Sleigh, *s.* හිම උඩ දුවන රථය
Sleight, *s.* දක්ෂ උපාය, මායාව
Sleight-of-hand, *s.* විජ්ජාව, ඇස්බැන්දුම [කෙට්ටු, ස්වල්ප
Slen′der, *a.* තුනී, සින්දූරි, සිහින්,
Sleuth-hound, *s.* ලේ ඉවඅල්ලන බල්ලා, අඩයම් බලු ජාතියක්
Slice, *v.* පෙතිගහනවා, පැතලි කැබලිවලට කපනවා *s.* පෙත්ත, පැතලි කැබෙල්ල
Slide, *v.* ලිස්සනවා, ලිස්සාගණයනවා *s.* ලිස්සුම, පස්කන්දක් කඩාවැටීම, ලිස්සනතැන, ලිස්සන දේ
Slight, *a.* ටික, සුළු, ස්වල්ප, වැදනොගත් *v.* නොසලකා හරිණවා, සුළුකොට සලකණවා, අවනම්බුකරණවා
Slight′ingly, *ad.* සුළුකොට, නොසැලකිලි අකාරයෙන්, අගෞරව වෙනලෙස
Slight′ly, *ad.* ස්වල්පලෙස, ටිකක්, යන්තම් [දුර්වලකම
Slight′ness, *s.* ස්වල්පකම, සුළුකම,
Slim, *a.* තුනී, සිහින්, සැහැල්ලු, කෙට්ටු
Slime, *s.* බඳුම සමාන මඩ
Slim′iness, *s.* ගොහොරු ගහනවීම, සෙවෙල් අකාරය
Slim′y, *a.* මඩගොහොරු ඇත්තාවූ, සෙවෙල් අකාර

Sling, *s.* ගල්පටිය, තුවාලවූ අත එල්ලන පටිය, බඹුබාන කඹය *v.* පටියෙන් විසිකරණවා, කඹයෙන් එහා මෙහා කරණවා, විසිකරණවා

Slink, *v.* ලජ්ජාවෙන්මෙන් බඩනා ඉවතටයනවා, නිවලෙස මගඅරිණවා

Slip, *v.* ලිස්සනවා, ලිස්සායනවා, රහසින් ඇතුල්කරණවා, ලිහාඅරිණවා *s.* ලිස්සුම, කපාපු රිකිල්ල, තීරුව, බිම්කෑල්ල, වැරදිල්ල

Slip'-knot, *s.* ලිස්සන ගැටය, අදින හැර ගැටේ

Slip'per, *s.* සෙරෙප්පුව, චිනේල්ලේ

Slip'periness, *s.* ලිස්සෙනගතිය, ලිස්සුම්නම, ඝ්ලුටුකම

Slip'pery, *a.* ලිස්සන්නාවූ, අස්ථිර

Slip'shod, *a.* විලුඹ ලග නමාපු වහන් දූවූ, නොසැලකිලි ආකාරවූ

Slit, *v.* දිග අතට කපනවා, දිගට ඉරණවා *s.* දිගට කැපුම, පටු විවරය

Sloe, *s.* ගෙඩි වර්ගයක්

Sloop, *s.* සුලුප්පුව, කුඩා නැවක්

Slop, *s.* ඉහිරිච්ච වතුර, මඩකඩිත්ත *v.* වතුර ඉහිරවනවා

Slope, *s.* බෑවුම, පල්ලම *v.* ඇලකරණවා, ඇලව තිබෙනවා

Slop'piness, *s.* මඩගතිය, ගොහොදුකම [හොදු

Slop'py, *a.* වතුර ඉහිරිච්ච, මඩගො

Sloth, *s.* කම්මැලිකම, අලසකම, ගස්වල ඉන්න සතෙක්

Sloth'ful, *a.* කම්මැලි, අලස

Sloth'fully, *ad.* කම්මැලිලෙස, අලසාකාරයෙන් [සාහගතිය

Sloth'fulness, *s.* අලසභාවය, මන්දෝ

Slouch, *v.* ඔලුව කඩාහෙලාගණ ඉන්නවා, දොම්නස් පෙණීමක් දරණවා *s.* මලානිකව බිම බලා ඉදීම, අශෝභන පෙණීම [වය

Slough, *s.* මඩ වළ, ගොහොරුව, හැ

Slov'en, *s.* කිලුටු ඇඳුම් අඳින්නා, ඇඳුම් ආදිය ගැණ නොසැලකිලි අය

Slov'enliness, *s.* ඇඳුම් ආදිය ගැණ නොසැලකිලිකම, පවිත්‍ර මදිකම, සකසුරුවම් නැතිකම

Slov'enly, *a.* කිලුටු ඇඳුම් අඳින, පවිත්‍රනැති, පිළිවෙළ මදි

Slow, *a.* පමාවූ, ප්‍රමාදවූ, කඩිසරනුවූ

Slow'ly, *ad.* හෙමින්, හෙමිහිට

Slow'ness, *s.* පමාගුණය, ඉක්මන්නැතිකම

Sludge, *s.* දියාරුමඩ, පල්

Slug, *s.* පලාපණුවා, මුණ්ඩ වර්ගයක්

Slug'gard, *s.* අලසයා, කම්මැලියා

Slug'gish, *a.* කම්මැලි, ඔතෑනි, පසුබට සවභාවවූ

Slug'gishly, *ad.* කම්මැලිලෙස, උනන්දු නැතුව, පසුබට ආකාරයෙන්

Slug'gishness, *s.* උනන්දුනැතිකම, ඔතෑනිකම, පසුබට සවභාව

Sluice, *s.* දියදොර, වතුරපාර, ඌල්පත

Slum, *s.* අධම මුඩුක්කු ඇති කොට්ඨාසය

Slum'ber, *v.* අඩනින්දෙන් නිදාගන්නවා, නිදාවැටෙනවා, මනෝභාවයෙන් සිටිනවා *s.* අඩ නින්ද, නිදාවැටීම

Slum'berous, *a.* නිදාවැටෙන්ට සලස්වන, නිදිමතවූ

Slur, *v.* කිලුටුකරණවා, පොළකනවා, අප්‍රසිද්ධලෙස කරණවා *s.* කැළල, ස්වල්ප අවමානය

Slush, *s.* බුරුල්මඩ, ජලමිශ්‍ර තුෂාර

Slut, *s.* කිලුටු ගෑණි, අශික්ෂිත ස්ත්‍රී

Slut'tish, *a.* කිලුටු ස්වභාවවූ, අධම, අශික්ෂිත [සිගත

Sly, *a.* උපායශීලී, ප්‍රයෝගකාර, රහ

Sly'ly. **Sli'ly**, *ad.* ප්‍රයෝගකාරයෙන්, රහසින්, රහසිගතව

Sly'ness, *s.* ප්‍රයෝග ගතිය, දඟකාරකම, රහසිගතභාවය

Smack, *s.* තළුගෑසීම, රසය, ස්වල්පය *v.* තළුගසනවා, පුපුරවනවා

Small, *a.* ටික, සුලු, ස්වල්ප, කුඩා, පුංචි, මිටි, අගුටු

Small'-arms, *s.* තුවක්කු පිස්තෝලයනාදි පුංචි යුද්ධායුධ [දුතාව

Small'ness, *s.* සුලුකම, කුඩාකම, ක්ෂු

Small'-pox, *s.* වසූරිය, මසූරිකාව, මහලෙඩ

Smart, *s.* පුපුරුගෑසීම, සැර කැක්කුම *v.* පුපුරුගහනවා, සිතේ වේදනා විඳිනවා *a.* සැර, හපන්, දක්ෂ

Smart'ly, *ad.* සැරලෙස, දක්ෂලෙස

Smart'ness, *s.* සැරකම, හපන්කම, කඩිසරකම

Smash, *v.* පොඩිකරණවා, බිඳිනවා *s.* පොඩිකිරීම, බිඳ නාස්තිකරදැමීම

Smat'ter, *v.* වැඩි දැනගැන්මක් නැතුව කථාකරණවා, අල්ප දැනගැන්මක් දරණවා [නැත්තා

Smat'terer, *s.* ගැඹුරු දැනගැන්මක්

Smat'tering, *s.* මඳ දැනගැන්ම

Smear, *v.* ගානවා, තවරණවා

Smell, *s.* ගඳ, ගන්ධය, ගඳදැනීම *v.* ගඳ දැනෙනවා, ආඝ්‍රාණයවෙනවා, ගඳ සුවඳ බලනවා, ඉඹිනවා [නවා

Smelt, *v.* ලෝහ උණුකරණවා, මක

Smile, *v.* මඳලෙස සිනාසෙනවා, සතුට පානවා *s.* මඳසිනාව, මන්දහාස්‍යය

Smirk, *v.* මඳ සිනාවෙනවා *s.* බොරු මඳ සිනාව [රණවා

Smite, *v.* ගහනවා, පහරදෙනවා, ම

Smith, *s.* ලෝහ කර්මාන්තකාරයා, ආචාරියා [රි පට්ටලය

Smith'y, **Smith'ery**, *s.* කම්මල, ආචා

Smock, **Smock'-frock**, *s.* බුරුල්වූ පිට ඇඳුමක්

Smoke, *s.* දුම, දුමාරය *v.* දුම්ගහනවා, දුම්ගස්වනවා, දුම්බොනවා

Smok'er, *s.* දුම්කොළ බොන්නා, දුමෙන් වේලන්නා [ආකාරය

Smok'iness, *s.* දුම්ගහනගතිය, දුමාර

Smok'y, *a.* දුම්ගහන, දුම්වැදී කිලුටුවී තිබෙන, ධූමාකාර

Smooth, *a.* සිලුටු, සිනිඳු, රළුනැති *v.* සිනිඳුකරණවා, මට්ටම්කරණවා, පහසුකරණවා

Smooth′ly, *ad.* සිනිඳුලෙස, සෞම්‍යලෙස, බාධාවක් නැතුව

Smooth′ness, *s.* සිනිඳුකම, සිලිටුකම, රළුනැතිකම, සෞම්‍යතාව

Smooth′-tongued, *a.* සෞම්‍ය කථාකාර, ඉච්චාබස් දොඩන

Smoth′er, *v.* හුස්ම අරින්ටනොදී වලක්වා මරණවා

Smoul′der, *v.* නොදැල්වී දුවෙනවා, හෙමිහිට දුලායනවා

Smug, *a.* යස, හපන්, කලේලි

Smug′gle, *v.* තීරුව නොගෙවා බඩුබාගන්නවා, අඳුයම නොගෙවා රහසේ ගෙණයනවා

Smug′gler, *s.* හොරෙන් බඩුබාගන්නා, හොරෙන් ගෙණෙන නැව

Smug′gling, *s.* තීරුව නොගෙවා හොරෙන් ගෙණයාම

Smut, *s.* දුඹුලු ලපය, ධාන්‍යවල රෝගයක් *v.* දුඹුලුගා කළුකරණවා, කුණුගානවා, දුඹුලු බැඳෙනවා

Smut′tiness, *s.* දුඹුලු බැඳී තිබීම, කිලුටු භාවය

Smut′ty, *a.* දුඹුලුගෑවී තිබෙන, කිලුටු

Snack, *s.* කොටස, කලබලෙන් වලදන කෑමටික

Snaf′fle, *s.* තනි කටකලියාව [ගැටය

Snag, *s.* රළුතෙරුම, කොට අත්ත,

Snail, *s.* හොම්බෙල්ලා

Snake, *s.* සර්පයා

Snap, *v.* එකපාරට කඩනවා, බිඳෙනවා, හපාකන්ට හදනවා, (අඟුරු) ගහනවා *s.* එකපාරට කෑඩීම, හදිසි බිඳීමේ ශබ්දය, කුඩා කොක්ක හෝ යතුර [කිපෙන්නාවූ

Snap′pish, *a.* කඩාකන්ට හදන්නාවූ,

Snap′pishness, *s.* හපාකන්ට හදන ගතිය, සැරකිරීමට ලැදිකම

Snare, *s.* මලපත, උගුල, තොණ්ඩුව *v.* මලපතෙන් අසුකරණවා

Snarl, *v.* බල්ලාමෙන් ගොරවනවා, රළුලෙස කථාකරණවා

Snatch, *v.* උදුරාගන්නවා, පැනලා අල්ලනවා

Sneak, *v.* බඩගා සැඟවියනවා, හීනලෙස ක්‍රියාකරණවා *s.* නීචයා

Sneak′ing, *a.* හීනලෙස හැසිරෙණ, නීචලෙස කොත්වෙවීයන

Sneak′ingly, *ad.* නීච ආකාරයෙන්, හැංගිහැංගී

Sneer, *v.* බැල්මෙන් හෙලාදකිනවා *s.* නින්දා බැල්ම, නිග්‍රහය

Sneer′ing, *a.* බැල්මෙන් හෙලාදකින, නිග්‍රහබැල්ම පාන්නාවූ

Sneer′ingly, *ad.* නිග්‍රහ බැල්ම ඇතුව, ගර්හාකරණකාරයෙන්

Sneeze, *v.* කිඹිහිනවා *s.* කිඹිහිල්ල

Sniff, *v.* ඉඹිනවා, ඉව් අල්ලනවා

Snip, *v.* එකපාරට කතුරෙන් කපනවා, කපාහරිණවා *s.* කතුරෙන් කැපීම, කපාපු පුංචි කෑබෙල්ල

Snipe, *s.* වට්ටුවා, කැස්වට්ටුවා

Sniv'el, *v.* හොට්ටුගලනවා, ළදරුවන් මෙන් කෑගහනවා [නයා

Snob, *s.* මහත්කම් ඇඟවිගන්න ශි

Snob'bish, *a.* බොරු උසස්කම් අඟව න, අධම [උඩඟු අධමකම

Snob'bishness, *s.* බොරු මහත්කම,

Snood, *s.* තරුණියෙකුගේ හිසකේ බඳින පටිය [නින්ද

Snooze, *v.* නිදුවැටෙනවා *s.* ස්වල්ප

Snore, *v.* නින්දෙන් ගොරවනවා *s.* නින්දෙන් ගෙරවීම

Snort, *v.* ශබ්දනගා නාහෙන් හුස්ම අරිණවා, හුංකාරකරණවා

Snot, *s.* හොට්ට, සොට්ට

Snout, *s.* හොට, හොම්බ, තොම්බ

Snow, *s.* තුෂාර, හිම *v.* හිමවැටෙනවා

Snow'-drop, *s.* සුදු මල් වගීයක්

Snow'y, *a.* තුෂාරගහනවූ, තුෂාරයෙන් වැසුනාවූ, හිමමෙන් සුදු, නිර්මල [යකින් පහරදෙනවා

Snub, *v.* තරවටුකරණවා, ඇනුම්පද

Snuff, *v.* සැරෙන් හුස්ම නාසයට ඇදගන්නවා, කුඩු අඩිය නාහයට ගන්නවා, ඉවඅල්ලනවා

Snuff, *s.* දුම්කුඩු, පාන්දුල්ල

Snuff'-box, *s.* දුම්කුඩු හෙප්පුව

Snuf'fers, *s.* ඉටිපන්දම් දුල්ල කපන කතුර, පහන් කතුර

Snug, *a.* උණුහුම්කරගණ ඉන්නාවූ, සුවාවූ, රහස්වූ

So, *ad. & conj.* මෙසේ, මෙලෙස, මෙයාකාර, මෙච්චර, ඔපමණ

Soak, *v.* පොඟවනවා, පොඟනවා

Soap, *s.* සබන් [සබන් ගෑවාවූ

Soap'y, *a.* සබන් ආකාර, සබන් මිශ්‍ර,

Soar, *v.* ඉහල පියාඹනවා, උඩට ඉගිලෙනවා [කිගැහුම

Sob, *v.* ඉකිබිඳිනවා *s.* ඉකිබිඳීම, ඉ

So'ber, *a.* වෙරිනැති, මත්නොවෙන, නිශ්චල, ශාන්තදාන්ත *v.* වෙරිමත නැතිකරණවා, උමතුකම අරිණවා, සංසුන්කරණවා [දිලස

So'berly, *ad.* උමතුනොවී, නිශ්චල

So'berness, *s.* මත්නොවෙන ගතිය, සංසුන්කම, ශාන්තදාන්තතාව

Sobri'ety, *s.* වෙරිනැතිකම, පමණ දැන්ම, සංසුන්කම

So'briquet, *s.* පරිහාස නාමයක්, කවට නම, ආරූඪ නාමය

So'ciable, *a.* සමාගම් පැවැත්වීමට කිතවූ, මිත්‍රවූ

Sociabil'ity, So'ciableness, *s.* සමාගමට ලැදිකම, සාමාන්‍ය මිත්‍රභාවය

So'ciably, *ad.* මිත්‍ර වශයෙන්, සාංගතිකලෙස

So'cial, *a.* සමාගමට ඔබින්නාවූ, සමාගමට හිතවූ, සංසර්ගික

So'cially, *ad.* සාංසර්ගිකාකාරයෙන්, සමාගම් පිළිවෙළින්

So'cialism, *s.* වස්තු එකසමානව බෙදීමෙන් මනුෂ්‍ය සමාගම අලුත්වැඩියා කිරීමට යෝජනා ක්‍රමයක්

So′cialist, *s.* රට වැසියන් විසින් වස්තු පොදුවේ භුක්තිවිඳියයුතුයයි කියා සිටින්නා

Social′ity, So′cialness, *s.* සමාගමට සුදුසුකම, සාංගතිකතාව [ජනයා

Soci′ety, *s.* සමාගම, සභාව, සහභාගි

Sock, *s.* කොට මේස්

Sock′et, *s.* සිල, වළ, විල්ල, තව්ව

Sod, *s.* තෘණ පිඩැල්ල, බිඩැල්ල

So′da, *s.* රසායන ද්‍රව්‍යයක්

So′da-wa′ter, *s.* සෝඩතම්වූ ද්‍රව්‍යයෙන් සෑදූ බීමක්, සෝඩවතුර

Sod′den, *a.* තම්බාපු, තැම්බුන

So′fa, *s.* කවිච්චිය, සෝපාව

Soft, *a.* මෘදු, මොලොක්, බුරුල්, සිනිඳු, මිහිරි, මද, නිශ්චල

Soft′en, *v.* මෘදුකරණවා, මදීනයකරණවා, බුරුල්කරණවා, බුරුල්වෙනවා, තදකම අරෙණවා [මිහිට

Soft′ly, *ad.* මෘදුලෙස, හෙමින්, හෙ

Soft′ness, *s.* මෘදුකම, බුරුල්කම, සෞම්‍යතාව

Soil, *s.* බිම, පස්, කුණු, කසල *v.* කිලුටුකරණවා, කුණුගානවා

Soi′ree, *s.* සැන්දෑ කාලයෙහි රැස්වෙන මිතුරු පිරිසක්, කෑමබීම ඇති ප්‍රසිද්ධ සම්මුතියක්

So′journ, *v.* පොරොත්තුවෙනවා, සිටිනවා, කලකට වාසයකරණවා *s.* පොරොත්තුවීම, කලකට නැවතී සිටීම

Sol′ace, *s.* සැනසීම, සැනසිල්ල *v.* සනසනවා

So′lar, *a.* සූර්යයාට අයිතිවූ, සූර්ය

Sol′der, *v.* පාහනවා, පුරුද්දනවා

Sol′dier, *s.* සේවායා, සොල්දාදුවා

Sol′dierlike, Sol′dierly, *a.* සේවායෙක් වැනි, යුද්ධකාර, නිර්භීත

Sol′diership, *s.* සේවා ගුණධනය, යුද්ධ දක්ෂකම

Sol′diery, *s.* සේවා සමූහය

Sole, *s.* යටිපතුල, පාදතලය, සපත්

Sole, *a.* එකමවූ, තනි [තුවේ අඩිය

Sol′ecism, *s.* භාෂාවේ අයෝග්‍යකම, අපභ්‍රංශවාක්‍යය

Sol′ecist, *s.* භාෂාර්තිය කඩකරන්නා, අපභ්‍රංශ වාක්‍යකරු [රක්

Sole′ly, *ad.* එකලාව, තනියම, විත

Sol′emn, *a.* සිතට වදින, භයානක, ගාම්භීර්‍යවත්, සංසුන්

Solem′nity, *s.* වත්පිළිවෙත, සංසුන්ලීලාව, සුසිලබව

Sol′emnize, *v.* චාරිත්‍ර ඇතුව පවත්වනවා, පිළිවෙත්කරණවා, සංසුන්භාවයට පමුණුවනවා

Sol′emnly, *ad.* සිතට වැදීයනලෙස, බරපතළාකාරයෙන්, ඉතා සංසුන්ලෙස

Solic′it, *v.* ඉල්ලනවා, දියත් කියනවා, පොළඹනවා [යාචනාව

Solicita′tion, *s.* ඉල්ලීම, පෙළඹීම, ආ

Solic′itor, *s.* ඕනෑකමින් ඉල්ලන්නා, නීතිඥයා, පෙරකදෝරුවා

Solic'itor-general, *s.* ඇඩ්වොකේට් දෙවෙනි නීතිඥ තැන [අමාරුවූ

Solic'itous, *a.* ඉතා ආසාඇති, සිතාට

Solic'itude, *s.* තද ආසාඇතිකම, සිතේ බර හෝ සැලකිල්ල, සංවේගය

Sol'id, *a.* ඝන, තද, දැඩි, සවි, බරවූ, බරපතළ *s.* දැඩිද්‍රව්‍යය, දිගපුළුල ඝනකම ඇති ද්‍රව්‍යය, ඝනය

Solidar'ity, *s.* එකට බැඳිසිටීම, ඒකාබද්ධතාව [ස්වභාව, මිදුනගතිය

Solidifica'tion, *s.* ඝනකිරීම, දැඩිවූ

Solid'ify, *v.* ඝනකරණවා, හයිකරණවා, මුදනවා, දැඩිවෙනවා, මිදෙනවා

Solid'ity, *s.* ඝනකම, සවිය, ස්ථිරකම

Solil'oquise, *v.* තනියම හෙවත් තමාටම කථාකරගන්නවා

Solil'oquy, *s.* තනියම කථාකරගැණීම, උදකලාවූ කථාව

Solitaire', *s.* උදකලාව වාසයකරන්නා, තනියම් කරණ ක්‍රීඩාවක්, තනි ආභරණයක්

Sol'itariness, *s.* තනිකම, විවේකත්වය, උදකලාවූ ස්වභාව

Sol'itary, *a.* තනි, විවේක, උදකලාවූ, මැළවුන [නය

Sol'itude, *s.* තනිකම, විවේකස්ථා

So'lo, *s.* තනි ශබ්දයකින් කරණ තාලය, එකලාවූ වෘත්තය

Sol'stice, *s.* සූර්‍ය නිවෘත්තිය, අවචර්‍යාව

Solubil'ity, *s.* දියකළහැකි ගුණය, ද්‍රවත්‍වතාව

Sol'uble, *a.* දියකළහැක්වූ [දීම

Solu'tion, *s.* දියකෙරීම, තේරුම්කර

Solvabil'ity, *s.* දියකළහැකිකම, ණය ගෙවියහැකිකම

Solv'able, *a.* විසඳියහැකි, පහදුදෙන්ට පුළුවන්

Solve, *v.* විසඳනවා, තේරුම්කරණවා

Solv'ency, *s.* ණය ගෙවන්ට පුළුවන්කම, ගෙවියහැකි බව

Sol'vent, *a.* දියකරන්නාවූ, ණයගෙවන්ට පුළුවන්වූ *s.* යමක් දියකරණ දේ

Som'bre, *a.* අඳුරු, කළුවර, කනස්සලු

Som'breness, *s.* අඳුරුකම, ප්‍රීතිය නැතිකම, කනස්සලුභාවය

Some, *a* සමහර, යම්, ටිකක් *pron.* සමහරක්, සමහරක්, පංගුවක්

Some'body, *s.* යමෙක්, යම්කෙනෙක්, සමහර කෙනෙක්

Some'how, *ad.* කොයිහැටි නුමුත්, කොහොම නුමුත් [පිණුම

Som'erset, Som'ersault, *s.* කරණම,

Some'thing, *s.* කිසිවක්, යම් දෙයක්

Some'times, *ad.* සමහරවිට, යම් වේලාවක, ඉදකිටලා [ටිකක්

Some'what, *s.* යම්කිසිවක් *ad.* මදක්,

Some'where, *ad.* යම්කිසි තැනක, කොතන නුමුත් [දිනාවා

Somnam'bulate, *v.* නින්දෙන් ඇවි

Somnambula'tion, *s.* නින්දෙන් ඇවිදීම

Somnam'bulist, *s.* නින්දෙන් ඇවිදින්නා
Som'nolence, Som'nolency, *s.* නිදිමත, නිදිමතගතිය [ගියවූ
Som'nolent, *a.* නිදිමතවූ, නින්දට
Son, *s.* පුතා, පුත්‍රයා, දරුවා
Song, *s.* ගීතිකාව, සින්දුව, කවිය
Song'ster, *s.* ගී කියන්නා, කවි සින්දු කියන්නා, ගී කියන කුරුල්ලා
Song'stress, *s.* ගී කියන්නී, කවි කියන්නී, සින්දුකාරී
Son'-in-law, *s.* බෑනා, දුවදුන් බෑනා
Son'net, *s.* පුංචි ගියක්, ලුහුඬු කවියක්
Sono'rous, *a.* ශබ්දදෙන්නාවූ, නාද පවත්වන්නාවූ, හඬදෙන [ණින්
Soon, *ad.* හණික, කඩිනමින්, ඉක්ම
Soot, *s.* දුඹුල, සියන් දුඹුලු
Sooth, *s.* සත්‍යය, සැබෑව
Soothe, *v.* නලවනවා, සනසනවා, සංහිඳුවනවා
Sooth'ingly, *ad.* නලවනාකාරයෙන්, සැනසිලිදෙනලෙස [කියනවා
Sooth'say, *v.* නිමිති කියනවා, පේන
Sooth'sayer, *s.* ශාස්ත්‍රකියන්නා, පේන කියන්නා
Sop, *s.* පෙගවූ කෑම කෑබැල්ල
Soph'ism, *s.* මිථ්‍යාවාදය, බොරු තර්කය [වාදකාරයා
Soph'ist, *s.* විතර්කවාදියා, බොරු
Sophist'ical, *a.* මිථ්‍යා තීක්ෂණවූ
Sophist'icate, *v.* නරක්කරණවා, හා මුකුර හීනකරණවා
Soph'istry, *s.* මිථ්‍යා විතර්කණය
Soporif'ic, *a.* නිදිමතකරවන්නාවූ *s.* නිදිමත හටගන්වන ද්‍රව්‍යය, නිද්‍රාජනකෞෂධය
Sopra'no, *s.* ඉතා ඉහළ ස්ත්‍රී හඬ, ගී කීමේ උස් ශබ්දය
Sor'cerer, *s.* මායාකාරයා, විජ්ජාකාරයා, කට්ටාඩියා [යම, හූනියම
Sor'cery, *s.* යන්ත්‍ර මන්ත්‍රකෙරීම, මා
Sor'did, *a.* අධම, නීච, ජඩ, තන්හාවූ
Sore, *s.* ව්‍රණය, ගඩුව, වේදනාව *a.* තුවාලවූ, වේදනා ඇති [රේට
Sore, Sore'ly, *ad.* තදබල ලෙස, සෑ
Sore'ness, *s.* පහසුවෙන් වේදනාවෙන ගතිය, ඉක්මනට රිදීම හෝ දුක්වීම
Sor'row, *s.* කණගාටුව, කාන්සාව, දුක, ශෝකය *v.* සිතට දුක්ගන්නවා, කණගාටුවෙනවා, ලතවෙනවා
Sor'rowful, *a.* කණගාටුවූ, දුක්මුසු, බෙදජනක
Sor'rowfully, *ad.* කණගාටුවෙන්, දුක්මුසු ආකාරයෙන්, කාන්සාලෙස
Sor'rowfulness, *s.* කණගාටු ස්වභාව, ශෝකසහිතකම, බෙදජනකතාව
Sor'ry, *a.* කණගාටුවෙන්නාවූ, තැවෙන්නාවූ, දුක්ඛිත, නොවටිනා
Sort, *s.* වර්ගය, ජාතිය, ආකාරය *v.* වෙන්වෙන්කරණවා, තෝරණවා, බේරණවා

Sot, *s.* බේබද්ද, සුරාධූර්තයා

Sot'tish, *a.* බේබදු, වෙරිමත්, මොට්ට

Sou, *s.* ප්‍රන්ස තඹ මිළයක්

Souch, *v.* හුලඟමෙන් හින් ශබ්දයක් කරණවා *s.* හුලගේ සුසුම්ලෑම වැනි ශබ්දය [යක්

Souchong', *s.* සිහින් තේකොළ වර්ග

Soul, *s.* ආත්මය, ප්‍රාණය, පණ, ඇතුළත බලය, කෙනෙක්

Soul'less, *a.* ආත්මය නැති, පණ නැති, බෙලහීන

Sound, *s.* ශබ්දය, හඬ, රාවය, ඝෝෂාව *v.* ශබ්දකරණවා, හඬ පවත්වනවා, නාදදෙනවා, පතළවෙනවා, සෝදිසිකර බලනවා

Sound, *a.* කැඩුම් බිඳුම් නැති, පලුදු නැති, නිරෝගී, හරි, වැදගත්

Sound, *s.* පටු මුහුදු සන්ධිය, මාලු හුලන් බොක්ක [ටම

Sound'ly, *ad.* යහපත් ලෙස, හොඳ

Sound'ness, *s.* කැඩීබිඳීනැතිකම, අඛණ්ඩතාව, නිරෝගීතාව, නිවැරදිකම [බාගත් වතුර

Soup, *s.* හොද්ද, මස් හා එළවලු තම්

Sour, *a.* ඇඹුල්, පැහිරි, කකිශ *v.* ඇඹුල් හෝ අප්‍රසන්න කරණවා, කකිශකරණවා, ඇඹුල්වෙනවා, කකිශභාවයට පැමිණෙනවා

Source, *s.* උල්පත, පටන්ගැම්ම, මූල, ආරම්භය [හිරි රස

Sour'ness, *s.* ඇඹුල්කම, ඇඹුල, පැ

South, *s.* දකුණුදිග, දක්ෂිණදිසාව

South'-east, *s.* අග්නිදිග, ගිනිකොණ

South'erly, South'ern, *a.* දකුණුදිග, දකුණුදිග දෙසවවූ

South'ward, *ad.* දකුණුදෙසට, දකුණුදිගට [කොණ

South'west, *s.* නිරිතදිග, නිරිත

Souv'enir, *s.* සිහිවීමට දෙන දෙයක්, ස්මෘතිදානය [ඇති

Sov'ereign, *a.* ශ්‍රේෂ්ඨ, ශ්‍රේෂ්ඨ බලය

Sov'ereign, *s.* රජ්ජුරුවෝ, රජ, රැජිනි, සිලින්විස්සක රත්රන්කාසියක්

Sov'ereignty, *s.* ශ්‍රේෂ්ඨාධිපතිකම, රජකම

Sow, *s.* ඊරි

Sow (So), *v.* වපුරණවා, ඉසිනවා

Space, *s.* ඉඩ, තරම, අතුර, අවකාසය [පළල්

Spa'cious, *a.* ඉඩ ඇත්තාවූ, විසාල,

Spa'ciousness, *s.* බොහෝ ඉඩ ඇතිවීම, විසාලකම

Spade, *s.* ඉස්කෝප්පය, යවුල

Span, *s.* වියත, ලුහුඬු කාලය *v.* වියතෙන් මනිනවා, වියතෙන් අල්ලනවා, අඩංගුවෙනවා

Span'gle, *s.* දිලිහෙන පුංචිදෙයක්

Span'iel, *s.* දඩයම් බලුවගියක්

Spar, *s.* උමන්ලී, කූවදඬු, පරාල, ලෝහ ජාතියක්

Spare, *v.* හුරුවම්ලෙස පාවිච්චිකරණවා, ගලවනවා, ඉතුරුකරණවා

Spare, *a.* සිහවූ, සුරුවම්වූ, වැඩිපුරවූ, සිහ්, කෙට්ටු

Spare′ness, *s.* සිහකම, සිත්කම

Spar′ing, *a.* සුරුවම්ලෙස හෝ සවල්පා වශයෙන් පාවිච්චිකරණ, මසුරු

Spar′ingly, *ad.* මදලෙස, සුරුවම්ලෙස, ඉතුරුකරගණ

Spark, *s.* ගිනි පුපුර

Spark′le, *s.* ගිනි පුපුර, දිස්නය *v.* දිලිහෙනවා, දිස්නාවෙනවා

Spark′ling, *a.* කාන්ති විහිදෙන, දිස්නාවැටෙන, දිලිහෙන [කැති

Sparse, *a.* අතරතුරේවූ, ගනසැර

Sparse′ly, *ad.* ගනසැර නැතුව, අතරින්පතර, විරලලෙස [විරලතාව

Sparse′ness, *s.* ගනසැර නැතිකම,

Spar′tan, *a.* ග්‍රීසියේ ස්පාර්ටානම් රටට අයිතිවූ, ධෛර්‍ය්‍යවීමත්, භයනැති

Spasm, *s.* හිරිය, හිරිවැටීම, ගැස්ම

Spasmod′ic, Spasmod′ical, *a.* හදිසි හිරිවැටීම සම්බන්ධ, ගැස්ම ආකාර, උන්නු ගමන් හෝ ඉදහිටලා කරණ [ලුවූකරණවා

Spat′ter, *v.* ඉසුරුවාදමනවා, ඉහ කි

Spav′in, *s.* අශ්වයින්ගේ කකුල් සන්ධි ඉදිමුමක්

Spawn, *s.* මාලුබිජු, ගෙමඩිබිජු, හතුබිජු *v.* මාලු ගෙමඩි ආදිය බිජුදමන ආකාරයෙන් උපදවනවා, බිජුදමනවා, උපදිනවා

Speak, *v.* කථාකරණවා, දොඩනවා, වදුරණවා, ප්‍රකාශකරණවා

Speak′er, *s.* කථාකාරයා, කථිකයා

Spear, *s.* හෙල්ලය, ලන්සය *v.* හෙල්ලයෙන් අනිනවා හෝ මරණවා

Spe′cial, *a.* නියම, පොදුනොවූ, එසේ මෙසේ නොවන්නාවූ, විශේෂ, පුද්ගලික [ට නියමකිරීම

Specialisa′tion, *s.* යමක් විශේෂකො

Spe′cialise, *v.* විශේෂාකාරයකින් නියමකරණවා, එක්තරා කාරණවකට අධුත්තුකරණවා

Spe′cialist, *s.* එක නියම කාරණවකට සමතා, විශේෂ ශිල්පියා

Special′ity, *s.* යමෙකුගේ හෝ යම්දෙයක විශේෂාධිකය, විශේෂ ගුණය

Spe′cially, *ad.* විශේෂ වශයෙන්, ප්‍රධානකොට

Spe′cie, *s.* රන් රිදී කාසි [සමූහයක්

Spe′cies, *s.* වර්ගය, පොදු ලක්ෂණ ඇති

Specif′ic, *a.* වර්ගීය, නියමවූ, විශේෂ *s.* ප්‍රත්‍යක්ෂ බෙහෙතක්

Spicif′ically, *ad.* වර්ගීයාකාරයෙන්, විශේෂණකාරයෙන්, විශේෂලෙස

Specifica′tion, *s.* නම්කොට දැක්වීම, විශේෂ ලක්ෂණ සටහන, විස්තර පත්‍රය

Spec′ify, *v.* වෙන් වශයෙන් නියම කර කියනවා, විශේෂකොට දක්වනවා

Spec′imen, *s.* ආදර්ශය, මෝස්තරය

Spe'cious, *a.* සැබෑවක් මෙන් පෙණෙන්නාවූ, ප්‍රසන්න

Spe'ciously, *ad.* මනාපිටාතර පෙණීමක් ඇතුව, ප්‍රසන්නාකාරයෙන්

Spe'ciousness, *s.* හරිවාවාගේ පෙණීම, පිටාතරින් ප්‍රසන්න ලීලාව

Speck, *s.* ලපය, පුල්ලිය, තිත

Speck'le, *v.* ගෝමරදමනවා, පුල්ලි ඉසෙනවා

Spec'tacle, *s.* පෙණුම, ප්‍රදර්ශනය

Spec'tacles, *s.* ඇහේ දමන කණ්ණාඩිය [කරන්නා

Specta'tor, *s.* බලාසිටින්නා, දර්ශනය

Spec'tral, *a.* භූතාකාර, භූතරූප, අවතාර

Spec'tre, *s.* භූතයා, අවතාරය

Spec'ulate, *v.* මෙනෙහි කරණවා, නොදැනමුතුකම්න් කල්පනාකරණවා, ලාභ ලැබෙතැ බලාපොරොත්තුවෙන් ගණුදෙනුකරණවා

Specula'tion, *s.* චෛතසික දර්ශනය, භාවනාකරීම, අනුමානයට කල්පනාකිරීම, ලාභලබා විකිණීමට අනුමානපිට මිලෙල්ටගැණීම

Spec'ulative, *a.* අනුමානයට කල්පනාකරණ, නිකම් සිතාබැලීමේ යෙදී සිටින, අනුමානපිට මිලෙල්ටගැණීම සම්බන්ධවූ

Spec'ulum, *s.* ඉරුරැස් දිස්නය පිණිස කරණලද මණ්ඩයක්, ලෝහ කැඩපත [බස

Speech, *s.* භාෂාව, කථාව, කථනය,

Speech'less, *a.* කථානැති, ගොළු, නිශ්ශබ්ද [ගොළුකම

Speech'lessness, *s.* කථානොකෙරීම.

Speed, *s.* ඉක්මණ, කඩිසරකම, වේගය *v.* ඉක්මන්වෙනවා, ඉක්මන් කරවනවා, උදව්කරණවා, දියුණු කරණවා [හණික, කඩිනමින්

Speed'ily, *ad.* ඉක්මණින්, ශුභසිද්ධව,

Speed'y, *ad.* ඉක්මන්, කඩිසර

Spell, *s.* මන්ත්‍රය, ජීවම, වැඩ වරුව, විසා කාලය

Spell, *v.* වචනයක අකුරු කියනවා

Spel'ling-book, *s.* අකුරු එකතුකොට කිම උගන්වන පොත, නම්පොත

Spend, *v.* වියදම්කරණවා, පසුකරණවා, නැතිකරණවා

Spend'thrift, *s.* සැප ජීවිකාවෙන් වියදම්කරන්නා, වියදම්කාරයා

Sperm, *s.* බීජ, ශුක්‍රධාතුව, මාලු හෝ ගෙමඩි බිජු

Spermace'ti, *s.* තල්මසුන්ගේ හිසෙන් සාදන තෙල් වර්ගයක්

Sphere, *s.* ගෝලය, පරිමණ්ඩලය

Spher'ical, *a.* ගෝලාකාරවූ [කව

Spheric'ity, *s.* ගෝලාකාරය, වටකුරු

Spher'oid, *s.* මදක් ගෝලාකාරවූ වස්තුව, ගෝලාකාරය

Spice, *s.* සුගන්ධ ද්‍රව්‍යය, කුළුබඩුව *v.* සුගන්ධ ද්‍රව්‍ය දමනවා, කුළුබඩු දමා රසකරණවා

Spic′ery, *s.* කුළුබඩු, කටුක ද්‍රව්‍ය
Spic′iness, *s.* කුළුරස, සුගන්ධතාව, රුචිය ඇති, සුගන්ධ
Spic′y, *s.* කටුක ද්‍රව්‍ය මිශ්‍ර, කුළුරස
Spi′der, *s.* මකුළුවා, මක්වයා [ඇබෙ
Spig′ot, *s.* පිප්පයක සිදුර අහුරණ
Spike, *s.* කුර, ඌල, ලොකු ඇනය, ගොයම් කරල *v.* ඇනගහනවා, කුරගසා අහුරණවා
Spike′nard, *s.* ජටාමාංස
Spill, *v.* වගුරුවනවා, ඉහිරවනවා, ඉහිරෙණවා
Spin, *v.* කටිනවා, කරකවනවා
Spin′ach, Spin′age, *s.* නිවිතිකොල
Spin′al, *a.* පිටිකොන්දට අයිතිවූ
Spin′dle, *s.* ඉද්ද
Spine, *s.* මුදුන් ඇටය, කොඳු ඇටය
Spin′ning-wheel, *s.* නූල්කටින යන්ත්‍රය
Spin′ster, *s.* කටින්නී, අවිවාහක ස්ත්‍රී
Spin′y, *a.* කොඳු ඇටසහිත, කටුගහනවූ, හිරිහැරඇති, වියවුල්
Spir′al, *a.* දරණුගැහුනාවූ, දඟරවූ, ඉස්කුරුප්පු ආකාරවූ
Spire, *s.* දඟරය, දරණුව, උල්තැනය
Spir′it, *s.* ආත්මය, ප්‍රාණය, අවතාරය, සිතේ ස්වභාව, ධෛර්‍ය්‍ය, සාරය, පෙරාපු බීම, උනන්දුකම
Spir′ited, *a.* ප්‍රාණවත්වූ, වීර්‍ය්‍යමත්; උනන්දු [අධෛර්‍ය්‍ය
Spir′itless, *a.* උනන්දුනැති, වීර්‍ය්‍යමද,
Spir′itlessly, *ad.* උනන්දු නැතුව, අධෛර්‍ය්‍යාකාරයෙන්, මලානිකලෙස
Spir′itual, *a.* ආත්මික, අද්‍රව්‍ය, දිව්‍යමය, ශුද්ධ
Spir′itualist, *s.* ආත්මික දේවල් පමණක් සලකන්නා, ආත්ම බන්ධන දෘෂ්ටියා [කම, අද්‍රව්‍යභාවය
Spiritual′ity, *s.* ආත්මභාව, ආත්මික
Spir′itualize, *v.* ආත්මික කරණවා, ආත්මිකාර්ථයකට තේරුම්කරණවා
Spir′itually, *ad.* ආත්මිකලෙස, පරිශුද්ධාකාරයෙන්
Spir′ituous, *a.* මද්‍යසාරාකාරවූ
Spit, *a.* ඌල, මස්කුර *s.* කුරගහනවා
Spit, *v.* කෙලගහනවා
Spite, *s.* එදිරිය, ක්‍රෝධය, වෛරය *v.* එදිරියෙන් ක්‍රියාකරණවා, වෛරපානවා [ඊර්ෂ්‍යාවනත
Spite′ful, *a.* එදිරි සහිත, අවගුණ,
Spite′fully, *ad.* එදිරියෙන්, කුඹුරක්බුලෙස [කේන්තිකම, අවගුණය
Spite′fulness, *s.* ක්‍රෝධකාරකම, කුඹු
Spit, Spit′tle, *s.* කෙල
Spit′toon, *s.* කෙල භාජනය, පඩික්කම [නවා, ඉහිරවනවා
Splash, *v.* වතුර නොහොත් මඩ ඉහි
Splash′-board, *s.* මඩ ඉහිම වලක්වන කරත්තයේ ඉස්සරහ ලෑල්ල
Spleen, *s.* බඩදිව, ගුල්මය, කෝපගතිය, ශෝකය [විනාත, ඉසුරුමත්
Splen′did, *a.* අත්‍යලංකාර, තේජ

Splen'dour, *s.* තේජස්, දීප්තිය, උතුම්කම [ගති, මලානික

Splenet'ic, *a.* ඉක්මන් සරහකාර, අ

Splice, *v.* එකට ගොතනවා, පූරුද්ද නවා *s.* පූට්ටුව

Splint, Splint'er, *s.* කිර, පතුර, ලිපට්ටිය *v.* කිරිනොට කඩනවා, පතුරුගහනවා

Split, *v.* ඉරණවා, පළනවා, බෙදනවා, පැළලනවා, භේදවෙනවා *s.* පැල්ම, විවරය, භේදය

Spoil, *v.* කොල්ලකනවා *s.* කොල්ලගත් දේ [ණවා, නරක්වෙනවා

Spoil, *v.* නරක්කරණවා, කිලුටුකර

Spoil'er, *s.* කොල්ලකන්නා [දත

Spoke, *s.* රෝද ගරාදිය, රථ චක්‍රයේ

Spokes'man, *s.* අයුන් වෙනුවට කථාකරන්නා, කිමකාරයා

Spo'liate, *v.* උදුරාගන්නවා, කොල්ලකනවා [කම්න් පැහැරගැණීම

Spolia'tion, *s.* කොල්ලකෑම, අහුතු

Sponge, *s.* මූදුහත්ත, ගල්මල *v.* මූදුහත්තෙන් පිහදමනවා, නැතිකරදමනවා, උරාගන්නවා, ප්‍රයෝගයෙන් ලබාගන්නවා

Sponge'cake, *s.* ඉතා සැහැල්ලු කැවුම් වර්ගයක් [සිදුරුසහිතවීම

Spong'iness, *s.* මූදුහතුගතිය, මෘදු

Spong'y, *a.* මූදුහත්තක්වැනි, බුරුල් සිදුරු ඇති, දිය උරාගන්න

Spon'sor, *s.* ඉසඅත තබන්නා, ඇපකාරයා, පදිරිසන්ද, වණසද

Spontane'ity, *s.* සිය කැමැත්තෙන්ම කිරීම, ඉබේ සිදුවීම, සවිජාතාව

Sponta'neous, *a.* සියකැමැත්තෙන් වූ, ඉබේම වෙන්නාවූ, සවිජ්ඤ

Sponta'neously, *s.* සියකැමැත්තෙන්ම, ඉබේම [වා

Spool, *s.* බිරළුව *v.* බිරළුවල ඔතන

Spoon, *s.* හැන්ද

Spoon'ful, *s.* හැන්දට අල්ලන ප්‍රමාණය, හැන්දක්, ටිකක්

Spoon'y, *a.* මෝඩලෙස ඇලුම්වූ, අමන

Spoor, *s.* දඩයම් සතෙකුගේ පාර, ඉව්පාර

Sporad'ic, *a.* විසිරුණාවූ, තනි, උදකලාව පවතින (රෝගය)

Sport, *v.* සෙල්ලම්කරණවා, සෙල්ලමට දඩයම්කරණවා, කෙළිනවා *s.* සෙල්ලම, කෙළිය, සරදම

Sport'ful, *a.* සෙල්ලක්කාර, සරදමට කිතවූ [සරදම් ගතිය

Sport'fulness, *s.* සෙල්ලක්කාරකම,

Sport'ing, *a.* සෙල්ලම් සම්බන්ධ, ක්‍රීඩාකාරණ, දඩයක්කාර [ක්‍රීඩාකාර

Sport'ive, *a.* කෙළිසෙල්ලමට ලැදිවූ,

Sport'iveness, *s.* සෙල්ලක්කාරකම, කෙළිනවටකමට ලැදි ගතිය

Sports'man, *s.* දඩයක්කාරයා

Sports'manship, *s.* ක්‍රීඩාවෙහි දක්ෂකම, දඩයක්කාරකම

Spot, *s.* තිත, ලපය, පුල්ලිය, ගෝමරය, ඉඩම, පැල්ලම [කැලැල්

Spot'less, *a.* තිත්නැති, නිර්මල, නො

Spot'lessly, *ad.* නිර්මලලෙස, නිදෙස් ලෙස, නොකැලැල් ආකාරයෙන්

Spot'lessness, *s.* තිත් හෝ කැලැල් නැති ස්වභාව, නිර්මලකම, පිරිසිදු ගුණය

Spouse, *s.* පුරුෂයා, භාර්‍ය්‍යාව

Spout, *s.* පීල්ල, කෙණ්ඩිය *v.* පීල්ල කින්මෙන් පිටකරනවා, වතුර විදි නවා, සැරෙන් නික්මෙනවා

Sprain, *v.* උලුක්කරනවා, ඇම්බැට් ටිවෙනවා *s.* උලුක්කුව, ඇම්බැට්ටිය

Sprat, *s.* හාල්මැස්සා

Sprawl, *v.* වැතිරෙනවා, ගාත්‍රාවන් දිගලාගෙන වැටී ඉන්නවා

Spray, *s.* රිකිල්ල, පෙන, කිරිකඩ

Spread, *v.* අතුරනවා, විදහනවා, ප තළකරනවා, දිගඇරෙනවා, පැති රෙනවා, බෝවෙනවා

Spree, *s.* සැප සෙල්ලම

Sprig, *s.* රිකිල්ල, දළුව

Spright'liness, *s.* ප්‍රාණවත්කම, උ නන්දුකම [සන්න

Spright'ly, *a.* ප්‍රාණවත්, උනන්දු, ප්‍ර

Spring, *v.* පනිනවා, නැගිටිනවා, පැලවෙනවා, නික්මෙනවා, උපදි නවා *s.* පැන්නුම, දුන්න, උල්පත, මූල, වසන්තකාලය

Spring'-tide, *s.* ලොකුවඩදිය, වඩිජ්ජ

Spring'iness, *s.* ආපස්සු පනින ගතිය, පනිනසුල්ල

Spring'y, *a.* ආපස්සු පනින සුළු, පනි න්ට ශක්තිමත්, උල්පත් ගහනවූ

Sprin'kle, *v.* ඉසිනවා, ඉසුරුවනවා

Sprin'kle, Sprin'kling, *s.* ඉසීම, ඉසි තිබෙන ටික

Sprite, *s.* අවතාරය, භූතයා, බිල්ලා

Sprout, *s.* දලුව, පල්ලවය, රිකිල්ල *v.* දලුලනවා, පැලවෙනවා

Spruce, *a.* අලංකාර, ජෙත්තු

Spruce'ness, *s.* ජෙත්තුකාරකම, ක ලේලි පෙණීම

Spue, *v.* වමනයකරනවා [නවා

Spume, *s.* පෙන, පෙද *v.* පෙනදම

Spur, *s.* අශ්වයන් ඉක්මන්කරවීමට අනින කටුව, පොළඹින දේ, පොර කටුව, කුඩා කඳුවැටිය *v.* කටු වෙන් ඇන ඉක්මන්කරවනවා, සන්කරනවා, ඉදිරියට පොළඹ නවා [හොර

Spur'ious, *a.* අසත්‍ය, බොරු, වංචාවූ,

Spurn, *v.* පයින්ගහනවා, සුළුකොට වැද්දනොගන්නවා, එපාකරනවා

Spurt, *v.* සැරෙන් පිටෝතුකරනවා, වතුර විදිනවා, හදිසියෙන් ගලාය නවා *s.* සැරෙන් ගලායාම, වීසිවෙ න දියවැල

Sput'ter, *v.* කටින් බින්දු වීසිකරන වා, ඉක්වනට නොපැහැදිලිලෙස කථාකරනවා, වික්කල්ගහනවා

Spy, *s.* ඔත්තුබලන්නා, චරපුරුෂයා *v.* ඔත්තුබලනවා, දුරින් පෙණෙ නවා [ය, කුඩා සමුක්කාව

Spy'-glass, *s.* ඔත්තු බලන කන්නාඩි

Squab'ble, *s.* අරෝව, සුළුදබරය, කලහය, සබංගුව [ශේවා රංචුව

Squad, *s.* හරඹ පුරුදුවීමට රුස්වූ

Squad'ron, *s.* අසරුහමුදුව, සුළුනැව් කණ්ඩායම

Squal'id, *a.* කිලුටුවූ, කැත, නිච

Squal'idness, *s.* නිච දිළිඳුකම, කිලුටු භාවය

Squall, *v.* හදින් කෑගසනවා, හයියෙන් අඬනවා *s.* මොරදීම, කෑගැහීම; හදිසි සැඩ පවන

Squal'ly, *v.* හදිසි සැඩ පවන්ගසන, කුණාටුසහිත

Squal'or, *s.* කැත කිලුටුකම, අපවිත්‍ර සභාව [වා, විසුරුවාදමනවා

Squan'der, *v.* නිෂ්ඵල වියදම්කරණ

Squan'derer, *s.* නිෂ්ඵල වියදම්කාරයා, ධන නැතිකරන්නා

Square, *a.* හතරැස්වූ, සිව්කොන්වූ *s.* හතරැස්ගැබය, චතුෂ්කෝණය, හතරැස් සේවාකණ්ඩායම, මට්ටම් ලෑල්ල, වර්ගඵලය *v.* හතරැස්කරණවා, සෘජුකෝණයක්කරණවා, ගණනක් එයින්ම වැඩිකරණවා, සමකව හරියන්ට සලස්වනවා, එලෙත් දුව තිබෙනවා [කෝණතාව

Square'ness, *s.* සතරැස්කම, චතුෂ්

Squash, *v.* මඳුදු ආකාර පොඩිකරණවා, තලා පැතලිකරණවා *s.* මෘදු ද්‍රව්‍ය හැපී පොඩිවීම, මඳුදු වැනි දෙයක්

Squat, *v.* ඇනතියාගණ ඉන්නවා, බිම ලගිනවා

Squat'ter, *s.* ඔප්පුකෑරයක් නැතුව බිම් අත්කරගණ ඉන්නා

Squeak, *v.* සිහින් හඬින් කෑගහනවා *s.* තියුණු කෑගැසීම [සිතන

Squeam'ish, *a.* බඩදගලන, අරුචි

Squeam'ishness, *s.* කෑම ගැණ අරුචි සිතන ගතිය, බඩදූගලීම

Squeeze, *v.* මිරිකනවා, ඔබනවා, මඩිනවා *s.* මිරිකීම, තදින් බදාගැණීම

Squib, *s.* රතිඤ්ඤ, නින්ද ප්‍රබන්ධය

Squint, *a.* වපරකර බලන, ඇස් වපරේට තිබෙන *v.* වපරේට බලනවා, ඇස්කොණින් බලනවා *s.* වපර බැල්ම, පෙණීමේ ඇදකම

Squir'rel, *s.* ලේනා, දඬුලේනා

Squirt, *v.* දියවිදිනවා, වාස්සවනවා *s.* වසති කුඩුව, දියවැල [නීම

Stab, *v.* ආවුදයකින් අනිනවා *s.* ඇ

Stabil'ity, *s.* ස්ථිරකම, අචලතාව

Sta'ble, *a.* සවිවූ, නොසෙල්වී පවතින්නාවූ

Sta'ble, *s.* අස්හල, ඉස්තාලය

Sta'bling, *s.* ඉස්තාලයටගැණීම, අශ්වයින් හා ගවයින්ට මඩුව

Stack, *s.* ගොඩ, රුස, කොලකැවිය

Staff, *s.* පොල්ල, සැරයටිය, අණපොල්ල, සුළුහමුදුවට අයිති මූලාදූනි පෙල

Stag, *s.* මුවා, ගෝනා

Stage, *s.* අට්ටාලය, රඟුම, නැට්ටුම්පල, රඟමඩල, නවාතැන, අවස්ථාව

Stag'ger, *v.* වැණෙනවා, අනුමාන සිතනවා, පසුබටවෙනවා

Stag'gers, *s.* අශ්ව ලෙඩක්

Stag'nant, *a.* ගලානොයන්නාවූ, නැවති තිබෙන්නාවූ, පල්වූ, දියුණුවක් නැති

Stag'nate, *v.* බසින්නේ නැතුව අත් හිටිනවා, දියුණුනොවී නවතිනවා

Stagna'tion, *s.* ගලානොගොස් තිබීම, දියුණුව අත්හිටීම

Staid, *a.* ස්ථිරවූ, සංසුන්

Stain, *s.* කැලල, පැල්ලම, ලපය, අපහාසය *v.* පැල්ලම්ගහනවා, සායම් පොවනවා, කැලල්කරණවා, කෙලගහනවා

Stain'less, *a.* නොකැලල්, පවිත්‍ර

Stair, *s.* පඩිය *pl.* පඩිපෙල [පෙල

Stair'case, *s.* උඩුමහලට නඟින පඩි

Stake, *s.* උල, ඉන්න, ඔට්ටුව *v.* ඉනි හිටවනවා, ඉනිවලින් කොටුකරණවා, ඔට්ටුතියනවා [අරුව්

Stale, *a.* පරණ, පල්වූ, රසනැතිවූ,

Stalk, *s.* නැට්ට, නටුව

Stalk, *v.* උඩගුලෙස ඇවිදිනවා

Stall, *s.* ගොඩුරුපල, පට්ටිය, ඉස්තාලය, වෙළඳවැස්ස

Stal'lion, *s.* අශ්ව මඳයා

Stal'wart, *a.* මහත් ශක්ති ඇති, බලවත්, වියඹිමත්

Stam'ina, *s.* සව්බලය, මුල්ශක්තිය

Stam'mer, *v.* වික්කල්ගහනවා, ගොතගහනවා *s.* ගොතගගහ කථාකිරීම, වික්කල්ගැහීම

Stam'merer, *s.* ගොතගහන්නා, වික්කලයා

Stam'mering, *a.* ගොතගහන, ගොත *s.* ගොතගැහීම, වික්කලය

Stamp, *v.* පයගහනවා, අඩිහපනවා, මුද්‍රගහනවා, හස්ඔබනවා, කොටනවා *s.* මුද්‍රය, මුද්‍රලකුණ, තැපැල් මුද්‍රය, අච්චුව, අන්දම

Stanch, Staunch, *v.* ලේ හිටවනවා, ලේ යාම නවත්වනවා *a.* ස්ථිර, නොසෙල්වෙන, සවි [බලකාරුව

Stan'chion, *s.* රුකුල, රුකුල්කණුව,

Stand, *v.* හිටිනවා, කෙලින් තිබෙනවා, පවතිනවා *s.* නැවතීම, හිටීම, සිටින ඉඩම, කනප්පුව

Stand'ard, *s.* ධජය, කොඩිය, නියම ප්‍රමාණය, ආදර්ශ බිම්බ

Stand'ard-bearer, *s.* කොඩිකාරයා

Stand'ing, *a.* නියම, පවතින්නාවූ, ස්ථිරවූ, නැගිටහිටින *s.* හිටීම, තරාතිරම, වසම, තම්බුව

Stand'point, *s.* හිටින ස්ථානය, කාරණ කල්පනාකරණ විධිය

Stand'still, *s.* නැවතිල්ල [කය

Stan'za, *s.* සිව්පදය, ගාථාව, ශ්ලෝ

Sta'ple, *s.* ප්‍රධාන වෙළඳව, ප්‍රධාන පංගුව, කෙදි, කොක්ක *a.* වෙළඳමෙහි නියමවූ, ස්ථිර, ප්‍රධාන

Star, *s.* තාරකාව, තරුව, තරුලකුණ

Star'board, *s.* නැවක දකුණුපැත්ත

Starch, *s.* රෙදිවලට දමන නැද

Starched, *a.* කැඳදමූ, අහංකාර

Stare, *v.* රෑනවා, ඔරවා බලනවා, බිච්තලෙස බලාසිටිනාවා *s.* ස්ථිර බැල්ම, රුවම

Star'fish, *s.* තාරකාවක හැඩය් ඇති මුහුදුසතෙක්

Stark, *a.* තද, සහමුලින්මවූ *ad.* සම්පූර්ණලෙස, මුළුමනින්ම

Star'ling, *s.* පක්ෂි වර්ගයක්

Star'ry, *a.* තාරකා ගැවසීගත්තාවූ. තරුවැනි

Start, *v* හදිසියෙන් පනිනාවා, පිටත්වෙනවා, පිටත්කරණවා, පටන්ගන්නවා *s.* ගැස්සීම, තිගැස්සීය, හදිසිපිදුම

Star'tle, *v.* තිගැස්සීකරණවා, භීතකරණවා

Starva'tion, *s.* හාමත්කමින් නැසීම, හාමත්වීම

Starve, *v.* බඩගින්නෙන් හෝ ශීතලෙන් මැරෙණවා, හාමත්වෙනවා

Starve'ling, *a.* හාමත්වූ, බෙලහීනවූ, කෙට්ටු *s.* කෙට්ටු දුර්වල සතෙක් හෝ පැළෑටියක්

State, *s.* ස්වභාව, ගතිය, අන්දම, රාජ්‍යය, රාජාණ්ඩුව, ඓශ්වර්යය *v.* කියනවා, දක්වනවා, සැලකරණවා, ලියා තබනවා

Stat'ed, *a.* නියමකරණලද, පිළිවෙලට සිදුවෙන, ස්ථාවර

State'liness, *s.* උත්තමාකාරය, උසස් ගම්භීරතාව

State'ly, *a.* මාහැඟි, උතුම්, ගම්භීර

State'ment, *s.* කියාසිටීම, කියමන

State'-room, *s.* රාජමන්දිර ශාලාව, නැවේ ඇතුල්ගෙසි ප්‍රධාන කාමරය

States'man, *s.* ආණ්ඩුකරණ විධිය දන්නා, රාජනීතිඥයා

States'manship, *s.* ආණ්ඩුක්‍රමය ගැණ පලපුරුද්ද, රාජාණ්ඩු සම්බන්ධනම

Sta'tion, *s.* නවතින ස්ථානය, නියම ඉඩම, ඨානාන්තරය, සෙවනත්පල *v.* ස්ථානයක් නියමකරණවා, යම් ඉඩමකට හෝ ඨානාන්තරයකට පත්කරණවා

Sta'tionary, *a.* නොසෙල්වෙන, නිශ්චල, නියම, දියුණුනොවෙන

Sta'tioner, *s.* කඩදාසි තීන්ත පෑන් ආදිය විකුණන්නා

Sta'tionery, *a.* තීන්ත පෑන ආදි ලිවීමේ බඩු

Sta'tist, *s.* රාජ්‍ය ව්‍යවත්කම් දන්නා අය

Statist'ic, Statist'ical, *a.* රටවැසියාගේ හෝ අන් යමක තොරතුරු ගණන් ලේඛන සම්බන්ධ

Statisti'cian, *s.* සංඛ්‍යා ලේඛන ශාස්ත්‍රඥයා

Statist'ics, *s.* තොරතුරු ගණන, සංඛ්‍යා ලේඛනය

Stat'uary, *s.* පිළිම කැටයම්කෙරීම, චිත්තරූප, ප්‍රතිමා කැටයම්කාරයා

Stat′ue, *s.* ප්‍රතිමාව, පිළිමය
Stat′ure, *s.* උස ප්‍රමාණය
Stat′ute, *s.* නීතිය, පණත, ආඥාව
Stave, *s.* පිප්ප ලෑල්ල, ගීතිකා කොටස *v.* බිඳිනවා, ලීයෙන් තල්ලුකරණවා, කල්දමනවා
Stay, *v.* නවතිනවා, හිටිනවා, පවතිනවා, රුකුල්දෙනවා *s.* නැවතීම, පොරොත්තුව, රුකුල, පිහිට [කය
Stays, *s. pl.* බඳපටි, බොස්තොරෙක්
Stead, *s.* වෙනුවට, නිසා, නමට
Stead′fast, Stead′y, *a.* අචල, ස්ථිර, සවි, එකාකාරවූ [නොසෙල්වි
Stead′fastly, *ad.* ස්ථිරලෙස, සවිලෙස,
Stead′fastness, *s.* ස්ථිරකම, අචලතාව, වෙනස්නොවෙන ගුණය
Stead′ily, *ad.* නොසෙල්වී, ස්ථිරලෙස, නිශ්චලලෙස [වෙන ගතිය
Stead′iness, *s.* ස්ථිරකම, නොසෙල්
Steak, *s.* මස්කෑබෙල්ල, මස්පෙත්ත
Steal, *v.* හොරකම්කරණවා, හොරෙන් ගන්නවා, රහසින්යනවා
Stealth, *s.* සොරකම, රහස්කම
Stealth′ily, *ad.* හොරෙන්, රහස්ලෙස, සැඟවිල්ලේ
Stealth′y, *a.* හොරෙන් කරණ, රහස්
Steam, *s.* දුම, දුමාරය, ධූමාලය
Steam′boat, Steam′ship, Steam′-ves′sel, *s.* ධූමයාත්‍රාව, දුම්නැව
Steam′-engine, *s.* ධූම යන්ත්‍රය
Steam′er, *s.* දුම්නැව, වණ්ඩුව
Steam′y, *a.* ධූම සහිතවූ, දුමෙන් පිරුණවූ, දුමාරිකාරවූ
Steed, *s.* අශ්වයා, යුද්ධ අශ්වයා
Steel, *s.* වානේ, වානේ ආවුදය
Steel′yard, *s.* වෙල්ලිය, තරාදිවර්ගයක්
Steep, *a.* උස්, ප්‍රපාත *s.* උස්පල්ලම්වූ ඉඩම, ප්‍රපාතය
Steep, *v.* පොඟවනවා, වතුරේදමනවා
Stee′ple, *s.* පල්ලියේ කොත
Steer, *s.* ගොන්නාම්බා, මදයා
Steer, *v.* සුක්කානමෙන් යාත්‍රාකරණවා, සුක්කානම අල්ලනවා
Steers′man, *s.* සුක්කානම්කාරයා, සුක්කානම අල්ලන්නා
Stel′lar, Stel′lary, *a.* තාරකා සම්බන්ධ, තාරකිත, තරු
Stem, *s.* දණ්ඩ, කඳ, නැට්ට, ඇණිය, වංශය *v.* සැඩපාර නවත්වනවා, සැඩපාරට විරුද්ධව යාත්‍රාකරණවා
Stench, *s.* දුර්ගන්ධය, දුගඳ
Stenog′raphy, *s.* ලුහුඬින් ශීඝ්‍රලෙස ලිවීමේ විද්‍යක්, ලඝුලේඛය
Stenog′rapher, *s.* ලඝුලේඛයා
Step, *s.* අඩිය, අඩිය තබන දුර, පඩිය, ක්‍රමය *v.* අඩිය තිබනවා, අඩි තිබා යනවා, මද වේලාවකට යනවා
Step-fa′ther, *s.* කුඩප්පා, අන්‍ය පියා
Step-moth′er, *s.* කුඩම්මා, අන්‍ය මව්
Steppe, *s.* යුරෝපයේ අන්තිදිග හා ආසියාවේ මහා විශාලතලාවක්
Step′ping-stone, *s.* ගල්පඩිය, දියුණුවීමේ උපකාරය

Step'-son, *s.* ප්‍රථම පියෙකුට දුව උපන් පුතා, නොදපුතා
Ster'eotype, *s.* අච්චු අකුරු තහඩුව, වෙනස් නොකරණ අච්චු අකුරු
Ster'ile, *a.* වඳ, අසාර
Steril'ity, *s.* වඳගතිය, ඵලනැතිකම, නිස්සාරකම [අගේ ඇත්තාවූ
Ster'ling, *a.* නියම, වලංගු, සැබෑ,
Stern, *a.* තද, රෞද්‍ර, කර්කශ, නොනැමෙන
Stern, *s.* අවරය
Stern'ly, *ad.* තදලෙස, බුරුළනොදී
Stern'ness, *s.* තදකම, රළුපෙණුම, නොනැමෙන ගුණය
Ster'torous, *a.* නින්දෙන් ගොරවන
Steth'oscope, *s.* ශ්‍රවණයකිරීමෙන් රෝග දැනගැණීමේදී පාවිච්චිකරණ නලය [බාන තැනැත්තා
Stev'edore, *s.* නැව්වල බඩු පටවන
Stew, *v.* වතුර ටිකකින් හෙමින් තම්බනවා, හෙමිහිට තැම්බෙනවා *s.* මාංසාදිය තම්බා සාදන කෑම වර්ගයක්
Stew'ard, *s.* භාණ්ඩාගාරිකයා, ගබඩාකාරයා [සේවක ස්ත්‍රියක්
Stew'ardess, *s.* ගබඩාකාරි, නැවේ
Stew'ardship, *s.* භාණ්ඩාගාරිකකම, කළමනාකාරකම [වුව, හැරමිටිය
Stick, *s.* ලිය, පොල්ල, ඉන්න, කෝ
Stick, *v.* අනිනවා, ගිලවනවා, හිටවනවා, අලවනවා, ඇලෙනවා, ඇනහිටිනවා, ස්ථිරව සිටිනවා

Stick'iness, *s.* ඇලෙන ගතිය
Stick'ler, *s.* තරගකරන්නා, විරුද්ධකාරයා, අරෝකාරයා
Stick'y, *a.* ඇලෙන, ඇලිසිටින
Stiff, *a.* නොනැමෙන්නාවූ, තද, සවි, හිත්දැඩි
Stif'fen, *v.* තදකරණවා, දැඩිකරණවා, දැඩිවෙනවා, උකුවෙනවා, ගල් ගැහෙනවා
Stiff'ly, *ad.* නැමෙන්නේ නැතුව, තදලෙස, දැඩිකාරයෙන්
Stiff'necked, *s.* මුරණ්ඩු, හිත්දැඩි
Stiff'ness, *s.* නොනැමෙන ගතිය, හිතේ තදකම
Sti'fle, *v.* හුස්මගන්ට බැරිකරණවා, වසාදමනවා, නිවනවා [අවනම්බුව
Stig'ma, *s.* කැලල, නින්ද්‍ය ලකුණ,
Stig'matize, *v.* කැලල්කරණවා, නින්ද ලකුණුකරණවා
Stile, *s.* කඩුල්ල, ඉදිකඩ
Stilet'to, *s.* කොට කඩුව, හොර්දන් අදින කටුව, හිල් කටුව
Still, *a.* නිශ්චල, නිශ්ශබ්ද, නැලවුනාවූ *v.* නිශ්චලකරණවා, නවත්වනවා
Still, *ad.* තවම, මේ වෙනතුරු, මෙ දක්වා, එහෙත්, කොහොම වුනත්
Still, *s.* කල්දේරම
Still'-born, *a.* මැරී උපන්
Stil'ly, *a.* නිශ්චල, නිශ්ශබ්දවන් *ad.* නිශ්චලලෙස, නිශ්ශබ්දකාරයෙන්, නැලවිල්ලේ

Stilt, *s.* බොරුපාව, බොරුකකුල

Stim'ulant, *s.* වෙරවඩන බෙහෙත

Stim'ulate, *v.* උනන්දුකරණවා, අවුස්සනවා, බලවඩනවා

Stimula'tion, *s.* උනන්දුකිරීම, අනුබලදීම, ශක්තිය වැඩිවීම

Stim'ulative, *a.* උනන්දුකරණ, ප්‍රාණවත්කරණ *s.* බලවඩන හෝ පොළඹන කාරණව

Stim'ulus, *s.* උනන්දුකරණ දේ

Sting, *v.* අනිනවා, දෂ්ටකරණවා, කිත්රිදවනවා *s.* අනිනකටුව, තුඩ, දළය, ඇනුම

Stin'gily, *ad.* ලෝභලෙස, අබකිලෙස

Stin'giness, *s.* ලෝභකම, මසුරුකම, කෑනකම

Stin'gy, *a.* ලෝභ, තන්හාවූ, අබකි

Stink, *v.* ගඳගහනවා *s.* ගඳ, දුර්ගන්ධය

Stint, *v.* මායිම් තබනවා, හිඟකරණවා, වලකනවා *s.* නියම ප්‍රමාණය, හිඟකම

Sti'pend, *s.* පඩිය, බැලය, වැටුප්

Stip'ulate, *v.* ගිවිසිනවා, පොරොන්දුකරණවා, බැඳෙනවා

Stipula'tion, *s.* ගිවිසීම, පොරොන්දුව

Stir, *v.* සොලවනවා, චංචලකරණවා, අවුස්සනවා *s.* සෙලවීම, චංචලය, කෝලාහලය

Stir'rup, *s.* අශ්වයාපිට යනකල පය ගැසීමට එල්ලා තිබෙන වළල්ල

Stitch, *v.* මහනවා, ගෙත්තම්කරණවා *s.* ඉදිකටුපාර, ඇම්ම

Stock, *s.* කඳ, තුවක්කුවල්ල, මිට, වංශය, අරමුදල, සමාගමකට තිබෙන නිධාන මුදල, උපකරණ stocks, දඬුකඳ *v.* සපයාදෙනවා, පුරවාතබනවා

Stockade', *s.* කූඤ්ඤපොල, දඬුවැට

Stock'broker, *s.* ප්‍රසිද්ධ නානකොටස් කළමනාකාරයා

Stock'ing, *s.* මේස්

Stock'-still, *a.* කණුවක්මෙන් නොසෙල්වී සිටින

Sto'ic, *s.* සීනෝනම් පුරාණ ශාස්ත්‍රවන්තයාගේ ගෝලයෙක්

Sto'ic, Sto'ical, *a.* ස්ටොයික්වරුන්ගේ ධර්මය සම්බන්ධ, දුක්සැපදෙකම නොසලකන, උපේක්ෂක

Stoke, *v.* ගින්දරදමනවා, ගිනිඋදුන බලාගන්නවා

Stok'er, *s.* ගින්දර දමන්නා

Stol'id, *a.* මොට්ට, මෝඩ, අමන

Stolid'ity, *s.* සිහියේ මොට්ටකම, මූඪබය

Stom'ach, *s.* කෑමබොක්ක, ආමාශය *v.* උහුලනවා, ඉවසනවා, රුස්සනවා

Stomach'ic, *s.* ආමාශයික ඖෂධයක්

Stone, *s.* ගල, පාෂාණය, ඇටය *v.* ගල්ගහනවා, ඇට ඉවත්කරණවා [දූඩි

Ston'y, *a.* ගල් ගහනවූ, ගල්මයවූ,

Stool, *s.* පාපුටුව, පොඩිබංකුව, පැහැරුම් පුටුව

Stoop, *v.* නැමෙනවා, පහත්වෙනවා, යටහත්වෙනවා *s.* පහතටනැමීම, යටත්වීම

Stop, *v.* නවත්වනවා, හිරකරණවා, වලක්වනවා, නවතිනවා *s.* නැවතීම, හිටවීම, ආගනම [ඛජ්ජිය

Stop'page, *s.* නැවත්වීම, හිරවීම, අ

Stor'age, *s.* ගබඩාවේ සුරක්ෂිතකොට තැබීම, ගබඩාකිරීම, බඩුගබඩාවේ තබාගැණීමට කුලිය

Store, *s.* රැසිය, හුඟ, ගබඩාව, සාප්පුව *v.* එක්කාසුකරණවා, සපයා තබනවා, ගබඩාකරණවා

Store'house, *s.* ගබඩා ගෙය, භාණ්ඩාගාරය [පුසකාරයා

Store'-keeper, *s.* ගබඩාකාරයා, සාප්

Stork, *s.* කොකා

Storm, *s.* කුණාටුව, චණ්ඩමාරුතය *v.* සැරලෙසවදිනවා, කැළඹෙනවා

Storm'y, *a.* කුණාටුවූ, කැළඹුනාවූ

Stor'y, *s.* කථාන්තරය, කථාව, බොරුකථාව, ගෙයි තට්ටුවක්, උඩුමහල

Stout, *a.* සවිබල, තරබාරු, ස්ථූල *s.* බීමවර්ගයක් [අති වීර්යයෙන්

Stout'ly, *ad.* බලගතුලෙස, සවිසිතින්,

Stout'ness, *s.* සවිබලය, තරබාරුකම, මුරණ්ඩුකම

Stove, *s.* ගිනිඋදුන, පෝරණුව, ලිප

Stow, *v.* අස්කරණවා, පටවනවා, ගබඩාවේ තබනවා

Stow'age, *s.* පිළිවෙළින් තබාගැණීම, අස්කිරීමට ඉඩ, පැටවීමේ කුලිය

Strad'dle, *v.* ගාටගාටා යනවා

Strug'gle, *v.* ඈත මෑත ඇවිදිනවා, ඉබාගාතේ යනවා

Strag'gler, *s.* ඉබාගාතේ යන්නා, අවලමා [ජු, අවංක,

Straight, *a.* කෙළින්වූ, ඇදනැති, ඍ

Straight'en, *v.* ඇදනැතිකරණවා, ඍජුකරණවා [වංචානැති

Straight-for'ward, *a.* ඍජු, අවංක,

Straight'laced, *a.* ඩුසුළුල් හෝ දැඩි මතදරණ [කම

Straight'ness, *s.* ඇදනැතිකම, ඍජු

Straight'way, *ad.* එකෙණෙහිම, එවිගසම, වහාම

Strain, *v.* තදෙන් අදිනවා, තදකරණවා, උලුක්කුකරණවා, උත්සාහකරණවා, පෙරණවා *s.* බලවත් උත්සාහය, උලුක්කුව, ආකාරය, ගායනාව, ශීනාදය

Strain'er, *s.* පෙරහන්කඩ, මවුල්ල

Strait, *a.* පටු, අවහිරවූ, අමාරු

Strait, *s.* පටු ඉඩම, සමුද්‍රසන්ධිය, අවහිරය, අමාරුව

Strand, *s.* වෙරළ, ඉවුර, ලනුපට *v.* වෙරළගහනවා, ගොඩඇනෙනවා

Strange, *a.* අපූරු, අනාඝ, පුදුම, අමුතු, නුපුරුදු [ගන්තුකයා

Strang'er, *s.* අමුත්තා, විදේශියා, අ

Strange'ly, *ad.* අපූරුලෙස, පුදුමලෙස, අමුතු ආකාරයෙන් [අමුතුකම

Strange'ness, *s.* අපූරුකම, අපූර්වතාව,

Stran'gle, *v.* හුස්ම නවත්වා මරණවා, බෙල්ල මිරිකනවා, අඹස්සිකරණවා [ර්ම, අඹස්සියක්

Strangula'tion, *s.* හුස්ම නවත්වා මැ

Strap, *s.* සම්පටිය, යකඩ බඳනහබුවක් *v.* පටියෙන් බඳිනවා, පටියෙන් තළනවා

Strat'agem, *s.* උපාය, උපාමාරුව, ප්‍රයෝගය [උපාමාරුවෙන් කළ

Strateg'ic, Strateg'ical, *a.* උපාසහිත,

Strateg'ically, *ad.* උපක්‍රම සහිතව, ප්‍රයෝගාකාරයෙන්

Strat'egist, *s.* උපක්‍රම දන්නාඥය, යුද්ධශාස්ත්‍රඥයා [සව

Strat'egy, *s.* යුද්ධශාස්ත්‍රය, උපාදක්ෂ

Stratifica'tion, *s.* තට්ටු සෑදීම, තට්ටු වශයෙන් පිහිටා තිබීම

Strat'ify, *v.* තට්ටුවශයෙන් තබනවා; තට්ටු සෑදෙනවා

Stra'tum, *s.* තට්ටුව

Straw, *s.* පිදුරු

Straw'berry, *s.* සිතිල් ඵල වර්ගයක්

Stray, *v.* මංමුළාවෙනවා, වල්මත්වෙනවා *a.* මුළාවූ, අවැලම්

Streak, *s.* ඉර, වර්ණ රේඛාව *v.* ඉරි අඳිනවා, රේඛා වශයෙන් පාවගානවා [වර්ණපාවවූ

Streak'y, *a.* වර්ණ රේඛා සහිත, කල

Stream, *s.* දියවැල, හැඩපාර, ඔය *v.* දියවැලක්මෙන් ගලායනවා, දිගටම විහිදෙනවා

Stream'er, *s.* විහිදෙන කොඩිය, ධජය

Stream'let, *s.* ඇල්ල, දියපාර, දොළ

Street, *s.* වීථිය, මාවත

Strength, *s.* ශක්තිය, සවිය, බලය, වැර, ස්ථිරකම

Strength'en, *v.* සවිකරණවා, ස්ථිරකරණවා, වඩා සවිවෙනවා

Stren'uous, *a.* වියසීවනත, බලවත් ආසා ඇති, තදබල

Stren'uously, *ad.* තදබලලෙස, බලවත් ආසාවෙන්

Stren'uousness, *s.* උත්සාහවන්තකම, තද ආසාව, බලගතුකම

Stress, *a.* තදකම, බලය, වැඩිබර

Stretch, *v.* අදිනවා, දිගඅරිණවා, වැඩිකරණවා, දිගුකරණවා, ඇදෙනවා, විහිදෙනවා *s.* දිගඇරීම, දිගුවෙන ප්‍රමාණය, උත්සාහය

Stretch'er, *s.* අදින දෙයක්, ලෙඩෙක් හෝ මළ කෙණෙක් ගෙණයන මැස්ස

Strew, *v.* ඉසිනවා [ප්‍රකාරවූ

Strict, *a.* තද, බුරුළනොදෙන, නියම

Strict'ly, *ad.* තදලෙස, බුරුළනොදී, නියමයට එකඟව

Strict'ness, *s.* තදකම, බුරුළක් නොදෙන ගතිය, යථාර්ථතාව

Stride, *v.* කකුල් විදහා යනවා *s.* කකුල් විදහීම, දුරින් තබන අඩිය

Stri'deut, *a.* රළු ශබ්දයක් නගින, කණට අමිහිරි

Strife, *s.* පොරය, විවාදය, දබරය, සංඛ්‍යාව, ආරවුල

Strike, *v.* ගහනවා, පහරදෙනවා, තට්ටුකරණවා, වදිනවා, හැපෙනවා

Strike, *s.* වැඩි පඩි ඉල්ලා වැඩනොකර ඇරීම, තට්ටුව පිහිටි ආකාරය

Strik'ing, *a.* හිතට වදින්නාවූ, පුදුම, අපූරු [මට, අපූර්වාකාරයෙන්

Strik'ingly, *ad.* හිතටවැදියන අන්ද

String, *s.* ලනුව, පටිය, පෙල, වැල *v.* අමුණනවා, සවිකරණවා

Strin'gency, *s.* තදකම, බරපතලකම, බුරුල නැතිකම

Strin'gent, *a.* තද, තදබල, බරපතල

String'y, *a.* කෙඳිසහිත, කෙඳි ආකාරයට ඇදෙන

Strip, *v.* ගලවනවා, ඇඳ දමනවා, ලෙලිගහනවා, නිර්වස්ත්‍රකරණවා *s.* පටු තීරය

Stripe, *s.* කසපහරක්, වෙනස් පාට තීරයක්, වර්ණරේඛාව [ඉලන්දාරියා

Strip'ling, *s.* කොල්ලා, තරුණයා,

Strive, *v.* උත්සාහකරණවා, විවාද කරණවා, තැත්කරනවා

Stroke, *s.* පහර, ගැසීම, වැදුම, තට්ටුකෙරීම *v.* අතගානවා

Stroll, *v.* සමාරණයකරණවා, තැනින් තැන ඇවිදිනවා *s.* නිවිහැනේ සමාරණයකිරීම, සක්මණ

Strong, *a.* සවිඇති, ශක්තිමත්, බලවත්, සැර, තද

Strong'hold, *s.* කොටුව, බලකොටුව

Strop, *s.* දැලිපිහියේ මුවහත්කිරීමට හමක් හෝ හම්න් වැසූ ලීකැබෙල්ල, තැළිසම

Struc'tural, *a.* සෑදීමේ ආකාරය සම්බන්ධවූ, ග්‍රන්ථිතාකාර

Struc'ture, *s.* ඉදිකෙරීමේ ආකාරය, යොදන ක්‍රමය, ගොඩනැගිල්ල

Strug'gle, *v.* දඟලනවා, තදින් උත්සාහකරණවා *s.* දඟලීම, තද වියවුලය, බලවත් විවාදය

Strum, *v.* රළුගෝට්ටි ආකාරයෙන් ගායනාකරණවා

Strum'pet, *s.* වේසාගැණී, වෛශ්‍යාවී

Strut, *v.* ආඩම්බරලෙස ඇවිදිනවා *s.* ආඩම්බරලෙස ඇවිදීම, උඩඟුරම් සක්මණ

Stub'ble, *s.* ඉපනැල්ල

Stub'born, *a.* මුරණ්ඩු, ඇවිටර, දැඩි

Stub'bornly, *ad.* මුරණ්ඩුලෙස, දැඩිසිත් ඇතුව [වරගතිය

Stub'bornness, *s.* මුරණ්ඩුකම, ඇවි

Stuc'co, *s.* බදාම වර්ගයක්

Stud, *s.* බෝවීමට ඇරලාඉන්න අශ්වයෝ, අශ්වයින් ඇතිකරණ ඉඩම

Stud, *s.* කුඩිම්බි ඇනය, කම්සබොත්තම, සැරසිලි පොහොට්ටුව, කුරුපාව *v.* පොහොට්ටුවලින් සරසනවා, ශෑවසිලිලෙස පිහිටුවනවා

Stu'dent, *s.* ශිෂ්‍යයා, ශිල්පෝද්ග්‍රහණයකරන්නා [ජනාකරගත්

Stud'ied, *a.* ඉගෙණගත්, කලින් යෝ

Stu'dio, *s.* කම්කරුවෙකුගේ පට්ටලය, චිත්‍රකාරශාලාව

Stu'dious, *a.* පොත්පත් බැලීමට ලැදිවූ කාරණ සෝදිසිකර බලන්නාවූ, භාවිතාවූ

Stu'diously, *ad.* කාරණ සෝදිසිකර බලා, හොඳට හිතටගෙණ, කඩිසර ලෙස

Stu'diousness, *s.* පොත්පත් බැලීමට ලැදිකම, විද්‍යාභ්‍යාසයෙහි ජිඥාසාභාවය, උත්සාහවන්තකම

Stud'y, *v.* ඉගෙණගන්නවා, භාවිතෝද්ග්‍රහණයකරණවා, පුහුණුකරණවා, හොඳට කල්පනාව යොදනවා

Stuff, *s.* ද්‍රව්‍ය අඩුවැඩිය, පිළී, පල නැති දේ *v.* පුරවනවා, ඔබනවා, ශීඝ්‍රලෙස කනවා [ගත්තා ද්‍රව්‍ය

Stuff'ing, *s.* මෙත්ත අදිය පිරවීමට

Stul'tify, *v.* මෝඩකරණවා, අඥානකොට පෙන්වනවා

Stum'ble, *v.* පැකිළෙනවා, හැප්පෙනවා, වරදකොට වැටෙනවා *s.* පැකිළීම, වැරදිල්ල, දෝෂය

Stum'bling-block, *s.* පැකිළීමට හේතුව, බාධාව

Stump, *s.* ඉතුරු මුල, කොටේ *v.* කොටයක්වෙනලෙස කපනවා, කප්පාදුකරණවා, ක්‍රිකැට් ක්‍රීඩාවේ ලීයක් හසාදමනවා

Stump-or'ator, *s.* කොටයක් වැනි දෙයකට නැගී මහජනයා ඉදිරියේ ප්‍රසිද්ධ කථාකරන්නා

Stun, *v.* බිහිරිකරණවා, තෝන්තුකරණවා, සිහිනැතිකරණවා

Stunt, *v.* වැඩීමෙන් වලක්වනවා, මිටිකරණවා [සිහිනැති ස්වභාව

Stupefac'tion, *s.* සිහිනැතිකිරීම, සි

Stupen'dous, *a.* අරුම, විස්මපත්

Stupen'dously, *ad.* ඉතා අරුමලෙස, මවිතාකාරයෙන් [න්තභාවය

Stupen'dousness, *s.* අරුමකම, අත්‍ය

Stu'pid, *a.* මෝඩ, අමන, ගුඩ්ඩ

Stu'pidly, *ad.* මෝඩලෙස, ගුඩ්ඩලෙස, නකතිරුලෙස

Stupid'ity, *s.* අඥානකම, අමනකම

Stu'pify, *v.* සිහිනැතිකරණවා, සිහිය මොට්ටකරණවා [මුළාව

Stu'por, *s.* සිහිනැතිවූ ස්වභාව, සිහි

Stur'dily, *ad.* දෘඪලෙස, බලගතු ආකාරයෙන් [කම, සවිබලය

Stur'diness, *s.* හිතුවක්කාරකම, තද

Stur'dy, *a.* මුරණ්ඩු, සවිබල, තද, ස්ථිර

Stur'geon, *s.* මුහුදුමාලු වර්ගයක්

Stut'ter, *v.* වික්කල්ගහනවා, ගොතගසා කථාකරණවා *s.* වික්කලය, ගොතගැසීම [කල්, ගොත

Stut'tering, *a.* ගොතගහන, වික්

Sty, *s* ඌරුකොටුව, නගනය

Style, *s.* උල්කටුව, පංහිඳ, ලියන කියන විධිය, අන්දම, භාවිතා ක්‍රමය *v.* නමකරණවා [අ

Styl'ish, *a.* හැඩකාර, කලේලි, ජේත්

Styl'ishly, *ad.* හැඩ පෙන්වමින්, ජේත්තුවට

Styl'ishness, *s.* හැඩකාරකම, පිටාත ර අලංකාරය, ජේත්තුව [කම

Sua'sion, *s.* මනාපකරවීම, දුනුමුතු

Sua'sive, *a.* මනාපකරවන සුලු. දු නුමුතුකම් දෙන්නාවූ

Sua'siveness, *s.* කැමතිකරවන ගුණ ය, සිත අල්ලාගන්න බලය

Suav'ity, *s.* ප්‍රසන්න අන්දම, මිහිරි කම [න අනීසි

Sub, *prefix.* යට, අඩු, පහත්, අඩු ය

Subac'id, *a.* මදක් ඇඹුල්වූ

Sub'altern, *a.* අඩුතරම්වූ *s.* හමුදා වේ උප මුලාදෑනියෙක්

Subdivide', *v.* නැවත බෙදනවා, දෙවනු බෙදනවා

Subdivi'sion, *s.* නැවත බෙදීම

Subdue', *v.* මැඩපවත්වනවා, දමන යකරණවා, මෘදුකරණවා

Sub-ed'itor, *s.* උපකතෘවරයා

Subja'cent, *a.* යටින් තිබෙන්නාවූ, පහල

Sub'ject, *a.* යටත්, වසගවූ *s.* යටත් වාසියා, කාරණය, විශේෂ්‍යය

Subject', *v.* යටහත්කරණවා, යටතට පමුණුවනවා, විඳින්ට සලස්වනවා

Subjec'tion, *s.* යටත්කිරීම, වසගය

Subjec'tive, *a.* තමාටම හැඟෙන, සවි ඥානික, මනාභ්‍යන්තර, අධ්‍යාත්මික

Subjectiv'ity, *s.* තමාගේම සිතියට ඇතුලත් බව, මනාභ්‍යන්තරභාව

Subjoin', *v.* එකතුකරණවා, අගට එක්කාසුකරණවා

Sub'jugate, *v.* යටහත්කරණවා, අභි භවනයකරණවා [අසම්බන්ධකිරිය

Subjunc'tive, *s.* අසම්භාවන ක්‍රියාව,

Subking'dom, *s.* අප්‍රධාන රාජ්‍යය, රා ජ්‍යයන් කොටසක්, නැවත බෙදු පංගුවක් [දීම, බද්දෙන්බද්ද

Sublease', *s.* මුල් බද්දට යටත්ව බදු

Sublet', *v.* දෙවනු කුලියටදෙනවා

Sub'limate, *v.* උෂ්ණයකරීමෙන් ශුද්ධ කරණවා, උත්කෘෂ්ටකරණවා

Sublima'tion, *s.* උෂ්ණයෙන් ධූමකො ට ශුද්ධකිරීම, ප්‍රමපාකය

Sublime', *a.* උත්කෘෂ්ට, ඉතා උතුම්, මහෝත්තම

Sublime'ly, *ad.* උත්කෘෂ්ටලෙස, ඉතා උසස්ලෙස, මහෝත්තමාකාරයෙන්

Sublim'ity, *s.* උත්කෘෂ්ටකම, මහෝ ත්තමභාව

Sub'lunary, *a.* භූමික, මෙලොව

Sub'marine, *s.* මුහුදු දිය යට තිබෙන

Sub'merge, *s.* දිය යට දමනවා, ගිල් වනවා

Submerg'ence, Submer'sion, *s.* දියට යටකිරීම, ගිල්වීම, වතුරට යටව තිබීම [හෝ වැවෙන

Submersed', *a.* වතුරයට තිබෙන

Submis'sion, *s.* යටත්වීම, යටහත්කම

Submis'sive, *a.* යටත්වෙන, යටත්ප හත්, කීකරු

Submis'sively, *ad*. යටත්විමෙන්, යටත්පහත්ලෙස, මෙල්ලලෙස

Submis'siveness, *s*. යටත්වෙන ගුණය, හික්මුම්කම, මෙල්ලකම

Submit', *v*. පාවාදෙනවා, යටත්වෙනවා, බාරවෙනවා

Subor'dinate, *s*. අප්‍රධානියා, දෙවෙනියා, යටහත් සිටින්නා [හත්කම

Subor'dination, *s*. අප්‍රධානකම, යට

Suborn', *v*. හොරෙන් කරවාගන්නවා, බොරු දිව්රිමක්කරවනවා

Subpœ'na, *s*. සිතාසිය *v*. සිතාසිකරණවා

Subscribe', *v*. අත්සන්කරණවා, දායකවෙනවා, සම්මාදම්දෙනවා

Subscrib'er, *s*. අත්සන්කරන්නා, සම්මාදම්දෙන්නා, දායකයා

Subscrip'tion, *s*. අත්සන්කෙරීම, දායකමුදල, සම්මාදම [සුවවූ

Sub'sequent, *a*. පස්සට එන්නාවූ, ප

Sub'sequently, *ad*. ඉන්පසු, පස්සේ

Subserv'ient, *a*. උදව්වෙන්නාවූ, ප්‍රයෝජන ඇත්තාවූ, යටහත්

Subside', *v*. හිඳෙනවා, බහිනවා, මදීනයවෙනවා

Subsid'ence, **Subsid'ency**, *s*. ක්‍රමයෙන් බැසයාම, හිඳීම, අඩුවීම

Subsid'iary, *a*. පිරිමසන්නාවූ, උපකාරකවූ *s*. උදව්කාරයා

Sub'sidise, *v*. මුදලින් ආධාරකරණවා, උදව් මුදල්දෙනවා

Sub'sidy, *s*. ආධාර මුදල, යුද්ධෝපකාරයට ගෙවන මුදල

Subsist', *v*. රක්ෂාවෙනවා, පවතිනවා, ජීවත්ව ඉන්නවා [රක්ෂාව

Subsist'ence, *s*. පැවැත්ම, ජීවිකාව,

Subsist'ent, *a*. පවත්නාවූ, ඇත්තාවූ, අඩුත්තු

Sub'soil, *s*. යටපස්

Sub'stance, *s*. ද්‍රව්‍යය, ධාතුව, වස්තුව, ප්‍රධාන කොටස

Substan'tial, *a*. ඒකාන්තයෙන් පවත්නාවූ, විද්‍යමානවූ, සවිවූ. සමපත් ඇත්තාවූ

Substan'tially, *ad*. ඇත්තටම, විද්‍යමානාකාරයෙන්, සවිලෙස, වැඩිවශයෙන් [පුකරණවා

Substan'tiate, *v*. සැබෑකරණවා, ඔප්

Sub'stantive, *s*. නාම වචනය, නාමපදය

Sub'stitute, *v*. හිලව්කරණවා, ආදේශකරණවා *s*. හිලව්වට ඉන්නා, හිලව්කාරයා, වෙනුවට තිබෙන දේ

Substitu'tion, *s*. හිලව්කිරීම, වෙනුවට සිටීම, ආදේශය [ධාතුව

Substra'tum, *s*. යටතට්ටුව, ගුණධාරී

Sub'tend, *v*. යටින් දිගඇද තිබෙනවා

Sub'terfuge, *s*. බේරීමට උපාය, රැවිල්ල

Subterran'ean, **Subterran'eous**, *a*. පොළව යටවූ, භූමිය ඇතුළේවූ

Sub'tile, *a*. සිහින්, සියුම්, තීක්ෂණ

Sub'tility, *s.* සියුම්කම, තීක්‍ෂණභාවය, දක්‍ෂකම

Subt'le, *a.* ප්‍රයෝගකාර, උපාදක්‍ෂ

Subt'lety, *s.* ප්‍රයෝගකාරකම, සියුම් උපාදක්‍ෂකම [අඩුකරණවා

Subtract', *v.* පංගුවක් හැරගන්නවා,

Subtrac'tion, *s.* අඩුකිරීම, ව්‍යවකලනය

Sub'urb, *s.* පිටකොටුව, බහි නුවර

Suburb'an, *a.* පිටකොටුවේ පිහිටා තිබෙන නොහොත් වාසයකරණ, නුවරට සමීප

Subver'sion, *s.* පෙරළාදැමීම, විනාසය

Subvert', *v.* පෙරළනවා, විපර්‍යාස කරණවා, මුලාකරණවා

Succeed', *v.* යමෙක් වෙනුවට පැමිණෙනවා, පසුව පැමිණෙනවා, ඉෂ්ට වෙනවා, සඵලවෙනවා

Success', *s.* දියුණුවීම, සඵලත්වය

Success'ful, *a.* ඉෂ්ටවෙන, සඵලවත්, සාර්ථක [යෙන්, සඵලලෙස

Success'fully, *ad.* ඉෂ්ටවෙනාකාර

Success'ive, *a.* පිළිවෙළට වෙන්නාවූ, එකක්පාසා එකක් වශයෙන්වූ

Success'ivly, *ad.* එකක්පාසා එකක් වශයෙන්, පිටපිටම

Success'or, *s.* පසුව පැමිණෙන්නා, යමෙකුගේ ඇවෑමෙන්පත්වෙන්නා

Succinct', *a.* ලුහුඬු, කොට, සංක්‍ෂිප්ත

Succinct'ly, *ad.* ලුහුඬින්, සංක්‍ෂේප ලෙස

Succinct'ness, *s.* ලුහුඬුකම, සංක්‍ෂිප්තතාව

Suc'cour, *v.* උපකාරකරණවා, පිහිට වෙනවා *s.* උපකාරය, පිහිට

Suc'courer, *s.* පිහිටවෙන්නා, ආධාරකාරයා [ඕජස බහුලවීම

Suc'culence, *s.* බොහෝ ශුසඇතිකම,

Suc'culent, *a.* ශුස ඇත්තාවූ, ඉස්ම බොහෝවූ [වෙනවා, නැමෙනවා

Succumb', *v*, යටපත්වෙනවා, යටත්

Such, *a.* එබඳු, එයාකාර, එසේ, මෙවැනි, මේසා, ඔබඳු

Suck, *v.* උරණවා, කිරි උරාබොනවා, බීගන්නවා *s.* චූරීම, උරාගන්න කිරි

Suck'le, *v.* කිරි පොවනවා, තනෙතන් කිරිදෙනවා [කිරිබොන පැටවා

Suck'ling, *s.* කිරිදරුවා, කිරිලමයා,

Suc'tion, *s.* චූරීම, ඇදගැණීම

Sud'den, *a.* හදිස්සිවූ, අහම්බවූ

Sud'denly, *ad.* අහම්බෙන්, හදිස්සියෙන් [සිදුවීම

Sud'denness, *s.* හදිසිකම, අහම්බෙන්

Sudorif'ic, *a.* ඩාදිය හටගන්වන, ස්වේදජනක *s.* ස්වේදජනක ඖෂධය

Suds, *s. pl.* සබන් පෙන

Sue, *v.* පැමිණිලිකරණවා, නඩුකියනවා, යාච්ඤාකරණවා, ඉල්වනවා

Su'et, *s.* මේද, ගද තෙල

Suf'fer, *v.* දරණවා, ඉවසනවා, විඳිනවා, අවසරදෙනවා

Suf'ferance, *s.* ඉවසීම, විඳීම, අවසරය

Suf′fering, *s.* වීඳුම, වේදනාව

Suffice′, *v.* සෑහෙනවා, ඇතිවෙනවා, යෑපෙනවා [ඕනෑපදම, වත්කම

Suffi′ciency, *s.* සෑහුම්කම, ඇතිතරම,

Suffi′cient, *a.* සෑහෙන්නාවූ, යෝග්‍ය වූ, ඇතිතරම්වූ [ය

Suf′fix, *s.* අනුබන්ධය, පදඅන්ත ප්‍රත්‍ය

Suf′focate, *v.* හුස්ම අහුරනවා, බෙල්ල හිරකර මරනවා

Suffoca′tion, *s.* හුස්ම නවත්වා මැරීම, හුස්ම හිරවීම

Suf′fragan, *a.* උදව්කාර *s.* අත්උදව් කාර පාරිදර්ශීකතැන, උපබිස්කොප් තැන [පාක්ෂිකකම

Suff′rage, *s.* කැමැත්ත දීමේ බලය,

Suffuse′, *v.* පතුරුවනවා, ඉසුරුවාද මනවා [තිබීම, ව්‍යාපතිය

Suffu′sion, *s.* පැතිරවීම, පැතිරගොස්

Sug′ar, *s.* සීනි, හකුරු, ශර්කරා

Sug′ar-candy, *s.* සූකිරි, ගල්කණ්ඩ

Sug′ar-cane, *s.* උක්ගහ, උක්දණ්ඩ

Sug′ar-plum, *s.* සීනිවලින් සාදන කෑමවර්ගයක්, සීනිගුලිය

Suggest′, *v.* අඟවනවා, සිතවනවා

Suggest′ion, *s.* ඇඟවීම, අඟවන හෝ යෝජනාකරණ කාරණය

Suggest′ive, *a.* ඇඟවීම් සහිතවූ, අනුමතිකවූ

Su′icide, *s.* තමාම මැරීම, සියපණ හානිකරගැනීම, ආත්මඝාතනය

Suici′dal, *s.* සියපණ නසාගැනීම සම්බන්ධවූ, ආත්මඝාතක

Suici′dally, *ad.* ආත්මඝාතයට ලැදි ලෙස, තමාම මරාගන්නාකාරයෙන්

Suit, *s.* ඉල්ලීම, නඩුව, ජෝඩුව, කුට්ටම, විවාහබස් ඉල්ලීම *v.* සෑහෙනවා, හරියනවා, සතුටුකරනවා

Suit′able, *a.* සුදුසු, යෝග්‍ය, ඉනංගු, සෑහෙන

Suit′ably, *ad.* යෝග්‍යලෙස, ඉනංගු ලෙස, සෑහෙන පරිද්දෙන්

Suitabil′ity, Suit′ableness, *s.* යෝග්‍යකම, ඉනංගුකම, අනුකූලතාව

Suite, *s.* පිරිවර, පස්සෙන් එන්නෝ

Suit′or, *s.* පැමිණිලිකාරයා, නඩුකියන්නා, ඉල්ලුම්කාරයා [මුරණ්ඩු

Sulk′y, Sul′len, *a.* තරහගතිවූ, රළු,

Sul′lenly, *ad.* තරහ ආකාරයෙන්, රළුලෙස, අගතිලෙස

Sul′lenness, *s.* තරහ ආකාරය, බුම්ම නගතිය, අගති නිශබ්දතාව

Sul′ly, *v.* කිලුටුකරනවා, කැලල්කරනවා, කිලුටුවෙනවා

Sul′phur, *s.* කෙන්දගම්

Sul′tan, *s.* තුර්කි අගරජ

Sulta′na, *s.* තුර්කි අගරැජිනි

Sul′triness, *s.* ග්‍රීෂ්මාධිකකම, රස්නය වැඩිකම

Sul′try, *a.* ග්‍රීෂ්මාධික, තද උෂ්ණවූ

Sum, *s.* ගණන, මුලුගණන, සංඛ්‍යාව *v.* ගණන් එකතුකරනවා, සංග්‍රහකරනවා

Sum′marise, *v.* ලුහුඬුකොට දක්වනවා, සංක්ෂේපභාවාර්ථය කියනවා

Sum'marily, *ad.* ලුහුඬින්, කොටින්, වහාම
Sum'mary, *a.* ලුහුඬු, කොටෙන්වූ, සංක්ෂේප *s.* ලුහුඬු සංග්‍රහය, භාවාර්ථය
Sum'mer, *s.* ග්‍රීෂ්ම කාලය, ගිම්හාන ඍතුව, නිදාඝ [ණම, පිණුම
Snm'mersault, Sum'merset, *s.* කර
Sum'mit, *s.* මුදුන, මස්තකය
Sum'mon, *v.* එන්ට අණකරණවා, සිතාසිකරණවා
Sum'mons, *s.* සිතාසිය
Sumpt'uary, *a.* වියදම් නියමකරන්නාවූ [මත්
Sumpt'uous, *a.* අනඝී, ප්‍රනීත, ඉසුරු
Sumpt'uously, *ad.* බොහෝ වියදම් අල්ලාලෙස, ඉසුරුමත් ආකාරයෙන් [මත්කම, ගරුගම්භීරතාව
Sumpt'uousness, *s.* අනඝිකම, ඉසුරු
Sun, *s.* ඉරු, සූර්ය්‍යයා, රිවි, අව්ව
Sun'beam, *s.* ඉරු රැස, අව්ව
Sun'day, *s.* ඉරිදා, රිවිදින, රවිවාරය
Sun'der, *v.* වෙන්කරණවා, බෙදනවා
Sun'-dial, *s.* සූර්ය්‍ය ඡායා යන්ත්‍රය
Sun'dry, *a.* නානාප්‍රකාර, නොයෙක්, අනේක
Sun'flower, *s.* සූර්ය්‍යකාන්ති මල
Sun'less, *a.* ඉර නොපායන, සූර්ය්‍ය රශ්මිය නොවැටෙන, අඳුරු
Sun'ny, *a.* අව්ව පායන, ඉරුරැස් වැටෙන, සූර්ය්‍යරශ්මියෙන් උණුහුම්වූ
Sun'rise, *s.* ඉර උදාවීම, පහන්වීම
Sun'set, *s.* ඉර බැස්ම, රිවි අවරය
Sun'shine, *s.* ඉරුරැස්, අව්ව
Sun'shine, Sun'shiny, *a.* ඉරුරැසින් බබලන, ප්‍රසන්න, සූර්ය්‍යයාමෙන් දිප්තිමත්
Sun'stroke, *s.* ඉරුරැස්පහර, සූර්ය්‍යතාපයට අසුවීමෙන් හැදෙන ලෙඩක්
Sup, *v.* රෑකනවා, ටිකටිකබොනවා
Superabound', *v.* ඕනෑ පමණට වඩා තිබෙනවා, අධිකව සිටිනවා
Superabund'ance, *s.* අධිකව තිබීම, අධිකකම, අතිබහුලත්වය
Superal nd'ant, *a.* අධිකව ඇත්තාවූ, ඕනෑවාටවැඩිවූ, අතිරික්ත
Superan'nuate, *v.* කල්ගත නිසා හෝ අසු ඔබලත්කම නිසා නිලයෙන් අත්හිටුවනවා
Superan'nuated, *a.* අසු ඔබලත්කම නිසා විශ්‍රාමගත්තාවූ
Superannua'tion, *s.* වයස්ගතකම හෝ ඔබලත්කම නිසා විශ්‍රාමගැනීම
Superb', *a.* මාහැඟි, අලංකාර, ඓශ්වර්ය්‍යමත් [ටින්නා
Supercar'go, *s.* නැව් බඩු බාරව සි
Supercil'ious, *a.* උඩඟු, උදරම්, ලොකුකම්පාන [රම්ලෙස
Supercil'iously, *ad.* උඩඟුලෙස, උද
Supercil'iousness, *s.* උඩඟුකම, ලොකුකම්පෑනගතිය, අභිමානය
Superem'inence, *s.* අවශ්‍යවසීත උත්කෘෂ්ටකම [මත් උසස්
Superem'inent, *a.* අතිඋත්කෘෂ්ට, ඉතා

Supererogation, *s.* වැඩිපුර කිරීම, අතිරික්තක්‍රියාව

Superficial, *a.* මතුපිටවූ, පිටත, ගැඹුරුනැති, අපණ්ඩිත

Superficially, *ad.* මතුපිටින් පමණක්, පිටත අකාරයෙන්, අපණ්ඩිතලෙස

Superficialness, Superficiality, *s.* මතුපිට පමණක් තිබීම, නොගැඹුරුකම, ශූන්‍යත්භාවය

Superfine, *a.* බොහෝ සිහින්, ඉතා සියුම්

Superfluous, *a.* ඕනෑවාටවැඩිවූ, වැඩිපුර

Superhuman, *a.* මනුෂ්‍යයාට වඩා උසස්වූ, දේවවූ

Superintend, *v.* වැඩබලනවා, පාලනයකරණවා, මූලාදෑනිකම් කරණවා

Superintendence, *s.* වැඩබැලීම, විධානකිරීම, පරිපාලනය

Superintendent, *s.* වැඩබලන්නා, පරිපාලකයා

Superior, *a.* වඩා උසස්, වඩා උතුම්, වඩා හොඳ *s.* වඩා උසස් අය, උත්තමයා, ප්‍රධානියා, ප්‍රධානී

Superiority, *s.* වඩා උතුම්කම, ප්‍රධානත්වය, ශ්‍රේෂ්ඨකම

Superlative, *a.* ඉතා උසස්තරම්වූ, ඉතා උතුම්, අතිප්‍රමාණ *s. (gram.)* අතිප්‍රමාණවාචකය

Superlatively, *ad.* අතිශයින්ම, අතිප්‍රමාණයෙන්

Supernal, *a.* උසස්ථානික, උසස්තැන්හිවූ දේ සම්බන්ධ, ස්වර්ගීය

Supernatural, *a.* පොදු ස්වභාවධර්මය ට පිටින්වූ, ආශ්චර්යමත්

Supernaturally, *ad.* ස්වභාව ධර්මයට වෙනස්ලෙස, ආශ්චර්යවත්ලෙස

Supernumerary, *a.* ඕනෑ ගණනට වැඩිවූ

Superscribe, *v.* පිටතින් හෝ උඩින් ලියනවා, පිට නම සටහන්කරණවා

Superscription, *s.* පිට ලිවීම, පිට ලියාපු දෙය

Supersede, *v.* යටපත්කරණවා, උත්තරීතරව පිහිටනවා, අභිලංඝනකරණවා, වෙනුවට පැමිණෙනවා

Superstition, *s.* නිරර්ථක භය, මිථ්‍යාදෘෂ්ටිය, නිරර්ථක විශ්වාසය

Superstitious, *a.* නිරර්ථක කල්පනා ඇත්තාවූ, මිථ්‍යාදෘෂ්ටි, ලාමක අභිනමත දරණ

Superstitiously, *ad.* මිථ්‍යා කල්පනා ඇතිව, නිරර්ථක විශ්වාසයක්පිට

Superstructure, *s.* අනිකක්පිට ගොඩනැගීම, අත්තිවාරමක් පිට පිහිටි ගොඩනැගිල්ල

Supervene, *v.* අමක් පිටට පැමිණෙනවා, අලුව සිද්ධවෙනවා

Supervise, *v.* බලාගන්නවා, මූලාදෑන්කම්කරණවා

Supervision, *s.* පරිපාලනය, ප්‍රධානත්වය

Supervisor, *s.* පරීක්ෂක මූලාදෑනියා, පරිපාලකයා

Supine, *a.* උඩ බලා සයනය කරන්නාවූ, කම්මැලි, නොසැලකිලි

Sup'per, *s.* රාත්‍රිකෑම
Sup'perless, *a.* රාත්‍රිකෑම නැති, රෑට නොකෑවාවූ
Supplant', *v.* උපායෙන් මගහරවා ගන්නවා, ප්‍රයෝගයෙන් ලබාගන්නවා
Supplant'er, *s.* යමෙක් උපායෙන් අහක්කරවා ඒ වෙනුවට පැමිණෙන්නා [මොලලාක්
Sup'ple, *a.* නැමුන්දෙන්නාවූ, බුරුල්,
Sup'plement, *s.* වැඩිව එකතුකෙරීම, ඌනපූරණය, උපග්‍රන්ථය
Supplement'al, Supplement'ary. *a.* ඌනපූරණකාර, වැඩියෙන් එකතුකළාවූ ගතිය, බුරුල්කම
Sup'pleness, *s.* පහසුවෙන් නැමෙන
Sup'pliant, *a.* උදක්ම ඉල්ලන්නාවූ අයදින්නාවූ [යාච්ඤාකරන්නා
Sup'plicant, *s.* උදක්ම ඉල්ලන්නා,
Sup'plicate, *v.* කන්නලව්කරණවා, බොහෝසේ ඉල්ලනවා [යාච්ඤාව
Supplica'tion, *s.* යටහත් ඉල්ලීම, අ
Sup'plicatory, *a.* යාච්ඤාසහිත, අයදුම් ආකාරවූ
Supply', *v.* සපයාදෙනවා, ලබාදෙනවා, සම්බකර දෙනවා *s.* සම්පාදනය, සපයාපු දේ, පිරිමැසිල්ල
Support', *v.* දරණවා, ඉවසනවා, නඩත්තුකරණවා, රක්ෂාකරණවා, රුකුල්දෙනවා *s.* රුකුල, වාරුව, නඩත්තුව, අනුබලය

Support'er, *s.* දරාසිටින්නා, රක්ෂාකරන්නා, ආධාරකාරයා, පක්ෂවාදියා
Suppose', *s.* හිතනවා, කල්පනාකරණවා [නස්කාරය
Supposi'tion, *s.* හිතීම, කල්පනාව, ම
Supposi'tious, *a.* සැබෑනූවූ, හොර
Suppress', *v.* මැඩපවත්වනවා, සඟවා තබනවා, වලක්වනවා
Suppres'sion, *s.* මැඩපවත්වාලීම, යටපත්කෙරීම, වැළැක්වීම
Suppres sive, *a.* මැඩපවත්වන, යටපත්කරන්නාවූ [ඇල්ලනවා
Sup'purate, *v.* පැසවනවා, සැරව
Suppura'tion, *s.* පැසවීම, සැරව
Suprem'acy, *s.* ශ්‍රේෂ්ඨාධිපතිකම
Supreme', *a.* ඉතා උතුම්, ශ්‍රේෂ්ඨ, මහෝත්තම
Supreme'ly, *ad.* ඉතා අධිකලෙස, මහෝත්තමාකාරයෙන්, ඉතාමත්ම
Surcharge'. *v.* බොහෝ බරකරණවා, අධිකලෙස පූරවනවා *s.* අධිකබර, වැඩිපූරවූ මිලගණන
Surd, *s.* අනිශ්චිත ගණනක්
Sure, *a.* සත්‍යක, විශ්වාස, ස්ථිර, අනුමාන නැති
Sure'tiship, *s.* ඇපකාරකම, අනිකෙක් වෙනුවට වගකියන්ට බැඳිසිටීම
Sure'ty, *s.* සත්‍යකකම, උකස, ඇපය, ඇපකාරයා
Surf, *s.* රළගැසීමෙන් නගින පෙන

Sur'face, *s.* මතුපිට, මතුපිට තලය

Sur'feit, *v.* අධික තෘප්තියට පමුණුවනවා, ඇට්ටම්බුරුත්තාවෙනවා *s.* පමණ නොදැන කෑම, ඇට්ටම්බුරුත්තාව

Sur'feiting, *s.* ඇට්ටම්බුරුත්තාවට කෑම, අති තෘප්තිමත්වීම

Surge, *v* රැළමෙන් ඉහළ නගිනවා, ඔබමොබ යැවෙලනවා *s.* මහ රැළ පතර ගැස්ම

Sur'geon, *s.* සල්ලවෙද, කැපුන් කෙටුන් වෙද, ශල්‍ය වෛද්‍යාචාර්යයා

Sur'gery, *s.* සල්ල වෙදකම, ශල්‍ය වි..ය, ශල්‍යශාලාව

Sur'gical, *a.* සල්ල විධියට අයිතිවූ

Sur'liness, *s.* රළුගුණය, සාහසිකකම, අශනීතාව

Sur'ly, *a.* රළු, සාහසික. චණ්ඩ

Surmise', *s.* සැක කල්පනාව, කුකුස *v.* සැකලෙස කල්පනාකරණවා, අනුමානයට සිතනවා [නවා

Surmount', *v.* මැඩපවත්වා ජයගන්

Surmount'able, *a.* පහකරගතහැකි, මැඩපවත්වා ජයගතහැකි

Sur'name, *s.* ගෙයිනම, ගෝත්‍රනාමය

Surpass', *v.* අතික්‍රමික වෙනවා, ඉස්මතුවෙනවා

Sur'plice, *s.* දේවගැතින් විසින් අඳින සුදු පලඳනාවක්

Sur'plus, *s.* වැඩිකොටස, ඉතිරිපංගුව

Sur'plusage, *s.* වැඩිපුර කොටස, අධික පංගුව

Surprise', *s.* විස්මපත්වීම, හදිසි පුදුමය, මවිතය *v.* විස්මපත්කරණවා, මවිතකරණවා

Surpris'ing, *a.* විස්මපත්කරණ, මවිත, බලාපොරොත්තුනූන

Surpris'ingly, *ad.* පුදුමතරම්, මවිතකරණකාරයෙන්

Surren'der, *v.* යටත්වෙනවා, බාරවෙනවා, පාවාදෙනවා *s.* භාරකිරීම, යටත්වීම

Surrepti'tious, *a.* රහසින්කළාවූ, වංචාවූ [රෙන්

Surrepti'tiously, *ad.* රහසින්, නො

Sur'rogate, *s.* වෙනුවට සිටින්නා, පාරිදශීකතැනගේ නියෝජිතයා

Surround', *v.* වටකරණවා, වටලනවා

Surveil'lance, *s.* බලාගැනීම, සෝදිසි ඇතුව සිටීම, පරීක්ෂණය

Survey', *v.* බලනවා, සෝදිසිකරණවා, බිම් මනිනවා

Sur'vey, *s.* බැලීම, සමීක්ෂණය, මැනීම

Survey'or, *s.* බිම් මනින්නා, මිනින්දෝරුවා [නොමැරී ඉතුරුවීම

Surviv'al, *s.* වැඩිකල් ජීවත්වීම,

Survive', *v.* පසුව ජීවත්වෙනවා, වැඩිකල් ජීවත්වෙනවා, ඉතුරුවෙනවා

Surviv'or, *s.* අනිකෙකුට වඩා කල් ජීවත්වෙන්නා, ඉතුරු අය

Suscep'tible, *a.* පහසුවෙන් හැඟෙන්නාවූ, ඒත්තුගන්නාවූ, සිත් මෘදුවූ

Susceptibil'ity, *s.* පහසුවෙන් දැනෙන ගතිය, ඉක්මනින් වෙනස්වියහැකි ස්වභාව, සිත් මෘදුකම

Suspect′, *v.* සැක කොට සල්පනාකරණවා, අනුමානකරණවා [වා

Suspend′, *v.* එල්ලනවා, අත්හිටවන

Suspend′ers, *s. pl.* කලිසම් පටිය

Suspense′, *s.* අත්හිටීම, අනුමානය, ප්‍රමාදය [කලකට නැවතීම

Suspen′sion, *s.* එල්ලීම, අත්හිටවීම,

Suspen′sion-bridge, *s.* එල්ලෙන පාලම [කැය, ශංකාව

Suspi′cion, *s.* අනුමානයට සිතීම, සැ

Suspi′cious, *a.* සැකසිතන, අවිශ්වාස කිරීමට හිතවූ, අනුමානසහිත

Suspi′ciously, *ad.* අනුමානකරමින්, සැක සිතෙනාකාර, ශංකා සහිත ලෙස

Suspi′ciousness, *s.* අවිශ්වාසකරණ ගතිය, අනුමාන සහිතකම, ශංකා නියතාව

Sustain′, *v.* උසුලනවා, දරණවා, නඩත්තුකරණවා, ඔප්පුකරණවා

Sus′tenance, *s.* නඩත්තුව, රක්ෂාව, ජීවිකාව [ඩත්තුව

Sustenta′tion, *s.* ඉසිලීම, ආධාරය, න

Suttee′, *s.* පුරුෂයා මැරුණයින් පසු ස්ත්‍රී ගින්නේ දමා මැරීම

Sut′ure, *s.* තුවාලයක් මැහීම, ඉස්කබල් ඇට මූට්ටුව, සන්ධිය

Su′zerain, *s.* ප්‍රවේණි ස්වාමියා, ශ්‍රෙෂ්ඨ අධිපතියා [ශ්‍රෙෂ්ඨ බලය

Su′zerainty, *s.* ප්‍රවේණි අධිපතිකම,

Swab, *s.* නැව්තට්ටු පිසදමන කොහුමුස්න

Swad′dle, *v.* රෙදි ඔතනවා, දවටනවා

Swag′ger, *v.* පාරට්ටු කථාකරණවා, පුද්වම් දෙඩවනවා *s.* ලොකුවට කථාකිරීම, පුච්චම් දෙඩීම

Swag′gerer, *s.* පාරට්ටු කථාකාරයා, බොරු පුච්චම් දොඩන්නා

Swain, *s.* පිට්සර තරුණයා, ග්‍රාම්‍ය ප්‍රේමවන්තයා

Swal′low, *s.* වැහිලිහිණියා

Swal′low, *v.* ගිලිනවා, ගලිනවා, බීගන්නවා

Swamp, *s.* ගොහොරුව, වගුර *v.* ගිල්වනවා, වතුර පුරවා කිඳවනවා

Swamp′y, *a.* ගොහොරු, වගුරු

Swan, *s.* හංසයා, රාජ හංසයා

Sward, *s.* තණබිම, තණබිමලි

Swarm, *s.* පුංචි සත්තු රැළ, මැසි රැළ, ලොකු රංචුව *v.* මීමැස්සන්මෙන් එක්රාශිවෙනවා, රංචුගැසී යනවා, සමූහවශයෙන් ඉන්නවා [කළුපාට

Swarth′iness, *s.* පාටෙන් අඳුරුකම,

Swarth′y, *a.* අඳුරුවණ්වූ, කළුපාටවූ

Swathe, *v.* ඔතනවා, බඳිනවා *s.* ඔතනපටිය

Sway, *v.* ඇලවෙනවා, පැත්තකට බරවෙනවා, ආණ්ඩුකරණවා *s.* හසුරුවන බලය, ආණ්ඩුව

Swear, *v.* දිවුරණවා, දිවුරා කියනවා

Sweat, *s.* දහඩිය, ඩාදිය, ස්වේදය *v.* දහඩියදමනවා

Sweat'y, *a.* දුඩියදමන, ඩාදිය සහිත
Sweep, *v.* අතුගානවා, පිසදමනවා, අමදිනවා *s.* අතුගෑම, ඇමදීම, වට කර යන ප්‍රමාණය [රොඩ්ඩුකුණු
Sweep'ings, *s. pl.* අතුගාගත්කසළ,
Sweep'stakes, *s. pl.* අශ්වයන් එලවා දිනූ මුදල, ඔට්ටු සියල්ලම
Sweet, *a.* පැනිරස, මිහිරි, මධුර, ලක්ෂණ, සෞම්‍ය *s.* පැනිරස දෙයක්, ආදරේට කියන වචනයක්
Sweet'en, *v.* පැනිරසකරණවා, සිනි දමනවා, පිරිසිදුකරණවා
Sweet'ening, *s.* පැනිරසකිරීම, පිරිසිදුකිරීම, සුවඳකිරීම [ප්‍රේමවන්ති
Sweet'heart, *s.* සෙනෙහවනත අය,
Sweet'ish, *a.* මඳක් පැනිරසවූ
Sweet'ly, *ad.* මිහිරිලෙස, ප්‍රසන්න ලෙස, මධුරාකාරයෙන්
Sweet'meat, *s.* පැනිරස කෑම
Sweet'ness, *s.* පැනිරස, මිහිරිකම, ප්‍රසන්නතාව
Sweet-pota'to, *s.* බතල
Swell, *v.* ඉදිමෙනවා, පිරෙණවා, මහත්වෙනවා, නෙරණවා
Swel'ling, *a.* ඉදිමුම, තඩිස්සිය, ශෝථය [නවා
Swelt'er, *v.* උෂ්ණයෙන් වෙහෙසවෙ
Swerve, *v.* නැමෙනවා, අභක්වයනවා, මුළාවෙනවා
Swift, *a.* කඩිසර, ඉක්මන්, පමානැති
Swift, *s.* ශීඝ්‍රලෙස පියාසරකරණ වැහිලිහිණි වර්ගයේ පක්ෂියෙක්
Swift'ly, *ad.* ඉක්මණින්, නොපමාව, ශීඝ්‍රලෙස [කම, වේගය
Swift'ness, *s.* කඩිසරකම, ඉක්මන්
Swim, *v.* පිහිනනවා, පාවෙනවා, තෝන්තුවෙනවා [ලංබොක්ක
Swim, *s.* පිහිම, මත්ස්‍යයෙකුගේ හු
Swim'mer, *s.* පිහින කෙණෙක්, පිහුම්කාරයා [විල්ල
Swim'ming, *s.* පිහිම, පාවීම, කරකැ
Swim'mingly, *ad.* පිහනාකාරයෙන්, සිනිඳුලෙස, සැල්ලලෙස
Swin'dle, *v.* වංචාකරණවා, රවටා ලාභ ලබාගන්නවා *s.* යමෙකු රවවා ලාභ ලබාගැණීම
Swin'dler, *s.* රැවටිල්ලෙන් ලාභ ලබාගන්නා, දගප්‍රයෝගකාරයා
Swine, *s.* ඌරු, සූකරයා, සූකරයෝ
Swing, *v.* පදිනවා, පැද්දෙනවා, වැනෙනවා *s.* ඔන්චිල්ලාව, පැදෙන ප්‍රමාණය [කැත, නීච
Swin'ish, *a.* ඌරන් සමාන, ඌරු,
Swin'ishness, *s.* සූකරගතිය, කැදරකම, කැතකම
Swirl, *v.* සැරෙන් කරකැවෙමින් යනවා *s.* කරකැවිලි ගමන
Switch, *s.* රිකිල්ල, ඉපල, පිළිවනියක්
Swiv'el, *s.* කරකැවෙන කොක්ක, කරකැවෙන කාලතුවක්කුව
Swoon, *v.* ක්ලාන්තවෙනවා, මූර්ඡාවෙනවා *s.* සිහිනැතිවීම, මූර්ඡාව
Swoop, *v.* කඩාගණ බසිනවා, වේගයෙන් බැස අල්ලාගණනවා *s.* පක්ෂියෙක්මෙන් වේගයෙන් බැසීම

Swop, *v.* සිලව්කරණවා, හුවමාරුකරණවා *s.* හුවමාරුව

Sword, *s.* කඩුව, ඛඩ්ගය, අසිපත

Sword'-fish, *s.* තලපතා

Swords'man, *s.* කඩුහරඹයෙහි දක්ෂයා, කඩුකාරයා

Swords'manship, *s.* කඩුහරඹ ක්‍රමය, කඩුව පාවිච්චිකිරීමෙහි දක්ෂකම

Syc'amore, *s.* උදුම්බරගස් වර්ගයක්

Syc'ophancy, Syc'ophantism, *s.* නිව ඉච්චාකාරකම්, නිවලෙස ගතුකිම, කයිවාරුගතිය

Syc'ophant, *s.* ඉච්චාකාරයා, නිව ක්ලාම්කාරයා

Sycophant'ic, Sycophant'ish, *a.* නිව ඉච්චාකාර, කයිවාරු

Syl'lable, *s.* එකට කියවෙන ශබ්දය

Syl'labus, *s.* ලුහුඩු සංග්‍රහය, අඩංගු කාරණ සටහන, සූචිපත්‍රය

Syl'logism, *s.* තර්කපද, න්‍යායවාක්‍යය

Syl'van, *v.* වනාන්තරවූ, බැදිගතවූ

Sym'bol, *s.* අදෘශය, සලකුණ, අඩයාලම

Symbol'ic, Symbol'ical, *a.* සලකුණු ආකාර, අඩයාලම් වශයෙන්වූ, සදෘශ

Symbol'ically, *ad.* සලකුණු වශයෙන්, සදෘශාකාරයෙන්

Sym'bolism, *s.* සලකුණුවලින් දක්වීම, සලකුණු ව්‍යවහාරය, සදෘශ පිළිවෙත් ක්‍රමය [රූප, ඉනාංගු

Symmet'rical, *a.* සමප්‍රමාණවූ, අනුරූප, ඉනාංගු

Symmet'rically, *ad.* සමඑකගතාවයෙන්, අනුරූපලෙස, ඉනාංගුලෙස

Sym'metry, *s.* සම එකගතාව, කඩවසම, ඉනාංගුකම

Sympathet'ic, Sympathet'ical, *a.* සහභාගි දුකිම් ඇති, -සානුකම්පක, පරස්පරානුකූල

Sympathet'ically, *ad.* අනුකම්පා සහිතව, අනුකූලාකාරයෙන්

Sym'pathize, *v.* අන් කෙනෙකුගේ දුකට හෝ ප්‍රීතියට එකතුවෙනවා, අනුකම්පාවෙනවා

Sym'pathy. *s* සහභාගිදුකිම්. සම්ගතැව්ම, සානුකම්පාව

Sympho'nious, *a.* නාදයෙන් එකගවූ, සමාන ශබ්ද ඇත්තාවූ, සුමිහිරු

Sym'phony. *s.* නාදවල එකගකම, එකග තාලය

Symp'tom, *s.* ලකුණ,රෝගලක්ෂණය

Syn'agogue, *s.* යුදෙව්වරුන්ගේ පල්ලිය, සිනගෝගය

Syn'chronal, Syn'chronous, *s.* එකවර සිදුවෙන, සමකාලික

Syn'chronism, *s.* සමකාලිකතාව, සමකාල පිළිවෙළින් කරුණු සංග්‍රහකිරීම [ම, පද කුලාගතය

Syn'cope, *s.* මැද අකුරු ලොප්කිරී

Syn'dicate, *s.* කළමනාකාර සභාව, විශේෂ කළමනාකාර ධුරය

Syn'od, *s.* සම්මුතිය, සභාසංගමය

Syn'onym, *s.*සමානාර්ථ වචනය

Synon'ymous, *a.* සමානාර්ථවාචක
Synop'sis, *s.* සංක්ෂේප සන්දර්ශනය
Synop'tic, Synop'tical, *a.* සංක්ෂේප සන්දර්ශන, සංග්‍රහාකාරයෙන් දක්වන
Syn'tax, *s.* වාක්‍ය වින්‍යාසය
Syn'thesis, *s.* සංයෝගකිරීම, වෙන්වූ කොටස් එක්කාසුකිරීම
Synthet'ic, Synthet'ical, *a.* සංයෝග, සමාසාකාර
Syr'inge, *s.* වස්ති කුඩුව [මය
Sys'tem, *s.* සංයෝජිත ක්‍රමය, විධි ක්‍ර
Systemat'ic, *a.* විධිප්‍රකාරවූ, පිළිවෙළක් සහිත
Systemat'ically, *a.* විධිප්‍රකාරයෙන්, පිළිවෙළට, අනුක්‍රමිකලෙස
Sys'tematise, *v.* පිළිවෙළකට පමුණුවනවා, අනුක්‍රමිකකරණවා
Sys'tole, *s.* ශබ්ද හ්‍රස්වකෙරීම

T

Tab'by, *a.* අළුපාට තිත් ඇත්තාවූ, නොයෙක් පාටවූ
Tab'ernacle, *s.* කූඩාරම, මණ්ඩපය
Tab'lature, *s.* පැතලි දෙයක්, භිත්ති සිතියමක්, පින්තූරයක්, ඉස්කාබල් බෙදීමක්
Ta'ble, *s.* මේසය, මේසේ, ප්‍රස්තාරය, පටුන, වට්ටෝරුව, ගණන්චක්‍රය
Ta'ble-cloth, *s.* මේස රෙද්ද
Ta'ble-d'hôte, *s.* කීපදෙනෙකු මිල ගෙවා එකවර අහර වැලඳීමට කෑම මේසයක් [න
Ta'ble-land, *s.* උස් සමබිම, උස්තැන්
Tab'let, *s.* කුඩා මේසේ, කුඩා ගල් ටැල්ල, ශිලාලේඛනය
Ta'ble-talk, *s.* කෑමවේලාවේදී කරණ කථාබස
Taboo', *v.* තහනම්කරණවා, එපා කියනවා *s.* තහනම, වැලක්කීම
Ta'bour, *s.* කුඩා දවුල, කුඩා රබාන
Tab'ular, *a.* පැතලි අකාර, තහඩු අකාර, වට්ටෝරු පිළිවෙළින්වූ
Tab'ulate, *v.* පිළිවෙළින් ලියාතබනවා, වට්ටෝරුකරණවා
Tac'it, *a.* නිශ්ශබ්ද, අඟවන්නාවූ
Tac'itly, *ad.* නිශ්ශබ්දලෙස, නොකියා අඟවමින්
Tac'iturn, *a.* වැඩි කථානැති, කථාකිරීමට කිහානැති, ස්වභාවයෙන් නිශ්ශබ්දවූ [නොකරණ ස්වභාව
Taciturn'ity, *s.* නිශ්ශබ්දභාවය, කථා
Tack, *s.* පුංචි ඇනය, රුවල් කඹය, රුවල්වලට හුලන් බදන ලෙසින් නැවක යාත්‍රාවීම *v.* ඇදනවා, අමුනනවා, රුවල් අත මාරුකර යාත්‍රාකරණවා
Tack'le, *s.* නැවේපන්න, උපකරණ
Tack'ling, *s.* නැවක කුඹ යොත් ආදියේ අඹුවැඩිය, කුඹපන්නය

Tact, *s.* යමකදී ක්‍රියාකිරීමට ඉතා හොඳ විධිය දන්නාකම, ඥුවනක් කාරකම [යා

Tacti'cian, *s.* යුධෝපාක්‍රම ශාස්ත්‍රඥ

Tac'tics, *s. pl.* යුධභූමිදුව නොහොත් නාවුකා සමූහය යුධ පිණිස සරසන ක්‍රමය, ක්‍රියාකරණ විධිය

Tac'tual, *a.* ස්පර්ශීය සම්බන්ධ, අතගෑසීමෙන් දැනගත්

Tad'pole, *s.* මැඩිපැටව්, ඉස්ගෙඩියා

Taf'feta, *s.* ඔප ඇති සිහින් පටපිළි වර්ගයක්

Tag, *s.* සපත්තු පටියේ අග තිබෙන තම්බි කැබෙල්ල *v.* පටිසූර·දමනවා, යමකට සවිකරණවා නොහොත් එල්ලනවා

Tail, *s.* වල්ගේ, නඟුට, පස්සාපංගුව

Tail'or, *s.* ඇඳුම් මහන්නා, සන්නාලියා [ශිල්පය

Tail'oring, *s.* මැහුම් වැඩේ, සන්නාලි

Taint, *v.* මදක් නරක්කරණවා, කැලල්කරණවා, නරක ගුණයක් වද්දනවා *s.* නරක ගුණයක්, කැලල

Take, *v.* ගන්නවා, අරගන්නවා, අල්ලනවා, ලබනවා, පිළිගන්නවා

Tak'ing, *a.* චිත්තාකර්ෂණ, ප්‍රියවඩන

Talc, *s.* තුනී තහඩු ලෝහවර්ගයක්, ගිරිජමල

Tale, *s.* කථාව, ප්‍රබන්ධය, ගණන

Tale'-bearer, *s.* ගතුකාරයා, කේලමා

Tale'-bearing, *a.* කේලම් කියන, ගතුකාර *s.* ගතුකීම

Tal'ent, *s.* පුරාණ බරක් හෝ මිල ගණනක්, තලෙන්තය, විශේෂ සමර්ථකම, බලය

Tal'ented, *a.* විශේෂලෙස සමර්ථවූ

Tal'ipot, *s.* තල්ගහ, තල අත්ත

Tal'isman, *s.* මතුරාපු යන්ත්‍රය

Talisman'ic, *a.* මතුරාපු, මායමෙන් ආරක්ෂක බලය පිහිටවූ

Talk, *v.* කථාකරණවා, දොඩනවා *s.* කථාව, කථාබස, දෙඩීම, ආරංචිය

Talk'ative. *a.* දොඩවන්නාවූ, වාචාල

Talk'ativeness, *s.* කටවාචල්කම, දෙඩවීම [වාචාලයා

Talk'er, *s.* කථාකාරයා, දොඩන්නා,

Tall, *a.* උස්වූ

Tall'ness, *s.* උස්කම, උසඇතිභාවය

Tal'low, *s.* උණුකළ සත්තු තෙල

Tal'ly, *v.* සමවෙනවා, සමානවෙනවා, එකඟකරණවා

Tal'mud, *s.* යුදෙව්වරුන්ගේ මුඛපාඨ නොහොත් ව්‍යවස්ථා පොත [නිය

Tal'on, *s.* සතුන් අල්ලන පක්ෂීන්ගේ

Tam'arind, *s.* සියඹලා

Tambourine', *s.* කිකිණි රබාන

Tame, *a.* හීලෑ, හේ, පුරුදු, උනන්දු මදි *v.* හීලෑකරණවා, මෙල්ලකරණවා

Tame'ly, *ad.* හීලෑලෙස, උනන්දු නැතිලෙස, හේබාපු ආකාරයෙන්

Tame'ness, *s.* හීලෑකම, හේකම, ධෛර්‍යමදකම

Tam'per, *v.* ඕනෑනෑතුව මැදහත්වෙනවා, ශුෂ්කශුෂ්කලෙස පටලැවෙනවා

Tan, *s.* පදම්කිරීමට ගන්න ගස්පොතු, තඹපාට *v.* හම් පදම්කරණවා, අඳුරුගැහෙනවා

Tan'gent, *s.* චක්‍රයකට තට්ටුවෙන නුමුත් ඊට ඇතුල්නොවෙන රේඛාව [ය, ස්පර්ශනීයතාව

Tangibil'ity, *s.* අතගෑකියහැකි ගුණ

Tan'gible, *a.* අල්ලන්ට පුළුවන්වූ, ස්පර්ශනීය

Tan'gibly, *ad.* අතට දැනෙනලෙස, ස්පර්ශනීයලෙස, තේරුම්ගතහැකි ආකාරයෙන්

Tan'gle, *s.* පැටලුම්ගැටේ, පටලැවී තිබෙන නූල *v.* පටලවනවා, පැටලිල්ලකට අසුකරණවා

Tank, *s.* තටාකය, ජලාශය, පොකුණ

Tank'ard, *s.* ලොකු බොන පාත්‍රය, පියන්පත සහිත ලෝහ කුසලාන

Tan'ner, *s.* හම් පදම්කරන්නා

Tan'nery, *s.* හම් පදම්කරණ ස්ථානය

Tan'talize, *s.* බොරු බලාපොරොත් තුවලින් හිරිහැරකරණවා, ලෙල්ලම්කරණවා

Tan'tamount, *a.* ඒකාකාර වටින්නාවූ, සමාන අගය ඇත්තාවූ [ටුකිරීම

Tap, *v.* හෙමින් තට්ටුකරණවා *s.* තට්

Tap, *s.* දියවැස්කෙරෙණ පීප්ප නලය, ඇබය *v.* පීප්පයක් විදිනවා, නලයක් ගහනවා

Tape, *s.* පටු රෙදිපටිය

Ta'per, *s.* කුඩා ඉටිපන්දම

Ta'per, *v.* ක්‍රමයෙන් සිත්වෙගණයනවා, ක්‍රමයෙන් උල්කරණවා

Ta'pering, *a.* ක්‍රමයෙන් තුඩ සිත්වූ

Tap'estry, *s.* විසිතුරු ජවනිකාව, චිත්‍ර තිර රෙදි

Tape'-worm, *s.* බඩපණුවා

Tapio'ca, *s.* මඤ්ඤොක්කා පිටි

Tap'ster, *s.* බීම පිටට වක්කරගන්නා, සුරාපානය විකුණන්නා

Tar, *s.* කීල්, තාර

Tar'dily, *ad.* සුනංගුලෙස, හෙමිහිට, කැමතිනැති ආකාරයෙන්

Tar'diness, *s.* සුනංගුකම, ඉක්මන් නොවීම, ප්‍රමාදය, අකැමතිකම

Tar'dy, *a.* සුනංගු, ප්‍රමාද, අකැමති

Tare, *s.* තණවර්ගයක්, කිරිදි, බඩුදමූ භාජනවල බර

Tar'get, *s.* කුඩා පලිහ, ඉලක්කෙක්

Tar'gum, *a.* ශුද්ධලියවිලිවල කල්දි භාෂා පිටපත

Tar'iff, *s.* සුංගම් වට්ටෝරුව, තීරුව

Tarn, *s.* කඳු අතරේ තිබෙන කුඩා වැවක් [රණවා, අඳුරුවෙනවා

Tar'nish, *v.* කිලුටුකරණවා, අඳුරුක

Tarpau'lin, *s.* කීල් රෙදි

Tar'ry, *v.* පොරොත්තුවෙනවා, ප්‍රමාදවෙනවා, මඩංගුවෙනවා

Tart, *a.* ඇඹුල්, කැකිෂ, සැර *s.* ගෙඩි සහ පිටිවලින් සාදන කෑමක්

Tart'ly, *ad.* සැරලෙස, ඇනෙනාලෙස

Tart'ness, *s.* ඇඹුල්කම, සැරකම්

Task, *s.* වැඩේ, පාඩම, අප්‍රසන්නා කාර්‍යය [අමාරු වැඩගන්නා අය

Task'master, *s.* වැඩ නියමකරන්නා,

Tas'sel, *s.* සැරසිලි පොහොට්ටුව

Taste, *v.* රසබලනවා, ටිකක් කනවා, රසවිදිනවා *s.* රස, රසදැනීම, හොඳ ප්‍රඥව, මනෝඥතාව [ඉනංගු

Taste'ful, *a.* මනෝඥ, ප්‍රසන්නාදයක,

Taste'fully, *ad.* මනෝඥලෙස, ශෝභන ලෙස

Taste'fulness, *s.* මනෝඥකාරය, ශෝභනකම, ඉනංගුකම

Taste'less, *a.* රසනැති, නිරස, අරුචි

Taste'lessness, *s.* රසනැතිකම, නිරසය, අරුචිතාව [ශෝභන

Tast'y *a.* රසඇති, මනා තේරුම්ඇති,

Tat'ter, *s.* ඉරීම, වැරහැල්ල, එල්ලෙන පටිය

Tat'tle, *v.* නිෂ්ඵලව දොඩවනවා, කේලාම් කියනවා *s.* නන්දෙඩීම

Tattoo', *v.* හම කොටා සායම් ගල්වනවා [කරණ අණබෙරය

Tat'too, *s.* රාත්‍රියේ සේවාසින් රැස්

Taunt, *v.* සැර නින්දා බස් කියාපානවා, අපහාස වචන කියනවා *s.* සැර ලෙස දොස්තැබීම, අපහාස වචන

Taut, Taught, *a.* තදකලාවූ, බුරුල් නැති

Tau'rus, *s.* ගොණා, වෘෂභරාශිය

Tautol'ogy, *s.* එම දේ නැවත නැවත කීම, පුනරුක්ති දෝෂය

Tav'ern, *s.* තැබෑරුම, සුරාසැල, බීම ජාති විකුණන ඉඩම

Taw'dry, *a.* අගේ නැති අලංකාරවූ, කලේලිවැඩිවූ

Taw'ny, *a.* අඳුරු කසාවන්, පිඟුවන්

Tax, *s.* සුංගම, අඳයම, තීරුව, බද්ද *v.* සුංගම්ගන්නවා, නියමකරණවා, දොස් පවරණවා [තක්සේරුව

Taxa'tion, *s.* සුංගම් නියමකෙරීම,

Tax'idermist, *s.* සත්ව හම් සකස්කරන්නා, චර්මපරිකර්මශිල්පියා

Tax'idermy, *s.* සතුන්ගේ හම් පුරවා සකස්කිරීම, චර්මපරිකර්මශිල්පය

Tea, *s.* තේ, තේකොළ

Teach, *v.* උගන්වනවා

Teach'able, *a.* ඉගැන්වියහැකිවූ, ඉගෙණගැණීමට ලැදි

Teach'er, *s.* ගුරුවරයා, ගුරුන්නාන්

Teak, *s.* තේක්ක [සේ

Teal, *s.* රේරු

Team, *s.* එකවරට රථයේ බඳින ගොන් නොහොත් අශ්වයින්, ගොන්බාන

Tear, *s.* කඳුලු, බාෂ්පය

Tear, *v.* කඩ කඩ කොට ඉරණවා, ඉරාදමනවා, වේගවෙනවා

Tear'ful, *a.* කඳුලු වගුරණ, කඳුලුම්පූර්ණ

Tear'fully, *ad.* කඳුලුසහිතව, අඬමින්

Tear'fulness, *s.* කඳුලුවැගිරීම, දුක්මුසුකම

Tease, *v.* ලෙල්ලම්කරණවා, කිප්සා කරණවා

Teat, *s.* තනපුඩුව [විද්‍යා විශේෂවූ

Tech'nical, *a.* ශිල්පශාස්ත්‍ර සම්බන්ධවූ.

Technical'ity, *s.* ශිල්පශාස්ත්‍රනාමාකාරය, විද්‍යා විශේෂය

Tech'nically, *ad.* ශිල්පශාස්ත්‍රානීයෙන්, විද්‍යා විශේෂණකාරයෙන්

Te'dious, *a.* වෙහෙසකරණ, කිරිහැරසහිත

Te'diously, *ad.* වෙහෙස ගෙණදෙනාකාරයෙන්, බොහෝ හෙම්හිට

Te'diousness, Te'dium, *s.* වෙහෙස කරණගතිය, කරදර සහිත දිඝීකම

Teem, *v.* වදනවා, ගැබ්ගන්නවා, බෝවෙනවා, පිරෙණවා, ගහනය වෙනවා

Teeth, *s. pl.* of Tooth, දත්, දන්ත

Teëto'tal, *a.* අමද්‍යපාන

Teeto'taler, *s.* මද්‍යපානයෙන් සහමුලින් වලකින්ට ශිව්සගත් අය, අමද්‍යපානකයා

Teeto'talism, *s.* මද්‍යපානයෙන් වැලකි සිටීම, අමද්‍යපානක ධර්මය

Tel'egram, *s.* විදුලිප්‍රවෘත්තිය

Tel'egraph, *s.* විදුලිකම්බිය *v.* විදුලිකම්බියෙන් කථාකරණවා

Telegraph'ic, *a.* විදුලිකම්බි සම්බන්ධ, විදුලිකම්බියෙන් දන්වන, විදුලි

Teleg'raphist, *s.* විදුලිකම්බියන් භාරව සිටින්නා, විදුලිප්‍රවෘත්ති ශිල්පියා

Teleg'raphy, *s.* විදුලිකම්බි ශිල්පය

Teleol'ogy, *s.* හේතුක අදහස් සම්බන්ධ ශාස්ත්‍රය, හේතුකාධිකාර ධර්මය

Tel'escope, *s.* සමුක්කාව, දුරදර්ශක කණ්ණඩිය

Telescop'ic, *a.* සමුක්කාවක ආකාර, සමුක්කාවෙන් පමණක් පෙනෙන, දුරදර්ශක [දෙනවා, කිහටිවදිනවා

Tell, *v.* කියනවා, දන්වනවා, කියා

Tell'-tale, *s.* ගතුකියන්නා, අනුන්ගේ රහස් එලිදරව්කරණ කෙනෙක්

Temer'ity, *s.* අනුවන ඩුහුවිකම, ගරුසරු නැතිකම

Tem'per, *v.* සුදුසු ප්‍රමාණයට මිශ්‍රකරණවා, බාලකරණවා, පණපොවනවා *s.* මිශ්‍රගතිය, සිතේ ස්වභාව, ශාන්ති ගතිය, මාත්තුව

Tem'perament, *s.* ස්වභාව, දේහ ගතිය, සිතේ අන්දම [බව

Tem'perance, *s.* පමණදැන්ම, මාත්‍රඥ

Tem'perate, *a.* පමණදැන ක්‍රියාකරන්නාවූ, මාත්‍රඥ, සංසුන් [ණය

Tem'perature, *s.* ශීතෝෂ්ණ ප්‍රමා

Tem'pest, *s.* කුණාටුව, චණ්ඩමාරුතය

Tempest'uous, *a.* කුණාටු ආකාරවූ, චණ්ඩමාරුත සහිත, කෝලාහල

Tempest'uously, *ad.* කුණාටු සහිතව, කෝලාහලාකාරයෙන්

Tempest'uousness, *s.* කුණාටු සහිතවීම, චණ්ඩමාරුතගැසීම, කෝලාහලාකාරය [දේවාලය, කෝවිල

Tem'ple, *s.* දේවමන්දිරය, විහාරය,

Tem'ple, *s.* නළලේ කෙළවර, නළල් තලය [තික

Tem'poral, *a.* කාලික, ඓහික, ලෞ

Temporal'ity, *s.* මෙලොව ජීවිතයට අදාළදේ, ඓහිකවස්තුව *pl.* ඉඩම් කඩම් ආදියෙන් අගම් ගුරුවරයෙකුට ලැබෙන ආදායම්

Tem'porally, *ad.* කාලිකලෙස, මෙලොව ජීවිතයට පමණක්

Tem'porarily, *ad.* කලකට පමණක්, මදකලකට

Tem'porary, *a.* කාලිකවූ, මදකලක් පවතින්නාවූ, අනිත්‍ය

Tem'porize, *v.* ප්‍රස්තාවේ හැටියට හැසිරෙණවා, වෙලාව පිරිමහනවා

Tempt, *v.* පරීක්ෂාකරණවා, පොළඹනවා

Tempta'tion, *s.* පෙළඹීම, පරීක්ෂාව

Tempt'er, *s.* පරීක්ෂකයා, පොළඹන්නා

Tempt'ing, *a.* පොළඹන, සිත් ඇදගන්නාවූ [යෙන්

Tempt'ingly, *ad.* පොළඹනාකාර

Ten, *s.* දහය, දශය

Ten'able, *a.* රක්ෂාකරගතහැකි, අබණ්ඩ [වින්නාවූ, දෘඪ

Tena'cious, *a.* තදින් අල්ලාගණ ස

Tena'ciously, *ad.* තදින්, දෘඪලෙස

Tena'ciousness, Tenac'ity, *s.* තදින් ඇලිසිටින ගතිය, දෘඪලෙස සම්බන්ධව තිබීම

Ten'ancy, *s.* ගේදොර ආදිය කලකට භුක්තිවිඳීම, බදුගෙණ සිටීම

Ten'ant, *s.* කුලියට ගෙණ සිටින්නා, බදුකාරයා [සයකළහැකිවූ

Ten'antable, *a.* පදිංචිවීමට සුදුසු, වා

Tend, *v.* එක් අතකට යනවා, හැරෙණවා, අඩාරව තිබෙනවා, අදාළවෙනවා, බලාගන්නවා, රක්ෂාකරණවා

Tend'ency, *s.* යම් අතකට යන්ටහදන ගතිය, අදාළතාව, නැම්ම

Ten'der, *v.* පානවා, දෙන්ටහදනවා, ඔප්පුකරණවා *s.* ඔප්පුකරණ දෙය, ඉල්ලුම [සිව්මැලි, දයාබර

Ten'der, *a.* ලපටි, මෘදු, මොලොක්,

Ten'der-heart'ed, *a.* මෘදු සිතැති, සදයාවත් [ත්තලෙස

Ten'derly, *ad.* මෘදුලෙස, කරුණාව

Ten'derness, *s.* ලපටිකම, මෘදුගතිය, දයාවන්තකම

Ten'don, *s.* නහරය, ස්නායු

Ten'dril, *s.* ලතාපහුර, බලකරුව

Ten'ement, *s.* වාසයකරණ ගෙදර, බද්දටගත් ඉඩම් [ල

Ten'et, *s.* සලපනාව, දෘෂ්ටිය, ඇදහිල්

Ten'fold, *a.* දසපටක්වූ, දසගුණ

Ten'nis, *s.* බෝලකෙළියක්

Ten'or, *s.* සාමාන්‍ය ආකාරය, අන්දම, අභිප්‍රාව

Tense, *s.* කාලභේදය, කාලය

Tense, *a.* බුරුල්නැති, තද

Ten'sion, *s.* දික්කිරීම, ඇද තදකිරීම, වියසිප්‍රමාණය

Tent, *s.* ඉටිගෙ, කූඩාරම, පැල
Ten'tacle, *s.* සමහර කුඩා සතුන්ගේ ඉස්කොන්ද නොහොත් රැවුල
Ten'tative, *a.* අනුමානයට සෝදිසි කරබලන, පරීක්ෂක [මස
Tenth, *a.* දසවෙනි *s.* දසයෙන් කො
Tenth'ly, *ad.* දසවෙනුව
Tenu'ity, *s.* සිහින්කම, තුනීකම
Ten'ure, *s.* වස්තුවක් භුක්තිවිඳීම ගැණ කරණ ගිවිසුම, භුක්තිය [ණ
Tep'id, *a.* ටිකක් උණුහුම්, ඇල්මැරු
Tepid'ity, Tep'idness, *s.* ඇල්මැරිච්ච ගතිය, මද උණුහුම, මන්දෝෂ්ණය
Ter'aphim, *s. pl.* ගෘහ දේවතාවෝ, ගෘහ දේවතා පිළිම [ධූපවෘක්ෂය
Ter'ebinth, *s.* ටර්පෙන්ටයින් ගස,
Term, *s.* නියමි කාලය, වාරය, වාචකය, බස, ගිවිසුම *v.* නම්කරණවා
Ter'magant, *s.* පෙරළිකාරී, දබරකාර ස්ත්‍රී [ළවරවෙන්නාවූ
Ter'minable, *a.* මායිම්කළහැකි, කෙ
Ter'minal, *a.* කෙළවරට අයිති, අග වැටෙන
Ter'minate, *v.* ඉම නියමකරණවා, තීන්දුකරණවා, තීන්දුවෙනවා
Termina'tion, *s.* ඉම, තීන්දුව, හමාරය
Ter'minus, *s.* සීමාව, අග, දුම්රථපාරේ කෙළවර [ස, උස්තාවිටුව
Ter'race, *s.* පිල, මලුව, පැතලි පියස්
Terrene', *a.* පෘථිවියට අයිතිවූ, පස්මයවූ, භූමික [ක
Terres'trial, *a.* පොළෝ, භූමික, ලෝ

Ter'rible, *a.* භයානක, දරුණු
Ter'ribleness, *s.* භයානකකම, භයංකාරකම, දරුණුතාව [රුලෙස
Terr'ibly, *ad.* භයානකලෙස, භයංක
Ter'rier, *s.* බෙත්වල වැද දඩයම්කරණ බලු වර්ගයක් [ණවා
Ter'rify, *v.* භයගන්වනවා, භීතකර
Territo'rial, *a.* රට හෝ පලාත සම්බන්ධ, දේශික
Ter'ritory, *s.* රාජ්‍යය, දේශය, පලාත
Ter'ror, *s.* භයංකාරය, භීතිය
Ter'rorism, *s.* භයපත්වූ ස්වභාව, භීතිදායක භාවය, භයගන්වන ආකාරය [විමලාණික
Terse, *a.* කොටින් පැහැදිලිව ලියූ,
Terse'ly, *ad.* කොටින්, පැහැදිලිලෙස
Terse'ness, *s.* ලුහුඬුකම හා පැහැදිලිකම, විමලාණික භාවය
Ter'tian, *a.* සැම තුන්වෙනිදින සිදුවෙන, දවසක් ඇර දවසක් පැමිණෙන (උණ)
Test, *s.* විභාගකිරීම, පරීක්ෂණය, උරගල *v.* පරීක්ෂාකර බලනවා, උරගානවා
Test'ament, *s.* අන්තිම කැමැත්ත, ගිවිසුම් පත්‍රය, ටෙස්තමේන්තුව
Testament'ary, *a.* අන්තිම කැමති පත්‍රයක් සම්බන්ධ, ගිවිසුම් පත්‍රයක් නියමවූ
Testa'tor, *s.* ටෙස්තමේන්තුවක් සාදවන්නා, අන්තිම කැමති පත්‍රයක් දෙන අය

Tes'ter, *s.* උඩුවියන
Tes'ticle, *s.* අණ්ඩය, කෝෂය [වා
Tes'tify, *v.* සාක්ෂිදෙනවා, ඔප්පුදෙන
Tes'tily, *ad.* කනස්සලුලෙස, නොසතුටු අකාරයෙන්
Testimo'nial, *s.* සාක්ෂිපත්‍රය, සිහිවීම පිණිස නිසි දේ, සාදර දීමනාව
Tes'timony, *s.* සාක්ෂිය, ඔප්පුව
Tes'tiness, *s.* කිපෙන ගතිය, කනස්සලුභාවය
Tes'ty, *a.* කිපෙන සුලු, කනස්සලු
Tet'anus, *s.* පිටගැස්ම
Teth'er, *v.* දිගේලිකරණවා *s.* ගව සිත් දිගේලිකරණ ලනුව හෝ දම්වැල
Text, *s.* මුල්වගන්තිය, අදෘශපදය
Text'-book, *s.* නියම පාඩම් පොත, ගුරුපොත
Text'ile, *a.* වියූ, වියන්ට පුළුවන්
Tex'ture, *s.* වියපුළුල, වියනඅකාරය
Than, *conj.* වඩා, වැඩියෙන් [නවා
Thank, *v.* සතුතිකරණවා, සතුතිදෙ
Thank'ful, *a.* සතුතිවනත
Thank'fully, *ad.* සතුතිවනතලෙස
Thankful'ness, *s.* සතුතිවනතකම, කෙළෙහිගුණ සැලකිම, කෘතඥතාව
Thank'less, *a.* සතුතිවනතනොවූ, කෙළෙහිගුණ නොසලකන, සතුතියක් නැති
Thank'-offering, *s.* සතුති පූජාව
Thanks'-giving, *s.* සතුතිදීම

That, *a.* ඒ, අර, ඔය *pron.* ඒක, අරක, ඕක *conj.* බැවින්, නිසා, පිණිස
Thatch, *s.* අතුසෙවිල්ල, පිදුරුසෙවිල්ල *v.* අතු අදිය සෙවිලිකරණවා
Thau'maturgy, *s.* හාස්කම්කිරීමේ ශාස්ත්‍රය, ඉන්ද්‍රජාලකිරීම
Thaw, *v.* දියවෙනවා, දියකරණවා
The, *definite article,* ඒ
The'atre, *s.* නාඩගම්මඩුව, නෘත්‍ය ශාලාව, රඟමඩල
Theat'ric, Theat'rical, *a.* නාඩගම් මඩුවට ඔබින, නාඩ්ගම් අකාර, රංග [දූක්වීම
Theat'ricals, *s. pl.* නාඩගම්, රූගුම්
Thee, *pron.* තා, උඹ, නුඹ, ඔබ, තට, නුඹට, ඔබට
Theft, *s.* හොරකම
Their, *adj. pron.* ඔවුන්ගේ
The'ism, *s.* දෙවි කෙනෙක් ඇතැයි ඇදහීම
The'ist, *s.* දෙවි කෙනෙක් ඇතැයි විශ්වාසකරන්නා, දේවඥානියා
Them, *pron.* ඔවුන්, ඒවා
Theme, *s.* කාරණාව, ප්‍රබන්ධය
Then, *ad.* එවිට, එකල, එතකොට, එයැවර, ඉක්බිති [සා
Thence, *ad.* එතනින්, එයින්, ඒ නි
Thence'forth, *ad.* එතැන් පටන්
Theoc'racy, *s.* දේවාණ්ඩුව, දේවශාසන රාජ්‍යය
Theod'olite, *s.* බිම්මැනීමේ යන්ත්‍රයක්

Theolo'gian, *s.* දේවධර්ම ශාස්ත්‍රඥයා, දේවධර්මධරයා

Theolog'ic, Theolog'ical, *a.* දේවධර්ම ශාස්ත්‍රය සම්බන්ධ, දේවධර්මාවාදී

Theol'ogy, *s.* දේවධර්ම ශාස්ත්‍රය

The'orem, *s.* සාධ්‍යය, ප්‍රමේයය

Theoret'ic, Theoret'ical, *a.* ශාස්ත්‍ර විස්තරය සම්බන්ධ, අනුමානයට සිතා ගන්න, අනිශ්චිත සූත්‍රක්‍රමාකාර

Theoret'ically, *ad.* අනිශ්චිත විස්තාරාකාරයෙන්, අනුමාන විධික්‍රමයෙන්

The'orise, *v.* අනිශ්චිත විස්තාර ගොණුපානවා, අනුමාන කල්පනා සිතාට ගන්නවා

The'orist, The'oriser, *s.* අනුමාන විස්තරපාන්නා, අනිශ්චිතවිධික්‍රම සිතාගන්නා [නුමාන කල්පනාව

The'ory, *s.* යමක ශාස්ත්‍ර විස්තරය, අ

Theos'ophy, *s.* දෛවඥදෘෂ්ටිය, පරමව්ඥානය [ප්‍රතිකාර

Therapeu'tic, *a.* සුවකිරීම සම්බන්ධ,

Therapeu'tics, *s.* රෝග සුවකිරීමේ ශාස්ත්‍රය, ප්‍රතිකාර විද්‍යාව

There, *ad.* එහි, එතන, එහාට

Thereabouts', *ad.* එහි ලඟ, එපමණ

Thereat', *ad.* ඒ ස්ථානයේ, එහිදී, ඉන්නිසා [වගෙණ

Thereby', *ad.* එසින්, ඒ කරණකො

There'fore, *ad.* ඒ නිසා, ඉන්නිසා, එබැවින්, එහෙයින් [රෙන්

There'from, *ad.* ඒකෙන්, එක කෙ

Therein', *ad.* එහි, ඒකේ

Thereof', *ad.* එසින්, ඒවායින්

Thereon', *ad.* ඒ පිට, එය කෙරෙහි

Thereunto', *ad.* ඒවෙනතුරු, ඒකදක්වා [ලේම

Thereupon', *ad.* එයපිට, එවිට, එවේ

Ther'mal, *a.* ග්‍රීෂ්මය සම්බන්ධ, උෂ්ණ, උෂ්ණභූමි

Thermom'eter, *s.* ග්‍රීෂ්ම දැනගැණීමට සූත්‍රයක්, උෂ්ණමානක යන්ත්‍රය

These, *pron.* මේ, මේවා, මොවුන්

Thesau'rus, *s.* භාණ්ඩාගාරය, ශාස්ත්‍ර නිධානය, අකාරාදිය [නා කාරණාව

The'sis, *s.* ඔප්පුකිරීමට කරුණ, රච

They, *pron.* ඔව්හු, ඔවුන්, උන්, ඒවා, ඒගොල්ල

Thew, *s.* බලනහර, ශක්තිය

Thick, *a.* ඝන, දැඩි, දල, ග්‍රෝඝ, උකු

Thick'en, *v.* ඝනකරණවා, දැඩිකරණවා, උකුකරණවා, ඝනවෙනවා, උකුවෙනවා [ලැව

Thick'et, *s.* අකුල, වනලැහැබ, කැ

Thick'-head'ed, *a.* මොට්ට, ගුඩ්ඩ

Thick'ly, *ad.* ඝනවලස, ගනාසැරේ, ගනකමට [ග්‍රෝඝකම, මොට්ටකම

Thick'ness, *s.* ඝනකම, ගහනකම,

Thief, *s.* හොරා, චෞරයා

Thieve, *v.* හොරකම්කරණවා

Thiev'ish, *a.* හොරකම්කරණ, හොරවූ [ම, හොර ගුණය

Thiev'ishness, *s.* හොරකමට ලැදිකා

Thigh. *s.* කලවය, වතොර
Thim′ble, *s.* දිඳුලේ
Thin, *a.* තුනී, සිහින්, හීන්, කෙට්ටු
Thine, *pron.* තාගේය, තුඹේය, ඔබ
ගේය
Thing, *s.* දෙය, දේ, යමක්
Think, *v.* සිතනවා, කල්පනාකරණවා,
සිතනවා [තුව, විරල්‍යාකාරයෙන්
Thin′ly, *ad.* තුනීලෙස, ඝනසැර නැ
Thin′ness, *s.* තුනීකම, හීන්කම,
කෙට්ටුකම, විරලතාව
Third, *a.* තුන්වෙනි
Third′ly, *ad.* තුන්වෙනුව
Thirst, *s.* පිපාසය, තද ආශාව
Thirst′ily, *ad.* පිපාසයෙන්, තද ආශා
වෙන් [ත ගුණය, ඉතා ආශාවීම
Thirst′iness, *s.* පිපාසව සිටීම, පිපාසි
Thirst′y, *a.* පිපාස ඇති, පිපාසිත,
ඉතා ආශාවූ
Thir′teen, *s.* දහතුණ, තෙලෙස
Thir′teenth, *a.* දහතුන්වෙනි *s.* දහ
තුනෙන් පංගුව [පංගුව
Thir′tieth, *a.* තිස්වෙනි *s.* තිහෙන්
Thir′ty, *s.* තිහ
This, *a.* මේ *pron.* මේක
This′tle. *s.* කටුපැලවගීයක්, ගොකටු
Thith′er, *ad.* එතනට. ඒ අතට
Thong, *s.* හම්පටිය, වරපටය
Thor′ax, *s.* ලය, පපුව, ලැපැත්ත
Thorn, *s.* කටුව, කටුගහ, පිඩාව
Thorn′y, *a.* කටුසහිත, පිඩාසහිත

Thor′ough, *a.* සම්පූර්ණ, එතෙහාම පිටත්ම
Thor′oughbred, *a.* ජාතිය ඉතා හොඳ
වූ, ආජානෙය [පාර, මාර්ගී අවසරය
Thor′oughfare, *s.* මහමාවත, ප්‍රසිද්ධ
Thor′ough-going, *a.* කෙළවරදක්වා
ක්‍රියාකරණ, අඩුලුහුඬු නැති, සම්පූර්ණ
Thor′oughly, *ad.* සම්පූර්ණලෙස, එ
හෙමපිටින්ම [ලුහුඬු නැතිකම
Thor′oughness, *s.* පරිපූර්ණතාව, අඩු
Those, *pron.* ඒවා, අරවා, ඕවා
Thou, *pron.* උඹ, තුඹ, ඔබ, තෝ
Though, *conj.* එනමුත්, එසේ නමුත්
Thought, *s.* සිතීම, සිතිවිල්ල, කල්ප
නාව, චින්තනය, අදහස
Thought′ful, *a.* සිතාබලන, කල්පනා
සහිත, චින්තාපර [සහිතව
Thought′fully, *ad.* සිතාබලා, පරීක්ෂා
Thought′fulness, *s.* සිතාබලන ගුණ
ය, කල්පනා සහිතකම, චින්තාපර
තාව [ල්පනාරහිත, අප්‍රවේසම්
Thought′less, *a.* සිතානොබලන, ක
Thought′lessly, *ad.* සිතානොබලා,
කල්පනානැතුව, නොසැලකිලිලෙස
Thought′lessness, *s.* සිතානොබැලීම,
අප්‍රවේසම්කම, අපරීක්ෂාකාරගතිය
Thou′sand, *s.* දහස, දූහ, සහස්‍රය
Thral′dom, *s.* දාසකම, වහල්කම
Thrash, *v.* ගොයම් ගහනවා, මඩින
වා, පාගනවා, හොඳටම තළනවා
Thrash′ing, *s.* ගොයම්ගැසීම, මැඩී
ම, හොඳට තැළීම

Thrash'ing-floor, *s.* කමත, පාවර

Thread, *s.* නූල, හුය, කෙන්ද *v.* ඉදිකට්ටේ නූල් අමුනනවා, අමාරු පාරකින් යනවා

Thread'bare, *a.* නූල්පෑදුන, ගෙවීගිය, පරණ, සාමාන්‍ය

Threat, *s.* තර්ජනය, තරවටුව

Threat'en, *v.* තර්ජනයකරණවා, මීගකියනවා [දක්වන්නාවූ

Threat'ening, *a.* තර්ජනසහිත, අනතුරු

Threat'eningly, *ad.* තර්ජනසහිතව, තර්ජනාකාරයෙන්

Thren'ody, *s.* ලතෝනි ගීය

Three, *s* තුන

Three'fold, *a.* තුන්පමක්වූ, ත්‍රිගුණවූ

Three'score, *s.* හැට, ෂෂ්ටි

Thresh'old, *s.* එලිපත්ත, පඩිකඩ, දොරකඩ

Thrice, *ad.* තුන්වරක්, තුන්විටක්

Thrift, Thrift'iness, *s.* සකසුරුවම්කම, පිරිමැසීම

Thrift'less, *a.* සකසුරුවම්නැති, අප්‍රවේසම් [පිරිනොමසිනලෙස

Thrift'lessly, *ad.* සකසුරුවම්නැතුව,

Thrift'lessness, *s.* සකසුරුවම්නැතිකම, නිසි පිරිමැස්මක්නැති ගතිය, අප්‍රවේසම්කම

Thrift'y, *a.* සකසුරුවම්වූ, ප්‍රවේසම්වූ

Thrill, *v.* සිදුරුකරණවා, රෝමෝද්ගමනයකරණවා, කම්පාවෙනවා, පිණවනවා

Thrill'ing, *a.* කම්පාකරණ, පිණවන

Thrive, *v.* සඵලවෙනවා, වැඩෙනවා, දියුණුවෙනවා

Throat, *s.* උගුර, ගෙල, කණ්ඨය

Throb, *v.* හෘදය ගැහෙනවා, සැරෙන් නාඩිවැටෙනවා *s.* ගැසීම, ගැස්ම, සැර වණුවලය

Throe, *s.* බලවත්රුජාව, බලවත් වේදනාපහාර

Throne, *s.* සිංහාසනය, රාජාසනය

Throng, *s.* තෙරපෙන සමූහය, සමූහයා *v.* තෙරපනවා, බොහෝකොට රැස්වෙනවා, සුවිකනවා

Throt'tle, *s.* උගුරුදණ්ඩ *v.* බොටුව මිරිකා මරණවා

Through, *prep.* මැදින්, අතරෙන්. කාරණකොටගෙණ, නිසා *ad.* මුල පටන් කෙළවරදක්වා, සම්පූර්ණයෙන්

Throughout', *prep.* මුළුල්ලේ *ad.* සැමතැනම, මුල පටන් අග දක්වා

Throw, *v.* විසිකරණවා, දමනවා, හෙලනවා

Thrush, *s.* දුංවි කුරුල්ලෙක්

Thrust, *v.* තල්ලුකරදමනවා, අනනවා *s.* සැරෙන් තල්ලුකිරීම, ඇනුම් පහර

Thumb, *s.* මාපට ඇඟිල්ල *v.* අදක්ෂලෙස අතගානවා, ඇඟිලිගානවා [ල

Thump, *s.* බර පහර, තදගුටිය, බූකු

Thun'der, *s.* ගිගුම, අහස් ගර්ජනාව *v.* ගිගුම්දෙනවා, ගර්ජනාකරණවා, ගුගුරවනවා, තර්ජන ප්‍රකාශයක්කරණවා

Thun'derbolt, s. අකුණ, අකුණුපහර, හෙන [ඩූ

Thun'derstruck, a. ත්‍රාසවූ, විස්මපත්

Thurs'day, s. බෘහස්පතින්ද්‍ර, ගුරුදින

Thus, ad. මෙසේ, මෙලෙස, මෙයාකාරයෙන්

Thwack, v. බර මොට්ට දෙයකින් පහරදෙනවා s. බරපහර

Thwart, v. විරුද්ධව සිටිනවා, බාධාකරණවා, නිෂ්ප්‍රභාකරණවා

Thy, *poss. adj.* තාගේ, තුඹේ, ඔබගේ

Thy'self, *pron.* තුඹම, ඔබම

Tia'ra, s. තලප්පාව, මකුටය, කිරීටය

Tick, v. ටික් යන ශබ්දය කරණවා, සිහින් ශබ්දයෙන් තට්ටුවෙනවා s. ඔර්ලෝසියේ මෙන් සිහින් ශබ්දයක්

Tick, s. මෙත්තන උරය, ඇඳ රෙද්දක්

Tick'et, s. සලකුණු පත්‍රය, තුණ්ඩුව, ඩැට්ටුව v. තුණ්ඩුවක් ගහනවා

Ticket-of-leave, s. හොඳ කල්ක්‍රියාව නිසා සිරකාරයෙකුට පිට සිටීමට දෙන අවසර පත්‍රය

Tick'le, s. කිතිකවනවා, පොපියවනවා, කසනවා

Tick'lish, a. කිතිවූ, පහසුවෙන් පොපියන, අස්ථිර, අප්‍රමාණ

Tid'al, a. වඩදියබාදිය සම්බන්ධ, වඩබාදිය ඇත්තාවූ

Tide, s. වඩදිය, බාදිය

Tide'gauge, s. වඩබාදිය මානක යන්ත්‍රය [ළන

Tide'less, a. වඩදියබාදිය නොගැ

Tide'-waiter, s. ආණ්ඩුව වෙනුවෙන් නැව්වලින් තීරුබදු ගැණීමට පත්වසිටින මුලාදෑනියා

Ti'dings, s. *pl.* ආරංචි

Ti'dy, a. ශෝභනවූ, පිරිසිදුවූ, නිසිපිළිවෙළට ඇති

Tie, v. බඳිනවා, ගැටගහනවා, සිරකරණවා s. බැම්ම, ගැටේ, බන්ධනය

Ti'er, s. පේළිය, පෙල

Tif'fin, s. අතුරුපස, ටිපින්

Ti'ger, s. ව්‍යාඝ්‍රයා, කොටියා, දිවියා

Tight, a. බුරුල්නැති, තදවූ, සිරවූ

Tight'en, v. තදකරණවා, සිරකරණවා [ම, සිදුරුනොසිටිනලෙස

Tight'ly, *ad* බුරුල්නැතිලෙස, තදේ

Tight'ness, s. බුරුල්නැතිකම, තදකම, සිරකම

Tile, s. උළුකැටය.

Til'ing, s. උළුසෙවිල්ල, උළු

Till, s. මුදල් දමන ලාච්චුව, කාසිපෙට්ටිය [දක්වා

Till, *prep. & ad.* තුරු, කල්, තෙක්,

Till, v. අස්වද්දනවා, ගොයිතම් කරණවා [අස්වද්දපු ඉඩම

Til'lage, s. අස්වැද්දීම, ගොවිකම,

Tilt, v. ඇලකරණවා, ඇලවෙනවා, තුර්ගෙඩියෙන් හළනවා

Tilth, s. ගොවිකම්ක්‍රමය, ගොවිතැන්කරණලද බිම

Tim'ber, s. ලීදඬු, දූව, බාල්ක, කඳන්

Tim'bre, s. තූර්යශබ්දය, ස්වරකාරය

Tim'brel, *s.* කිකිණි රබාන, එකැස් බෙරය

Time, *s.* කාලය, කල, වේලාව, අවස්ථාව, අවදිය, වතාව, වර

Time'-hon'oured, *a.* බොහෝ කාලයක් ගෞරවකළාවූ, කල්ගත ගෞරවාන්විත

Time'-keeper, *s.* ඔර්ලෝසුව, පැතැවිය, පැගණුන් සටහන්කරන්නා

Time'liness, *s.* කල්වේලා ඇතුව සිදුවීම, කාලානුරූපව සිදුවීම, ප්‍රස්තාවානුකූලතාව

Time'ly, *a.* කල්ඇතුවවූ, කාලානුරූප

Time'-server, *s.* හිතලෙස වේලාව පිරිමහන්නා, දෙපිටකපන්නා

Time'-table, *s.* වේලාපත්‍රය, කාල සටහන [ස්වභාවවූ

Tim'id, Tim'orous, *a.* බයාදු, භය

Timid'ity, *s.* බයාදුකම, සැක භය

Tim'idness, Tim'orousness, *s.* බයාදුකම, සැක භය ස්වභාව

Tin, *s.* බෙලෙක්, බෙලෙක් භාජනය

Tinc'ture, *s.* පාට, සායම්, සාරය

Tin'der, *s.* ගිනි පුළුන්

Tin'foil, *s.* බෙලෙක් කොල

Tinge, *v.* සායම් පොවනවා, අමුතු ගුණයක් ස්වල්පවශයෙන් ඇතුල්කරණවා *s.* පොඩ්ඩසායම, ස්වල්පවශයෙන් ඇතුල්ව තිබෙන ගුණය

Tin'gle, *v.* තීක්ෂණ වේදනා උපදවන ශබ්දයක් දෙනෙනවා, පුපුරුගහනවා

Tin'ker, *s.* හින ලෝකුරුවා

Tin'kle, *v.* කිකිණි ශබ්දදෙනවා, ටිංටිංගානවා

Tin'kling, *s.* කිංකිණික නාදය

Tin'sel, *s.* දිලිසෙන අගේනැති දෙයක්, තැල

Tint, *s.* පාට, ස්වල්ප සායම

Tintinnabula'tion, *s.* මිනිගෙඩි ශබ්දය, ටිංටිංගාන හඬ

Ti'ny, *a.* ඉතා කුඩා, පුංචි, ක්ෂුද්‍ර

Tip, *s.* තුඩ, අග, පොංගල

Tip'pet, *s.* බෙල්ල වැස්ම

Tip'ple, *v.* භාවිතාවශයෙන් මත්පැන් බොනවා, වෙරිවෙන්ට බොනවා

Tip'pler, *s.* අධිකලෙස මද්‍යපානය භාවිතාකරන්නා, බොනයා

Tip'sy, *a.* බීමත්වූ, වෙරි

Tip'toe, *s.* පයේ ඇඟිලි අග

Tire, *s.* තලපාව, හිම්වලල්ල, රෝදපට්ටම, පෙළ. [වෙනවා

Tire, *v.* වෙහෙසකරණවා, ඉවහෙස

Tired, *a.* වෙහෙසවූ, කෙඩෙත්තුවූ

Tired'ness, *s.* වෙහෙසවූ ස්වභාව, කෙඩෙත්තුකම [හැරසහිත

Tire'some, *a.* වෙහෙසකරණ, කිරි

Tis'sue, *s.* රන්රිදී වැඩදැමූ වස්ත්‍රය, වියමන, ශරීරයෙන් පලාජාතියගෙන් කොටස ලක්ෂණය, වැල

Tit'bit, *s.* යස පුංචි කෑල්ල

Tithe, *s.* දහයෙන් කොටස, ඔතු

Tit'illate, *v.* කිතිකවනවා

Titilla'tion, *s.* කිතිකෑවීම, කෑසීම, ප්‍රසනන හැඟීම
Ti'tle, *s.* නම,මාතෘකාව,පටබැඳිනම
Ti'tle-deed, *s.* ඔප්පුව, සින්නක්කරය
Ti'tle-page, *s.* නාම පිට, මුඛ පත්‍රය
Tit'ter, *v.* නවත්වා සිනාසෙනවා, විට් විට්හා සිනාසෙනවා *s.* මද සිනාවක්
Tit'tle, *s.* බිංදුව, ලේසය [පය
Tit'tle-tattle, *s.* නිෂ්ඵල කථාව, ප්‍රලා
Tit'ular, *a.* නම පමණක් දරන්නාවූ, තිතලාරු [බැඳි නමක් ඇති
Tit'ulary, *a.* නාමයක් සම්බන්ධ, පට
To, *prep.* ට, හට, වෙතට
Toad, *s.* ගෙම්බියා
Toad'y, *s.* නිච ඉච්චාකාරයා *v.* නිච ඉච්චාබස් දොඩනවා
Toast, *v.* ගින්නේ කරකරණවා, *s.* කරකළ පාන්පෙත්ත, ටෝස්ට්කෑල්ල
Toast, *v.* යමෙකුගේ සනීපයට හෝ ශුභයපතා බොනවා, එසේ බීමේදී නම් සඳහන්කරණවා *s.* ශුභය පිණිස බීමට නම් සඳහන්කරණු ලබන අය හෝ දෙය, සුවපිරීම, චූර්ණිකාව
Tobac'co, *s.* දුම්කොළ
Tobac'conist, *s.* දුම්කොළ වෙළෙන්දා
Toc'sin, *s.* අනතුර දැනුම්දෙන සීනුව, උපද්‍රව සංඥාරය තච්චුකිරීම
To-day', *s.* අද, අදදින [නවා
Tod'dle, *v.* ලඟ ලඟ අඩි තිබා ඇවිදි
Tod'dling, *a.* ලඟින් අඩිතබා ඇවිදින, කුඩා ළමයෙක්මෙන් වැනි වැනී යන
Tod'dy, *s.* රා, සුරා
Toe, *s.* පයේ ඇඟිල්ල, පාදාංගුලිය
Tof'fee, Tof'fy, *s.* සීනි සහ වෙඩරු වලින් සෑදූ පැනිරස කෑල්ලක්
Togeth'er, *ad.* එකතැන, එක්ව, එක්ක, කැටුව
Toil, *v.* බරවැඩකරණවා, වෙහෙසෙනවා *s.* බරවැඩ, තද උත්සාහය
Toil'et, *s.* අඳිනා වේසේ, ඇඳගැණීම
Toil'some, *a.* වෙහෙස ඇත්තාවූ
To'ken, *s.* සලකුණ, සංඥාව, සිහිකරණ ලකුණ
Told, *pret.* of Tell, කීවා, කියූවා
Tol'erable, *a.* ඉවසන්ට පුළුවන්වූ, තරමක් හොඳවූ
Tol'erance, Tolera'tion, *s.* ඉවසීම, තමුන්ට රුචිනැති අයින්ට හෝ මතයන්ට ඉඩදීම
Tol'erant, *a.* ඉවසන, රුස්සන, බාධා නොකර ඉඩදෙන
Tol'erate, *v.* ඉවසනවා, ඉඩදෙනවා
Toll, *s.* තොටුපල් කුලිය, රේන්දය
Toll, *v.* මල සීනුව තට්ටුකරණවා
Toll'-bar, Toll'-gate, *s.* තොටුපල හරහට දමාතිබෙන ලීය, රේන්ද පලේ ගේට්ටුව
Toma'to, *s.* තක්කාලි
Tomb, *s.* සොහොන්පල, මිනිවළ
Tom'boy, *s.* දඟ සෙල්ලක්කාර කෙල්ලක්
Tomb'stone, *s.* සොහොන් ගල

Tom′cat, *s.* (පිරිමි) බළලා [පොත
Tome, *s.* පොත් කාණ්ඩය, කලාපය,
Tom′fool, *s.* අලිමොට්ටයා, විගඩම්කා රයා
Tom′foolery, *s.* මොට්ට විගඩම්කාර කම, විහිළුව, නරි නාටකය
To-mor′row, *s.* හෙට, සෙට
Tom′-tom, *s.* බෙරය, භේරිය
Tom′-tom beater, *s.* බෙරවායා
Ton, *s.* රාත්තල් 2240ක බර [දම
Tone, *s.* ශබ්දය, ස්වරය, සටහඩ, අත්
Ton′ic, *s.* ශරීරයට බලවඩනාබෙහෙත
To-night′, *s.* අද රාත්‍රිය
Tongs, *s.* දිග අඬුව
Tongue, *s.* දිව, කථාවිධිය, භාෂාව
Tongue′-tied, *a.* දිවබැන්දුක්මෙන් අවහිරවූ, නිදහස්ලෙස කථාකළ නොහැකි, විස්කල් [නැවිතිරුව
Ton′nage, *s.* නැවක බඩුවල බර,
Ton′sil, *s.* උගුරුකරමලය
Too, *ad.* වැඩි, අධික, ද, ත්
Tool, *s.* ආවිය, ආවුදය, මෙවලම
Tooth, *s.* දත, දන්තය, දළය, දන්ත
Tooth′ache, *s.* දත්කැක්කුම, දත් රුජාව
Tooth′-pick, *s.* දත්කටුව
Tooth′some, *a.* කටට රුචිවූ, රසවත්
Top, *s.* මුදුන, මස්තකය, පිට, අග්ගිහ
To′paz, *s.* පුෂ්පරාගය
Tope, *s.* දාගොබ
To′per, *s.* බොනයා, බේබද්දා

Top′-heavy, *a.* මුදුනෙන් බරවූ, ඉහ ළින් බර වැඩිවූ [රණව
Top′ic, *s.* කථාවේ හෝ තර්කයේ කා
Top′ical, *a.* ස්ථානික, එක් කාරණ වක් පිළිබඳ
Top′-mast, *s.* මැද කුඹය
Topog′raphy, *s.* ස්ථාන සටහන්කො රීම, ස්ථාන විස්තරය
Top′ple, *v.* ඉස්සරහට වැටෙනවා
Top′-sail, *s.* මැද කුඹයේ රුවල
Top′sy-turvy, *ad.* ඉහල පහලට පෙ රළීන, පෙරළිච්ච
Torch, *s.* හුල, පන්දම, විලක්කුව
Torment′, *v.* තද දුක්වේදනා දෙන වා, වධකරණවා [බාව
Tor′ment, *s.* බලවත් වේදනාව, පී
Torment′or, *s.* වධදෙන්නා [ශක්
Torna′do, *s.* චණ්ඩමාරුතය, තදහුළ
Torpe′do, *a.* මූදයටින් නැව් නාසති කිරීමට උපකරණයක්
Tor′pid, *a.* හිරිවැටුනාවූ, පණනැති වූ, ප්‍රාණවත් නොවූ
Torpid′ity, Tor′pitude, *s.* හිරිවැටුන ස්වභාව, පණනැතිගතිය, ම්ලානික කම
Tor′por, *s.* හිරිගතිය, පණනැතිකම
Tor′rent, *s.* වේගවත් දියවැල, සැර වතුරපාර
Tor′rid, *a.* ග්‍රීෂ්මාධික, ඉතා උෂ්ණ
Tor′toise, *s.* කැස්බෑවා, ඉබ්බා
Tor′toise-shell, *s.* කැස්බෑලෙල්ල

Tor'tuous, *a.* ඇඹරුණවූ,වකුටු,වංක

Tor'ture, *s.* තද රිදවීම, බලවත් වේ දනාව, හිංසාව *v.* ඉසා වධකරණ වා, හිංසාකරණවා

Toss, *v.* විසිකරණවා, සොලවනවා, විසිවෙනවා, පෙළෙනවා *s.* උඩවිසි කිරීම

To'tal, *a.* මුලු, සම්පූර්ණ *s.* මුලුගණන

Total'ity, *s.* මුලු ගණන, සම්පූර්ණ ප්‍ර මාණය, සමස්තය [සම්පූර්ණයෙන්

To'tally, *ad.* මුලුමනින්ම, අශූන්‍යව,

Tot'ter, *v.* වෙව්ලනවා, වැවෙන්ට හදනවා, වැනෙනවා

Touch, *v.* අතගහනවා, තට්ටුකරණ වා, තට්ටුවෙනවා, වදිනවා *s.* වැදී ම, තට්ටුවීම, ස්පර්ශය

Touch'-hole, *s.* තුවක්කු කණ [ණ

Touch'ing, *a.* හිතට වදින *prep.* ගැ

Touch'stone, *s.* උරගල

Touch'y, *a.* කඩිනමට කිපෙන

Tough, *a.* තද, සවි, දුෂ්කර

Tough'en, *v.* තදකරණවා, හයිකර ණවා, හයිවෙනවා [රුලෙස

Tough'ly, *ad.* සවිලෙස, තදේට, අමා

Tough'ness, *s.* පහසුවෙන් නොකැ ඩෙන ගතිය, තදකම, සවිබලය, දුෂ්කරතාව

Tour, *s.* තැනින්තැන ඇවිදීම,ගමන

Tour'ist, *s.*ගමන්යන්නා,සඤ්චාරකයා

Tour'maline, *s.* තෝරමල්ලි

Tour'nament, Tour'ney, *s.* අසුන්පිට නැගී බොරුවට කළාවූ සටන, ක්‍රී ඩා සටන

Tow, *s.* දළ හන, කිත්තන් *v.* ඔරු වක් කඹයකින් ඇදලාගන්නවා

To'ward, To'wards, *prep.* දෙසට, දි සාවට, අතට

Tow'el, *s.* තුවාය, ඇඟපිස්නාකඩ

Tow'er, *s.* උස් කොටුව, කොත *a.* ඉ හල නගිනවා, උස්ව තිබෙනවා

Tow'ering, *a.* ඉතා උස්ව තිබෙන, උසස්වූ

Town, *s.* නුවර, නගරය, නියම්ගම

Town'hall, *s.* නාගරික ශාලාව

Towns'folk, *s.* නුවර මිනිස්සු, නගර වැසියෝ

Towns'man, *s.* නුවර වැසියා

Town'ship, *s.* නුවරට ඇතුළත් ගරිය, නාගරික ප්‍රදේශය

Town'talk, *s.* නුවරක පවතින කථා ව, පොදු කථාවේ කාරණය

Toxicol'ogist, *s.* විෂවිද්‍යාව උගත් අය, විෂවිසහරකාරයා

Toxicol'ogy, *s.* විෂවිද්‍යාව

Toy, *v.* සෙල්ලම්වටමෙන් ක්‍රියාකරණ වා, නොවටිනාලෙස හැසිරෙණවා *s.* සෙල්ලබඩුව, නොවටිනා දෙය

Trace, *s.* ඉතිරිවූ ලකුණ, අඩිලකුණ *v.* අඩිපාරබලා පසුපස්සේ යනවා, සලකුණුකරණවා

Trace'able, *a.* අඩිලකුණු බලායන්ට පුළුවන්, සලකුණුකරගතහැකි

Trac'es, *s. pl.* රථය ඇදීමට අමන අශ්ව ඇඳුම් පටි

Trac'ing, *s.* සලකුණුකිරීම, සලකුණු පාර, අනිකක් බලාගෙණ ඇඳපු එක

Track, *v.* අඩිපාරබලා පස්සේ යනවා *s.* ඉතුරු සලකුණ, අඩිපාර

Track'less, *a.* අඩි ලකුණු නැති, පාරක් නැති [ත්‍රිකාව

Tract, *s.* දේශය, යාය, පුංචිපොත, ප

Tractabil'ity, *s.* කීක්මවාගතහැකි ගුණය, කීකරුකම

Tract'able, *a.* කීක්මවන්නාවූ, කීකරු

Trade, *s.* වෙළඳාම, කර්මාන්තය, ශිල්පය *v.* වෙළඳාම්කරණවා

Trad'er, *s.* වෙළෙන්දා, ගණුදෙනුකාරයා [කාරයා

Trades'man, *s.* සාප්පුකාරයා, කඩ

Trade'winds, *s.* උෂ්ණකලාපයෙහි හා ඒ අසල පවතින ඍතු සුළංවලට නම [පාටය

Tradi'tion, *s.* පරම්පරා කථාව, මුඛ

Tradi'tional, Tradi'tionary, *a.* මුඛ පරම්පරා කථාවෙන් පැවතෙන, මුඛ පරම්පරානුගත

Traduce', *v.* කේලාම්කියනවා, බොරු වරද පවරණවා, අපකීර්තිකරණවා

Tradu'cer, *s.* කේලාම්කියන්නා, නම අපකීර්තිකරන්නා

Traf'fic, *s.* වෙළඳාම, විගාලගණුදෙනු *v.* වෙළඳාම්කරණවා, ගණුදෙනු කරණවා [රුණු සිද්ධියක්

Trag'edy, *s.* දුක්මුසු නාඩගම, යම් ද

Trag'ic, Trag'ical, *a.* දුක්ඛ භාවයවූ, ශෝකසහිතවූ

Trail, *v.* බිම අදිනවා, ඇදගෙණයනවා *s.* දිගට දමාතිබෙන දේ, අඩයම්පාර, ඉවපාර

Train, *v.* පුහුණුකරණවා, මෙච්චල් කරණවා, හරිලෙස වැඩෙන්ට සලස්වනවා *s.* පස්සෙන් ඇදීයන කොටස, පිරිවර, පෙළ, වැල, දුම්රථ පංක්තිය

Trait, *s.* රේඛාව, ලක්ෂණය

Trai'tor, *s.* ද්‍රෝහියා, මිත්‍රද්‍රෝහියා

Trai'torous, *a.* ද්‍රෝහිකාර, විශ්වාස කළනොහැකි [රණවා

Tram'mel, *v.* හිරකරණවා, බාධාක

Tramp, *v.* පයින් ගමන්කරණවා, ඉබ ඉබාගාතේ පයින් යනවා *s.* පයින් ගමන, පාදඩයා

Tram'ple. *v.* පාගනවා, මඩිනවා

Tram'road, Tram'way, *s.* රථ පහසුවෙන් ගෙණයාම පිණිස යකඩපිහිලි දැමූ පාර

Trance, *s.* මූර්ඡාව, ප්‍රමෝහය

Tran'quil, *a.* නිශ්චල, ශාන්ත, සමාදාන

Tran'quilise, *v.* නිශ්චල කරණවා, සංසිඳුවනවා, නලවනවා

Tranquil'lity, *s.* නිශ්චලකම, ශාන්තිය

Transact', *v.* සම්පූර්ණයෙන් කරණවා, ඉෂ්ටකරණවා [ය, කළමනාව

Transac'tion, *s.* ඉෂ්ටකෙරීම, කෘත්‍ය

Transcend', *v.* වඩා ඉහළ නඟිනවා, ඉක්මයනවා, උත්තරීතරවෙනවා

Transcend'ent, *a.* අති උත්කෘෂ්ට, ඉතා අනර්ඝ

Transcribe', *v.* නැවත ලියනවා, පිට පතක් ලියනවා

Tran'script, *s.* පිටපත, කෙටුම්පත

Transcrip'tion, *s.* පිටපතක් ලිවීම, කෙටුම්පත [කොටඨාසයක්

Tran'sept, *s.* දේවස්ථානයේ හරසින්

Transfer', *v.* වෙනතැනකට මාරුකරණවා, පාවාදෙනවා, භාරදෙනවා *s.* මාරුකිරීම, පාවාදීම, සින්නක්කරය

Trans'ference, *s.* එක්කෙණෙකුගෙන් හෝ තැනකින් වෙන කෙණෙකුට හෝ තැනකට මාරුකිරීම, පරිවර්තනය

Transfigura'tion, *s.* වේශය මාරුකිරීම, අන් වෙසක් වීම

Transfig'ure, *v.* වෙස් පෙරළනවා, වෙස් මාරුකරණවා

Transfix', *v.* ඇනලා සිදුරුකරණවා

Transform', *v.* අන් වෙස් කරණවා, වෙන ස්වභාවකට පමුණුවනවා

Transforma'tion, *s.* ස්වභාව වෙනස්කිරීම, අන් වෙස් වීම

Transfuse', *v.* අන්සකට ඇතුල්කරණවා [ධකරණවා

Transgress', *v.* කඩකරණවා, අපරා

Transgress'or, *s.* නීතියක් හෝ අණක් කඩකරන්නා, අපරාධකාරයා

Transgres'sion, *s.* කඩකිරීම, අපරාධය, වරද [නැවකට පටවනවා

Tranship', *or* **Trans-ship'**, *v.* වෙන

Tran'sient, *a.* නොපවතින, අනිත්‍ය

Trans'it, *s.* වෙනතැනකට යාම හෝ ගෙණයාම, ග්‍රහයෙකුගේ සංක්‍රාන්තිය [ණීම, මාරුවීම

Transi'tion, *s.* වෙනතැනකට පැමි

Transi'tional, *a.* අමුතු ඉඩමකට හෝ ස්වභාවකට පැමිණෙන, මාරුවෙන

Trans'itive verb, *s.* සකර්මක ක්‍රියාව

Trans'itoriness, *s.* ටිකකට පමණක් පවතින ගතිය [ට පවතින, අනිත්‍ය

Trans'itory, *a.* පසුවියන, ටිකකලක

Translate', *v.* ගෙණයනවා, පිටපත්කරණවා, එක් භාෂාවකින් අන් භාෂාවකට පෙරළනවා

Transla'tion, *s.* ගෙණයාම, ඉඩම් මාරුකිරීම, භාෂාවකට නැගීම, පිටපත, සන්නය

Translu'cence, **Translu'cency**, *s.* පැහැදිලි පෙණීම, ප්‍රත්‍යක්ෂකම, ප්‍රසාදතාව

Translu'cent, *a.* එලිය ගමන්කරණ නුමුත් විනිවිද නොපෙණෙන, පැහැදිලි, ප්‍රසාද

Trans'migrate, *v.* එක් රටකින් වෙන රටකට යනවා, ශරීරයකින් ශරීරයකට ආත්මය වෙනස්වී යනවා, සසර ගමන්කරණවා

Transmigra'tion, *s.* වෙන රටකට හෝ වෙන ස්වභාවකට පැමිණීම, සංසාර ගමන, සසර

Transmi'gratory, *a.* සසර ගමන්කරණ, සංසාරවෙන, සංසාරගාමී

Transmis'sion, Transmit'tal, *s.* යන්
ටහැරීම, යැවීම [ට හරිණවා
Transmit', *v.* පිටත්කරහරිණවා, යන්
Transmut'able, *a.* වෙන ස්වභාවකට පැමිණවියහැකි, ආකාරය වෙනස් කලහැකි
Transmut'ableness, Transmutabil'-ity, *s.* ස්වභාව වෙනස්කලහැකි ගතිය.
Transmuta'tion, *s.* අන්‍ය ද්‍රව්‍යයකට වෙනස්කිර්ම, අන්‍යාකාරකිරීම, ආකෘති විපර්‍යාසය
Transmute', *v.* එක් ද්‍රව්‍යයකින් අන්‍ය ද්‍රව්‍යයකට වෙනස්කරණවා
Transpar'ency, *s.* විනිවිද පෙණෙන ගතිය, පැහැදිලිකම, විශදතාව
Transpar'ent, *a.* විනිවිද පෙණෙන්තාවූ, පැහැදිලි
Transpar'ently, *ad.* විනිවිද පෙණෙමින්, පැහැදිලිලෙස [ප්‍රත්‍යක්‍ෂතාව
Transpar'entness, *s.* විනිවිද පෙණීම,
Transpire', *v.* ඩා සිදුරුවලින් අරිණවා, ප්‍රසිද්ධවෙනවා, සිද්‍ධවෙනවා
Transplant', *v.* උදුරා වෙන තැනක ඉදුවනවා, අන්තැනක පිහිටුවනවා
Transplanta'tion, *s.* ගස් උදුරා වෙන තැනක හිටුවීම, අන් රටක පදිංචි කරවීම [වනවා, පිණවනවා
Transport', *v.* ගෙණයනවා, රටතාන්
Transporta'tion, *s.* ගෙණයාම, රටෙන් පිටදැමීම

Transpos'al, *s.* ස්ථාන මාරුකිරීම, විපර්‍යාසය [විපර්‍යාසකරණවා
Transpose', *v.* ස්ථාන මාරුකරණවා,
Transposi'tion, *s.* පිළිවෙළ මාරුකිරීම, පදපෙරළිය
Transubstan'tiate, *v.* වෙන ද්‍රව්‍යයකට වෙනස්කරණවා, ස්වභාව මාරුකරණවා
Transubstantia'tion, *s.* රාත්‍රිභෝජනයේ රොටි හා මිදිරස ක්‍රිස්තුස්වහන්සේගේ මාංස හා ලේවලට වෙනස්වීමේ ධර්‍මය
Transverse', *a.* හරස්වූ
Trap, *s.* උගුල, මලපත, රහස් උපාය *v.* උගුලට අසුකරණවා, මලපතින් අල්ලනවා
Trap'pings, *s. pl.* ආයිත්තම්, සෙසු ආභරණ [පට
Trash, *s.* අගේනැති දේ, අහිතු, ලට
Trash'y, *a.* අගේනැති, නොවටිනා
Trav'ail, *v.* වදන වේදනා විඳිනවා, විලිපහරණවා *s.* වදනවේදනාව, විලිරුජාව
Trav'el, *v.* ගමන්කරණවා, ගමන්යනවා, සංචාරණයකරණවා *s.* ගමන්යාම, සංචාරණය
Trav'eller, *s.* ගමන්යන්නා, මගියා, රටින්රට යන්නා
Trav'erse, *v.* හරහට යනවා, සැරිසරණවා, විරුද්ධව සිටිනවා

Trav′esty, *s.* විහිලුවට පෙරළීම, හාස්‍ය පිටපත *v.* විහිලුවට පෙරළනවා, ස්වරූප ආකාරයකට පිටපත්කරණවා

Trawl, *v.* මුහුදුපතුලේ දැලක්දමා ඇදීමෙන් මාලු අල්ලනවා

Trawl′er, *s.* මාලු ඇල්ලීමට දැලදමා අදින්නා, එසේ මාලු අල්ලන නැව

Tray, *s.* බන්දේසිය, තාලිය

Treach′erous, *a.* ද්‍රෝහි, වංචාකාර, රවටන්නාවූ [කමින්

Treach′erously, *ad.* ද්‍රෝහිලෙස, වංචා

Treach′erousness, *s.* ද්‍රෝහිකාරකම, වංචාගතිය, අවිශ්වාසකම

Treach′ery, *s.* ද්‍රෝහිකම, රැවටිල්ල

Trea′cle, *s* උක්පැණි, පැණි

Tread, *v.* පයින්යනවා, පාගායනවා, පාගනවා [රාධය

Trea′son, *s.* රාජද්‍රෝහිකම, රාජ අප

Trea′sonable, *a.* රාජද්‍රෝහි, රාජාපරාධකාර, ද්‍රෝහිකාර

Trea′sonably, *ad.* රාජද්‍රෝහිලෙස, ද්‍රෝහිගති ඇතුව

Treas′ure, *s.* ධනය, නිධානය, සම්පත, වස්තුව *v.* මතුබලා රැස්කරතබනවා, නිදන්කරණවා, අනර්ඝකොට සලකණවා

Treas′urer, *s.* මුදල් භාරකාරයා, භාණ්ඩාගාරිකතැන, ගබඩා නිලමේ

Treas′ure-trove, *s.* පොළොවේ තිබී සම්බවූ අයිතිකාරයා නොදන්නාවූ නිධානය [භාරය

Treas′ury, *s.* මිල ගබඩාව, භාණ්ඩා

Treat, *v.* යම් අන්දමකට ක්‍රියාකරණවා, කථාකරණවා, සත්කාරකරණවා, වෙදකම්කරණවා *s.* සංග්‍රහව, මංගල්‍යකෑම

Trea′tise, *s.* සංග්‍රහය, රචනාව

Treat′ment, *s.* ක්‍රියාකෙරීම, හැසිරීම, අභ්‍යාසය, වෙදකම

Treat′y, *s.* ගිවිසුම, පොරොන්දුව

Treb′le, *a.* තුන්වරක්වූ, ත්‍රිගුණවූ

Tree, *s.* ගස, රුක, වෘක්ෂය

Tre′foil, *s.* කොල තුණක් ඇති පැලය, ත්‍රිපර්ණිය

Trel′lis, *s.* ගරාදිය, කතුරුවැට

Trem′ble, *v.* වෙව්ලනවා, ගැහෙනවා, කම්පාවෙනවා

Trem′blingly, *ad.* වෙව්ලනාකාරයෙන්, කම්පාසහවම්න්

Tremen′dous, *a.* භයංකාර, ඉතා ලොකු, ඉතා බිරපතළ

Tremen′dously, *ad.* භයකරවනාකාරයෙන්, මහත් බරපතළලෙස

Trem′or, *s.* වෙව්ලුම, කම්පාව

Trem′ulous, *a.* වෙව්ලන, සැලෙන

Trem′ulousness, *s.* වෙව්ලන ගතිය, චංචලභාවය

Trench, *v.* අගල් හාරණවා, ඇල කපනවා *s.* අගල, ඇල, පරිඛාව

Trench′ant, *a.* කැපෙන, තද, සැරවැර

Trench′er, *s.* ලීපිඟාන, මේසය, කෑම

Trend, *v.* යම් අතකට හැරෙණවා, නොහොත් හැරීයනවා *s.* යම් අතකට හැරීයාම

Trepida'tion, *s.* වෙව්ලුම, තිගැස්සිය

Tres'pass, *v.* අනුන්ගේ ඉඩමකට අව සරනැතුව වදිනවා, අයුතුකම්කර ණවා, වරදකරණවා *s.* අයුතුලෙස වැදීම, අයුක්තිය, වරද

Tress, *s.* ඉසකේ රොද

Tret, *s.* බඩුවලැ බොල් රොඩු ඇදිය ගැණ අඩුකරණ ගණන

Tri'ad, *s.* ත්‍රි සම්බන්ධය, ත්‍රිත්වය

Tri'al, *s.* සෝදිසිකිරීම, විචාරීම, පරී ක්ෂාව, නඩු විභාගය, පීඩාව [ණය

Tri'angle, *s.* තුන්මුලු හැඩය, ත්‍රිකෝ

Trian'gular, *a.* කොන් තුණක් ඇති

Triangula'tion, *s.* තුන්මුලුහැඩවලට බෙදීම, ත්‍රිකෝණකිරීම

Trib'al, *a.* ගෝත්‍ර සම්බන්ධ, පෙළපත්

Tribe, *s.* වංශය, ගෝත්‍රය, පෙළපත

Tribula'tion, *s.* පීඩාව, විපත්තිය

Tribu'nal, *s.* නඩුආසනය, නඩුසභාව

Tri'bune, *s.* පුරාණ රෝම නඩුකාර යෙක්, උස් කථිකාසනය

Trib'utary, *a.* සුංගම්දෙන, කප්පන් අයකාර, යටත්වූ *s.* කප්පන් ගෙවන අය, වෙන ගඟකට ගලන අතුගඟක්

Trib'ute, *s.* සුංගම්, කප්පම

Trice, *s.* ක්ෂණය

Trick, *s.* උපාය, ප්‍රයෝග ක්‍රියාව, වංචාව *v.* දඟකරණවා, රවටනවා

Trick'ery, *s.* දඟකාරකම, වංචා උ පාය, රැවටිල්ල [උපාදන්න

Trick'ish, *a.* ප්‍රයෝගකාරණ, දඟකාර,

Trick'le, *v.* වැක්සෙනවා, කාන්දුවෙ නවා [කාරයා, උපාදක්ෂයා

Trick'ster, *s.* ප්‍රයෝගකරන්නා, දඟ

Tri'cycle, *s.* රෝද තුණකින් යුත් ප දින වාහනය, ත්‍රිචක්‍රය [ලය

Tri'dent, *s.* දූතිතුණේ අවුදය, ත්‍රිශූ

Trien'nial, *a.* තුන් අවුරුද්දකට ව රක්වූ

Tri'fle, *s.* ස්වල්පදෙය, වැදගතොගත් දෙය *v.* නිෂ්ඵල ලෙස හැසිරෙණ වා, සැහැල්ලුලෙස කථාකරණවා, සරදම්කරණවා

Tri'fling, *a.* වැඩි වැදගත්කමක් නැ ති, සුලුලෙස හැසිරෙණ, සුලුපටු

Trig'ger, *s.* තුවක්කු කොක්ක, අ මුක්කුව [කෝණශාස්ත්‍රය

Trigonom'etry, *s.* ත්‍රිකෝණමිණීතය,

Trill, *v.* ලෙලදෙනවා, ගෙම්හිට ග ලායනවා *s.* ලෙලදීම, ලෙලවා යී කිම

Trim, *v.* නිසි පිළිවෙළට තබනවා, ස රසනවා, අලංකාරකරණවා, සකි නවා

Trim'ming, *s.* පැලදීම, සැරසිල්ල

Trim'ness, *s.* සකසුරුවම් පෙණීම, පිටත අලංකාරය, කදිමකම [දෙය

Trin'ket, *s.* සුලු ආභරණය, අගේ අඩු

Trin'ity, *s.* ත්‍රිත්වය, දේවත්වයෙහි තුන්දෙනෙකුගේ සම්බන්ධය

Tri'o, *s.* සම්බන්ධවූ තුන්දෙනෙක්, තුන්දෙනෙක් විසින් කිරීමට තාල යක්

Trip, *v.* පැකිලෙනවා, පැකිල වැටෙනවා *s.* පැකිලීම, වැරදිල්ල, සුළු ගමන

Tripe, *s.* හම්බාප්පු ගව බොක්ක

Trip'le, *a.* තුන්වරක්වූ, තුන්පට, ත්‍රිගුණ [පද තුනකින්

Trip'let, *s.* ඒකාකාර තුණක්, තුන්

Trip'licate, *a.* තුන්පංගුවක්වූ, ත්‍රිගුණ

Triplica'tion, *s.* ත්‍රිගුණකිරීම

Tri'pod, *s.* ත්‍රිපාද අසනය, කකුල් තුණක් ඇතිදෙය [විභාගයක්

Tri'pos, *s.* සමස්ත ශාස්ත්‍රශාලා පාඩම්

Tri'reme, *s.* අවලපේළි තුණක් ඇති පාරුව නොහොත් නැව

Trisyl'lable, *s.* ත්‍රිස්වරයෝගය, ත්‍රිස්වර වචනය [වූ

Trite, *a.* අගේනැතිවූන, පරණ, පො

Trite'ness, *s.* පාවිච්චිකිරීමෙන් අගේ නැතිවීයිය ස්වභාව, පොදුගතිය

Trit'urate, *v.* ඉතා සිනිඳුවෙනතුරු කුඩුකරණවා, චූර්ණකරණවා

Tritura'tion, *s.* සිනිඳුවට කුඩුකිරීම, චූර්ණකිරීම

Tri'umph, *v.* ජයඝෝෂා පවත්වනවා, ජයශ්‍රීයටපත්වෙනවා, දිනාගන්නවා *s.* ජයමංගල්‍යය, ජය

Triumph'al, *a.* ජයප්‍රීතිය සම්බන්ධ, ජයප්‍රකාශක [ගැණ ප්‍රීතිදක්වන

Triumph'ant, *a.* ජයගත්තාවූ, ජය

Triumph'antly, *ad.* ජයශ්‍රීයෙන්, ජයඝෝෂාවෙන්

Tri'une, *a.* ත්‍රිඑකවූ

Triv'ial, *a.* පොදු, වැදනොගත්, සුළු

Trog'lodyte, *s.* ගුහාවාසි වනචර මනුෂ්‍යයින්ට නමක්

Troll, *v.* කරකවාගණ යනවා

Trom'bone, *s.* ජහත් ශබ්ද ඇති හොරණෑවක්

Troop, *v.* සමූහ වශයෙන් රැස්වෙනවා, කණ්ඩායම් වශයෙන් හෝ කඩිනමින් ගමන්කරණවා, *s.* සේවා සමූහය, සමූදුව

Troop'er, *s.* අසරු සේවායා

Tro'phy, *s.* ජයගෙණ කොල්ලගත් දේ, ජය සලකුණ [ති මණ්ඩලය

Trop'ic, *s.* සූර්‍ය්‍යයාගේ පිහිටීනස්ථානය, ක්‍රාන්

Trop'ic, Trop'ical, *a.* ක්‍රාන්තිවල යට අයිතිවූ, උෂ්ණකලාපාකාර

Trot, *v.* බලූහැල්මේ දුවනවා *s.* බලූහැල්මේ දිවීම [සය

Troth, *s.* සැබෑව, සත්‍යතාව, විශ්වා

Troub'le, *v.* කණගාටුකරණවා, හිස්සාකරණවා, දුක්දෙනවා *s* කණගාටුව, දුක, විපත, වෙහෙස

Troub'ler, *s.* කණගාටුකරන්නා, වෙහෙසදෙන්නා, කරදරකාරයා

Troub'lesome, *a.* කරච්චල් සහිත, වෙහෙසදෙන, අමාරු

Troub'lous, *a.* කරදර කණගාටු සහිත, වියවුල්වූ

Trough, *s.* කෑම්බරුව, ද්‍රෝණිය

Trounce, *v.* තදබලව වේට්ටුකරණවා, හොඳට තළනවා

Trou′sers, *s. pl.* කලිසම, සරුවාලය
Trousseau′, *s.* මනමාලියෙකුගේ බාහිර ඇඳුම්පැළඳුම් [වර්ගයක්
Trout, *s.* හිරිදිගේ සම්බවෙන මත්ස්‍ය
Trow, *v.* සිතනවා, විශ්වාසකරණවා
Trow′el, *s.* හුණු හැන්ද
Troy′weight, *s.* රිදී රත්රන් බර, පගෝදිබර, රත්තලකට අවුන්ස් දොළහේ බර ක්‍රමය
Tru′ant, *s.* අලසයා, අවසර නැතුව ඉස්කෝලයෙන් වලකින ලමයා
Truce, *s.* කලකට යුද්ධය අත්හිටවීම, යුහුබු සමාදානය
Truck, *s.* බඩු හුවමාරුව, අතින් අදින පුංචි කරත්තය
Truck′le, *v.* නිචවලෙස අන්‍යයෙකුගේ අදහසට යටහත්වෙනවා
Truc′ulence, *s.* චණ්ඩතාව, කෲරකම
Truc′ulent, *a.* රෞද්‍ර, චණ්ඩ, කෲර
Trudge, *v.* උත්සාහවඩා පයින්යනවා
True, *a.* සැබෑ, සත්‍ය, අවංක, හරි
Tru′ism, *s.* කව්රුත් පිළිගන්නා ඇත්ත, ප්‍රත්‍යක්ෂ සත්‍යය
Tru′ly, *ad.* සත්‍යලෙස, සැබෑවටම, ඇත්තටම [දිනුම් ක්‍රීඩා පත්‍රය
Trump, *s.* දිනන කඩදාසිවලින් එකක්,
Trum′pery, *s.* කමනැති කථාව, බොරු හැල්ල, ලවපට
Trum′pet, *s.* හොරණෑව, නලාව *v.* හොරණෑවෙන් ප්‍රසිද්ධකරණවා, කීර්තිය පතුරුවනවා
Trump′eter, *s.* හොරණෑව පිඹින්නා, ප්‍රකාශකරන්නා [පනවා
Trunc′ate, *v.* සිඳිනවා, කොටකර ක
Trun′cheon, *s.* මුගුර, අණපොල්ල
Trun′dle, *s.* පෙරළාගෙණයනවා
Trunk, *s.* කඳ, හොඬය, ඇඳුම්පෙට්ටිය
Truss, *s.* මිටිය, කාප්පය
Trust, *s.* විශ්වාසකෙරීම, විශ්වාසය, භාරය, *v.* විශ්වාසකරණවා, බලාපොරොත්තුවෙනවා, නයටදෙනවා
Trustee′, *s.* භාරකාරයා
Trust′ful, *a.* විශ්වාසකරණ, විශ්වාස්‍ය
Trust′worthiness, *s.* විශ්වාස්‍යතාව
Trust′worthy, *a.* විශ්වාස කටයුතු, විශ්වාස්‍ය [සව්සිතැති
Trust′y, *a.* විශ්වාසකළහැකි, අවඩක,
Truth, *s.* සැබෑකම, සත්‍යය, ඇත්ත
Truth′ful, *a.* ඇත්ත කථාකරණ, සත්‍යවාදී, සැබෑවූ
Truth′fully, *ad.* ඇත්තට එකඟව, සත්‍යවාදිකමින්, සැබෑලෙස [කම
Truth′fulness, *s.* සත්‍යවාදීකම, සැබෑ
Try, *v.* උත්සාහකරණවා, අත්හදා බලනවා, පරීක්ෂාකරණවා, නඩු අහනවා [ර, අමාරු
Try′ing, *a.* පරීක්ෂාකර බලන, දුෂ්කා
Tryst, *s.* සම්මුඛවීමට නියමකළ ඉඩම; සම්මුති ස්ථානය
Tub, *s.* බාල්දිය
Tube, *s.* නලය, නාලය [ද්‍රව්‍ය
Tub′ing, *s.* නලයක දිග, නාල, නාල

Tub'ular, *a.* නලහැඩවූ, නාලයක් ඇත්තාවූ
Tuck, *v.* රැළිදමනවා, කැසපට ගසනවා *s.* රැළිය, කැසපට
Tuck'er, *s.* චෝලිය, රවුක්කේ
Tues'day, *s.* අඟහරුවාදා, කුජදින
Tuft, *s.* කුඩිම්බිය, කොස්රෙද, පඳුර, බිඩැල්ල [ඇදීම, අදින දුම්නැව
Tug, *v.* වෑයමින් අදිනවා *s.* සවියෙන්
Tui'tion, *s.* ඉගැන්වීම, පුහුණුකෙරීම
Tu'lip, *s.* මල් ජාතියක්
Tulle, *s.* සිහින් රෙද්ද වර්ගයක්
Tum'ble, *v.* කඩාවැටෙනවා, පෙරළෙනවා, පෙරළාදමනවා, කරනම් දමනවා *s.* වැටීම, පෙරළීම [ලේරුව
Tum'bler, *s.* දියබොන වීදුරුව, තඹ
Tu'mid, *a.* ඉදිමුනාවූ, තඩිස්සිවූ
Tu'mour, *s.* ඉදිමුම, තඩිස්සිය, ශෝථය
Tu'mult, *s.* කෝලාහලය, කැරැල්ල
Tumult'uous, *a.* කෝලාහල සහිත, සඹංගු ඇති, අරාවුල්වූ
Tumult'uously, *ad.* කෝලාහල ආකාරයෙන්, වියවුල්ලෙස, ඝෝෂා සහිතව [වීම, අරාවුල්භාවය
Tumult'uousness, *s.* කෝලාහල ඇති
Tu'mulus, *s.* සොහොනක්පිට තිබෙන ගොඩැල්ල, පස්ගොඩ
Tun, *s.* ලේගරය, පිප්පයෙදෙක් මිම්ම
Tune, *s.* තාලය, වෘත්තය, ලතාව
Tune'ful, *a.* එකඟ ශබ්ද ඇති, මිහිරි නාදවූ [මක් නැති
Tune'less, *a.* තාලයක් හෝ මිහිරික
Tun'er, *s.* තූර්යනාද හරිගස්සන්නා
Tu'nic, *s.* දිග යටඇඳුමක්, උතුරුසළුවක්
Tun'nel, *s.* උමඟ, උමංගාය *v.* උමඟ හාරණවා, යටින් පාරක් සාදනවා
Tup, *s.* (පිරිමි) බැටළුවා
Tur'ban, *s.* තලප්පාව, ඉසකඩ [රවූ
Tur'bid, *a.* මඩවූ, නොහොඳුවූ, බො
Tur'bidness, *s.* බොරවූ ස්වභාව, මඩ ගතිය [තද චචලය
Tur'bulence, *s.* කෝලාහල ගතිය,
Tur'bulent, *a.* කෝලාහලවූ, චචල
Tureen', *s.* හොදි භාජනය
Turf, *s.* තණපිඩැල්ල, අඟුරු පන්නවන භූමිය *v.* පිඩැලිවලින් වසනවා
Tur'gent, *a.* ඉදිමෙන, තඩිස්සිවෙන, පුච්චම් දෙවන [තවූ
Tur'gid, *a.* ඉදිමුනාවූ, උද්දූවූ, ගර්වි
Tur'gidness, Turgid'ity, *s.* ඉදිමුම්කම, ශෝථවූ ස්වභාව, උද්දූගතිය, ගර්විතතාව
Tur'key, *s.* කළුකුමා
Tur'moil, *s.* වෙහෙසීම, කලබලය
Turn, *v.* හරවනවා, කරකවනවා, පෙරළනවා, හැරෙනවා, වෙනස් වෙනවා *s.* හැරීම, කැරකීම, වෙනස්වීම
Turn'er, *s.* ලියන වඩුවා
Turn'ing, *s.* හැරවීම, හැරීම, කැරකිල්ල, වංගුව, ලීආදිය ලියන ශිල්පය
Tur'nip, *s.* අලජාතියක්, ශිකාවුල

Turn'key, *s.* බන්ධනාගාරිකයා

Turn'pike, *s.* රේන්දපලේ හරස් පොල්ල

Turn'stile, *s.* කැරකෙන කඩුල්ල

Tur'pentine, *s.* බූපවෘක්ෂාදියෙන් ලැබෙන ශුස, ටර්පැන්ටෛන්

Tur'pitude, *s.* නරක ගතිය, ඉතා න පුරුකම් [ත තිල්ගල් වර්ගයක්

Tur'quoise, *s.* පර්සියාවෙන් ලැබාගත්

Tur'ret, *s.* කොත, පුළු කොටුව

Tur'tle, *s.* කැස්බෑවා

Tur'tle-dove, *s.* කොබෙයියා

Tusk, *s.* දළය, දන්තය

Tus'sle, *s.* පොරකෑම, පොරය

Tus'sock, *s.* තණ හෝ රිකිළි පඳුර

Tu'telage, *s.* භාරකාරකම, ආරක්ෂක ධූරය

Tu'telar, **T**u'telary, *a.* රක්ෂාකරන්නාවූ, අරක්ගත්තාවූ, භාරකාරවූ

Tu'tor, *s.* ගුරුවරයා, ගුරුන්නාන්සේ

Tuto'rial, *a.* ගුරුවරයාට අයිති, ගුරුවරයාකාර, ආචාර්‍ය්‍ය

Twad'dle, *s.* දෙබිඩිල්ල, හෑල්ල

Twain, *a.* දෙන [බ්දය

Twang, *s.* සැර ශබ්දයක්, ඨාගේ ශ

Tweak, *v.* හදිසියෙන් අදිනවා, කඩාකනවා

Tweed, *r.* ලොම්රෙදිවර්ගයක්

Twee'zers, *s.* කුඩා අඬුව, නහඅඬුව

Twelfth, *a.* දොළොස්වෙනි

Twelve, *s.* දොළහ, ද්වාදශය

Twen'tieth, *a.* විසිවෙනි, විංශති

Twen'ty, *s.* විස්ස, විංශතිය

Twice, *ad.* දෙවරක්, දෙසැරයක්

Twig, *s.* රිකිල්ල, ඉත්ත

Twi'light, *s.* හිම්දිරිය, අරුණෝදය

Twill, *s.* ඉරිඋස්සාවිශුරෙදි, හිරිරෙදි

Twin, *s.* නිවුල්ලා, ඉතාසමානඑකක්

Twine, *s.* තුනී ලණුව, සෙල්භාරය, වෙළුම *v.* වෙළනවා, ඔතනවා, පටලවනවා, එතනවා

Twinge, *s.* හදිසිවේදනාව, ඇඹිල්ල

Twin'kle, *v.* දිලිසෙනවා, ඇසිපිය හෙලනවා

Twin'kle, **T**win'kling, *s.* දිලිසීම, වරක් ඇසිපියහෙලනකාලය, ඇසිල්ල

Twirl, *v.* සැරෙන් කරකවනවා, නරකැවෙනවා

Twist, *v.* අඹරණවා, ගොතනවා, පෙරළනවා, ඇඹරෙණවා

Twit, *v.* දොසක් සිහිකරවනවා, ඇනුම්පද කියනවා

Twitch, *v.* හදිසියෙන් ඇදිනවා, උදුරණවා, ගැහෙනවා *s.* හදිසි ඇදීම, නහරගැහීම

Twit'ter, *v.* ගේ කුරුල්ලෙක් මෙන් අඬනවා, නහර ගැහෙනවා

Twit'tering, *s.* මැදු ගැහෙන්නාකාර හඬ, නහර වැදැල්ලය

Two, *s.* දෙක *a.* දෙ, ද්වි [ගුණ

Two'fold, *a.* දෙයාකාර, දෙපට, දෙ

Type, *s.* සදෘශය, පූර්වලක්ෂණය, අච්චු අකුර, මුද්‍රාක්ෂරය

Type'-founder, *s.* අච්චුඅකුරු සාදන්නා, මුද්‍රාක්ෂරකාරයා
Ty'phoid, *a.* සන්නිපාත ජ්වර
Typhoon', *a.* චීනමුහුදේ හමගන්න සැර මාරුතයක්
Ty'phus, *s.* සන්නිපාතජ්වරය
Typ'ical, *a.* සදෘශාකාර, පූර්වලක්ෂණකාර, සම්පූර්ණසදෘශ
Typ'ify, *v.* සදෘශ වශයෙන් පවතිනවා, අදෘශයක්කොට කලින් දක්වනවා
Typograp'hic, Typograph'ical, *a.* මුද්‍රණ ශිල්පය සම්බන්ධ, උපමාඅකාර
Typog'raphy, *s.* මුද්‍රණශිල්පය
Tyran'nical, *a.* බලාත්කාර,තදපරුෂ
Tyran'nically, *ad.* බලාත්කාරලෙස, ක්‍රූරකාරයෙන්
Tyr'annise, *v.* බලාත්කාරයෙන් අණ්ඩුකරණවා, කෲරලෙස බලකරණවා [ක්‍රූරකම
Tyr'anny, *s.* බලාත්කාර අණ්ඩුව,
Ty'rant, *s.* රෞද්‍ර අණකාරයා,, පීඩාකාරයා
Ty'ro, *s.* ඉගෙණගන්නා, අධුනිකයා

U

Ubi'quitous, *a.* සෑමතැනම ඇති
Ubi'quity, *s.* සෑමතැනම පැවතීම
Ud'der, *s.* කිරිබුරුල්ල [පෙණීම
Ug'liness, *s.* අවලක්ෂණකම, අජීව
Ug'ly, *a.* අවලක්ෂණ, අජීව, අරූප
Ukase', *s.* රුසියාධිපති රාජාඥාව
Ul'cer, *s.* වණය, අරම්ණවණය
Ul'cerate, *v.* වණහැදෙනවා, වණවෙනවා
Ulcera'tion, වණහැදීම, වණය
Ul'cerous, *a.* වණඇකාරවූ,වණසහිත
Ulte'rior, *a.* වඩා දුරවූ, එපිට
Ul'timate, *a.* කෙළවරවූ, අන්තිම, පර්යන්ත [කොට, අනතිමෙදී
Ul'timately, *ad.* කෙළවරට, අන්තිම
Ultima'tum, *s.* ගිවිසුමක් සඳහා අන්තිමට ගෙණපාන වාක්‍යය
Um'ber, *s.* තඹපාට සායමක්
Umbil'ical, *a.* නාබියට අයිතිවූ, නාභන, පෙකනි
Um'brage, *s.* සෙවනැල්ල,අමනාපය
Umbrag'eous, *a.* සෙවනැලිවූ, සෙවනදායක
Umbrel'la, *s.* කුඩේ, ඡත්‍රය, ජේසත
Um'pire, *s.* මැදහත්කාරයා, විවාදයක් තීන්දුකරන්නා
Un, *prefix* අව, අන්, අ, නි, නිර්,නො
Una'ble, *a.* නුපුළුවන්, බැරි, නොහැකි [අප්‍රසන්න
Unaccept'able, *a.* පිළිගතනොහැකි,
Unaccom'modating, *a.* අනුපකාරවූ
Unaccount'able, *a.* අපූරුවූ,විසඳවන්ට බැරිවූ, වගනොකියන්නාවූ
Unaccount'ably, *ad.* විසඳන්ට බැරිලෙස, අපූර්වාකාරයෙන්

Unaccus'tomed, *a.* නුපුරුදු, භාවිතා නැති [දුසන
Unacquaint'ed, *a.* නොදත්තාවූ, නා
Unadul'terated, *a.* අමිශ්‍ර, ශුද්ධ
Unadvi'sable, *a.* නුවනට හුරුනැති, නොසෑහෙන, නුසුදුසු
Unadvised', *a.* අනුවණ, අප්‍රවේසම්
Unadvis'edly, *ad.* අනුවණලෙස, සිතානොබලා [වචිලි
Unaffect'ed, *a.* සවභාවිකවූ, නොරු
Unanim'ity, *s.* එකඟකම, සම්මතය
Unan'imous, *a.* එකසිත්වූ, එකමුතු, එකසත්
Unan'imously, *ad.* එක්සිත්ව, එකමුතුව, සම්මතාකාරයෙන් [නායුධ
Unarmed', *a.* යුද්ධායුධ නැති, අසන්
Unasked', *a.* ආරාධනාවක් නැත්තාවූ, නොඉල්ලූ, නාසනලද
Unassum'ing, *a.* අහංකාර නොපාන, යටහත් [අවසරනැති
Unau'thorised, *a.* බලයක්නොලැබූ,
Unavail'ing, *a.* ප්‍රයෝජනනැති, නිෂ්ඵල
Unavoid'able, *a.* බේරෙන්ට නුපුළුවන්වූ, වැලැක්විය නොහැකිවූ
Unavoid'ably, *ad.* මගහරින්ට බැරිලෙස, වැලැක්විය නොහැකිලෙස
Unaware', Unawares', *ad.* නොදැනුවත්ව, අහම්බෙන් [දොර අරිණවා
Unbar', *v.* බාධාවක් අහක්කරණවා,
Unbecom'ing, *a.* නොසෑහෙන්නාවූ, අශෝභන

Unbelief', *s.* අවිශ්වාසය, නොඇදහිල්ල
Unbeliev'er, *s.* දේවධර්මය විශ්වාස නොකරන්නා, ඇදහිලි නැත්තා
Unbeliev'ing, *a.* දේවධර්මය විශ්වාස නොකරණ, නොඇදහිලිකාර
Unbend', *v.* ලිහනවා, නැම්ම අරිණවා, නිවාඩුගන්නවා
Unbend'ing, *v.* නොනැමෙන, යටත් නොවෙන, ස්ථිර
Unbi'ased, *a.* පාක්ෂිකගතියක් නැති, පැත්තකට නොනැමෙන, සාධාරණ
Unbind', *v.* බැම්මක් මුදනවා, ලිහනවා, නිදහස්කරණවා [පාමිල
Unblem'ished, *a.* කැලලක් නැති,
Unblush'ing, *a.* ලජ්ජානැති, විලිබිය නැති
Unbolt', *v.* අගුල අරිණවා
Unborn', *a.* නූපන්නාවූ, අජාත
Unbos'om, *v.* එළිදරව්කරණවා
Unbound', *a.* ලිහූවාවූ, නොබැඳුනාවූ, පිටකොළනැති
Unbound'ed, *a.* සීමානැති, අපරිච්ඡින්න, අප්‍රමාණ [ති
Unbri'dled, *a.* මැඩපැවැත්වමක් නැ
Unbur'den, *v.* බරඅහක්කරණවා, හිත නිදහස්කරණවා, බර ඉවත්කරණවා
Unceas'ing, *a.* නොනවතින, තොර නැති [දුසාමාන
Uncer'tain, *a.* අප්‍රමාන, අනිශ්චිත,

Unchange'able, *a.* වෙනස්කළ නො හැකිවූ [දොස් තැබීමට සිතවූ

Unchar'itable, *a.* අකරුණාවන්තවූ,

Un'cial, *a.* පුරාණ ලොකු අත්අකුරු (ලියවිලි), මහාක්‍ෂරවූ

Unciv'il, *a.* අගුණවූ, අශිෂ්ටාචාරවූ

Un'cle, *s.* මාමා, මහප්පා, බාප්පා

Unclean', *a.* අපිරිසිදු, අපවිත්‍ර, කැත

Unclean'ness, *s.* අපවිත්‍රකම

Unclothe', *v.* ඇඳුම් ගලවනවා, නිර්වස්ත්‍රකරණවා [ගතාවූ

Unclothed', *a.* නිර්වස්ත්‍රකරණලද, න

Uncom'fortable, *a.* අපහසුවූ, සැනසිලි නැති, කිරිහැරසහිත [දුලීභ

Uncom'mon, *a.* නුපුරුදු, අසාමාන්‍ය,

Unconcerned', *a.* නොසැලකිලිවූ, උපේක්‍ෂක

Uncon'scious, *a.* සිහියනැති, මූර්ඡාවූ

Unconstitu'tional, *a.* නීති ව්‍යවහාරයට එකගනැති, හරිනැති

Unconver'ted, *a.* නොහැරුණවූ, ගතිය වෙනස්නූන, නැවත නූපන්

Uncoup'le, *v.* යුගලභේදකරණවා, වෙන්කරණවා *a.* අද්‍වන, රළු

Uncov'er, *v.* වැස්ම අනාවරණවා, එළිදරව්කරණවා, තොප්පිය ගලවනවා

Unctuos'ity, *s.* තෙල්ගතිය, මේදුරතාව [තිබෙන, මේදුර

Unc'tuous, *a.* තෙල්වලයවූ, තෙල්ගෑවී

Unc'tion, *s* ආලේපය, අභිෂේකය

Undaunt'ed, *a.* දෑඩිහිත්වූ, භයනැති

Undecay'ed, *a.* ජරාපත්නූන, හීන නොවූ

Undeceive', *v.* රැවටිල්ල නැතිකරණවා, වැරදිකල්පනාවෙන් මුදනවා, ඇත්ත පෙන්වාදෙනවා [ර

Undeci'ded, *a.* බේරුමක්නැති, අසිරි

Undefiled', *a.* කිලුටුකරණ නොලැබූ, නොකිලුටු, විමල

Un'der, *prep.* යට, යටට, පහත, අඩු, වසඟ *ad.* පහතින්, පහලින්, අඩුවෙන්

Un'derbred, *a.* උත්පත්තියෙන් නොහොත් ශිෂ්ටාචාරයෙන් අඩුතරම්වූ

Un'dercurrent, *s.* යටසැඩපාර

Underdone', *a.* සෑහෙන පමණට අඩුවෙන් කළාවූ, නිසිතරමට උයා නැති

Undergo', *v.* දරණවා, විඳිනවා

Undergrad'uate, *s.* පටබැඳි නමක් නොලත් ශිෂ්‍යයා [න්

Un'derground, *a.* & *ad.* පොළව යටි

Un'dergrowth, *s.* පැලැටිජාති, අකුල

Un'derhand, *a.* රහස්, අප්‍රසිද්ධ, වංචාවූ

Un'derline, *v.* යටින් ඉරිගහනවා

Un'derling, *s.* යටිහත්වෙන්නා, දාස්වකයා, අධමයා

Undermine', *v.* යටින් හාරණවා, අනතුරු කරණවා [න්, පහල

Underneath', *ad.* or *prep.* යට, යටි

Underrate', *v.* අගේ අඩුකර කල්පනා කරණවා

Understand′, *v.* තේරෙණවා, තේරුම්ගන්නවා, හැඟෙනවා

Understand′ing, *s.* සිහිය, බුද්ධිය, දැනගත්කම, එකඟුතුකම

Undertake′, *v.* භාරගන්නවා, ඇඟට ගන්නවා, පටන්ගන්නවා

Undertak′er, *s.* භාරගන්නා, අවමංගල්‍ය කෘත්‍ය ඉෂ්ඨකරණ අය

Undertak′ing, *s.* භාරගත් වැඩේ, කළමනාව

Underval′ue, *v.* අගේ අඩුකර සලකණවා, සුලුකරණවා [ගස්

Un′derwood, *s.* කැලෑව, පදුරු, කුඩා

Un′derwriter, *s.* යටින් ලියන්නා, අලාභගෙවනලෙස අත්සන් කරන්නා

Undeserved′, *a.* නොහිමි, ගුණනාම් නැති, ලබන්ට නොවටින

Undesign′ing, *a.* අප්‍රයෝගවූ, නරකක් අභිප්‍රාණොකළාවූ

Undesir′able, *a.* ආශාවෙන්ට නුසුදුසු, අප්‍රසන්නවියයුතු

Undetect′ed, *a.* අසුනොවූ, එළිදරව්නොවී තිබෙන්නාවූ [හීන

Undimin′ished, *a.* අඩුනොවූ, හීන

Undivid′ed, *a.* නොබෙදූ, බෙදීනැති

Undo′, *v.* කළදේ නැතිකරණවා, ලිහනවා, විනාශකරණවා

Undone′, *a.* නොකළාවූ, විනාශවූ

Undoubt′edly, *ad.* අනුමාන නැතිලෙස, සැකනැතුව [අරිණවා

Undress′, *v.* ඇඳුම්ලිහනවා, පැලඳුම්

Undue′, *a.* නොහිමි, නුසුදුසු, අධික

Un′dulate, *v.* ඔබමොබ සැලෙනවා

Undula′tion, *s.* රැළමෙන් ඉහළපහළ සැලීම [ගොබැලි ආකාර

Un′dulatory, *a.* රැළමෙන් සැලෙන,

Undu′ly, *ad.* නුසුදුසුලෙස, නොහිමිලෙස, අධිකප්‍රමාණයට

Unearth′, *v.* පොළවෙන් හාරගන්නවා, බෙනයෙන් පන්නනවා, එළියට පමුණනවා

Uneas′iness, *s.* අපහසුව, අසනීපය

Uneas′y, *a.* අපහසු, වෑවල, ශරදරදෙන

Uned′ucated, *a.* නූගත්, අසමත්

Unem′ployed, *a.* වැඩක් නැති, කිසිත් නොකරසිටින

Unenlight′ened, *a.* ආලෝකකරණ නොලැබූවාවූ, දැනගැම්මනැති

Une′qual, *a.* එකාකාරනොවූ, අසම

Unequi′vocal, *a.* සංකා නැති, ඒකාන්ත [තනාක

Uner′ring, *a.* නොවරදින්නාවූ, ස

Une′ven, *a.* සමතලා නැති, අසම

Une′venness, *s.* සමතලා නැතිකම, එකඟ මට්ටමකට නැතිකම, අසමතාව [නොහැකි, නිවැරදි

Unexcep′tionable, *a.* දෙස් නැබිය

Unexpec′ted, *a.* බලාපොරොත්තු නූන, බලානොසිටියාවූ

Unexpec′tedly, *ad.* බලාපොරොත්තු නොවී, බලානොසිටිද්දී, හදිසියෙන්

Unfair', *a.* නුසුදුසු, අසාධාරණ
Unfaith'ful, *a.* අවිශ්වාස, ද්‍රෝහිකාර
Unfath'omable, *a.* මිණින්ට බැරිතරම් ගැඹුරුවූ [දුඩි, කෲර
Unfeel'ing, *a.* කරුණා නැත්තාවූ
Unfeel'ingly, *ad.* කරුණා සිතක් නැති ආකාරයෙන්, දයාවුනම්ගා නැතුව, කෲරලෙස
Unfeigned', *a.* වංචානැති, අවංක
Unfeign'edly, *ad.* වංචානැතුව, අවංකලෙස, ඍජුබාරුලෙස
Unfit', *a.* නුසුදුසුවූ, නොසැහෙන
Unfit'ness, *s.* නුසුදුසුකම, අයෝග්‍යකම, අනුචිතතාව [රණවා
Unfold', *v.* දිගඅරිණවා, එලිදරව්ක
Unforeseen', *a.* කලින් නුදුටු, කලින් නොදත්තාවූ, [සඵලනොවන
Unfor'tunate, *a.* අවාසනාවන්ත, ස
Unfor'tunately, *ad.* අවාසනාවන්තලෙස, අවාසනාවට මෙන්
Unfound'ed, *a.* කාරණරහිත, නිර්මූල, අසත්‍ය [ඵල
Unfruit'ful, *a.* ඵලනැති, අසාර, නිෂ්
Unfurl', *v* දිගඅරිණවා, ලිහනවා
Ungain'liness, *s.* නැසිරිමේ අශෝභනතාව, ඉතාංගු නැතිකම
Ungain'ly, *a.* අශෝභන, අවලක්ෂණ
Ungen'erous, *a.* ත්‍යාගිවන්ත නොවන, ලෝභ, අවකාරුණ්‍යවන්ත
Ungod'liness, *s.* භක්තිනැතිකම, දේව අභක්තිය, පාපිෂ්ඨකම
Ungod'ly, *a.* අභක්ති, අධර්මිෂ්ඨ
Ungov'ernable, *a.* අණවුකරන්ට නුපුළුවන්, නොහික්මෙන
Ungrammat'ical, *a.* ව්‍යාකරණයට එකඟ නැති
Ungrammat'ically, *ad.* ව්‍යාකරණයට එකඟනැතිලෙස, අපභ්‍රංශලෙස
Ungrate'ful, *a* කෙළෙහිගුණ නැති, ගුණමකු [වේසම්
Unguard'ed, *a.* ආරක්ෂාරහිත, අප්‍ර
Un'guent, *s.* තෛලම්, කල්කය, විලවුන් [හිත, ඉතා දුක
Unhal'lowed, *a.* අශුද්ධ, දේව අපහා
Unhap'pily, *ad.* අවාසනාවන්ත ලෙස, කාලකණ්ණි ලෙස
Unhap'py, *a.* අවාසනාවන්ත, අශුභ
Unhealth'y, *a.* සනීපනැත්තාවූ, ගිලන්, අසනීප හටගන්වන
Unheard', *a.* කණින් නෑසූ, නෑසුන
Unheed'ed, *a.* නොසැලකූ
Unhes'itating, *a.* ඇන නොසිටින, සැකනැති, අප්‍රමාද
Unho'ly, *a.* අශුද්ධ, අපාප, දුෂ්ට
Unhurt', *a.* තුවාලනොවී, රිදුම් නැතුව [අභියි
Uni, *prefix* එක්, එක, එකම, යන
U'nicorn, *s.* කඟවේනා [කිරීම
Unifica'tion, *s.* එකඟත්කිරීම, ඒකත්ව
U'niform, *a.* ඒකාකාරවූ, සම, එක ස්වභාවත්ම ඇති
Uniform'ity, *s.* ඒකාකාරකම, නියම විධියකට එකඟව තිබීම, සමතාව

U'niformly, *ad.* ඒකාකාරයෙන්, සම ලෙස, එකම විධියකට

U'nify, *v.* එකසත්කරණවා, එකක් කරණවා

Unimpor'tant, *a.* වැදගත් නොවූ, සොසු

Unintel'ligible, *a.* තේරුම්ගන්ට බැරිවූ, දුරවබෝධ

Uninten'tional, *a.* අදහස් නොකළාවූ

Unin'teresting, *a.* සිත් නොඇදවන් නාවූ [යෝගය, එකඟකම

U'nion, *s.* එක්වීම, සම්බන්ධවීම, සං

U'nion-jack, *s.* ඉංග්‍රීසි කොඩිය

Unique', *a.* අනිකකට අසමානවූ, විශේෂ ගුණයක් ඇති

U'nison, *s.* සම ශබ්දභාව, එකඟකම

U'nit, *s.* එක, ඒකප්‍රමාණය, ඒකස්ථානය

Unite', *v.* සන්ධිකරණවා, සම්බන්ධකරණවා, එකතුකරණවා, එකමුතු වෙනවා [ගිකම

U'nity, *s.* ඒකත්වය, එකඟකම, සම

Univer'sal, *a.* සර්වසාධාරණවූ, සියල්ල අඩංගුවූ

Universal'ity, *s.* සමස්තභාවය, සියල්ල අඩංගුවීම, සෑමතැනම පැවතීම

Univer'sally, *ad.* සර්වසාධාරණලෙස, සමස්තාකාරයෙන්, සෑමදේ ගැණම

U'niverse, *s.* සියලු මැවිල්ල, මුලු ලෝකය [ප්‍රධාන ශාස්ත්‍රශාලාව

Univer'sity, *s.* අග්‍රපාඨශාලා සභාව,

Unjust', *a.* අසාධාරණ, අයුතු, අනඩු

Unjus'tifiable, *a.* නිදෝෂකළ නොහැකි, දෝෂාරෝපණීය

Unkempt', *a.* හිසකෙස් පීරලානැති, අශිෂ්ටාචාර

Unkind', *a.* අකාරුණවන්ත

Unkind'ly, *ad.* අකාරුණවන්තලෙස, දයාගුණනැතිලෙස

Unknow'ingly, *ad.* දැනනොගෙණ, නොදැනුවත්ව [දත්, අප්‍රකාශ

Unknown', *a.* දැනගන්ටනැති, නො

Unlaw'ful, *a.* නඩුවාසියට විරුද්ධවූ, අවසරනැති

Unlaw'fully, *a.* නීතියට විරුද්ධලෙස, අයුතුලෙස, අවසරනැතුව

Unleav'ened, *a.* මුහුන් නොදැමූ, ඇඹුල් නුමුසු [ත්, නැත්නම්

Unless'. *conj* හැර, විනා, මිස, නො

Unlet'tered, *a.* නූගත්, අපණ්ඩිත

Unlike', *a.* අසමාන, අසදෘශ

Unlike'ly, *a.* වෙන්ට නුපුළුවන් ලෙස පෙණෙන, අනුමාන [ණ, අනියම්

Unlim'ited, *a.* සීමානොකළ, අප්‍රමා

Unload', *v.* බඩුබානවා [රණවා

Unlock', *v.* යතුරු අරිනවා, විවරක

Unluck'ily, *ad.* අවාසනාවට, අභේතුවන්තලෙස [තුවූ, අපල

Unluck'y, *a.* අවාසනාවන්ත, අභේ

Unman'ageable, *a.* නිකරුකරන්ට බැරි, නොහික්මෙන [අවිවාහක

Unmar'ried, *a.* විවාහනොවී සිටින,

Unmean'ing, *a.* කිසි අර්ථයක් නැති

Unmer'ciful, *a.* දයාබරහුනුවූ, කෲර

Unmer'cifully, *ad.* කරුණා නැති ලෙස, අදයාවන්තලෙස, කෲරලෙස

Unmer'ited, *a.* ලැබෙන්ට නුසුදුසු, අයුතු, නොවටිනා [විෂම

Unmind'ful, *a.* නොසැලකිලි, අප්‍ර

Unmin'gled, *a.* අමිශ්‍ර, පිරිසිදු

Unmit'igated, *a.* අඩුනොකළාවූ, ස හනයක් නුදුන්නාවූ

Unnat'ural, *a.* අස්වාභාවික, අමනුෂ්‍ය

Unnat'urally, *a.* අස්වාභාවිකලෙස, ස්වාභාවිකත්වයට විරුද්ධලෙස

Unnec'essarily, *ad.* ඕනෑකමක් නැතුව, නිකරුණේ [නොකරණ

Unnec'essary, *a.* කමක්නැති, ඕනෑ

Unnerve', *v.* අධෛර්‍යකරණවා, දුර්වලකරණවා [කළ, නොතැකූ

Unno'ticed, *a.* නුදුටුවූ, සැලකිලි නො

Unobjec'tionable, *a.* විරුද්ධකමක් නැත්තාවූ, නිවරදවූ

Unobserv'ant, *a.* සිතට නොගන්න, නොසැලකිලි [ධා නැති, අබාධ

Unobstruct'ed, *a.* නහනම්නැති, බා

Unoc'cupied, *a.* පදිංචිනැති, හිස්, වැඩක යෙදී නැති

Unoffend'ing, *a.* අනුන් අමනාප නොකරණ, අහිංසක

Unostenta'tious, *a.* අහංකාර නැත් තාවූ, උඩඟුකම් නොපාන [වාපු

Unpaid', *a.* නොගෙවූනාවූ, නොගෙ

Unpar'alleled, *a.* අසමානවූ, අතුල්‍ය

Unpar'donable, *a.* ක්ෂමාකළ නො හැකි [වන්, නොදැනෙන

Unperceiv'able, *a.* දක්නට නුපුළු

Unpleas'ant, *a.* අප්‍රසන්න, අප්‍රිය

Unpleas'antly, *ad.* අප්‍රසන්නලෙස, අප්‍රියලෙස, අමිහිරිලෙස

Unpop'ular, *a.* මහජනයා ප්‍රසන්න නොවන [නිදර්ශනයක් නැති

Unprec'edented, *a.* අනාදෘශ, පූර්ව

Unprej'udiced, *a.* පූර්වමතියක් නැත් තාවූ, අපාක්ෂගතිවූ

Unprepared', *a.* කලින් පිළියෙළ නොකළාවූ, සූදානම්නැති

Unpretend'ing, *a.* ලොකුකම් නොපා න, ආඩම්බරනොවන, යටත්පහත්

Unprin'cipled, *a.* අධර්මික, අසත්පු රුෂ, දුගති [නිෂ්ප්‍රයෝජන

Unpro'fitable, *a.* ලාභ නොලැබෙන,

Unpro'fitably, *ad.* ලාබනොලබා, ඵල නැතුව, නිෂ්ඵලලෙස

Unprom'ising, *a.* පලලැබෙන බලා පොරොත්තු නැති, අසලකුණ

Unpub'lished, *a.* ප්‍රසිද්ධ නොකළාවූ

Unpun'ished, *a.* දඬුවම් නොලැබූ

Unqual'ified, *a.* ඕනෑගුණ නැති, අ යෝග්‍ය, අපරිමිත [කිවූ

Unquench'able, *a.* නිවන්ට නොහැ

Unques'tionably, *ad.* කිසිසැකයක් නැතුව, අවශ්‍යයෙන්ම

Unrav'el, *v.* ලිහනවා, දිගඅරිණවා, වියවුල පහදනවා

Unrea'sonable, *a.* පොදු සැණයට හුරුනැති, ඉතා වැඩි, අයුතු

Unrea'sonably, *ad.* සිහියටහුරුනැතිලෙස, අයුතුලෙස, හුදුහුහරමට වැඩියෙන්

Unredeemed', *a.* මුදවානොගත්, ඉණව නොකළ [අහගති

Unregen'erate, *a.* සිත අලුත්වුනාවූ,

Unrelent'ing, *a.* බුරුලක් නොදෙන, කිසි අනුකම්පාවක් නැති

Unreserved', *a.* ඉතුරුනොකළාවූ, සැඟවිලි නැති, සම්පූර්ණ

Unreserv'edly, *ad.* ඉතුරුනොකර, නොසඟවා, නිදහස්ලෙස, සම්පූර්ණයෙන්ම

Unrest', *s.* නිඃකලංකනැතිකම, අශාන්තිය, කලබල ස්වභාව

Unrestrained', *a.* නොවැලැක්වූ

Unright'eous, *a.* අධර්මික; අධර්මිෂ්ඨ, පාපිෂ්ඨ

Unright'eously, *ad.* අධර්මිකලෙස, අසාධාරණලෙස, පාපිෂ්ඨලෙස

Unripe', *a.* අමු, නොපැසුන

Unri'valled, *a.* අසමානවූ, අසහාය

Unru'liness, *s.* අකීකරුකම, නොහික්මුම්කම, කුළුගතිය

Unru'ly, *a.* කීකරුකළ නොහැකි, නොහික්මුම, කුලැටි

Unsafe', *a.* අනතුරුවෙන් නොමිදුන, අනතුරුසහිත

Unsay', *v.* කියාපු දේ අත්අරිණවා

Unscathed', *a.* අනතුරුනොවී, තුවාලනොලබා

Unscrip'tural, *a.* ශුද්ධලියවිල්ලට එකඟනැති [බැරි; අවිනතය

Unsearch'able, *a.* සොයා දැනගන්ට

Unsearch'ableness, *s.* සොයා දැනගතනොහැකිකම, ගැඹුරු ගුණය, අවිනතතාව

Unseem'liness, *s.* අශෝභනතාව, නොමෙහාබිනාකම [ගෙන

Unseem'ly, *a.* අශෝභන, නොසෑ

Unseen', *a.* නොපෙණෙන

Unser'viceable, *a.* පාවිච්චිකළ නොහැකි, අප්‍රයෝජන

Unset'tle, *v.* සොලවනවා, කලඹනවා, අස්ථිරකරණවා [ගන්නවා

Unsheathe', *v.* කොපුවෙන් ඇදලා

Unsight'ly, *a.* ඇසට අප්‍රිය, අවලක්ෂණ

Unskil'ful, *a.* අදක්ෂ, අසමර්ථ

Unso'ciable, *a.* සමාගමට නොසෑහෙන්නාවූ [දි, අසත්‍ය

Unsound', *a.* පලිදුවූ, නරක්වූ, වැර

Unsound'ness, *s.* පලුදු ගතිය, සදොස්කම, අසම්‍යක්තාව, ගිලන්භාවය

Unspeak'able, *a.* කියන්ට බැරිවූ, අවචනීය [රණ

Unspok'en, *a.* නොකී, කථානොක

Unsta'ble, *a.* සෙලවෙන, අනිස්ථිර

Unstead'y, *a.* චංචල, චපල, වෙනස්වෙන [ළාවූ

Unstud'ied, *a.* කලින් පුරුදුනොක

Unsuccess'ful, *a.* ඉෂ්ටනොවූ, හරි නොගිය, පලක් නොලැබෙන

Unsuccess'fully, *ad.* ඉෂ්ටනොවෙන ලෙස, පලක් නොලබා [නා

Unsuit'able, *a.* නුසුදුසු, නොසෑහෙ

Unsuit'ably, *ad.* නුසුදුසුලෙස, අයෝග්‍යලෙස, නොසෑහෙනාපරිද්දෙන්

Unsuspi'cious, *a.* ශංකා නොකරන්නාවූ, සැක නූපදවන

Untaught', *a.* නූගත්වනාලද, නූගත්

Unthank'ful, *a.* කෘතිවනත නොවන, ගුණේ නැති

Unthink'ing, *a.* කල්පනා නැති

Unthink'ingly, *ad.* කල්පනා නැතුව, අප්‍රවේසම්ලෙස

Unthought'ful, *a.* පරීක්ෂා නැති

Unthrift'y, *a.* පමණනොදන වියදම් කරන්නාවූ

Unti'dy, *a.* ශෝභන අන්දමට ගේ දොර ඇඳුම් පැලඳුම් තබානොගන්නාවූ

Untie', *v.* ලිහනවා

Until', *ad.* & *prep.* දක්වා, තුරු, තෙක්, එතකල් [රිදුනුවූ

Untime'ly, *a.* අකාලවූ, වේලාවට හ

Un'to, *prep.* ට, හට

Unto'ward, *a.* නොකීක්වෙන, අපහසු

Untrained', *a.* නොහුරුගැන්නුවාවූ, පුරුදුනූනාවූ, කෝඩු

Untried', *a.* පරීක්ෂාකරණු නොලැබූවාවූ, අත්හදා නොබැලූ

Untrue', *a.* සැබෑ නැති, බොරු

Untrust'worthy, *a.* විශ්වාසකළ නොසුතු

Untruth', *s.* අසත්‍යතාව; බොරුව

Unu'sual, *a.* අසාමාන්‍යවූ, අපූරු

Unu'sually, *ad.* අසාමාන්‍යලෙස, සාමාන්‍ය තරමට වඩා, නුපුරුදු අකාරයට

Unut'terable, *a.* කියනොහැකිවූ

Unwar'rantable, *a.* අවසර නැත්තාවූ, අයුතු, අනිසි

Unwell', *a.* අසනීපයෙන් සිටින

Unwhole'some, *a.* ගුණ නැති, අපථ්‍ය, අවැඩදායක [කැමති

Unwil'ling, *a.* කැමතිනැති, නො

Unwise', *a.* නුනුවන, නැණසීන

Unwit'tingly, *ad.* නොදැනුවත්ව

Unwor'thy, *a.* නොවටින්නාවූ, නොසෑහෙන, නීච [වූ

Unwrit'ten, *a.* ලියානැති, කටවචන

Up, *ad.* උඩ, උඩට, ඉහල

Upbraid', *v.* දොෂාරෝපණකරණවා, අවලාදකරණවා

Upheave', *v.* උස්සනවා, ඉහළගන්නවා, ඉහත්කරණවා [කර

Uphill', *a.* නගින්නාවූ, අමාරු, දුෂ්

Uphold', *v.* උසුලනවා, ධරණවා, රක්ෂාකරණවා [බඩු සපයන්නා

Uphol'sterer, *s.* ඇඳපුටු ආදි ගෙයි

Upon', *prep.* උඩ, පිට, මතුපිට, ගැණ

Up'per, *a.* උඩ, ඉහල, උසස්

Up′right, *a.* ඇදනැති,අවංක,ධර්මිෂ්ඨ

Up′rightly, *ad.* ඍජුලෙස, කෙලින්

Up′rightness, *s.* ඇදනැතිකම, අවංකතාව, අවංකකම

Up′roar, *s.* කෝලාහලය, කලහය

Uproar′ious, *a.* කෝලාහලසහිත, ඝෝෂාකාර [ණවා

Upset′, *v.* පෙරළනවා; නිෂ්ප්‍රභාකර

Up′shot, *s.* තීන්දුව, නිමාව, අවසානඵලය [බුල්ව

Up′side-down, *ad.* පිටපෙරළී, විය

Up′start, *s.* හීනභාවයක සිට උසස්කමට හදිස්සියෙන් පැමිණෙන්නා

Up′ward, Up′wards, *ad.* උඩට, උඩඅතට, ඉහලට, වඩා

Ur′ban, *a.* නගරයට අයිති, නාගරික

Urbane′, *a.* ආචාරවන්ත, ශිෂ්ටාචාර

Urban′ity, *s.* ආචාරවන්තකම, ශිෂ්ටාචාරගතිය [වා

Ur′chin, *s.* කබල්ලෑවා, කොලුපැංචා

Urge, *v.* පොළඹනවා, බලකරණවා, බොහෝකොට ඉල්ලනවා

Ur′gency, *s.* මහත් ඕනෑකම, උදක්ම ඉල්ලීම, පෙරත්තය [වැදගත්

Ur′gent, *a.* තදබල ඕනෑකම් ඇති,

Ur′gently, *ad.* ඉතා ඕනෑකමින්, වැදගත්ලෙස, උදක්ම

U′rinal, *s.* මූත්‍රභාජනය, කෙසකිළිය

U′rine, *s.* මූත්‍රය, ප්‍රස්‍රාවය

Urn, *s.* භාජනයක්,ලෝහ පුතුරුවක්

Us, *pron.* අප

Us′able, *a.* පාවිච්චිකළහැකි, වැඩගන්ට පුළුවන් [විහාර, සිරිත

Us′age, *s.* පාවිච්චිය, ව්‍යවහාර විධිය,

Use, *v.* පාවිච්චිකරණවා, භාවිතාකරණවා, වැඩවිදිනවා *s.* පාවිච්චිය, භාවිතාව, පුරුද්ද, ප්‍රයෝජනය

Use′ful, *a.* ප්‍රයෝජනවත්, වැඩදායක

Use′fulness, *s.* ප්‍රයෝජනවත්කම, වැදගැන්ම [ඩ ඇති ආකාරයට

Use′fully, *ad.* ප්‍රයෝජනවත්ලෙස,වැ

Use′less, *a.* ප්‍රයෝජන නැති, වැඩනැති, නිෂ්ඵල

Use′lessness, *s.* ප්‍රයෝජන නැතිකම, අප්‍රයෝජනය, වැදගැන්මක්නැතිකම

Ush′er, *s.* අඩුන්වාදෙන්නා, උප ගුරුන්නාන්සේ *v.* ඉදිරිපිටට ගෙණෙනවා, පෙරටුව යනවා

U′sual, *a.* ව්‍යවහාර, පුරුදු, සාමාන්‍ය

U′sually, *ad.* සාමාන්‍යලෙස, පුරුදුප්‍රකාර, වැඩිකොටම

U′surer, *s.* කාසි පොළියටදෙන්නා, අධික පොළිගන්නා [ගන්නවා

Usurp′, *v.* අයුක්තියෙන් අධිකාර

Usurpa′tion, *s.* අයුක්තියෙන් අත්කරගැණීම, අයුතුලෙස භුක්තිවිඳීම

Usurp′er, *s.* සම්පතක් හෝ බලය හෝ අයුක්තියෙන් අල්ලාගන්නා

U′sury, *s.* පොළිය, අධික පොළිය

Uten′sil, *s.* බඩුව, භාජනය, හැළිය

Utilisa′tion, *s.* ප්‍රයෝජනවත් වැඩකට පාවිච්චිකිරීම

U'tilise, *v.* ප්‍රයෝජනවත් දෙයකට ගන්නවා, වැඩදායකලෙස පාවිච්චි කරණවා

Util'ity, *s.* ප්‍රයෝජනවත්කම

Ut'most, *a.* ඉතා දුර, ඉතාමත්ම, උදක්ම *s.* ඉතා වැඩි ප්‍රමාණය

Uto'pian, *a.* නිකම් සිතිවිල්ලක්වූ, සිදුවියනොහැකි, අභූත

Ut'ter, *a.* මුළුමනින්මවූ, සම්පූර්ණ

Ut'ter, *v.* කියනවා, තෙපලනවා, දොඩනවා [කාරණ අත්දම

Ut'terance, *s.* කීම, ශබ්දකෙරීම, කථා

Ut'termost, *a.* ඉතා දුර, අති ප්‍රමාණ *s.* ඉතා අධික ප්‍රමාණය

U'vula, *s.* උඩුදිව, රසදිව

V

Va'cancy, *s.* හිස්කම, පාළුකම, ඇබෑර්තුව, පුරප්පාඩුව, අවකාශය, ඉඩ [පනා නැති

Va'cant, *a.* හිස්, පාළු, නිදහස්, කල්

Vacate', *v.* අවකාශකරණවා, අහක් වෙනවා [ඩුව, නිවාඩු කාලය

Vaca'tion, *s.* ඇබෑර්තුකෙරීම, නිවා

Vac'cinate, *v.* අත්විදිනවා, එන්නත් කරණවා [නත්කෙරීම

Vaccina'tion, *s.* අත්විදීම, අත් එන්

Vacci'nator, *s.* අත්විදින අය

Vac'cine, *a.* එළදෙනුන්ගෙන් ලබාගත්ත, ගෙරි [වෙනවා

Vac'illate, *v.* වැනෙනවා, අනිස්ථිර

Vacilla'tion, *s.* වැනීම, චංචලවීම, දෙගිඩියාව [කාශය

Vacu'ity, *s.* හිස්කම, හිස්තැන, අව

Vac'uum, *s.* සම්පූර්ණ හිස්කම, ශූන්‍යාවකාශය

Vag'abond, *s.* පාදඩයා, අවලම්

Vagar'y, *s.* සිතිවිලි මුළාවයාම; විකාරය, විගඩම [කට නැති ජීවිතය

Va'grancy, *s.* පාදඩකම, නියම විධිය

Va'grant, *s.* පාදඩයා, කාඩයා

Vague, *a.* නියම නැති, අනුමාන, දූසාමාන [ලෙස

Vague'ly, *ad.* අනියම්ලෙස, අනුමාන

Vague'ness, *s.* අනුමානකම, දූසාමානගතිය, පැහැදිලිනැතිකම

Vain, *a.* ආඩම්බර, නිෂ්ඵල, හිස්, නිරර්ථක

Vainglo'rious, *a.* නිෂ්ඵල අහංකාර ඇති, ගරුකම් කථාකරණ

Vainglo'ry, *a.* ආඩම්බරය, බොරු අහංකාරය [ලෙස, නිකරුණේ

Vain'ly, *ad.* ආඩම්බරලෙස, නිෂ්ඵල

Val'ance, *s.* ඇඳක තැන්දේ ලොච්චිය, ජනේලේ ලොච්චිය

Vale, *s.* තැනිතලාව, මිටියාවත

Valedic'tion, *s.* ශුභසිද්ධවේවා කීම, ආයුබෝවන් කීම

Valedic'tory, *a.* ආයුබෝවන් කියන, අන්තිම ආචාරය සම්බන්ධ, සමුගන්නාවූ

Val'et, *s.* අතවැසි මෙහෙකරුවා

Valetu'dinarian, s. සනීප සොයන්නා, ගිලනා
Val'iant, a. වික්‍රමවූ, ධෛර්‍ය්‍යමත්
Val'iantly, ad. වික්‍රමලෙස, ධෛර්‍ය්‍යමත්ලෙස, දක්ෂලෙස
Val'id, a. බලේ ඇති, සවි, සැබෑ, සම්මත්, වලංගු
Valid'ity, s. ස්ථිරකම, වලංගුකම
Valise', s. ගමන්යාමට ගන්නා හම් මල්ලක් [න සළාතය
Val'ley, s. මිටිගැන, මිටියාවත, නිම්
Val'our, s. ධෛර්‍ය්‍යය, නිර්භීතකම, ශූරතාව [ශූරවීර
Val'orous, a. ධෛර්‍ය්‍ය ඇති, නිර්භීත,
Val'uable, a. අනඝ, අගේ ඇති, මාහැඟි, වටිනා [ම, අගය
Valua'tion, s. තක්සේරුව, වටිනාක
Val'uator, s. මිලකරන්නා, තක්සේරුකාරයා
Val'ue, s. වටිනාකම, මිලගණන, ගුණය, හරි අගය v. තක්සේරුකරණවා, මිලකරණවා, අගයතබනවා
Val'ueless, a. වටිනාකමක්නැති, අගේනැති, නිෂ්ඵල
Valve, s. අකුලන දොර, එක අතකට පමණක් ඇරෙණ පියන, පියල්ල
Van, s. ඉස්සරහ රංචුව, යුද්ධ හමුදාවක පෙරමුන, ලොකු සැහැල්ලු කරත්තය [වජ්‍යා
Van'dal, s. ශිල්පශාස්ත්‍ර සතුරු, මෙල්
Van'dalism, s. ශිල්පශාස්ත්‍ර නැසීම, ශිෂ්ටාචාරයට සතුරුකම, මෙල්ච්ඡතාව

Vane, s. සුලඟට වැනෙණ ලකුණ, සුලංහමින දිසාව දක්වන තහඩුව
Van'guard, s. පෙරමුනේ මුරකාර සේනාව [ගෙඩිජාතියක්
Vanil'la, s. වියලි සුවඳ ඇති කරල් හෝ
Van'ish, v. නොපෙනී යනවා, අන්තර්ධානවෙනවා [බොරුගම්භීරය
Van'ity, s. ආඩම්බරය, නිෂ්ඵලකම,
Van'quish, v. පරාජයකරණවා, ජයගන්නවා
Van'tage, s. වාසිය [ලාභික
Vap'id, a. ඕජසනැති, රසනැති, ම
Va'porise, v. මීදුම කරණවා, දුමාරගතියට වෙනස්කරණවා
Vaporisa'tion, s. උෂ්ණයෙන් මීදුම කිරීම, දුමාරගතියට පමුණුවීම
Va'porous, a. මීදුම්සහිතවූ, මීදුම් වැනිවූ, සත්‍යකනැති
Va'pour, s. මීදුම, දුමාරය
Va'poury, a. මීදුම්ගහනවූ, අප්‍රසන්න ස්වභාවක් ඇති [පල
Va'riable, a. වෙනස් වෙන්නාවූ, ච
Va'riableness, Variabil'ity, s. වෙනස්වෙනගතිය, අස්ථිරතාව, චපලත්වය [ශක්දෘ
Va'riance, s. විරුද්ධතාවය, විවාදය,
Varia'tion, s. වෙනස්වීම, වෙනස ප්‍රභේද ප්‍රමාණය
Var'icose, Var'icous, a. නහරයක් මෙන් ඉදිමී තිබෙන
Va'riegate, v. වෙනස් පාට කරණවා, විසිතුරුකරණවා

Variega'tion. *s.* නානාවර්ණකිරීම, විසිතුරුකිරීම, විචිත්‍රභාවය
Vari'ety, *s.* වෙනස් අකාරවීම, නානාවිධී, අනේක ප්‍රකාරබව
Va'rious, *a.* නොයෙක්, නානාප්‍රකාර, නෙතක
Var'let, *s.* මෙහෙකාරයා, තක්කඩියා
Var'nish, *s.* ඔප තෙල්, ඔප සායම *v.* ඔප තෙල් ගානවා, ඔපදමා තියනවා
Va'ry, *v.* වෙනස්කරණවා, නානාප්‍රකාර කරණවා, වෙනස්වෙයවා
Vase, *s.* අලංකාර භාජනයක්
Vas'sal, *s.* වැඩිරාජකාරි කරන්නා, ප්‍රවේණිකාර දාසයා [යටහත්කම
Vas'salage, *s.* ප්‍රවේණිකාර දාසකම,
Vast, *a.* මහත්, ඉතා විශාල
Vast'ly, *ad.* ඉතා විශාලලෙස, මහාභාරදූරලෙස, අතිශයින් [ලකම
Vast'ness, *s.* ඉතා මහත්කම, අති විශා
Vatic'inate, *v.* දිව්‍ය කියනවා
Vaticina'tion, *s.* දිවස්කීම, අනාගත වාක්‍යය
Vault, *s.* අඩ් කව පියස්ස, බෝක්කුව, ගුහාව, සොහොන් ගේ
Vault, *v.* කවහැඩයට සාදනවා, වහල බෝක්කු තමා සාදනවා, පණිනවා, පිළුම්අල්ලනවා
Vault'ed, *a.* බෝක්කු ආකාරවූ, අරුක්කු හැඩිට සෑදුවාවූ
Vaunt, *v* පාරට්ටුකරගන්නවා *s.* කිස් පාරට්ටුව
Veal, *s.* වස්සු මස්
Veer, *v.* හැරෙණවා, කරකැවෙනවා
Veg'etable, *s.* වෘක්ෂලතාදිය, එලවළු, පලා
Vegeta'rian, *s.* මනුෂ්‍යයා විසින් අහාරකොට ගතයුතු එලවළු පමණක්ය යන මතය දරන්නා, මස්කෑමෙන් වලකින්නා
Vegeta'rianism, *s.* එලවළු ධාන්‍යාදිය පමණක් කෑම, අමාංස භක්ෂණ ධර්මය
Veg'etate, *v.* වැවෙනවා, ලියලනවා
Vegeta'tion, *s.* වැවීම, පැලවීම, ගස්කොලන්; පලතුරු
Ve'hemence, *s.* බලතරකම, වේගය, ඉතා උතන්දුකම [තා උතන්දු
Ve'hement, *a.* බලගතු, වේගවත්, ඉ
Ve'hemently, *ad.* බලගතුලෙස, තද බල අකාරයෙන්, ඉතා ජවලිතලෙස
Ve'hicle, *s.* වාහනය, ගැල, කරත්තය, යානාව
Veil, *s.* මුහුණුවැස්ම, තිරය, වහනතාරව *v.* මුහුණුවැස්මක් දමනවා, තිරයකින් වසනවා, සඟවනවා
Vein, *s.* ලේ නලය, නහරය, විවරය, තුනී තට්ටුව, හිතේ අන්දම
Vel'lum, *s.* සිනිඳු හම් පත්‍රය
Veloc'ity, *s.* ශීඝ්‍රතාව, වේගය, වේග ප්‍රමාණය
Vel'vet, *s.* විල්ලුද
Vel'vety, *a.* විල්ලුදයෙන් සෑදූ හෝ ඊට සමාන, සිලුටු

Ve'nal, *a.* විකුණන්ට පුළුවන්වූ, මිලේට ගතහැකිවූ

Vend, *v.* විකුණනවා

Vend'er, Vend'or, *s.* විකුණන්නා, විකුණුම්කාරයා [ණෙන

Vend'ible, *a.* විකිණිය හැකි, විකි

Veneer', *v.* ලී තහඩු ගහනවා *s.* වස්න තුනී ලී තහඩුව

Ven'ernble, *a.* ගෞරව කටයුතුවූ, පූජ්‍ය, තලතුනා, ආයුෂමත්

Ven'erate, *v.* ගෞරවකරණවා, ඉතා ගරුනම්බු දෙනවා

Venera'tion, *s.* ඉතා ගෞරවයෙන් සැලකීම, පූජනීය භාවය

Vene'real, *a.* මෛථුන සේවනයෙන් හටගත්තාවූ, මෛථුන

Ven'geance. *s.* පළිගැණීම, අවවූදීම

Venge'ful, *a.* පළිගැණීමට ලැදිවූ, එදිරි පිරිමසන [බරපතලදනාවූ

Ve'nial, *a.* ක්ෂමාවෙන්ට පුළුවන්වූ,

Ven'ison, *s.* දඩයම් මස්, මුවමස්

Ven'om, *s.* විෂ, විස, වෛරය

Ven'omous, *a.* විසකුරු, එදිරිකාර, කුඹුකෙක්වූ

Vent, *s.* වාතය පිටවීමට කුඩා සිදුර, දියබිල, දුම්නලය *v.* බිලකින් පිට කරණවා, එලියට අරිණවා, වාස්ස නවා

Ven'tilate, *v.* පවන්ගහනවා, වාතය ඇතුල්වීමට ඉඩ සලස්සනවා, ප්‍රසිද්ධයේ විසඳවනවා

Ven'tilation, *s.* පවන්ගැසීම, වාත මාර්ගය [ූහය

Ven'tricle, *s.* කුඩා කුහරය, හෘදකු

Ventril'oquise, *v.* අන්තැනකින් ඇසෙනලෙස කථාකරණවා, ඉන්ද්‍රජාලා කාරයෙකු කථාකරණවා [යා

Ventril'oquist, *s.* ඉන්ද්‍රජාල කථාකාර

Ventril'oquism, Ventril'oquy, *s.* අන් තැනකින් හෝ අන් කෙනෙකු ගෙන් ඇසෙනාකාර කථාකිරීම, ඉන්ද්‍රජාල කථනය

Ven'ture, *s.* යමක්වීමේ අනුමානය, අනතුරුවියහැකි ස්වභාව, උපද්‍රව නොසලකා කිරීම *v.* උපද්‍ර නොසලකා කරණවා, බාධා නොතකා ධෛර්‍ය්‍යයෙන් ක්‍රියාකරණවා

Ven'turous, Ven'turesome, *a.* වියහැකි අනතුරු නොසලකා ක්‍රියාකරන්නාවූ, ධෛර්‍ය්‍යමත්

Ve'nus, *s.* ශුක්‍ර තාරකාව, සිකුරු

Vera'cious, *a.* සැබෑව කථාකරණ, සත්‍යවාදී [කීම

Verac'ity, *s.* සත්‍යවාදීකම, සැබෑව

Veran'dah, *s.* ඉස්තෝප්පුව, පිල

Verb, *s.* ක්‍රියා පදය, ක්‍රියා වචනය

Ver'bal, *a.* වචන සම්බන්ධ, වාක්‍යවූ, පදනී, කටින් කියන

Verba'tim, *a.* වචනයෙන් වචනයට වූ, පදගතානී

Verb'iage, *s.* වචන වැඩිකම, ඕනෑවාට වඩා වචන දමා කථාකිරීම

Verbose', *a.* වචන වැඩිවූ, වචනවලින් පිරුණාවූ

Ver'dant, *a.* අමු පාටවූ, සමෘද්ධ, ලපටි

Ver'dict, *s.* නඩුතීන්දුව, නිශ්චය

Ver'digris, *s.* පිත්තල මල, තිල් මල නඹ

Ver'dure, *s.* පලා වර්ණය, අමුපාට

Verge, *v.* නැමෙනවා, ලංවෙනවා, අද්දරට තිබෙනවා *s.* අද්දර, අහබව, සීමාව [කාරයා, පල්ලියේ අප්පු

Verg'er, *s.* මහාපල්ලියක පණිවිඩ

Ver'ifiable, *a.* සැබෑ බව ඔප්පුකරන්ට පුළුවන්

Verifica'tion, *s.* සැබෑ බව ඔප්පුකිරීම, යමක් හරිය කියා ස්ථිරලෙස දක්වනු ලැබීම

Ver'ify, *v.* සැබෑ බව ඔප්පුකරණවා, හරිය කියා ස්ථිරකරණවා

Ver'ily, *ad.* සැබවින්ම, ඒකාන්තයෙන්ම [බෑ

Ver'itable, *a.* ඇතිසැටිවූ, සත්‍ය, සැ

Ver'ity, *s.* සත්‍යකම, සත්‍යය, සැබෑව

Vermil'lion, *s.* සාදිලිංගම්, ගන්ධක මිශ්‍ර රසදිය, තිහුල්

Ver'min, *s.* පණුවෝ, අධම කුඩා සත්තු [සිති

Vernac'ular, *a.* ජම්ම, ස්වදේශයට අ

Ver'nal, *a.* වසන්ත කාලයට අයිති, වසන්ත, තරුණ

Ver'satile, *a.* වෙනස් වෙන්නාවූ, අස්ථිර, චපල, නානාප්‍රකාර

Versatil'ity, *s.* වෙනස්වෙනසුලු ගුණය, ස්ථිරනැතිකම, චපලකමය

Verse, *s.* කවි පදය, ගාථාව, කවිය, පදය [දුඹු, නිපුණවූ

Versed, *a.* පුහුණුකලාවූ, පල පුරු

Versifica'tion, *s.* කවි පදබැඳීම, පද්‍යරචනාව [නාකාරයා

Vers'ifier, *s.* කවිසාදන්නා, පද්‍යරච

Vers'ify, *v.* කවි පදබඳිනවා, පද්‍යරචනාකරණවා, කවියෙන් කියනවා, පද්‍යයට නගනවා

Ver'sion, *s.* පිටපත, සන්නය, කියමන

Ver'sus, *prep.* විරුද්ධව

Vert'ebra, *s.* පිටිකොන්දට අයිති කුඩා ඇටයක්:—*pl.* Vertebræ, පිටිකොන්දේ ඇට, කොඳුඇටය, කශේරුව [කොඳුඇටය ඇති

Vert'ebral, *a.* පිටිකොන්ද සම්බන්ධ,

Vert'ebrate, *s.* පිටිකොන්දක් ඇති සතා, කශේරු සඬයා *a.* පිටිකොන්දක් ඇත්තාවූ

Vert'ical, *a.* මුදුනෙහිවූ, මුදුන්වී තිබෙන [ල

Verti'go, *s.* තෝන්තුවීම, කරකැවිල්ල

Verve, *s.* කිවියරයෙකු හෝ ශිල්පියෙකු තුළ හටගන්නා ජ්වලිතය, උනන්දුකම [හොම

Ver'y, *a.* සැබෑ, එම *ad.* ඉතා, බො

Ves'icle, *s.* බිබිල, දියබුබුල, බුබුලක් වැනි සිදුර

Ves'per, *s.* සන්ධ්‍යාව, සැන්දෑ තරුව

Ves'sel, *s.* භාජනය, භාණ්ඩය, නැව, ලේ නහරය

Vest, *s.* ඇඳුම, ඇතුල් කොට කබාය

Vest'al, *a.* නිර්මල කන්‍යාවූ, පතිව්‍රතාවූ

Ves'tibule, *s.* ඇතුල්වෙන ශාලාව, වාසල, දොරටුව [නය

Ves'tige, *s.* අඩි ලකුණ, ශේෂලාඤ්ඡ

Vest'ment, *s.* ඇඳුම, පොරෝණුව

Ves'try, *s.* දේවස්ථානයේ ඇතුල් කාමරය

Ves'ture, *s.* වස්ත්‍රය, සළුව

Vet'eran, *s.* කල්ගිය පුරුදුකාරයා, යුද්ධයෙහි පලපුරුදු භේවායා

Vet'erinary, *a.* සතුන්ට වෛද්‍යකම්කරණ, පශුවෛද්‍ය

Ve'to, *s.* එපාකෙරීම, තහනම් බලය

Vex, *v.* කරදරකරණවා, හිරිහැරකරණවා, තරහකරණවා

Vexa'tion, *s.* හිරිහැරය, හිංසාව

Vexa'tious, *a.* කරදරඇති, තරහකරණ, කරදරසහිත, හිරිහැරඇති

Vexa'tiousness, *s.* කරදර සහිතකම, හිංසා ඇතිකම

Vi'aduct, *s.* මිටිතැනකට හෝ ගඟකට උඩින්දැමූ බෝක්කුපාර

Vi'al, *s.* කුප්පිය, කරඬුව

Vi'ands, *s. pl.* භෝජන, ආහර, කෑම

Vi'brate, *v.* එහා මෙහා පැදෙනවා, ලෙලවනවා [දීම

Vibra'tion, *s.* පැදීම, චලනය, ලෙල

Vi'bratory, *a.* එහා මෙහා පැදෙන, ලෙලන, චලන

Vic'ar, *s.* වෙන කෙනෙක් වෙනුවට ක්‍රියාකරන්නා, ප්‍රති දේවගැතියා

Vic'arage, *s.* ප්‍රති දේවගැති නිවාසය

Vica'rious, *a.* වෙනුවට කාරණ කරන්නාවූ, හිලව්වටවූ

Vice, *s.* දුෂ්ටකම, අවචරිතය, අවකල් ක්‍රියාව, නරකගතිය

Vicege'rency, *s.* අන්කෙනෙක් වෙනුවට අධිපතිකම්කිරීම, උප අණ්ඩුකාර නිලය

Vicege'rent, *s.* වැඩ බලන්නා, ප්‍රධානියෙකුගේ බල පාන්නා, උප අණ්ඩුකාරයා

Vicere'gal, *a.* යුවරාජන, අග්‍රරාජ

Vice'roy, *s.* යුවරජ, උපරජ

Viceroy'alty, Vice'royalship, *s.* උපරජකම, අග්‍රරාජත්‍වය

Vicin'ity, *s.* සමීප ස්ථානය, අසල

Vi'cious, *a.* දුෂ්ට, අනාචාර, නපුරු

Vi'ciousness, *s.* දුෂ්ටකම, අනාචාරය, ජඩකම [පෙරළීම, ව්‍යත්‍යාසය

Vicis'situde, *s.* මාරුව, වෙනස්වීම,

Vic'tim, *s.* බිල්ල, යාගය, නාස්තියට පැමිණි අය [කරණවා

Vic'timize, *v.* රවටා අලාභයට පත්

Vic'tor, *s.* ජයගන්නා, ජයලත්තා

Victo'rious, *a.* ජයගන්න, ජයගත්

Vic'tory, *s.* ජයගැනීම, ජය, දිනුම

Vict'uals, *s. pl.* කෑම, භෝජන

Vie, *v.* දිනුමට වාදවෙනවා, උතුම් වෙන්ට වීර්‍ය්‍යකරණවා

View, *s.* බැලීම, දැකුම, දර්ශනය, පෙණීම, සිතියම, අදහස *v.* බලනවා, කල්පනාකරබලනවා

Vig'il, *s.* නිදිමැරීම, රාත්‍රී ජේව ඉඳීම, උපවාසය [ප්‍රබෝසම

Vig'ilance, *s.* අවදිව සිටීම, රැකවල,

Vig'ilant, *a.* අවදිව බලා සිටින, ප්‍රවේසම්වූ [නත්දු

Vig'orous, *a.* ශක්තිමත්, බලගතු, උ

Vig'orously, *ad.* ශක්තිමත්ලෙස, බලගතු උත්සාහයෙන්

Vig'orousness, *s.* බලගතුකම, උනන්දුකම, ප්‍රාණවත්කම [කම

Vig'our, *s.* ශක්තිය, සවිය, ප්‍රාණවත්

Vile, *a.* නීච, අධුපාරම්, ජඩ, තුච්ඡ

Vilifica'tion, *s.* තුච්ඡකිරීම, අපකීර්තිකිරීම [යා නිග්‍රහකරණවා

Vil'ify, *v.* තුච්ඡකරණවා, සෝලම් කි

Vil'la, *s.* බංගලාව, විශ්‍රාම් ගෘහය

Vil'lage, *s.* ගම, ග්‍රාමය, ගොඩ

Vil'lager, *s.* ගම්වැසියා, ග්‍රාමවාසියා

Vil'lain, *s.* තක්කඩියා, ඉතා දුෂ්ටයා

Vil'lainous, *a.* තක්කඩි, අතිදුෂ්ට

Vil'lainously, *ad.* තක්කඩි ආකාරයෙන්, ඉතා දුෂ්ටලෙස, ජඩකම්න්

Vil'lainy, *s.* තක්කඩිකම, ජඩකම, දරුණු අපරාධය [ජය නලගැන්

Vin'cible, *a.* ජයගන්ට පුළුවන්, පරා

Vin'dicate, *v.* සාදකරණවා, නිදොෂකරණවා, යුක්තිය ඉෂ්ටකරණවා

Vindica'tion, *s.* නිදොෂකිරීම, ධර්මිෂ්ඨ බව පෙන්වීම, යුක්තිය ඉෂ්ටකිරීම

Vin'dicative, *a.* නිදොස් බව පෙන්වන, යුක්තිය ඉෂ්ටකරණ

Vin'dicatory, *a.* ධර්මිෂ්ඨකොට දක්වන්නාවූ, ප්‍රතිඵලදෙන, අව්වුකරණ

Vindic'tive, *a.* පළිගැණීමට ලැදිවූ, පළිගන්නාවූ

Vindic'tively, *ad.* පළිගන්න පිණිස

Vindic'tiveness, *s.* පළිගැණීමට ලැදි ගතිය

Vine, *s.* මුද්‍රික වැල, මිදිවැල

Vin'egar, *s.* විනාකිරි, කාඩි

Vin'eyard, *s.* මිදිවත්ත, මුද්‍රිකාරාමය

Vint age, *s.* මුද්‍රික ඵලදාව, මිදි එල නෙලන කාලය

Vint'ner, *s.* මුද්‍රිකපාන වෙළෙන්දා

Vi'ol, *s.* වීණා වර්ගයක් [කරණවා

Vi'olate, *v.* කඩකරණවා, දූෂණය

Viola'tion, *s.* කඩකෙරීම, බලාත්කාරය, දූෂණය, තනිස්නාබුව

Vi'olence, *s.* බලාත්කාරය, සැරකම

Vi'olent, *a.* බලවත්, තදබල, සැර

Vi'olently, *ad.* බලාත්කාරලෙස, තදබලලෙස, සැරේට [දුරු නිල්

Vi'olet, *s.* පල්පාට මල්වර්ගයක් *a.* අ

Vi'olin, *s.* වේණුව, රොබිකඤ්ඤය

Vi'olist, Vi'olinist, *s.* වේණ වාදයා, රොබිකඤ්ඤගාන්නා

Violoncel'lo, *s.* අතකිස්මැද තබා වයන පාත්ඇති තූර්ය භාණ්ඩයක්, මහා රොබිකඤ්ඤය

Vi'per, *s.* විෂසර්පයෙක්, වෛරකාරයා

Vi′perous, *a.* විෂ සර්පයෙක් වැනිවූ, වෛරකාර, කුඹුකේබූ

Vira′go, *s.* පුරුෂාකාර ස්ත්‍රී, පෙරළිකාරී

Vir′gin, *s.* කන්‍යාව, කන්‍යාංගනාව *a.* කන්‍යා, කන්‍යාකාර නොකිලුටු, අලුත්

Virgin′ity, *s.* කන්‍යාභාවය

Virid′ity, *s.* පලාවන්කම, අවු ගුණය

Vir′ile, *a.* පුරුෂ, පුරුෂාකාර, පුරුෂ ගති ඇති

Viril′ity, *s.* පුරුෂභාවය, පුරුෂ ගතිය, පිරිමිකම

Vir′tual, *a.* වස්තු ආකාරයෙන්වූ, ඇත්තේ ප්‍රකාරයටවූ

Vir′tually, *ad.* වස්තු සදෘශයෙන්, ඇත්තේ හැටියටනම

Vir′tue, *s.* ගුණය, සත්පුරුෂකම, සුචරිතය, ශුද්ධකම, බලය

Vir′tuous, *a.* සත්පුරුෂ, යහපත්, නොකැළැල්

Vir′tuously, *ad.* සත්පුරුෂලෙස, සුචරිතලෙස, සුශීලාකාරයෙන්

Vir′ulence, *s.* සැරකම, නපුරුකම, ක්‍රෝධය

Vir′ulent, *a.* විෂවූ, සැර, ක්‍රෝධකාර

Vir′us, *s.* ගඩු ආදියෙහි විෂ ද්‍රව්‍ය, බෝවීම හටගන්වන විස

Vis′age, *s.* මුහුණ, මුහුණුවර

Vis′cera, *s. pl.* ශරීරයෙහි ඇතුළත කොටස්, අන්ත්‍ර

Vis′cid, *a.* ලාටුවයවූ, ඇලෙන සුලුවූ

Viscid′ity, *s.* අන්ත්‍ර ලාටුමය නොහොත් ඇලෙන ගතිය

Vis′count, *s.* අමාත්‍ය ස්ථානාන්තර නාමයක්

Vis′cous, *a.* ඇලෙන ගතියක් ඇති, ඇලෙන්නාවූ

Visibil′ity, *s.* ඇසට පෙනෙන ස්වභාව, දෘශ්‍යමාන ගතිය

Vis′ible, *a.* දෘශ්‍යමානවූ, පෙනෙන්නාවූ

Vi′sion, *s.* දෘෂ්ටිය, දර්ශනය, දැකීම

Vi′sionary, *a.* නිරර්ථක පෙනීම පමණක්වූ, හිස් කල්පනා දරන්නාවූ, මෝඩ *s.* හිස් කල්පනා සිතටගන්නා, ශූන්‍ය ප්‍රාර්ථනා ඇති අය

Vis′it, *v.* බලන්ට යනවා, දකින්ට එනවා *s.* බලන්ට යාම

Vis′itant, *s.* බලන්ට යන්නා, අනිකෙක් දකින්ට එන අය

Visita′tion, *s.* බලන්ට යාම හෝ ඊම, විපාකය, දඬුවම

Vis′itor, *s.* දකගන්ට පැමිණෙන්නා, ආගන්තුකයා, සොදිසිකරබලන්නා

Vi′sor, *s.* වෙස්මූණ

Vis′ta, *s.* පෙනුම, දිසි දර්ශනස්ථානය

Vis′ual, *a.* දෘෂ්ටිය සම්බන්ධවූ, පෙනීමට අයිති

Vi′tal, *a.* ජීවනයට අයිතිවූ, ජීවත්වීමට උවමනාවූ

Vital′ity, *s.* පණ, ප්‍රාණවත්කම, ජීවිත බලය

Vi′tally, *ad.* ජීවිතයට අඩංගු ආකාරයෙන්, ඕනෑමකරණලෙස, අවශ්‍යයෙන්ම

Vi′tals, *s. pl.* ජීවිතයට අවශ්‍යක කොටස

Vit′iate, *v.* නරක්කරණවා, දූෂණය කරණවා

Vit'riol, *s.* තුත්තත්, පල්මාණික්කං

Vit'reous, *a.* වීදුරුවූ, වීදුරු සමාන, කාචක

Vit'rify, *v.* වීදුරු කරණවා, වීදුරුවෙනවා, කාචභාවයට පැමිණෙනවා

Vitu'perate, *v.* වරද තබනවා, බණිනවා [ම, අවලාදය

Vitupera'tion, *s.* වරදතැබීම, බැණි

Vitu'perative, *a.* වරද තබන, අවලාදකරණ, බැණුම්සහිත

Viva'cious, *a.* ප්‍රාණවත්, උනන්දු, සෙල්ලම්සහිත [දම් අකාරයෙන්

Viva'ciously, *ad.* ප්‍රාණවත්වලස, සර

Viva'ciousness, Vivac'ity, *s.* ප්‍රාණවත්කම, උනන්දු ගතිය

Viv'id, *a.* ප්‍රාණවත්වූ, හිතාවැදියන

Viv'ify, *v.* පණදෙනවා, ප්‍රාණවත්කරණවා

Vix'en, *s.* දබරකාරී, සණ්ඩුකාරී

Viz'ier, *s.* පූර්විග අමාත්‍යයා

Vo'cable, *s.* වචනය, වාචකය, නම

Vocab'ulary, *s.* වචනපොත, අකාරාදිය [කටහඬක් ඇත්තාවූ

Vo'cal, *a.* ශබ්දයෙන් පවත්වන්නාවූ,

Vocalisa'tion, *s.* කටහඬින් පැහැදිලිකර කිම, ශබ්දනගා කිම

Vo'calise, *v.* කටහඬින් කියනවා, ප්‍රාණස්වර අමා ශබ්දකරණවා

Voca'tion, *s.* නියම වැඩය, නිලය, කර්මාන්තය, ස්ථානාන්තරය

Voc'ative, *s.* අලපන විභක්තිය

Vocif'erate, *v.* මොරගසනවා

Vocifera'tion, *s.* මොරගැසීම, කෑගසා කිම ' [ආකාර

Vocif'erous, *a.* කෑගසන, ඝෝෂා ක

Vocif'erously, *ad.* කෑගසනසා, මහත් ඝෝෂා ඇතුව

Vogue, *s.* ව්‍යවහාරය, පුරුදුව

Voice, *s.* කටහඬ, ශබ්දය; *(gram.)* ක්‍රියා භාවය

Void, *a.* හිස්, පාළු *s.* හිස්තැන

Vol'a le, *a.* හිඳියන, පියාසරකරයන, ජීවමාන, අස්ථිර, චපල

Vol'atileness, Volatil'ity, *s.* හිඳෙන ස්වභාව, උනන්දු ගතිය, අස්ථිරතාව

Volcan'ic, *a.* ගිනිකඳු සම්බන්ධ, ජ්වාලපර්වත සහිත, අග්නිධර

Volca'no, *s.* ගිනිකන්ද, ජ්වාලමුඛය

Voli'tion, *s.* කැමැත්ත, අධ්‍යාශය

Vol'ley, *s.* වෙඩිවූරය, වෙඩිජාලය

Volubil'ity, *s.* කඩිසර කථාව, කථාවේ පහසුකම

Vol'uble, *a.* පහසුවෙන් කථාකරණ, ගලායන්නාවූ [පය

Vol'ume, *s.* පොත, කාණ්ඩය, කලා

Volu'minous, *a.* බොහෝ කාණ්ඩ ඇත්තාවූ, බොහෝ පොත් ලියූවාවූ

Vol'untarily, *ad.* සියකැමැත්තෙන්

Vol'untary, *a.* සිය කැමැත්තෙන්ම කරණ, ස්වච්ඡන්ද

Vol'untaryism, *s.* ආණ්ඩුවේ ආධාර යෙන් නොව සමූහයා කැමැත් තෙන්ම දෙන දීමනාවලින් සභාව ආධත්තුකිරීමේ පිළිවෙළ, ස්වච්ඡන්ද බණ්ඩය

Volunteer', *s.* පඩි නැතුව වැඩක රන්නා *v.* යම් මෙහෙයකට සියකැ මැත්තෙන් ගෙන් නොඉල්ලා ඇතුල් වෙනවා, කැමැත්තෙන් කරදෙන්ට හදනවා

Volupt'uary, *s.* සැපසෙල්ලමෙහි ගිලී සිටින්නා, මාංසික තෘෂ්ණාවලට ලැදි අය [වූ, කාමාධ්‍යසවූ

Volupt'uous, *s.* සැපසෙල්ලමට ලැදි

Volupt'uousness, *s.* මාංසික තෘෂ්ණා වල ගිලී සිටීම, පංචකාමයට ලැදිකම

Vom'it, *v.* වමනයකරණවා, වමාරණ වා *s.* වමාරණ දේ, වමනය [ගිනිවූ

Vora'cious, *a.* ගිජු, කෑදර, තද බඩ

Vora'ciously, *ad.* ගිජුලෙස, තද බඩ ගින්නෙන්

Vorac'ity, *s.* ගිජුකම, කෑදරගතිය

Vor'tex, *s.* සුලිය, කැරකිල්ල, භ්‍රමය

Vor'tical, *a.* සුලි, කරකැවෙන

Vo'tary, *s.* යමකට කැපවූ තැනැත් තා, උපාසකයා [මැත්තදීම

Vote, *s.* තෝරාගැණීමේ බලය, කැ

Vot'er, *s.* තෝරාගැණීමේ බලය ඇත්තා, නියමකිරීමට කැමැත්ත දෙන අය [කළාවූ

Vot'ive, *a.* බාරයක්පිට දෙන, කැප

Vouch, *v.* සහතික කරණවා, සාක්ෂි දෙනවා [පත්‍රය

Vouch'er, *s.* සහතිකකරන්නා, සාක්ෂි

Vouchsafe', *v.* අවකාසදෙනවා, අව සරදෙනවා, දෙන්ට කැමතිවෙනවා

Vow, *s.* ගිවිසීම, භාරය *v.* සංසුන්ලෙ ස පොරොන්දු වෙනවා, භාරයක් වෙනවා

Vow'el, *s.* ස්වරය, ප්‍රාණාක්ෂරය

Voy'age, *s.* යාත්‍රාකරීම, මුහුදේ ය න ගමන *v.* මුහුදෙන් ගමන්කර ණවා [නා, යාත්‍රාකර යන අය

Voy'ager, *s.* මුහුදෙන් ගමන්කරන්

Vul'gar, *a.* මහජනයාට අයිති, පො දු, නීච, අශිෂ්ඨ, ස්වදේශික *s.* පො දුජනයා [භාවයට පමුණුවනවා

Vul'garise, *v.* අශිෂ්ටකරණවා, නීච

Vulgar'ity, *s.* අශිෂ්ඨාචාරකම, වනච රකම, නීචකම [නතරකළහැකිවූ

Vul'nerable, *a.* තුවාලවියහැකිවූ, අ

Vul'ture, *s.* ගිජුලිහිණියා

W

Wad, Wad'ding, *s.* බූසිය [නවා

Wad'dle, *v.* හාටසවා, ඔකළසාර ය

Wade, *v.* වතුරේ බැහැලා යනවා, එරි එරී යනවා, අමාරුවෙන් යනවා

Wad'y, *s.* හිඳීගිය දියපාර, කඳුර

Wa'fer, *s.* අලවන සිහින් රොටිය, සත්ප්‍රසාද පූප පෙත්ත

Waft, *v.* අද්දවාගණ යනවා, පාවෙවී යනවා

Wag, *s.* කවටයා, සරදම්කාරයා

Wag, *v.* හොලවනවා, වණනවා, වැනෙණනවා

Wage, *v.* පටන්ගන්නවා, හොසලනනවා, සටන්කරණවා

Wag'er, *s.* ඔට්ටුකෙරීම, ඔට්ටුව

Wag'es, *s.* බැලය, කුලිය, පඩිය

Wag'gery, *s.* කවටකම, සරදම, සමච්චලය [සරදම්කාර, සමච්චල්

Wag'gish, *a.* කෙළිකවටකම්කරණ,

Wag'gishness, *s.* කවට ගතිය, සරදම්කාරකම

Wag'gon, Wag'on, *s.* රෝද හතරේ බරකරත්තය, සකටය [වගීයක්

Wagonette', *s.* රෝද හතරේ රථ

Wag'tail, *s.* වෙරළ වටුවා, ගොව කුරුල්ලා

Waif, *s.* අයිතිකාරයෙක් නැතිදෙය, මංමුළාවයන සතා, පාදඩයා [නවා

Wail, *v.* විලාප කියනවා, වැලපෙ

Wail, Wail'ing, *s.* විලාපය, ලතෝනිය

Wain'scot, *s.* හිතිලෑලි, වරිච්චි

Waist, *s.* කටිය, ඉඟටිය, ඉඟ, ඉන

Waist'coat, *s.* ඇතුල් කබාය

Wait, *v.* ප්‍රමාදව සිටිනවා, නැවතී සිටිනවා, බලාඉන්නවා, නවතිනවා

Wait'er, *s.* ගැතියා, මෙහෙකරුවා, බත්දේසිය

Waits, *s. pl.* නත්තල්කාලයේ වීදියේ සක්මන්කරණ රාත්‍රි ගායනාකාරයෝ [නවා

Waive, *v.* අත්හැරදමනවා, කල්දම

Wake, *v.* පුබුදිනවා, අවදිකරණවා *s.* නොනිඳ සිටීම, පල්ලියක මංගලය [අවදිව සිටින, නිදිමරණ

Wake'ful, *a.* නොනිඳ නොහොත්

Wake'fulness, *s.* පිබිද සිටීම, නිදිමරණ ගතිය, අනිද්‍රතාව

Wak'en, *v.* පිබිදෙනවා, නැඟුටුවනවා, කුද්දනවා

Walk, *v.* පයින්යනවා, ඇවිදිනවා, සක්මන්කරණවා *s.* පයින් ගමන, ඇවිදින දුර, සක්මන් පාර, හැසිරීම

Wall, *s.* බිත්තිය, තාප්පය, පවුර, ප්‍රාකාරය *v.* තාප්පතියනවා, කොටුකරණවා

Wal'let, *s.* කූරපසිය, පසුම්බිය

Wal'low, *v.* මඩේ දඟලනවා, බිම වැතිරෙණවා, කැතලෙස ජීවත් වෙනවා

Wall'-plate, *s.* යටලීය

Wal'rus, *s.* මහා දත් ඇති මත්ස්‍යයෙක්, මුහුදු අශ්වයා

Waltz, *s.* දෙදෙනෙක් කරකැවී කරණ නැටුමක්, භ්‍රමණ නාටකය, ඒව නිසි තාලය *v.* කැරකෙන නැටුම නටනවා

Wan, *a.* පාණ්ඩුපාටවූ, සුදුමැලි

Wand, *s.* කෝටුව, අණ සැරයටිය

Wan'der, *v.* තැනින්තැන ඇවිදිනවා, මංමුලාවයනවා

Wane, *v.* අඩුවෙනවා, ක්ෂයවෙනවා *s.* අඩුවීම, පිරිහීම

Want, *s.* නැතිකම, හීනකම, අයාම, දිළිඳුකම *v.* ඕනෑවෙනවා, ඕනෑව තිබෙනවා, ඕනෑකරණවා [බෙන

Want'ing, *a.* ඕනෑකරණ, හිඟව ති

Wan'ton, *a.* රාගවත්, රාගනිශ්‍රිත, සීමාරහිත *v.* රාගවත්ලෙස හැසිරෙණවා, සල්ලාලකම්කරණවා, කොමලකරණවා

Wan'tonly, *ad.* රාගවත් ආකාරයෙන්, සල්ලාලලෙස, කමක්නැතුව

Wan'tonness, *s.* රාගනිශ්‍රිතභාව, සල්ලාලගතිය, නිෂ්කාරණකම

War, *s.* යුද්ධය, සටන, සංග්‍රාමය *v.* යුද්ධකරණවා, සටන්කරණවා

War'ble, *s.* හඬලෙලවීම, ලෙලවා කරණ නාදය *v.* හඬ ලෙලවනවා, ලෙලවා ගී කියනවා

War'bler, *s.* ලෙලවා නාදකරන්නා, ලෙලවා ගී කියන කුරුල්ලා

Ward, *s.* මුරය, මුරගණෙන් සිටින්නා, පලාත, කාමරය, යතුරු ගාර්දය, ශිෂ් [රයා

Ward'en, *s.* රැකවල්කාරයා, භාරකා

Ward'er, *s.* රැකවල්කරන්නා, මුරකාරයා, දොරටුපාලයා

Ward'robe, *s.* අල්මාරිය, ඇඳුම් තබන ස්ථානය, ඇඳුම්

Wares, *s. pl.* බඩු, උපකරණ

Ware'house, *s.* ගබඩාව, බඩු ගුදම *v.* බඩුගබඩාවේ තබනවා, ගබඩාකරණවා

War'fare, *s.* යුද්ධකිරීම, සටන

War'ily, *ad.* ප්‍රවේසම් ඇතුව, හොඳට බලාගෙණ

War'iness, *s.* බොහෝ ප්‍රවේසම්කම, සිහිපරීක්ෂාසහිතව ක්‍රියාකිරීම

War'like, *a.* යුද්ධකාමී, සටනට ලැදි, සංග්‍රාමික

Warm, *a.* මදක් උණුහුම්, උෂ්ණ, උනන්දු *v.* මදක් උණුහුම්කරණවා, ඇල්මරණවා, උණුහුම්වෙනවා, උනන්දුවෙනවා [දුලෙස

Warm'ly, *ad.* උණුහුම්කමින්, උනන්

Warmth, *s.* මද උණුහුම, උනන්දුකම, සැරකම [වාද කරණවා

Warn, *v.* කලින් දැනුම්දෙනවා, අව

Warn'ing, *s.* කලින් දැන්වීම, අවවාදය, ඔවාබස

Warp, *s.* අරුවේ දිගනූල්, අදිනකඹය

Warp, *v.* ඇකිලෙනවා, නැමෙනවා, ඇදකරණවා, මුලාකරණවා

War'rant, *v.* අවසර දෙනවා, බලය දෙනවා, සහතිකකරණවා *s.* අවසරය, බලපත්‍රය, අස්තය, වරෙන්තුව

War'rantable, *a.* අවසරය ඇති, නිදොස්කොට දක්විනහැකි, යෝග්‍ය

War'ranty, *s.* සහතික පත්‍රය, බලපත්‍රය, අවසරය

War'ren, *s.* රවහාවුන් අදිය ඇතිකරණ සමානය

War'rior, *s.* යුද්ධභටයා,සටන්කාරයා

Wart, *s.* ඉන්නා, ගැටය [සිතවූ

War'y, *a.* ප්‍රවේසම්වූ, සිහිපරීක්‍ෂා ස

Wash, *v.* සෝදනවා, ධෝවනයකරණවා, අපුල්ලනවා, සේදෙනවා *s.* සේදීම, ධෝවන ජලය

Wash'erman, *s.* රදවා, පේඩියා

Wash'y, *a.* දියමැවූ, දියාරුවැඩිවූ, සැරමදි

Wasp, *s.* බඹර [ණට කිටපන

Wasp'ish, *a.* බඹරෙක් වැනි, ඉක්ම

Was'sail, *s.* උත්සව ප්‍රසතාවක්, උත්සව මද්‍යපානය

Was'sailer, *s.* උත්සව මද්‍යපානය බොන්නා, පානෝත්සව පවත්වන්නා

Waste, *a.* පාළු, හිස්, ජසරු *v.* නාස්තිකරණවා, විනාශකරණවා, ක්‍ෂය කරණවා *s.* නාස්තිය, නිෂ්ඵල වියදම, ශූන්‍ය භූමිය, නාසතාරය

Waste'ful, *a.* නිෂ්ඵලලෙස වියදම් කරණ, නාස්තිකාර

Waste'fully. *ad.* නිෂ්ඵල වියදම් සහිතව, නාස්තිකාරලෙස

Waste'fulness, *s.* නිෂ්ඵලලෙස වියදම්කිරීම, නිෂ්ඵල වියදම්කාරකම, පිරිමැස්මක්නැති ගතිය

Watch, *s.* නිදිවැරීම, මුරය, මුරකාරයෝ, මුරපල, යාමය, අත් ඔර්ලෝසිය

Watch, *v.* ප්‍රවේසමින් බලනවා, බලා ඉන්නවා, මුරකරණවා

Watch'ful, *a.* හොඳකාර බලා ඉන්නා, ප්‍රවේසම්වූ

Watch'fulness, *s.* ප්‍රවේසමින් බලා ගැනීම, රැකවල්කාරකම

Watch'man, *s.* මුරකාරයා, රැකවලා

Wa'ter, *s.* වතුර, දිය, පැන්, ජලය

Wa'ter-car'riage, *s.* දියපිට ගෙණයාම

Wa'ter-clos'et, *s.* දියගෙ, වැසිකිළිය, කක්කුස්සිය

Wa'ter-course, *s.* වක්කඩ, වතුර පාර, වාරිමාර්ගය

Wa'terfall, *s.* ජලධාරාව, ඇල්ල

Wa'teriness, *s.* ජලාකාරය, දියාරුගතිය, දියවැඩිකම

Wa'terish, *a.* වතුර සමාන, දියාරු

Wa'ter-lily, *s.* මානෙල්, නෙළුම්, ඕලු

Wa'ter-logged, *a.* වතුර පිරීමෙන් බරවූ [රයා

Wa'ter-man, *s.* ඔරුකාරයා, පාරුකා

Wa'ter-mark, *s.* වතුර ගැලූ මට්ටම දක්වන ලකුණ

Wa'ter-pow'er, *s.* යන්ත්‍ර කරකැවීම සඳහා යොදන වතුර බලය

Wa'ter-proof, *a.* වතුර නුරන්නාවූ

Wa'ter-snake, *s.* දියබරියා, දියනයා

Wa'ter-tight, *a.* වතුරපිටටවත් ඇතුලටවත් කාන්දුවෙන්ට නොහැකිවූ

Wa'ter-wheel, *s.* වතුරෙන් කැරකෙන රෝදය, ජලචක්‍රය

Wa'tery, *a.* වතුර සමාන, දියවූ, දියාරු, ජලසහිත [ල්ල
Wat'tle, *s.* රිකිල්ල, ලීකෝටු පැලැ
Wave, *s.* රැල, වතුපිට අසමකම, වැණීම *v.* වැණෙනවා, වණනවා
Wave'let, *s.* පුංචි දියරැල
Wav'er, *v.* චඤ්චලවෙනවා, සෙලවෙනවා, සැකෙන් සිටිනවා
Wav'erer, *s.* චඤ්චලවෙන්නා, සැකසිතින් සිටින්නා, අස්ථිර අය
Wav'y, *s.* රැලසහිත, රැලනගින, තරංගාකාර
Wax, *s.* ඉටි, ලාකඩ [වා
Wax, *v.* වැඩිවෙනවා, ලොකුවෙන
Wax'en, *a.* ඉටිමය, ඉටියෙන් සාදපු
Wax'y, *a.* ඉටි අකාරවූ, ඇලෙන්නාවූ, බූරුල් [නියාය
Way, *s.* මාර්ගය, පාර, දුර, අන්දම,
Way'-bill, *s.* මඟීන්ගේ නාම ලේඛනය, ගෙණයන බඩු ලේඛනය
Way'farer, *s.* මඟියා, ගමන්යන්නා
Way'faring, *a.* ගමන්යන්නාවූ, මඟී
Way'lay, *v.* මඟ රැක ඉන්නවා, සැඟවී ඉන්නවා [රු
Way'ward, *a.* කිතුවක්කාර, අකීක
Way'wardness, *s.* කිතුවක්කාරකම, නොහික්මුම්කම
We, *pron.* අපි
Weak, *a.* දුර්වල, බෙලහීන, වසක් කේවූ, ශක්තියනැති, හැරතුවූ, ම ඇලූණු
Weak'en, *v.* දුර්වලකරණවා, ශක්තියහීනකරණවා, සවිනැතිකරණවා, දුර්වලවෙනවා
Weak'ling, *s.* බෙලහීන සතා
Weak'ly, *a.* කයින් හෝ සිතින් දුර්වල, ඔනැහි *ad.* දුර්වලලෙස, ඔනැහි අකාරයෙන් [ඔනැහිකම
Weak'ness, *s.* දුර්වලකම, සවිනැතිකම,
Weal, *s.* ශුභය, ශුභසිද්ධිය
Wealth, *s.* වස්තුව, සම්පත, ධනය
Wealth'y, *a.* පොහොසත්, ධනවත්
Wean, *v.* කිරිවරණවා, කිරිඅරිණවා, ඇලුම්කම නැතිකරණවා
Weap'on, *s.* ආයුධය, අවිය, ශාස්ත්‍රය
Wear, *v.* අඳිනවා, පලඳිනවා, දරණවා, ගෙවනවා, ගෙවියනවා, ගතවෙනවා *s.* ගෙවීයාම, පාවිච්චියෙන් අබ්බුවීම හෝ නරක්වීම
Wea'rily, *ad.* වෙහෙස උපදිනලෙස, ගැහැටූ ඇතුව [බෙත්තුව
Wea'riness, *s.* වෙහෙස, විඩාව, කෙ
Wea'risome, *a.* වෙහෙසකරන්නාවූ, විඩා හටගන්වන, ආයාසජනක
Wea'risomeness, *s.* වෙහෙසකරණ ගතිය, ආයාසතාව
Wea'ry, *a.* වෙහෙසවූ, ගැහැටූ *v.* වෙහෙසකරණවා, කෙබෙත්තුකරණවා, කිරිහැරකරණවා
Wea'sel, *s.* මුගටි ජාතියක්
Weath'er, *s.* කාලගුණය, සෘතුව.
Weath'er-beat'en, *a.* නොයෙකුත් කාලගුණවලට පලපුරුදුවූ

Weath'er-bound, *a.* කාලගුණයේ නරක්කම නිසා ප්‍රමාදවූ, යත්ට බැරිවූ

Weath'ercock, *s.* සුළං හමන දිශාව දක්වන කුකුළෙකුගේ හැඩය ඇති තහඩුව [ළපනවා

Weave, *v.* වියනවා, ගොතනවා, ග

Weav'er, *s.* (රෙදි) වියන්නා, (දැල්) බාන්නා, සාලියා

Web, *s.* ගොතාපු රෙදියක්, වියමන, මකුළුදැල, පාසිවිය

Web'bing, *s.* පටු ඝන පිළිය

Web-foot'ed, *a.* බද පාද ඇති

Wed, *v.* සරණපාවාගන්නවා, විවාහකරණවා [යට අයිති

Wed'ded, *a.* සරණපාවාගත්, විවාහ

Wed'ding, *s.* විවාහය, සරණමංගලය

Wedge, *s.* කුඤ්ඤ [හය

Wed'lock, *s.* විවාහක භාවය, විවා

Wednes'day, *s.* බුදදින, බදාදා

Wee, *a.* කුඩා, පුංචි

Weed, *s.* වල් පැලය, වල් බෝගය *v.* වල් නෙලනවා, උදුරාදමනවා

Weeds, *s. pl.* වැන්දඹුවගේ අවමංගල්‍ය ඇඳුම

Week, *s.* සුමානය, සතිය

Week'ly, *a.* සතිපතා පැමිණෙන නොහොත් සිදුවෙන *ad.* සුමානයෙන් සුමානයට, සතිපතා *s.* සතිපතා ප්‍රසිද්ධකරණ ලබන පොතපතක්

Ween, *v.* සිතනවා, කල්පනාකරණවා

Weep, *v.* කඳුළු වගුරුවනවා, වැලපෙනවා [මන

Weft, *s.* අළුවේ විදු හරස් නූල්, විය

Weigh, *v.* කිරණවා, කිරා බලනවා, නැංගුරමඋස්සනවා, සිතාබලනවා,

Weight, *s.* බර, සැලන් පඩිය, බරපතළකම [බරපතළකම

Weight'iness, *s.* බර, භාරදූරකම,

Weight'y, *a.* බරවූ, බරපතළ, වැදගත්

Weir, Wear, *s.* ගඟක් හරහට දැමූ වේල්ල, මසුන් ඇල්ලීමට ඉනිවැටක්

Weird, *a.* හූනියම්කළාක් වැනිවූ, විචේකාකාරවූ, අස්වාභාවික

Wel'come, *a.* සතුටින් පිළිගන්න, ප්‍රීතිජනක *s.* ආදරයෙන් පිළිගැන්ම *v.* කරුණාවෙන් පිළිගන්නවා

Weld, *v.* ලෝහ උණුකර පාස්සනවා, එක්කාසුකරණවා

Wel'fare, *s.* ශුභය, සැප පහසුව

Wel'kin, *s.* අවකාශය, වලාකුල් ප්‍රදේශය

Well, *s.* ළිඳ, කූපය, උල්පත *v.* වතුර උනනවා, උල්පතකින් මෙන් නික්මෙණවා

Well, *a.* හොඳවූ, සැපවූ, සනීපෙන්වූ *ad.* හොඳට, හොඳාකාර, යෙහෙන්, මනාසේ [වීම

Well'-being, *s.* ශුභසිද්ධිය, වැඩසිද්ධි

Well'-born, *a.* හොඳ නොහොත් වැදගත් පවුලක උපන්, සුජාත

Well'-bred, *a.* හොඳට ඇතිවූනාවූ

Well′-nigh, *ad.* ටිකක් අඩුවෙන්, සිට්ටුවෙන්

Wel′ter, *v.* පෙරළෙනවා, දඟලනවා

Wen, *s.* වාශුගෙඩිය, ඉන්නා

Wench, *s.* පැටික්කි, වේසාව්

Wend, *v.* යනවා, හැරෙණවා

Wes′leyan, *a.* වැස්ලියන් සභාවට අයිති *s.* වැස්ලියන්කාරයා.

West, *s.* බස්නාඉර, බටඉර, අපරදිග

West′erly, *a.* බස්නාඉර දෙසටවූ, බස්නාඉරින් එන්නාවූ *ad.* බස්නාඉර දෙසට [පශ්චිම

West′ern, *a.* බස්නාඉර දිසාවෙහිවූ,

West′ward, *a.* & *ad.* බස්නාඉර දිසාවට, බටහිර දිගින්

Wet, *a.* තෙත්වූ, වැහි *s.* තෙතමන *v.* තෙමනවා, තෙත්කරණවා, වතුර ඉසිනවා

Wet′ness, *s.* තෙත්ගතිය, වතාගුණය

Wet′nurse, *s.* කිරිඅම්මා, කිරිමව්.

Whale, *s.* තල්මහ [ඛබාන ඉඛම

Wharf, *s.* වෙරළේ තට්ටුව, බඩුහො

What, *pron.* මොකද, මොකක්ද, කිමෙක්ද, කවරද

Whatev′er, **Whatsoev′er**, *pron.* මොක වුනත්, කොයි දෙයක් වුනත්, මොනවා වුනත් [රක්ක රාමුව

What′not, *s.* පොත් ආදිය තබන

Wheat, *s.* තිරිඟු, ගෝධුම

Whee′dle, *v.* සුරතල් බසින් හෝ ඉච්චාවෙන් කැමතිකරවාගන්නවා

Wheel, *s.* රෝදය, සක, චක්‍රය

Wheel′-barrow, *s.* අත් කරත්තය, එකැක් ගැල

Wheel′wright, *s.* රෝද හදන්නා, රෝදකරත්ත වඩුවා

Wheeze, *v.* ශබ්දනගා හෝ අමාරුවෙන් හුස්ම අරිණවා [වගීයක්

Whelk, *s.* දහරවූ කබල ඇති සත්තු

Whelp, *s.* බලුපැටියා, සිංහපැටවා

When, *ad.* කවදාද, කොයි වේලාවේද, එකල, එකල්හි [න්ද

Whence, *ad.* කොතනින්ද, කොහෙ

Whenev′er, **Whensoev′er**, *ad.* කොයි කලක වුනත්, කවදා වුනත්

Where, *ad.* කොයිබද, කොතනද, කොහේද, කොයිබටද

Whereabout′, *ad.* කොයිහරියේද

Whereas′, *ad.* එසේනොව, වුනත්

Whereby′, *ad.* මොකෙන්ද, එයින්

Wherefore′, *ad.* මක්නිසාද, එහෙයින්, ඒ නිසා [ගැණ

Whereof′, *ad.* මොකක් ගැණද, ඒ

Whereon′, *ad.* මොකක් පිටද, එවිට, ඒ ගැණ

Wherev′er, **Wheresoev′er**, *ad.* කොතන වුනත්, කොහේ වුනත්

Wher′ry, *s.* ඔරුව, දෙණිය

Whet, *v.* මුවත්තියනවා, අට්චඩනවා

Wheth′er, *pron.* දෙකෙන් කොයි එකද *conj.* දෙකෙන් කෝකවුනත්

Whet′stone, *s.* කරගල, ගනගල

Whey, *s.* මෝරුදිය, කිරිමෝරු

Which, *pron.* කොයිඑකද, කෝකද

Whichev'er, Whichsoev'er, *pron.* කොයිඑක වුවත්, කොයිඒවාවුනත්

Whiff, *s.* කටින් හුස්ම පිඹීම, දුම පිඹ ඇරීම, හදිසි හුළංපහර *v.* දුම් බි පිඹදමනවා, හදිසියෙන් පිඹිනවා

While, *s.* කාලය, ප්‍රස්තාව

While, Whilst, *ad.* විට, අතර, අත රතුරේදී [ව

Whim, *s.* සිතුබුද්ධිය, මෝඩකල්පනා

Whim'per, *v.* හෙමින් අඬනවා

Whim'sical, *a.* සිතුබුද්ධි, විගඩම් ක ල්පනා ඇත්තාවූ

Whine, *v.* විලාපහඬින් කියනවා, අ වලාද කියා කොඳුරණවා *s* විලාප හඬ, කෙඳිරිගෑම, නාසිකා අදෝ නා හඬ

Whin'ny, *v.* හේෂාරවයකරණවා, අ ශ්වනාදය කරණවා

Whip, *s.* කසය, සබූක්කුව

Whip'cord, *s.* කස ලණුව

Whip'hand, *s.* කසය අල්ලන අත, යමෙකුට විරුද්ධව ලත් වාසිය

Whip'ping, *s.* කසෙන් තැළීම, කෝ වුමක්කෙරීම

Whirl, *v.* වේගයෙන් කරකවනවා, වේගවලස කරකැවෙනවා

Whirl'pool, *s.* දිය සුලිය, දිය සලාව

Whirl'wind, *s.* සුලිසුළඟ, චක්‍රවාතය

Whisk, *v.* පිහදමනවා, ගසාදමනවා

Whis'kers, *s. pl.* කපෝල රෝම, කාතුල [මද්‍යපානය

Whisk'y, Whisk'ey, *s.* විස්කිනම්

Whis'per, *v.* සින්සැරේ කථාකරණ වා, කොඳුරණවා, රහස් දොඩනවා *s.* සිත් හඬින් කථාකිරීම, කුසුකුසු ගෑම [ළියක්

Whist, *a.* නිශ්ශබ්දවූ *s.* කඩදාසි කෙ

Whis'tle, *v.* හුරුළුවම්බානවා, උහු රුහන්දෙනවා, සිවුරු අඬලනවා *s.* සින්හඬ, සින් නලාව

Whit, *s.* පොද, බින්දුව

White, *a.* සුදු, හෙල, ශ්වේත, ධවල *s.* සුදුපාට, ශ්වේතවර්ණය, සුදුදෙ යක් හෝ කෙනෙක්

White'-ant, *s.* වේයා

White'-lead, *s.* සුදු ඊයන් කුඩු

Whit'en, *v.* සුදුකරණවා, සුදුවනවා

White'ness, *s.* සුදුකම, ශුභ්‍රතාව

White'wash, *v.* සුදුහුණු ගානවා

Whith'er, *ad.* කොයි තැනකටද, කොයිබටද, කොහේද [හුණු

Whit'ing, *s.* මත්ස්‍යජාතියක්, ලත්සි

Whit'ish, *a.* සුදට හුරු, එළුසු

Whit'suntide, *s.* පෙන්තකොස්ත මං ගල්‍ය දවස [හොත් කපනවා

Whit'tle, *v.* පිහියකින් සහිනවා හො

Whiz, *v.* ඊයක් හෝ උණ්ඩයක් විසි වෙන්නාක් වැනි ශබ්දයක් කරණ වා, විස්සානවා [රුද

Who, *pron.* කවුද, කවරෙක්ද, කවු

Whoev'er, Whosoev'er, *pron.* කවරෙක් හුවූත්, කවුරු හුවූත්

Whole, *a.* මුලු, අඩුනැති, සියලු, සම්පූර්ණ, සනීප *s.* මුලුඑක, ඔක්කොම, සේරම [කම, අඛණ්ඩභාව

Whole'ness, *s.* අඩුනැතිභාවය, සම්පූර්ණ

Whole'sale, *s.* සිල්ලර නොව මිටි ගණනේ විකිණීම

Whole'some, *a.* සනීපවූ, සැපදායක

Whole'someness, *s.* සැපදායකකම, සනීපවඩන ගුණය

Whol'ly, *ad.* මුලුමනින්ම, එහෙමපිටින්ම, සම්පූර්ණලෙස

Whoop, *s.* අඬහැරලීම, මොරහඬ

Whore, *s.* වේසාවි, වෛශ්‍යා ස්ත්‍රී [ද

Whose, *pron.* කාගේද, කවරෙකුගේ

Why, *ad.* මක්නිසාද, මන්ද, ඇයි

Wick, *s.* පහන්කඩය, පහන්තිරය

Wick'ed, *a.* දුෂ්ට, නපුරු, පාපිෂ්ට

Wick'edly, *ad.* දුෂ්ටලෙස, පව්වූලෙස, අනාචාරයෙන් [අනාචාරය

Wick'edness, *s.* දුෂ්ටකම, නපුරුකම,

Wick'er, *a.* සිහින් කෝටුවලින් සෑදූවාවූ, වැල්

Wick'et, *s.* කුඩා දොර, කුරුබිලිය

Wide, *a.* විසාල, පළල්, දුර [නවා

Wid'en, *v.* පළල්කරණවා, පළල්වෙ

Wide'ly, *ad.* විසාලලෙස, බහුලලෙස, බොහෝදුරට

Wide'ness, *s.* පළල්කම, විසාලකම

Wid'ow, *s.* කනවැන්දුම්, වැන්දඹුව

Wid'ower, *s.* කනවැන්දුමා

Wid'owhood, *s.* කණවැන්දුම්භාවය, වැන්දඹුකම

Width, *a.* පළල, විසාලත්වය

Wield, *v.* ලෙලවනවා, හසුරුවනවා, පාවිච්චිකරණවා

Wield'y, *a.* හසුරුවාගන්ට පුළුවන්, පාවිච්චිකළහැකි

Wife, *s.* භාර්යාව, අඹුව, ස්ත්‍රී

Wig, *s.* බොරු කොණ්ඩේ

Wig'wam, *s.* (අමෙරිකන්) ඉන්දියානු පැලක්

Wild, *a.* වල්, කැලෑ, වනගත, කුලෑවි, වනචර, කෝලාහලසහිත, අනාචාර, පිළිවෙළකට නැති

Wil'derness, Wild, *s.* වනය, කැලෑව, කාන්තාරය, පාළුරට

Wile, *s.* රැවටිලි උපාය, වංචාව

Wil'ful, *a.* හිතුවක්කාර, මුරණ්ඩු

Wil'fully, *ad.* හිතුවක්කාරලෙස, හිතුවුණියට, ඕනෑවාට

Wil'fulness, *s.* හිතුවක්කාරකම, තනි මනාපයට ක්‍රියාකරණ ශක්තිය

Wil'iness, *s.* ප්‍රයෝගයට දක්ෂකම, දඟකාරකම

Will, *v.* අධිෂ්ඨානකරණවා, ඉටාගන්නවා, අණකරණවා, මනාපවෙනවා, අන්තිමකැමති පත්‍රයෙන් නියමකරණවා *s.* අධිෂ්ඨාන බලය, කැමැත්ත, මනාපය, අන්තිම කැමති පත්‍රය

Wil'ling, *a.* කැමති, මනාප, අභිමත [දුශ

Wil'low, *s.* ගස් වර්ගයක්

Wi'ly, *a.* ප්‍රයෝගකාර, වංචාකාර,

Wim'ble, *s.* බුරුමය

Win, *v.* දිනනවා, ජයගන්නවා

Wince, *v.* හැකිළෙනවා, පස්සට පනිනවා, තිගැස්සෙනවා

Winch, *s.* යන්ත්‍රයක් කරකවන වංගු මිට [ය

Wind, *s.* හුළඟ, පවන, හුස්ම, වාත

Wind, *v.* ඔතනවා, වෙළනවා, එතනවා, කරකැවී යනවා

Wind'fall, *s.* හඟකින් හුළඟට වැටෙන ගෙඩි, බලාපොරොත්තු වූ නො වාසියක්

Wind'ing, *s.* කරකැවියන ඉඩම, වංගුව *a.* කැරකෙන, වංගුසහිත

Wind'lass, *s.* බර උස්සන යන්ත්‍රය, දෙඹකරය, කබර සාත්තිය

Wind'mill, *s.* හුළඟින් කරකැවෙන ධබන මෝල

Wind'ow, *s.* කවුළුව, ජනේලය

Wind'pipe, *s.* පිට උගුර [ත, කිස්

Wind'y, *a.* හුළංසහිත, කුණාටු සහි

Wine, *s.* මුද්‍රිකපානය, වයින්

Wine'-bibber, *s.* මිදිරස පානයකරන්නා, බොනයා [පන

Wing, *s.* අත්තැන්ද, අත්තටුව, පියා

Winged, *a.* අත්තටු ඇත්තාවූ, ශීඝ්‍ර, පියාපත තුවාලවූ

Wink, *v.* ඇස්පියගහනවා, ඉඟිකරණවා, ඉඟිමරණවා *s.* ඇස්පියහෙළීම, ඉඟිසැරම, ඇසින් කරණ සංඥව

Win'ning, *a.* දිනන්නාවූ, සිත්ගන්නාවූ [බේරණවා

Win'now, *v.* පොළනවා, පූසාරණවා,

Win'some, *a.* ප්‍රසන්න, සතුටුදායක, සිත් දිනාගන්න ස්වභාවවූ

Win'ter. *s.* ශීතකාලය, හේමන්තය

Win'tery, Win'try, *a.* ශීතකාලයට යෝග්‍යවූ, ශීතකුණාටු ඇත්තාවූ, ශීතල [කාදමනවා

Wipe, *v.* පිසිනවා, පිහදමනවා, ම

Wire, *s.* කම්බිය, පිත්තලවැල *v.* කම්බියෙන් බඳිනවා, කම්බිදමනවා, විදුලිකම්බියෙන් පණිවුඩකරණවා

Wir'y, *a.* කම්බියෙන් සෑදූ නොහොත් කම්බි අකාර, නොනැඹී පහසුවෙන් නැවෙන්නාවූ, හයිය ඇති

Wis'dom, *s.* ප්‍රඥව, ඥානය, ධූර්තත

Wise, *a.* ප්‍රඥවන්ත, ඥානවන්ත, ධූර්තක්කාර, පැණවත්

Wise, *s.* විධිය, ආකාරය

Wise'acre, *s.* ලොකු ධූර්තක්කාරයෙක් හැටියට පෙණිසිටින්නා, පැණසර මෝඩයා

Wish, *s.* කැමැත්ත, මනාපය, අසාව, ප්‍රාර්ථනාව *v.* කැමතිවෙනවා, ආශිංසනය කරණවා, පතනවා

Wish'ful *a.* කැමැත්තක් ඇති, අසාවෙන් පිරිත

Wish'fully, *ad.* කැමැත්තක් හෝ තද අසාවක් ඇතුව, අසාවෙන්

Wisp, *s.* කුඩා පිදුරු මිටිය [අසාපූර්ත

Wist'ful, *a.* කල්පනාවෙන් යුක්ත,

Wist′fully, *ad.* කල්පනාවෙන් යුක්තව, ආශාසහිතව

Wit, *s.* නුවණ, තීක්ෂණ සිහිය, සමච්චල් වාක්‍ය පෙරළිය, කවටකථිකයා

Witch, *s.* මායාකාරී, ඇස්බැන්දුම්කාරී [ම, හූනියම

Witch′craft, *s.* මායාව, ඇස්බැන්දු

Witch′ery, *s.* මායම, චිත්තාකර්ෂණය

With, *prep.* සමග, එක්ක, කැටුව, අනුව [දුරටත්

Withal′, *ad.* සමගම, ඇතුළුව, වැඩි

Withdraw′, *v.* අහක්කරගන්නවා, ආපසු ගන්නවා, අහක්ව යනවා

Withdraw′al, *s.* අහක්කරගැණීම, පැහැරගැණීම, අහක්වීම

With′er, *v.* පරවෙනවා, මැළවෙනවා, වේලෙනවා

Withhold′, *v.* වලක්වනවා, අත්හිටවනවා, නොදීඅරිණවා

Within′, *prep.* තුළ, ඇතුළේ, අතරතුරේ *ad.* ඇතුලෙහි, අභ්‍යන්තරයෙහි

Without′, *prep.* පිටත, නැතුව, රහිතව *ad.* පිටත, පිටතින්, එළියේ

Withstand′, *v.* විරුද්ධවෙනවා, විරුද්ධව සිටිනවා

Wit′ness, *s.* සාක්ෂිය, ඔප්පුව, සාක්ෂිකාරයා *v.* දකිනවා, බලාඉන්නවා, සාක්ෂිදෙනවා

Wit′ticism, *s.* ප්‍රිය ගෙණදෙන තියුණු කීම, සමච්චල් මුඛරි වාක්‍යය

Wit′tily, *ad.* කවටකථිකලෙස, සමච්චල්ලෙස

Wit′tiness, *s.* තීක්ෂණ නුවණැතිකම, සමච්චල් මුඛරිගතිය [කරලාම

Wit′tingly, *ad.* දැනගණම, අදහස්

Wit′ty, *a.* තීක්ෂණ නුවණැත්තාවූ, සමයෝචිත ප්‍රඥාඇති, සමච්චල් මුඛරි, කවටකථික [රයා

Wiz′ard, *s.* මායාකාරයා, අණවිණකා

Woe, *s.* දුක්ඛය, ව්‍යසනය, සාපය

Woe′-begone, *a.* දුකින්වටවූ, ව්‍යසනසහිත, කාලකණ්ණි [ධම

Wo′ful, *a.* දුක්ඛිත, කාලකණ්ණි, අ

Wo′fully, *ad.* දුක්ඛිතලෙස, සාපලත් ආකාරයෙන් [ලකණ්ණිකම

Wo′fulness, *s.* දුක්ඛිත ස්වභාව, කා

Wolf, *s.* වෘකයා [ගිජු

Wolf′ish, *a.* වෘකයෙක් වැනි, කෲර,

Wo′man, *s.* ස්ත්‍රී, ගෑණි, නාරී, දිගෑසි

Wom′anhood, *s.* ස්ත්‍රීභාවය, බවලත්කම [ගතිනැති, දුර්වල

Wom′anish, *a.* ස්ත්‍රීගුණඇති, පුරුෂ

Wo′mankind, *s.* ස්ත්‍රීවර්ග, බවලත් උදවිය, ගෑණුගොල්ල

Wom′anliness, *s.* ස්ත්‍රියෙකුට ඔබිනාකාරය, ලාමකනොවන ගතිය

Wom′anly, *a.* ස්ත්‍රියෙකුට ඔබින, ගෑණු ආකාරවූ, ලාමකනොවූ

Womb, *s.* කුස, ගර්භය, ගැබ

Wo′men, *s. pl.* ස්ත්‍රියෝ, ගෑණු

Won′der, *s.* පුදුමය, විස්මය, අරුමය

Won′derful, *a.* පුදුම, විස්ම උපදවන්නාවූ, අපූර්ව, අද්භූත

Won'derfully, *ad.* පුදුමලෙස, විස්ම උපදවනලෙස, අපූර්වාකාරයෙන්

Won'derfulness, *s.* විස්මජනකභාව, අපූරුකම, අරුමකම

Wont, *s.* පුරුද්ද *v.* පුරුදුව සිටිනවා

Wont'ed, *a.* පුරුදුව සිටින, ව්‍යවහාර

Woo, *v.* මඟුල් අගනවා, අලය වඩනවා, ප්‍රේමය උපදවා කාරණ කරණවා

Wood, *s.* ලී, දඬු, දුව, කැලෑව, බැද්ද

Wood'-apple, *s.* දිවුල්, බෙලි

Wood'cock, *s.* වටු ජාතියක්

Wood'cut, *s.* ලීයෙන් කළ කැටයම, ලී තහඩු සිතියම [කාෂ්ඨ

Wood'en, *a.* ලීයෙන් කළාවූ, ලීමය,

Wood'land, *s.* කැලෑඉඩම්, වනභූමිය

Wood'man, *s.* ගස් කපන්නා, දඬුකම් කාරයා

Wood'pecker, *s.* කෑරලා

Wood'-pigeon, *s.* කොබෙයියා

Wood'y, *a.* කැලෑබහුලවූ, වනාන්තරගත, ලී ආකාර [න

Woof, *s.* වියම්පේ හරස් නූල්, වියම

Wool, *s.* ලොම්, ලෝම, රෝම

Wool'en, *a.* ලෝමමය, රෝමමය

Wool'-gath'ering, *s.* නිෂ්ඵල කාරණ සිතා ගැණීම *a.* හිස් සිතිවිලි සිතන, කම්මැලි [ර, රෝමවත්

Wool'ly, *a.* ලොම්සහිත, ලෝමාකා

Word, *s.* වචනය, වාක්‍යය, බස, කීම, පණිවිඩය, පොරොන්දුව

Word'iness, *s.* වචන බහුලකම, නුහුස් වචන දමා කථාකිරීම

Word'y, *a.* වචන බොහෝවූ, වචන හුහක් අඩංගුවූ

Work, *s.* වැඩේ, කර්මාන්තය, ක්‍රියාව, පොත, ප්‍රකරණය *v.* වැඩකරණවා, ක්‍රියාකරණවා, විදසීගන්නවා, ක්‍රියාකරවනවා, හසුරුවනවා [කරුවා

Work'er, *s.* වැඩකරණ අය, මෙහෙ

Work'house, *s.* යම් වැඩක් හෝ කර්මාන්තයක්කරණ ස්ථානය, දිළිඳුන් ලවා වැඩකරවා ඉඳුම්හිටුම්දෙන (පින්) ශාලාව

Work'man, *s.* වැඩකරුවා, කර්මාන්තකාරයා, ශිල්පියා

Work'manlike, *a.* සමර්ථ කර්මාන්තකාරයෙක්මෙන්වූ, හොඳකාර කළාවූ [කම, කර්මාන්තය

Work'manship, *s.* කර්මාන්ත යට සමර්ථ

Work'shop, *s.* වැඩපට්ටලය, කර්මාන්ත ශාලාව

World, *s.* ලෝකය, ලොව, ලෝකයා, ලෝකයේ මනුෂ්‍යයෝ, ලෞකික දේ

World'liness, *s.* ලෞකිකකම, ලෝක සැපතට ඇලුම්කම, භක්තිනැතිකම [අය, ලෞකිකයා

World'ling, *s.* ලෝක දේවලට ඇලුන

World'ly, *a.* ලෝක, ලෞකික, භූමික

World'ly-mind'ed, *a.* හිත ලෝක දේ කෙරෙහි යෙදුවාවූ, ලෝකයටම ඇලුම්වූ

Worm, *s.* පණුවා, ක්‍රිමියා, ඣැඩවිලා

Worm, *v.* හෙමිහිට නොහොත් රහසින් ක්‍රියාකරණවා, ක්‍රමයෙන් හා උපායෙන් ඉෂ්ටකරගන්නවා

Worm'y, *a.* පණුවෙක් වැනි, පණුවන් ගහනවූ, අධමලෙස හැසිරෙණ

Wor'ry, *v.* දත්වලින් ඉරාදමනවා, පීඩාකරණවා, හිරිහැරකාරණවා *s.* හිරිහැරය, කරච්චල

Worse, *a.* වඩා නරක, වඩා නපුරු *ad.* වඩා නරකලෙස, වඩා සැරේට

Wor'ship, *v.* වන්දනා නමස්කාර කරණවා, වඳිනවා, ආදර ගෞරවකරණවා, දේවධර්මය පවත්වනවා *s.* දේවමෙහෙය, වන්දනාමානය. නමස්කාරය

Wor'shipper, *s.* නමස්කාරකරන්නා, වැඳුම්පිදුම්කරන්නා, දේවමෙහෙයට හවුල්වෙන කෙනෙක්

Wor'shipful, *a.* ගෞරව ලැබීමට සුදුසු, පූජනීය

Worst, *a.* ඉතා නරක, අති නපුරු, ඉතා සැර *s.* ඉතා නරක ස්වභාව *v.* පරාජයකරණවා [හූල්

Worst'ed, *s.* හූල්කළ ලොම්, ලෝම

Worth, *s.* අගය, වටිනාකම, වැදගැම්ම

Wor'thily, *ad.* යෝග්‍යලෙස, සුදුසුලෙස, ශොබිනාපරිද්දෙන්

Wor'thiness, *s.* යහපත්කම, ගෞරවනීයතාව, ගරුකටයුතුගුණය

Worth'less, *a.* නොවටිනා, නිෂ්ප්‍රයෝජන [වැදගැම්මකටනැතුව

Worth'lessly, *ad.* නොවටිනාලෙස,

Worth'lessness, *s.* වටිනාකමක්නැතිකම, නිෂ්ප්‍රයෝජනකම

Wor'thy, *a.* වටිනාවූ, යහපත්, ගෞරවනීය, ශොබිනා, යෝග්‍ය

Would, *pret. of* Will, කැමතිවූනා

Wound, *v.* තුවාලකරණවා, රිදවනවා *s.* තුවාලය

Wran'gle, *v.* තරක්වෙනවා, බනින් බහ දොඩනවා, අරෝවකරණවා *s.* තරක්කිරීම, බනින්බස්වීම, තරගය

Wran'gler, *s.* තරක්කරන්නා, තරහෙට කථාකරන්නා, කේම්බ්‍රිජ් සමහා පාඨශාලාවේ ඉතා සමත් ශාස්ත්‍රෝද්ග්‍රාහකයෙක්

Wrap, *v.* ඔතනවා, පටලනවා, දවටනවා, පාමතවා, වසනවා *s.* ඔතාපු දෙය, සළුව

Wrap'per, *s.* ඔතන කෙනෙක් හෝ දෙයක්, පෙරවන රෙද්ද, ස්ත්‍රීන්ගේ පිටාතර ඇඳුමක්

Wrath, *s.* කෝපය, උදහස, රෞස

Wreak, *v.* යමෙක් පිටට පමුණුවනවා, පත්කරණවා

Wreath, *s.* මල්දම, මාලාව [එතෙනවා

Wreathe, *v.* ඔතනවා, ගොතනවා,

Wreck, *s.* නැව් බිඳීම, නාශවූ නැව, නාශය *v.* නාශකරණවා, නාශවෙනවා, බිඳෙනවා

Wren, *s.* පුංචි පක්ෂියෙක්

Wrench, *v.* බලෙන් ඇදගන්නවා, ඇදකරණවා, ඇඹෑච්චිවෙනවා *s.* බලෙන් ඇදදමීම, උලුක්කුව, අඹුම්බිය [පෙරළනවා

Wrest, *v.* බලෙන් උදුරාගන්නවා,

Wrest'le, *v.* පොර අල්ලනවා, පොර බදනවා *s.* පොරඇල්ලීම, අත්පොරය [රට හිටින්නා

Wrest'ler, *s.* පොරඅල්ලන්නා, පො

Wretch, *s.* කාලකණ්ණියා, දුෂ්ඨ ක්‍රියාකාරයා, ජඩයා [දුක්ඛිත, අධම

Wretch'ed, *a.* කාලකණ්ණි, ඉතා

Wretch'edly, *ad.* කාලකණ්ණි ලෙස, අධමලෙස, අශික්ෂිතලෙස

Wretch'edness, *s.* කාලකණ්ණිකම, අති දුක්ඛිතභාවය, අධමකම

Wrig'gle, *v.* එහාමෙහා දඟලනවා, ඇඹරෙණවා [රයා

Wright, *s.* වැඩකාරයා, කර්මාන්තකා

Wring, *v.* අඹරණවා, මිරිකානවා, වේදනාකරණවා, පීඩාකරණවා

Wrin'kle, *s.* වැකරැල්ල, රැල්ල

Wrist, *s.* අත්කර, මැණික්කට්ටුව

Wrist'-band, *s.* කමිසයේ අත්කර

Writ, *s.* ලියවිල්ල, අණ්ඩුවේ බල පත්‍රය, සිතාසිය

Write, *v.* ලියනවා, ලිපිකරණවා, පොත්කරණවා, ප්‍රබන්ධකරණවා

Writ'er, *s.* ලියන්නා, ලිපිකරුවා, ලිඛුම්කරුවා, පොත් කර්තෘ

Writhe, *v.* ඇඹරෙණවා, ඇකිලෙනවා

Writ'ing, *s.* ලිවීම, ලියවිල්ල, ලේඛනය, රචනාව:—*pl.* ඔප්පු

Wrong, *a.* හරිනැති, වැරදි, දෝෂසහිත *s.* වරද, අයුක්තිය, අනඩුව *v.* යමෙකුට වරදකරණවා, අයුක්තියක්කරණවා, අනඩුකරණවා

Wrong'ful, *a.* වරදසහිත, වරදකාර, අයුතු

Wrong'fully, *ad.* වරදලෙස, අයුතුලෙස, අයුත්තෙන් [වැරදිමත දරණ

Wrong'-head'ed, *a.* කල්පනා වැරදිවූ,

Wrong'-head'edness, *s.* කල්පනාවල වැරදිකම, මුරණ්ඩුලෙස වැරදි මත දරීම [ලිවුවා

Wrote, *past tense of* Write, ලියුවා,

Wroth, *a.* කෝපවත්, උදහස්වූ

Wry, *a.* ඇදවූ, පරහ, පෙරළුනාවූ

Y

Yacht, *s.* සෙල්ලම් නැව [ක්‍රීඩා

Yacht'ing, *s.* සෙල්ලම් නැව් යාත්‍රා

Yam, *s.* අල

Yan'kee, *s.* එක්සත් රාජධානියේ කෙනෙක්, අමෙරිකාකාරයා

Yard, *s.* අඩිතුණක දිග, යාරුව, භූමි දූවය, මිදුල, කොටුව [දිගහැල්ල

Yarn, *s.* කැටපු ලෝම නූල්, කඹපට,

Yawl, *s.* නැව් සෙක්වච්චිය

Yawn, *v.* ඈනනවා, ඇනුම් අරිණවා *s.* ඇනීම, ඇනුම

Yawn'ing, *a.* අනන, ඇරීතිබෙන, විවෘත *s.* පසුල්කර ඇරීම, විවෘතව තිබීම

Ye, *pron.* තොපි, උඹලා, නුඹලා, තමුසේලා, ඔබවහන්සේලා

Yea, *ad.* එසේය, එසේමයි [මස

Year, *s.* අවුරුද්ද, වරුෂය, දෙළොස්

Year'ling, *s.* අවුරුද්දක් වයස්වූ සතා

Year'ly, *a.* අවුරුදුපතා, සාංවත්සර

Yearn, *v.* තදලෙස ආසාවෙනවා

Yearn'ing, *s.* බලවත් ආසාව. තද අනුකම්පාව

Yeast, *s.* මණ්ඩි, පෙන, මුහුන්

Yeast'y, *a.* මණ්ඩාකාර, පෙනසහිත

Yell, *v.* කෑගහනවා, මොරගගනවා *s.* සැර කෑගැසීම

Yel'low, *s.* කහපාට, කසාවර්ණය *a.* කහපාට, කසාවත්, පීත

Yel'lowish, *a.* මදක් කහපාට, පඬුවත්

Yelp, *v.* මොරදෙනවා, බුරණවා

Yeo'man, *s.* ගම්කාරයා, ගොයියා, රජගෙදර නිලධාරියෙක්

Yeo'manry, *s.* ගොවිසමූහයා, ගොවි අසරු සමූදුව

Yes, *ad.* ඔව්, එහෙයි, එහෙමයි

Yes'terday, *s.* ඊයේ

Yet, *conj.* ඇරත්, තවත්, තව, තවම, මෙවනතුරු, එහෙත්, කොහොම නුමුත්

Yield, *v.* පලදරණවා, දෙනවා, උපදවනවා, බාරදෙනවා, යටහත්වෙනවා *s.* පලදාව, අස්වැන්න, ලාභ ප්‍රයෝජනය [තික්වූම

Yield'ing, *a.* ඉඩදෙන, යටත්වෙන,

Yoke, *v.* වියගහේ බඳිනවා, ඈදනවා, දූසකරණවා *s.* වියගහ, කත්‍රීය, බාන

Yoke'-fellow, *s.* සහකාරයා, සහසේවකයා, හවුල්කාරයා

Yolk, *s.* කහ මදේ

Yon, Yon'der, *a.* අර පෙනෙණ, අර දුරවූ *ad.* පෙනෙන හරියේ ඈතින්, අරෙහෙට

Yore, *s.* ආදිකාලය, පුරාතන

You, *pron.* තෝ, උඹ, තොපි, උඹලා, තමුසේලා, තමුන්නාන්සේලා, ඔබවහන්සේලා

Young, *a.* බාල, ළාබාල, යෞවන *s.* පැටියා, පැටව්

Young'er, *a.* වඩා බාල; younger brother, මලයා, මල්ලි, මලයන්ඩි; younger sister, නංගි, නගා, නැගනි

Young'ster, *s.* බාලයා, ගැටයා

Your, *pron. a.* තාගේ, උඹේ, ඔබගේ, උඹලාගේ, නුඹවහන්සේලාගේ

Youth, *s.* බාලකාලය, තරුණවසව, තරුණයා, යෞවනයා

Youth'ful, *a.* තරුණ, යෞවන, ශෛර්යසීමත්, ප්‍රාණවත්

Youth'fulness, *s.* තරුණකම, යෞවනකම

Z

Zeal, *s.* ජ්වලිතකම, වියඹිත්කම

Zeal'ot, *s.* අධික ජ්වලිතයා, ධූර්ත්ධූර්ත ජ්වලිතකම් පාප්නා

Zeal'ous, *a.* ජ්වලිත, උත්සාහවන්ත

Zeal'ously, *ad.* ජ්වලිතලෙස, උත්සාවන්තලෙස

Ze'bu, *s.* දිග කන් සහ ලොකු බොල්ලියක් ඇති හරක් වර්ගයක්

Ze'bra, *s.* ෙර්බා මෘගයා

Zemindar', *s.* ඉන්දියාවේ ඉඩම්කඩම් හිමියන්ට නමක්,ප්‍රදේශ බද්දකාරයා

Zena'na, *s.* ඉන්දියාවේ වලව්වල බවලත් උදවිය පදිංචිව ඉන්න කොටස. අන්තඃපුරය

Zend, *s.* පාර්සිවරුන්ගේ මුල්භාෂාව

Zend'-aves'ta, *s.* පුරාණ පාර්සිවරුන්ගේ ආගම් පොත්වල නම

Zen'ith, *s.* අහස්මුදුන. ඉතා උස්තැපිය

Zeph'yr, *s.* මඳ සුළඟ, කෝබ සුළඟ

Ze'ro, *s.* බින්දුව

Zest, *s.* හොඳ රස, මහත් ආසාව

Zig'zag, *s.* කුණ්ඩලිය, වංගු ආකාරය

Zinc, *s.* තුත්තනාගම්

Zo'diac, *s.* රාශිචක්‍රය *a.* රාශිචක්‍ර

Zool'ogy, *s.* සත්වවිද්‍යාව, සත්වශාස්ත්‍රය

Zool'ogist, *s.* සත්වශාස්ත්‍රඥයා, සත්ව විස්තර උගත් අය